BIOGRAPHIE

DES

CÉLÉBRITÉS MILITAIRES

DES ARMÉES DE TERRE ET DE MER

DE 1789 A 1850.

PARIS. — IMPRIMERIE DE H. V. DE SURCY ET COMP^{ie},
RUE DE SÈVRES, 37.

BIOGRAPHIE

DES

CÉLÉBRITÉS MILITAIRES

DES ARMÉES DE TERRE ET DE MER

DE 1789 A 1850,

PAR M. C. MULLIÉ,

MEMBRE DE L'UNIVERSITÉ, DE LA SOCIÉTÉ NATIONALE DE LILLE, DE LA COMMISSION DU DÉPARTEMENT
DU NORD, DE L'INSTITUT HISTORIQUE,

ET AUTEUR DES FASTES DE LA FRANCE, ETC.

TOME SECOND.

PARIS.
POIGNAVANT ET COMP^{ie}, ÉDITEURS,
RUE NEUVE-DE-L'UNIVERSITÉ, 18.

BIOGRAPHIE

DES

CÉLÉBRITÉS MILITAIRES

DES ARMÉES DE TERRE ET DE MER

DE 1789 A 1850.

G-O

GOBERT (Jacques-Nicolas), général de division, naquit à la Guadeloupe, le 1ᵉʳ juin 1760.

Envoyé en France pour y faire ses études, il entra, le 1ᵉʳ janvier 1780, à l'École du génie. Nommé lieutenant en second le 1ᵉʳ février 1782, capitaine le 1ᵉʳ avril 1791, il fit, en qualité d'ingénieur, et comme adjoint aux adjudants-généraux, la campagne de 1792 aux armées du Nord et des Ardennes.

Devenu, le 8 mars 1793, adjudant-général chef de bataillon, la valeur qu'il déploya, le 6 mai, au combat de Famars, lui valut, du général Dampierre, sa nomination au grade de général de brigade provisoire, dans lequel il fut confirmé le 15 du même mois. Il combattit avec non moins de bravoure, le 23, à la seconde affaire de Famars, dite de *Valenciennes*. Mais sur la supposition qu'il pouvait être noble, la commission exécutive le destitua le 30 juillet suivant et le fit incarcérer.

Gobert, rendu à la liberté, réclama contre la qualification qui lui avait été donnée, et rappela, dans son Mémoire au Comité de salut public, que le premier, au camp de Pont-sur-Sambre, il avait *levé l'étendard* contre Lafayette qui voulait marcher sur Paris, et que le premier encore il s'était soulevé contre Dumouriez, lorsque ce général avait essayé de rendre ses troupes complices de sa trahison. Le Comité accueillit favorablement la réclamation de Gobert, sans toutefois le rétablir dans son grade. Il ne lui accorda que celui de chef de bataillon, et l'envoya, le 13 nivôse an III, comme sous-directeur des fortifications à Port-Liberté (Port-Louis).

Il se rendait à son poste, quand Hoche, qui commandait alors l'armée campée devant Quiberon, le prit pour chef d'état-major; mais, par des motifs inconnus, Hoche provoqua sa destitution le 15 fructidor. Gobert, que cet acte de rigueur étonna d'autant plus qu'il en ignorait la cause, s'en plaignit, et le 8 ventôse le Directoire le rétablit dans son grade de chef de bataillon et le renvoya à sa première destination.

Destitué par arrêté du Directoire du 9 brumaire an VI, sur la proposition de

Schérer, ce fut sur un rapport de Milet-Mureau, chargé de l'intérim de la guerre pendant l'absence de Dubois de Crancé, du 4ᵉ jour complémentaire an VII, que le Directoire le réintégra, le même jour, dans son grade de général de brigade dans la ligne. On lit dans le rapport de Milet-Mureau : « Le motif de sa destitution est une lettre écrite à La Carrière, représentant du peuple déporté, dans laquelle avec des principes avoués de tous les républicains, mais qui étaient mal expliqués aux contre-révolutionnaires du 18 fructidor, il disait que la représentation nationale devait toujours rester intacte. »

Employé à l'armée de réserve qui s'organisait à Dijon le 8 germinal an VIII, il suivit cette armée en Italie, et se trouva, dans la nuit du 1ᵉʳ au 2 prairial, à l'attaque du fort de Bard.

Mis en non-activité le 1ᵉʳ vendémiaire an X, il passa, le 18 nivôse, à l'armée qui devait former la seconde expédition de Saint-Domingue, mais qui fut dirigée sur la Guadeloupe, où les nègres s'étaient révoltés. Arrivé dans cette colonie le 17 prairial, le 20, le général Richepanse le chargea d'opérer le débarquement d'une partie des troupes près la Basse-Terre, ce qu'il exécuta malgré le feu violent de la côte. Il poursuivit le lendemain les rebelles, emporta la position retranchée de Dollet, et dispersa les rassemblements de la Grande-Terre.

Richepanse quitta quelque temps après la Guadeloupe et laissa le commandement de cette colonie au général Gobert qui, de retour lui-même en France en brumaire an XI, fut mis en disponibilité le 15 floréal, et nommé général de division le 9 fructidor suivant.

Membre et commandant de la Légion-d'Honneur les 19 frimaire et 25 prairial an XII, il remplaça le général Souham dans le commandement de la 20ᵉ division militaire, et obtint celui de la 3ᵉ le 11 ventôse an XII.

En 1806, il commanda la ville de Minden, dans la Prusse rhénane, et en 1807, la 2ᵉ division de l'armée d'observation des côtes de l'Océan.

Employé en Espagne en 1808, il reçut au commencement de juillet l'ordre de rejoindre le général Dupont dans la province de Jaën. En route, il battit les insurgés qui lui disputaient le passage du défilé de Peña-Perros, les chassa de la Caroline, et arriva le 12 à Baylen qu'il occupa avec 1,500 hommes de sa division. Le 16, Castaños ayant attaqué et mis en pleine déroute le général Liger-Belair, celui-ci se retira en toute hâte sur Baylen, d'où Gobert sortit avec deux bataillons et un régiment de cuirassiers, dont les charges très-heureuses arrêtèrent d'abord les Espagnols, qui peut-être eussent été complétement battus sans la blessure que Gobert reçut alors.

Atteint d'une balle à la tête, il mourut à Guaraman, dans la nuit du 16 au 17. Son nom est inscrit sur l'arc de triomphe de l'Étoile, côté Ouest.

GOBLET D'ALVIELLA (Albert-Joseph, comte), né à Tournai le 26 mai 1790, entra en 1802 au Prytanée militaire de Saint-Cyr, où il obtint, en 1807, le prix impérial de mathématiques au concours général, passa à l'École polytechnique, et en sortit en 1811 officier du génie. Il fit en cette qualité les campagnes d'Espagne, et se trouva, en 1813, au siège de Saint-Sébastien, où il se distingua. Resté seul des officiers du génie, il fut choisi pour porter à Paris les détails du siège et de la capitulation, fut nommé capitaine et reçut la croix d'honneur.

Rentré en février 1815 au service de sa patrie, il combattit aux Quatre-Bras et à Waterloo, et obtint la décoration de l'ordre de Guillaume (4° classe).

Ses antécédents lui valurent d'être chargé de projeter et de construire la forteresse de Nieuport. Il dirigea les travaux pendant sept ans, fut nommé chevalier de 3° classe (officier) de l'ordre de Guillaume, et accompagna le prince d'Orange en Russie. Alexandre le décora de la croix de Sainte-Anne.

A son retour, il fut chargé de la reconstruction de la place de Menin.

Nommé le 15 octobre 1830 colonel du génie et directeur général de ce corps, il fut promu au grade de général de brigade en 1831, et fut ministre de la guerre sous l'administration du Régent.

Au mois d'août 1831 la ville de Tournai l'envoya à la Chambre des Représentants, et peu de jours après, il fut créé Inspecteur général des fortifications et du génie.

Aide-de-camp du Roi et plénipotentiaire, le général Goblet signa, le 14 décembre 1831, à Londres, avec les ministres d'Autriche, d'Angleterre, de Prusse et de Russie, un traité par lequel on convint de la démolition des places de Menin, Ath, Mons, Philippeville et Marienbourg.

Député, il vota pour l'adoption des 24 articles. On le vit successivement plénipotentiaire près la conférence de Londres, ministre d'État, ministre des affaires étrangères par intérim, commandeur de la Légion-d'Honneur et chevalier de l'ordre de Léopold, ambassadeur à Berlin, etc.

Son travail sur le système général de défense sur la frontière du nord, de l'Escaut à la Meuse, lui valurent le grade de lieutenant-général en 1835.

Élu député en 1836 par la ville de Bruxelles, il abandonna ses fonctions législatives pour se rendre en Portugal comme ministre plénipotentiaire. Il y fut nommé comte d'Alviella, et le roi des Belges, en ratifiant cette nomination, rendit le titre héréditaire à tous ses descendants mâles.

GOBRECHT (MARTIN-CHARLES, baron) naquit le 11 novembre 1772 à Cassel (Nord). Volontaire dans la compagnie franche de Vandamme le 13 septembre 1792, il assista la même année au siége de Lille, fut nommé sous-lieutenant à l'armée du Nord le 4 mars 1793, et lieutenant dans la compagnie de chasseurs de Mont-Cassel (14°, puis 1re demi-brigade légère) le 5 septembre, et fut blessé à la bataille d'Hondscoote le 8 du même mois.

Au passage du Wahal, en Hollande, le 21 nivôse an III, il reçut deux blessures au bras gauche et eut un cheval tué sous lui à la tête des grenadiers qui, dirigés en partie par lui, enlevèrent une redoute et 6 pièces de canon.

Devenu aide-de-camp du général Vandamme, le 27 germinal de la même année, il obtint le grade de capitaine à l'armée de Sambre-et-Meuse, le 11 brumaire, et assista, sous Moreau, aux deux passages du Rhin, où on le vit prendre terre le premier sous le feu de l'ennemi.

Le 17 nivôse an VI, il quitta ses fonctions d'aide-de-camp pour entrer avec son grade dans le 6° régiment de hussards à l'armée du Rhin, et reçut du général Brune le grade de chef d'escadron sur le champ de bataille de Bergen, en Batavie, le troisième jour complémentaire an VII.

Rentré le même jour dans ses fonctions d'aide-de-camp auprès du général Vandamme, il reçut une blessure grave à la tête en combattant contre les Anglo Russes à Castricum, en Vendémiaire an VIII, et obtint la confirmation de son grade de chef d'escadron le 17 du même mois. Il servit successivement dans le 4ᵉ régiment de dragons le 16 pluviôse an XI, et dans le 2ᵉ de l'arme le 23 frimaire an XII, fut compris comme membre de la Légion-d'Honneur au camp d'Amiens, dans la promotion du 25 prairial de la même année, et fit partie de la grande armée, division Klein, dès la fin de l'an XIII.

A l'affaire d'Augsbourg, le 16 vendémiaire an XIV, il conduisit une charge brillante sur l'infanterie russe embusquée sur la lisière des bois et lui enleva 2 pièces de canon.

Nommé major au 24ᵉ régiment de dragons le 16 mai 1806, il rejoignit son nouveau corps dans les garnisons d'Italie, et obtint la croix d'officier de la Légion-d'Honneur le 27 juillet 1809.

En 1811, il fut nommé colonel du 30ᵉ régiment de dragons, et le 19 août même année, il fut nommé baron de l'Empire pour sa belle conduite au combat d'Ostrowno.

Après la retraite, pendant laquelle il eut 5 chevaux tués sous lui par le feu de l'ennemi, il vint en Saxe, où, ayant été promu général de brigade par décret du 13 juillet 1813, il prit le commandement de la cavalerie du 1ᵉʳ corps.

Enfermé dans Dresde, et prisonnier de guerre par suite de la violation de la capitulation de cette place, il ne revint en France qu'au mois de mars 1814.

Mis en non-activité à cette époque, et décoré de la croix de Saint-Louis le 6 août, il fut mis à la retraite le 1ᵉʳ janvier 1825, et reçut la croix de commandeur de la Légion-d'Honneur le 5 janvier 1834.

Le général Gobrecht est mort à Saint-Omer le 7 juin 1845.

GODART (Roch, baron), né le 30 avril 1761 à Arras (Pas-de-Calais), entra au service le 13 mars 1779 comme soldat au régiment d'Orléans (44ᵉ d'infanterie, et y fut nommé caporal le 1ᵉʳ mars 1782. Il obtint son congé absolu le 4 octobre 1786 et se retira dans ses foyers.

Lorsque la guerre de la Révolution commença, il rentra dans la carrière, et fut nommé, le 31 octobre 1792, lieutenant-colonel en second du 6ᵉ bataillon du Pas-de-Calais, devenu, par suite d'amalgames et d'organisations, 198ᵉ demi-brigade, puis 79ᵉ demi-brigade et 79ᵉ régiment d'infanterie de ligne.

Le 1ᵉʳ août 1793, il fut fait chef de bataillon commandant ce même corps. Employé à l'armée du Nord en 1792 et 1793, il se trouva au siège de Dunkerque, où il eut un cheval tué sous lui. Après le déblocus de cette place, il passa à l'armée de Sambre-et-Meuse, y servit pendant les ans II et III, et marcha sous les ordres de Jourdan au déblocus de Maubeuge, où il commandait 3 bataillons réunis. Il prit une part active au siège de Maëstricht, et après l'occupation de cette place, le gouvernement l'envoya à l'armée de Rhin-et-Moselle.

Il servit aussi au blocus de Mayence, et à la formation des demi-brigades, il fut nommé le 1ᵉʳ floréal an III, chef de la 198ᵉ qui se composait des 6ᵉ et 8ᵉ bataillons du Pas-de-Calais et du 10ᵉ bataillon de Paris. C'est avec ce corps qu'il fut chargé de garder les bords du Rhin, entre Neufbrisack et Strasbourg. A l'organisation du 2 pluviôse an IV, la 198ᵉ prit le n° 79, et reçut par incorporation quelques bataillons d'autres corps. Godart fit avec le général Moreau la guerre en Souabe et dans le Tyrol. La 79ᵉ, qui pendant cette campagne eut constamment à lutter contre une division autrichienne forte de 10 à 12,000 hommes, y perdit 64 officiers et 1,600 sous-officiers ou soldats tués, blessés ou faits prisonniers.

Au commencement de vendémiaire

an V, la 79ᵉ repassa le Rhin à Huningue et concourut au siége de Kehl. Après la reddition de ce fort, dirigée sur l'armée d'Italie, elle prit part aux opérations militaires de la campagne de l'an V. Le traité de Campo-Formio ayant mis fin à la guerre d'Italie, Godart fut envoyé aux îles du Levant avec sa demi-brigade, et y resta pendant les ans VI et VII. Chargé du commandement de la place de l'île de Corfou, il soutint pendant quatre mois un siége des plus vigoureux. Enfin, malgré ses efforts et son courage, la place de Corfou dut capituler et la garnison rentra en France. Le reste de la 79ᵉ, qui composait les garnisons de Céphalonie, d'Ithaque et de Sainte-Maure, fait prisonnier par les Turcs, fut conduit au bagne de Constantinople.

La 79ᵉ, qui durant son séjour dans les îles du Levant avait donné de nouvelles et nombreuses preuves de dévouement et avait perdu près de la moitié de son effectif par le feu de l'ennemi, reçut, en arrivant à Lyon, l'ordre de venir tenir garnison à Paris, où elle se mêla aux événements du 18 brumaire an VIII. Elle y demeura peu de temps après, et partit pour l'armée de l'Ouest, avec laquelle elle fit les campagnes des ans VIII, IX et X, sous les ordres des généraux en chef Brune et Bernadotte. Employé aux camps de Bayonne et de Saintes, pendant les ans XII et XIII, Godart fut nommé, le 19 frimaire an XII, membre de la Légion-d'Honneur, officier de l'Ordre le 25 prairial suivant, et désigné par l'Empereur pour faire partie du collége électoral du Pas-de-Calais.

Vers la fin de l'an XIII, le colonel Godart reçut l'ordre de se rendre, avec les trois premiers bataillons de son régiment, à l'armée d'Italie, sous les ordres du maréchal Masséna. Il fit partie de la division Molitor, et se trouve, le 8 brumaire an XIV, à la bataille de Caldiéro, où il mit en déroute une colonne de 6,000 hommes de troupes hongroises, lui fit environ 1,200 prisonniers et dégagea les divisions Duhesme et Gardanne qui se trouvaient compromises.

Passé en 1804 en Dalmatie avec le général Molitor, il marcha au secours de la ville de Raguse, où le général Lauriston se trouvait bloqué par un corps de 3,000 Russes et 6,000 Monténégrins. La colonne commandée par le colonel Godart se composait, de quatre compagnies d'élite du 81ᵉ de ligne, de quelques chasseurs d'Orient et d'un détachement de Morlaques, formant un total d'environ 1,800 hommes. Le 6 juillet, elle se trouva en présence de l'ennemi; le colonel Godart, sans calculer la disproportion de ses forces, mais comptant sur la bravoure de ses troupes, auxquelles il donnait d'ailleurs toujours l'exemple, aborda hardiment l'ennemi. Après une charge à la baïonnette, vigoureusement exécutée, les Monténégrins et les Russes furent culbutés et mis dans une déroute telle qu'ils ne purent se rallier et qu'ils laissèrent au pouvoir des Français toute leur artillerie, leurs munitions et leurs bagages. La place de Raguse se trouva alors débloquée. Le colonel Godart prit une part glorieuse aux affaires qui eurent lieu dans le Canali et près de Castel-Nuovo, contre les Monténégrins et les Russes pendant les mois de septembre et d'octobre de la même année. Il fut de toutes les expéditions qui eurent lieu en 1807 et 1808 contre les insurgés turcs et dalmates, et fit la campagne de 1809 en Allemagne.

A la bataille de Gospich, son régiment soutint les efforts de l'armée autrichienne qui voulait s'opposer au passage des Français dans la Croatie. Il combattit encore à Gratz et à Wagram, et sa conduite dans cette dernière journée lui valut le grade de général de brigade, qui lui fut conféré le 11 septembre. Peu de temps après, Napoléon le créa baron de l'Empire. Employé comme général de brigade au corps du duc d'Abrantès, le 14 du même mois, il fit les guerres de 1810 et 1811 aux armées d'Espagne et de Portugal, et assista au siéges d'Astorga, de Ciudad-Rodrigo et d'Alméida.

Rentré en France vers la fin de 1811, et nommé le 27 novembre, commandant du département du Tarn (9ᵉ division militaire), il reçut le 22 juillet 1812, l'ordre de se rendre en poste à la grande armée de Russie, y fut nommé gouverneur de Wilna, et attaché le 17 septembre suivant, au 4ᵉ corps, sous les ordres du prince Vice-Roi Eugène Napoléon. Désigné, le 1ᵉʳ juin 1813, pour faire partie du corps d'observation de Mayence, il commanda l'avant-garde qui se porta sur les frontières de la Bohême. Le général Godart ayant avec lui environ 1,500 hommes d'infanterie, 200 chasseurs à cheval et deux pièces de canon, fut attaqué, le 22 août, par l'avant-garde ennemie, forte de 4,000 fantassins, un régiment de cavalerie et de six pièces d'artillerie. Il repoussa vigoureusement les premières charges des Autrichiens ; mais attaqué de nouveau et ayant perdu près du tiers de son monde, il effectua sa retraite sur Dresde, disputant le terrain pied à pied.

Il eut en cette occasion deux chevaux tués sous lui, et reçut une forte contusion au bras droit. Le 26, à la bataille de Dresde, le général Godart reçut un coup de feu qui lui traversa la cuisse. Obligé de quitter le champ de bataille et transporté à Dresde, il y resta jusqu'au moment de la capitulation qui portait que les Français rentreraient dans leur pays. Cette capitulation ayant été indignement violée, le général Godart et ses compagnons d'armes furent considérés comme prisonniers de guerre. Conduit en Hongrie, il y demeura jusqu'à la paix de 1814.

Rentré en France au mois de mai, et mis en non-activité, il fut créé chevalier de Saint-Louis par ordonnance royale du 19 juillet, et commandeur de la Légion-d'Honneur le 23 août de la même année. Lors de son retour de l'île d'Elbe, l'Empereur, par décret du 29 mars 1815, confia de nouveau au général Godart le commandement du département du Tarn. Au second retour des Bourbons, il reçut l'ordre, le 8 août, de cesser ses fonctions et fut admis à la retraite le 6 octobre de la même année.

Il est mort à Rennes, le 8 mai 1834.

GODINOT (Deo-Gratias-Nicolas, baron), né le 1ᵉʳ mai 1765 à Lyon (Rhône). entra au service le 13 août 1787 comme dragon dans le 17ᵉ régiment, devenu 2ᵒ de chasseurs à cheval le 11 mai 1788, et y resta jusqu'au 16 novembre 1790.

Lorsque des bataillons de volontaires se levèrent de toutes parts pour repousser l'agression étrangère, Godinot reprit du service, et le 6 août 1792 il fut nommé capitaine dans le bataillon des chasseurs de Reims, devenu 13ᵉ, puis 25ᵉ demi-brigade, et enfin 25ᵉ régiment d'infanterie légère. Il fit la campagne de 1792 à l'armée du centre, fut nommé chef de bataillon au même corps le 1ᵉʳ avril 1793, et servit en cette qualité à l'armée de la Moselle. Passé à l'armée de Sambre-et-Meuse, il y servit pendant les ans II, III et IV.

Le 16 messidor de cette dernière année, il enleva, à la tête de son bataillon, le camp de Willersdorff, où était retranché le corps d'armée du général Kray. Dans la même journée, il franchit sous un feu meurtrier les abattis qui défendaient l'approche de la montagne de Kalte-Eyse. Les sages dispositions qu'il prit, après avoir surmonté cet obstacle, coupèrent la retraite aux Autrichiens et contribuèrent puissamment à la prise d'une colonne forte d'environ 800 hommes. De l'an V à l'an IX, il fit la guerre en Allemagne et en Italie. Le 1er germinal an VII, à l'affaire d'Ostrach en Souabe, il fut blessé d'un coup de feu à l'épaule droite. Le 12 messidor suivant, il fut nommé chef de brigade commandant la 25e légère.

Le 4 vendémiaire an VIII, à l'affaire de Wesen (Suisse), il fut chargé d'attaquer ce poste avec sa demi-brigade et un bataillon de grenadiers. Le régiment de Bender, qui défendait ce village, fut fait prisonnier, et livra aux Français 11 pièces de canon, 31 caissons et un drapeau. Le 17 germinal suivant, à l'attaque de Montefaccio, lors du blocus de Gênes, il reçut un coup de feu à la main gauche.

Chargé le 19 du même mois d'attaquer les Autrichiens à Nostra-Santa-del-Acqua, il les culbuta et les refoula jusqu'aux cabanes de Marcherolo. Le 21, à l'attaque de la montagne de l'Hermette, il fut blessé d'un coup de feu à la cuisse gauche; mais quoique cette blessure fût assez grave, il ne voulut point quitter le champ de bataille, et s'emparant d'un drapeau de la 3e demi-brigade de ligne, il ranima le courage des troupes qui, repoussées d'abord par l'ennemi, se retiraient en désordre; il les ramena au combat, emporta la position et demeura maître du champ de bataille. Le 22, au deuxième combat de l'Hermette, il fut encore blessé d'un coup de feu au pied gauche.

Le 3 floréal de la même année, lors de l'attaque des lignes du Besagno, et de la Polcevera, il fut fait prisonnier à Saint-Pierre-d'Arena (faubourg de Gênes); mais le colonel du régiment de Nodasti ayant également été pris pendant l'action, il fut échangé contre cet officier le lendemain 4. Envoyé le 10 au secours des postes attaqués sur la Polcevera, il chargea les Autrichiens et les obligea à repasser la rivière. Enfin, le 21 du même mois, il combattit avec la plus rare intrépidité à Montefaccio et reçut un coup de feu au genou droit.

Au passage du Mincio, le 5 pluviôse an IX, il fut atteint d'un sixième coup de feu qui lui traversa la cuisse gauche.

Rentré en France après la cessation des hostilités, il vint tenir garnison à Montmédi pendant les ans X et XI, et fit partie des troupes rassemblées au camp de Montreuil pendant les ans XII et XIII. Créé membre de la Légion-d'Honneur le 19 frimaire an XII, et officier de l'Ordre le 25 prairial suivant, il fut promu au grade de général de brigade le 12 pluviôse an XIII. Employé le 11 ventôse suivant, près les troupes françaises stationnées en Hollande, il fut placé comme chef d'état-major auprès du maréchal Mortier le 30 fructidor de la même année. Désigné pour être employé au 5e corps de la grande armée le 10 nivôse an XIV, il fut ensuite attaché au 8e corps, nommé commandeur de la Légion-d'Honneur le 9 mars 1806, et passa, le 3 novembre 1807, au 2e corps d'observation de la Gironde.

Il fit en Espagne et en Portugal les campagnes des années 1808, 1809, 1810 et 1811, et devint baron de l'Empire le 23 mars 1808, et chevalier de la Couronne de Fer le 16 novembre suivant. Le général Godinot se signala par son courage et son sang-froid, le 9 août 1809, à la bataille d'Almonacid, où il attaqua de front et prit, sous un feu violent de mitraille, la hauteur occupée par le général espagnol Venegas.

Nommé général de division, le 10 mars 1811, il prit le commandement de la 2e division du 1er corps. Le 16 du même mois, il reçut l'ordre de marcher sur le village d'Albuhera, de s'emparer ou du moins (en donnant de vives inquiétudes à l'ennemi sur ce point) de le forcer à porter secours à sa gauche. Les postes que l'ennemi avait en avant du ruisseau d'Albuhera s'étant repliés, le général Godinot lança ses bataillons qui marchaient avec intrépidité sur le village, au milieu d'un feu très-meurtrier de l'artillerie espagnole, établie sur un plateau auprès de l'église. Le 16ᵉ léger emporta le village de vive force. Le combat continuait, le général Godinot tenait toujours à Albuhera après l'avoir pris et repris aux troupes portugaises et espagnoles ; cette position était défendue avec vigueur par le 16ᵉ léger ; mais le duc de Dalmatie envoya l'ordre au général Godinot d'abandonner le village. Cet ordre fut transmis au colonel du 16ᵉ léger qui refusa d'abord d'y obtempérer, il fallut que le général renouvelât jusqu'à deux fois son injonction. Une pareille opiniâtreté, qui prenait sa source dans le courage de l'intrépide colonel, présageât ce que l'on était en droit d'espérer de lui et de ses soldats.

Le 19 juin suivant, il fut envoyé en reconnaissance sur Olivença, avec sa division et les 4 régiments de cavalerie légère du général Briche. Ayant trouvé cette place abandonnée et sans défense, il en prit possession le 21, et passa jusqu'à Jurumenha, place située sur la Guadiana, une lieue en avant d'Olivença. Chargé par le maréchal Soult de démanteler cette dernière place, il s'occupa activement de cette opération. Les travaux préparatoires furent terminés le 26 au soir, et le 27, pendant que la division opérait son mouvement rétrograde sur Valverde et Albuhera, on mit le feu aux mines et les fortifications s'écroulèrent avec fracas.

Le 28 du même mois, le général Godinot fit partie de l'expédition d'Andalousie, commandée par le maréchal duc de Dalmatie, et qui avait pour objet d'éloigner l'ennemi qui menaçait Séville et de dégager avant le général Sébastiani, qui se trouvait dans le royaume de Grenade.

Dans la nuit du 6 au 7 août de la même année, le général Godinot reçut l'ordre de partir de Jaen et d'Ubeda, où il se trouvait, et se dirigea par Quesada et Pozalcon sur Baza. Il rencontra et battit, au passage du Rio-Guadiana-el-Menor ainsi qu'à Quesada, plusieurs bandes de guerillas. Il atteignit à Polzacon le général Quadra et le força de prendre la fuite. Parvenu sur les bords du Rio-Guadalentia, il y trouva une colonne que le général Blake envoyait au secours du général Quadra et la poussa jusqu'à Rio-Barbata. Les gardes wallonnes qui défendaient la rivière, furent culbutées et perdirent plus de 600 prisonniers. Au mois d'octobre suivant, le général Godinot occupa Saint-Roch et le camp retranché que Ballesteros venait d'évacuer pendant la nuit pour se retirer sous le canon de Gibraltar. Au moment même où ce général opérait son mouvement, un fort détachement de troupes espagnoles et anglaises, envoyé de Cadix pour seconder son opération, débarquait à Tarifa et s'emparait de ce petit port. Le général Godinot fit sur-le-champ ses dispositions afin de déloger ces nouveaux ennemis, mais la seule route par laquelle pût marcher son artillerie, longeant les bords de la mer, les vaisseaux anglais balayèrent tellement ce défilé par leur feu soutenu, que Godinot fut obligé, après avoir perdu un certain nombre d'hommes, de renoncer à son entreprise. De retour au camp de Saint-Roch, il l'occupa encore pendant quelques jours, et se dirigea sur Séville, où il fut rendu le 26 octobre.

« Le lendemain de son arrivée il se

brûla la cervelle à la suite d'une explication un peu vive qu'il eut avec le duc de Dalmatie. On répandit le bruit dans l'armée qu'il s'était donné la mort pour se délivrer des douleurs que lui causait une maladie de nerfs à laquelle il était sujet; mais la vérité est que ce général, estimable sous beaucoup de rapports, mais presque toujours malheureux dans ses opérations, ne voulut point survivre au nouvel échec qu'il venait d'essuyer, et peut-être aux reproches que lui adressa derechef, à cette occasion, son protecteur irrité (1). »

GOLSTEIN (FRÉDÉRIC-ANTOINE-MARIE, vicomte de), né au château de Bréel, département de la Roër, le 17 août 1789, fut reçu à 15 ans à l'École militaire, d'où il sortit, en 1806, sous-lieutenant au 1ᵉʳ régiment d'infanterie de Berg. L'année suivante, il entra dans les chasseurs (cavalerie), se distingua dans les campagnes de la Pologne et d'Allemagne, et fut envoyé en Espagne avec le grade de capitaine.

Le 7 août 1811, il surprit, avec cent chevaux, 350 hommes de cavalerie espagnole, en tua 70, et ramena soixante prisonniers.

Le 22 mars de la même année, dans une reconnaissance, il entra de nuit, seul, dans le village de la Guedroza, pour savoir s'il était occupé, se vit entouré par douze hommes et un officier qu'il tua d'un coup de sabre en réponse à sa sommation, et chargeant les soldats en appelant sa petite troupe, il leur fit mettre bas les armes.

Après s'être distingué encore dans plusieurs affaires, il fut décoré et nommé chef d'escadron.

M. de Golstein fit, en 1813 et 1814, les campagnes de Saxe et de France, puis

(1) *Victoires et Conquêtes*, tome XXVI, page 272.

se rallia aux Bourbons qu'il n'abandonna pas pendant les Cent-Jours.

Rentré dans les chasseurs de la Garde royale, il fut créé lieutenant-colonel en 1817, et chevalier de Saint-Louis en 1820. Il fit la campagne de 1823 dans les chasseurs à cheval de la Dordogne et fut décoré de l'ordre de Saint-Ferdinand.

En 1828, il passa des chasseurs dans les hussards de la Garde royale, fut licencié en 1830, et mis en solde de congé avec le brevet de colonel. En 1831, il fut attaché à l'état-major du maréchal Gérard, pendant la campagne de Belgique.

Le 5 janvier 1832, il prit le commandement du 13ᵉ chasseurs (devenu 7ᵉ lanciers) et fut nommé successivement commandeur de la Légion-d'Honneur et officier de l'ordre de Léopold.

Le 26 avril 1841, il a été promu au grade de général de brigade, et, peu de temps après, mis en disponibilité, puis enfin à la retraite.

M. de Golstein a obtenu des lettres de naturalisation en 1813; il est comte du saint Empire.

GORIS (JÉROME-JOSEPH), né le 6 mai 1761 à Castillon-sur-Sambre (Nord), avait à peine 17 ans lorsqu'il s'enrôla, le 10 octobre 1778, comme soldat dans les Gardes françaises. Il fut promu, le 30 avril 1791, au grade de caporal. Congédié par grâce, il rentra dans ses foyers le 14 décembre 1782. Au premier appel que la France fit à ses défenseurs, Goris, quoique marié et père de plusieurs enfants, s'arracha aux douceurs des affections de famille et aux soins de ses affections domestiques pour marcher à la frontière. Il fut unanimement élu capitaine de la 2ᵉ compagnie du 6ᵉ bataillon du Nord du 20 octobre 1792, et fut proclamé chef de bataillon le 4 du même mois. Il fit les campagnes de 1792 et 1793 à l'armée du Nord. Le 2 avril 1793, pendant qu'il était, avec son bataillon, à Bruai, entre Condé et Valenciennes, Goris est informé de la trahison de Dumouriez; il rassemble aussitôt les officiers de son bataillon et leur déclare formellement que, si le général transfuge a l'audace, comme il l'avait annoncé, de venir les passer en revue, son intention est de lui brûler la cervelle. Ses officiers lui ayant promis de le seconder, il prit ses dispositions pour n'être point surpris par les escadrons qui escortaient le général déserteur. Inébranlable dans sa résolution, il attendit avec impatience; mais, comme il ne se présentait point, Goris craignant que le moindre retard pût être funeste au salut de l'armée, prit sur lui de faire battre la générale.

La nouvelle de la trahison de Dumouriez se propage dans les rangs, les soldats, indignés et furieux, veulent marcher à sa recherche pour en faire prompte justice ; mais le commandant Goris ne croyant pas avoir des forces suffisantes pour tenter un coup de main dont la réussite était douteuse, s'opposa à une pareille entreprise ; il parvint à les calmer et les conduisit à Valenciennes, où ils furent reçus aux acclamations des habitants et de la garnison.

C'est ainsi que le patriotisme et l'énergie d'un seul homme, en donnant à temps l'éveil à toute l'armée, préserva la France du malheur de voir toutes ses places fortes livrées à l'ennemi. D'autres se sont attribué l'honneur d'avoir dévoilé ce complot, mais il est certain que l'initiative en appartient tout entière au 6e bataillon du Nord et au brave Goris. Blessé d'un coup de feu au côté droit, le 8 messidor an II, à la bataille de Fleurus, il fit ensuite les campagnes des ans III, IV, V, VI, VII, VIII et IX aux armées de Sambre-et-Meuse, du Rhin, d'Angleterre, de Naples et d'Italie. A l'organisation de l'an IV, le commandant Goris passa avec son bataillon dans la 17e demi-brigade d'infanterie de ligne.

Le 1er floréal an V, au passage du Rhin, et dans le moment le plus critique, le général en chef plaça Goris en avant de Diersheim en lui ordonnant de tenir jusqu'à la dernière extrémité, afin d'empêcher l'ennemi de tourner le village. A peine Goris avait-il pris position, que nos troupes, repoussées par des forces supérieures, laissèrent le bataillon de la 17e isolé et livré à lui-même. L'artillerie des Autrichiens emportaient des files entières, le désordre et le découragement se mettaient dans les rangs de ces braves. Cependant, le brave Goris se porte en avant du front de bataille, et là, pour ranimer le courage des siens, il leur dit d'une voix ferme : *Soldats, je suis devant vous!* La vue de leur chef, qui affronte ainsi avec tant de sang-froid un danger certain, inspire de la confiance aux plus timides, les rangs se resserrent, et, par sa bonne contenance, le bataillon imposa aux Autrichiens, et contribue puissamment au succès de cette journée.

Nommé chef de brigade dans le même corps le 18 nivôse an VII, il fut dirigé le 28 du même mois sur Bénévent. En arrivant aux Fourches-Caudines, la 17e, à la tête de laquelle il marchait, se vit cernée par un corps de 9 à 10,000 hommes. Sommé de se rendre, le brave Goris répondit par le pas de charge, se fit jour à la baïonnette et sauva son corps d'une entière destruction. Ce fait d'armes fut mentionné à l'ordre du jour du général en chef de l'armée de Naples, et valut, au chef de brigade Goris, les félicitations du gouvernement.

Le 10 floréal suivant, il se distingua de nouveau à la prise de Salerne. Les Anglais ayant débarqué des troupes dans cette ville, interceptaient les communications de l'armée avec les deux Calabres. La 17e demi-brigade avec un bataillon italien sous les ordres du général Watrin, fut chargée de les rétablir. Les Anglo-Napolitains, postés sur la montagne qui domine Salerne, étaient protégés, en outre, par le feu d'une frégate anglaise, embossée à peu de distance de la route. La position était difficile à enlever, mais Goris, sans calculer, se précipite vers l'ennemi. Marchant à mi-côte pour arriver au château, et placé entre le feu de la frégate et celui des troupes anglo-napolitaines, il gravit la montagne et s'avance au pas de charge la baïonnette en avant. Nos soldats escaladent le château, en brisent les portes, et, à un signal convenu, toute la colonne se précipite dans la ville, d'où les Anglais sont chassés, après avoir éprouvé une perte considérable en tués et blessés. Cette action éclatante fut mentionnée honorablement dans le rapport du général Watrin.

Le 1er messidor de la même année, jour où commença la retraite de la Trébia, Goris, avec sa demi-brigade, soutint le choc d'une colonne russe qui se trouvait sur les derrières de la division Dombrowski. Quoique les ennemis eussent des forces douze fois supérieures aux siennes, il fit une résistance opiniâtre et ne se rendit qu'après avoir perdu les deux tiers de son monde et épuisé toutes ses munitions. Cet acte de dévouement sauva la division Dombrowski. Rentré des prisons de l'ennemi peu de temps après, il continua de faire la guerre aux armées d'Italie pendant les ans VIII et IX.

Créé membre de la Légion-d'Honneur le 19 frimaire an XII, il fut nommé colonel du 14e régiment d'infanterie légère le 15 nivôse suivant, et reçut la croix d'officier de l'Ordre le 25 prairial de la même année. Employé à l'armée d'Italie pendant la campagne de l'an XIV, il servit, en 1806 et 1807, à celle de Naples, et passa, en 1808, aux îles Ioniennes, où il resta jusqu'en 1811.

Général de brigade le 6 août de cette dernière année, il fut employé, par ordre du même jour, dans la 30e division militaire (Rome), et passa, le 16 juin 1812, au commandement du département des Bouches-de-l'Elbe (32e division militaire). Appelé à commander une brigade dans le 1er corps de la grande armée le 1er mars 1813, il combattit à Lutzen avec sa valeur accoutumée, et y fut grièvement blessé d'un coup de biscaïen qui lui fracassa le genou droit. Il rentra en France par autorisation du 17 mai 1813 pour s'y faire guérir de sa blessure.

Pendant le premier séjour des Bourbons en France, il resta en non-activité; mais après le retour de l'Empereur de l'île d'Elbe, il fut envoyé à Laon pour y organiser les gardes nationales. Admis à la retraite le 6 octobre 1815, il vivait au sein de sa famille, lorsque les réactionnaires de cette époque le dénoncèrent comme conspirateur et le firent condamner à l'exil. Il est mort le 9 novembre 1828.

GOULLUS (François, baron), général de brigade, né le 4 novembre 1758 à Lyon (Rhône), entra au service comme soldat le 28 octobre 1776 dans le régiment de la Couronne (45e d'infanterie), et y fut successivement nommé caporal le 1er décembre 1778, sergent le 28 novembre 1779, sergent-major le 22 juin 1787, et adjudant le 24 décembre 1789.

Devenu sous-lieutenant le 15 septembre 1791, il fut fait lieutenant le même jour et obtint le grade de capitaine le 26 septembre 1792. Il fit la campagne de cette année et celle de 1793 à l'armée du Nord, et en Champagne, sous Rochambeau, Dumouriez, Dampierre, etc. La fermeté avec laquelle il défendit le passage de la Suippe, que les émigrés tentaient de forcer, attira sur lui l'attention du général en chef qui le fit nommer lieutenant-colonel, par les représentants du peuple, 30 octobre 1792.

A Jemmapes, le 6 novembre suivant, il commandait le 2ᵉ bataillon du 45ᵉ, presque tout composé de recrues, et il le fit manœuvrer sous les yeux du général Harville avec autant de sang-froid et de précision que si c'eût été sur un champ d'exercice. Après le siége de Namur, auquel il avait coopéré, Goullus eut le commandement de cette ville et de son château, par arrêté du général Harville du 15 décembre de la même année, tout en conservant celui de son bataillon, dans lequel il sut maintenir la plus exacte discipline.

A la retraite de l'armée, il se rendit à marches forcées avec une forte colonne à Maubeuge, dont il prit le commandement le 1ᵉʳ mars 1793. Nommé chef de brigade provisoire, par le général en chef Dampierre, le 12 avril suivant, il se distingua dans plusieurs affaires lors de l'évacuation du camp de Famars sur Cambrai. Il fut choisi, le 31 juillet, parmi tous les chefs de brigade de l'armée pour aller prendre le commandement supérieur du Quesnoy, où il arriva le 1ᵉʳ août. Ce même jour, Valenciennes se rendit aux Autrichiens, et, le 17, la place du Quesnoy se trouva complétement bloquée.

Le chef de brigade Goullus fit aussitôt sortir la garnison, alla harceler et battre l'ennemi vers Villereau et Jolimet; mais numériquement trop faible pour tenir la campagne, il fut obligé de rentrer en ville. Pendant neuf jours qui s'écoulèrent sans que l'ennemi entreprît les travaux du siége, la garnison fit avec succès trois sorties. Enfin, la tranchée fut ouverte dans la nuit du 26 au 27, et dès lors la place fit un feu continuel sur l'ennemi. Le 2 septembre, à onze heures du matin, le général Clairfait envoya un parlementaire, porteur d'une sommation au commandant français, d'avoir à rendre la place, le déclarant responsable de tous les maux qu'entraînerait son opiniâtreté. Le brave Goullus lui fit la réponse suivante :

« Monsieur, mon devoir et l'honneur de ma patrie me prescrivent de n'écouter aucune proposition tendant à la reddition de la place dont la défense m'est confiée; il n'est aucun sacrifice que je ne sois en état de faire pour le soutien du glorieux nom français. Vous estimeriez bien peu mes troupes, ainsi que moi, si je souscrivais à votre sommation. J'espère néanmoins, Monsieur, que nous mériterons par notre défense, et votre considération et celle de nos concitoyens, et que vous ne pourrez vous empêcher de rendre justice à notre bravoure. »

Par suite de ce refus formellement exprimé, l'ennemi démasqua, à cinq heures du soir, de nombreuses batteries qui ne cessèrent pas de tirer nuit et jour sur la ville. Le feu terrible de 110 pièces de divers calibres, qui ne lancèrent pas moins de 29,000 boulets, 22,000 obus et 11,000 bombes pendant les dix jours de tranchée ouverte, détruisit la majeure partie des habitations ainsi que les magasins et établissements militaires. L'arsenal était réduit en cendres, les trois quarts de la garnison hors de combat. Goullus, toujours présent là où le danger était le plus grand, stimulait l'ardeur et l'activité des combattants. C'est pendant qu'il était sur le rempart qu'il fut atteint, le 5, par un éclat d'obus au pied gauche et à la jambe droite. Quoique grièvement blessé, il n'en continua pas moins à donner la direction de toutes les opérations défensives.

Enfin, après une lutte des plus désespérées et lorsque toutes ses ressources et ses moyens de défense eurent été complétement épuisés, il se résigna à capituler. La convention fut signée le 11 septembre, à dix heures du soir. La garnison prisonnière de guerre, ainsi que son brave commandant, fut envoyée en Hongrie, et l'ennemi prit possession de la place le 12.

Rentré en France après deux ans de captivité, le ministre de la guerre, Aubert-Dubayet, lui adressa, le 30 nivôse an IV, une lettre flatteuse par laquelle il lui annonçait que le gouvernement appréciait la valeur de ses services. Autorisé à se rendre auprès du général en chef Jourdan, en attendant qu'il y eût une vacance dans son grade, il fut employé comme commandant temporaire dans le département du Forèz. Confirmé dans son grade de chef de brigade par arrêté du Directoire, le 6 ventôse suivant, il continua de servir à l'armée de Sambre-et-Meuse, et fut élevé au grade de général de brigade le 29 pluviôse an V.

Après le passage du Rhin à Neuwied, par le général en chef Hoche, Goullus fut détaché pour repousser l'ennemi dans le fort d'Ehrenbreitstein. Il attaqua un corps ennemi qui occupait Vesselich et Pfaffendorf, et le rejeta dans cette forteresse, qu'il investit aussitôt. C'est à ses soins que fut confié ce blocus, et il en conserva le commandement jusqu'au moment où la place était sur le point de capituler. Le gouvernement le rappela alors pour faire la nouvelle campagne qui allait s'ouvrir sous les ordres de Jourdan, commandant en chef l'armée du Danube. Chargé après la malheureuse affaire d'Ostrach de soutenir la retraite d'une partie de l'armée sur Pfullendorf, le général Goullus s'acquitta de cette mission délicate avec tout le succès désirable. Le 11 floréal an VIII, il réussit à effectuer un passage secondaire à Paradies, malgré la supériorité de l'ennemi, qui tenta vainement d'y mettre obstacle. Avec quelques barques et 2 bataillons de la 10ᵉ demi-brigade d'infanterie légère, il trouva le Rhin et prit et reprit plusieurs fois à la baïonnette le village de Buzengen. Il se distingua, le 13, au combat de Stockach, le 15 à la bataille de Moeskirch, et le 20 au combat de Memmingen, où il fut blessé d'un coup de feu qui lui traversa la joue droite. Employé au commandement de l'arrondissement de Léoben, en Styrie, il rentra en France après la paix, fut mis en disponibilité le 1ᵉʳ vendémiaire an X, et appelé au commandement du département de la Haute-Garonne (10ᵉ division militaire), le 29 messidor suivant.

Créé membre et commandeur de la Légion-d'Honneur les 19 frimaire et 25 prairial an XII, il fut ensuite désigné par l'Empereur pour faire partie du collége électoral du département du Rhône, et fit les campagnes de l'an XIV et de 1806, avec la 4ᵉ division de l'armée d'Italie et de Naples. Rentré en France avec un congé au mois d'avril 1807, il fut employé de nouveau dans la 10ᵉ division militaire, le 29 mai suivant, et passa le 30 janvier 1808, dans la division des Pyrénées-Orientales, puis à l'armée de Catalogne, avec laquelle il fit les campagnes de 1808, 1809 et partie de 1810.

Le 30 juin 1808, il battit et mit en déroute un rassemblement considérable d'insurgés qui s'étaient retranchés derrière le Llobregat. Au mois de juillet suivant, le général Goullus, avec sa brigade, se rendant au siége de Girone, s'empara en passant de la ville d'Hostalrich et enleva un convoi dont l'escorte fut entièrement sabrée. Le 26 novembre de la même année, dans l'attaque générale faite par les généraux espagnols Vives et Redding contre les lignes françaises devant Barcelone, le général Goullus fut blessé d'un coup de feu à l'épaule gauche.

Créé baron de l'Empire en 1809, il rentra en France par congé le 15 mai 1810, et fut nommé commandant d'armes à Amsterdam le 2 janvier 1811. Au mois de juin de cette dernière année, il sollicita son admission dans l'ordre des Trois-Toisons-d'Or (1), et sa demande, favorablement accueillie, fut renvoyée au grand chancelier.

Admis à la retraite par décision du 24 février 1814, le général Goullus fut nommé chevalier de Saint-Louis le 20 août suivant, et mourut à Brie (Ariége) le 7 septembre de la même année.

GOURAS (JEAN), célèbre capitaine grec né dans la Grèce occidentale, d'une famille obscure, vers 1786. Il fut longtemps *armatole* du pacha de Janina sous les ordres du fameux Odyssée, dont il devint *proto-palikare* ou lieutenant. Dès 1821, il acquit une grande réputation de courage à l'importante affaire de Foutma, à l'entrée des Thermopyles, où 5,000 Turcs, commandés par quatre pachas, voulurent en vain forcer ce défilé pour aller délivrer Tripolitza. En juillet 1824, il battit avec 300 hommes, aux environs de Marathon, lieu déjà si célèbre, un corps considérable de l'armée turque, dont il passa la plus grande partie au fil de l'épée, et parvint ensuite, par des marches rapides, à préserver plusieurs provinces de l'invasion ennemie pendant le reste de la campagne. En juin 1825, il défit près de Salone Pliassa-Pacha, accouru pour secourir cette place. Les Grecs prirent Salone par une capitulation; mais ils la violèrent et égorgèrent la garnison turque en représailles de la mort de 70 familles chrétiennes, massacrées dans Salone. Le 22 novembre suivant, il surprit dans la Livadie les Turcs sans défiance, les rejeta au delà des Thermopyles, après en avoir tué plus de la moitié. De là, il retourna vers Salone, qui était retombée au pouvoir de l'ennemi, s'en empara et purgea la contrée de la présence des Turcs. En 1826, Omer-Pacha assiégeant Athènes, Gouras sa jeta dans la ville avec une poignée de braves; le 13 septembre, l'intrépide guerrier s'élance de la citadelle avec quelques centaines de soldats, attaque le camp d'Omer-Pacha, y répand la terreur, immole un grand nombre d'ennemis, et entre dans la forteresse chargé de butin et de gloire.

Le 13 octobre, ce grand capitaine, en défendant les murs de l'Acropolis, boulevard des Hellènes, fut tué par un boulet, disent les uns, d'autres disent par une balle dans une ronde de nuit; selon un plus grand nombre, il fut assassiné.

GOURDON (ANTOINE-LOUIS, comte de), vice-amiral, né à Paris le 20 juillet 1765, fit ses premières campagnes sur la frégate *l'Aimable*, et prit part à la conquête de Demerary, etc. Il ne quitta point son bord pour suivre à Coblentz le frère de Louis XVI, comme la plupart des officiers de son corps. Destitué en 1793, puis réintégré, il commanda, lors de l'expédition de Saint-Domingue, la division navale qui prit le port de Paix; assista, en 1809, à l'affaire des Brûlots, où il montra autant de courage que de sang-froid, et fut chargé en 1811 de défendre l'entrée de l'Escaut contre les Anglais.

A partir de 1815, il a été successivement commandant de la marine à Rochefort, à Brest, vice-amiral en 1822, membre du conseil d'amirauté et directeur général du dépôt des cartes et plans de la marine. Cet officier distingué est mort le 28 juin 1833.

GOURGAUD (GASPARD, baron), né à Versailles le 14 novembre 1783, fils d'un

---

(1) Créé par décret du 15 août 1809.

musicien de la chapelle de Louis XVI et neveu du célèbre Dugazon; élève de l'École polytechnique en 1799, puis élève sous-lieutenant à l'école d'artillerie de Châlons. Il entra en 1802, comme lieutenant en second au 7ᵉ d'artillerie à pied, et passa en 1803 lieutenant au 6ᵉ régiment d'artillerie à cheval, et devint, en août 1804, aide-de-camp du général Foucher.

Dans la campagne de 1805, il se trouva à Ulm, à la prise de Vienne et au passage du Danube. Dans cette dernière affaire, il se signala par un remarquable trait d'audace : profitant du trouble que le passage du pont du Thabor avait jeté dans l'armée autrichienne, il s'élança vers le parc d'artillerie ennemie et s'en empara. Il combattit ensuite à Austerlitz, où il fut blessé; à Iéna, à Prentzlau, à Pultusk, où il reçut la croix d'honneur; à Ostrolenka, où il fut promu capitaine, et à Friedland Il passa ensuite en Espagne, se distingua au siége de Saragosse, rejoignit la grande armée et prit part aux journées d'Abensburg, d'Eckmühl, de Ratisbonne, d'Essling et de Wagram.

C'est en 1811 que le capitaine Gourgaud fut attaché à la personne de l'Empereur comme officier d'ordonnance : il dut cette faveur à l'intelligence avec laquelle il venait d'accomplir la reconnaissance de la place de Dantzig. A dater de cette époque, il ne quitta plus l'Empereur. Dans la campagne de Russie, son zèle et son activité, pour assurer le service de son arme, furent des plus remarquables : blessé à Smolensk, il combattit à Valentina et à la Moskowa. A Moscou il eut le bonheur, qui du reste se présenta plusieurs fois dans sa carrière, de préserver les jours de Napoléon : à la suite d'une exploration minutieuse du Kremlin, il découvrit une masse énorme de poudre (400 milliers), que l'incendie était sur le point d'atteindre, et réussit à empêcher cette épouvantable explosion. En récompense de ce signalé service, il fut créé baron.

Lors de la fatale retraite, son dévouement ne faiblit pas un instant : deux fois il passa la Bérésina à la nage, avant la construction des ponts, pour aller reconnaître la position de l'ennemi. Rentré en France, il vint rendre compte de la situation de nos débris à l'Empereur, qui le nomma immédiatement chef d'escadron et premier officier d'ordonnance. Plusieurs missions importantes lui furent confiées dans la campagne de 1813 et accomplies à la haute satisfaction de l'Empereur. Sa conduite à la bataille de Dresde lui valut la croix d'officier de la Légion-d'Honneur; il se signala encore à Hanau, à Leipzig, et exécuta avec une grande vigueur les ordres donnés par l'Empereur pour assurer la retraite de l'armée.

Le baron Gourgaud suivit Napoléon dans la campagne de 1814; à Brienne, il lui sauva la vie : un parti de Cosaques venait de surprendre l'Empereur; déjà l'un d'eux avait sa lance dirigée contre lui, lorsque Gourgaud l'abattit d'un coup de pistolet. Il fut blessé à Montmirail, se trouva à Champ-Aubert, à Nangis, à Montereau, et culbuta les Russes de la position d'Étoutevelles. Ce fait d'armes le fit nommer commandeur de la Légion-d'Honneur. Il s'empara du faubourg de Reims, à la tête d'une batterie et de deux bataillons d'infanterie, et entra le premier dans la ville.

Il ne se sépara de l'Empereur qu'au moment où ce dernier quitta Fontainebleau, le 20 avril. Dès lors il fit sa soumission au gouvernement et fut, comme tous les officiers du royaume, désigné pour faire partie des Gardes du corps. Mais l'Empereur lui avait laissé en partant l'épée qu'il portait aux Pyramides : ce fut assez pour le faire éconduire.

Lors du retour de l'île d'Elbe, le baron Gourgaud s'empressa de se rendre auprès de l'Empereur ; il le suivit dans sa dernière campagne ; donna à Fleurus de nouvelles preuves de bravoure qui le firent nommer général et aide-de-camp. Au dernier moment de la bataille de Waterloo, il faisait partie du groupe de généraux qui entouraient Napoléon. « Gourgaud, s'écria l'Empereur en montrant quelques pièces abandonnées, *faites tirer.* » Ce furent les derniers coups de canon de la bataille.

Revenu à Paris avec l'Empereur, il l'accompagna à Rochefort et fut choisi pour porter au Régent la lettre par laquelle Napoléon réclamait l'hospitalité de l'Angleterre. N'ayant pu débarquer, il rejoignit l'Empereur, qui le désigna pour le suivre à Sainte-Hélène ; choix glorieux, accepté sans hésitation, avec un pieux sentiment de dévouement et de reconnaissance. Il partagea cet exil pendant trois années ; mais des difficultés survenues entre lui et le comte de Montholon, amenèrent son retour en Europe. Rayé des rôles de l'armée, et banni après la seconde Restauration, la France lui était fermée, il se rendit en Angleterre, alla exposer aux souverains réunis à Aix-la-Chapelle toutes les odieuses rigueurs déployées contre le captif de Sainte-Hélène, et ne rentra en France qu'en 1821. Laissé en non-activité, il s'occupa de la publication de divers ouvrages ; il fit paraître en 1823, avec M. de Montholon, les *Mémoires de Napoléon à Sainte-Hélène*, 18 volumes ; en 1825, un *Examen critique de l'histoire de la grande armée*, du comte de Ségur ; et en 1827, une *Réfutation des calomnies de la vie de Napoléon*, par Walter-Scott. Déjà, en 1820, il avait publié une *Relation de la campagne de* 1815.

Après la Révolution de 1830, le général Gourgaud remis en activité, devint successivement commandant de l'artillerie de Paris et de Vincennes, aide-de-camp du Roi en 1832 ; lieutenant-général en 1835 ; commandant en chef de l'artillerie de l'armée du Nord en 1839 ; président du comité d'artillerie et inspecteur général de cette arme. Le gouvernement le chargea en 1841 de l'armement des forts et fortifications de Paris. Cette même année, il fut élevé à la pairie. Le général Gourgaud avait été désigné par le Roi, en 1840, pour aller assister à Sainte-Hélène, à l'exhumation des restes de l'Empereur ; pieuse mission qu'il accomplit avec un zèle religieux.

GOUVION-SAINT-CYR (Louis, marquis de), maréchal de France, né à Toul (Meurthe), le 13 avril 1764, de parents pauvres. Volontaire en 1789, il franchit rapidement les premiers grades.

Adjudant-général en 1793, à l'armée de Moselle, général de brigade peu de temps après, et général de division à l'armée des Alpes le 16 juin 1794.

Au siége de Mayence, il commandait l'attaque du centre et s'y fit remarquer. Il fit, sous Masséna, la campagne de 1798, et fut destitué par le Directoire pour avoir signalé des déprédations de la part des représentants du peuple. Remis bientôt en activité, il commandait la droite à la bataille de Novi. Pendant la retraite qui suivit cette funeste journée, il contint l'ennemi par d'habiles manœuvres, et le battit à Pasturana. Attaqué le 6 novembre 1799 devant Coni par des forces supérieures, il repoussa vigoureusement les assaillants. Chargé de l'aile droite de Championnet, il retarda l'investissement de Gênes, et opéra une admirable retraite sur le Var ; le premier Consul lui adressa à cette occasion un sabre d'honneur. En 1800 il commanda provisoirement l'armée de Moreau, s'empara de Fribourg, et contribua au gain de la bataille de Hohenlinden. L'année suivante il commanda en chef l'armée de Portugal, fut ambassadeur en Espagne après le traité de Badajoz, et chargé de diriger les opérations militaires de l'armée du général Leclerc.

L'Empereur le nomma, en 1804, colonel général des cuirassiers, et, en 1805, commandant d'un corps chargé de couvrir le royaume de Naples et de protéger les côtes de l'Adriatique. Appelé avec ses troupes pour le siége de Venise, il surprit à Castel Franco 7,900 Autrichiens et leur fit mettre bas les armes.

En 1806 il occupa, sous les ordres de Masséna, les trois provinces de la Pouille.

Gouvion-Saint-Cyr fit la campagne de Prusse et de Pologne en 1807, et fut gouverneur de Varsovie. Il revint en Espagne après la paix de Tilsitt, prit la ville de Roses, Barcelonne, et dirigea avec habileté les opérations de l'armée de Catalogne. Plus tard il battit le général Castre et força la place de Valls à se rendre. En 1812, il commandait à la grande armée le 6ᵉ corps composé de Bavarois. Le maréchal Oudinot ayant été blessé à Polotzk le 17 août, Gouvion-Saint-Cyr dirigea en même temps les opérations des 6ᵉ et 10ᵉ corps; le 27 du même mois, Napoléon, qui l'avait précédemment nommé comte de l'Empire, lui conféra la dignité de maréchal. Sa brillante conduite pendant la retraite de Moscou justifia pleinement ce choix. Mais, blessé grièvement à la deuxième bataille de Polotzk, le 18 octobre, il dut se retirer sur les derrières de l'armée, et fut remplacé dans son commandement.

Après la rupture de l'armistice de 1813, l'empereur confia au maréchal le commandement du 14ᵉ corps à la tête duquel il se signala pendant la campagne de Saxe.

Renfermé dans Dresde, il signa, le 11 novembre, une capitulation qui fut honteusement violée : 16,000 Français furent faits prisonniers malgré les protestations de leur chef.

Gouvion-Saint-Cyr s'attacha au parti de la Restauration, accompagna Monsieur jusqu'à Lyon, en 1815, voulut organiser à Orléans des corps royalistes, et suivit le roi à Gand. En retour, Louis XVIII lui confia le portefeuille de la guerre qu'il conserva du 9 juillet 1815 au 24 septembre 1815. Il refusa d'apposer sa signature au traité du 20 novembre 1815, et donna sa démission après avoir créé le corps royal et l'école d'application d'état-major. Cependant le roi le nomma membre de son conseil privé, gouverneur de la 5ᵉ division avec le titre de marquis.

Il fut ministre de la marine en 1817, et de la guerre du 12 septembre 1817 au 19 novembre 1819. C'est sous son ministère que fut rendue la *loi sur le recrutement*.

Le maréchal Gouvion-Saint-Cyr est mort à Hyères (Var), le 17 mars 1830.

GRAINDORGE (JEAN-FRANÇOIS, baron), né le 1ᵉʳ juillet 1772 à Sainte-Croix (Manche), entra au service le 20 septembre 1791 comme lieutenant à la formation du 1ᵉʳ bataillon des volontaires de l'Orne, devenu 37ᵉ demi-brigade d'infanterie de ligne, et fit les guerres de 1792 à 1793 à l'armée du Nord.

Le 11 juin 1792, dans une affaire qui eut lieu près de Grissole, en avant de Maubeuge, il fut blessé d'un coup de feu à la cuisse droite. Le 8 septembre 1793, à la bataille de Hondscoote, il s'empara d'une redoute placée sur la route et y reçut un coup de feu au travers du corps. Le 9 du même mois, à Bergues, il contribua à la prise des redoutes qui défendaient les approches de cette place, malgré l'inondation qui couvrait le terrain à plus d'un quart de lieue. Un grand nombre d'Anglais qui les défendaient furent pris ou tués, et toute leur artillerie tomba au pouvoir des Français. Le même jour, en entrant dans la ville, il reçut un nouveau coup de feu au travers du corps. Lors de l'affaire de Neuwied, il fit toute la garnison prisonnière et s'empara de l'artillerie qui défendait cette position.

Nommé capitaine le 8 vendémiaire an II, il prit part aux opérations de l'armée de Sambre-et-Meuse pendant les ans II, III, IV et V, et reçut quatre coups de sabre dont trois sur la tête et un sur le bras gauche pendant le blocus de Charleroi. Le 19 fructidor an III, au passage du Rhin, il fut atteint d'un coup de feu au genou gauche. Le 14 messidor an IV, au nouveau passage de ce fleuve, à Neuwied, il entra le premier dans les redoutes ennemies, et fut nommé chef de bataillon sur le champ de bataille, par le général en chef Hoche. Cette nomination fut confirmée par arrêté du Directoire exécutif du 5 messidor an V.

Passé à l'armée d'Helvétie, il y fit la campagne des ans VI et VII. Le 8 thermidor de cette dernière année, étant à Davol, dans les gorges de Lanquarte (pays des Grisons), il soutint pendant onze heures, avec 5 compagnies seulement, les efforts réitérés de 4 régiments autrichiens et de 6 compagnies du prince d'Orange. Il parvint, non-seulement à les arrêter, mais encore à les forcer de se retirer après avoir essuyé des pertes considérables, et en laissant entre ses mains cent cinquante prisonniers. Le général en chef Masséna, témoin de la brillante conduite du commandant Graindorge, le nomma chef de brigade sur le champ de bataille. Employé à l'armée du Rhin en l'an VIII et en l'an IX, il commandait l'avant-garde de cette armée, le 3 vendémiaire an VIII, au passage de la Limoth, où il enleva plusieurs bouches à feu et cinq drapeaux aux Russes.

Nommé une seconde fois chef de brigade à la suite de cette journée, il fut placé en cette qualité, le 16 brumaire suivant, à la tête de la 36°, devenue 36° régiment de ligne; il fut confirmé dans son grade par arrêté du premier Consul du 29 vendémiaire an IX. Il tint garnison à Aix-la-Chapelle pendant les ans X et XI, et fut employé au camp de Saint-Omer pendant les ans XII et XIII.

Membre de la Légion-d'Honneur le 19 frimaire an XII, et officier de l'Ordre le 25 prairial suivant, il fut nommé général de brigade le 12 pluviôse an XIII, et employé dans la 1re division le 11 ventôse, puis à la réserve d'infanterie, à Lille, le 29 floréal de la même année.

Commandant une brigade de la 2° division du 5° corps de la grande armée, pendant les campagnes de l'an XIV, en Autriche, et de 1806 et 1807 en Prusse et en Pologne, il combattit à Diernstein le 20 brumaire an XIV, à Sansfeld le 10 octobre 1806, à Iéna, où il fut blessé, le 14 du même mois, à Pultusk le 26 décembre suivant, à Ostrowno et à Stanislasvowa les 3 et 15 février 1807. Le 16 du même mois, à Ostrolenka, Savary, général en chef du 5° corps de la grande armée, ordonna au général Graindorge, commandant les avant-postes de ce corps, d'attaquer la division russe qui avait pris position à Rossaga. Le général Graindorge commença l'attaque avec le 1er bataillon du 21° léger, qu'il fit soutenir par le 2° bataillon et par le 100° régiment de ligne. Rien ne résista à l'impétuosité de ces braves troupes et de leur intrépide chef; partout elles culbutèrent l'ennemi, le poursuivirent pendant deux lieues, lui tuèrent et blessèrent près de 2,000 hommes, firent des prisonniers, et prirent 3 pièces de canon et un drapeau. Toute cette brigade se couvrit de gloire.

Employé au 1ᵉʳ corps d'observation de la Gironde le 18 octobre 1807, il passa au 8ᵉ corps de l'armée d'Espagne, le 17 novembre 1808, et servit depuis ce moment en Espagne et en Portugal. Créé baron de l'Empire en 1808, il fut fait commandant de la Légion-d'Honneur, le 21 août 1807, en récompense de ses honorables services.

Grièvement blessé à la bataille de Busaco (Portugal), le 27 septembre 1810, il mourut des suites de ses blessures le 1ᵉʳ octobre suivant, à Carquejo.

Son nom est inscrit sur l'arc de triomphe de l'Étoile, côté Ouest.

GRAMONT (N.... de), duc de GUICHE, né au château de Versailles, le 7 juin 1789, suivit ses parents en émigration et parcourut avec eux toutes les contrées de l'Europe. En Russie il fut incorporé, à l'âge de 9 ans, dans le régiment de Tauride, sous les ordres de Suvarow, et reçut le brevet de sous-lieutenant. Le jeune officier alla rejoindre à Mittau, le duc de Gramont, son père, qui accompagnait Louis XVIII en exil. Conduit en Angleterre pour y faire son éducation, il y obtint, en 1802, une sous-lieutenance dans un régiment étranger et paya avec le traitement de ce grade les frais de ses études dans un collège.

En 1805 le prince de Galles le fit nommer lieutenant dans son régiment de dragons. M. de Gramont fit en cette qualité les campagnes en 1808 et 1809 en Espagne et en Portugal.

Promu au grade de capitaine, il servit dans les états-majors et dans le service actif. Après les désastres de Vittoria, il pénétra en France, se mit en relation avec les royalistes et sa tête fut mise à prix.

Envoyé par les familles aristocratiques de Bordeaux vers Louis XVIII en Angleterre pour lui demander un prince de son sang, qui pût être placé à la tête du mouvement, le prince lui confia le duc d'Angoulême, et depuis lors M. de Gramont se voua au service du duc. C'est aussi de ce moment qu'il prit par ordre le nom et le titre de duc de Guiche.

En mars 1814, le prince le nomma colonel et en fit son aide-de-camp. Arrivé à Paris il devint premier écuyer, chevalier de Saint-Louis et de la Légion-d'Honneur.

M. de Guiche fit avec le prince la campagne du Midi en 1815 et reçut le grade de maréchal de camp le 4 avril au passage de la Drôme.

Après la capitulation il suivit le prince en Allemagne.

Après les Cent-Jours il commanda provisoirement la 11ᵉ division et s'opposa, autant qu'il le put, aux réactions de l'époque.

M. de Guiche fit la campagne de 1823 en Espagne, en qualité de premier aide-de-camp et de premier écuyer du duc d'Angoulême.

Au retour de cette campagne, il fut nommé lieutenant-général et grand officier de la Légion-d'Honneur, et en 1828 inspecteur de cavalerie et commandant de la 2ᵉ division au camp d'instruction à Lunéville. En 1830 M. de Guiche accompagna les Bourbons proscrits de Rambouillet à Cherbourg, d'où il fut renvoyé à Paris, pour mettre ordre aux affaires personnelles du duc d'Angoulême. Il alla ensuite rejoindre ce prince à Édimbourg et le suivit à Prague. En 1833 le duc de Guiche rentra en France et se fixa à Versailles. Il a pris le titre et le nom de duc de Gramont à la mort de son père. En 1818 il avait épousé la fille du général comte d'Orsay, dont le nom se rattache glorieusement aux fastes de l'empire.

GRANDJEAN (CHARLES-LOUIS-DIEUDONNÉ, baron), né à Nancy le 29 décembre 1768. Entré de bonne heure au service, il fut fait sous-lieutenant au 105ᵉ régiment d'infanterie en 1792, et servit, cette même année, à l'armée du Rhin, commandée par Custine ; adjudant-général adjoint près de Desaix, en 1793 ; adjudant-général chef de brigade le 12 mai 1796, il s'empara, en mai 1799, du camp retranché de Postringo, fit aux ennemis 1,200 prisonniers sur l'Adige, et fut nommé général de brigade sur le champ de bataille. Il combattit sur la Trébia et y reçut deux blessures, se distingua de nouveau à la bataille d'Engen-Stockach, à Oberhausen. Il commandait une division de réserve à Hohenlinden et s'y distingua par une attaque impétueuse qui culbuta un corps de troupes hongroises.

Il reçut la croix de commandeur en 1804 et le grade de général de division la même année. Il servit en cette qualité sous le maréchal Brune qui faisait la conquête de la Poméranie suédoise. En 1807 le maréchal Mortier lui laissa le commandement des troupes devant Stralsund, et fut forcé d'opérer sa retraite au mois d'août suivant. Employé en 1808 à l'armée d'Espagne, sous les maréchaux Lannes et Moncey, il concourut à la déroute des insurgés renfermés dans Lerin ; il commandait une division d'infanterie au siége de Saragosse en 1809. Il combattit avec sa valeur accoutumée à Wagram, et eut deux chevaux tués sous lui. A la campagne de Russie, il commandait une division du 10ᵉ corps et faisait partie de la garnison de Dantzig. Il se distingua en plusieurs occasions et fut au nombre des prisonniers lors de la capitulation de la place.

Il reçut la croix de Saint-Louis en 1814, puis dans les Cent-Jours il fut employé sous les ordres du général Rapp, dans le 5ᵉ corps d'armée du Rhin.

A la seconde rentrée il fut porté sur le tableau de disponibilité, et mis à la retraite quelque temps après. Député en 1821, il prit place sur les bancs de l'opposition, et mourut le 5 septembre 1828.

Son nom est inscrit sur le côté Est de l'arc de l'Étoile.

GRATIEN (PIERRE-GUILLAUME, baron), général de division, né le 1ᵉʳ janvier 1764 à Paris (Seine), servit d'abord comme soldat dans le régiment de Dauphin-Dragons depuis le 21 janvier 1787 jusqu'au 1ᵉʳ octobre 1789, époque à laquelle il obtint son congé. Lorsque la patrie en danger fit un appel à tous ses défenseurs, Gratien reprit les armes, et fut nommé capitaine au 2ᵉ bataillon de Paris le 19 juillet 1791.

Proclamé lieutenant-colonel en second du même bataillon le 6 janvier 1792, il fit à l'armée du Nord les campagnes de 1792 et 1793. Lors de la défection de Dumouriez, il fit sortir son bataillon du camp de Maulde et le conduisit à travers les bois jusqu'à Hec-au-Pont. Arrivé là, il donna connaissance à sa troupe de ce qui se passait, et la dirigea ensuite sur Douai, où il arriva le même soir.

Le 16 août 1793, à l'affaire de Lincelles, lorsque l'armée entière eut été repoussée de ce village, il rallia le demi-bataillon qu'il commandait, fit battre la charge et reprit, malgré la mitraille, les redoutes en avant de Lincelles. Il pénétra ensuite dans le village et empêcha ensuite l'armée anglo-hollandaise de poursuivre les corps français, en soutenant seul ses charges, et la tenant en échec jusqu'à la nuit. Sur le rapport qui fut fait de sa belle conduite dans cette journée, le gouvernement le nomma général de brigade le 3 septembre suivant, pour être employé à l'armée du Nord.

Le 25 vendémiaire an II, à la bataille de Watignies, ses troupes ayant été prises en flanc par les batteries ennemies qui portèrent le désordre dans leurs rangs, il se vit contraint de battre en retraite au moment même où il recevait l'ordre de se porter en avant. Les représentants du peuple Carnot et Duquesnoy le suspendirent de ses fonctions sur le champ de bataille même et le traduisirent devant le tribunal révolutionnaire du Pas-de-Calais, sous l'accusation d'avoir refusé de marcher contre les *satellites des despotes*, d'avoir retardé par là le gain de la bataille et facilité la retraite de l'ennemi. Le général Gratien, absous de ces accusations par un jugement dudit tribunal, le 10 germinal suivant, retourna sur-le-champ au quartier général de l'armée; mais le décret de suspension n'avait point encore été révoqué, et il demeura sans emploi jusqu'au 25 prairial an III. A cette époque, il fut réintégré et envoyé à l'armée de l'Ouest. Suspendu de nouveau le 7 brumaire an IV, il fut encore rappelé à l'activité le 11 nivôse suivant pour servir à l'armée des côtes de l'Océan, et reçut à la fin de cette année une armure des manufactures de Versailles pour les services qu'il avait rendus pendant la guerre de la Vendée.

Réformé à la suppression de cette armée, le 1er vendémiaire an V, il fut maintenu en activité dans les divisions militaires de l'Ouest par le général en chef Hoche, avec lequel il s'embarqua pour l'expédition d'Irlande sur le vaisseau *le Tourville*.

Le 7 germinal an V, il fut envoyé à l'armée de Sambre-et-Meuse; il continua d'y servir jusqu'en l'an VII, époque à laquelle il fut envoyé à l'armée d'Angleterre, et revint à celle de l'Ouest le 9 frimaire an VIII. Il fit partie, vers la même époque, des troupes embarquées sur la flotte du contre-amiral Ganteaume, et servit à l'armée de l'Ouest pendant les ans IX et X. Cette armée ayant été supprimée à dater du 1er prairial an X, le général Gratien fut désigné pour faire partie de l'expédition de *la Louisiane;* mais cette désignation ayant été annulée, il fut envoyé le 10 fructidor de la même année, à l'armée de Batavie.

Créé membre de la Légion-d'Honneur le 19 frimaire an XII, il fut mis en disponibilité le 11 ventôse, puis maintenu en activité le 1er germinal, et obtint la croix de commandeur le 25 prairial de la même année. Attaché à l'armée du Nord (division française en Batavie), le 26 brumaire an XIV, le général Gratien fut envoyé dans la 12e division militaire le 19 juillet 1806, et passa au service du roi de Hollande en vertu d'une autorisation de l'Empereur du 15 novembre suivant. Nommé lieutenant-général le 15 février 1807, il reçut la décoration de l'ordre du Mérite de Hollande quelques jours après.

Au mois de juin 1809, le général Gratien, avec une division hollandaise, marcha sur Stralsund, où s'était retranché le partisan Schill, et enleva ses retranchements d'assaut. Schill lui-même fut frappé sur la grande place au moment où il se sauvait et cherchait à gagner le port pour s'embarquer. A la suite de cette affaire, le roi de Hollande envoya, le 12 juin, au général Gratien, la croix en diamants de commandeur de l'ordre de l'Union, et le roi de Danemark lui conféra la grand'croix de l'ordre de Danebrog.

Réadmis au service de France comme général de brigade, et chargé du commandement d'une brigade d'infanterie dans la 1re division de réserve à l'armée d'Espagne le 31 octobre 1809, il se trouva sous les ordres du duc d'Abrantès pendant l'année 1810 et 1811. A Caxeirias (Portugal), le 11 octobre 1810, le lendemain du combat de Sobral, où les Anglais avaient été battus, l'ennemi s'étant aperçu que la droite du corps du duc d'Abrantès n'était point appuyée, s'avança pour la déborder. Le général Solignac soutint d'abord le choc avec fermeté; mais, accablé par le nombre, il était sur le point de succomber, lorsque le général Gratien, à la tête du 15e régiment d'infanterie de ligne, tomba brusquement sur l'ennemi et rétablit le combat à notre avantage. Chargés à la baïonnette, les Anglais se retirèrent en désordre, laissant leurs blessés et beaucoup de prisonniers sur le champ de bataille.

Créé baron de l'Empire vers cette époque, le général Gratien fut appelé à l'armée d'Allemagne le 13 juillet 1811. Il fit ensuite partie de la grande armée de Russie en 1812, et les services qu'il rendit pendant cette mémorable campagne lui valurent le grade de général de division.

Parti en congé le 8 janvier 1813, il fut employé au corps d'Italie, à la grande armée, le 21 juin suivant, et se distingua le 16 octobre, où il fut blessé d'un coup de feu, et le 31 du même mois, au combat et à la prise de Bassano. Nommé au commandement de la 3e division de l'armée de réserve d'Italie le 1er janvier 1814, le général Gratien mourut de maladie, à Plaisance, le 24 avril suivant.

Son nom est inscrit sur la partie Nord de l'arc de triomphe de l'Étoile.

GREFF (JOSEPH) naquit le 19 janvier 1771 à Etzlingen (Moselle).

Hussard au 1er régiment le 7 août 1789, il fit la campagne de 1792 aux armées des Ardennes et du Nord. Le 28 septembre dans une charge contre les Prussiens, près de Sainte-Menehould, il fit prisonnier le major des hussards de Zeiden.

Le 7 mars 1793, au combat qui fut livré entre Tongres et Saint-Tron, cerné par plusieurs hussards de Blanckenstein, il refusa de se rendre et parvint à se débarrasser d'eux après avoir reçu *dix-huit coups de sabre* et avoir eu son cheval tué sous lui.

Il fut nommé, pendant la campagne de 1793, brigadier le 11 avril, maréchal-des-logis-chef le 17 du même mois ; chaque avancement qu'il obtint fut le prix d'un acte de bravoure. Il fit toutes les campagnes de la Révolution aux armées des Pyrénées, d'Italie, de Naples.

Au mois de ventôse an II, dans une reconnaissance au delà du Thec, il eut un cheval tué sous lui, fut cerné par la cavalerie ennemie, parvint à se faire jour à travers deux pelotons espagnols, et vint rendre compte de la position de l'ennemi.

Nommé adjudant sous-officier, il fit prisonnier le 11 prairial, à l'affaire de Borghetto, le lieutenant-colonel duc d'Istogliano. Le 16 thermidor, à la bataille de Castiglione, il délivra, quoique blessé d'un coup de lance, un hussard du 7e régiment, qui était prisonnier, et en empêcha un autre de tomber au pouvoir de l'ennemi.

A la bataille de Rovcredo, le 18 fructidor, à la tête de quelques hussards, et de concert avec le général Bohn, il prit 16 pièces de canon et 30 caissons. Il arracha ensuite deux drapeaux à l'ennemi et lui fit plus de 1,500 prisonniers.

Sous-lieutenant le 18 nivôse an V, et lieutenant le 21 fructidor an XI, il reçut la décoration de la Légion-d'Honneur le 20 frimaire an XII. En l'an XIV, il fit la campagne d'Autriche à la grande armée, et combattit avec un héroïsme remarquable à la journée d'Austerlitz, où il mérita le grade de capitaine, qui lui fut conféré le 1er nivôse an XIV.

Il fit la campagne de 1806, et passa le 6 octobre comme lieutenant en second dans les chasseurs à cheval de la Garde. Devenu lieutenant en premier le 16 février 1807, pendant la campagne de

Prusse, il suivit son régiment en Espagne en 1808 et revint à la grande armée en 1809.

Il fit des prodiges de valeur à la bataille d'Essling, et le 6 juillet, à Wagram, il reçut plusieurs coups de lance à la tête, à la cuisse et au bras droit. Malgré ces nombreuses blessures, il ne quitta le champ de bataille qu'après la fin du combat. Napoléon le nomma officier de la Légion-d'Honneur le 15 août 1809, et capitaine le 20 du même mois.

Couvert de trente cicatrices, privé en partie de l'usage de ses membres, il ne put continuer le service, et fut admis à la retraite le 13 décembre 1821.

Il est mort le 4 mai 1825.

GRENIER (Paul, comte) né à Sarrelouis le 29 janvier 1768. Son père était huissier. Entré comme simple soldat dans le régiment de Nassau (infanterie) le 21 décembre 1784. Il était capitaine à Valmy. Sa conduite à Jemmapes et pendant toute la campagne lui mérita le grade d'adjudant-général. Nommé général de brigade le 29 avril 1794 et général de division le 11 octobre suivant, il reçut à la journée de Fleurus les éloges du général en chef qui lui attribua une partie du succès. C'est lui qui dirigea, le 6 septembre 1795 le passage du Rhin à Urdingem par l'avant-garde de l'armée française.

En 1797, le Directoire lui écrivait la lettre la plus flatteuse à la suite des batailles de Neuwied et des combats qui suivirent. Grenier passa à l'armée d'Italie en 1799 et s'y fit remarquer aux batailles de l'Adige, de Vérone, de Cassano, de Bassignano, etc., et pendant la retraite de Schérer. Puis, sous Championnet, à l'armée des Alpes, il s'empara des postes du Petit-Saint-Bernard, et prit une part glorieuse aux combats de la Soura, de Mondovi, de Fressano.

En 1800, à l'armée du Rhin, ses savantes manœuvres décidèrent la prise de Guntzbourg, et contribuèrent au succès des batailles d'Hochstedt et de Hohenlinden. Après la paix de Lunéville, le premier Consul le nomma inspecteur général d'infanterie. Il fit les campagnes de 1805 à 1807, et devint gouverneur de Mantoue et comte de l'Empire.

En 1809, à la tête d'une division de l'armée d'Italie, il prit part aux combats de Sacile, de Caldiéro et de Saint-Daniel. Ayant reçu, à la suite de ces affaires, le commandement d'un corps d'armée, il se signala aux passages de la Piave, du Tagliamento et à la bataille de Raab. — A Wagram, il reçut pour sa brillante conduite le titre de grand-croix de la Légion-d'Honneur.

En 1810, il commandait en chef le corps d'armée de l'Italie méridionale.

En 1812, il organisa la 35e division, la mena en Prusse, au-devant des débris de la grande armée et protégea la retraite du prince Eugène. En 1813, il prit le commandement en chef du corps d'armée sur l'Adige; lieutenant du Vice-Roi, il battit les Autrichiens à Bassano, à Caldiéro, à Saint-Michel, et disputa pied à pied le terrain à l'ennemi.

Après la défection de Murat, le général Grenier, de concert avec Eugène, dirigea les mouvements défensifs de l'armée d'Italie et contribua au succès de la bataille du Mincio. Lors de l'évacuation de l'Italie, ce fut Grenier qui ramena l'armée en France.

Pendant les Cent-Jours, le département de la Moselle l'envoya à la Chambre où il exerça une grande influence et fut nommé membre du gouvernement provisoire.

Il quitta le service actif à la seconde Restauration et fut de nouveau député en 1818. Il est mort le 17 avril 1827. Le nom de cet illustre général est inscrit sur le côté Est de l'arc de l'Étoile.

GRENIER (Jean-Georges, baron) naquit le 11 novembre 1771 à Sarrelouis (Moselle).

Entré dans le 1er bataillon de volontaires de son département le 1er septembre 1791, il fut nommé sous-lieutenant au 96e régiment d'infanterie le 15 du même mois, lieutenant le 30 octobre 1793, et fit les guerres de 1792 et 1793 aux armées du Nord et de la Moselle.

Passé à l'armée de Sambre-et-Meuse en l'an II, le général Grenier, son frère, se l'attacha comme aide-de-camp le 20 vendémiaire an III.

Capitaine le 16 ventôse an V, et chef de bataillon le 4 floréal an VII, il quitta ses fonctions d'aide-de-camp le 15 floréal an VIII pour prendre le commandement d'un bataillon de la 37e demi-brigade de ligne, avec laquelle il fit les guerres de l'an VIII à l'an X à l'armée du Rhin et au corps d'observation de la Gironde.

Employé aux troupes expéditionnaires de la Guadeloupe, et blessé d'un coup de feu à la jambe gauche, le 6 germinal an X, à la prise de Bambège, il rentra en France vers la fin de l'an XI, et servit pendant une partie de cette année et la suivante à l'armée d'Italie.

Major du 60e régiment de ligne le 11 brumaire an XII, et membre de la Légion-d'Honneur le 4 germinal suivant, il se rendit de nouveau en Italie à la fin de la même année, et y resta jusqu'en 1806.

Après les guerres de 1807 et 1808 en Dalmatie, il se signala au passage de la Piave le 8 mai 1809; il contribua, le 17 du même mois, à enlever les redoutes ennemies et plusieurs pièces de canon.

Le lendemain, à la tête d'une colonne de la division du général Seras, il enleva d'assaut le fort de la Pradella.

Nommé, le 30, colonel du 52e de ligne, il se fit remarquer à la tête de ce corps en Italie, en Hongrie et à Wagram; il fut nommé officier de la Légion-d'Honneur le 27 juillet 1809, et baron de l'Empire le 15 août suivant.

Envoyé en Espagne vers cette époque, il tomba au pouvoir de l'ennemi le 1er novembre 1813.

Il était encore prisonnier lorsque l'Empereur le nomma (25 décembre 1813) général de brigade.

Rentré en France le 17 mai 1814, et envoyé à l'armée du Nord, il reçut la croix de Saint-Louis le 19 juillet, et celle de commandeur de la Légion-d'Honneur le 24 octobre suivant.

Napoléon, à son retour, l'employa au 1er corps d'armée qui devait agir en Belgique.

Mis en non-activité le 17 août de la même année, il remplit les fonctions d'inspecteur général des troupes de la 13e division militaire depuis 1816 jusqu'au 1er janvier 1820, époque à laquelle il fut mis en disponibilité.

Retraité depuis 1826, il fut mis par le gouvernement de Juillet dans le cadre de disponibilité de l'état-major général le 22 mars 1831 et admis définitivement à la retraite le 11 décembre 1832.

Il est mort à Marpain (Jura), le 6 novembre 1835.

GRILLOT (Remy, baron), né le 11 mars 1765 à Navilly (Saône-et-Loire). Soldat le 31 mai 1785 au régiment de Picardie-Infanterie (2e de l'arme en 1793, 16e demi-brigade de même arme en l'an II, et 26e demi-brigade en l'an V), il passa caporal le 1er février 1788, sergent-fourrier le 1er mars 1790, sergent-major le 26 juillet 1791, et adjudant-sous-officier, puis lieutenant les 10 avril et 20 mai 1792.

Il fit, avec distinction, les campagnes de 1792 à l'an IV aux armées du Nord, de la Moselle, de Rhin-et-Moselle, de

Mayence et des Alpes, se trouva au siége de Thionville, fut nommé capitaine adjudant-major le 1er novembre 1792, et reçut une blessure légère à la jambe gauche au combat d'Arlon le 9 juin 1793.

Cité à l'affaire qui eut lieu dans la forêt d'Haneau le 7 frimaire an II, ainsi qu'à Weissembourg, Landau et Kaiserslautern le 4 prairial, il obtint le grade d'adjudant-général chef de bataillon à l'état-major de l'armée de Rhin-et-Moselle le 17 du même mois, se distingua encore à Mayence dans la sortie de la garnison de cette place, le 11 floréal de la même année, et devint chef de la 16e demi-brigade d'infanterie le 1er messidor an III.

Placé, au mois de frimaire an V, comme moins ancien, à la suite de la 25e demi-brigade de ligne (armée de l'intérieur), il fut nommé chef titulaire de la 90e demi-brigade de ligne le 20 brumaire an VIII, fit les campagnes des ans VII et VIII contre les Anglo-Russes à l'armée de Batavie, et reçut un coup de feu à l'aine le 10 vendémiaire an VIII à la bataille des dunes de Bergen, près Alkmaër.

En l'an IX, il partit avec sa demi-brigade pour l'armée d'observation de la Gironde, embarqua à Rochefort pour Saint-Domingue le 2 fructidor an X, revint en France à la fin de l'an XI, fut nommé le 17 vendémiaire an XII colonel du 93e régiment de ligne, formé de la 90e demi-brigade, conduisit son régiment à l'armée des côtes de l'Océan (île de Rhé), et obtint d'emblée le 25 prairial de la même année la croix d'officier de la Légion-d'Honneur.

Il passa à l'île de Rhé les ans XIII et XIV, et l'année 1806, fit ensuite la campagne de 1807 au corps d'observation de la grande armée, se distingua d'une manière particulière au mois de mars devant Colberg, en dirigeant seul l'attaque d'une division, fit partie du 4e corps de la grande armée pendant la campagne d'Autriche en 1809, combattit à Essling et à Wagram, où il reçut plusieurs blessures, et fut nommé général de brigade le 2 juillet, puis baron de l'Empire le 15 août 1809. Le général Grillot faisait partie de l'armée de Brabant (division Puthod), lorsqu'en 1810 il fut mis en disponibilité par la dissolution de cette division; mais hors d'état de faire un service actif aux armées, ayant perdu l'œil droit par suite d'une fièvre putride gagnée dans sa dernière campagne, il obtint de l'Empereur, par décision du 13 juin 1810, le commandement du département de la Vendée (12e division militaire).

Rétabli de ses blessures, le général Grillot sollicita un commandement actif au mois de mars 1813, il reçut un ordre de service pour être employé dans la 2e division du 3e corps de la grande armée; il eut la jambe fracassée par un boulet de canon le 2 mai à la bataille de Lutzen, et mourut le lendemain des suites de l'amputation.

GRIVEL (Jean-Baptiste), vice-amiral, est né à Brives-la-Gaillarde (Corrèze) le 29 août 1778. Il entra dans la marine en l'an IV, en qualité d'aspirant de deuxième classe en l'an VI, et enseigne de vaisseau en l'an IX.

En l'an XI il était lieutenant de vaisseau; il commanda, en l'an XII, plusieurs bâtiments de la flottille de Boulogne, et fut compris comme membre de la Légion-d'Honneur dans la promotion du 25 prairial de la même année.

Au retour de la campagne d'Autriche (an XIII), qu'il fit avec le corps des marins de la garde, il fut employé sous les ordres du commandant Daugier à l'exploration des côtes d'Italie, de Dalmatie et de l'état de Raguse, et vint prendre part aux campagnes de l'an XIV, 1806 et 1807 en Prusse, en Pologne et dans la Poméranie suédoise, ainsi qu'à celles d'Espagne depuis 1808 jusqu'en 1812.

Grivel était attaché, en 1808, en qualité de capitaine, au bataillon des marins de la garde de la division Dupont; il fut fait prisonnier de guerre à Baylen, et conduit aux environs de la baie de Cadix, à bord d'un ponton, dont il parvint à s'évader avec une rare audace.

Après avoir longtemps surveillé les allures et les habitudes du navire l'*Argonaute*, chargé d'approvisionner d'eau les divers pontons, il réussit à enlever ce navire à son équipage au mois de février 1810, y embarqua à la hâte tous ses compagnons de captivité, et vint prendre vent au nord du fort Sainte-Catherine, après avoir été vainement poursuivi par une foule d'embarcations qui les mitraillèrent pendant plus de deux lieues.

Cet acte de courage le ramena à la tête de sa compagnie des marins de la garde; et ayant reçu l'ordre de croiser devant la baie de Cadix pendant le siége de cette ville, il s'empara de plusieurs bâtiments, et fut chargé, au combat de Sainte-Marie, du commandement de l'avant-garde de la flottille aux ordres du capitaine Saizieu.

L'Empereur le fit officier de la Légion-d'Honneur le 27 avril 1811, pour sa belle conduite en Espagne, et en 1813 pendant la campagne de Saxe, il était promu au rang de capitaine de frégate, et nommé chevalier de la Couronne de Fer après avoir été blessé à Dresde, au passage de l'Elbe.

L'année suivante, Grivel gagnait son grade de capitaine de vaisseau dans la mémorable campagne de France, et contribuait par son intrépide dévouement au salut de notre cavalerie au combat d'Arcis-sur-Aube.

Nommé chevalier de Saint-Louis le 18 août 1814, et compris, en 1817, dans la nouvelle organisation de la marine, il commandait, en 1818, la station française dans le Levant, et en 1823, à bord de l'*Astrée*, nos forces navales sur les côtes du Brésil. Il occupa longtemps ces parages, et y fut nommé contre-amiral et commandeur de la Légion-d'Honneur le 2 mai 1825.

Nos capitaines au long cours se souviendront longtemps de la protection efficace et éclairée qu'ils étaient certains de trouver toujours auprès de l'amiral Grivel, et la ville de Rio-Janeiro n'a pas oublié non plus les secours empressés de l'amiral lors de l'incendie du théâtre Saint-Jean, ni son honorable médiation dans la révolte du régiment allemand à la solde du Brésil, ni la noble fermeté avec laquelle il somma les navires anglais, mouillés dans la rade de Rio-Janeiro, de saluer, en 1830, le drapeau tricolore, ni enfin l'énergie qu'il déploya au mois d'avril 1831, à l'époque de l'abdication de don Pédro.

L'amiral Grivel avait été élevé, le 1er mars 1831, à la dignité de grand officier de la Légion-d'Honneur.

Il revint en France en 1832, fut nommé préfet maritime à Rochefort le 11 octobre de la même année, et vice-amiral le 19 mai 1834. Préfet maritime à Brest le 22 novembre suivant, il a été créé pair de France le 6 avril 1845.

GROBON (Pierre-André, baron) naquit le 6 janvier 1767 à Saint-Méen (Ille-et-Vilaine). Soldat dans le régiment d'infanterie de Penthièvre, le 26 mars 1784, il passa dans les grenadiers le 5 juin 1785, et obtint son congé le 25 novembre 1790.

Nommé capitaine de la garde nationale de son canton le 24 décembre, et major le 1er janvier 1791, il entra, comme volontaire, dans le 3e bataillon d'Ille-et-Vilaine le 10 août 1792, et y fut élu capitaine au moment du départ de ce bataillon pour l'armée des côtes de Brest le 25 août de la même année.

Chef de bataillon à l'armée des côtes de La Rochelle le 25 septembre 1793, il fut blessé d'un coup de feu à la cuisse droite à l'affaire du bois de Chenet, en Vendée, en attaquant une colonne de huit cents chouans qu'il défit, et auxquels il enleva deux pièces de 4 et un caisson.

A l'armée des côtes de Cherbourg, il reprit aux environs de Mortagne, le 28 floréal, un convoi considérable de munitions et un détachement de cent volontaires de la Côte-d'Or, dont les Vendéens s'étaient emparés le matin.

Le 20 fructidor, se trouvant au Pont-Charron avec quatre hommes, il fit mettre bas les armes à vingt-cinq révoltés, et, le 4 messidor an III, il mit en déroute, avec 300 hommes, une colonne de 1,200 royalistes, lui fit soixante prisonniers, et reprit cinquante voitures chargées de grains provenant du pillage de la ville de Josselin.

Le 18 germinal an IV, à la descente des Anglo-Émigrés dans la presqu'île de Quiberon, il s'élança dans l'eau avec son cheval, retint une chaloupe remplie d'émigrés qui furent faits prisonniers, et reçut, le même jour, dans une charge, un coup de sabre à l'épaule gauche.

Compris, avec son grade, dans l'organisation de la 52e demi-brigade de bataille, à l'armée des côtes de l'Océan, le 1er vendémiaire an V, il fit partie de l'armée d'Angleterre pendant les ans VI, VII et VIII, et vint en Italie en l'an IX.

Au passage du Mincio, le 5 nivôse, il franchit le fleuve sur le premier pont, à la tête de trois compagnies de grenadiers de la 52e, enleva de vive force les avant-postes de Valeggio, s'y maintint malgré le feu de l'ennemi, et, dans la journée, il se porta le premier sur le pont du château en tête de la brigade Buisson, s'empara de deux pièces de canon, et contribua beaucoup à la reddition de cette forteresse.

Compris, comme membre de la Légion-d'Honneur, dans la promotion du 25 prairial an XII, il fit, avec distinction, la campagne de l'an XIV en Italie à la tête d'un régiment de grenadiers dont le maréchal Masséna lui avait confié le commandement.

Passé dans le pays de Naples en 1806, il vint en Toscane en 1808, fit la campagne de 1809 sous les ordres du vice-roi, reçut une balle dans le bas-ventre au passage de la Piave le 8 mai, et fut promu au grade de major dans le 60e régiment le 30 du même mois. Baron de l'Empire par lettres patentes du 1er juillet, il assista le 5 à la première journée de Wagram, où une balle lui fracassa la jambe gauche.

Le 27 du même mois, il fut promu colonel du 53e de ligne qu'il commanda dans les États-Romains jusqu'à la fin de 1811, et fit, à sa tête, la campagne de Russie dans les rangs du 4e corps. Il entra en Italie au commencement de 1813, fut nommé officier de la Légion-d'Honneur le 12 février, et vint concourir à la formation du corps d'observation de l'Adige.

Blessé d'un coup de feu à la main droite, à l'affaire de Tchernotz, au delà de la Piave, le 15 septembre, il obtint le grade de général de brigade le 1er janvier 1814, rentra en France à la paix et fut envoyé en non-activité.

Au retour de Napoléon, le général Travot confia au général Grobon, le 26 mai 1815, le commandement des gardes nationales actives de Nantes.

A la tête de ces troupes, il marcha sur les royalistes qu'il défit au village de Saint-Gilles le 3 juin; mais, blessé dans l'action, il fut ramené, par ses soldats, à

Nantes, où il mourut le 7 du même mois.

GROS (JEAN-LOUIS, baron) naquit le 3 mai 1767 à Carcassonne (Aude). Soldat dans les chasseurs à pied des Cévennes le 6 octobre 1785, il y devint caporal le 13 septembre 1786, sergent le 20 mars 1787, et obtint son congé le 1er septembre 1789.

Nommé lieutenant au 2e bataillon de volontaires nationaux de l'Aude le 10 novembre 1791, il rejoignit l'armée des Pyrénées-Orientales au commencement de 1792, et fut blessé d'un coup de sabre sur le nez par les éclaireurs espagnols, dans une reconnaissance faite aux environs de Céret.

Capitaine le 10 avril 1793, il eut la cuisse droite fracassée au siége de Roses le 15 pluviôse an III.

Chef de bataillon à la 4e de bataille le 22 fructidor, il eut le pied droit traversé par une balle au combat de Saint-Georges, le 25 du même mois. A la bataille de Caldiéro, le 21 brumaire an V, il arriva un des premiers aux fossés à la tête du 3e bataillon, y arrêta une colonne ennemie de 600 hommes qui fut faite prisonnière, reçut un coup de feu dans le côté gauche.

Passé en l'an VII à l'armée d'Angleterre, il vint sur le Rhin en l'an VIII, et se trouva le 19 floréal à la bataille de Biberach, où Moreau lui confia le commandement de la 4e demi-brigade, avec laquelle il s'empara de 12 pièces de canon et tua 150 hommes.

Promu au grade de major dans les chasseurs à pied de la Garde impériale le 10 pluviôse, il reçut la croix de chevalier de la Légion-d'Honneur le 4 germinal, et fut nommé commandeur de l'Ordre le 25 prairial suivant.

Après la bataille d'Austerlitz, il obtint le rang de major-colonel le 27 frimaire an XIV, fit avec distinction les campagnes de Prusse et de Pologne, fut nommé chevalier de l'ordre de Maximilien de Bavière le 24 juin 1806, et général de brigade le 9 juillet 1807.

En 1810, il partit pour l'Espagne avec un détachement de la Garde impériale, y reçut la décoration de chevalier de l'ordre de la Couronne de Fer le 7 février 1811, et revint en France pour prendre part, avec la division de la vieille Garde, à la campagne de Russie, au retour de laquelle il obtint sa retraite le 17 janvier 1813.

Remis en activité le 10 avril suivant en qualité d'adjudant-général de la Garde, il fut chargé d'attaquer le 26 décembre le faubourg du Lac, à Dresde, et y reçut un coup de baïonnette à la cuisse en pénétrant dans une redoute, où il fit 550 prisonniers.

Blessé à Leipzig le 17 octobre, il suivit le mouvement de retraite de l'armée en France, et prit part à cette glorieuse campagne qu'on a nommée à juste titre la *campagne de la Garde*.

Chevalier de Saint-Louis le 6 décembre 1814, il obtint sa retraite le 1er août 1815 et mourut à Paris le 10 mai 1824.

Son nom est inscrit sur l'arc de triomphe de l'Étoile.

GROUCHY (EMMANUEL, marquis de), maréchal de France, né à Paris, le 23 octobre 1768. Il entra à 13 ans au corps royal de l'artillerie en qualité d'aspirant; en 1780, il passa lieutenant en second au régiment de La Fère, dans lequel, six ans plus tard, à la suite d'un brillant examen, Napoléon Bonaparte entra en la même qualité. Passé dans la cavalerie en 1782, Grouchy fut en 1784 promu au grade de capitaine dans le régiment royal étranger. En 1786, il devint lieutenant dans les Gardes du corps.

Les principes de 1789, qu'il adopta

avec enthousiasme, le portèrent à donner sa démission de son emploi de lieutenant aux gardes. Il était en 1792 colonel du 12ᵉ régiment de chasseurs à cheval ; la même année, il fut envoyé à l'armée du Midi en qualité de maréchal de camp ; il commanda la cavalerie et prit une part glorieuse aux opérations de Savoie. Sa belle conduite dans les diverses batailles qui suivirent lui valut le grade de général de division, qui lui fut conféré par les représentants en mission.

Proscrit comme noble par le décret du 15 thermidor an II, Grouchy se retira dans le département de la Manche ; mais rappelé en l'an III, il fut envoyé à l'armée des côtes de l'Ouest comme chef d'état-major, y opéra sa jonction avec les troupes commandées par Hoche et contribua ainsi que lui au succès de Quiberon. A la suite de cette affaire, il obtint le commandement en chef de l'armée de l'Ouest, et devint, en qualité de chef d'état-major général, l'adjudant du général Hoche, chargé du commandement des trois armées réunies.

En l'an VI, Grouchy passa sous les ordres de Joubert à l'armée d'Italie. Envoyé en Piémont, il contraignit à l'abdication le roi Charles-Emmanuel, et reçut en récompense le commandement du Piémont. Dans toutes les affaires qui précédèrent la bataille de Novi, Grouchy fit des prodiges de valeur. Il fut blessé à Valence et eut à la Trébia deux chevaux tués sous lui. A Novi, il commandait l'aile gauche et fit prisonniers 1,500 Autrichiens. Cerné dans les défilés de Pasturna, où il reçut 14 blessures, il fut fait prisonnier ; il vit avec désespoir le 18 brumaire et protesta par écrit contre l'établissement du Consulat.

Rentré en France après un an de captivité, il demanda néanmoins du service. Chargé du commandement d'une des divisions de la seconde armée de réserve, il la commanda en chef pendant une maladie de Macdonald.

Il passa ensuite à l'armée du Rhin sous les ordres de Moreau ; il y combattit avec sa valeur ordinaire et prit à la bataille de Hohenlinden une part des plus glorieuses. A la paix, il obtint une inspection générale de cavalerie, fut chargé de reconduire en Toscane, et de faire reconnaître comme roi d'Étrurie, le fils du roi Louis Iᵉʳ.

Le 19 brumaire an XII, il fut créé membre de la Légion-d'Honneur et grand officier le 25 prairial suivant. A cette occasion, il dut prêter serment de fidélité à l'empereur Napoléon, et à ce serment, jamais il n'y a manqué.

En 1805, le général Grouchy fut promu au commandement d'une division de l'armée gallo-batave, à la tête de laquelle il assista aux batailles de Wertingen, de Guntzbourg et d'Ulm. Passé, en 1806, au commandement d'une division de dragons, il la conduisit, le 25 octobre, dans Berlin ; le 26, il combattit avec elle à Zehdenick, et deux jours après à Prentzlow.

Après s'être distingué à Lubeck, au passage de la Vistule, à Thorn, etc., il assista le 8 février 1807 à la meurtrière bataille d'Eylau. Le matin, il avait mené 4,000 hommes au combat ; le soir, il lui en restait 1,200 à peine. Son cheval avait été tué sous lui. Grièvement blessé lui-même, il dut la vie au dévouement du jeune Lafayette, son aide-de-camp. Après cette bataille, il reçut de l'Empereur la grand'croix de l'ordre de Bavière ; quatre mois plus tard, sa belle conduite à Friedland lui valut une mention flatteuse dans le 19ᵉ bulletin.

Après la paix de Tilsitt, le général Grouchy fut décoré du grand aigle de la Légion-d'Honneur ; en 1808, l'Empereur le créa comte de l'Empire et l'envoya en Espagne, avec le titre de gouverneur de

Madrid. Le général signala sa présence dans cette capitale par d'importants services; mais bientôt il sollicita et obtint la permission de rentrer en France. A peine arrivé, il reçut ordre de rejoindre l'armée en Italie (1809). Après des prodiges de valeur, dans cette campagne, il alla rejoindre avec le prince Eugène la grande armée en Allemagne. Le 6 juillet, il prit une part glorieuse à la bataille de Wagram, où il battit la cavalerie ennemie et enveloppa le corps de l'archiduc Charles. Deux jours après, il défit complétement l'arrière-garde ennemie sous les ordres du prince de Rosamberg. Napoléon le récompensa en lui conférant le grade de commandeur de l'ordre de la Couronne de Fer et le nomma colonel général des chasseurs à cheval de la Garde. Ce grade plaçait le général Grouchy au nombre des grands dignitaires de l'Empire.

En 1812, le général comte Grouchy reçut le commandement d'un des trois corps de cavalerie de la grande armée; il passa le premier le Borysthène et combattit à Krasnoë, à Smolensk et à la Moskowa. C'est à lui que l'on dut le succès de cette dernière bataille, dans laquelle il reçut un biscaïen dans la poitrine, vit son fils blessé à ses côtés et eut un cheval tué sous lui.

Lors de la retraite de Moscou, Grouchy combattit à Maloïaroslawetz, reçut l'ordre de couvrir l'armée, et eut l'honneur de sauver à Viazma une partie de notre artillerie. Remplacé à l'arrière-garde par Davoût, Grouchy reçut le commandement de l'*escadron sacré*.

Rentré en France à la fin de 1812, il avait demandé un commandement dans l'infanterie, qui lui fut refusé; il renvoya alors ses ordres de service au ministre et se retira dans ses terres; mais bientôt les frontières furent envahies, et le général Grouchy, oubliant tout ressentiment personnel, écrivit à l'Empereur pour lui redemander du service. Ce fut encore la cavalerie qu'on lui confia. Grouchy arrêta l'ennemi dans les plaines de Colmar, joignit l'Empereur à Saint-Dizier, après avoir défendu contre les alliés le passage des Vosges, prit une part des plus glorieuses aux combats de Brieux, de La Rothière et de Vauchamps, et fut blessé à Troyes qu'il reprit à l'ennemi. Blessé de nouveau très-grièvement à l'affaire de Craone, il dut quelque temps renoncer au service.

La Restauration enleva à Grouchy le grade de colonel général des chasseurs à cheval pour le donner au duc de Berry. On lui accorda toutefois la croix de commandeur de l'ordre de Saint-Louis.

En mars 1815, le général Grouchy, mandé aux Tuileries, dit à Napoléon que son dévouement était acquis à la patrie.

Chargé du commandement en chef des 7e, 8e, 9e et 10e divisions militaires, il partit pour Lyon et trouva à Douzère le duc d'Angoulême qui réclamait l'exécution de la convention de la Palud; Grouchy en écrivit à Napoléon, et sur son ordre exprès, fit embarquer le prince à Cette, puis se rendit à Marseille.

Le 17 avril, il reçut le brevet de Maréchal de France.

Envoyé à l'armée des Alpes comme général en chef, il organisa cette armée, mit les frontières de la Savoie et du Piémont en état de défense, puis revint à Paris, appelé à la Chambre des Pairs par un décret impérial. Bientôt, il fut chargé du commandement en chef de la cavalerie à l'armée du Nord, et le 16 juin 1815, le maréchal comte Grouchy, à la tête de cette cavalerie, fit des prodiges de valeur à la bataille de Ligny.

Dans les journées du 17 et du 18 juin se place une série de faits dont beaucoup ont fait contre le maréchal Grouchy le thème d'une grave accusation. Détaché le 17 avec un corps de 30,000 hommes pour aller à la poursuite des Prussiens que Napoléon croyait retirés vers la Meuse, il aurait laissé échapper le corps de Blücher, fort de 40,000 hommes, qu'il ne devait pas *perdre de vue*, et se serait laissé masquer par le petit corps prussien de Thielman, qui lui cacha la contre-marche de Blücher se dirigeant sur le canon de Wellington. L'ordre donné par Napoléon de marcher sur Wavres n'était pas absolu et était subordonné aux manœuvres de l'ennemi.

Quoi qu'il en soit, sans ce fatal malentendu qui priva Napoléon de *sa droite* et changea la victoire en déroute, le maréchal arriva à Wavres le soir, à peu près à l'heure où Blücher arrivait à Waterloo. A Wavres, il attaqua le corps prussien qui occupait cette ville et le battit. Attaqué à son tour le lendemain par des forces plus considérables, il repoussa de telle sorte l'ennemi qu'il se disposait à marcher sur Bruxelles, lorsqu'il reçut le message de l'Empereur. Le maréchal se replia sur Namur, exécutant sa retraite à travers toute l'armée anglo-prussienne et arriva à Reims, sans avoir fait aucune perte. Ce fut là qu'il apprit qu'une dernière fois l'Empereur venait d'abdiquer en faveur du roi de Rome. Il fit à ses soldats une proclamation dans laquelle il les engageait à défendre, sous les ordres du nouveau chef de l'Empire, les intérêts de la patrie et de la liberté.

A Soissons, le maréchal reçut le 28 juin un décret du gouvernement provisoire, en date du 25, par lequel il était appelé au commandement en chef de l'armée du Nord. A son arrivée à Paris, il remit ce commandement au maréchal Davoût.

Proscrit par l'ordonnance de juillet 1815, le maréchal s'embarqua pour l'Amérique et alla s'établir à Philadelphie.

Deux fois le 2° conseil de guerre de la 1re division, chargé de juger le maréchal, s'était déclaré incompétent. Par ordonnance royale du 24 novembre 1819, Louis XVIII permit à Grouchy le retour dans la patrie, en le rétablissant dans ses titres, grades et honneurs, au 19 mars 1815. Rentré en France en 1821, le comte Grouchy, redevenu lieutenant-général, fut mis à la retraite.

Une ordonnance royale du 19 novembre 1831 lui rendit son titre de maréchal de France. Une autre ordonnance du 11 octobre 1832 lui rendit son siège à la Chambre des pairs.

Mort à Saint-Étienne, le 29 mai 1847, à l'âge de 79 ans. Son nom est inscrit sur l'arc de l'Étoile, côté Nord.

GRUNDLER (Louis-Sébastien, comte), né à Paris en 1774. Lieutenant le 21 décembre 1793, il servit successivement en Champagne, à Mayence, aux armées du Nord, du Midi et d'Italie. Chef de bataillon à l'état-major de la grande armée en 1805, il fut nommé adjudant-commandant en 1807 et envoyé sous les murs de Stralsund.

Après la paix de Tilsitt, en 1808, il commanda le département de la Manche; il alla servir en Espagne, puis sous Anvers, en Hollande, et fit la campagne de 1812 en Russie avec le 2° corps; il s'y montra avec distinction et reçut, à Moscou, le 10 septembre, le grade de général de brigade. S'étant trouvé ensuite aux batailles de Lutzen et de Bautzen, il fut nommé baron le 4 mai 1813.

En 1814, il offrit ses services au roi, reçut le commandement de Paris et du département, fut chargé de l'arrestation du général Exelmans, fut créé comte et chevalier de Saint-Louis.

Le 13 mars 1815, le duc de Feltre lui confia le secrétariat de la guerre. Après la journée de Waterloo, il fut envoyé à Soissons, comme commissaire, puis commanda le département. Rapporteur dans le procès de Ney, il traita la question de la compétence du Conseil de guerre avec une impartialité qui le fit disgracier et éloigner de Paris.

Le comte Grundler fut nommé lieutenant-général en 1823.

GRUYER (ANTOINE, baron), né le 15 mars 1774 à Saint-Germain (Haute-Saône). Nommé, par ses compatriotes, capitaine au 6ᵉ bataillon de volontaires de son département, il fit les campagnes de la Révolution, il fut blessé à Fleurus, et se distingua surtout à l'armée d'Italie. Blessé et officier de la Légion-d'Honneur à Austerlitz, lieutenant-colonel des chasseurs de la Garde impériale pendant les campagnes de Prusse et de Pologne, colonel et aide-de-camp du prince Borghèse en 1808. Le 6 octobre 1813, le baron Gruyer, nommé général de brigade, eut deux chevaux tués sous lui en s'emparant du village d'Interbroch près de Tœplitz; il occupait encore ce poste quand la retraite des 4ᵉ, 7ᵉ et 11ᵉ corps de la grande armée, le plaça dans la situation la plus critique. L'ennemi, fort de 40,000 hommes, vint se placer entre lui et les trois corps français; néanmoins, conservant le plus grand sang-froid, il se mit en retraite, et quoique mitraillé par l'artillerie ennemie, il refusa de se rendre, marcha en carré, s'arrêtant de cent pas en cent pas afin de repousser six mille cavaliers qui le harcelaient. Cerné de toutes parts, ses quatre mille braves n'avaient plus de munitions et étaient sur le point de se rendre, lorsque le général, qui avait eu trois chevaux tués sous lui, saisit un drapeau, ramène, par une courte allocution, le courage de sa troupe qui, la baïonnette en avant, parvient à se faire un passage. Pendant cette affaire, regardée comme l'une des plus glorieuses de la campagne, Gruyer avait perdu 1,800 hommes et soixante-trois officiers, tués, blessés ou faits prisonniers. Blessé à Leipzig, cet officier général se rendit à Luce pour donner des soins à sa santé.

En 1814, Gruyer, à peine convalescent, se battit à Montmirail, à Château-Thierry, à Champ-Aubert et à Montereau. Le 22 février, chargé d'attaquer Mery-sur-Seine, il pénétra dans la ville après un combat meurtrier qui dura de sept heures du matin à cinq heures du soir, et chassa l'ennemi du quartier situé sur la rive gauche. Le général Gruyer voulut profiter d'une victoire si chèrement achetée. Les Russes avaient lâchement incendié la ville, il s'empressa de faire jeter dans la rivière les poutres enflammées du pont auquel l'ennemi avait aussi mis le feu, et se disposait à passer la rivière sur celles qu'on avait pu conserver, lorsque l'Empereur, arrivant à Méry, le fit demander et lui dit : « Général, vous appréciez les circonstances, elles sont difficiles et méritent bien les beaux efforts que vous venez de faire ici, et vous êtes déjà récompensé par la bonne besogne que vous avez faite. » — Le brave Gruyer poursuivit aussitôt l'ennemi dans l'autre partie de la ville, où le combat recommença avec la même fureur. Un coup de fusil parti d'une croisée atteignit l'intrépide général, il n'en ordonna pas moins la charge en criant à ses soldats : « En avant ! l'Empereur m'a chargé de vous dire que vous avez fait de la bonne besogne; camarades, achevez votre ouvrage. » Le baron Larrey reçut de l'Empereur l'ordre de panser Gruyer que trente grenadiers transportèrent jusqu'à Paris.

Nommé, en juillet suivant, commandant du département de la Haute-Saône, il occupait ce poste à l'époque où Ney, chargé de s'opposer au progrès de Napoléon, arriva à Lons-le-Saulnier (12 mars 1815).

Gruyer exécuta l'ordre qui lui enjoignait de proclamer le retour de l'Empereur et ne négligea rien pour maintenir la tranquillité publique. Après la seconde Restauration, cette conduite lui fut imputée à crime. Arrêté le 13 décembre 1815, il fut condamné à mort le 16 mai 1816; mais sa peine fut commuée en celle de vingt ans de réclusion; sa femme voulut partager sa captivité, et son mari fut obligé de l'accoucher, parce que le colonel Biraque, commandant de la citadelle, avait refusé de faire ouvrir les portes de la prison à la personne chargée d'aller chercher le médecin.

Le général fut rendu à la liberté après vingt-huit mois de détention et mourut à Strasbourg le 27 août 1822. Un grand concours de citoyens suivit ses dépouilles mortelles.

GUDIN (CHARLES – ÉTIENNE – CÉSAR, comte), né à Montargis le 13 février 1768, fit ses études à l'école de Brienne. Sous-lieutenant dans le régiment d'Artois-Infanterie en 1784, il servit à Saint-Domingue en 1791, fut chef de bataillon en 1793, adjudant-général en 1794, se signala sous les ordres de Moreau en 1795 et 1796 et fut nommé chef d'état-major d'une division active.

Gudin obtint le grade de général de brigade le 5 février 1799. Il attaqua et prit la position du Grimsel, franchit les passages du Valais, battit les Autrichiens et les Russes au Saint-Gothard et en diverses rencontres. Chef d'état-major à l'armée du Rhin, il reçut le 6 juillet 1800 le brevet de général de division.

En 1804, Napoléon lui confia la 3ᵉ division du corps de Davoût avec laquelle il fit la campagne d'Autriche de 1805, et celles de 1806 et 1807 en Prusse et en Pologne. En 1809, Gudin, commandant la droite du corps de Davoût, se fit remarquer aux affaires de Tann et d'Abensberg. Il passa avec sa division sous les ordres de Lannes, et développa de grands talents militaires aux batailles d'Eckmühl et de Ratisbonne. Après avoir enlevé l'une des îles du Danube, située en avant de Presbourg, il reçut le grand cordon de la Légion-d'Honneur. Enfin, il prit une part glorieuse à la journée de Wagram.

Le général Gudin se distingua particulièrement au début de la guerre de Russie dont il ne devait pas voir les désastres. A Volutina-Gora (19 août), au moment où sa division, qui venait de culbuter le centre de la colonne russe, allait s'emparer de la position ennemie, il fut frappé d'un boulet et mourut sur le champ de bataille.

Voici l'oraison funèbre que Napoléon lui a faite dans son 14ᵉ Bulletin (23 août) : « Le général Gudin était un des officiers les plus distingués de l'armée; il était recommandable par ses qualités morales autant que par sa bravoure et son intrépidité. Son nom est inscrit sur l'arc de triomphe de l'Étoile, côté Est.

GUENON (JEAN-LOUIS-CHARLES-VICTOR), baron *Deschamps*, est né le 6 février 1763 à Briquebec (Manche). Volontaire dans le 11ᵉ régiment de chasseurs à cheval (de Normandie), le 22 juin 1787, brigadier le 1ᵉʳ mai 1788, brigadier-fourrier le 5 janvier 1792, il fut nommé maréchal-des-logis le 7 août 1793 à l'armée du Nord, et sous-lieutenant à l'élection le 11 du même mois.

Passé adjoint à l'adjudant-général Klein, à l'armée des Ardennes, le 1ᵉʳ pluviôse an II, il chargea seul à la prise de Coblentz, plusieurs hussards de Barco, et leur enleva 2 chasseurs de son régiment qu'ils emmenaient prisonniers.

Aide-de-camp du général Moreau le 1ᵉʳ brumaire an IV, lieutenant le 14 germinal, prisonnier de guerre le 4ᵉ jour complémentaire, il fut échangé le 16 germinal an V, et rejoignit bientôt après l'armée de Sambre-et-Meuse.

Capitaine à la suite du 11ᵉ régiment de chasseurs le 14 vendémiaire an VI, il passa à l'armée d'Angleterre le 1ᵉʳ frimaire avec le titre d'adjoint à l'adjudant-général Paulet, fut attaché ensuite à l'état-major du général Duhesme, à l'armée d'Italie, se trouva au combat de Fossano le 14 brumaire an VIII, entra le premier dans Savigliano, y fit seul trente prisonniers et s'empara d'une pièce de canon, et fut fait, en récompense de ce fait d'armes, chef d'escadron sur le champ de bataille.

Nommé aide-de-camp du général Loison à l'armée de réserve le 21 frimaire an IX, et confirmé dans son grade de chef d'escadron le 2ᵉ jour complémentaire de la même année, il passa, le 13 brumaire an XI, à l'état-major du général Victor, en Hollande, pour être attaché à l'expédition projetée de la Louisiane, fut employé auprès du général Marmont à l'armée de Batavie, le 11 pluviôse an XII, et nommé membre de la Légion-d'Honneur le 25 prairial suivant.

Il fit avec distinction, avec le 3ᵉ corps de la grande armée, les campagnes d'Autriche, de Prusse et de Pologne, pendant les ans XIV, 1806 et 1807.

Dans la campagne de Pologne, il fut envoyé en partisan à 30 lieues du corps d'armée avec 100 chasseurs, et fit capituler la forteresse de Czentochau, où il trouva 30 bouches à feu et une garnison de 800 hommes.

Le 24 novembre 1806, au combat de Nazielsk (Pologne), il reçut deux coups de feu au bras gauche, fut nommé, le 20 février 1807, major du 1ᵉʳ régiment de chasseurs, faisant également partie du 3ᵉ corps, le commanda à l'affaire de Niédenburg le 9 mars, y fut blessé de deux coups de sabre au bras droit, tomba au pouvoir des Russes et n'obtint son échange que le 6 août, après la signature du traité de Tilsitt.

En 1808, il resta avec le 3ᵉ corps en Allemagne, combattit en 1809 à Wagram, et fut ensuite envoyé avec son grade au dépôt du 27ᵉ régiment de chasseurs à cheval, organisé à cette époque avec le régiment de chevau-légers belges.

Nommé colonel du 4ᵉ régiment de chevau-légers, le 14 octobre 1811, il le commanda successivement au 3ᵉ corps de réserve de la grande armée et au 1ᵉʳ corps de cavalerie pendant les campagnes de Russie, de Saxe et de France, et reçut la croix d'officier de la Légion-d'Honneur, à la suite de la bataille de Lutzen, le 28 juin 1813.

Le gouvernement royal le fit chevalier de Saint-Louis le 9 juin 1814, et le maintint à la tête de son régiment devenu lanciers de *Monsieur* le 27 septembre. Napoléon, à son retour de l'île d'Elbe, le créa maréchal de camp le 21 avril 1815, pour être admis à la retraite de ce grade.

Rentré dans la position où il se trouvait au 1ᵉʳ mars par suite de l'ordonnance du 1ᵉʳ août, le baron Deschamps obtint, le 27 septembre suivant, le commandement du régiment de cuirassiers d'Orléans (5ᵉ de l'arme), et fut promu au grade de maréchal de camp, le 22 janvier 1823.

Il était à la division de cuirassiers de l'armée des Pyrénées, lorsqu'il fut mis en disponibilité le 21 décembre, et obtint, le 4 juin 1826, la lieutenance de roi de la place de Strasbourg.

Le baron Deschamps a été mis à la retraite le 31 août 1831.

GUÉRIN (François), vicomte d'Étoquigny, né à Dieppe, en 1762, entra en 1792 à l'état-major de l'armée du *Midi*; devint en 1795 colonel des hussards des

Alpes; conduisit ce régiment à l'armée d'Italie, fut destitué à la fin de cette campagne pour opinion; renvoyé bientôt à l'armée d'Italie comme colonel du 10ᵉ régiment des chasseurs à cheval, pendant la brillante campagne de 1796 à 1797, il sut maintenir parmi ses soldats une discipline qui les empêcha de suivre le mouvement insurrectionnel du reste de l'armée, et valut à Guérin les éloges du Directoire.

Colonel du 25ᵉ chasseurs à la conquête du royaume de Naples, il prit à l'ennemi six pièces de canon, et se distingua à la journée de la Trebia. Nommé officier général sur le champ de bataille, il fut chargé de l'arrière-garde pendant la retraite de Toscane.

Après le 18 brumaire, il commanda l'arrière-garde à l'armée des Grisons et obtint des éloges de Macdonald. Il servit ensuite à l'armée de Hollande, en Italie, fit la campagne de 1809 à la tête de la 1ʳᵉ divison de dragons; fut nommé, à la paix, gouverneur général de la Styrie et de la Carinthie, et, en 1810, commanda la cavalerie à l'armée de Portugal.

Mécontent de quelques injustices commises à son égard, il donna ensuite sa démission et se retira dans ses foyers.

Les Bourbons, à leur rentrée, l'attachèrent à leur service. Après le 20 mars, le général Guérin fut appelé chez le Roi et en reçut une mission pour l'étranger dont le but est demeuré un mystère. Il ne rentra en France qu'après la bataille de Waterloo.

Commandant de divers départements, il fut fait lieutenant-général à l'occasion du baptême du duc de Bordeaux.

Nommé inspecteur général de gendarmerie le 3 juillet 1821. Il prit sa retraite en 1830 et mourut le 28 avril 1831.

GUÉRIN (Jacques-Julien), baron de Walderbach, général de brigade, naquit à La Bigotière (Ille-et-Vilaine), le 26 janvier 1757. Le 6 juin 1774, il entra comme soldat au 46ᵉ régiment d'infanterie, fut nommé caporal le 16 juin 1780, et sergent le 17 janvier 1781. De cette dernière année à 1783, il assista au siége de Mahon, où il reçut une blessure, et à celui de Gibraltar.

Fait sergent-major le 1ᵉʳ mai 1785, il passa sous-lieutenant le 10 décembre 1791, lieutenant le 26 avril 1792, capitaine le 23 octobre même année, et adjoint aux adjudants-généraux le 8 frimaire an II. Il se trouva, pendant ces dernières années au siége de Spire, à la prise de Worms, à celle de Mayence, de Francfort, de Hambourg, de Kœnisteim et de Limbourg, à la défense de Francfort contre les Prussiens. Après avoir combattu à l'affaire de Bingen, il resta dans Mayence, tant que dura le blocus de cette place.

Employé dans la Vendée, il se signala le 24 vendémiaire an III au combat entre Chollet et Mortagne, et y fut blessé. Il se distingua de nouveau, le 22 frimaire, à la bataille du Mans, le 3 nivôse à Savenay, les 13 et 14 aux affaires de Machecoul, le 8 messidor auprès de Moustier-les-Maufaits, et, le 21 germinal an III, à l'expédition de Chanseaux, qu'il dirigea; mais, par suite d'une erreur du représentant Aubry, qui ne l'avait pas compris dans son travail d'organisation des états-majors, il reprit son rang de capitaine, et resta dans cette position jusqu'au 28 prairial an VI, époque de sa nomination au grade d'adjudant-général chef de brigade.

Envoyé la même année dans la 11ᵉ division militaire, il y commanda successivement les départements des Pyrénées, des Landes et de la Gironde.

Promu au grade de général de brigade le 12 brumaire an VIII, il fut mis au traitement de réforme le 1er vendémiaire an X, passa, le 29 messidor suivant, dans la 24e division militaire, et se trouvait investi du commandement de Rhin-et-Moselle, quand, le 19 frimaire an XII, le premier Consul le nomma membre de la Légion-d'Honneur. Fait commandant de l'Ordre le 25 prairial suivant, il servit à la grande armée de 1806 à 1807, et fit les campagnes d'Espagne de 1808 à 1809.

Créé, en 1808, comte de l'Empire, avec autorisation d'ajouter à son nom celui de Walderbach, il reçut, le 4 janvier 1809, au siége de Saragosse, une blessure assez grave pour l'obliger à demander son rappel. Arrivé en France au mois de mars de la même année, il reprit, le 8 avril, le commandement du département de Rhin-et-Moselle, qu'il quitta, le 1er mai 1813, pour se rendre à Mayence, afin d'y organiser les troupes qui se rendaient à la grande armée. Le 12 octobre suivant, le maréchal duc de Valmy lui donna l'ordre d'escorter, jusqu'au grand quartier général, un parc d'artillerie et des fourgons renfermant le trésor.

En 1814, le général Guérin fit partie de la garnison de Metz, et après les événements d'avril, il commanda provisoirement la place de Sarrelouis. Fait chevalier de Saint-Louis le 13 août, il eut, le 22 décembre, le commandement de Saint-Mihiel (Meuse). Il occupait ce poste le 20 mars 1815. Le 23, il fit prendre aux troupes la cocarde tricolore, se rendit le 15 à Bar, à l'effet de renvoyer à l'armée les militaires absents de leurs corps, et vint à Paris le 26 pour y recevoir de nouveaux ordres.

L'Empereur l'envoya, le 5 mai, à Nanci, pour y organiser et commander les gardes nationales. Le 30, il partit pour La Rochelle afin d'y prendre le commandement d'une brigade de l'armée du général Lamarque.

Le général Guérin, admis à la retraite le 4 septembre suivant, a vécu depuis entièrement étranger aux événements.

GUILLEMINOT (ARMAND-CHARLES, comte), né à Dunkerque en 1774. Il servit d'abord en Belgique contre les Autrichiens en 1790. Sous-lieutenant en 1792 à l'armée du Nord, sous les ordres de Dumouriez. Arrêté comme suspect à la suite de la trahison de son chef; réintégré bientôt après, et envoyé en 1798 comme capitaine à l'armée d'Italie, où il devint chef de bataillon et aide-de-camp de Moreau. Ami de ce dernier et de Pichegru, le premier Consul le prit en défiance au moment de la conspiration de Georges Cadoudal, et le laissa un an au traitement de réforme. Attaché en 1805 au quartier général de l'armée d'Allemagne, comme ingénieur géographe, il fut promu l'année suivante au grade d'adjudant-commandant. En 1808 il passa en Espagne à l'état-major de Bessières.

L'Empereur le remarqua au combat de Medina-del-Rio-Seco et lui donna le brevet de général de brigade.

Le général Guilleminot servit avec distinction aux armées d'Italie, de Catalogne et à l'état-major général de la grande armée. Le 20 mars 1813 il reçut le grade de général de division. En 1815 il était chef d'état-major du prince d'Eckmühl. Choisi comme commissaire du gouvernement provisoire pour traiter avec les généraux étrangers, il se rendit à Saint-Cloud auprès de Blucher, accompagné de MM. Bignon et de Bondy, et signa la suspension d'armes du 3 juillet. Il suivit l'armée sur les bords de la Loire.

En mai 1817 le général Guilleminot fut chargé de fixer, de concert avec une commission allemande, et conformément aux traités de 1814 et 1815, la ligne de démarcation de nos frontières de l'Est.

Nommé membre de la commission de défense du royaume en 1818, et directeur du depôt de la guerre en 1822, il contribua à réorganiser ce précieux établissement. Chef de l'état-major général du duc d'Angoulême en 1823, il se montra opposé au parti de l'absolutisme. On lui attribue l'ordonnance d'Andujar. Nommé Pair de France et ambassadeur à Constantinople, M. Guilleminot quitta l'Espagne pour se rendre à son poste. Rappelé en 1831 par Louis-Philippe, il devint président de la commission chargée d'établir la démarcation des frontières de l'Est, et membre de la nouvelle commission de défense du royaume reconstituée en 1836.

Il mourut en mars 1840.

GUILLOT (François-Gilles, baron), né le 17 août 1759 à Angers (Maine-et-Loire). Entré comme soldat dans le régiment de Lyonnais-Infanterie le 6 juin 1775, il passa comme sergent dans celui du Maine le 15 juillet 1780 au dédoublement du régiment de Lyonnais. Sergent-major au même corps le 17 février 1788, il fut nommé adjudant sous-officier le 29 avril suivant, et devint quartier-maître trésorier du 28ᵉ d'infanterie (ci-devant Maine) le 1ᵉʳ avril 1791.

Promu capitaine au même corps le 6 novembre 1792, il fit les premières guerres de la Révolution aux armées du Var et d'Italie, au siège de Toulon et à l'armée des Pyrénées-Orientales de 1792 à l'an III inclusivement. Nommé chef de bataillon commandant l'infanterie légère à l'armée d'Italie, par le général en chef Brunet, il ne fut point confirmé dans ce grade; mais sa brillante conduite à l'affaire du 8 septembre 1793, au-dessus de Lantosca, et à celle du 28 vendémiaire an II, à l'attaque de Gilette, où il fut blessé d'un coup de feu à la jambe droite, lui mérita le grade d'adjudant-général chef de brigade, qui lui fut conféré le 13 brumaire suivant.

Il rendit d'importants services pendant le siége de Toulon, et prit une part distinguée à l'enlèvement de la redoute anglaise, ce qui le fit nommer général de brigade par arrêté du représentant du peuple près l'armée devant Toulon, le 30 frimaire de la même année. Il commanda l'avant-garde de l'armée des Pyrénees-Orientales au siége de Saint-Elme et de Collioure, et fut blessé d'un coup de feu au bras droit à l'attaque des redoutes espagnoles le 30 brumaire an III. Passé à l'armée d'Italie, il y fit les guerres des ans IV et V, et fut réformé le 28 ventôse de cette dernière année.

Remis en activité le 3 germinal an VI, il fut successivement employé depuis cette époque jusqu'au mois de messidor an VIII aux armées d'Angleterre, de l'Ouest, et dans la 13ᵉ division militaire. Le 9 brumaire an IX il fut appelé au commandement du département du Var (8ᵉ division militaire). Créé membre de la Légion-d'Honneur le 19 frimaire an XII, il en fut nommé commandant le 25 prairial suivant, et continua de servir dans la 8ᵉ division militaire jusqu'au mois de novembre 1808, époque à laquelle il alla prendre le commandement de la 2ᵉ brigade de la 1ʳᵉ division du 7ᵉ corps de l'armée d'Espagne; il fit les campagnes de 1808, 1809 et 1810 en Catalogne, et fut nommé baron de l'Empire le 15 août 1810.

En 1811 il commandait le 1ᵉʳ arrondissement de la haute Catalogne, sous les ordres du colonel général Baraguay-d'Hilliers, commandant en chef de cette province. Assurer les communications de l'armée avec la France, surveiller les postes ennemis, se porter sur les divers points où ils se présenteraient pour les disperser, tel était l'objet de sa mission. La place de Figuières était située dans son commandement. Cette place, devenue le principal entrepôt des approvisionnements de l'armée, formait un point central et avantageux pour les opérations qui étaient confiées au général Guillot. Ces considérations l'avaient déterminé à établir son quartier général dans le fort de San Fernando de Figuières.

Investi du commandement général de l'arrondissement, il avait nécessairement le commandement supérieur de la place de Figuières; mais ses fonctions ne lui permettaient pas de se livrer aux détails de cette partie de son administration. La ville et le fort de Figuières avaient son commandant particulier et spécial. C'était le colonel d'infanterie Yann qui remplissait ces fonctions à l'époque où le fort de Figuières fut surpris par les insurgés espagnols. Ce funeste événement eut lieu dans la nuit du 9 au 10 avril 1811, et fut le résultat de la trahison. Quelques Espagnols employés auprès du garde-magasin des approvisionnements de réserve, facilitèrent aux insurgés les moyens de s'introduire dans le fort.

Le chef de bande Livrera, à la tête de 600 hommes (soutenu par les troupes du chef de bande Rovira et du colonel-brigadier Martinez), s'approcha des murs de la place à la faveur de la nuit, et gagna, sans être vu, l'entrée du magasin, dont les portes lui furent ouvertes, à l'aide de fausses clefs, par un des Espagnols attachés au garde-magasin Blouquier. Il pénétra dans l'intérieur et surprit la garde de la porte principale, après avoir tué la sentinelle. Les insurgés se répandent dans le fort, s'emparent des principales portes et des issues, égorgent les sentinelles et tous ceux qui se montrent disposés à se défendre, et placent des hommes devant les casernes pour empêcher la sortie des troupes.

Aux premiers coups de fusil, la sentinelle du poste de l'Hôpital était allé donner l'alarme à la caserne occupée par le dépôt italien. On avait même battu un instant la générale dans le haut du fort et au poste de la caserne. La troupe italienne s'arme aussitôt, se rallie, et s'avance la baïonnette croisée; mais cernée de toutes parts par les insurgés, qui font pleuvoir sur elle une grêle de balles, elle est obligée de mettre bas les armes. 40 Italiens furent tués les armes à la main, un plus grand nombre fut blessé.

Au premier bruit qu'il entendit, le général Guillot, qui logeait dans le fort, se précipita vers le lieu d'où partait le feu, il eut alors la douleur d'entendre les Napolitains, qui faisaient partie de la garnison, crier: *Viva Espagna, siamo tutti fratelli*. Les postes napolitains qui gardaient les bastions de la place n'opposèrent qu'une faible résistance. Les soldats de cette nation, qui étaient dans la caserne, demeurèrent dans l'inaction et n'imitèrent point le bon exemple que leur donnaient les Italiens. Le 8ᵉ bataillon du train des équipages militaires, seule troupe française qui fût alors dans le fort, ne put être employé utilement, attendu qu'il se trouvait enfermé sous les grilles des écuries, dont les clefs, déposées chez l'adjudant de la place, ne purent être trouvées que trop tard. Cependant ces braves soldats ne consentirent à mettre bas les armes que le lendemain à quatre heures du soir, et sur la menace qui leur fut faite d'être tous fusillés s'ils ne cessaient une résistance devenue inutile.

Pendant tout ce temps, le général Guillot cherchait à rallier autour de lui le plus de monde possible, et faisait toutes les dispositions qu'il croyait les plus propres à arrêter les effets de l'invasion, mais ce fut en vain; il succomba et resta prisonnier des Espagnols. Pendant sa captivité, il conçut le hardi projet de reprendre la forteresse par les mêmes moyens dont les ennemis s'étaient servis pour s'en emparer, c'est-à-dire de fournir à l'armée française la facilité de s'introduire dans le fort et de surprendre la garnison espagnole.

Encouragé dans sa périlleuse entreprise par le désir de reprendre sa revanche, il parvint à séduire quelques sous-officiers et soldats espagnols qu'il envoyait tour à tour au général Baraguay-d'Hilliers pour l'instruire de l'état de la garnison et de ses dispositions, et pour lui soumettre divers projets pour surprendre la place. Sept émissaires parvinrent heureusement à destination, mais le huitième fut arrêté porteur des dépêches de Guillot. Ce malheureux fut fusillé, et le général Guillot, qui jusque-là avait joui des égards dus à son grade, fut enfermé dans un cachot humide, où il recevait à peine l'eau et le pain nécessaires à sa subsistance.

Le commandant espagnol le livra à un conseil de guerre qui le condamna à être passé par les armes. Cependant l'armée française resserrait chaque jour davantage le blocus de la place. Les secours que la garnison attendait n'arrivaient pas. Les Espagnols voyaient arriver le moment où ils seraient obligés de se rendre. Ces motifs et la crainte des représailles déterminèrent les chefs à suspendre l'exécution de la sentence prononcée contre le général Guillot. En effet, la garnison capitula le 19 août 1811, et le général Guillot fut délivré après quarante-neuf jours de la plus dure captivité. Par jugement du 23 août la commission militaire, instituée à cet effet, condamna à la peine de mort Marquès, Junyez et Floretta comme coupables d'avoir livré le fort San Fernando aux insurgés espagnols, elle condamna également, par contumace, à la même peine les nommés Pons (Genis) et Pons (Pierre). Quant au général Guillot, il fut immédiatement conduit, par ordre de l'Empereur, à la citadelle de Perpignan pour y être détenu jusqu'à nouvel ordre.

L'Empereur décida qu'un conseil d'enquête examinerait la conduite des officiers supérieurs qui commandaient lors de la surprise du fort, ainsi que les trois officiers subalternes, Minalès sous-lieutenant, faisant les fonctions d'adjudant de place, Celentani, chef de bataillon des troupes napolitaines, et Flaviono, sous-lieutenant au 2e régiment de ligne napolitain, et qui se trouvait de garde au poste de la porte principale. Une commission, prise dans le sein du conseil d'État et composée de MM. les comtes Andréossi, président de la section de la guerre, Gassendi et Lavalette, examina avec beaucoup d'attention toutes les pièces qui lui furent adressées par le ministre de la guerre, relativement à cette affaire, et déclara dans son rapport approuvé par l'Empereur le 8 mai 1812, « que le général Guillot ne pouvait être aucunement soupçonné d'intelligence avec l'ennemi, et qu'en rendant une entière justice à la fidélité de cet officier général, elle aurait voulu pouvoir se convaincre en même temps qu'il n'avait aucune faute d'imprévoyance et de négligence à se reprocher, mais qu'il était des points à l'égard desquels les pièces fournies ne donnaient que peu ou pas de renseignements, et qui ne pouvaient être bien éclaircis que par des confrontations et des débats. »

Conformément aux conclusions de ce rapport, l'Empereur décréta, le 12 mai 1812, que le général Guillot, le colonel Yann et les trois autres officiers seraient traduits devant un conseil de guerre extraordinaire convoqué à Perpignan. Après une procédure longue et minutieuse, le général Guillot comparut devant le conseil. Les débats s'ouvrirent le 19 novembre 1813, et par jugement du 24 il fut condamné à la peine de mort à la majorité de cinq voix, comme coupable de négligence, d'insouciance et d'imprévoyance dans son service, en sa qualité de commandant du premier arrondissement de la haute Catalogne, et d'avoir été la cause de la perte du fort de Figuières, soumis à son commandement. Ses coaccusés furent absous. La sévérité extrême de ce jugement n'obtint point la sanction de l'opinion publique. Le 26 du même mois le général Guillot se pourvut auprès de la Cour de cassation qui, par arrêt du 25 janvier 1814, annula le jugement rendu et renvoya l'accusé devant un autre conseil de guerre pour y être procédé à une nouvelle instruction à partir de l'interrogatoire inclusivement et à un nouveau jugement. Mais cette disposition ne put être exécutée par suite des événements politiques survenus en France à cette époque. Enfin, le 13 mai 1814 Louis XVIII rendit une ordonnance, portant : « Le général de brigade Guillot sera mis en liberté, et il ne sera donné aucune suite à l'accusation qui lui a été faite d'avoir été la cause de la perte du fort de Figuières en 1811. »

Réintégré dans son grade de maréchal de camp le 14 juillet suivant, et nommé au commandement de l'arrondissement de Barcelonnette (Basses-Alpes) le 31 août de la même année, il fut créé chevalier de Saint-Louis.

Lorsque l'Empereur fut revenu de l'île d'Elbe, le général Guillot fut mandé à Paris le 19 avril 1815. Il se présenta aux Tuileries un jour de réception. L'Empereur l'aperçut, il n'avait point oublié que tous d'eux ils avaient été faits généraux de brigade le même jour au siège de Toulon, et il se rappelait la vive affection qui les unissait autrefois ; s'approchant de cet officier général, il lui dit avec une bienveillance toute cordiale : « Tu ne m'en veux pas, Guillot ; on a été bien sévère, mais que tout soit oublié. — Sire, lui répondit le général pénétré de la plus vive émotion, je suis toujours le même, toujours aussi dévoué à Votre Majesté. »

Les rapides événements qui, pour la deuxième fois renversèrent le trône impérial, empêchèrent Napoléon de donner suite à la réparation que sa justice réservait au général Guillot, qui resta en disponibilité. Au second retour des Bourbons, il fut admis à la retraite par ordonnance royale du 6 octobre de la même année, il est mort à Draguignan (Var) le 26 janvier 1818.

GUSLER (Pierre-Georges), né à Pont-à-Mousse (Meurthe), le 22 octobre 1780, s'engagea à l'âge de 14 ans dans le 7ᵉ régiment de hussards, avec lequel il fit plusieurs campagnes à l'armée du Rhin.

Tombé au pouvoir de l'ennemi, il rentra en France en 1799 ; il rejoignit son régiment, passa par tous les grades, et chacun d'eux fut la récompense de sa conduite et de sa bravoure. Il se distingua surtout dans les campagnes de Prusse et de Pologne (1806 et 1807), où il fut nommé simultanément membre de la Légion d'Honneur et lieutenant. Un autre fait d'armes où il fut grièvement blessé, lui valut le grade d'adjudant-major au 11ᵉ cuirassiers ; il y fut bientôt capitaine et se fit remarquer à la bataille d'Essling, où il fut encore blessé dangereusement.

Chef d'escadron en 1811, il fit les campagnes de Russie et de Saxe, eut plusieurs chevaux tués sous lui à Dresde et à Leipzig, y fut lui-même blessé ; nommé major, officier de la Légion-d'Honneur. A Dresde le 11ᵉ cuirassiers enleva quinze pièces d'artillerie à l'ennemi.

Pendant la première Restauration, le major Gusler fut fait chevalier de Saint-Louis; il ne se fit pas remarquer pendant les Cent-Jours, et n'en fut pas moins mis à la demi-solde à la deuxième rentrée des Bourbons.

Remis en activité en 1820, avec le grade de lieutenant-colonel du 3ᵉ cuirassiers, il fut nommé colonel du 4ᵉ dragons en 1822; il fit la campagne d'Espagne, y fut décoré de la croix de Saint-Ferdinand, prit le commandement du 2ᵉ carabiniers, qu'il organisa, et fut fait commandeur de la Légion-d'Honneur. Après la révolution de Juillet, M. Gusler fut attaché, en qualité de maréchal de camp, à l'état-major général de l'armée de Belgique; il reçut la décoration d'officier de l'ordre de Léopold, commanda la 2ᵉ brigade de la division de cuirassiers, et plus tard les régiments de cavalerie stationnés à Lunéville.

En 1835, M. Gusler commanda le département de la Loire, en 1838 celui de la Meuse, puis la 4ᵉ brigade de la division de cavalerie du camp de Lunéville, puis enfin la brigade permanente à Lunéville.

Le général Gusler fut nommé depuis grand officier de la Légion-d'Honneur et admis à la retraite.

GUYE (Nicolas-Philippe, baron) naquit le 1ᵉʳ mai 1773 à Lons-le-Saulnier (Jura). Soldat le 8 mai 1792 dans le 25ᵉ régiment d'infanterie (ci-devant Aquitaine), il fit sa première campagne à l'armée des Alpes.

Nommé lieutenant au 2ᵉ bataillon des côtes maritimes en 1793, il rejoignit à la même époque l'armée des Pyrénées-Orientales, où il fut fait, le 18 nivôse an II, capitaine adjudant-major dans le 7ᵉ bataillon de volontaires de l'Aude, devenu 4ᵉ légère.

En l'an IV, il passa en Italie, vint à l'armée d'Angleterre en l'an VI, et fut blessé à la jambe gauche en l'an VII, lors d'une tentative de descente des Anglais aux îles Marcouf.

Envoyé en l'an VIII en Batavie, il alla en l'an IX à l'armée du Rhin, fut nommé chef de bataillon au 4ᵉ régiment d'infanterie légère le 20 brumaire an XII, et reçut la décoration de membre de la Légion-d'Honneur au camp de Saint-Omer le 25 prairial de la même année.

Il était à la bataille d'Austerlitz avec le 8ᵉ corps de la grande armée, il passa, le 26 août 1806, au service du roi Joseph, à Naples, comme major de la légion Corse, y fut créé adjudant du palais la même année, et successivement investi, en 1807, du grade de colonel, des charges de maréchal-des-logis de la maison et d'aide-de-camp du roi.

Chevalier commandeur de l'ordre des Deux-Siciles le 8 mai 1808, colonel du 1ᵉʳ régiment de ligne espagnol en mars 1809, maréchal de camp le 12 janvier 1810, il obtint, à cette époque, le gouvernement de la province de Séville avec mission d'organiser les troupes espagnoles.

Réadmis au service de France avec le grade de général de brigade le 8 janvier 1814, il rejoignit, le 20 du même mois, la division de la jeune Garde organisée à Châlons, passa, le 13 février, à la division de même arme rassemblée à Meaux, et acheva, avec elle, la campagne de France, où il eut la jambe gauche fracturée d'un coup de feu.

En non-activité au mois de mai et nommé chevalier de Saint-Louis le 19 juillet, il se trouvait à Lons-le-Saulnier à la nouvelle du débarquement de Napoléon. Ce fut à lui que le maréchal Ney remit sa proclamation avec ordre de la porter à l'Empereur, qu'il rejoignit à Autun et qui lui confia le commandement d'une brigade du corps d'armée du maréchal pour marcher sur Paris. Employé dans la division de la jeune Garde à l'armée du Nord par ordre du 2 avril 1815, il en prit le commandement à Waterloo, après la mort du général Duhesme et la blessure du général Barrois, et défendit le village de Planchenoist jusqu'à la nuit. S'étant alors rallié à d'autres troupes, il effectua sa retraite avec l'extrême arrière-garde.

Après le licenciement de l'armée, il prit sa retraite le 26 janvier 1825, et fut nommé maire de la commune de Saint-Dié en 1829.

Le 2 octobre 1830, il eut le commandement de l'École militaire de La Flèche, prit, en 1831, celui du département de la Sarthe, et fut nommé commandeur de la Légion-d'Honneur le 1er mai de cette dernière année.

Le général Guye est mort le 15 juillet 1845 à Saint-Dié (Vosges).

GUY-COUSTARD DE SAINT-LO ou plutôt COUSTARD (Guy), dit de *Saint-Lô*, naquit le 12 août 1752 à la Croix-des-Bouquets (île Saint-Domingue).

Volontaire dans Choiseul-Dragons pendant la campagne de 1762 en Allemagne, il entra le 28 mars 1763 dans la 2e compagnie de mousquetaires, où il prit rang de capitaine de cavalerie le 17 janvier 1773.

Admis en cette qualité, le 6 février 1774, dans Custine-Dragons (Lescure en 1780), il fut fait capitaine de remplacement au corps, alors Montmorency, le 30 août 1784, et y devint capitaine en second le 19 mai 1786.

Pourvu d'une compagnie, le 12 mai 1788, à la réorganisation du corps, sous le titre de chasseurs des Évêchés, il fut, à cause de son esprit philosophique et frondeur, enfermé au château de Ham en vertu d'une lettre de cachet du 19 octobre, et recouvra sa liberté le 10 mai 1789 en obtenant un brevet de chef d'escadron.

Chevalier de Saint-Louis le 25 mai 1791, et lieutenant-colonel du régiment (2e chasseurs le 6 novembre), il en devint colonel au commencement de 1793, et commanda, par intérim, à Strasbourg, à la suite de la suspension du maire Dietrich.

Maréchal de camp le 15 septembre de la même année, et général de division le 15 mai 1793, il servait à cette époque à l'armée des côtes de La Rochelle, d'où le Comité de salut public le rappela à la suite de sa vaine tentative pour reprendre Saumur aux Vendéens.

Envoyé à l'armée des Alpes, il commanda en chef, par intérim, au siége de Lyon, et fut suspendu comme noble, le 7 octobre 1793.

Réintégré dans son grade, sans être employé, il se retira dans sa propriété de Gennevilliers, près Paris.

En l'an VII, il eut l'inspection générale provisoire des troupes à cheval de l'armée d'Angleterre, entra, en l'an VIII, au Directoire central des hôpitaux, et obtint le traitement de réforme le 7 floréal an IX, en conservant ses fonctions administratives.

Au mois de pluviôse an XII, il sollicita l'honneur de faire partie, comme simple grenadier, de l'expédition dirigée contre l'Angleterre. Napoléon, tout en n'acceptant pas ses services, le nomma membre de la Légion-d'Honneur à la promotion du 25 prairial.

Le général Coustard qui obtint la solde de retraite le 7 juillet 1811, et qui, jusqu'au 21 mars 1821, remplit les fonctions de membre du Directoire des hôpitaux, est mort à Paris le 19 novembre 1825.

GUYON (Claude-Raymond, baron) naquit le 29 mai 1773 à Saint-Montan (Ardèche).

Sous-lieutenant dans le 3ᵉ régiment de dragons le 10 mars 1792, il fit les campagnes de 1792 et 1793 à l'armée du Nord. Nommé lieutenant le 4 mai 1793, et capitaine le 9 juin suivant, il servit à l'armée d'Italie de l'an II à l'an IV, il embarqua avec l'armée expéditionnaire d'Orient, et combattit en Égypte et en Syrie de l'an VI à l'an IX.

Il se distingua dans une charge faite à Aboukir le 15 thermidor an VII, et fut nommé chef d'escadron sur le champ de bataille.

Passé le 27 du même mois dans le 18ᵉ régiment de dragons, il se trouva, le 10 brumaire an VIII, au combat de Damiette, où, à la tête de 80 hommes seulement, il mit en déroute plus de 4,000 Turcs qui se jetèrent à la mer ou se rendirent prisonniers.

Il reçut un coup de feu à la poitrine et eut deux chevaux tués sous lui.

Le général en chef Kléber, satisfait de la conduite des troupes dans cette action, en fit l'objet d'un ordre du jour, et donna un sabre d'honneur au commandant Guyon.

Employé à l'état-major du général Friant le 28 germinal an IX, il rentra en France après la convention d'Alexandrie, et devint chef d'escadron titulaire, le 15 pluviôse an X, dans le 3ᵉ régiment de chasseurs à cheval.

Nommé major du 2ᵉ régiment de même arme le 6 brumaire an XII, membre de la Légion-d'Honneur le 4 germinal suivant, et attaché à l'armée des côtes de l'Océan pendant les ans XII et XIII, il fut promu au grade de colonel du 12ᵉ régiment de chasseurs à cheval le 3 germinal de cette même année.

Il fit les campagnes d'Autriche, de Prusse et de Pologne de l'an XIV à 1807, reçut un coup de sabre à la main gauche, et obtint la décoration d'officier de la Légion-d'Honneur le 7 juillet 1807.

Employé en 1808 aux armées d'Allemagne et du Rhin, il fit la campagne de 1809 en Allemagne, et fut créé baron de l'Empire le 15 août de cette année.

Il resta au corps d'observation d'Allemagne pendant une partie de 1810, et passa en 1811 à l'armée d'Italie.

L'Empereur le nomma général de brigade le 11 août de cette dernière année.

Appelé au commandement de la 12ᵉ brigade de cavalerie légère, au 4ᵉ corps de la grande armée, le 9 juin 1812; il prit part à l'expédition de Russie, et fut nommé commandant de la cavalerie du corps d'observation d'Italie le 16 juin 1816.

Employé dans les divisions de cavalerie réunies à Versailles le 6 janvier 1814, il passa au 1ᵉʳ corps de cavalerie le 26 février suivant, et fit la campagne de France en cette qualité.

Chevalier de Saint-Louis le 16 août, puis commandeur de la Légion-d'Honneur le 23, et mis en demi-solde le 1ᵉʳ septembre, il reçut le commandement de l'arrondissement de Schelestadt (Bas-Rhin) le 22 novembre de la même année.

A son retour de l'île d'Elbe, l'Empereur le plaça au 8ᵉ corps d'observation le 25 avril 1815.

Après la malheureuse bataille de mont Saint-Jean, le général Guyon opéra le licenciement des corps de cavalerie dans le 5ᵉ arrondissement, par décision royale du 11 octobre suivant.

Adjoint à l'inspection de cavalerie dans la 10ᵉ division militaire le 25 juillet 1816, il remplit les mêmes fonctions dans la 4ᵉ division le 14 mai 1817, fut compris, comme inspecteur de cavalerie, dans le cadre de l'état-major général de l'armée le 30 décembre 1818, et employé, en cette qualité dans les 15e et 16e divisions militaires le 16 juin 1819.

Disponible le 1er janvier 1820, il eut le commandement de la 2e subdivision de la 18e division militaire le 12 février 1823, et reçut la décoration de grand officier de la Légion-d'Honneur le 23 mai 1825 à l'occasion du sacre de Charles X.

Mis en disponibilité le 1er janvier 1829, et nommé inspecteur général de cavalerie dans les 2e et 3e divisions militaires, le 23 mai 1830, il fut replacé en disponibilité le 8 août suivant.

Il prit le commandement du département des Hautes-Alpes le 9 septembre de la même année, reçut l'ordre de se rendre à Paris le 13 décembre, et rentra de nouveau en disponibilité le 22 février 1831.

Appelé au commandement du département d'Indre-et-Loire le 31 mai 1831, le baron Guyon est mort à Tours le 10 mars 1834.

GUYOT (CLAUDE-ÉTIENNE, comte), né à Villevieux (Jura) le 5 septembre 1768 d'une famille de cultivateurs. Il s'engagea le 1er novembre 1790 dans le 10e régiment de chasseurs à cheval, où il obtint tous les grades jusqu'à celui de capitaine. Tour à tour employé aux armées du Rhin, de la Moselle, de la Vendée et de l'Italie, le jeune Guyot se fit remarquer par son courage personnel et ses talents administratifs; il passa en 1802, en qualité de capitaine d'habillement dans la Garde consulaire, et fut promu deux ans après au grade de chef d'escadron dans le même corps, puis de major, de colonel-major, colonel en second. A Eylau, à la tête du 1er régiment de chasseurs de la Garde, il chargea une masse d'infanterie russe et traversa deux lignes ennemies; il rallia, après cette affaire, le 2e régiment de la Garde dont le colonel avait été tué et en conserva le commandement jusqu'à la paix de Tilsitt; il passa ensuite en Espagne sous les ordres du général Lefebvre Desnouettes; mais ce général ayant été fait prisonnier à Benavente, le colonel Guyot en reprit le commandement qu'il conserva jusqu'en 1809.

A Wagram, il chargea à la tête des chasseurs et des lanciers polonais, et fit, avec eux, des prodiges de valeur; à la suite de cette bataille, il fut nommé général de brigade.

Élevé au grade de général de division en 1811, il fit la campagne de Russie et escorta l'Empereur à la tête de son régiment de chasseurs. Pendant la campagne de 1813, il assista aux batailles de Lutzen, Bautzen, Leipzig et Hanau.

Nommé colonel des grenadiers à cheval de la Garde, après la mort du général Walther, il sauva, sous Brienne, une batterie de vingt pièces de canon avec 150 grenadiers seulement.

Lefebvre Desnouettes ayant été blessé à la Rothière, en 1814, le général Guyot prit le commandement de la division et se distingua dans cette journée malheureuse. Le 11 février, près de Montmirail, il enleva 1,500 hommes à un corps prussien et fut blessé. Le 14, sa division mit le désordre dans plusieurs carrés, cerna, dans une ferme, un bataillon prussien que les grenadiers à pied de la Garde prirent ensuite d'assaut. Il se signala de nouveau à Montereau, et, le 25, entre Troyes et la Guillotière, dégagea, avec 200 grenadiers, une forte reconnaissance de chasseurs menacés d'une destruction complète. Le 4 mars, entre Fisme et Château-Thierry, il enleva un convoi de deux cents voitures; le lendemain, il lutta courageusement contre des forces très-supérieures, et l'Empereur étant accouru avec sa Garde, Guyot chargea une division de Cosaques, leur tua 600 hommes, en enleva 150, une pièce de canon et le prince Gagarin qui les commandait. Il contribua à la reprise de Reims, prit 150 hommes et beaucoup de bagages, le 14 ; le 20, avec la division Lefol, il garda le point d'Arcis, et les efforts de l'ennemi ne purent lui enlever cette position.

Le 23 mars 1815, le général Guyot reçut de l'Empereur l'ordre de mettre son régiment en état d'entrer en campagne. Le 15 juin, il commandait, en avant de Charleroi, une division de grenadiers et de dragons de la Garde. Cette division souffrit beaucoup le lendemain en chassant les Prussiens de Ligny. Le 18, elle chargea trois fois, sans canon, les masses énormes du centre de la ligne anglaise que soutenait une artillerie formidable. Dans la deuxième charge, Guyot eut son cheval tué, reçut plusieurs coups de sabre et resta au pouvoir de l'ennemi. Délivré par ses intrépides grenadiers, ses blessures ne l'empêchèrent pas d'effectuer une troisième charge, il fut une seconde fois démonté et blessé. Une heure après, il suivait à cheval, avec les débris de sa division, l'arrière-garde de l'armée, en ralliant sans relâche ses soldats.

Le général Guyot commandait derrière la Loire toute la cavalerie de la Garde ; il envoya sa démission à Macdonald, pour n'être pas contraint d'opérer le licenciement ; il dut néanmoins diriger sa cavalerie jusqu'à Toulouse. Mis en non-activité, il se retira dans ses foyers.

A la Révolution de 1830, on l'envoya commander à Toulouse, et s'y montra partisan un peu exagéré de l'ordre nouveau ; quelque temps après, il atteignait l'âge de la retraite. M. Guyot était commandeur de la Légion-d'Honneur et comte de l'Empire.

H

HABERT (PIERRE-JOSEPH, baron), né le 22 décembre 1773 à Avallon (Yonne), entra au service le 1ᵉʳ septembre 1792 comme capitaine au 4ᵉ bataillon de l'Yonne ; il fut nommé lieutenant-colonel en second le 3 du même mois. Après avoir fait toutes les campagnes de la Révolution et subi quelques mois de captivité en Angleterre, à la suite de la deuxième expédition d'Irlande en l'an VI, il passa en Égypte pour porter des dépêches au général en chef, se rendit d'abord à Alger pour remplir une mission auprès du consul de France, et arriva à Alexandrie après une traversée de quinze jours et malgré la surveillance des croisières ennemies. Nommé aide-de-camp du général Menou le 1ᵉʳ brumaire an IX, il se distingua à la bataille d'Héliopolis, et revint en France après la capitulation d'Alexandrie. Iéna, Eylau, Heilberg furent ensuite pour lui de nouveaux théâtres de gloire. Créé général de brigade en 1808, il fit des prodiges de valeur au siége de Saragosse, à la journée de Maria, à Lérida, au combat de Salces, où, avec 18,000 hommes et un escadron de hussards il battit 4,000 Espagnols, et leur enleva plusieurs centaines de prisonniers ; au col de Balaguez où Suchet lui confia l'attaque du fort Saint-Philippe, à Tortose à la bataille de Sagonte, etc., etc.

Lorsqu'il dut quitter Barcelone, le 25 avril 1814, il avait défendu son poste avec tant d'intrépidité qu'on l'avait surnommé l'*Ajax de l'armée de Catalogne*. En effet, il avait résisté à une attaque de 30,000 hommes du côté de la terre, tandis qu'une escadre anglaise le bloquait par mer.

Nommé grand officier de la Légion-d'Honneur en juillet 1814, il commandait depuis le 22 mars 1815 la 2ᵉ division, lorsqu'il fut appelé à l'armée du Nord par Napoléon; il se battit avec son ancien courage à Ligny, prit deux fois le village de Saint-Amand, et le 18 juin à la bataille de Waterloo où il fut blessé grièvement.

Mis en non-activité le 1ᵉʳ août 1815, il fut compris comme disponible dans le cadre de l'état-major général de l'armée. Le 30 décembre 1818 il fut admis à la retraite par ordonnance du 1ᵉʳ décembre 1824. Il est mort le 19 mai 1825.

Son nom est inscrit sur l'arc de triomphe de l'Étoile, côté Ouest.

HALGAN (Emmanuel), contre-amiral, né à Dongres (Loire-Inférieure) le 31 décembre 1771. Son père était avocat et sénéchal de Dongres. A peine âgé de seize ans, il s'embarqua comme volontaire dans la marine royale, fit ensuite quelques voyages au long cours comme lieutenant et second capitaine sur des navires de commerce. Il était officier à bord du brick de guerre *le Curieux*, qui fut pris en 1793 par une frégate anglaise. De retour en France, il passa sur le vaisseau *le Terrible* et sur divers bâtiments; fit comme enseigne et comme lieutenant plusieurs croisières de guerre heureuses; reçut en 1798 de l'amiral Bruix le commandement du brick *l'Aréthuse;* se trouvait, en 1799, sur les côtes de Portugal, combattit contre un vaisseau de 74 et se rendit, mais démâté. En 1800 Halgan arma et commanda provisoirement la frégate *la Clorinde;* fit la campagne de Saint-Domingue, en second, sur cette même frégate; de retour en France, il reçut le commandement du brick de guerre *l'Épervier*. Il avait sous ses ordres, en qualité d'enseigne, le jeune Jérôme Bonaparte, le futur roi de Westphalie.

M. Halgan prit à la Martinique le commandement de la corvette *le Berceau*, revint en France et repartit en 1803, sur le même bâtiment, pour porter dans les mers de l'Inde l'annonce de la guerre avec l'Angleterre. Trouvant à l'île de France l'escadre de l'amiral Linois, il la suivit dans les mers de la Chine, s'empara, chemin faisant, du navire anglais *Comtesse de Sutherland*, de 1,500 tonneaux, et l'expédia à l'île de France. Le 3 décembre, aux côtes de Sumatra, il détruisit de concert avec le capitaine Motard, commandant de *la Sémillante*, les établissements de Pullo-Bay et les bâtiments réfugiés dans ce port.

En se dirigeant vers les mers de la Chine avec l'amiral Linois, le capitaine Halgan décida celui-ci à passer par le détroit de Gaspard qu'il avait étudié sur des cartes récentes. L'escadre française rencontra bientôt le convoi anglais venant de Chine, composé de 26 grands bâtiments que l'amiral attaqua avec intrépidité. Si le succès eût été *possible*, l'Angleterre y perdait plus de 100 millions.

Après une longue croisière, pendant laquelle on avait fait un grand nombre de prises, M. Halgan, devenu capitaine de frégate, revint en Europe, reçut le commandement de *la Cybèle*, et au moment de partir sur cette frégate, reçut l'ordre de passer sur le vaisseau *le Vétéran*, pour le commander sous les ordres du prince Jérôme. Ce vaisseau fit partie de l'escadre commandée par le contre-amiral Willaumez, et alla jusqu'en vue du cap de Bonne-Espérance, où on n'aborda pas, attendu qu'il venait d'être pris par les Anglais.

M. Halgan commandait la frégate *l'Heureuse*, à la malheureuse affaire des Brûlots en rade de l'île d'Aix, en avril 1809, et ce bâtiment, grâce à l'habileté de son capitaine, fut un de ceux qui s'échappèrent.

En décembre 1813, M. Halgan défendit la place importante d'Helvoët-Stuys (Hollande) avec trois faibles compagnies de marins de l'escadre de l'Escaut et une portion des équipages de sa flottille contre plusieurs milliers d'insurgés hollandais, soutenus par le 4ᵉ régiment d'infanterie étrangère et par des batteries de canons et d'obusiers tirés de la place de la Brille, dont les insurgés s'étaient rendus maîtres par surprise. Halgan organisa la résistance, rétablit les défenses de la place, y débarqua de la poudre, des matelots, des officiers, et fit désenclouer et remettre en batterie soixante bouches à feu : ce fut l'affaire de quelques heures.. L'ennemi fut vigoureusement repoussé. Napoléon témoigna sa satisfaction de la conduite de M. Halgan et des braves qui s'étaient réunis sous ses ordres. Malheureusement les progrès rapides des alliés, après leur passage du Rhin, obligèrent le duc de Plaisance, qui commandait en chef dans les départements du Nord, d'ordonner l'évacuation des places de la Hollande et du Brabant hollandais. Par suite de cette évacuation, la flottille de la Meuse fut détruite, un peu précipitamment peut-être, dans le port de Willemstadt, et M. Halgan, avec ses équipages, opéra sa retraite sur Anvers. Lors du bombardement de cette dernière place, en 1814, il fut chargé du commandement des bassins, et contribua à préserver de l'incendie les vaisseaux de notre flotte et les établissements de la marine.

A la paix, M. Halgan, commandant le vaisseau de ligne *le Superbe*, fut chargé d'une mission aux Antilles françaises. Il commanda ensuite, à diverses époques, des divisions navales dans les mers du Levant et de l'Amérique, jusqu'en 1819, qu'il fut nommé directeur du personnel au ministère de la marine. Il quitta cet emploi pour aller commander une escadre dans le Levant; mais il le reprit en 1824 et fut nommé conseiller d'État.

M. Halgan a siégé à la Chambre des députés de 1819 à 1830. En 1831 il présidait la commission des signaux de la marine. Gouverneur de la Martinique en 1834, il y rétablit l'ordre et s'y fit aimer et estimer.

En 1837 il fut créé inspecteur général des ports de l'Océan et Pair de France.

Placé dans la deuxième section du cadre de l'état-major de l'armée navale le 24 juin 1841, le vice-amiral Halgan est depuis le 12 janvier 1845 grand-croix de la Légion-d'Honneur.

HAMELIN (Jacques-Félix-Emmanuel, baron), contre-amiral, né le 13 octobre 1768 à Honfleur, s'embarqua à 17 ans, comme pilotin, sur un bâtiment destiné pour la traite et appartenant à son oncle. En avril 1786 il passa sur le navire *l'Asie*, destiné pour la côte d'Angola, fit une campagne de dix-huit mois, puis passa à Cherbourg, sur *le Triton*, en qualité de matelot timonier. En juillet 1788, M. Hamelin retourna à Honfleur, où il s'embarqua comme enseigne sur le navire *la Jeune Mina*, et fit plusieurs campagnes sur différents navires. En 1792 il quitta le commerce et passa comme aide-timonier sur le vaisseau de l'État *l'Entreprenant*, qui faisait partie d'une division navale aux ordres du contre-amiral Latouche-Treville. Cette division, réunie à l'escadre de l'amiral Truguet, participa aux opérations dirigées contre Oneille, Caligliari et Nice.

En août 1793, à la suite d'un examen qu'il sollicita et obtint de l'amiral Trogoff, M. Hamelin fut nommé enseigne sur la frégate *la Proserpine*, avec laquelle il fit dans l'Océan plusieurs croisières, s'empara de la frégate hollandaise *la Vigilante* et d'une partie du convoi qu'elle escortait.

Nommé lieutenant en août 1795, il fit à Toulon l'armement de *la Minerve*, capitaine Perrée, participa sur cette frégate au combat du 7 mars 1795, à la suite duquel fut pris le vaisseau anglais *le Berwich*, et y fut blessé, et à celui du 7 octobre 1795, où le contre-amiral Richery s'empara du vaisseau *le Censeur* et d'environ trente bâtiments marchands.

Le 21 novembre 1796, M. Hamelin fut nommé capitaine de frégate et passa comme second sur *la Révolution*, à bord duquel il fit la campagne d'Irlande; puis comme premier sur la frégate *la Fraternité*, qu'il quitta après trois mois pour prendre le commandement de *la Précieuse*, sous les ordres de l'amiral Bruix. Il s'embarqua ensuite comme second sur le vaisseau *le Formidable*.

M. Hamelin, capitaine de frégate, fit partie de l'expédition des découvertes des corvettes *le Naturaliste* et *le Géographe*. Pendant cette campagne, du 1ᵉʳ octobre 1800 au 23 juin 1803, il parcourut les mers du Sud, visita les Moluques et la Nouvelle-Hollande.

Le premier Consul, à qui il fut présenté à son retour, lui fit un accueil flatteur et le nomma capitaine de vaisseau en septembre 1803. On s'occupait alors de l'équipement de la grande flottille destinée à la descente en Angleterre, et le premier Consul attachait la plus grande importance à la réunion prompte et sûre de tous les bâtiments qui devaient la composer au port de Boulogne. Le capitaine Hamelin fut chargé d'y conduire successivement les escadrilles, et il déploya dans cette mission souvent périlleuse une activité et une bravoure des plus honorables.

En juillet 1806, après le désarmement de la flottille, M. Hamelin reçut l'ordre de prendre au Havre le commandement de la frégate *la Vénus*. Il fit route pour l'île de France et, chemin faisant, il s'empara de quatre bâtiments, et en mars 1809 il entrait au port Napoléon; le 26 avril ayant obtenu du capitaine général de l'île de France d'entreprendre une croisière, il appareilla, ayant sous ses ordres *la Vénus*, la frégate *la Manche*, le brick *l'Entreprenant* et la goëlette *la Créole*. Il visita Madagascar, où il délivra Foulpointe, assiégé par les naturels, se dirigea sur le golfe du Bengale, établit sa croisière à l'entrée du canal Saint-Georges, s'empara de plusieurs bâtiments anglais, coula bas un grand nombre de *braos* chargés pour le compte des Anglais, et s'empara de Tappanouti, établissement anglais, et le 18 novembre 1809, faisant route pour revenir à l'île de France, fit la capture de trois grands bâtiments de la compagnie des Indes. Lors de l'attaque dirigée par les Anglais contre l'île, il fit de nouvelles prises, dont la principale est la frégate anglaise *le Ceylan*. Malheureusement, surpris lui-même par des forces supérieures, privé d'ailleurs de son mât d'artimon et de ses trois mâts de hune, il fut forcé d'amener son pavillon, après un combat acharné.

Revenu en France en février 1811, il fut présenté à l'Empereur qui le félicita. Il fut nommé commandeur de la Légion-d'Honneur, créé baron d'Empire, élevé au grade de contre-amiral et nommé au commandement d'une division de l'escadre aux ordres de l'amiral Missiessy, dans l'Escaut, puis, en mars 1813, de l'escadre réunie à Brest. En juillet 1814 il fut mis en disponibilité. Au mois d'avril 1818 il reçut l'ordre de se rendre à Toulon pour y remplir les fonctions de major général de la marine, poste qu'il occupa jusqu'au 18 mai 1822. Dans cet intervalle il avait été nommé grand officier de la Légion-d'Honneur au commencement de 1823, il commandait la division navale réunie devant Cadix, dont l'armée faisait le siége par terre, lorsque, sur sa demande et pour motif de santé, il fut remis en disponibilité.

En 1832 le baron Hamelin fut chargé de l'inspection générale des équipages de ligne, et en 1833 il fut nommé directeur des cartes et plans de la marine.

Il est mort à Paris le 23 avril 1839.

HARISPE (JEAN-ISIDORE, comte), né le 5 décembre 1768, à Saint-Etienne-de-Baygorry (Basses-Pyrénées). Son père était un riche propriétaire basque, il fit élever son fils chez un curé. Le jeune Harispe servit d'abord en qualité de volontaire en 1792; élu en 1793 commandant d'une compagnie franche recrutée chez les Basques; il se distingua à l'armée d'Espagne, passa en Italie en 1800 et fit la campagne de 1806 comme colonel des chasseurs basques, devenus 16e demi-brigade. Blessé grièvement à Iéna, il fut nommé général de brigade dans la même campagne.

Placé sous les ordres du maréchal Lannes, il combattit glorieusement à Gludstadt, Heilsberg et Friedland, où il fut atteint d'un coup de mitraille. En 1808, il entra en Espagne en qualité de chef de l'état-major du maréchal Moncey et s'y rendit célèbre autant par des actes d'une éclatante bravoure, que par des talents stratégiques et toutes les qualités qui distinguent les généraux en chef. Il assista à la bataille de Tudela, aux siéges de Saragosse et de Lérida, etc.

Nommé général de division le 12 octobre 1810, il se distingua sous les murs de Tarragone, contribua puissamment en 1811 à la conquête du royaume de Valence, se couvrit de gloire à la tête de sa division, à la bataille de Sagonte et à vingt autres combats, et fut créé comte de l'Empire le 3 janvier 1813.

En 1814, il était sous les ordres de Soult, et quand l'armée commença sa marche rétrograde, il défendit le terrain pied à pied. Pendant la retraite de la Bidassoa, Harispe, avec sa division affaiblie par des pertes nombreuses, résista à toute l'armée anglaise, la chassa de Saint-Jean-Pied-de-Port et de Baygorry, son village natal, battit en brèche sa maison paternelle, le château d'Echaux, occupée par Mina avec 6,000 hommes, força le chef espagnol à l'évacuer en n'y laissant que les quatre murailles, puis se jeta dans les Pyrénées, souleva les habitants au nom de la patrie en danger et repoussa plusieurs fois avec succès les tentatives d'invasion. A Orthez, le 27 février, il contint une division portugaise; le 20 mars, il combattit à Tarbes. Le 10 avril, à Toulouse, où Soult l'avait chargé de défendre les hauteurs du Calvinet, dont les redoutes étaient à peine achevées, il se battit jusqu'à la dernière extrémité et eut le pied fracassé par un boulet. Il dut souffrir l'amputation et resta blessé et prisonnier à Toulouse; il reçut de Wellington et autres chefs ennemis des témoignages de la plus haute considération.

En 1815, l'Empereur lui confia de nouveau la défense des Pyrénées.

Pendant la Restauration, le général Harispe fut créé chevalier de Saint-Louis et appelé au commandement de la 15e division militaire.

Au mois de mars 1815, il prit celui de la 1re division, de l'armée des Basses-Pyrénées, chargée de surveiller, entre Bayonne et Saint-Jean-Pied-de-Port, la frontière menacée par les Espagnols. Après la seconde abdication de l'Empereur, au moment où les Espagnols se disposaient à pénétrer sur notre territoire, Harispe se mit à la tête des gardes nationales du pays et de ses intrépides chasseurs basques et arrêta le mouvement des Espagnols.

Après le licenciement, il se retira dans son château de Lacarre, près de Saint-Jean-Pied-de-Port, fut député durant les sessions de 1831 et 1834, membre du Conseil général des Basses-Pyrénées, Pair de France le 15 décembre 1825, commandant de la 20ᵉ division militaire (Bayonne).

Il commande aujourd'hui la 11ᵉ.

Son nom est inscrit sur l'arc de triomphe de l'Étoile, côté Ouest.

HATRY (JACQUES-MAURICE), né à Strasbourg en 1740. Colonel au commencement de la Révolution, général de division en 1794, il se distingua aux armées du Nord, des Ardennes et de la Moselle, à la bataille de Fleurus, au blocus de Luxembourg, où il fit capituler une garnison de 12,000 hommes. A l'armée de Sambre-et-Meuse, campagne de 1796, il fut nommé GÉNÉRAL EN CHEF de l'armée de Mayence le 8 janvier 1797, y dirigea avec habileté des opérations militaires, remplaça en juin 1798 le général Joubert dans le commandement des troupes stationnées en Hollande, fut compris en décembre 1799 parmi les membres du Sénat, et mourut à Paris en 1802.

HATRY (AUGUSTE-CHARLES-JOSEPH), né à Strasbourg (Bas-Rhin), le 5 avril 1788. Élève à l'École militaire de Fontainebleau, le 8 juin 1803; admis dans les Pages de l'Empereur le 2 août 1804; entré le 6 février 1806 au 1ᵉʳ chasseurs à cheval, en qualité de sous-lieutenant, capitaine au 9ᵉ chevau-légers, lanciers,

le 11 mai 1811, il fut attaché le 23 octobre de la même année au général Sorbier, en qualité d'aide-de-camp.

Chef d'escadron le 12 août 1813, lieutenant-colonel des chasseurs de la Côte-d'Or le 10 septembre 1823, colonel du 8ᵉ chasseurs (devenu le 3ᵉ) le 11 septembre 1830, M. Hatry fut promu au grade de maréchal de camp le 12 août 1839 et à celui de général de division le 12 juin 1848. Il commande aujourd'hui la 5ᵉ division militaire (Besançon), et réunit à ce commandement celui des troupes de la 1ʳᵉ subdivision (Doubs). Il est inspecteur général de cavalerie.

M. le général Hatry a pris une part glorieuse aux belles campagnes de l'Empire. En 1805, 1806 et 1807, il était avec la grande armée en Prusse et en Pologne. En 1809, il se distinguait en Autriche, était blessé de deux coups de lance à la cuisse et d'un coup de sabre au menton, au combat d'Amberg le 12 avril 1809. En 1812, il fit la campagne de Russie, celle d'Allemagne en 1813, et les deux campagnes de France en 1814 et 1815.

Chevalier de la Légion-d'Honneur le 1ᵉʳ octobre 1807, officier le 23 septembre 1812, il a été créé commandeur le 18 avril 1834.

Il avait reçu la croix de Saint-Louis le 17 avril 1822.

HAUTEFEUILLE (EUGÈNE-GABRIEL-LOUIS, comte d'), maréchal de camp, commandeur de l'ordre de la Légion-d'Honneur.

Entré au service en 1808, il fit la campagne d'Espagne, et en 1809, celle d'Allemagne. Il retourna en Espagne en 1810 et fit la campagne de Russie en 1812.

En 1830, il reprit du service, et le nouveau gouvernement lui confia le commandement du département du Calvados. Il était retiré du service depuis quelque temps et il habitait une maison de plaisance à Sèvres au moment de sa mort qui arriva en 1846.

HAUTPOUL-SALETTE (Jean-Joseph-Ange, d'), né au château de Salette en 1754, d'une famille d'ancienne noblesse du Languedoc, entra comme volontaire dans la légion corse, passa en 1777 dans le régiment du Languedoc. Il assista aux combats les plus mémorables de la Révolution, se fit remarquer surtout à Austerlitz dans une des plus brillantes charges de cavalerie qui aient eu lieu. Napoléon le fit sénateur et lui donna le grand cordon de la Légion-d'Honneur avec une pension considérable. Le général d'Hautpoul continua à se distinguer dans les campagnes de 1806 et 1807, notamment à la bataille d'Eylau, où, après avoir exécuté plusieurs charges à la tête de sa division de cuirassiers, il fut atteint d'un biscaïen et mourut cinq jours après (12 février 1807). Il était sur le point d'être nommé maréchal de France. Napoléon avait ordonné qu'une partie des canons pris à Eylau fût employée à la fonte d'une statue représentant le général d'Hautpoul, revêtu de l'uniforme des cuirassiers.

Ce chef intrépide est une des plus grandes gloires de l'Empire.

HAUTPOUL (Marie-Constant-Fidèle-Henri-Armand, marquis d'), né en Languedoc en 1780, d'une des plus anciennes familles de la province. Son père, ancien lieutenant-colonel de cavalerie, chevalier des ordres de Malte et de Saint-Louis, avait fait presque toutes les campagnes du maréchal de Saxe et du maréchal de Broglie. La Révolution empêcha le jeune d'Hautpoul d'être Page de Louis XVI. Pendant la terreur, lui, ses frères et son vieux père aveugle, travaillaient la terre pour vivre, dans un petit village des environs de Versailles, sous la protection d'un maire révolutionnaire. Notre ministre de la guerre actuel, était garçon jardinier et allait vendre à Versailles l'excédant des fruits et des légumes qu'il récoltait.

M. d'Hautpoul avait, par précaution, vendu tous ses biens en Languedoc, pour mettre tous ses fonds en dépôt. Un remboursement en assignats, suivi d'une banqueroute, le ruinèrent.

Après la terreur, le jeune d'Hautpoul eut le bonheur d'avoir pour instituteur M. Liautard, qui devint fondateur du *collége Stanislas*. Avec un tel maître, il fit de bonnes études et avança même dans celles des sciences mathématiques; il fut en même temps élève de cavalerie à l'École d'équitation de Versailles.

En l'an VIII, il fut reçu à l'École polytechnique. Ayant choisi l'artillerie, il fut reçu à l'École d'artillerie et du génie de Metz. Il entra, comme lieutenant dans le 2ᵉ régiment d'artillerie à cheval et fit les campagnes de 1803 et de 1804.

Attaché à la cavalerie du prince Murat, il combattit à Ulm et à Austerlitz, et fut nommé lieutenant dans l'artillerie à cheval de la garde impériale. Après les campagnes de 1806 et 1807, il fut nommé membre de la Légion-d'Honneur.

Il fit la campagne de 1808, en Espagne, sous le général Lariboissière qui le chargea de missions importantes, puis la campagne de 1809 en Autriche, il reçut plusieurs blessures à Wagram, fut nommé capitaine de la Garde, avec rang de chef d'escadron.

En 1810 et 1811, il combattait en Espagne. Officier d'ordonnance de l'Empereur en 1811, il fut chargé d'un grand nombre de missions importantes. Il était auprès de l'Empereur dans la campagne de Russie et faisait partie de la célèbre retraite du maréchal Ney, de Smolensk à Orsza; à Moscou, l'Empereur l'avait nommé baron de l'Empire avec une dotation en terre dans la Meuse-Inférieure.

En 1813, Napoléon le nomma major (lieutenant-colonel) dans l'artillerie de la vieille Garde, dont il commanda une partie à la bataille de Lutzen, où il fut nommé officier de la Légion-d'Honneur.

Grièvement blessé devant Dresde et menacé d'une amputation, il quitta l'armée après s'être trouvé à toutes les batailles ou combats qui avaient eu lieu de Madrid à Moscou.

En 1814, il commandait les dépôts de la Garde, les recrues et les remontes.

On l'a vu se soutenir encore sur des béquilles, commander les batteries de la Garde et celles du maréchal Mortier dans la plaine de Montmartre à Belleville.

Après l'acte de l'abdication, il offrit ses services à Louis XVIII qui le nomma sous-lieutenant dans les Gardes du corps, compagnie de Wagram; on le nomma colonel et commandeur, mais il perdit sa dotation de baron; il reprit alors l'ancien titre de son père.

Au 20 mars, il suivit la maison du roi et accompagna les princes jusqu'à la frontière, puis il revint à Paris. L'Empereur lui offrit un commandement qu'il refusa.

Exilé à 30 lieues de Paris, dans une terre de sa femme, il resta en surveillance pendant les Cent-Jours.

A la seconde Restauration, il fut nommé colonel du régiment d'artillerie à cheval de la Garde, et le 15 septembre 1819 on lui rendit le grade de maréchal de camp et celui de commandeur de la Légion-d'Honneur.

M. d'Hautpoul a commandé l'École d'artillerie de la Garde et l'École d'application du corps royal d'état-major; il a été inspecteur de l'École de Saint-Cyr, membre du conseil de perfectionnement de l'École polytechnique, du jury d'examen de l'École d'artillerie et du génie de Metz et de la commission de l'organisation de l'École de cavalerie de Saumur.

A la Révolution de 1830, il commandait l'École d'état-major; il se tint sur la défensive avec ses élèves, se vit forcé dans son hôtel et se retira aux Invalides, qu'il défendit avec le général Latour-Maubourg jusqu'au 30 juillet où cet établissement fut enlevé de vive force. M. d'Hautpoul n'est point partisan des révolutions.

Depuis lors, il a pris sa retraite après trente-quatre ans de services glorieux.

En 1833, on l'appela à Prague pour remplacer le baron de Damas dans l'éducation du duc de Bordeaux; il se rendit à Prague; mais l'éducation franchement libérale qu'il voulait donner au prince ne plut pas au duc de Blacas. M. d'Hautpoul dut se retirer et revenir dans sa famille.

HAUTPOUL (Alphonse-Henri, comte d'), né à Versailles, le 4 janvier 1789. Élève à l'École de Fontainebleau, le 22 octobre 1805. Il fut envoyé comme sous-lieutenant au 59e régiment, le 10 octobre 1806, fit, en cette qualité, la campagne d'Allemagne de cette année en Prusse et en Pologne, et celle de 1807 en Pologne. Nommé lieutenant le 27 octobre 1808, il fut envoyé en Espagne l'année suivante, il fit, avec distinction, les campagnes de 1808, 1809, 1810, et 1812 en Espagne et en Portugal; il avait été nommé adjudant-major, le 2 mars 1811, et capitaine le 11 octobre de la même année.

Le 22 juillet 1812, il combattit avec la plus grande valeur à la bataille des Arapyles, fut blessé d'un coup de baïonnette au bras droit et d'un coup de feu à la hanche, et fait prisonnier le même jour par les Anglais, à peu de distance de Salamanque.

Rentré des prisons de l'ennemi le 30 mai 1814, il fut promu, le 4 février 1815, au grade de chef de bataillon, employé à l'armée royale du Midi, le 8 avril, en qualité de major attaché à l'état-major du duc d'Angoulême, il fut nommé le 4 juillet, même année, colonel d'état-major et le 11 octobre 1815, colonel de la légion de l'Aude (4e de ligne), d'où il passa, le 2 octobre 1823, au 3e régiment d'infanterie de la Garde royale avec le rang de maréchal de camp. Ce titre ne lui fut accordé que le 29 octobre 1828, mais son rang d'ancienneté datait du 2 octobre 1823, à l'époque de la campagne qu'il fit en Espagne.

Le 28 mars 1830, il fut nommé directeur de l'administration de la guerre et exerça ces fonctions jusqu'au 4 août suivant.

Le comte d'Hautpoul, promu au grade de lieutenant-général le 26 avril 1841, fit les campagnes de 1841 et 1842 en Algérie.

Mis à la retraite par suite du décret du 17 avril 1848, il en fut relevé par un autre décret du 10 octobre 1849.

Le 31 du même mois, il fut nommé ministre de la guerre, et il exerce encore aujourd'hui ces importantes fonctions. M. d'Hautpoul est un homme d'une grande fermeté et d'une loyauté à toute épreuve.

Il a été nommé chevalier de la Légion-d'Honneur le 27 décembre 1814, officier le 25 avril 1821, commandeur le 21 août 1823, et grand officier le 14 avril 1844.

Le roi Louis XVIII l'avait créé chevalier de Saint-Louis le 9 avril 1815.

Il est de plus décoré des ordres de Saint-Ferdinand d'Espagne depuis 1823 et de Nicham (Tunis) depuis le 23 février 1847.

HAXO (NICOLAS), oncle du général du génie Haxo, naquit à Etival en Lorraine vers 1750. A l'époque de la Révolution, il fut nommé commandant de la garde nationale de Saint-Dié, et, plus tard, on le vit président du tribunal de Saint-Dié ; mais quand les frontières furent menacées, il s'enrôla dans les premiers bataillons de volontaires en 1794, et à la tête du 3e des Vosges qui le nomma son commandant, il fit, avec distinction, les premières campagnes de la Révolution, d'abord sur le Rhin, puis dans la Vendée; sa bravoure et son habileté le firent promptement élever au grade de général de division. A la bataille de Chollet, son sang-froid et la précision de ses manœuvres amenèrent la victoire prête à échapper aux républicains. C'est à lui qu'on dut, en 1794, la prise de Noirmoutiers. Il périt les armes à la main, écrasé par le nombre, à la malheureuse journée de la Roche-sur-Yon. Un décret de la Convention ordonna qu'il serait élevé, au milieu du Panthéon, une colonne sur laquelle serait gravé le nom du général Haxo.

HAXO (FRANÇOIS-NICOLAS-BENOÎT, baron), né le 24 juin 1774 à Lunéville, embrassa de bonne heure le métier des armes. Il sortit lieutenant de mineurs de l'École d'artillerie de Châlons et bientôt après passa capitaine du génie. Son avancement se fit très-lentement. A 35 ans il n'était encore que chef de bataillon. Il est vrai qu'il avait bien mérité ce grade par des services importants à l'armée d'Italie en 1800 et 1801.

Il était en 1807 à Constantinople dont il fut chargé d'améliorer la défense et alla ensuite en Italie sous le général Chasseloup. En 1809, il commanda un bataillon d'attaque au siége de Saragosse et donna de telles preuves d'habileté que Napoléon le nomma colonel. Appelé à l'armée d'Allemagne il mérita, à Wagram, la croix d'officier de la Légion-d'Honneur. Renvoyé en Espagne, il fut chargé de la direction des travaux aux siéges de Lérida et de Méquinenza, y montra autant de zèle que de talent et fut promu au grade de général de brigade. Rentré bientôt en France, il fut attaché à l'état-major de l'Empereur, l'accompagna comme aide-de-camp dans la campagne de Russie. Le 23 juin 1802, il était seul avec Napoléon lorsque celui-ci prenant la capote et le bonnet d'un chevau-léger polonais reconnut les bords du Niémen et les hauteurs de Kowno.

Le général Haxo se distingua au combat de Mohilow et faillit être pris en cherchant à rallier le 3ᵉ de chasseurs qui avait été surpris par une nuée de Cosaques. Il fut promu, quatre mois après, au grade de général de division.

En 1813, l'Empereur lui confia le commandement du génie de la Garde impériale. En juin, il mit la ville de Hambourg en état de soutenir un siège. Après la bataille de Dresde, il suivit en Bohême Vandamme qui, avec le 1ᵉʳ corps, cherchait à faire mettre bas les armes à un corps de 40,000 hommes. Le 30 août, à la bataille de Kulm, le général Haxo fut blessé et fait prisonnier avec les généraux Vandamme et Guiot : il ne rentra en France qu'à la première Restauration.—Il commandait le génie dans la Garde royale lors du retour de l'Empereur. Il se trouva à la bataille de Waterloo, suivit l'armée sur la Loire et vint à Paris, avec Kellermann et Gérard, demander au gouvernement provisoire que l'armée restât réunie aussi longtemps qu'il y aurait un étranger sur le sol français, que nul employé civil ou militaire ne fût destitué et que personne ne fût inquiété pour ses opinions.

Ces demandes furent rejetées ; mais Haxo n'en fit pas moins sa soumission aux Bourbons.

M. Haxo compte un jour fatal dans sa vie, c'est le jour où il se laissa aller à faire partie du conseil de guerre appelé à juger le général Lefebvre Desnouettes et opina pour la mort.

Nommé inspecteur général de son arme et grand officier de la Légion-d'Honneur, Louis-Philippe le nomma Pair de France en 1832, grand-croix en 1833, conseiller d'État et membre du comité des fortifications. On sait qu'il s'était prononcé contre les forts détachés et pour l'enceinte continue. En 1832, il avait dirigé les travaux du siége d'Anvers. On lui doit les fortifications de Belfort, de Grenoble, de Besançon, de Dunkerque, de Saint-Omer et du fort l'Écluse. Il est mort en 1838.

HAZARD (Louis-Henri-Joseph) naquit le 3 avril 1771 à Lille (Nord).

Élevé sous-lieutenant à l'École de Châlons le 1ᵉʳ septembre 1792, lieutenant en second au 5ᵉ régiment d'artillerie à pied le 1ᵉʳ juin 1793, il passa, le 29 juillet suivant, comme lieutenant en premier à la 21ᵉ compagnie d'artillerie à cheval, puis au 4ᵉ régiment de même arme, fit les campagnes de 1793 au mois de floréal an XI, aux armées du Rhin, de la Moselle, de Rhin-et-Moselle, de Sambre-et-Meuse et d'Italie, et prit part aux combats de Saarbruck, de Niederbrunn, de Reiss-Hoffen, de Wissembourg, au déblocus de Landau, au passage du Rhin, à Neuwied, au siège d'Ehrenbreistein, etc.

Capitaine en second au même régiment le 18 floréal an III, il fit partie de l'armée d'Orient depuis le milieu de l'an VI jusqu'à la fin de l'an IX.

Il se trouva à la prise de Malte, aux journées de Chebreiss, des Pyramides, d'Aboukir, d'Héliopolis, de Coraïm, d'Alexandrie, d'El Menayer, du Caire, etc.

Il fut nommé capitaine en premier le 7 vendémiaire an VII, et chef d'escadron commandant l'artillerie formée en Égypte le 5ᵉ jour complémentaire de la même année.

Rentré en France après la capitulation

d'Alexandrie, et employé en l'an XI, il devint major du 4ᵉ d'artillerie à cheval le 3 prairial de cette année.

En l'an XII et en l'an XIII, il commanda l'artillerie de la division de cavalerie du 7ᵉ corps d'armée des côtes de l'Océan, reçut la décoration de la Légion-d'Honneur le 4 germinal an XII, resta à la même armée pendant l'an XIV et une partie de 1806, et finit la campagne de cette dernière année à l'armée d'Italie où il servit encore pendant 1807.

Il se distingua au passage de l'Adige, aux affaires de Caldiéro, de Vicence et du Tagliamento, passa comme chef d'état-major de l'artillerie au 7ᵉ corps de l'armée d'Espagne, et y resta depuis 1808 jusqu'en 1813.

Officier de la Légion-d'Honneur le 15 décembre 1808, il assista au siége de Caldiéro, de Vicence et du Tagliamento, passa comme chef d'état-major de l'artillerie au 7ᵉ corps de l'armée d'Espagne, et y resta depuis 1808 jusqu'en 1813.

Officier de la Légion-d'Honneur le 15 décembre 1808, il assista au siége de Roses, de Girone, de Figuières, aux affaires de Carladen, de Moleni del Rei, de Wals, etc., et obtint le grade de colonel le 14 mars 1811.

Désigné le 21 du même mois, pour commander le 5ᵉ régiment d'artillerie à pied, il continua cependant à être employé au 7ᵉ corps de l'armée d'Espagne jusqu'au 21 janvier 1814, époque à laquelle l'Empereur le nomma directeur du parc d'artillerie de Lyon.

Mis en non-activité après la rentrée des Bourbons, et créé chevalier de Saint-Louis le 13 février 1814, il fut placé dans le cadre des officiers en non-activité au licenciement de l'armée, et retraité le 20 février 1820.

HÉDOUVILLE (Gabriel-Marie-Théodore-Joseph, comte d'), né à Laon, en 1755. Il était général de brigade en 1793. Après la bataille d'Hondscoote, il partagea l'accusation de son collègue Houchard et fut néanmoins acquitté. Promu plus tard au grade de général de division et de commandant en chef de l'armée de l'Ouest (1797), il fut envoyé à Saint-Domingue en 1798 et en Vendée à son retour. Sa douceur et ses moyens conciliateurs y rendirent de véritables services.

En 1801, il fut nommé ambassadeur à St-Pétersbourg et devint, en 1804, Chambellan de l'Empereur, secrétaire, etc. Cependant, le 1ᵉʳ avril 1814, il vota la déchéance de Napoléon. Élevé à la Pairie par la Restauration, il ne parut que rarement à la Chambre et mourut en 1825.

HENNEQUIN (Jean-François, baron), né le 3 janvier 1774, à Mont-Marault (Allier), entra au service le 25 août 1792 comme lieutenant dans le 2ᵉ bataillon du Cher, devenu 132ᵉ et 108ᵉ demi-brigade de ligne. Il fit les campagnes de 1792 à l'an IV, aux armées de la Moselle et de Sambre-et-Meuse.

Promu capitaine le 1ᵉʳ thermidor an IV, il servit avec honneur depuis cette époque jusqu'à l'an IX aux armées du Rhin, d'Helvétie et du Danube, et se distingua surtout dans les journées des 3, 8 et 9 vendémiaire an VIII, à Muthental. Le 3, à la tête de trois compagnies de grenadiers, il parvint, par les sages dispositions qu'il prit, à arrêter les progrès des Russes qui manœuvraient pour couper l'armée française, et Hennequin exécuta, avec autant de précision que de sang-froid, l'ordre qu'il avait reçu de dégager le 1ᵉʳ bataillon de la 108ᵉ demi-brigade et une partie de la 50ᵉ qui se trouvaient vivement compromis, et avec ses trois compagnies de grenadiers il culbuta une colonne ennemie forte de

3,000 hommes, la mena tambour battant jusqu'aux portes de Zurich et lui fit éprouver une perte considérable. A l'affaire du 8, la 108ᵉ étant chargée d'attaquer le général Souvarow, dans les gorges de Muthental, se vit obligée, par la supériorité numérique de l'ennemi, d'appeler à son secours les trois compagnies de grenadiers qui formaient la réserve. Hennequin engagea le combat et le soutint pendant toute la journée avec tant d'acharnement, que les Russes ne purent remporter aucun avantage. Les grenadiers leur tuèrent beaucoup de monde et leur prirent 2 pièces de canon. Le lendemain 9, la 53ᵉ demi-brigade, qui avait reçu l'ordre d'attaquer l'armée russe dans la position avantageuse qu'elle occupait, se vit bientôt forcée de battre en retraite devant les forces imposantes qui lui étaient opposées. Hennequin, qui devait appuyer cette demi-brigade, et qui était déjà en position à l'entrée de la gorge, sut inspirer une telle confiance et une telle ardeur à ses grenadiers, qu'il parvint à arrêter un ennemi qui se croyait déjà vainqueur. Il reprit les canons dont les Russes s'étaient emparés, ainsi que les chariots chargés de nos blessés, et tua un grand nombre d'ennemis.

Il se fit encore remarquer les 13, 15 et 19 de la même année, aux batailles d'Engen, de Moeskirch et de Riberach, et le 12 frimaire an IX à celle de Hohenlinden. Le premier Consul lui décerna un sabre d'honneur par arrêté du 9 prairial an X. Classé comme membre de droit dans la 7ᵉ cohorte de la Légion-d'Honneur, il en fut nommé officier le 25 prairial an XII, et fut désigné par l'Empereur pour faire partie du collège électoral du département de l'Allier. Il servit à l'armée des côtes de l'Océan pendant les ans XII et XIII. Le 12 fructidor de cette dernière année il passa avec son grade dans les grenadiers à pied de la Garde impériale, fit avec ce corps d'élite la campagne de l'an XIV, 1806 et 1807 à la grande armée, et fut nommé chef-de bataillon aux fusiliers-grenadiers de la même garde le 16 février 1807.

En Espagne en 1808, à l'armée d'Allemagne en 1809, il retourna en Espagne, où il fit la guerre pendant les années 1810 et 1811. Colonel-major du 5ᵉ régiment de tirailleurs de la Garde impériale le 24 juin 1811, c'est à la tête de ce corps qu'il combattit en Russie et en Saxe pendant les guerres de 1812 et 1813; il fut créé baron de l'Empire, et se signala par son intrépidité à la bataille de Dresde, où il fut blessé par un éclat d'obus à la tête, et par un coup de feu qui lui brisa la mâchoire inférieure, détruisit les dents incisives, et emporta la partie latérale gauche de la langue.

Ces blessures, le mettant dans l'impossibilité de continuer de servir activement, il sollicita sa retraite. Mais l'Empereur, qui voulait lui témoigner la haute satisfaction qu'il éprouvait de ses longs et honorables services, le nomma général de brigade le 25 novembre 1813 et l'admit à jouir de la retraite de ce grade. Par décret du même jour, le baron Hennequin fut créé commandant de la Légion-d'Honneur.

Il reçut la croix de Saint-Louis le 5 octobre 1814.

HENRIOD (François, baron), né le 21 octobre 1763 à Larivière (ancien département du Léman), entra comme soldat le 12 octobre 1782 dans le régiment de Berwick.

Caporal le 9 septembre 1783, sergent-fourrier le 21 janvier 1784, sergent-major le 24 juillet 1791, sous-lieutenant le 7 septembre suivant, lieutenant le 15 novembre 1792, et capitaine adjudant-major le 5 juillet 1793, il fit toutes les campagnes de la liberté, de 1792 à l'an IX, aux armées du Rhin et d'Angleterre.

En l'an II, il passa avec le 1er bataillon du 88e d'infanterie dans la 159e demi-brigade de bataille, devenue 10e de ligne à l'organisation de l'an IV, et fut nommé chef de bataillon le 19 messidor an II.

Pendant la retraite de Mayence, en l'an IV, son bataillon chargé de protéger la retraite de la division du général Renaud dans les gorges sous Tripstadt, se trouva enveloppé par trois bataillons de grenadiers autrichiens et un corps d'émigrés.

Aussitôt, il le forme en colonne serrée et lance sur l'ennemi une masse de tirailleurs chargés de l'attaquer sur tous les points; faisant volte-face et ralliant ses tirailleurs, il fond sur le centre des bataillons autrichiens, culbute et renverse tout ce qui s'oppose à son passage, enlève 156 prisonniers, et rejoint à une lieue de là, au Kaiskop, la division dont il couvrait les derrières.

Il assista la même année au siége de Kehl, et y fut blessé d'un coup de feu.

En l'an V, pendant la grande retraite de l'armée du Rhin, Henriod, avec un corps de 3,000 hommes que lui avaient confié les généraux Moreau et Desaix, balaya le val de Saint-Pierre, dans la forêt Noire, et tint en échec, dans celui de Kentzig, le général ennemi Nauendorf, qui, à la tête d'un corps de 25,000 combattants, attendait l'armée française, tandis que celle-ci filait par Donescheim et débouchait dans le Brisgau par le val d'Enfer.

Ainsi, pendant six jours, sans éprouver de pertes sensibles, il intercepta toute communication avec les habitants, trompa l'ennemi par des espions, et le harcela nuit et jour dans les positions boisées et rocailleuses qu'il occupait sur Triberg et **Horneberg.**

Passé avec son grade dans la 65e demi-brigade de ligne le 19 nivôse an XI, il servit à l'armée de Hanovre jusqu'à la fin de l'an XIII.

Major du 100e régiment d'infanterie de ligne, le 30 frimaire an XII, et membre de la Légion-d'Honneur le 4 germinal suivant, il fit les campagnes d'Autriche, de Prusse et de Pologne, de l'an XIV à 1807, avec la grande armée.

Le 20 brumaire an XIV, à Diernestein, la division Gazan, forte de 4,000 hommes, et avec laquelle marchait le maréchal Mortier, fut tout à coup enveloppée par le 1er corps de l'armée russe, commandé par Kutuzow et composé d'environ 35,000 hommes; après un combat opiniâtre, dans lequel les Français culbutèrent partout l'ennemi, le maréchal et les officiers généraux retournaient au quartier général de Spitz, lorsqu'une forte colonne ennemie, qui interceptait les communications, les obligea à rebrousser chemin.

Pendant ce temps, une autre colonne d'environ 10,000 Russes était venue attaquer les positions occupées par la division Gazan sur le plateau d'Impach.

Sans attendre les ordres, le major Henriod réunit le 100e de ligne, auquel se rallient les 4e léger, 103e de ligne et 4e de dragons; il adresse à ces troupes une allocution énergique au nom de l'honneur français, du salut de ses drapeaux et de celui de ses chefs, puis se mettant à leur tête, au moment où le maréchal arrivait sur le plateau, il marche à la rencontre de l'ennemi, le culbute, le renverse et le force à prendre la fuite; la division Gazan, ainsi dégagée, put rejoindre celle du général Dupont à une lieue de Diernestein.

A la suite de cette affaire, dans laquelle il avait eu deux chevaux tués sous lui, le major Henriod reçut devant toute la division les témoignages de la satisfaction du maréchal Mortier, qui le présenta le lendemain à l'aide-de-camp de l'Empereur venu sur les lieux pour connaître les résultats de la journée.

Nommé officier de la Légion-d'Honneur à la suite de ce fait d'armes, il reçut le brevet de colonel du 14ᵉ régiment de ligne, le 30 décembre 1806, et se signala de nouveau à la bataille d'Eylau, où son régiment fut le seul du 7ᵉ corps qui rompit et traversa la première ligne russe.

Mais n'ayant pas été soutenu, et atteint d'une blessure grave, il ne voulut pas quitter son régiment formé en carré, et joncha le terrain de cadavres russes ; 28 officiers, 590 sous-officiers ou soldats tués et 700 blessés, indiquaient l'emplacement qu'il avait occupé.

Blessé à la cuisse le 1ᵉʳ juin suivant, à Heilsberg, il fut envoyé en Espagne en 1808, et fit la guerre en Aragon et en Catalogne jusqu'en 1814, et reçut, le 21 juillet 1808, la croix de commandeur de la Légion-d'Honneur.

Le 23 novembre suivant, à Tudela, il enfonça la gauche de l'ennemi ; plus tard, il coopéra au siège de Saragosse, fut blessé d'un coup de feu, et prit part aux différentes actions qui suivirent la prise de cette place.

Vers le mois d'août 1809, il battit et poursuivit, pendant deux mois, de village en village, le brigadier-général Villa-Campa, qui se réfugia enfin dans la grande chaîne des monts de Castille ; celui-ci avait fait du couvent de la Trumendad sa principale place d'armes et le dépôt de ses munitions.

Ce monastère, bâti sur le sommet d'une montagne, et entouré d'obstacles naturels, était réputé inaccessible ; et Villa-Campa y avait réuni un corps d'armée de 5,000 hommes de troupes de ligne, et d'un grand nombre de paysans.

Le colonel Henriod partit le 13 novembre de Daroca, distant de quinze lieues de Tremendad, à la tête du 14ᵉ de ligne, du 13ᵉ de cuirassiers, de quatre compagnies d'élite, et d'un bataillon du 2ᵉ régiment de la Vistule, avec deux pièces de canon et un obusier.

Arrivé le 25 au pied du mont-Tremendad, il fit ses dispositions d'attaque, et après huit heures d'un combat opiniâtre, il s'empara du couvent et le livra aux flammes.

Il avait fallu enlever chaque mamelon à la baïonnette, et gravir une montagne de la plus haute élévation, par des chemins en zig-zag, étroits et escarpés, qui fournissaient aux Espagnols les moyens d'arrêter à chaque pas leurs adversaires.

Créé baron de l'Empire le 18 novembre suivant, et promu au grade de général de brigade le 3 juillet, il mérita les éloges de l'Empereur par les services qu'il rendit au combat de Tenega, le 13 janvier 1811, et pendant la défense de Lérida en 1812.

En congé de convalescence depuis le 28 juin 1813, il fut mis en non-activité le 1ᵉʳ septembre 1814, et nommé chevalier de Saint-Louis le 17 janvier 1815.

Au retour de l'île d'Elbe, l'Empereur le rappela à l'activité, et le désigna, le 12 juin, pour prendre le commandement suprême du Quesnoy ; mais les événements malheureux de cette époque ne lui permirent pas d'obéir à l'ordre qui lui avait été expédié.

Admis à la retraite le 6 octobre suivant, il mourut le 20 juin 1825.

HENRION (JEAN-FRANÇOIS), né à Metz en janvier 1776. Il fit comme volontaire les premières campagnes de la Révolution et se distingua à l'armée de Sambre-et-Meuse, en reprenant seul l'étendard du 2ᵉ carabiniers tombé au pouvoir de l'ennemi. Entré ensuite à l'École d'artillerie de Châlons, il était lieutenant au

1er régiment à Hohenlinden, où le général Moreau lui décerna une grenade d'or, distinction qui lui donna de droit le rang d'officier de la Légion-d'Honneur à la création de cet Ordre. Plus tard, comme aide-de-camp du général Lariboissière, il servit à la grande armée en Espagne et en Russie.

Pendant la campagne de Saxe, en 1813, il eut, en qualité de colonel-major, le commandement de l'artillerie de la jeune Garde, à la tête de laquelle il fut blessé à Dresde et à Weissenfeld. Après la retraite de Leipzig, l'Empereur lui conféra la décoration de commandeur. Dans la campagne de France, Brienne, Château-Thierry et Arcis-sur-Aube furent les principaux champs de bataille où il déploya autant de valeur que de talent. A la paix, on lui confia la direction de Saint-Malo, puis celle de Perpignan, qu'il conserva jusqu'au 23 août 1823, époque de son admission à la retraite dans le grade honorifique de maréchal de camp.

Il est mort à Paris, le 5 août 1849, grand officier de la Légion-d'Honneur.

HERBIN-DESSAUX (JEAN-BAPTISTE), lieutenant-général, né le 31 décembre 1755 à Jonval (Ardennes), entra comme soldat le 21 novembre 1775 dans le régiment royal (24e, devenu 23e d'infanterie), fut nommé sous-lieutenant le 30 septembre 1781, et fit, sous les ordres du marquis de la Rozière et du comte de Chastaignier, les campagnes de 1781 et 1782 contre les Anglais. Lieutenant le 11 juin 1787, il fut promu capitaine le 30 mars 1792, et prit le commandement d'une compagnie de grenadiers le 1er juin suivant.

Il fit avec distinction les guerres de 1792 à l'an V aux armées des Alpes et d'Italie. Pendant la campagne de 1793, le général en chef lui confia le commandement d'un bataillon de grenadiers et celui de l'avant-garde de la division de Maurienne. Le capitaine Herbin justifia ce choix honorable, et rendit alors les plus grands services. Il se distingua particulièrement aux combats d'Épierre les 13 et 15 septembre, ainsi qu'à la reprise des postes d'Abaretta et du col de la Madeleine, et contribua beaucoup par sa bravoure et son intelligence aux succès qu'obtint l'armée à cette époque. Le 24 floréal an II, commandant la colonne de droite à l'attaque du Mont-Cenis, il coopéra vaillamment à la prise de cette position, en s'emparant des premières batteries de l'ennemi et en dirigeant leur feu contre ses colonnes en retraite, dans lesquelles il porta le ravage et la confusion. Sa conduite distinguée dans cette journée lui mérita l'estime et les suffrages de tous les généraux présents à l'affaire, et le 26 du même mois, il fut nommé adjudant-général chef de brigade par les représentants du peuple en mission à l'armée des Alpes.

Confirmé dans son grade par arrêté du gouvernement du 16 brumaire an III, il fut employé à l'état-major général de l'armée d'Italie le 25 prairial suivant, et se fit encore remarquer au siége de la citadelle de Milan et aux glorieuses affaires des 16, 17 et 18 thermidor an IV, à Salo, à Lodano et à Castiglione. Ce fut lui qui, le 17, s'empara de Santo-Ozeto et mit en déroute deux bataillons ennemis qui défendaient cette position. Réformé le 28 ventôse an V, un arrêté du Directoire exécutif, du 24 germinal suivant, le maintint en activité, et le 11 fructidor de la même année, il fut employé dans la 8e division militaire. Il passa, le 6 germinal an VI, dans la 7e division, et le 16 thermidor an VII, à la tête des troupes qu'il commandait dans le département du Mont-Blanc; il attaqua et reprit les postes retranchés de Belvéder et de la

Tuille, au Petit-Saint-Bernard, battit complétement les Autro-Russes, leur tua une trentaine d'hommes, leur en blessa un grand nombre et fit 56 prisonniers.

Nommé général de brigade le 7 germinal an VIII, et employé à l'armée de réserve le 14 du même mois, il fut mentionné honorablement sur le rapport du général de division Dupont, pour la part glorieuse qu'il prit à la mémorable journée de Marengo. Chargé du commandement du Mont-Blanc (7ᵉ division militaire) le 7 brumaire an IX, il fut créé membre de la Légion-d'Honneur le 19 frimaire an XII, et commandeur de l'Ordre le 25 prairial suivant. En vertu de l'article 99 de l'acte des Constitutions de l'Empire, il fut déclaré membre du collége électoral du département des Ardennes, et le 13 fructidor an XIII, il eut le commandement d'une brigade dans l'armée d'Italie, commandée par le maréchal Masséna.

Le 8 brumaire an XIV, à la tête de 2 régiments d'infanterie de ligne, le général Herbin-Dessaux chargea et culbuta à la baïonnette une colonne ennemie qui laissa sur le champ de bataille près de 1,200 hommes tués ou faits prisonniers. Au combat de Castel-Franco, le 3 frimaire suivant, il contribua puissamment au succès de la journée, par sa bravoure et l'habileté de ses manœuvres. Il continua de servir à l'armée d'Italie pendant les années 1806, 1807 et 1808, fut créé chevalier de la Couronne de Fer le 18 mars 1807, et fut autorisé le 21 février 1809 à rentrer dans ses foyers pour y attendre le règlement de la pension de retraite qui lui fut accordée le 7 avril suivant. Le 22 mars 1812, comme président de la députation du collége électoral du département des Ardennes, il fut admis à une audience de l'Empereur.

Rappelé à l'activité le 4 février 1814, cemme commandant la levée en masse du département des Ardennes, le général Herbin-Dessaux fut investi du commandement de la 2ᵉ division militaire le 16 mars suivant. Les places étaient presque entièrement dénuées de garnison, les caisses publiques à peu près vides, les dépôts de conscrits sans organisation. Il s'empressa de remédier à ces inconvénients, et grâce à son zèle et à son activité, les bataillons furent bientôt formés et équipés, et les habitants, dont il avait acquis l'estime et la confiance, versèrent sur sa demande une partie de leurs contributions dans les caisses du trésor public. C'est avec ces ressources et ces faibles moyens de défense, appuyés de ses démonstrations énergiques, qu'il parvint à conserver au pays les places fortes de la division avec le matériel et les magasins de vivres et de munitions qu'elles renfermaient.

Après l'abdication de l'Empereur, il fit sa soumission au gouvernement royal, et fut chargé, le 23 juin, du commandement du département des Ardennes. Nommé chevalier de Saint-Louis par ordonnance royale du 19 juillet, il passa, le 4 août, au commandement de la subdivision des arrondissements de Rocroy et de Mézières, et fut promu au grade de lieutenant-général le 31 décembre de la même année. Le 26 janvier 1815, s'appuyant de ses services, il adressa une pétition au roi pour obtenir le titre de comte, mais cette demande n'eut pas de résultat. Il la renouvela le 10 février auprès du maréchal duc de Dalmatie, alors ministre de la guerre, mais sans plus de succès, et le 5 avril, il sollicita du prince d'Eckmühl, ministre de l'Empereur, sa confirmation dans le grade de lieutenant-général.

Napoléon le nomma, par décret du 3 mai, commandant supérieur de Mézières. Cependant il fut remplacé dans ces fonctions le 6 juin suivant, et fut confirmé dans le grade de lieutenant-général par décret du 11 du même mois.

Admis à la retraite le 2 octobre 1816, le général Herbin-Dessaux s'était retiré à Balan (Ardennes), où il est mort le 16 octobre 1832.

HEUDELET DE BIERRE (Étienne, comte), né à Dijon le 12 novembre 1770. Lieutenant au 3ᵉ bataillon des volontaires de la Côte-d'Or en 1792, adjoint aux adjudants-généraux la même année, aide-de-camp du général de cavalerie Dubois, le 1ᵉʳ septembre 1793, et quelques mois après aide-de-camp du général Michaud, commandant en chef de l'armée du Rhin. Il était adjudant-général chef de brigade, le 30 décembre 1794, après s'être distingué autant par ses talents que par son courage aux armées du Rhin et de la Moselle.

En 1795, il était chef d'état-major du général Gouvion-Saint-Cyr à l'armée de Mayence. En 1796, il commandait l'avant-garde du général Delmas, commandait l'avant-garde au passage du Rhin sous Moreau. Il obtint à cette occasion les félicitations de ce dernier et du gouvernement.

Promu au grade de général de brigade, le 5 février 1799, il servit d'abord à l'armée d'observation, fut ensuite chargé d'une mission secrète par Bernadotte, passa à l'armée du Danube et fit échouer, à la tête de la 5ᵉ division qu'il commandait par intérim, le passage de l'Aar tenté par le prince Charles.

A Hohenlinden, il faisait partie de la division Ney. En 1803, il commandait le département de l'Aube dans la même année; il était à la tête de l'avant-garde de Davoût et se signala par le passage de l'Ems à Steyer, et par le brillant combat de Marienzell, le 8 novembre 1805, où il battit complétement la division du général autrichien Merfelt, forte de 10 bataillons, lui tua 1,500 hommes, en prit 4,000, avec 10 canons, 6 drapeaux et plus de cent voitures d'équipages.

A Austerlitz, il se distingua de nouveau et fut nommé général de division (24 décembre 1805.)

Chargé de la 2ᵉ division du 7ᵉ corps en mai 1806, il se montra d'une manière brillante à Iéna et à Eylau, où une balle lui traversa le corps.

En 1808, il commanda la 3ᵉ division du 8ᵉ corps de l'armée d'Espagne, d'où il passa à l'armée de Portugal en 1809, et rendit d'importants services dans ces deux campagnes. Rentré en France en 1811 pour cause de santé, il forma ou inspecta en 1812 différents corps qui se rendaient en Russie. Le 12 mai, on lui confia la 2ᵉ division de réserve pour protéger le pays depuis l'Escaut jusqu'à la Baltique.

Après la retraite de Russie, il entra dans la place de Dantzig et fit partie de la garnison sous les ordres du général Rapp. Conduit prisonnier de guerre à Kiow, il envoya de cette ville, le 4 juin, son adhésion au rétablissement des Bourbons. Rentré en France le 5 septembre, il commandait la 18ᵉ division militaire lors du retour de Napoléon. Il montra d'abord quelque hésitation, puis finit par accepter le commandement de la 15ᵉ division d'infanterie de l'armée du Rhin. Le 17 juin, une dépêche télégraphique l'appela à Paris; il partit le 19, avant le commencement des hostilités, apprit en route les événements de l'armée du Nord et se retira dans ses foyers.

Le roi ne tarda pas à le nommer gouverneur de la 4ᵉ division à Nancy, puis de la 3ᵉ à Metz. Il fut appelé comme témoin dans le procès du maréchal Ney, fit une déposition très-loyale qui déplut aux réactionnaires de l'époque et le fit mettre en non-activité, puis en 1819, en disponibilité, et plus tard à la retraite.

Après la Révolution de 1830, M. Heudelet fut rétabli sur les cadres de l'activité, fut nommé en 1831 inspecteur général d'infanterie. Il a exercé depuis plusieurs commandements militaires jusqu'en 1835, qu'il fut classé dans le cadre de non-activité.

Chevalier de Saint-Louis en 1814, pair de France en 1832, le comte Heudelet de Bierre fut nommé grand-croix de la Légion-d'Honneur le 18 février 1836.

HEYMES (Pierre-Agathe), né à Besançon vers 1778. Il est fils d'un capitaine au 7ᵉ régiment d'artillerie à pied tué à la bataille de Nerwinde.

Entré dans la carrière à l'âge de 15 ans, il fit les campagnes de la Révolution aux armées de la Moselle, de la Sambre, du Nord, de l'Ouest, du Rhin et de la Hollande. En 1802, il partit avec l'expédition de Saint-Domingue. N'étant encore que lieutenant, il fut fait prisonnier par les Anglais, s'échappa de la Jamaïque, vint s'embarquer à New-York, d'où il parvint à rentrer en France pour reprendre son régiment à Strasbourg, ses fonctions de lieutenant. Il fit les campagnes du Tyrol, de Prusse, de Pologne, et en 1808 d'Espagne, avec le 6ᵉ corps et sous les ordres du maréchal Ney.

Il fit ensuite la campagne de Portugal avec Soult, et en 1809 seulement, il fut promu au grade de capitaine au 5ᵉ d'artillerie à cheval.

En 1810, il fut employé à la manufacture d'armes de Mutzig (Bas-Rhin). En 1812, il fit la campagne de Russie; Ney se l'attacha comme aide-de-camp à la retraite de Smolensk et le nomma bientôt chef d'escadron, colonel et premier aide-de-camp. Il fit en cette qualité les campagnes de 1813 et 1814.

A la première Restauration, le colonel Heymes fut le sous-chef d'état-major du prince de la Moskowa, commandant la cavalerie royale. Il le suivit pendant les Cent-Jours et fut admis à la retraite après la deuxième rentrée des Bourbons.

Le colonel Heymes vécut retiré jusqu'en 1830. Le 28 juillet, il était à Paris, se mêlait à l'insurrection; le 29, il enlevait les 5ᵉ et 53ᵉ régiments d'infanterie en bataille sur la place Vendôme et les entraînait dans les rangs des insurgés. Le 30, il accompagnait le duc d'Orléans lorsqu'il vint dans la nuit de Neuilly au Palais-Royal.

Le nouveau roi établi, M. Heymes fut successivement son aide-de-camp, maréchal de camp et commandeur de la Légion-d'Honneur.

HOCHE (Lazare) naquit à Montreuil (Seine-et-Oise), le 24 février 1768, d'un garde du chenil de Louis XV. La pauvreté de ses parents l'obligea de bonne heure à s'occuper lui-même des moyens de pourvoir à son existence. Il n'était qu'un enfant lorsqu'il fut reçu aide-surnuméraire dans les écuries royales; devenu orphelin, il profita des secours qui lui furent offerts par une de ses tantes, fruitière à Versailles, pour faire emplette de quelques livres avec lesquels il fit lui-même sa première éducation, et dès lors commencèrent à se développer les grandes facultés intellectuelles dont il était doué. Consacrant le jour à ses pénibles et abjectes occupations, il employait les nuits à étudier. A 17 ans, dégoûté d'un service qui était si peu en harmonie avec l'élévation de ses sentiments, il embrassa l'état militaire, fut admis dans les Gardes françaises et ne tarda pas à fixer sur lui les regards de ses chefs, par la régularité de ses mœurs, son application à la lecture et sa prodigieuse activité; aussi fut-il promu, en 1784, au grade de sergent.

Quelques années après (1792), il passa officier et fut pourvu d'une lieutenance au régiment de Rouergue. Au siége de Thionville et à la bataille de Nerwinde, il donna des preuves éclatantes de sa capacité et de sa bravoure. Appelé à Paris peu de temps après, il exposa au Comité de salut public un plan de campagne si heureusement conçu, que l'illustre Carnot ne put s'empêcher de s'écrier : « Voilà un officier subalterne d'un bien grand mérite. » Le Comité tout entier se joignit à Carnot pour admirer tant de savoir dans un jeune homme, et se hâta de le placer dans un poste digne de lui. Revêtu d'abord du titre d'adjudant-général, Hoche reçut ensuite le commandement de Dunkerque qu'il défendit brillamment contre les Anglais, puis il fut nommé général de brigade et bientôt après général de division (1793). Ainsi, dans l'espace de neuf années, le sergent des Gardes françaises s'était élevé par son seul mérite aux premières dignités militaires.

Ici commence pour lui une série de succès et d'exploits dont la jalousie lui disputa la gloire et qui furent interrompus par la persécution. Après s'être emparé de Furnes, après avoir battu Wurmser dans les lignes de Weissembourg, débloqué Landau et pris Guemersheim, Spire et Worms, il se vit enlevé à l'armée de la Moselle dont il avait le commandement en chef, il fut jeté dans les prisons de Paris, d'où il ne sortit que le 9 thermidor; c'est alors qu'il fut envoyé dans la Bretagne contre les Vendéens, et qu'il s'attacha à détruire la guerre civile, moins par les armes que par les voies conciliatrices, ne consentant à vaincre ses ennemis qu'après avoir tout tenté pour les faire rentrer, sans effusion de sang, dans le sein de la grande famille française; il parvint à faire succéder l'empire des lois à l'état de guerre qui avait désolé ces contrées, et montra tant de ménagement et de respect pour les droits de la conscience religieuse que l'esprit insurrectionnel s'éteignit assez rapidement sur les deux rives de la Loire. Un si grand service rendu à la République méritait une récompense; le 16 juillet 1796, un message du Directoire ayant annoncé au Conseil la pacification de la Vendée, les représentants de la nation proclamèrent solennellement, par un décret, que Hoche et son armée avaient bien mérité de la patrie. Deux tentatives d'assassinat faillirent arrêter ce général au milieu de ses triomphes : une fois on essaya contre lui l'effet du poison, et peu après, il fut assailli, au sortir du théâtre de Rennes, par un individu qui lui tira un coup de pistolet dont, heureusement, il ne fut pas atteint.

Cependant le cabinet de Saint-James redoublait d'activité pour entretenir la guerre civile en France. Le libérateur de l'Ouest conçut alors le hardi projet d'une descente en Irlande : il se rendit aussitôt à Brest, il y fit ses préparatifs et s'embarqua dans ce port à la fin de 1796. Tout, jusque-là, semblait avoir favorisé son audacieux projet; mais à peine lancé en pleine mer, les éléments se déclarèrent contre lui et sauvèrent l'Angleterre des embarras que cette entreprise devait lui susciter. Sa flotte, ayant été dispersée par un ouragan terrible, il fut obligé de revenir en France, heureux d'échapper, grâce aux habiles manœuvres de son pilote, à la vigilance des croiseurs anglais.

A son retour, il fut nommé général en chef de l'armée de Sambre-et-Meuse, forte de 80,000 hommes et à la tête de laquelle il ouvrit la campagne de 1797, en passant le Rhin à Neuwied, en présence et sous le canon de l'ennemi. Heureux, cette fois, de cueillir des lauriers qui n'étaient pas teints du sang français, il put se livrer entièrement au génie des batailles et marcher sans regrets de victoire en victoire. Il remporta successivement cinq victoires, Neuwied, Ukerath, Altenkirchen, Dierdorf et Heddesdorf, et entra dans Wetzlar d'où son adversaire le croyait encore très-éloigné ; il manœuvrait pour enlever, d'un seul coup, l'armée ennemie quand l'armistice, conclu par Bonaparte avec le prince Charles, vint l'arrêter tout à coup à Giessen, sur les bords de la Nidda, au milieu de ses brillants succès et de sa marche triomphale sur le territoire allemand.

On lui offrit alors le ministère de la guerre qu'il refusa ; mais il reçut le commandement d'un corps d'armée placé aux environs de Paris, et destiné à déjouer les intrigues que le parti de Clichy entretenait contre le Directoire.

Les dénonciations calomnieuses de ses ennemis ne tardèrent pas à lui faire perdre ce commandement qui fut confié à Augereau. Hoche, offensé de cette disgrâce, demanda des juges pour leur rendre un compte solennel de sa conduite, et ne put les obtenir. Dégoûté alors du séjour de Paris, il retourna à son quartier général de Wetzlar ; mais le terme de sa glorieuse carrière approchait : il tomba subitement malade dans les premiers jours de septembre 1797, et mourut le 15 de ce mois, au milieu des plus cruelles douleurs, et en s'écriant : « Suis-je donc revêtu de la robe empoisonnée de Nessus ? » Il était âgé de 29 ans. L'autopsie du cadavre, ordonnée par le Directoire, révéla, en effet, dans les intestins, une multitude de taches noires qui parurent aux gens de l'art des indices d'une mort violente. Des honneurs funèbres furent rendus à la mémoire de Hoche, tant à l'armée que dans l'intérieur de la République. Les étrangers mêlèrent leurs larmes à celles des Français, et un poëte illustre, Chénier, célébra, dans de nobles vers, la gloire du héros enlevé si jeune à sa patrie.

HOHENLOHE (Louis-Aloys-Joachim, prince de), pair et maréchal de France, né le 18 août 1765, de la branche des princes de Hohenlohe-Waldembourg-Barteinstein. Il leva, à ses frais, un régiment qu'il joignit à l'armée de Condé. Plein de dévouement pour les Bourbons, il fit toujours preuve de sang-froid et de bravoure sur les divers champs de bataille où il se montra au premier rang. On cite sa retraite hardie et sa marche de 14 lieues sur la glace à la défense de l'île de Bommel : plusieurs fois il dut renouveler son régiment que son colonel conduisait toujours aux plus grands dangers. Napoléon lui fit des offres qu'il refusa ; il perdit sa principauté qui fut réunie au royaume de Wurtemberg. Il avait pris du service en Autriche. En 1815, il reçut des lettres de grande naturalisation, et fut nommé lieutenant-général et colonel de la légion étrangère.

Il commandait une division à la campagne d'Espagne en 1823.

En 1827, il reçut le bâton de maréchal après la mort de M. de Viomenil.

Il est mort à Paris le 31 mai 1829.

HUBER (Pierre-François-Antoine, baron) naquit le 20 décembre 1775 à Saint-Vendel (ancien département de la Sarre).

Enrôlé volontaire dans le 1er régiment de chasseurs à cheval le 13 août 1793, il fit les campagnes de 1793, ans II, III, IV et V, à l'armée de Sambre-et-Meuse.

Brigadier le 5 thermidor an II, il se fit remarquer, le 27 fructidor an III, au combat d'Anelshorn, se trouva, le 16 prairial an IV, à la bataille d'Altenkirchen, et fut blessé d'un coup de sabre à la figure, le 29 thermidor suivant, à l'affaire de Bamberg.

Il combattit à Liptengen le 8 germinal an V, et devint brigadier-fourrier le 30 prairial de la même année.

Passé à l'armée du Rhin, il fut nommé maréchal-des-logis le 1er vendémiaire an VI, et maréchal-des-logis-chef le 23 floréal suivant; il se trouva au passage du Rhin le 5 floréal an VIII, devint adjudant sous-officier le 12 prairial suivant, se signala au combat d'Ober-Batzheim le 16 du même mois.

Il fut mis à l'ordre du jour de l'armée pour sa conduite à Hohenlinden, le 12 frimaire an IX, et se fit encore remarquer le 28 du même mois au combat de Lambach, où il fut atteint d'un coup de feu au pied droit.

A Schwanstadt, l'ennemi, pour retarder la marche de l'armée française, avait mis le feu à un pont sur le Voogt; aussitôt qu'il s'en aperçut, Huber, accompagné par l'autre adjudant, se précipita dans l'eau et parvint, malgré une grêle de balles et de mitraille, à éteindre le feu et à conserver ce passage.

Rentré en France après la paix, il tint garnison à Verdun pendant les ans X et XI, fut promu sous-lieutenant provisoire le 2 messidor an X, et confirmé dans ce grade le 9 nivôse an XI.

Employé au camp de Bruges les ans XII et XIII, il fut créé membre de la Légion-d'Honneur le 26 frimaire an XII, et fit les campagnes d'Autriche, de Prusse et de Pologne, de l'an XIV à 1807, avec la division de cavalerie du 3e corps de la grande armée.

Il se distingua au combat de Lambach et au passage de la Traun, le 10 brumaire an XIV, et au combat de Marienzelt le 17 du même mois.

Le 10 frimaire suivant, il était à Haag, où il fut blessé d'un coup de feu, et le lendemain, malgré sa blessure, il fit des prodiges de valeur à Austerlitz.

Lieutenant au choix de corps le 10 juillet 1806, et confirmé dans ce grade par décret impérial du 31 juillet suivant, il devint adjudant-major le 3 décembre de la même année.

Capitaine le 8 mars 1807, à la suite de la bataille d'Eylau, il passa au 22e régiment de chasseurs à cheval le 1er juillet 1809, et fut employé à l'armée du Nord.

Il fit les campagnes de 1810 et 1811 en Espagne et en Portugal, où il mérita le grade de chef d'escadron, qui lui fut conféré le 18 juillet 1811.

Aide-de-camp du général de division Montbrun le 23 mars 1812, il prit part à l'expédition de Russie et fut blessé d'un coup de biscaïen à l'omoplate gauche.

Colonel le 11 mars 1813, officier de la Légion-d'Honneur le 13 septembre de la même année, il fut créé baron quelque temps après; il fit la guerre d'Allemagne et la campagne de France.

Commandeur de l'Ordre le 25 février 1814 et général de brigade le 15 mars suivant, il fut mis en non-activité le 1er septembre de la même année, et fut nommé chevalier de Saint-Louis et inspecteur-adjoint à l'inspecteur de cavalerie de la 1re division militaire au mois de décembre.

Après le retour de Napoléon de l'île d'Elbe, un décret impérial du 30 mai 1815, confia au baron Huber le commandement de la 1re brigade de cavalerie du 2e corps de l'armée du Nord, avec laquelle il fit la campagne des Cent-Jours.

Rentré dans sa position de non-activité le 1er septembre suivant, il fut employé à l'inspection de cavalerie dans la 14e division militaire le 19 octobre 1814.

Compris dans le cadre d'activité de l'état-major général de l'armée le 30 décembre 1818, il fut nommé inspecteur général de cavalerie dans la 3e division militaire le 16 juin 1819.

Appelé au commandement de la 1re brigade de la 8ᵉ division au 3ᵉ corps de l'armée des Pyrénées le 12 avril 1823, il fut nommé grand officier de la Légion-d'Honneur le 13 juillet, obtint le grade de lieutenant-général le 8 août, et reçut la plaque de 4ᵉ classe de l'ordre de Saint-Ferdinand d'Espagne le 23 novembre de la même année.

Rentré en France à la fin de cette campagne, et mis en disponibilité le 5 janvier 1824, il fut admis à la retraite le 17 décembre 1826.

Il est mort le 25 avril 1832, et son nom figure sur l'arc de l'Étoile, côté Ouest.

HUGO (Joseph-Léopold-Sigisbert, comte), né à Nancy en 1774, s'engagea à 14 ans comme simple soldat, et fut nommé officier en 1790. Il parcourut de la manière la plus brillante la série des guerres de la Révolution et se signala surtout sur le Rhin, en Vendée et sur le Danube. A Vihiers (Vendée), avec 50 hommes seulement, il arrêta 3 à 4,000 Vendéens ; au combat de Caldiéro (Italie), il voit l'armée repoussée sur le point de repasser l'Adige, simple chef de bataillon, il enlève à la baïonnette le village de Caldiéro, s'y maintient pendant quatre heures malgré les efforts de l'ennemi, et laisse aux Français le temps de reprendre l'offensive et de vaincre.

Il passa ensuite au service de Joseph Bonaparte, alors roi de Naples. Le pays était infesté de bandes de brigands qui tous obéissaient au terrible *Fra-Diavolo*, à la fois chef de voleurs et d'insurgés calabrais, qui répandait la terreur dans les campagnes et jusque dans les villes. Hugo détruisit les bandes les unes après les autres, s'empara de Fra-Diavolo et le fit juger, condamner et exécuter en deux heures, le 1ᵉʳ novembre 1806. Grâce à l'intrépide commandant, le pays était délivré. En récompense, le roi Joseph le nomma colonel, maréchal du palais et chef militaire de la province d'Aveline.

Hugo suivit bientôt Joseph en Espagne et y rendit encore des services signalés. Nommé général et gouverneur des provinces centrales d'Avila, de Ségovie, de Soria, puis de Guadalaxara, etc., il guerroya trois ans contre le célèbre Empecinado, le battit en trente-deux rencontres et parvint ainsi à délivrer tout le cours du Tage des guérillas qui l'infestaient et à rétablir les communications entre les divers corps de l'armée française. On a estimé à la valeur de 30 millions de réaux le nombre des convois qu'il enleva aux insurgés pendant les années 1809, 1810 et 1811.

En 1812, il fut nommé au commandement de la place de Madrid, et il commanda l'arrière-garde lorsque, peu de temps après, les Français durent évacuer cette ville. Dans cette retraite désastreuse, il sauva plusieurs milliers de Français, et peut-être le roi lui-même, en arrêtant les Anglais à la hauteur d'Alagria.

Rentré en France en 1813, il fut immédiatement appelé par l'Empereur au commandement de Thionville, où, avec une faible garnison et des munitions insuffisantes, il soutint pendant 88 jours un blocus très-serré auquel mit fin la déchéance de Napoléon.

Durant les Cent-Jours, ce fut encore lui qui la défendit contre les alliés qui voulaient la démanteler et en voler le matériel. Mis à la retraite par l'ordonnance de 1824, il se retira à Blois ; il s'occupa de plusieurs ouvrages qu'il publia sous le pseudonyme de Genti. On a de lui : *Mémoires sur les moyens de suppléer à la traite des nègres par des individus libres, etc.*, Blois, 1818 ; *Journal historique du blocus de Thionville en* 1814, *et des sièges de cette ville, Sierck et Rodernack en* 1815, Blois 1819 ; *Mémoires du général Hugo,* Paris 1825. On a encore de lui un ouvrage sur la *Défense des convois,* plusieurs fois réimprimé; et quelques autres écrits.

Le général Hugo, homme aussi distingué dans le monde que général vaillant et expérimenté, est mort à Paris, frappé d'une apoplexie foudroyante, le 30 janvier 1828. Il laissa plusieurs enfants : l'un d'eux est VICTOR HUGO.

HULIN (PIERRE-AUGUSTIN, comte), né à Paris le 6 septembre 1758. Son père était un marchand de draps. Il entra au service en 1771 dans le régiment de Champagne-Infanterie; il passa en 1772 au régiment des Gardes suisses, où il fut nommé sergent le 7 août 1780. Au 14 juillet 1789, Hulin se mit avec l'huissier Maillard à la tête du peuple insurgé, marchant à la Bastille, entra un des premiers dans la forteresse. Hulin chercha, mais inutilement, à sauver le gouverneur Delaunay que le peuple voulait massacrer, et que, pour donner le change, il couvrit de son chapeau, ce qui lui permit de conduire son prisonnier sain et sauf jusqu'à l'Hôtel-de-Ville, où lui-même faillit être victime de la fureur populaire.

Lorsque Bailly eut été créé maire de Paris, il fallut que le brave Hulin sanctionnât de son immense popularité le choix que venaient de faire les Parisiens de leur premier magistrat municipal. Le 8 octobre, il fut promu au grade de capitaine-commandant de la huitième compagnie de chasseurs soldés. Nous dirons en passant qu'il était remarquable par sa haute taille et sa belle figure.

Hulin, commandant des volontaires de la Bastille, prit sa part dans toutes les grandes journées de la Révolution. A Versailles, au 10 août, partout on le voyait où les libertés du peuple étaient en question. Jeté en prison comme modéré, il en sortit après le 9 thermidor.

Ayant pris du service en l'an II dans l'armée d'Italie, il reçut du général Bonaparte le grade d'adjudant-général. En l'an II, il commanda à Nice, à Livourne; en l'an III à Klagenfurth, en l'an IV à Milan, en l'an V à Ferrare. Il fut chef d'état-major de la division Richepanse en l'an VIII, officier supérieur du palais en l'an IX, et en l'an X chef de l'état-major de la division Rivaud en Espagne.

Le 27 messidor an X, Hulin reçut du premier Consul l'ordre de se rendre à Alger avec une mission secrète auprès du Dey. La mission du général fut suivie d'un plein succès malgré les difficultés dont elle était hérissée. Il reçut à son retour, du premier consul, des témoignages de sa haute satisfaction.

En garnison à Gênes, il prit une part des plus actives à la défense de cette ville. Envoyé en mission auprès des consuls, il suivit Bonaparte à l'armée de réserve et fut nommé chef d'état-major de la division Vautrin. Après la bataille de Marengo, il commanda de nouveau la place de Milan. En l'an XII, il fut promu au grade de général de brigade, avec le commandement des grenadiers de la garde consulaire. Le 19 frimaire de la même année, il reçut la croix d'honneur. Le 29 ventôse suivant, le général Hulin fut désigné pour présider le conseil de guerre chargé de décider sur le sort du malheureux duc d'Enghien; les efforts du président de la Commission, pour sauver la victime, furent entravés par l'empressement que l'on mit à faire exécuter la sentence. Au moment où le général Hulin écrivait au premier Consul pour lui faire part du désir du duc d'Enghien de s'entretenir, avant de mourir, avec le chef de la République française, la plume lui fut arrachée des mains par une personne que le général n'a pas voulu nommer ; nous imiterons sa généreuse réticence.

Hulin fut promu en l'an XII au grade de commandeur de la Légion-d'Honneur, envoyé à la grande armée en 1805 et chargé du commandement de Vienne. Il fit, en 1806, la campagne de Prusse à l'issue de laquelle il reçut le commandement de Berlin. A son retour à Paris, en 1807, Hulin fut nommé général de division (9 août), avec le commandement de la 1re division militaire. Créé comte de l'Empire en 1808, il fut, en 1809, pourvu d'une dotation de 25,000 fr. sur le domaine de Hayen en Hanovre et reçut en 1811 les insignes et la dignité de grand officier de la Légion-d'Honneur.

Le général comte Hulin commandait la place de Paris et la première division lors de la conspiration de Mallet en 1812, et faillit périr victime de cette audacieuse tentative. Mallet s'étant adressé à lui, et voyant ses ouvertures mal reçues, lui tira à bout portant un coup de pistolet et lui fracassa la mâchoire.

Créé grand-croix de l'ordre de la Réunion le 3 avril 1813, le comte Hulin conduisit jusqu'à Blois, en mars 1814, l'impératrice régente Marie-Louise. Le 8 avril suivant, après l'abdication de Fontainebleau, il envoya au gouvernement provisoire son adhésion aux mesures récemment adoptées.

. La Restauration lui ôta le commandement de la 1re division qui lui fut rendu aux Cent-jours. Banni par l'ordonnance du 24 juillet 1815, le général Hulin se retira en Belgique et de là en Hollande. Il paraissait fixé dans ce pays lorsque l'ordonnance du 1er décembre 1819 lui rouvrit les portes de la France. Rentré dans sa patrie, il vécut quelques années dans une propriété située dans le Nivernais, puis dans une terre située à la Queue-en-Brie (Seine-et-Oise), où il vécut dans la retraite.

Le comte Hulin, qui avait perdu la vue depuis quelques années, mourut à Paris, le 9 janvier 1841, laissant pour héritier de ses titres et de son nom, M. Hulin (Henri) capitaine à l'armée d'Afrique, son neveu et son fils adoptif.

HULOT (Étienne, baron), né le 15 février 1774 à Muzerny (Ardennes), entra au service en 1793, lors de la première réquisition et fut attaché à un bataillon de chasseurs. Il fut nommé sous-lieutenant sur le champ de bataille d'Altkirchen. A Zurich et dans tous les combats livrés à Souvarow, on le vit officier d'ordonnance du général Soult au combat de Monteneto ; il s'élança avec le frère de Soult pour arracher des mains de l'ennemi ce général qui venait d'être renversé d'un coup de feu, et il resta prisonnier ; mais il fut échangé après la bataille de Marengo et nommé capitaine aide-de-camp du même général. Après les affaires d'Ulm il fut promu au grade de chef de bataillon et commanda les tirailleurs du Pô. Il se trouva à tous les combats de cette époque et se distingua partout, surtout à Austerlitz, où, malgré une blessure grave, il ne quitta le champ de bataille qu'après la victoire. Aussi reçut-il en cette occasion la croix d'officier de la Légion-d'Honneur.

Le 7 février 1807, il eut la jambe fracassée en forçant le pont de Preussisch-Eylau. Il fut nommé colonel en 1808 et fit la guerre d'Espagne en 1811 en qualité de premier aide-de-camp du maréchal Soult. A la bataille de Gebora, le colonel Hulot et le chef d'escadron Tholosé menacèrent plusieurs bataillons espagnols de les faire sabrer par la cavalerie, s'ils ne se rendaient sur-le-champ, et ils se rendirent.

Général de brigade le 9 août 1812, il commanda l'avant-garde du 4e corps en Allemagne ; il donna dans la campagne de 1813 des preuves répétées d'intelligence et de bravoure. Deux fois il sauva les bagages et l'artillerie de l'armée par son incroyable activité, à Interbeck et à Hanau. L'Empereur le récompensa en le nommant baron et commandeur de la Légion-d'Honneur.

La Restauration le fit chevalier de Saint-Louis et lui confia le département de la Meuse.

Pendant les Cent-Jours il fut attaché au 4ᵉ corps, commandé par Gérard. A la bataille de Ligny il se défendit contre des forces quadruples et se battit un des derniers sous les murs de Paris.

Mis en non-activité, le maréchal Gouvion-Saint-Cyr le nomma en 1819 inspecteur d'infanterie, et inspecteur général en 1821.

Il est grand officier de la Légion-d'Honneur et général de division à la promotion du 27 février 1831.

HURAULT DE SORBÉE (Louis-Marc-Charles), né le 17 avril 1786 à Reims (Marne), fut destiné au génie, subit un examen pour l'École polytechnique et entra à l'école de Fontainebleau le 23 janvier 1806. Il en sortit lieutenant au 13ᵉ d'infanterie de ligne A Palma-Nova dans le Frioul vénitien ; il fit dans ce corps les campagnes d'Italie et d'Allemagne, jusqu'en 1812 qu'il passa dans le 11ᵉ de la même arme avec le grade de capitaine qu'il avait mérité à Wagram où il avait été blessé.

En 1813, M. Hurault de Sorbée obtint la croix de la Légion-d'Honneur et passa aux grenadiers de la vieille Garde, avec lesquels il fit les campagnes de Saxe et de France.

Quoique faisant partie du bataillon qui avait accompagné l'Empereur à l'île d'Elbe, M. Hurault de Sorbée ne se trouvait pas au débarquement à Cannes, en 1815, il était alors à Schœnbrunn, près de sa femme, ancienne élève d'Écouen, qui avait suivi, en qualité de lectrice, l'impératrice Marie-Louise. On doit croire à l'empressement de M. Hurault à rejoindre l'Empereur, lorsqu'il eut appris son débarquement. Il n'arriva en France qu'après avoir vaincu mille difficultés. Enfin le 4 avril il arrive en mauvaise calèche de poste dans la cour de Tuileries, se fait annoncer à l'Empereur qui le reçoit à l'instant et l'interroge sur l'Impératrice, sur son fils, sur le prince Eugène, sur l'empereur de Russie, sur l'archiduc Charles, enfin sur les troupes que dans sa route le capitaine Hurault aurait pu rencontrer en Allemagne.

M. Hurault fut traité par l'Empereur comme tous ses collègues de l'île d'Elbe. Il fut fait officier de la Légion-d'Honneur, chef de bataillon (rang de lieutenant-colonel) au 3ᵉ des grenadiers de la vieille Garde et reçut une dotation de 500 francs. Il se trouva à Waterloo, où il fut atteint au milieu de son carré, d'un coup de feu qui lui fracassa la mâchoire inférieure. Cette blessure très-grave l'empêcha de suivre l'armée vers la Loire.

Le duc de Feltre le fit rayer des contrôles le 20 novembre 1815, comme *ayant débarqué à main armée sur le sol français*.

En 1819, M. Hurault reprit du service comme chef de bataillon à la 2ᵉ légion d'Ille-et-Vilaine, d'où il passa l'année suivante au 42ᵉ de ligne. Mis en réforme en 1822, il fut rappelé en 1824 avec le grade de major au 42ᵉ, et passa en 1828 au 34ᵉ en qualité de lieutenant-colonel. Il se distingua à la prise d'Alger et fut nommé, à la suite de la révolution de Juillet, colonel de son régiment, officier de la Légion-d'Honneur, puis commandeur du même ordre en 1838 ; il était en outre chevalier de Saint-Louis depuis le 20 août 1824.

Le 12 août 1839, M. Hurault de Sor- bée fut créé général de brigade. Il est aujourd'hui à la retraite.

I

INFERNET (Louis-Antoine-Cyprien), parent de Masséna, naquit en 1757 à Nice. Il avait été corsaire avant d'entrer dans la marine de l'État, et lorsque, le 15 pluviôse an XII, il fut nommé membre de la Légion-d'Honneur, il était parvenu au grade de capitaine de vaisseau.

Fait officier de l'Ordre le 25 prairial suivant, il commandait à Trafalgar le vaisseau *l'Intrépide,* et, dans cette journée, « il se plaça, disent les auteurs des *Victoires et Conquêtes,* au rang des marins français dont les noms furent à jamais célèbres. »

En effet, *l'Intrépide* combattant 2, 3, 4 et jusqu'à 5 vaisseaux ennemis à la fois, fut entièrement démâté, perdit plus de la moitié de son équipage, et néanmoins, Infernet, quoique entouré de *sept* vaisseaux anglais, attendit pour se rendre que *l'Intrépide* fût près de couler sous ses pieds.

Conduit en Angleterre, et bientôt après échangé, il fut, avec le capitaine Lucas, présenté à l'Empereur à Saint-Cloud. « Si tous mes vaisseaux, leur dit-il, s'étaient conduits comme ceux que vous commandiez, la victoire n'aurait pas été incertaine. Je vous ai nommés commandeurs de la Légion-d'Honneur. » Ces deux braves avaient préféré cette récompense au grade de contre-amiral.

Chevalier de Saint-Louis le 18 août 1814, Infernet est mort à Toulon le 15 mai 1815.

ISMERT (Pierre, baron) naquit le 30 mai 1768 à Tetting (Moselle). Il entra au service de France dans le régiment suisse de Salis-Samade le 3 octobre 1783, et passa le 14 juillet 1789 dans la garde nationale parisienne soldée.

Nommé lieutenant de cuirassiers dans la légion de cavalerie germanique le 4 septembre 1792, il fit les deux campagnes de Dumouriez dans le Nord, et devint capitaine au même corps le 12 mai 1793.

Envoyé en Vendée au commencement de l'an II, il reçut un coup de feu dans le visage en poursuivant les insurgés à Châlons le 15 prairial.

Le 1er frimaire an III, il entra au 11e régiment de hussards par suite du licenciement de sa légion, se rendit en l'an IV à l'armée du Rhin, en Helvétie en l'an VI, et en Italie, avec Schérer, en l'an VII.

Blessé de deux coups de feu le 6 germinal de cette dernière année, le 9 prairial an VIII, sur la route de Plaisance à Parme, il soutint, avec 200 hussards, un combat d'une heure et demie contre un bataillon de 800 Autrichiens appuyé par 2 pièces d'artillerie.

Le 25 du même mois, à la bataille de Marengo, ayant marché avec sa troupe contre l'ennemi retranché entre l'Emme et l'Orba, il s'empara trois fois d'une batterie de 6 pièces de canon que la supériorité numérique des Autrichiens ne lui permit pas de conserver. Alors, obligé de repasser l'Emme, il se joignit au reste d'un bataillon de la 43e qui, comme lui, se trouvait coupé, et, prenant la tête avec ses hussards, il se fit jour à travers les escadrons ennemis jusqu'à la hauteur de San-Carlo, dont il se rendit maître.

Incorporé au 2ᵉ régiment de carabiniers à sa rentrée d'Italie en France, le 14 thermidor an IX, et compris comme membre de la Légion-d'Honneur dans la promotion du 25 prairial an XII, il fit avec la réserve de cavalerie les campagnes d'Autriche, de Prusse et de Pologne, se trouva aux batailles d'Ulm, d'Austerlitz, d'Iéna et d'Eylau, et fut nommé colonel à la suite le 8 mai 1807.

Titulaire de ce grade au 2ᵉ régiment de dragons le 14 du même mois, il entra en Espagne en 1808, avec le 1ᵉʳ corps d'armée, et, le 25 mars, à la tête de son régiment, il chargea et dispersa complétement 10,000 insurgés qui coupaient la retraite à la 1ʳᵉ demi-brigade de dragons.

Créé officier de la Légion-d'Honneur le 4 octobre 1808, il se trouva, le 13 janvier 1809, à la bataille d'Uclès, où son régiment, engagé contre un régiment ennemi, en tua les trois quarts et fit le reste prisonnier.

Le 28 mars suivant, à la bataille de Medelin, l'armée française était en retraite, et 4,000 fantassins et 3 régiments de cavalerie menaçaient le flanc de la division allemande, de sorte que le général Leval se trouvait dans l'impossibilité d'opérer son mouvement, quand Ismert, se précipitant au milieu de la colonne ennemie, la renversa; puis tournant ses dragons sur les 3 régiments de cavalerie, les mit dans une déroute complète. Cette division changea bientôt de ce côté la retraite en une victoire, et contribua puissamment au succès général de la bataille, à laquelle il eut son cheval tué et reçut lui-même une forte contusion dans la poitrine.

Blessé de nouveau à la bataille de Talaveira de la Reina par un éclat d'obus au pied droit, il fut nommé baron de l'Empire dans la campagne suivante et doté d'une rente de 4,000 francs sur la Westphalie.

Dans les premiers jours de janvier 1812, la colonne expéditionnaire envoyée devant Tariffa était réduite à la dernière extrémité par les pluies torrentielles qui la privaient de toutes communications; Ismert, apprenant sa malheureuse situation, fit prendre des vivres à son régiment, et s'engageant au milieu des ruisseaux débordés qu'il fallait à chaque instant franchir à la nage, il parvint, après une marche périlleuse de trois jours, à porter des subsistances à nos malheureux soldats prêts à mourir de faim.

Promu général de brigade le 8 février 1813, il prit part, le 21 juin, à la bataille de Vittoria, et obtint au mois de décembre la décoration de chevalier de l'ordre de la Couronne de Fer, à la sollicitation du duc de Dalmatie qui, dans tous ses rapports, faisait le plus grand éloge de sa bravoure.

Nommé au commandement du département des Landes le 25 mars 1814, et chevalier de Saint-Louis le 5 octobre suivant, il fut momentanément rappelé le 20 mars et replacé à Mont-de-Marsan le 23 mai.

Mis à la retraite le 1ᵉʳ octobre de la même année, le général Ismert est mort à Avengosse (Landes) le 29 septembre 1826.

J

JACKSON (Andrew), général, président des État-Unis. Le général Jackson, fils d'un Irlandais, naquit Américain, le 15 mars 1767.

Son père, forcé de s'expatrier en 1765, avec sa femme et ses deux fils, vint s'établir dans le canton de Vaxsaw, à 15 lieues de Cambden, dans la Caroline du Sud, et y mourut peu de temps après sa naissance de son troisième fils Andrew. Destiné par sa mère à l'état ecclésiastique, Andrew Jackson sortit du collége à 15 ans (1782) pour s'enrôler sous les drapeaux de l'indépendance, avec ses deux frères qui périrent dans cette campagne; lui-même fut blessé grièvement et fait prisonnier par les Anglais. Sa mère mourut de chagrin.

Rendu à ses études, après l'expulsion des Anglais, reçu avocat au barreau de Salisburg (1784), puis nommé avocat général de district à Nashville, dans le Tenessée, où il transporta sa résidence (1788), le magistrat Jackson fit son début dans les commandements militaires, à la tête de quelques milices, contre les sauvages qu'il repoussa loin des frontières.

Lorsque l'état de Tenessée fut admis à faire partie de l'Union, ce fut le jurisconsulte Jackson que la Convention, dont il était membre, chargea de rédiger la Constitution du nouvel État.

Élu représentant du Tenessée au Congrès général (1796), et Sénateur l'année suivante, il donna sa démission et revint dans ses foyers. Nommé juge de la Cour suprême et commandant en chef de la milice de son État, il ne conserva que ce dernier titre (1799), et, retiré à la campagne, il s'était, depuis 14 ans, consacré aux travaux de l'agriculture, lorsque les hostilités qui éclatèrent en 1812, entre les États-Unis et l'Angleterre, en ouvrant à l'armée nationale américaine une brillante carrière, firent de Jackson, ancien magistrat, législateur et laboureur, le *premier homme de guerre* de l'Union, ou, selon l'expression emphatique adoptée par les Anglais, le *lion de l'Amérique du Nord*.

Élevé au grade de major général des milices, et chargé de conduire sur le Mississipi, en décembre 1812, un corps d'élite entièrement composé de volontaires, Jackson, en résistant aux ordres contradictoires et injustes d'un employé du gouvernement central, acheva de gagner l'affection des miliciens. Sa difficile et périlleuse campagne contre les Indiens Creeks (1813) se termina par un coup de vigueur qui fait époque dans les Annales militaires de l'Union. Jackson est informé que les Creeks, réfugiés dans les Florides, possession de l'Espagne, sont armés et excités à la guerre par le gouverneur espagnol de Pensacola, en violation ouverte de sa neutralité. Sans attendre l'autorisation qu'il demande à son gouvernement, Jackson pénètre dans les Florides. Deux espions anglais qu'il fait juger par une cour martiale, sont pendus. La place de Pensacola est emportée de vive force; le gouverneur espagnol, les sauvages et les Anglais sont châtiés et Jackson se retire. On lui donne pour récompense le grade de major général dans l'armée régulière, et la Nouvelle-Orléans, capitale de la Louisiane, à défendre contre les Anglais; il est forcé d'y proclamer la loi martiale, et n'a que 3,700 miliciens à opposer à 10,000 hommes de troupes anglaises qui ont fait les campagnes de France contre Napoléon. Mais son artillerie, commandée par d'anciens officiers français, et sa courageuse infanterie, rivalisant d'ardeur (8 janvier 1814), mettent, en moins d'une heure, 2,600 ennemis hors de combat, et remportent l'une des victoires les plus décisives dont l'histoire fournisse l'exemple. Les Anglais regagnent leurs vaisseaux. Jackson est proclamé *libérateur et second sauveur de la patrie;* il est ensuite condamné à une amende de 1,000 dollars, par un juge qu'il a fait arrêter et éloigner de la ville, pour s'être opposé à ses ordres. Jackson paie l'amende; mais une souscription de 1,000 des principaux citoyens lui restitue cette somme dans le jour même. Le général, au sortir du tribunal, est porté en triomphe. Il se retira de nouveau à la campagne, et l'on peut remarquer que c'est après y avoir passé encore quatorze ans, comme cultivateur, qu'il fut élevé par les suffrages de ses concitoyens à la suprême magistrature (4 mars 1829). Pendant le cours de son administration, il se montra hostile à la banque nationale, et tenta, sans succès, d'établir un système monétaire général. Il soutint avec énergie la réclamation des 25 millions, élevée par le gouvernement des États-Unis auprès du cabinet français.

En 1837, M. Van Buren succéda à Jackson qui reprit ses habitudes pénibles de vie agricole.

JACOB (Louis-Léon, comte), vice-amiral, né à Tonnai (Charente) en 1768. Il était lieutenant à bord du vaisseau *le Ça ira* à l'âge de 26 ans, et se distingua dans les deux glorieux combats que ce bâtiment soutint le 13 et le 14 mars 1795. Jacob fut alors nommé capitaine de frégate, en vertu d'un décret du Directoire qui accorda un grade supérieur à tous les officiers du *Ça ira; la Bellone* qu'on lui confia fit partie de l'expédition d'Irlande et de celle de Saint-Domingue. Il fut, au retour de cette dernière charge, de la construction d'une flottille, et l'activité qu'il déploya en cette occasion lui valut le grade de capitaine de vaisseau.

Devenu commandant de la marine, il s'établit à Grandville, où il inventa les systèmes sémaphoriques. Il était en 1806 préfet maritime au service du roi de Naples. Rentré dans le service actif, il commanda en 1811 l'escadre de l'île d'Aix et fut promu au grade de contre-amiral le 1er mai 1812. Ce fut lui qui défendit Rochefort, lors des désastres de 1814.

Inactif pendant les premières années de la Restauration, il fut chargé en 1820 d'une mission à Naples, puis d'une autre à la Martinique, et en 1823, il fut nommé gouverneur de la Guadeloupe. Les colons, reconnaissants, le choisirent, à son départ en 1826, pour leur délégué auprès de la métropole. Vice-amiral en 1826 et préfet maritime de Toulon l'année suivante, il fut appelé en 1830, avant l'expédition d'Alger, au conseil de la marine.

Pair de France en 1831, il fut ministre de la marine le 19 mai 1834 au 10 août de la même année.

JACQUINOT (Charles-Claude), né à Melun le 3 août 1772, il fit ses études à l'École militaire de Pont-à-Mousson, entra au service en 1791 comme lieutenant au 1er bataillon des volontaires de la Meurthe; sous-lieutenant dans le 1er régiment des chasseurs à cheval en 1793, lieutenant en 1795 et aide-de-camp du général en chef Beurnonville. Il était capitaine au combat d'Herbach près d'Ulm, et fut nommé chef d'escadron sur le champ de bataille. En l'absence du colonel Montbrun, Jacquinot commanda le 1er chasseurs à la bataille de Hohenlinden, il y fut blessé en pénétrant, à la tête de son régiment, sur les derrières de l'armée ennemie; il commandait encore ce régiment aux combats de Schwanstadt et de Vogelabruck, où deux généraux autrichiens furent faits prisonniers.

Le chef d'escadron Jacquinot passa, avec ce grade, au 5ᵉ chasseurs. A Austerlitz, il était aide-de-camp du général Duroc qui y commandait un corps de grenadiers. Il était colonel du 11ᵉ chasseurs à Iéna, où il reçut plusieurs coups de sabre dans une charge, et général de brigade à l'ouverture de la campagne de 1809. Sa brigade, composée des 1ᵉʳ et 2ᵉ chasseurs, se distingua au combat d'Abensberg, où elle fit prisonnier un régiment d'infanterie, prit ses deux drapeaux, plusieurs pièces de canon et exécuta une charge brillante contre les dragons de Dawencher et les hussards de Ott. Une division du premier de ces régiments fut presque détruite. La brigade Jacquinot se trouva aussi aux batailles de Raab et de Wagram.

Dans la campagne de Russie, il commanda une brigade composée du 7ᵉ hussards et du 9ᵉ lanciers, et se distingua aux combats d'Ostrowno, Witepsk, Smolensk, et à la bataille de la Moskowa. Cette brigade, appuyée seulement sur ses deux flancs par un régiment polonais, soutint de pied ferme et sans perdre un seul homme, près de Mosaïsk, plusieurs charges du corps de Platow, qui finit par se retirer.

Le général Jacquinot fut blessé à la bataille de Dennewitz, dans une charge de deux escadrons du 5ᵉ chasseurs sur un bataillon suédois, et fut nommé général de division après la bataille de Leipzig.

L'ennemi ayant passé le Rhin près de Coblentz, un détachement d'infanterie commandé par le général Albert et un du 5ᵉ chasseurs, commandé par le général Jacquinot, firent prisonnier près de Zinzig un bataillon russe et prirent une pièce de canon.

La division Jacquinot se distingua à la bataille de Bar-sur-Aube et au combat de Saint-Dizier.

En 1814, le général Jacquinot fut envoyé à Vienne pour hâter la délivrance des prisonniers de guerre. Il fut nommé à son retour grand officier de la Légion-d'Honneur et ensuite commandeur de l'ordre de Léopold d'Autriche.

En 1815, le général Jacquinot commandait à Waterloo deux divisions : celles du général Subervic (1ᵉʳ et 2ᵉ lanciers et 11ᵉ chasseurs), et la sienne composée des 3ᵉ et 4ᵉ lanciers, 3ᵉ chasseurs et 7ᵉ hussards. Elles s'y distinguèrent dans des charges exécutées contre la brigade anglaise Ponsomby.

Après la seconde Restauration, il resta quelque temps sans activité, et eut plus tard une inspection générale de cavalerie. Il commanda le camp de cuirassiers en 1833, à Lunéville, et celui des dragons en 1834.

En 1835, le général Jacquinot commandait la 3ᵉ division militaire à Metz, il passa au cadre de non-activité en 1837, conformément à l'ordonnance du 28 août 1836.

Élevé à la dignité de Pair de France le 3 octobre 1837, le général Jacquinot fit partie de la 2ᵉ section du cadre de l'état-major général, en vertu de la loi du 4 août 1839. Une ordonnance du 14 avril 1844 le nomma grand-croix de la Légion-d'Honneur. Il est mort à Metz, le 25 avril 1848.

Son nom est inscrit sur la partie Est de l'arc de l'Étoile.

JAMIN (Jean-Baptiste-Auguste-Marie) naquit le 17 mai 1775 à Louvigné (Ille-et-Vilaine). Sous-lieutenant le 17 juin 1792, au 9ᵉ régiment de cavalerie à l'armée du Nord, lieutenant le 16 floréal an III, il passa, en l'an IV, à l'armée de Sambre-et-Meuse, où il fit la guerre jusqu'à la fin de la campagne de l'an VI.

Aide-de-camp du général Nansouty à l'armée du Rhin le 22 fructidor an VII, il fut promu, par le général Moreau, au grade de capitaine le 13 fructidor an VIII, et entra comme titulaire de ce grade au 8ᵉ régiment de cavalerie le 1ᵉʳ floréal an IX.

Chef d'escadron le 1ᵉʳ pluviôse an X, et membre de la Légion-d'Honneur le 25 prairial an XII, en Italie en l'an XIV comme aide-de-camp de Masséna, il se distingua au combat de Saint-Pierre en s'élançant sur l'ennemi à la tête de la cavalerie et se rendit à Naples en 1806 en qualité d'aide-de-camp du roi Joseph, qui le fit commandeur de l'Ordre royal des Deux-Siciles, et le nomma, le 26 juillet de la même année major des chevau-légers de la garde napolitaine.

Colonel de ce régiment le 30 octobre 1807, il le conduisit en Espagne à la suite du roi en 1808.

Nommé maréchal de camp et chevalier de l'Ordre royal d'Espagne le 19 novembre 1810, il reçut le titre de marquis de Bermuy, et prit, au mois de février 1811, le commandement des deux régiments de cavalerie et de hussards de la Garde royale, à la tête desquels il combattit, le 21 juin 1813, à la malheureuse bataille de Vittoria.

Arrivé au quartier général du duc de Dalmatie, ce dernier lui confia le commandement provisoire de la brigade de la Garde royale espagnole, qu'il conserva jusqu'au moment du désarmement de ces troupes, exécuté en vertu du décret du 25 novembre.

Réadmis au service de France le 20 janvier 1814, il fit presque toute la campagne de Champagne à la tête d'une brigade de cavalerie légère du 2ᵉ corps, fut nommé major des grenadiers à cheval de la Garde le 16 mars, et suivit l'Empereur à Fontainebleau, où il resta jusqu'au moment de l'abdication.

Maintenu comme major aux cuirassiers de France le 24 novembre, et nommé officier de la Légion-d'honneur le 14 février 1815, il rentra dans les grenadiers à cheval de la Garde impériale à la réorganisation du 14 avril et fut tué à mont Saint-Jean le 18 juin, en chargeant sur les pièces qui soutenaient les carrés de l'infanterie anglaise.

Son nom figure en lettres d'or sur les tables de bronze du palais de Versailles.

JAMIN (Jean-Baptiste, baron, puis vicomte) naquit le 20 mai 1772, à Villecloye (Meuse).

Volontaire le 14 septembre 1791 dans le 17ᵉ bataillon d'infanterie légère, amalgamé le 21 ventôse an II dans la 13ᵉ demi-brigade de même arme, devenue 25ᵉ demi-brigade à l'organisation de l'an IV, et 25ᵉ régiment d'infanterie légère à celle de l'an IX, il fut nommé sergent-major le 19 du même mois, lieutenant le 21 janvier 1792; capitaine par le choix unanime de sa compagnie le 1ᵉʳ mai suivant, il fit les campagnes de 1792 et 1793 aux armées des Ardennes et de la Meuse.

Il servit pendant l'an II au déblocus de Landau et aux deux batailles de Fleurus sous Jourdan, et pendant les ans III et IV, aux armées de Sambre-et-Meuse et de Mayence, il passa le Rhin à l'avant-garde de la division Lefebvre les 21 et 22 fructidor an III.

Employé à l'armée du Danube pendant les ans V et VI, le capitaine Jamin, lors de la retraite de cette armée sur le Rhin, formait l'arrière-garde avec quatre compagnies; vivement harcelé et chargé pendant plus de deux lieues par les hussards de Barco et de Blankeinstein, qui l'avaient séparé de la division Lefebvre, obligée elle-même de combattre vigoureusement l'ennemi, dont les colonnes lui avaient coupé la retraite sur la Lahn, il fut assez heureux pour repousser, sans se laisser entamer, toutes les tentatives de la cavalerie autrichienne, et lui fit éprouver des pertes assez considérables.

Au combat de Lieblingen, en Souabe, chargé de débusquer un corps autrichien des bois qu'il occupait, il mit tant de vigueur et de promptitude dans son attaque, que la position fut enlevée en un instant, ce qui contribua beaucoup au succès de la journée.

Passé en l'an VIII à l'armée d'Helvétie, il se trouva à la bataille de Zurich, et passa la Limath au-dessus du lac avec l'avant-garde de la 25ᵉ légère, en face de Schœnis, où fut tué le général autrichien Hotze.

Envoyé en l'an IX à l'armée d'Italie et au siége de Gênes, il eut, le 17 germinal, lors d'une sortie que fit la garnison, la cuisse droite traversée d'une balle, et son frère, sous-officier dans sa compagnie, y reçut un coup de feu au travers du corps.

La belle conduite du capitaine Jamin dans cette journée lui valut le grade de chef de bataillon le 28 thermidor de la même année.

Lors du passage du Mincio, son bataillon, faisant tête de colonne, il tourna et enleva une partie des redoutes qui défendaient le passage du fleuve, et quoique blessé d'un coup de feu à la jambe droite, il ne voulut point quitter le champ de bataille.

Après la paix de Lunéville, il tint garnison à Montmédy pendant les ans X et XI, fut nommé major du 12ᵉ régiment d'infanterie légère le 20 brumaire an XII, et membre de la Légion-d'Honneur le 4 germinal suivant.

Appelé au commandement du 1ᵉʳ régiment de grenadiers réunis de la division Oudinot le 22 septembre 1806, il se trouva avec ce corps à la bataille d'Iéna.

Le 16 février 1807, à la bataille d'Ostrolenka, avec son régiment de grenadiers et une compagnie de sapeurs du génie, il repoussa les efforts des Russes qui marchaient sur la ville, les força à battre en retraite, et dégagea le parc d'artillerie ainsi qu'une brigade du corps du général Savary, dont le commandant en chef venait d'être tué.

Pendant le siége de Dantzig, il mérita la décoration d'officier de la Légion-d'Honneur, et par un hasard extraordinaire, ce fut lui qui commença la bataille de Friedland.

Envoyé dès le point du jour avec son régiment, une compagnie de sapeurs du génie, deux pièces de canon et quatre escadrons de cuirassiers et de dragons saxons, pour prendre possession du pont, il trouva l'armée russe qui en exécutait le passage, et déjà plus de 20,000 hommes s'étaient formés en deçà.

L'exécution des ordres qu'il avait reçus devenait dès lors impossible, il dut se contenter de se tenir sur la défensive en s'appuyant aux barrières et aux bois qui faisaient face à l'armée russe.

Par décret du 28 juin 1807, l'Empereur le nomma colonel à la suite, et lui confia le commandement du 24ᵉ de ligne le 10 novembre suivant.

Lorsqu'il quitta la division de grenadiers réunis pour rejoindre son régiment, le général Oudinot lui écrivit une lettre pour lui exprimer ses regrets de le voir partir et de *perdre en lui un officier qui avait donné tant de preuves de moyens et de la bravoure la mieux calculée.*

Passé au 1ᵉʳ corps de l'armée d'Espagne, il fit les guerres de 1809, 1810, 1811, et partie de 1812 dans la Péninsule.

Il se distingua aux affaires de Reinosa, de Somma-Sierra, et surtout, le 16 janvier 1809, au combat d'Uclès, où son régiment prit vingt-un drapeaux.

Cité en tête du bulletin qui s'exprimait ainsi en parlant des officiers qui s'étaient signalés à cette affaire : *Tous officiers dont la bravoure a été éprouvée dans cent combats*, il donna de nouvelles preuves de bravoure le 28 juillet, à la bataille de Talaveira de la Reina, et assista ensuite au siége de Cadix, où chaque jour ramenait de nouveaux combats. Les services qu'il y rendit lui valurent le titre de baron de l'Empire avec une dotation et la décoration de commandant de la Légion-d'Honneur le 23 juin 1810.

Le 5 mars 1811, il eut l'épaule droite fracassée d'un coup de feu, ce qui ne l'empêcha pas de soutenir avec deux bataillons de son régiment, les attaques du général Graham, qui, avec les Anglais, les Portugais et les Espagnols réunis, cherchait à s'emparer des positions de Bavossa

Il reçut quelque temps après l'ordre d'aller prendre le commandement de l'arrondissement de Ronda, qu'il défendit avec son régiment contre les attaques du général Balesteros.

Forcé de prendre un congé pour rétablir sa santé, il reçut, sous la date du 12 janvier 1812, une lettre du major général de l'armée, le maréchal duc de Dalmatie, qui lui exprimait ses regrets de le voir s'éloigner d'un poste si important, et où la présence d'un homme de son mérite était nécessaire.

En rentrant en France, le colonel Jamin fut chargé de la conduite d'un grand convoi qu'il conserva intact malgré les attaques vigoureuses qu'il eut à soutenir contre un ennemi bien supérieur en nombre avant d'arriver à Pancorvo et à Madrid.

Nommé major commandant du 1ᵉʳ régiment de voltigeurs de la Garde impériale le 24 janvier 1813, il réorganisa ce corps et le conduisit à la grande armée d'Allemagne, où il obtint le grade de général de brigade, par décret impérial daté d'Erfurth le 27 avril suivant.

Attaché à la division Bonet du 6ᵉ corps, il fut blessé le 2 mai à la bataille de Lutzen, et assista à celles de Bautzen et de Wurtchen. Vers la fin de ces deux journées, il enleva le plateau qui formait le centre de l'armée ennemie, en réunissant à ses troupes celles de la brigade du général Coëhorn, qui venait d'être mis hors de combat.

Après la bataille de Leipzig et pendant la retraite de l'armée française au delà du Rhin, il passa le 7 novembre à la 4ᵉ division du 2ᵉ corps, dont il eut même le commandement en chef pendant l'absence du duc de Bellune.

Employé dans la 2ᵉ division de voltigeurs de la Garde impériale le 31 janvier 1814, il laissa sa brigade en possession de Brienne, dont elle avait su conserver le château malgré les efforts réitérés des troupes russes.

Le 25 mai suivant, au combat de Fère-Champenoise, il tomba au pouvoir de l'ennemi et reçut un coup de sabre sur la tête en protégeant la retraite des ducs de Trévise et de Raguse.

Rentré de captivité après l'abdication de l'Empereur, on le mit en non-activité, et on le nomma chevalier de Saint-Louis le 19 juillet 1814.

Au retour de l'île d'Elbe, il fit la campagne de 1815 avec la 2ᵉ brigade de la 9ᵉ division d'infanterie du 2ᵉ corps de l'armée du Nord.

Rentré dans la position de non-activité après la catastrophe de mont Saint-Jean, et appelé au commandement du département du Lot le 8 juillet 1816, il passa de là à l'inspection générale de l'infanterie le 1ᵉʳ juillet 1818.

Nommé vicomte le 17 août 1822, il fut appelé en mars 1823 au commandement de la 2ᵉ brigade de la 7ᵉ division du 3ᵉ corps de l'armée des Pyrénées, avec laquelle il fit la campagne d'Espagne ; il se signala pendant le blocus et le siége de Pampelune, et eut l'honneur d'être cité dans les bulletins de l'armée.

Nommé lieutenant-général le 3 septembre et décoré de la plaque de 4ᵉ classe de l'ordre de Saint-Ferdinand d'Espagne le 23 novembre de la même année, il prit le commandement de la division du haut Èbre, destinée à occuper les provinces du nord de l'Espagne et à y maintenir l'ordre.

Rentré en France en 1824, on l'employa à l'inspection générale des troupes d'infanterie, de 1824 à 1831, époque à laquelle il eut le commandement de la division active sous Givet, devenue 3ᵉ division de l'armée du Nord, sous les ordres du maréchal Gérard, avec lequel il servit au siége d'Anvers en 1832.

Nommé grand officier de la Légion-d'Honneur le 9 janvier 1833, il commanda ensuite le camp de Rocroy, et à la suppression de l'armée du Nord, on lui confia l'inspection générale des troupes jusqu'en 1839, époque de son admission à la 2ᵉ section (réserve) du cadre de l'état-major général de l'armée, en raison de son âge.

Depuis le 1ᵉʳ mai 1833 jusqu'en 1848, le général Jamin a représenté à la Chambre des députés l'arrondissement de Montmédy.

Son nom figure sur la partie Nord de l'arc de triomphe de l'Étoile.

Mort en février 1848.

JAN DE LA HAMELINAYE (Jacques-Félix, comte), né le 22 février 1769, à Montauban (Ille-et-Vilaine), était en 1791 sous-lieutenant dans le 36ᵉ régiment d'infanterie et fit la campagne de 1792 sous les ordres de Custine. Capitaine en 1794, il faisait partie de la 71ᵉ demi-brigade au passage de la Roër sous les ordres de Jourdan. Le pont disposé pour le passage des troupes s'étant trouvé trop court fut emporté par le courant ; mais Hamelinaye, suivi d'une cinquantaine de braves, se précipita dans la rivière, et, malgré le feu de l'ennemi, s'empara de la position. Chef d'état-major de la division Souham dans le corps du général Sainte-Suzanne, en 1800, il combattit à Elchingen en 1805, et eut un cheval tué sous lui. En 1807, Bernadotte le choisit pour son premier aide-de-camp et l'emmena avec lui dans son gouvernement des villes Anséatiques, et à la campagne de 1809, il mérita le grade de général de brigade au combat de Lintz. Chargé d'attaquer le village de Wagram avec trois bataillons saxons, il avait pris déjà trois pièces de canon et plusieurs centaines d'Autrichiens, lorsqu'il se trouva placé entre le feu des ennemis qui revenaient sur Wagram et celui d'une seconde brigade saxonne qui, par méprise, vint l'attaquer sur ses derrières, Hamelinaye sut rallier ses troupes avec ordre sous un feu si meurtrier, eut son cheval tué et se retira de cette fatale position avec honneur.

Nommé baron de l'Empire en 1810, il commandait en Calabre une brigade de la division Lamarque. Il eut ensuite le commandement des côtes, depuis Scilla jusqu'à Reggio, de 1810 à 1811, et se défendit avec avantage dans ses cantonnements contre les attaques des flottilles anglaises que vomissait le port de Messine et qu'il força de se retirer. En 1811, le général Hamelinaye se distingua en Catalogne et devint chef de l'état-major général de cette armée. Le 15 janvier 1814, il fut nommé général de division, et en cette qualité, fit avec gloire la compagne de France. Il était à peine convalescent d'une maladie aiguë qui l'avait forcé de quitter l'armée, que le duc de Feltre, ministre de la guerre, mit sous ses ordres Orléans, où se trouvaient 4,000 hommes de vieilles troupes et 100 pièces de canon.

Il apprit le 10 avril l'abdication de Napoléon et envoya aussitôt son adhésion aux actes du gouvernement provisoire et au rétablissement des Bourbons.

Au mois de juin, il commanda le département de la Mayenne. Au 20 mars, il se trouvait sous les ordres du duc de Bourbon, et n'abandonna pas la cause royale; il fit même de grands efforts pour retenir ses troupes dans l'obéissance; mais Napoléon l'emportait, et le 24, Hamelinaye fit sa soumission. On le laissa d'abord sans emploi. Ce ne fut que le 24 mai qu'il fut envoyé à Tours commander la 22ᵉ division. Dès le 12 juillet, il fit reprendre la cocarde blanche aux troupes, et le lendemain, à l'arrivée à Tours d'autres troupes et d'officiers sans emploi, il courut les plus grands dangers, et sa vie fut longtemps menacée. Il avait tenté de réunir la garde nationale, mais inutilement. Croyant arrêter le désordre, il permit au maréchal de camp Nicolas de reprendre la cocarde tricolore que les troupes n'avaient pas quittée. Le lendemain, il quitta Tours pour se rendre auprès du ministre de la guerre. Le roi approuva sa conduite, et le ministre le renvoya à Tours où il resta jusqu'au 10 novembre et y licencia neuf régiments.

Le général Hamelinaye a exercé depuis plusieurs commandements. Il fut nommé grand officier de la Légion-d'Honneur en 1820, et commandeur de Saint-Louis en 1821, puis enfin élevé aux dignités de vicomte et de comte en 1827 et 1829. Resté à Dijon en 1830, le lieutenant-général Jan de La Hamelinaye, classé pour 1831 dans le cadre d'activité fixé par l'ordonnance du 15 septembre 1830, obtint définitivement sa retraite le 2 décembre 1832 et se retira à Contest (Mayenne).

JANIN (Antoine, baron), né à Chambéry le 16 septembre 1775, entra au service comme chasseur à cheval au 14ᵉ régiment, le 15 septembre 1792, sous-lieutenant en 1793. Zélé, exact et d'une discipline sévère, il avait franchi de trimestre en trimestre les grades subalternes; il fut moins heureux pour la lieutenance; elle se fit attendre pendant sept ans.

En l'an X, il passa avec ce grade dans la gendarmerie d'élite et fut nommé chef d'escadron, avec rang de colonel le 5 décembre 1810. Lorsque Eugène fut nommé vice-roi, M. Janin le suivit à Milan pour y organiser sa garde. Plus tard, il suivit Napoléon en Espagne et en Russie.

Il fut à Moscou membre de la commission instituée pour juger les incendiaires de cette ville. Il fut créé baron au retour de cette campagne.

En 1814, il escorta Marie-Louise à Blois, et quelques jours plus tard, *sans l'ordre de M. de Labouillerie*, trésorier général du domaine extraordinaire, il ramena à Paris les fourgons renfermant les trésors et les diamants de la couronne, *qui furent conduits aux Tuileries, et non pas au trésor.*

La gendarmerie d'élite ayant été dissoute, M. Janin entra comme colonel dans la gendarmerie royale, et peu après dans la 1ʳᵉ compagnie des mousquetaires avec le grade d'aide-major. Au 20 mars, il suivit le roi jusqu'à Béthune et revint à Paris. A la deuxième Restauration, il fut nommé maréchal de camp à la date du 19 mars.

En 1816, il fut fait inspecteur général de gendarmerie et passa en 1823, au commandement de la subdivision militaire de Bayonne. En novembre 1827, il reçut la croix de grand officier.

En juillet 1830, il commandait à Bordeaux, et au premier bruit des troubles de Paris, avait tout préparé pour la résistance; mais les événements se précipitèrent, M. Janin accepta le drapeau tricolore avec bonne grâce. Le 20 août 1830, il obtint le grade de lieutenant-général et de commandant la 11ᵉ division militaire, d'où il passa à la 6ᵉ.

Il quitta ces dernières fonctions pour entrer dans le cadre de réserve, et se retira à Osseraine (Basses-Pyrénées).

JANIN (Étienne-Fulgence), né à Tours le 10 février 1780, faisait ses études chez les Oratoriens à l'époque de la Révolution. Il se destina d'abord à la chirurgie. Une expédition pour l'Égypte se préparait sous les ordres de l'amiral Ganteaume, vers la fin de l'an VIII, Janin fut nommé sous-lieutenant, sur sa demande, pour en faire partie et envoyé à Toulon, mais il arriva après le départ de la flotte; un navire, portant des dépêches, le prit à bord, il fut rencontré par les Anglais qui lui donnaient la chasse et il vint échouer sur la côte de Gênes après avoir soutenu un combat dans lequel Janin fut blessé. Mandé à Paris, il fut ensuite dirigé sur la 10ᵉ demi-brigade, qu'il rejoignit en Suisse en septembre 1801. Le 14 prairial an XII il passa lieutenant au 94ᵉ de ligne. Il fit la campagne d'Austerlitz avec la première compagnie de voltigeurs du 94ᵉ, à l'époque de la création de ces compagnies. Il assista à la bataille d'Iéna en 1806, aux combats de Hall, de Wahren, de Pinau; le 2 novembre la première compagnie des voltigeurs du 94ᵉ enleva à la baïonnette le village de Goauzein, deux caissons, une pièce de canon, un drapeau, un major prussien et 200 soldats. Le lendemain 3, dans une nouvelle charge, les voltigeurs du 94ᵉ repoussèrent la cavalerie prussienne et dégagèrent le maréchal Bernadotte; le 6 ils surprennent à Israëldorf, au moment où ils déjeunaient, Blucher et son état-major. Ceux-ci ont à peine le temps de se sauver en toute hâte, un régiment prussien met bas les armes; par suite de ce coup de main dont le premier corps profita, toute l'armée de Blucher capitula le lendemain et défila prisonnière devant le prince de Pontecorvo.

Le 1ᵉʳ janvier 1807 M. Janin fut nommé capitaine au choix du corps. Après la bataille d'Eylau, il reçut la Croix d'honneur et devint aide-de-camp du général Razout, puis du général Friant.

En 1808 il rejoignit de nouveau le général Razout en Espagne et fit partie du troisième corps sous les ordres de Moncey. Il se distingua à l'attaque de Valence, au siége de Saragosse, aux batailles de Tudela et de Saragosse et assista à onze combats partiels en 1809. Janin suivit son général à la grande armée, se trouva à la bataille d'Enzersdorf, et dégagea le général Razout à Wagram, au moment où celui-ci ayant dépassé la ligne de ses tirailleurs se trouvait enveloppé par la cavalerie autrichienne. Il fut nommé alors chef de bataillon, fut envoyé à Châteauroux pour organiser et commander un régiment (3 janvier 1810) et alla rejoindre à Salamanque l'armée de Portugal. Le maréchal Ney lui donna le commandement du 6ᵉ bataillon du 82ᵉ. Il prit le commandement de ce régiment pendant le siége d'Almeïda à la bataille de Bousaco (27 septembre), le commandant Janin se distingua particulièrement. Pendant la retraite de Portugal, il commanda plusieurs fois l'extrême arrière-garde et y déploya une grande valeur.

Envoyé en France pour réorganiser son bataillon qui avait beaucoup souffert, il fut conservé major (lieutenant-colonel), repartit pour l'Espagne où il arriva le 19 juillet, fut employé à la petite guerre, déjoua les projets du chef *el*

Pastor (général Jaureguy), rejoignit l'armée de Portugal, commanda provisoirement le 70ᵉ de ligne et eut quelques engagements heureux.

A Lutzen (1813) il eut son cheval tué et fut blessé; à Bautzen il fut de nouveau blessé au commencement de la bataille, n'en resta pas moins à la tête du régiment qui perdit 400 hommes en s'emparant d'une batterie. L'Empereur, témoin de la glorieuse conduite du major Janin, lui donna 23 croix. Cette rare récompense était accordée à des conscrits de trois mois de service. Quant à M. Janin, il fut nommé colonel le 2 août, et le 6 chef de l'état-major de la 45ᵉ division. Le colonel fut fait prisonnier après la capitulation violée de Dresde, envoyé à Raab (Hongrie), rentra en France en 1814 et se retira dans ses foyers aux environs de Tours.

Le 15 mai 1815, l'Empereur l'attacha au 6ᵉ corps, commandé par le comte Lobau. Le 18 juin, à Waterloo, il eut son cheval tué sous lui, reçut plusieurs blessures, fut fait prisonnier et conduit en Angleterre. Le 26 septembre suivant il rentra en France et se fit agriculteur.

Le 7 août 1830 le colonel Janin fut remis en activité, on lui confia le 13ᵉ régiment, et il réussit à calmer les troubles de l'Ouest. En avril 1831 il fut nommé maréchal de camp, et eut bientôt le commandement du Morbihan, puis du Finistère. Il a été fait commandeur de la Légion-d'Honneur en 1834, et a commandé par intérim la 13ᵉ division militaire. Mort dans le mois d'août 1847.

JARDIN, dit **DESJARDIN** (JACQUES) naquit à Angers (Maine-et-Loire), où son père exerçait la profession de voiturier, le 9 février 1759.

Il s'engagea, le 8 décembre 1776, dans le régiment du Vivarais (71ᵉ), y devint caporal et sergent le 1ᵉʳ février 1781 et 17 juin 1789, et sortit de son corps, par congé, le 5 février 1790; il retourna alors auprès de son père. Le zèle avec lequel il s'occupa de l'instruction de la garde nationale de sa ville natale depuis le 20 février 1790, le fit nommer adjudant-général de cette milice le 5 août 1791.

Lors de l'organisation des forces départementales, en 1792, ses frères d'armes l'élevèrent, le 19 août, au grade de lieutenant-colonel du 2ᵉ bataillon de Maine-et-Loire, avec lequel il fit les campagnes de 1792 et 1793 à l'armée du Nord. Il se distingua à la bataille de Jemmapes, à la prise de Namur, dans les différents combats qui signalèrent la retraite de Dumouriez, notamment près de Namur, où le corps qu'il commandait mérita l'honneur d'être mis à l'ordre de l'armée. Le conseil exécutif le fit général de brigade le 3 septembre 1793, et lorsqu'il le nomma général de division, le 29 ventôse an II, il avait eu déjà sous ses ordres les trois divisions réunies sous Maubeuge.

Il concourut aux tentatives qui furent faites pour débloquer le Quesnoy. Le 12 floréal il commanda la division de droite de l'armée du Nord, manœuvrant sur la Sambre. Un arrêté du Comité de salut public, du 13 prairial, le nomma général en chef de l'armée des Ardennes, grade que les représentants du peuple confirmèrent par leur arrêté du 20 du même mois.

Après la reddition du Luxembourg, il continua de servir à l'armée du Nord jusqu'en l'an V, et passa en l'an VI à l'armée de Batavie. Il fut mis en disponibilité le 1ᵉʳ vendémiaire an X. En l'an XII le premier Consul le fit membre de la Légion-d'Honneur, et l'envoya au camp de Brest le 8 ventôse, puis devenu Empereur, et voulant récompenser les services de cet officier général, il le créa commandant de l'Ordre le 25 prairial. Pendant la campagne de l'an XIV il commanda la première division du 7ᵉ corps de la grande armée, et se fit remarquer par sa bravoure et son intelligence.

Blessé à la bataille d'Eylau, le 8 février 1807, il mourut le 11, à Landsberg, des suites de ses blessures. Il est compris, sous le nom de Desjardins, parmi les braves qui figurent sur l'arc de triomphe de l'Étoile, côté Est.

JARDON (Henri), né à Verviers, pays de Liége, le 13 février 1768. Lors de la formation des quelques régiments que les États de Liége levèrent en 1789, Jardon entra dans l'un d'eux en qualité de sous-lieutenant, et fit la campagne de la Campine liégeoise contre les troupes du Cercle de l'empire. L'Autriche ayant envahi la Belgique en 1790, il se réfugia en France. En 1792 il prit du service comme lieutenant dans la légion liégeoise, formée à Givet, et y fut presque immédiatement nommé capitaine.

Promu chef de brigade pendant la retraite de Dumouriez, et peu de temps après général de brigade (an II), il fit à l'armée du Nord les campagnes des ans II et III. Le représentant du peuple Dubois de Bellegarde voulut le nommer général de division, il refusa. Il commanda le département de la Dyle en l'an IV, et fut mis en réforme en l'an V.

Remis en activité en l'an VII, il contribua à réprimer les troubles de la Belgique, passa à l'armée du Danube, servit pendant les ans VIII et IX en Suisse sous Masséna, et en Souabe sous Moreau, puis dans les Grisons. Après la paix de Lunéville, il ne fut pas compris dans le cadre des généraux en activité, mais quand le premier Consul fit son voyage de Belgique, Jardon lui fut présenté, et il lui donna le commandement du département des Deux-Nèthes. Murat lui offrit de servir dans l'armée napolitaine avec le grade de général de division, il refusa. En l'an XII il commanda au camp de Boulogne une brigade, sous les ordres de Brune, et fut nommé membre et commandeur de la Légion-d'Honneur les 19 frimaire et 25 prairial. En l'an XIV, il eut le commandement de la 2ᵉ division du corps de Gouvion-Saint-Cyr.

Il suivit l'Empereur en Espagne en 1808 et le maréchal Soult en Portugal. Le général en chef, dans son rapport sur l'affaire de Guimavaens, qui eut lieu le 25 mars 1809, s'exprime ainsi : « Dans cette affaire, le général Jardon qui, avec son courage ordinaire, s'était porté en avant, accompagné seulement d'une douzaine de tirailleurs, reçut une balle à la tête qui le tua. L'armée fut très-sensible à cette perte ; le général Jardon avait une réputation de valeur, de probité et de délicatesse qui le faisait généralement estimer; à la bataille de la Corogne, devant le Ferrol, et à Talpierra, près Baga, il avait ajouté à la gloire qu'il s'était acquise dans les combats. »

Son nom est gravé sur l'arc de triomphe de l'Étoile, côté Ouest.

JARRY (Étienne-Anatole-Gédéon, baron), fils d'un avocat de ce nom, naquit le 10 octobre 1764 à Salins (Jura). Après avoir servi comme garde national depuis 1789, il entra, le 18 septembre 1791, avec le grade de sous-lieutenant, dans le 71ᵉ régiment d'infanterie (ci-devant Vivarais), passa lieutenant le 1ᵉʳ juillet 1792, servit à l'armée du Nord en qualité d'adjoint à l'état-major, et fut nommé capitaine le 1ᵉʳ mars 1793, puis adjudant-général chef de bataillon par le général Dampierre le 1ᵉʳ avril suivant.

Suspendu le 19 août de la même année pour avoir refusé de déposer contre le général Custine au tribunal révolutionnaire de Paris, il s'évada de prison, se retira dans sa commune, et fut réintégré, par arrêté des représentants du peuple, le 24 germinal an II.

Employé provisoirement dans le grade d'adjudant-général chef de brigade, et en qualité de chef de l'état-major de la division du Bas-Rhin (général Bourcier), il fut conservé dans cette position par arrêté du 25 prairial an III, continua à servir à l'armée du Rhin (devenue Rhin-et-Moselle), fut, le 25 pluviôse an V, maintenu en activité par le général en chef, bien qu'il n'eût pas été compris dans le nombre des officiers attachés à l'état-major de cette armée, et y suivit toutes les opérations militaires jusques et y compris l'an IX.

Nommé, sur sa demande, le 1er vendémiaire an X, adjudant-commandant chef de l'état-major de la 6e division militaire à Besançon, il obtint la croix d'officier de la Légion-d'Honneur le 25 prairial an XII, et, sur la recommandation du maréchal Davoût, passa, par décision de l'Empereur du 10 germinal an XIII, à la réserve des grenadiers Oudinot du camp d'Arras.

Commandeur de la Légion-d'Honneur le 4 nivôse suivant, et dirigé sur Mayence, avec le corps des grenadiers le 23 septembre 1806, il combattit à Iéna, à Eylau, et fut élevé au grade de général de brigade par décret du 21 février 1807.

Nommé, le 23 mars suivant, au commandement de la 3e brigade du corps du général Oudinot, il suivit les opérations de la campagne de Pologne, assista au siége de Dantzig, fut nommé commandant supérieur à Neu-Fhavwalser à la suite de la reddition de Dantzig, et conduisit à Pilau la garnison prussienne qui avait soutenu le siége.

Rentré en France au mois de janvier 1808, pour se rétablir des fatigues de la guerre, il alla, le 14 octobre de la même année, reprendre le commandement de la brigade qu'il avait précédemment dans la division Oudinot.

Employé au 2e corps de l'armée d'Allemagne pendant la campagne de 1809 contre l'Autriche, il combattit aux batailles d'Essling et de Wagram, fut nommé chevalier de l'ordre de la Couronne de Fer le 10 juillet, et baron de l'Empire le 15 août suivant, et alla, au mois de février 1810, commander en Espagne une brigade du 9e corps, puis revint à Paris au mois de mars 1811.

Désigné, le 24 août 1812, pour être employé dans son grade à la 31e division d'infanterie, qui fit partie du 11e corps à la grande armée de Russie, il fit, à son retour de Moscou, la campagne de 1813 en Saxe, à la 32e division du 7e corps, et fut nommé, le 25 décembre, commandant supérieur de la place de Juliers.

En activité sous la première Restauration, et nommé, le 18 juin, commandant du département du Jura, il obtint la croix de Saint-Louis le 5 octobre suivant, fut conservé par l'Empereur, pendant les Cent-Jours, dans le même département. Disponible le 28 juillet, il reçut l'ordre de venir à Paris rendre compte de sa conduite, et témoigner dans le procès du maréchal Ney.

Renvoyé, le 1er septembre, à Lons-le-Saulnier, pour y reprendre son ancien commandement, il fut remplacé et mis en non-activité le 31 décembre, et compris, à compter du 1er janvier 1819, dans le cadre de l'état-major général de l'armée.

Le général Jarry est mort le 23 janvier 1819 à Saint-Lamain (Jura).

JEANIN (Jean-Baptiste, baron) naquit le 21 janvier 1774 à Laneria (Jura). Lieutenant le 5 août 1792 dans le 10e bataillon des volontaires de son département (par amalgame des ans II et IV, 170ᵉ et 69ᵉ demi-brigades d'infanterie de ligne), il fit les campagnes de 1792 à l'an III, à l'armée du Rhin, et se distingua notamment, le 22 vendémiaire an II, à la reprise des lignes de Weissembourg où, se détachant spontanément, il prit en flanc un régiment ennemi, le foudroya par un feu de mitraille, le mit en pleine déroute, et obtint le commandement provisoire de la compagnie de canonniers du bataillon.

Le 7 frimaire suivant, au combat de Brumpt, il arrêta, avec sa compagnie de canonniers, une colonne ennemie forte de 10 à 11,000 hommes, et défendit le passage du pont avec la plus grande opiniâtreté.

Nommé capitaine de canonniers dans la 170ᵉ demi-brigade de ligne, le 10 brumaire an III, et employé dans l'armée expéditionnaire d'Égypte, il combattit à la bataille des Pyramides et à celle de Chebreiss la même année, et passa capitaine titulaire à la 69ᵉ demi-brigade le 1ᵉʳ pluviôse an VII.

A cette époque, faisant partie de l'expédition dirigée contre la Syrie, il attaqua, dans la nuit du 17 floréal, avec deux compagnies de sa demi-brigade, un des retranchements de la place de Saint-Jean-d'Acre, l'enleva à la baïonnette, égorgeant la plus grande partie des Turcs qui se défendaient à outrance : peu d'instants après, Jeanin fut atteint, à la région maxillaire gauche, d'un biscaïen parti d'une des chaloupes canonnières anglaises dont le feu enfilait le retranchement.

Il assista à la bataille d'Aboukir le 7 thermidor de la même année, combattit à Héliopolis avec le général Kléber, passa au commandement de la compagnie des grenadiers de la 69ᵉ demi-brigade le 1ᵉʳ germinal an IX, et revint en France par suite de la capitulation d'Alexandrie.

Le 10 ventôse an X, admis comme capitaine dans les chasseurs à pied de la garde des consuls (depuis Garde impériale), il fut nommé chef de bataillon le 10 pluviôse an XII, reçut au camp de Boulogne, le 25 prairial suivant, la croix d'officier de la Légion-d'Honneur, et passa dans la ligne avec le grade de colonel du 12ᵉ régiment d'infanterie légère le 3 fructidor an XIII.

Il fit partie de la grande armée pendant les deux campagnes de l'an XIV (vendémiaire et frimaire), en Autriche, et celles de 1806 et 1807 en Prusse et en Pologne, et reçut un coup de mitraille, au combat d'Heilsberg, le 10 juin 1807.

En Espagne en 1808, il s'y distingua par une grande bravoure et fut nommé par l'Empereur commandant de la Légion-d'Honneur le 16 novembre, puis général de brigade, à la revue de Burgos, le 19 du même mois; mais, cette dernière nomination n'ayant pas été expédiée, Jeanin continua de commander le 12ᵉ régiment en Espagne jusqu'au mois de mai 1809, époque à laquelle il revint en France pour cause de santé, réclamant son grade, qu'il obtint sur un rapport à l'Empereur.

Retourné en Espagne pendant les années 1809, 1810 et 1811, le général Jeanin se distingua dans différentes rencontres avec les guérillas, et fut nommé baron le 15 août de cette dernière année.

Rentré en France comme disponible le 24 décembre 1811, il fut appelé au commandement de la 14ᵉ brigade de garde nationale le 11 novembre 1812, et envoyé dans les provinces Illyriennes le 3 mai 1813, il vint commander une brigade de la division Marcognet, à l'armée d'Italie, au mois de juillet suivant.

Resté à la division Marcognet pendant les campagnes de 1814, le général Jeanin donna de nouvelles preuves de courage, et servit sous les ordres du vice-roi jusqu'au mois d'avril de la même année.

Nommé chevalier de Saint-Louis par ordonnance du 13 août suivant, et mis en non-activité le 1ᵉʳ septembre, le roi le nomma lieutenant-général le 20 janvier 1815.

Employé au 6ᵉ corps d'observation le 23 avril, il fit la campagne des Cent-Jours à l'armée du Nord (2ᵉ corps), et rentra en non-activité le 1ᵉʳ septembre de la même année.

Disponible le 1ᵉʳ avril 1820, le lieutenant-général Jeanin fut mis à la retraite par ordonnance du 1ᵉʳ décembre 1824, et mourut à Saulieu (Côte-d'Or), le 2 mai 1830.

JOANNÈS (Sylvestre, baron), né le 31 décembre 1772 à Paris, entra comme cavalier dans le régiment de Champagne (9ᵉ de l'armée), le 6 octobre 1790, rejoignit l'armée de la Moselle au commencement de 1792, et fut fait prisonnier de guerre par les Prussiens, au combat de Fontenoy, le 19 août, après avoir reçu sept coups de sabre sur les mains et à l'épaule gauche.

Échangé bientôt après, il se trouva, le 8 messidor an II, à la bataille de Fleurus où il reçut un coup de feu dans la jambe gauche, entra le 9 messidor an III dans la cavalerie de la légion de police, et passa le 1ᵉʳ nivôse an V dans les grenadiers à cheval du Directoire, où il fut nommé brigadier-fourrier le 27 vendémiaire an VII.

Compris avec le grade de maréchal-des-logis dans l'organisation des grenadiers à cheval de la Garde des Consuls, le 13 nivôse an VIII, il fit la campagne de Marengo, fut fait adjudant sous-lieutenant dans les chasseurs à cheval, le 13 thermidor an IX, membre de la Légion-d'Honneur le 25 prairial an XII, et lieutenant en premier le 1ᵉʳ vendémiaire an XIII.

Il se trouva aux batailles d'Austerlitz et d'Iéna, fut blessé grièvement d'un coup de biscaïen au bras droit, à la bataille d'Eylau, en chargeant avec l'escadron de service, devint capitaine le 16 février 1807, suivit Napoléon en Espagne en 1808, rentra en Allemagne en 1809, combattit à Essling et à Wagram, et reçut la décoration d'officier de la Légion-d'Honneur le 15 mars 1810.

Chef d'escadron le 23 octobre 1811, il fit, en cette qualité, avec la Garde, la campagne de 1812 en Russie, celle de 1813 en Saxe, et fut blessé d'un coup de baïonnette à la cuisse droite au combat de Hanau le 30 octobre.

Colonel dans la ligne le 28 novembre, et mis à la suite du 11ᵉ régiment de dragons le 1ᵉʳ décembre, il prit, le 23 février 1814, le commandement du 2ᵉ régiment de chevau-légers, à la tête duquel il acheva la campagne de France. Maintenu en activité à l'organisation du 2ᵉ régiment de lanciers (de la Reine) en août, chevalier de Saint-Louis le 1ᵉʳ novembre, il fut promu colonel des chasseurs à cheval de la Marne (12ᵉ régiment de l'arme) le 27 septembre 1815, et commandeur le 1ᵉʳ mai 1821.

Maréchal de camp le 3 octobre 1823, employé au corps d'occupation en Espagne, mis en disponibilité à la rentrée de l'armée en France le 16 décembre 1824, il commanda une brigade de cavalerie en 1828.

Du 5 août 1830 au 7 juillet 1831, il commanda successivement les départements de Maine-et-Loire, de la Vendée et des Deux-Sèvres, passa dans celui du Pas-de-Calais à cette dernière époque, et prit sa retraite le 1ᵉʳ août 1834.

JOBERT (Nicolas) naquit le 30 janvier 1763 à Chigny (Meuse). Dragon au 6ᵉ régiment, le 14 avril 1791, il fit les campagnes de 1792 à l'an III à l'armée du Nord, tua de sa main un général prussien sur le pont d'Abouville, près de Lille, entra, lui troisième, dans une redoute en avant de Menin le 6 vendémiaire an II, y prit une pièce de canon et un obusier, eut un cheval tué sous lui, monta sur celui d'un dragon tué à ses côtés, et, à la suite d'une charge que fit le régiment, il tua un colonel hollandais.

Nommé brigadier le 22 ventôse suivant, il passa maréchal-des-logis le 26 ventôse an III.

Employé à l'armée de Rhin-et-Moselle pendant les ans IV et V, il fut fait sous-lieutenant sur le champ de bataille, le 7 messidor an IV, pour s'être emparé d'une pièce de canon et en avoir aussitôt tourné la charge contre l'ennemi. Trois jours après, il prit, lui deuxième, une pièce de canon attelée de 8 chevaux; le 17 du même mois, près de Rastadt, sous le feu des batteries ennemies, il mettait pied à terre et raccommodait le pont pour faciliter le passage à nos troupes; enfin, le 15 fructidor, il était blessé d'un coup de sabre à la main droite.

Blessé à Marengo, il sortit du corps, en attendant sa retraite, le 1er frimaire an IX, fut remis en activité le 21 du même mois avec le grade de lieutenant, tint garnison à Savigliano pendant les ans X et XI, reçut le brevet d'un sabre d'honneur le 25 brumaire an XI, et la décoration d'officier de la Légion-d'Honneur le 25 prairial an XII.

Attaché à cette époque à la réserve de cavalerie, il y servit en l'an XIII, combattit à la grande armée en Autriche, en Prusse et en Pologne, reçut un coup de sabre à travers le bras gauche, le 11 frimaire an XIV, à Austerlitz, s'empara le 28 octobre, au combat de Prenzlow, d'un étendard de la maison royale de Prusse, eut son sabre cassé dans les mains et fut mutilé dans cette action.

Capitaine le 22 novembre suivant, Jobert fut atteint d'un coup de baïonnette dans les reins, eut son cheval tué sous lui, le 3 février 1807, au combat de Bergfried, et reçut un coup de mitraille à la main droite à la bataille d'Eylau; à Friedland, il fut blessé d'un coup de sabre au bras gauche et eut encore son cheval tué sous lui.

Resté en cantonnement dans les provinces prussiennes en 1808, il rejoignit la réserve de cavalerie de l'armée d'Espagne en 1809, fut nommé capitaine de 1re classe le 16 septembre, et reçut un coup de feu qui lui traversa les deux cuisses dans un combat qui eut lieu le 12 novembre suivant contre les insurgés espagnols, à Esquivillas, près Sévico.

Aide-de-camp du général Valence le 10 janvier 1810, il fit les guerres de Portugal des années 1810, 1811, 1812 et partie de 1813, reçut un coup de feu au front, le 22 juillet 1812, en avant de Salamanque, et combattit au 5e corps de cavalerie de la grande armée pendant les campagnes de 1813 et de 1814 en Saxe et en France.

Maintenu en activité sous la première Restauration, il fit partie de la 5e division de réserve pendant les Cent-Jours, fut licencié le 1er septembre 1815, et fut admis à la retraite le 23 janvier 1816.

JOINVILLE (FRANÇOIS-FERDINAND-PHILIPPE-LOUIS-MARIE d'Orléans, prince de) vice-amiral, grand-croix de la Légion-d'Honneur, de la Tour et de l'Épée de Portugal, grand officier du Cruzeiro du Brésil, etc. Le prince de Joinville, troisième fils du duc d'Orléans, ex-roi des Français, est né à Paris le 14 octobre 1818. Comme ses frères, il a passé ses premières années au collège Henri IV et y a remporté de *véritables* succès. Autant pour obéir aux ordres du roi que pour suivre ses propres goûts, il se disposa à entrer dans la marine par des études spéciales, subit ses premiers examens à Brest et commença à l'âge de 13 ans l'apprentissage du rude métier de marin. Il s'embarqua à Toulon, au mois de mai 1831, comme aspirant de 2ᵉ classe sur la frégate *l'Arthémise*, navigua sur les côtes de France et se rendit en Corse, à Livourne, à Naples, à Alger, soumis à toutes les épreuves imposées aux élèves.

Au mois d'août 1834, le prince de Joinville passa de nouveaux examens à Brest, fut reçu élève de première classe, s'embarqua immédiatement à Lorient sur la frégate *la Sirène*, se rendit à Lisbonne, aux Açores, et rentra en France après trois mois de navigation.

Le 25 mai 1835, il partit, en qualité de lieutenant de frégate, sur *la Didon* et visita tous les détails des grands établissements de marine anglaise de Porthsmouth et de Cork.

L'année suivante, il fit un voyage dans les mers du Levant sur *l'Iphigénie* en qualité de lieutenant de vaisseau; visita Smyrne, où il essuya une tempête horrible, Rhodes, Chypre, Latakié, Tripoli de Syrie, Beyrouth, Jaffa, Caïffa, Jérusalem, et une partie de la Terre sainte.

En 1837, à bord du vaisseau *l'Hercule*, il se rendit à Gibraltar, à Tanger, à Ténériffe, débarqua à Bone en octobre, et se mit en route en toute hâte pour rejoindre l'armée qui marchait contre Constantine; mais le mauvais temps et la difficulté des routes le retardèrent, et il n'arriva que le 17 octobre lorsque déjà, depuis le 13, notre drapeau victorieux flottait sur les murs de cette ville.

Au regret d'avoir manqué cette occasion d'acquérir de la gloire, le prince reprit la mer, explora les côtes du Sénégal, visita Gorée, fit plusieurs excursions dans l'intérieur, où il visita quelques chefs de peuplades, fit voile pour le Brésil et arriva en janvier 1838 à Rio-de-Janeiro. Il consacra ce mois à visiter les provinces et reçut à Rio sa nomination au grade de capitaine de corvette.

Du Brésil, le prince se rendit à la Guyane, à Cayenne, à la Martinique, à la Guadeloupe, visita Washington, Philadelphie, Baltimore, les chutes du Niagara, New-York, Boston, etc., recherchant partout avec ardeur les occasions de s'instruire, étudiant les mœurs, les usages et suivant surtout avec intérêt les divers développements de la puissance maritime. Après dix mois de navigation, il débarqua à Brest le 11 juillet 1838; mais son repos ne devait pas être de longue durée.

Au mois d'août suivant, une escadre venait de recevoir l'ordre de se diriger vers les côtes du Mexique pour mettre ses ports en état de blocus. Le prince de Joinville ayant reçu le commandement de *la Créole*, corvette de 24 canons, partit de Brest le 1ᵉʳ septembre avec le contre-amiral Baudin, commandant de l'escadre. Le 27 novembre l'amiral donne l'ordre d'attaquer Saint-Jean-d'Ulloa, fort qui défend la ville de la Véra-Cruz. Le prince de Joinville n'avait pu obtenir de faire partie de la première division composée des frégates *la Néréide*, *la Gloire*, *l'Iphigénie* et de deux bombardes; mais au signal du combat, il sollicita avec tant d'instance la faveur de prendre part à l'attaque que l'amiral dut céder. La corvette *la Créole* alla aussitôt se poster à une portée de canon du château d'Ulloa et canonna avec vigueur le bastion de Saint-Crispin et la batterie rasante de l'Est. Elle reçut plusieurs boulets dans son bord. L'un pénétra dans la chambre du prince et mit sa vaisselle en pièces; le jeune commandant, avec une gaîté toute française, ôta son chapeau et salua les Mexicains. Ce combat, dans lequel l'amiral Baudin se couvrit de gloire, dura quatre heures. A six heures du soir, le feu du fort était éteint, les batteries démontées, les bastions démolis, et l'ennemi demandait à capituler. Le prince de Joinville avait pris une part plus considérable qu'on ne pouvait l'attendre d'un aussi faible navire que *la Créole* ; il avait montré beaucoup d'audace et d'habileté dans la manière dont il avait attaqué sous voiles la batterie rasante de l'Est et le cavalier du bastion Saint-Crispin. Cependant les conventions conclues entre l'amiral et les Mexicains ayant été violées, on résolut une descente pour désarmer la garnison. Le 5 décembre, le débarquement s'opéra en trois colonnes; le prince de Joinville commandait l'avant-garde de la colonne du centre, composée de 90 marins de *la Créole*. La porte du Môle, contre laquelle cette colonne était dirigée fut bientôt enfoncée au moyen de sacs à poudre ; le prince s'élança le premier dans la ville et se dirigea au pas de course vers la maison où se trouvaient les généraux mexicains Santa Anna et Arista. Ce dernier fut saisi par un marin de *la Créole;* le prince arriva et reçut l'épée du général. Cependant la colonne de gauche éprouvait la plus vive résistance à l'extrémité de la ville, le prince y court avec ses marins ; déjà il a commencé le siège d'une grande caserne, déjà les blessés et les morts tombent autour de lui lorsque l'amiral Baudin donne l'ordre de se rembarquer. Les résultats qu'on désirait étaient obtenus.

Le 10 février 1839, le Roi décora le jeune commandant de *la Créole* de la croix de la Légion-d'Honneur et l'éleva au grade de capitaine de vaisseau.

Au mois de mai suivant, le prince prit à Cherbourg le commandement de la frégate *la Belle-Poule*, vint s'embarquer à Toulon et rejoignit l'escadre d'évolutions commandée par l'amiral Lalande ; il fut nommé chef d'état-major de la division navale ; fit bientôt voile vers le Levant sur *le Jupiter* et débarqua à Constantinople. Un épouvantable incendie ayant éclaté à Péra et à Galata menaçait d'engloutir le plus riche quartier de la capitale, lorsque le prince accourut à la tête de ses marins et dirigea les plus actifs secours. Son intrépidité et celle de son équipage parvinrent à préserver la ville du plus immense danger.

De Constantinople il rejoignit l'escadre à Smyrne et débarqua à Toulon à la fin de décembre.

En 1840, le prince de Joinville eut l'honneur d'associer son nom à l'un des événements qui a le plus profondément impressionné la génération présente : le transfèrement en France des restes mortels de l'empereur Napoléon. L'expédition commandée par le prince se composait de la frégate *la Belle-Poule*, de la corvette *la Favorite* et du brick *l'Oreste*. Le prince partit le 7 juillet de Toulon, accompagné de quelques-uns des vieux serviteurs de l'Empereur, parmi lesquels étaient les généraux Bertrand et Gourgaud, de M. de Las-Cases fils, de M. Hernoux, son aide-de-camp et du comte de Rohan-Chabot, chargé de présider comme commissaire du gouvernement à l'exhumation. Le 8 octobre, après une traversée de 90 jours, la frégate arrivait à Sainte-Hélène. Commencée le 15 octobre à minuit, l'exhumation des glorieux restes était terminée le 16 à trois heures. Toutes les opérations jusqu'à l'arrivée du cercueil impérial au lieu de l'embarquement devant être conduites par des soldats étrangers, le prince, par un motif de haute convenance, et en sa qualité de commandant supérieur de l'expédition, n'avait pas assisté à des travaux qu'il ne pouvait diriger. Il ne voulait paraître sur la terre anglaise qu'à la tête de l'état-major des bâtiments français. Au moment où le convoi arriva à l'extrémité désignée, il s'avança seul, et en présence de tous les assistants découverts, reçut solennellement le cercueil impérial qu'il conduisit à *la Belle-Poule*. Le 18 octobre, il quittait Sainte-Hélène. Deux navires qu'on rencontra vers la fin d'octobre donnèrent au prince la nouvelle d'une rupture imminente entre la France et l'Angleterre. Aussitôt il disposa toutes choses pour la défense la plus vigoureuse du dépôt confié à l'honneur et au courage de la marine française. Heureusement la nouvelle était fausse, et le 30 novembre *la Belle-Poule* entra dans la rade de Cherbourg. Après avoir présidé au transbordement du cercueil sur le bateau à vapeur *la Normandie*, le prince le conduisit au Havre, fit procéder à un nouveau transbordement sur *la Dorothée*, remonta la Seine et arriva avec sa flottille, le 12 décembre, à Courbevoie.

Le 15 décembre s'accomplit la scène grandiose dont toute la France connaît les détails. Quand le cercueil atteignit la grille d'honneur des Invalides où se trouvait le roi à la tête de tous les grands corps de l'État : « Sire, dit le prince de Joinville en s'inclinant, *je vous présente le corps de l'empereur Napoléon.* — Je le reçois au nom de la France, répondit le roi d'une voix profondément émue. » La tâche du jeune commandant finissait là. Elle avait été religieusement accomplie.

Au mois de mai 1841, le prince de Joinville, embarqué sur *la Belle-Poule*, alla visiter Amsterdam et tous les ports ou établissements maritimes de la Hollande ; fit voile ensuite vers l'Amérique, visita le cap Rouge, Halifax, New-York, Philadelphie, Washington ; revint en Europe par Lisbonne où il fut reçu par la reine Dona-Maria, et rentra en France en 1842 (janvier).

Au mois de juin suivant, il repartit sur *la Belle-Poule* avec l'escadre aux ordres du vice-amiral Hugon, accompagna son jeune frère le duc d'Aumale à Naples, puis à Lisbonne, et se dirigea vers le Brésil où il arriva le 27 mars 1843.

Ce voyage avait pour but la demande en mariage de la princesse Françoise-Caroline-Jeanne-Charlotte-Léopoldine-Romaine-Xavière-de-Paule-Michelle-Gabrielle-Raphaelle-Gonzague, née le 2 août 1824, fille de l'Empereur Don Pédro Ier et sœur de l'empereur régnant du Brésil, don Pédro II ; cette union fut célébrée à Rio-de-Janeiro le 1er mai 1843 ; immédiatement le prince ramena la princesse en France.

Le 31 juillet 1843, il fut nommé contre-amiral avec voix délibérative aux séances du Conseil de l'amirauté. — Après son mariage, il alla rendre visite à la reine d'Angleterre avec sa femme. En 1844, le gouvernement mécontent des aggressions réitérées des Marocains et de l'asile qu'ils accordaient à Abd-el-Kader, exigea une réparation. En même temps une escadre fut envoyée sur les côtes du Maroc sous le commandement du prince de Joinville. Elle était composée des vaisseaux *le Jemmapes*, *le Suffren*, *le Triton*, des bricks *l'Argus* et *le Cassard*, de la frégate *la Belle-Poule* et d'un assez grand nombre de bateaux à vapeur. L'empereur de Maroc ayant répondu évasivement à l'ultimatum signifié par le Consul de France, l'amiral réunit son conseil le 5 août, et le bombardement de Tanger fut résolu. A trois heures du matin il prit ses positions devant la ligne des fortifications ennemies : *le Jemmapes*, vaisseau amiral, et *le Suffren* vinrent s'embosser en face même de la ville. Les autres batiments se portèrent sur les autres parties de la côte défendue par une artillerie formidable. A neuf heures, l'escadre ouvrit une canonnade vigoureuse à laquelle la ville riposta ; mais après une heure et demie de combat, le feu de la ville, des forts de la marine et de la Casbah était entièrement éteint. *Le Jemmapes* et *le Suffren* avaient foudroyé, culbuté les batteries et démoli les remparts opposés. A 4 heures et demie le feu était éteint partout. De Tanger l'escadre se dirigea vers Mogador à l'extrémité du Maroc : c'est la ville *chérie* de l'empereur, elle renferme ses trésors. La division arrivée en vue de cette place, le 12 novembre, essuya une tempête furieuse, ce ne fut que le 15 que l'embossage put s'effectuer avec beaucoup de peine. *Le Suffren* portait cette fois le pavillon de l'amiral. L'attaque commença à deux heures et demie. Les batteries de la marine furent bientôt abandonnées par l'ennemi ; mais les batteries de l'ouest qui présentaient 40 pièces de gros calibre opposèrent une longue et vigoureuse résistance. Elles ne furent ruinées et démantelées qu'après une lutte de trois heures. A cinq heures, l'îlot seul soutenait le feu. Le prince donna l'ordre d'y débarquer : 500 hommes s'élancèrent dans des canots sur le rivage où ils furent assaillis par une fusillade meurtrière. Il fallut enlever une à une toutes les positions. Le prince de Joinville dirigeait l'attaque à la tête des colonnes, marchant sans armes et bravant la fusillade. Le lendemain on entra dans la ville déserte et couverte de décombres. L'empereur de Maroc demanda la paix, et vers la fin d'août le prince de Joinville quitta la flotte pour rentrer en France.

Au mois de juin 1846, il prit le commandement de l'escadre d'évolutions réunie dans la Méditerranée. Le 3 juin 1847, il fit rendre les derniers devoirs aux restes des prisonniers français de Baylen, morts de misère sur le rocher de Cabrera, et dont les ossements étaient restés sans sépulture.

Au moment de la catastrophe de février 1848, le prince de Joinville se trouvait à Alger près de son frère le duc d'Aumale, gouverneur de l'Algérie depuis le mois de septembre 1847. Les journaux du temps ont donné le récit de la conduite noble et digne des jeunes princes en cette circonstance. Le 3 mars ils s'embarquèrent sur *le Solon* pour l'Angleterre où ils devaient rejoindre leurs parents proscrits.

Le prince de Joinville a publié, sous le titre de : *l'État des Forces navales de la France*, un écrit très-remarquable, et qui a produit une vive sensation.

JORDY (Nicolas-Louis, chevalier), né à Abreschwiller (Meurthe) le 14 septembre 1758, entra au service le 15 août 1774 comme chirurgien aux hôpitaux militaire de Schelestadt et de Strasbourg ; mais entraîné par son goût pour la vie aventureuse, il s'engagea, le 9 avril 1778, dans le régiment d'Alsace en qualité de soldat, et il avait fait deux campagnes d'Amérique, lorsque, le 23 août 1782, son père acheta son congé et lui procura les moyens de se livrer au commerce.

Ayant embrassé avec chaleur les principes de la Révolution, ses concitoyens l'élirent, le 6 mai 1790, capitaine au bataillon du canton de Lorquin, avec lequel il contribua, le 31 août 1791, à rétablir la tranquillité dans Nancy, lors de la révolte du régiment suisse Château-Vieux. Le courage et l'énergie qu'il déploya dans cette circonstance fixèrent sur lui les suffrages des volontaires du 10e bataillon de la Meurthe, qui le nommèrent leur commandant le 19 août 1792. Ce corps, dirigé sur Metz, reçut ordre de camper sous le fort Sainte-Croix avant d'avoir reçu des armes. Jordy, pénétrant les secrets desseins du gouverneur, qui méditait une trahison, réclama avec énergie l'armement de sa troupe, et l'obtint. A peine avait-il distribué les armes, qu'il eut à repousser l'attaque d'un parti de Hulans.

Quelques jours après, envoyé à l'armée de Custine, il en soutint la retraite depuis Francfort jusqu'au fort Kœnigstein. Chargé pendant le siége de Mayence de défendre le fort de Mars, situé sur la rive droite du Rhin, il s'y maintint depuis le 4 janvier 1793 jusqu'au 15 juillet suivant, époque de la reddition de cette place. Dans cet intervalle, il s'empara, le 10 mai, des îles de Weissenau, enleva, le 9 juin, la batterie de la redoute de Gustawensbourg, prit, le 11, le village de Kostheim, ainsi que la redoute de la Briqueterie, où il fut blessé d'un coup de baïonnette qui lui traversa la mâchoire inférieure et la langue, et fit échouer, le 14 juillet, une entreprise de l'ennemi sur le fort qu'il commandait. Cette affaire valut à Jordy le grade d'adjudant-général chef de brigade qui lui fut conféré le 21 juillet.

Destiné, comme toute la garnison de Mayence, à faire partie de l'armée des côtes e Cherbourg, il suivit dans la Vendée le général Aubert-Dubayet, qui l'investit provisoirement du commandement d'une brigade à la tête de laquelle il chassa, le 7 septembre, les rebelles du bourg de Rouames; enleva d'assaut, le 3 brumaire an II, la petite ville de Verton et y prit trois pièces de canon, des caissons, beaucoup de chevaux et une soixantaine d'hommes, et le 11 du même mois, poursuivant Charette, il força le canal de Grandlieu. Le lendemain, à la prise du port Saint-Père, il se jeta à la nage avec quelques soldats, et parvint, sous le feu de l'ennemi, à ramener de la rive opposée des bateaux nécessaires au passage du général en chef et de son état-major.

Il battit ensuite les Vendéens à Pazanne, emporta, le 11 nivôse, la ville de Chollet, et se trouva, le 14, à la reprise de Noirmoutiers, par le général Haxo. Avant le débarquement, Jordy, impatienté de la lenteur que mettaient les embarcations à gagner le rivage, s'élance dans la mer et commence l'attaque par la pointe de la Fosse; mais à peine a-t-il touché la terre qu'il est atteint d'une balle qui lui fracasse la cuisse et la jambe gauche; néanmoins, porté sur des fusils, il continue à diriger les troupes sous ses ordres, jusqu'à ce que, de nouveau frappé à la tête, on fut obligé de l'enlever du champ de bataille, au moment où les insurgés l'abandonnaient. Le lendemain il reçut sa promotion au grade de général de brigade. Sa santé n'était point encore rétablie lorsqu'il fut envoyé à l'armée du Rhin, et nommé commandant de Strasbourg.

Désireux de se signaler dans un emploi plus actif, il demanda, le 18 brumaire an III, d'aller se joindre aux troupes qui formaient le siége de Mayence. Grièvement blessé, le 30, à l'affaire du camp de Weissenau, il lui fallut quitter de nouveau l'armée. Rappelé à l'activité, le 13 messidor, et placé sous les ordres de Desaix, il offrit à ce général de se rendre sur la rive droite du Rhin pour examiner les positions ennemies. Cette offre ayant été acceptée, Jordy resta pendant trois jours au milieu des Autrichiens. Il servit ensuite sous Pichegru jusqu'au mois de prairial an IV.

A cette époque, Moreau ayant pris le commandement, il confia à Jordy le soin d'organiser de fausses attaques depuis Bâle jusqu'à Maïskolsheim, et de tenter le passage du Rhin à l'endroit qui lui paraîtrait le plus convenable. Il passa ce fleuve le 6 messidor, près du village de Nonnenweiler, d'où il chassa un corps d'émigrés qui le défendaient avec acharnement.

Le 26, attaché à la division du général Férino, qui commandait l'aile droite de l'armée de Rhin-et-Moselle, il se porta sur Steinback, dont le pont avait été coupé, franchit le torrent en marchant sur des pierres, surprit les Autrichiens et les mit en pleine déroute. Il prit ensuite Haslack, que l'ennemi lui disputa de rue en rue, et enleva à la baïonnette la redoute du pont de cette ville. Poursuivant le cours de ses succès, il défit, près de Horneberg, un corps autrichien, traversa les montagnes voisines d'Elrack, en faisant transporter ses canons sur les épaules de ses soldats, et assura à l'armée française les débouchés de la forêt Noire en occupant Willingen. Rendant compte à Férino de ces divers mouvements, celui-ci lui répondit : « Doucement, doucement, mon cher général, n'allez pas à Vienne avant nous. » Jordy servit avec non moins de distinction jusqu'à la fin de la campagne; le 6 messidor, il chassa l'ennemi de Donaueschingen, prit, le 15, la ville de Moerskich, concourut, avec le général Abattucci, à effectuer, le 15, le passage de la Kamlach, et, le 7 fructidor, celui du Lech. Le 17 fructidor, il appuya l'attaque du général Gouvion-Saint-Cyr sur Fressingen, força, le 21, la ville de Moosbourg à capituler, et soutint la retraite de Moreau. Les fatigues que lui fit éprouver une marche aussi pénible ayant rouvert une blessure qu'il avait reçue à la poitrine, on le transporta à Neufbrisach, dont il eut le commandement après sa guérison.

Appelé à Strasbourg, le 26 germinal an V, pour prendre le commandement de l'une des colonnes de l'armée, il eut la cuisse fracassée d'un coup de mitraille et la première tablette de l'os frontal fracturée d'une balle, le 1er floréal, au passage du Rhin à Diersheim. Entouré d'ennemis qui, pour le jeter à bas de son cheval, le frappaient du canon de leurs fusils, il se défendit en désespéré, et il eût infailliblement succombé si quelques grenadiers de la 10e demi-brigade ne l'eussent secouru. Moreau, vers la fin de cette célèbre journée, le manda près de lui, lui prodigua les éloges les plus flatteurs, et le fit panser en sa présence. De son côté, le Directoire lui adressa ses félicitations le 14 pluviôse et lui décerna un sabre d'honneur, qu'Augereau lui remit à Strasbourg, au mois de nivôse an VI.

Le 8 ventôse, le général Sainte-Suzanne lui donna le commandement de toutes les places fortes du département du Haut-Rhin; mais ayant été chargé presque dans le même moment de celui de l'avant-garde de l'armée en Helvétie, il ne remplit cette mission que d'une manière incomplète. Épuisé par les fatigues de cette dernière campagne, et affaibli par ses nombreuses blessures, il demanda un emploi sédentaire, et obtint, le 5 prairial, le commandement de la place de Strasbourg, qu'il fut forcé de résigner quelque temps après, n'ayant pas voulu accepter le grade de général de division.

Le premier Consul l'envoya commander la place de Landau le 21 nivôse an IX. Membre et officier de la Légion-d'Honneur les 19 frimaire et 25 prairial an XII, l'Empereur lui confia, le 11 octobre 1806, le commandement supérieur de la tête de pont de Cassel, devant Mayence, et des troupes cantonnées sur la rive droite du Rhin. Il devait en outre surveiller les travaux de fortifications. Le 27 novembre suivant, le maréchal duc de Valmy le chargea de conduire au grand quartier général, alors à Berlin, 5,000 hommes de toutes armes. Obligé de pousser jusqu'à Varsovie, où se trouvait l'Empereur, il grossit sa troupe de tous les militaires restés sur les derrières de l'armée, et reçut à cet égard les remercîments de Napoléon, qui le nomma commandant supérieur de Thorn le 9 janvier 1807.

Pendant son séjour dans cette ville, qui se prolongea jusqu'au 26 août, il pourvut avec la plus grande activité à la reconstruction d'un pont enlevé par les glaces, à l'approvisionnement des magasins de subsistances et à l'organisation des hôpitaux. Il eut dans le même temps l'occasion de faire preuve de son courage et de son dévouement. Le 7 août, une prolonge remplie de poudre, et placée sur un bateau, éclata dans le voisinage d'un magasin qui en contenait 500 milliers. Jordy, malgré ses infirmités, s'élança sur le toit, et, avec l'aide du caporal de sapeurs Roux, il précipita les décombres enflammées dans la rivière et préserva ainsi la ville de Thorn d'une entière destruction.

La paix qui suivit la bataille de Friedland l'ayant fait quitter Thorn, il fut investi du commandement d'armes de Mayence, le 22 octobre, et reprit, le 18 novembre, celui de Landau. Créé chevalier de l'Empire en 1807, un décret du 1er juin 1812 le nomma commandant du département du Léman et de la place de Genève, avec l'inspection générale pour les retraites et les réformes. Un second décret du 28 novembre 1813 lui donna le commandement supérieur de la ville. Bientôt après, assiégé par 20,000 hommes des troupes alliées, Jordy, qui n'avait pas 100 hommes en état de leur être opposés, se rendit à la première sommation.

Revenu en France immédiatement après, une attaque d'apoplexie lui ôta l'usage des deux jambes; il demanda donc sa retraite. Louis XVIII le fit chevalier de Saint-Louis le 2 octobre 1814, et il reçut ensuite du roi de Bavière l'ordre de Maximilien-Joseph. Il mourut le 7 juin 1825.

JOUBERT (Barthélemy-Catherine), né à Pont-de-Vaux le 14 avril 1769. A 15 ans, il s'évada du collége, s'enrôla comme volontaire en 1791 dans un régiment de canonniers, passa par tous les grades, et fut nommé successivement adjudant-général, chef de bataillon, général de brigade en 1795 sur le champ de bataille de Loano.

La célèbre campagne de 1796 et 1797 lui valut une grande renommée. Partout, à Montenotte, Millésimo, Ceva, Mondovi, Cherasco, Lodi, au col de Campione, à Compara, à Montebaldo, à Rivoli, il seconda avec une intrépidité et un discernement rares le général Bonaparte, qui lui fit donner le titre de général de division et se fit accompagner de lui quand il présenta au Directoire le traité de Campo-Formio.

Peu après, Joubert fut envoyé comme général en chef à l'armée de Hollande, puis à celle de Mayence, et enfin à celle d'Italie. Il y arriva à la fin de 1798 et opéra la révolution du Piémont, machinée depuis longtemps. Il se porta ensuite sur Livourne; puis, las de se voir contrarié dans ses opérations par le gouvernement, il donna sa démission et revint à Paris.

Au 30 prairial, Barras et Sièyes jetèrent les yeux sur lui pour commander dans Paris et agir au besoin contre les démocrates; mais comme il ne jouissait pas encore d'une grande popularité, on voulut lui fournir l'occasion de remporter quelque victoire importante et on le nomma à cet effet général en chef. Moreau consentit à être son lieutenant. Joubert franchit les montagnes du Montferrat, opéra sa jonction avec l'armée de Naples et se disposa à livrer bataille dans les plaines de Novi, mais il avait commis une faute grave. Nommé le 17 messidor, au lieu de se rendre à son poste immédiatement, il avait perdu un mois à se marier avec une jeune femme qu'il aimait. C'était la fille du sénateur Sémonville, mariée depuis au maréchal Macdonald.

Ce délai donna à Souvarow le temps d'avancer en réunissant toutes ses forces. Joubert aggrava encore sa faute par une fatale indécision. Il donna aux Russes le temps d'attaquer son armée très-inférieure en nombre. Elle ne comptait que 20,000 hommes contre 40,000 Austro-Russes. Après quelques minutes de combat, Joubert tomba mortellement blessé, en répétant le nom de sa jeune femme et en excitant ses soldats qui furent vaincus, en dépit de l'habileté de Moreau. Cette défaite eut lieu le 28 thermidor an VII. Joubert n'avait que 30 ans.

Joubert était grand, maigre et semblait d'une complexion faible; mais il l'avait mise à l'épreuve des grandes fatigues dans les Alpes et s'y était endurci. Il était vigilant, intrépide, marchant à la tête des colonnes, fort actif. Dans la rude journée du col de Campione, il portait les ordres lui-même, ne pouvant trouver personne qui y mît assez de promptitude.

Le plus beau titre à la gloire de ce général est l'expédition du Tyrol que Carnot a justement qualifiée de *campagne de géants*. Les défilés redoutables du Tyrol, un des pays les plus âpres de l'Europe, étaient défendus par deux armées ennemies et *plus encore* par les habitants; ils furent forcés par Joubert, à la tête de trois divisions formant la gauche de l'armée d'Italie. Il prit tous les magasins des Autrichiens, leur fit 9,000 prisonniers et opéra sa jonction avec la grande armée, pendant qu'à Vienne on chantait le *Te Deum* pour célébrer sa défaite et sa destruction. Lorsqu'en descendant du Tyrol, Joubert se présenta à l'entrée de la tente du général en chef, la sentinelle avait ordre de ne laisser entrer personne; Joubert insista; Bonaparte se présenta, le reconnaît, l'embrasse et dit au soldat: « Va, le brave Joubert qui a forcé le Tyrol a bien pu forcer ta consigne. »

Le premier Consul fit déposer les restes de Joubert près de Toulon, dans le fort La Malgue, appelé depuis *fort Joubert*.

JOUBERT (Joseph-Antoine-Réné, vicomte de) naquit le 11 novembre 1772, à Angers. Volontaire le 15 septembre 1791 dans le 1ᵉʳ bataillon de Maine-et-Loire (85ᵉ demi-brigade d'infanterie de ligne en l'an IV), il fit les campagnes de 1792 et 1793 à l'armée du Nord, se trouva au siége de Verdun en août 1792, combattit à Jemmapes, passa sergent le 16 du même mois, sergent-major le 19 janvier 1793, et prit part aux siéges de Maëstricht et de Valenciennes en février et mai suivants.

Nommé sous-lieutenant et lieutenant le 25 pluviôse et 2 ventôse an II, étant à l'armée des Alpes, il se rendit en l'an IV à l'armée d'Italie, assista à la prise de Mondovi et à celle de Ceva, combattit à Dégo, au passage du pont de Lodi, puis à la bataille de Castiglione en l'an IV, se distingua au passage du pont d'Arcole en l'an V, ainsi que le 25 nivôse suivant, à la bataille de Rivoli, où, à la tête de 50 hommes de la 85ᵉ demi-brigade, il fit prisonniers 2,000 Autrichiens.

Breveté d'un sabre d'honneur en récompense de cette action d'éclat, et promu capitaine le 9 brumaire an VI, il embarqua à Marseille pour l'Égypte en floréal de la même année, se trouva aux batailles de Chebreiss et des Pyramides, passa, le 12 pluviôse an VII, dans le régiment des dromadaires, et fit, avec son grade, la campagne de Syrie. Présent aux siéges du fort d'El-Arisch, où il fut blessé de deux coups de feu aux deux cuisses le 27 du même mois, il prit une part brillante aux siéges de Jaffa et de Saint-Jean-d'Acre, rentra dans la basse Égypte, et combattit à Aboukir et à Héliopolis.

Adjoint aux adjudants-généraux le 3

thermidor an VIII, aide-de-camp du général de division Lagrange le 25 ventôse an IX, il revint en France avec l'armée d'Orient, obtint le 9 nivôse an X le grade de chef de bataillon dans la 64e demi-brigade d'infanterie de ligne. (64e régiment de même arme en l'an XII), et fut nommé officier de la Légion-d'Honneur le 25 prairial an XII, étant à l'armée des côtes de l'Océan (camp de Vimereux).

Il fit, avec le 5e corps de la grande armée, les deux campagnes de l'an XIV et celles de 1806 et 1807 en Autriche, en Prusse et en Pologne; il était à la prise d'Ulm, fut blessé grièvement d'un coup de boulet à la bataille d'Austerlitz, devint colonel le 20 janvier 1806, commanda le 64e régiment aux batailles d'Iéna, d'Eylau et de Friedland, et le 30e de ligne à la bataille d'Eckmülh, à la prise de Ratisbonne, à la bataille d'Essling, enfin à celle de Wagram, où il reçut un coup de feu à la jambe gauche.

L'Empereur lui conféra, comme récompense, le titre de baron.

Resté à l'armée d'Allemagne et promu au grade de général de brigade le 6 août 1811, il quitta Hambourg le 14 octobre suivant pour se rendre au corps d'observation de l'Océan, et, placé dans la 11e division d'infanterie qui fit partie du 3e corps de la grande armée pendant la campagne de 1812 en Russie, il se trouva à la prise de Smolensk le 17 août, fut nommé commandant de la Légion-d'Honneur le 2 septembre suivant, et combattit à la bataille de la Moskowa le 7 du même mois, ainsi qu'au passage de la Bérésina les 26, 27 et 28 novembre suivant.

Attaché au 2e corps d'observation en 1813, puis chevalier de la Couronne de Fer le 17 mai, à la suite de la première bataille de la campagne de Saxe (Lutzen), il combattit à Bautzen, à Dresde, à Leipzig et Hanau, et se replia sur le Rhin avec les débris du 6e corps.

Le 1er février 1814, au combat de Brienne, chargé de la défense du village de Chaumesnil, il y soutint les attaques d'un ennemi six fois plus nombreux que les troupes qu'il avait à lui opposer, et se fit encore remarquer le 11 du même mois au combat de Montmirail, puis, le 14, au combat de Vauchamps.

Conservé en activité sous la première et la seconde Restauration, et nommé, le 8 août, au commandement du département de la Corrèze, puis chevalier de Saint-Louis le 20 du même mois, le général Joubert conserva son commandement pendant les Cent-Jours, et fut mis en demi-solde le 27 janvier 1816.

Adjoint à l'inspection générale de l'infanterie dans la 13e division militaire le 22 août, puis inspecteur général de la même arme en 1817 et en 1818; enfin appelé au commandement du Morbihan, le 7 avril 1819, il passa, le 21 avril 1820, à celui d'Ille-et-Vilaine, et reçut du roi, le 17 août 1822, le titre de vicomte.

Admis à la retraite le 4 mars 1835, le général Joubert est mort à Paris le 23 avril 1843.

JOUFFROY (Jean-Pierre, baron de), né à Boulot (Haute-Saône), le 20 juillet 1766. M. le général Jouffroy a débuté dans la carrière qu'il a si glorieusement parcourue comme simple canonnier au régiment de La Fère, le 5 juin 1781. Il fut nommé sergent le 20 avril 1786 et sergent-major le 1er juin 1792.

Le 24 novembre de la même année, il obtenait les épaulettes de lieutenant en second; il était adjudant-major le 25 novembre suivant, capitaine en premier le 17 février 1794, chef de bataillon le 17 juin 1797, et enfin colonel le 29 octobre 1803.

Il conserva ce dernier grade jusqu'en 1811, et le 23 juin 1811, il fut promu au grade de général de brigade.

Le baron de Jouffroy a fait la campagne de 1792 à l'armée du Nord; il assista aux siéges de Namur, de Maëstricht et à celui de Valenciennes, où il commanda l'artillerie de la citadelle; il y reçut deux blessures et fut fait prisonnier avec la garnison. Rendu à la liberté, il se trouva au siége de Lyon à la direction des batteries d'attaque. Nommé capitaine de 1re classe, il passa à l'armée des Pyrénées-Occidentales, où il fit les campagnes de 1793, 1794 et 1795. Le 27 novembre 1793, il reçut un coup de feu au siége de Fontarabie.

En 1796, il était sur les côtes de Brest; nommé sous-directeur du parc de l'expédition d'Irlande, il mouilla pendant quinze jours dans la baie de Bautry.

Il fit ensuite les campagnes de 1797, 1798, 1799, 1800 sur les côtes de Brest et à Belle-Isle. En 1800, il passa à l'armée du Rhin, et se trouvait à Landau. En 1803, il se trouvait en Hollande. Il y reçut l'ordre de se rendre à Lille pour prendre la direction d'artillerie de cette place.

Colonel-directeur du parc d'artillerie du 3e corps, sous les ordres du maréchal Davoût, il fit les campagnes de 1805, 1806 (double), 1807, 1808, 1809, 1810, 1811 à la grande armée en Allemagne, en Autriche, en Prusse et en Pologne; s'est trouvé aux batailles d'Austerlitz, d'Auerstadt, d'Eylau, de Wagram.

L'Empereur lui fit délivrer le brevet de général de brigade le 23 juin 1811 avec les titres d'inspecteur-directeur général de l'artillerie et de baron de l'Empire.

Le général Jouffroy, pendant la désastreuse campagne de Russie en 1812, appartenait au 1er corps commandé par le prince d'Eckmühl en qualité de directeur général du parc d'artillerie.

Il assista aux batailles de la Moskowa, de Krasnoé, de la Bérésina. Pendant une partie de la retraite, il fut chargé du commandement du parc d'artillerie du 1er corps, et eut le bonheur de le sauver d'une perte totale près de Krasnoé par une marche de dix lieues à travers champs.

En 1813, il organisa et commanda l'artillerie du 13e corps et de la 32e division militaire, toujours sous les ordres du maréchal Davoût. Il créa à Hambourg tout le matériel d'artillerie nécessaire à la défense de cette place, et se trouva aux combats des 9 et 17 février 1814 dans les îles de Willemsberg.

Le général baron de Jouffroy n'avait que 49 ans lorsqu'une mesure inique le mit à la retraite le 1er janvier 1816. Rétabli dans le cadre de réserve le 1er avril 1831, il fut remis à la retraite, pour raison d'âge, le 1er mai 1832.

Depuis ce temps, M. de Jouffroy, rendu à la vie privée, a toujours habité Lille, où il s'est fait aimer et respecter par ses nobles qualités. Sa carrière militaire avait été longue et honorable; sa carrière civile ne le fut pas moins : officier général distingué, brave défenseur de son pays, il consacra sa vieillesse à ses concitoyens, et surtout aux pauvres. On le vit pendant vingt-sept ans président du bureau de bienfaisance de la ville de Lille.

Il est mort dans cette ville le 30 septembre 1846.

M. de Jouffroy avait été créé chevalier de la Légion-d'Honneur à la création, le 12 décembre 1803; il en fut nommé officier le 15 juin 1804 et commandeur le 7 juillet 1807.

Le roi Louis XVIII le fit chevalier de Saint-Louis le 19 juillet 1814.

JOURDAN (Jean-Baptiste), maréchal de France, né à Limoges le 29 avril 1762, s'enrôla en 1768 dans le régiment d'Auxerrois, et fit la guerre d'Amérique. En 1790, il était capitaine des chasseurs de la garde nationale de Limoges. Il fut nommé en 1791 commandant en chef du

2ᵉ bataillon des volontaires de la Haute-Vienne qu'il conduisit à l'armée du Nord. Il fit la campagne de la Belgique sous Dumouriez, et se distingua notamment aux environs de Namur, lors de la retraite de l'armée. Le 27 mai 1793, il fut élevé au grade de général de brigade, et à celui de général de division le 30 juillet suivant. Il commandait le corps de bataille à la journée de Hondscoote, et fut blessé en enlevant les retranchements ennemis à la tête de ses troupes. Le 26 septembre, il remplaça Houchard dans le commandement de l'armée. Le 17 octobre, il remporta la victoire de Wattignies, disputée avec acharnement dans un combat de 48 heures, et força le prince de Cobourg à lever le blocus de Maubeuge. Le Comité de salut public qui appela alors Jourdan à Paris, voulait prendre l'offensive. Jourdan lui fit considérer que l'armée était composée de nouvelles levées, la plupart sans armes ni habits ; qu'ainsi il valait mieux passer l'hiver sur la défensive, pour se mettre en état d'attaquer au printemps. Ses plans furent adoptés ; néanmoins on n'oublia pas sa résistance, et dès que les troupes furent en état d'agir, Pichegru vint le remplacer. Le Comité de salut public avait même pris un arrêté par lequel il ordonnait la destitution et l'arrestation du général Jourdan ; mais des représentants du peuple près l'armée, ayant pris sa défense, le Comité se borna à faire proposer par Barrère de le mettre à la retraite. Bientôt, cependant, il fut employé de nouveau et obtint le commandement de l'armée de la Moselle. Il ouvrit la campagne de 1794 par le combat d'Arlon, où les Autrichiens, forts de 16,000 hommes, furent complétement battus ; il reçut ensuite l'ordre de traverser les Ardennes et de venir avec 40,000 hommes se réunir devant Charleroi et l'aile droite de l'armée du Nord, ce qu'il exécuta avec habileté. Les troupes, placées sous le commandement de Jourdan, reçurent le nom d'armée de Sambre-et-Meuse. Cette armée passa la Sambre, remporta la victoire de Fleurus le 8 messidor (26 juin) ; celle de l'Ourthe et de l'Arwaille le 18 septembre, et celle de La Roër le 2 octobre suivant. Elle battit l'ennemi dans une foule de combats ; reprit les places de Landrecies, le Quesnoy, Valenciennes et Condé ; fit la conquête de celles de Charleroi, Namur, Juliers et Maëstricht, et planta ses drapeaux sur le Rhin depuis Clèves jusqu'à Coblentz.

Ainsi furent conquises pour la France, en une seule campagne, ces belles contrées qu'arrose le Rhin et qui nous sont restées pendant vingt ans. En 1793, Jourdan prit possession de la forteresse de Luxembourg qui se rendit par capitulation. En septembre, il passa le Rhin de vive force, en présence d'un corps de 20,000 Autrichiens et s'empara de Dusseldorf. L'armée de Clairfayt réunie sur la Lahn n'osa point courir les chances d'une bataille et se reploya au delà du Mein. Jourdan la poursuivit, prit position entre Mayence et Hochst, où passait la ligne de neutralité convenue avec la Prusse. Pichegru qui avait traversé le Rhin à Manheim et qui aurait dû s'avancer avec la majeure partie de ses forces sur le Mein, pour couper la retraite à Clairfayt et opérer sa jonction avec l'armée de Sambre-et-Meuse, se borna à porter sur Heidelberg un corps de 10,000 hommes, qui, peu de jours après fut complétement battu. Clairfayt, rassuré par l'inaction de Pichegru, tira des renforts de l'armée autrichienne du Haut-Rhin, franchit la ligne de neutralité au-dessus de Francfort, et manœuvra pour envelopper l'armée de Sambre-et-Meuse entre la Lahn, le Mein et le Rhin. Ces circonstances contraignirent Jourdan à la retraite. Peu de temps après, ayant forcé les lignes de Mayence, Jourdan marcha au secours de l'armée de Rhin-et-Moselle. Après une courte mais brillante campagne dans le Handsruck, il convint d'un armistice, et la guerre ne fut reprise qu'au printemps suivant, époque à laquelle il passa de nouveau le Rhin, força le général Wartenslenben à battre en retraite, s'empara de Francfort et de Wurtzbourg et se porta sur Ratisbonne. Mais attaqué par l'archiduc Charles qui reculait devant Moreau et venait au secours de Wartenslenben avec 40,000 hommes, il fut obligé de se replier sur le Rhin; sa retraite fut surtout occasionnée par la mauvaise direction que le gouvernement donna aux armées, et par le parti que prit Moreau d'aller remporter une victoire facile sur le Lech, au lieu de suivre l'archiduc Charles. Jourdan ayant quitté le commandement de l'armée fut nommé en mars 1797, par le département de la Haute-Vienne, au conseil des Cinq-Cents. Le 23 septembre, il fut élu président, et le 21 janvier 1798 secrétaire; le 24 septembre suivant, il fut réélu président et donna sa démission en octobre, annonçant que le Directoire le destinait au commandement des armées.

Dans l'exercice de ses fonctions législatives, il fit adopter la loi sur la conscription. Le Directoire qui, par ses prétentions exagérées à Rastadt, et ses entreprises en Italie et en Suisse, avait armé toute l'Europe contre lui, non-seulement négligea de lever des armées capables de tenir tête à l'orage, mais encore commença les hostilités, avant d'avoir réuni sur les points d'attaque tous les moyens dont il pouvait disposer, de sorte que l'armée du Danube, commandée par Jourdan, ne comptait que 38,000 hommes lorsqu'elle passa le Rhin, le 1er mars 1799, et entra en Souabe. Jourdan ne tarda pas à se trouver en présence de l'archiduc Charles qui avait plus de 65,000 hommes sous ses ordres. Les hostilités commencèrent le 20 mars. Le lendemain, trois divisions françaises soutinrent à Ostrach, contre toute l'armée autrichienne, le combat le plus opiniâtre, et n'abandonnèrent leur position qu'après avoir fait éprouver une perte considérable aux ennemis. Jourdan, convaincu qu'en persistant à lutter contre des forces aussi supérieures, il compromettrait son armée, prit la détermination de se rapprocher du Rhin, dans l'espérance d'y recevoir les secours dont il avait besoin pour reprendre l'offensive. Il fit sa retraite en bon ordre et fut suivi mollement par l'archiduc. S'étant aperçu le 24 que ce prince avait mal disposé ses troupes aux environs de Stokach, il espéra que cette circonstance balancerait la disproportion de ses forces avec celles de ses adversaires; il attaqua donc l'archiduc le lendemain à Liebtingen, lui fit 4,000 prisonniers, prit 2 pièces de canon, coucha sur le champ de bataille et y séjourna le jour suivant.

L'avantage remporté n'ayant pas été aussi considérable que l'espérait Jourdan, il continua sa retraite et se porta vers les débouchés de la forêt Noire. Le 10 avril il fut remplacé par Masséna.

Réélu au conseil des Cinq-Cents, il y entra en mai 1799. Comme l'impéritie du gouvernement était la cause des revers qu'essuyaient les armées, Jourdan propose de déclarer la patrie en danger; mais il échoua. Au 18 brumaire, il ne marcha pas sous la bannière du général Bonaparte, fut exclu du corps législatif, et momentanément condamné à être détenu dans la Charente-Inférieure. Le 24 juillet 1800, nommé ministre extraordinaire, puis administrateur général en Piémont, il extirpa le brigandage, rétablit l'ordre dans les finances, et fit régner la justice dans ce pays. En 1802, il fut appelé au conseil d'État. En janvier 1803, élu candidat au Sénat conservateur par le collége électoral de la Haute-Vienne, il fut appelé ensuite au commandement en chef de l'armée d'Italie; le 19 mai 1804, on le créa maréchal de l'Empire et grand cordon de la Légion-d'Honneur. En juin 1805, il reçut l'ordre de Saint-Hubert de Bavière, et commanda les manœuvres du camp de Castiglione, lors du couronnement de Napoléon, comme roi d'Italie. Remplacé à l'armée par Masséna au moment où la guerre éclata, il se plaignit amèrement à l'Empereur, et fut, en 1806, envoyé à Naples en qualité de gouverneur de cette ville. En 1808, il passa en Espagne en qualité de major général sous le roi Joseph qu'il suivit constamment à titre de conseil. Abreuvé de dégoûts il sollicita son rappel qu'il obtint sur la fin de 1809. Jourdan vivait au sein de sa famille, lorsque l'Empereur, déterminé à faire la guerre à la Russie, lui ordonna de retourner en Espagne avec sa première qualité. Ce fut pendant cette seconde période que se fit la retraite de Madrid et que fut donnée la bataille de Vittoria, le 20 juin 1813. On a longtemps imputé au maréchal Jourdan le mauvais succès de cette journée; mais il n'y commandait ni de droit ni de fait, et ses conseils éprouvèrent de nombreuses contradictions. Après la bataille de Vittoria, il rentra en France et resta sans activité jusqu'à l'année suivante, où il fut nommé gouverneur de la 15e division militaire. Le 3 avril 1814, il envoya de Rocou son adhésion à tous les actes du gouvernement provisoire, fut créé chevalier de Saint-Louis le 2 juin, et se retira à la campagne après le 26 mars 1815. Napoléon l'appela à la Chambre des Pairs au mois de juin et l'envoya à Besançon en qualité de gouverneur de cette place et de la division militaire.

Sous la seconde Restauration, Jourdan présida le conseil de guerre qui devait juger le maréchal Ney, et qui se déclara incompétent. En 1817, il fut nommé gouverneur de la 7e division militaire, et l'année suivante le roi l'appela à la Chambre des Pairs.

C'est depuis la révolution de Juillet seulement que le gouvernement de l'Hôtel des Invalides, qui appartenait au lieutenant-général de Latour-Maubourg, fut confié au maréchal Jourdan. Il n'en jouit que peu de temps et succomba dans sa 74e année aux atteintes d'une longue maladie, le 23 novembre 1833.

Les obsèques du maréchal eurent lieu à l'église des Invalides et ses restes furent déposés dans les caveaux de l'Hôtel.

« En voilà un, disait Napoléon, en parlant de Jourdan, que j'ai fort maltraité assurément. Rien de plus naturel sans doute que de penser qu'il eût dû m'en vouloir beaucoup. Eh bien! j'ai appris avec un vrai plaisir, qu'après ma chute, il est demeuré constamment bien : il a montré là cette élévation d'âme qui honore et classe les gens. Du reste, c'est un vrai patriote : c'est une réponse à bien des choses. » (LAS CASES).

JULLIEN (LOUIS - JOSEPH - VICTOR, comte), né à La Palud (Vancluse), le 12 mars 1764. Élève surnuméraire d'artillerie le 16 août 1781, élève le 18 janvier 1782, et lieutenant le 1er septembre 1783, il servit dans le 1er régiment d'artillerie (La Fère).

Passé capitaine en second au 5e de même arme le 1er avril 1791, il devint adjudant aux adjudants-généraux le 1er mai 1792, adjudant-général chef de bataillon le 10 pluviôse an II, et adjudant-général chef de brigade le 25 prairial an III. Le Mémoire de proposition à ce dernier grade, adressé par le général Duvignan à la commission de l'organisation et du mouvement des armées, porte ces notes :

« D'un patriotisme des plus fortement prononcés; capable des plus grands services pour le bien et l'affermissement de la République et de la liberté. Officier d'un mérite distingué, soit comme officier d'artillerie, soit comme officier d'état-major, zélé, actif, très-intelligent. »

Il fit les campagnes de l'an III à l'an VI aux armées du Rhin, de Rhin-et-Moselle et d'Angleterre, et s'embarqua le 30 floréal an VI, avec l'armée d'Orient. Après la prise de possession du Delta, il fut nommé commandant de la place de Rosette. Au mois de floréal an VII, un fanatique, qui se disait l'ange El-Mohdhy, et qui était parvenu à former une armée d'Arabes de différentes tribus et de Mamelucks, s'avança vers le Nil; repoussé par le chef de brigade Lefebvre, l'ange se présenta devant Rosette, pensant pouvoir s'en emparer aisément; mais Jullien marcha au-devant de lui, le battit et le força à se retirer avec précipitation. Au mois de thermidor suivant, Jullien commit un acte de désobéissance, qui aurait pu le compromettre si le succès lui eût échappé.

Les Turcs débarquèrent sur la plage d'Aboukir. Marmont, commandant à Alexandrie, effrayé de l'attaque dont il se croyait menacé, envoya courrier sur courrier au général en chef pour presser l'arrivée de l'armée, et ordonna à toutes les garnisons relevant de son commandement, de le venir joindre. Jullien sentit qu'il y aurait de graves inconvéniens à évacuer Rosette, et il y resta quoiqu'il n'eût que 200 hommes avec lui; mais il s'était fait aimer des habitants et comptait sur leur bienveillant appui. Il écrivit au général en chef pour lui expliquer les motifs de sa détermination, et pour lui recommander sa mémoire s'il succombait. Cependant, le bruit de l'évacuation avait couru dans la ville. Une députation de trente-six notables se présenta à Jullien, et un vieillard de la députation lui dit au nom de tous : « Commandant, on assure que tu vas nous quitter. Reste ici parmi des amis; tu nous a gouvernés en père; personne n'a à se plaindre de toi; tu n'as dérobé l'argent d'aucun de nous; tu peux compter sur l'attachement que nous t'avons voué; nous combattrons à tes côtés si l'on vient t'attaquer; mais si tu pars, ne t'offense pas si, pour éviter la vengeance des Osmanlis, nous nous montrons tes ennemis; nous serons peut-être obligés de tirer sur toi, mais sois sûr que nos coups ne t'atteindront pas. »

Jullien leur répondit qu'il avait foi en eux, et qu'il ne leur demandait qu'une neutralité complète, attendu qu'il avait des forces suffisantes pour défendre Rosette. Pendant les huit jours qui suivirent le débarquement des troupes et qui précédèrent l'arrivée de notre armée, les effets suivirent les promesses. Il n'y eut pas la plus légère sédition, et chacun s'empressa de fournir au commandant les moyens de faire parvenir à l'armée des vivres et des munitions. Le général en chef envoya à Jullien une lettre de félicitations de sa conduite, et Berthier, dans son ouvrage de l'expédition d'Égypte, rend justice à sa prudence et à son intrépidité.

Rentré en France au mois de germinal an IX, il fut nommé, par arrêté du 9 thermidor de la même année, préfet du département du Morbihan. Mis en traitement de non-activité comme adjudant-général le 1er vendémiaire an X, le premier Consul le promut au grade de général de brigade le 11 fructidor an XI, tout en lui conservant la préfecture qu'il lui avait confiée. Créé membre de la Légion-d'Honneur le 19 frimaire an XII, et conseiller d'État le 12 pluviôse, il prévint le ministre de la justice, le 24 floréal, que parmi les individus capturés par les chaloupes canonnières, il avait reconnu, pour l'avoir vu en Égypte, un agent de l'Angleterre, nommé Wright, et qu'il tenait en arrestation. C'était cet Anglais qui avait jeté sur la côte Georges Cadoudal et son complice. L'Empereur, pour le récompenser de son dévouement, lui donna la croix de commandeur de l'Ordre le 25 prairial.

Louis XVIII le remplaça dans sa préfecture le 26 juillet 1814; Napoléon la lui rendit le 22 mars 1815, et il la perdit définitivement le 14 juillet suivant.

Admis à la retraite le 4 septembre de la même année, il se retira à La Palud, où il est mort le 19 mai 1839.

JUNIAC (Jacques-Begougne, baron de), né le 26 novembre 1762 à Limoges (Haute-Vienne), fut admis, le 12 mai 1779, dans la gendarmerie de la Garde du roi.

Rentré dans sa famille le 5 octobre 1783, il s'enrôla, dès le 2 juillet de l'année suivante, comme simple grenadier dans Boulonnais-Infanterie, 79ᵉ régiment.

Caporal le 12 avril 1785, sergent le 12 mai suivant, et sous-lieutenant le 22 mai 1792, il fit en cette dernière qualité les campagnes de 1792, 1793 et de l'an II à l'armée des Alpes.

Le 3 juin 1793, étant au bourg de Saint-Maurice, il reçut l'ordre d'aller renforcer, avec 50 hommes, deux compagnies de chasseurs, et arrivé à Villa-Roger, où elles étaient en position, il fut placé de grand'garde, par leur commandant, à une lieue de là pour défendre l'accès d'un pont de communication entre Villa-Roger et Sainte-Foix.

Attaqué à la pointe du jour par trois compagnies de grenadiers ennemis, il soutint leur feu pendant cinquante heures, et resta maître du pont.

Cependant, le général Cordon-Latour arrivait avec tout son corps d'armée, et Juniac, bientôt enveloppé, se vit attaqué de tous les côtés à la fois : il fallait mettre bas les armes ou mourir glorieusement; il préféra le dernier parti et il sut inspirer à ses soldats le même dévouement.

Tous vendirent chèrement leur vie, lui-même mit hors de combat 11 grenadiers ennemis, et quand on vint le relever au milieu de ses soldats, tous tués ou blessés auprès de lui, il avait le corps traversé d'une balle et la tête déchirée de coups de sabre.

Le général Latour, pénétré d'admiration pour tant de courage, l'entoura des égards les plus empressés et fit soigner ses blessures. Il fut échangé quatre mois après. Au mois de germinal an II, étant à l'armée d'Italie, il reçut ordre d'aller, avec sa compagnie, attaquer les avant-postes du mont Valaisan, près le Petit-Saint-Bernard.

Après deux jours et deux nuits de marche, n'ayant pas rencontré l'ennemi, il se dirigea vers trois redoutes occupées par les Piémontais, et qui, par leur position, rendaient l'accès du Petit-Saint-Bernard très-difficile.

Il entra le premier dans la plus avancée des trois, et tua de sa main le capitaine commandant l'artillerie; en un instant, les trois redoutes furent enlevées et 200 Piémontais, huit canons ou obusiers tombèrent au pouvoir du vainqueur.

Les représentants Dumas et Albitte félicitèrent le brave Juniac, et pour le récompenser dignement, ils voulurent le faire chef de bataillon adjudant-général; mais aussi modeste que brave, Juniac demanda pour toute faveur de passer dans la cavalerie, qui était l'arme dans laquelle il avait commencé à servir.

Lieutenant dans les hussards des Alpes (13ᵉ régiment) le 5 brumaire an III, et capitaine le 12 pluviôse suivant, il fit toutes les campagnes d'Italie, depuis l'an III jusqu'à l'an VIII, et, plus d'une fois, son nom fut glorieusement cité à l'ordre de l'armée.

Dans les premiers jours de thermidor an III, à la tête de 100 hussards, il attaqua avec impétuosité l'infanterie ennemie qui se formait en bataille, près de l'Arche, dans la vallée de Stura, la mit dans la plus complète déroute, tua le commandant d'un coup de pistolet et fit 500 prisonniers.

Au passage du Pô, le 18 floréal an IV, Juniac mérita encore les éloges des chefs de l'armée, et fut blessé d'un coup de feu à la cuisse droite.

Le 6 ventôse an V, dans une reconnaissance sur la Piave, en avant du village de Lovadina, il reçoit l'ordre de charger la cavalerie; il n'avait avec lui que 30 hussards; néanmoins, il s'élance, sans la moindre hésitation sur cette cavalerie très-supérieure en nombre et, soutenue par une pièce de canon tirant à mitraille, la culbute et la poursuit avec tant de vigueur jusqu'à la Piave, qu'elle n'a point le temps de passer le pont et s'y jette en désordre avec sa pièce.

Juniac marche droit vers la tête du pont et franchit le retranchement sous un feu croisé; l'ennemi, s'apercevant du petit nombre des assaillants, revient en force et les oblige à se replier sur deux bataillons de la 27° demi-brigade d'infanterie légère, qui se trouvaient en position un peu en arrière.

Soutenu par l'infanterie qui s'était avancée, il charge de nouveau l'ennemi, le met en déroute, s'empare de la tête du pont et fait mettre bas les armes à une compagnie de Croates qui le défendait.

Dans ces deux charges, il tua de sa main deux hussards de Wurmser; mais dangereusement blessé au bras droit par un coup de biscaïen, il dut quitter momentanément l'armée.

En l'an VIII, il était à l'armée de réserve et faisait partie de l'avant-garde du général Murat.

A l'attaque du pont de Plaisance, il enleva successivement 17 postes dans la même journée.

A la bataille de Marengo, son escadron, qui formait l'avant-garde de la réserve chargea vigoureusement la cavalerie ennemie et obtint sur elle des avantages importants.

Le général Desaix lui témoigna plusieurs fois sa satisfaction dans cette journée, et il voulait le signaler à la justice du premier Consul, lorsque la mort l'en empêcha.

En l'an IX, Juniac fut employé à l'armée des Grisons, et fit partie de celle des côtes de Bretagne pendant les ans XI, XII et XIII.

Le premier Consul le comprit dans la promotion des légionnaires du 26 frimaire an XII, et, le 29 fructidor an XIII, il lui conféra le grade de chef d'escadron au 1er régiment de hussards.

Cet officier supérieur fit les campagnes d'Autriche et de Prusse de l'an XIV à 1806, et à Iéna tua un colonel prussien à la tête de son régiment et contribua puissamment au succès de cette mémorable journée.

Colonel le 28 du même mois, il soutint avec son seul régiment le 5 janvier 1807, au combat de Golymin, les attaques réitérées de la cavalerie russe et prit un étendard à l'ennemi.

L'Empereur lui remit sur le champ de bataille même la croix d'officier de la Légion-d'Honneur.

Le colonel Juniac servit avec distinction aux armées d'Espagne et de Portugal pendant les années 1808, 1809 et 1810.

Baron de l'Empire le 19 mars 1808, chevalier de la Couronne de Fer le 8 octobre de la même année, il reçut du roi de Bavière la croix de Maximilien-Joseph.

Pendant les dix-huit campagnes qu'il

avait déjà faites, il avait reçu quatorze blessures, et sa santé était fortement altérée.

L'Empereur le nomma commandant d'armes le 20 août 1810, et l'admit à la retraite le 21 novembre de la même année.

Nommé maréchal de camp honoraire après le retour des Bourbons, il devint chevalier de Saint-Louis en 1814, et mourut le 6 avril 1841.

JUNOT (Andoche), duc d'Abrantès, né à Bussy-lès-Forges (Côte-d'Or) le 24 octobre 1771.

Étudiant en droit; volontaire dans un bataillon de grenadiers de la Côte-d'Or; aide-de-camp du général Bonaparte en 1796, et premier aide-de-camp après le 18 Brumaire; commandant, puis gouverneur de Paris en 1804; général de division; colonel-général des hussards; ambassadeur à Lisbonne; général en chef de l'armée française en Portugal; duc d'Abrantès; disgracié en 1808; commandant du 8e corps de l'armée de Russie en 1812. Il fut nommé, après la retraite de Moscou, gouverneur général des provinces Illyriennes; Junot avait reçu à la tête des blessures nombreuses et profondes, d'où résultait chez lui un état habituel d'irritation et une tendance à peu près permanente à une congestion cérébrale; sa raison s'égara bientôt tout à fait, et il fallut le ramener en France. On le conduisit chez son père, qui habitait Montbar. Il venait d'y arriver, lorsque le 22 juillet 1813, dans un violent accès de fureur, il se jeta par une fenêtre et se cassa la cuisse : l'amputation fut pratiquée, mais il arracha l'appareil et mourut le 28.

« Lors de la construction d'une des premières batteries que Napoléon, à son arrivée à Toulon, ordonna contre les Anglais, il demanda sur le terrain un sergent ou caporal qui sût écrire. Quelqu'un sortit des rangs et écrivit sous sa dictée sur l'épaulement même. La lettre à peine finie, un boulet la couvre de terre. — Bien ! dit l'écrivain, je n'aurai pas besoin de sable. Cette plaisanterie, le calme avec lequel elle fut dite fixa l'attention de Napoléon et fit la fortune du sergent. C'était Junot. » (Las Cases.)

« Des grandes fortunes que Napoléon avait créées, celle de Junot avait été, sans contredit, une des plus désordonnées. Ce qu'il lui avait donné d'argent ne saurait se croire, et il n'avait pourtant jamais eu que des dettes. Il avait dissipé de vrais trésors sans se faire honneur, sans goût, trop souvent même dans des excès grossiers. » (Las Cases.)

« Junot, dans la campagne de Russie, disait Napoléon, me mécontenta fort; on ne le reconnaissait plus; il fit des fautes capitales qui nous coûtèrent bien cher.

« Au retour de Moscou, par suite de ce mécontentement, Junot perdit le gouvernement de Paris; l'Empereur l'envoya à Venise. Cette espèce de disgrâce fut adoucie presque aussitôt par le gouvernement général de l'Illyrie; mais le coup était porté; les irrégularités qu'on avait observées depuis quelque temps dans Junot, et qui avaient pris leur source dans ses excès, éclatèrent en insanité complète. Il fallut se saisir de sa personne et le transporter dans la maison paternelle, où il périt misérablement. »
(Las Cases.)

Junot participa au 18 Brumaire. Il s'était montré brillant de valeur au combat de Nazareth; il fit des prodiges à Austerlitz.

Aucun souvenir militaire ne se rattache à son titre de duc d'Abrantès. Après une marche pénible en Portugal, l'armée que commandait Junot ne trouva des vivres et des ressources qu'en atteignant Abrantès, petite ville sur le Tage, à dix myriamètres de Lisbonne. C'est à cette circonstance qu'il a dû son titre.

Il avait épousé, à son retour d'Egypte, la fille de M. de Permon, ancien administrateur en Corse, et de mademoiselle Panionia Comnène, sœur de Démétrius Comnène, descendant des empereurs byzantins.

Madame d'Abrantès a une célébrité justement acquise dans les Lettres. Elle est morte en 1839.

JURIEN-LAGRAVIÈRE (Pierre-Roch) est né le 5 novembre 1772 à Gannat (Allier). Pilotin sur la corvette *la Favorite* en mai 1786, aspirant volontaire sur la frégate *la Flore*, le 29 novembre 1787, aspirant de 1re classe et enseigne de vaisseau sur la corvette *l'Espérance* en novembre 1791 et janvier 1793, il fut nommé lieutenant de vaisseau le 6 vendémiaire an III, et capitaine de frégate le 24 nivôse an VI.

En l'an XI, il commandait *la Franchise*, à l'affaire de Léogane; dans son rapport, Rochambeau, général en chef de l'armée de Saint-Domingue, le signala comme un officier distingué par son intelligence et sa bravoure, et demanda pour lui le grade de capitaine de vaisseau, qui lui fut accordé le 13 ventôse de la même année.

Légionnaire le 15 pluviôse et officier de l'Ordre le 25 prairial an XII, il se fit encore remarquer en février 1809 : deux divisions anglaises, fortes chacune de quatre vaisseaux et de plusieurs frégates, bloquaient les rades de Lorient et de l'île d'Aix; le contre-amiral Willaumez reçut l'ordre d'appareiller, de se porter sur Lorient, d'attaquer l'ennemi et de se faire rallier par la division mouillée dans ce port, et que le capitaine Troude commandait. Willaumez partit donc de Brest le 21 avec huit vaisseaux et deux frégates, et parut le soir devant Lorient; mais la marée empêcha la sortie du capitaine Troude, et l'escadre de Brest n'était plus en vue, quand les frégates *la Cybèle*, *l'Italienne* et *la Calypso* prirent la mer. Cette petite division sous les ordres de Jurien Lagravière arriva le 23 février à la pointe de Lomaria de Belle-Isle : aussitôt deux corvettes anglaises, mouillées dans la baie de Quiberon, mirent sous voiles et la suivirent, et, quelques heures après, la vigie de *la Calypso* signala cinq vaisseaux et une frégate se dirigeant sur Lorient.

Pendant toute la nuit, la frégate anglaise et l'une des corvettes observèrent les frégates françaises, ayant sur celles-ci l'avantage du vent.

Au point du jour, Jurien était en vue de la tour de la Baleine, lorsqu'il aperçut plusieurs vaisseaux au vent qui ne répondirent pas aux signaux qu'on leur fit. C'étaient la frégate et la corvette anglaises qui laissèrent arriver pour venir passer à poupe de *la Cybèle* qui était un peu sous le vent; alors *l'Italienne*, que montait le capitaine Jurien, vira de bord pour soutenir cette frégate déjà engagée avec les Anglais. « On voyait, dit le rapport au contre-amiral, des vaisseaux sous le vent, et ceux du vent qui nous chassaient nous avaient considérablement approchés. La certitude d'être bientôt atteints, nous décida à mouiller aux Sables-d'Olonne; à neuf heures et un quart nous laissâmes toucher l'ancre, en faisant embossure; à neuf heures et demie, trois vaisseaux, deux frégates et une corvette vinrent nous y attaquer, un vaisseau de quatre-vingt vint mouiller par mon bossoir de tribord, à demi-portée de pistolet, et les autres bâtiments se tinrent sous voiles à petite portée de fusil. »

Ce fut alors que le combat devint terrible, les câbles de *l'Italienne* et de *la Cybèle* furent coupés, le feu mis à ces frégates par les boulets de l'ennemi; et *la Calypso*, qui, pour ne pas couvrir le feu de *l'Italienne*, avait filé du câble, s'échoua; mais cet événement ne retarda pas le feu des trois frégates françaises.

Le vaisseau anglais de 80 cessa son feu et se retira, après un combat de trois heures, en talonnant sur les roches; sa poupe n'offrait plus qu'une vaste embrasure. Son capitaine avait été tué. Les autres vaisseaux qui se trouvaient en panne furent très-maltraités par les frégates et les forts.

Après ce beau combat, le capitaine Jurien entra dans le Pont-des-Sables; il avait 64 hommes de son équipage tués et 17 blessés.

Le 5 juillet 1814, Lagravière fut nommé chevalier de Saint-Louis, et, le 13 novembre de la même année, il eut le commandement d'une division qui partit de Rochefort pour aller reprendre la possession de l'île Bourbon. Le 10 février 1815, il relâcha au Cap. Le 6 avril, le nouveau gouverneur était installé à Bourbon, et, le 27 août, il mouilla dans la rade de Brest.

Promu contre-amiral le 28 octobre 1817, président du collége électoral du Finistère le 10 mars 1819, commandeur de la Légion-d'Honneur le 28 avril 1821, il commandait la même année la station du Brésil.

Fait commandeur de Saint-Louis le 22 mai 1825, il commandait à cette époque la station des Antilles et du golfe du Mexique, fut nommé, le 7 janvier 1827, préfet maritime du 4ᵉ arrondissement, et, le 5 novembre de la même année, président du collége électoral de la Charente.

Vice-Amiral et Pair de France depuis la révolution de 1830, inspecteur général de la marine pour les 2ᵉ et 5ᵉ arrondissements en 1832, grand officier de la Légion d'Honneur le 22 avril 1834, grand croix de l'Ordre le 22 juin 1841, l'amiral Jurien fait aujourd'hui partie de la 2ᵉ section du cadre de l'état-major général de l'armée navale.

JUSUF (Youssouf-Joseph), né à l'île d'Elbe vers l'an 1807, n'a conservé aucun souvenir de sa famille, il se rappela seulement d'avoir vu Napoléon en 1814. Vers cette époque, il fut embarqué pour Florence où on l'envoyait faire ses études; mais le navire qui le portait ayant été capturé par un corsaire, Youssouf, conduit à Tunis, échut en partage au Bey. Placé dans le sérail, il ne tarda pas à se concilier l'affection de ses maîtres. Il apprit en peu de temps le turc, l'arabe, l'espagnol, gagna, par son adresse dans tous les exercices militaires, l'amitié du Bey. Mais engagé dans une intrigue avec une des filles du Prince, et surpris un jour, dans un de ses rendez-vous, par un gardien, il conçut aussitôt l'audacieuse résolution de le suivre dans les jardins et de s'en défaire; il jeta le corps dans une piscine profonde, n'en conservant que la tête, et le lendemain, pendant que la jeune princesse l'entretenait des vives terreurs auxquelles elle était en proie, il la conduisit, pour toute réponse, dans la chambre voisine, et lui montra, dans l'une des armoires, la tête de l'esclave dont il avait arraché la langue. Cependant cette aventure pouvant finir par s'ébruiter, il ne songea plus dès lors qu'à quitter Tunis, et prépara son évasion. Pendant quelques jours, il feignit d'être malade, obtint enfin la permission de sortir du sérail, et trompant la vigilance de ses gardiens, il put concerter les moyens de s'échapper.

C'était au mois de mai 1830, le brick français *l'Adonis* était à l'ancre dans la rade, un canot devait l'y conduire, mais cinq Turcs étaient apostés là pour s'opposer à son embarquement. Youssouf qui les avait vus de loin, remarque qu'ils ont laissé leurs fusils en faisceau sur une roche, il s'élance de ce côté, jette les armes à la mer, se débarrasse de deux de ces hommes, met les autres en fuite et gagne l'embarcation.

L'Adonis avait ordre de rallier la flotte qui devait s'emparer d'Alger. Peu de jours après Youssouf débarqua à Sidi-Ferruch avec l'armée.

Pendant la campagne, il resta attaché au général en chef, et fut placé comme interprète auprès du commissaire général de police. Plusieurs missions périlleuses dont il s'acquitta avec zèle et intelligence, près des chefs des diverses tribus éloignées, lui ouvrirent enfin la carrière des armes. Il fut nommé capitaine dans le 1er régiment des chasseurs d'Afrique le 25 mai 1831, et bientôt après promu aux fonctions de lieutenant de l'Agha. Désigné par le duc de Rovigo pour faire partie de l'expédition de Bone, il aida de son courage M. d'Armandy, capitaine d'artillerie, et ce fut aux efforts de ces deux officiers que l'armée dut de pouvoir occuper la citadelle, presque sans coup férir. Cette action valut à Youssouf la croix de la Légion-d'Honneur. Il contribua plus tard à conserver cette conquête à la France. Depuis huit jours, la poignée d'hommes à laquelle avait été confiée la défense de la ville, était enfermée dans la casbah : Youssouf, averti par un de ses gens que les Turcs avaient formé le complot de l'assassiner pendant la nuit, de massacrer les Français et de s'emparer du fort, va trouver le capitaine d'Armandy qui commandait la garnison, lui fait connaître l'imminence du danger, et lui déclare qu'il ne sait qu'un moyen d'y échapper. « Il faut que je sorte avec mes Turcs, ajoute-t-il. — Mais ils te tueront, répond l'officier français. — Que m'importe, répond Youssouf ; j'aurai le temps d'enclouer les pièces qui sont à la marine. Je succomberai, je le prévois, mais tu seras sauvé, et le drapeau français ne cessera pas de flotter sur Bone. » — A peine a-t-il prononcé ces mots qu'il sort, suivi de ses Turcs. La porte de la casbah est aussitôt murée derrière lui ; parvenu au bas de la ville, Youssouf s'arrête, et s'adressant à sa troupe : « Je sais, dit-il, qu'il y a parmi vous des traîtres qui ont résolu de se défaire de moi dans la nuit prochaine. Je les connais, qu'ils frappent d'avance ceux qui ne craindront pas de porter la main sur leur chef. Puis se tournant vers l'un d'eux : « Toi, tu es du nombre, lui dit-il, et il l'étend mort à ses pieds. » — Cet acte de résolution déconcerte les conjurés ; ils tombent à ses genoux, et lui jurent une fidélité à laquelle ils n'ont pas manqué depuis.

Youssouf se fit encore remarquer pendant les campagnes de 1832 et 1833, et fut nommé, le 7 avril 1833, chef d'escadron dans le corps des Spahis réguliers.

A l'époque de l'expédition du maréchal Clausel sur Mascara, Youssouf arriva à Oran, après avoir traversé plus de vingt lieues de pays, accompagné seulement de quelques cavaliers ; le maréchal lui confia alors le beylick de Constantine. Il fut nommé officier de la Légion-d'Honneur le 14 août 1835. Sa conduite distinguée en 1836 et 1837 lui valut, le 18 février 1838, le grade de lieutenant-colonel, et il fit, à la tête de son corps de Spahis, les campagnes de 1838 à 1841. Il a été nommé colonel de la cavalerie indigène d'Afrique le 19 mai 1842, et promu au grade de maréchal de camp après la bataille d'Isly. Le général Youssouf continua à se montrer glorieusement dans la lutte contre Abd-el-Kader ; le 23 décembre 1845, il battit l'émir à Tenda dans un combat de cavalerie. Le 13 mars 1846, il l'atteignit de nouveau, le battit, lui enleva tous ses bagages et fut sur le point de l'enlever lui-même.

K

KANARIS (Constantin), le Thémistocle de l'insurrection grecque, né à Psara, âgé de 30 à 32 ans, d'une petite taille, l'œil vif et perçant, l'air mélancolique : tel est le portrait qu'en fait le capitaine Clotz. Il brûla trois fois la flotte ottomane.

Les Hydriotes relâchés à Psara décident unanimement la destruction de la flotte ottomane, qui était à Ténédos. L'entreprise était difficile ; les Turcs étaient sur leurs gardes ; mais Kanaris s'est offert, on se décide à hasarder. Le 9 novembre, à sept heures du soir, deux brûlots, dont l'un monté par l'intrépide Kanaris, prennent la mer, par un temps orageux, accompagnés de deux bricks de guerre.

Les gardes-côtes de Ténédos les virent sans défiance doubler un des caps de l'île sous pavillon turc ; lorsque deux frégates turques en védette les signalèrent, et le vaisseau amiral qu'ils cherchaient et qu'ils n'auraient pu distinguer le soir, au milieu d'une forêt de mâts, répondit au signal par trois coups de canon. « Il est à nous, s'écrie Kanaris à son équipage ! » et, manœuvrant vers le point d'où le canon s'était fait entendre, il aborde l'énorme citadelle flottante en enfonçant son mât de beaupré dans un de ses sabords, et le vaisseau s'embrase avec une telle rapidité que, de plus de deux mille individus qui le montaient, le capitan-pacha et une trentaine des siens parviennent seuls à se dérober à la mort. Au même instant, un second vaisseau est mis en feu par le second brûlot, et la rade n'offre plus qu'une scène de carnage, de désordre et de confusion. Les canons qui s'échauffent tirent successivement ou par bordées, et quelques-uns chargés de boulets incendiaires propagent le feu, tandis que la forteresse de Ténédos, croyant les Grecs entrés au port, canonne ses propres vaisseaux. Ceux-ci coupent leurs câbles, se pressent, se heurtent, se démâtent, arrachent mutuellement leurs bordages, ou s'échouent, et la majeure partie ayant réussi à s'éloigner est à peine portée au large qu'elle est assaillie par une de ces tempêtes qui rendent cette mer étroite, aussi terrible que dangereuse. Les vaisseaux voguent à l'aventure, s'abordent dans l'obscurité et s'endommagent ; plusieurs périssent corps et biens. Douze bricks font côte sur les plages de la Troade ; deux frégates et une corvette abandonnées de leurs équipages, sont emportées par les courants jusqu'aux attérages de Paras.

Pendant que les Turcs se débattaient au milieu des flammes ou en luttant contre les flots, les équipages des brûlots, formant un total de 17 hommes, assistaient tranquillement à la destruction de la flotte du sultan. Ils virent sauter le vaisseau amiral, et cette altesse tremblante se sauver à terre dans un canot. Le second vaisseau s'abîma ensuite avec 1,600 hommes, sans qu'il s'en sauvât que deux individus à demi brûlés, qui s'accrochèrent à des débris que la vague emportait vers la plage, sur laquelle gisaient deux superbes frégates.

Le 12 novembre, Kanaris reparut au port de Psara. Les Éphores, suivis d'une foule nombreuse de peuple, de soldats, de matelots s'étaient portés à sa rencontre. Kanaris reçoit une couronne de lauriers.

Un capitaine anglais qui se trouvait à Psara voulait savoir de lui comment les Grecs préparaient leurs brûlots pour en obtenir de pareils résultats. « *Comme vous le faites, commandant ; mais nous* avons un secret que nous tenons caché ici, dit Kanaris en montrant son cœur, l'amour de la patrie nous l'a fait trouver. »

KELLERMANN (François - Christophe), maréchal de France, duc de Valmy, né à Strasbourg le 30 mai 1735. Il entra comme cadet à quinze ans dans le régiment de Lowendalh, fut enseigne à dix-huit ans, dans Royal-Bavière, et fut nommé capitaine pendant la guerre de Sept-Ans. Major des hussards de Conflans en 1779; brigadier des armées du roi en 1784; mestre de camp de hussards, colonel-général dans la même année, et enfin le 9 mars 1788 nommé au grade de maréchal de camp. Au commencement de la Révolution Kellermann fut envoyé en Alsace comme général en chef de l'armée de la Moselle (août 1792). Il opéra dans les premiers jours du mois suivant sa jonction avec Dumouriez, et se couvrit de gloire aux journées des 20 et 21 septembre, connues sous le nom de *canonnade de Valmy*.

Une armée de 150,000 hommes, à laquelle s'étaient joints 20,000 émigrés, s'avançait contre la France, sur toute la ligne de ses frontières, entre Dunkerque et la Suisse. Le 12 août, au lever du soleil les troupes légères prussiennes pénétrèrent sur le territoire français. Le 15, l'armée prussienne vient camper entre Sierck et Luxembourg, et le général Clairfayt, à la tête des Autrichiens, coupe la communication entre Longwy et Montmédy. Le 19 le maréchal Luckner résiste courageusement à une attaque de 22,000 Autrichiens à Fontoy. Le 23 août Longwy se rend après un bombardement de trois jours; Beaurepaire, qui défendait la place, indigné de la lâcheté du conseil de guerre, qui veut capituler, prend un pistolet et se fait sauter la cervelle. Le jeune et vaillant Marceau, qui voulait comme Beaurepaire s'ensevelir sous les ruines de la place, perd ses équipages, ses chevaux, son argent. *Que voulez-vous qu'on vous rende?* lui demanda un représentant du peuple. — *Un autre sabre pour venger notre défaite.*

Le 2 septembre le duc de Brunswick prend possession de Verdun au nom du roi de France. L'armée d'invasion, réunie à Verdun, était forte de 80,000 hommes. Pressé de parvenir à son but, le roi de Prusse donne ordre, dès le lendemain, à cette armée de s'avancer à travers les plaines de la Champagne et de marcher droit sur Paris. Rien ne lui paraissait plus facile, il s'arrête cependant à quelques lieues de Châlons. Il s'arrête, il était arrivé au terme de son voyage qui devait être une suite de fêtes et de triomphes. Nous sommes parvenus à la première journée glorieuse que les Français virent briller, la *journée de Valmy*, matériellement peu importante, mais immense dans ses résultats, car elle sauva la France et fut le point de départ de toutes les immortelles campagnes qui suivirent.

Dumouriez était campé à une lieu en avant de Sainte-Menehould, sur un plateau peu élevé au-dessus des prairies à droite du chemin qui conduit à Châlons. Cette position était appuyée sur la droite à la rivière d'Aisne qui descend de Sainte-Menehould, des prairies marécageuses et un étang en couvraient la gauche. Une vallée étroite séparait le camp des hauteurs de l'Iron et de la Lune où campèrent les Prussiens. Entre ces deux élévations est un bassin de prairies d'où sortent quelques tertres dont le plus élevé est celui qui se trouve couronné par le moulin de Valmy. Deux petites rivières séparent cet espace, elles tombent dans l'Aisne, au-dessus et au-dessous de Sainte-Menehould, l'Auve est au sud et la Bionne est au nord; le quartier général était placé à Sainte-Menehould à une égale distance du corps d'armée et de l'avant-garde commandée par le général Dillon. Sur la rive droite de l'Auve, un bataillon de troupes de ligne fut placé dans le château de Saint-Thomas. Vienne-le-Château, Moirmont et la Neuville furent occupés par trois autres bataillons et de la cavalerie. Le front du camp fut couvert de batteries qui découvraient le vallon dans tous ses prolongements. La gauche du camp se terminait sur le chemin de Châlons, la rive droite de l'Auve fut laissée à l'armée de Kellermann.

Kellermann était arrivé le 18 septembre à Dampierre-le-Château et y avait reçu le soir une dépêche de Dumouriez qui lui indiquait en arrière et sur la gauche une position excellente, formant équerre avec la sienne. Kellermann fait le lendemain passer le ruisseau d'Auve à ses troupes; mais à peine fut-il rendu sur l'emplacement désigné par Dumouriez que, frappé de ses inconvénients, il courut à Sainte-Menehould pour faire observer au général en chef combien cette position est dangereuse. La gauche destituée d'appui, était soumise aux hauteurs qui descendent du moulin de Valmy; la droite touchait à un étang qui gênait sa communication avec la gauche de l'armée de Sainte-Menehould. Le ruisseau d'Auve, seule retraite en cas d'échec, était trop rapproché des derrières du camp; une armée fuyant en désordre devait y être embourbée. Si les deux armées étaient attaquées, elles devaient y être battues par le fait seul du désavantage du terrain.

Le général Kellermann prévient Dumouriez qu'il était décidé à repasser l'Auve le lendemain 20, à la pointe du jour; mais il n'eut pas le temps de mettre son plan à exécution. L'ennemi instruit de son arrivée, et jugeant bien la difficulté de sa position, marchait déjà pour l'attaque.

Avant trois heures du matin, le 20 septembre, les Prussiens et les Autrichiens étaient déjà en mouvement et bientôt l'avant-garde prussienne, commandée par le prince de Hohenlohe-Singelfingen, rencontre celle du général Kellermann, sous les ordres du général Després-Crassier, établie en avant du village de Hans pour éclairer cette partie et couvrir la gauche de l'armée. L'attaque de l'ennemi fit connaître qu'il s'agissait d'une affaire sérieuse et non d'une escarmouche d'avant-postes, les coalisés voulaient en finir et écraser d'un seul coup les deux petites armées qui seules pouvaient s'opposer à leur marche.

L'avant-garde ennemie s'était portée directement sur Hans, entre la Bienne et la Tourbe, tandis que le gros de l'armée, remontant cette rivière, arrivait à Somme-Tourbe suivi des Autrichiens du général Clairfayt.

A la première nouvelle de l'attaque de son avant-garde, Kellermann avait ordonné de plier les tentes, de prendre les armes et de déblayer la route en arrière en faisant filer les équipages par le grand chemin de Sainte-Menehould. Il ne fallait pas songer à repasser l'Auve, le temps pressait; l'avant-garde, vigoureusement attaquée, se repliait déjà sur l'armée. Kellermann prit aussitôt ses dispositions pour une bataille en règle.

Un brouillard épais empêcha jusque vers sept heures les deux armées de connaître leurs dispositions respectives; lorsqu'il se fut un peu dissipé, l'artillerie commença à tirer de part et d'autre, et le feu se soutint avec vivacité, sans être fort meurtrier pour aucun parti. Vers dix heures, le général Kellermann, placé au centre de la ligne et occupé à étudier les manœuvres de l'ennemi, eut son cheval tué sous lui d'un coup de canon. Presque dans le même temps, des obus éclatèrent au milieu du dépôt des munitions et firent sauter deux caissons d'artillerie, dont l'explosion tua ou blessa beaucoup de monde. Alors le désordre se mit dans cette partie de l'armée, les conducteurs s'enfuirent avec leurs caissons et le feu se ralentit, faute de munitions. Dans le même moment, une partie de l'infanterie opérait un mouvement rétrograde et allait rendre la confusion générale, mais Kellermann s'y portant de sa personne, parvint à lui faire reprendre sa première position.

Le duc de Brunswick voyant que le feu de son artillerie n'a pas réussi à ébranler les troupes françaises, veut essayer une attaque de vive force. Vers les onze heures, le feu de ses batteries redouble, il forme trois colonnes d'attaque soutenues par la cavalerie; les deux colonnes de gauche se dirigent sur le moulin de Valmy, la droite se refusant et se tenant en mesure. Ces attaques en ordre oblique étaient la tactique familière des Prussiens.

Kellermann dispose son armée en colonnes par bataillon; quand elles sont formées, il les parcourt et leur adresse cette courte harangue : « Camarades, voilà le moment de la victoire; laissons avancer l'ennemi sans tirer un seul coup de fusil, et chargeons-le à la baïonnette. »

L'armée, pleine d'enthousiasme et déjà aguerrie par une canonnade de quatre heures, répond aux paroles de son général par des cris multipliés de : *Vive la nation!* Kellermann lui-même met son chapeau au bout de son sabre et répète : *Vive la nation!* En un instant, tous les chapeaux sont sur les baïonnettes et un immense cri s'élève de tous les rangs de l'armée.

Ces mouvements, cet enthousiasme, annonçaient une armée qui brûlait de combattre; l'ennemi s'étonne, ses colonnes s'arrêtent : « La victoire est à nous! » cria Kellermann, et l'artillerie, dont le feu redouble, foudroie les têtes de colonnes prussiennes. Le duc de Bruswick donne le signal de la retraite, vaincu seulement par la résistance.

Le feu continue jusqu'à quatre heures du soir. Encore une fois l'ennemi reforme ses colonnes et essaie une nouvelle attaque; mais la bonne contenance de l'armée française, son ardeur manifestée par de nouveaux cris, suffit pour l'arrêter une seconde fois; vers sept heures du soir, les coalisés rentrèrent dans leurs premières positions, laissant aux Français le champ de bataille jonché de morts.

Deux armées avaient assisté à ce combat sans y prendre part : celle de Dumouriez et celle de Clairfayt. Dumouriez avait fait toutes ses dispositions pour venir au secours de Kellermann en cas d'échec, ou pour prendre part à l'affaire si elle devenait générale. Clairfayt s'était contenté de montrer trois têtes de colonnes vers Valmy et Maffrievart pour tenir les Français dans l'incertitude et menacer en même temps la tête du camp de Sainte-Menehould et les derrières de la droite de Kellermann.

Le duc de Brunswick était si sûr de vaincre, qu'il avait cru pouvoir se passer de l'assistance efficace de Clairfayt et des Autrichiens.

Il y eut d'engagés à la bataille de Valmy 24,000 Français contre 100,000 Austro-Prussiens.

Dans cette journée, Kellermann avait sauvé la patrie et révélé aux Français le secret de leur valeur. C'en est fait, la coalition est vaincue sur ce point; 80,000 ennemis, qui avaient marché comme en triomphe, s'arrêtent saisis de crainte, et l'armée française qui, jusque-là, avait redouté son inexpérience, devant des soldats aguerris et disciplinés, s'aperçoit, avec bonheur, que le courage et le patriotisme peuvent la rendre redoutable, jusqu'au moment où la discipline viendra l'égaler d'abord, pour l'élever bientôt au-dessus de ces Prussiens et de ces Autrichiens si renommés.

Le 21 septembre, lendemain du combat de Valmy, la CONVENTION NATIONALE fut installée et la France déclarée RÉPUBLIQUE.

Ce même jour, 21 septembre, Kellermann, dont la position, malgré la retraite de l'ennemi, n'en était pas moins hasardée, s'établit sur les hauteurs de Voïlemont, son front couvert par l'Auve et sa droite appuyée sur la gauche de Dumouriez. Le duc de Brunswick, ignorant la belle manœuvre de son adversaire, marcha à six heures du matin, pour attaquer l'ancienne position. Quelques volées de canon le firent hésiter, puis enfin le décidèrent à se retirer dans ses retranchements.

On sait que les conséquences de cette bataille furent l'évacuation du territoire français par l'armée coalisée le 22 octobre suivant.

Kellermann fut depuis employé sous Custine qui réussit à le faire rappeler de son commandement (18 mai 1793). Il fut bientôt nommé à celui de l'armée des Alpes et de l'Italie; mais Bonaparte le remplaça dans ce dernier commandement.

En 1799 il était inspecteur général de cavalerie. Il fut appelé, après le 18 brumaire, à faire partie du sénat dont la présidence lui fut décernée le 2 août 1801.

Dans les années suivantes il obtint successivement le cordon de grand officier, la dignité de maréchal, la sénatorerie de Colmar, le titre de duc de Valmy, et se trouvant à Paris le 1er avril 1814, il vota au sénat la déchéance de Napoléon, la création d'un gouvernement provisoire et fut compris dans la première organisation de la Chambre des Pairs. Pendant les Cent-Jours Kellermann n'accepta aucun emploi, et depuis la seconde Restauration il siégea parmi les défenseurs des libertés publiques à la Chambre des Pairs où son fils le remplaça. Il mourut le 23 septembre 1820, âgé de 86 ans. A cause de son âge avancé il n'avait plus commandé, de 1804 à 1813, que des armées de réserve ou des corps d'observation; mais les Français avaient livré ou soutenu quarante-trois batailles ou combats sous son commandement.

Le cœur de Kellermann est déposé aux champs de Valmy et son corps au cimetière de l'Est.

KELLERMANN (FRANÇOIS-ÉTIENNE), fils du maréchal de ce nom, naquit à Metz (Moselle), en 1770.

Il commença sa carrière militaire, en entrant comme sous-lieutenant dans le régiment colonel-général hussards, qu'il quitta, pour suivre en 1791, le chevalier de Ternau, nommé ambassadeur aux États-Unis.

Rentré en France en 1793, il se rendit auprès de son père, qui allait reprendre le commandement de l'armée des Alpes et d'Italie; devint son aide-de-camp, fit en cette qualité la campagne des Alpes, assista au siège de Lyon, et partagea sa disgrâce quand Robespierre le fit incarcérer à l'Abbaye.

De retour à Metz, auprès de son oncle, M. de Marbois, il fut mis lui-même en état d'arrestation pour avoir correspondu, au sujet de son père, avec la maîtresse de l'hôtel des Princes, laquelle avait eu la lâcheté de livrer sa correspondance à la police.

Interrogé par Barthélemy, maire de Metz, il exposa les faits avec franchise, soutint qu'il avait toujours été animé de sentiments patriotiques, et parvint à se justifier en invoquant un écrit qu'il avait publié à son retour d'Amérique, dans lequel il faisait le plus grand éloge des constitutions libres des États-Unis.

Mis en liberté quelque temps après, Kellermann se rendit à Grenoble, et réclama auprès des députés de la Convention, Albitte, Nioche, Dubois-Crancé, le commandement du bataillon des chasseurs des Hautes-Alpes, dont il était titulaire. Sur leur refus, il entra comme volontaire dans le 1er régiment de hussards.

Après l'élargissement de son père, il reprit le commandement de son bataillon qui se trouvait à cette époque à Cagliano, près du cap Vado, non loin de Savone, et peu de temps après les fonctions d'aide-de-camp avec le grade de chef de brigade.

Nommé adjudant-général il reçut l'ordre d'aller rejoindre le général en chef Bonaparte, qu'il suivit à Lodi, à Milan et à Pavie.

Passé ensuite à la division du général Masséna, il fut chargé, par ce général, de plusieurs reconnaissances, et se trouva avec lui à Bassano, à Arcole, à Rivoli, et à la prise de Mantoue.

Au passage du Tagliamento, en l'an V, il fut blessé de plusieurs coups de sabre dans la charge qu'il exécuta avec le général Dugua.

Chargé d'aller présenter au Directoire les drapeaux conquis sur l'ennemi, il fut élevé au grade de général de brigade sur la demande formelle de Bonaparte.

Il n'avait alors que vingt-six ans.

Kellermann commandait l'avant-garde de la division Macdonald, à l'époque de l'entrée du général Mack en Italie; et fit, sous les ordres de Championnet, cette immortelle campagne où 15,000 Français dispersèrent 60,000 Napolitains, appuyés d'innombrables masses d'insurgés.

Placé en avant du village de Nepi, le 23 frimaire an VII, il résista à la première colonne, qui l'attaqua avec résolution, et n'ayant avec lui que deux bataillons, trois escadrons de chasseurs et deux pièces d'artillerie légère, il parvint à mettre en déroute 8,000 hommes.

500 tués ou blessés, 15 pièces de canon, 30 caissons de munitions, 2,000 prisonniers, des étendards, 2,000 fusils, tous leurs bagages et effets de campement, furent les trophées de cette mémorable journée.

Cependant le général ennemi, déterminé à prendre sa revanche, marcha de nouveau contre Kellermann, qui avait à peine 600 hommes d'infanterie, 150 chevaux du 19e de chasseurs et 2 pièces de canon.

Après avoir soutenu cette attaque avec sa bravoure accoutumée, il chargea la colonne napolitaine, la mit en fuite, s'empara de ses caissons, de ses équipages, du trésor de l'armée, puis arriva sous les murs de Rome, où il n'eût point hésité à pénétrer pour enlever le roi de Naples, s'il n'avait craint que les troupes du général Burkard, réunies à celles du comte Roger de Damas, émigré français, ne vinssent lui couper la retraite en se reformant derrière lui.

Voulant châtier Viterbe qui s'était révoltée, il se dirigea sur cette ville, et ayant rencontré sur sa route Roger de Damas à la tête de 6,000 hommes, il le défit et l'obligea à chercher son salut dans la fuite.

Privé de ces secours, Viterbe se rendit, et les Français, prisonniers depuis un mois dans cette ville, furent rendus à la liberté; et Kellerman se dirigea vers Rome pour rejoindre l'armée qui était en marche sur Naples.

Dans cette expédition, Kellermann eut un engagement avec une bande de lazzaroni qu'il dispersa. Ayant aperçu, au milieu des fuyards, un homme qui cherchait à les rallier : « Voici un brave, » dit-il à ceux qui l'entouraient, « ce ne peut être un lazzarone, je veux savoir à qui nous avons affaire. » Il déchargea aussitôt en l'air ses pistolets pour lui inspirer de la confiance, et s'écria en l'abordant : « Rendez-vous prisonnier. »

Ce guerrier était le comte Roger de Damas, et après lui avoir donné des marques d'intérêt, Kellermann le traita avec tous les égards dus à son rang, et lui permit de s'éloigner.

Arrivé le 4 pluviôse an VII sous les murs de Naples, le général en chef chargea Kellermann de se porter du côté de la mer pour s'emparer des forts del Ovo et de Castel Nuovo, qu'il emporta à la baïonnette.

Il pénétra le premier au cœur de la ville avec un petit nombre d'hommes, s'empara du point central de résistance des lazzaroni, dit le Luogo degli Studj, dispersa cette troupe de rebelles et s'avança vers le château Saint-Elme pour délivrer les patriotes napolitains qui s'y étaient réfugiés. Le lendemain, il reçut l'ordre de descendre dans Naples pour prendre possession du château de l'Œuf, le seul lieu fortifié qui ne fût point encore occupé par nos troupes.

Obligé de se rendre aux bains d'Aix en Provence, à la suite d'une violente névralgie, il y était depuis quelque temps, lorsque Bonaparte aborda miraculeusement à Fréjus. Il écrivit aussitôt pour demander à servir sous le jeune héros, et reçut de Berthier cette réponse : « Ah ! il est bien question d'un commandement d'armée ! » Le 18 brumaire et le Consulat ne tardèrent pas à donner l'explication de ces paroles.

Chargé, en l'an VIII, par le premier Consul, d'une brigade de grosse cavalerie à l'armée d'Italie, il combattit avec elle à Marengo.

Après que les divisions Lannes et Victor eurent été culbutées, et après la mort de Desaix qui commandait la réserve, la colonne ennemie s'abandonnait avec une ardeur inconsidérée à leur poursuite ; Kellermann, qui se trouvait dans un terrain embarrassé de vignes, déploie ses troupes parallèlement au front de l'ennemi, porte quelques escadrons en avant pour contenir un corps de cavalerie qui flanquait l'infanterie autrichienne, et, par un mouvement de conversion à gauche, il se jette sur le flanc de la colonne de grenadiers, y pénètre par les intervalles, et, en moins de cinq minutes, les soldats de Mélas, culbutés, sabrés, demandent à mettre bas les armes.

Le général Kellermann décida par cette charge d'une des plus étonnantes victoires de nos annales militaires.

Général de division le 16 messidor an VIII, il reçut, le 23 vendémiaire an XII, la décoration de la Légion-d'Honneur, fut chargé d'une inspection de troupes à cheval de l'armée d'Italie, et reçut le commandement de la cavalerie lors de l'invasion du Hanovre.

En l'an XIV, il joignit la grande armée la veille de la bataille d'Austerlitz. La rapidité de ses mouvements ayant attiré le régiment des hulans du grand duc Constantin à travers nos bataillons, ce régiment périt presque entier fusillé à bout portant, et le général Essen, qui l'avait conduit, fut mortellement frappé.

En 1807 il fut chargé du commandement d'une division sous Junot, à l'armée expéditionnaire de Portugal.

Après la bataille de Vimeira, qui ne fut pas à notre avantage, Junot réunit tous les généraux en un conseil de guerre dans lequel on examina la situation de l'armée française, il fut décidé que l'on tenterait une négociation avec les Anglais, attendu que l'on ne pouvait, avec 20,000 hommes, se maintenir dans un pays en insurrection et en présence d'une armée quadruple de la nôtre.

Le général Kellermann, en qui l'habileté ne le cédait point à la valeur, fut désigné pour remplir cette difficile mission.

En conséquence, il se rendit le 23 août au quartier général anglais, où il fut reçu par les généraux ennemis avec la plus grande distinction. On lui demanda d'abord s'il connaissait la langue anglaise. Quoiqu'il parlât fort bien cette langue, il répondit négativement, espérant surprendre le secret de la position de ses adversaires. Les interlocuteurs se retirèrent vers l'un des angles de la salle des conférences pour discuter les propositions, et Kellermann leur entendit prononcer distinctement ces paroles : « Nous ne sommes pas en bonne position ; il faut l'écouter d'autant plus favorablement que la flotte russe, mouillée dans le Tage, porte 10,000 hommes de débarquement qui pourraient prendre parti contre nous. Il profita de ces révélations pour effrayer, déconcerter Wellington, et l'amener à conclure cette convention de Cintra tellement glorieuse pour la France, que l'Angleterre et l'Espagne en éprouvèrent la plus vive indignation.

Dès que le traité eut été ratifié, l'armée française s'embarqua, le 30 septembre, sur des vaisseaux anglais avec ses armes, ses munitions, ses bagages, et rentra tout entière dans la Péninsule un mois après en être sortie.

En 1809, il remplaça le maréchal Bessières dans le commandement en chef de l'armée septentrionale d'Espagne, et se joignit au corps du maréchal Ney en Galice, avec lequel il effectua l'invasion des Asturies, et battit l'armée réunie par le marquis de la Romana.

Il combattit à Alba et à Tormès, où il remporta, huit jours après la bataille d'Ocaña, un avantage non moins décisif.

Le général Marchand ayant battu le duc del Parque, celui-ci, s'étant renforcé, s'avançait sur Salamanque avec une armée de 40,000 hommes. Le général Kellermann, informé de cet événement, abandonna toutes ses positions, excepté Valladolid, atteignit le 26 novembre l'avant-garde du duc del Parque au Carpio, et le força à se retirer sur Salamanque.

Le 28, à deux heures après midi, il joignit l'arrière-garde du corps espagnol, qui se repliait dans la direction d'Alba de Tormès, où le duc del Parque avait pris position.

Au moment où les colonnes ennemies se formaient, il se précipita sur elles avec sa redoutable cavalerie, en fit un affreux carnage, leur enleva leurs drapeaux, leur artillerie, et dispersa dans les bois, dans les vignes voisines, ceux qu'il ne put atteindre.

Destiné à faire partie de l'expédition de Moscou, le général Kellermann fut arrêté en chemin par une maladie grave lorsqu'il se rendait en toute hâte à la grande armée.

En 1813 il fit la campagne de Saxe avec le corps du maréchal Ney, dont il commandait l'avant-garde au combat de Rippach.

A Lutzen, il soutint le premier choc de l'ennemi, fut blessé et eut trois chevaux tués sous lui.

A la bataille de Bautzen, il emporta, à la tête de l'avant-garde du maréchal Ney, le village de Klix, où il eut encore deux chevaux tués sous lui.

Enfin, à la bataille de Wachau, le 16 octobre, il culbuta, avec la cavalerie polonaise, la division des cuirassiers du général Lewachow; mais, entraîné par son ardeur, il tomba au milieu de trois divisions de cavalerie autrichienne de réserve, qui le prirent en flanc, et, portant le désordre dans ses rangs, le forcèrent à se retirer sur les hauteurs de Wachau.

En 1814, à l'affaire de Mormant, il battit les troupes du comte de Pahlen, et s'empara de 11 pièces de canon, de 40 caissons et de 20,000 fantassins.

Au combat de Saint-Dizier, il contribua à mettre en déroute les colonnes de Winzingerode, qui eurent considérablement à souffrir des charges réitérées de notre cavalerie.

Après avoir adhéré aux actes du Sénat, il fut, par ordonnance royale du 6 mai 1814, nommé membre du conseil de la guerre pour la garde royale.

Inspecteur général pour l'organisation de la cavalerie dans les places de Lunéville et Nancy, le 1er juin, il reçut la croix de Saint-Louis le 2, et, le 23 de la même année, le grand cordon de la Légion-d'Honneur.

Il commandait, lors du retour de l'île d'Elbe de l'Empereur, une division de cavalerie à l'armée que le duc de Berri devait opposer à Napoléon.

Membre de la Chambre des Pairs, pendant les Cent-Jours, Napoléon lui confia le commandement d'un corps de grosse cavalerie, avec lequel il prit une part glorieuse à la campagne du mois de juin.

Le maréchal Ney, que Napoléon avait chargé de combattre l'armée anglaise, était resté une partie de la journée sous l'influence d'une continuelle irrésolution. Si, dès dix heures du matin, il s'était porté sur la position des Quatre-Bras, occupée par la 3e division belge, nul doute qu'il n'eût écrasé cette division, et qu'il ne fût parvenu à faire subir le même sort aux autres corps de l'armée anglo-hollandaise qui s'avançaient isolément, harassés de fatigue, sur les chaussées de Nivelle et de Bruxelles.

Vers midi seulement, le maréchal, sur de nouveaux ordres de l'Empereur, se mit en marche avec 14,000 hommes d'infanterie, 13,000 chevaux et 44 bouches à feu. Mais ce ne fut qu'à trois heures, et lorsque la canonnade de Ligny se fit entendre dans toute sa force, que les troupes du prince de la Moskowa abordèrent franchement l'ennemi.

Alors le prince, résolu à frapper un coup énergique, dit à Kellermann : « Allons, Général, l'Empereur est victorieux, écrasons les Anglais, rejetons-les sur la mer, et forçons-les de se rembarquer. » Kellermann lui fit observer qu'il avait bien peu de cavalerie pour obtenir un succès décisif (une partie de sa cavalerie faisait partie de la réserve laissée par le maréchal en arrière de Frasnes). Puis, voyant que le maréchal paraissait ne pas douter du succès, le duc de Valmy forme sa division de cuirassiers en colonne, se précipite sur le centre de l'armée anglaise et passe sur le ventre de plusieurs bataillons écossais.

Il se disposait à profiter des brillants avantages qu'il venait d'obtenir, quand il s'aperçut que le prince de la Moskowa n'avait pas ordonné un seul mouvement pour appuyer cette charge si vigoureuse.

Obligé de rétrograder, il se fraie un passage à travers les ennemis, au milieu de la mitraille, et tombe avec son cheval qui venait d'être blessé à mort.

A l'aspect du danger que courait leur chef, le colonel Tancarville et quelques cuirassiers lui font un rempart de leurs corps, le tirent de cette position critique, et le suivent jusqu'à Charleroi, où s'étaient rendus en toute hâte les cavaliers victorieux de Kellermann, frappés qu'ils avaient été d'une terreur panique.

De retour à Paris, il fut chargé, quelque temps après, avec les généraux Gérard et Haxo, d'apporter à Louis XVIII la soumission de l'armée de la Loire.

Après avoir hérité du titre de duc et de la pairie du maréchal son père, Kellermann est mort le 2 juin 1835 d'une affection de foie.

KHEVENHULLER MELSCH (FRANÇOIS DE SALLES, comte), lieutenant-général autrichien, né le 3 octobre 1783. Il embrassa fort jeune la carrière des armes. Les services qu'il rendit et la bravoure dont il fit preuve en de nombreuses occasions l'élevèrent rapidement aux premiers grades. Il a fait avec distinction plusieurs des grandes campagnes de l'Autriche contre la France, fut chargé de commandements importants et se fit surtout remarquer par son courage à la bataille de Wagram où il fut blessé.

Dans sa longue carrière militaire, le comte Khevenhuller s'est constamment distingué par son dévouement au service et au maintien de la discipline. Les soldats ont pour lui de l'attachement et du respect. Il a mérité et obtenu la confiance des empereurs François et Ferdinand.

Ministre plénipotentiaire de l'Ordre de Malte près de la Cour de Vienne, en 1832, il fut nommé en 1841 colonel propriétaire du régiment d'infanterie, n° 35.

KIRGENER (JOSEPH), baron de Planta, né le 8 octobre 1766 à Paris (Seine). Le 4 août 1793, il entra au service comme lieutenant dans le corps royal du génie et fit aussitôt partie de l'armée du Nord; il dirigea pendant huit mois les opérations de son arme dans la place de Guise, et assista aux affaires de Cateau-Cambrésis, de Lesgruelles et de la Capelle. A la fin de 1793, il était depuis trois jours dans Bouchain, lorsqu'il fut arrêté comme suspect par ordre du Comité de salut public et conduit à Arras : sa détention dura quatre mois. Capitaine le 16 brumaire an II, il retourna à l'armée du Nord et prit part au combat de Grandrang, au passage de la Sambre, aux siéges de Charleroi, de Landrecies, du Quesnoy et de Maëstricht, et fut désigné, à la fin de la campagne, pour prendre le commandement du génie dans la place de Landrecies.

Le 11 frimaire an III, il devint chef de bataillon. Appelé à l'armée des côtes de Brest, il se signala à la bataille de Quiberon, où il eut le bras cassé d'un coup de feu. Le temps de sa convalescence, qu'il passa à Paris, fut utilement employé. Il assista au cours de l'École polytechnique, y perfectionna son instruction dans l'arme à laquelle il s'était voué et fit la campagne de l'an IV à l'armée du Rhin. Il se trouvait à Landau dans les premiers mois de l'an V; pendant le blocus de cette place, il assista au passage du Rhin, à la bataille de Neuwied et au blocus d'Ehreinbrestein dont il devait diriger le siége si la paix n'eût arrêté le cours de nos victoires.

Désigné en l'an V pour remplir les fonctions de chef d'état-major du génie, il dirigea les travaux exécutés à Boulogne par ordre du général Bonaparte, et fit ensuite partie de la seconde expédition d'Irlande, commandée par le général Hardy. Chargé d'une reconnaissance sur les côtes de la Grande-Bretagne, il prit part au combat qui eut lieu sur la côte du nord de l'Irlande, entre le bâtiment français *le Hoche* et cinq vaisseaux anglais. Fait prisonnier dans cette affaire, il rentra en France sur parole, après deux mois de captivité.

Le 1er prairial an VII, commandant du génie à Besançon, il y remplit, pendant six mois, les fonctions de directeur des fortifications. Après le passage du mont Saint-Bernard, il fut chargé de l'attaque du fort de Bard et assista volontairement au premier assaut livré à cette place. Resté devant ce fort, après le départ de l'armée, pour diriger les travaux de siége, il rejoignit l'avant-garde, porteur de la capitulation, le même jour qu'elle passait le Pô, à Pavie, en présence de l'ennemi, prit part au combat livré devant ce fleuve, et fit des prodiges de valeur aux batailles de Montebello et de Marengo. Après avoir rempli les fonctions de directeur du génie à Milan, du 1er messidor au 1er thermidor, il reçut l'ordre de rentrer dans sa résidence, à Besançon, où il avait été nommé sous-directeur le 7 germinal. Il y reçut le 29 vendémiaire an IX le brevet de chef de brigade.

Envoyé à l'armée des côtes de l'Océan en l'an XII, il fut nommé membre de la Légion-d'Honneur le 19 frimaire et officier de cet ordre le 25 prairial même année. A la fin de l'an XIII, les troupes de l'expédition d'Angleterre ayant reçu l'ordre de se porter sur le Rhin, le colonel Kirgener fut employé au 5e corps de la grande armée, commandé par le maréchal Lannes, obtint le 4 nivôse an XIV le grade de général de brigade, et se distingua au passage du Danube, à Lintz, au combat de Saint-Polten, à l'affaire d'Hollabrunn et à la bataille d'Austerlitz.

Les campagnes de 1806 et 1807 ne furent pas moins brillantes pour lui : il assista à celle d'Iéna, au combat de Golymin et à la bataille d'Eylau; il dirigea les travaux d'investissement de la place de Graudenz, et fut chargé d'une partie des attaques dirigées contre les fortifications de Dantzig. Napoléon, sur le compte qui lui fut rendu par le maréchal Lefebvre de la conduite distinguée du brave Kirgener, pendant toute la durée de ce siége mémorable, lui conféra le titre de baron de l'Empire. Déjà il avait reçu, le 26 mai 1807, le cordon de commandeur de la Légion-d'Honneur.

Employé en Espagne en 1808, il prit part aux batailles de Cardeden et de Molino del Rei, les 16 et 21 décembre de cette année, et au combat de Wals le 25 février 1809. Le général Kirgener quitta la Péninsule quelques mois après, et se rendit à l'armée du Nord pour y diriger les travaux du génie de l'expédition de l'île de Walcheren. Le 1er janvier 1810, l'Empereur lui confia le commandement du génie de sa Garde et le nomma colonel de ce corps. Employé peu de temps après aux travaux du Helder, il eut en même temps le commandement de l'île de Texel.

Il fut nommé général de division le 13 mars 1813 à l'issue de la campagne de Russie. Le 22 mai 1813, à sept heures du soir, après le combat de Reichenbach, il fut tué dans le village de Markersdorf d'un coup de boulet qui lui traversa le corps à la hauteur de la ceinture; le même projectile venait d'emporter le duc de Frioul. L'armée perdit, dans la personne du général Kirgener, l'un de ses officiers du génie les plus distingués, Napoléon, l'un de ses plus fidèles serviteurs.

Son nom est inscrit sur l'arc de triomphe de l'Étoile, côté Est.

KIRMANN (François-Antoine, baron), né le 2 octobre 1768, à Bischoffsheim (Bas-Rhin), servit d'abord comme hussard dans le régiment colonel-général, du 2 juillet 1785 jusqu'au 1er mars 1793, époque à laquelle il passa comme maréchal-des-logis dans le 20e régiment de chasseurs, où il fut nommé maréchal-des-logis-chef, sous-lieutenant et lieutenant le 1er avril, 6 juin de la même année et 11 brumaire an II.

Il fit toutes les campagnes de la Révolution de 1792 à l'an IX aux armées du Nord, des Ardennes, de Sambre-et-Meuse, de Rhin-et-Moselle, d'Allemagne, de Belgique et du Rhin, et s'y fit remarquer par sa bravoure chevaleresque.

Capitaine le 1er messidor an II, il se distingua, le 8 du même mois, à la bataille de Fleurus, où il fut blessé d'un coup de feu à la mâchoire inférieure. Le 2 prairial an VIII, au combat d'Erbach, le capitaine Kirman reçut l'ordre du général Decaen de se porter, avec le 1ᵉʳ escadron, devant le château d'Erbach; il y soutint pendant plus d'une heure une vive canonnade qui lui fit perdre 3 hommes et 8 chevaux. L'artillerie, placée à la gauche du village de Delmesingen, se trouvait compromise ; le général envoya Kirmann pour la soutenir. A peine avait-il pris position que l'ennemi, fort environ de 800 hommes, tenta contre lui une charge vigoureuse afin de s'emparer des pièces. Kirmann soutint valeureusement ce choc, leur tua ou blessa un grand nombre d'hommes, en fit quelques-uns prisonniers, et eut, dans cette affaire, son cheval blessé sous lui. Quelques instants après, il se porta sur le village de Delmesingen, occupé par un bataillon d'infanterie ennemie, chargea intrépidement cette colonne forte d'environ 500 hommes, la traversa seul sabrant à droite et à gauche, lui enleva son drapeau et lui fit mettre bas les armes. Il poursuivit, en outre, jusque sous les pièces ennemies un peloton de réserve de cavalerie et lui tua un grand nombre d'hommes. Dans la soirée, il chargea avec une quarantaine d'hommes un corps de 600 cavaliers ennemis, traversa seul la colonne à deux reprises différentes, tua cinq Autrichiens, en blessa huit, et après les avoir culbutés et forcés de passer le Danube, il revint avec 12 prisonniers. Ce fut dans cette dernière charge qu'il eut un second cheval tué sous lui d'un coup de feu.

Le 25 frimaire an IX, à l'affaire de Neumarck, Kirmann reçut l'ordre du général Richepanse de charger, à la tête du régiment, sur l'infanterie autrichienne. Il exécuta cet ordre avec tant de promptitude et de précision qu'il culbuta les Autrichiens, les mit en déroute, et fit, dans cette circonstance, 1,500 prisonniers. Il fut blessé d'un coup de feu qui lui emporta l'annulaire de la main gauche. Le premier Consul, informé de la brillante conduite de cet officier, lui décerna un sabre d'honneur le 19 fructidor an IX.

Employé à l'armée des côtes de l'Océan en l'an XII et en l'an XIII, et compris comme membre de droit dans la 5ᵉ cohorte de la Légion-d'Honneur, il en fut nommé officier le 25 prairial an XII.

Passé à la grande armée, il fit, avec sa bravoure accoutumée, les guerres d'Autriche, de Prusse et de Pologne de l'an XIV à 1807, et entra comme capitaine dans les chasseurs à cheval de la Garde impériale le 8 mai 1807. Chef d'escadron le 10 septembre 1808, dans le même régiment, il prit le commandement de la compagnie de Mameluks qui y était attachée, et c'est à la tête de ce corps qu'il fit les campagnes de 1809 en Allemagne, de 1810 et 1811 en Espagne, sous les ordres du général Dorsenne. Créé chevalier, puis baron de l'Empire, il prit part à l'expédition de Russie comme major chef d'escadron des chasseurs à cheval de la Garde, et se distingua dans tous les combats qui eurent lieu pendant cette guerre mémorable, notamment le 24 octobre 1812, à la bataille de Malo-Jaroslawitz, où il fut blessé d'un coup de biscaïen à la hanche gauche.

Pendant la campagne de Saxe, le commandant Kirmann se fit encore remarquer par sa bravoure extraordinaire. Le 18 octobre 1813, à la bataille de Leipzig, il fut blessé d'un coup de sabre sur la joue gauche, qui lui brisa toutes les dents de la mâchoire supérieure, d'un autre coup de sabre sur la tête et de plusieurs coups de lance dans le ventre.

En 1814, il prit part à tous les faits d'armes qui furent comme les derniers adieux de cette troupe d'élite dont les annales conserveront toujours le souvenir. Conservé à son corps, après la Restauration, il se trouva aux batailles de Charleroi, de Ligny et de mont Saint-Jean en 1815, et donna partout les plus grandes preuves de courage et de dévouement.

Licencié et proposé pour la retraite le 2 novembre 1815, il se retira à Rosheinen (Bas-Rhin) où il fut autorisé à toucher sa pension par ordonnance royale du 23 mars 1816.

KLÉBER (JEAN-BAPTISTE), né à Strasbourg en 1754. Son père était terrassier-maçon. Kléber fut élevé par un curé de village.

Il étudia l'architecture sous l'architecte Chalgrin, entra ensuite à l'École militaire de Munich; lieutenant dans le régiment de Kaunitz, où il resta depuis 1772 jusqu'en 1783. Inspecteur des bâtiments de la haute Alsace. Adjudant-major d'un bataillon de volontaires au commencement de la Révolution. Adjudant-général au siège de Mayence, général de brigade, général de division en 1794, général en chef de l'armée française en Égypte, en remplacement de Bonaparte. Vainqueur d'Héliopolis, assassiné au Caire par le Syrien Soliman, le 14 juin 1801.

« Kléber n'avait jamais commandé en chef; il avait servi à l'armée de Sambre-et-Meuse comme général de division, sous les ordres de Jourdan. Tombé dans la disgrâce du Directoire, il vivait obscurément à Chaillot, quand Napoléon, en novembre 1797, arriva de Radstadt, après avoir conquis l'Italie, dicté la paix sous Vienne et pris possession de Mayence. Kléber s'attacha à son sort et le suivit en Égypte. Il s'y comporta avec autant de talent que de bravoure, et s'acquit l'estime du général en chef qui, après Desaix, le tenait pour le meilleur officier de son armée. Il s'y montra dès plus subordonnés, ce qui étonna les officiers de son état-major, accoutumés à l'entendre fronder et critiquer les opérations à l'armée de Sambre-et-Meuse. Il témoigna une grande admiration de la belle manœuvre de la bataille du mont Thabor, où le général en chef lui sauva l'honneur et la vie. Quelques semaines après, il marchait à la tête de sa division à l'assaut de Saint-Jean-d'Acre; Napoléon lui envoya l'ordre de venir le joindre, ne voulant pas risquer une vie si précieuse dans une occasion où son général de brigade le pouvait remplacer.

« Quand le général en chef prit le parti d'accourir en Europe, au secours de la République, il pensa d'abord à laisser le commandement à Desaix; ensuite, à amener avec lui en France Desaix et Kléber, et enfin, il résolut d'emmener le premier, et d'investir le second du commandement. »

(*Napoléon à Sainte-Hélène.*)

« Kléber était le talent de la nature, celui de Desaix était entièrement celui de l'éducation et du travail. Le génie de Kléber ne jaillissait que par moments, quand il était réveillé par l'importance de l'occasion, et il se rendormait aussitôt après au sein de la mollesse et des plaisirs.

« Après le départ du général en chef pour la France, Kléber, qui lui succéda, circonvenu et séduit par les faiseurs, traita l'évacuation de l'Égypte; mais quand le refus des ennemis l'eut contraint de s'acquérir une nouvelle gloire, et de mieux connaître ses forces, il changea tout à fait de pensée et devint lui-même partisan de l'Égypte. Il ne s'occupa donc plus que de s'y maintenir; il éloigna de lui les meneurs qui avaient dirigé sa première intention, et ne s'entoura plus que de l'opinion contraire. L'Égypte n'eut jamais couru de dangers s'il eût vécu : sa mort seule en amena la perte. » (*Mémorial de Sainte-Hélène.*)

« Kléber était doué du plus grand talent ; mais il n'était que l'homme du moment. Il était d'habitude un endormi ; mais dans l'occasion, il avait le réveil du lion. Il cherchait la gloire comme la seule route aux jouissances ; d'ailleurs, nullement national, il eût pu sans effort servir l'étranger. Il avait commencé dans sa jeunesse, sous les Prussiens, dont il demeurait fort engoué.

« Kléber était un homme superbe, mais de manières brutales ; la sagacité des Égyptiens leur avait fait deviner qu'il n'était pas Français. Au milieu de ses soldats, il semblait le *dieu Mars en uniforme*.

« Kléber tomba victime du fanatisme musulman. Rien ne peut autoriser en quoi que ce soit l'absurde calomnie qui essaya d'attribuer cette catastrophe à la politique de son prédécesseur ou aux intrigues de celui qui lui succéda. »

(*Mémorial de Sainte-Hélène*.)

« Caffarelli, qui pouvait porter sur Kléber un jugement désintéressé, disait de lui : « Voyez-vous cet Hercule, son « génie le dévore ! »

Les restes de Kléber, rapportés à Marseille, étaient oubliés dans le château d'If, lorsque Louis XVIII ordonna, en 1818, qu'ils fussent transférés dans sa ville natale, qui les reçut avec gratitude et vénération. Ils reposent dans un caveau construit au milieu de la place d'armes, et au-dessus duquel Strasbourg et la France entière ont fait élever une statue en bronze, inaugurée le 14 juin 1840.

Quelques paroles de Kléber achèveront de le peindre.

A Torfou (19 septembre 1793) il a en tête 20,000 Vendéens contre les 4,000 hommes qu'il commandait. Il dit au capitaine Schwardin : « Prends une compagnie de grenadiers, arrête l'ennemi devant ce ravin ; tu te feras tuer, mais tu sauveras tes camarades. — Oui, mon général, répond l'officier. » Il part. Ses grenadiers et lui périssent tous à leur poste ; mais l'armée est sauvée.

A Savenay, les commissaires de la Convention veulent l'obliger d'attaquer pendant la nuit. « Non, dit Kléber, les braves gens n'ont rien à gagner en combattant dans les ténèbres ; il est bon de voir clair dans une affaire sérieuse, et celle-ci doit se passer au grand jour. » La bataille se donne (22 décembre 1793). Ce fut un massacre de 60,000 Vendéens ; il s'en échappa 5 à 6 cents. Les Nantais offrent à Kléber une couronne de laurier. « C'est aux soldats plutôt qu'aux généraux, dit un commissaire, que sont dus les lauriers. — Nous avons tous vaincu, s'écrie Kléber avec fierté, je prends cette couronne pour la suspendre aux drapeaux de l'armée. »

Le 24 février 1800, il signa avec le commodore anglais, Sidney-Smith, une convention honorable pour l'évacuation de l'Égypte. L'amiral Keith ne veut la ratifier qu'à condition que l'armée française mettra bas les armes et se rendra prisonnière. Kléber, indigné, s'écrie, en montrant le manifeste à l'armée : « Soldats ! on ne répond à cette lettre que par des victoires ! préparez-vous à combattre. » Il dit et gagna la bataille d'Héliopolis.

KLEIN (Dominique-Louis-Antoine, comte), né en 1759 à Blamont (Meurthe) d'une famille riche. Il servit dans la maison du roi ; lieutenant d'infanterie en 1790, adjoint-général dans un régiment de chasseurs à cheval à Fleurus (armée du Nord), il s'y distingua particulièrement, ainsi que dans toutes les affaires qui suivirent. Général de brigade à l'armée de Sambre-et-Meuse, il s'y fit l'émule de gloire de l'adjudant-général Ney, se couvrit de gloire à Wurtzbourg, à Bamberg où il entra, emporté par son ardeur, avec 50 dragons, sabra les impériaux qui voulaient s'emparer de lui et parvint à sortir de la ville.

Au combat de Weilbourg (septembre 1796) il déploya la plus rare valeur, et à la bataille de Newied (avril 1797) il enleva avec ses dragons une position importante, détruisit le régiment de hussards de Barco et fit un grand nombre de prisonniers.

Il fut nommé en récompense général de division, devint le chef d'état-major de Masséna, commanda l'avant-garde et attaqua le premier à Zurich; il commanda ensuite la cavalerie sur le Rhin, devant Kelh, et suivit Moreau dans sa marche sur Vienne.

Rentré en France, on lui donna la 1re division de dragons dans la Somme. Grand officier de la Légion-d'Honneur à la création, il alla combattre sous Murat à la grande armée.

Après la bataille d'Iéna, il occupait, avec une division de dragons, le village de Weissensée, seul débouché ouvert à Blücher. Celui-ci arrive en effet, s'étonne de trouver le général Klein dans cette position et lui jure qu'un armistice vient d'être conclu. Klein le croit, le laisse passer avec 7,000 hommes et apprend trop tard qu'on l'a trompé. Furieux, il jure de se venger, charge dès le lendemain les Prussiens avec fureur, les taille en pièces et leur prend dix drapeaux, 1,000 hommes et un officier général.

Depuis, en Pologne et en Allemagne, 1806 et 1807, Klein se rendit terrible aux ennemis par ses charges de cavalerie.

Le général Klein fut appelé au Sénat en 1807 et prit part à ses délibérations jusqu'en avril 1814. Il vota la déchéance de Napoléon, ne prit point de service pendant les Cent-Jours et fut créé Pair à la seconde Restauration.

L'Empereur lui avait fait épouser mademoiselle d'Aremberg, fille de la comtesse d'Aremberg, dame d'honneur de l'impératrice Joséphine. Il l'avait nommé en outre gouverneur du palais impérial.

Mort le 2 novembre 1845, dans sa 86e année.

KOLOMBESKI (JEAN), né à Ostrowa (Pologne) le 1er mars 1730, entra au service de France comme volontaire, au régiment de Bourbon-Infanterie, en 1774, à l'âge de 44 ans.

Nommé caporal en 1790, à l'âge de 60 ans, il fit toutes les campagnes de la Révolution et de l'Empire dans différents régiments d'infanterie, et fut incorporé, en 1808, dans le 8e régiment de la Vistule.

Blessé en 1814, il entra à l'hôpital de Poitiers, et en sortit bientôt après pour être placé en subsistance au 2e régiment d'infanterie légère.

Le 11 octobre de la même année il fut admis dans la 1re compagnie de sous-officiers sédentaires; puis en 1846 à la 5e compagnie de sous-officiers vétérans. Les trois dernières de ces compagnies venant d'être supprimées par décision récente du ministre de la guerre, Kolombeski fut mis en subsistance au 61e de ligne, reçut une pension de retraite, décret du 17 mai 1850, et le ministre autorisa son admission aux invalides.

Kolombeski a donc plus de *cent vingt ans*, il compte 75 années et demie de service et 29 campagnes. Il jouit d'une bonne santé, est assez fort et bien constitué, et ne paraît pas avoir plus de 70 à 80 ans.

Il montait encore sa garde et faisait le même service que ses camarades à la 5e compagnie de sous-officiers vétérans. Lors d'un voyage du roi Louis-Philippe à Dreux, où se trouvait cette compagnie, il lui fut présenté, et le prince, prenant sa propre décoration, la lui mit sur la poitrine.

C'est le plus étonnant exemple de longévité que l'on ait vu peut-être dans l'armée.

KOSCIWSZKO (Thadée), issu d'une famille ancienne et noble, naquit le 12 février 1746 à Siehniwicze, dans le palatinat de Brzesc-Litewski.

Il avait fait ses premières études à Varsovie, à l'école des Cadets. Ayant mérité une place parmi les quatre meilleurs élèves, on l'envoya achever son éducation dans les pays étrangers. Il habita la France pendant quelques années. De retour en Pologne, il entra dans le service. Bientôt il s'embarqua pour le Nouveau-Monde, prit part à la guerre d'Amérique et devint l'adjudant de Washington. Cette guerre achevée il revint dans sa patrie, et lorsqu'elle voulut rétablir sa nationalité, après la promulgation de la constitution du 3 mai 1791, il reprit du service avec le grade de major-général de l'armée que commandait Joseph Poniatowski. Ses prodiges de valeur et d'habileté à Dubienka rendirent, dès ce jour, son nom sacré à ses compatriotes. La soumission de Stanislas, ayant fait manquer l'entreprise d'affranchissement, Kosciwszko donna sa démission et partit pour la France, où la Convention lui accorda le titre de citoyen français. La nouvelle insurrection de la Pologne le rappela aux combats. Il fut investi par l'acclamation générale d'une autorité absolue dont il n'abusa point. Il déploya un courage admirable à Wraclawice, à Szakocing et sous les murs de Varsovie. Blessé à Macyowice, le 4 octobre 1794, il fut jeté dans un cachot par ordre de Catherine. Quand il eut recouvré sa liberté, la Pologne était captive. Il vint demeurer auprès de Fontainebleau et se livra à l'agriculture. Napoléon voulut en vain s'en servir comme instrument politique dans la campagne de Russie. Après l'occupation de la France par les armées étrangères, Kosciwszko erra en Europe, et la mort le surprit dans la Prusse, sur les frontières de France, le 5 octobre 1817.

Ses cendres reposent à Varsovie sous un mausolée.

KUTUSOFF-SMOLENSKOI (Michel-Lavrionowich-Golenitcheff), feld-maréchal des armées de Russie, né en 1745, fut élevé à Strasbourg, entra au service à 16 ans, et parvint aux premiers emplois militaires par des actions d'éclat. Général-major en 1784, il assista en 1788 au siège d'Oczakoff, y fit preuve d'une grande fermeté, et fut dangereusement blessé dans une sortie vigoureuse que fit la garnison turque. Il eut ensuite une grande part à la prise d'Ismajlow, en 1790, et fut nommé l'année suivante lieutenant-général, puis chargé du commandement d'un corps d'armée placé entre le Pruth, le Dniester et le Danube; à la paix avec les Turcs, il obtint le commandement de l'Ukraine et fut employé dans plusieurs négociations diplomatiques, tant sous le règne de Catherine que sous celui de Paul Ier. Devenu gouverneur militaire de Pétersbourg à l'avénement d'Alexandre, il fut appelé au commandement de l'armée qui se réunit aux Autrichiens en 1805. C'est, dit-on, contre son avis que fut livrée la bataille d'Austerlitz. Après la paix de Presbourg, Kutusoff prit le commandement de l'armée destinée contre les Turcs, remporta sur eux plusieurs avantages signalés et dicta les conditions de la paix conclue à Bucharest le 16 mars 1812. A cette époque il fut élevé aux dignités de prince, de président du conseil d'État et de feld-maréchal. La guerre ayant bientôt éclaté entre la France et la Russie, Kutusoff, après avoir évité quelque temps un engagement décisif avec Napoléon, se décida enfin à livrer la célèbre bataille de Borodino ou de la Moskowa, après laquelle l'armée russe, en se retirant, ouvrit aux Français la route de l'ancienne capitale des Moscovites. Lors de la retraite de Moscou, les combats du Dorogobon et de Krasnoé, où le nombre écrasa la valeur, valurent à Kutusoff le surnom de Smolenskoï et le grand cordon de Saint-Georges. Ce feld-maréchal commandait encore l'armée russe au commencement de 1813; mais atteint d'une maladie sérieuse, suite de ses campagnes, il mourut à Buntzlau en Silésie le 6 avril 1813, laissant la réputation d'un des généraux les plus distingués de l'armée russe. Il avait conservé dans sa vieillesse une grande énergie et savait ajouter à la bravoure du soldat par le stimulant des idées religieuses. Cependant, il faut l'avouer, le vainqueur des Turcs ne se trouva pas en 1812 à la hauteur des hommes de guerre qu'il eut constamment en tête.

L

LABAROLLIÈRE (Jacques-Marguerite, PILOTTE, baron de), né le 22 novembre 1742, à Lunéville (Meurthe).

Entré au service le 10 avril 1757, en qualité d'exempt des gardes du roi de Pologne, il fut admis, le 6 mai 1761, comme volontaire dans le régiment de Navarre-Infanterie.

Le marquis de Soupire l'ayant employé comme aide-de-camp, il fit avec distinction les guerres de Hanovre, de 1761 à 1762, et se signala aux batailles de Fillingshausen, de Grobenstein et de Joannesberg, aux siéges de Wolfenbutel et de Brunswick.

Après le traité de Paris du 10 février 1763, il fut mis à la suite du régiment de la marine, et obtint une sous-lieutenance le 5 suivant; il quitta à cette époque le service du roi Stanislas pour rester définitivement attaché à celui de la France.

Labarollière fit les campagnes de Corse de 1768 et 1769, et donna de nouvelles preuves de valeur aux affaires de Santo-Piétro, de Lento, d'Olmetta et de Pontenovo. Nommé capitaine le 17 juin 1770, il fut employé à l'état-major de de Bourcet et y demeura attaché jusqu'au 5 mai 1772, époque à laquelle il passa dans la légion royale.

Désigné, le 16 juillet 1776, pour remplir les fonctions de capitaine en second dans le régiment Mestre-de-camp-général-dragons (2e), il entra, le 12 mai 1779, dans le 1er régiment de chasseurs à cheval, dans lequel il fut nommé capitaine-commandant le 4 septembre 1780.

Major du 3e régiment de même arme le 15 avril 1784, il en devint lieutenant-colonel le 1er mai 1788, colonel le 25 juillet 1791, et fit partie des camps de Paris et de Versailles de 1789 à 1791.

Nommé maréchal-de-camp le 6 décembre 1792, il commanda en cette qualité l'avant-garde de l'armée de Moselle, se distingua à la bataille de Valmy, et à la prise de Verdun; protégea le mouvement rétrograde de l'armée française aux combats de Pellingen et de la montagne Verte, et fut fait général de division le 6 mai 1793.

Démissionnaire le 30 juillet, il cessa ses fonctions le 1er septembre suivant.

Le général Labarollière reprit de l'activité le 6 thermidor an III et fut appelé au commandement de la 6e division militaire.

Envoyé à l'armée des côtes de Cherbourg, il obtint par *intérim* le commandement de la Vendée, et se fit particulièrement remarquer à la bataille de Martigné-Briand le 27 messidor, aux combats de Vihiers les 29 et 30 du même mois.

Réformé le 1er vendémiaire an V, il fut remis en activité le 28, avec ordre d'aller prendre le commandement des départements situés sur le Rhin et la Moselle. Mis en non-activité par suppression d'emploi le 13 vendémiaire an VI, il cessa ses fonctions le 22.

Le premier Consul le réemploya le 24 frimaire an VIII, lui confia le commandement de la 13e division militaire, et le 21 thermidor suivant celui de la 14e.

Mis à la retraite le 10 prairial an XI, il alla en jouir à Pont-à-Mousson.

Le premier Consul le comprit dans la promotion des membres de la Légion-d'Honneur le 23 vendémiaire an XII.

LA BÉDOYÈRE (Charles-Angélique-François, HACHET de), né à Paris en 1786, d'une famille de magistrats, entra fort jeune dans la carrière des armes, et fut simple soldat, puis officier dans les gendarmes d'ordonnance (créés par Napoléon en 1806), puis devint aide-de-camp du prince Eugène. Après avoir servi avec distinction en Espagne, dans la campagne de Russie, d'Allemagne en 1813 et de France en 1814, il fut nommé, par Louis XVIII, colonel du 7e régiment de ligne. Lors du retour de l'île d'Elbe, La Bédoyère fut le premier colonel de l'armée qui abandonna les drapeaux du roi pour passer sous ceux de l'Empereur. Napoléon se montra reconnaissant, il le créa maréchal-de-camp, puis lieutenant-général, puis Pair de France, puis enfin son aide-de-camp.

Le général La Bédoyère se distingua à la bataille de Waterloo.

Dans la séance du 23 juin 1815, à la Chambre des Pairs, il demanda la proclamation de Napoléon II, sans laquelle, ajouta-t-il, l'abdication de Napoléon Ier est nulle. « Il y a des traîtres parmi les Pairs, dit-il encore, depuis dix ans on n'a entendu au Luxembourg que des *voix basses!* » Le président le rappela à l'ordre et Masséna lui dit : « Jeune homme, vous vous oubliez. »

La Bédoyère suivit l'armée au delà de la Loire. Il avait obtenu des passeports pour se rendre en Amérique ; mais étant venu à Paris pour faire un dernier adieu à sa jeune femme et à son enfant, il y fut arrêté le 2 août, jour de son arrivée, traduit devant un conseil de guerre et condamné à mort comme coupable de trahison et de rebellion. Il fut fusillé le 19 août 1815 dans la plaine de Grenelle, à l'âge de 29 ans. Il montra la plus grande fermeté dans ses derniers moments.

LA BRUYÈRE (André-Adrien-Joseph, baron), né le 23 janvier 1768 à Donchery (Ardennes), fils d'un ancien officier mort sous les drapeaux par suite de blessures, entra comme élève à l'École militaire de Rebais le 4 mai 1779, et fut admis comme cadet-gentilhomme à celle de Paris le 7 octobre 1782.

Il prit rang de sous-lieutenant le 23 janvier 1783, et devint sous-lieutenant titulaire au régiment de Bassigny (32e d'infanterie) le 26 mai 1786. Nommé lieutenant le 10 janvier 1790, il fut promu au grade de capitaine le 10 janvier 1792, et passa dans une compagnie de grenadiers le 20 décembre suivant. Depuis cette dernière époque jusqu'au 26 juillet 1793, il commanda le 2e bataillon du 4e régiment de grenadiers réunis, et prit ensuite, quoique capitaine, le commandement du 32e régiment, et le conserva jusqu'au 10 vendémiaire an II, jour de sa nomination au grade d'adjudant-général chef de bataillon à l'état-major général de l'armée.

Il servit avec la plus grande distinction depuis 1792 jusqu'à l'an IX inclusivement, aux armées des Ardennes, du Rhin, de Mayence, de l'Ouest, des côtes de Brest, de Cherbourg, de l'Océan, et à celle d'Angleterre ; il se trouva à la prise de Spire, à celles de Mayence et de Francfort, et soutint le blocus et le siége de Mayence, où il eut plus d'une occasion de signaler son courage.

Le 1er avril 1793, il sauva, avec ses grenadiers, trois pièces de canon renversées dans un fossé et abandonnées à la retraite de Condersphum, puis de Mayence. Le 14 juin suivant, il enleva 300 palissades aux Autrichiens, dans le poste de la Briqueterie, pour fortifier le village de Kosteins, où il commandait, et qui se trouvait en face de l'ennemi. Il reçut dans cette affaire trois coups de mitraille. Le 8 juillet, à la prise de Kosteins par l'ennemi, il fut fait prisonnier par quatre grenadiers hessois, mais il se débarrassa d'eux, quoique blessé à la main droite ; il en tua deux, en mit un en fuite, et ramena le quatrième au général Aubert-Dubayet qui le combla des éloges les plus flatteurs. Le 19 septembre à l'affaire du Pâlet, près de Clisson (Vendée), il eut un cheval tué sous lui et fut blessé d'un coup de feu.

Lors de la retraite de Clisson, le 22 du même mois, il fut atteint de quatre nouvelles blessures. Il portait encore le bras gauche en écharpe, par suite de deux coups de feu, dont les plaies n'étaient pas fermées, lorsque le 24 vendémiaire an II, à l'affaire de Saint-Christophe-du-Bois, il eut trois chevaux tués sous lui, et reçut dix-huit blessures, dont une lui fractura la hanche, une autre lui fractura l'épaule, et une troisième lui traversa la poitrine. Laissé pour mort sur le champ de bataille, il fut entièrement dépouillé, et ne fut rappelé à la vie que par les soins du représentant du peuple Merlin de Thionville, qui le fit emporter dans un drap, après avoir étanché le sang avec du foin et de l'herbe faute de charpie. Étant en convalescence à Sedan, lorsque les Autrichiens vinrent menacer cette ville, le brave La Bruyère, quoique forcé de se servir de béquilles, vint offrir ses services au conseil de défense de la place, qui les accepta et lui assigna un poste qu'il occupa depuis le 1er jusqu'au 15 germinal de l'an II.

A peine rétabli de ses blessures, il revint dans l'Ouest, et, dès le 26 vendémiaire an III, il se signala par son audacieuse bravoure en enlevant un drapeau aux rebelles. Le 14 germinal suivant, en se rendant de Chemillé à Chollet, il fut attaqué par quelques chouans à Trémentines. Blessé de trois coups de feu à la jambe gauche et à la mâchoire, et n'ayant plus de balles à mettre dans son pistolet, il le chargea avec une de ses dents, s'en servit contre celui qui l'avait blessé, et lui fit sauter la cervelle avec ce projectile d'une nouvelle espèce. Le 16 messidor de la même année, lorsque Charette leva de nouveau l'étendard de la révolte, l'adjudant-général La Bruyère se présenta avec deux hussards du 11e régiment au quartier général de Stofflet, et lui fit faire par écrit la déclaration de ses intentions.

A l'affaire qui eut lieu le 13 thermidor suivant, il enleva un guidon aux hussards de Charette, et mérita par sa conduite d'être mentionné dans les rapports du général en chef. Le 13 pluviôse an IV, lors de la nouvelle insurrection de Stofflet, il tomba, avec deux guides et deux chasseurs de la Côte-d'Or sur un rassemblement de rebelles près de Saint-Macaire ; il les sabra, les dispersa, et leur enleva des armes et des effets d'habillement. Cette action, vigoureusement conduite, et qui avait eu pour résultat de faire échouer les projets des rebelles, fit le plus grand honneur à La Bruyère, qui fut nommé, le même jour, adjudant-général chef de brigade par les représentants du peuple en mission près les armées de l'Ouest.

Employé, le 1er ventôse an IX, comme chef d'état-major de la 22e division militaire, il fut mis en traitement de réforme le 1er vendémiaire an X, et reprit ses fonctions à la 22e division militaire le 23 frimaire suivant. Nommé général de brigade le 11 fructidor an XI, il commanda successivement les départements de la Mayenne et d'Indre-et-Loire.

Créé membre de la Légion-d'Honneur le 19 frimaire an XII, et commandant le 25 prairial suivant, il fut envoyé à Toulon le 7 brumaire an XIII. Désigné le 19 frimaire suivant pour faire partie du corps expéditionnaire qui se réunissait à Toulon, sous les ordres du général Lauriston, il s'embarqua sur le vaisseau l'*Indomptable*, et fit la campagne de l'an XIII sur mer, avec la division de l'amiral Villeneuve. Employé dans la 26e division militaire, le 9 floréal de la même année, il passa, le 13 fructidor, à l'armée des côtes, depuis armée de réserve, et fut attaché au premier corps de la grande armée, le 25 octobre 1806.

Il se signala dans toutes les affaires qui eurent lieu au commencement de la campagne de 1807, notamment le 26 février, au combat de Braunsberg. Dans cette journée, il commandait la droite de la division Dupont, chargée de repousser un corps de 10,000 hommes qui menaçait la gauche de notre ligne. Le général La Bruyère rencontra les Russes à Rogern et les rejeta sur la rivière en avant de ce village, tandis que la colonne de gauche les poussait sur Willemberg. Déposté de toutes ses positions, l'ennemi fut contraint de se retirer derrière la Passarge, qui couvre Braunsberg, et tenta encore d'en défendre le passage. Mais La Bruyère, à la tête de ses troupes, ne lui donne pas le temps de s'établir ; il charge les Russes à la baïonnette et les chasse de la ville en laissant sur le champ de bataille 2,000 des leurs, 16 canons et 2 drapeaux.

Il rendit de grands services à la bataille de Friedland, le 14 juin suivant, et en fut récompensé par le titre de grand officier de la Légion-d'Honneur, qui lui fut conféré par décret impérial du 11 juillet de la même année. Employé au 1er corps de l'armée d'Espagne, il se fit remarquer par sa bravoure, les 10 et 11 novembre 1808, à la bataille d'Espinosa de los Monteros, et, le 30 du même mois, à l'attaque du défilé de Sommo-Sierra.

Créé baron de l'Empire quelques jours auparavant, il concourut à l'attaque de Madrid, faite dans la soirée du 2 décembre suivant ; il y fut blessé d'un coup de feu à la gorge, et mourut le lendemain, 3, à midi, par suite de cette blessure.

Son nom est inscrit sur les tables de bronze du Musée de Versailles.

LACROIX (MATHIEU, baron) naquit le 29 septembre 1764 à La Rochefoucault (Charente). Soldat le 1er janvier 1781, dans le régiment Lyonnais-Infanterie (28e en 1791), il fit la campagne de 1781 en Amérique, se trouva en 1782 aux siéges de Mahon et de Gibraltar, passa caporal et sergent les 15 septembre et 1er juin 1785, et prit son congé absolu le 1er janvier 1789.

Élu capitaine le 17 octobre 1791 dans le 1er bataillon des volontaires de son département (4e demi-brigade d'infanterie légère en l'an V), il combattit à l'armée du Nord en 1792, fit partie de la garnison de Valenciennes en 1793, se trouva au siége de Lyon la même année, et fut nommé chef de bataillon le 11 brumaire an II.

Il passa à l'armée d'Italie vers la même époque, fut fait prisonnier de guerre le

11 thermidor an IV, à la Corona, obtint la confirmation de son grade au 2ᵉ bataillon, lors de l'embrigadement du 1ᵉʳ nivôse an V, et reçut un coup de feu à la poitrine, le 29 du même mois à la bataille de Rivoli.

Le 30 prairial an VI, il embarqua pour l'Égypte, se trouva aux batailles de Chebreiss et des Pyramides, et reçut trois blessures dont deux à la tête et une autre au pied droit.

Promu le 8 germinal suivant au grade de chef de brigade à la suite de la 4ᵉ demi-brigade d'infanterie légère, il commanda la province de Bahirch, rentra en France après la capitulation d'Alexandrie, et fut confirmé dans son grade le 19 messidor an X, à la 86ᵉ demi-brigade de ligne.

En cette qualité, il fit partie de l'expédition de Saint-Domingue des ans X, XI et XII, fut nommé officier de la Légion-d'Honneur le 25 prairial an XII, revint en France en l'an XIII, et tint garnison à Bayonne.

Présent aux batailles des campagnes de la grande armée en l'an XIV, 1806 et 1807 en Autriche, en Prusse et en Pologne, il se rendit en Espagne en 1808, y combattit à la tête du 86ᵉ régiment, fut élevé au grade de général de brigade le 6 août 1811, et reçut le titre de baron le 15 du même mois.

Rappelé en France vers la fin de cette année, employé en 1812 dans la 17ᵉ division militaire, puis, le 13 février 1813, à la 1ʳᵉ division du corps d'observation de l'Elbe, il passa le 1ᵉʳ mars suivant à la 4ᵉ division du même corps, commandée par le comte de Lauriston, et fut destitué le 26 mai pour s'être laissé surprendre dans ses cantonnements; mais réintégré le 9 juillet suivant, il fut admis à la retraite, pour cause d'ancienneté de service, le 25 septembre de la même année.

Au mois de mars de 1814, le général Lacroix présida le conseil de défense de la ville d'Angoulême, et reçut le 10 décembre de la même année la croix de chevalier de Saint-Louis.

Le général Lacroix est mort le 21 juillet 1822.

LACROSSE (Raymond de), né à Meilhau le 5 septembre 1761, débuta en 1779 comme simple garde marine. Il avait à peine 18 ans lorsqu'il arriva à Brest. Noble et généreux par caractère, il devint bientôt l'ami de tous ses camarades; infatigable au travail, il se livra entièrement à l'étude de toutes les sciences abstraites, sciences si utiles à l'état qu'il embrassait, et remplit fidèlement et sévèrement tous ses devoirs.

En 1792, treize années après son entrée aux gardes, M. de Lacrosse fut nommé capitaine de vaisseau; il avait passé par tous les grades. Il était enseigne en 1782 et lieutenant en 1786.

Son caractère énergique et sa prudence reconnue le firent désigner en 1795 pour aller pacifier les îles de la Martinique et de la Guadeloupe alors en pleine insurrection. Les peuples de ces colonies écoutèrent sa voix; bientôt tout rentra dans l'ordre le plus parfait, et ce retour à la tranquillité permit au capitaine Lacrosse de battre les Anglais sur terre et sur mer. Dans divers combats, l'intrépidité des attaques était telle que nos ennemis furent obligés de renoncer à tout espoir de se maintenir dans nos possessions et même dans nos parages.

Cette belle conduite devait mériter à M. de Lacrosse la reconnaissance du gouvernement d'alors; mais dans ces temps de terreur et d'anarchie, les plus grands services conduisaient quelquefois à l'échafaud ou au moins à l'exil. De retour en France, le capitaine Lacrosse fut emprisonné.

Rendu à la liberté, il fut appelé à

faire partie de l'importante expédition qui devait débarquer une armée française sur les côtes de l'Irlande, et bientôt faire flotter les couleurs de la République française sur le sol de notre éternelle ennemie. La France, appelée à l'aide par les Irlandais décidés à se soustraire au joug des Anglais, envoya une armée de 15,000 hommes; une tempête dispersa entièrement la flotte, et d'affreux malheurs vinrent détruire cet immense projet d'invasion, projet dont la réussite assurait à l'Europe une paix générale.

L'intrépide capitaine Lacrosse auquel la République avait confié le commandement du vaisseau de 74, *les Droits de l'Homme*, lutta contre la violence des éléments, et malgré l'épouvantable tempête qui avait détruit en partie notre flotte, il ne perdit pas de vue les côtes de l'Irlande et ne voulut pas s'éloigner sans s'être assuré qu'aucun de nos vaisseaux n'avait été jeté sur les côtes de cette île. Forcé d'y prendre terre, il visita non-seulement le littoral qui avoisine l'embouchure de la rivière de Shannon, deuxième point indiqué à l'escadre pour y opérer le débarquement des troupes; mais il croisa inutilement huit jours en vue de l'Irlande; c'est alors seulement qu'il se décida à rallier l'escadre en se dirigeant vers les côtes de France.

Le 22 nivôse an V (13 janvier 1796) le commandant des *Droits de l'Homme* s'estimait à un degré (25 lieues) de Penmarch, quand on aperçut au vent le navire anglais *l'Indéfatigable*. Ce vaisseau avait de son côté remarqué le navire français et portait sur lui; bientôt une frégate apparut à l'horizon, et c'était encore un ennemi. Le commandant Lacrosse prit chasse devant eux, non pour refuser le combat, mais pour gagner du temps et s'y mieux préparer. Il essaya d'augmenter ses voiles; les manœuvres cessèrent. Cependant la marche continua. Vers trois heures, on remarqua deux nouveaux bâtiments; ils cherchaient à lui couper la route, c'étaient donc encore des ennemis. Dans cette situation difficile, le commandant ordonna de virer de bord et de marcher sur l'amiral anglais qui était le plus proche de lui, et qui d'ailleurs était le plus formidable des quatre adversaires. Cet ordre, que l'équipage des *Droits de l'Homme* accueillit avec un hourra unanime, fut immédiatement suivi du branle-bas, et chacun se prépara au combat avec cette joie fébrile qui saisit le soldat au moment du danger. Par malheur, l'un des bras du grand hunier cassa et le vaisseau se trouva démâté de ses deux mâts de hune. L'Anglais, au lieu de profiter de ce contre-temps, laissa aux *Droits de l'Homme* le loisir de déblayer le pont, et quand il lui envoya sa bordée, il en reçut une énergique riposte, accompagnée d'un terrible feu de mousqueterie; il chercha alors à enfiler le navire français; mais Lacrosse qui prévit cette manœuvre, poussa sur lui afin de l'aborder. Par là, en effet, l'équilibre eût été rétabli, tandis qu'en se bornant à des canonnades, toute l'infériorité était de notre côté, car la mer était si houleuse que, faute de l'appui que les *Droits de l'Homme* ne recevait plus de sa mâture, on était obligé de fermer les sabords de la batterie basse, ce qui rendait inutiles les canons de 36 qu'elle renfermait. Mais le commodore Pellew, commandant de *l'Indéfatigable*, n'osa point accepter ce genre de combat et prit du large devant le navire français.

A six heures trois quarts, il y avait déjà une heure et demie que le combat durait; la frégate ennemie (*l'Amazone*) put entrer en lice et annonça sa participation à la lutte par une bordée dans la hanche des *Droits de l'Homme*. Après un feu très-vif de part et d'autre, les deux bâtiments anglais qui avaient considérablement souffert, durent pousser au large pour se réparer. Lacrosse profitant de ce moment de répit, fit distribuer une ration d'eau-de-vie à ses héroïques matelots.

Sur les huit heures et demie du soir, les ennemis rouvrirent le feu. Profitant de la supériorité de leur voilure, ils tournaient autour du navire français, et lançant alternativement sur tribord et babord, ils l'enfilaient tour à tour, tandis que celui-ci ne pouvait dans sa riposte ne lancer que sur un bord. Dans cette position critique, Lacrosse essaya d'accrocher un de ses deux adversaires, présumant avec raison que l'autre accourrait pour le délivrer, et espérant qu'il pourrait alors les aborder l'un et l'autre; mais ceux-ci évitèrent constamment cette manœuvre qui cependant procura aux *Droits de l'Homme* quelques positions avantageuses pour enfiler ses adversaires de l'avant ou de l'arrière.

Le mât d'artimon fut cassé par un boulet, et les Anglais profitant de l'embarras qui devait en résulter sur le pont pour s'approcher de plus près, le commandant Lacrosse fit charger ses canons avec des obus dont l'éclat produisit un effet si terrible dans les rangs ennemis que *l'Indéfatigable* et *l'Amazone* s'éloignèrent au plus vite de leur redoutable adversaire.

Cependant les deux voiles basses des *Droits de l'Homme* étaient hachées, beaucoup de canonniers avaient été tués à leurs pièces, un grand nombre de matelots étaient blessés; mais malgré toutes ces pertes, le feu ne se ralentissait pas. Si un homme tombait, dix s'élançaient. Vers une heure du matin, le lieutenant de vaisseau Chatelain eut le bras fracassé par un biscaïen, et quelques instants après, le commandant Lacrosse, qui n'avait pas quitté le pont une seule minute, fut atteint au genou gauche, par le ricochet d'un boulet mort. Il tombe, on se précipite pour le porter à l'ambulance; mais arrêtant ceux qui veulent l'enlever du champ d'honneur, il s'écria d'une voix tonnante : « équipage des *Droits de l'Homme*, jurez-moi de ne point amener le pavillon français! — Nous le jurons, répondent mille voix pleines d'enthousiasme. — Vaincre ou mourir! ajouta le commandant. — Vive la République! » s'écrie l'équipage entier, et ce cri retentit jusqu'aux Anglais qui dès lors commencèrent à désespérer de la victoire; puis le brave Lacrosse appelle son second, le capitaine de frégate Prevost-Lacroix, il exige encore de lui qu'il fera couler le navire plutôt que d'amener le pavillon. Prevost fait ce serment d'une voix résolue, et alors seulement Lacrosse consent à se laisser panser.

Le combat dura encore quatre heures avec la même énergie. Vers six heures du matin la vigie signala la côte de France. Le commandant Lacrosse exigea alors qu'on le transportât sur le pont, et l'on chercha à gagner la terre. Les mâts de misaine et de beaupré, entaillés par la mitraille, se brisèrent sous le poids du vent qui s'engouffrait dans les voiles; bientôt la grande voile, toute criblée de boulets, mais qui seule tirait encore le vaisseau de l'avant, vint à manquer. On chercha à mouiller les ancres; le feu de l'ennemi ayant haché leurs câbles, on fut obligé d'étalinguer un fort grelin sur une ancre à jet, après avoir jeté à la mer une partie de la batterie. Quant à *l'Indéfatigable*, il avait gagné le large, dès qu'on avait été en vue de la côte de France.

Cette lutte mémorable avait duré treize heures de nuit, et le plus faible des deux bâtiments ennemis avait une artillerie supérieure à celle des *Droits de l'Homme*. Ce navire était entièrement rasé; mille boulets avaient troué sa carcasse; il faisait eau de toutes parts; toute sa mitraille était épuisée; tous ses boulets ramés avaient été employés, il n'y avait plus à bord que 50 boulets ronds : sept officiers de marine avaient été blessés; trois officiers de la légion des Francs étaient restés sur le champ de bataille; plusieurs autres étaient grièvement blessés; cent hommes furent tués et un nombre à peu près égal avait été mis hors de combat. Mais la frégate *l'Amazone* avait sombré à la même côte, et ses officiers, ainsi que son équipage, furent fait prisonniers.

Les *Droits de l'Homme* échoua dans la baie d'Audierne le 25 nivôse à sept heures du matin. Les canots légers furent emportés par les lames, avant qu'on eût pu y descendre; plusieurs de ses braves matelots périrent en se dévouant, les uns pour établir un va et vient, les autres pour aller à terre chercher des secours. La chaloupe qu'on était parvenu à mettre à flots fut brisée par la houle et tout ce qui s'y trouvait fut broyé par les récifs. Ce ne fut que dans la nuit du 25 au 26 que cinq chaloupes venues d'Audierne purent emmener les blessés et environ 400 matelots ou soldats, et le 30 seulement Lacrosse s'embarqua sur une corvette qu'on lui avait envoyée de Brest, mais le dernier de tous, et après s'être assuré qu'il ne restait plus un seul homme à bord.

Lacrosse fut élevé au grade d'officier général, et le Directoire n'oublia pas les officiers qui s'étaient distingués sous ses ordres.

Le contre-amiral Lacrosse fut nommé en 1799 ambassadeur près la cour d'Espagne. Il fit exécuter avec énergie les volontés de la France et exigea du gouvernement espagnol le renvoi des émigrés français, en stipulant pour eux les conditions les plus favorables.

A son retour d'Espagne, le ministère de la marine lui fut offert; mais homme d'action, il refusa cet honneur, préférant combattre les ennemis de la France.

En 1802, le premier Consul le nomma capitaine général de la Guadeloupe. La population, prévenue de son arrivée, se porta tout entière à sa rencontre; mais bientôt cette même population, travaillée par les Anglais, se révolta contre son autorité. Mal soutenu par les blancs, il se vit forcé d'être toujours sur la défensive. Le 1er novembre 1801 il fut surpris dans une reconnaissance qu'il faisait en dehors de la ville de la Pointe-à-Pître, où le mulâtre Pelage le tenait bloqué. Ce chef de révoltés força le gouverneur général à s'embarquer immédiatement sur un bâtiment danois; c'est à cette condition seulement qu'il obtint sa liberté.

Le contre-amiral Lacrosse se fit conduire à la Dominique, et y attendit l'expédition sous les ordres du général Richepanse; il rentra avec elle à la Guadeloupe. A la mort du général il reprit le commandement en chef et parvint à soumettre les rebelles et à rétablir sur tous les points de la colonie l'ordre le plus parfait. Il s'embarqua pour revenir en France sur la frégate *la Didon*.

Sans défiance, et ne sachant pas que le traité d'Amiens était rompu, il tomba aux environs de Brest dans une croisière anglaise, composée de douze vaisseaux de ligne. Intrépide comme toujours, il les força à lui livrer passage, parvint même à leur enlever la corvette *le Laurier* qui servait de mouche à cette flotte. Il eut le bonheur de gagner les côtes d'Espagne avec sa prise, et la reconduisit dans le port de Santander, où il débarqua lui-même.

Napoléon, aussitôt son retour, le nomma préfet maritime, et lui confia l'inspection de la flottille qui se réunissait dans le deuxième arrondissement maritime. En très peu de jours, la flottille fut au grand complet prête à transporter nos légions sur le sol britanique.

A la mort de l'amiral Bruix, il prit le commandement en chef de l'armée navale.

Cet intrépide marin avait été créé commandeur de la Légion-d'Honneur en 1804, dès la fondation de l'Ordre.

En 1815, M. le contre-amiral Lacrosse a cessé de faire partie de l'armée navale ; il s'est retiré à Meilhan, où il est mort le 10 septembre 1829, laissant à la patrie un digne héritier de ses vertus et de son patriotisme : c'est M. Lacrosse, ex-ministre des travaux publics, qui débuta par être marin, servit ensuite en qualité de lieutenant dans les chasseurs à cheval de la Garde impériale et combattit à Waterloo auprès de Vandamme dont il était aide-de-camp.

Depuis 1830 M. Lacrosse fut colonel de la garde nationale de Brest, membre du conseil général, député, etc. Il est encore aujourd'hui Représentant du peuple à l'Assemblée législative. (*Extrait de l'Almanach militaire de* 1850.)

LACUÉE (JEAN-GÉRARD), comte de Cessac, naquit dans l'arrondissement d'Agen (Lot-et-Garonne), le 4 novembre 1752.

Après avoir fait d'excellentes humanités, il se livra à l'étude des mathématiques, et entra dans le régiment de Dauphiné-Infanterie, en qualité de sous-lieutenant.

Il était parvenu au grade de capitaine, lorsque le maréchal de Broglie lui confia, en 1784, la surveillance des travaux et l'inspection de la conduite des cadets-gentilshommes de la garnison de Metz. Le jeune Lacuée se livrait à de sérieuses études au moment solennel de la Révolution de 1789.

Il se dévoua au nouvel ordre de choses, sans enthousiasme, sans passion, mais avec une volonté ferme qui lui concilia l'estime des habitants de son département. Ils lui donnèrent un double témoignage de leur sympathie en le nommant d'abord (1790) procureur-général, syndic de ce département, puis député à l'Assemblée législative (1791), où il défendit, avec autant de talent que d'énergie, la Constitution de 1791.

Tous ses discours dans cette Assemblée eurent principalement pour objet l'organisation de l'armée. A l'époque de la défection de Dumouriez, Lacuée s'éleva avec force contre ce général, et confondit ses apologistes par ce dilemme : « Ou Dumouriez savait l'état de nos armées et de nos places, quand il a précipité la guerre, et alors c'est un traître, ou il l'ignorait, et alors c'est un ministre incapable. »

Le 28 avril 1792, Lacuée fut élevé à la présidence ; mais il avait montré trop de modération à la tribune législative, trop d'attachement à l'ordre établi, pour ne pas être éloigné des affaires.

Tels furent les motifs qui l'empêchèrent, dans le mois de septembre, d'être réélu à la Convention nationale. Il entra bientôt dans les bureaux de la guerre. On avait déjà une opinion si avantageuse de l'étendue de ses connaissances dans les différentes parties de l'art militaire, que lorsque le général Servan quitta, au mois d'octobre, le ministère, Lacuée fut mis au nombre des candidats proposés pour le remplacer. Ses votes à l'Assemblée législative avaient failli le faire rayer de la liste ; mais Vergniaud l'y fit maintenir par la chaleur avec laquelle il embrassa sa défense.

Devenu général de brigade et chef d'état-major des douze armées des Pyrénées le 3 février 1793, il ne tarda pas à être accusé par Baudot d'avoir pris part à la rébellion des autorités de Toulon. Cette accusation n'eut toutefois aucune conséquence fâcheuse pour lui. Pourtant, on le fit revenir au mois de juillet suivant à Paris, où il aurait infailliblement subi le sort de Biron, Custine, Houchard et Lamarlière, s'il n'eût été assez heureux pour se soustraire aux poursuites dont il était l'objet.

Il se retira dans une maison de campagne isolée, où il s'occupait spécialement de travaux agricoles et littéraires, lorsqu'au mois de pluviôse an III, il reçut l'ordre de se rendre de nouveau à l'armée des Pyrénées.

Le 15 thermidor suivant, Letourneur, de la Manche, membre du Comité de salut public, le rappela et le chargea de diriger les opérations du ministère de la guerre. Ce fut sous son administration que l'armée française effectua le premier passage du Rhin.

Le 4 vendémiaire an IV, Lacuée fut élu député au conseil des Anciens. On voulut lui donner peu de temps après le commandement des troupes qui combattirent les sections dans la journée du 13 vendémiaire, il ne crut pas devoir accepter, et Bonaparte fut choisi à sa place. Il refusa aussi, vers la même époque, le ministère de la guerre, qui fut donné à Dubayet.

Le 1er brumaire, l'Assemblée l'appela à la présidence. On le vit se prononcer en faveur du projet relatif aux conseils d'administration des troupes, combattre la résolution sur les enfants abandonnés, faire approuver celle concernant le service de gendarmerie et voter contre l'établissement du nouveau droit de passage que le gouvernement avait résolu de créer.

Lors de la division qui éclata entre le Directoire et les conseils, division déplorable qui amena la journée du 18 fructidor, Lacuée faisait partie de la commission des inspecteurs de la salle consacrée aux séances législatives. Il avait à craindre alors que l'amitié qui l'unissait à Carnot, membre du Directoire, ne le fît envelopper dans la proscription du parti directorial. Non seulement sa liberté ne fut point menacée, mais il continua de siéger au conseil des Anciens, où il défendit courageusement ce même Carnot, son ami, que le parti vainqueur attaquait avec une extrême violence. Il eut bientôt à répondre lui-même aux inculpations de l'émigré Mallet-Dupan, qui l'accusait d'intrigues et de royalisme. Il réfuta victorieusement ces inculpations dans une lettre qu'il adressa à ses collègues des deux conseils. Nous en citerons quelques paragraphes :

« On n'intrigue, dit Lacuée, que pour obtenir de l'argent ou des places pour soi, ses parents ou ses amis.

« J'avais reçu de mes pères une légitime qui s'élevait à 60,000 francs, il ne me reste pas les trois quarts de cette somme : je n'ai donc pas intrigué pour avoir de l'argent.

« Aucun de mes parents n'a obtenu de place lucrative, aucun ne s'est enrichi; loin de là, plusieurs se sont, comme moi, appauvris depuis la Révolution; ainsi mes intrigues n'ont été fructueuses ni pour moi, ni pour les miens.

« Si le désir d'obtenir des places eût été l'objet de mes intrigues, j'aurais accepté, ou un ministère qu'on m'a offert deux fois, ou une ambassade brillante qu'on m'a présentée, ou le grade de général de division, auquel j'avais bien quelques droits, comme l'un des plus anciens généraux de brigade. Ne pensez cependant pas, citoyens collègues, que le refus de ces places, de ces grades, soit l'effet de quelque arrière-pensée; non, si je n'eusse pas été représentant du peuple, j'aurais accepté, ou le ministère, ou la légation, ou le grade; mais j'ai toujours pensé, et mes collègues peuvent en rendre témoignage, j'ai toujours pensé qu'un citoyen doit rester là où le peuple l'a placé; j'ai cru que je serais plus utile à mon pays au milieu de vous que dans tout autre poste; j'ai jugé qu'un militaire ne peut, pendant qu'il siége dans les conseils, cheminer vers les grades supérieurs qu'à son tour d'ancienneté. Voilà mes motifs, ils peuvent n'être pas bons, mais ils n'annoncent pas un intrigant.

« Si par le mot *intrigant*, M. Mallet a voulu désigner un homme qui se mêle des affaires politiques pour en entraver quelques-unes et pour en faciliter quelques autres, qui travaille sourdement à changer les formes du gouvernement, ou les hommes qui en tiennent les rênes, ce n'est pas encore moi qu'il a peint.

« Des hommes et des femmes célèbres en ce genre ont voulu m'initier dans leurs secrets, m'associer à leurs travaux; mais un refus constant a été ma réponse. J'ai tenté, je l'avoue avec plaisir, j'ai tenté, avant le 18 fructidor, de prévenir les maux que je craignais; mais sept à huit membres du conseil des Anciens, tous irréprochables sous tous les rapports, ont constamment été mes coopérateurs: qu'ils disent si je me suis montré à eux comme un intrigant ou comme un citoyen dévoré de l'amour de mon pays et de celui de la liberté républicaine.

« Depuis le commencement de la session, chacun des partis qui nous divisent m'a signalé comme tenant à la fraction opposée. Aux yeux de ceux-ci, j'étais royaliste, et aux yeux de ceux-là, terroriste; et cependant, je ne tiens ni aux uns ni aux autres. Non, et je m'en fais gloire, je ne tiens et ne tiendrai jamais qu'à la République et à la Constitution de mon pays: j'en ai fait le serment, je le répète aujourd'hui et je le tiendrai: on peut m'en croire, je n'ai jamais manqué à mes promesses; mes amis et mes ennemis le savent.

« Je n'ai jamais siégé au côté droit de l'Assemblée législative, et je n'ai voté avec lui que lorsqu'il m'était bien démontré qu'il avait la justice pour lui. Si le côté gauche m'eût cru le partisan, le défenseur, l'ami de la cour et de la royauté, m'eût-il confié, le 10 août, la direction de la guerre et des armées; si j'eusse été royaliste, les rois coalisés eussent-ils été forcés de fuir avec autant de honte? En cherchant à me déshonorer aux yeux de mes collègues et de mes concitoyens, on me force à dire, pour la première fois, que j'ai eu, par mon activité, quelque part aux premiers succès des armées françaises, que je n'ai pas été inutile à la création des armées des Pyrénées, qui ont vaincu l'Espagne, l'Italie et pacifié la Vendée; et que peut-être, j'ai par là, et par mes travaux au Comité de salut public, contribué en quelque sorte aux victoires qui ont valu à la République la gloire qui l'environne. Dans tout cela, je n'ai fait que mon devoir, je le sais; mais ce devoir, l'aurais-je fait si j'eusse été royaliste? Qui a créé, dans le département de Lot-et-Garonne, les sociétés populaires? Qui les a suivies avec le plus d'empressement dès qu'elles sont devenues un foyer de réaction? Demandez-le aux patriotes, et ils me nommeront. Demandez-leur aussi si quelqu'un a plus contribué que moi à allumer l'esprit public dans ce département, à l'exciter, à l'entretenir; si quelqu'un a donné un plus vif élan aux ventes des biens nationaux, à la rentrée des contributions; si quelqu'un a plus fait pour faire aimer et respecter les lois, et on vous dira que non.... »

Lacuée sortit du conseil des Anciens en 1798. Ses concitoyens lui donnèrent un nouveau témoignage d'estime en le nommant député au conseil des Cinq-Cents.

Il y présenta différents rapports sur l'emprunt forcé, sur le personnel de l'armée, sur la levée des conscrits; puis il fit l'éloge de la bravoure et du désintéressement du général Chérin, mort à Strasbourg des suites des blessures glorieuses qu'il avait reçues en Souabe.

Le 18 brumaire, qui mit un terme à la guerre civile, trouve dans le général Lacuée un homme résolu à soutenir le nouvel ordre de choses. Il entra au conseil d'État, et fut chargé par le premier Consul de présenter au Corps législatif plusieurs projets d'organisation militaire.

Le 16 floréal, le premier Consul lui confia le portefeuille de la guerre par intérim, en l'absence de Berthier, qu'il avait envoyé en Espagne. Le 3 thermidor an XI, il fut appelé à la présidence de la section de la guerre au conseil d'État, peu de temps après au gouvernement de l'École polytechnique. Il devint ensuite membre de l'Institut, corps illustre auquel le premier Consul, tout couvert de sa jeune et brillante gloire, s'honorait d'appartenir. Enfin, le 9 vendémiaire an XII, il reçut la décoration de membre de la Légion-d'Honneur, et le 25 prairial suivant le titre de grand officier de l'Ordre.

Le 10 nivôse an XIII, Lacuée se rendit au Corps législatif avec de Champagny, ministre de l'intérieur, et Regnaud de Saint-Jean-d'Angely, pour y faire l'exposé de la situation de l'Empire.

Napoléon, qui appréciait dignement les talents et le noble caractère de Lacuée, l'éleva à la dignité de conseiller d'État à vie le 3 germinal an XIII, au grade de général de division le 17 vendémiaire an XIV; puis, en 1806, il lui donna la direction générale de la conscription et des revues, le nomma ministre d'État à vie le 5 novembre 1807, le créa comte de Cessac en 1808 et le fit grand aigle de la Légion-d'Honneur le 2 février 1809.

Le général Lacuée, comblé des bienfaits de l'Empereur, ne tarda pas à lui donner des marques de dévouement, si l'on en juge par le discours qu'il prononça en 1809, à la tribune du Sénat, pour y proposer une levée de 360,000 hommes. « Il est inutile, disait-il, de vous démontrer qu'une prévoyance, fille du génie et d'une haute sagesse, qu'un amour ardent mais raisonné de la paix, ont seuls dicté la résolution de Sa Majesté. En effet, tout autre que Napoléon le Grand, qui aurait laissé dans les Espagnes des forces aussi capables que les siennes de combattre et de vaincre les Anglais, qui se fût trouvé à la tête d'une armée la plus belle que le Danube ait eue sur ses bords, qui eût été maître de la capitale de l'ennemi et de plus de la moitié de ses belles provinces, qui aurait remporté une foule de victoires éclatante, même quand cette armée était à peine réunie dans ses premiers éléments, qui aurait vu la nation se lever en masse, mais avec ordre, avec calme, pour repousser un ennemi qui avait osé, pendant son absence, menacer le territoire de l'Empire, tout autre prince, dis-je, ne vous eût pas demandé de mettre de nouvelles forces à sa disposition, et le premier capitaine du monde, le plus grand homme de son siècle, vous le demande. »

Le 3 janvier 1810, l'Empereur le nomma ministre directeur de l'administration de la guerre. Il déploya dans ces nouvelles fonctions une probité sévère, qui lui fit des ennemis de tous ceux qui auraient voulu lui voir tolérer les dilapidations scandaleuses auxquelles donnaient lieu les fournitures et les dépenses matérielles de l'armée. Tous ses moments furent consacrés à la réforme de ces abus. Il sévit avec rigueur contre les hommes qui s'en étaient rendus coupables. Aussi, vit-on tous ces hommes, dévorés par l'ambition des richesses, représenter le comte de Cessac comme un administrateur dont les étroites mesures d'économie, les exigences tyranniques nuiraient aux grandes opérations de Napoléon, en lui aliénant l'amour de ses soldats. L'Empereur ne se laissa point ébranler par les clameurs intéressées de ces vampires; il conserva le portefeuille au comte de Cessac et lui donna de nouvelles preuves de son estime.

Lorsque Napoléon consulta son conseil sur le projet de mariage qu'il avait formé, Lacuée se prononça pour une princesse russe.

Il s'opposa, à plusieurs reprises, au conseil, à la guerre contre la Russie.

Cependant, en 1813, lorsque l'intègre et rigide ministre eut acquis la certitude qu'on ne pouvait continuer la guerre à laquelle il s'était opposé sans affaiblir la sévérité des règles qu'il avait établies dans l'administration; il crut de son devoir de solliciter sa démission, ce qui lui fut accordé. Le comte Daru le remplaça.

Le comte de Cessac continua, toutefois, de servir avec le même dévouement. On le vit, à l'époque où le territoire était envahi par les armées étrangères, s'élever seul avec la plus vive énergie contre les plénipotentiaires des différentes puissances réunis à Châlons, qui proposaient de démembrer l'Empire. Il suivit ensuite, comme président de la section de la guerre, l'impératrice Marie-Louise à Blois, et ne la quitta qu'après l'abdication de Napoléon.

Il accepta de Louis XVIII une inspection d'infanterie, et se trouvait à Bourges lors du débarquement de Napoléon. Pendant les Cent-Jours, il ne prit aucune part aux affaires publiques. Louis XVIII, au retour de Gand, lui enleva la récompense la plus précieuse de ses longs services, le gouvernement de l'École polytechnique.

En 1819, le comte de Cessac se rendit à son château de Brantès, situé près le village de Sorgues, dans le département de Vaucluse; il fixa son séjour dans cette magnifique propriété; où il partageait son temps entre l'agriculture et les soins qu'il donnait à l'éducation de ses enfants.

Il revint à Paris en 1831. Le nouveau gouvernement, se rappelant alors les services du comte de Cessac, crut devoir l'en récompenser en l'appelant à la Chambre des Pairs (19 novembre 1831), où il se fit toujours remarquer par un patriotisme éclairé, la franchise de son caractère et l'indépendance de ses opinions.

Cet homme d'État avait fait une étude approfondie de l'art de la guerre. Il fut l'exécuteur intelligent, inflexible et probe, des grands desseins de Napoléon, pour les bienfaits duquel il conserva une profonde reconnaissance. On l'a vu, lors de la translation des cendres du grand homme, oublier son âge, ses infirmités, l'excessive rigueur du froid, et, prosterné sur le pavé du temple, gémir et verser des larmes devant le cercueil de Sainte-Hélène.

Le comte de Cessac est mort à Paris, le 14 juin 1841, à l'âge de 89 ans.

LACUÉE (Marc-Antoine-Cosme-Jean-Chrysostôme), né le 10 décembre 1773 à Agen (Lot-et-Garonne), avait à peine atteint sa dix-neuvième année lorsqu'il entra au service, le 9 février 1793, en qualité de lieutenant aide-de-camp de son oncle le général de brigade Lacuée, chef d'état-major de l'armée des Pyrénées.

Il fit les campagnes contre l'Espagne,

et lorsqu'au mois de juin suivant le Comité de salut public retira à son oncle les lettres de service qui lui avaient été données, le jeune Lacuée entra comme lieutenant dans la légion des Montagnes avec laquelle il fut incorporé dans la 27ᵉ demi-brigade d'infanterie légère le 8 fructidor an III.

Nommé capitaine le 24 floréal an IV, il passa le même jour en qualité d'aide-de-camp auprès du général Sahuguet, avec lequel il servit en Italie jusqu'à la réforme de cet officier général le 16 vendémiaire an VI. Autorisé, par décision du 14 brumaire suivant, à se retirer dans ses foyers jusqu'à ce qu'il pût être replacé, il fut employé comme capitaine-adjoint à l'état-major de l'armée de l'intérieur, et fut attaché au cabinet topographique et historique du Directoire exécutif jusqu'au mois de floréal an VII, époque à laquelle il alla conduire des conscrits à l'armée d'Italie. Il sollicita alors l'autorisation de rester à cette armée et d'y servir en qualité d'adjoint aux adjudants-généraux. Cette demande ayant été accueillie, il fut autorisé, le 25 du même mois, à servir provisoirement à la suite de l'état-major d'Italie.

Nommé chef de bataillon à la 27ᵉ légère, il fit la campagne de l'an VII dans le Palatinat et servit à l'état-major de l'armée du Rhin pendant la guerre de l'an VIII, en Souabe et en Bavière.

Le 28 fructidor, il fut promu au grade de chef de brigade et appelé au commandement de la 63ᵉ demi-brigade de ligne. C'est à la tête de ce corps qu'il fit partie de l'armée d'observation du Midi pendant les ans IX et X, et de celle des côtes de l'Océan pendant les ans XI, XII et XIII. Membre de la Légion-d'Honneur le 19 frimaire an XII, il en fut créé officier le 25 prairial suivant, et prit part aux campagnes d'Autriche et de Prusse de l'an XIV à 1807, avec la 2ᵉ division du 7ᵉ corps de la grande armée.

Le 7 février 1807, à la bataille d'Eylau, où il se couvrit de gloire, après avoir reçu deux blessures, il retourna au combat malgré les chirurgiens qui voulaient le retenir à l'ambulance et fut tué par un boulet de canon.

Son nom est gravé sur l'arc de triomphe de l'Étoile, côté Est.

LACUÉE (Gérard), né le 25 décembre 1774 à Agen (Lot-et-Garonne), entra au service le 11 octobre 1792 comme sous-lieutenant dans le 80ᵉ régiment d'infanterie, et fut nommé capitaine à la légion des Pyrénées le 15 décembre suivant; mais il ne voulut point accepter ce grade et continua à servir comme sous-lieutenant à l'armée des Pyrénées-Occidentales, où il fit les campagnes de 1792, 1793 et an II, en qualité d'adjoint aux adjudants-généraux.

Le rapport, adressé à la Convention nationale sur l'affaire du 17 pluviôse an II, fait une mention particulière et honorable de cet officier. Le 5 messidor suivant, à la prise de la Croix-des-Bouquets, il fut blessé d'un coup de feu au genou droit. Destitué arbitrairement par le représentant du peuple Pinette, il entra immédiatement comme simple soldat dans le 12ᵉ régiment de hussards, et continua de servir à l'armée des Pyrénées-Occidentales pendant la campagne de l'an III et le commencement de celle de l'an IV. Réintégré dans le grade de sous-lieutenant à la 128ᵉ demi-brigade d'infanterie de ligne le 5 brumaire an IV, il fut employé comme adjoint à l'état-major de l'armée de l'intérieur jusqu'au 3 floréal an VI, époque à laquelle il fut nommé lieutenant-adjoint à l'état-major de l'armée d'Angleterre, et attaché au cabinet topographique.

Embarqué avec l'armée d'Orient, il fit les campagnes des ans VI et VII en Égypte et en Syrie. Pendant que la flottille française remontait le Nil, elle fut constamment inquiétée par les Arabes qui accouraient à sa vue sur les deux rives et lui tiraient des coups de fusil. Le bâtiment que montait le lieutenant Lacuée ayant pris l'avance sur les autres, échoua et fut attaqué, le 5 thermidor an VI par les habitants du village de Kmo-el-Scherif. Les Français soutinrent pendant quelque temps un combat très vif, parvinrent à repousser leurs agresseurs et à remettre la canonnière à flot ; mais dans l'action le lieutenant d'état-major Lacuée reçut une balle dans la mâchoire.

Nommé capitaine-adjoint par le général en chef Bonaparte le 2 vendémiaire an VII, il fut fait chef d'escadron au 24e régiment de chasseurs à cheval le 3 messidor suivant. Rentré en France au mois de vendémiaire an VIII, il fit la campagne de cette année aux armées du Rhin, d'Italie, et se distingua aux batailles de Moeskirch et de Marengo. Devenu aide-de-camp du premier Consul en récompense de sa belle conduite dans ces deux journées, Lacuée fut chargé d'aller complimenter le général Mélas après la signature de la convention d'Alexandrie, et de lui présenter, au nom du premier Consul, un superbe sabre turc rapporté d'Égypte.

Mélas, flatté de cette prévenance de son adversaire, dit au chef d'escadron Lacuée : *Il me tarde que nous ayons la paix, à laquelle je vais contribuer de tous mes efforts, pour aller voir le général Bonaparte à Paris. Je le verrai, fût-il même en Égypte.*

Nommé chef de brigade le 1er thermidor an IX, il continua son service d'aide-de-camp auprès du premier Consul jusqu'au 12 vendémiaire an XII, époque à laquelle il prit le commandement du 59e régiment de ligne, qui fit partie du camp de Montreuil pendant les ans XII et XIII. Membre de la Légion-d'honneur le 19 frimaire an XII, et officier de l'Ordre le 25 prairial suivant, il fit la campagne de l'an XIV à la 3e division du 6e corps de la grande armée.

Le 17 vendémiaire, cette division, commandée par le général Malher, marcha à l'attaque des ponts sous Guntzbourg ; les trois colonnes de la droite, après avoir enlevé le pont de communication entre la rive gauche du Danube et une petite île, se trouvent tout à coup repoussées. Pendant ce temps, cinq compagnies du 59e, ayant à leur tête le colonel Lacuée, emportent à la baïonnette, malgré le feu meurtrier d'une batterie de 20 pièces, un pont situé immédiatement au-dessus de celui que les trois autres colonnes ont été forcées d'abandonner. Encouragé par ce succès, le colonel Lacuée se dirige alors avec sa troupe vers les hauteurs qui dominent le village de Reisemberg. Ses soldats, électrisés par son exemple, font des prodiges de valeur ; rien ne leur résiste ; l'ennemi est chassé de position en position. Lacuée, toujours à la tête des plus intrépides, est grièvement blessé ; mais, surmontant sa douleur, il poursuit ses succès et se porte rapidement sur la route de Guntzbourg à Nornheim. Maître de cette dernière position, déjà il jouit de son triomphe, lorsqu'il tombe frappé par une balle qui lui traverse le cœur. Les sapeurs accourent auprès de lui et le transportent au point où on avait commencé l'attaque ; le brave colonel vivait encore. Entouré de ceux qu'il a si souvent conduits à la victoire, ses dernières paroles, sa dernière pensée, sont à eux ; il rend le dernier soupir en disant : *Le régiment a fait son devoir, je meurs content.*

L'Empereur, voulant honorer la mémoire et perpétuer le souvenir de la mort glorieuse du colonel Lacuée, ordonna que l'une des rues de Paris, qui vont aboutir au pont d'Austerlitz, porterait le nom de Lacuée.

LA FAYETTE (Marie-Paul-Roch-Yves-Gilbert-Notier, marquis de), né en 1757 au château de Chavagnac, en Auvergne. A seize ans, il épousa mademoiselle de Noailles, fille du duc d'Agen, et partit en 1777 sur un navire qu'il avait frété lui-même pour aller combattre dans les rangs des Américains. Revêtu du grade de major-général dans l'armée des États-Unis, il fut blessé près de Philadelphie et contribua puissamment à la défaite de l'armée anglaise et à la capitulation d'York-Town (octobre 1781).

De retour en France, il fut appelé en 1787 à la première assemblée des notables, s'y prononça pour la suppression des lettres de cachet et des prisons d'État, et fit la *motion* expresse (mot prononcé pour la première fois) de la convocation de la nation représentée par ses mandataires.

La Fayette fit partie des États généraux comme député de la noblesse d'Auvergne. Il appuya la motion de Mirabeau sur l'éloignement des troupes, et fit décréter par l'Assemblée une déclaration des droits de l'homme, la responsabilité des ministres, l'établissement d'une garde civique, et il en fut élu commandant.

Son premier acte comme commandant de la garde nationale fut de faire démolir la Bastille (16 juillet). Le 26, il présenta à l'Assemblée la cocarde tricolore : « Cette cocarde, dit-il, fera le tour du monde. » Le 26, il sauva à Versailles la famille royale, et la ramena à Paris où vint s'établir aussi l'Assemblée constituante. — Il demanda le jury anglais, les droits civils des hommes de couleur, la suppression des ordres monastiques, l'abolition de la noblesse héréditaire, l'égalité des citoyens, et proclama cette pensée *imprudente, dangereuse*, à l'usage des révolutionnaires de tous les pays qui lui ont accordé une application élastique, que *l'insurrection est le plus saint des devoirs*, lorsque l'oppression et la servitude rendent une révolution nécessaire.

Il fonda le club des *Feuillants* pour servir de contre-poids au club des *Jacobins*.

Il se joignit à Bailly pour empêcher la réunion des patriotes au Champ de Mars pour signer la pétition relative au pouvoir royal; mais il ne put réussir. La loi martiale fut proclamée, le sang coula, et cette journée valut à Bailly l'échafaud à quelque temps de là, et à La Fayette la perte de sa popularité et de son commandement. Il donna sa démission le 8 octobre 1791 et se retira dans ses terres.

Chargé du commandement de l'une des trois armées lors de la première coalition, il rétablit la discipline, imagina le système des *tirailleurs*, organisa l'*artillerie légère*, battit l'ennemi à Philippeville, à Maubeuge, à Florennes. Il allait se porter de Metz sur Namur; mais il apprit à Dinan la défaite des deux corps de Dillon et de Biron, et se hâta d'opérer sa retraite.

Le 16 juin 1792, La Fayette écrivit de son camp de Maubeuge à l'Assemblée une lettre dans laquelle il demandait la suppression des Jacobins. Cette lettre fut mal reçue de la majorité. Il en apprit le mauvais effet en même temps que la *journée du 20 juin*. Il quitta aussitôt son armée, et le 28 il était à la barre de l'Assemblée, demandant au nom de son armée la *destruction d'une secte qui envahissait la souveraineté, et dont les atroces projets étaient connus*. Guadet fit échouer les efforts du général. Il voulut alors *remuer* la garde nationale qui ne répondit pas, quitta Paris pour rejoindre son armée et fut brûlé en effigie dans les rues de Paris.

La Fayette entra alors dans une voie nouvelle; il gagna à ses projets le vieux Luckner et fit proposer à Louis XVI de le conduire au milieu des armées françaises. Si les moyens proposés par les deux généraux ne réussissaient pas, il était déterminé à marcher sur Paris.

Mais la cour qui craignait de se donner un maître et comptait sur les alliés, refusa.

Bientôt arriva le 10 août. La Fayette fut destitué et décrété d'accusation. Il voulut alors passer en pays neutre, tomba dans un poste autrichien, fut conduit à Luxembourg, puis transféré à Wezel. Là il tomba malade, et on lui promit d'adoucir sa captivité s'il voulait donner des plans contre la France. Ayant répondu avec mépris à cette proposition, il fut jeté sur une charrette et transféré à Magdebourg où il resta un an dans un souterrain humide, puis enfin fut jeté dans les cachots d'Olmutz en Moravie où il subit toutes les tortures pendant cinq ans. Ce fut Napoléon qui exigea sa liberté comme une des conditions de la paix de Campo-Formio (19 septembre 1797). La Fayette alla s'établir à Utrecht.

Après le 18 brumaire, il partit pour Paris. Il obtint pour son fils un grade dans l'armée et pour lui le titre de membre du conseil général de la Haute-Loire, avec le maximum de la pension de retraite de son grade. — Il vota contre le Consulat à vie et contre l'Empire, et vécut retiré à son château de Lagrange, en Brie. — En 1814, Louis XVIII et le comte d'Artois lui firent bon accueil. — Député en 1815, il fit à Napoléon une guerre aveugle, acharnée, au moment où il ne devait voir en lui que le seul homme capable de sauver la France de la honte d'une seconde invasion. Cette conduite est une tache ineffaçable. — Député de nouveau en 1818, il siégea à l'extrême-gauche, rentra forcément dans la vie privée en 1824, partit pour les États-Unis, et son voyage de juillet 1824 à septembre 1825 ne fut qu'une continuelle ovation. A son départ pour l'Europe, le congrès lui offrit 200,000 dollars et de magnifiques terres dans l'Union.

Il fut encore député en 1827. A la publication des ordonnances de Juillet, il accourut de Lagrange à Paris, fut adopté comme un drapeau par les chefs de l'insurrection, et élu commandant de la garde nationale. Le 31, il reçut une lettre de Charles X qui lui faisait les plus séduisantes propositions. Par défiance ou par conviction, il refusa, et répondit : *Il n'est plus temps*. Le même jour, il reçut à l'Hôtel-de-Ville le duc d'Orléans (Louis-Philippe), le présenta au peuple et formula ainsi le nouveau programme : *Un trône populaire entouré d'institutions républicaines*.

Le 4 décembre, la Chambre des Députés adopta une loi qui supprimait le titre de commandant de toutes les gardes nationales de la France. La Fayette donna immédiatement sa démission.

Peu à peu il subit, ainsi que ses amis politiques, la loi qui veut que tout ce qui procède de la violence n'ait pas de durée. Cet homme, qui avait défait un roi et en avait fait un autre, se retrouva membre toujours mécontent de l'extrême opposition à la Chambre des Députés.

Il signa le compte-rendu de 1832 et mourut le 19 mai 1834 des suites de la fatigue qu'il avait éprouvée en suivant à pied le convoi du député Dulong.

Il nous reste à faire connaître l'opinion de Napoléon sur La Fayette.

« La Fayette était un *niais*; il n'était nullement taillé pour le haut rôle qu'il avait voulu jouer. Sa bonhomie politique devait le rendre constamment dupe des hommes et des choses.

« Son insurrection des Chambres, au retour de Waterloo, avait tout perdu. Qui avait donc pu lui persuader que je n'arrivais que pour les dissoudre, moi qui n'avais de salut à espérer que par elles?

« Tout le monde en France est corrigé des idées extrêmes de liberté ; il n'y a qu'un homme qui ne le soit pas, et cet homme, c'est La Fayette.

« En effet, qui a proclamé le principe de *l'insurrection comme un devoir?* qui a adulé le peuple en le proclamant à une souveraineté qu'il est incapable d'exercer? qui a détruit la sainteté et le respect des lois en les faisant dépendre, non des principes sacrés de la justice, de la nature des choses et de la justice civile, mais seulement d'hommes étrangers à la connaissance des lois civiles, criminelles, administratives, politiques et militaires?

« Cet homme qui a joué un si grand rôle dans nos premières dissensions politiques, avait servi sous Washington et s'y était distingué. C'était un homme sans talents ni civils ni militaires; esprit borné, caractère dissimulé, dominé par des idées vagues de liberté, mal digérées chez lui et mal conçues; du reste, dans la vie privée, La Fayette était un honnête homme. »

LAFFITTE (Justin, baron) naquit le 4 juin 1772 à Saurat (Ariége), entra comme soldat le 8 septembre 1787 dans le 10e régiment de dragons, devenu 4e de chasseurs à cheval, et le 15 janvier 1792 il passa en qualité de sous-lieutenant dans le 1er bataillon de l'Ariége, incorporé en l'an II dans la 1re demi-brigade d'infanterie de ligne.

Il fit aux armées des Alpes et d'Italie les guerres de 1792 au commencement de l'an VI, et devint capitaine adjudant-major le 13 mars 1793.

Blessé d'un coup de feu sur le champ de bataille de Rivoli, il s'embarqua à Toulon le 28 floréal an VI avec l'armée d'Orient.

Adjoint à l'adjudant-général Bribes le 16 thermidor suivant, et blessé de trois coups de lance en se battant seul contre cinq Arabes, devant Rahmanieh, le 15 fructidor de la même année il rentra en France après la campagne de l'an VIII, fut employé à l'armée de l'Ouest pendant la guerre de l'an VIII ; le 5 pluviôse, à l'affaire des forges de Cossé, il eut son cheval tué sous lui, et le général Gardanne dit de lui dans son rapport du 6 : « Cet officier s'est conduit avec autant d'intrépidité que d'intelligence. »

Le 7 du même mois, il découvrit les caches de Chanu, où il prit les papiers du chef de bande Frotté, fit prisonnier son secrétaire et trois chefs de légion, et s'empara d'une grande quantité de bagages.

Par arrêté du 29 ventôse, le premier Consul lui conféra le grade de chef d'escadron, et le plaça au 1er régiment de dragons le 2 prairial, avec lequel il fit la campagne de l'an IX en Italie, et passa le 19 vendémiaire an X dans le 12e de dragons, qui tenait alors garnison à Lodi.

Major du 20e régiment de même arme le 6 brumaire an XII, et membre de la Légion-d'Honneur le 4 germinal suivant, il servit en l'an XII et en l'an XIII à l'armée des côtes de l'Océan, et à la première armée de réserve sur le Rhin en l'an XIV.

Promu colonel du 18e de dragons le 20 septembre 1806, il fit les campagnes de Prusse et de Pologne, et mérita la croix d'officier de la Légion-d'Honneur le 14 mai 1807.

Il combattit, de 1808 à 1811, en Espagne et en Portugal, fut créé baron de l'Empire, avec dotation, le 15 août 1810, et fit partie de la grande armée pendant la campagne de Russie.

Général de brigade le 6 janvier 1813, et employé dans la réserve de la 10e division militaire le 25 mars suivant, il devint commandant de la Légion-d'Honneur le 18 juin de la même année.

Appelé au commandement de la levée

en masse des départements des Pyrénées-Orientales et de la Haute-Garonne le 8 janvier 1814, et nommé commandant provisoire du département de l'Ariége au mois d'avril suivant, Louis XVIII le confirma dans ces fonctions le 23 juin, et le créa chevalier de Saint-Louis le 11 octobre de la même année.

A son retour de l'île d'Elbe, l'Empereur l'ayant maintenu dans son commandement, il fut mis en non-activité le 18 juillet 1815, après la rentrée des Bourbons, et compris comme disponible dans le cadre de l'état-major général de l'armée le 30 décembre 1818. Admis à la retraite le 3 décembre 1823, il rentra à l'activité comme commandant du département de l'Ariége le 29 août 1830.

Mis de nouveau en disponibilité le 10 novembre suivant, et compris dans le cadre d'activité de l'état-major général le 22 mars 1831, il fut placé dans le cadre de réserve le 30 avril suivant.

Il est mort à Paris le 27 août 1832.

LAFON-BLANIAC (Guillaume-Joseph-Nicolas), né le 25 juillet 1773 à Villeneuve-d'Agen (Lot-et-Garonne). Entré au service le 15 septembre 1792 comme sous-lieutenant au 5ᵉ régiment de chasseurs à cheval, il fit les campagnes de 1792, 1793 et de l'an II à l'armée du Nord et combattit à Hondscotte. Blessé d'un éclat d'obus à la jambe droite à la prise de Furnes, le 30 vendémiaire an II, il reçut un coup de feu à la cuisse, le 20 messidor suivant, sous Nieuport. Nommé lieutenant au 18ᵉ régiment de dragons le 22 ventôse an III, il passa à l'armée des Pyrénées-Occidentales, où il fit la guerre pendant les ans III et IV. Il servit ensuite à l'armée d'Italie pendant la campagne de l'an V.

Le 25 nivôse, au combat d'Anghiari, se trouvant aux prises avec un officier autrichien, ils furent l'un et l'autre renversés de cheval; mais, quoique blessé d'un coup de sabre à la figure et démonté, il n'en continua pas moins le combat corps à corps avec son adversaire et le fit prisonnier. Cette action lui valut le grade de capitaine sur le champ de bataille, et le 1ᵉʳ pluviôse suivant il fut employé en qualité d'adjoint aux adjudants-généraux dans la division Augereau.

Il fit avec l'armée d'Égypte les campagnes des ans VI, VII, VIII et IX. Grièvement blessé d'un coup de sabre à la jambe droite, le 21 messidor an VI, au combat de Damanhour, il fut nommé chef d'escadron au 20ᵉ régiment de dragons le 28 fructidor suivant. Pendant l'expédition de Syrie, étant dans les montagnes de l'Anti-Liban, près de Naplouse, avec la colonne commandée par le général Damas, il protégea la retraite de l'infanterie à la tête de 50 dragons seulement.

Adjudant-général chef d'état-major de la cavalerie de l'armée d'Orient le 12 thermidor an VIII, il combattit avec une rare intrépidité, le 30 ventôse an IX à Alexandrie. Cerné de toutes parts, criblé de coups de baïonnette, et blessé d'un coup de fusil reçu à bout portant au travers du corps, il ne voulut point se rendre et se fit jour le sabre à la main. Nommé provisoirement, par le général en chef Menou, chef de brigade du 14ᵉ régiment de dragons le 14 germinal de la même année, il fut blessé de nouveau d'un coup de feu à la main droite au combat de l'Embarcadère, le 13 fructidor suivant. Rentré en France après la convention d'Alexandrie, il fut confirmé dans son grade par arrêté du premier Consul du 23 fructidor an X.

Après avoir tenu garnison à Angers en l'an X et en l'an XI, il fit partie de la première réserve pendant les ans XII et XIII, et fut créé membre de la Légion-d'Honneur le 19 frimaire an XII, et officier de cet Ordre le 25 prairial suivant.

Il fit les campagnes d'Autriche et de Prusse de l'an XIV à 1806 avec la 1re division de dragons de la réserve de cavalerie de la grande armée, et commanda son régiment à Austerlitz, où il se couvrit de gloire.

Le titre de commandant de la Légion-d'Honneur lui fut conféré par décret impérial du 4 nivôse an XIV. Nommé écuyer du prince impérial Joseph-Napoléon, il fut promu au grade de général de brigade le 12 septembre 1806, concourut, en cette qualité, à la conquête du royaume de Naples, et fut chargé du commandement des deux principautés depuis le golfe de Naples jusqu'à la Calabre au mois de février 1807; il pacifia le pays après avoir détruit de nombreuses bandes d'insurgés. Chargé du commandement de la ville de Naples et des fonctions de chef d'état-major du gouvernement de cette capitale au mois de mai suivant, il fut nommé inspecteur général de cavalerie au mois de juillet de la même année.

Passé au service d'Espagne, il y fut nommé général de division et aide-de-camp du roi Joseph-Napoléon le 8 juin 1808. Il fit les campagnes de 1806 à 1813, et y rendit des services importants.

Le 24 décembre 1810, il fut nommé gouverneur de Madrid, et le 30 mars 1812 gouverneur de la province de la Manche et commandant de l'avant-garde de l'armée du Centre. Continué dans ses fonctions de gouverneur de Madrid le 22 juillet suivant, il fut en outre chargé du commandement des troupes de cette province et de celles de Tolède et de Guadalaxara. L'armée française ayant opéré sa retraite de Madrid sur le nord de l'Espagne, le général Lafon-Blaniac se trouva le 21 juin 1813, à la bataille de Vittoria, où il eut l'avant-bras fracassé par un coup de feu.

Réadmis au service de France comme général de division le 25 novembre de la même année, il fut mis à la disposition du gouverneur général des départements au delà des Alpes le 11 décembre suivant. Le 7 janvier 1814, il prit le commandement de la cavalerie de l'armée de réserve d'Italie, et fut mêlé à toutes les opérations militaires qui eurent lieu jusqu'à l'abdication de l'Empereur.

Après le retour des Bourbons, il fut chargé du commandement du département de la Gironde le 24 mai 1814, et nommé chevalier de Saint-Louis le 10 décembre suivant. Mis en disponibilité le 15 avril 1815, l'Empereur le nomma inspecteur général de cavalerie dans les 9e, 10e et 11e divisions militaires. En non-activité le 1er août suivant, il fut placé comme disponible dans le cadre de l'état-major général de l'armée à l'organisation du 30 décembre 1818, et demeura dans cette position jusqu'au 1er janvier 1825, époque de son admission à la retraite.

Après les glorieuses journées de 1830, le général Lafon-Blaniac, rappelé à l'activité, fut compris dans le cadre des officiers généraux de l'organisation du 7 février 1831. Chargé le 17 mars de l'inspection générale de la cavalerie dans les 10e, 11e et 20e divisions militaires, il fut mis en disponibilité le 1er juillet, et appelé au commandement de la 17e division militaire (Corse), le 31 décembre de la même année. Le roi Louis-Philippe le nomma grand officier de la Légion-d'Honneur le 29 avril 1833, et il mourut dans l'exercice de ses fonctions, à Vico (Corse), le 28 septembre de la même année.

Son nom est inscrit sur l'arc de triomphe de l'Étoile, côté Sud.

LAFONTAINE (Joseph-Pierre), né à Moscou le 21 mars 1792. Il entra à 17 ans à l'École de Saint-Cyr. Sous lieutenant au 12e de ligne en 1811, il fit la campagne de Russie, fut fait lieutenant au Kremlin, capitaine à la Bérésina, aide-de-camp du général Gérard en 1813, et chevalier de la Légion-d'Honneur le 24 juin de la même année.

Après s'être distingué à Leipzig et dans plusieurs autres rencontres, il sauva la vie au général Gérard à Ligny, et se couvrit de gloire dans ces journées de triste souvenir.

Le 20 octobre 1815, il fut mis en non-activité.

La vie politique du général Lafontaine commence en 1820. Établi à Dijon, il se mit à la tête de l'opposition avancée. Les vengeances du pouvoir ne se firent pas attendre : Prison, réforme sans traitement, grosses amendes, rien n'y manqua. Aussi, la Révolution de 1830 le trouva-t-elle en veine de zèle et de patriotisme. Attaché, en 1830, au maréchal Gérard, en qualité d'aide-de-camp, il se distingua particulièrement au siège d'Anvers.

En 1837, il passa en Afrique, y commanda le 62e de ligne, prit part à l'expédition de la Tafna et à toutes celles de la campagne, et fut mis à l'ordre du jour de l'armée.

Après vingt actions d'éclat, il fut nommé maréchal-de-camp, et dut rentrer en France en 1841, par suite d'une ophtalmie qui l'avait repris pour la troisième fois.

C'est un homme de bravoure et de grande énergie, que la France peut inscrire au nombre de ses plus braves défenseurs. Il commandait encore le 1er mai 1848 le département de la Nièvre.

Il fut élu, après cette époque, membre de l'Assemblée nationale constituante et élevé, le 12 juin 1848, au grade de général de division.

LAFOSSE (Jacques-Mathurin, baron), né le 10 mars 1757 à Lisieux (Calvados), entra dans le régiment de Provence-Infanterie le 11 décembre 1775.

Caporal le 16 juin 1781, sergent le 23 octobre 1782, sergent-fourrier le 22 juin 1784, et sergent-major le 15 septembre 1786, il passa comme adjudant-sous-officier le 23 octobre 1791 dans le 2e bataillon du Finistère, incorporé en l'an II dans la 9e demi-brigade de bataille, devenue 105e de ligne à l'organisation de l'an IV, et 105e régiment de même arme à celle du 1er vendémiaire an XII.

Capitaine adjudant-major à l'élection le 5 mars 1792, il prit le commandement d'une compagnie de fusiliers le 14 septembre 1793.

Il combattit vaillamment de 1792 à l'an IX aux armées du Nord, des Ardennes, de Sambre-et-Meuse, de Mayence, d'Helvétie et d'Italie, et se fit remarquer dans plusieurs circonstances, notamment le 28 août 1793; alors, aidé par quelques-uns de ses camarades, il reprit une pièce de canon que son bataillon avait été forcé de laisser entre les mains de l'ennemi.

Dans la même journée, le 2e bataillon du Finistère, repoussé par l'ennemi, se retirait en désordre; Lafosse saisit le drapeau, se porte en avant, et contribue par son intrépidité à rallier le bataillon et à lui faire opérer une retraite honorable.

Passé au commandement d'une compagnie de grenadiers le 1er floréal an VII, il se distingua le 28 thermidor suivant à la bataille de Novi, et y fut blessé d'un coup de boulet au côté gauche.

Chef de bataillon sur le champ de bataille, nommé par le général en chef, le 21 fructidor de la même année, et confirmé dans ce grade par arrêté du premier Consul du 12 floréal an VIII, il servit en l'an X au corps d'observation de la Gironde, en l'an XI au camp sous Bayonne, devint major du 44e régiment d'infanterie de ligne le 30 frimaire an XII, et membre de la Légion-d'Honneur le 4 germinal suivant.

Il prit part aux opérations de la grande

armée en Autriche, en Prusse et en Pologne de l'an XIV à 1807, et obtint le grade de colonel du même régiment le 4 février de cette dernière année.

Pendant le siège de Dantzig, à la sortie que fit l'ennemi dans la soirée du 20 mai, les gardes de tranchée furent d'abord repoussées, et laissèrent les Prussiens se maintenir dans les logements de contrescarpe assez de temps pour détruire les travaux du jour et de la veille; Lafosse parvint à rallier les troupes et à les ramener au combat, dans lequel il eut l'épaule droite traversée d'un coup de feu, et l'ennemi abandonna les ouvrages. Officier de la Légion-d'Honneur le 30 du même mois, et créé baron de l'Empire avec une dotation de 6,000 francs de rente, le 19 mars 1808, il entra en Espagne avec la 1re division du 3e corps, et donna de nouvelles preuves de bravoure à Lérida le 28 octobre de la même année, et au combat de Siguenza le 29 novembre suivant.

Il servit en Catalogne et en Aragon jusqu'au commencement de 1813, se signala aux sièges de Saragosse et de Tortose, et l'Empereur l'éleva au grade de général de brigade le 6 juillet 1811.

Rentré en France avec un congé de convalescence le 5 février 1813, il retourna en Espagne, le 1er août suivant, et fit ensuite la campagne de 1814 en France.

Mis en non activité après la rentrée des Bourbons, Louis XVIII le nomma chevalier de Saint-Louis le 17 janvier 1815.

Au retour de l'Empereur, il fut chargé par décret du 14 avril de la même année, de l'organisation des gardes nationales de la 16e division militaire.

La catastrophe du mont Saint-Jean vint mettre un terme aux services du général Lafosse, qui fut admis à la retraite le 6 octobre 1815.

Il est mort à Lisieux le 7 mai 1824.

LAGRANGE (Joseph, comte), né à Lectoure le 10 janvier 1763, entra, en 1794, comme capitaine dans le deuxième bataillon des volontaires du Gers. Il franchit rapidement les premiers grades. Sa conduite et les talents qu'il déploya au début des campagnes d'Égypte et de Syrie lui méritèrent le grade de général de brigade. Il se signala particulièrement aux siéges d'El-Arich et de Saint-Jean-d'Acre et à la bataille d'Héliopolis. Au retour de l'expédition d'Égypte, il fut nommé inspecteur général de la gendarmerie et général de division. Il fut chargé, en 1805, du commandement en chef d'une expédition aux Antilles. De retour en Europe, au commencement de 1806, il contribua, en 1807, au succès de la campagne de Prusse.

Lors de la formation du royaume de Westphalie, Lagrange passa au service du roi Jérôme, qui le nomma ministre de la guerre, et le choisit pour son chef d'état-major. Appelé en 1808 à l'armée d'Espagne, il se distingua à l'attaque de Lascanti, le 18 novembre, poursuivit l'ennemi l'épée dans les reins jusqu'à Terracine. Il contribua puissamment au gain de la bataille de Tudela.

Rappelé à l'armée d'Allemagne, en 1809, il fut chargé du commandement des troupes formant le contingent du grand duc de Bade et du gouvernement général de la haute Souabe au commencement de la guerre de Russie; il fut placé à la tête d'une division du 9e corps d'armée, et se signala dans toutes les affaires auxquelles sa division prit part. Il se distingua de nouveau pendant la campagne de France, notamment au combat de Champ-Aubert, où il fut grièvement blessé à la tête. Retiré près de Gisors à la première Restauration, il présida, en 1817, le collège électoral du département du Gers, et fut nommé l'année suivante inspecteur général de la gendarmerie. En 1830, il fut placé parmi les généraux en disponibilité.

Il est mort le 16 janvier 1836. Son nom est inscrit sur l'arc de triomphe de l'Étoile, côté Ouest.

LAGRANGE (Adélaïde-Blaise-François-Lelièvre, marquis puis comte de), fils aîné du lieutenant-général de ce nom, né le 21 décembre 1766 à Paris (Seine).

Volontaire au bataillon d'Artois le 21 décembre 1781, il fut nommé lieutenant en second dans le même corps le 9 mai 1782, et passa comme sous-lieutenant dans les carabiniers le 4 août suivant. Devenu sous-lieutenant de remplacement le 20 juin 1784, il fut fait sous-lieutenant en pied dans le 2ᵉ régiment de l'arme le 1ᵉʳ mai 1788 ; attaché comme capitaine au régiment de la Reine-Dragons le 8 novembre 1789, il entra comme capitaine en pied au 50ᵉ régiment d'infanterie, le 12 janvier 1792.

Employé comme aide-de-camp auprès du maréchal Luckner le 3 mars, il fut fait lieutenant-colonel au 6ᵉ régiment de dragons le 15 juin, et obtint le grade de colonel dudit régiment le 8 septembre de la même année. C'est à la tête de ce corps qu'il combattit le 20 de ce mois à Valmy, où il fut blessé d'un coup de feu au bras. Passé en la même qualité au 5ᵉ régiment de hussards le 12 octobre suivant, il fit les campagnes de 1792, 1793 et an II à l'armée du Nord.

Employé à la suite du 24ᵉ régiment de chasseurs à cheval le 12 floréal an VIII, il fut attaché comme chef de brigade à l'état-major du général en chef Marat, fit la campagne de l'an VIII à l'armée d'Italie, et prit le commandement du 7ᵉ régiment de chasseurs à cheval le 19 pluviose an IX. Il servit alors à l'armée de Batavie, fut employé à celle d'Angleterre pendant les ans XII et XIII, et fut nommé membre de la Légion-d'Honneur le 19 frimaire, et officier de la Légion-d'Honneur le 25 prairial an XII.

Il prit part aux opérations de la 2ᵉ division du 7ᵉ corps de la grande armée pendant les guerres d'Autriche, de Russie et de Pologne, de l'an XIV à 1807. Blessé d'un coup de feu à la cuisse, le 10 juin de cette dernière année, au combat d'Heilsberg, il mérita, par sa bravoure, le grade de général de brigade qui lui fut conféré par décret impérial du 15 du même mois.

Employé avec son nouveau grade à la 2ᵉ division de cavalerie de réserve du 2ᵉ corps de la Gironde le 28 novembre 1808, il fut créé comte de l'Empire vers cette époque, et retourna en 1809 à l'armée d'Allemagne où il eut un bras emporté par un boulet de canon le 21 à l'affaire d'Essling. Promu au grade de général de division le 29 juin, il fut nommé commandant de la province de la haute Autriche le 24 août de la même année.

Appelé au commandement supérieur de la place d'Anvers le 30 avril 1811, il fut chargé de la surveillance des côtes, dans le Mecklembourg, le 4 mai 1812. Gouverneur supérieur de Wesel le 31 octobre 1813, il fut nommé commandant supérieur de la place de Metz le 1ᵉʳ janvier 1814 ; mais il ne put prendre ce commandement, et fut chargé de celui de la levée en masse du département de Seine-et-Marne le 5 février suivant.

Après le retour des Bourbons, le général de Lagrange, qui reprit son titre de marquis, fut nommé capitaine-lieutenant de la 2ᵉ compagnie de mousquetaires le 15 juin, et chevalier de l'ordre royal et militaire de Saint-Louis le 2 juin de la même année. Louis XVIII lui conféra la dignité de commandeur du même ordre le 3 janvier 1815. Il ne servit point pendant les Cent-Jours, et après le licenciement des mousquetaires il fut nommé gouverneur de la 20ᵉ division militaire le 7 septembre 1815.

Admis à la retraite le 6 octobre suivant, tout en conservant les fonctions de gouverneur, il passa en la même qualité à la 18ᵉ division militaire le 14 septembre 1819. Créé grand-croix de l'ordre de Saint-Louis le 17 août 1822, il fut fait commandeur de celui de la Légion-d'Honneur le 19 août 1824.

Le marquis de Lagrange a conservé son gouvernement jusqu'à la révolution de Juillet 1830, et, à cette époque, il est rentré dans sa position de retraite. Il est mort le 2 juillet 1833.

Son nom figure sur l'arc de triomphe de l'Étoile, coté Ouest.

LAHARPE (Amédée-Emmanuel), né en 1754 au château Uttins, près de Rolle, dans le pays de Vaud. Il entra d'abord au service de la Hollande. Rentré dans sa patrie à l'époque de la Révolution française, il y fut condamné à mort en raison de sa conduite politique. Il chercha alors un asile dans le camp des Français. Chef de bataillon en 1791. Honoré du surnom de *brave* par le maréchal Luckner. Commandant de Bitche; général de brigade sur le champ de bataille à la prise de Toulon, commandant l'avant-garde de l'armée d'Italie, général de division en 1795, commandant la droite de l'armée d'Italie en 1796, il contribua puissamment aux victoires de Loano, de Montenotte, de Millesimo et du Dego. Laharpe fut tué en 1796 par une décharge que les troupes françaises tiraient sur son escorte dans l'obscurité de la nuit.

« Ce général était Suisse. Sa haine contre le gouvernement de Berne lui ayant attiré des persécutions, il s'était réfugié en France. C'était un officier d'une bravoure distinguée. Grenadier par la taille et par le cœur ; conduisant avec intelligence ses troupes dont il était fort aimé, quoique d'un caractère inquiet.

« La République perd un homme qui lui était très-attaché ; l'armée un de ses meilleurs généraux, et tous les soldats un camarade aussi intrépide que sévère pour la discipline. (*Dépêche de Bonaparte au Directoire.*)

LAHITTE (Jean-Ernest, DUCOS de), né le 5 septembre 1789, à Bessières (Haute-Garonne).

Il entra à l'École polytechnique en 1807. A la sortie de cette école, en 1809, il fut envoyé en Espagne comme lieutenant d'artillerie et y fit les campagnes de 1810, 1811, 1812, 1813 et 1814. Les occasions de se distinguer ne manquaient pas pendant ces temps héroïques, et M. de Lahitte en profita. Il fut notamment remarqué au siége de Cadix. Ayant quitté l'armée du Midi pour appartenir à l'armée du Nord ou des Pyrénées, il y figura comme capitaine et se montra avec beaucoup de distinction à la bataille de Vittoria, aux combats livrés devant Pampelune, à l'affaire de la Bidassoa, au combat du blocus de Bayonne.

Sous la Restauration, on retrouve M. de Lahitte jouant un rôle important dans toutes les expéditions qui furent faites par le gouvernement de la branche aînée, c'est-à-dire dans les expéditions d'Espagne, de Morée et d'Alger, et c'est lui qui en 1823 commandait l'artillerie comme lieutenant-colonel au siége de Cadix, de cette même ville qui avait vu ses débuts treize années auparavant.

Nommé colonel à la suite de la campagne d'Espagne, il fut choisi en 1828 et 1829 pour commander l'artillerie en Grèce, lors de l'expédition de Morée. C'est là qu'il conquit le grade de général de brigade. Un an après (1830), il fut appelé à commander l'artillerie de l'armée expéditionnaire d'Afrique (siége et prise d'Alger), il se signala surtout à la prise du fort de l'Empereur.

L'Afrique l'a également vu mettre en œuvre, sous le gouvernement de juillet. Il prit part, comme commandant l'artillerie aux campagnes décisives de 1839 et 1840. On le vit donner des preuves de son habileté au col de Mouzaïa, à l'affaire de Médéah, etc.

C'est à la suite de ces campagnes qu'il obtint le grade de général de division, le 21 juin 1840.

La Révolution de février le trouva président du comité d'artillerie, dont il dirigeait les travaux avec une grande distinction. La cause de l'ordre l'a toujours compté parmi ses plus fervents défenseurs et il a donné une nouvelle preuve de son dévouement, en acceptant le portefeuille du ministère des affaires étrangères en 1850.

LA HOUSSAYE (Armand, LE BRUN, baron, puis comte de), né le 20 octobre 1768 à Paris (Seine); il entra comme sous-lieutenant dans le 82° régiment d'infanterie, le 15 septembre 1791, passa en la même qualité au 5° régiment de dragons le 10 mars 1792, et fut nommé capitaine à la légion de la Moselle, et aide-de-camp du général en chef Beurnonville, le 6 novembre suivant.

Il fit avec distinction les campagnes de 1792 à l'an IV aux armées du Nord et de la Moselle, fut nommé chef d'escadron le 27 février 1793, et cessa ses fonctions d'aide-de-camp le 15 mars suivant, pour passer avec son grade dans le 3° régiment de hussards. Il se fit remarquer aux combats de Carlsberg et de Kaiserlautern en l'an II. Le 2 nivôse de cette année, à Frecheviller, il commandait le régiment et entra le premier à sa tête dans une redoute ennemie. A cette même affaire, il fit mettre bas les armes à 1,500 grenadiers hongrois, prit 28 pièces de canon et fut blessé d'un coup de biscaïen au pied droit.

Le 1er germinal an II, il fut élevé au grade de chef de brigade dans le même corps. Passé en l'an V à l'armée de Sambre-et-Meuse, il servit en l'an VI à celle d'Angleterre, fit partie en l'an VII de l'expédition contre les révoltés de la Belgique et de l'armée d'observation du Rhin, et prit part aux compagnes des ans VIII et IX avec les armées du Rhin et du Danube. Le 13 vendémiaire an VIII, à Hœscht, près de Francfort, il fut blessé d'un coup de feu qui lui traversa le talon. De l'an X à l'an XI, il fut employé dans la 1re division militaire, et le 12 vendémiaire an XII, nommé commandant et inspecteur des côtes de la Manche et du Calvados.

Créé membre de la Légion-d'Honneur le 19 frimaire suivant, il fut promu, le 11 pluviôse, au grade de général de brigade, en conservant ses fonctions, et reçut la décoration de commandant de l'Ordre le 25 prairial de la même année.

Désigné, le 9 floréal an XIII, pour présider une commission, chargé d'un projet de règlement pour la cavalerie légère, il fut employé le 25 messidor à la division de cavalerie de réserve, devenue 1re division de grosse cavalerie de la grande armée. Il en commanda la 2e brigade pendant les guerres de l'an XIV à 1807, en Autriche, en Prusse et en Pologne, prit part à toutes les affaires qui eurent lieu à cette époque, et obtint le grade de général de division par décret du 14 mai 1807. L'Empereur lui confia, le 1er juin suivant, le commandement de la 4e division de dragons, avec laquelle il continua la campagne jusqu'au traité de Tilsitt.

Créé baron de l'Empire en 1808, il reçut plus tard le titre de comte. Au mois d'octobre 1808, il faisait partie de l'armée d'Espagne avec sa division de dragons. Il contribua à la prise de Madrid, le 4 décembre suivant, et s'empara de vive force de l'Escurial, le lendemain 5 du même mois. Passé au 2ᵉ corps de l'armée d'Espagne le 1ᵉʳ janvier 1809, il servit avec distinction sous les ordres du maréchal duc de Dalmatie. Le 5 de ce mois, à Ferreira, par une charge habilement conduite et vigoureusement exécutée, il empêcha l'arrière-garde ennemie qui se retirait de faire sauter le pont jeté sur la petite rivière qui coule en avant du village.

Le 21 avril 1810, à l'affaire de la Rocca, il chargea à la tête des 17ᵉ et 27ᵉ régiment de dragons, et fit perdre à l'ennemi 800 hommes tués et 600 prisonniers. Vers cette époque, plusieurs bandes d'insurgés s'étant réunies dans la province de Cuenca, sous les ordres d'un chef appelé don Juan Martin, le général La Houssaye marcha sur elles avec une colonne d'environ 1,500 hommes tant infanterie que cavalerie. Son avant-garde surprit à Villa del Arnaud la bande dite *de Guttières*, et la détruisit presqu'en entier. Guttières et son lieutenant Ximenès furent faits prisonniers. Le même jour, à quatre heures de l'après-midi, la cavalerie française rencontra en avant de Cuenca les avant-postes de la masse des bandes réunies et les culbuta.

Les guérillas, au nombre de 3,000 hommes d'infanterie et 400 chevaux, occupaient une hauteur garnie de retranchements. Le général La Houssaye fit porter son artillerie sur un mamelon, à gauche, d'où elle battait d'écharpe la position ennemie pendant que l'infanterie l'attaquait de front à la baïonnette, et que la cavalerie se dirigeait sur la route de Riejo pour couper toute retraite aux Espagnols. Le champ de bataille fut bientôt jonché de cadavres ennemis; un bataillon entier mit bas les armes. Le reste ayant voulu traverser le Xucar fut acculé à cette rivière par la cavalerie.

Plus de 500 hommes s'y noyèrent; l'obscurité seule de la nuit permit à quelques-uns de s'échapper. 600 prisonniers dont 20 officiers, ainsi que tous les bagages, les subsistances et les munitions tombèrent au pouvoir du général La Houssaye.

La 4ᵉ division de dragons étant passée à l'armée dite *du centre*, il joignit à son commandement le titre de gouverneur de la province de Tolède, au mois d'août de la même année. Le 21 octobre suivant, il battit et dispersa à Tarancon et à Veler 1,200 guérilleros qui, ayant voulu attaquer l'escorte d'un convoi destiné pour Torija, avait été mis en déroute par le général Hugo au val de Sas, cinq jours auparavant. Ils perdirent dans ces deux rencontres près de 400 hommes tués, et le général La Houssaye leur fit en outre une centaine de prisonniers.

Gouverneur de la province de Cuenca, en avril 1811, il y maintint l'ordre et la tranquillité. La junte de Valence ayant ordonné au général Zayas de se mettre à la tête de tous les partis réunis de la province de Cuenca, ce général fit, le 3 juillet, un mouvement sur Jadraque. Le général Hugo, informé de ce mouvement, se mit en mesure de le chasser de ses positions et de le rejeter sur la rive gauche du Tage, pendant que le général La Houssaye se portait en avant pour couper la retraite aux Espagnols. Mais Zayas ne les attendit pas; il évacua ses positions avec la totalité de son corps, fort d'environ 7,000 hommes. Le général Hugo le poursuivit dans la direction du Tage. Parti le 10 juillet de Guadalaxara, le général La Houssaye s'avança de son côté à marches forcées sur le pont d'Auñon, dans l'intention de fermer le passage aux Espagnols; mais ceux-ci qui avaient déjà le Tage, étaient en position à Val de Olivar.

Le général La Houssaye passa le fleuve

le 11, et au débouché du pont son avant-garde tomba sur la cavalerie commandée par El Manco, et la poursuivit jusqu'à Sacedon. Les Français et le gros des troupes de Zayas se rencontrèrent entre Alcober et Val de Olivar. Trois bataillons et deux escadrons espagnols qui occupaient une position avantageuse opposèrent d'abord une vive et longue résistance, mais la cavalerie française parvint à les enfoncer. Tout ce qui ne fut pas sabré sur la place fut pris; 600 morts, 1,000 prisonniers, un drapeau, tous les bagages, un parc considérable de bestiaux, 200 chevaux et l'ambulance, tombés en notre pouvoir, furent les résultats de cette brillante affaire. Zayas, avec les débris de son corps, se retira en désordre sur Valence, et fut vivement poursuivi par le général La Houssaye, qui lui fit encore éprouver quelques pertes.

Appelé au commandement de la 6e division du 3e corps de cavalerie de la réserve, le 9 janvier 1812, il commanda momentanément le 3e corps pendant l'expédition de Russie. Le 7 septembre, à la Moskowa, il fut grièvement blessé. Le 10 décembre suivant, l'armée française évacuait Wilna, abandonnant dans cette ville plus de 10,000 isolés, malades ou blessés, dont un grand nombre d'officiers de tous grades, parmi lesquels se trouvait le général La Houssaye. Tous furent faits prisonniers à l'entrée des Russes dans Wilna.

Rentré en France après la paix de 1814, La Houssaye fut nommé chevalier de Saint-Louis le 19 juillet de cette même année, et mis en non-activité le 1er septembre suivant. Commandant la 2e section de cavalerie du 1er corps le 6 avril 1815, et disponible le 5 juin suivant, il fut de nouveau mis en non-activité après le second retour de Louis XVIII.

Il figura comme disponible dans le cadre d'organisation de l'état-major de l'armée, le 30 décembre 1818, et le gouvernement royal lui confia le commandement de la 14e division militaire (Caen) le 13 janvier 1819. Depuis le 30 mars 1820 jusqu'au 23 juillet 1823, il demeura sans fonction, et, à cette dernière époque, il fut nommé inspecteur général de gendarmerie.

Disponible de nouveau le 1er janvier 1824, il fut membre de la commission d'examen des armes à percussion depuis le 1er janvier jusqu'au 1er avril 1828. Compris dans le cadre d'activité de l'état-major général le 7 février 1831, le général La Houssaye fut admis dans le cadre de réserve le 25 mai 1832; mais il fut replacé dans le cadre d'activité comme disponible, le 3 janvier 1833, et enfin admis à la retraite à compter du 1er novembre suivant.

Son nom est inscrit sur le côté Nord de l'arc de triomphe de l'Étoile.

LAHURE (Louis-Joseph, baron), né à Mons le 29 septembre 1767. Il fit ses études à l'université de Louvain, et prit du service comme volontaire au moment de la révolution de Belgique. Lors de la dissolution de l'armée des États, il résolut, à la rentrée des Autrichiens, de passer en France pour y vouer son épée à la cause de la liberté. Le comité belge établi à Lille, sous la protection de la France, y organisa des compagnies, composées surtout de patriotes belges. La guerre ayant été déclarée à l'Autriche en 1792, M. Lahure vola aux avant-postes à la tête d'un régiment organisé par lui, fit partie de l'expédition de Luckner sur Courtrai, et s'empara d'une pièce de canon, se renferma dans Lille pendant le terrible bombardement de cette ville et rendit d'éminents services avec ses tirailleurs belges. Plus tard, il concourut à la prise de la citadelle d'Anvers, sous les ordres de Dumouriez, et nommé chef de l'un des bataillons belges, le 9 janvier 1793, après leur réorganisation à Bruxelles, il assista à la bataille de Nerwinde, contribua au gain de la bataille d'Hondscoote, où il s'empara d'une batterie ennemie, se battit bravement en Belgique et en Hollande durant la mémorable campagne de 1794-1795, eut un cheval tué sous lui à l'attaque de Rousselaer et sauva de l'échafaud un jeune émigré français fait prisonnier, en le faisant évader pendant la nuit. Puis, toujours à la tête de son bataillon, entra le premier à Utrecht, à Amsterdam, à Harlem, passa le Wahal, vis-à-vis le village de Rossune et enleva au pas de charge une redoute renfermant deux mortiers, cinq pièces de gros calibre et une grande quantité de munitions.

Arrivé à Alkmaër devant la flotte hollandaise du Helder, quelques bâtiments anglais qu'y retenaient les glaçons, il exécuta le projet hardi de s'emparer de cette flotte, composée de 14 vaisseaux de guerre et de plusieurs bâtiments marchands; pendant la nuit, à la tête d'un escadron de hussards, détaché du 5ᵉ régiment, il partit après avoir fait monter des tirailleurs en croupe des cavaliers. Au point du jour l'escadron chargea avec intrépidité sur la glace, et les tirailleurs s'élancèrent à l'abordage. Les équipages surpris par cet assaut bizarre et inattendu n'essaient pas de résister, et la flotte entière se rend à des hussards. On trouva au Helder une grande quantité de marchandises et plusieurs ballots d'assignats, sans doute faux, que les Anglais y avaient jetés. Tout fut fidèlement inventorié et scellé. Ces soldats pauvres, qu'on ne payait qu'en assignats sans valeur, ne songèrent pas même à demander leur part de prise. On ne se battait que pour la gloire. A cette époque, toutes les vertus s'étaient réfugiées aux armées.

En 1796, M. Lahure suivit Bernadotte en Italie comme chef de la 15ᵉ demi-brigade, et assista au passage du Tagliamento. A Gradisca (passage de l'Isongo), le colonel Lahure entra le premier dans un fort défendu par 5,000 Autrichiens, et fut remarqué et mentionné par le général Bonaparte.

A Civita-Castellana, Mack attaqua avec toutes ses forces la division Macdonald qui ne comptait pas 7,000 hommes. La demi-brigade Lahure occupait les avant-postes sur trois points différents ; attaquée par des forces redoutables, elle soutint le choc, et les mit dans une déroute complète, en s'emparant de plusieurs pièces de canon et de tous les équipages. Le Directoire écrivit à Lahure une lettre de félicitation et lui décerna un sabre d'honneur.

Il assista à la bataille de la Trébia, y fut grièvement blessé, et nommé général de brigade sur le champ de bataille; mais, transporté à Plaisance, il resta prisonnier. Sa convalescence fut longue, il resta estropié et ne prit que peu de part aux guerres de l'Empire.

Appelé en 1801 au Corps législatif, il fut, depuis, constamment réélu. Le 14 juin 1804 il fut nommé commandeur de la Légion-d'Honneur.

Appelé au commandement du département du Nord, il contribua à repousser les Anglais de Flessingue.

En 1813 il fut créé baron de l'Empire avec une dotation qu'il ne toucha jamais.

En 1814, au moment de l'invasion, on lui offrit un million et le titre de duc s'il voulait livrer une des places fortes du Nord aux Bourbons; le général Lahure se contenta de prévenir le ministre de la police générale.

Après la Restauration, il demanda et obtint des lettres de naturalisation. Il reçut aussi la croix de Saint-Louis.

Pendant les Cent-Jours, il conserva son commandement. A la seconde rentrée de Louis XVIII, il brisa son épée en jurant de ne jamais la reprendre. Le général Bourmont lui offrit un commandement qu'il refusa.

En 1818 il fut mis à la retraite de maréchal de camp avec le grade de lieutenant-général, il ne s'occupa plus alors que de la culture des betteraves.

En juillet 1830, il reprit momentanément le commandement du département du Nord. On vint lui offrir le commandement en chef des troupes belges au moment de la Révolution, il refusa.

Le 10 mars 1831 il a été créé grand officier de la Légion-d'Honneur.

Le général Lahure a trois fils qui servent avec distinction dans l'armée française.

LALLEMAND (François-Antoine, baron), né à Metz (Moselle), le 23 juin 1774, était fils d'un perruquier de cette ville qui lui fit donner une bonne éducation. Engagé comme volontaire dans la 1re compagnie d'artillerie légère, formée à Strasbourg le 1er mai 1792, il fit dans ses rangs les campagnes de l'Argonne et de Trèves; entra le 1er mars 1793 dans le 1er régiment de chasseurs à cheval, avec lequel il servit aux armées de la Moselle et de Sambre-et-Meuse, fut appelé, au mois de vontôse an III, en qualité d'aide-de-camp provisoire, auprès du général Élie, commandant de la 2e division militaire; vint à Paris, dans le mois de prairial suivant, avec le général Loison qui le conserva à l'état-major de la 17e division militaire. Le 13 vendémiaire il défendit la Convention dans les rangs de l'état-major du général Bonaparte, obtint le brevet de sous-lieutenant de dragons et celui d'aide-de-camp. Nommé lieutenant des Guides à cheval de l'armée d'Italie en l'an V, il partit pour l'Égypte en l'an VI et devint capitaine aide-de-camp du général Junot pendant le siège de Jaffa. Bonaparte l'employa, à cette époque, comme négociateur auprès de l'amiral Sidney Smith. Chef d'escadron et membre de la Légion-d'Honneur en l'an XII, le premier Consul le chargea d'une mission à Saint-Domingue, auprès du général Leclerc. A son retour en France, il suivit Junot en Portugal, entra comme major au 18e dragons et fit la campagne d'Autriche. Colonel du 27e dragons, après la bataille d'Iéna, officier de la Légion-d'Honneur, après la bataille de Friedland, il entra en Espagne en 1808, avec la 4e division de dragons, et revint en France en 1809, pour se remettre de ses fatigues. Ayant rejoint son régiment en janvier 1810, il fut promu au grade de général de brigade le 6 août 1811. Dès son arrivée en Murcie avec la 2e division de cavalerie il culbuta les insurgés, leur fit beaucoup de prisonniers, attaqua le 21 juin 1812, à Valencia de la Torrès une forte colonne de cavalerie anglaise, la mit en pleine déroute, lui tua 300 hommes et 500 chevaux et lui fit 130 prisonniers. En 1813, il servit à la grande armée et commanda la cavalerie légère du 13e corps. Pendant la campagne de 1814, il commanda tous les corps danois renfermés dans Hambourg et rentra en France au mois de mai. Le gouvernement royal le créa chevalier de Saint-Louis et commandeur de la Légion-d'Honneur, en lui confiant le commandement du département de l'Aisne. A la nouvelle du débarquement de Napoléon il tenta d'entraîner les troupes des garnisons de Guise et de Chauny dans le mouvement que le général Lefebvre Desnoëttes faisait à la tête des chasseurs royaux et voulut s'emparer de la ville et de l'arsenal de La Fère. Le général d'Aboville fit échouer cette tentative; Lallemand fut obligé de se déguiser et de fuir avec quatre officiers; mais arrêté avec son frère le 12 mars à la Ferté-Milon, il fut conduit à Soissons et ne recouvra sa liberté que le 21 mars. Nommé lieutenant-général et pair il prit le commandement des chasseurs à cheval de la garde et combattit à Fleurus et à mont Saint-Jean. Après ce glorieux désastre, il rejoignit Napoléon à Paris et l'accompagna à Rochefort. Pendant que l'Empereur était transféré à bord du Northumberland, le général Lallemand était arrêté à Plimouth et jeté sur l'*Eurotas* pour être conduit prisonnier de guerre à Malte. Compris dans la 1re catégorie de l'ordonnance du 14 juillet le 1er conseil de guerre de la 1re division militaire le condamna à l'unanimité et par contumace, le 20 avril 1816, à la peine de mort, comme coupable de rébellion et de trahison à son arrivée à Malte; on l'emprisonna au fort Manuel, mais le général Savary obtint sa liberté et il se rendit à Smyrne qu'il dut quitter par ordre du sultan. Il passa alors en Égypte, puis aux Etats-Unis, où, l'année suivante, il arma quelques bâtiments légers dans le but de fonder au Texas une colonie de réfugiés français qui prit le nom de *Champ d'Asile*. Les Etats-Unis anéantirent cet établissement naissant et déjà en voie de prospérité qui leur donnait de l'ombrage. Nos compatriotes furent dispersés et le général Lallemand se réfugia à la Trinité puis à la Nouvelle-Orléans. En 1823, il se rendit à Lisbonne, puis à Cadix, pour y défendre la cause des constitutionnels; mais le triomphe des royalistes le força à retourner aux Etats-Unis. Revenu en France à la suite de la révolution de 1830, il fut rétabli sur le tableau de l'état-major et nommé successivement lieutenant-général, Pair de France, commandant d'une division de cavalerie, inspecteur général de son arme, commandant de la 17e division (Corse), grand officier de la Légion-d'Honneur, commandant la 10e division (Toulouse), membre du comité d'infanterie et de cavalerie, président du jury d'examen de l'École militaire, etc.

Il est mort à Paris le 9 mars 1839.

LALLEMAND (Henri, baron), frère cadet du précédent, né à Metz; il fit ses études militaires à l'École d'application de Châlons-sur-Marne et ne tarda pas à devenir un officier distingué dans l'artillerie. Il commanda les canonniers à cheval de la Garde impériale et introduisit dans ce corps de nouvelles grandes manœuvres.

Lallemand assista à toutes les guerres de l'Empire et obtint un avancement rapide qu'il dut à ses talents et à sa bravoure. Il fit la campagne de 1814 comme général de brigade, et fut créé chevalier de Saint-Louis par Louis XVIII. Il était à La Fère lors du débarquement de Napoléon, se joignit à son frère dans sa tentative, fut arrêté comme lui et détenu jusqu'après le 20 mars. Nommé lieutenant-général, il combattit à Waterloo à la tête de l'artillerie de la garde, suivit l'armée sous les murs de Paris et derrière la Loire et passa ensuite aux États-Unis où il apprit sa condamnation à mort par contumace. En 1817, le général Henri Lallemand épousa la nièce d'un riche négociant français nommé Stéphen Girard. Établi à Philadelphie, les relations de Stephen Girard avec Joseph Bonaparte firent croire aux réfugiés français que quelque grande entreprise en faveur du frère de l'Empereur se préparait dans l'ombre et qu'on comptait sur eux pour la mettre à exécution: Ils furent cruellement détrompés. Depuis son mariage Louis Lallemand devint tout à fait étranger aux projets de son frère et vécut tranquillement à Borden-Town, dans la province de New-Jersey, où il mourut le 15 septembre 1823.

On lui doit un traité d'artillerie estimé qui a été traduit en anglais.

LAMARQUE (Maximilien, comte), né

à Saint-Sever, département des Landes, en 1770; fils unique d'une riche famille il partit comme simple volontaire en 1792.

Capitaine, puis commandant des grenadiers dans la phalange de Latour-d'Auvergne, adjudant-général après la prise de Fontarabie, dont il s'empara avec 200 grenadiers, général de brigade en 1801 après la prise de Lunéville, il se distingua, en cette qualité, à la bataille de Hohenlinden. Chef d'état-major du roi de Naples Joseph-Napoléon, général de division, il fit la campagne d'Espagne de 1805.

Commandant de l'expédition contre Caprée (nouveau Gibraltar) que commandait sir Hudson-Lowe, le futur geôlier de Sainte-Hélène.

Nous trouvons un récit de cette expédition dans le *Spéronare* d'Alexandre Dumas; ce récit éloquent et dramatique, comme tout ce qui sort de la plume de cet écrivain, nous a paru digne d'être reproduit dans la biographie du général Lamarque.

« Depuis deux ans déjà les Français étaient maîtres du royaume de Naples, depuis quinze jours Murat en était roi, et cependant Caprée appartenait encore aux Anglais. Deux fois son prédécesseur Joseph en avait tenté la conquête, et deux fois la tempête, cette éternelle alliée de l'Angleterre, avait dispersé ses vaisseaux.

« C'était une vue terrible pour Murat que celle de cette île qui lui fermait sa rade comme avec une chaîne de fer; aussi le matin, lorsque le soleil se levait derrière Sorrente, c'était cette île qui attirait tout d'abord ses yeux; et le soir, lorsque le soleil se couchait derrière Procida, c'était encore cette île qui fixait son regard.

« A chaque heure de la journée, Murat interrogeait ceux qui l'entouraient à l'endroit de cette île, et il apprenait sur les précautions prises par Hudson Lowe, son commandant, des choses presque fabuleuses. En effet, Hudson Lowe ne s'était point fié à cette ceinture inabordable de rochers à pic qui l'entoure, et qui suffisait à Tibère; quatre forts nouveaux avaient été ajoutés par lui aux forts qui existaient déjà; il avait fait effacer par la pioche et rompre par la mine les sentiers qui serpentaient autour des précipices, et où les chevriers eux-mêmes n'osaient passer que pieds nus; enfin il accordait une prime d'une guinée à chaque homme qui parvenait, malgré la surveillance des sentinelles, à s'introduire dans l'île par quelque voie qui n'eût point été ouverte encore à d'autres que lui.

« Quant aux forces matérielles de l'île, Hudson Lowe avait à sa disposition 2,000 soldats et 40 bouches à feu, qui, s'enflammant, allaient porter l'alarme dans l'île de Ponza, où les Anglais avaient à l'ancre cinq frégates toujours prêtes à courir où le canon les appelait.

« De pareilles difficultés eussent rebuté tout autre que Murat, mais Murat était l'homme des choses impossibles. Murat avait juré qu'il prendrait Caprée, et quoiqu'il n'eût fait ce serment que depuis trois jours, il croyait déjà avoir manqué à sa parole, lorsque le général Lamarque arriva. Lamarque venait de prendre Gaëte et Maratea; Lamarque venait de livrer onze combats et de soumettre trois provinces, Lamarque était bien l'homme qu'il fallait à Murat; aussi, sans rien lui dire, Murat le conduisit à la fenêtre, lui remit une lunette entre les mains et lui montra l'île.

« Lamarque regarda un instant, vit le drapeau anglais qui flottait sur les forts de San Salvador et de Saint-Michel, renfonça avec la paume de sa main les quatre tubes de la lunette les uns dans les autres, et dit : Oui, je comprends; il faudrait la prendre.

« — Eh bien? reprit Murat.

« — Eh bien! répondit Lamarque, on la prendra. Voilà tout.

« — Et quand cela? demanda Murat.

« — Demain, si votre majesté le veut.

« — A la bonne heure, dit le roi, voilà une de ces réponses comme je les aime. Et combien d'hommes veux-tu?

« — Combien sont-ils? demanda Lamarque.

« — Deux mille, à peu près.

« — Eh bien! que votre majesté me donne 15 à 1,800 hommes; qu'elle me permette de les choisir parmi ceux que je lui amène : ils me connaissent; je les connais. Nous nous ferons tous tuer jusqu'au dernier, ou nous prendrons l'île.

« Murat, pour toute réponse, tendit la main à Lamarque. C'était ce qu'il aurait dit étant général; c'était ce qu'il était prêt à faire étant roi. Puis tous deux se séparèrent, Lamarque pour choisir ses hommes, Murat pour réunir les embarcations.

« Dès le lendemain, 4 octobre 1808, tout était prêt, soldats et vaisseaux. Dans la soirée, l'expédition sortit de la rade. Quelque précaution qu'on eût prise pour garder le secret, le secret s'était répandu : toute la ville était sur le port, saluant de la voix cette petite flotte, qui partait gaîment et pleine d'insouciante confiance pour accomplir une chose que l'on regardait comme impossible.

« Bientôt le vent, favorable d'abord, commença de faiblir : la petite flotte n'avait pas fait dix milles qu'il tomba tout à fait. On marcha à la rame; mais la rame est lente, et le jour parut que l'on était encore à deux lieues de Caprée. Alors, comme s'il avait fallu lutter encore contre toutes les impossibilités, vint la tempête. Les flots se brisèrent avec tant de violence contre les rochers à pic qui entourent l'île, qu'il n'y eût pas moyen, pendant toute la matinée de s'en approcher. A deux heures la mer se calma. A trois heures les premiers coups de canon furent échangés entre les bombardes napolitaines et les batteries du port; les cris des 400,000 âmes, répandues depuis Mergellina jusqu'à Portici, leur répondirent.

« En effet, c'était un merveilleux spectacle que le nouveau roi donnait à sa nouvelle capitale : lui-même, avec une longue vue, se tenait sur la terrasse du palais. Des embarcations on voyait toute cette foule étagée aux différents gradins de l'immense cirque dont la mer était l'arène. César, Auguste, Néron, n'avaient donné à leurs sujets que des chasses, des luttes de gladiateurs ou des naumachies, Murat donnait aux siens une véritable bataille.

« La mer était revenue tranquille comme un lac. Lamarque laissa ses bombardes et ses chaloupes canonnières aux prises avec les batteries du fort, et avec ses embarcations de soldats il longea l'île : partout des rochers à pic baignaient dans l'eau leurs murailles gigantesques; nulle part un point où aborder. La flottille fit le tour de l'île sans reconnaître un endroit où mettre le pied. Un corps de 1,200 Anglais, suivant des yeux tous ses mouvements, faisait le tour en même temps qu'elle.

« Un moment on crut que *tout était fini* et qu'il faudrait retourner à Naples sans rien entreprendre. Les soldats offraient d'attaquer le fort; mais Lamarque secoua la tête : c'était une tentative insensée. En conséquence, il donna l'ordre de faire une seconde fois le tour de l'île, pour voir si l'on ne trouverait pas quelque point abordable et qui eût échappé au premier regard.

« Il y avait dans un rentrant, au pied du fort Sainte-Barbe, un endroit où le rempart granitique n'avait que 40 à 45 pieds d'élévation. Au-dessous de cette muraille, lisse comme un marbre poli, s'étendait un talus si rapide, qu'à la première vue on n'eût certes pas cru que des hommes pussent l'escalader. Au-dessus de ce talus, à 500 pieds du roc, était une espèce de ravin, et 1,200 pieds plus haut encore, le fort Sainte-Barbe, dont les batteries battaient le talus en passant par-dessus le ravin dans lequel les boulets ne pouvaient plonger.

« Lamarque s'arrêta en face du rentrant, appela à lui l'adjudant-général Thomas et le chef d'escadron Livron. Tous trois tinrent conseil un instant; puis ils demandèrent des échelles.

« On dressa la première échelle contre le rocher : elle atteignit à peine au tiers de sa hauteur, on ajouta une seconde échelle à la première, on l'assura avec des cordes, et on les dressa de nouveau toutes deux : il s'en fallait de douze ou quinze pieds, quoique réunies l'une à l'autre, qu'elles atteignissent le talus; on en ajouta une troisième; on l'assujettit aux deux autres avec la même précaution qu'on avait prise pour la seconde, puis on mesura de nouveau la hauteur : cette fois les derniers échelons touchaient à la crête de la muraille. Les Anglais regardaient faire tous ces préparatifs avec un air de stupéfaction qui indiquait clairement qu'une pareille tentative leur semblait insensée. Quant aux soldats, ils échangeaient entre eux un sourire qui signifiait : bon, il va faire chaud tout à l'heure.

« Un soldat mit le pied sur l'échelle : « Tu es bien pressé, » lui dit le général Lamarque en le tirant en arrière, et il prit sa place. La flottille tout entière battit des mains. Le général Lamarque monta le premier, et tous ceux qui étaient dans la même embarcation le suivirent. Six hommes tenaient le pied de l'échelle, qui vacillait à chaque flot que la mer venait briser contre le roc. On eût dit un immense serpent qui dressait ses anneaux onduleux contre la muraille.

« Tant que ces étranges escaladeurs n'eurent point atteint le talus, ils se trouvèrent protégés contre le feu des Anglais par la perpendicularité même de la muraille qu'ils gravissaient; mais à peine le général Lamarque eut-il atteint la crête du rocher, que la fusillade et le canon éclatèrent en même temps : sur les quinze premiers hommes qui abordèrent, dix tombèrent précipités. A ces quinze hommes vingt autres succédèrent, suivis de quarante, suivis de cent. Les Anglais avaient bien fait un mouvement pour les repousser à la baïonnette; mais le talus que les assaillants gravissaient était si rapide, qu'ils n'osaient point s'y hasarder. Il en résulta que le général Lamarque et une centaine d'hommes, au milieu d'une pluie de mitraille et de balles gagnèrent le ravin, et là, à l'abri comme derrière un épaulement, se formèrent en peloton. Alors les Anglais chargèrent sur eux pour les débusquer; mais ils furent reçus par une telle fusillade qu'ils se retirèrent en désordre. Pendant ce temps l'ascension continuait et cinq cents hommes à peu près avaient déjà pris terre.

« Il était quatre heures et demie du soir. Le général Lamarque ordonna de cesser l'ascension : il était assez fort pour se maintenir où il était, et, effrayé du ravage que faisaient l'artillerie et la fusillade parmi ses hommes, il voulait attendre la nuit pour achever le périlleux débarquement. L'ordre fut porté par l'adjudant-général Thomas, qui traversa une seconde fois le talus sous le feu de l'ennemi, gagna contre toute espérance l'échelle sans accident aucun, et redescendit vers la flottille dont il prit le commandement, et qu'il mit à l'abri de tout péril dans la petite baie que formait le rentrant du rocher.

« Alors l'ennemi réunit tous ses efforts contre la petite troupe retranchée dans le ravin. Cinq fois treize ou quatorze cents Anglais vinrent se briser contre Lamarque et ses cinq cents hommes. Sur ces entrefaites la nuit arriva : c'était le moment convenu pour recommencer l'ascension. Cette fois, comme l'avait prévu le général Lamarque, elle s'opéra plus facilement que la première. Les Anglais continuaient bien de tirer, mais l'obscurité les empêchait de tirer avec la même justesse. Au grand étonnement des soldats, cette fois l'adjudant-général Thomas monta le dernier ; mais on ne tarda point à avoir l'explication de cette conduite : arrivé au sommet du rocher, il renversa l'échelle derrière lui, aussitôt les embarcations gagnèrent le large et reprirent la route de Naples. Lamarque, pour s'assurer la victoire, venait de s'enlever tout moyen de retraite.

« Les deux troupes se trouvaient en nombre égal, les assaillants ayant perdu trois cents hommes à peu près : aussi Lamarque n'hésita point, et, mettant la petite armée en bataille dans le plus grand silence, il marcha droit à l'ennemi sans permettre qu'un seul coup de fusil répondît au feu des Anglais.

« Les deux troupes se heurtèrent, les baïonnettes se croisèrent, on se prit corps à corps ; les canons du fort Sainte-Barbe s'éteignirent, car Français et Anglais s'étaient tellement mêlés qu'on ne pouvait tirer sur les uns sans tirer en même temps sur les autres. La lutte dura trois heures ; pendant trois heures on se poignarda à bout portant. Au bout de trois heures, le colonel Hansell était tué, cinq cents Anglais étaient tombés avec lui, le reste était enveloppé. Un régiment se rendit tout entier : c'était le Royal-Malte. Neuf cents hommes furent faits prisonniers par onze cents. On les désarma, on jeta leurs sabres et leurs fusils à la mer ; trois cents hommes restèrent pour les garder, les huit cents autres marchèrent contre le fort.

Cette fois il n'y avait même plus d'échelles. Heureusement les murailles étaient basses ; les assiégeants montèrent sur les épaules les uns des autres. Après une défense de deux heures, le fort fut pris : on y fit entrer les prisonniers et on les y enferma.

« La foule qui garnissait les quais, les fenêtres et les terrasses de Naples, curieuse et avide, était restée malgré la nuit : au milieu des ténèbres, elle avait vu alors la montagne s'allumer comme un volcan ; mais sur les deux heures du matin, les flammes s'étaient éteintes, sans que l'on sût qui était vainqueur ou vaincu. Alors l'inquiétude fit ce qu'avait fait la curiosité ; la foule resta jusqu'au jour. Au jour, on vit le drapeau napolitain flotter sur le fort Sainte-Barbe. Une immense acclamation, poussée par quatre cent mille personnes retentit de Sorrente à Misène, et le canon du château Saint-Elme, dominant de sa voix de bronze toutes ces voix humaines, vint apporter à Lamarque les premiers remercîments de son roi.

Cependant la besogne n'était qu'à moitié faite ; après être monté il fallait descendre, et cette opération n'était pas moins difficile que la première. De tous les sentiers qui conduisaient d'Anacapri à Capri, Hudson-Lowe n'avait laissé subsister qu'un escalier : or, cet escalier, que bordent constamment les précipices, large à peine pour que deux hommes puissent le descendre de front, déroulait ses quatre cent quatre-vingts marches à demi-portée de canon de douze pièces de trente-six et de vingt chaloupes canonnières.

Néanmoins il n'y avait pas de temps à

perdre, et cette fois Lamarque ne pouvait attendre la nuit ; on découvrait à l'horizon toute la flotte anglaise que le bruit du canon avait attirée hors du port de Panza. Il fallait s'emparer du rivage avant l'arrivée de cette flotte, ou sans cela elle jetait dans l'île trois fois autant d'hommes qu'en avait celui qui était venu pour la prendre, et obligés, devant des forces si supérieures, de se renfermer dans le fort Sainte-Barbe, les vainqueurs étaient forcés de se rendre ou d'y mourir de faim.

« Le général laissa cent hommes de garnison dans le fort Sainte-Barbe, et avec les mille hommes qui lui restaient, tenta la descente. Il était dix heures du matin, Lamarque n'avait moyen de rien cacher à l'ennemi ; il fallait achever comme on avait commencé, à force d'audace. Il divisa sa petite troupe en trois corps, prit le commandement du premier, donna le second à l'adjudant-général Thomas et le troisième au chef d'escadron Lérion ; puis, au pas de charge et tambour battant, il commença à descendre.

« Ce dut être quelque chose d'effrayant à voir que cette avalanche d'hommes se ruant par cet escalier jeté sur l'abîme, et cela sous le feu de soixante à quatre-vingts pièces de canon. Deux cents furent précipités qui n'étaient que blessés peut-être, et qui s'écrasèrent dans leur chute ; huit cents arrivèrent au bas et se répandirent dans ce qu'on appelle la *Grande Marine*. Là on était à l'abri du feu, mais tout était à recommencer encore, ou plutôt rien n'était achevé : il fallait prendre Capri, la forteresse principale, et les forts Saint-Michel et San-Salvador.

« Alors, et après l'œuvre du courage, vint l'œuvre de la patience : quatre cents hommes se mirent au travail ; en avant des thermes de Tibère, dont les ruines puissantes les protégeaient contre l'artillerie de la forteresse, ils commencèrent à creuser un petit port, tandis que les quatre cents autres, retrouvant dans leurs embrasures les canons ennemis, tournaient les uns vers la ville et préparaient des batteries de brèche, tournaient les autres vers les vaisseaux qu'on voyait arriver luttant contre le vent contraire, et préparaient des boulets rouges.

« Le port fut achevé vers les deux heures de l'après-midi ; alors on vit s'avancer de la pointe de Campanetta les embarcations renvoyées la veille et qui revenaient chargées de vivres, de munitions et d'artillerie. Le général Lamarque choisit douze pièces de 24, 400 hommes s'y attelèrent, et à travers les rochers, par des chemins qu'ils frayèrent eux-mêmes à l'insu de l'ennemi, les traînèrent au sommet du mont Salaro qui domine la ville et les deux forts. Le soir, à six heures, les douze pièces étaient en batterie. Soixante à quatre-vingts hommes restèrent pour les servir ; les autres descendirent et vinrent rejoindre leurs compagnons.

« Mais, pendant ce temps, une étrange chose s'opérait. Malgré le vent contraire, la flotte était arrivée à portée de canon et avait commencé le feu. Six frégates, cinq bricks, douze bombardes et seize chaloupes canonnières assiégeaient les assiégeants qui, à la fois, se défendaient contre la flotte et attaquaient la ville. Sur ces entrefaites, l'obscurité vint ; force fut d'interrompre le combat ; Naples eut beau regarder de tous ses yeux, cette nuit-là le volcan était éteint ou se reposait.

« Malgré la mer, malgré la tempête, malgré le vent, les Anglais parvinrent pendant la nuit à jeter dans l'île 200 canonniers et 500 hommes d'infanterie. Les assiégés se trouvaient donc alors près d'un tiers plus forts que les assiégeants.

« Le jour vint : avec le jour la canonnade s'éveilla entre la flotte et la côte, entre la côte et la terre. Les trois forts répondaient de leur mieux à cette attaque qui, divisée, était moins dangereuse pour eux, quand tout à coup quelque chose comme un orage éclata au-dessus de leurs têtes : une pluie de fer écrasa à demi-portée les canonniers sur leurs pièces. C'étaient les douze pièces de 24 qui tonnaient à la fois.

« En moins d'une heure, le feu des trois forts fut éteint; au bout de deux heures, la batterie de la côte avait pratiqué une brèche. Le général Lamarque laissa 100 hommes pour servir les pièces qui devaient tenir la flotte en respect, se mit à la tête des 600 autres et ordonna l'assaut.

« En ce moment, un pavillon blanc fut hissé sur la forteresse. Hudson-Lowe demandait à capituler. 1,300 hommes, soutenus par une flotte de quarante à quarante-cinq voiles, offraient de se rendre à 700, ne se réservant que la retraite avec armes et bagages. Hudson-Lowe s'engageait en outre à faire rentrer la flotte dans le port de Ponza. La capitulation était trop avantageuse pour être refusée; les 900 prisonniers du fort Sainte-Barbe furent réunis à leurs 1,300 compagnons. A midi, les 2,200 hommes d'Hudson-Lowe quittaient l'île, abandonnant à Lamarque et à ses 800 soldats la place, l'artillerie et les munitions.

« Douze ans plus tard, Hudson Lowe commandait dans une autre île, non point cette fois à titre de gouverneur, mais de geôlier, et son prisonnier, comme une insulte qui devait compenser toutes les tortures qu'il lui avait fait souffrir, lui jetait à la face cette honteuse reddition de Caprée. »

L'expédition de Caprée avait duré treize jours, la capitulation n'ayant eu lieu que le 17 octobre.

Le général Lamarque, auquel revenait l'honneur de ce magnifique fait d'armes, poursuivit sa brillante carrière et se distingua dans toutes les campagnes qui suivirent, notamment à Wagram, où il eut quatre chevaux tués sous lui.

Commandant de Paris dans les Cent-Jours, puis général en chef de l'armée de la Vendée. Il écrivit aux Vendéens : « Je ne rougis pas de vous demander la paix, car dans les guerres civiles la seule gloire, c'est de les terminer. »

Compris dans l'ordonnance du 24 juillet, Lamarque fut obligé de fuir en Belgique.

Rentré en France en 1818, il vécut d'abord dans la retraite. Député des Landes en 1828, il siégea à l'extrême gauche et figura parmi les 221.

Réélu après 1830, il fut employé quelque temps dans l'Ouest, revint siéger à la Chambre, prit souvent la parole sur les questions de politique étrangère, se prononça contre les traités de 1815 et pour les Polonais.

Il est mort du choléra en 1832. Ses funérailles devinrent l'occasion des sanglantes journées des 5 et 6 juin.

— « Les généraux qui semblaient devoir s'élever étaient Gérard, Clausel, Foy, Lamarque, etc. C'était mes nouveaux maréchaux. » *Spes altera Romœ*.

« Lors des dernières insurrections de la Vendée, le général Lamarque que j'y avais envoyé au fort de la crise, y fit des merveilles et surpassa mes espérances. »

Et de quel poids n'eussent pas pu devenir ses actes dans la grande lutte? car les chefs vendéens les plus distingués, ceux qui recueillent en ce moment les bienfaits de la cour, ont reconnu entre les mains de Lamarque, *Napoléon pour empereur*, même après Waterloo, même après son abdication.

« Fût-ce, de la part de Lamarque, ignorance du véritable état des choses, ou pure fantaisie du vainqueur ? toutefois, le voilà dans l'exil : il est au nombre des trente-huit. C'est qu'il est plus facile de proscrire que de vaincre. »

(*Napoléon à Sainte-Hélène.*)

Un des beaux traits de la vie du général Lamarque, c'est sa conduite dans la Vendée en 1815. Napoléon apprit sa victoire au moment même qu'il entrait à l'Élysée-Bourbon, après la déroute de Waterloo.

LAMARQUE-D'ARROUZAT (Jean-Baptiste-Isidore, baron), né le 23 août 1762 à Doazon (Basses-Pyrénées), entra, le 17 octobre 1791, en qualité de capitaine dans le 1er bataillon des Landes, incorporé le 28 ventôse an II, dans la 70e demi-brigade de bataille, devenue par amalgame 75e de ligne, le 26 ventôse an IV, et 75e régiment de même arme le 1er vendémiaire an XII.

Il servit, de 1792 au commencement de l'an VI, à l'armée des Alpes, au siège de Toulon et aux armées d'Italie et d'Helvétie.

Le 26 brumaire an V, à la bataille d'Arcole, il fit un capitaine autrichien prisonnier, et, le même jour, le commandant de son bataillon ayant été tué, le capitaine Lamarque prend le commandement et s'élance sur l'ennemi à la baïonnette et fait 200 prisonniers.

Parti au mois de floréal an VI avec l'armée d'Orient, il combattit en Égypte et en Syrie jusqu'en l'an IX.

Envoyé, en l'an VII, du siège de Saint-Jean-d'Acre à Nazareth avec deux compagnies pour couvrir les opérations de l'armée française, il se maintint pendant quinze heures dans le couvent des Capucins, au milieu d'un grand nombre considérable de pestiférés, et malgré les attaques incessantes d'une nuée d'Arabes.

Chef de bataillon le 27 vendémiaire an VIII, il rentra en France après la capitulation d'Alexandrie, et tint garnison à Orléans pendant les ans X et XI.

Major du 45e régiment d'infanterie de ligne le 30 frimaire an XII, et membre de la Légion-d'Honneur le 4 germinal suivant, il fut employé à l'armée de Hanovre pendant les ans XII et XIII.

De l'an XIV à 1807, il suivit en Autriche, en Prusse et en Pologne, le premier corps de la grande armée, devint colonel du 3e régiment d'infanterie légère, le 20 août 1808, et fit la campagne de 1809 en Allemagne.

Le 22 mai, à la bataille d'Essling, apercevant sur sa gauche un mouvement rétrograde de nos troupes, il se porta à leur rencontre, et, aidé de quelques officiers, il parvint à les arrêter, fit battre la charge, et porta cette colonne de fuyards à 200 toises en avant de la ligne. Cette action lui valut la décoration d'officier de la Légion-d'Honneur.

Il se trouva à la bataille de Wagram, et reçut une dotation et le titre de baron le 15 août de la même année.

Passé à l'armée d'Espagne, il y fit la guerre de 1810 à 1814, et, le 3 mai 1811, occupant avec son régiment la ville de Figuières, où se trouvaient réunis les approvisionnements de l'armée; il soutint pendant quatre heures les attaques de toute l'armée de Campoverde, forte de plus de 11,000 hommes, et de troupes sorties du fort, dont le nombre s'élevait à 4,000 combattants.

Cette vigoureuse résistance donna le temps au général Baraguay-d'Hilliers de faire ses dispositions d'attaques, et l'ennemi fut battu, laissant sur le champ de bataille une grande quantité de morts et de blessés.

A la bataille d'Altafulla, le 24 janvier 1812, il enleva, avec deux de ses bataillons, une montagne retranchée et défendue par les meilleurs soldats du baron d'Éroles, auquel il prit 1,500 hommes.

Général de brigade le 24 mai suivant,

il commanda une brigade de l'armée de Catalogne, et fut fait gouverneur de Lérida le 25 juillet 1813.

A peine installé, il fut assiégé par un corps d'armée espagnol, résista pendant sept mois, et fit échouer toutes les tentatives de l'ennemi.

Les communications avec l'armée de Catalogne avaient cessé d'exister depuis longtemps, lorsqu'un émissaire apporta au général Lamarque l'ordre de se tenir prêt à évacuer la place, et cet ordre, écrit avec le chiffre habituellement employé par le maréchal duc d'Albuféra, ajoutait que dans deux ou trois jours un officier de l'état-major français viendrait chercher la garnison qui devait se joindre à celle de Méquinenza et de Monson. En effet, trois jours après, le capitaine Vanhulen, attaché à l'état-major du maréchal, se présenta apportant l'ordre formel d'évacuer la place.

Quoique sans défiance, le général Lamarque ne voulut cependant rendre Lérida qu'après avoir conclu avec le général baron d'Éroles, commandant les troupes espagnoles, une convention par laquelle la garnison devait rejoindre l'armée française sans être inquiétée dans sa route par les Espagnols ou par les Anglais.

Ces conditions ayant été acceptées et le traité signé, le général Lamarque se mit en marche et fut rejoint par la garnison de Méquinenza. Jusqu'au quatrième jour, aucun obstacle ne se présenta; mais, arrivé au défilé de Martorell, la colonne française trouva un corps de 12,000 Anglais avec 20 pièces de canon, qui s'opposa à son passage.

Engagée dans le défilé, ayant vis-à-vis d'elle les Anglais, à droite des rochers inaccessibles, à gauche le Llobregat, et sur ses derrières le corps espagnol du baron d'Éroles, elle se trouva dans la position la plus critique.

Le général Lamarque, qui n'avait avec lui que 1,500 hommes, jugeant qu'il devenait impossible de soutenir un combat avec quelque chance de succès, réclama alors l'exécution du traité de Lérida; mais le général anglais, Coppons, lui répondit impudemment qu'il avait été la dupe d'un stratagème militaire, que le capitaine Vanhulen, qui avait porté l'ordre de l'évacuation, était un transfuge du quartier général du duc d'Albuféra, d'où il avait déserté en emportant le chiffre à l'aide duquel on avait fabriqué les faux ordres. Le général Coppons termina cette ignoble révélation en sommant le général Lamarque de faire mettre bas les armes à sa troupe, et de se rendre à discrétion.

Celui-ci déclara qu'il n'accepterait jamais de pareilles conditions; mais ce fut en vain qu'il réclama l'exécution des promesses.

Coppons, après s'être concerté avec son état-major, et voulant, disait-il, éviter l'effusion du sang, proposa les conditions suivantes : « Les soldats français déposeront leurs armes en faisceaux; et conserveront leurs sacs. Les officiers de tout grade garderont leur épée et leurs bagages, et, dans cet état, les deux garnisons seront escortées jusqu'aux avant-postes de l'armée du duc d'Albuféra. »

On signa donc le nouveau traité; mais à peine était-il exécuté par les Français, que le général Coppons viola lâchement sa parole en déclarant que les troupes françaises étaient prisonnières de guerre.

Il fallut se soumettre à cette indigne trahison, et le général Lamarque, ainsi que ses braves compagnons d'armes, restèrent en captivité jusqu'en 1814.

On le mit en demi-solde le 1ᵉʳ juillet suivant. L'Empereur, à son retour de l'île d'Elbe, l'employa, le 20 avril 1815, au 9ᵉ corps d'observation, et, après la funeste bataille de mont Saint-Jean, une décision ministérielle le mit en non-activité.

Chevalier de Saint-Louis le 10 décembre 1817, employé comme inspecteur d'infanterie dans la 11ᵉ division militaire, le 16 juin 1819, il fut admis à la retraite le 1ᵉʳ janvier 1825.

Il est mort le 30 avril 1834 à Pau (Basses-Pyrénées.)

LAMARTINIÈRE (Thomas, MIGNOT, baron de), né le 26 février 1768, à Machecoul (Loire-Inférieure), entra comme sous-lieutenant le 15 septembre 1791 dans le 32ᵉ régiment d'infanterie, ci-devant de Bassigny, qui fut compris dans la formation de la 81ᵉ demi-brigade. Il fut fait lieutenant le 31 mai 1792, obtint le grade de capitaine le 30 septembre suivant, et fit les campagnes de 1792, 1793 et an II à l'armée du Rhin.

Le 19 juillet 1793, au combat devant les redoutes de Wayest, il fit des prodiges de valeur à la tête des grenadiers qu'il commandait, et y fut blessé d'un coup de feu à la cuisse droite.

De l'an III à l'an V inclusivement, il servit aux armées de l'Ouest et des côtes de l'Océan, sous les ordres des généraux en chef Hoche et Hédouville. Le 3 thermidor an III, à l'affaire de Quiberon, il gravit les rochers sur lesquels se trouve situé le fort de Penthièvre, n'étant précédé que d'un seul grenadier qui fut tué. Tombé seul au milieu d'un poste ennemi, il se dégagea et fit mettre bas les armes aux hommes qui le composaient, à l'aide de quelques grenadiers qui arrivaient à son secours. Les colonnes d'attaque ayant été forcées de se replier, et l'ennemi faisant ses dispositions pour chasser du fort les républicains qui y avaient pénétré, l'adjudant-général Ménage lui donna l'ordre d'aller informer le général Hoche de ce qui se passait. Après avoir rempli cette mission avec un plein succès, le capitaine Lamartinière rallia plusieurs corps, en arrêta d'autres qui faisaient leur retraite, et revint ensuite à leur tête pour déjouer les projets de l'ennemi sur le fort Penthièvre, dont il assura la possession aux troupes républicaines par un retour offensif habilement dirigé. Dans son rapport au gouvernement, le général en chef attribua une grande part du succès de cette journée à la bravoure et aux bonnes dispositions du capitaine Lamartinière.

Par arrêté du 5 thermidor an IV, le Directoire exécutif l'éleva au grade de chef de bataillon, en récompense, est-il dit dans son brevet, de la bonne conduite, du zèle et des talents qu'il avait déployés à l'armée des côtes de l'Océan. Appelé au commandement d'un bataillon de la 81ᵉ demi-brigade pour l'expédition d'Irlande, le 5 brumaire an VI, il s'embarqua, le 24 thermidor suivant, sur la frégate *l'Immortalité*. Il avait sous ses ordres les 1ᵉʳ et 3ᵉ bataillons de la 81ᵉ, avec lesquels il prit part à trois combats.

Dans celui qui fut livré le 29 vendémiaire an VII, il resta constamment à son poste sur le gaillard d'arrière, quoique blessé et perdant tout son sang, et il fut fait prisonnier par les Anglais. Échangé le 12 ventôse suivant, il continua les campagnes des ans VII, VIII et IX à l'armée de l'Ouest, et fut nommé chef de brigade de la 77ᵉ de ligne par arrêté des consuls du 1ᵉʳ nivôse an IX.

Employé en l'an XI, au camp de Bayonne, il passa comme colonel le 17 vendémiaire an XII dans le 50ᵉ régiment d'infanterie de ligne, qui faisait partie de l'armée de Batavie; fut nommé membre de la Légion-d'Honneur le 19 frimaire suivant, et reçut la décoration d'officier de la Légion-d'Honneur le 25 prairial de la même année.

Désigné par l'Empereur comme membre du collège électoral de la Loire-Inférieure, il était en l'an XIII au camp de Montreuil, sous les ordres du maréchal Ney. De l'an XIV à 1807, il fit les campagnes d'Autriche, de Prusse et de Pologne avec la 3ᵉ division du 6ᵉ corps de la grande armée. Pendant la campagne de vendémiaire an XIV, à l'attaque d'Ulm, il combattit avec la plus grande intrépidité dans les fortifications de la place, où il fit beaucoup de mal à l'ennemi et lui enleva 360 prisonniers. Dans cette affaire, où le 50ᵉ de ligne se couvrit de gloire, il perdit 150 hommes de son régiment.

L'Empereur le nomma commandeur de la Légion-d'Honneur par décret du 4 nivôse an XIV. Le 10 février 1807, à la suite de la bataille d'Eylau, le brave Lamartinière fut élevé au grade de général de brigade et reçut le titre de baron de l'Empire le 19 mars 1808.

Passé à l'armée d'Espagne, il fit les guerres de 1809 à 1813 dans la Péninsule et dans le Portugal. Il commandait à Tuy, pendant que le 2ᵉ corps marchait sur Braga et Porto. Il y fut bloqué et obligé de combattre pendant vingt-six jours. Sa garnison consistait en 3,300 hommes recrus ou isolés, dont 1,200 au moins étaient journellement dans les hôpitaux; ses ressources étaient épuisées; on ne vivait plus que de chair de cheval et de dix onces de maïs à la ration. Cependant le général Lamartinière tenait bon et ne se laissait point décourager, lorsque, le 10 avril 1809, un corps de 15,000 insurgés de la Galice, soutenu par 5,000 Portugais vint l'attaquer dans Tuy. Sortant aussitôt de la place, et sans s'inquiéter de l'énorme supériorité numérique de l'ennemi, le général Lamartinière repoussa les assaillants, leur tua un grand nombre d'hommes et leur enleva 10 pièces de canon. Le général Heudelet, détaché avec sa division pour venir au secours de la garnison de Tuy, arriva en ce moment et compléta la déroute de l'ennemi, qui s'enfuit et se dispersa de tous côtés.

Nommé chef de l'état-major général de l'armée de Portugal, par décret impérial du 7 septembre 1811, il exerça ces importantes fonctions avec la plus haute distinction. Le 22 juillet 1812, à la bataille des Arapyles, après avoir rempli pendant toute l'action ses devoirs comme chef d'état-major, il ramena plusieurs fois au combat, et à très-petites distances de l'ennemi, les troupes qu'il avait ralliées, et il les encouragea par son exemple à défendre les positions attaquées par les Anglais.

Fait général de division le 11 février 1813, et placé en cette qualité à l'armée de Portugal le 24 mars, il prit, en avril suivant, le commandement de la 6ᵉ division, passa à celui de la 9ᵉ, aile droite de l'armée d'Espagne, au mois de juillet de la même année, et prit part aux combats de Cubiry et d'Irun.

Il combattit avec la plus éclatante valeur, le 31 août 1813, à l'attaque du pont de Berra, où il fut grièvement blessé, et il mourut à Bayonne le 6 septembre suivant, à la suite des blessures qu'il avait reçues au passage de la Bidassoa.

LAMBERT (Jean-François, baron), naquit le 4 février à Toulon (Var).

Attaché d'abord comme employé et ensuite comme chef de bureau à l'intendance de la Corse, il devint, en 1784, secrétaire du gouverneur de la province de Franche-Comté.

Après la suppression de cette charge, il servit dans la garde nationale de Besançon et dans celle de Paris du 9 octobre 1789 au 23 mai 1792. A cette dernière époque, le gouvernement l'appela aux fonctions de commissaire des guerres de l'armée du Centre, devenue armée du Nord et de Belgique.

Commissaire-ordonnateur le 9 décembre suivant, il passa avec ce grade à l'armée des Ardennes, où il fut nommé ordonnateur en chef le 13 février 1793.

Suspendu comme suspect le 21 pluviôse an II, réintégré le 28 floréal, même année, il reçut, le 29 vendémiaire an IV, l'ordre d'aller remplir les fonctions d'ordonnateur en chef de l'armée d'Italie, où il resta jusqu'en l'an VII ; puis il se rendit, le 23 brumaire an VIII, en Hollande, pour s'entendre avec le général-major Knox relativement à l'exécution du cartel conclu à Alkmaer entre le général Brune et le duc d'Yorck.

Passé avec son grade à l'armée de réserve le 28 ventôse suivant, et appelé, le 28 frimaire an IX, à la tête de la commission de comptabilité de l'armée d'Italie, il était employé en Suisse lorsque, le 17 fructidor an IX, le premier Consul le nomma inspecteur aux revues.

Attaché, en l'an XI, à la résidence de Milan, et appelé en l'an XII au camp de Saint-Omer, où il reçut, le 4 germinal, la décoration de la Légion-d'Honneur ; fit l'an XIV avec la grande armée, et obtint, le 5 nivôse, la croix d'officier de la Légion-d'Honneur.

Il servit en Allemagne, en 1806 et 1807, et sa conduite dans la province de Bamberg lui mérita une lettre autographe de remercîments du roi de Bavière, Maximilien-Joseph.

Chargé, en 1808, de l'inspection administrative du 3e corps, commandé par le maréchal Davoût, il passa en 1809 à l'armée d'Espagne.

Admis à la retraite le 24 février 1810, puis remis en activité le 17 avril même année, et nommé intendant général de l'armée de Portugal, il ne quitta la péninsule que pour revenir en Allemagne, où il remplit, en 1812 et 1813, des fonctions importantes dans le royaume de Prusse.

L'Empereur lui conféra le grade d'inspecteur aux revues le 12 janvier 1813.

Louis XVIII le créa, le 19 juillet 1814, chevalier de Saint-Louis, et commandeur de la Légion-d'Honneur le 14 février 1815, et l'admit définitivement à la retraite le 1er janvier 1816.

Grand officier de la Légion-d'Honneur le 20 avril 1831, il est mort à Paris le 5 février 1837.

LAMBESC (Charles-Eugène de Lorraine, duc d'Elbeuf, prince de), colonel propriétaire du régiment royal-allemand ; né en 1751 ; était parent de la reine Marie-Antoinette, et parut avec éclat à la cour de Versailles. Il se montra un des plus ardents antagonistes de la Révolution, et fut employé au camp formé près Paris pour maintenir les habitants de cette capitale. Le 12 juillet 1789, un rassemblement s'étant formé dans le jardin des Tuilleries, le prince de Lambesc ordonna à ses soldats de charger, et lui-même se précipitant au milieu de la foule blessa plusieurs personnes. Le triomphe du parti populaire au 14 juillet entraîna sa mise en accusation devant le Châtelet, comme ayant conspiré contre la nation. Il fut acquitté.

Le prince de Lambesc émigra et servit dans les armées autrichiennes en 1796, avec le grade de feld-maréchal-lieutenant.

Porté sur la liste des Pairs en 1814, il ne quitta point Vienne, où sa qualité de prince du sang lui assignait le premier rang parmi les archiducs. Il est mort dans cette ville en 1825.

En lui s'est éteinte la branche mâle de la maison de Lorraine.

LAMORICIÈRE (Christophe - Louis-Léon-Juchault de), né à Nantes, le 5 février 1805, élève de l'École polytechnique en 1824 et de l'École d'application de Metz, il entra dans le corps du génie en 1829. Il est de taille petite, mais fortement constituée ; sa figure est empreinte d'intelligence et d'énergie; son teint basané montre qu'il a gagné des grades, non pas sous les lustres des Tuileries et de la Chambre des Députés, mais sous le soleil d'Afrique. C'est, en effet, une des fortunes militaires les plus rapides, à la fois, et les mieux méritées de notre époque.

Simple officier en 1830, M. de Lamoricière, que les opinions légitimistes de sa famille poussaient alors à ne rechercher du service que loin des influences de la dynastie d'Orléans, demanda et obtint d'aller combattre en Algérie. Il fut nommé capitaine des Zouaves en 1830. Là, sa valeur, son intelligence, sa bravoure brillèrent d'un si vif éclat, que les nombreux degrés de l'échelle hiérarchique furent rapidement franchis par lui. Il a longtemps commandé les Zouaves, et l'on sait les merveilles que ce corps a accomplies sous ses ordres. Il a pris part à toutes les grandes expéditions qui ont fait la gloire de nos armes en Afrique, et son histoire militaire se confond avec celle de notre conquête algérienne. Nommé colonel des Zouaves en 1837, le fait suivant le donna à connaître aux ennemis qu'il avait à combattre.

Souvent, un seul trait révèle le caractère d'un homme et toute la situation d'un peuple vis-à-vis d'un autre. Nous vivions depuis la conquête dans des relations assez équivoques avec une tribu puissante, elle compte plus de 600 cavaliers. Deux de ses Scheicks avaient été mandés à Alger par le duc de Rovigo, qui les fit juger et exécuter à mort. Que la punition fût méritée, c'est ce que nous ne voulons pas mettre en doute par respect pour la justice; mais les Arabes prétendaient que leurs Scheicks étaient venus à couvert sous des sauf-conduits, et regardèrent le jugement comme une violation de la foi jurée. De là un ressentiment immense. Les Arabes respectent d'autant plus la parole donnée qu'ils ne respectent point d'autres engagements; le serment est la loi des peuples qui n'ont pas de gouvernement régulier. Il importait cependant de rétablir des communications avec cette tribu et de renouer avec elle une espèce d'alliance. M. de Lamoricière s'en chargea, au péril de sa vie. L'emploi de la force matérielle eût été difficile, presque impossible: il n'eut recours qu'à la force morale. Une entrevue fut demandée aux chefs de la tribu par un Arabe dévoué; ils l'accordèrent, à la condition que M. de Lamoricière y viendrait seul, à cinq lieues d'Alger. Le brave jeune homme accepte et part au jour indiqué, au milieu des frémissements de ses amis, avec son courage, son éloquence, son sang-froid pour protection et pour escorte. Les chefs de la tribu n'étaient point au rendez-vous fixé; M. de Lamoricière marche toujours en avant, et ce n'est qu'après avoir fait trois lieues encore qu'il rencontra ceux qu'il venait chercher. Dès qu'ils l'aperçurent, les Arabes s'élancèrent au galop sur lui en jetant leur cri de guerre; le Français, sans s'étonner, poussa son cheval à toute bride au-devant de cette troupe menaçante, qui forma bientôt autour de lui un cercle de fer. Lamoricière, d'un front calme, d'une voix grave et ferme commença la conférence comme si la manœuvre qui avait pour but de lui fermer toute issue eût été une marque d'honneur accordée à sa qualité d'envoyé du gouverneur général de l'Algérie. Il fallut discuter plus d'une heure. C'était bien de la diplomatie à cheval comme celle que faisaient les Sultans aux jours glorieux de l'islamisme, quand ils dataient leurs actes de *l'Étrier Impérial*. La défiance des Arabes se ramollit enfin, et un vieux Scheick à barbe blanche dit à Lamoricière: « Nous allons nous quitter satisfaits, toi de nous, nous de toi, tu es venu sans sauf-conduit, sur la simple parole de l'Arabe; cette parole, il ne la violera jamais. Pars, et que la paix soit avec toi. » Et Lamoricière rentra librement dans les lignes françaises, après avoir accompli sa mission.

Lamoricière était maréchal de camp en 1840 et lieutenant-général en 1843, commandeur de la Légion-d'Honneur en 1844 et gouverneur de l'Algérie par intérim en 1845.

Aujourd'hui il aspire au grade de maréchal de France, et il n'est âgé que de 45 ans. Il a eu le bonheur de mettre le sceau à sa gloire en coopérant à la prise mémorable de Constantine et à la soumission d'Abd-el-Kader, qui a remis son épée entre ses mains; il s'était distingué sur tous les champs de bataille de l'Algérie, où il compte dix-huit campagnes, et avait été blessé par l'explosion d'une mine à l'assaut de Constantine.

En 1846, il songea tout à coup à se rapprocher des affaires centrales; et l'on vit le navire qui portait le nouveau César et sa fortune voguer vers la métropole. Ce fut le port de Mamers qui abrita son pavillon et il alla s'asseoir à la Chambre sur les bancs de l'opposition dynastique. Sous le gouvernement déchu, il était désigné comme future ministre de la guerre dans une combinaison Thiers, Molé ou Barrot.

Le 24 février 1848, le gouvernement fit un appel à tous les noms qu'il croyait pouvoir, dans la crise, exercer quelque influence sur le peuple et sur l'armée. Le général Lamoricière parut sur les boulevards, en uniforme de colonel de la garde nationale, proclamant la régence et la fin des hostilités; mais, dans la rue de Rohan, son cheval est tué d'un coup de feu et il reçoit lui-même, au bras, un coup de baïonnette. On parle de le mettre à mort; des ouvriers le défendent, l'emportent dans une maison devant laquelle ils montent la garde; et dans la soirée il regagne son domicile.

En mars 1848, il fut nommé membre de la commission de défense nationale. Appelé à l'Assemblée nationale dont il a été plusieurs fois vice-président, il a refusé tous les commandements qui lui ont été offerts par le gouvernement provisoire, déclarant qu'en cas de guerre seulement, il accepterait une division marchant à l'ennemi; mais dans les sanglantes journées de juin, son collègue d'Afrique, le général Cavaignac, ayant été mis à la tête du pouvoir exécutif, le général Lamoricière s'est bravement montré contre l'insurrection et a accepté le portefeuille de la guerre, du 28 juin jusqu'au 22 décembre 1848.

Élu à l'Assemblée législative, il a provoqué le décret de cette Assemblée du 19 septembre 1848, qui a ouvert un crédit de 50 millions pour l'établissement des colonies agricoles en Algérie, des études préparatoires pour la colonisation de la province d'Oran avaient été antérieurement faites et publiées sous sa direction.

En juillet 1849, il remplit une mission en qualité d'ambassadeur extraordinaire auprès de S. M. l'empereur de Russie.

LAMOUR (François-Marie, baron) naquit le 22 août 1772 à Vannes (Morbihan). Lieutenant au 2e bataillon de fédérés à l'armée du Nord le 3 août 1792, capitaine le 30 octobre suivant, il fut incorporé dans le 14e régiment d'infanterie (par amalgamé 27e demi-brigade le 3 nivôse an II, et 23e de bataille, à Cologne, en l'an IV).

Pendant cette dernière campagne de l'armée de Sambre-et-Meuse, il eut le commandement du 2e bataillon de sa demi-brigade, quoique le dernier et plus jeune capitaine du corps; et ce fut à sa tête, qu'au combat de Ratisbonne, le 5 fructidor, il culbuta 2 bataillons d'infanterie autrichienne, lui reprit une position avantageuse, et délivra 300 hommes et 11 officiers de la 43ᵉ faits prisonniers de guerre au commencement de la journée.

Le général Jourdan, témoin de cette action, fit au capitaine la promesse du grade de chef de bataillon.

Le 7 du même mois, après le combat d'Amberg, la 23ᵉ, sous les ordres de Ney, fut chargée de soutenir la retraite de l'armée et de défendre jusqu'à la dernière extrémité la tête du défilé de Sulzbach : Lamour, de son côté, repoussa trois fois la cavalerie autrichienne qui faisait les plus grands efforts pour gagner la queue de nos colonnes; mais, accablé par un ennemi dix fois plus nombreux, il fit former le carré à sa troupe, soutint le choc pendant deux grandes heures, et ne se rendit qu'après avoir brûlé sa dernière cartouche, et quand, éloigné de l'armée française, il vit son bataillon réduit à 200 hommes.

Rendu seulement en l'an V, il reprit, quoique capitaine, le commandement du 2ᵉ bataillon de la 23ᵉ à l'armée du Rhin. et passa en l'an VII en Helvétie, où il devint capitaine de grenadiers le 20 nivôse.

Passé en l'an VIII à l'armée du Danube, et à celle du Rhin en l'an IX, il fut chargé le 10 frimaire, deux jours avant la bataille de Hohenlinden, de former l'arrière-garde d'un régiment de grenadiers de la division Ney qui, vivement menacée par les tirailleurs ennemis, faisait sa retraite entre Hang et Müldorff. En sortant d'un bois dont l'ennemi gardait la lisière, Lamour rencontre le capitaine Leclerc embarrassé dans une route de traverse, ayant deux pièces d'artillerie légère embourbées et en tête une pièce de 8 dont la roue brisée empêchait la retraite de tout le train : on allait déjà couper les traits pour enmener les chevaux, lorsque Leclerc apercevant son camarade déboucher du bois, le supplie de lui sauver l'honneur en l'aidant à sauver ses canons. Aussitôt Lamour met sa première section en bataille sur la route avec un peloton de canonniers à cheval pour arrêter la charge de l'ennemi, envoie sa seconde section et le reste des canonniers à cheval en tirailleurs pour gêner la marche des assaillants, et, pendant ce temps, il parvient à faire remettre sur pied les trois pièces que les soldats ramenèrent en triomphe. Cette opération encore assez longue et faite sous le feu de l'ennemi, coûte 5 grenadiers tués et 12 blessés au capitaine Lamour, qui fut proposé une seconde fois par le général Ney à Moreau pour le grade de chef de bataillon.

Après la paix de Lunéville, il rentra en France, tint garnison successivement à Dijon, à Marseille et à Corbeil, fut envoyé en recrutement le 1ᵉʳ vendémiaire an XI et reçut la décoration de la Légion-d'Honneur, à Paris, le 25 prairial an XII.

Nommé, le 1ᵉʳ messidor suivant, adjoint à l'état-major du camp de Montreuil, il fit avec le 6ᵉ corps la campagne d'Autriche, et montra une grande valeur à la prise d'Ulm, où il dirigeait une colonne.

A l'affaire de Scofeld, il sut éviter habilement le gros des troupes autrichiennes qui se sauvaient de Scharnitz, et fit prisonnier le major qui en commandait l'avant-garde.

Chef de bataillon le 18 juillet 1806, il passa au 59ᵉ régiment de ligne le 15 août, puis au 27ᵉ le 1ᵉʳ octobre, et tint la conduite la plus brillante à la tête d'un bataillon le jour de la bataille d'Iéna.

Il passa en qualité de major au 88ᵉ régiment le 7 janvier 1807, et servit au

5ᵉ corps pendant la campagne d'Eylau et de Friedland, fut nommé colonel du 39ᵉ de ligne, alors au 6ᵉ corps de l'armée d'Espagne le 25 octobre 1810, et tomba au pouvoir de l'ennemi à la prise d'Abuquerque, en Estramadure, le 15 mars 1811.

Parvenu à s'échapper des mains des Anglais, il rentra en France au commencement de 1813, et rejoignit la grande armée, où l'Empereur le désigna pour commander le 22ᵉ régiment de ligne, à la tête duquel il fut tué à la bataille de Lutzen le 2 mai.

On ignorait encore sa mort au quartier général, lorsqu'il fut compris comme général de brigade dans un décret de promotion rendu à Borna le 4 mai.

LANNES (JEAN), maréchal de France, né à Lectoure (Gers), le 11 avril 1769, d'une famille pauvre mais honorable, commença ses études dans sa ville natale, et ne put les continuer, son père se trouvant dans l'impossibilité de subvenir aux dépenses. Il entra alors chez un teinturier, et y resta jusqu'en 1792, époque où il partit en qualité de sergent-major pour l'armée des Pyrénées-Orientales. Son avancement fut rapide, puisque, en 1795, il était déjà chef de brigade. Destitué sous le ministère d'Aubry, il servit comme volontaire dans l'armée d'Italie. Colonel du 25ᵉ régiment sur le champ de bataille en 1795; général de brigade à l'assaut de Pavie. Général de division en Égypte; il fut un des sept généraux qui revinrent en France avec le général Bonaparte. Commandant les 9ᵉ et 10ᵉ divisions militaires, commandant de la garde consulaire et l'avant-garde de l'armée d'Italie. Ministre plénipotentiaire à Lisbonne en 1801, maréchal d'empire en 1804; duc de Montébello commandant l'avant-garde de la grande armée, et l'aile gauche à Austerlitz. Lannes, l'*Ajax français*, mourut le 31 mars 1809 des suites d'une blessure reçue sur le champ de bataille d'Essling.

— « Le duc de Montébello était de Lectoure; chef de bataillon, il se fit remarquer dans les campagnes de 1796 en Italie; général, il se couvrit de gloire en Égypte, à Montébello, à Marengo, à Austerlitz, à Iéna, à Pultusk, à Friedland, à Tudela, à Saragosse, à Eckmühl, à Essling, où il trouva une mort glorieuse. Il était sage, prudent, audacieux, devant l'ennemi d'un sang-froid imperturbable. Il avait un peu d'éducation, la nature avait fait tout pour lui. Napoléon, qui avait vu les progrès de son entendement, en marquait souvent sa surprise. Il était supérieur à tous les généraux de l'armée française sur le champ de bataille, pour manœuvrer 25,000 hommes d'infanterie. Il était encore jeune et se fût perfectionné; peut-être fût-il devenu habile pour la grande tactique qu'il n'entendait pas encore. » (*Montholon*.)

« Lannes, lorsque je le pris pour la première fois par la main, n'était qu'un *ignorantaccio*. Son éducation avait été très-négligée; néanmoins, il fit beaucoup de progrès, et, pour en juger, il suffit de dire qu'il aurait fait un général de première classe. Il avait une grande expérience pour la guerre; il s'était trouvé dans cinquante combats isolés, et à cent batailles plus ou moins importantes. C'était un homme d'une bravoure extraordinaire : calme au milieu du feu, il possédait un coup d'œil sûr et pénétrant, prompt à profiter de toutes les occasions qui se présentaient, violent et emporté dans ses expressions, quelquefois même en ma présence. Il m'était très-attaché. Dans ses accès de colère, il ne voulait permettre à personne de lui faire des observations, et même il n'était pas toujours prudent de lui parler, lorsqu'il était dans cet état de violence. Alors, il avait l'habitude de venir à moi, et de me dire qu'on ne pouvait se fier à telle et telle personne. Comme général il était infiniment au-dessus de Moreau et de Soult. » (*O'Meara.*)

— « Chez Lannes, le courage l'emportait d'abord sur l'esprit, l'esprit montait chaque jour pour se mettre en équilibre. Il était devenu très-supérieur quand il a péri. Je l'avais pris *pygmée*, je l'ai perdu *géant.* » (*Las Cases.*)

— « Le maréchal Lannes, ce valeureux duc de Montébello, si justement appelé le *Roland* de l'armée, visité par Napoléon sur son lit de mort, semblait oublier sa situation pour ne s'occuper que de celui qu'il aimait par-dessus tout. Napoléon en faisait le plus grand cas. Il n'avait été longtemps qu'un sabreur ; mais il était devenu premier talent.

« S'il eût vécu dans ces derniers temps, je ne pense pas qu'il eût été possible de le voir manquer à l'honneur et au devoir.

« Il était de ces hommes à changer la face des affaires, par son propre poids et sa propre influence. » (*Las Cases.*)

« Lannes avait été mis en apprentissage chez un teinturier, sans la Révolution il eût été un honnête artisan.

« Il contribua de tout son pouvoir au coup d'état du 18 brumaire.

« Nommé peu après à l'ambassade du Portugal, il comprit mal le caractère de ses fonctions d'ambassadeur, il traita si cavalièrement les autorités portugaises que l'on fut obligé de le rappeler.

« Le 22 mai, seconde journée d'Essling, Lannes fut atteint d'un boulet qui lui enleva la jambe droite entière et la gauche au-dessus de la cheville. Douze grenadiers le transportaient dans l'île de Lobau sur leurs fusils, lorsque l'Empereur, qui se tenait au débouché du pont, l'aperçut, vola à lui, et l'embrassant : « Lannes, s'écria-t-il, c'est moi, Napoléon, ton camarade, me reconnais-tu ?

— Dans quelques heures, répondit Lannes, revenant à lui, vous aurez perdu un homme qui meurt avec la consolation et la gloire d'avoir été votre meilleur ami. »

Lannes subit le soir même une double amputation, et mourut à Vienne le 31 mai.

Ses restes ont été solennellement inhumés au Panthéon le 6 juillet, anniversaire de la bataille de Wagram.

LANTHONNET (Frédéric), né à Bar-le-Duc (Meuse), le 19 mai 1788, entra à l'École militaire de Fontainebleau le 7 mars 1806 et en sortit sous-lieutenant en premier des chasseurs à cheval. Il se distingua dans la campagne de 1809, et le 9 avril, avec un détachement, il enleva 3 pièces d'artillerie aux Autrichiens, et fut blessé à Wagram.

En 1813, il était capitaine et attaché au général Exelmans en qualité d'aide-de-camp. Après s'être montré avec honneur dans plusieurs rencontres, il fut nommé chef d'escadron et obtint la décoration.

En 1814, il appartenait au régiment de chasseurs du roi qui, le 19 mars, se porta au-devant de l'Empereur jusqu'à Fontainebleau. Le commandant Lanthonnet se tint à la portière jusqu'aux Tuileries. A l'ouverture de la campagne, il eut un cheval tué aux Quatre-Bras, et deux à Waterloo. Le 1er juillet, il se battit à Velesy et à Roquencourt où le général Exelmans cueillit un dernier laurier.

Nommé colonel par le gouvernement provisoire, il ne fut pas reconnu dans ce grade par les Bourbons. Mis en non-activité, il ne fut appelé au 3e de hussards qu'en 1825. Il reçut la croix de Saint-Louis à l'occasion du sacre de Charles X.

En juillet 1830, il était lieutenant-colonel au 15e chasseurs à Nancy. Le général Drouet et lui maintinrent la tranquillité dans cette ville.

M. Lanthomet fut nommé successivement colonel du 1ᵉʳ hussards commandé précédemment par le duc d'Orléans, officier de la Légion-d'Honneur et maréchal de camp. Il fut promu à ce dernier grade le 26 avril 1841. Il est aujourd'hui à la retraite.

LANNUSSE (François), né à Habas (Landes) en 1762, négociant; volontaire en 1792; chef de brigade à l'armée des Alpes; adjudant-général à l'armée d'Italie et général de brigade. Mort à Alexandrie d'Égypte, à l'âge de 37 ans des suites des blessures qu'il avait reçues à la bataille d'Aboukir.

« Lors du débarquement des Anglais en Égypte, une masse de 12 à 13,000 hommes furent intrépidement attaqués par ce général qui n'en avait que 3,000. Brûlant d'ambition et ne désespérant pas d'en venir à bout à lui seul, il ne voulut attendre personne, d'abord, il renversa tout, fit un carnage immense, et succomba. S'il eût eu seulement 2 à 3,000 hommes de plus, il remplissait son projet. » (*Las Cases.*)

« Le général Lannusse avait le feu sacré, il s'était distingué par des actions d'éclat aux Pyrénées, en Italie, il avait l'art de communiquer ses sentiments aux deux premiers. » (*Menou et Reynier.*)
(*Napoléon à Sainte-Hélène*).

LANUSSE (Pierre, dit ROBERT, baron), né le 21 novembre 1768, à Habas (Landes), frère du précédent. Il entra comme lieutenant dans la compagnie franche dite des *Républicains*, organisée à Oléron le 1ᵉʳ mai 1793. Cette compagnie ayant été faite prisonnière de guerre, Lanusse s'évada et rentra au service comme volontaire auprès du général Lanusse son frère, le suivit en Italie et devint son aide-de-camp. Attaché depuis au 4ᵉ chasseurs à cheval, il fit la campagne d'Égypte, fut nommé capitaine par Kléber, rentra en France après la mort de son frère, fut aide-de-camp de Murat, chef d'escadron et membre de la Légion-d'Honneur, puis colonel du 17ᵉ de ligne après la campagne d'Austerlitz; il commandait la 1ʳᵉ division du 3ᵉ corps à Iéna, se distingua à l'affaire de nuit de Czarnowo, en 1806, au passage de la Wkra, à Golymin, à Eylau. Nommé officier de la Légion-d'Honneur, blessé à Heilsberg, chevalier de la Couronne de Fer, général de brigade le 17 mai 1808, il fut autorisé à cette époque à passer au service du grand duc de Berg, suivit ce prince à Naples, y fut nommé général de division, grand maréchal du Palais, puis commandant de la garde royale napolitaine en 1810. Il épousa à Naples la fille du maréchal comte Pérignon. Rentré en France comme général de brigade, il fit la campagne de Russie en qualité d'adjudant-général de la Garde impériale, fut nommé commandeur le 14 mai 1813, et général de division le 4 août suivant, commanda en second à Magdebourg pendant les dix mois de blocus, rentra en France en juin 1814, reçut la croix de Saint-Louis et fut mis en disponibilité.

Pendant les Cent-Jours, il commandait la 3ᵉ division (Metz); inspecteur général d'infanterie en 1816, 1818 et 1821, membre de la commission du projet de Code de justice militaire en 1822, il commandait la 6ᵉ division (Besançon) en 1823; mis en disponibilité le 4 août 1830 et à la retraite le 1ᵉʳ décembre 1833, il se retira à Versailles et y mourut le 3 mai 1847.

LAPISSE (Anne-Pierre-Nicolas, de), né le 23 mars 1773, à Rocroy (Ardennes).

Il était officier du génie avant la Révolution. Il fit comme aide-de-camp du général Bouchet les campagnes de 1792 et 1793, et se trouva aux siéges de Namur, de Breda et de Gertruydenberg. Après la retraite de l'armée sur Tournai, il se jeta dans Valenciennes, où il fut blessé d'un éclat de bombe à l'épaule. La place ayant capitulé le 1ᵉʳ août, il obtint son renvoi sur parole, et vint à Paris. Mis en arrestation par les ordres du Comité de salut public qui attribuait la reddition de la place à la trahison, il ne dut sa liberté qu'aux événements du 9 thermidor.

Nommé capitaine en 1795, M. de Lapisse travailla comme ingénieur en chef au canal de Sambre-et-Oise, passa en 1800 en Italie, se trouva à la défense du pont du Var, aux siéges de Savone et de Vérone, et fut fait chef de bataillon en 1801.

Sous-directeur en Batavie, puis en Piémont, et légionnaire à la création de l'Ordre en 1804, il dirigea successivement les travaux d'Ostende et de Maubeuge, et fut nommé colonel directeur des fortifications à Mayence le 7 octobre 1810.

Bloqué dans cette place pendant les campagnes de 1813 et 1814, il y remplit les fonctions de commandant en chef de son arme.

A la paix, employé au Havre, il reçut les décorations d'officier de la Légion-d'Honneur et de Saint-Louis, les 29 juillet et 17 septembre 1814, et y resta pendant les Cent-Jours.

En 1822 il passa dans la direction de Verdun, où il reçut la décoration de commandeur de la Légion-d'Honneur, le 3 novembre 1827.

Nommé maréchal de camp le 9 juin 1831. M. de Lapisse mandé à Paris comme inspecteur du génie et membre du Comité des fortifications, fut chargé en 1832 et 1833 de l'inspection générale des divisions du Nord et de l'Est, et en 1834 des fonctions de membre de la Commission mixte des travaux publics et du Comité des fortifications.

Admis à la retraite le 31 mars 1835, le général de Lapisse s'était retiré à Laneuville (Meuse), où il est mort le 24 février 1850, à l'âge de 77 ans.

LAPLANE (Jean-Grégoire-Barthélemi-Rouger baron de), naquit à Mourville-Haute (Haute-Garonne) le 13 octobre 1766, et fut admis dans la compagnie de gendarmes du roi le 3 mai 1782. Cette compagnie ayant été supprimée en 1787, le jeune Laplane resta en expectative jusqu'au 21 septembre 1791, époque à laquelle il entra avec le grade de lieutenant dans le 20ᵉ de ligne.

Nommé capitaine au 129ᵉ régiment le 13 fructidor an III, il passa dans la célèbre 32ᵉ demi-brigade de ligne le 25 ventôse an IV. C'est avec ces différents corps qu'il fit les campagnes de 1792 et 1793, et des ans II, III, IV et V en Italie, de l'an VI en Suisse, des VII, VIII et IX en Égypte.

Aussitôt après le débarquement les troupes s'étaient mises en marche pour le Caire. Arrivées au village d'Embabeh, défendu par 37 bouches à feu, 2 chebecs de la flottille du Nil et par 4,000 Mamelouks, elles durent se faire passage les armes à la main; le combat fut très-vif. Le général Bon, dans son rapport, cita le capitaine Laplane pour sa conduite courageuse. L'état de ses services, dressé le 25 frimaire an XIII, porte cette annotation : « Ayant été commandé d'assaut, il s'est emparé de la tour de Saint-Jean-d'Acre, après avoir égorgé sept postes turcs, malgré les bombes des ennemis qui lui ont tué 85 hommes sur 100 qu'il en avait. » Cet assaut eut lieu le 21 floréal an VII, et il y fut blessé. Le général en chef Bonaparte lui décerna un sabre d'honneur à titre de récompense provisoire, qui devint définitive par un arrêté consulaire du 9 ventôse an X, et lui conféra le grade de chef de bataillon le 20 thermidor an VII.

Devant Alexandrie, le 30 ventôse an IX, il reçut un coup de feu qui lui traversa l'avant-bras droit. Rentré en France et promu chef de brigade de la 107ᵉ le 9 nivôse an XI, puis de la 7ᵉ d'infanterie légère, il servit à l'armée des côtes de l'Océan pendant les ans XII et XIII, et à la grande armée pendant les ans XIV, 1806 et 1807.

A Iéna, il repoussa, à la tête de son régiment, cinq charges de la division des grenadiers de la garde prussienne. Élevé au grade de général de brigade le 11 juillet 1807, attaché au 2ᵉ corps d'observation de la Gironde le 3 novembre suivant, et employé à Bayonne le 4 novembre 1808, il passa les Pyrénées avec le 1ᵉʳ corps de l'armée d'Espagne le 18 décembre de cette dernière année, assista à la bataille de Cordoue, et eut le commandement de cette ville. Lorsque le général Dupont de l'Étang capitula à Baylen, quoique ayant 23,000 soldats éprouvés, il invita le général Laplane à signer la convention arrêtée avec Castaños; mais le général Laplane s'y refusa, répondant avec fierté : *Je ne signe jamais de capitulation en rase campagne.*

Le 28 juillet 1809, il fit des prodiges de valeur à la bataille de Talaveyra de la Reyna, qu'il décida en faveur de l'armée française. En 1810, dans la nuit du 12 au 13 avril, les Anglais ayant effectué une descente près de Santa-Catarina, il marcha à leur rencontre à la tête d'un régiment, en tua un grand nombre, et força ceux qui restaient à se réfugier sur leurs vaisseaux. Napoléon, qui s'entourait toujours des plus intrépides, l'appela à la grande armée en 1812. Il lui donna un commandement dans le Mecklembourg le 17 avril, et le chargea de la défense de Glogau le 18 juillet. A la fin de la retraite, le général Laplane s'enferma dans cette place, s'y conduisit vaillamment, et ne la rendit qu'après les événements de 1814, et sur les ordres du nouveau gouvernement. Le 17 juin 1813, pendant qu'il était à Glogau, l'Empereur l'avait nommé général de division.

Rentré en France en 1814, il eut, le 5 août, le commandement de la subdivision de Tarn-et-Garonne, et le 12 juin 1815 l'Empereur confia à sa bravoure intelligente celui de la 4ᵉ division des gardes nationales au corps d'observation du Jura. Le 15 août suivant, Louis XVIII, à peine rentré dans Paris, le fit mettre à la retraite.

Les événements de 1830 le trouvèrent dans cette position. Placé dans le cadre de réserve le 7 février 1831, il fut réadmis à la retraite le 1ᵉʳ mai 1832, et mourut le 20 juin 1837.

Légionnaire de droit le 1ᵉʳ vendémiaire an XII, il avait été nommé commandeur de l'Ordre le 25 prairial suivant, et fait grand officier le 8 mai 1835.

LAPOYPE (JEAN-FRANÇOIS, marquis de), né en 1758, dans le Dauphiné, d'une famille noble. Il embrassa fort jeune le parti des armes, était maréchal de camp avant 1789, et général de division le 15 mai 1793.

Partisan des idées nouvelles, il épousa la fille du fameux conventionnel Fréron.

Sa conduite au siége de Toulon mérita les plus grands éloges. Il contribua puissamment à la reprise de cette place ; il dirigea ensuite l'attaque du fort Pharon, et fut chargé par le Comité de salut public de contenir Marseille et le midi sous le régime de la Terreur.

Le général Lapoype ne s'associa pas à la réaction thermidorienne, dont son beau-frère fut un des plus ardents provocateurs. Il resta sans emploi sous le Directoire et servit en Italie après le 18 brumaire. Envoyé à Saint-Domingue en 1792, il y déploya autant de capacité que de courage, fit un traité avec Dessalines et s'embarqua pour la France en 1803, mais il tomba dans les mains des Anglais, qui le conduisirent à Porthmouth. Le gouvernement impérial s'occupa de son échange et le laissa néanmoins sans emploi jusqu'en 1813. Il fut nommé à cette époque au commandement de Wittemberg sur l'Elbe. Le général Lepoype montra dans cette circonstance un courage et une fermeté d'âme indomptables. Il eut à lutter, avec une poignée d'hommes d'élite, contre des forces décuplés à l'extérieur et contre l'esprit de révolte des habitants, poussé au plus haut point. Il avait pris ses mesures pour faire sauter la ville plutôt que de céder aux menaces dont on l'accablait. Il ne sortit de Wittemberg que les armes à la main et après la cessation des hostilités. En 1814, il eut la croix de Saint-Louis et le commandement d'Agen.

En 1815, Napoléon le nomma commandant de la place de Lille. Il y fit respecter le pouvoir impérial, malgré l'exaspération des habitants, qui s'étaient fortement prononcés en faveur des Bourbons. Pour répondre aux menaces des exaltés, il fit placer à la porte de l'intendance, où il logeait, deux pièces de canon chargées à mitraille; mais c'était le quartier général qu'il voulait protéger, et non sa propre personne; et pour le prouver, on le vit se promener sans la moindre escorte et les mains sur le dos par les rues de Lille.

A la seconde Restauration, il fut mis à la retraite.

Nommé membre de la Chambre des Députés en 1822, il vota constamment avec l'extrême gauche.

En 1824, il fut condamné à plusieurs mois de prison pour une brochure politique.

Le général Lapoype est aujourd'hui (septembre 1850) le plus ancien de grade de tous nos généraux. Il est grand officier de la Légion-d'Honneur: il n'a pas de fortune.

LA RIBOISIÈRE (JEAN-AMBROISE, BASTON, comte de), naquit à Fougères (Ille-et-Vilaine) au mois d'août 1759, fit de brillantes études et entra comme lieutenant en 1781 dans le régiment d'artillerie où servait Napoléon. Quoique La Riboisière eût quelques années de plus que son jeune camarade, il s'établit bientôt entre eux une amitié dont l'Empereur aimait à se rappeler les circonstances, et qui avait donné aux sentiments du général breton le caractère d'un dévouement particulier.

A l'époque de la Révolution, dont il se montra partisan modéré, il était cité comme un officier distingué. Fait capitaine en 1791 et envoyé à l'armée du Rhin, sous Custine, il fut chargé, en 1792, de l'armement de la place de Mayence. Il prit part à l'invasion du Palatinat. Quand Mayence fut pris, il fit partie de la garnison qui défendit cette ville contre les Prussiens. L'année suivante, après la capitulation, il demeura en otage à l'ennemi. Il fit les campagnes des ans II et III, comme adjudant-général, chef de bataillon et chef de brigade, et passa une partie de l'an IV dans sa famille. Depuis l'an IV jusqu'à l'an XI, il fut nommé successivement directeur des parcs d'artillerie des armées d'Angleterre, de Suisse, du Rhin et du Danube.

Fait général de brigade en l'an XI, il commanda l'artillerie du 4e corps pendant la campagne de l'an XIV et se trouva à Austerlitz. Il contribua puissamment au succès de cette grande journée par l'emploi qu'il fit de ses batteries et par le feu terrible qu'il dirigea sur les glaces qui portaient les colonnes russes, car celles-ci avaient eu l'imprudence de se placer sur l'étang de Menitz.

A Iéna, le 14 octobre 1806, il parvint avec son artillerie seule à repousser plusieurs charges d'infanterie.

Remarqué par l'Empereur, qui le fit général de division et l'appela au commandement de l'artillerie de la Garde impériale, il soutint à Eylau, le 8 février 1807, pendant toute la journée, le centre de l'armée avec une batterie de 40 pièces de canon.

Blessé d'un coup de boulet devant Dantzig, le général La Riboisière ne cessa pas un seul jour de prendre part aux opérations de ce siége mémorable.

Après les batailles de Heilsberg et de Friedland, dans lesquelles il dirigea l'artillerie de la Garde impériale, il fut chargé le 24 juin de faire établir sur le Niémen le radeau qui servit aux conférences tenues entre Napoléon et l'empereur Alexandre, et qui se terminèrent par la paix de Tilsitt.

Au mois de février 1808, le général La Riboisière prit le commandement en chef de l'artillerie des armées d'Epagne. Rappelé à la grande armée en 1809, Napoléon lui confia le commandement en chef de l'artillerie à Wagram.

Élevé, en 1811, à la dignité de premier inspecteur général de l'artillerie, le comte de la Riboisière se préparait à faire tourner au profit de l'armée tout ce que sa longue expérience lui avait appris, lorsqu'il lui fallut quitter ces travaux de la paix pour reprendre les armes.

La malheureuse campagne de Russie, 1812, allait commencer, le général La Riboisière en prévit de suite les difficultés. Il fit d'incroyables efforts pour réparer l'effet désastreux des pluies qui tombaient en abondance avant l'arrivée des Français à Wilna; le succès les couronna. A la prise de Smolensk, 638 bouches à feu tonnaient sur la place, et 2,477 caissons portaient leurs approvisionnements.

Chargé, la veille de la bataille de la Moskowa, de reconnaître les positions de l'ennemi et de déterminer le moyen d'attaquer les redoutes que les Russes avaient établies sur leur gauche, il fit pendant la nuit toutes les dispositions nécessaires; à la pointe du jour, une immense artillerie foudroya l'ennemi, et 70,000 boulets, tirés pendant la bataille, furent remplacés de suite.

La victoire de la Moskowa fut un jour de deuil pour le général La Riboisière; son jeune fils y fut blessé à mort en chargeant l'ennemi. Plein du chagrin que lui causait la perte de son fils et épuisé de fatigue, le général tomba malade à Wilna, et mourut à Kœnigsberg le 21 décembre 1812.

Son corps repose dans l'église des Invalides, et sur son cercueil, on lit cette partie de l'inscription :

J. Ambroise Baston, comte de La Riboisière, général de division, commandant en chef l'artillerie de la grande armée, grand officier de la Légion-d'Honneur, né à Fougères, mort à Kœnigsberg, le 21 décembre 1812.

Son nom est inscrit sur l'arc de triomphe de l'Étoile, côté Est.

LAROCHE (JEAN-BAPTISTE-GRÉGOIRE, baron de), ou plutôt DELAROCHE, puisque cet officier n'a jamais fait une particule de la première syllabe de son nom, naquit à Dieppe (Seine-Inférieure) le 19 novembre 1767, et entra, le 7 septembre 1784, dans Viennois-Infanterie (22e régiment) en qualité de soldat.

Ayant acheté son congé le 1er avril 1788, il passa, le 2 du même mois, comme sous-officier dans la compagnie d'artillerie gardes-côtes, que le duc d'Harcourt, gouverneur de la Normandie, avait organisée pour la défense du pays de Caux. Il quitta ce corps et se fit admettre, le 15 janvier 1792, dans le 1er bataillon des volontaires de la Seine-Inférieure, où, le lendemain, il fut élu lieutenant de grenadiers.

Il abandonna ce corps le 16 novembre suivant, et passa, le même jour, avec le grade de sous-lieutenant, dans une légion franche incorporée quelque temps après dans le 12ᵉ chasseurs à cheval (ci-devant Champagne). Il fit à l'armée du Nord les campagnes de 1792, 1793, des ans II et III, sous Beurnonville, Luckner, Dumouriez et Pichegru.

Dans cet intervalle, il obtint, le 1ᵉʳ mai 1793, le grade de capitaine au 9ᵉ hussards, pour le courage qu'il avait déployé le 6 mars précédent dans un combat livré sous les murs de Liége par la division Dampierre. Il avait été blessé à cette affaire, en ralliant l'avant-garde, un moment débandée, et en reprenant à l'ennemi deux pièces de canon. Ce fut également à sa belle conduite au siége de Courtrai, qu'il dut, le 11 nivôse an III, d'être nommé chef de brigade du 6ᵉ régiment de hussards. Il avait chassé l'arrière-garde ennemie, enlevé seul une pièce de canon, et fait prisonnier l'officier et 15 soldats qui la défendaient. Quelques jours après, en passant la Lys à la nage sous le feu de l'ennemi, il avait été blessé de nouveau.

Envoyé en l'an IV à l'armée de l'Ouest, Delaroche continua de donner des preuves d'une rare intrépidité. Entre autres faits, nous citerons celui-ci : Apprenant qu'un maréchal-des-logis de son régiment, nommé Fondigny, était tombé au pouvoir des insurgés, il se mit seul à leur poursuite et les atteignit au moment où ils s'apprêtaient à écorcher vif leur prisonnier, et l'arracha de leurs mains malgré la plus vive résistance. Hoche voulut honorer ce trait d'audace et de dévouement en proposant Delaroche pour le grade de général de brigade; mais celui-ci, aussi modeste que brave, préféra rester à la tête de son régiment avec lequel il fit la campagne de l'an VI à l'armée de Sambre-et-Meuse.

Il se distingua, le 16 germinal an VII, à l'armée d'Italie, en avant de Vérone, par une charge des plus brillantes qui débarrassa un bataillon enveloppé par deux régiments de grosse cavalerie.

Nommé général de brigade le 22 messidor de la même année, ses blessures le forcèrent, au commencement de l'an IX, à quitter le service actif. Le premier Consul l'envoya dans le département de l'Eure que désolaient alors des bandes de brigands, qui affectaient de donner à leurs déprédations une couleur politique, en dévalisant les caisses publiques et les diligences. Delaroche, par d'énergiques mesures, parvint promptement à mettre un terme à ces déplorables excès.

Fait membre et commandant de la Légion-d'Honneur les 19 frimaire et 25 prairial an XII, il servit, en 1806, à l'armée du Nord, commanda, pendant la campagne de Pologne (1807) une brigade de cavalerie légère, et fut employé à son retour en France dans la 7ᵉ division militaire (Grenoble). Promu général de division le 2 février 1808, puis créé baron de l'Empire, le ministre de la guerre plaça sous ses ordres, le 27 octobre suivant, le dépôt de cavalerie de Bayonne.

En 1809, appelé en Allemagne, tandis que l'armée occupait Vienne, sa division eut à protéger, contre les dévastations des partisans autrichiens et tyroliens du général Kienmayer, une ligne s'étendant de Ratisbonne à Bareuth. Dans cette circonstance, il préserva Nuremberg du pillage, en chassant de cette ville une colonne de ces troupes indisciplinées.

Le 9 novembre de la même année, il reprit son commandement dans la 7ᵉ division militaire, qu'il occupa jusqu'au 8 avril 1814, époque à laquelle le maréchal Augereau lui confia celui de la 19ᵉ (Lyon).

Nommé chevalier de Saint-Louis le 19

juillet de la même année, et grand officier de la Légion-d'Honneur le 14 février 1815, il fut admis à la retraite le 6 octobre suivant.

LAROCHE (François, baron) naquit le 5 janvier 1775, à Ruffec (Charente). Sous-lieutenant de grenadiers dans le 1er bataillon des volontaires nationaux de la Charente le 1er décembre 1791, il passa le 25 février 1792 au 15e régiment de cavalerie, et le 20 avril suivant au 16e de même arme, devenu 25e régiment de dragons.

Il servit pendant les années 1792, 1793, ans II et III aux armées du Nord et de Sambre-et-Meuse. Lieutenant le 1er avril 1793, et capitaine le 24 pluviôse an II, il exécuta, le 28 germinal suivant, à la tête d'un escadron, une charge vigoureuse contre un régiment de cavalerie autrichienne, lui prit deux pièces de canon et le mit dans la déroute la plus complète.

Réformé et mis à la suite le 16 nivôse an VI, il fut repris en pied dans le même régiment le 1er floréal an VII. Employé aussitôt à l'armée de l'Intérieur, il fit la campagne des ans VIII et IX à l'armée du Rhin. Le 11 frimaire de cette dernière année, en avant de Neckerguemin, il délivra, secondé par quelques dragons, une compagnie de grenadiers qui venait d'être faite prisonnière.

Membre de la Légion-d'Honneur le 26 frimaire an XII, il passa comme capitaine dans les grenadiers à cheval de la Garde impériale le 18 fructidor an XIII, fit la campagne de l'an XIV à la grande armée, et se distingua à la bataille d'Austerlitz.

Officier de la Légion-d'Honneur le 14 mars 1806, il passa comme major dans le 1er régiment de carabiniers le 21 août suivant, fit la campagne de 1807, et fut nommé colonel du même régiment le 14 mai de cette année. Peu de temps après, il obtint le titre de baron de l'Empire.

Blessé d'un coup de sabre sur la tête au combat de Ratisbonne le 23 avril 1809, le 6 juillet suivant, à la bataille de Wagram, il eut un cheval tué sous lui.

Il servit en 1812 en Russie, en 1813 en Saxe, et fut nommé général de brigade le 28 septembre de cette année; au mois d'octobre, il commandait les troupes en avant de Hanau, et après l'abdication de l'Empereur, le gouvernement royal lui confia le commandement du département de la Charente le 23 juillet 1814, et le créa chevalier de Saint-Louis le 29 du même mois.

Envoyé à la suite du grand quartier général de l'armée de la Loire le 5 juillet 1815, le général Laroche ne put obtempérer à cet ordre, il ne rejoignit pas son poste et fut chargé du licenciement des corps de cavalerie à La Rochelle le 11 octobre suivant.

Après avoir rempli cette pénible mission, il entra dans le cadre de non-activité le 1er février 1816, et passa à celui de disponibilité le 1er avril 1820.

Il est mort à Ruffec (Charente), le 22 février 1823.

LAROCHE-DUBOUSCAT (Antoine, baron), fils d'un propriétaire de Condom (Gers), naquit dans cette ville le 16 décembre 1757. Destiné par son éducation à suivre la carrière du barreau, ses inclinations le décidèrent, le 1er juillet 1774, à s'engager comme simple dragon dans le régiment de *Monsieur*.

Ayant quitté ce corps le 3 novembre 1778, il entra comme volontaire dans la légion de Nassau le 1er avril 1779, et il y servit en qualité d'aide-de-camp du prince de Nassau Siégen, qui la commandait jusqu'au 22 mai.

Passé dans la gendarmerie et rayé des contrôles de cette arme le 5 octobre, il prit alors du service dans la légion de Luxembourg, avec laquelle il concourut, en 1780, à l'expédition contre Jersey et Guernesey, et il la suivit en Hollande en qualité de capitaine aide-major en 1782, époque à laquelle elle cessa d'appartenir à l'armée française.

Embarqué sur une escadre conduisant des troupes au cap de Bonne-Espérance, il se trouvait à bord de la frégate *l'Apollon*, qui avait obtenu de voyager isolée, à cause de la vitesse de sa marche et de l'épidémie dont elle était frappée, lorsque ce bâtiment fut attaqué, en avant de la ligne, par deux corsaires anglais. Laroche et quelques grenadiers étaient seuls en état de combattre. Ils soutinrent pendant sept heures une lutte des plus vives, désemparèrent les navires ennemis, et la frégate, ainsi délivrée, atteignit le cap vingt-deux jours avant le reste de l'escadre.

La légion de Luxembourg étant réunie, Laroche s'occupa de son organisation, mérita par son zèle et son activité les éloges du gouverneur, le maréchal de camp Camvrai, qui lui conféra le grade de major.

Dix mois plus tard, la légion partie de Ceylan, et de là dirigée sur divers postes en Afrique et dans l'Inde, les défendit avec succès contre les agressions des Anglais; sauva Ceylan d'une invasion, et força les rois de Candi et de Travancour à respecter désormais les possessions hollandaises.

Malgré d'aussi grands avantages procurés par la légion de Luxembourg, le gouverneur de Ceylan, au mépris de la capitulation qui la plaçait dans les mêmes conditions que les Suisses en France, voulut, pour le régime et la paie, l'assimiler aux autres troupes. Il s'irrita de la résistance que Laroche et les autres officiers apportèrent à cette mesure, et, pour s'en venger, les ayant accusés de rébellion, il les fit arrêter et conduire à Batavia, où leur innocence ne fut reconnue qu'après une captivité de vingt-six mois.

Révoltés des traitements qu'ils avaient subis, ils demandèrent à retourner en Europe. Laroche, à son arrivée à Paris, réclama du gouvernement hollandais le paiement de ce qui lui restait dû de ses appointements et la valeur de ses propriétés confisquées lors de son arrestation; il fit même un voyage en Hollande, mais fatigué des difficultés qu'on lui opposait sans cesse, il revint à Paris, prit part aux événements du 14 juillet 1789, se rendit à Condom pour y accélérer le mouvement révolutionnaire, y exerça diverses fonctions administratives, et fut élu, en septembre 1792, chef du 4ᵉ bataillon des volontaires des Landes.

Nommé, le 8 juillet 1793, adjudant-général chef de brigade, il commanda en cette qualité la place de Bayonne, depuis le 12 septembre suivant jusqu'au 11 vendémiaire an II.

Promu, le même jour, général de brigade, et choisi par le général Muller pour remplir les fonctions de chef d'état-major à l'armée des Pyrénées-Occidentales, il pourvut rapidement à l'organisation de cette armée et resserra les liens de la discipline. Aussi, Robespierre, naturellement peu louangeur, eut-il bientôt l'occasion de dire que « l'armée des Pyrénées-Occidentales était le bijou des armées de la République. »

Laroche ne négligea aucune occasion de signaler son courage. Une attaque ayant été dirigée, le 17 pluviôse, sur Urruge et Saint-Jean-de-Luz, il concourut puissamment à mettre en déroute 15,000 Espagnols qui défendaient ces deux villes. Toutefois, ni la valeur qu'il déploya dans cette circonstance, ni le zèle avec lequel il remplissait ses devoirs de chef d'état-major, n'empêchèrent le ministre de la guerre, Bouchotte, de prononcer, le 21 prairial, sa suspension, et de l'envoyer en surveillance dans ses foyers, comme suspect d'incivisme. Le 9 thermidor mit fin à cette situation pénible, dans laquelle, néanmoins, il devait se retrouver plusieurs fois encore dans le cours de sa carrière.

Rappelé à l'armée des Pyrénées le 21 du même mois, il venait de se distinguer, le 8 frimaire an III, au combat de Bergara, lorsqu'un arrêté des représentants du peuple, Meilan et Chaudron-Rousseau, lui enleva de nouveau son emploi. Cette mesure, qui frappait également les généraux Marbot, Frégeville, Boucher et Pinet, fut, quant à Laroche, rapportée par le Directoire qui, le 14 ventôse an IV, l'envoya servir à l'armée de Rhin-et-Moselle, commandée par Moreau.

Le 15 messidor, ce général confia à Laroche la 21e demi-brigade d'infanterie légère, ainsi qu'une partie du 2e chasseurs à cheval, et lui ordonna d'occuper la vallée de Renchen, dont les gorges étaient défendues par des tirailleurs et des paysans armés qu'il dispersa; mais le but de l'expédition consistait à chasser du Kniébis, la plus haute des montagnes Noires, le prince de Wurtemberg qui s'y était retranché derrière une redoute très-forte avec un réduit casematé. Laroche, quoique dépourvu d'artillerie, n'hésita pas à attaquer cette position redoutable. Il l'enleva de nuit et malgré la plus opiniâtre résistance : 400 prisonniers, deux pièces de canon, tels furent les résultats de cette brillante affaire. Le lendemain, après un combat pendant lequel il reçut une blessure grave à la main, il s'empara de Freudenstadt et battit, le 3 thermidor, les Autrichiens à Eslingen, concurremment avec le général Taponier. Il eut une part glorieuse à la victoire de Neresheim, le 26 du même mois.

Le général Laroche, épuisé de fatigue, souffrant des suites de sa blessure, fut obligé de rester éloigné du théâtre de la guerre pendant toute la durée de l'an V.

Nommé général de division le 12 thermidor an VII, il prit, en pluviôse an VIII, le commandement de la 26e division militaire (Mayence). Il fut chargé, au mois de thermidor suivant, du siége et du bombardement de Philisbourg, et, le 2e jour complémentaire, il fut forcé d'abandonner Manheim qu'il avait défendu contre 30,000 Autrichiens.

Accusé de malversations commises de complicité avec plusieurs administrateurs de la 26e division militaire, et, pour ce motif, réformé le 7 vendémiaire an IX, il adressa de vives réclamations au premier Consul, qui, faisant justice de cette inculpation calomnieuse, le réintégra dans son grade, le 12 nivôse suivant.

Membre et commandant de la Légion-d'Honneur, les 19 frimaire et 25 prairial an XII, il reçut, le 18 janvier 1807, le commandement du camp de Saint-Lô, et le 2 août celui du corps d'observation de la Gironde.

Admis à la retraite le 18 janvier 1808, il est mort le 21 juin 1831.

LA ROCHEFOUCAULD (Alexandre, comte de), fils du duc de La Rochefoucauld-Liancourt, naquit en 1767.

Il embrassa d'abord la carrière des armes, et suivit, comme officier d'état-major, le général La Fayette dans la campagne de 1792; et, après la chute de la monarchie, il quitta l'armée.

Cette manifestation et les tentatives qu'il fit, de concert avec sa famille, pour sauver le Roi et la Reine, appelèrent sur lui l'attention du nouveau gouvernement: mis hors la loi, il fut obligé de chercher son salut dans la fuite; la révolution du 18 Brumaire le tira de sa retraite.

Il avait épousé, en 1788, la fille du comte de Chastulé, officier aux Gardes françaises, riche propriétaire à Saint-Domingue, et parent de madame de Bauharnais, épouse du général Bonaparte.

Ces liens de parenté amenèrent des relations naturelles entre le premier Consul et lui; et Napoléon, qui désirait se l'attacher, donna pour dame d'honneur à l'Impératrice, madame de La Rochefoucauld, et maria sa fille au prince Aldobrandini, frère du prince Borghèse.

Préfet de Seine-et-Marne lors de la création des préfectures, le comte de La Rochefoucauld devint, en l'an XII, ambassadeur près la cour de Saxe. Les ratifications du traité de Lunéville n'avaient pas encore été échangées; sa mission était d'amener l'Électeur à des dispositions plus favorables à la France; et il y parvint.

Membre de la Légion-d'Honneur le 9 vendémiaire an XII, il fut nommé commandant de l'Ordre le 25 prairial de la même année, et ambassadeur près la cour de Vienne le 6 janvier 1805.

L'érection du royaume d'Italie, la réunion de Gênes à l'Empire français, amenèrent bientôt, de la part de l'Autriche, des demandes formelles d'explication qui ne tardèrent pas à devenir des préludes de guerre.

Le comte de La Rochefoucauld instruisit sur les sourdes menées du cabinet de Vienne, sur les armements considérables qui se faisaient dans les États héréditaires, et l'instruisit du traité secret conclu entre l'Autriche, la Russie et l'Angleterre.

Ayant reçu ordre de demander ses passeports, il quitta Vienne le 10 octobre 1805, et y fut accrédité de nouveau le 16 janvier 1806, après la signature du traité de Presbourg.

Alors, le protectorat de la confédération du Rhin, dont Napoléon venait d'être investi, forçait François II de renoncer au titre d'empereur d'Allemagne.

L'ambassadeur français sut, avec une rare habileté, atténuer l'impression que produisit à la cour de Vienne cette modification importante introduite dans le système politique de l'Europe, impression que devait rendre plus irritante encore l'invasion du royaume de Naples, l'érection du grand duché de Berg et l'envahissement du Hanovre.

En 1807, il quitta Vienne pour se rendre à Berlin où se trouvait alors Napoléon, et prit une part active aux négociations qui donnèrent à la Saxe une existence politique d'un ordre plus élevé, et assurèrent ainsi son adhésion au système français.

En 1808 il fut nommé à l'ambassade de Hollande; il remplit avec adresse et bonheur cette nouvelle mission, rendue si difficile par les dispositions secrètes du roi Louis Napoléon, dont le zèle pour les intérêts du pays qu'il gouvernait lui faisait péniblement supporter l'autorité de l'Empereur, son frère, et le contrôle incessant auquel ses mesures étaient soumises.

En 1809, les Anglais débarquèrent en Zélande; l'ambassadeur français déploya, dans cette circonstance critique, une activité remarquable, et on lui dut, en grande partie, la promptitude avec laquelle furent réunis les moyens qui préservèrent Anvers et ses chantiers d'une ruine presque certaine; il fut puissamment secondé par les Hollandais, dont la loyauté et l'affabilité de son caractère avaient captivé l'estime et l'affection.

Le roi de Prusse, connaissant toute son influence sur l'esprit des Hollandais, chargea le comte de La Rochefoucauld d'appuyer de son crédit un emprunt qu'il voulait faire en Hollande. Cet emprunt fut rempli, et, en reconnaissance de ce service, le monarque lui envoya le cordon de l'ordre de l'Aigle Noir, que Napoléon lui permit de porter.

En 1810, Napoléon ayant résolu de réunir la Hollande à l'Empire, si son frère refusait d'adhérer rigoureusement au blocus continental, de La Rochefoucauld usa, dans cette circonstance délicate, de toutes les ressources d'un esprit adroit; mais l'irritation était telle, à Amsterdam surtout, qu'il y courut des dangers personnels; et Napoléon le rendit responsable de l'abdication de son frère.

Aussi, rappelé à Paris vers la fin de 1810, il manifesta le désir de ne plus être chargé de nouvelles missions, et il se livra dès ce moment aux loisirs et aux charmes de la vie privée.

Les électeurs de l'Oise ne pouvaient trouver un plus digne représentant; ils l'envoyèrent trois fois à la Chambre des Députés, où sa place fut constamment marquée au centre gauche.

Le comte de La Rochefoucauld se rangea avec empressement sous le drapeau de 1830, et le Roi des Français le créa pair de France le 19 octobre 1831, et grand officier de la Légion-d'Honneur le 28 avril 1835.

Il est mort le 3 mars 1841.

LA ROCHEJACQUELEIN (Henri de), né près de Châtillon-sur-Sèvre (Poitou) en 1775, et élevé à l'École militaire, avait 16 ans à l'époque de la Révolution. Appelé en 1790 à faire partie de la Garde constitutionnelle du roi, il quitta Paris, après le 10 août, et se retira dans la terre de Clisson, auprès du marquis de Lescure, son parent et son ami. Unis par les mêmes sentiments, il s'associèrent à l'idée de relever la monarchie qui menaçait ruine. L'insurrection avait déjà éclaté dans le département de la Vendée, lorsque les habitants des paroisses voisines de Châtillon vinrent demander au jeune La Rochejacquelein de se mettre à leur tête. Il accepta leur offre et alla rejoindre Bonchamp et d'Elbée. Ayant appris qu'une division républicaine menaçait ses propriétés, il marcha contre elle. Au moment du combat, il harangua ainsi ses soldats : « Je suis encore bien jeune, sans expérience; mais je brûle de me rendre digne de vous commander. Allons chercher l'ennemi; si je recule, tuez-moi; si j'avance, suivez-moi; si je meurs, vengez-moi. »

Après le combat de la Tremblaye, où Lescure fut blessé mortellement, et la bataille de Chollet, où d'Elbée et Bonchamp succombèrent également, La Rochejacquelein était devenu le chef du parti royaliste. « Cette armée de la Haute-Vendée, dit M. de Chateaubriand, jadis si brillante, maintenant si malheureuse, se trouvait resserrée entre la Loire et l'armée républicaine qui la poursuivait. Pour la première fois, une sorte de terreur s'empara des paysans; ils apercevaient les flammes qui embrasaient leurs chaumières et qui s'approchaient peu à peu; ils ne virent de salut que dans le passage du fleuve. En vain les officiers voulurent les retenir; en vain La Rochejacquelein versa des pleurs de rage, il fallut suivre une impulsion que rien ne pouvait arrêter. Vingt mauvais bateaux servirent à transporter sur l'autre rive de la Loire la fortune de la monarchie. On fit alors le dénombrement de l'armée; elle se trouva réduite à 30,000 soldats; elle avait encore 24 pièces de canon, mais elle commençait à manquer de munitions et de cartouches.

La Rochejacquelein fut élu généralissime. Il avait à peine 21 ans. Il y a des moments dans l'histoire où la puissance appartient au génie. Lorsque le plan de campagne eut été arrêté dans les conseils, que l'on se fut décidé à se porter sur Rennes, l'armée leva ses tentes. L'avant-garde était composée de 12,000 fantassins, soutenus de 12 pièces de canon, les meilleurs soldats et presque toute la cavalerie formaient l'arrière-garde; entre ces deux corps cheminait un troupeau de femmes, d'enfants, de vieillards, qui s'élevait à plus de 50,000. L'ancien généralissime, le vénérable Lescure, était porté mourant au milieu de cette foule en larmes, qu'il éclairait encore de ses conseils et consolait par sa pieuse résignation. La Rochejacquelein, qui comptait moins d'années et plus de combats qu'Alexandre, paraissait à la tête de l'armée, monté sur un cheval que les paysans avaient surnommé le *Daim*, à cause de sa vitesse. Un drapeau blanc en lambeaux guidait les tribus de Saint-Louis, comme jadis l'arche sainte conduisait dans le désert le peuple fidèle. Ainsi, tandis que la Vendée brûlait derrière eux, s'avançaient avec leurs familles et leurs autels ces généreux Français sans patrie au milieu de leur patrie: ils appelaient leur roi et n'étaient entendus que de leur Dieu.

A la bataille d'Entrasme, La Rochejacquelein mit dans la plus complète déroute l'armée républicaine, commandée par le général en chef L'Échelle. Dix-neuf pièces de canon, autant de caissons, plusieurs chariots chargés d'eau-de-vie et de pain furent les trophées de cette mémorable journée. L'armée républicaine avait été tellement dispersée, que ses débris ne se rallièrent qu'au Lion-d'Angers, bourg à peu de distance de cette ville. Il fallut douze jours pour la réorganiser. Les fuyards furent vigoureusement poursuivis par les Vendéens et presque tous ceux qui se laissèrent atteindre furent massacrés. Ce fut dans cette poursuite que le général en chef des insurgés courut un assez grand danger auquel il échappa heureusement par son courage, sa présence d'esprit et son adresse. Voici comment cet événement est raconté dans les *Mémoires* de sa belle-sœur, qui suivait alors l'armée vendéenne:

« Depuis le combat de Martigné, où il avait été blessé, M. de La Rochejacquelein portait toujours le bras droit en écharpe: il n'en était pas moins actif ni moins hardi. En poursuivant les bleus devant Laval, il se trouva seul, dans un chemin creux, aux prises avec un fantassin; il le saisit au collet de la main gauche, et gouverna si bien son cheval avec les jambes, que cet homme ne put lui faire aucun mal. Nos gens arrivèrent et voulaient tuer ce soldat; Henri le leur défendit. « Retourne vers les républicains, lui dit-il; dis-leur que tu t'es trouvé seul avec le général des brigands, qui n'a qu'une main et point d'armes, et que tu n'as pu le tuer. »

Après avoir enlevé Chemillé, et remporté un avantage à Trementine, les Vendéens s'abandonnaient avec ardeur à la poursuite des fuyards. Au nombre de ces derniers se trouvait un grenadier qui, désespérant d'échapper à la cavalerie, s'était caché derrière un buisson; on le fit remarquer à La Rochejacquelein: « Voilà un bleu, dit-il, que je veux voir de plus près. » Le grenadier se voyant découvert, avait déjà mis en joue un cavalier du groupe qui s'avançait vers lui, lorsque, entendant nommer le général, il changea la direction de son fusil et ajusta l'imprudent qui continuait d'avancer. Au moment où La Rochejacquelein allait saisir le grenadier, celui-ci lui fit sauter la cervelle et tomba presque aussitôt percé de coups. Une fosse fut creusée sur le lieu même, et l'on y jeta les deux cadavres.

Ainsi périt le 4 mars 1794, à l'âge de 22 ans le brave Henri de La Rochejacquelein.

LA ROCHEJACQUELEIN (Louis, marquis de), frère puîné du précédent, né en 1777 à Saint-Aubin-de-Beaubigné (Poitou), avait douze ans lorsque la Révolution éclata. Il suivit son père en Allemagne, fit ses premières armes dans le régiment autrichien de Latour, passa ensuite en Angleterre, entra au service de cette puissance, fit deux campagnes dans l'île de Saint-Domingue, rentra en France en 1801 et épousa la veuve du marquis de Lescure. Retiré dans ses terres, il attendait l'occasion de servir une cause à laquelle toute sa famille s'était dévouée.

A la Restauration, de Larochejacquelein fut nommé commandant des grenadiers royaux de la Garde, et lors du 20 mars 1815, il protégea, avec d'autres serviteurs dévoués, la retraite du roi jusqu'à Gand. De cette ville il passa en Angleterre, à l'effet d'y solliciter des secours pour la Vendée, obtint des armes, des munitions et quelques subsides, débarqua sur la côte de Saint-Gilles, et souleva une partie des habitants du pays.

Dans une réunion qui eut lieu à Palluau, de La Rochejacquelein fut reconnu général en chef. Napoléon apprit cette seconde insurrection dans la nuit du 17 mai, et il se hâta de prendre des mesures pour arrêter ce mouvement. Il fit inviter trois chefs vendéens, MM. de Malartie, de Flavigny et La Béraudière, à se rendre, en qualité de pacificateurs, près de leurs anciens compagnons d'armes, et de leur faire comprendre que ce n'était pas dans les champs de la Vendée que pouvait être décidé le sort de la France. En même temps, il fit appuyer ces négociations par un corps de 12,000 hommes sous les ordres du général Lamarque. Quelques chefs prêtèrent l'oreille aux observations des pacificateurs; mais le marquis de La Rochejacquelein refusa tout accommodement; et s'étant rendu, le 1ᵉʳ juin, à Croix-de-Vic, il fixa, par un ordre du jour, les mouvements des divers corps d'armée.

Le 2 juin les Anglais commencèrent à débarquer des armes et des munitions. On combattit à Saint-Gilles, mais sans résultat remarquable. Un second engagement eut lieu, le 4 juin, au pont de Mathes, et M. de La Rochejacquelein y fut tué d'une balle en pleine poitrine, au moment où il cherchait à rallier ses troupes.

LARREY (Dominique-Jean, baron), né à Beaudeau près Bagnères-Adour (Hautes-Pyrénées) dans le mois de juillet 1766. Il étudia la chirurgie sous son oncle Alexie, professeur célèbre, et chirurgien en chef de l'hôpital de Toulouse. Larrey fit sa première campagne en 1787 sur la frégate *la Vigilante*. Second chirurgien interne aux Invalides, il devint le disciple et l'ami du célèbre Sabatier. Chirurgien de première classe, en 1792, à l'armée du maréchal Luckner, créateur des ambulances volantes, à la tête desquelles il courait enlever les blessés sous le feu des batteries ennemies. Chirurgien principal à l'armée de Custine. Chirurgien en chef de la 14ᵉ armée républicaine en 1794. Organisateur de l'École de chirurgie et d'anatomie de Toulon, professeur à l'École militaire de santé du Val-de-Grâce, en 1796. Chargé de l'inspection des camps et des hôpitaux de l'armée d'Italie; chirurgien en chef à l'armée d'Égypte; chirurgien en chef de la garde des Consuls, en 1802. Inspecteur général du service de santé des armées, en 1805, et chirurgien en chef de la Garde impériale. Baron de l'Empire après la bataille de Wagram. Premier chirurgien de la grande armée, en 1812, blessé et fait prisonnier à Waterloo. Lorsqu'il fut rendu à la liberté, il revint dans sa patrie le deuil dans l'âme, mais aussi actif, aussi dévoué qu'il l'avait toujours été. Napoléon, dans son testament, daté de Longwood le 15 avril 1821, a consacré de sa main au baron Larrey ce souvenir si glorieux : « Je lègue au chirurgien en chef Larrey 100,000 francs. C'est l'homme le plus vertueux que j'aie connu. » Dans ses dernières années membre du Conseil de santé des armées, Larrey a rempli ces fonctions avec un zèle qui ne s'est jamais démenti. Au commencement de 1842, il sollicita une inspection médicale en Algérie et accomplit noblement cette noble mission, seule faveur qu'il ait obtenue depuis 1830. Honoré et fêté sur la terre d'Afrique, l'illustre vieillard avait à peine posé le pied sur le sol de l'Afrique qu'il fut atteint de la maladie à laquelle, huit jours plus tard, il a succombé à Lyon. Son corps, transporté à Paris, fut inhumé le 6 août au Père-Lachaise.

« Larrey est le plus honnête homme et le meilleur ami du soldat que j'aie jamais connu. Vigilant dans l'exercice de sa profession, on a vu Larrey sur le champ de bataille, après une action, accompagné d'une troupe de jeunes chirurgiens, s'efforçant de découvrir quelques signes de vie dans les corps étendus sur la terre. On trouvait Larrey, dans la saison la plus dure, à toutes les heures du jour et de la nuit, au milieu des blessés ; il permettait à peine un moment de repos à ses aides, et il les tenait continuellement à leurs postes. Il tourmentait les généraux, et allait les éveiller pendant la nuit, toutes les fois qu'il avait besoin de fournitures ou de secours pour les blessés ou les malades. Tout le monde le craignait, parce qu'on savait qu'il viendrait sur-le-champ se plaindre à moi. Il ne faisait la cour à personne, et il était l'ennemi implacable des fournisseurs. » (*O'Meara.*)

« Larrey avait laissé dans mon esprit l'idée d'un véritable homme de bien ; à la science il joignait au dernier degré toute la vertu d'une philanthropie effective. Tous les blessés étaient de sa famille ; il n'était plus pour lui aucune considération dès qu'il s'agissait de ses hôpitaux. C'est en grande partie à Larrey que l'humanité doit l'heureuse révolution qu'a éprouvée la chirurgie. Larrey a toute mon estime et toute ma reconnaissance. » (*Las Cazes.*)

A la bataille d'Aboukir, le général Fugières fut heureusement opéré par Larrey, sous le canon de l'ennemi, d'une blessure à l'épaule. Se croyant au moment de mourir, il offrit son épée au général Bonaparte, en lui disant : « Général, un jour, peut-être, vous envierez mon sort. » Bonaparte fit présent de cette épée à Larrey après y avoir fait graver le nom de l'habile chirurgien et celui de la bataille.

Au siège d'Alexandrie, M. Larrey trouva le moyen de faire de la chair de cheval une nourriture saine pour les blessés, et fit tuer pour cet usage ses propres chevaux. En 1804 Larrey reçut un des premiers la croix d'officier de la Légion-d'Honneur de la main du premier Consul, qui lui dit : « C'est une récompense bien méritée. »

Après les journées de Lutzen et de Bautzen, en 1813, une calomnie atroce avait trouvé accès auprès de l'Empereur. On accusait d'une mutilation volontaire les jeunes conscrits blessés qui venaient à ces glorieuses journées de *relever la noblesse du sang français*. Un jury fut assemblé sous la présidence de Larrey, et Napoléon était résolu de sévir contre ceux qui auraient eu la lâcheté de se mutiler. Larrey, opposé à cette idée de mutilation volontaire, présenta à plusieurs reprises des observations à l'Empereur. Napoléon, prévenu, s'irrite de son obstination et finit par dire . « Monsieur, vous me ferez vos observations officiellement ; allez remplir votre devoir. » Au bout de quelques jours, un rapport très-circonstancié de Larrey démontra à l'Empereur que les soldats avaient tous été blessés au champ d'honneur. Après l'avoir lu, Napoléon dit à

Larrey : « Un souverain est bien heureux d'avoir affaire à un homme tel que vous. On vous portera mes ordres. » Et Larrey reçut le soir même, de la part de Napoléon, son portrait enrichi de diamants, 6,000 francs en or et une pension sur l'État de 3,000 francs sans exclusion, est-il dit au décret, de toute récompense méritée par ses grades, son ancienneté et ses services futurs.

Plusieurs discours ont été prononcés sur sa tombe. M. Breschet, membre de l'Académie des sciences, a énuméré ses travaux scientifiques en chirurgie, en médecine, en hygiène publique. Larrey avait remplacé Pelletan en 1829 à cette Académie. « On se demande, a dit M. Breschet, comment avec une vie si occupée, M. Larrey a pu écrire les importants ouvrages qu'il nous laisse et qui lui ont mérité le titre de membre correspondant de presque toutes les sociétés savantes de l'Europe, et celui de membre titulaire de l'Institut. » En terminant son discours, M. Breschet a rappelé ces paroles de l'Empereur : « Quel homme, disait Napoléon, quel brave et digne homme que Larrey ! Que de soins donnés par lui à l'armée d'Égypte, soit dans la traversée du désert, soit après l'affaire de Saint-Jean-d'Acre, soit enfin en Europe ! Si l'armée élève une colonne à la reconnaissance, elle doit l'ériger à Larrey. »

Le Val-de-Grâce a fait élever à Larrey une statue dont l'inauguration a eu lieu en août 1850.

LASALLE (Antoine-Chevalier-Louis, comte de), né le 10 mai 1775, à Metz (Moselle), est issu d'une ancienne famille de Lorraine, et est arrière-petit-fils du maréchal Fabert.

Ses inclinations guerrières se manifestèrent dès l'âge le plus tendre. A peine âgé de 11 ans, il entra le 19 juin 1786, comme sous-lieutenant de remplacement, dans le régiment d'infanterie d'Alsace. Lorsque la Révolution éclata, Lasalle, impatient de se signaler, s'élança avec joie vers un nouvel avenir. Il fut placé comme sous-lieutenant dans le 24e régiment de cavalerie le 25 mai 1791. Jusqu'à ce jour la noblesse avait eu seule le privilége des emplois militaires : à l'époque où nous sommes arrivés, elle s'en trouvait exclue. Lasalle dut renoncer au grade qu'il occupait, mais il resta fidèle à son drapeau, qui était celui de la patrie, et il attendit de son mérite personnel et de ses bons services la position que sa naissance lui avait faite et que les circonstances lui enlevaient.

Le 1er germinal an II, il était maréchal-des-logis dans le 23e régiment de chasseurs à cheval. A l'armée du Nord, à la tête de quelques chasseurs de sa compagnie, il attaqua et prit une batterie de canons. Le général en chef, témoin de l'intrépidité qu'il avait déployée, lui adressa de justes éloges et lui proposa de le nommer officier. Lasalle refusa cette marque de faveur, mais continua de la mériter.

Lieutenant le 20 ventôse an III, il devint aide-de-camp du général Kellermann père, le 17 floréal de la même année, et le suivit à l'armée d'Italie. Employé comme adjoint à l'adjudant-général Kellermann fils, le 1er prairial an IV, il fut fait capitaine le 17 brumaire an V. A l'affaire de Vicence, le 27 frimaire suivant, Lasalle, à la tête de 18 cavaliers, charge et met en déroute 100 hussards autrichiens ; mais dans la chaleur de la poursuite, il se trouve isolé de ses soldats. Entouré par quatre de ces hussards qui le somment de se rendre, il les combat, les repousse, les blesse tous les quatre, et arrivé sur les bords de la Bachiglione, il s'y précipite, la traverse à la nage, et rejoint sain et sauf sa petite troupe qui le croyait perdu.

Promu chef d'escadron dans le 7ᵉ régiment *bis* de hussards, le 17 nivôse de la même année, il justifia ce rapide avancement quelques jours après à la bataille de Rivoli. Désigné pour enlever un plateau occupé par les Autrichiens, il charge à la tête de 20 chasseurs le bataillon qui y était établi et le fait prisonnier, ainsi qu'une partie de celui de Lattermann qui était accouru pour défendre la position. Le 23 ventôse, au passage de la Piave, le commandant Lasalle se signala par de nouveaux exploits. Au mois de germinal suivant, à la tête de 16 Guides, il entra à Vadrozone, qu'occupait un escadron de hulans; il les charge avec intrépidité, les force à évacuer la ville et à repasser précipitamment le Tagliamento, traverse la rivière le premier après eux et les mène battant pendant plus d'une lieue.

La campagne d'Italie terminée, Lasalle passa à l'armée d'Orient. Compris dans les cadres d'une armée destinée à opérer des prodiges, le jeune commandant ne faillit point à ses glorieux antécédents.

Le 3 thermidor an VI, à la bataille des Pyramides, les Turcs, rassurés par la retraite facile que leur offrait Embabeh, résistèrent vaillamment aux efforts de l'armée française. Leur intrépide chef renouvelait incessamment ses attaques impétueuses, mais chaque tentative était repoussée avec vigueur, et l'issue du combat était indécise, lorsque Lasalle, à la tête de 60 hommes, s'empare de la sortie de la redoute d'Embabeh, vers Giseh, coupe la retraite à l'ennemi, et, par ce mouvement hardi, décide la victoire. C'est à la suite de cette affaire que le général en chef Bonaparte le nomma chef de la 22ᵉ demi-brigade de chasseurs à cheval le 5 du même mois.

Au combat de Salahieh, le 24, il donna la plus haute idée de son courage et de son sang-froid. Dans une charge contre les Mamelucks, ayant laissé tomber son sabre, il mit pied à terre pour le ramasser au milieu de la mêlée et remonta tranquillement à cheval pour continuer de combattre. Le 14 nivôse an VII, au combat de Souâgui, il donna de nouvelles preuves de cette intrépidité chevaleresque qui faisait l'admiration de toute l'armée. A l'affaire de Rémediéh, le 28 du même mois, il abattit d'un coup de sabre les deux mains d'un Mameluck contre lequel se défendait le général Davoût (depuis prince d'Eckmühl); il renversa plusieurs Mamelucks, rompit son sabre sur la tête d'Osman-Bey, eut une paire de pistolets brisés en se défendant, prit le sabre d'un dragon blessé, rentra dans la mêlée, rallia sa troupe, rétablit le combat et chassa l'ennemi dans le désert. Au combat de Samanhout, le 3 pluviôse suivant, il exécuta les charges les plus brillantes, et fit éprouver à l'ennemi des pertes considérables. Enfin le 11 ventôse de la même année, au combat de Gehemi, il défit complétement les Arabes d'Yambo et leur tua plus de 300 hommes.

Lasalle continua de suivre avec son régiment tous les mouvements du corps commandé par le général Davoût, et il força Mourad-Bey à se jeter dans le désert. Rentré au Caire, le 22ᵉ de chasseurs fut envoyé à Belbeys pour contenir le pays et pour assurer les communications entre Salahieh et le Caire. Lasalle s'acquitta de cette mission avec tout le succès désirable. Après la convention d'El-Arisch, conclue entre le général Desaix et les plénipotentiaires turcs, le 5 pluviôse an VIII, Lasalle quitta l'Égypte et vint chercher en Italie de nouveaux hasards et de nouveaux triomphes.

Par décision du 17 thermidor suivant, le premier Consul lui décerna un sabre et une paire de pistolets d'honneur, comme témoignage de la satisfaction du gouvernement. Le 7 fructidor de la même année, un arrêté des Consuls lui confia le commandement du 10ᵉ régiment de hussards, et c'est à la tête de ce corps qu'au combat de Vilnadella, le 27 nivôse an IX, il eut trois chevaux tués sous lui et brisa sept sabres sur l'ennemi. Classé comme membre de droit dans la 5ᵉ cohorte de la Légion-d'Honneur, il fut créé commandant de l'Ordre le 25 prairial an XII. Général de brigade le 12 pluviôse an XIII, il eut, le 11 ventôse suivant, le commandement d'une brigade de dragons stationnée à Amiens. C'est avec ces troupes qu'il prit part à la mémorable campagne d'Austerlitz.

Le 26 octobre 1806, pendant la campagne de Prusse, il joignit la division de cavalerie du prince de Hohenlohe. Sans s'inquiéter de son énorme supériorité numérique, il la charge avec son impétuosité accoutumée, et bientôt toute la division rompue, culbutée, cherche son salut dans les défilés étroits qui se trouvent à la sortie du village de Zehdnick. Vainement la cavalerie prussienne cherche-t-elle à se reformer en bataille, les dragons français l'écrasent et en font une horrible boucherie. Le 28, au village de Prentzlau, il contribua puissamment par ses charges brillantes aux succès de la journée. Mais ce qui mit le comble à la gloire du jeune et vaillant général, ce fut la prise de Stettin, où, avec deux régiments de cavalerie seulement, il fit son entrée le 29 du même mois. Ce fait d'armes, d'une audace inouïe, fit tomber en notre pouvoir une forteresse en bon état, bien approvisionnée, armée de 160 pièces de canon et occupée par 6,000 hommes.

Général de division le 30 décembre 1806, il fut nommé commandant de la cavalerie légère de la réserve en 1807. A la bataille d'Heilsberg, le 12 juin de cette même année, le prince Murat, grand duc de Berg, est entouré au fort de la mêlée par 12 dragons russes. Lasalle s'en aperçoit, il se détache seul, fond sur les ennemis avec la rapidité de la foudre, tue l'officier qui commande le détachement et met les 11 dragons en fuite. Peu d'instants après il est enveloppé à son tour, Murat se précipite au milieu des assaillants, dégage celui qui venait de lui sauver la vie, et dit en lui serrant la main : *Général, nous sommes quittes.*

Le 1ᵉʳ juillet suivant, l'Empereur lui conféra la croix de chevalier de la Couronne de Fer. Le 15 février 1808, il passa à l'armée d'Espagne avec la cavalerie qu'il commandait. Au mois de juin, à Torquemada, il défit complétement un corps nombreux d'insurgés espagnols, et les contraignit à se réfugier dans les montagnes. Il se porta ensuite sur Palencia, que les insurgés avaient abandonné à l'approche de nos troupes, et marcha sur Valladolid, appuyé par une colonne d'infanterie de la division Merle. Au village de Cabezon, trois lieues avant d'arriver à Valladolid, sur la route de Palencia, il rencontre un corps de troupes régulières d'environ 7,000 hommes. Il les attaque aussitôt et les bat complétement. L'ennemi, culbuté en un instant, se disperse dans les montagnes, abandonnant son artillerie et laissant plus de 1,000 morts sur le champ de bataille. Lasalle entra le même jour dans Valladolid, où il rétablit l'ordre.

Le 14 juillet, à la bataille de Medina del Rio Secco, où 12,000 Français, sous les ordres du maréchal Bessières, battirent une armée de 40,000 Espagnols, commandée par les généraux Cuesta et Blake, Lasalle, par une charge des plus brillantes, fixa la victoire sous nos drapeaux. 8,000 Espagnols restèrent sur le champ de bataille, et 6,000 prisonniers avec tous les bagages de l'armée ennemie tombèrent en notre pouvoir. L'armée française fit alors un mouvement rétrograde sur Vittoria, et Lasalle, chargé du commandement de l'arrière-garde, contint l'ennemi par l'habileté de ses manœuvres. Avec des hommes comme celui-ci les récompenses étaient rarement à la hauteur des services. Par décret du 4 septembre 1808, l'Empereur le nomma grand officier de la Légion-d'Honneur, et le créa ensuite comte de l'Empire.

Le 10 novembre, à la bataille de Burgos, Lasalle concourut encore au succès de la journée. Peu de jours après, au combat de Villa-Vigo, il prit sept pièces de canon et quatre drapeaux. Vers la fin du mois de mars il passa le Tage, nettoya la rive gauche de ce fleuve et vint prendre part, le 28 de ce même mois, à la bataille de Medelin. Cette journée fut une des plus glorieuses de la vie militaire du général Lasalle. Il commandait alors toute la cavalerie, et avait, de plus, sous ses ordres une division d'infanterie allemande qui était formée en carré sur la seconde ligne. L'armée espagnole, bien plus nombreuse que celle des Français, enveloppait pour ainsi dire ces derniers, ne leur laissant pour retraite que le long pont de Medelin, sur la Guadiana. Le feu meurtrier de l'artillerie ennemie portait le ravage et la mort dans les rangs, lorsque le maréchal Victor ordonna un mouvement rétrograde. A peine Lasalle avait-il commencé à l'exécuter, que l'infanterie espagnole, soutenue par une nombreuse cavalerie, s'avança audacieusement sur les Français. Lasalle reconnaissant aussitôt tout le danger d'une retraite, dans un défilé aussi étroit que l'était le pont de Medelin, s'élance à la tête du 26ᵉ régiment de dragons sur un carré de 6,000 hommes qui débordait notre flanc droit. Il renverse et taille en pièces tout ce qui lui résiste, et donne ainsi le temps à l'armée française de marcher à l'ennemi, qui fut enfoncé et culbuté sur tous les points. 14,800 Espagnols restèrent sur le champ de bataille; 5,000 prisonniers, 19 pièces de canon furent les trophées dus dans cette journée à l'intrépidité du général Lasalle. Ce fut son dernier fait d'armes dans la péninsule espagnole; il partit immédiatement après pour aller prendre le commandement d'une division de cavalerie à la grande armée pendant la campagne d'Autriche.

A Altembourg, à Essling, à Raab, partout Lasalle se montra digne de lui-même; mais la fortune était lasse, elle lui permit encore de prendre sa part dans la bataille de Wagram, elle ne lui permit pas d'en jouir. Frappé d'un coup mortel, il mourut de la mort des braves à l'âge de 34 ans. Sa perte jeta le deuil dans toute l'armée.

Un décret impérial du 1ᵉʳ janvier 1810 ordonna que la statue de Lasalle serait placé sur le pont de la Concorde. Une rue de Metz prit son nom, et son portrait fut placé dans un des salons de l'Hôtel-de-Ville.

LASALCETTE (Jean-Jacques-Bernardin, Colaud de), né à Grenoble (Isère), le 27 décembre 1758, entra au service comme cadet dans le régiment de l'Ile de France (22ᵉ, puis 39ᵉ d'infanterie) au mois de mai 1775. Fait sous-lieutenant sans appointements le 15 décembre de la même année, sous-lieutenant avec traitement le 11 juin 1776, lieutenant en second le 21 mai 1785, lieutenant en premier le 20 septembre 1788, capitaine le 11 juin 1791, il suivit Behague aux Antilles.

Il devint aide-de-camp du général Lameth le 16 février 1792, ensuite de Menou, et servit à l'armée du Nord. Nommé adjudant-général chef de bataillon le 8 mars 1793, et envoyé à l'armée d'Italie, il se distingua dans différents combats, notamment les 8 et 12 juin, et se vit contraint, à cause de sa naissance, de donner sa démission le 15 septembre suivant.

Réintégré le 25 prairial an III, il fut promu adjudant-général, chef de brigade le même jour. Cet officier supérieur se fit remarquer, le 8 et le 16 fructidor, aux affaires de Sainte-Anne, de la Lombarde, de Saint-Barnouilli, où il commandait la gauche de la division Serrurier. Dans la dernière, il arrêta la marche des Piémontais qui cherchaient à gagner le pont du Var par les vallées de la Tinéa et de la Vésubia, et leur fit un grand nombre de prisonniers, parmi lesquels le colonel Payernoff. Kellermann jugea cette action si importante, surtout dans la situation où se trouvait alors l'armée, qu'il demanda et obtint pour Lasalcette le grade de général de brigade le 7 brumaire an IV.

Au siége de Mantoue, il commanda par intérim la division Serrurier, lorsqu'elle reprit position à Marmirole, après avoir repoussé l'ennemi dans la place et lui avoir enlevé des convois et des prisonniers. Le 20 fructidor, il battit l'ennemi à Saint-Antoine et lui prit l'artillerie qui armait la redoute de cette ville, qui eut lieu le 14 pluviôse an V, et marcha sur Rome avec la division Victor.

A la suite du traité de Campo-Formio, il fut envoyé dans les îles Ioniennes. Le général Chabot le chargea de la défense de Prevesa sur la côte d'Albanie, au moment où les Turcs et les Russes réunis nous déclarèrent la guerre. Il s'y défendit contre 11,000 Albanais, Souliotes, Turcs et Russes, commandés par Ali-Pacha, quoique abandonné des habitants et n'ayant à sa disposition que 450 hommes. La garnison étant réduite à 150 combattants, ne pouvant espérer aucun secours, pressé d'ailleurs par un ennemi si supérieur, il capitula.

Conduit de cachots en cachots à Constantinople, condamné au bagne avec ses compagnons d'armes, il n'en sortit qu'au mois de ventôse an IX, par échange avec les prisonniers que l'armée d'Égypte avait faits.

Rentré en France, mis en non-activité le 1er vendémiaire an X, il fut employé dans la 7e division militaire le 1er vendémiaire an XI, et reçut, en l'an XII, la décoration de membre de la Légion-d'Honneur le 19 frimaire, et celle de commandant de l'Ordre le 25 prairial.

Attaché, le 18 brumaire an XIV, au corps de réserve du maréchal Kellermann comme chef d'état-major, l'Empereur le fit gouverneur du Hanovre le 4 décembre 1806. Il avait un commandement dans la 30e division militaire depuis le 10 juin 1810, lors des événements de 1814. Le 31 août, Louis XVIII le nomma commandant du département de la Loire, et l'admit à la retraite le 24 décembre. Quand l'Empereur revint, en 1815, il l'éleva au grade de lieutenant-général le 22 mars et lui confia la 7e division militaire. Le gouvernement royal ordonna son remplacement le 21 juillet, et annula sa nomination le 1er août. Rentré dans sa position de retraite, il y demeura jusqu'à la Révolution de 1830. Louis-Philippe, par ordonnance du 5 janvier 1832, et en considération de sa promotion pendant les Cent-Jours, lui rendit son grade de lieutenant-général pour prendre rang du 19 novembre 1831.

Il mourut le 3 septembre 1334. Son nom est gravé sur le monument de l'Étoile, côté Sud.

LASCOURS (Louis-Joseph-Élisabeth-Fortuné-Renaud de Boulogne de), général de division, grand officier de la Légion-d'Honneur, chevalier de Saint-Louis, décoré du Nichan (Tunis) de 2e classe, ancien député et pair de France, etc., né au château de Lascours, près Anduze (Gard), en décembre 1786.

Entré à l'École militaire de Fontainebleau à l'âge de 17 ans, M. de Lascours en sortit en 1803, et fit, comme sous-lieutenant au 3ᵉ dragons, sa première campagne à Austerlitz, où il reçut un coup de feu dans la poitrine.

En 1806, il accompagna, en qualité d'aide-de-camp, le général Sébastiani dans son ambassade à Constantinople. Lorsqu'en février 1807, la flotte anglaise força les Dardanelles et vint forcer le Sérail, il contribua par son activité et son courage à l'armement des 500 pièces de canon qui, en moins de cinq jours, garnirent la rive du Bosphore. Cet acte énergique sauva l'honneur musulman, alors intimement lié à celui de la France.

Rappelé à la suite de la révolution qui précipita Selim du trône, M. de Lascours entra comme capitaine au 11ᵉ dragons en décembre 1807, et retourna en 1808 auprès de son général que l'Empereur envoyait commander une division de cavalerie au 4ᵉ corps de l'armée d'Espagne. Il y assista à la défaite de Blacke, contribua aux succès d'Espinosa, de Madridejoz, de Ciutad-Real, d'Almonacid, et prit part à la conquête des provinces de Jaene, Grenade et Malaga. En 1812, il fit la campagne de Russie, pénétra le premier, avec son général, dans Moscou à la tête du 2ᵉ corps de cavalerie et servit comme simple soldat dans l'escadron sacré, pendant la retraite.

Le 14 juin 1813, l'Empereur le nomma adjudant-commandant, grade correspondant à celui de colonel d'état-major. M. de Lascours n'avait pas encore 25 ans. L'honneur d'un tel avancement dans un âge aussi jeune n'appartint qu'à un petit nombre d'officiers. Les seuls auxquels l'Empereur accorda l'insigne honneur de les nommer colonels à 21 ans et demi, furent Moncey, mort en 1816, et Oudinot de Reggio.

Après avoir fait, comme chef d'état-major du 2ᵉ corps de cavalerie, la campagne de Saxe, et celle de France avec le 5ᵉ corps, M. de Lascours passa comme aide-major dans la 5ᵉ compagnie des Gardes du corps (Wagram).

Au 20 mars, il accompagna les princes jusqu'à Béthune, mais il ne voulut pas quitter le sol français; il se retira chez lui où il vécut éloigné des affaires pendant les Cent-Jours.

La Restauration lui donna le commandement de la légion de la Marne, et en 1819 il fit partie du corps d'état-major.

Défenseur ardent de la cause libérale, lors des élections de 1823, où il soutint l'élection de M. de Saint-Aulaire, il se vit mettre au traitement de réforme, au moment où le collége électoral du Gard l'envoya siéger à la Chambre sur les bancs du centre gauche.

Après la révolution de Juillet, le colonel de Lascours, appelé au commandement supérieur des départements du Gard, de l'Ardèche et de la Lozère, parvint, à force de fermeté et de prudence, à rétablir la tranquillité dans la ville de Nîmes que le gouvernement avait mise en état de siège, et fut récompensé de son honorable conduite par le grade de maréchal de camp, le 6 septembre 1830.

Employé dans la garnison de Paris, et sur la frontière du Nord de 1832 à 1839, il fut promu au grade de lieutenant-général le 26 avril 1841, et investi du commandement de la 7ᵉ division militaire à Lyon, commandement qu'il conserva jusqu'à la Révolution de 1848, n'interrompant ses fonctions que pour exercer celles d'inspecteur général d'infanterie, ou pour siéger à la Chambre des Pairs, à laquelle il appartenait depuis 1831.

M. de Lascours est mort le 28 janvier 1850, dans sa terre de Lascours, où il était né 64 ans auparavant. Il comptait 47 ans de service effectif et dix campagnes. Il laisse pour héritier de son nom un officier de la plus belle espérance.

LATAYE (Pierre-François, baron), né le 14 mars 1755 à Charny (Meuse), entra au service comme cavalier le 9 mars 1773, dans le régiment de Royal-Cravate, devenu 10° de cuirassiers.

Brigadier le 19 mars 1778, fourrier le 12 juillet 1781, maréchal-des-logis-chef le 20 juin 1784, il devint adjudant sous-officier le 23 juillet suivant, et porte-étendard le 20 août 1789. Promu sous-lieutenant le 1ᵉʳ mars 1791, lieutenant le 25 janvier 1792, il obtint le grade de capitaine le 26 octobre de cette dernière année.

Envoyé sur les frontières, il fit toutes les campagnes de 1792 à l'an IX dans les armées du Nord, du Centre, de la Moselle, de Sambre-et-Meuse, du Danube et du Rhin.

Au mois de nivôse an II, près de Kirchenpolen, avec un escadron, il chargea 400 hussards prussiens auxquels il fit un grand nombre de prisonniers. Cette action, vigoureusement conduite, lui valut les félicitations de l'adjudant-général Gouvion-Saint-Cyr, sous les ordres duquel il se trouvait en ce moment.

Le 28 prairial suivant, en avant de Gosselies, près de Charleroy, après plusieurs charges exécutées par son régiment sur plusieurs bataillons autrichiens, protégés par sept pièces de canon et soutenus par de la cavalerie, il poursuivit les fuyards avec tant de vigueur et d'acharnement qu'il parvint à s'emparer de leur artillerie. Le général en chef Jourdan lui adressa des éloges publics pour sa conduite distinguée dans cette affaire. Cité honorablement dans les journées de Fleurus, de Tongres, de Maëstricht et de Juliers, il contribua dans un de ces combats à reprendre deux pièces de canon tombées au pouvoir de l'ennemi.

Le 16 messidor de la même année, près de Nivelles, à la tête d'un escadron, il attaqua 300 hussards de Barck, les mit en déroute, leur tua ou blessa une grande quantité d'hommes et en fit plusieurs prisonniers avec leurs chevaux. Dans ce combat opiniâtre, il reçut un coup de sabre à la joue gauche, et ayant eu son arme brisée dans la mêlée, il aurait été infailliblement accablé par le nombre, si le lieutenant Gunet et quelques soldats déterminés ne fussent venus le dégager.

Nommé chef d'escadron le 10 messidor an III, il se signala encore par son intrépidité le 17 fructidor an IV, lors de la retraite de l'armée près de Wurtzbourg. Commandant par intérim le régiment, il soutint pendant six heures la retraite sous un feu terrible d'artillerie. Il attaqua une ligne de cavalerie bien supérieure en nombre, la rompit, la dispersa, et fournit sur les neuf heures du soir, à la clarté de la lune, une charge impétueuse dans laquelle il culbuta plusieurs bataillons autrichiens et parvint à reprendre la position au pied de laquelle fut tué le général Bonnot.

Le 3 floréal an V, il fut nommé chef de brigade dans le même régiment où il était entré comme simple cavalier quelques années auparavant.

Le 26 floréal an VIII, près d'Erbach, sur le Danube, il chargea trois fois de suite sur une ligne de hussards et de hulans autrichiens, soutenue par trois lignes de grosse cavalerie. Les ennemis étaient six fois plus nombreux; mais sans s'arrêter à la disproportion de ses forces, Lataye s'élança le premier dans leurs rangs, et, sabrant à droite et à gauche, il fraya le passage à ceux qu'animait son courageux exemple. La cavalerie autrichienne ne pouvant résister à ce choc impétueux, fut bientôt rompue et dispersée; elle chercha son salut dans la fuite, abandonnant deux pièces de canon dont elle s'était précédemment emparée, laissant au pouvoir du vainqueur plusieurs prisonniers et une centaine d'hommes hors de combat. Les généraux Colaud, Legrand, Sainte-Suzanne, Lacoste et Levasseur, témoins de cette brillante affaire, demandèrent au premier Consul un sabre d'honneur en faveur du chef de brigade Lataye. Il remplit les fonctions de chef de brigade pendant le restant de la campagne, et le 12 frimaire an IX, à Hohenlinden, où il commandait la brigade de réserve, il fit des prodiges de valeur.

De l'an X à l'an XIII, il tint garnison dans la 5e division militaire, fut créé membre de la Légion-d'Honneur le 19 frimaire an XII, officier le 25 prairial suivant, et électeur du collége départemental du Bas-Rhin.

Lors de la déclaration de guerre avec l'Autriche, il fit partie de la 2e division de grosse cavalerie de la réserve de la grande armée, et combattit avec elle en Autriche et en Prusse pendant les campagnes de l'an XIV et de 1806.

Le 9 brumaire an XIV, en avant de Braunau, en Moravie, il reçut l'ordre de soutenir les grenadiers à cheval de la Garde impériale auxquels était opposée une masse formidable de cavalerie russe. Le colonel Lataye, à la tête du brave 10e de cuirassiers, s'élance aussitôt sur l'ennemi, le disperse et le contraint à prendre précipitamment la fuite.

Le 11 frimaire suivant, à Austerlitz, son intrépidité fut remarquée par l'Empereur, qui le nomma commandeur de la Légion-d'Honneur le 4 nivôse de la même année. Après la campagne de Prusse, les infirmités qu'il avait contractées dans un service non interrompu de plus de 33 années effectives, l'obligèrent à solliciter un repos devenu nécessaire. Un décret du 4 octobre 1806 lui accorda la solde de retraite comme général de brigade, et un autre lui conféra en 1810 le titre de baron, avec une dotation de 4,000 francs de rente sur les domaines de Westphalie.

Le général Lataye, retiré à Schelestadt, y vivait au sein de sa famille et entouré de l'estime et de la considération de ses concitoyens, lorsque la mort est venue le frapper le 24 février 1827.

LATOUCHE-TRÉVILLE (Louis-René-Madeleine-Levassor de), né à Rochefort le 3 juin 1745. Il entra dans les gardes-marine en 1756, obtint une compagnie de cavalerie douze ans après, et reprit ensuite du service sur mer. Commandant de frégate en 1780; employé à la paix dans l'administration supérieure de la marine; chancelier de la maison du duc d'Orléans en 1786; député aux États généraux en 1789. Rappelé au commandement d'une division navale en 1792; destitué et emprisonné en 1793; commandant de l'escadre de Brest après le 18 brumaire, et plus tard, de celle dirigée contre Saint-Domingue. Vice-amiral et commandant l'escadre de la Méditerranée en 1804. Mort à bord du *Bucentaure* le 20 août de la même année.

« Napoléon regrettait fort Latouche-Tréville ; lui seul lui avait présenté l'idée d'un vrai talent ; il pensait que cet amiral eût pu donner une autre impulsion aux affaires. L'attaque sur l'Inde, celle sur l'Angleterre, eussent été du moins entreprises, et se fussent peut-être accomplies. » (Las-Cases.)

LATOUR (Joseph, baron) naquit le 1er novembre 1765 à Bordeaux (Gironde). Soldat dans le régiment de Languedoc-Infanterie du 13 avril 1784 au 4 septembre 1790, il fut élu le 8 septembre 1791 lieutenant au 3e bataillon de la Gironde (65e, puis 68e demi-brigade, cette dernière réunie au 56e régiment de ligne).

Employé en 1792 et 1793 à l'armée du Rhin, il y reçut un coup de feu dans la poitrine le 21 mai de la dernière de ces années, et obtint le brevet de capitaine le 8 germinal an II.

De l'an VI à la paix de Lunéville, il était en Italie : dans cet intervalle, le général en chef Moreau résolut, le 27 floréal an VII, d'attaquer l'ennemi entre Alexandrie et Tortone, et le bataillon de la 68ᵉ, dans lequel servait Latour, eut ordre d'éclairer la route de Novi ; mais nos troupes, accablées par des forces trop supérieures, ayant été obligées de repasser la Bormida, ce bataillon se trouva coupé et séparé de l'armée.

Assailli par les Russes, il ne lui restait qu'à mettre bas les armes ou à se jeter dans l'Orba. Latour conseilla vivement ce parti, chercha un gué, et tout le bataillon se risqua dans la rivière, dont le cours torrentieux et rapide ne pouvait être traversé sans danger ; sur 1,100 hommes, 80 furent entraînés et périrent dans les flots. Dans cette circonstance, 30 officiers ou soldats durent la vie au brave Latour : à chaque instant, malgré sa fatigue, il arrachait de nouvelles victimes à la mort, et lui-même manqua de périr ; un grenadier, qu'il s'efforçait de ramener sur la rive, s'étant attaché à lui et le serrant avec tant de violence, il lui devint impossible de nager ; épuisé, Latour allait subir le sort de celui qu'il voulait sauver, lorsqu'un caporal de sa compagnie, nommé Leguerry, se mit à la nage et le poussa sur la rive.

En récompense, Latour reçut un sabre d'honneur le 19 ventôse an XI, et fut compris comme officier de la Légion-d'Honneur, dans la promotion du 25 prairial.

Chef de bataillon le 1ᵉʳ décembre 1806, colonel le 30 octobre 1810, il fit la campagne d'Espagne et reçut, le 4 août, le grade de général de brigade.

Chevalier de Saint-Louis au mois de mai 1814, il fut appelé au retour de l'île d'Elbe par l'Empereur au commandement supérieur de Maubeuge.

Admis à la retraite le 6 novembre suivant, le général Latour est mort à Paris le 1ᵉʳ novembre 1833.

LA TOUR D'AUVERGNE (Théophile-Malo-Corret de), premier grenadier des armées françaises, naquit à Carhaix (Finistère) le 23 octobre 1743.

En 1767, il entra, en qualité de sous-lieutenant, dans la deuxième compagnie des Mousquetaires. Il passa ensuite au service de l'Espagne, où il donna des preuves de la plus brillante valeur. Pendant une action meurtrière, il sauva la vie à un officier espagnol blessé en le rapportant au camp sur ses épaules, puis il revint au combat. Le roi d'Espagne lui accorda une décoration qu'il accepta, mais en refusant la pension qui y était attachée.

En 1793, âgé de 50 ans, il comptait 33 années de service effectif, et il embrassa avec ardeur le parti de la Révolution. D'abord il servit à l'armée des Pyrénées-Orientales, où il commandait toutes les compagnies de grenadiers formant l'avant-garde et appelées *colonne infernale*. Presque toujours cette phalange avait décidé la victoire lorsque ce corps d'armée arrivait sur le champ de bataille.

Ses loisirs étaient toujours consacrés à des méditations ou à des travaux littéraires. Appelé à tous les conseils de guerre, il fit constamment le service de général sans vouloir jamais le devenir. S'étant embarqué après la paix avec l'Espagne pour se rendre dans sa province, il fut pris par les Anglais. On voulut le forcer à quitter sa cocarde ; mais la passant à son épée jusqu'à la garde, il déclara qu'il périrait plutôt en la défendant.

Étant à Paris, à son retour en France, il apprit qu'un de ses amis, vieillard octogénaire, venait d'être séparé de son fils par la réquisition; il se présenta aussitôt au Directoire, obtint de remplacer le jeune conscrit qu'il rendit à sa famille, et partit pour l'armée du Rhin, comme simple volontaire. Il fit la campagne de 1799, en Suisse, fut élu membre du Corps législatif, après le 18 brumaire, mais refusa de siéger, en disant : « Je ne sais pas faire des lois, je sais seulement les défendre, envoyez-moi aux armées. »

En 1800, il passa à l'armée du Rhin et y reçut l'arrêté qui le nommait *premier grenadier de l'armée française*. Dans le combat de Neufbourg, il tomba percé au cœur d'un coup de lance, le 28 juin 1800.

Toute l'armée regretta ce vieux brave qu'elle aimait à nommer son modèle. Son corps enveloppé de feuilles de chêne et de laurier fut déposé au lieu même où il fut tué. On lui éleva un monument sur lequel on grava cette épitaphe : LA TOUR D'AUVERGNE. On sait que son cœur embaumé était précieusement conservé par sa compagnie, et qu'à l'appel, le plus ancien sergent répondait au nom de La Tour d'Auvergne: *Mort au champ d'honneur!*

La bravoure de La Tour d'Auvergne était devenue proverbiale, mais cette précieuse qualité est tellement française qu'elle ne suffit pas aujourd'hui pour tirer un homme de la foule. Si La Tour d'Auvergne n'avait été qu'un courageux soldat, il n'eût pas brillé de tout l'éclat qui l'environne. Une qualité plus rare le fit surtout remarquer, c'est son inaltérable amour de la patrie, la sensibilité de son âme, l'indépendance de son caractère et son désintéressement.

« J'ai près de 800 livres de rente, quelques livres, mes manuscrits, de bonnes armes, disait-il, c'est beaucoup pour un grenadier en campagne, c'est assez pour un homme qui ne s'est pas fait de besoins dans sa retraite. »

Le prince de Bouillon qui avait obtenu par le crédit de La Tour d'Auvergne la restitution de ses biens, lui offrit une terre à Beaumont-sur-Eure, rapportant 10,000 livres de rentes; mais le modeste guerrier refusa, ne voulant pas mettre de prix à ses services. La famille de La Tour d'Auvergne était une branche bâtarde de celle de Bouillon.

Un député lui vantait son crédit et lui offrait sa protection. « Vous êtes donc bien puissant, lui dit La Tour d'Auvergne, qui se trouvait alors dans le plus grand dénûment. — Sans doute. — Eh bien! demandez pour moi.... — Un régiment? — Non, une paire de souliers.

La Tour d'Auvergne a publié les *Origines gauloises*, ouvrage plein d'érudition et d'originalité. La mort l'a empêché de publier un dictionnaire polyglotte où il comparait 45 langues avec le bas-breton. Il l'avait mis au net avant son dernier départ pour l'armée du Rhin.

LATOUR-MAUBOURG (MARIE-VICTOR-CHARLES, CÉSAR DE FAY, marquis de), né le 11 février 1756 dans le Vivarais. Il était en 1782 sous-lieutenant dans le régiment de Beaujolais-Infanterie, en 1786 capitaine dans le régiment d'Orléans-Cavalerie, et en 1789, sous-lieutenant des gardes du corps. Après avoir donné le 5 octobre 1789 des preuves de dévouement à Louis XVI, près duquel il était de service, il émigra à la suite du 10 août 1792, et ne rentra qu'en 1798. Aide-de-camp dans l'expédition d'Égypte, il était devenu colonel à Austerlitz et y reçut le grade de général de brigade. Il fit ensuite les campagnes de Prusse et de Pologne, fut blessé au combat de Dreypen, reçut le 14 mai 1807 le titre de général de division et fut blessé de nouveau à Friedland. Il se signala en Espagne en 1808 à la tête de la cavalerie de l'armée du Midi, fit la campagne de Russie, commanda le 1ᵉʳ corps de cavalerie en 1813, et se couvrit de gloire à Dresde et surtout à Leipzig où il eut la cuisse emportée par un boulet.

M. de Latour-Maubourg adhéra à la déchéance de l'Empereur et fut nommé Pair le 2 juin 1814.

Il ne remplit aucune fonction pendant les Cent-Jours, et fut chargé du portefeuille de la guerre.

On lui doit l'ordonnance du 25 octobre 1820 portant réorganisation de l'infanterie française.

Il fut nommé en 1821, gouverneur des Invalides. Napoléon l'avait nommé grand-croix de la Légion-d'Honneur, et Louis XVIII commandeur de l'Ordre de Saint-Louis et chevalier du Saint-Esprit.

Il est mort en 1831.

LAVALLETTE (Antoine - Marie - Amand, comte de) naquit à Paris en 1769. Son père, honnête marchand, le destina d'abord à l'état ecclésiastique, carrière que le jeune Lavalette quitta pour entrer dans l'étude d'un procureur, afin de se préparer à la profession d'avocat; mais le zèle qu'il déploya en faveur de la famille royale dans les journées des 5 et 6 octobre 1789, 20 juin et 10 août 1792, l'obligea de fuir aux armées la proscription dont il était menacé; il entra donc comme volontaire dans la légion des Alpes.

Son avancement fut rapide: officier d'état-major du général Custine en l'an II, aide-de-camp du général Baraguay-d'Hilliers l'année suivante, le général Bonaparte, après la bataille d'Arcole, le nomma son aide-de-camp en remplacement de Muiron, tué à cette affaire.

Plus tard, il assista aux négociations qui amenèrent le traité de Léoben en qualité de secrétaire; puis, en l'an V, Bonaparte l'envoya à Paris étudier l'esprit public, afin de l'instruire des causes de la lutte qui venait d'éclater entre la majorité des conseils et le Directoire.

Le Directoire ayant découvert le but de sa mission, voulut, par des menaces, le déterminer à lui livrer la correspondance de son général; mais Lavallette préféra la brûler: aussi l'attachement de Bonaparte pour son aide-de-camp alla-t-il jusqu'à lui faire épouser la nièce de sa femme, madame Émilie de Beauharnais.

Un mois après, il partit pour l'Égypte, revint en France avec Bonaparte, et celui-ci, devenu premier Consul, l'envoya traiter avec les cours de Saxe et de Hesse. Enfin, après avoir été successivement administrateur de la caisse d'amortissement, Commissaire, puis Directeur général des postes, avec le titre de conseiller d'État, membre et commandeur de la Légion-d'Honneur, les 4 germinal et 25 prairial an XII, il fut élevé en 1808 au rang de comte de l'Empire, et le 30 juin 1811 à celui de grand officier de l'Ordre.

Les événements de 1814 le rendirent à la vie privée; toutefois, il y a lieu de penser qu'il ne demeura pas étranger aux menées qui préparèrent le retour de Napoléon au 20 mars, et cela se conçoit: aussi dirons-nous avec Montlosier: « On l'a accusé d'être parjure, lui, croyait être fidèle. »

Le 20 mars 1815, Lavallette se présenta donc à l'administration des postes accompagné du général Sébastiani, et, au nom de l'Empereur, il somma Ferrand, alors directeur général, d'avoir à se retirer; du moins, c'est ainsi que l'avançait l'acte d'accusation; car, après la seconde chute de l'Empire, Lavallette, arrêté, comparut devant la cour d'assises de la Seine comme coupable de haute trahison, et fut condamné à la peine de mort le 21 novembre 1815.

Il montra, pendant la durée des débats, autant de calme que de dignité, réfuta avec noblesse les charges invoquées contre lui par le ministère public, et lorsque le président de la cour prononça l'arrêt de mort, il se tourna vers Tripier, son avocat, et lui dit : « Que voulez-vous, mon ami, c'est un coup de canon qui m'a frappé. » Puis, en se retirant, il salua les nombreux employés de la poste appelés comme témoins contre lui.

Un mois après, les journaux annoncèrent le rejet de son pourvoi en cassation, et le bruit se répandit que le recours en grâce formé par madame de Lavallette avait été repoussé.

En effet, le 21 décembre, l'échafaud devait être dressé, et une nouvelle victime des réactions politiques allait être immolée : la veille de ce jour, une chaise à porteur s'avançait lentement vers la Conciergerie, elle renfermait une femme en pleurs, et, près d'elle, marchait une jeune fille soutenue par une vieille domestique. Ces femmes furent introduites dans la cellule du condamné, et là, on n'entendit que sanglots et gémissements ; puis ces trois femmes, dont l'une paraissait accablée de douleur, sortirent, traversèrent le greffe, franchirent une grille, puis une autre, accompagnées du concierge. Celui-ci, en rentrant, entendant quelque bruit dans la cellule qu'elles venaient de quitter, y pénètre, et, au lieu d'y trouver celui qu'il devait le lendemain livrer au bourreau, il reconnut Mme de Lavallette : « Ah ! Madame, s'écria-t-il, vous m'avez perdu ! »

Il se précipite alors dans la rue suivi des gardiens ; mais ses recherches furent infructueuses, et pendant ce temps, Lavallette, guidé par un ami, se rendait à l'hôtel du ministre des affaires étrangères, où, jusqu'au 20 janvier, il demeura caché. On sait que ce fut au dévouement de trois Anglais, Robert Wilson, Bruce, Hutchinson, qu'il parvint à sortir de France, qu'il se retira en Bavière auprès du prince Eugène, et qu'il vivait en France en 1822 ; on sait aussi que Mme de Lavallette perdit pour toujours la raison.

Louis XVIII disait de cette femme justement célèbre, que, dans les circonstances dont nous venons de parler, *elle seule avait fait son devoir*.

Lavallette, mort à Paris le 15 février 1830, vivait depuis son retour dans la plus profonde retraite. Il a laissé des Mémoires fort intéressants.

LAW (Jacques-Alexandre-Bernard), marquis de Lauriston, naquit à Pondichéry le 1er février 1768. Il était le 3e des six fils de Law de Lauriston, comte de Tancarville, brigadier d'infanterie, commandant alors les troupes françaises dans l'Inde. Ce comte de Tancarville, d'une famille d'Écosse très-ancienne, l'aîné des deux neveux du célèbre financier Jean Law, avait obtenu d'abord la faveur de la cour par la protection de la duchesse de Bourbon. Jacques-Alexandre-Bernard, amené en France, fit ses études au collége des Grassins.

Quand Napoléon arriva à l'Ecole militaire, le 19 octobre 1784, il ne se lia d'abord qu'avec Lauriston et Dupont. Lauriston y était entré le 1er septembre ; il en sortit le 1er septembre 1785, avec le grade de lieutenant en second au régiment de Toul. Capitaine en second en août 1791, il devint aide-de-camp du général Beauvoir en 1792, fit cette campagne jusqu'à l'an IV aux armées du Nord, de la Moselle et de Sambre-et-Meuse. Il fut mis à l'ordre du jour de l'armée au siége de Maëstricht, se distingua au siége de Valenciennes, et fut nommé en l'an III chef de brigade du 4e régiment d'artillerie à cheval.

Le 16 germinal an IV, il donna sa démission et quitta l'armée ; mais Bonaparte, devenu premier Consul, le rappela au service et le nomma l'un de ses aides-de-camp. Lauriston le suivit à Marengo, reçut l'ordre de licencier le 1ᵉʳ régiment d'artillerie qui s'était mutiné et de le réorganiser. Il en eut ensuite le commandement.

Après avoir rempli en 1801, une mission diplomatique à Copenhague et secondé les efforts des habitants de cette ville contre les Anglais qui la bombardaient, il fut chargé de porter à Londres la ratification du traité de paix conclu à Amiens entre la France et l'Angleterre. L'aide-de-camp du premier Consul fut reçu avec enthousiasme par la population de Londres. On coupa les traits des chevaux et on traîna sa voiture jusqu'à son hôtel.

De retour en France, il fut nommé général de brigade, commandeur de la Légion-d'Honneur, et reçut au mois de brumaire an XIII le commandement des troupes de l'expédition préparée pour Batavia, sous les ordres de l'amiral Villeneuve. Il fut élevé au grade de général de division en pluviôse de la même année. L'escadre appareilla le 9 germinal et arriva à la Martinique au commencement de prairial. Lauriston débuta par la prise du fort Diamant, réputé imprenable. Dix jours après cette action hardie, la flotte remit à la voile pour l'Europe, eut une affaire au cap Ortegal et se présenta devant Cadix. Lauriston se fit descendre à terre, puis revint à Paris.

Il fit la campagne de l'an XIV en Autriche, et eut le gouvernement de Braunau et celui de Raguse dont il s'empara, et des bouches du Cattaro, en 1806. Le 19 décembre 1807, il fut fait gouverneur général de Venise. A son arrivée dans cette ville, il fit opérer la translation du corps du célèbre Law, son grand-oncle, dans l'église San Moïse.

En 1808, il accompagna Napoléon à la conférence d'Erfurth, fut créé comte de l'Empire, et suivit l'Empereur à Madrid. Il contribua à la prise de cette ville. De retour en Allemagne en 1809, il passa à l'armée d'Italie. Il prit une part active aux batailles de Raab et Wagram, où il commandait l'artillerie de la Garde. A Wagram, notre gauche était débordée par suite d'une faute énorme commise par l'ennemi, le général comte de Lauriston, à la tête d'une batterie de 100 pièces d'artillerie, marcha au trot à l'ennemi et porta la mort dans ses rangs. L'Empereur lui donna le grand cordon de la Couronne de Fer.

Après la paix de Presbourg, Lauriston se rendit à Vienne, quitta un moment cette ville pour remplir une mission en Hollande, et s'y trouvait de retour lorsque le prince de Neufchatel y arriva avec le titre d'ambassadeur pour épouser, au nom de l'Empereur, l'archiduchesse Marie-Louise. Il remplit auprès de cette princesse les fonctions de colonel général de la Garde impériale, et l'accompagna en France. Il fut encore chargé d'aller chercher à Harlem et de ramener en France les enfants de Louis-Napoléon, qui venait d'abdiquer la couronne de Hollande. Le 5 février 1811, Napoléon nomma Lauriston son ambassadeur en Russie. Il devait demander à Alexandre l'occupation des ports de Riga et de Revel, et l'exclusion des vaisseaux anglais de la Baltique. Ce fut lui qui, après la prise de Moscou, conclut un armistice avec Kutusoff. Il commanda l'arrière-garde dans la retraite, et montra dans ces circonstances difficiles les talents d'un général consommé. Arrivé à Magdebourg, il y organisa le 5ᵉ corps de la grande armée, à la tête duquel il assista aux batailles de Lutzen, de Bautzen et de Wurtzchen. Il emporta de vive force le village de Weissig, culbuta le corps d'York, et le rejeta de l'autre côté de la Sprée.

A la tête des 5ᵉ et 11ᵉ corps, il battit les Prussiens en plusieurs rencontres. A Leipzig, quand on fit sauter le grand pont, il se trouvait de l'autre côté de l'Elster, et *le Moniteur* annonça sa mort. Conduit prisonnier à Berlin, il rentra en France après les événements de 1814.

Louis XVIII le fit chevalier de Saint-Louis, grand cordon de la Légion-d'Honneur et capitaine de la 1ʳᵉ compagnie des mousquetaires gris. Il accompagna le roi à Béthune, revint à Paris, et se retira dans sa terre de Richecourt, près de La Fère.

Lors du retour du Roi, Lauriston alla au-devant de ce prince à Cambrai, fut envoyé à Laon pour présider le collège électoral de l'Aisne, et créé pair de France le 17 août, eut le commandement de la 1ʳᵉ division d'infanterie de la Garde royale.

En 1816, il présida les conseils de guerre formés pour juger l'amiral Linois, le baron Boyer de Peyreleau et le général Delaborde. Linois fut acquitté, Boyer condamné à mort et Delaborde non jugé. Cette même année, le roi lui accorda la croix de commandeur de Saint-Louis et le titre de marquis. En 1820, il eut le commandement supérieur des 12ᵉ et 13ᵉ divisions militaires, présida le collège électoral de la Loire-Inférieure, entra au ministère comme ministre de la maison du roi, et reçut la grand-croix de Saint-Louis.

Le 6 juin 1823, il fut élevé à la dignité de maréchal de France, reçut le commandement en chef du 2ᵉ corps de réserve de l'armée des Pyrénées. Entré en Espagne, il assiégea et prit Pampelune, fut nommé chevalier du Saint-Esprit et de l'ordre espagnol de la Toison d'Or. A son retour de France, il fut nommé grand veneur et ministre d'État.

Il mourut à Paris d'une apoplexie foudroyante le 11 juin 1828. Le nom du maréchal Lauriston est inscrit au côté Est de l'arc de triomphe de l'Étoile.

LAZOWSKI (Joseph-Félix, baron), né le 20 novembre 1759 à Lunéville (Meurthe). Entré à l'École des ponts-et-chaussées le 1ᵉʳ mars 1779, il en sortit le 1ᵉʳ avril 1784 comme ingénieur, et fut employé en cette qualité aux travaux de la rade et du port de Cherboug. Admis dans l'arme du génie, le 22 frimaire an III, avec le grade de capitaine de première classe, le Comité de salut public l'envoya à Constantinople pour y exécuter des travaux de reconnaissance générale sur l'extrême frontière de la Turquie d'Europe et des côtes Ouest de la mer Noire.

Le Divan l'ayant chargé de la rédaction de Mémoires et de projets relatifs à la défense des places de Choezim, de Bender, de Palouka et d'Akerman, sur le Niester, de Kilhia, d'Ismaïl et de Tulchr, sur le Danube, il s'acquitta de ces différentes missions avec intelligence. Un double de chacun de ces projets existe encore au Comité des fortifications et au ministère des affaires étrangères. Le Reis-Effendi écrivit à ce sujet à Talleyrand, alors ministre des Relations extérieures, pour lui exprimer la reconnaissance du Sultan et des remercîments particuliers pour les services importants que Lazowski venait de rendre au gouvernement Ottoman.

Rentré en France le 4 vendémiaire an VI, le Directoire lui adressa, le 23 ventôse même année, le brevet de chef de bataillon, comme un témoignage de satisfaction. Désigné pour faire partie de l'expédition d'Égypte, il se distingua à l'attaque et à la prise d'Alexandrie, à la bataille de Chebreiss, et dans toutes les affaires partielles qui eurent lieu dans le Delta. Il assista en l'an VII aux sièges d'El-Arich, de Jaffa, où il reçut un coup de feu à l'épaule, et à celui de Saint-Jean-d'Acre, où il fut grièvement blessé à la tête.

Chef de brigade le 26 floréal an VII, il fit la campagne de l'an VIII avec la même bravoure; se trouva aux batailles d'Héliopolis et de Damiette, et dirigea les siéges de Beilbeis et du Caire. De retour en France, un arrêté des consuls du 7 germinal an VIII, lui confia une sous-direction des fortifications; un second arrêté du 19 prairial an IX, le confirma dans le grade de chef de brigade. Nommé directeur le 3 frimaire an X, il fut employé en cette qualité d'abord au comité de son arme, ensuite à la résidence de La Rochelle. Le colonel Lazowski reçut, le 19 frimaire an XII, la décoration de membre de la Légion-d'Honneur, et le 25 prairial, même année, celle d'officier.

Nommé général de brigade par décret impérial du 15 août 1806, il fut envoyé l'année suivante, à la grande armée, et y reçut, le 11 juillet, le cordon de commandant de la Légion-d'Honneur; il prit le 2 mars 1808 le commandement du génie du corps du prince de Ponte-Corvo, et obtint, le 21 juillet 1809, le brevet de général de division. Napoléon lui conféra vers le même temps le titre de baron de l'Empire.

Appelé au commandement du génie de l'armée de Portugal le 21 avril 1810, le gouvernement le mit en disponibilité le 20 avril 1811, pour qu'il pût se remettre des fatigues de la guerre. Il est mort à Paris le 8 octobre 1812. Son nom figure sur l'arc de triomphe de l'Étoile, côté Sud.

LE BON DESMOTTES (Louis). Entré au service en 1806 dans les gendarmes d'ordonnance de la Garde impériale, à leur création M. Le Bon Desmottes fit avec eux les campagnes de Prusse et assista aux affaires qui furent livrées sous les murs de Colberg, en Poméranie. Plus tard, il se trouva aux combats de Guttstadt et d'Heilsberg et à la bataille de Friedland. Il était à Tilsitt et fit partie du piquet de l'Empereur à la mémorable entrevue des deux empereurs sur le Niémen. En 1807, au licenciement des gendarmes d'ordonnance, M. Le Bon Desmottes fut incorporé dans les chasseurs à cheval de la Garde impériale, et fit, dans ce corps, la campagne de 1808 en Espagne. Il se trouva aux combats de Burgos et de Somo-Sierra, à la prise de Madrid et à l'affaire de Bonavente où il fut blessé d'un coup de sabre. Rentré en France avec la Garde impériale, il rejoignit en Allemagne le 19ᵉ régiment de chasseurs où il venait d'être nommé sous-lieutenant, et fit, avec ce corps, les campagnes de 1809, 1810, 1811, 1812, 1813, 1814; fait prisonnier à Wagram après avoir eu un cheval tué sous lui, il fut échangé quelques jours après.

En Russie, il faisait partie du corps d'armée du prince Eugène, dont son régiment formait l'avant-garde, et assista aux batailles de Witepsk, de Smolensk et de la Moscowa. Dans cette dernière, il eut un cheval tué sous lui au pied de la grande redoute. Il était à Malajoraslawetz, et fut dans la retraite l'un des braves de l'escadron sacré.

Après la réorganisation des débris de la malheureuse armée de Russie en Silésie, M. Le Bon Desmottes continua la campagne sous les ordres du vice-roi d'Italie, et fut l'un des officiers qui échangèrent les premiers coups de sabre avec les Prussiens après leur défection. Il assista aux batailles de Lutzen et de Bautzen, et fut atteint d'une balle dans le flanc droit. Au combat de Goldberg, le 23 août 1813, il ne prit que le temps de se faire panser, et un quart d'heure après il était à la tête de sa compagnie. La croix d'honneur fut la récompense de sa bravoure. Il fut blessé de nouveau d'une balle à la cuisse et de deux coups de lance à l'affaire de Mulberg. Son cheval ayant été tué sous lui, il resta au pouvoir de l'ennemi. Quelque temps après, il parvint à s'échapper et se retira dans la place de Torgau, où il resta jusqu'à la capitulation.

Rentré en France en avril 1814, M. Le Bon Desmottes fut placé au 10e régiment de chasseurs en qualité de capitaine adjudant-major. En 1815, il fit la campagne de Waterloo comme aide-de-camp du général Houssin de Saint-Laurent. Revenu sous les murs de Paris, à La Villette, il courut les plus grands dangers en voulant sauver des gardes nationaux. Mis en demi-solde à la seconde Restauration, il fut replacé au 5e régiment de chasseurs, avec lequel il fit la campagne de Catalogne en 1823. Il commandait l'avant-garde du général Achard à la prise de Martorel (Catalogne). Il fut mis à l'ordre du jour pour cette affaire, et une décision particulière du duc d'Angoulême le fit entrer dans le 1er régiment de cuirassiers de la Garde royale, et fut en outre fait chevalier de l'ordre de Saint-Louis, et reçut la croix de l'ordre d'Espagne de Saint-Ferdinand, de 2e classe.

M. Le Bon Desmottes passa en 1828 chef d'escadron au 8e cuirassiers; en 1832, il fut nommé lieutenant-colonel de la même arme, et, en 1838, il obtint le commandement du régiment de carabiniers. Il a été en outre nommé officier de la Légion-d'Honneur en 1831. Nommé général de brigade le 26 avril 1846, puis commandeur de la Légion-d'Honneur, il a été appelé le 20 août 1849 au commandement de la 3e brigade de la division de cavalerie de l'armée des Alpes.

LEBRETON (Eugène-Casimir), né en 1791, d'une famille d'honnêtes laboureurs de la Beauce, il entra au service en 1813, comme enrôlé volontaire, et fit bravement les campagnes de 1813 et 1814 dans les armées impériales. Pendant les années 1828 et 1829, il fut attaché comme rapporteur au conseil de guerre de Paris ; et la *Gazette des Tribunaux* cita souvent avec éloge ses réquisitoires empreints d'idées franchement libérales et patriotiques.

Chef de bataillon au 53e de ligne, il fut employé, dans la Bretagne, lors des troubles qui agitèrent ce pays après la révolution de 1830, et s'y fit estimer par sa fermeté et sa modération.

Envoyé en Afrique en 1836, il fut le premier commandant de Mascara, l'ancienne capitale de l'Émir. De retour en France, il commanda en second l'école militaire de La Flèche, y remplissant en outre, avec une rare intelligence, les fonctions de directeur des études. Il a laissé dans le collège et dans la ville des souvenirs qui ne s'effaceront jamais.

Nommé colonel du 22e de ligne en 1840, il va rejoindre son régiment en Algérie, et le dirige dans les expéditions de 1841 à 1846. Son nom se rattache à tous les souvenirs glorieux de notre conquête africaine. Il en revint avec la croix de commandeur.

Désireux, dès 1846, d'aller défendre également son pays à la Chambre des Députés, il se présenta aux élections du collége de Nogent-le-Retrou. Sa candidature ayant échoué devant les efforts de l'administration déchue, ses amis reportèrent leurs suffrages sur l'honorable général Subervic, qui fut élu.

Nommé général de brigade en 1847, le brave Lebreton, après l'avénement de la République, a été appelé à l'Assemblée nationale par le peuple électoral d'Eure-et-Loir. Les ouvriers nogentais, ses compatriotes, avaient, à cette occasion, envoyé à tous leurs camarades du département une adresse pour leur recommander cette candidature à laquelle ils tenaient beaucoup. Il a retrouvé le général Subervic à l'Assemblée.

Le général Lebreton prit plusieurs fois la parole à la Constituante. Il releva avec énergie la qualification de *hochet*, donné un peu trop légèrement à la Légion-d'Honneur par un général de la garde nationale de cette époque. Il demanda que les officiers, sous-officiers et soldats, en possession d'une retraite, pussent la cumuler avec un emploi civil. Dans la fatale journée du 24 juin dernier, il a émis le vœu que l'Assemblée, pour être plus sûre des événements qui se passaient, choisît quelques-uns de ses membres qui se rendraient auprès des troupes.

Cette proposition, combattue par le général Leidet, n'a pas été prise en considération ; mais l'avis du général Lebreton a été suivi par bon nombre de représentants ; plusieurs même ont été blessés en face des factieux. Quant à lui, il a dirigé en personne l'attaque du clos Saint-Lazare, une des forteresses les plus redoutables de l'insurrection, avec un courage, un sang-froid et une humanité surtout dont tous les partis lui conserveront une éternelle reconnaissance. Le général Lebreton fut ensuite nommé questeur dans la garde de l'Assemblée, en remplacement du général Négrier, mort si glorieusement pour la patrie.

M. le général Lebreton fait aujourd'hui partie de l'Assemblée législative.

LEBRUN (Anne-Charles, duc de Plaisance), né à Paris le 28 décembre 1775 ; son père était alors avocat au Parlement de Paris. Il avait 25 ans quand il entra dans la carrière des armes, après le 18 brumaire. Il fut attaché au général Desaix en qualité d'aide-de-camp ; il le reçut dans ses bras lorsqu'il fut frappé à mort dans les champs de Marengo. A la suite de cette bataille M. Lebrun fut nommé colonel du 3e hussards et fit à la tête de ce régiment la campagne de 1805, pendant laquelle il fut chargé par l'Empereur d'apporter à Paris la nouvelle de la victoire d'Austerlitz.

La journée d'Eylau valut au colonel Lebrun le grade de général de brigade. Il obtint celui de général de division, le 23 février 1812, avant le départ pour la campagne de Russie ; il fut créé en outre comte de l'Empire et grand-croix de l'ordre de la Réunion.

En 1813 le général Lebrun fut nommé grand officier de la Légion-d'Honneur et gouverneur de la ville d'Anvers qu'il avait à préserver de l'invasion de l'ennemi ; mais dans les premiers mois de 1814, Napoléon confia ce commandement à Carnot.

M. Lebrun adhéra au rétablissement des Bourbons, fut fait chevalier de Saint-Louis et envoyé dans la 14e division militaire en qualité de commissaire du roi.

Au retour de Napoléon, le duc de Plaisance, père du général, ayant repris sa position d'archi-trésorier, et ayant de plus été appelé au ministère de l'instruction publique, le général Lebrun fut, dès le 27 mars, chargé par Napoléon d'aller prendre en Champagne le commandement que venait de quitter le maréchal duc de Bellune. Il fut en outre nommé à la Chambre des représentants par le département de Seine-et-Marne. A la seconde Restauration, le général Lebrun fut mis en disponibilité. A la mort de son père, en 1825, il lui succéda dans son titre de Pair et de duc de Plaisance.

En 1833 il fut nommé grand-croix de la Légion-d'Honneur.

Le duc de Plaisance a épousé la fille de M. de Barbé-Marbois.

Il figure sous le nom de Lebrun sur l'arc de triomphe de l'Étoile, côté Ouest.

LECLERC DES ESSARTS (Nicolas-

Marin, comte) naquit le 25 avril 1770 à Pontoise (Seine-et-Oise). Volontaire en 1792, puis aide-de-camp du général Saboureux au camp de Meaux, il fut nommé capitaine sur le champ de bataille, au siége de Toulon, le 27 nivôse an II, passa le 26 germinal suivant adjoint à l'adjudant-général Leclerc (armée de la Moselle), et combattit en cette qualité à Fleurus le 8 messidor de la même année.

Destitué le 8 fructidor an IV, il obtint la confirmation de son grade de capitaine au 6ᵉ régiment de hussards le 12 fructidor an VII, fut nommé adjoint à l'état-major général de l'armée du Rhin, le 4 nivôse an VIII, et se distingua à Mœskirch et à Biberach les 15 et 19 floréal de la même année.

Aide-de-camp du général Leclerc le 12 frimaire an IX, il mérita par sa conduite, à l'armée de Saint-Domingue, d'être élevé, le 18 pluviôse an X, au grade de chef de bataillon, grade qu'il avait refusé trois années auparavant à l'armée du Rhin, et dans lequel il fut confirmé le 29 prairial.

Promu adjudant-commandant le 9 fructidor an XI, il reçut un ordre de service pour le camp de Bruges le 12 du même mois, et compris comme officier de la Légion-d'Honneur dans la promotion du 25 prairial an XII, il servit au 3ᵉ corps de la grande armée pendant les deux campagnes de l'an XIV, et celles de 1806 et 1807 en Autriche, en Prusse et en Pologne, combattit à Austerlitz et à Eylau, où il eut trois chevaux tués sous lui, fut élevé au grade de général de brigade le 29 septembre 1808, et fut employé le 12 octobre suivant à l'armée du Rhin, dernière campagne dans laquelle il se fit remarquer, notamment à Wagram, où il reçut une blessure grave dans les reins et eut un cheval tué sous lui.

Resté à l'armée d'Allemagne, par ordre de service du 13 juillet 1810, puis attaché le 1ᵉʳ novembre 1811 au corps d'observation de l'Elbe, et en 1812 en Russie, Leclerc, dans la retraite eut, à Mojaïsk, où il commandait l'arrière-garde, trois chevaux tués sous lui, et fut frappé au talon par un boulet.

Présent à l'ouverture de la campagne de 1813 en Saxe, étant au 13ᵉ corps, il prit part au siége de Hambourg en 1814, y commanda les postes avancés tout le temps que dura le siége sans jamais rentrer dans la ville, revint en France à la paix, obtint la croix de Saint-Louis le 26 octobre, et fut mis en non-activité le 1ᵉʳ septembre 1814.

Nommé, le 26 mars 1815, membre de la commission chargée du placement des officiers en demi-solde, et promu lieutenant-général le 15 mai, il commanda le première division des gardes nationales à Sainte-Menehould. Remis en non-activité le 1ᵉʳ août suivant, puis compris comme disponible dans le cadre d'organisation de l'état-major général le 30 décembre 1818, le général Leclerc mourut à Paris le 18 mai 1820.

LECLERC (Victor-Emmanuel), né à Pontoise en 1772. Entra au service en 1791 dans les volontaires de Seine-et-Oise. Passa comme sous-lieutenant au 12ᵉ de cavalerie, devint aide-de-camp du général Lapoype, fut nommé capitaine au siège de Toulon en 1793, se distingua aux armées des Alpes et d'Italie et devint général de brigade en 1797. Cette même année, il épousa Pauline, sœur de Napoléon, depuis princesse de Borghèse, devint chef d'état-major des généraux Berthier et Brune, et à son retour d'Égypte Bonaparte le nomma général de division et l'envoya à l'armée du Rhin sous les ordres de Moreau. Il se fit remarquer à la bataille de Hohenlinden, et reçut le commandement supérieur des

17e, 18e et 19e divisions militaires, passa de là au commandement en chef d'un corps d'armée destiné par le premier Consul à forcer le Portugal à renoncer à l'alliance de l'Angleterre. Cette expédition n'eut pas lieu. Il fut alors nommé général en chef de l'armée envoyée à Saint-Domingue pour faire rentrer cette île sous les lois de la métropole.

Le général Leclerc, parti de Brest en décembre 1801, débarqua devant le cap Français en février 1802. Après quelques succès obtenus sur les Noirs, il fut atteint de la fièvre jaune qui décimait son armée et succomba le 1er novembre 1802. Son corps fut transporté en France par son épouse, et inhumé dans une de ses terres.

LECOURBE (Claude-Jacques, comte), né à Ruffey-sur-Seille (Jura), le 22 février 1759, fils d'un homme de loi. Il laissa ses études incomplètes pour s'engager dans le régiment d'Aquitaine, où il servit pendant huit ans. Rentré au sein de sa famille au commencement de la Révolution, il fut appelé au commandement de la garde nationale de Ruffey, devint chef du 7e bataillon des volontaires du Jura, se distingua aux armées du Haut-Rhin et du Nord, obtint le grade de chef de brigade (colonel), et à la bataille de Fleurus soutint avec trois bataillons, pendant sept heures, l'attaque d'une colonne ennemie forte de 50,000 hommes. Nommé général de brigade, puis divisionnaire (1798), Lecourbe continua de se signaler éminemment pendant les campagnes suivantes, et déploya surtout dans la campagne de Suisse, en 1779, les talents qui le placent au rang des plus habiles généraux de l'époque.

Ami du général Moreau, Lacombe se déclara hautement pour lui, lors du procès Cadoudal. S'étant attiré ainsi la disgrâce de Napoléon, il passa plusieurs années dans l'exil et ne fut remis en activité qu'à la Restauration. Le roi Louis XVIII le nomma successivement grand officier, comte et inspecteur général d'infanterie. Toutefois, lors du retour de l'île d'Elbe, Lecourbe ne voyant que les dangers de la patrie, accepta le commandement d'un corps d'armée réuni sur les frontières de la Suisse. Il soutint plusieurs engagements contre le corps d'armée de l'archiduc Ferdinand et se maintint dans le camp retranché qu'il avait établi sous les remparts de Béfort.

Louis XVIII prononça sa réadmission à la retraite le 4 septembre. Accablé par les fatigues qu'il eut à supporter pendant sa dernière campagne, Lecourbe atteint depuis longtemps d'une maladie douloureuse, mourut, le 23 octobre à Béfort, où il avait établi son quartier général, pendant les Cent-Jours.

Son nom est inscrit sur le côté Est de de l'arc de triomphe de l'Étoile.

LEDRU DES ESSARTS (François-Roch, baron), né à Chantenay (Sarthe) le 16 août 1766. Son père était notaire. Il étudia sous les Oratoriens et entra au service comme volontaire en 1792. Capitaine à Lille au moment du bombardement, il fit la première campagne de Hollande, combattit à Hondscoote et à Wattignies. Nommé chef de bataillon, il se trouva en ligne devant Charleroi et au siége de Maëstricht, au blocus de Mayence, au passage du Tagliamento et à la prise de la forteresse de Gradisca en 1797.

Après le traité de Campo-Formio, il fit avec le 55e de ligne, sous Championnet, la campagne périlleuse des Abruzzes. Il commandait ce régiment à la prise de Modène, à la bataille de la Trébia, où il fut blessé et nommé colonel.

Après s'être partout distingué dans la campagne suivante sous Masséna, il conduisit son régiment à Flessingue, que les Anglais menaçaient, puis au camp de Boulogne, où il reçut la croix d'officier des mains de l'Empereur.

A Austerlitz le 55e fermant la gauche du 4e corps avec le 43e régiment sous la conduite de l'intrépide colonel, fit des prodiges de valeur et s'empara de 14 bouches à feu et d'un grand nombre de prisonniers. Il est vrai qu'il eut 300 hommes hors de combat. Le colonel Ledru fut promu au grade de général de brigade.

Le 6 février 1807, le général Ledru des Essarts soutint près de Hoff un combat meurtrier contre un régiment d'infanterie russe et de nombreux escadrons, repoussa six charges de cavalerie, prit quatre bouches à feu, et eut deux chevaux tués sous lui. Le 8 eut lieu la sanglante bataille d'Eylau; le général Ledru y fut grièvement blessé et porté hors du champ de bataille comme mort. On sait que le maréchal Ney, prévenu trop tard, ne put prendre part à la bataille, qui eût été sans cela moins sanglante.

Le 10 juin suivant, dans les environs d'Heilsberg, le général Ledru reçut l'ordre de faire former en carré par régiment, l'artillerie au centre, sa brigade qui faisait partie du corps de Soult, pour la faire manœuvrer et marcher en avant, enveloppée comme elle l'était de masses compactes de cavalerie russe. Les choses avaient pris une telle tournure que les maréchaux Soult et Masséna, le général en chef Lasalle, les généraux de division Despagne, Belliard, les généraux de brigade et plus de cent officiers d'état-major de tous grades, se trouvèrent heureux de chercher un refuge au milieu de ce petit carré.

Pendant la campagne de 1809, le général Ledru commanda la brigade d'avant-garde du corps de Masséna, passa la Traun au pont d'Ebersberg sous le feu soutenu des Autrichiens, et après un combat sanglant força le château de se rendre et ouvrit le passage aux Français. Il combattit pendant deux jours à Gross-Aspern, forma l'arrière-garde à Essberg et entra le dernier dans l'île de Lobau. Il fut grièvement blessé près d'Aspern par une balle qui lui traversa le cou.

Le général Ledru reçut en juillet 1811 le brevet de général de division et le commandement de la 1re division du corps de Ney, qui partait pour la campagne de Russie. Le 2 août il s'empara de Krasnoé; il prit une part glorieuse à la bataille de la Moskowa, où les Russes avaient 30 généraux hors de combat et perdirent 37,000 hommes, et assista à tous les combats que notre arrière-garde eut à soutenir depuis Moscou jusqu'à la Vistule.

En 1813 il fit partie du 11e corps et prit part aux batailles de Bautzen, Wurtzen et Leipzig.

A Hanau il dut combattre un corps bavarois et le rejeter hors d'un grand bois dont il interceptait le passage. Sa conduite pendant la campagne de 1814 ne fut pas moins glorieuse.

Après la Restauration, le général Ledru fut nommé chevalier de Saint-Louis et grand-croix de la Légion-d'Honneur. En 1815 il reçut un commandement dans l'armée des Alpes sous les ordres de Suchet.

En 1817 il fut chargé d'organiser trois régiments suisses que la France venait de prendre à sa solde. En 1819 il fut chargé du commandement de la 7e division à Grenoble, puis employé dans l'inspection générale de l'infanterie et a été nommé Pair après la Révolution de juillet (4 septembre 1835) et admis à la retraite.

Son nom est inscrit au côté Sud de l'arc de l'Étoile.

LEFEBVRE (François-Joseph), maréchal de France, duc de Dantzig, naquit à Rufack (Haut-Rhin), le 25 octobre 1755. Son père était meunier et mourut laissant son fils âgé de huit ans, mais un ecclésiastique, son oncle, se fit son protecteur et dirigea son éducation en le destinant à l'Église ; mais un penchant irrésistible l'entraîna, et il s'enrôla dans les Gardes françaises, le 10 septembre 1773. Il était premier sergent de ce corps le 9 avril 1788, se mêla aux premières émeutes, tout en protégeant ses officiers contre les violences du peuple le 21 juillet 1789, et en facilitant leur évasion. Après le licenciement des Gardes françaises, il entra dans le bataillon des filles Saint-Thomas et fut blessé deux fois, à la tête d'un détachement de ce bataillon, en défendant la famille royale. En 1792, il sauva la caisse d'escompte du pillage.

Entré le 3 septembre 1793 dans l'armée active, il devint général de brigade avant la fin de l'année. Général de division après les combats de Lambach et de Giesberg. Il se distingua partout et presque toujours à l'avant-garde. Le premier des généraux de la République, il effectua le passage du Rhin, à la tête de ses grenadiers, malgré un feu terrible, et s'établit sur la rive droite en avant d'Eielkamp.

En 1797, il enleva Siegberg à la glorieuse journée d'Altenkirchen et cueillit de nouvelles palmes aux journées de Kaldeich, de Friedberg, de Bamberg et de Sulzbach. En 1798, à la mort de Hoche, il eut provisoirement le commandement en chef de l'armée de Sambre-et-Meuse. En 1799, il fut envoyé à l'armée du Danube sous les ordres de Jourdan. Avec 8,000 hommes, il soutint à Stockach les efforts de 36,000 Autrichiens : mais une blessure grave le força de quitter l'armée.

Le Directoire le nomma alors commandant de la 17e division militaire dont le chef-lieu était Paris. Le 18 brumaire, à la tête de 25 hommes, il pénétra dans la salle du conseil des Cinq-Cents, s'avança jusqu'à la tribune, et, malgré les cris, malgré les menaces, entraîna Lucien jusqu'à son frère qui l'attendait au dehors, au moment où tous les deux allaient être mis hors la loi. A la voix de leur général, les troupes n'hésitèrent plus, et la Révolution qui amena le gouvernement consulaire fut consommée. Lefebvre, soldat inflexible, seconda passivement l'exécution d'un complot, dont peut-être il ignorait les secrets. Bonaparte lui conserva le commandement de la 17e division. Il fut depuis employé utilement à la pacification des départements de l'Ouest.

Le 1er avril 1800, il fut admis au Sénat conservateur et y remplit bientôt les fonctions de Préteur.

Le 19 mai 1800, il fut élevé à la dignité de maréchal de l'Empire. En 1805 il fut chargé du commandement en chef des gardes nationales de la Roër, de Rhin-et-Moselle et du mont Tonnerre. En 1806, il commanda la Garde impériale à pied. Le 14 octobre, il assista avec ce corps à la bataille d'Iéna. En 1807, à la tête du 10e corps, il couvrit et protégea les opérations de la grande armée sur la gauche de la Vistule, et après la bataille d'Eylau, il alla gagner le titre de duc de Dantzig en s'emparant de cette ville. En 1808, il commanda le 4e corps en Espagne. En 1809, à la tête de l'armée bavaroise, il se signala à Thaun, Abensberg, Eckmühl, Wagram ; alla soumettre le Tyrol insurgé, sans cesser de participer aux principales actions de la campagne.

En 1812, à la campagne de Russie, Lefebvre eut le commandement en chef de la Garde impériale. Il revint avec elle en France, et son courage grandit comme nos malheurs. En 1814, il dirigeait l'aile gauche à Montmirail, à Arcis-sur-Aube et à Champaubert où il eut un cheval tué sous lui. Les souvenirs de l'armée de Sambre-et-Meuse semblaient avoir retrempé cette âme sexagénaire. Il ne quitta l'Empereur qu'après son abdication. Le 2 juin 1814, Louis XVIII le nomma Pair de France. Au 20 mars 1815, son âge et ses infirmités l'éloignant des champs de bataille, il resta à la Chambre haute. Après la seconde Restauration il en fut éloigné, mais il y rentra en 1819 pour voter avec les membres constitutionnels.

Il mourut à Paris le 14 septembre 1820 d'une hydropisie de poitrine. De quatorze enfants dont il fut père, dont douze fils, il n'en laissa aucun pour hériter de son nom et de ses titres.

Quelques jours avant de mourir, il avait lui-même marqué sa place au Père Lachaise à côté de Masséna, non loin de Pérignon et de Serrurier.

Ce maréchal fut une des plus grandes illustrations militaires de notre époque. Ses vertus privées ont encore rehaussé la gloire qu'il s'était acquise.

LEFEBVRE (SIMON), né à Épinal (Vosges) le 18 novembre 1768, entra comme soldat dans Lorraine-Dragon (2ᵉ régiment) en 1785, et passa dans les Gardes françaises au mois de septembre 1786.

En 1789, après la prise de la Bastille, il fut incorporé dans la garde nationale soldée de Paris, et le 5 décembre 1792, les volontaires de la section de Molière et Lafontaine l'élèvent capitaine, puis, le 26 du même mois, chef de bataillon. C'est en cette qualité qu'il servit à l'armée du Nord, de 1792 à l'an II, à l'armée de Sambre-et-Meuse en l'an III. Le 27 floréal de cette dernière année, son bataillon ayant passé dans la 161ᵉ demi-brigade d'infanterie (depuis 9ᵉ de ligne), Lefebvre fit avec ce corps les campagnes d'Italie des ans IV, V et partie de l'an VI.

Envoyé en Égypte, il s'y distingua dans deux circonstances remarquables; se trouvant, au mois de ventôse an VII, entouré par un poste d'Arabes, et les 17 janissaires qui l'accompagnaient s'étant dispersés, il tua 4 des assaillants et parvint à se dégager, malgré la perte de son cheval.

Le 4 floréal, entre Ramanieh et Damahour, avec 400 hommes d'infanterie et 4 pièces de canon, il soutint, depuis quatre heures du matin jusqu'à deux heures après midi, un combat contre 20,000 Mamelucks et Bedouins, les mit en fuite et leur prit 200 chevaux. A la suite de cette action, le général en chef Bonaparte lui confia le commandement de la 25ᵉ de ligne. En l'an VIII il commanda le fort de Ramanieh. En l'an IX, nommé, le 9 prairial, général de brigade par le général en chef Menou, et appelé au conseil de guerre où la question de l'évacuation de l'Égypte fut agitée, il se prononça pour cette mesure.

Revenu en France après la capitulation d'Alexandrie, le gouvernement consulaire le confirma dans son grade de général de brigade le 23 frimaire an X, et l'envoya, le 28 ventôse suivant, dans la 21ᵉ division militaire. Fait membre et commandeur de la Légion-d'Honneur les 19 frimaire et 25 prairial an XII, il rejoignit l'armée du Nord le 27 brumaire an XIV, et à la suppression de cette armée il resta attaché à l'état-major des divisions que commandait en Hollande le général Colaud, se rendit, le 15 mars 1806, dans la 24ᵉ division militaire, servit au corps d'observation de l'Escaut jusqu'au 30 octobre 1807, ensuite au corps d'observation des côtes de l'Océan.

Dirigé sur la Catalogne, en avril 1809, il soutint en 1813 une attaque des insurgés espagnols contre la ville de Roses. Il avait été désigné, le 29 novembre de la même année, pour commander une brigade au 1ᵉʳ corps *bis* de la grande armée; mais les événements l'empêchèrent de se rendre à sa destination.

Mis en non-activité en 1814, l'Empereur lui confia, le 14 avril 1815, l'organisation des gardes nationales dans la 4ᵉ division militaire, et le 10 mai, lui donna à l'armée de la Moselle le commandement d'une division de réserve, composée de troupes de la même arme.

Retraité le 4 septembre 1815, le général Lefebvre est mort en 1831.

LEFEBVRE DES NOETTES (Charles, comte), né à Paris le 14 septembre 1773, entra au service le 15 septembre 1792, dans la légion franche des Allobroges, fit la campagne de cette année à l'armée des Alpes. Sous-lieutenant au 5ᵉ régiment de dragons en février 1793, il s'éleva rapidement par ses talents et par sa bravoure aux premiers rangs de l'armée. Capitaine à Marengo, colonel à Austerlitz, et général pendant la campagne d'Espagne de 1808, il se signala constamment et mérita toujours les éloges de ses chefs. Fait prisonnier en Espagne, il parvint à s'échapper, et alla rejoindre Napoléon à la grande armée, où il fit avec disticntion les guerres d'Autriche, de Russie et de Saxe. Il se distingua au combat de Brienne, où il reçut plusieurs blessures.

Mis en non-activité, lors de la première Restauration, il se déclara l'un des premiers en faveur de Napoléon, lors du retour de l'île d'Elbe. Aussi fut-il compris dans l'article Iᵉʳ de l'ordonnance du 24 juillet et condamné à mort par contumace l'année suivante. Il était parvenu à se soustraire aux poursuites dirigées contre lui, et vivait depuis plusieurs années aux États-Unis, quand, guidé par l'espoir d'obtenir sa rentrée en France, il s'embarqua pour l'Europe sur le navire *l'Albion*, qui vint échouer sur les côtes de l'Irlande, près du lieu appelé Garret's Town. Il périt dans ce naufrage le 22 avril 1822.

Le nom du brave Lefebvre Des Noëttes figure sur le côté Ouest de l'arc de triomphe de l'Étoile.

LEGRAND (Claude-Just-Alexandre, comte), né à Plessier-sur-Saint-Just (Oise), le 23 février 1762, entra comme soldat dans le régiment Dauphin-Infanterie le 16 mars 1777, devint caporal le 3 février 1781, et sergent le 1ᵉʳ janvier 1782. Il était parvenu au grade de sergent-major le 1ᵉʳ juin 1786, lorsqu'il obtint son congé pour se marier.

Exalté, en 1790, par le sentiment de la liberté, Legrand reprit, le 1ᵉʳ mai, du service comme soldat dans la garde nationale de Metz, et fut nommé chef d'un bataillon de volontaires de la Moselle le 1ᵉʳ mai 1791. Chargé par le gouvernement de l'inspection d'une partie des troupes de la Moselle en 1792, il mérita par ses talents d'être élevé au grade de général de brigade le 20 septembre 1793.

Il se rendit ensuite dans la Vendée avec une des colonnes de l'armée de Mayence, rejoignit celle de Sambre-et-Meuse, et s'empara, à l'affaire de Nancy, d'une pièce de canon chargée à mitraille, au moment où un canonnier allait y mettre le feu. Dans ce combat, où tous les hommes de son détachement, au nombre de 30, furent ou blessés ou tués, Legrand reçut quatre légères blessures. A Arlon, il justifia la confiance qu'on avait en sa valeur.

A la bataille de Fleurus, il combattit avec une grande distinction. Quand les ailes de l'armée, obligées de se replier, eurent en partie passé la Sambre, il défendit au centre, avec quatre bataillons et une compagnie d'infanterie légère, le village d'Epigny, trois fois attaqué dans cette journée par des forces supérieures. Il conserva ce poste important, fit éprouver une perte considérable à l'ennemi, donna le temps à l'armée française de reprendre l'offensive, et contribua ainsi au gain de la bataille, qui était resté incertain jusqu'à six heures du soir. A partir de cette époque, sa vie ne fut plus qu'une suite de travaux, de combats et de brillants succès.

La campagne de l'an III s'ouvrit par le passage du Rhin. Chargé de franchir le fleuve au-dessus de Dusseldorff avec une partie des grenadiers de la 7e division, le général Legrand s'embarqua avec sa troupe au milieu de la nuit du 17 au 18 fructidor. La lune qui vient de se lever, permet à l'ennemi de voir tous les mouvements des Français. A l'aspect de la flottille, les Autrichiens dirigent sur elle le feu de toutes leurs batteries. Le Rhin semble rouler des eaux embrasées. La surprise et l'ardeur des combattants, le danger de cette attaque sur un fleuve rapide, 150 pièces de canon tonnant à coups pressés, forment, avec les obus qui se croisent sur le fleuve, le tableau le plus horrible et le plus majestueux des fureurs de la guerre. Legrand, impatient de se voir aux prises avec l'ennemi, s'élance dans les flots, en s'écriant : *Camarades, suivez-moi!* Ses grenadiers, électrisés par son exemple, se précipitent sur ses pas. La charge bat, le général français s'avance audacieusement contre les Autrichiens, surpris d'une telle audace, culbute 2,000 hommes campés en arrière de l'anse de Haneim, s'empare d'une batterie de 7 pièces de canon qui défendaient le débouché de la Herf, se porte rapidement sur Dusseldorf, dont il se rend maître, et fait prisonniers 2,000 hommes de troupes palatines qui formaient la garnison de cette place. Cette audacieuse opération fut terminée en moins de sept heures. Le général en chef Jourdan, dans le rapport qu'il fit à la Convention sur le passage du Rhin, s'exprimait ainsi : « La conduite du général Legrand et son intrépidité sont au-dessus de tous les éloges. »

La campagne de l'an IV, en Allemagne, lui fournit de nouvelles occasions de se distinguer. Le 30 thermidor, le général Championnet lui donna l'ordre de se glisser, avec deux bataillons de la 92e demi-brigade et un escadron de dragons, dans les gorges de Niessas pour essayer de tourner la gauche des Autrichiens par Wolsfeld. Arrivé au débouché des gorges, Legrand se trouva à Lainhoffen, en face d'un ennemi supérieur, protégé par une artillerie formidable. En apercevant le danger de sa position, le général français suspendit prudemment sa marche dans un petit bois où les Autrichiens essayèrent de le cerner, repoussa vigoureusement leurs attaques, et se maintint jusqu'au moment où le général Championnet vint le dégager. Il donna de nouvelles preuves de courage à l'attaque des hauteurs de Poperg et de Lansfeld, où l'ennemi fut repoussé jusqu'à Amperg, ce qui facilita la prise de Cassel par le général Bonnaud.

Pendant la même campagne, le général Legrand, à la tête de douze compagnies d'infanterie, franchit une seconde fois le Rhin, à Wissenthurn, vis-à-vis Neuwic, chassa les Autrichiens de leurs retranchements, leur fit éprouver des pertes considérables, et les tint en échec autant de temps qu'il en fallut pour établir un pont sur le fleuve.

A la journée de Wurtzbourg, le 18 messidor, sa brigade, disséminée sur une étendue de deux lieues, fut enveloppée par 3,000 chevaux et 10,000 hommes d'infanterie. Le général français, frappé de l'imminence du péril, réunit promptement ses soldats, attaqua l'ennemi avec résolution, se fraya un passage à travers ses colonnes, opéra sa retraite avec la plus grande opiniâtreté, et protégea celle de la cavalerie de l'armée, qui se trouvait sérieusement compromise. Il ne déploya ni moins de bravoure, ni moins d'habileté au combat de Liptingen, où il eut deux chevaux tués sous lui.

En l'an V, les Autrichiens, au nombre de 1,200 hommes, ayant effectué un passage du Rhin à Neuhorff, attaquèrent la brigade du général Legrand qui était dispersée depuis le confluent de la Lahn jusqu'à Neuwic. Le général rassembla à la hâte deux compagnies de grenadiers et 25 dragons, marcha à la rencontre de l'ennemi, l'attaqua avec impétuosité, le culbuta dans le fleuve et lui fit 400 prisonniers. La guerre, suspendue en l'an VI par les négociations de Rastadt, se ralluma, en l'an VII, avec plus de fureur entre la France et l'Autriche.

Legrand, promu au grade de général de division par un arrêté du 1er floréal, prit le commandement des troupes stationnées sur la rive droite du Rhin, et établit son quartier général à Kork, en avant du fort de Kehl. Obligé de se retirer momentanément à Strasbourg pour rétablir sa santé altérée par les fatigues de la guerre, il entrait à peine en convalescence, lorsque le général Masséna, jaloux de s'entourer d'officiers distingués, l'appela près de lui en Helvétie; mais Legrand vint reprendre son premier poste sur la rive droite du Rhin, aussitôt que l'ennemi se fut renforcé dans la vallée de la Kintzig.

Le 18 messidor, des forces supérieures assaillirent ce général sur toute sa ligne: elles débouchèrent par la vallée de la Kintzig, par celle d'Erbach, se dirigeant sur Oberkirck, Offembourg et Attenheim. Nos avant-postes, attaqués à l'improviste, furent contraints d'évacuer Offembourg et de se replier sur la forêt de Neumühl, à une petite lieue de Kehl. Renforcé par des troupes fraîches, le général Legrand reprit aussitôt l'offensive, repoussa l'ennemi jusqu'à Offembourg, le culbuta après un combat des plus opiniâtres, et reprit, par son courage, l'avantage que les Autrichiens n'avaient dû qu'à la surprise et à la supériorité de leurs forces.

En l'an VIII, on lui confia de nouveau le commandement d'une division à la gauche de l'armée d'Allemagne. C'est lui qui, le 1er floréal, soutint, en avant d'Erbach, le premier choc de l'armée ennemie. Le 2 prairial suivant, il se distingua au combat de Delmesingen. Dans la campagne suivante, il eut aussi la gloire, sous les ordres de Moreau, d'attacher son nom à la célèbre victoire de Hohenlinden.

Pendant que les divisions du centre combattaient sur le front de la ville de ce nom, le prince Ferdinand qui avait suivi la rive gauche de l'Izen, à la tête de dix-huit bataillons, de quatre régiments de cavalerie et 15 pièces d'artillerie, se disposait déjà à tourner le bois d'Opirechling pour s'emparer de la redoute d'Erdingen, afin de couper les communications des Français avec Munich, de les prendre à dos et de neutraliser les succès que le centre avait obtenus. Le général Legrand, pénétrant les desseins du prince Ferdinand, donna aussitôt le signal du combat. Ses troupes fondent avec impétuosité sur l'ennemi, taillent en pièces tout ce qui s'oppose à leur passage, lui enlèvent 3,000 hommes, 4 pièces de canon et le forcent de se retirer en désordre dans la vallée de Dorsen, où le lendemain elles lui font encore 1,500 prisonniers. Les Autrichiens n'opposaient plus que des efforts impuissants à la marche victorieuse de l'armée du Rhin; l'aile gauche ayant franchi la Salza, partie à Laussen, partie à Burg-Haussen, atteignit la route de Rica, fit le blocus de Braunau, marcha sur Scharding, et occupa Wels après une marche forcée. Le général Legrand qui commandait l'avant-garde, enleva, en route, plus de 1,200 hommes à l'ennemi.

Lorsque la paix, signée à Lunéville, vint borner le cours de tant de triomphes, le gouvernement le choisit, le 29 messidor an IX, pour commander le Piémont, devenu la 27ᵉ division militaire. Il prouva qu'il savait unir aux talents du général les qualités non moins précieuses de l'administrateur. Dès son arrivée à Turin, il y rétablit les services désorganisés, purgea les routes des brigands qui les infestaient, et parvint à faire chérir et respecter le nom français par la sagesse de ses mesures et la fermeté de son caractère.

Mis à la disposition du gouvernement le 8 ventôse an X, le général Legrand fut nommé inspecteur général d'infanterie le 5 germinal an XI. Il reçut le commandement de la 3ᵉ division au camp de Saint-Omer le 12 fructidor de la même année, devint membre de la Légion-d'Honneur le 19 frimaire an XII, puis grand officier de l'Ordre le 25 prairial suivant.

Dans la campagne de l'an XIV en Allemagne, l'intrépide Legrand commanda une des divisions d'infanterie sous les ordres du maréchal Soult. On le vit, aux combats de Wertingen et de Hollabrünn, décider en faveur des Français les succès de ces deux journées. A Austerlitz, il soutint, avec une seule brigade, pendant près de dix heures, aux défilés de Telnitz et de Sokulnitz, tous les efforts de l'aile gauche de l'armée russe, lui fit 3,000 prisonniers et lui enleva 12 pièces de canon. En récompense de ses exploits dans cette mémorable journée, le général Legrand fut créé, le 17 nivôse an XIV, grand aigle de la Légion-d'Honneur.

Après la bataille d'Iéna, au succès de laquelle il contribua, ce général combattit plus tard à Lubeck, à Eylau, à Heilsberg, puis à l'attaque de Kœnigsberg, dont il enleva les faubourgs, à la tête de sa division. Après la paix de Tilsitt, signée le 7 juillet 1807, avec l'empereur de Russie, et le 9 du même mois avec la Prusse, le général Legrand fut récompensé de ses brillants services par le titre de comte de l'Empire, distinction à laquelle Napoléon ajouta une dotation de 30,000 francs de rente.

Chargé du commandement du camp de Moewe, en 1808, il y reçut l'empereur Alexandre à son retour dans ses États. Ce général soutint sa réputation dans la campagne d'Autriche et de Pologne en 1809. Sa division concourut à la prise de la ville et du château d'Ebersberg. A la bataille d'Essling, Legrand fit des prodiges de valeur. Placé par Masséna au village de Gross-Aspern, dont la défense lui avait été confiée, il eut un cheval tué sous lui en repoussant avec succès trois charges dirigées contre ce village par le général autrichien Hiller. Il s'illustra encore à Wagram où un obus lui enleva son chapeau.

Mis en disponibilité le 23 juillet 1810, et désigné pour une inspection générale le 30 août 1811, il reçut l'ordre de se rendre au corps d'observation de l'Elbe le 25 décembre de la même année. Le général Legrand mit le comble à sa gloire dans la désastreuse campagne de Russie, en combattant à la tête de l'arrière-garde du 2ᵉ corps.

Après le combat de Jacobowo, ce corps, obligé d'opérer sa retraite, se vit menacé du plus grand danger, harcelé qu'il était continuellement par les Russes. Legrand résolut de sortir de cette position critique. Il forma aussitôt ses troupes en colonnes d'attaque, se précipita sur l'ennemi, renversa tout ce qui s'opposa à son passage, lui fit 2,000 prisonniers, lui prit 13 pièces de canon et le rejeta en désordre au delà de la Drissa. Il rendit aussi d'importants services à Polotsk, y eut un cheval tué sous lui, et reçut de Gouvion-Saint-Cyr le commandement du 2ᵉ corps d'armée, lorsque ce maréchal eut été blessé. C'est à lui que fut réservé l'honneur de forcer, le 12 novembre 1812, le passage de la Bérésina, si tristement célèbre dans nos fastes militaires; il l'effectua sous le feu d'un ennemi que nos revers rendaient plus redoutable encore, action qui sauva peut-être les débris de nos phalanges des Fourches-Caudines que leurs ennemis leur avaient préparées.

Dangereusement blessé dans ce combat, Legrand se rendit en France, y devint sénateur le 5 avril 1813, organisa la défense de Châlons-sur-Saône en 1814, devint Pair de France le 4 juin, chevalier de Saint-Louis le 27 du même mois, et mourut à Paris, le 8 janvier 1815, des suites de la blessure qu'il avait reçue sur les bords de la Bérésina. Ses dépouilles mortelles furent déposées au Panthéon.

On voit à l'Hôtel-de-Ville de Metz, patrie d'adoption de Legrand, le portrait de cet officier général, que le Conseil municipal de cette ville y fit placer à côté des Messins dont les noms ont été consacrés par la reconnaissance publique.

Son nom est inscrit au côté Est de l'arc de triomphe de l'Étoile.

LEISSÈGUES (Corentin-Urbain, de), vice-amiral, né à Haurec près Quimper (Finistère), le 29 août 1758.

C'est en 1778 qu'il entra comme volontaire dans la marine, et que commença pour lui cette longue carrière d'activité qui devait l'amener de grade en grade au poste le plus élevé de la marine française à travers de nombreux périls, de beaux succès et une grande et glorieuse défaite.

Lorsqu'il s'enrôla à l'âge de 20 ans, la France était en guerre avec l'Angleterre. Il s'embarqua sur la frégate *l'Oiseau,* qui croisait dans la Manche. Il passa ensuite sur *la Nymphe :* cette frégate faisait partie de la division qui s'empara du Sénégal, de Gambie et de Sierra-Leone. Sa naissance avait facilité son avancement. En 1780, il était lieutenant de frégate à bord de *la Magicienne,* avec laquelle il reprit la croisière de la Manche.

L'année suivante, placé sous les ordres du bailli de Suffren, il prit sa part dans les six combats livrés à l'amiral Hughes; dans celui qui eut lieu devant Provédien, il reçut une large blessure à la tête. Cette campagne dura quarante mois.

En 1785, Leissègues croisait dans les mers du Nord, à bord de la frégate *la Vigilante.* De 1787 à 1791, devenu sous-lieutenant de vaisseau, il fit une campagne d'observation dans la mer des Indes à bord de *la Méduse,* et commanda ensuite, en qualité de lieutenant, le brick *le Furet* sur les côtes de Terre-Neuve. Dès les premiers mois de 1793, il était capitaine de vaisseau : il prit alors, à bord de la frégate *la Pique,* le commandement d'une division chargée de transporter aux îles du Vent trois commissaires de la Convention et un bataillon de troupes de ligne. Il trouva la Guadeloupe au pouvoir des Anglais, la reprit tout entière dans l'espace de quatre mois, et sut s'y maintenir quoique bombardée pendant trois mois consécutifs par l'escadre de l'amiral Jervis, qui était arrivé trop tard pour empêcher notre conquête. Le commandant de la division navale avait été élevé au grade de contre-amiral. A son retour en France, en l'an VIII, le Directoire le chargea de l'inspection des côtes de Saint-Malo à Flessingue, et le nomma ensuite commandant d'armes dans les ports d'Ostende, de Flessingue et d'Anvers, ainsi que des forces navales françaises et bataves, réunies dans les ports et dans les rades de l'île de Walcheren. Les mesures furent si bien concertées que les Anglais n'osèrent rien entreprendre contre lui.

Lorsqu'en l'an X, le premier Consul voulut rappeler les puissances barbaresques au respect du pavillon français, il fit choix de l'amiral Leissègues pour commander la division navale chargée de cette mission. Leissègues obtint à Alger et à Tunis toutes les satisfactions exigées par le premier Consul, et ramena avec lui les présents du Dey d'Alger et l'ambassadeur extraordinaire de celui de Tunis. La même année, il conduisit à Constantinople le général Brune, accrédité auprès de Selim III en qualité d'ambassadeur extraordinaire, et puis il alla installer dans les Échelles du Levant les Consuls de Chypre, de Rhodes, de Chio et de Salonique : c'était le temps de la paix d'Amiens. Il se dirigea ensuite sur Alexandrie pour s'assurer si les Anglais l'avaient évacuée, et de là sur Malte, où il lui fut aisé de reconnaître que l'Angleterre ne se disposait nullement à rendre cette île à l'ordre de Malte, selon les prescriptions du traité. La reprise des hostilités était imminente : elles ne tardèrent pas à recommencer, et Leissègues fut appelé au commandement d'une des escadres de l'armée navale de Brest, aux ordres de l'amiral Gantheaume.

Nommé membre de la Légion-d'Honneur le 19 frimaire an XII, il reçut la croix de commandeur de l'Ordre le 25 prairial suivant.

Le 22 frimaire an XIV, onze vaisseaux appareillèrent : ils avaient pour chefs les amiraux Leissègues et Willaumez. Ils devaient former deux escadres et ne se séparer qu'à la mer. Ils naviguèrent de conserve pendant deux jours, et firent route ensuite pour leur destination respective : Leissègues, avec cinq vaisseaux, deux frégates et une corvette, avait pour mission de porter à Santo-Domingo 900 hommes de troupes et des munitions de guerre. Après quarante jours de traversée, il entra à Santo-Domingo dans un état complet d'avaries causées par les vents. Quatorze jours suffirent à peine aux réparations les plus urgentes, et lorsqu'il se disposait à partir, il vit apparaître une escadre anglaise de neuf vaisseaux et plusieurs frégates. Il sortit aussitôt et donna l'ordre de se préparer au combat.

Les manœuvres de l'amiral ont reçu une part peut-être égale d'éloges et de blâme ; il ne nous appartient pas de les apprécier. Peut-être devait-il éviter le combat en présence de forces supérieures. Sa réponse à ce reproche inspire une respectueuse admiration : « Élève du bailli de Suffren, dit-il, j'ai appris de lui à ne jamais compter mes ennemis. » Sa défense fut héroïque : le vaisseau amiral avait perdu 150 hommes et 30 officiers supérieurs, il avait 500 boulets dans le corps du vaisseau ; le mât d'artimon, le grand mât et le petit mât de hune étaient coupés; le feu avait pris trois fois, les batteries de 24 et de 18 étaient désemparées des deux bords, il y avait vingt pieds d'eau dans la cale, un boulet resté dans l'étambraie empêchait le jeu du gouvernail; le capitaine, le second et six officiers étaient blessés. Décidé à ne point amener son pavillon, Leissègues profita d'un moment où le feu s'était éteint de part et d'autre pour diriger *l'Impartial* sur la côte au moyen de la misaine, seule voile qui lui restait, et il échoua à dix lieues environ dans l'est de Santo-Domingo. Trois jours après, malgré le feu des vaisseaux ennemis, il avait débarqué ses blessés et ce qui restait de l'état-major et de l'équipage, et il descendait à terre emportant avec lui son aigle et son pavillon. Après avoir lu le récit de cette action, l'Empereur dit : « C'est un des beaux combats de la marine française. »

Le 7 avril 1809, Leissègues fut chargé de la défense de Venise, attaquée par terre et par mer.

Au mois d'août 1811, l'Empereur l'envoya à Corfou. Il plaça sous ses ordres toutes les forces navales françaises, italiennes et napolitaines dans les îles Ioniennes. Le but de cette mission était d'assurer l'approvisionnement et les communications de l'île de Corfou ; elle eut un plein succès. L'île était encore approvisionnée pour deux ans, lorsqu'il en fit la remise aux troupes alliées en 1814. Au mois d'août de la même année, il rentrait à Toulon sur l'escadre du contre-amiral Corneas.

Sous la Restauration, Leissègues devint successivement chevalier et commandeur de Saint-Louis et vice-amiral en 1816. Dix-huit mois après, une retraite prématurée le condamna au repos.

Il est mort à Paris le 26 mars 1832.

LEJEUNE (Louis-François), né en 1776, étudiait la peinture chez Valenciennes avec Bertin; il quitta l'atelier et partit comme volontaire en 1792 dans la compagnie des Arts de Paris. Nommé sergent au 1er bataillon de l'Arsenal, il passa en 1793 dans l'artillerie à La Fère, assista aux sièges de Landrecies, du Quesnoy et de Valenciennes, où il devint aide-de-camp du général Jacob. Il fit, en qualité de lieutenant-adjoint au génie, les campagnes de 1794 en Hollande et de 1795.

Appelé en 1798 au dépôt de la guerre, il subit de brillants examens, à la suite desquels il fut nommé capitaine-adjoint au corps du génie, puis aide-de-camp de Berthier, ministre de la guerre.

Capitaine après Marengo, chef de bataillon après Austerlitz, il était déjà chevalier de la Légion-d'Honneur. Il avait assisté à une foule de sièges et de combats et s'était trouvé avec éclat à plusieurs batailles, lorsqu'il fut fait colonel au siége de Saragosse et général de brigade à la bataille de la Moskowa. Il avait reçu une dotation en Hanovre en 1808, une seconde dotation en Westphalie en 1810, avec la croix de l'ordre de Saint-Léopold de Hongrie. Il fut ensuite chef d'état-major du prince d'Eckmühl et du maréchal duc de Reggio.

Pendant la campagne de Saxe, le général Lejeune se trouva à la bataille de Lutzen, au passage de la Sprée, à Bautzen, etc., et fut nommé officier de la Légion-d'Honneur et commandeur de l'ordre de Maximilien de Bavière.

A la bataille de Hoyersverda, le corps de Bulow écrasait le 12e corps formé en carré dans une prairie. Le général Lejeune, au risque d'être enlevé, s'aventura dans les lignes de l'ennemi avec un bataillon, la cavalerie du général Wolf et six pièces de 12. Il brisa toute l'artillerie prussienne prise au rouage, et sauva le maréchal Oudinot et son armée.

Le général Lejeune fut fait chevalier de Saint-Louis par Louis XVIII, et en 1823 commandeur de la Légion-d'Honneur. En 1824, le roi de Suède le créa grand-croix de l'Ordre et de l'Épée.

Lejeune n'avait pas oublié ses pinceaux sur le champ de bataille, et l'amour des arts ne l'avait pas abandonné. On a vu de lui un assez grand nombre de tableaux d'histoire très-estimés. On distingue surtout le tableau de la bataille de Guiraando, le plus poétique de tous, qui parut en 1819 et eut un succès prodigieux, et le tableau de la bataille de la Moskowa, le chef-d'œuvre de l'auteur.

LEMARROIS (Jean-Léonard-François, comte), né le 17 mars 1776 dans le département de la Manche. Son père était cultivateur à Briquebec (Manche). Il venait d'être admis à l'école de Mars, instituée récemment par la Convention, lorsque Letourneur, de la Manche, le choisit pour officier d'ordonnance en se rendant à

Toulon. Au 13 vendémiaire il servait comme lieutenant à l'état-major de la 1re division. Bonaparte le remarqua et en fit, le soir même, son aide-de-camp.

A la bataille de Lodi, courageux et plein de fougue, le jeune Lemarrois eut ses vêtements criblés de balles. A Roveredo, où il avait décidé le gain de la bataille sur un point important, il fut renversé de cheval dans une charge impétueuse, et une partie des colonnes ennemies lui passa sur le corps. Bonaparte le cita dans plusieurs bulletins et le choisit pour présenter au Directoire les drapeaux conquis; mais les blessures de cette affaire de Roveredo l'empêchèrent de faire la campagne d'Égypte.

A son retour en France, Bonaparte le rappela, il l'avait à ses côtés au 18 brumaire. Nommé colonel à Marengo, il fut chargé de porter au général ennemi les propositions de paix.

Il devint successivement général de brigade en 1802, général de division après Austerlitz, et en 1806 gouverneur des marches d'Ancône, de Fermo, du duché d'Urbin, etc.

Après la bataille d'Iéna, où il fut grièvement blessé, l'Empereur lui donna le commandement du cercle de Wittemberg, où il sut réprimer une grave insurrection; puis celui de Stettin, puis de Varsovie en 1807. Il se rendit en Italie comme gouverneur des Légations et commandant des troupes.

La même année il fut élu membre du Corps législatif par son département, et devint l'un des vice-présidents de cette Assemblée.

En 1809 Napoléon le nomma gouverneur de Rome, et pendant la campagne de Russie au commandement du camp de Boulogne.

Le général Lemarrois fit la campagne de 1813 à la grande armée, eut le commandement de Magdebourg à la fin de l'année, y fut assiégé, commanda en personne plusieurs sorties, où il montra toujours une éclatante bravoure, ne rendit la place que sur l'ordre du nouveau gouvernement français, et ramena en France toute la garnison de 18,000 hommes avec ses 52 canons. Il se retira alors dans ses foyers. Le 20 mars il était aux Tuileries auprès de l'Empereur. Pair de France et commandant des 14e et 45e divisions pendant les Cent-Jours, il se préparait à venir au secours de Paris, après le désastre de Waterloo, avec la garde nationale de Rouen, lorsqu'il apprit le traité signé avec les alliés et leur entrée dans la capitale. Il résigna alors son commandement et reprit le chemin de la retraite qu'il ne quitta plus.

Le général Lemarrois est un modèle de bravoure militaire et de fidélité.

Mort le 14 octobre 1836, dans sa soixantième année, à la suite d'une longue et douloureuse maladie.

LENOIR (AUGUSTE-NICOLAS, vicomte), né à Paris en 1776. Engagé volontaire à l'âge de 16 ans, en 1793, dans un bataillon de Paris; il fit les campagnes de la République pendant les années II, III, IV, V et VI; devint sous-lieutenant en 1799, lieutenant en 1801, adjudant-major en 1803 et capitaine en 1804. Chacun de ces grades fut le prix de ses services militaires.

Les immortelles campagnes de l'Empire lui offrirent de nombreuses occasions de se signaler. Il combattit dans les rangs des grenadiers à pied de la Garde impériale aux grandes journées d'Ulm et d'Austerlitz, prit part aux campagnes de Prusse et de Pologne, et à celle d'Espagne en 1808. Chef de bataillon en 1809, il fut décoré par l'Empereur, et créé en 1812 officier de la Légion et baron de l'Empire.

Colonel en 1812, il fit la campagne de

Russie, eut la jambe droite emportée au combat de Krasnoé, fut fait prisonnier pendant la retraite et ne rentra en France qu'en 1814.

Cette même année il fut nommé maréchal de camp, et chargé en 1815 de la défense de Dunkerque, mis deux fois en état de siége.

En 1819 le général Lenoir fut chef de division du personnel de l'infanterie, admis à la retraite en 1825 et créé membre du Conseil de l'Hôtel des Invalides.

Après 1830 le roi confia au vicomte Lenoir le soin de réorganiser l'école de Saint-Cyr, et peu de temps après, commandant de la succursale des Invalides à Avignon et commandeur de l'ordre de la Légion-d'Honneur.

LENOURY (Henri-Marie, baron), improprement désigné sous le nom de Noury, naquit à Craconville (Eure), le 6 novembre 1771.

Élève sous-lieutenant à l'École d'artillerie de Metz le 1er septembre 1789, lieutenant en second dans le 7e régiment d'artillerie à pied le 1er avril 1791, lieutenant en premier le 6 février 1792, capitaine le 26 juillet suivant, il fit les guerres de 1793 et de l'an II à l'armée du Nord, celles des ans III et IV à l'armée de l'Ouest, et de l'an V à l'an IX aux armées d'Angleterre et d'Italie.

Chef de bataillon dans le 8e régiment d'artillerie à pied le 7 floréal an X, il resta détaché à l'île d'Elbe jusqu'au 1er floréal an XI, époque à laquelle il passa chef d'escadron dans le 1er régiment d'artillerie à cheval.

Major du 5e de même arme le 3 prairial suivant, employé à l'armée des côtes en l'an XII, il reçut le 4 germinal de la même année la décoration de la Légion-d'Honneur et commanda l'artillerie des réserves des camps de cavalerie en l'an XIV.

Officier de l'Ordre le 5 nivôse an XIV, il conquit sur le champ de bataille d'Austerlitz le brevet de colonel du 2e régiment d'artillerie à pied.

Détaché le 24 avril 1806 pour remplir les fonctions de chef d'état-major d'artillerie du 5e corps, il fut blessé à la bataille d'Ostrolenka le 6 février 1807, passa à l'armée d'Espagne en 1808 avec le même corps d'armée, et obtint le grade de général de brigade le 23 mars 1809, peu de temps après la prise de Sugolle, à laquelle il avait puissamment contribué.

Rappelé à l'armée d'Allemagne le 2 septembre 1809, pour y commander l'artillerie du corps saxon aux ordres du général Reynier, et créé baron de l'Empire vers la même époque, il retourna en Espagne le 20 janvier 1810, commanda en second l'artillerie de l'armée de Catalogne (7e corps), et prit une part glorieuse au siège et à la reddition de Figuières.

Il eut le commandement de l'artillerie des 12e et 7e corps de la grande armée en Russie et en Saxe, du 1er juin 1812 au 24 décembre 1813, assista aux batailles de Dresde, Leipzig et de Hanau, et fut fait général de division le 25 novembre 1813.

Appelé le 22 décembre suivant au commandement de l'artillerie du 1er corps, il dut mettre en état de défense les places frontières du Nord de la France.

Louis XVIII le nomma chevalier de Saint-Louis le 29 juillet 1814, et commandant de la Légion-d'Honneur le 5 août suivant.

Au retour de l'île d'Elbe, Napoléon l'employa à l'armée du Nord.

En 1816 on lui confia une inspection d'artillerie, et le 1er mai 1821, le roi le nomma grand officier de la Légion-d'Honneur, et l'appela au comité consultatif et à l'inspection générale du personnel et du matériel de l'artillerie.

Placé le 15 août 1839 dans la section de réserve du cadre de l'état-major général, il est mort à Craconville le 25 septembre suivant.

Son nom est inscrit sur la partie Ouest de l'arc de triomphe de l'Étoile.

LEPIC (Louis, comte), né à Montpellier le 20 septembre 1765, entra au service en 1781 comme simple dragon, dans le régiment de Lescure, devenu 2e de chasseurs à cheval. Il servit pendant trois ans à l'armée de l'Ouest (Vendée) en qualité de lieutenant-colonel et s'y fit remarquer par sa bravoure et par son humanité envers les Vendéens. Envoyé à l'armée d'Italie en 1796, il y fit plusieurs campagnes avec distinction, se signala particulièrement à la bataille de Vérone et fut nommé colonel après Marengo. Peu après il entra avec le grade de major dans les grenadiers à cheval de la garde consulaire et fit avec ce corps les campagnes de la grande armée. Colonel-major en 1805, il se signala à Austerlitz. A la bataille d'Eylau, chargé de contenir les masses d'infanterie russe qui s'avançaient vers le cimetière, et d'enlever une batterie ennemie qui semait le ravage et la mort dans nos rangs, il tomba sur cette infanterie et en fit un carnage épouvantable ; se portant en même temps sur la batterie russe, il sabre tout ce qui s'y trouve et s'empare des pièces. Cependant la neige qui tombait avec abondance ne permettait plus de reconnaître la direction qu'il fallait suivre ; après avoir exécuté quelques mouvements il se trouva enveloppé par l'armée russe. Sommé de se rendre, il répondit au parlementaire en montrant ses grenadiers : « Regardez ces figures, et dites-moi si elles ont l'air de vouloir se rendre. » Néanmoins, Lepic, connaissant tout le danger de sa position, s'adresse en ces termes à ses grenadiers : « Amis, il faut vaincre ou mourir aujourd'hui, nous avons trois lignes d'infanterie à renverser. Beaucoup d'entre nous y resteront sans doute ; mais dût-il n'en retourner qu'un seul pour porter la nouvelle, l'honneur du corps et celui de notre étendard seront sauvés. » A ces mots, les intrépides grenadiers s'écrièrent : « La charge ! la charge ! et nous passerons ! » Lepic se forma alors en colonne serrée par pelotons, ordonna la charge et culbuta successivement les trois lignes russes, sans autre perte que celle de six hommes dont un officier ; lui-même reçut dans la mêlée deux coups de baïonnette et un coup de crosse sur les genoux qui l'empêchèrent pendant quelque temps de monter à cheval sans aide. Le corps qu'il venait de traverser se trouvait alors aux prises avec les Français ; ceux-ci voyant arriver sur eux une cavalerie qui débouchait du centre des colonnes russes, la crurent ennemie, l'accueillirent à coups de fusil et tuèrent deux grenadiers et quelques chevaux. Cependant Lepic parvint à se faire reconnaître et le feu cessa. L'Empereur qui, depuis plusieurs heures, ne savait ce qu'étaient devenus les grenadiers de la garde, témoigna toute sa satisfaction, et nomma l'intrépide colonel général de brigade, en conservant ses fonctions de major, et y ajouta une dotation de 30,000 francs.

Ce général se couvrit de nouveau de gloire à Wagram, passa en Espagne en 1810, et y remplit avec distinction les fonctions de capitaine général sous les ordre de Murat et de Joseph.

En 1812 il fit la campagne de Russie dans la Garde impériale, et obtint le 9 février 1813 le grade de général de division.

Le général Lepic fit encore les campagnes de Saxe et de France, en 1813 et en 1814, à la tête du 2e régiment des Gardes d'honneur.

La Restauration le fit commandant de la 21ᵉ division militaire.

En 1815 il fut employé, pendant les Cent-Jours, assista à la bataille de Waterloo, et fut mis à la retraite sous la seconde Restauration. Il est mort le 7 janvier 1847 à Andresy.

Son nom figure sur le côté Est de l'arc de l'Étoile.

LEROY-DUVERGER (Philippe-Alexis-Marie-Antoine), né à La Flèche (Sarthe) le 25 septembre 1784. Enrôlé volontaire au 25ᵉ régiment de chasseurs à cheval en 1805, il passa par tous les grades pour arriver à celui de maréchal de camp, fit vingt et une campagnes et reçut un coup de feu à la Bérésina.

Chasseur à l'armée d'Italie, il assista au passage de l'Adige, aux affaires de Vérone, de Caldiéro, du Tagliamento, de la Piave et de Vicence, aux siéges de Dantzig et de Stralsund, et comme sous-officier aux batailles de Lieberstad, d'Heidelsberg et de Friedland ; il fit comme lieutenant et capitaine les campagnes de 1808 à 1812, et comme chef d'escadron celles de 1813, 1814 et 1823.

Il combattit à Dresde, à Leipzig, où il dut passer l'Elster à la nage, à Hanau avec le 2ᵉ corps, qui, déjà réduit à 1,800 hommes, y fut anéanti. Le soir on eut de la peine à réunir 25 hommes pour former la garde du maréchal Victor qui le commandait.

De 1815 à 1823 il fut employé en qualité de chef d'état-major des 12ᵉ et 14ᵉ divisions militaires, en 1823 il commandait la place de Zérès et fut nommé lieutenant-colonel.

De 1823 à 1831, il fut employé à l'état-major du ministre, au dépôt de la guerre et dans les camps d'instruction à Lunéville. Colonel le 22 février 1831, puis chef d'état-major de l'armée d'Afrique, il fit partie de toutes les expéditions et fut partout cité avec éloge.

En 1836, on lui confia le commandement supérieur de Bone et il rendit de grands services à l'armée d'occupation.

Au 24 août 1838, il fut promu au grade de maréchal de camp et nommé au commandement de la division du Var.

Le général Duverger est commandeur de la Légion-d'Honneur depuis 1834.

Il a été admis à la retraite.

LESCALIER (Daniel, baron) naquit à Lyon le 4 novembre 1743. Il partit pour Saint-Domingue avec le comte d'Estaing, nommé gouverneur général en 1764 et à son retour, il fut classé dans l'administration maritime à Toulon, où il occupa successivement les grades d'élève commissaire, de sous-commissaire et de commissaire de marine, en 1776.

En 1780, il fut envoyé à la Grenade en la même qualité, et au commencement de l'année 1782, le roi le nomma ordonnateur des trois colonies de la Guyane hollandaise, Demerary, Berbice et Essequebo, poste qu'il conserva jusqu'à la paix. Une pension de 2,000 francs fut la récompense de ses bons services.

Depuis cette époque jusqu'en 1791, il administra la Guyane française avec le rang de commissaire général ; il visita, par l'ordre du gouvernement, avec l'ingénieur Forfait, les ports, les arsenaux et les chantiers de l'Angleterre et de la Hollande, et il finit par être adjoint au comité de marine de l'Assemblée constituante.

Au mois de mars 1792, il quittait de nouveau la France comme commissaire civil pour les îles de France, de Bourbon et pour les établissements situés au delà du cap de Bonne-Espérance.

Cette mission dura six ans et demi ; elle eut pour résultat de préserver les îles de France et de Bourbon des événements désastreux de Saint-Domingue.

En 1797, la frégate *la Cybèle* le ramena en France, où il dirigea, pendant un an, le bureau des colonies au ministère de la marine. Il quitta cet emploi pour aller, en qualité d'Ordonnateur de première classe, organiser à Corfou un grand établissement maritime.

Témoin des événements du 18 brumaire, il ne tarda pas à être appelé au conseil d'État par le premier Consul.

Détaché en service extraordinaire pour Saint-Domingue, avec sept vaisseaux, quatre frégates, 5,000 hommes de troupes et les pleins pouvoirs nécessaires pour rétablir l'ordre dans cette colonie, il ne put sortir de Brest où il se trouva bloqué par trente vaisseaux de guerre anglais et un nombre considérable de frégates d'observation.

Rappelé à Paris, il reprit son service au conseil d'État, et fut nommé quelques mois après préfet maritime à Lorient.

Destiné à être Préfet en Égypte, Lescalier apprit l'occupation de ce pays par des forces supérieures, et dut revirer de bord vers Toulon.

La destination de Lescalier fut changée de nouveau : le gouvernement le nomma Préfet colonial à la Guadeloupe, dont le général Richepanse était Capitaine général. Des troubles graves avaient éclaté dans cette colonie ; les révoltés en avaient chassé le contre-amiral Lacrosse qui y commandait.

Lescalier eut la satisfaction d'écrire au ministre le 8 thermidor an X, que les troubles avaient entièrement cessé, et que le contre-amiral Lacrosse avait été réintégré dans ses fonctions aux acclamations unanimes des habitants.

Revenu à Paris, il rentra au conseil d'État en service extraordinaire; le 9 vendémiaire an XII, il fut nommé membre de la Légion-d'Honneur, commandeur de cet Ordre le 25 prairial de la même année et classé à ce titre parmi les électeurs de la Seine-Inférieure.

Baron de l'Empire en 1806, préfet maritime à Gênes, le 1er octobre 1810, l'Empereur le nomma Consul général aux États-Unis d'Amérique.

Remplacé après la chute de l'Empereur, Lescalier revint en France ; il avait alors 72 ans, et il sentait le besoin de repos ; il se retira des affaires publiques.

Il est mort à Paris au mois de mai 1822.

LESCURE (Louis-Marie, marquis de), né en 1766, dans les environs de Bressuire, fut élève de l'École militaire et obtint, peu de temps avant la Révolution, une compagnie dans le régiment de Royal-Piémont. Émigré en 1791, il rentra bientôt en France, et fut au 10 août l'un des défenseurs des Tuileries. Il se hâta de quitter Paris, lorsque le triomphe de la Révolution fut décidé, et alla dans le Poitou organiser la première insurrection vendéenne. Il détermina Larochejacquelein, son cousin, à prendre les armes et combina avec lui les opérations de la campagne. Arrêté et enfermé dans les prisons de Bressuire, peu de temps après cette première levée de boucliers, il fut bientôt délivré par les Vendéens, dont il devint alors l'un des principaux chefs. Il montra une grande intrépidité à l'attaque du pont de Thouars, à Fontenay, à Saumur et au combat de Torfou ; mais il fut blessé mortellement à l'affaire de Tremblaye, et mourut entre Ernée et Fougères, le 3 novembre 1793.

Lescure mourut sur la route de Mayenne à Fougères, dans la voiture dans laquelle on le transportait. Son beau-père, le général Dolisson, le fit enterrer dans un lieu qui est resté inconnu. Ce fut sans doute afin d'épargner à son cadavre les outrages dont celui de Bonchamp avait été l'objet.

Bonchamp, mort pendant le passage de la Loire, avait été enseveli sur la plage de Varades. M. de Barante, rédacteur des Mémoires de Madame de La Rochejacquelein, prétend que quelques jours après les républicains l'exhumèrent pour lui trancher la tête, et l'envoyer à la Convention.

Sa veuve, qui l'avait suivi dans la Vendée, acquit plus tard une grande célébrité, sous le nom de Madame de La Rochejacquelein. Cette femme héroïque n'a connu que le malheur et l'exil jusqu'en 1816. Elle a publié ses Mémoires au commencement de la Restauration.

LE SÉNÉCAL (Georges-Hippolyte, baron), né à Caen en 1767, fut, comme son père, contrôleur des vingtièmes à Marmande, à l'âge de 17 ans. Pendant la Révolution, il sauva quelques victimes de la fureur populaire.

En 1792, il partit pour les Pyrénées, comme volontaire, fut fait lieutenant pendant la campagne, sauva encore plusieurs émigrés; entra comme lieutenant au 24° chasseurs, et y fut nommé capitaine, puis chef d'escadron au choix.

Le Sénécal ayant surpris les projets du représentant Dartigoyte, trouva encore le moyen de sauver 80 personnes que cet homme destinait à l'échafaud. Son régiment étant parti pour l'Italie, il le commanda pendant toute la campagne, en l'absence du colonel. Plusieurs fois, il fut mis à l'ordre du jour de l'armée, notamment aux affaires de Lodi, où il trouva moyen de ramener prisonniers 800 Autrichiens, au milieu desquels il était tombé presque seul.

Il fit la campagne d'Égypte comme lieutenant-colonel se trouva à toutes les grandes affaires, fut de l'expédition de Syrie avec Desaix, fut nommé adjudant-général, chef d'état-major de la cavalerie, et traita de la capitulation après la mort de Kléber.

De retour à Paris, il devint chef d'état-major de Reynier, avec lequel il prit part à l'invasion du royaume de Naples et à la descente en Sicile.

Il fut ensuite commandant de place à Rome et à Naples. Sa fortune se faisait lentement, parce qu'il avait une délicatesse exagérée et ne voulait rien demander. Son esprit de contrôle lui nuisait aussi beaucoup.

Général de brigade en 1809, il réussit à pacifier les Calabres, et fut créé baron de l'Empire.

En 1813, le général Le Sénécal conduisit à la grande armée les réserves de l'armée de Naples, fut placé à l'avant-garde du 4° corps, sous Macdonald, et prit Mersbourg par un brillant fait d'armes.

En 1813, nommé commandeur de la Légion-d'Honneur, mais toujours dans une quasi disgrâce, il alla commander à Magdebourg et y resta jusqu'en 1814.

Pendant la première Restauration, il se tint à l'écart et vécut de sa demi-solde, ayant pour voisin de campagne le général Grouchy.

En 1815, il était à Paris avant que Napoléon y fût arrivé. Grouchy, en partant pour poursuivre le duc d'Angoulême, prit Le Sénécal comme chef d'état-major.

A Ligny, à Fleurus, à Waterloo, le général Le Sénécal exerçait encore les mêmes fonctions auprès du maréchal Grouchy; il le suivit à l'intérieur et se remit à vivre de sa demi-solde et du produit d'une petite propriété.

La Révolution de 1830 ne l'a point tiré de son obscurité. Il devint maire de sa commune et membre du conseil d'arrondissement.

LESPINASSE (Augustin, comte de), naquit à Reuilly-sur-Loire le 16 octobre 1737. Il servit d'abord dans les Mousquetaires noirs de la maison du roi, et entra ensuite, en 1769, dans les carabiniers, en qualité de cornette.

Aide-de-camp du colonel de Poyanne, il fit en cette qualité les dernières campagnes de la guerre de Sept-Ans, et, après la paix de 1763, il fut réformé et entra dans l'artillerie, où il devint lieutenant dans le courant de la même année.

Le duc de Choiseul, alors ministre de la guerre, rendit justice à son mérite, en le chargeant de composer un traité sur la *Théorie et la pratique de la trigonométrie et sur celle du nivellement*, imprimé en 1768.

Il avait été fait capitaine le 24 mars 1767. Un avancement aussi rapide lui fit des envieux, et il eut à soutenir plusieurs duels dans lesquels il se montra brave et généreux.

Attaché à la place de Strasbourg, il eut bientôt l'inspection des manufactures de Saint-Étienne et de Maubeuge.

Major le 25 mai 1788, il fut chargé par le ministre de la guerre d'établir un dépôt central d'artillerie à la Charente-sur-Loire, projet que la Révolution fit avorter.

Nommé lieutenant-colonel en 1791, il commanda en second l'artillerie à l'armée du Rhin.

Envoyé à l'armée des Pyrénées-Occidentales, avec le grade de colonel du 2ᵉ régiment d'artillerie, il se distingua à la Croix-des-Bouquets, et reçut en récompense le grade de général de brigade que lui conférèrent les représentants du peuple à cette armée.

Suspendu de ses fonctions par le Comité de salut public, puis rappelé à l'armée qu'il venait de quitter, il servit sous le général Muller, et reçut l'ordre de bombarder Fontarabie : il prit Bera, passa la Bidassoa sous le feu de l'ennemi, sauva le parc d'Irun, et le 14 thermidor an II, Fontarabie était à nous.

Elevé au grade de général de division par les représentants, le ministre, non-seulement ne le reconnut pas dans ce grade, mais encore il le laissa sans emploi.

Envoyé, quelque temps après, par le Directoire, en Italie, il arriva à Milan au moment où le général en chef Bonaparte venait de décider le siége de cette ville; et les moyens d'attaque, en les comparant aux ressources de la défense, étant de très-mince importance, la reddition de la citadelle, après onze jours de tranchée ouverte, fait le plus grand honneur au général Lespinasse.

Il concourut aux victoires de Castiglione, de Seravole, de Roveredo, aux deux attaques de Saint-Georges, au blocus de Mantoue, à Arcole, où il se couvrit de gloire (expressions du bulletin), lorsque Berthier marchait sur Rome pour venger Duphot, Lespinasse commandait l'artillerie; enfin, à la suite de la bataille de Rivoli, le général Bonaparte demanda et obtint pour lui le grade de général de division.

Rentré en France, on lui confia le commandement en chef de l'artillerie de l'armée d'Angleterre, et il concourut avec le général Hédouville aux négociations de la paix avec les insurgés de la Bretagne.

Le premier Consul le fit entrer au Sénat, et quelques mois plus tard, en l'an VIII, Lespinasse publia un *Essai sur l'organisation de l'arme de l'artillerie*, dont il avait conçu l'idée à l'armée du Rhin, et qu'il avait appliquée à l'armée des Pyrénées-Occidentales; mais il n'avait mis la dernière main à son travail qu'à l'armée d'Italie, lorsqu'il eut combiné sa pensée avec les principes du général en chef, principes qu'il avait adoptés d'une manière absolue : « Organisons, disait-il, l'arme de l'artillerie, non comme elle devrait être organisée pour vaincre, mais comme elle avait vaincu, dirigée par ce grand capitaine. »

Nommé membre et grand officier de

la Légion-d'Honneur, les 9 vendémiaire et 25 prairial an XII, l'Empereur lui donna, par décret du 2 du même mois, la sénatorerie de Pau, et plus tard, celle de Dijon, et le nomma président du collége électoral de la Nièvre.

Chevalier de la Couronne de Fer en 1807 et comte de l'Empire en 1808, le général Lespinasse fut un de ceux qui votèrent la déchéance de l'Empereur.

Louis XVIII le nomma Pair de France le 4 juin 1814, et chevalier de Saint-Louis. Napoléon n'ayant pas jugé à propos de le rappeler à lui, il est mort à Paris le 28 décembre 1816.

On lui doit les embellissements du jardin du Luxembourg.

LESUIRE (Joseph-Mathurin-Fidèle, baron de BIZY), naquit à Rennes (Ille-et-Vilaine) le 26 mai 1764. Le 18 novembre 1778, il entra au service de la marine, et fit sur le vaisseau du roi *le Réfléchi*, en qualité de pilotin et de timonier, les campagnes de la Grenade et de Savanah.

En 1779, 1780, 1781, il servit dans l'armée navale qui fut envoyée dans les Indes-Occidentales, sous les ordres des amiraux d'Estaing et Lamothe-Piquet, au secours des Américains. Le 18 janvier 1788 il passa à l'armée de terre, et entra en qualité de dragon dans le régiment de Bourbon. Congédié par ancienneté le 4 janvier 1790, il reprit du service le 12 mai 1792 comme sous-lieutenant au 84ᵉ régiment d'infanterie, et parvint au grade de lieutenant audit régiment le 10 octobre de la même année.

Le 26 janvier 1793, il fut atteint, dans une affaire contre les Espagnols, d'une balle qui lui traversa la cuisse droite, et d'un coup de sabre qui lui traversa obliquement l'avant-bras. Le 19 juin suivant il passa à l'état-major de l'armée de Saint-Domingue, en qualité d'adjoint aux adjudants-généraux, et le 2 juillet de la même année le général Lasalle, gouverneur des îles françaises de l'Amérique sous le vent, le nomma capitaine de grenadiers au 84ᵉ de ligne.

Pendant sept années, il rendit les plus importants services à la colonie; aussi son nom fut-il mentionné honorablement dans tous les rapports adressés au ministre de la guerre. Le citoyen Santhonax, commissaire de la République, délégué dans ces îles, le nomma adjudant-général chef de bataillon le 22 vendémiaire an II. Le général Laveaux, gouverneur de Saint-Domingue, l'éleva au grade d'adjudant-général chef de brigade, le 4 fructidor de la même année. Le 26 frimaire an VII, il rentra en France, et fut envoyé, le 23 messidor, à l'armée des Alpes.

A peine arrivé, le général Lesuire débloqua Fénestrelle, enleva Pignerolles, s'empara de tous ses magasins, et chassa les Austro-Russes jusqu'auprès de Turin. Ensuite, par une marche rapide, il se réunit au corps qui se trouvait à Reilles, reprit sur l'ennemi l'importante place de Suze, et rétablit sa communication avec La Maurienne. Quelques jours après, le général Championnet l'appela auprès de lui à Coni, et l'employa dans tous les combats et batailles qui eurent lieu en avant de cette place jusqu'à l'évacuation totale du Piémont.

Le 13 brumaire an VIII, sa brigade eut l'honneur, à la bataille de Genolech, d'arracher aux Autrichiens la seule pièce de canon qui leur avait été prise dans cette journée. Le 12 prairial, lors de la retraite des Autrichiens du pays de Nice, Lesuire, sous les ordres de Masséna, enleva à l'ennemi les redoutes du camp de Fourches et lui fit 1,000 prisonniers; le 17 il fit prisonniers 3,000 grenadiers hongrois au combat de Ponte-di-Nave.

Le 4 nivôse an IX, la brigade de Lesuire se distingua particulièrement à

Pozzoloz; elle chargea l'ennemi et lui enleva à la baïonnette 2 pièces de canon et le village. Le lendemain 5, cette même brigade, sous le général Brune, s'empara, après un combat acharné, de la fameuse redoute de Borghetto, défendue par 7 bouches à feu. Dans cette brillante affaire 2 bataillons autrichiens mirent bas les armes. Dans son rapport le général Gazan cite ce fait d'une manière toute particulière.

Les 19 frimaire et 25 prairial an XII, Lesuire fut nommé membre et commandeur de la Légion-d'Honneur, et employé dans la 25e division militaire le 21 octobre 1806.

Lesuire, après avoir servi avec la plus grande distinction dans l'armée de réserve, sous Kellermann, et dans les 5e et 15e divisions militaires, fut créé baron de l'Empire, sous le nom de Bizy, en 1808.

Il passa aux armées du Rhin et d'Allemagne en 1809, obtint sa retraite le 6 août 1811, reçut la croix de Saint-Louis le 20 août 1814, et mourut le 19 avril 1824.

LÉTANG (Georges-Nicolas-Marie), né à Meulan (Seine-et-Oise) le 2 mai 1788.

Élève à l'École militaire le 9 février 1806; sous-lieutenant au 10e régiment de chasseurs à cheval le 11 avril 1807; lieutenant le 7 mars 1810; capitaine au 21e chasseurs le 28 janvier 1813, il passa en qualité de lieutenant aux chasseurs de la Garde impériale le 27 février de la même année.

Nommé le 15 mars 1814, chef d'escadron au 7e dragons, il prit rang ce jour même, mais ne fut reconnu que le 23.

Lieutenant-colonel aux dragons de la Garonne le 14 décembre 1821, et colonel du 6e régiment de chasseurs à cheval le 29 octobre 1829; il a commandé le 2e chasseurs d'Afrique en 1832 et 1833.

Maréchal de camp le 31 décembre 1831, il a été promu au grade de général de division le 20 octobre 1845.

Le général Létang commande la 17e division militaire depuis le 8 février 1849. Il est inspecteur général de cavalerie.

Il a fait la campagne de 1807 en Prusse et en Pologne; celle de 1808 à 1813 en Espagne; celle de 1813 en Allemagne, de 1814 en France, de 1815 en Belgique, de 1823 en Espagne, de 1831 en Belgique, et celles de 1832, 1835, 1836 et 1837 en Afrique.

Chevalier de la Légion-d'Honneur le 24 avril 1810, il en a été créé officier le 14 septembre 1813, et commandeur le 18 avril 1834.

LETORT (Louis-Michel, baron), né à Saint-Germain-en-Laye (Seine-et-Oise) le 29 août 1773; il fit avec distinction les premières guerres de la Révolution, et devint, sous l'Empire, major dans les dragons de la garde. Il se signala en 1808 à la bataille de Burgos, et mérita par sa belle conduite en Russie, notamment au combat de Malojaroslawitz, le grade de général de brigade. Il se couvrit de gloire à Wachau, et quoique blessé, n'en voulut pas moins prendre part à la bataille d'Hanau, où il eut un cheval tué sous lui. Il fit, le 2 février 1814, des prodiges de valeur à Montmirail, et fut nommé le lendemain général de division. Le 19 mars de la même année, il attaqua avec impétuosité l'arrière-garde ennemie, s'empara d'un parc de pontons, et poursuivit longtemps les alliés l'épée dans les reins.

Pendant les Cent-Jours, le général Letort alla offrir son bras à son ancien général, qui lui confia le commandement des dragons de la garde. Le 15 juin, au moment où Napoléon venait de donner l'ordre d'attaquer le corps de Ziethen, adossé au bois de Fleurus, celui-ci refusa le combat et se retira; l'Empereur, impatienté de voir ce corps lui échapper, donna ordre à son aide-de-camp Letort de prendre les quatre escadrons de service de la Garde et de charger l'arrière-garde ennemie. Letort s'élance aussitôt, poursuit, en la sabrant, l'infanterie prussienne, enfonce deux carrés d'infanterie, détruit un régiment entier; mais il tombe mortellement blessé d'une balle au bas ventre au milieu de cette brillante charge et meurt deux jours après.

Le nom du général Letort est inscrit sur le côté Nord de l'arc de triomphe de l'Étoile.

LETOURNEUR (FRANÇOIS - JOSEPH - ALEXANDRE) naquit le 4 juin 1769 à Briquebec (Manche), entra le 21 octobre 1791, en qualité de capitaine, dans le 2e bataillon de son département, incorporé en l'an II dans la demi-brigade de l'Allier, amalgamé en l'an IV dans la 27e demi-brigade de ligne, devenue 27e régiment de même arme à l'organisation de l'an XII.

Il fit toutes les guerres de la liberté de 1792 à l'an X, aux armées de Rhin-et-Moselle, de la Moselle, du Nord, de l'Ouest, des côtes de l'Océan, du Rhin et du Danube, et se signala par son courage dans toutes les affaires auxquelles il prit part.

Chef de bataillon le 1er ventôse an VIII, il se trouvait au blocus d'Ulm, et repoussa vigoureusement une sortie que fit la garnison dans la nuit du 18 au 19 messidor suivant, entre le Danube et la Blan.

Rentré en France après la paix de Lunéville, il tint garnison à Strasbourg pendant les ans X et XI, devint major du 14e régiment d'infanterie de ligne le 30 frimaire an XII, et membre de la Légion-d'Honneur le 4 germinal de la même année.

Employé au camp de Saint-Omer en l'an XII et en l'an XIII, il fit les campagnes de l'an XIV et de 1806 à la grande armée, fut nommé officier de l'Ordre le 21 juillet 1808, promu colonel en second de la 5e demi-brigade provisoire d'infanterie de ligne le 31 mars 1809, et fit la guerre de cette année en Allemagne.

Passé en 1810 à l'armée d'Espagne, où il servit jusqu'en 1814, et nommé colonel titulaire du 88e régiment d'infanterie de ligne le 17 février 1811; il obtint le grade de général de brigade le 18 décembre 1813.

Mis en non-activité le 1er septembre 1814, chevalier de Saint-Louis le 27 du même mois, et compris dans le cadre des officiers généraux disponibles le 1er avril 1820, on l'admit à la retraite le 1er août 1820.

A la Révolution de juillet 1830, le général Letourneur, placé d'abord dans le cadre de réserve de l'état-major général, par décision royale du 22 mars 1831, il a été de nouveau admis à la retraite le 1er mai 1832.

Il est mort le 15 juillet 1843 à Fontenay-sous-Bois (Seine).

LEVACHOFF (N. comte), général de cavalerie, aide-de-camp de l'empereur de Russie.

Le comte Levachoff prit de bonne heure la carrière des armes. De 1805 à 1815 il assista à toutes les grandes batailles qui eurent lieu. Il mérita par sa bravoure les plus hauts grades militaires.

Après la pacification de l'Europe, le comte Levachoff fut appelé à participer aux travaux de l'administration de l'Empire. Pendant les derniers troubles de Pologne, il fut nommé gouverneur général des provinces de Kiew, de Volhynie et de Podolie; et son administration, qui a été de 18 ans, a mérité les éloges des habitants et du souverain.

En 1839, il fut nommé membre du comité des ministres et du conseil de l'Empire, avec la présidence du département de l'économie.

En 1844, il fut nommé directeur général des haras. Ses soins et son activité ont grandement contribué au développement de la race chevaline en Russie.

LEVAILLANT (Jean), né à Chaillot près Paris, le 9 octobre 1794; il est fils de l'intrépide voyageur et savant naturaliste François Levaillant qui, né à Paramaribo (Guyane) est mort à Sézanne en 1824.

Le général Levaillant, jeune, entra de bonne heure dans la carrière militaire, et, le 21 juin 1812, il était déjà sergent-major au 58e de ligne. Ce régiment ayant été à la grande armée, M. Levaillant fit la campagne de 1813, en qualité de sous-lieutenant, grade qu'il avait obtenu le 7 février. Il se distingua en plusieurs occasions et fut nommé lieutenant le 9 juillet de cette même année; les événements qui suivirent arrêtèrent quelque temps la fortune du jeune officier. Fait prisonnier à Dresde, après la violation de la capitulation, il ne rentra en France que le 7 juin 1814, n'obtint le grade de lieutenant adjudant-major, au 9e de ligne, que le 27 juin 1818, et presque immédiatement, le 2 août suivant, reçut les épaulettes de capitaine. Il fit, en cette qualité, les campagnes d'Espagne, de 1823 à 1828 inclusivement.

Le 7 décembre 1833, il fut nommé chef de bataillon au 15e de ligne, et lieutenant-colonel au 33e régiment le 15 mars 1838.

Envoyé à l'armée d'Afrique à cette époque, il y fit, avec distinction, les campagnes de 1838, 1839, 1840 et 1841, fut nommé colonel du 36e de ligne le 10 mars 1841; revint se distinguer en Afrique de 1844 à 1848 et fut promu au grade de général de brigade le 12 juin 1848.

En 1848, il fit partie de l'expédition de Rome et commanda une brigade de ce corps d'armée.

M. Levaillant est commandeur de la Légion-d'Honneur depuis le 21 août 1846; il avait été créé chevalier de Saint-Louis le 18 novembre 1823, et de Saint-Ferdinand d'Espagne (2e classe) en 1825.

LEVAILLANT (Charles), frère du précédent, né à Chaillot (Paris) le 17 octobre 1795, débuta dans la carrière des armes, comme soldat au bataillon d'instruction de la Garde impériale le 12 juin 1813, et fut nommé sergent-major aux flanqueurs-grenadiers de la Garde le 23 janvier 1814.

Stationnaire pendant les huit premières années de la Restauration, il entra, comme adjudant sous-officier, au 51e de ligne le 16 octobre 1822, et fut nommé sous-lieutenant, au même régiment, le 5 mars 1823, et lieutenant le 30 juillet 1828.

Envoyé en Afrique, il obtint le grade de capitaine-adjudant au 1er bataillon de zouaves le 29 septembre 1830, et continua de servir avec distinction en Algérie depuis 1830 jusqu'en 1841. Il avait été nommé chef de bataillon au 2e léger le 11 septembre 1837, lieutenant-colonel du 17e léger le 21 juin 1840 et il devint colonel de ce régiment le 10 février 1843.

Le 10 juillet 1848, M. Levaillant (Charles) fut promu au grade de général de brigade, et alla commander une brigade du corps expéditionnaire en Italie.

Chevalier de la Légion-d'Honneur de la promotion du 27 décembre 1830, il en fut nommé officier le 23 novembre 1839 et commandeur le 30 juin 1849.

Le général Levaillant est en outre, depuis 1849, chevalier de l'ordre de l'Étoile des Pays-Bas.

LEVAVASSEUR (Léon), général de division, naquit à Rouen (Seine-Inférieure) le 9 mars 1756.

Il entra dans l'artillerie et y devint lieutenant en second le 22 juillet 1781.

Capitaine en second dans l'artillerie des colonies le 1er novembre 1784, il passa dans la 3e compagnie d'ouvriers le

31 janvier 1787, et fut nommé chef de constructions au port de Toulon, au rang de lieutenant-colonel, le 1er juillet 1792.

Chef de brigade et adjoint à la direction générale de l'artillerie de la marine le 23 pluviôse an IV, il reçut le grade de général de brigade le 9 pluviôse an VIII et celui de général de division le 7 ventôse an XI.

Fait, en l'an XII, membre et commandeur de la Légion-d'Honneur les 19 frimaire et 25 prairial, puis inspecteur général de l'artillerie de la marine, il prit sa retraite le 16 vendémiaire an XIII, demeura à Paris et mourut dans cette ville vers la fin de 1813.

LEYDET (Fortuné), né en 1784, embrassa de bonne heure la carrière des armes. Chef de bataillon lors de la chute de Napoléon, il se prononça pour la royauté restaurée et ne tarda pas à recevoir le prix de son dévouement. En 1823, il était colonel du 10e régiment de ligne; plus tard, il commanda le 57e, et passa bientôt dans les rangs de l'opposition, ce qui lui valut quelques tracasseries de la part du pouvoir et son élection comme député par le département des Basses-Alpes.

M. Leydet vota avec les députés de la contre-opposition pour la fameuse adresse des 221. A la suite des événements de 1830, il fut réélu député et se rangea sous la bannière de son parent Casimir Périer. Élevé au grade de général de brigade, M. Leydet redoubla de zèle, et soutint le ministère, tout en réclamant énergiquement des réformes utiles et en signalant des abus dans le budget de la guerre.

En 1834, M. Leydet, revenu à ses principes d'opposition, s'opposa à la loi contre les associations et combattit vivement le projet du gouvernement sur les crédits supplémentaires. Cette opposition fit ôter à M. Leydet son commandement; cependant, en 1836, il accompagna le général Bugeaud en Algérie, et la faveur sembla vouloir lui revenir.

Depuis février 1848, la vie de M. Leydet est redevenue toute parlementaire. Il a fait partie de l'Assemblée nationale constituante et siége maintenant à l'Assemblée législative.

L'HERMITTE (Marthe-Adrien, baron) naquit à Coutances (Manche) le 29 septembre 1766, d'un conseiller du roi aux bailliage et présidial de Cotentin.

Grand officier de la Légion-d'Honneur, contre-amiral, le baron L'Hermitte fut une de nos gloires maritimes.

A l'âge de quatorze ans, il débuta dans la carrière maritime, comme volontaire à bord du *Pilote-des-Indes*, cutter garde-côte en croisière dans la Manche. En 1784, L'Hermitte, ne trouvant plus à s'embarquer au service de l'État, qui désarmait ses vaisseaux, passa dans la marine marchande, et fit, en qualité de lieutenant et de second, plusieurs campagnes de pêche à Terre-Neuve sur des navires de Granville.

Il faisait depuis trois ans cette rude navigation, lorsqu'en 1787 il entra dans la marine militaire, avec le grade de sous-lieutenant de vaisseau. Mais, depuis cette époque jusqu'à la Révolution, on ne voit rien de remarquable dans les différents voyages de L'Hermitte à travers l'Atlantique.

Lieutenant de vaisseau au mois d'août 1793, il s'embarqua à Cherbourg comme second sur la frégate *la Résolue*, fit sur les côtes de l'Angleterre une croisière de six mois qui coûta au commerce britannique une soixantaine de navires qui furent conduits dans les ports de France.

En 1795, il montait la frégate *la Seine*, et eut sous ses ordres une division qui alla croiser sur les côtes d'Irlande, et de là se rendit avec trois frégates à Christiansand, visita différents ports de Norwége, et revint en France en 1796, escortant un convoi de 12 grands navires, chargés de blés, qu'il fit entrer à Lorient.

En 1798 il appareilla avec la mission de reconduire à Mangalore les ambassadeurs que Tipoo-Saëb, sultan de Mysore, avait envoyés au gouverneur de l'Ile-de-France pour demander des secours contre les Anglais. En passant devant Tellicherry, il vit au mouillage deux vaisseaux de la compagnie des Indes : c'était une bonne fortune, il voulut en profiter ; mais au moment où il manœuvrait pour aller les attaquer, un de ces terribles orages si fréquents dans ces mers éclata inopinément. La foudre tomba sur *la Preneuse,* son grand mât de perroquet ; le feu prit à bord, le commandant lui-même reçut plusieurs éclats de mâture. L'orage passé, on répara la frégate. Elle fondit ensuite sur les deux vaisseaux qui semblaient la défier à l'ancre ; ils amenèrent au bout d'une heure de combat. Arrivé à Sourabaya, L'Hermitte fit porter sur *le Brûle-Gueule* les pavillons anglais pris à Tellicherry. Cela donna lieu à une révolte à bord de *la Preneuse ;* l'équipage voulait garder ses trophées et s'opposa à leur débarquement, en disant que, conquis par la frégate, ils étaient sa propriété et non celle de l'amiral. L'Hermitte n'était pas homme à souffrir une pareille insubordination ; il tombe à coups de sabre sur les mutins, disperse les meneurs et les fait mettre aux fers. Cinq matelots, déclarés chefs de la révolte, furent condamnés à mort par un conseil de guerre et fusillés sur le pont. Quittant les côtes de Java, L'Hermitte alla faire une croisière de trois mois dans les mers de la Chine. Après cette campagne qui eut pour résultat la destruction de plus de quarante bâtiments anglais, *la Preneuse* et *le Brûle-Gueule* revinrent à l'Ile-de-France, où une division ennemie les bloqua durant trois semaines dans le fond d'une baie avant qu'elles pussent entrer au port. Une résistance aussi courageuse qu'habile put seule les tirer de cette position critique et rendre vaines les tentatives des Anglais.

L'infatigable L'Hermitte reprit la mer aussitôt que sa frégate eut reçu les réparations dont elle avait besoin. Il alla croiser dans les parages du cap de Bonne-Espérance, sur les côtes du Madagascar et dans le canal de Mozambique. Le 4 septembre 1799, à la chute du jour, il aperçut dans la baie de Lagoa cinq bâtiments que la brume lui fit prendre pour des navires de commerce. Sa frégate jata l'ancre à demi-portée de canon de leur mouillage. Il se proposait de les attaquer le lendemain matin, mais il ne tarda pas à être lui-même assailli par eux. L'engagement durait depuis près de six heures ; plus de mille boulets avaient été échangés ; déjà *la Preneuse* avait une quarantaine d'hommes hors de combat, lorsqu'elle prit le parti d'abandonner cette lutte inégale où elle eût infailliblement succombé ; car elle avait affaire à deux vaisseaux de 50, deux bricks et un cutter de guerre portant ensemble une artillerie plus que triple de la sienne.

Dans le courant du mois suivant, *la Preneuse,* qui s'était rapprochée du cap de Bonne-Espérance, fit rencontre, sur le banc des Aiguilles, d'un vaisseau anglais de 74, devant lequel elle prit chasse. L'ennemi la poursuivit pendant vingt-deux heures ; mais sa marche étant supérieure à celle de la voile française, ses boulets finirent enfin par l'atteindre. Réduit à se laisser amariner ou à livrer combat, L'Hermitte n'hésita pas sur le choix que lui donnait cette alternative ; il vira de bord et attaqua le vaisseau. La canonnade fut vive de part et d'autre.

Les deux bâtiments évoluèrent pour se prendre par leur faible; le nôtre, plus habile, plus prompt dans ses manœuvres, parvint à envoyer en poupe à son adversaire plusieurs volées d'enfilade qui mirent le désordre à son bord. L'Hermitte saisit ce moment de confusion pour tenter l'abordage; mais l'ennemi, prévenant cette résolution de terrasser le nombre par le courage, se sauva sous toutes voiles. La frégate donna à son tour la chasse au vaisseau; elle le mena à coups de canon presque dans la rade du cap de Bonne-Espérance.

Affaiblie par les deux combats qu'elle venait de soutenir, avariée par le temps, transpercée de boulets, faisant beaucoup d'eau, *la Preneuse* reprit la route de l'Ile-de-France. Le scorbut sévissait à son bord; elle était à tout égard hors d'état de tenir la mer plus longtemps.

En vue des pics de l'Ile-de-France, un vaisseau anglais apparut sous le vent de la voile française. La frégate changea son sillage pour éviter l'ennemi qui n'osa la poursuivre; mais aux atterages, quand elle se croyait hors de tout danger, un autre vaisseau se trouva encore sur sa route, et celui-ci paraissait décidé à lui disputer le passage. Elle veut gagner un mouillage protégé par le canon de la côte. Parvenue à la baie du Tombeau, célèbre par le naufrage de la Virginie de Bernardin de Saint-Pierre, une suite de vents brusques et violents, saisissant *la Preneuse*, la jette sur un récif de corail au moment où elle allait échapper à la poursuite de l'ennemi. Les deux vaisseaux arrivent alors sur elle et l'écrasent de leurs bordées. L'Hermitte, voyant sa perte inévitable, fait débarquer ses nombreux blessés, ses malades plus nombreux encore, puis son équipage. Resté à bord avec son état-major et quelques hommes de sa maistrance qui ne voulurent point le quitter, il fit saborder sa frégate, et c'est seulement lorsqu'il la vit hors d'état de pouvoir être relevée qu'il amena son pavillon. Il fut conduit avec ses officiers sur le vaisseau *l'Adaman*, commandé par le commodore Hotham, où on le reçut avec tous les égards dus au courage malheureux. Le lendemain de ce funeste jour, le brave état-major de *la Preneuse* fut mis en liberté sur parole, à la demande du gouverneur de l'Ile-de-France. L'arrivée de L'Hermitte dans cette colonie fut un véritable triomphe; il se vit accueilli à son débarquement par une foule enthousiaste qui voulait le porter sur un brancard de lauriers jusqu'à l'hôtel du gouverneur, pendant qu'un salut de quinze coups de canon se joignait aux acclamations publiques pour rendre hommage à sa valeur.

L'Hermitte ne tarda pas à être échangé; il rentra en France dans le courant d'octobre 1801. Le premier Consul, qui connaissait ses hauts faits, le manda aux Tuileries pour lui donner de vive voix le témoignage de son estime, et lui remettre de sa main le brevet de capitaine de vaisseau de première classe.

En 1802 L'Hermitte alla prendre à Lorient le commandement du vaisseau *le Brutus*, qu'il conduisit à Brest. Il passa ensuite au commandement du vaisseau *l'Alexandre*, puis à celui du trois ponts *le Vengeur*, sur lequel l'amiral Truguet avait son pavillon.

En 1805, il commandait une division chargée d'une croisière sur les côtes d'Irlande, des Açores, de la côte d'Afrique, et enfin sous la ligne, se rendit de là aux Antilles, où il se signala par un grand nombre de captures. Il rentra à Brest le 2 octobre 1806, après avoir échappé à la chasse de quatre vaisseaux anglais.

Pendant cette croisière, L'Hermitte prit 50 bâtiments de guerre ou de commerce, ayant à bord 1,570 hommes et 229 canons. Il fit éprouver à l'Angleterre une perte de 10 millions.

C'était une campagne trop brillante pour qu'elle ne fixât pas l'attention de l'Empereur ; aussi le brave L'Hermitte reçut-il la juste récompense de ses glorieux services : Napoléon l'éleva au grade de contre-amiral et le créa baron de l'Empire en 1807.

Un décret impérial, daté d'Ebersdorf, le nomma rapporteur près le conseil de guerre que ce décret convoquait à Rochefort, afin de juger quatre capitaines de vaisseau dont les bâtiments avaient été victimes, dans la nuit du 12 avril 1809, de l'entreprise tentée par les amiraux anglais Cochrane et Gambier, pour détruire sur la rade de l'île d'Aix l'escadre de l'amiral Allemand.

L'Empereur appela, en 1811, le contre-amiral L'Hermitte à la préfecture maritime de Toulon, poste important qu'il occupa jusqu'à la paix avec une haute distinction.

En 1814 Louis XVIII l'envoya, avec le vaisseau *la Ville-de-Marseille*, prendre à Palerme le duc d'Orléans et sa famille pour les ramener en France. Le baron L'Hermitte, officier de la Légion-d'Honneur depuis la création de l'Ordre, reçut en cette circonstance la croix de commandeur.

L'Hermitte reprit à son retour ses fonctions de préfet maritime ; mais sa mauvaise santé, qu'il devait à un empoisonnement dont il avait été victime dans l'Inde, ne lui permit pas de les exercer longtemps.

Mis à la retraite en décembre 1815, il est mort au Plessis-Picquet près de Paris le 28 août 1826.

L'HUILLIER de HOFF (François, baron), né le 21 janvier 1759, à Cuisery (Saône-et-Loire), servit d'abord comme soldat dans le régiment du Roi-Infanterie depuis le 19 mars jusqu'au 8 septembre 1786, époque à laquelle il obtint son congé et fit, sur les côtes de l'Océan, les campagnes de 1779, 1780, 1781, 1782 et 1783, sous les ordres de Bouillé.

Lorsqu'une coalition formidable vint menacer nos frontières, il s'empressa de reprendre les armes et fut nommé chef de bataillon, commandant le 8ᵉ bataillon de Saône-et-Loire, le 11 vendémiaire an II. Il fit à l'armée des Alpes la campagne de l'an II, et celles des ans III, IV et V à l'armée d'Italie.

Désigné par le général en chef pour commander le 13ᵉ bataillon de grenadiers le 9 prairial an III, il se distingua à la tête de ce corps d'élite, dont il conserva le commandement jusqu'au 1ᵉʳ nivôse an IV, époque à laquelle il rentra dans le 8ᵉ de Saône-et-Loire. Le 16 prairial suivant, incorporé dans la 85ᵉ demi-brigade, il continua de faire partie de l'armée d'Italie.

Le 27 brumaire an V, il combattit à Rivoli ; mais, blessé d'un coup de feu à la jambe gauche, il tomba au pouvoir de l'ennemi, et ne fut échangé que le 1ᵉʳ messidor suivant.

Embarqué avec l'armée expéditionnaire d'Orient, il fit en Égypte et en Syrie les guerres des ans VI, VII, VIII et IX, se trouva à la descente de l'île de Goso (Malte), aux affaires d'Alexandrie, les 14 et 17 messidor an VI, à la bataille des Pyramides, le 3 messidor suivant, et fut dirigé sur Alexandrie, d'où Marmont l'envoya à Rosette.

Le 7 thermidor an VII, il contribua à la victoire d'Aboukir, fut ensuite envoyé au Caire, et plus tard au camp de Salahieh, qu'il ne quitta qu'après la violation de la convention d'El-Arich par les Turcs. Le 29 ventôse an VIII, il se distingua à la bataille d'Héliopolis, où les Turcs expièrent, par une défaite complète, la mauvaise foi qu'ils avaient apportée dans leurs négociations.

Il se trouva à la prise du Caire le 7 floréal suivant, et fut nommé chef de brigade de la 75ᵉ de ligne, par le général en chef Menou, le 1ᵉʳ vendémiaire an IX.

Le 18 ventôse de cette dernière année, un corps de 12,000 Anglais, sous le commandement du général Abercrombie, ayant opéré son débarquement près d'Aboukir, L'Huillier, à la tête de la 75ᵉ, marcha à sa rencontre et déploya dans cette circonstance la plus éclatante bravoure. Il fut blessé le 30 du même mois à la bataille d'Alexandrie.

Rentré en France par suite de la capitulation conclue le 12 fructidor an IX, et confirmé dans son grade de chef de brigade par arrêté des consuls du 16 messidor an X, il fut employé au camp de Saint-Omer sous les ordres du maréchal Soult pendant les ans XII et XIII.

Nommé membre de la Légion-d'Honneur le 19 frimaire an XII, il devint officier de l'Ordre le 25 prairial suivant, et fut désigné pour faire partie du collége électoral du département de Saône-et-Loire.

Il fit les campagnes d'Autriche, de Prusse et de Pologne, de l'an XIV à 1807, se fit remarquer à Austerlitz, où il fut blessé d'un coup de feu à la cuisse droite. L'Empereur le nomma commandant de la Légion-d'Honneur le 4 nivôse an XIV, et chevalier de la Couronne de Fer le 12 janvier 1807.

Le 6 février suivant, à Hoff, il soutint pendant plusieurs heures un combat très-meurtrier contre l'arrière-garde russe, et y reçut un coup de feu à la poitrine. Sur le rapport qui fut fait de la belle conduite du colonel L'Huillier, l'Empereur le nomma général de brigade le 10 du même mois, pour être employé au 3ᵉ corps de la grande armée.

Créé baron de l'Empire par décret du 19 mars 1808, il prit part aux opérations de l'armée d'Allemagne pendant la guerre de 1809.

Promu au grade de général de division le 31 juillet 1811, et désigné pour être employé à l'armée du Midi, en Espagne, cette désignation n'eut pas de suite, et, le 10 septembre de la même année, il fut appelé au commandement de la 11ᵉ division militaire (Bayonne) qu'il conserva jusqu'en 1814.

Nommé chevalier de Saint-Louis par Louis XVIII, le 14 novembre, il fut admis à la retraite le 24 décembre de la même année, et fut créé grand officier de la Légion-d'Honneur le 17 janvier 1815.

Lors de son retour de l'île d'Elbe, l'empereur Napoléon lui confia le commandement de la 10ᵉ division militaire (Toulouse), par décret du 21 mai.

Au second retour, une ordonnance royale du 26 juillet remplaça le général L'Huillier et le mit à la retraite à dater du 1ᵉʳ janvier 1816.

Le gouvernement, par une ordonnance du 12 février 1817, insérée au *Bulletin des Lois*, 7ᵉ série, t. IV, page 144, a autorisé le général L'Huillier à s'appeler dorénavant *L'Huillier de Hoff*.

Il est mort à Orléans le 8 mai 1837.

LIEM (Henri-Félix-Prosper de), général d'artillerie, aide-de-camp du roi des Belges, né le 18 février 1792 à Subbuk (Brabant). Il entra à l'École militaire de Saint-Cyr en 1809, et après avoir pris part aux dernières campagnes de l'Empire, il passa, en 1814, au service du royaume des Pays-Bas.

Lorsque la Révolution de 1830 amena la séparation de la Belgique d'avec la Hollande, il consacra son épée au service de sa patrie devenue libre, prit part aux divers événements militaires qui suivirent, en qualité de commandant en chef de l'artillerie. En 1831, il fut nommé inspecteur général de l'artillerie et chargé d'organiser cette arme.

Ministre de la guerre en 1842, il s'opposa avec énergie aux exigences d'un parti parlementaire qui cherchait à réduire l'effectif des cadres. Malgré ses efforts, le général de Liem vit la Chambre des représentants, le 5 avril 1843, repousser ses propositions par un vote hostile auquel il répondit par sa retraite.

Cette conduite commanda l'estime à ses adversaires eux-mêmes; en reprenant ses anciennes fonctions, il prouva son désintéressement en refusant une épée d'honneur que les officiers de l'armée voulaient lui offrir.

La même année, il fut nommé aide-de-camp du roi et lieutenant-général.

LIGNIVILLE (Pierre-Joseph, comte de), né le 19 février 1782 à Boulay (Moselle), s'engagea, en 1798, dans le 1er régiment de dragons, fut nommé sous-lieutenant par le premier Consul sur le champ de bataille de Marengo, où il avait été gravement blessé. Devenu chef d'escadron et aide-de-camp des généraux Clarke, Beker, Masséna, il assista près d'eux à toutes les batailles de la grande armée. Il suivit Masséna en Portugal en 1810, rentra en France après la bataille de Vittoria, conduisit son régiment (13e dragons) à Leipzig et eut occasion de se signaler dans le glorieux combat de Naumbourg, trois jours avant d'arriver sur le champ de bataille.

Nommé major après les journées de Leipzig, et colonel du même régiment le 6 février 1814, il fut mis en non-activité par les Bourbons.

Rappelé en 1823, il fit la campagne d'Espagne comme chef d'état-major de la 2e division de dragons, et fut nommé maréchal de camp le 22 mai 1825.

Mis en disponibilité jusqu'en 1833, il commanda alors le département du Jura, et en 1837, l'inspection des troupes de la marine et des fortifications au Sénégal, à la Guiane française, à la Martinique et à la Guadeloupe.

Rentré en France en 1838, on lui confia la subdivision de la Loire-Inférieure.

Il est commandeur de la Légion-d'Honneur, chevalier de l'ordre militaire de Bade et de l'ordre militaire d'Espagne.

LINOIS (Charles-Alexandre-Léon, comte Durand de), vice-amiral honoraire, grand officier de la Légion-d'Honneur, chevalier de Saint-Louis, né à Brest le 27 janvier 1761. C'est encore une existence durement exercée, mêlée de bons et de mauvais jours; c'est du reste un nom qui se survivra glorieusement immortalisé par les souvenirs d'Algésiras.

A l'âge de 15 ans, il entrait dans la marine, et trois ans plus tard, la guerre qui avait commencé en 1778 et qui devait être suivie de tant d'autres guerres, faisait du jeune volontaire un lieutenant de frégate auxiliaire à bord du *Scipion*, vaisseau de soixante-quatorze. En 1781 (1er juillet), il devint enseigne de vaisseau et de port, sous-lieutenant de port en 1784, enfin lieutenant le 1er mai 1789. Il comptait alors treize années de service actif, durant lesquelles il avait parcouru les côtes de France et d'Espagne, les mers de l'Amérique et de l'Inde.

A l'organisation de la marine (1791), il prit rang parmi les lieutenants de vaisseau à la date de son brevet de lieutenant de port, et il passa avec ce grade sur la frégate *l'Atalante*. Après trente-huit mois passés dans les mers de l'Inde, sur les côtes de Malabar, de Caromandel et d'Afrique, il était rentré en France. L'amiral Villaret le chargea d'aller avec une petite division éclairer la marche du contre-amiral Vanstabel, qui ramenait de l'Amérique Septentrionale un convoi de farine, attendu en France avec une douloureuse anxiété. Le convoi fit bonne route; mais Linois, qui le cherchait, donna dans des voiles anglaises auxquelles il se rendit après une résistance honorable et désespérée (28 floréal an II). Sa belle défense avait attiré sur lui l'estime de ses ennemis; après sa rentrée en France, elle le signala à l'attention du gouvernement.

Le 15 floréal an III, il fut promu au grade de capitaine de vaisseau, et il prit le commandement du vaisseau *le Formidable*, sous les ordres de l'amiral Villaret. L'armée navale sortit de Brest dans le courant de prairial : un engagement eut lieu le 29, un autre le 9 messidor. Les Anglais étaient supérieurs en forces : trois de nos vaisseaux tombèrent entre leurs mains; *le Formidable* était de ce nombre. Linois, deux fois blessé, perdit l'œil gauche dans ce combat. Cette fois encore, sa captivité ne fut pas de longue durée : il eut le bonheur d'être échangé deux mois après avec le capitaine de vaisseau anglais John Carruthers.

L'année suivante (an IV), la marine fut réorganisée, et Linois, nommé chef de division, prit le commandement du *Nestor*. Lors de l'expédition d'Irlande, qui fut sans résultat, il commandait en cette qualité trois vaisseaux et quatre frégates. Arrivé dans la baie de Bautry, il voulut débarquer sa petite armée : les généraux s'y opposèrent, et Linois la ramena saine et sauve à Brest. Quatre prises qu'il fit entrer avec lui dans le port témoignèrent de l'impuissance des ennemis à s'opposer à son retour. Le 5 pluviôse an VII, le premier Consul rendait l'arrêté suivant : « Bonaparte nomme, sur la demande de l'amiral Bruix, au grade de contre-amiral, Durand Linois, chef de division. » Pendant vingt mois, à partir de ce jour, il remplit les fonctions de chef d'état-major général de l'armée navale aux ordres de l'amiral Bruix, et successivement des contre-amiraux Delmotte et Latouche-Tréville.

En 1800, il commandait en second l'escadre expéditionnaire aux ordres de l'amiral Gantheaume. Après les affaires de Porto-Ferrajo et de l'île d'Elbe, il reconduisit à Toulon trois vaisseaux atteints d'épidémie, et le 13 juin 1801, il sortit de ce port avec les mêmes bâtiments et la frégate *la Muiron* pour aller à Cadix se joindre à l'escadre espagnole.

Il avait à bord 1,600 hommes de troupes extraordinaires. Il prit sur sa route un brick de 24 canons et de 64 hommes d'équipage, commandé par lord Cochrane. C'était bien débuter; mais bientôt il allait avoir affaire à plus forte partie. Arrivé à l'entrée du détroit de Gibraltar, il apprit par un bateau expédié de la côte qu'il se trouvait entre deux escadres anglaises, l'une venant de Cadix et l'autre du large. Il prit le parti de se jeter dans la baie de Gibraltar, et il mouilla le 4 juillet au soir dans la rade d'Algésiras. Deux jours après, les Anglais étaient en face de lui avec six vaisseaux et une frégate. Sa défaite semblait certaine, il la changea en triomphe. Ce beau fait d'armes est rapporté ainsi qu'il suit dans *le Moniteur* du temps (30 messidor an IX):

« Le contre-amiral Linois, avec trois vaisseaux, *le Formidable* et *l'Indomptable*, de 80 canons, capitaines Laindet-Lalonde et Moscousu, *le Desaix*, de 74 canons, capitaine Christi-Pallière, et la frégate *la Muiron*, de 18, capitaine Martinenq, après avoir donné la chasse aux vaisseaux ennemis qui croisaient sur les côtes de Provence, s'est présenté devant Gibraltar au moment où une escadre anglaise de six vaisseaux y arrivait. Le 15 messidor, le contre-amiral Linois était mouillé dans la baie d'Algésiras, s'attendant à être attaqué le lendemain matin. Dans la nuit, il a débarqué le général de brigade Deveaux, avec une partie des troupes, pour armer les batteries de la rade. Le 16, à huit heures du matin, la canonnade a commencé contre les six vaisseaux anglais, qui n'ont pas tardé à venir s'embosser à portée de fusil des vaisseaux français. Le combat s'est alors chaudement engagé. Les deux escadres paraissaient également animées de la résolution de vaincre. Si l'escadre française avait quelque avantage par sa position, l'escadre anglaise était d'une force double, et avait plusieurs vaisseaux de quatre-vingt-dix. Déjà le vaisseau anglais l'*Annibal* était parvenu à se placer entre l'escadre française et la terre. Il était onze heures et demie : c'était le moment décisif. Depuis deux heures le *Formidable*, que montait le contre-amiral Linois, tenait tête à trois vaisseaux anglais. Un des vaisseaux de l'escadre anglaise qui était embossé vis-à-vis d'un des vaisseaux français, y ramena son pavillon à onze heures trois quarts. Un instant après, l'*Annibal*, exposé au feu des batteries des trois vaisseaux français qui tiraient des deux bords, amena aussi le sien. A midi et demi, l'escadre anglaise coupa ses câbles et gagna le large. Le vaisseau l'*Annibal* a été amariné par le *Formidable*. Sur 600 hommes d'équipage, 300 ont été tués. Le premier vaisseau anglais qui avait amené son pavillon a été dégagé par une grande quantité de chaloupes canonnières et autres embarcations envoyées de Gibraltar. Le combat couvre de gloire l'armée française, et atteste ce qu'elle peut faire. Le contre-amiral Linois doit être à Cadix avec l'*Annibal* pour le réparer. »

Le 9 thermidor, le chef du gouvernement donnait à l'amiral Linois un témoignage officiel de la satisfaction de la République par l'arrêté suivant :

BREVET D'HONNEUR.

« Bonaparte, premier Consul, considérant que le contre-amiral Linois a si habilement fait usage des moyens militaires et maritimes qui étaient à sa disposition et qu'il a déployé tant de courage que, malgré l'inégalité de ses forces, il ne s'est pas borné à une défense glorieuse, mais qu'il est parvenu à désemparer entièrement l'escadre anglaise, à contraindre deux vaisseaux de soixante-quatorze d'amener leur pavillon et à s'emparer du vaisseau l'*Annibal*; voulant récompenser un fait de guerre aussi honorable pour les armes de la République que pour l'officier général à qui le commandement de la division était confié, décerne, à titre de récompense nationale, au contre-amiral Linois *un sabre d'honneur*. »

Cependant, l'amiral anglais se préparait à venir demander compte de sa défaite : Dès le 19 messidor, il sortait de nouveau de Gibraltar pour reprendre son poste d'observation. Parti le même jour de Cadix, don Juan de Moreno amenait à l'amiral français cinq vaisseaux, trois frégates et un brick.

L'engagement eut lieu le 23 : Deux vaisseaux espagnols, trompés par l'obscurité, se battirent avec acharnement, prirent feu et sautèrent ensemble. Le vaisseau français *le Saint-Antoine*, de 74 canons, amena son pavillon; mais *le Formidable*, aux prises avec trois vaisseaux et une frégate anglaise, resta maître du champ de bataille. Ce beau combat sauva l'honneur du pavillon français.

A la fin de l'année 1801, Linois sortit de Cadix avec trois vaisseaux et trois frégates : ces bâtiments portaient 1,800 hommes pour Saint-Domingue. Après deux mois de séjour dans la colonie, il opéra son retour à Brest avec l'escadre de l'amiral Villaret.

Après avoir signé, du pommeau de son épée, le mémorable traité d'Amiens, un des premiers soins de Napoléon fut d'envoyer dans l'Inde une expédition qui pût mettre à profit le temps de sa courte suspension d'armes que ce traité venait d'établir entre l'Angleterre et la République française. Une petite division composée d'un vaisseau, de trois frégates et de deux transports, appareilla à Brest le 14 ventôse an XI, sous les ordres du contre-amiral Linois, pour aller porter dans les comptoirs indiens le capitaine général Decaen, un bataillon d'infanterie et un grand nombre d'employés civils et militaires chargés de remplir les postes qui les attendaient dans les anciennes et pauvres colonies que l'Angleterre avait enfin consenti à nous restituer.

La frégate *la Belle-Poule*, détachée en mer de la division que commandait le vaisseau *le Marengo*, se présenta le 27 prairial devant Pondichéry, pour prendre possession de cette place, sous laquelle stationnaient encore cinq vaisseaux de ligne, trois frégates et deux corvettes commandées par l'amiral anglais Rainier; mais au mépris des conventions stipulées depuis un an déjà, entre les gouvernements anglais et la république, cet amiral, après avoir pris connaissance des dépêches du commandant français, refusa à la *Belle-Poule* l'autorisation de communiquer avec la terre, et ce ne fut que vingt-cinq jours après avoir retenu cette brigade prisonnière sous le canon de son escadre, que Rainier, voyant arriver à Pondichéry la division Linois, voulut bien permettre au général Decaen, de mettre une garnison dans la ville. Cette prise de possession si tardive ne devait pas être de longue durée, le lendemain même de son départ à Pondichéry, Decaen reçut l'ordre par le brick le *Bélier*, parti de Brest dix jours après lui, de laisser son bataillon expéditionnaire à terre, et de faire voile immédiatement pour l'Ile-de-France, où il devait attendre la rupture imminente de l'éphémère convention d'Amiens.

L'exécution d'un ordre aussi inattendu devenait difficile pour le capitaine général et l'amiral français, en présence de l'escadre de Rainier, si supérieure en force à la division Linois. Mais après s'être entendus ensemble pour tromper la surveillance de l'amiral anglais, les deux généraux exécutèrent avec habileté le plan qui devait assurer la fuite mystérieuse dans laquelle ils pouvaient espérer de trouver leur salut. Le soir même du jour de l'arrivée du *Bélier*, le vaisseau *le Marengo* et les trois frégates qui l'avaient accompagné, appareillèrent silencieusement de la rade de Pondichéry, sans que l'escadre ennemie eût soupçonné cette manœuvre discrète et hardie. Ce ne fut qu'en apercevant le matin le vide que la sortie nocturne des navires français avait laissé auprès de lui, que l'amiral Rainier se douta de la rupture du traité de paix, et que, de dépit d'avoir été joué de la sorte, il se décida à faire le blocus de Pondichéry défendu seulement par le bataillon d'infanterie arrivé depuis dix jours.

Le 28 thermidor, *le Marengo* et les trois frégates, échappés si heureusement à la défiance de l'escadre de Pondichéry, mouillèrent à l'Ile-de-France.

Ce retour étonna le capitaine général Decaen: il adressa à ce sujet au ministre de la marine un long rapport qui se trouve dans l'ouvrage intitulé : *Correspondance de Napoléon avec le Ministre de la marine*, t. Ier, p. 310. Ce rapport mis sous les yeux de Napoléon, donna lieu, entre l'Empereur et son ministre, à une correspondance où se trouvent les passages suivants :

Au Château, près Gueldres, 27 fructidor an XII.

« Monsieur Decrès, ministre de la marine, j'ai lu avec attention le rapport et les différentes lettres du capitaine général Decaen; la conduite du général Linois est misérable....... Toutes les expéditions sur mer qui ont été entreprises depuis que je suis à la tête du gouvernement, ont manqué, parce que les amiraux voient double et ont trouvé, je ne sais où, qu'on peut faire la guerre sans courir aucune chance, etc.

« Sur ce, etc.   NAPOLÉON. »

Cologne, 28 fructidor an XII.

« Monsieur Decrès, ministre de la marine, je vous ai déjà exprimé tout ce que je ressentais de la conduite du général Linois. Il a rendu le pavillon français la risée de l'Europe. Le moindre reproche qu'on peut lui faire, c'est d'avoir mis beaucoup trop de prudence dans la conservation de sa croisière. Des vaisseaux de guerre ne sont pas des vaisseaux marchands. C'est l'honneur que je veux qu'on conserve, et non quelques morceaux de bois et quelques hommes. Le mépris, en Angleterre, est au dernier point de la part des officiers de marine. Je voudrais pour beaucoup que ce malheureux événement ne fût pas arrivé; je préférerais avoir perdu trois vaisseaux, etc.

« Sur ce, etc.   NAPOLÉON. »

Malgré tout ce mécontentement, si vivement exprimé, l'Empereur nomma Linois commandant de la Légion-d'Honneur le 25 prairial an XIII; c'est que, probablement, de nouveaux renseignements lui étaient arrivés et qu'il avait reconnu que le rapport du général Decaen n'était pas exempt de partialité.

Quoi qu'il en soit, à l'arrivée de Linois, le traité de paix venait d'être authentiquement déchiré, et c'est la guerre que le capitaine général de nos deux seules possessions de l'Inde doit se disposer à faire avec un vaisseau de ligne, contre les maîtres orgueilleux de tout l'Orient maritime. Decaen commandera les forces de terre, Linois les forces de mer, c'est-à-dire le *Marengo* et les trois frégates. Le 16 vendémiaire an XII, l'amiral appareilla, avec sa division, pour aller jeter à Batavia quelques troupes bataves. Dans sa route il rencontra et brûla quatre ou cinq gros navires de la compagnie des Indes. L'important comptoir de Bencoolen dans l'île de Sumatra est sur son chemin: il le détruit en passant. Après avoir effectué le débarquement de ses troupes passagères sur les côtes de Java, il court, sans laisser de traces de sa route, établir sa mystérieuse croisière à l'ouverture même des mers de la Chine. Un convoi de riches galions sort avec sécurité de Macao, et tombe sous la volée de l'escadrille brestoise, qui combat les navires de guerre de l'escorte, et s'empare, à la suite de la plus vive et de la plus brillante action, d'une partie des riches navires qu'elle a dispersés à coups de canon.

Vingt millions de francs, produit des prises capturées dans cette courte et éclatante campagne, signalèrent le commencement des hostilités entre l'Inde française réduite aux îles de France et de la Réunion, et l'Inde anglaise qui embrassait déjà tout le continent indien.

Trois autres courses aussi belles, aussi habilement dirigées, rendirent le vaisseau le *Marengo* l'effroi du commerce anglais dans les mers qu'il parcourait. Le 17 thermidor, une flotte de bâtiments de guerre chargée de troupes et escortée par le vaisseau anglais *le Bleinhein*, de 80 canons se range en bataille pour recevoir l'attaque du vaisseau français, qui seul s'avance pour le combattre à demi-portée de pistolet, et qui, après l'avoir canonné pendant plusieurs heures, ne consent à l'abandonner que lorsque le mauvais temps le force à aller se mettre en cape au large de cette flotte, étonnée de tant d'audace et de bonheur. Mais, pendant ces croisières glorieuses, les îles françaises que le *Marengo* avait momentanément quittées, se trouvaient enfin bloquées et serrées par des forces trop nombreuses et trop supérieures pour que Linois pût se hasarder à les aborder avec son seul vaisseau. Réduit à la nécessité de réparer son navire fatigué par un long séjour dans les mers lointaines et criblé du feu de l'ennemi, l'amiral se décida à faire route pour l'Europe. La frégate la *Belle-Poule*, qui avait rallié depuis peu, devait le suivre dans cette dernière traversée vers les côtes.

Le 22 ventôse an XIV, les deux fidèles compagnons de route, se trouvant déjà à la hauteur des îles du cap Vert aperçoivent à deux heures du matin une voile courant à contre-bord d'eux. Bientôt cette voile, dont l'obscurité de la nuit permettait à peine d'observer tous les mouvements, fut suivie de deux autres voiles. Le premier de ces trois navires portait des feux à sa corne d'artimon : c'était un signal de ralliement. Quelques fusées romaines, lancées dans les airs par un des bâtiments en vue, ne laissèrent plus de doute au *Marengo* sur l'espèce de rencontre qu'il venait de faire. « Ce sont des navires de guerre, dit Linois à son brave capitaine Vrignaud, qui commandait sous les ordres de l'amiral ; ils escortent sans doute un fort convoi, faites faire un branle-bas de combat à notre bord, et gouvernez de manière à passer près d'eux, pour que nous puissions les reconnaître. »

Cet ordre est bientôt exécuté. A trois heures l'amiral s'aperçut qu'au lieu de redouter la chasse qu'il voulait leur appuyer, les navires rencontrés avaient manœuvré de manière à attaquer *le Marengo* et *la Belle-Poule*, dont la marche était inférieure à celle du vaisseau. A cinq heures du matin, alors que le jour commençait à poindre et à jeter quelque clarté à portée de fusil dans les eaux du Marengo, un vaisseau à trois ponts, couvert de toile, et battant pavillon anglais à sa corne d'artimon. Les couleurs nationales furent aussitôt hissées à bord du vaisseau français, et, pour assurer le signal, Linois fit envoyer au même moment toute sa volée de tribord dans l'avant du vaisseau chasseur. Le feu, ainsi commencé, ne fut interrompu que lorsque *le London* approchant le *Marengo*, à la largeur d'écouvillon, sembla vouloir présenter l'abordage. Trompé par ce simulacre d'attaque, Linois ordonne au capitaine Vrignaud de faire monter tout le monde sur le pont et de jeter des grapins à bord de l'ennemi : les grapins, hissés au bout des vergues qui se sont déjà croisées avec les vergues plus élevées d'un trois points, tombèrent à bord du *London*, tant l'équipage français, perché sur les bastingages, ou suspendu dans le gréement est prêt, palpitant d'ardeur, à commencer le carnage. Mais à l'instant où les deux vaisseaux vont s'accoster et s'étendre pour ne plus se séparer que vainqueurs ou vaincus, *le London* laisse brusquement arriver, emportant avec lui, au large du *Marengo*, les grapins rompus qui lui déchirent les plats bords, et qui devaient attacher un instant sur ses flancs l'audacieux vaisseau français.

Il fallut, après cet abordage manqué, reprendre la canonnade meurtrière que *le Marengo*, trompé par la ruse du *London*, avait suspendue avec trop de joie et de confiance. Les ponts et les gaillards balayés par des volées de mitraille, sont jonchés de blessés et de morts. L'officier de manœuvre est déjà mis hors de combat. Les écoutes et les amures sont hachées ; les haubans et les étais coupés sur la mâture chancelante ; les voiles criblées sur leurs vergues à moitié rompues, et cependant, à la lueur des pièces qui tonnent à bord des deux vaisseaux, Linois, sans être ébranlé dans sa résolution, veut encore se projeter et défiler, dans l'épaisse fumée dont *le Marengo* est environné, les voiles menaçantes des navires anglais qui viennent de secourir *le London*. La Belle-Poule, engagée déjà avec la frégate *l'Amazone*, combat à la fois *le London* et le nouvel assaillant qui lui prête le travers. La résistance était belle, mais désespérée : c'étaient deux navires luttant bord à bord avec toute une escadre, sans qu'une voix se fût élevée à bord de ces navires pour parler de se rendre. Un seul incident est remarqué sur le gaillard d'arrière du *Marengo* : l'amiral vient d'être transporté au poste des chirurgiens, et à la place qu'il occupait est monté le capitaine Vrignaud ; le capitaine de frégate Chasseriau remplace son commandant, qui, lui-même, quelques minutes auparavant, a remplacé sur son banc de quart l'amiral Linois, grièvement blessé. « Tous nos officiers passeront sur ce banc de quart, » se disent tout bas les hommes de l'équipage ; et tout l'équipage continue à combattre en silence et toujours avec fureur.

A chaque minute, l'amiral Linois et le commandant Vrignaud, l'un avec le mollet droit enlevé, et l'autre avec un bras de moins, donnaient au lieutenant Armand des ordres que celui-ci s'empressait de transmettre au capitaine de frégate devenu si vite le commandant du *Marengo*.

A neuf heures et demie enfin et après six heures de combat, *le Marengo* et *la Belle-Poule*, entourés par *sept* vaisseaux de ligne et plusieurs frégates, sentirent l'inutilité de la résistance, et commencèrent à concevoir l'impuissance des moyens qui leur restaient pour résister. Huit pièces seulement, à bord du vaisseau français, se trouvaient encore en état de faire feu ; les batteries, commandées par les lieutenants Ravin et Kerdrain, épuisées par le nombre d'hommes qu'elles avaient été obligées de fournir pour remplacer les morts dont les dunettes et les gaillards étaient couverts, ne tiraient plus qu'à de longs intervalles quelques coups de canon de retraite. Tous les officiers étaient blessés, il n'y avait plus que des victimes à offrir à la supériorité invincible des forces de l'ennemi. L'état-major et les maîtres furent consultés ; et, à neuf heures quarante minutes, le pavillon en lambeaux fut amené lentement sur les tronçons des mâts du vaisseau *le Marengo* haché, percé à jour et à moitié coulant bas d'eau sous la volée de toute l'escadre ennemie rassemblée autour de ses débris fumants.

Le mot de l'amiral John Varrens, sur ce combat, mérite d'être rapporté : « Voilà dit-il en apprenant à quel bâtiment il venait d'avoir affaire, un vaisseau qui s'est montré digne du nom qu'il porte. »

Les vainqueurs comptèrent sur le vaisseau amiral 60 hommes tués, 82 blessés, et parmi ces derniers, Linois et son capitaine de pavillon.

Au milieu de tant d'expéditions durant lesquelles, depuis son départ de Brest, il avait coupé douze fois la ligne, les nouvelles de France lui étaient cependant parvenues. En effet, le commandant des forces navales françaises dans l'Inde adressait à l'Empereur des Français la lettre suivante, datée de l'Ile-de-France, le 23 frimaire an XIII.

« Sire, le vaisseau de l'État, environné d'écueils, allait périr, votre main savante saisit le gouvernail et le conduit au port. Puisse le pilote habile qui sauva mon pays, occuper longtemps le rang élevé où viennent de l'appeler la reconnaissance des Français et l'admiration du monde entier ! Puisse-t-il jouir longtemps de la gloire et du bonheur que son courage, ses talents et ses vertus ont donnés à la France! Puisse la voix d'un sujet fidèle, parvenir jusqu'à lui du fond de ces contrées lointaines, pour lui transmettre les vœux des militaires et des marins employés dans la division des forces navales à mes ordres, et lui porter l'expression particulière de ma reconnaissance, de mon respect et de mon amour. LINOIS. »

Lorsqu'il revit la France en avril 1814, le hasard des batailles avait reporté Louis XVIII sur le trône et relégué à l'île d'Elbe le grand Empereur. Le 13 juin, Linois était nommé gouverneur de la Guadeloupe, et chevalier de Saint-Louis le 5 juillet suivant. Dès le 29 avril, la nouvelle du retour de Napoléon à Paris était parvenue dans les *îles du Vent*. Cependant les lettres de l'amiral, des 2 et 22 mai, et même du 2 juin, au comte de la Châtre, alors ambassadeur à Londres, contenaient des protestations de fidélité et de dévouement au roi.

Les 17 et 18, la garnison se souleva et le gouverneur fut arrêté. Le lendemain 19, il fit une proclamation et ressaisit les rênes de l'administration, mais *au nom de l'Empereur*. Les nouvelles de Waterloo ne tardèrent pas à arriver, et avec elles les attaques des forces anglaises. Le 10 août, la capitulation fut signée, et le lendemain, les troupes françaises furent embarquées pour être conduites en France et remises à la *disposition du duc de Wellington*. Le 4 octobre, Linois écrit de la rade de Plymouth au vicomte Dubouchage, ministre de la marine; il lui donne tous les détails de ce qui s'est passé à la Guadeloupe, il explique qu'il n'a jamais cessé, malgré les apparences, d'être sujet fidèle et soumis du roi, et il termine en demandant que sa conduite soit soumise à l'examen d'un conseil de guerre. Il fut en effet renvoyé devant le conseil permanent de la 1re division militaire, par ordonnance du 26 décembre 1815, et le 11 mars suivant, déclaré non coupable à l'unanimité.

Une décision royale le mit à la retraite le 18 avril 1816; et le 13 mai suivant la cour royale enregistra, en audience solennelle, les lettres patentes qui lui ont conféré le titre de comte. En 1825, à l'occasion du sacre de Charles X, il fut nommé vice-amiral honoraire. Louis-Philippe le fit grand officier de la Légion-d'Honneur le 1er mars 1831, et plus tard, il ordonna que son nom serait gravé sur la partie Ouest de l'arc de triomphe de l'Étoile.

LION (JEAN-DIEUDONNÉ, comte) naquit le 28 octobre 1771 à Morialmé (Pays-Bas). Soldat au régiment Royal-Liégeois le 10 septembre 1789, il fut fait fourrier le 1er janvier 1791, et sergent le 1er avril 1792. Maréchal-des-logis dans le 20e régiment de chasseurs à cheval le 10 octobre 1792, il fit toutes les campagnes depuis cette époque jusqu'en l'an IX aux armées des Ardennes, de Sambre-et-Meuse, de Rhin-et-Moselle, de Mayence, du Danube et du Rhin.

Nommé sous-lieutenant le 1er pluviôse an II, il devint lieutenant le 28 ventôse an IV. Le 7 fructidor de cette dernière année, à l'affaire de Friedberg, à la tête de la 8e compagnie qu'il commandait en ce moment, il chargea l'ennemi avec tant d'impétuosité et d'à-propos qu'il le débusqua de sa position, lui prit deux pièces de canon et fit mettre bas les armes à un bataillon d'infanterie qui fut fait prisonnier, ainsi que 20 hussards autrichiens. Le 25 frimaire an V, à l'affaire de Mainbourg, avec la même compagnie, et après avoir essuyé le feu de l'ennemi, il s'empara des hauteurs qui dominent la ville, obligea un bataillon à déposer les armes, l'emmena prisonnier, prit un drapeau et deux pièces de canon. Le 19 messidor an VII, à la reprise d'Offembourg, il commandait la 1re compagnie du 20ᵉ de chasseurs à cheval.

Capitaine le 11 frimaire an VIII, il soutint, avec sa compagnie, à l'affaire de Lapheim, le 1ᵉʳ prairial suivant, le choc de 200 dragons autrichiens qui avaient mis en déroute une compagnie du 13ᵉ de dragons, et sauva toute l'infanterie qui, envoyée en avant, se trouvait fortement compromise. Le lendemain, à la bataille d'Erbach, il maintint les tirailleurs ennemis qui étaient nombreux, les empêcha de s'emparer d'un plateau d'où ils auraient pu découvrir les mouvements de l'armée française, et dans une charge vigoureusement conduite, il tua trois ennemis de sa main, et fit prisonnier l'officier qui les commandait; mais il fut blessé d'un coup de sabre à la joue gauche.

En l'an XII, il était du camp de Bruges, où il fut nommé membre de la Légion-d'Honneur le 26 frimaire. Il servit au camp de Brest et au corps d'Irlande en l'an XIII, et passa à l'armée du Nord en l'an XIV. Il fit, à l'armée de Batavie et à la grande armée, la campagne de 1806 en Prusse. A Eylau, il reçut un coup de sabre au bras gauche. Fait chef d'escadron le 8 mai suivant, il passa au 2ᵉ régiment de chasseurs à cheval le 30 du même mois.

En 1808, il faisait partie de l'armée d'observation, et il entra en Allemagne avec la grande armée. Le 20 avril 1809, à la tête de la compagnie d'élite de son régiment, il chargea deux bataillons hongrois, rangés en bataille, les contraignit de mettre bas les armes, au nombre de 3,000 hommes, et enleva deux drapeaux qui furent présentés à l'Empereur comme étant les premiers pris dans la campagne. Le 29 du même mois, il devint officier de la Légion-d'Honneur; le lendemain, colonel du 14ᵉ régiment de chasseurs à cheval et baron de l'Empire.

Bientôt après, à la bataille d'Essling, il fut blessé d'un coup de boulet à la jambe gauche, et le 10 août suivant, l'Empereur le nomma colonel-major des chasseurs à cheval de la Garde impériale. Il fit, avec ce corps d'élite, les campagnes de 1812 et 1813, et le 23 juin de cette dernière année, il fut promu au grade de général de brigade et maintenu dans ses fonctions de major des chasseurs de la Garde impériale.

Pendant la campagne de France en 1814, il fut blessé d'un coup de feu à la tête et d'un autre à la main droite, le 13 février, au combat de Vauchamp. Le gouvernement royal le conserva dans ses fonctions de major du corps royal des chasseurs de France, et Louis XVIII le créa chevalier de Saint-Louis le 19 juillet suivant.

Le 9 mars 1815, le général Lefebvre Des Noëttes, commandant les chasseurs royaux de France, partit de Cambrai et se mit en marche sur Paris. Son intention était de réunir les régiments qu'il trouverait sur sa route et de marcher avec eux sur la capitale; pour y faire reconnaître l'autorité de Napoléon, il échoua à La Fère d'abord, et ensuite à Compiègne. Ces deux tentatives malheureuses donnèrent l'éveil aux officiers des chasseurs de France. Ils se rendirent chez le général Lefebvre Des Noëttes, ayant à leur tête le général Lion, pour lui demander des explications sur le mouvement qu'ils exécutaient. Le général Lefebvre Des Noëttes leur ayant proposé d'aller rejoindre l'Empereur, les officiers refusèrent de seconder son projet, et le général Lion prit le commandement du régiment et le reconduisit à Cambrai.

Louis XVIII le nomma lieutenant-général commandant le corps royal des chasseurs de France le 13 mars 1815. Mis en disponibilité le 14 avril suivant, il reçut, le 9 juin, une lettre de service pour être employé comme général de brigade à la suite de la réserve de cavalerie de l'armée du Nord.

Après les désastres de mont Saint-Jean, le gouvernement royal rétablit le baron Lion dans le grade de lieutenant-général, lui conféra le titre de comte, et lui donna le commandement de la 2ᵉ division militaire le 7 septembre de la même année.

Compris comme disponible dans le cadre de l'état-major général de l'armée le 30 décembre 1818, il reprit de nouveau le commandement de la 2ᵉ division militaire le 19 janvier 1820, fut élevé à la dignité de grand officier de la Légion-d'Honneur le 1ᵉʳ mai 1821, et nommé commandeur de l'ordre royal et militaire de Saint-Louis le 20 août 1823.

Charles X, lors de son sacre, lui conféra la décoration de grand'croix de la Légion-d'Honneur.

Mis en disponibilité le 6 août 1830, inspecteur général de la gendarmerie dans les 8ᵉ, 9ᵉ et 20ᵉ divisions militaires, il fut mis en non-activité le 28 octobre 1836, et placé, le 15 août 1839 dans la section de réserve du cadre de l'état-major général.

Il est mort à Châlons-sur-Marne le 8 août 1840.

LOISON (Louis-Henri, comte), né à Damvilliers (Meuse), le 16 mai 1771, s'enrôla dans le bataillon auxiliaire des colonies le 29 juin 1787, l'abandonna le 16 septembre suivant, y rentra le 25 janvier 1788, et obtint son congé le même jour, moyennant finances.

Il vivait paisiblement, au sein de sa famille, lorsque les dangers de la patrie appelèrent la jeunesse française sous les drapeaux de la liberté; Loison voulut partager ces dangers, et ce fut comme sous-lieutenant qu'il partit, le 15 septembre 1791, dans un bataillon de volontaires du département de la Meuse, où il devint lieutenant en 1792.

Nommé quelques mois après capitaine de hussards dans la légion du Nord, sa bravoure lui mérita, au mois de mai 1793, d'être élevé au grade d'adjudant-général chef de brigade provisoire, qui lui fut conféré par le représentant du peuple en mission à l'armée du Nord. Confirmé dans ce grade le 25 prairial an III, Loison reçut du Comité de salut public, le 9 fructidor, le brevet de général de brigade à l'armée de Rhin-et-Moselle.

La rapidité de son avancement avait été le prix de vrais talents militaires et d'une valeur brillante qui allait quelquefois jusqu'à la témérité. On a prétendu, néanmoins, qu'il n'avait ni désintéressement, ni humanité, ni élévation dans le caractère. Ses frères d'armes allèrent même jusqu'à avouer qu'il n'était pas uniquement avide de renommée. Nous serions tenté de croire que ce jugement n'est rien moins que sévère, en nous rappelant l'accusation qui pesa sur lui lors de la prise et de la dévastation de l'abbaye d'Orval, sur les frontières du grand duché de Luxembourg. Gravement compromis pour s'être livré à d'odieuses exactions, Loison allait être jugé par un tribunal disposé à sévir rigoureusement contre lui, quand un commissaire de la Convention parvint à le soustraire au péril qui le menaçait et le fit réintégrer dans ses fonctions.

Le 13 vendémiaire an IV, il commanda sous les ordres du général Bonaparte, et fut chargé de présider le conseil de guerre chargé de juger les chefs de l'insurrection.

En l'an VII, il servit sous Masséna en Suisse, et suivit en l'an VIII le général Bonaparte en Italie.

Il se distingua aux combats de Cerezola, de Pozzolo, de Parona, de Colognoli : les services qu'il continua de rendre, principalement au passage de la

Brenta, où il ouvrit à l'armée le chemin à de nouvelles victoires, confirmèrent sa réputation militaire.

Le 12 messidor an IX, il se retira dans ses foyers avec un traitement d'activité.

En l'an XII, le 19 frimaire, il fut créé membre de la Légion-d'Honneur, et devint, le 25 prairial suivant, grand officier de l'Ordre.

Il fit la campagne de l'an XIV en Allemagne et se signala de nouveau à Guntzbourg, à Elchingen, à Luetash, fit capituler 300 hommes qui défendaient ce poste fortifié, et s'empara de Scharnitz.

Après la bataille d'Austerlitz, le général Loison fut nommé grand aigle de la Légion-d'Honneur, pour la bravoure qu'il déploya dans cette mémorable bataille.

En 1808, il fit la campagne de Portugal sous Junot; en 1809, il commanda la 1re division de l'armée de réserve d'Espagne, et reçut, en outre du titre de comte, une dotation de 25,000 francs de rente sur les domaines de Gilhorm et de Meinersen, situés en Hanovre.

Employé à la grande armée le 24 mai 1812, ce fut lui qui fut chargé, pendant la campagne de Russie, d'organiser, à Kœnigsberg, une division de 10,000 hommes, destinée à entrer en campagne au premier ordre.

L'Empereur adressa de vifs reproches à ce général, et ordonna qu'il fût mis aux arrêts pour n'avoir pas été à la tête de sa division, lorsqu'elle arriva à l'ennemi, en avant de Wilna, ce qui fut, d'après le témoignage de ce souverain, la cause de la perte des troupes qui la composaient.

Louis XVIII le nomma chevalier de Saint-Louis le 27 juillet et commandant de la 5e division le 5 août.

Le général Loison fut mis à la retraite le 15 novembre 1815, et mourut à sa terre de Chikel, près Liége, le 30 décembre 1816.

Son nom est inscrit sur l'arc de triomphe de l'Étoile, côté Ouest.

LONGUERUE (Gabriel-François DEHATTE, marquis de), né à Vigan (Gard) le 17 février 1778. Son père servait dans l'Inde en qualité de maréchal de camp, il était mort en 1784. A l'époque de la Révolution le jeune marquis de Longuerue émigra avec sa mère; rentré en France en 1800, il fit en 1803 partie du camp de Boulogne, attaché au cabinet topographique et interprète du premier Consul. Lieutenant des Guides en 1804. Aide-de-camp du général Lauriston, il fit en 1805 la campagne des Antilles et assista aux batailles navales du cap Finistère et de Trafalgar.

Il se trouva à la bataille d'Austerlitz, fut nommé lieutenant au 1er dragons, fit les campagnes de Prusse et de Pologne; blessé à Friedland et nommé capitaine au 27e dragons.

Il fut en 1808 aide-de-camp du duc de Padoue et capitaine aux dragons de la Garde impériale, fit la campagne d'Espagne, revint en France avec l'Empereur en 1809, fit la campagne d'Autriche, fut nommé, en 1810, chef d'escadron aide-de-camp de Lauriston, et attaché à l'ambassade de Vienne pour le mariage de Napoléon.

Attaché à l'ambassade de Russie, en 1811, il fit la campagne de 1812 et fut blessé pour la deuxième fois à Krasnoé. Lieutenant-colonel en 1813 au 2e cuirassiers; colonel chef d'état-major auprès du comte Gérard en 1814, il fit la campagne de France et se battit à Montereau. Il assista à la bataille de Waterloo, fut licencié et mis en demi-solde jusqu'en 1823. A cette époque il fut de nouveau aide-de-camp de Lauriston, puis en disponibilité; il fut en 1826 nommé chef d'état-major au camp de Saint-Omer, et en 1827 chef d'état-major de la 6e division à Besançon.

Il a été nommé maréchal de camp en 1834, après 31 ans de service et 20 ans de grade de colonel. Il est commandeur de la Légion-d'Honneur et décoré de plusieurs Ordres étrangers.

Le général de Longuerue est aujourd'hui en retraite.

LORGE (Jean-Thomas-Guillaume, baron de), né le 22 novembre 1767 à Caen (Calvados), s'enrôla, le 19 novembre 1785, à l'âge de dix-sept ans, au 7ᵉ régiment de dragons, et le quitta le 13 octobre 1791.

Il entra comme capitaine au 1ᵉʳ bataillon des Lombards en septembre 1792, et donna des preuves d'un brillant courage aux combats de Malines, le 17 novembre, de Gerpine et de Marcinelles.

Le 25 septembre 1793, promu au grade de général de brigade, il fit la campagne de cette année à l'armée des Ardennes, où il seconda puissamment, par des manœuvres habilement combinées, le général Jourdan dans son expédition sur Arlon.

A l'armée de Sambre-et-Meuse, le général Marceau ayant fait une chute qui l'obligea à quitter le commandement, de Lorge se mit à la tête de la division, alla bloquer Namur et contribua au succès des affaires de l'Ourthe, de la Roër et à la prise de Coblentz le 1ᵉʳ brumaire an II.

Il passa le Rhin à Urdingen, sous Kléber, et se couvrit de gloire aux débouchés de Furfeld et Deffenthal, qu'il força après un combat très-meurtrier. Ayant repassé le Rhin, il se battit avec intrépidité à Altenkirchen le 3ᵉ jour complémentaire an IV, à Ukeratz. Il prit une part active aux opérations du siège de Mayence, sous Marceau, et cueillit de nouveaux lauriers dans plusieurs combats.

L'année suivante, employé sous le général Sainte-Suzanne à l'armée du Rhin, il soutint sa réputation, et passa, en l'an IV, à l'armée d'Helvétie. Il se porta rapidement sur le Valais, qui venait de s'insurger contre la France, s'empara de Sion, et étouffa ainsi l'insurrection naissante.

Général de division le 15 germinal an VII, il prit le commandement, sous Masséna, des troupes disséminées dans le Frikthal et pays environnants.

Le 13 floréal an VIII, commandant une division de l'armée du Danube, sous Moreau, il donna de nouvelles preuves de sa valeur à Engen le 13 prairial.

Le 29 frimaire an IX, commandant la division formant l'avant-garde de l'armée du Rhin, il passa la Limath, refoula les troupes ennemies sous les murs de Zurich, et le lendemain, à l'attaque de la place, il chargea en personne à la tête de la cavalerie et pénétra, l'épée à la main, dans cette ville. Le général de Lorge assista à la bataille de Marengo le 6 messidor an IX.

Le 19 frimaire an XII, il fut nommé membre de la Légion-d'Honneur, commandeur de l'Ordre le 25 prairial et électeur de la Roër.

Le 2 frimaire an XIV, il commandait la 3ᵉ division de l'armée du Nord, le 11 février 1806 il eut le commandement de la 26ᵉ division militaire. Le 10 novembre l'Empereur lui confia la division de cavalerie du 8ᵉ corps de la grande armée et la 5ᵉ division de dragons le 25 mai 1807.

Le général de Lorge fit avec distinction la campagne de 1809 sous le maréchal Soult. Créé baron en 1808, l'Empereur le nomma gouverneur de la Manche le 5 octobre 1810. Le 13 mars 1813, il prit le commandement de la 7ᵉ division de réserve de grosse cavalerie à la grande armée, et celui de la division de cavalerie légère du 3ᵉ corps le 25 mars 1813.

Mis en disponibilité le 11 février 1814,

il adhéra aux actes du Sénat, et fut nommé par le roi, en 1814, commissaire en Portugal et en Espagne, pour le retour des prisonniers français. Louis XVIII le créa successivement chevalier de Saint-Louis le 8 juillet, et grand officier de la Légion-d'Honneur le 23 août.

Compris dans le cadre d'organisation de l'état-major comme disponible, le général de Lorge fut admis à la retraite le 1er janvier 1825.

Il est mort le 28 novembre 1826.

Son nom est inscrit sur l'arc de triomphe de l'Étoile, côté Nord.

LOUIS DE VILLIERS (Claude-Germain, baron, puis vicomte) naquit le 16 novembre 1770 à Paris (Seine). Sous-lieutenant le 22 janvier 1792 dans le 13e bataillon d'infanterie légère devenu 13e demi-brigade en l'an II, puis 25e demi-brigade en l'an IX, et 25e régiment de même arme à l'organisation de l'an XII; il fit les campagnes de 1792 à l'an IX aux armées du Centre, de la Moselle, de Sambre-et-Meuse, d'Allemagne, de Mayence, du Danube et d'Italie.

Lieutenant le 20 messidor an II, capitaine adjudant-major le 6 pluviôse an III, Kléber le nomma chef de bataillon sur le champ de bataille le 9 thermidor an IV.

Le 17 germinal an VIII, à l'attaque de Montefaccio, à la tête de cinq compagnies du 2e bataillon, il culbuta l'ennemi, força ses retranchements, s'y jeta un des premiers, et reçut un coup de feu à la jambe droite.

Le 5 nivôse, à cinq heures du matin, à la tête de huit compagnies de carabiniers, il traversa le Mincio en bateau sous la mitraille de l'ennemi; couvrit les tirailleurs qui établissaient les ponts nécessaires au passage de l'armée et repoussa toutes les charges de l'ennemi.

Blessé dans cette dernière affaire de deux coups de feu, il fut proposé par le général en chef pour un sabre d'honneur.

Major dans le 17e régiment d'infanterie légère le 20 brumaire an XII, et membre de la Légion-d'Honneur; le 4 germinal suivant, il fit la campagne de 1806 à la grande armée, et fut promu le 8 décembre colonel du 6e de ligne.

Envoyé à Naples, et de là aux îles Ioniennes, les Anglais le prirent pendant la traversée et le conduisirent à Malte.

Revenu en France, il alla rejoindre son régiment à Corfou, fut fait baron de l'Empire le 15 avril 1818, et reçut une dotation de 2,000 francs.

Général de brigade le 6 août 1811, il prit part à la campagne de Russie, et reçut deux blessures au passage de la Bérésina.

L'Empereur le nomma officier de la Légion-d'Honneur le 1er janvier 1813.

Enfermé dans Dantzig en 1813 pendant le blocus de cette place, il se trouva aux différentes sorties de la garnison, le 5 mars; lors de l'attaque générale des faubourgs, le général de Villiers, quoique blessé d'un coup de feu dans les reins, parvint à faire échouer les attaques de l'ennemi.

Prisonnier de guerre des Russes aux ordres du prince de Wurtemberg, le 1er janvier 1814, en violation de la *convention d'évacuation* du 27 novembre, il ne rentra en France qu'après l'abdication de l'Empereur.

Louis XVIII le créa chevalier de Saint-Louis le 19 juillet, lui confia le commandement du département du Mont-Blanc le 29 août 1814, et le fit commandeur de la Légion-d'Honneur le 27 décembre.

Au retour de l'Empereur de l'île d'Elbe, il eut le commandement de la 1re brigade de la 7e division du 2e corps de l'armée du Nord, combattit avec sa valeur habituelle, et fut blessé à Fleurus.

Après la catastrophe du mont Saint-

Jean, il reçut le 1er septembre le commandement du département de l'Isère, puis celui de la Meurthe le 29 octobre 1817.

Membre de la Chambre des députés, lieutenant-général le 25 avril 1821, il eut le commandement de la 13e division militaire (Rennes), obtint le titre de vicomte le 17 août 1822 et celui de commandeur de Saint-Louis le 20 août 1823.

Mis en disponibilité le 2 août 1830, inspecteur général pour 1832, il reçut la décoration de grand officier de la Légion-d'Honneur le 30 avril 1836, passa dans le cadre de vétérance, puis dans celui de non-activité, conformément aux dispositions de l'ordonnance du 28 août suivant, et enfin dans la 2e section (réserve) du cadre de l'état-major général créé par la loi du 4 août 1839.

LOYRÉ D'ARBOUVILLE (François-Aimé-Frédéric), né à Paris le 14 février 1798.

A peine âgé de 16 ans, M. Loyré d'Arbouville entra dans les Gardes du corps comme surnuméraire : c'était le 29 novembre 1814. Le 9 décembre 1815, il fut nommé sous-lieutenant dans la légion de la Seine, et passa au 4e régiment d'infanterie de la Garde royale le 23 avril 1817.

Le 6 juin 1821, il fut reçu comme sergent de 1re classe, avec rang de capitaine, aux Gardes à pied du corps du roi.

En 1823 (2 avril), il fit la campagne d'Espagne comme capitaine au 3e de ligne, fut nommé chef de bataillon au 2e léger, le 15 novembre 1826; fut envoyé en Afrique en 1830, revint en France l'année suivante, fut nommé lieutenant-colonel du 6e de ligne le 27 juillet 1835 et colonel du 26e de ligne le 15 mars 1838. Il a fait les campagnes des années 1838, 1839, 1840, 1841, 1842, 1844, 1845, 1846 et 1847 en Afrique.

Il fut promu au grade de maréchal de camp le 18 décembre 1841 et à celui de lieutenant-général le 3 novembre 1847.

Depuis, M. d'Arbouville a commandé la 4e division de l'armée des Alpes.

Chevalier de la Légion-d'Honneur à la promotion du 27 décembre 1830, il en a été nommé officier le 14 août 1839, commandeur le 30 septembre 1845 et grand officier le 23 juin 1849.

Il est aussi chevalier de 2e classe de l'ordre de Saint-Ferdinand d'Espagne.

LUCKNER (Nicolas, baron de), né à Campen (Bavière) en 1722, d'une famille noble. Il entra fort jeune au service de Prusse, et ne tarda pas à se signaler par son courage et ses talents. La valeur qu'il montra à Rosbach et pendant toute la guerre de Sept-Ans fixa sur lui l'attention du cabinet de Versailles qui lui fit des propositions. Il passa au service de France avec le titre de lieutenant-général, mais il resta dans l'inaction jusqu'à la Révolution ; il s'en montra partisan, et en 1791, il fut fait maréchal de France et reçut le commandement de l'armée du Nord. Il prit Menin et Courtrai, mais il fut obligé de se replier sur Valenciennes n'ayant pas été soutenu. Le 17 août, il fut attaqué par 22,000 Autrichiens et les écrasa du feu de ses batteries. Il fut néanmoins rappelé et relégué dans un commandement secondaire à Châlons-sur-Marne. De plus, il fut appelé à la barre de la Convention pour y rendre compte de sa conduite. Il protesta de son dévouement à la France, et n'en reçut pas moins l'ordre de ne point s'éloigner de Paris. En 1794, il fut traduit en tribunal révolutionnaire qui le condamna à mort. Il était alors âgé de 72 ans.

Luckner, plein de bravoure et d'activité, n'était pas peut-être à la hauteur d'un grand commandement.

LUCOTTE (Edme-Aimé, comte), né à Créancay, près Arnay (Côte-d'Or), le 30 octobre 1770, fit d'excellentes études au collège de Dijon. Ayant embrassé avec chaleur les principes qui amenèrent la Révolution, le jeune Lucotte s'enrôla dans le 8ᵉ bataillon de la Côte-d'Or le 23 juillet 1793, y devint sergent le lendemain même de son entrée dans le bataillon, obtint le grade de sergent-major le 3 brumaire an II, celui de lieutenant quartier-maître le 15 du même mois, fut créé capitaine le 15 thermidor, et enfin chef de bataillon le 7 brumaire an III. Lucotte avait obtenu ces différents grades en combattant soit à l'armée des Alpes, sous Kellermann, soit à celle du Rhin, sous Pichegru et Moreau.

Appelé au commandement de la 60ᵉ demi-brigade, devenue 12ᵉ de ligne le 11 messidor suivant, on le vit, pendant les troubles qui se manifestèrent à Lyon, refuser de commander le feu sur les Lyonnais révoltés contre les commissaires de la Convention nationale. Ce refus, joint à l'énergie avec laquelle il défendit le général Montchoisy, lorsque ce général, sous les ordres duquel il servait, fut frappé de destitution, fit suspendre le chef de brigade Lucotte de ses fonctions le 24 messidor an IV.

Réintégré dans son grade le 18 thermidor de la même année, on le plaça à la tête de la 7ᵉ demi-brigade légère, au mois de floréal an V.

Après avoir fait la campagne de cette année à l'armée d'Italie, sous le général Bonaparte, il reçut l'ordre de se rendre à Marseille, où il fut destitué, le 18 messidor an VI, par le Directoire exécutif, pour avoir pris la défense d'un marin, nommé Laure, qui avait été deux fois condamné injustement à mort. Lucotte prouva que le jour même où Laure, dénoncé comme chef d'un attroupement de compagnons de Jéhu qui, en l'an III, égorgèrent des prisonniers détenus pour opinions dites *révolutionnaires*, ce marin se battait en mer contre les Anglais, et se sauvait à la nage, quoique blessé, sur les côtes de la Ligurie, pour éviter la captivité.

Le Directoire exécutif, convaincu de l'innocence de Lucotte, le mit, le 19 brumaire an VII, à la disposition du général en chef Kilmaine, en lui recommandant de lui donner de l'avancement à l'armée d'Angleterre.

Nommé général de brigade le 1ᵉʳ frimaire an VII, il fut confirmé dans ce grade le 28 pluviôse an VIII.

Membre et commandeur de la Légion-d'Honneur les 19 frimaire et 25 prairial an XII, il quitta la France, pour se rendre à Naples auprès du roi Joseph, qui l'employa, le 14 fructidor an XIII, et l'attacha définitivement à son service le 6 décembre 1807. Ce prince, qu'il suivit en Espagne, le choisit pour son aide-de-camp, et le nomma général de division le 8 janvier 1808.

Rentré au service de France comme général de brigade, le 4 novembre 1813, il passa, le 7, chef d'état-major du 5ᵉ corps d'armée, et commanda, le 18, une brigade de la 1ʳᵉ division de réserve de Paris.

Il fit avec distinction la campagne de 1814. A la tête de sa brigade, il pénétra dans Athies, y culbuta deux bataillons russes et s'empara de l'une des fermes de ce bourg.

Louis XVIII le nomma, le 8 juillet 1814, chevalier de Saint-Louis, et le 20, lieutenant-général en non-activité.

Appelé, le 16 mars, à commander une division dans l'armée destinée, sous les ordres du duc de Berry, à s'opposer au retour de Napoléon, il fut presque aussitôt abandonné par ses troupes, qui coururent se ranger sous les drapeaux de leur ancien souverain.

L'Empereur lui confia le commandement de la 20ᵉ division militaire.

Après le second retour du roi, on le mit, le 21 juillet, en non-activité. Devenu lieutenant-général le 27 mai 1818, Lucotte fut compris, le 30 décembre suivant, au nombre des lieutenants-généraux qui formaient le corps royal d'état-major, obtint sa retraite le 17 mars 1825, une pension de 5,400 francs le 4 mai, et mourut le 8 juillet suivant.

Son nom est inscrit sur l'arc de triomphe de l'Étoile, côté Sud.

LUGNOT (Joseph), né le 12 décembre 1780 à Charentenay (Haute-Saône), fils d'un ancien officier au régiment de Poitou qui avait assisté aux siéges de Berg-op-Zoom et de Mahon. En 1791, le capitaine Lugnot emmena à l'armée trois fils déjà en état de porter les armes. Le plus jeune, Joseph Lugnot, ne rejoignit son père que le 14 juin 1794, à Kaiserslautern. Agé de 14 ans seulement, le jeune Lugnot assista aux blocus du Luxembourg et de Mayence, puis au passage du Rhin, en l'an IV, et à la retraite de Moreau, ensuite au blocus de Mantoue, après la retraite de Scherer. Il fit depuis les campagnes de l'Ouest, celles d'Italie et d'Espagne en 1808. Il se distingua sous les murs de Girone, le 16 août 1808 et le 19 septembre 1809, y fut blessé et mentionné honorablement. Plus tard, il fut cité à l'ordre de l'armée pour avoir, à la tête de sa compagnie, enlevé et taillé en pièces un poste de miquelets et de cavalerie.

En 1812, pendant la campagne de Russie, il fut nommé capitaine et membre de la Légion-d'Honneur, se distingua le 18 août devant Polosken, où il fut blessé grièvement.

Il fit la campagne de 1813, fut nommé chef de bataillon au 93ᵉ de ligne en 1814, et se trouva au blocus de Magdebourg.

Pendant la première Restauration, il reçut la croix de Saint-Louis. A Waterloo, il fut grièvement blessé et abandonné sur le champ de bataille. Il ne reçut les premiers secours des Anglais qu'après cinq jours d'atroces souffrances. Transporté en Angleterre, il fut bientôt ramené en France. Mis en activité en 1815, il était major au 14ᵉ léger en 1821. Il fit la campagne d'Espagne en 1823 et fut nommé à cette occasion officier de la Légion-d'Honneur et chevalier de 2ᵉ classe de l'ordre de Saint-Ferdinand.

Pendant l'expédition d'Alger, M. Lugnot fut major de tranchée devant le fort l'Empereur le 30 juin 1830; il resta dans la tranchée jusqu'au 4 juillet, jour de l'explosion du fort.

Major de place après la prise d'Alger, on l'envoya dans la même année reconnaître la place d'Oran. Il venait d'être nommé lieutenant-colonel après 17 ans de grade de chef de bataillon.

En décembre 1830, il prit part à la seconde expédition d'Oran et fut chargé du commandement de cette place jusqu'en septembre 1831, qu'il rentra en France avec le 21ᵉ de ligne.

Le 28 novembre 1833, M. Lugnot fut nommé colonel du 21ᵉ léger et commandeur de la Légion-d'Honneur en avril 1836.

Le 27 février, le colonel Lugnot a été promu au grade de général de brigade.

Il est aujourd'hui en retraite.

LUSIGNAN (Armand-François-Maximilien DE LAU, marquis de), Pair de France, commandeur de la Légion-d'Honneur, est né le 30 août 1783, à Toulouse. Il était officier de cavalerie en 1809.

Il fut attaché à l'état-major, et fit avec distinction en Espagne les campagnes de 1811, 1812, 1813, 1814, comme aide-de-camp du maréchal duc d'Albuféra.

En 1831, il fut nommé député de l'arrondissement de Nérac (Lot-et-Garonne), et il continua à représenter cet arrondissement jusqu'en 1839, époque où il fut envoyé à la Chambre des Pairs. Il est mort le 5 avril 1844, à l'âge de 61 ans.

M. de Lusignan portait un des plus beaux noms historiques de la France : il était aussi par les femmes le dernier descendant du maréchal de Xaintrailles, dont il possédait encore le château.

M

MACDONALD (Étienne-Jacques-Joseph-Alexandre), duc de Tarente, naquit à Sancerre, département du Cher, le 17 novembre 1765, d'une famille écossaise venue en France à la suite des Stuarts. Il entra, en 1783, comme lieutenant dans le régiment de Dillon; cadet dans le 87e infanterie en 1787. A Jemmapes, il fut fait colonel de l'ancien régiment de Picardie; puis bientôt après général de brigade.

Ce fut lui qui, en 1795, ouvrit, sous Pichegru, la campagne contre la Hollande, en passant le Vahal sur la glace sous le feu des batteries hollandaises, et en s'emparant des vaisseaux ennemis à la tête de son infanterie. Ce fait militaire, sans exemple dans l'histoire, lui valut le grade de général de division.

Après avoir servi aux armées du Rhin et d'Italie, il fut nommé gouverneur de Rome et des États de l'église. En 1799, quand les Français évacuèrent Rome, il fit avec gloire la campagne contre les armées alliées. Il livra la bataille de la Trébia qui dura trois jours, battit une armée de 50,000 hommes avec 35,000, reçut plusieurs blessures et réussit à faire sa jonction avec le général Moreau.

Il commandait à Versailles lors du 18 brumaire an VIII, et seconda puissamment Bonaparte. Après la bataille de Marengo et la campagne des Grisons, Macdonald fut envoyé en Danemark comme ministre plénipotentiaire jusqu'en 1803. A son retour, il reçut le titre de grand officier de la Légion-d'Honneur.

Disgracié lors de l'affaire de Moreau, qu'il défendit, ce ne fut qu'en 1809 qu'il reprit le commandement d'une division en Italie.

C'est à Wagram qu'il fut fait maréchal, après avoir enfoncé le centre de l'armée ennemie que protégeaient 200 pièces de canon.

A son retour à Paris, en 1810, il fut créé duc de Tarente, et alla prendre le commandement d'un corps d'armée en Espagne. En 1812 il commanda le 10e corps en Russie. En 1813 il prit part, d'une manière glorieuse, aux batailles de Lutzen, de Bautzen et de Leipzig. Là, il passa à la nage l'Elster, où périt Poniatowski, et assista, le 30 octobre, à la bataille de Hanau. Pendant la campagne de 1814, il commanda l'aile gauche de l'armée, et assista à Fontainebleau à l'abdication de Napoléon, à laquelle il contribua beaucoup.

Le 4 juin 1814, le duc de Tarente fut nommé membre de la Chambre des Pairs.

Dans la nuit du 19 au 20 mars 1815, il partit de Paris avec Louis XVIII, et, après l'avoir accompagné jusqu'à Menin, il revint à Paris, refusa tout emploi de Napoléon, et fit son service dans la garde nationale comme simple grenadier.

Au retour des Bourbons, le duc de Tarente reçut la triste mission de licencier l'armée de la Loire.

En 1812, il fut nommé grand chancelier de l'ordre de la Légion-d'Honneur, dignité qu'il conserva jusqu'en 1831.

Il est mort le 24 septembre 1840, dans son château de Courcelles, près de Gien (Loiret), âgé de 75 ans, laissant un fils âgé de 15 ans.

Les paroles prononcées par Napoléon à Sainte-Hélène ont une haute valeur, surtout lorsqu'elles concernent des hommes dont il pouvait avoir à se plaindre; il a dit : « Macdonald avait une grande loyauté. »

MACKAU (Ange-René-Armand, baron de), né à Paris en 1788, fut élevé dans la même institution que Jérôme Bonaparte, et s'embarqua sous ses ordres sur le vaisseau *le Vétéran*, en qualité de novice matelot. Au retour de cette campagne dans l'Atlantique et la mer des Antilles, sa conduite et ses connaissances acquises lui valurent le grade d'aspirant.

Il fit ensuite une longue croisière sur la frégate *l'Hortense* commandée par M. Baudin qui, ayant été promu au grade de contre-amiral, s'attacha M. de Mackau et le garda près de lui jusqu'en 1810. A cette époque, M. de Mackau passa comme second sur le brick *l'Abeille*. A son retour d'une mission en Corse, *l'Abeille* rencontra *l'Alacrity*, brick de dimensions et de forces supérieures, et lui livra un des plus glorieux combats qui aient marqué le déclin de l'empire. Après avoir vu tous ses officiers mis hors de combat, quinze hommes de son équipage tués et vingt blessés, *l'Alacrity* se rendit; elle fut traînée en triomphe à Bastia par son jeune vainqueur. Napoléon récompensa ce beau début par la croix d'honneur et le commandement du bâtiment capturé.

Après plusieurs autres combats glorieux, M. de Mackau fut nommé, en 1812, capitaine de frégate, il avait vingt-quatre ans.

Sous la Restauration, il sollicita et obtint des missions importantes à Bourbon, à Madagascar, etc., etc.; il donna de précieux renseignements sur cette dernière et intéressante possession. En 1819, il fut nommé capitaine de vaisseau et envoyé au Sénégal pour recueillir des lumières utiles sur la double question de l'établissement et de la traite des noirs.

En 1821, il obtint le commandement de *la Clorinde*, frégate de 58 canons, sur laquelle il parcourut l'Océan Pacifique, et alla étudier les nouveaux États de l'Amérique du Sud. Ce fut lui qui fut choisi pour aller faire accepter à Haïti l'ordonnance d'affranchissement du 17 avril 1825.

Successivement appelé à la direction du personnel et au conseil d'amirauté au moment où se préparait l'expédition d'Alger, il y montra une fermeté de volonté et une puissance d'application dont le département de la marine a gardé le souvenir.

En 1831, M. de Mackau reprit la mer pour commander l'escadre des Dunes réunie au moment où la guerre entre la Belgique et la Hollande menaçait la politique européenne des plus graves complications. Cette escadre transporta la garnison d'Anvers de Dunkerque à Flessingue. Rentré à Cherbourg, M. de Mackau fut nommé au commandement de la station des Antilles. C'était au moment de l'insulte dont le consul de France, M. Adolphe Barrot, venait d'être l'objet. Après avoir fait connaître au gouvernement de la Nouvelle-Grenade les réparations qu'exigeait le gouvernement français, et en avoir éprouvé un premier refus, M. de Mackau prépara ses moyens d'action en attendant les dernières instructions de Paris; près d'une année s'écoula. Enfin les ordres reçus lui ayant accordé la plus grande latitude, il partit de la Martinique avec cinq bâtiments de la station et le consul outragé, arriva à l'improviste sous Carthagène, força la passe de Boca-Chica, et se plaça de manière à pouvoir prendre à revers les forts de la seule entrée de ce magnifique port, puis il renoua les négociations et obtint les plus complètes **réparations**.

Après avoir rendu à la marine d'autres services importants, l'amiral fut chargé d'aller inspecter nos établissements de pêche à Saint-Pierre et Miquelon, et sur l'île de Terre-Neuve. Il était à peine de retour en France lorsque la rupture avec les États-Unis devint imminente. Il fallait prendre des mesures pour couvrir nos établissements et notre commerce aux Antilles et dans l'Atlantique : M. de Mackau fut nommé commandant en chef des forces navales aux Antilles et gouverneur de la Martinique; mais la guerre, comme on sait, fut évitée. M. de Mackau, en quittant son gouvernement de la Martinique, emporta les regrets de tous. Sur la route, la frégate *la Terpsichore*, sur laquelle il se trouvait avec toute sa famille, fut assaillie par une horrible tempête, et resta plusieurs jours en *perdition* sur les côtes de l'Irlande. Dans ces graves circonstances, il prit le commandement supérieur de la frégate, et, secondé par le commandant, l'état-major et l'équipage, il parvint à conduire *la Terpsichore* dans le port de Cork en Irlande.

En 1843, M. de Mackau fut chargé du portefeuille de la marine qu'il conserva quelque temps, et où il rendit de véritables services.

MACORS (François-Antoine-Joseph-Nicolas, baron), général de division. Il y avait, dans le petit pays de Liége, une famille que l'on disait appartenir à la noblesse, et qui émigra en France (la cause en est ignorée) à la fin du xviie siècle ou au commencement du xviiie. C'est de cette famille que naquit F.-A.-J.-N. Macors, à Benfelden (Bas-Rhin), le 7 décembre 1744.

Il s'engagea comme hussard dans le régiment de Nassau, le 1er novembre 1759. Ayant quitté ce corps, on ne sait ni pourquoi ni comment, il s'engagea une seconde fois en qualité de canonnier, dans la brigade de Loyauté en 1760.

Nommé lieutenant en premier au régiment d'Auxonne-Artillerie en 1765, il devint sous-aide-major le 14 décembre 1767, aide-major en 1772, capitaine en second en 1778, capitaine de canonniers le 17 octobre 1784, major du régiment d'artillerie des colonies le 1er novembre suivant; il reçut le grade de lieutenant-colonel et la croix de Saint-Louis le 12 du même mois. Il adopta les principes de la Révolution, et fut promu colonel du 4e régiment d'infanterie de la marine le 1er juillet 1792.

Enfin, il servit dans la Vendée en 1793, y commanda l'artillerie dans la partie Est, y fut nommé général de brigade par les représentants du peuple Bourdon et Fontenay, et fut confirmé dans ce grade par arrêté du comité de salut public, le 21 ventôse an III. Général de division en l'an VIII, il eut, le 1er pluviôse, une inspection générale d'artillerie, puis le commandement de l'artillerie aux armées de Batavie et gallo-bataves, et enfin au camp de Saint-Omer le 15 fructidor an XI.

Nommé membre et commandant de la Légion-d'Honneur les 19 frimaire et 25 prairial an XII, l'Empereur le classa parmi les électeurs du département de l'Ourthe, et l'éloigna de l'armée en l'appelant au commandement de la place de Lille.

En 1814, il adhéra aux actes du Sénat; il fut mis à la retraite le 24 décembre de la même année.

Grand officier de la Légion-d'Honneur en 1815, et fait baron le 6 août 1817, le général Macors est mort le 13 juin 1825.

MAGNAN (Bernard-Pierre), né à Paris, le 7 décembre 1791.

M. Magnan débuta dans la carrière des armes comme soldat au 66e de ligne, le 29 décembre 1809. Il obtint ses premiers grades dans le même régiment, et fut successivement sergent le 1ᵉʳ janvier 1810, sergent-major le 7 octobre suivant, sous-lieutenant le 20 juillet 1811, lieutenant le 8 février 1813, et capitaine le 6 septembre de la même année.

Passé dans les tirailleurs de la garde impériale (1ᵉʳ régiment), le 13 janvier 1814, il fut nommé capitaine adjudant-major au 6ᵉ régiment d'infanterie de la garde royale le 23 octobre 1815, et breveté chef de bataillon de la ligne le 6 septembre 1817. Le 8 août 1820 il passa comme chef de bataillon au 34ᵉ de ligne, lieutenant-colonel au 60ᵉ de ligne le 20 novembre 1822, colonel du 49ᵉ le 21 septembre 1827, et maréchal de camp le 31 décembre 1835.

Il fut promu au grade de général de division le 20 octobre 1845.

M. le général Magnan commande depuis le 14 juillet 1849, la 4ᵉ division militaire (Strasbourg), et réunit à ce commandement celui des troupes stationnées dans la première subdivision (Bas-Rhin). Il avait été en mission en Belgique du 17 avril 1832 au 30 juin 1839, puis avait commandé pendant six ans le département du Nord.

M. Magnan a fait avec distinction les campagnes de 1810, 1811, 1812 et 1813 en Espagne, en Portugal, celles de 1814 et 1815 en France et en Belgique ; il fut blessé d'un coup de biscaïen au bas ventre, à Craonne, le 7 mars 1814. En 1823, il fit la campagne d'Espagne, celle d'Afrique en 1830, de Belgique en 1832, et de 1846 en Algérie.

Créé chevalier de la Légion-d'Honneur le 23 juin 1813, officier le 20 mars 1820, et commandeur le 15 novembre 1835, il fut nommé grand officier le 23 juin 1849.

Charles X l'avait créé chevalier de Saint-Louis le 1ᵉʳ novembre 1825, et, en 1823, il avait reçu le cordon de Saint-Ferdinand d'Espagne (2ᵉ classe).

MAGON (CHARLES-RÉNÉ), contre-amiral, naquit à Paris le 12 novembre 1763. Nommé aspirant de marine en septembre 1777, il n'avait pas atteint sa quatorzième année.

En 1778, il était embarqué sur le vaisseau *la Bretagne*, comme garde de la marine. Le 27 juillet, il prenait part au combat d'Ouessant, et il s'y conduisait bien. Il passa sur *le Solitaire* en 1780, avec le grade d'enseigne, et, du 17 avril au 19 mai, trois combats eurent lieu entre l'escadre du comte de Guichen, dont il faisait partie, et celle de l'amiral Rodney.

L'année suivante, embarqué sur *le Caton*, il se mesurait encore trois fois avec l'ennemi, les 28, 29 avril et 5 septembre.

Le 17 avril 1782, *le Caton* se trouva de nouveau aux prises avec les Anglais ; mais, moins heureux cette fois, il tomba en leur pouvoir. Magon rentra en France après cinq mois de captivité, et fut envoyé dans les mers des Indes sur la frégate *la Surveillante* ; cette campagne dura quinze mois.

Il fut nommé lieutenant de vaisseau le 1ᵉʳ mai 1786, et chargé au mois de novembre suivant du commandement de la frégate *l'Amphitrite*, et alla reprendre aux Anglais l'île de Diégo-Garcia. A son retour, il passa successivement comme second sur les frégates *la Driade* et *le Pandour*, avec lesquelles il navigua encore dix-huit mois dans les mers de l'Inde et de la Chine.

En 1791, il fut chargé d'aller porter aux établissements français dans l'Inde la nouvelle des grands événements accomplis en son absence et d'y faire arborer le drapeau tricolore. Il commandait alors la frégate *la Minerve* ; il la quitta, en 1792, pour passer sur *la Cybèle*, avec laquelle il fit dans l'Inde une nouvelle campagne d'un an. Ce fut lui qui, malgré la présence d'une escadre anglaise, parvint à informer le gouvernement de Pondichéry du commencement des hostilités entre la France et l'Angleterre.

Étranger jusqu'alors aux commotions politiques de la métropole, il en reçut le contre-coup en l'an II, à l'Ile-de-France, où il était en relâche avec sa frégate. *La Société populaire* le fit arrêter et le traduisit en jugement. Son innocence ayant été reconnue, la faveur revint aussi rapidement qu'était arrivée la disgrâce; nommé commandant de l'artillerie volante, il fut attaché au gouverneur de la colonie comme aide-de-camp maritime.

Le contre-amiral Sercey, qui arrivait d'Europe en l'an IV, apportait à Magon sa nomination de capitaine de vaisseau, en date du 12 pluviôse an III. Dans ce moment, il était à la tête de toutes les forces navales de l'Inde; il remit ce commandement au contre-amiral qui le fit reconnaître comme commandant en second. Le 23 fructidor, la division française eut, avec les vaisseaux anglais *l'Arrogant* et *le Victorieux*, un engagement auquel Magon prit une part glorieuse; il commandait alors *la Prudente*.

Après diverses autres missions dans les mers de l'Inde, il reçut l'ordre d'escorter en Europe deux vaisseaux de la compagnie des Philippines, richement chargés. Le consul d'Espagne lui offrit, au nom de la compagnie, une magnifique armure, en reconnaissance des services qu'il avait rendus. Cependant, son pays le traitait moins favorablement. A son arrivée à Paris, il apprit sa destitution; on l'avait, en son absence, accusé de participation au renvoi des agents Baco et Burnel, embarqués de vive force par les ordres de l'assemblée coloniale de l'Ile-de-France. L'amiral Bruix obtint sa réintégration, et quelques mois après, il fut élevé au grade de chef de division.

Employé d'abord à Paris à la réorganisation de la marine, puis à l'inspection des ports, il fut rendu, en l'an IX, au service actif, premièrement à bord du vaisseau *l'Océan*, ensuite à bord du *Mont-Blanc*, qui faisait partie de l'armée navale destinée, sous les ordres de l'amiral Villaret, à l'expédition de Saint-Domingue.

Chargé, avec quatre vaisseaux et deux frégates, de réduire le fort Dauphin, Magon s'en empara avec tant de rapidité et de succès, que le général en chef Leclerc lui conféra immédiatement le grade de contre-amiral. « Cette nomination, disait l'amiral Villaret dans son rapport, lui a été décernée par le vœu unanime de l'armée, et je ne doute pas que le gounement ne la confirme : » elle le fut, en effet, au mois de ventôse an X.

En l'an XII, l'amiral Bruix appela Magon à Boulogne, et lui confia le commandement de l'aile droite de la flottille. Les 19 frimaire et 25 prairial de la même année, il avait été nommé membre et commandeur de la Légion-d'Honneur.

L'année suivante, il alla avec sa division, composée des vaisseaux *l'Algésiras* et *l'Achille*, et de la frégate *la Didon*, rallier aux Antilles l'armée navale aux ordres de l'amiral Villeneuve.

Le 29 vendémiaire an XIII, il était avec lui à Trafalgar. Son pavillon flottait sur *l'Algésiras*; il commandait la 2ᵉ division du corps de réserve sous les ordres de l'amiral Gravina. Engagé avec le vaisseau anglais *le Tonnant*, de 80 canons, Magon fut tout d'abord grièvement blessé au bras et à la cuisse. Cependant, il continuait à faire bravement son devoir. Un biscaïen le frappa à la tête et le tua. C'était son douzième combat : il était âgé de 42 ans.

MAISON (Nicolas-Joseph), maréchal de France, né à Épinay, le 19 décembre 1770, s'enrôla comme volontaire le 22 juillet 1792, fut capitaine dix jours après, et se signala à la bataille de Jemmapes.

Dénoncé et destitué en 1793, il se justifia, fit la campagne de 1794 à l'armée du Nord et se trouva à la bataille de Fleurus.

Attaché ensuite, jusqu'en 1797, à la division Bernadotte, Maison devint chef de bataillon et déploya partout la même valeur.

Nommé en 1799 adjudant-général et premier aide-de-camp de Bernadotte, alors ministre de la guerre, il fut chargé d'une mission à l'armée du Rhin, et sabra près de Manheim les hussards de Szecklers qui inquiétaient la cavalerie française. En 1800, il fut blessé presque mortellement au village de Schout (Hollande) en repoussant un corps d'Anglo-Russes.

En 1805, il rejoignit le 1er corps de la grande armée et cueillit sa part des lauriers d'Austerlitz. Général de brigade en 1806, il fit la campagne de Prusse et assista à la bataille d'Iéna. Peu après, ce fut Maison qui traversa le premier la Saale pour culbuter le prince de Wurtemberg et pénétra ensuite dans Lubeck.

En 1807, il fut nommé chef de l'état-major général du 1er corps et fit la campagne que termina la paix de Tilsitt.

L'année suivante, il passa en Espagne et se distingua à la bataille d'Espinosa. A l'attaque de Madrid, il eut le pied droit fracassé par une balle, ce qui l'obligea de rentrer en France. En 1809, lors du débarquement des Anglais en Hollande, il était à Anvers avec le prince de Ponte-Corvo. Puis, après l'évacuation de l'île de Walkeren, il commanda successivement à Berg-op-Zoom, à Rotterdam et au camp d'Utrecht. Lors de la guerre de Russie, sa belle conduite dans plusieurs affaires le fit nommer général de division. Dans la retraite, il déploya autant de zèle que d'habileté.

En 1813, Maison, à la tête du 5e corps, battit les Prussiens à Mockern et prit la ville de Halle. Ce fut lui qui, le jour même de la bataille de Lutzen, marcha sur Leipzig, s'en empara et empêcha l'ennemi de détruire les ponts de l'Elster. A Bautzen, avec deux régiments, il repoussa les charges combinées de six colonnes de cavalerie et les mit en déroute. Il fut blessé à la bataille de Wachau et à celle de Leipzig. En janvier 1814, il commandait le 1er corps chargé de couvrir la Belgique. Il défendit quelque temps, malgré une grande infériorité numérique, les approches d'Anvers. Son intention était de se porter sur la capitale, à marches forcées; et déjà il s'était dirigé sur Valenciennes pour attaquer les Saxons, lorsqu'il apprit à Quiévrain l'abdication de l'Empereur. Il conclut alors un armistice et gagna Lille, d'où il envoya son adhésion au nouveau gouvernement.

Louis XVIII le nomma chevalier de Saint-Louis, Pair de France et grand cordon de la Légion-d'Honneur.

Au 20 mars 1815, Maison qui venait d'être nommé gouverneur de Paris, crut devoir accompagner Louis XVIII en Belgique.

A la seconde Restauration, il prit le commandement de la 1re division; passa en 1816 à la 8e, ce qui n'était nullement une disgrâce. L'Empereur l'avait fait baron et comte, les Bourbons le firent marquis en 1816, et Charles X lui confia en 1828 le commandement de l'expédition de la Morée. A son retour, il reçut le bâton de maréchal. Mais toutes ces faveurs n'altérèrent pas le caractère vraiment indépendant du maréchal Maison.

En 1830, il accepta de Louis-Philippe la mission de se rendre avec MM. Odilon Barrot et de Schonen auprès des princes déchus pour les décider à quitter la France.

Nommé ministre des affaires étrangères le 4 novembre, il fut bientôt nommé à l'ambassade de Vienne, puis à celle de Saint-Pétersbourg en 1833.

En 1835, il se chargea du portefeuille de la guerre, le garda un peu plus d'une année et mourut à Paris le 13 février 1840.

« Ses manœuvres autour de Lille, dans la crise de 1814, avaient attiré mon attention, et l'avaient gravé dans mon esprit. »

(*Jugement de Napoléon sur Maison.*)

MAISONFORT (Maximilien, DUBOIS DESCOURS, marquis de), fils du marquis de Maisonfort, ministre de France en Toscane, ancien intendant général, député du Nord, naquit en 1792. Louis XVIII l'avait fait nommer chevalier de Malte en 1807. Entré au service de Russie en 1808 et envoyé comme sous-officier guide en Moldavie, il y gagna tous ses grades contre les Turcs, jusqu'en 1812. Il s'était distingué à la bataille de Rissovat et à Schoumla. Après l'affaire de Kalipétri, il reçut l'ordre de Sainte-Anne, une épée d'honneur en or à Silistri, le ruban de Saint-Wladimir à la prise de Lowtcha dans le Balkan.

Il fut peu après employé au cabinet topographique de l'Empereur, puis attaché à l'ambassade de Stockholm, et il suivit Bernadotte en Allemagne et en Danemarck. Nommé chevalier de Saint-Louis en février 1814, il quitta le service de Russie comme major le 30 mai, et entra comme sous-lieutenant (lieutenant-colonel) aux Gardes du corps, compagnie de Gramont.

En 1822, il fut décoré de la Légion-d'Honneur, puis attaché au maréchal de Bellune qui le chargea de plusieurs missions importantes.

Nommé lieutenant des Gardes du Corps et colonel le 6 août 1823, il fut fait officier de la Légion-d'Honneur en 1827, aide-major avec rang de maréchal de camp en juin 1829. En 1830, il fit partie du cadre de réserve de l'état-major général.

Remis en disponibilité en 1838, il commanda le département des Hautes-Alpes (7ᵉ division militaire) et fut nommé dans la même année au commandement de la 2ᵉ brigade d'infanterie de la division active des Pyrénées-Orientales.

MALET (Charles-François), né à Dôle, le 28 juin 1754, d'une famille noble de Franche-Comté. Entré fort jeune dans la 1ʳᵉ compagnie des Mousquetaires, il revint dans sa famille après le licenciement de la maison du roi. S'étant prononcé en faveur des idées nouvelles, il commanda le 1ᵉʳ bataillon que son département envoya aux frontières; sa valeur et ses talents militaires le firent promptement élever au grade de général de brigade. Championnet et Masséna le citent honorablement dans plusieurs rapports. En 1805, il participa aux succès de Masséna qui le nomma gouverneur de Pavie.

Malet s'était montré hostile à Bonaparte dès le Consulat; *on dit*, qu'en l'an IX, commandant le camp de Dijon, il avait projeté d'arrêter le premier Consul à son passage dans cette ville; mais les opinions hautement professées par Malet, son caractère sombre et indépendant expliquent assez la disgrâce dans laquelle il tomba. Distrait de l'armée active, envoyé à Bordeaux pour commander le département, il vote contre le Consulat à vie. On le relègue aux Sables d'Olonne, là il fait éclater une opposition encore plus vive; en vain, essaie-t-on de le gagner en lui envoyant le titre de commandeur de la Légion-d'Honneur : il répond à M. de Lacépède, grand chancelier de l'Ordre :

« Citoyen, j'ai reçu la lettre par laquelle vous m'annoncez la marque de confiance que m'a donnée le grand Conseil de la Légion-d'Honneur. C'est un encouragement à me rendre de plus en plus digne d'une association fondée sur l'amour de la patrie et *de la liberté.* »

Quelque temps après, Napoléon se fait proclamer Empereur. Voici la lettre de félicitations que lui adressa Malet :

« Citoyen premier Consul, nous réunissons nos vœux à ceux des Français qui désirent voir leur patrie heureuse et libre. Si un empire héréditaire est le seul refuge contre les factions, soyez empereur, mais employez toute l'autorité que votre suprême magistrature vous donne pour que cette nouvelle forme de gouvernement soit constituée de manière à nous préserver de l'incapacité ou de la tyrannie de vos successeurs, et qu'en cédant une portion si précieuse de notre liberté, nous n'encourions pas un jour de la part de nos enfants, le reproche d'avoir sacrifié la leur. »

En même temps, il écrit au général de division Gobert :

« J'ai pensé que, lorsqu'on était forcé par des circonstances impérieuses de donner une telle adhésion, il fallait y mettre de la dignité et ne pas trop ressembler aux grenouilles qui demandent un roi. »

Et il envoie sa démission.

On a dit aussi que Malet appartenait à la société des Philadelphes; il est au moins certain qu'il ourdit une conspiration en 1808, pendant que l'Empereur était en Espagne. Trahi par un de ses complices, il fut arrêté et 55 personnes avec lui; mais au lieu de lui infliger la peine capitale, on se contenta de le retenir dans une prison d'État; et bientôt cette captivité fut adoucie au point de n'être plus qu'une détention dans une maison de santé à la barrière du Trône.

Cette détention durait depuis quatre ans lorsque cet esprit sombre, entreprenant, conçut, dans l'ennui de sa prison, le hardi projet de tenter une révolution à lui seul, sans autre moyen qu'un cri funèbre dont il devait faire retentir tout Paris. Ce cri, c'était : l'*Empereur est mort.*

Le grand éloignement de Napoléon, son expédition aventureuse au fond de la Russie, l'irrégularité et l'interruption fréquente des courriers avaient préparé les esprits. De graves inquiétudes circulaient dans Paris, et le conspirateur avait calculé toutes les chances qu'un premier moment de stupeur pourrait donner à qui saurait oser.

Au mois d'octobre 1812, le régiment de la Garde de Paris et quelques cohortes de la Garde nationale mobilisée formaient la garnison de la capitale. Le régiment de la Garde de Paris avait la même destination que l'ancien guet de cette ville, un service sédentaire; il se composait en grande partie de jeunes soldats enrôlés avant l'âge pour éviter la conscription et presque tous mariés. C'était une espèce de gendarmerie à pied. Dans la campagne de Prusse, on avait cependant dirigé ce régiment sur Dantzig. Il redoutait une seconde campagne, et la promesse de la paix générale devait le séduire. Elle devait plaire également à la dixième cohorte formée d'hommes échappés aux précédents tirages, et qu'une mesure récente avait arrachés à leurs foyers, lorsqu'ils se croyaient définitivement libérés. Les cohortes étaient commandées par de vieux officiers républicains, réformés à cause de leurs opinions, au commencement de l'Empire, et rappelés plus tard faute d'autres.

Que ferait-on, se dit Malet, si l'on apprenait tout à coup que Napoléon est mort à 600 lieues de sa capitale? point de Conseil de régence, rien n'a été prévu; le Sénat s'assemblerait aussitôt. Je le rassemblerai; le Sénat ferait une proclamation, je la rédigerai et la ferai adopter. »

Sautant à pieds joints sur les confidences, sur les associations, sur les délibérations, les hésitations et les lenteur, qui sont l'écueil ordinaire des conspirations, il avait pourvu à lui seul aux préliminaires de l'action. Toute la conspiration était dans sa tête; ce qu'un Comité de conjurés aurait tenté de faire, il le suppose fait, ce que des intelligences dans les principaux corps de l'État auraient pu lui procurer, il le suppose obtenu. Les décrets qu'il aurait fallu arracher au Sénat, il les a dans son portefeuille. En vertu de ces décrets, le gouvernement impérial est aboli ; un gouvernement provisoire le remplace. Le général Malet, chargé du commandement militaire de Paris, se chargera des mesures d'exécution.

Ce gouvernement provisoire sera composé de MM. Mathieu de Montmorency, Alexis de Noailles, général Moreau, vice président, Carnot, président, maréchal Augereau, Bigonnet, ex-législateur, comte Frochot, préfet de la Seine, Florent Guyot, ex-législateur, Destutt de Tracy, général Malet, vice-amiral Truguet, Volney, sénateur, Garrat, sénateur.

Malet avait préparé des instructions pour tous les hommes qui devaient être ses complices *sans le savoir*. Ce travail préparatoire fut immense, puisqu'il fallait remettre à chaque acteur un peu important, outre ses instructions particulières, des copies de sénatus-consulte et des proclamations. Dès qu'un rôle était complétement préparé, la dépêche était close, cachetée, numérotée et portée chez un prêtre espagnol qui demeurait rue Saint-Gilles, près la caserne de la 10e légion.

Dans la nuit du 22 au 23 octobre, échappant aux faibles consignes sous lesquelles il était détenu, Malet risque l'aventure. Cette nuit doit suffire pour lui procurer tout ce qui lui manquait encore : complices, troupes, argent et autorité.

Revêtu de son uniforme de général de brigade, il se présente d'abord à la prison de la force, et, par de faux ordres, en fait sortir les généraux Lahorie et Guidal ; il leur annonce que l'Empereur est mort le 7 octobre devant Moscou, que le Sénat a pris des mesures et qu'il faut marcher. Lahorie et Guidal le suivent.

Ils se transportent devant une caserne ; la troupe était plongée dans le plus profond sommeil. Malet parle en maître, fait battre le tambour, et réveille chefs et soldats avec sa nouvelle fatale, l'*Empereur est mort*. Tenant à la main les prétendus décrets du Sénat, il ordonne qu'on prenne les armes. Le soldat ne raisonne pas, il obéit; diverses colonnes sont aussitôt mises en mouvement, et le plan s'exécute.

Un détachement commandé par Lahorie se dirige sur l'hôtel du duc de Rovigo, ministre de la police, en surprend l'entrée, enlève le ministre et le conduit à la prison de la Force; un autre détachement s'empare du préfet de police et le met également en lieu de sûreté ; une troisième colonne marche sur l'Hôtel-de-Ville, et la troupe prend position sur la place de Grève, tandis que ses commandants se font remettre la clef du tocsin Saint-Jean, appellent le préfet Frochot, et font préparer, par ses soins, la salle que le gouvernement provisoire doit venir occuper.

Le jour commençait à poindre, et déjà la nouvelle de la nuit avait produit son effet. Tout Paris s'était réveillé consterné. La mort de l'Empereur n'a pas trouvé un incrédule ; chacun se renferme dans sa maison ; ce n'est qu'à la dérobée qu'on ose jeter un coup d'œil inquiet sur le parti révolutionnaire qui s'empare de la ville. Encore une heure de succès et l'action du gouvernement allait être paralysée dans ses principaux ressorts. Mais ce qu'un homme obscur a fait à force d'audace, un homme obscur va le déjouer avec un peu de bon sens et beaucoup d'énergie.

Malet n'avait rien eu de plus pressé que d'aller s'installer au quartier général de la place Vendôme, qui lui offrait toutes les facilités désirables pour jouer son rôle de commandant. D'un coup de pistolet, il avait cru se débarrasser du général Hullin; il allait disposer des officiers d'état-major, des bureaux, des cachets, et ses ordres, portés désormais par des ordonnances, ne pouvaient plus manquer d'être reconnus dans toutes les casernes; mais un officier de la police militaire qui se trouvait là, le chef de bataillon Laborde a reconnu dans le nouveau général du Sénat l'ancien prisonnier Malet; il ne veut rien croire de ce qu'un tel homme annonce, se jette sur lui, le désarme et le fait rentrer en prison.

Dès ce moment la conspiration est arrêtée. C'est un corps dont le cœur a cessé de battre. Les troupes, honteuses du rôle qu'on leur a fait jouer, se laissent facilement ramener dans leurs casernes, et l'ordre est aussitôt rétabli.

Tel est l'exposé de cette tentative hardie, incroyable, qui faillit renverser un magnifique échafaudage de gloire et de puissance. Le plan de Malet était habilement combiné, il avait trouvé le côté faible du gouvernement impérial, et si bien calculé les conséquences de l'obéissance passive, que le prisonnier, à peine libre, remplace l'Empereur. Dans cette déroute du pouvoir, le nom du roi de Rome ne fut pas même prononcé; chacun ne songea plus qu'à soi. Au bruit de la mort de l'Empereur, le talisman s'était brisé; Malet a révélé un secret fatal, celui de la faiblesse de la nouvelle dynastie.

Les généraux Malet, Guidal et Lahorie, traduits le 29 octobre 1812 devant un conseil de guerre, furent fusillés le 30 dans la plaine de Grenelle. Plusieurs malheureux officiers que les chefs avaient entraînés furent condamnés avec eux. L'Empereur déplora cette rigueur et la promptitude avec laquelle on l'avait exercée. *C'est une fusillade, c'est du sang,* s'écria-t-il à la nouvelle du jugement, *quelle impression cela va faire en France!* Ce fut à la hauteur de Mikalewka, et le 6 novembre, qu'une estafette, la première qu'on eût reçue depuis dix jours, vint apporter la nouvelle de cette étrange conspiration. A peine arrivé à Paris, Napoléon fit venir l'Archichancelier, et dès qu'il l'aperçut, il courut à lui l'œil enflammé de colère : « Ah! vous voilà, lui dit-il d'une voix tonnante; qui vous a permis de faire fusiller mes officiers? Pourquoi m'avez-vous privé du plus beau droit du souverain, celui de faire grâce; vous êtes bien coupable! »

« La célèbre affaire de Malet était, en petit, mon retour de l'île d'Elbe, ma caricature. Cette extravagance ne fut, au fond, qu'une véritable mystification : c'était un prisonnier d'État, homme obscur qui s'échappe pour emprisonner à son tour le préfet, le ministre de la police, ces gardiens de cachots, ces flaireurs de conspirations, lesquels se laissent moutonnement garrotter. C'est un préfet de Paris, le répondant né de son département, très-dévoué d'ailleurs, mais qui se prête, sans la moindre opposition, aux arrangements de réunion d'un nouveau gouvernement qui n'existe pas. Ce sont des ministres nommés par les conspirateurs, occupés de bonne foi à ordonner leur costume, et faisant leur tournée de visites, quand ceux qui les avaient nommés étaient déjà rentrés dans les cachots; c'est enfin toute une capitale, apprenant au réveil l'espèce de débauche politique de la nuit, sans en avoir éprouvé le moindre inconvénient. Une telle extravagance ne pouvait avoir absolument aucun ré-

sultat. La chose eût-elle en tout réussi, elle serait tombée d'elle-même quelques heures après; et les conspirateurs victorieux n'eussent eu d'autre embarras que de trouver à se cacher au sein du succès.»
(*Napoléon à Sainte-Hélène.*)

MANDEVILLE (Eugène-Auguste-David, de), né à Avesnes, le 11 juin 1780, fut appelé sous les drapeaux, à 17 ans, par la réquisition.

Quoiqu'il eût fait de bonnes études à l'ancien collége militaire de Tyron, il n'était que simple *haut-le-pied* dans les charrois de l'armée d'Italie, lorsque le général Grouchy, chargé de l'organisation militaire de l'armée piémontaise, lui conféra le grade de sous-lieutenant à l'état-major.

Plus tard, aide-de-camp des généraux Bellavène et Clarke, il fit avec distinction les campagnes de Prusse et de Pologne, et se fit remarquer principalement le 5 juin 1807, au combat de Guttstadt. Dans cette affaire, le 59ᵉ de ligne, dont il commandait alors une compagnie, dut à la fermeté de son chef la conservation d'un grand nombre d'hommes dispersés par une fausse marche, et qu'il réunit dans un poste où il se défendit tout le jour, quoique atteint d'un coup de feu à l'épaule.

Créé légionnaire à cette occasion, M. de Mandeville servit en Espagne en 1808 et 1809, et fut nommé dans le cours de la campagne de 1813, colonel du 149ᵉ de ligne.

Officier de la Légion-d'Honneur et général de brigade au 5ᵉ corps, après les revers de Leipzig, il tomba au pouvoir de l'ennemi et ne rentra en France qu'en septembre 1814.

Pendant les Cent-Jours, Napoléon lui confia le commandement des gardes nationales de l'arrondissement de Saverne, avec lesquelles il coopéra à la défense du cours du Rhin. Envoyé sous la Restauration dans le département des Vosges, le général de Mandeville y resta employé jusqu'en 1829.

Admis à la retraite en 1831, il s'était retiré à Saverne où il a terminé sa carrière le 28 janvier 1850.

MANHÈS (Charles-Antoine, comte), né le 4 novembre 1777, d'un procureur au présidial d'Aurillac (Cantal). Il fit un commencement d'études au collége de cette ville. Envoyé à l'École du Mans avant l'âge de quinze ans, sa première arme fut l'artillerie. Nommé sous-lieutenant en avril 1795, au 3ᵉ bataillon du Cantal, devenu 26ᵉ de ligne, il fit les campagnes de l'an III et de l'an IV à l'armée de Rhin-et-Moselle, sous Pichegru et Hatri, et celle des ans V, VI et VII, sous Kellermann, Scherer, Bonaparte et Joubert. Il assista au siège de Luxembourg et se conduisit bravement à la bataille de Novi, où il fut grièvement blessé.

Nommé lieutenant le 24 décembre 1799, il fit en Italie les campagnes de l'an VIII et de l'an IX, sous Championnet, Moreau, Masséna et Berthier.

Le 2 janvier 1802 (an X), le général Milhaud, son oncle, le prit comme aide-de-camp; il le suivit pendant les campagnes de 1802 à 1806. Il se trouva à la bataille d'Austerlitz, et y eut un cheval tué sous lui. Napoléon l'avait décoré en janvier 1805.

Nommé capitaine en juin 1806 et chef d'escadron en avril 1807, il devint aide-de-camp du grand duc de Berg (Murat) et le suivit en Espagne en 1808. M. Manhès fut chargé de conduire le prince de la Paix en France, à travers mille périls, mais sous bonne escorte. Lorsque Murat fut désigné par Napoléon pour occuper le trône de Naples, M. Manhès le suivit dans son royaume et ne tarda pas à en recevoir des marques d'une faveur peu commune. Chevalier de l'ordre des Deux-Siciles, il fut nommé colonel et maintenu dans ses fonctions d'aide-de-camp du roi. Le 4 septembre 1809 il reçut sa nomination de général de brigade et celle de Commandeur de l'ordre royal des Deux-Siciles le 19 août 1810.

Le roi Joachim ayant résolu de détruire le brigandage dans la Calabre, le général Manhès reçut une mission spéciale à cet effet et débuta par des mesures tellement terribles qu'au premier abord on les crut seulement dictées pour jeter l'épouvante, mais les faits ne tardèrent pas à parler, et de grandes cruautés furent commises, qui ramenèrent la sécurité de ce pays en étouffant le brigandage, mais qui donnèrent à Manhès une réputation de violence et de dureté. Il reçut de nouvelles récompenses à la suite de sa mission qui dura six mois; Joachim le fit lieutenant-général (25 mars 1811), lui donna une dotation dans la Calabre avec le titre de comte, puis lui confia le commandement des 2e, 4e et 5e divisions territoriales avec pleins pouvoirs de haute police, puis enfin premier inspecteur général de gendarmerie (février 1812).

En 1813, Joachim voulut se défaire des *Carbonari* et chargea encore Manhès de cette mission de colère, et ce général s'en acquitta avec la même inflexibilité. Pour prix de ce service il fut nommé grand dignitaire de l'ordre des Deux-Siciles.

En 1814, lorsque Joachim eut signé un traité avec l'Autriche, un décret du grand juge renvoyait dans leur patrie tous les Français au service du roi de Naples. Le général Manhès refusa d'obéir.

Le 17 mars 1815, Joachim déclara la guerre à l'Autriche, et M. Manhès fut chargé d'un commandement. Après l'affaire de Tolentino (3 mai), qui coûta la couronne à Murat, la reine fit partir de Naples sa sœur Pauline, le cardinal Fesch et sa mère madame Letizia. Manhès n'attendit pas l'issue des événements; il fit fréter un bâtiment et s'embarqua, le 19 mai, avec papiers et pavillon anglais. Il arriva à Marseille où commandait Brune; le 14 octobre il se rendit à Paris d'où on le renvoya à Aurillac. Ses offres de service aux Bourbons furent agréés; il fut maintenu au service et fut nommé, en 1827, inspecteur général de gendarmerie. Il était à Paris pendant les trois journées de 1830. Conservé sur les cadres de disponibilité, il espéra longtemps un emploi qu'on lui refusa toujours.

Au mois de mai 1837, il fit un voyage à Naples et reçut de la cour le plus brillant accueil. Il revint chargé des cadeaux du roi Ferdinand pour la reine Marie Amélie.

Le général Manhès fut laissé sur le cadre de la retraite; il avait été nommé précédemment commandeur de la Légion-d'Honneur.

MARANSIN (JEAN-PIERRE, baron) naquit le 20 mars à Lourdes (Hautes-Pyrénées).

Volontaire le 13 février 1792 dans le 1er bataillon de son département, élu capitaine le même jour, il fit les campagnes de 1792 à l'an II à l'armée des Pyrénées-Occidentales.

Le 3 septembre 1793, à la tête de cinq compagnies qu'il commandait, il repoussa l'attaque du régiment d'Africa, dirigée contre le camp d'Aynhoua. Il s'empara des hauteurs de Laudibart, du village d'Urdach, des magasins et de la fonderie de canons que l'ennemi y avait établis.

Le 22 messidor an II, à la tête du 1er bataillon des Hautes-Pyrénées, il attaque le camp des émigrés dits *de la légion de Saint-Simon*, près de Berdaritz, prend, après le combat le plus opiniâtre, la caisse militaire de la légion, et en fait la remise au général Digonnet. Assailli, pendant l'action, par un nombre considérable d'émigrés, il en tua deux de sa main et dispersa les autres à coups de sabre.

Le 26 vendémiaire an III, lors de l'invasion de la vallée de Roncevaux par le général Moncey, il attaqua, avec 1,200 hommes, et prit de vive force, le château d'Irati, enleva le chantier de cette ville, brûla les magasins de la mâture royale, et causa à l'ennemi une perte de 4 millions.

Passé avec son bataillon dans la demi-brigade des Landes, le 1er germinal suivant, il se rendit à l'armée de l'Ouest où il fit la campagne de la fin de cette année à l'an IV.

Au mois de vendémiaire an IV, avec cinq compagnies de grenadiers, il défendit un convoi de grains attaqué par 4,000 Vendéens commandés par Charette; il parvint à les disperser et amena le convoi à Léger, au moment où le général Raoul le croyait tombé entre les mains de l'ennemi.

Employé, en l'an VI, à l'armée d'Angleterre, et en l'an VII à celle du Danube, il soutint, le 4 floréal de cette dernière année, avec sa compagnie et quelques fuyards qu'il avait ralliés, les charges d'une nombreuse cavalerie autrichienne, sauva les débris de la division Ferino, qui avait été mise en désordre, et reprit six pièces de canon. Cette action lui valut le grade de chef de bataillon le 26 prairial suivant.

Il fit les campagnes des ans VIII et IX à l'armée du Rhin.

Le 11 floréal an VIII, à la tête de son bataillon, il passa le premier le Rhin et s'empara de la ville de Schaffhausen, malgré la supériorité numérique de l'ennemi.

Le 20 du même mois, attaqué à Memmingen, et enveloppé par une division ennemie sous les ordres du général Kray, Maransin soutint un combat de deux heures contre des forces dix fois plus nombreuses. Il se fit jour à la baïonnette, et ramena son bataillon en renversant tout ce qui s'opposait à son passage. Quoique blessé d'un coup de feu qui lui traversait la cuisse, il continua de combattre et contribua puissamment au succès de la journée.

Rentré en France après la cessation des hostilités, il fut employé sur les côtes de l'Océan pendant les ans XI et XII.

Major du 31e léger, le 30 frimaire an XII, membre de la Légion-d'Honneur le 4 germinal, et promu colonel de la 1re légion du Midi le 27 janvier 1807, il fit partie du corps d'observation de la Gironde, devenu armée de Portugal, sous les ordres de Junot.

A la bataille de Vimeiro, au moment où l'armée était obligée d'opérer un mouvement rétrograde, il se porta en avant, à la tête de ses troupes, et protégea la retraite de l'armée.

Général de brigade le 8 novembre 1808, il fit partie du 8e corps de l'armée d'Espagne.

Baron de l'Empire le 15 août 1809, il ajouta encore à sa brillante réputation dans les combats livrés le 20 juillet 1810 au col de Muladar, dans la Sierra-Morena.

Mis à la disposition du maréchal duc d'Elchingen, le 1er mars, pour être employé au 6e corps, il passa au 5e, sous les ordres du duc de Trévise, le 10 avril suivant.

Le 1er janvier 1811, la division dont il faisait partie se mit en mouvement pour se porter sur Badajoz, dont le siége avait été résolu. Parti de Fuente di Cantos le 8, à la poursuite de Ballesteros, qui s'était établi à Frégenal, il se trouva, le 25, au combat de Los Castillejos, en Andalousie, où l'ennemi, après un combat de deux heures, se vit obligé de battre en retraite. Le régiment de Léon tenait encore, lorsque le général Maransin ordonna une charge à la baïonnette, qu'il conduisit lui-même. Le régiment espagnol, enfoncé et mis en déroute complète, entraîna avec lui le corps entier de Ballesteros, qui éprouva dans cette action des pertes immenses.

Celui-ci, poursuivi toute la nuit par le général Maransin, à la tête des 28e léger et 103e de ligne, se rejeta sur la rive gauche de la Guadiana, et ne put rallier ses troupes que derrière ce fleuve.

Maransin arriva, le 2 février, au camp sous Badajoz.

Le 16 mai de la même année, il commandait une brigade de la division Girard, et se distingua à la bataille d'Albuhera, où il fut grièvement blessé.

Officier de la Légion-d'Honneur, le 20 du même mois, il resta à Séville pour y soigner sa blessure.

Appelé le 10 septembre suivant, au commandement de la 2e division de réserve de l'armée du Midi, il fit partie de la colonne envoyée dans les Alpuxarras contre la division insurgée du comte de Montejo, qui fut battue et dispersée. Il poussa ensuite jusqu'à Almeiria, reconnut la côte jusqu'à Malaga, et devint gouverneur de cette province.

Ballesteros s'étant avancé sur Malaga avec 5,800 hommes d'infanterie, et 1,000 cavaliers, Maransin sortit de cette place à la tête de 1,800 hommes; il parvint, après un combat de quatre heures, à forcer les Espagnols à battre en retraite, laissant le champ de bataille couvert de morts et de blessés; Maransin reçut dans cette journée un coup de feu à travers le corps.

Maransin fut attaché, le 6 avril 1813, à la division de cavalerie légère du général Soult, et alla occuper Tolède et Illescas.

Général de division le 30 mai, il demeura à la suite du quartier général et se trouva, le 21 juin, à la bataille de Vittoria. De cinq heures du matin à trois heures de l'après-midi, il lutta avec la plus grande énergie; mais, accablé par le nombre toujours croissant des ennemis, il se retira et rejoignit le gros de l'armée avec son artillerie.

Le 6 juillet suivant, les armées du Nord, du Centre et du Midi, formèrent l'armée dite d'*Espagne*, sous les ordres du maréchal duc de Dalmatie, et, le 16 du même mois. Maransin prit le commandement de la 6e division d'infanterie, faisant partie du centre de cette armée.

Le 25, au col de Maïa, il culbuta le corps du général Hill, lui enleva cinq pièces de canon, et lui prit 700 hommes.

Il occupa avec ses troupes les camps d'Ainhoa et de Véra jusqu'au 5 septembre, époque à laquelle le général en chef le plaça à la tête de la 5e division d'infanterie, qui se trouvait à l'aile gauche.

Il combattit vaillamment aux affaires des 9, 10, 11, 12 et 13 décembre sur la Nive, et reçut un coup de feu à l'aine gauche, à la dernière de ces cinq journées.

Le 27 février 1814, il se trouva à la bataille d'Orthez, où il repoussa l'attaque du général anglais Alten.

Le 10 avril, à la bataille de Toulouse, il formait l'aile gauche de l'armée, avec sa division et celle du général Darricau. Attaqué à sept heures du matin, près de l'embranchement du canal, il fit bonne contenance, et ne put être débusqué de ses positions malgré les efforts réitérés de l'ennemi.

Chevalier de Saint-Louis le 24 août, mis en non-activité le 1er septembre, et créé commandeur de la Légion-d'Honneur le 15 décembre de la même année, le roi l'employa dans la 2e subdivision de la 10e division militaire le 15 janvier 1815.

Le 10 mai suivant, l'Empereur lui confia le commandement de la 7e division de réserve des gardes nationales de l'armée des Alpes. C'est à la tête de ces troupes qu'il seconda les opérations militaires du général duc d'Albuféra.

Commandant provisoire de la 19ᵉ division militaire (Lyon), le 2 août, mis en non-activité le 26 octobre, et dénoncé au ministre de la police, il subit à Tarbes un emprisonnement préventif de quatre mois.

Compris comme disponible dans le cadre de l'état-major général de l'armée le 30 décembre 1818, et mis à la retraite le 1ᵉʳ décembre 1825, il mourut à Paris le 15 mai 1828.

Son nom est inscrit sur l'arc de triomphe de l'Étoile, côté Ouest.

MARCEAU (François-Séverin DES GRAVIERS), né à Chartres en 1769, fut destiné au barreau; mais sa vocation l'emportant, il s'engagea à 16 ans dans l'infanterie. Congédié en 1789, il devint en 1791 commandant du bataillon de volontaires du département d'Eure-et-Loir. Il servit avec distinction, sous La Fayette, en 1792, et fut arrêté à l'armée de l'Ouest comme complice de Westermann, par ordre du représentant Bourbotte. Mis en liberté peu de temps après, il eut l'occasion de sauver la vie à ce même Bourbotte, à la bataille de Saumur. Cette conduite généreuse lui valut le grade de général de brigade. Bientôt après, désigné seul capable par Kléber, il fut nommé, à 22 ans, commandant en chef des deux armées de l'Ouest.

Les 12 et 13 décembre 1793, il gagna la sanglante bataille du Mans, où périrent 10,000 républicains et 20,000 Vendéens. Accusé d'avoir sauvé un jeune royaliste, il fut de nouveau mis en accusation, défendu et justifié par Bourbotte.

Général de division à l'armée de Sambre-et-Meuse, Marceau commandait l'aile droite à la bataille de Fleurus, où il eut deux chevaux tués sous lui. On le vit combattre à pied à la tête de ses bataillons et achever le succès de cette brillante journée.

Forcé de lever le blocus de Mayence qu'il commandait en 1796, il fut chargé de couvrir la retraite de l'armée. Il repoussa l'archiduc Charles qui avait battu Jourdan; mais le 19 août, tandis que pour donner le temps à l'armée de passer le défilé d'Altenkirchen, il arrêtait la marche du corps ennemi, commandé par le général Hotze, il reçut d'un chasseur tyrolien un coup mortel dans la forêt d'Hochsteinball, et fut laissé entre les mains de l'ennemi. L'archiduc Charles fit en vain prodiguer au jeune général tous les secours de l'art, Marceau succomba, et sa mort fut encore un nouveau triomphe. Il fut inhumé dans le camp retranché de Coblentz au bruit de l'artillerie des deux armées. Kléber dessina lui-même le monument funèbre qui fut élevé à la mémoire de son émule et de son ami, vis-à-vis Ehrenbreitstein. Une inscription gravée sur la pyramide invitait « les amis et les ennemis du brave à respecter son tombeau. »

Un magistrat de Coblentz, prononçant l'oraison funèbre du général ennemi, dit ces paroles : « Au sein de la guerre, il soulagea les peuples, préserva les propriétés et protégea le commerce et l'industrie des provinces conquises. »

Lord Byron écrivit des vers sur son tombeau. Quand le gouvernement prussien fit construire les nombreuses forteresses qui défendent aujourd'hui cette position, on voulut élever des batteries à la place même où s'élevait la pyramide; mais on obéit à l'inscription : la pyramide fut respectée, et on descendit le monument dans le milieu de la plaine, au-dessous du nouveau fort.

L'un des deux grands bas-reliefs de l'arc de l'Étoile, du côté de Paris, représente les honneurs rendus au général Marceau. Ce bas-relief est de M. Lemaire.

MARCEL (Étienne), né à Gien (Loiret) le 31 janvier 1792. Après avoir terminé ses études scolaires, il entra fort jeune encore dans les bureaux de la préfecture d'Orléans, et fut nommé, le 27 août 1809, capitaine dans les Gardes nationales du Loiret. Il fut envoyé à l'armée du Nord, et bientôt après, 1er mars 1810, il passa dans la garde, avec le grade de lieutenant au 7e régiment de voltigeurs, dédoublé quelques mois plus tard pour former le 116e régiment de ligne.

M. Marcel fit les campagnes d'Espagne de 1810, 1811, 1812, 1813 et celle du midi de la France en 1814. Il se distingua en 1811 à la bataille de Sagonte, où il fut grièvement blessé, et à la suite de laquelle il fut nommé lieutenant aide-major.

Promu au grade de capitaine adjudant-major le 26 juillet 1813, M. Marcel passa à la suite de nos désastres avec le même grade dans le 92e d'infanterie de ligne, et fut, après le second retour des Bourbons, compris au nombre des officiers licenciés.

En 1816, il reprit du service en qualité de capitaine de la légion départementale du Loiret, devenue plus tard 48e d'infanterie de ligne, fut créé chef de bataillon le 11 juin 1823, et envoyé quelques mois plus tard à la Guadeloupe, d'où il ne revint qu'à la fin de 1827.

En 1830, M. Marcel fit la campagne d'Afrique où il est resté pendant trois ans. Il fut nommé lieutenant-colonel au 15e d'infanterie de ligne, le 27 janvier 1831, et plus tard (31 décembre 1835), colonel du 41e; mais il ne prit point le commandement de ce régiment, une disposition du ministre de la guerre l'ayant, quelques jours plus tard (16 janvier 1836), maintenu au 15e avec son nouveau grade.

M. Marcel a été proposé plusieurs fois pour la croix d'honneur sous l'Empire. Cette décoration ne lui fut accordée que le 27 janvier 1815. Il a été créé officier de cet ordre le 17 mai 1832. Il avait obtenu en outre, sous la Restauration (25 octobre 1826), la croix de chevalier de Saint-Louis. Promu au grade de général de brigade le 22 octobre 1845, il reçut ensuite le commandement de la 3e subdivision de la 16e division militaire.

MARCHAND (Jean-Gabriel, comte), né à Lalbenc (Isère) le 11 décembre 1765. Avocat à Grenoble en 1789. Il commandait en 1791 une compagnie d'éclaireurs du 4e bataillon de l'Isère, se distingua dans la campagne de Savoie, assista au siège de Toulon, fut attaché comme adjoint à l'état-major du général Cervoni et se lia à cette époque avec Joubert. En novembre 1795, à Loano, le colonel Lannes et le capitaine Marchand attaquèrent, avec 200 grenadiers, une redoute armée de six pièces de canon et défendue par 1,200 grenadiers hongrois, et la prirent en un instant. Ces deux braves tournèrent aussitôt les six pièces de canon contre l'armée ennemie et procurèrent la victoire aux Français. Le capitaine Marchand fut complimenté par Scherer et nommé chef de bataillon.

En juin 1796, le commandant Marchand, à la tête de 300 carabiniers du 3e léger, surprit un camp de 8 à 10,000 Autrichiens, fit poser les armes à tous les postes et ramena 400 prisonniers au général Joubert. Le 29 juillet, il attaqua 3,000 Autrichiens qui prenaient à découvert le flanc de Joubert et reçut une balle dans la poitrine.

Fait prisonnier le 14 juin 1797, il fut nommé colonel et échangé sur-le-champ.

M. Marchand fut quelque temps commandant de la place de Rome en 1798 et destitué; mais Joubert, avant de partir pour l'Italie, le prit pour aide-de-camp.

Le premier Consul ayant nommé Marchand général de brigade, lui confia d'abord le commandement de l'Isère, puis l'envoya commander au camp de Boulogne une brigade de la division Dupont, qui s'illustra en 1805.

Nommé général de division le 24 décembre 1805, il assista à la bataille d'Iéna et à la prise de Magdebourg.

Le 4 juin 1807, 80,000 Russes ayant attaqué les 12,000 braves commandés par Ney, le général Marchand, qui était sous ses ordres, se signala en protégeant le passage du pont de Deppen.

A Friedland, la division Marchand se dirigea l'arme au bras sur le clocher de cette ville, sans être arrêtée par le feu épouvantable de l'artillerie et parvint à occuper Friedland.

En 1807, M. Marchand fut décoré du grand Aigle, passa en Espagne où il fit quatre campagnes. Il se signala principalement au passage du Tage le 8 août 1809, au combat de Torrès le 29 novembre, au combat de Fuentès-Onoro, le 3 mai 1811.

Il commanda une division en Russie, fut souvent nommé dans les bulletins officiels, surtout aux journées de Valentino et de la Moskowa.

En 1815, il commandait la 7ᵉ division militaire, y rendit de grands services et reprit Chambéry sur les Autrichiens.

Appelé au commandement de la 1ʳᵉ subdivision de la 7ᵉ division à Grenoble, il chercha sérieusement à s'opposer au succès du 20 mars. Tous ses efforts s'étant trouvés inutiles, le général Marchand se retira au fort Barreau.

Au retour du roi, il reprit son commandement, fut néanmoins accusé d'avoir livré Grenoble sans défense à Napoléon; destitué le 4 janvier 1816 et traduit à Besançon devant un conseil de guerre, il fut acquitté après six mois de débats.

Mis en disponibilité en 1818, puis en retraite.

Le général Marchand est grand-croix de la Légion-d'Honneur, chevalier de Saint-Louis, grand-croix du Mérite militaire de Wurtemberg et de l'ordre de Saint-Louis de 1ʳᵉ classe de Hesse Darmstadt.

MARCOGNET (PIERRE-LOUIS-BINET, baron de), né à Croix-Chapeau (Charente-Inférieure), le 14 novembre 1765.

Cadet au régiment de Bourbonnais, le 13 mars 1781, sous-lieutenant au même régiment au mois de juillet, il fit les campagnes de 1781, 1782 et 1783 en Amérique, sous Rochambeau.

Lieutenant en 1787, et capitaine en 1792, il servit à l'armée du Rhin.

Le 14 septembre 1793, il se fit remarquer à la reprise du camp de Budenthal, sur la Loutre, et reçut un coup de feu à la cuisse droite; il se signala de nouveau en novembre, à Detwiller, sur la Soar, en avant de Saverne.

Passé, le 7 fructidor an III, à la 10ᵉ demi-brigade d'infanterie légère, il prit une part glorieuse à l'affaire de Malche, le 21 messidor an IV; le lendemain il fut nommé chef de bataillon provisoire, et se trouva aux batailles de Neresheim et de Geisenfeld.

Marcognet donna de nouveau son sang à la patrie à la reprise des lignes de Weissembourg, à l'affaire de Filigen, à la bataille de Biberach et au siège de Kehl, où il reçut un coup de feu au bras droit, et fut nommé par le général Pichegru, en l'an VII, chef de bataillon titulaire à la 95ᵉ demi-brigade d'infanterie.

Promu adjudant-général chef de brigade provisoire le 26 floréal, Marcognet fut confirmé dans ce grade au 108ᵉ régiment d'infanterie le 18 prairial an VIII, et fit la campagne de l'an IX, toujours à l'armée du Rhin; il combattit vaillamment à la bataille de Hohenlinden.

L'inspecteur général Grenier disait de Marcognet, dans une note donnée en l'an X : « Officier très-méritant sous tous les rapports, digne du commandement qui lui est confié; » et l'inspecteur général Tilly : « Officier très-distingué, plein de zèle et d'activité, méritant sous tous les rapports, et très-digne du commandement qui lui est confié. Les connaissances de cet officier le rendent susceptible d'avancement. »

Général de brigade le 11 fructidor an XI, il fit partie, pendant les deux années suivantes, du camp de Montreuil.

Nommé membre de la Légion-d'Honneur le 19 frimaire an XIII, l'Empereur lui donna la croix de l'Ordre le 25 prairial suivant, et l'appela au commandement d'une brigade de la 3e division du 6e corps de la grande armée, avec laquelle il fit les campagnes de 1806 à 1807.

Créé baron en 1808, il passa en Espagne sous les ordres du maréchal Ney.

Marcognet se distingua dans plusieurs rencontres, notamment les 18 et 19 juin, sous les murs d'Oviédo. Il continua à servir en Espagne dans les années 1809, 1810, et jusqu'au 6 août 1811, époque à laquelle l'Empereur le nomma général de division.

Le 6 février 1812, il prit le commandement de la 14e division militaire. Le 30 mai 1813, il fit partie du corps d'observation de l'Adige.

En 1814, le gouvernement le mit en non-activité. Le 8 juillet, le Roi le nomma chevalier de Saint-Louis, et grand officier de la Légion-d'Honneur le 27 décembre.

Le 6 avril 1815, il commanda la 3e division au 1er corps d'observation, et obtint sa retraite le 9 septembre suivant.

Admis dans le cadre de réserve le 7 février 1831, il fut définitivement retraité le 1er mai 1832.

MARESCOT (Armand-Samuel, marquis de), né à Tours en 1758, fut élevé à La Flèche, puis à l'École militaire de Paris, entra ensuite dans le corps royal du génie, et qui était déjà capitaine de cette arme en 1792. Il servit en cette qualité à l'armée du Nord, contribua à mettre Lille en état de défense ; il se distingua pendant la durée du siége mémorable que soutint alors cette place. L'armée française s'étant ensuite portée en Belgique, le capitaine Marescot y suivit le général Champmorin en qualité d'aide-de-camp, et assista au siége d'Anvers où il servit comme officier de son arme. La perte de la bataille de Nerwinde le ramena avec l'armée sur la frontière du Nord. Il refusa d'imiter Dumouriez dans sa défection, rentra dans Lille, et parmi les travaux de défense qu'il y fit alors exécuter, on cite la ligne de la Deule et du canal de Lille à Douai, et un camp retranché sous la première de ces places, pour un corps de 15 à 18,000 hommes. Dénoncé ensuite par le club des Jacobins, il fut appelé à Paris; mais bientôt justifié, il fut envoyé au siége de Toulon avec le grade de chef de bataillon. Il y connut Bonaparte et eut avec lui, après la prise de cette ville, une vive altercation.

En 1794 il mit Maubeuge en état de défense et fut chargé de la direction du siége de Charleroi. Le 26 juin il contribua au gain de la bataille de Fleurus, et sa belle conduite lui mérita bientôt le titre de colonel et de général de brigade. En 1794 il s'empara de Maëstricht et fut nommé général de division. Porté sur la liste des émigrés, il en fut rayé par Carnot et envoyé à l'armée des Pyrénées-Orientales, où il fit démolir les fortifications de Fontarabie et fut nommé commandant des pays conquis. Parti ensuite pour l'Allemagne, il défendit avec beaucoup de talent Landau et le fort de Kehl.

Au 18 brumaire il commandait en chef le génie à Mayence. Premier inspecteur du génie en 1800, il accompagna Bonaparte en Italie. Après la victoire de Marengo il présida le Comité des fortifications, puis il fit avec distinction la campagne d'Allemagne en 1805 et assista à la bataille d'Austerlitz.

En 1808 il inspecta les places des Pyrénées et celles de la Péninsule occupées par les troupes françaises. Il suivit le général Dupont en Espagne et se trouva à l'affaire de Baylen. Quoique échangé à la capitulation, il fut arrêté et destitué à son retour en France, subit une détention de trois ans, et fut ensuite exilé à Tours. Le 8 avril 1814 le gouvernement provisoire le réintégra dans son grade de premier inspecteur général du génie. Le comte d'Artois le nomma ensuite commissaire du roi dans la 20e division militaire, et Louis XVIII le rétablit dans tous ses grades et dignités. Pendant les Cent-Jours il accepta les fonctions d'inspecteur dans l'Argone et dans les Vosges, fut mis à la retraite sous la seconde Restauration, et néanmoins entra à la Chambre des pairs le 5 mars 1819. Il reprit plus tard le titre de marquis et mourut à Vendôme le 25 décembre 1832.

On a de lui plusieurs ouvrages sur les travaux de son arme.

MAREY-MONGE (GUILLAUME-STANISLAS) est le petit-fils de l'illustre Monge, fondateur de l'École polytechnique, ministre de la marine et président du Sénat. Il naquit à Nuits le 17 mars 1796. Il entra en 1814 à l'École polytechnique et prit part avec elle à la défense de Paris en 1815.

En 1817 les élèves licenciés furent admis à passer des examens à la suite desquels M. Stanislas Marey fut nommé élève sous-lieutenant de l'École d'artillerie et du génie, en sortit le 19 janvier 1820, le premier de sa promotion, nommé lieutenant en second dans le 3e d'artillerie à cheval, il était capitaine adjudant-major en 1826 et adjudant-major au 2e régiment.

Jusqu'en 1830 il s'occupa de diverses recherches relatives à son arme, et se fit connaître avantageusement par des mémoires qui fixèrent l'attention du Comité d'artillerie.

En 1830, attaché à l'état-major du général Lahitte, il prit part à toutes les actions de cette première campagne.

Le 21 octobre il fut chargé d'organiser les corps indigènes (chasseurs algériens) et fut nommé à cet effet chef d'escadron; il prit part à la première expédition de Médéah sous les ordres du maréchal Clauzel, et à la seconde dirigée par le général Berthezène. Le 1er juillet 1831, chef d'escadron, Marey se distingua particulièrement au combat d'Ouara et y fut blessé; il fut décoré le 14 septembre. En 1832 les chasseurs algériens furent versés dans le 1er régiment des chasseurs d'Afrique. Dans ce nouveau corps, Marey prit part à un grand nombre d'affaires, et son nom se trouve cité deux fois à l'ordre du jour de l'armée. Il se fit surtout remarquer au combat de Boufarich, sous le général de Fondous, qui le proposa pour le grade de lieutenant-colonel; ce grade lui fut conféré le 17 septembre 1834, et on le chargea de l'organisation des spahis réguliers d'Alger, des spahis auxiliaires et du commandement général de toutes les tribus arabes des environs d'Alger avec le titre d'agha.

Le lieutenant-colonel Marey exerça les fonctions critiques et accidentées d'Alger sous les gouverneurs généraux, le comte d'Erlon, le maréchal Clauzel et le comte Damrémont; du 10 novembre 1834 au 22 avril 1837, il obtint alors sa démission et fut nommé colonel des spahis réguliers. Comme chef de corps il se couvrit de gloire en cent occasions, reçut la croix d'officier le 9 août 1835.

Le colonel Marey, de retour en France en mars 1839, fut envoyé au camp des troupes piémontaises, près de Turin, et fut placé à la tête du 1er régiment de cuirassiers. Il avait passé neuf années en Afrique.

Nommé après peu de temps général de brigade, il fut promu le 12 juin 1848 au grade de général de division et de commandeur de la Légion-d'Honneur.

Il commande aujourd'hui la 13e division militaire (Clermont-Ferrand), qui comprend dix départements, et réunit à ce commandement celui des troupes de la 1re subdivision (Puy-de-Dôme).

MARGARON (Pierre, baron), né à Lyon (Rhône) le 1er mai 1765, débuta dans la carrière des armes par le grade de capitaine provisoire dans une compagnie franche qui fut incorporée dans la Légion des Ardennes le 15 août 1792.

Nommé second chef de bataillon le 10 décembre suivant, et premier du grade dans cette légion le 10 avril 1793, il en prit le commandement le 14 du même mois.

Adjudant-général en l'an III à l'armée du Nord, il passa en l'an IV à l'armée de Sambre-et-Meuse.

Le 3 nivôse an VII, devenu chef de brigade du premier régiment de cavalerie, depuis 1er cuirassiers, il fut blessé d'une balle à la bataille de Novi, et, quelques jours après, à la bataille de Fossano, il eut la jambe droite cassée en remplissant une mission du général en chef Championnet.

En l'an IX, par suite d'un contre-ordre de Brune, alors général en chef de l'armée d'Italie, Margaron, qui n'avait avec lui que 200 chevaux et deux pièces d'artillerie, se trouva presque enveloppé par un corps de cavalerie légère ennemie sorti du camp retranché de Vérone ; toutefois, il effectua deux charges vigoureuses, reprit le village de San-Massino, y soutint deux attaques du corps qu'il venait de traverser, le repoussa et s'empara de 100 chevaux.

Nommé général de brigade en l'an XI, membre et commandant de la Légion-d'Honneur, les 19 frimaire et 25 prairial an XII, il avait alors un commandement dans la division de cavalerie du camp de Saint-Omer, qui, sous les ordres du maréchal Soult, forma le 4e corps de la grande armée, avec lequel il fit la campagne de l'an XIV et combattit à Austerlitz.

Blessé de deux coups de feu pendant cette mémorable campagne, il revint en France, et, mis d'abord en disponibilité le 11 avril 1806, il reçut ensuite l'ordre, le 28 juillet, de rejoindre le quartier général de la grande armée, qu'il quitta de nouveau en 1807 pour se rendre au corps d'observation de la Gironde, et de là à l'armée de Portugal que commandait Junot.

Apprenant qu'un corps de 20,000 insurgés s'avançait des rives de Mondego sur Lisbonne, Junot envoya à sa rencontre le général Margaron, qui le battit à Leira, lui tua 8 à 900 hommes, prit tous ses drapeaux et s'empara de Thomar. Faisant ensuite sa jonction avec le général Loison, il déploya la valeur la plus brillante à la bataille d'Évora, en enfonçant le centre de la ligne portugaise, à la tête du 86e régiment, et en se rendant maître de trois pièces de canon.

« Dans cette affaire, écrivait Loison à Junot, les généraux Solignac et Margaron se sont conduits comme ils l'avaient fait dans les campagnes précédentes, c'est-à-dire avec talent, sang-froid, intrépidité, et ont encore ajouté à leurs anciens titres. »

Chargé, pendant le siège d'Evora, de

l'attaque dirigée du côté de Beja, de Montemor et de l'Aqueduc, Margaron balaya devant lui tout ce qui s'opposait à son mouvement sur les portes de la ville; n'ayant pu les enfoncer, il fit démolir la muraille à droite et à gauche, sous le feu le plus terrible, et, la brèche pratiquée, lui, le chef d'escadron Simmer, et le capitaine Auguste de Fortin, se précipitèrent dans la place, qui ne se rendit qu'après la résistance la plus opiniâtre.

Il se signala d'une manière non moins éclatante, le 20 août de la même année, à la bataille de Vimeira, laquelle décida de l'occupation du Portugal.

Rentré en France, il fut investi du commandement des dépôts de cavalerie établis dans les départements des Deux-Sèvres et de la Charente-Inférieure.

Créé baron de l'Empire, il retourna en Espagne, attaché au 2ᵉ corps, en 1809, et revint en France par congé vers la fin de la même année.

Le 6 septembre 1810, il prit le commandement du département de la Haute-Loire, et le garda jusqu'au 22 juillet 1812.

Envoyé à la grande armée, il fut nommé général de division en 1813, et adhéra en 1814 aux actes du Sénat.

Fait chevalier de Saint-Louis et inspecteur général de la gendarmerie, il accepta une inspection générale pendant les Cent-Jours et fut mis en non-activité le 22 octobre 1815.

Nommé de nouveau, le 14 août 1816, inspecteur général de la gendarmerie, et replacé en disponibilité le 3 juillet 1821, il mourut à Paris le 16 décembre 1824.

Son nom est inscrit sur l'arc de triomphe de l'Étoile, côté Nord.

MARION (CHARLES-STANISLAS, baron), né le 7 mai 1758 à Charmes (Vosges), entra au service le 1ᵉʳ décembre 1776 dans le régiment du Roi-Infanterie, caporal en 1780, il reçut son congé de grâce en 1789. Le jour même où il recevait son congé il fut incorporé dans la garde nationale de Charmes, où il fut nommé caporal, sergent et capitaine dans la même journée. Il y servit jusqu'au 23 août 1791, époque à laquelle il passa comme capitaine dans le 4ᵉ bataillon des Vosges, incorporé plus tard dans la 21ᵉ demi-brigade *bis* d'infanterie légère, et fit, avec ce corps, les campagnes de 1792, 1793, ans II, III et IV, à l'armée du Rhin, et fut blessé d'un coup de sabre au bras droit, le 30 mars 1793, au combat de Rheinturckeim.

Il devint chef de bataillon en l'an IV, lors de l'amalgame du 4ᵉ bataillon des Vosges dans la 21ᵉ demi-brigade *bis* d'infanterie légère.

Prisonnier de guerre à Manheim le 1ᵉʳ frimaire suivant, il fut rendu à la liberté au mois de prairial de la même année.

Maintenu en l'an V, dans son grade de chef de bataillon lors de l'incorporation de la 21ᵉ légère *bis*, dans la 21ᵉ de même arme, il fit, à l'armée d'Italie, les guerres des ans V, VI, VII, VIII et IX, et passa, le 11 floréal an V, chef de bataillon à la suite de la 93ᵉ demi-brigade d'infanterie de ligne, par ordre du général en chef Bonaparte.

Il se trouva, le 6 germinal an VII, à la bataille qui eut lieu devant Vérone, sur la hauteur entre Bussolengo et la Corone.

Chargé par le général Delmas d'enlever trois redoutes défendues par 1,500 hommes et une nombreuse artillerie, il s'empara des deux premières avant le lever du soleil. Il se porta ensuite à la troisième, mais l'ennemi était sur ses gardes et avait fait ses dispositions de défense. La victoire fut longtemps disputée. Trois fois les braves grenadiers français et leur intrépide chef reviennent à la charge, trois fois ils sont repoussés. Enfin, une quatrième charge est exécutée, la redoute tombe au pouvoir des Français. Cette action sanglante, dans laquelle nous eûmes 11 officiers sur 24, et 200 grenadiers hors de combat, coûta à l'ennemi un grand nombre de tués et blessés, 1,000 prisonniers, toute son artillerie et deux drapeaux.

Vers le soir de la même journée, et à la hauteur du pont de l'Adige, avec 100 hommes seulement, il fit mettre bas les armes à une colonne de 700 Autrichiens, qui se dirigeait sur ce point.

Le 20 floréal suivant, au combat de San-Giuliano, Marion eut un cheval tué sous lui; le 23, lors de la retraite de 7 à 8,000 Russes qui avaient passé le Pô, sous Valence, il rallia ses troupes qui s'étaient battues toute la journée en tirailleurs, et marcha en colonne serrée contre les Russes, qu'il poursuivit avec tant d'acharnement et de célérité jusqu'au Pô, près de Bassignano, qu'il les força de se jeter dans la rivière, ou plus de 1,500 se noyèrent en la traversant. Deux pièces de canon et tous leurs bagages tombèrent au pouvoir des Français.

Le 1er messidor, à la bataille de la Trébia, où il commandait la 93e en l'absence du chef, il se trouva cerné de toutes parts en soutenant la retraite de la division à laquelle il appartenait. Sa position était critique et ne lui laissait d'autre alternative que de mettre bas les armes ou de se frayer un passage de vive force; prenant aussitôt son parti, il ordonne la charge. L'attaque fut vive, la résistance opiniâtre; il y eut de part et d'autre beaucoup de tués et de blessés; mais il parvint à se frayer un chemin à travers des bataillons ennemis et à rejoindre le gros de l'armée.

Deux jours après cette glorieuse retraite, la division dont la 93e faisait partie dut opérer un mouvement. Pendant cinq heures, le commandant Marion, séparé de l'armée, demeura avec un seul bataillon en présence de l'ennemi. Le succès couronna son audace; il contint l'ennemi sur tous les points, et exécuta sa retraite avec tant de bonheur qu'il parvint non-seulement à tirer le bataillon du mauvais pas ou il était engagé, mais encore à faire essuyer à l'ennemi une grande perte : 300 Russes restèrent sur le champ de bataille.

A la bataille de Novi, le général en chef le nomma chef de brigade de la 93e sur le champ de bataille. Confirmé dans son grade par arrêté du premier Consul du 12 frimaire an VIII, il fut fait prisonnier au fort de Savone le 26 du même mois.

Rentré en France après la paix, il fit partie, en l'an X, du corps d'observation de la Gironde, et alla tenir garnison à Périgueux pendant l'an XI.

Passé comme colonel au 24e régiment d'infanterie légère en l'an XII, il fut nommé membre de la Légion-d'Honneur le 19 frimaire, devint officier le 25 prairial suivant, et fut employé au camp de Saint-Omer pendant les ans XII et XIII.

Général de brigade le 2 fructidor de cette dernière année, il fut créé baron de l'Empire le 23 mars 1808, et appelé au commandement du département des Pyrénées-Orientales le 28 juin suivant.

Il fit la campagne d'Allemagne avec la division Saint-Hilaire au 2e corps de la grande armée, fut employé au camp de Boulogne; fut nommé commandant de la Légion-d'Honneur le 2 septembre 1812, et périt glorieusement, de la mort des braves, le 7 du même mois sur le champ de bataille de la Moskowa.

Son nom est inscrit sur le côté Est de l'arc de triomphe de l'Étoile.

MARMONT (Auguste-Frédéric-Louis

VIESSE de), duc de Raguse, ex-maréchal de France, né à Chatillon-sur-Seine, le 20 juillet 1774; sous-lieutenant d'infanterie à 15 ans, sous-lieutenant d'artillerie en 1792, capitaine à l'armée de Mayence, commandant l'artillerie de l'avant-garde Desaix; aide-de-camp du général Bonaparte, il eut un sabre d'honneur à Lodi; chef de brigade en l'an V, commandant de la 4ᵉ demi-brigade en Égypte, ramené en France par le général en chef, il fut nommé conseiller d'État après le 18 brumaire auquel il concourut, et quelques mois après il fut promu au commandement en chef de l'artillerie de l'armée de réserve qui traversa le mont Saint-Bernard. Il déploya les ressources les plus ingénieuses pour transporter le matériel au delà des cimes du mont.

Général de division après la campagne de Marengo, premier inspecteur général d'artillerie, en janvier 1801, commandant les troupes de l'armée de Hollande, en 1806, commandant de la Dalmatie, il en chassa les Russes; créé duc de Raguse et gouverneur général des provinces Illyriennes. Maréchal d'empire sur le champ de bataille de Znaïm, il succéda en 1811 à Masséna dans le commandement de l'armée de Portugal et s'y montra faible, irrésolu, inactif; le 22 juillet 1812, il perdit la funeste bataille des Arapyles, fut grièvement blessé et céda le commandement à Clausel, qui sauva l'armée.

« La conduite du duc de Raguse dans les plaines de Salamanque mérite le blâme le plus sévère, et offre un exemple mémorable des funestes conséquences que peut entraîner la confiance présomptueuse d'un général d'armée. L'ambition du duc de Raguse était de combattre seul lord Wellington, il n'attendit pas l'armée du centre, et une partie de l'armée du Nord qui s'avançait pour le soutenir. L'Empereur, irrité des pertes de l'armée de Portugal, ordonna au ministre de la guerre de poser des questions à Marmont, qui répondit en effet au duc de Feltre. Néanmoins, soit que l'Empereur ne fût pas complétement convaincu de la gravité des torts reprochés au maréchal, soit qu'il fût porté à l'indulgence envers celui qu'il considérait comme son enfant, il lui confia au mois d'avril 1813 le commandement du 6ᵉ corps de la grande armée, fort de 12,000 combattants. »

Il rétablit sa réputation militaire à Lutzen, à Bautzen, à Wurschen, puis à Dresde et à Leipzig, la compromit de nouveau en janvier 1814, en se retirant devant Saken, presque sans coup férir; se distingua à Brienne, à Champ-Aubert, à Vauchamp, à Éloges, à Soissons.

Le 30 mars, il se trouvait sous les murs de Paris, partout on se défendait encore avec succès; tôt ou tard, sans doute, il aurait fallu céder au nombre; mais à la vue de quelques obus qui tombaient sur Paris, il cessa tout effort de résistance. Il oublia l'ordre qu'avait dicté l'Empereur, de s'ensevelir au besoin sous les ruines de la capitale; et sans s'inquiéter si son collègue Mortier tenait ou non tête à l'ennemi, il usa de l'autorisation que Joseph lui avait envoyée; il expédia son aide-de-camp au généralissime des troupes alliées, obtint un armistice de deux heures, puis traita de l'évacuation de Paris, et alla s'établir à Essonne avec son corps d'armée.

En confiant au duc de Raguse le commandement d'Essonne et de Corbeil, Napoléon en avait senti toute l'importance: « C'est là que s'adresseront toutes les intrigues, toutes les trahisons de Paris, il faut que j'aie à ce poste un homme comme Marmont, *mon enfant, élevé dans ma tente.* »

Le 2 avril, le bruit s'étant répandu

que Napoléon, à la tête de 170 mille hommes, allait marcher sur Paris, les Souverains alliés, effrayés, résolurent d'évacuer la capitale. Mais l'ordre de ce mouvement ne fut pas expédié, parce que Marmont conclut avec les ennemis de la France un traité en vertu duquel les troupes qu'il commandait devaient quitter Essonne et se retirer par Versailles hors du théâtre des hostilités. Cette action de Marmont consomma la ruine de l'Empire.

Napoléon, en apprenant cette défection, refusa d'abord d'y ajouter foi, et parut livré aux idées les plus sombres lorsque le doute devint impossible; puis il s'écria : « Un fait pareil de Marmont! un homme avec lequel j'ai partagé mon pain... que j'ai tiré de l'obscurité!... l'ingrat! il sera plus malheureux que moi. — Sans la trahison de Raguse, ajouta-t-il, les alliés étaient perdus. J'étais maître de leurs derrières et de toutes leurs ressources de guerre, pas un seul ne se serait échappé; eux aussi, ils auraient eu leur 20e bulletin. »

A la Restauration, le duc de Raguse fut nommé capitaine des Gardes du corps, il alla à Gand, en 1815, comme chef de la maison militaire de Louis XVIII. Néanmoins il passa les Cent-Jours aux eaux d'Aix-la-Chapelle. A la seconde Restauration il fut l'un des majors généraux de la Garde royale; on le créa Pair de France.

En 1817, on l'envoya à Lyon en mission expéditionnaire. En 1825, il alla en qualité d'ambassadeur extraordinaire assister au couronnement de l'empereur Nicolas. Il s'était occupé quelque temps de la fabrication du sucre de betteraves et y avait compromis sa fortune.

En 1830, il fut nommé le 28 juillet, commandant de la 1re division militaire; mais les services qu'il rendit alors à Charles X furent à peu près négatifs, et si le prince l'eût emporté, Marmont n'eût probablement pas conservé son crédit. La révolution terminée, il se retira à Vienne, puis commença un long voyage en Hongrie, en Transylvanie, en Russie, à Constantinople, dans l'Asie-Mineure, la Syrie et l'Égypte; il visita ensuite Rome, Naples et la Sicile. Il a publié la relation de ces voyages, le premier en quatre volumes in-8°, et le second, en Sicile, en un volume in-8°. Ces deux ouvrages sont l'œuvre d'un observateur habile et instruit; aussi sont-ils fort estimés.

A cette esquisse nous ajouterons les citations suivantes :

— Quoique fort occupé de l'organisation de l'armée d'Égypte, Bonaparte songea à la fortune du jeune officier qu'il aimait, il alla trouver le célèbre banquier, M. Perrégaux.

— « Je viens, lui dit-il, vous demander la main de votre fille.

— Si c'est pour vous, général, oui; pour tout autre, non.

— Je suis marié, ainsi ce ne peut être pour moi. Je vous la demande pour un de mes aides-de-camp, jeune colonel que j'aime comme mon enfant, et qui est digne de toute mon affection.

Et il plaida avec tant de chaleur la cause du jeune Marmont, qu'il parvint à décider M. Perrégaux.

— Mais, dit ce dernier, il faudrait qu'il apportât au moins le déjeuner.

— De combien serait le dîner?

— D'un million.

— Il l'apportera. »

Il l'apporta; le général quoiqu'il ne possédât que 110,000 francs, quoiqu'il eût à pourvoir aux besoins de sa mère, de ses quatre frères et de ses sœurs, le général donna 500,000 francs, et le mariage se fit.

« Marmont était le neveu, dit l'Empereur, d'un de mes camarades de Brienne et au régiment de La Fère, qui me le recommanda en partant pour l'émigration; cette circonstance m'avait mis dans le cas de lui servir d'oncle et de père, ce que j'avais réellement accompli; j'y pris un véritable intérêt, et j'avais de bonne heure fait sa fortune. Son père était chevalier de Saint-Louis, propriétaire de forges en Bourgogne, et jouissait d'une fortune considérable. »

(*Mémorial de Las Cazes*.)

« Jamais défection n'avait été plus avouée, ni plus funeste; elle se trouve dans *le Moniteur*, et de sa propre main; elle a été la cause immédiate de nos malheurs, le tombeau de notre puissance, le nuage de notre gloire..... Et pourtant, disait Napoléon avec une espèce de ressouvenir d'affection, je le répète, parce que je le pense, ses sentiments vaudront mieux que sa conduite; et lui-même ne semble-t-il pas penser ainsi? Les papiers nous disent qu'en sollicitant vainement pour Lavalette, il répond avec effusion aux difficultés du monarque en lui disant : « *Mais sire, moi, je vous ai donné plus que la vie.* »

« D'autres nous ont livrés aussi, ajoutait Napoléon, et d'une manière bien autrement vilaine; mais leur acte du moins n'est pas consacré par des preuves officielles. »

« La vanité avait perdu Marmont : la postérité flétrira sa vie; pourtant son cœur vaudra mieux que sa mémoire.»

(*Mémorial de Las Cazes*.)

La dernière entrevue de Marmont avec la famille royale présente un incident curieux :

Le 29 juillet, au moment où le duc de Raguse est venu rendre compte à Charles X du résultat de la lutte, M. le duc d'Angoulême était à cheval à la tête de quelques troupes. A peine écouta-t-il le récit du maréchal, et lui dit avec hauteur : « Savez-vous à qui vous parlez? — Au dauphin, répliqua le duc de Raguse. —

Le roi m'a nommé généralissime, repartit le prince. — Je l'ignorais, repartit le maréchal, mais je n'en suis pas surpris. — Eh bien! ajouta le dauphin, je vous déclare en cette qualité que l'échec qu'on vient d'essuyer n'est dû qu'à vous et que vous êtes un traître! vous nous avez traités comme l'*autre*. — A ces mots, le maréchal répondit fièrement : Prince, sans les traîtres, vous n'eussiez jamais régné. » Le dauphin se tourna alors vers un garde du corps et lui ordonna de recevoir l'épée du maréchal. Le prince la prit ensuite et, en cherchant à la briser de ses deux mains sur le pommeau de la selle de son cheval, il se blessa et ensanglanta ses mains. Enfin, il ordonna au duc de Raguse d'aller tenir les arrêts; le maréchal se retira.

« Bientôt Charles X fut informé des détails de cette singulière altercation, et il blâma entièrement la conduite brutale de son fils; mais ne voulant pas lui donner tort aux yeux de la cour, il restreignit la durée des arrêts à quatre heures. Après ce temps écoulé, l'heure du dîner arriva, le couvert du duc de Raguse était mis, mais il ne crut pas devoir paraître à table. »

Le duc de Raguse quitta la France pour ne plus la revoir, en même temps que Charles X s'embarquait à Cherbourg, chassé par une révolution qui n'était elle-même que la suite d'une *émeute* de journalistes.

MARTIN (Pierre, comte), vice-amiral, né à Louisbourg (Canada), le 29 janvier 1752.

Le Canada était alors une colonie française. Les parents de Martin, qui étaient allés y chercher la fortune, l'envoyèrent, à peine âgé de douze ans, dans la mère patrie pour y faire ses études.

Le goût de la mer le prit pendant la traversée, et il resta, en qualité de pilotin, à bord de la flûte *le Saint-Esprit*, où il s'était embarqué comme passager.

Neuf années de navigation et d'études avaient développé ses dispositions pour l'hydrographie et pour le pilotage, et, en 1775, il comptait comme second pilote sur la frégate *la Terpsichore*. Ce fut là qu'il perdit l'œil gauche. Il passa, en 1778, maître-pilote sur *le Magnifique*.

Pendant huit ans que dura la guerre maritime, Martin fit constamment un service actif; il prit part aux combats d'Ouessant, de la Grenade, de la Dominique, et fut blessé à cette dernière affaire. Il était à l'armée du marquis de Vaudreuil sur la frégate *la Cérès* sur *la Vigilante*, pendant la campagne des côtes de France, sur la flûte *la Désirée*, pendant celle des Antilles, toujours en qualité de premier pilote.

Lorsque, en 1786, il fut demandé par le marquis de Boufflers, gouverneur du Sénégal, pour commander cette station, il était lieutenant de vaisseau. Les cartes hydrographiques qu'il dressa alors lui valurent la croix de Saint-Louis.

Le mouvement politique de 1789 devait donner à son avancement une impulsion puissante. Les anciens officiers, qui tous appartenaient à la noblesse, avaient été dispersés par la fuite ou par la destitution, et les sujets manquaient aux emplois. Lieutenant en 1792, il fut chargé du commandement d'une division avec laquelle il croisa dans l'Océan et sur les côtes de France, et capitaine de vaisseau à la fin de la même année, il commanda *l'America*.

En 1793, élevé au grade de contre-amiral, il commandait une des divisions de l'armée navale réunie à Brest, et en l'an II celle de la Méditerranée.

Sa mission était de protéger les opérations de l'armée d'Italie; il eut pour lui le talent et la fortune. Son escadre de sept vaisseaux rencontra, dans la rivière de Gênes, les forces combinées de l'Angleterre et de l'Espagne, qui se composaient de trente et un vaisseaux ; il fut assez habile pour se retirer intact dans le golfe Juan, et pour forcer, après cinq mois de résistance, l'armée combinée à l'abandonner dans cette position.

De retour à Toulon, Martin en sortit de nouveau, le 13 ventôse an III, avec quinze vaisseaux et 5,000 hommes de troupes. Il devait tenter un débarquement en Corse, dont les Anglais protégeaient le siège avec une armée navale. Le 17, il était en vue des côtes de la Corse, la prise du *Berwich*, vaisseau de 74 canons, signala son arrivée. Le 23, contrairement au but de sa mission, il se prépara à combattre l'escadre anglaise, bien supérieure à la sienne. Il cédait sans doute à la nécessité, car plusieurs de ses bâtiments avaient reçu des avaries considérables, et trois d'entre eux ne l'avaient pas encore rallié. Le combat dura deux jours sans engagement général. *Le Ça-Ira* et *le Censeur* restèrent au pouvoir des ennemis après une honorable résistance. Letourneur de la Manche, qui fit le rapport de ce combat au Comité de salut public, s'exprimait en ces termes : « Le général Martin s'est conduit dans cette affaire avec une intelligence digne d'éloges. La loi lui ordonnait de passer sur une frégate au moment du combat, j'ai dû l'y suivre ; le désir de pouvoir donner des ordres plus précis nous a souvent mis à portée du canon de l'ennemi ; mais les circonstances l'exigeaient, et j'ai été le premier à l'engager à mettre de côté toute considération personnelle. »

Il rentra à Toulon avec onze vaisseaux. *Le Mercure*, démâté, avait été obligé de relâcher, et *le Sans-Culotte*, vaisseau à trois ponts, s'était séparé de l'armée sans cause connue.

Le 16 messidor de la même année, l'amiral Martin appareillait de nouveau de Toulon à la tête de dix-sept vaisseaux;

il rencontra bientôt la flotte anglaise, forte de vingt-trois vaisseaux, et il chercha à se réfugier au mouillage du golfe Juan. Bientôt la variété des vents l'obligea à changer de direction ; il gagna le golfe de Fréjus. Au milieu de ces évolutions, l'*Alcide*, qu'il avait lancé contre un vaisseau anglais, prit feu et sauta en l'air avec une explosion terrible. L'amiral Martin rentra à Toulon sans avoir éprouvé d'autres pertes.

Vice-amiral en l'an IV, il fut nommé commandant d'armes à Rochefort en l'an VI ; c'est en cette qualité qu'il donna les instructions pour transporter à la Guiane les députés proscrits le 18 fructidor.

Lors de l'institution des préfectures maritimes, il occupa celle de Rochefort. Membre de la Légion-d'Honneur le 19 frimaire an XII, il devint grand officier le 25 prairial de la même année, et comte de l'Empire en 1808.

Remplacé dans sa préfecture en 1810, Martin fut mis à la retraite en 1815, il avait alors 63 ans. Il est mort le 1er novembre 1820.

MARULAZ, ou plutôt MAROLA (Jacob-François, baron), né le 6 novembre 1769, à Leiskamm, ancien diocèse de Spire ; enfant de troupe dans le 3e régiment de hussards le 16 septembre 1778, il devint hussards audit régiment le 1er novembre 1784.

Brigadier-fourrier le 1er janvier 1791, il fut fait maréchal-des-logis le 25 juin 1792, et passa comme lieutenant le 1er octobre suivant dans le corps des éclaireurs, devenu 8e régiment de hussards.

Il fit la campagne de 1792 à l'armée du Nord, celle de 1793 et partie de l'an II, dans la Vendée, celles des ans II et III à l'armée du Nord, et enfin celles des ans IV, V et VI aux armées du Rhin et d'Helvétie.

Nommé capitaine le 1er mars 1793, au mois d'août, il fit mettre bas les armes aux insurgés vendéens renfermés dans Pontorson, et au mois de septembre, il pénétra de vive force dans Laval, força les Vendéens à l'évacuer et reçut un coup de biscaïen à la hanche gauche. En vendémiaire an II, à l'affaire d'Angers, il contribua puissamment à la défaite des Chouans et en fit un grand carnage. Quelques jours plus tard, à Blin, après avoir passé la rivière à gué, il jeta le désordre et l'épouvante dans le camp des rebelles et prit leur caisse militaire qu'il fit conduire au quartier général.

Promu chef d'escadron le 18 floréal même année, il se fit remarquer le 29, près de Bousbeck : il pénétra dans les retranchements ennemis et leur tua beaucoup de monde, mais il eut un cheval tué sous lui et revint criblé de blessures.

Le 29 fructidor an II, à Boxtel, à la tête de 30 hussards seulement, il fit mettre bas les armes à deux bataillons hessois, forts de 1,500 hommes. Cette action hardie motiva, dans la séance du 22e jour complémentaire suivant, le décret de la Convention nationale qui prescrivait l'inscription, dans son bulletin, des noms de ces trente braves.

Le 1er brumaire, l'ennemi, après avoir forcé les lignes de Mayence, passa le Rhin à Oppenheim ; instruit de ce mouvement, le chef d'escadron Marulaz se porta sur cette ville, s'en rendit maître, et donna le temps à l'infanterie de venir se joindre à lui pour arrêter la marche trop rapide des Autrichiens qui voulaient couper la retraite aux troupes qu'ils avaient repoussées de Mayence.

Appelé au commandement de l'avant-garde, il conserva le poste important de Gondaplau, malgré tous les efforts de l'ennemi. Le général Desaix ordonna enfin la retraite, et témoigna hautement toute sa satisfaction au commandant Marulaz pour le service qu'il venait de rendre à l'armée.

Le 2 brumaire an IV, il eut le pied démis par suite de la chute de son cheval qui venait d'être tué sous lui. Le 18 fructidor de la même année, il contribua à dégager les troupes qui se trouvaient cernées à Immerstadt et Kempten.

Le 3 brumaire an V, il soutint bravement la retraite devant Huningue et fut blessé d'un coup de feu au bras droit. Le 12 ventôse, une division française, commandée par le général Schauenburg, s'avançait sur Berne; les troupes suisses s'opposaient à sa marche avec une valeureuse opiniâtreté; après un combat de six heures, elles se retranchèrent sous les murs de la ville. Marulaz, à la tête du 8ᵉ de hussards, les chargea avec résolution jusqu'aux portes de la place et leur tua ou fit prisonniers une grande quantité d'hommes; les pertes qu'il fit éprouver à l'ennemi décidèrent la victoire, et Berne ouvrit ses portes.

Nommé chef de brigade le 3 nivôse an VII, il fit des prodiges de valeur les 16 et 20 prairial suivant à Zurich. Le 27 du même mois, après avoir pénétré dans le camp ennemi, y avoir jeté l'épouvante et la mort et avoir fait prisonniers 400 hommes, il fut blessé grièvement de cinq coups de feu, tous dans la poitrine, un seul lui traversa le corps de part en part en lui brisant deux côtes.

Le premier Consul, informé des services rendus par le chef de brigade Marulaz, lui décerna un sabre d'honneur par arrêté du 1ᵉʳ germinal an IX. Le 20 floréal de la même année, il força l'ennemi à repasser précipitamment la Salza après avoir éprouvé des pertes considérables. Le 22, il passa lui-même cette rivière et fit beaucoup de mal à l'ennemi. Enfin, le 23, devant Salzbourg, il déploya une bravoure au-dessus de toute éloge, pendant un combat qui dura neuf heures.

Employé en l'an XII et en l'an XIII à l'armée des côtes de l'Océan, il fut classé comme membre de droit dans la 5ᵉ cohorte de la Légion-d'Honneur et en fut nommé commandant le 25 prairial an XII.

Élevé au grade de général de brigade le 15 ventôse an XIII, l'Empereur lui confia le commandement du département de la Haute-Saône (6ᵉ division militaire) le 21 du même mois, et l'appela à celui d'une brigade de cavalerie de la grande armée le 2 vendémiaire an XIV.

Le 4 janvier 1807, il entra dans Ostrolenka et y fit 200 prisonniers. Le 6 février, en arrière d'Eylau, il chargea les Russes avec vigueur, leur tua 110 hommes, leur prit trois pièces de canon, et fit 700 prisonniers. Le lendemain, il se porta sur le flanc droit de l'armée russe, et, par cette manœuvre hardie, la força d'abandonner la ville d'Eylau.

A la bataille du 8, il exécuta plusieurs belles charges qui contribuèrent beaucoup au succès de la journée. Le 9, à Domnau, il fit 300 prisonniers prussiens et se saisit d'une grande quantité de bagages, de vivres et de munitions. Le 17 juin de la même année, en avant de Labiau, il chargea l'arrière-garde ennemie, lui tua un grand nombre d'hommes et fit 5,000 prisonniers. Après la paix de Tilsitt, le général Marulaz rentra en France et fut employé dans la 10ᵉ division militaire. L'Empereur le créa baron le 7 décembre 1808, et lui donna le commandement d'une brigade de cavalerie au corps d'observation de l'armée du Rhin le 4 avril 1809.

Il fit, à la tête de ce corps, la campagne d'Allemagne, durant laquelle il s'empara d'un grand nombre de bagages et d'environ 6,000 prisonniers. A la bataille d'Essling, il fut blessé d'un coup de feu à la cuisse droite. A Wagram, il enleva 11 pièces de canon.

L'Empereur, satisfait des services de Marulaz, l'éleva au grade de général de division par décret du 12 juillet 1809, et lui confia le commandement de la 6e division militaire (Besançon), qu'il conserva jusqu'au retour des Bourbons.

Inspecteur général de cavalerie dans la 21e division militaire le 20 juin 1814, il fut nommé chevalier de Saint-Louis le 19 juillet suivant. Placé en activité dans la 2e subdivision de la 18e division militaire le 15 janvier 1815, puis employé le 31 mars dans la 6e division, il prit enfin le commandement de cette dernière division le 11 avril par ordre de l'Empereur.

Mis en non-activité le 21 juillet suivant, il fut admis à la retraite le 6 octobre de la même année. A la Révolution de 1830, il a été placé dans le cadre de réserve de l'état-major général par ordre du 7 février 1831, et le 1er décembre 1834, il a été remis dans sa position de retraite.

Pendant toute la durée de son service actif, le général Marulaz a reçu dix-neuf blessures et a eu 26 chevaux tués sous lui. Cet officier général est mort à son château de Filain (Haute-Saône) le 10 juin 1842.

MAS DE POLART (Jean-Baptiste-Charles-Réné-Joseph, baron, puis comte du), lieutenant-général, né le 29 mars 1775 à Paris (Seine), entra au service comme sous-lieutenant le 22 décembre 1792 dans le 5e régiment de dragons, et servit avec distinction pendant cette année sous Lamarlière, à l'armée du Nord où il fut blessé d'un coup de feu à la jambe droite dans une reconnaissance qu'il faisait à Jalin, près du Quesnoy.

Nommé capitaine au 14e régiment de chasseurs à cheval le 27 mai 1793, il passa à l'armée des Pyrénées-Occidentales, y fit la campagne de 1793 et reçut un coup de feu, le 30 août, devant Fontarabie, où il se fit remarquer par son intrépidité et son sang-froid. Il servit à la même armée durant les ans II, III, IV et V.

De l'an VII à l'an IX, il prit part aux glorieux travaux de l'armée d'Italie, sous Championnet, Masséna et Brune; il y marcha presque toujours à l'avant-garde.

Blessé, en l'an VII, d'un coup de lance à la hanche gauche, il fut promu au grade de chef d'escadron dans le 9e régiment de dragons le 11 germinal an VIII, et fut fait chef de brigade du 21e régiment de même arme (ci-devant Piémontais) le 1er nivôse an X. Il organisa et instruisit ce régiment avec lequel il tint successivement garnison à Besançon, à Soissons et à Sédan, en l'an X et en l'an XI.

Membre de la Légion-d'Honneur le 19 frimaire an XII, et officier de l'Ordre le 25 prairial suivant, il fut employé à l'armée des côtes de l'Océan pendant les ans XII et XIII. Lorsque la guerre recommença dans le Nord, et que nos troupes y sillonnèrent l'Autriche, la Prusse et la Pologne, de l'an XIV à 1807, Mas de Polart y conduisit son régiment attaché alors à la 3e division de dragons de la réserve de cavalerie.

Au combat de Prentzlaw, le 28 octobre 1806, où il fut blessé d'un coup de baïonnette et eut un cheval tué sous lui, il fit prisonnier le prince Gustave-Guillaume de Mecklembourg-Schwerin, en chargeant à la tête de son régiment un bataillon carré de la Garde, qu'il enfonça et détruisit entièrement.

A Eylau, le 8 février 1807, il fut blessé d'un éclat d'obus à l'épaule gauche, et eut encore un cheval tué sous lui.

Créé baron de l'Empire le 19 mars 1808, avec une dotation de 6,000 francs en Westphalie et décoré de l'ordre du Mérite militaire de Maximilien-Joseph de Bavière, le 15 avril suivant, il fut fait général de brigade le 1er janvier 1810, commandeur de l'ordre royal de la Couronne de Westphalie le 26 du même mois, et capitaine des Gardes du corps le 12 septembre suivant.

Pendant son séjour en Westphalie, il présida la commission chargée de la rédaction d'un règlement de service pour la cavalerie, et s'occupa constamment de la bonne organisation de l'armée westphalienne. Il fit, avec les troupes de cette nation, la campagne de 1813 dans la Pologne allemande, et fut réadmis au service de France avec son grade de général de brigade le 26 février 1814; c'est en cette qualité qu'il servit activement pendant la campagne de France.

Ayant fait sa soumission au gouvernement des Bourbons après l'abdication de l'Empereur, il reçut la décoration du Lis le 23 juin 1814, et entra comme premier lieutenant dans la 1re compagnie des mousquetaires de la garde du roi le 6 juillet suivant.

Louis XVIII le nomma chevalier de Saint-Louis le 13 août, le fit commandeur de la Légion-d'Honneur le 17 janvier 1815, l'éleva au grade de lieutenant-général le 19 mars suivant, et l'autorisa à reprendre le titre de comte qui lui appartenait par sa naissance.

Le général du Mas de Polart accompagna le roi à Béthune, et ne servit point pendant les Cent-Jours; aussi Louis XVIII, à sa seconde rentrée, s'empressa-t-il de lui confier, par décision du 6 novembre de la même année, le licenciement de la cavalerie.

Il paraît que le général du Mas de Polart remplit cette mission à la satisfaction du gouvernement; car, par ordonnance royale du 29 décembre suivant, il reçut la décoration de grand officier de la Légion-d'Honneur.

Les compagnies de mousquetaires ayant été licenciées le 1er janvier 1816, cet officier général fut nommé, le 28 juillet, inspecteur général de cavalerie et présenté comme candidat à la députation pour l'arrondissement de Château-Thierry.

Il était maire de La Ferté-Milon lorsqu'il entra au conseil général du département de l'Aisne le 13 mai de la même année.

Chargé de l'inspection générale des troupes de cavalerie en 1818, et mis en disponibilité le 30 décembre de la même année, il demeura dans cette position jusqu'au 7 février 1831, époque de son admission dans le cadre de réserve.

Nommé une seconde fois, à la fin de 1842, maire de la Ferté-Milon, cet officier général mourut à Courtefontaine (Doubs), le 2 février 1843.

MASSÉNA (ANDRÉ), duc de Rivoli, prince d'Essling, maréchal de France, né à Nice en Piémont le 6 mai 1758. Orphelin dès l'enfance, embarqué comme mousse sur un navire marchand, il s'engagea à 17 ans. Il devint sous-officier dans le régiment Royal-Italien et y était encore quatorze ans après, au moment de la Révolution. Il fit la première campagne du Piémont dans les armées de la République, et parvint rapidement au grade de général de brigade qui lui fut conféré en 1793. Général de division en 1795, il commanda l'aile droite de l'immortelle armée d'Italie, où il mérita le surnom d'*enfant chéri de la victoire*. On lui doit le gain de la célèbre bataille de Loano, dont nous allons tracer une courte esquisse.

L'armée d'Italie commandée par Scherer se préparait à terminer la campagne de 1795 en livrant une bataille décisive. Le centre de cette armée, aux ordres de Masséna, était formé par deux divisions de l'ancienne armée d'Italie; une troisième division de la même armée formait l'aile gauche que commandait le général Serrurier; la droite, sous Augereau, se composait des divisions récemment arrivées des Pyrénées avec Scherer. Une autre division, restée au Col de Tende, couvrait Saorgio. Toute cette armée s'élevait à peine à 40,000 hommes manquant de pain, d'habillement et de munitions, ses communications avec Gênes étant interrompues par la flotte anglaise. L'armée austro-sarde était forte de 55,000 hommes aux ordres de Wallis et d'Argenteau. Elle s'appuyait à gauche sur la mer à Loano et s'adossait à droite au Piémont sur les places de Ceva, de Coni et de Mondovi. Cette position se composait de postes inexpugnables, liés les uns aux autres par des retranchements, et défendus par cent pièces d'artillerie. Scherer arrivant dans un pays qui lui était inconnu, fut assez modeste pour se défier de lui-même et offrit généreusement au plus digne de ses généraux la direction des plans d'attaque. Masséna, proclamé le plus habile par ses collègues, en fut chargé et s'en occupa sur-le-champ.

Le 17 novembre, le général Charlet attaqua les Austro-Sardes à Campo di Pietri, les culbuta, détruisit leurs retranchements et prit trois pièces de canon et 500 prisonniers, mais un brouillard épais ayant forcé Masséna de renoncer à l'attaque qu'il projetait sur la droite, il résolut d'opérer sur le centre, de s'emparer de ses positions, de les dépasser et d'en prendre d'autres en arrière de sa ligne. Masséna se chargea d'exécuter lui-même ce plan hardi.

Une des plus pénibles privations de nos soldats était le manque de chaussures au milieu des neiges, des glaces, sur des rochers couverts d'aspérités et dans des chemins semés de cailloux tranchants. Ils s'enveloppaient les pieds de linges, de bandages, de lanières, mais ces moyens étaient bien insuffisants; heureusement une circonstance inattendue exerça avant la bataille une influence salutaire sur l'armée, ce fut l'arrivée d'un brick qui, trompant la vigilance des croisières anglaises, lui apporta 100,000 rations de biscuits et 24,000 paires de souliers. Tout le camp fut dans la joie. On en fit aussitôt la distribution : d'abord les faibles et les souffrants, ensuite ceux que quelque action d'éclat avait signalés. Mais beaucoup durent rester nu-pieds. «Qu'importe, dit un vieux grenadier, demain l'ennemi se chargera de la fourniture. »

On comptait former trois attaques, une fausse et deux sérieuses. Augereau, avec l'aile droite, devait chercher à déborder la gauche de l'ennemi; Serrurier, avec l'aile gauche, était chargé de tenir en échec l'ennemi qu'il avait en présence; Masséna partit le 22 novembre à la nuit tombante avec deux divisions pour attaquer le centre. Au point du jour, il fit une courte harangue à ses troupes pour leur dire que la victoire était dans leurs baïonnettes, puis l'attaque commença aussitôt. Masséna s'empara au pas de course de toutes les positions jusqu'à Bardinetto. Là, les Autrichiens opposèrent une vive et longue résistance. Masséna, s'indignant de cette perte de temps, fit approcher sa réserve et le combat recommença avec fureur. Le brave général Charlet, se précipitant le premier dans les retranchements, y tomba frappé d'un coup mortel. Sa mort excita la rage des soldats, qui, les rangs serrés et la baïonnette en avant, se ruèrent en masse compacte sur les ennemis et les mirent dans une déroute complète.

Pendant ce temps, Augereau attaquait l'aile gauche avec succès depuis Loano jusqu'aux hauteurs occupées par Argenteau. Toutes les positions furent successivement emportées. Le mamelon, dit le grand *Castellaro*, défendu par le général milanais Roccavina avec 1,200 hommes, opposa plus de résistance. Augereau somma Roccavina de mettre bas les armes. Celui-ci consentit à quitter la redoute avec armes et bagages. Augereau rejeta cette offre avec dédain et lui donna dix minutes pour se rendre à discrétion. « Dix minutes, répondit ce brave Milanais, il ne m'en faudra pas tant pour passer par là, » et il montra la brigade Victor déployée devant lui. On crut d'abord que c'était une bravade; mais Roccavina, déterminé à succomber avec gloire, sort de sa redoute, tombe en furieux sur les 117ᵉ et 118ᵉ demi-brigades, les culbute, et malgré le feu du reste de la brigade, parvient à effectuer sa retraite, au grand étonnement des républicains que sa généreuse résolution pénètre d'admiration.

Cependant, les Austro-Sardes, honteux de leur défaite, s'étaient ralliés sur le mont Carmelo pour arracher la victoire à un ennemi qu'ils croyaient épuisé par dix heures de combat. Scherer, devinant leur projet, s'avance contre eux avec sa droite, mais incertain de ce qui s'était passé au centre avec Masséna, craint de tout compromettre; il hésite. Heureusement, un message de Masséna vient le rassurer; il continue son mouvement; mais tout à coup, un brouillard humide, infect, accompagné de tourbillons de neige et de grêle cache la lumière du jour et met fin à la poursuite. Des rangs entiers furent renversés par les rafales de la tourmente, et l'on compta sur le champ de bataille des morts et des blessés que n'avait pas frappés la main des hommes. Les Autrichiens profitèrent des ténèbres pour fuir, abandonnant tentes, artillerie et caissons. Augereau les poursuivit avec ses troupes légères; Masséna, qui a marché malgré la tourmente, a fait occuper par Joubert les défilés de Saint-Jacques; il ne reste aux Autrichiens que les sentiers des montagnes et la vallée de la Bormida. C'est alors le tour du général Serrurier qui, pendant les journées du 23 et du 24, s'était borné à contenir l'aile droite austro-sarde. Il exécute dès lors sur l'armée piémontaise une attaque impétueuse, la bat complétement, lui enlève toute son artillerie et la contraint de se réunir dans le camp retranché de Ceva aux débris d'Argenteau.

Telle fut cette bataille célèbre, dont le succès tout entier fut dû aux dispositions et à l'audace de Masséna. La victoire de Loano livra aux Français d'immenses approvisionnements et leur ouvrit les portes de la Péninsule italique.

Après les journées des 18 et 19 fructidor an V, Masséna fut un des candidats portés sur les listes pour remplacer Carnot et Barthélemy au Directoire.

Général en chef de l'armée d'Italie en février 1798 et de l'armée d'Helvétie en 1799, Masséna, par son immortelle victoire de Zurich, arrêta les flots de la deuxième coalition prête à déborder sur la France.

Défenseur de Gênes en 1800, général en chef de l'armée d'Italie après la bataille de Marengo, député au Corps législatif en 1803, il y fit de l'opposition et ne vota point pour le consulat à vie; maréchal de France en 1804, grand aigle de la Légion-d'Honneur en 1805 et appelé de nouveau au commandement en chef de l'armée d'Italie, conquérant du royaume de Naples et pacificateur des Calabres; commandant de l'aile droite de la grande armée en 1807, nommé pour ses éclatants services duc de Rivoli avec une dotation considérable, il fut privé d'un œil par un coup de fusil que lui tira par mégarde Berthier dans une chasse près de Paris; pendant la campagne de 1809 contre l'Autriche, il sauva l'armée à Essling et reçut le titre de prince d'Essling; il contribua encore puissamment au gain de la bataille de Wagram, où, blessé, il parcourut les rangs traîné dans une calèche.

Envoyé en Portugal en 1810 pour en chasser les Anglais, il échoua comme avaient échoué Junot et Soult ; mais il faut dire que les forces qu'il commandait étaient fort inégales, qu'il manquait de munitions et qu'il fut mal secondé.

Rentré en France, il fut mal accueilli par Napoléon qui ne l'employa pas dans les fameuses campagnes de 1812 et de 1813 ; mais, après la bataille de Leipzig, l'Empereur lui confia la 8e division militaire.

Louis XVIII le maintint dans ce poste, le fit commandeur de Saint-Louis et lui octroya des lettres de naturalisation, formalité passablement ridicule à l'égard du vainqueur de Zurich.

En 1815, il resta fidèle aux Bourbons aussi longtemps qu'il le put, n'accepta aucun service pendant les Cent-Jours, commanda la garde nationale sous le gouvernement provisoire, refusa de faire partie du conseil de guerre appelé à juger le maréchal Ney, fut dénoncé aux Chambres comme coupable de félonie au 20 mars, se justifia de cette calomnie et en mourut de chagrin le 4 avril 1817, âgé de 59 ans.

« Général d'un rare courage et d'une ténacité si remarquable, dont le talent croissait par l'excès du péril, qui, vaincu, était toujours prêt à recommencer comme s'il eût été vainqueur. »
(*Mémorial de Sainte-Hélène*.)

« Masséna était fortement constitué, infatigable, nuit et jour à cheval parmi les rochers et dans les montagnes. C'était le genre de guerre qu'il entendait spécialement. Il était décidé, brave, intrépide, plein d'ambition et d'amour-propre ; son caractère distinctif était l'opiniâtreté ; il n'était jamais découragé ; il négligeait la discipline ; soignait mal l'administration, et, par cette raison, était peu aimé du soldat. Il faisait assez mal les dispositions d'une attaque. Sa conversation était peu intéressante ; mais au premier coup de canon, au milieu des boulets et des dangers, sa pensée acquérait de la force et de la clarté. Était-il battu, il recommençait comme s'il eût été vainqueur. » (MONTHOLON.)

« Masséna était un homme d'un talent supérieur. Néanmoins, il faisait de mauvaises dispositions avant une bataille ; et ce n'était que lorsque les hommes tombaient de tous côtés qu'il commençait à agir avec le jugement qu'il aurait dû montrer auparavant. Au milieu des morts et des mourants, de la grêle de balles qui moissonnaient tout autour de lui, Masséna était toujours lui-même ; il donnait ses ordres et faisait ses dispositions avec le plus grand sang-froid. Voilà *la vera nobilità di sangue*. On disait avec vérité de Masséna qu'il ne commençait à agir avec discernement, que lorsque la chance d'une bataille se déclarait contre lui. C'était néanmoins un grand pillard. Il était toujours de moitié avec les fournisseurs et les commissaires de l'armée. Je lui dis plusieurs fois que, s'il voulait cesser ses spéculations, je lui ferais présent de 800,000 francs ou d'un million ; mais il en avait tellement pris l'habitude, qu'il ne pouvait s'empêcher de se mêler de ces sales intrigues pécuniaires. Il était haï, pour cela, par les soldats, qui se révoltèrent plusieurs fois contre lui. Cependant, c'était un homme précieux, et il eût été un grand homme, si ces qualités n'eussent été obscurcies par le vice honteux de l'avarice. »
(O'MÉARA.)

MATHIEU DE LA REDORTE (DAVID-MAURICE-JOSEPH, comte), issu d'une famille noble du Rouergue, naquit à Sainte-Afrique (Aveyron), le 30 septembre 1768. Entré comme cadet dans le régiment suisse de Meuron, le 1er avril 1783, et parti pour les Indes à la même époque, il passa, en 1786, dans la légion française de Luxembourg et y fut nommé sous-lieutenant.

De retour en France en 1789, son corps ayant été licencié le 22 juillet de la même année, il ne reprit du service qu'en 1792 dans le 1er régiment de dragons dont son oncle, M. de Muratel, était colonel; celui-ci, devenu maréchal de camp, le fit admettre en qualité de capitaine dans la légion du Centre, le 1er août, et le prit pour son aide-de-camp le 8 du même mois.

Attaché alors à l'armée du Rhin, il s'était distingué, le 5, à une affaire près de Landau.

Il se signala de nouveau à la bataille de Valmy, et fit, aux armées de la Moselle et de Sambre-et-Meuse, les campagnes de 1793 et des ans II et III, comme aide-de-camp du général Chapsal.

Nommé adjudant-général le 25 prairial de cette dernière année, et employé pendant les ans IV et V aux armées de l'intérieur, du Nord et de Sambre-et-Meuse, il rejoignit, en l'an VI, l'armée qui, sous les ordres de Championnet, marchait contre les insurgés de la Romagne.

Les habitants de Terracine s'étaient attiré la juste colère du général en chef par les excès auxquels ils s'étaient livrés envers les Français. Chargé d'en tirer une vengeance terrible, l'adjudant-général Mathieu s'y porta, le 22 thermidor, avec un détachement. Il enleva la place après six heures d'une résistance vigoureuse de la garnison, soutenue par 15 pièces de canon et par un grand nombre de paysans embusqués dans les jardins et les marais. Tous ceux que l'on prit les armes à la main furent passés au fil de l'épée.

A la suite de cette action, pendant laquelle il eut un cheval tué sous lui, le Directoire lui conféra, par arrêté du 23 fructidor, le grade de général de brigade.

En l'an VIII, l'armée française ayant été attaquée par 40,000 Napolitains, aux ordres du général autrichien Mack, le général Mathieu fut chargé de les contenir. Il chassa l'ennemi de Vignanello, et s'empara de Magliano et du camp d'une division napolitaine. Mais l'occupation d'Otricoli, ville située au delà de Borghetto, compromettant les communications de l'armée française, Championnet remit le soin de la reprendre à Macdonald, qui confia la direction de l'attaque principale au général Mathieu.

Celui-ci repoussa l'ennemi sur tous les points, pénétra dans Otricoli, et fit plus de 2,000 prisonniers : huit pièces de canon, trois drapeaux, ainsi que tout l'état-major du régiment de cavalerie de la Principessa, tombèrent en son pouvoir. Genzona, Cisterna, Piperno, Prossedi et Frosinone, furent également emportés, ainsi que Céprano, où l'arrière-garde ennemie se trouvait campée sur une hauteur dominant cette ville. Le lendemain il enleva le pont de Carigliano.

Après quelques jours de repos à Rome, dont les Napolitains avaient été de nouveau chassés, le général Mathieu accompagna Macdonald au siége de Capoue.

Atteint devant cette place d'un coup de mitraille qui lui fracassa le bras droit, tandis qu'il opérait une reconnaissance, il dut quitter l'armée pour se rendre aux eaux de Baréges.

Promu général de division le 28 germinal, il prit, le 9 nivôse an VIII, le commandement d'un corps de 3,600 hommes rassemblés à Brest, et, le 26 pluviôse, celui du département du Finistère et de la ville de Brest. A cette époque, on préparait dans ce port une expédition pour la Guadeloupe; le général Mathieu, qui devait en faire partie, ayant été retenu en France, fut investi, le 11 prairial, du commandement de la 20e division militaire (Périgueux).

Nommé les 19 frimaire et 25 prairial an XII, membre et grand officier de la

Légion-d'Honneur, un arrêté du 25 floréal de la même année le fit président du collége électoral de l'Aveyron.

En l'an XIV, il commanda la 2ᵉ division du 7ᵉ corps de la grande armée destiné à repousser sur le Tyrol le corps autrichien du général Jellachich. Ce corps, cerné dans les positions qu'il occupait, mit bas les armes; le général Mathieu régla, de concert avec le major général Woffskell, les conditions de cette capitulation.

En 1806, il passa au service de Joseph-Napoléon, décrété roi de Naples, et suivit ce prince en Espagne.

En 1808, attaché au corps d'armée du maréchal duc de Montebello, il se distingua et fut blessé à la bataille de Tudela, après laquelle il eut le commandement de Barcelone et de la basse Catalogne. «Dans ce poste difficile, dit le maréchal duc de Tarente, dans l'éloge du général Mathieu qu'il prononça à la tribune de la Chambre des Pairs, le 4 avril 1833, un général de talents distingués, livré à lui-même, sait développer cette habileté, ces combinaisons de la sagesse, les ressources de l'art, ces à-propos à profiter des circonstances, à saisir les occasions : elles ne manquèrent pas au général Mathieu, qui se montra toujours supérieur aux embarras et aux dangers de sa position. »

Vers le mois de mars 1811, il y eut un complot organisé pour livrer aux Espagnols le fort Montjouich. Le général Mathieu, averti à temps, résolut de faire tourner cette entreprise à la perte de l'ennemi; il laissa donc le général espagnol, le marquis de Campo-Verde, rassembler 8,000 hommes sous les murs du fort dans la nuit du 19 au 20, et pénétrer 800 grenadiers dans les fossés; mais alors une fusillade terrible devint le signal de la destruction des assaillants, et le général espagnol, attaqué dans le même moment par des détachements placés hors de la ville, n'eut qu'à chercher son salut dans une fuite honteuse.

Il se trouva à la prise de Mont-Serrat, enleva les hauteurs d'Altafulla en 1812, et continua, pendant l'année 1813, à mériter la réputation de général intrépide et habile.

Napoléon, qui faisait le plus grand cas de son mérite, lui avait décerné la croix de chevalier de la Couronne de Fer le 6 décembre 1807, et l'avait élevé au rang de comte de l'Empire.

Rentré en France en 1814, il s'empressa d'adhérer à la déchéance de l'Empereur.

Nommé chevalier de Saint-Louis le 1ᵉʳ juin, et quelques jours après inspecteur général d'infanterie dans les 10ᵉ et 12ᵉ divisions militaires, Napoléon l'employa néanmoins pendant son règne des Cent-Jours.

En 1817, Louis XVIII lui confia le commandement de la 19ᵉ division militaire, et celui de Lyon après les événements qui désolèrent cette ville en 1818.

Créé Pair de France le 5 mars 1819, grand-croix de la Légion-d'Honneur le 20 août 1820, le comte Mathieu de La Redorte vota constamment avec la minorité constitutionnelle du Luxembourg.

En 1830, il prêta serment à la royauté nouvelle; mais, prétextant ses infirmités pour refuser de faire partie du cadre de réserve, il prit sa retraite l'année suivante, et mourut le 1ᵉʳ mars 1833.

Son nom est inscrit au côté Ouest de l'arc de triomphe de l'Étoile.

MAUCUNE (Antoine-Louis-Popon, baron de), lieutenant-général, né le 21 février 1772 à Brives (Corrèze), entra comme sous-lieutenant dans le corps des Pionniers le 1ᵉʳ février 1786, y fut nommé lieutenant en 1787, et fut réformé le 1ᵉʳ mai 1789.

Lorsque la Révolution éclata, il s'engagea comme grenadier dans le 1ᵉʳ bataillon de Paris en 1791, et le gouvernement lui rendit le grade qu'il avait occupé et le plaça comme lieutenant dans le 23ᵉ régiment d'infanterie en 1792.

Il fit la campagne de 1792 à l'armée du Nord, et fut blessé d'un coup de feu à la cuisse gauche, à la prise de Melun. Passé en 1793 à l'armée des Alpes, il fit la guerre dans le Piémont comme chef de partisans, et fut blessé d'un coup de baïonnette au bras droit à l'affaire de Bardenèche, en août de cette même année.

Promu capitaine le 8 ventôse an II, il fit toutes les campagnes de l'armée d'Italie, de l'an II à l'an IX, et sa conduite à Arcole lui mérita le grade de chef de bataillon qui lui fut conféré par le général en chef Bonaparte le 1ᵉʳ nivôse an V.

En l'an VII, à l'attaque de Tauffern, il fut blessé de deux coups de feu, dont un à la cuisse droite, et l'autre à l'épaule gauche, et fut nommé chef de brigade de la 39ᵉ de ligne sur le champ de bataille même.

Le 28 thermidor suivant, à Novi, il fit des prodiges de valeur et fut atteint d'un coup de feu qui lui traversa le pied droit.

Confirmé dans son grade par arrêté du premier Consul du 29 ventôse an IX, pour prendre rang du 5 germinal an VII, il rentra en France après la paix et vint tenir garnison à Paris, d'où il fut envoyé au camp de Montreuil pendant les ans XII et XIII.

Membre de la Légion-d'Honneur le 19 frimaire an XII, il en fut créé officier le 25 prairial suivant, et attaché à ce titre au collége électoral du département de la Corrèze.

Il fit les campagnes d'Autriche, de Prusse et de Pologne, de l'an XIV à 1807, avec la 2ᵉ division du 6ᵉ corps de la grande armée, et reçut des mains de l'Empereur, en l'an XIV, la croix de commandeur de la Légion-d'Honneur.

Général de brigade par décret du 10 mars 1807, il fut attaché en cette qualité au 6ᵉ corps le 28 du même mois. Rentré en France après la paix de Tilsitt, il devint baron de l'Empire en 1808, et chevalier de l'ordre de la Couronne de Prusse dans le courant de la même année. De 1808 à 1813, il fit la guerre en Espagne et en Portugal.

Au combat de d'Alba de Tormès, le général Maucune suivit les fuyards et entra presque aussitôt qu'eux dans la ville d'Alba de Tormès. Là, tombant sur la queue de la colonne ennemie sans tirer un coup de fusil, il lui tua 200 hommes à la baïonnette, se rendit maître du pont et enleva l'artillerie qui le défendait. Blessé d'un coup de feu à la bataille de Busaco, il reçut deux autres coups de feu à celle de Fuente de Onoro.

Le 18 octobre 1812, l'avant-garde de l'armée de Portugal, sous les ordres du général Maucune, occupa Castil de Peones, Quintanavides et Santa Olalla; un détachement anglais qui occupait ce dernier village y fut enlevé tout entier, et le général Maucune s'empara des hauteurs qui dominent le bourg de Monasterio.

Le 19, il attaqua l'avant-garde anglaise, lui tua ou blessa quelques hommes du corps de Brunswick et lui fit une trentaine de prisonniers, parmi lesquels se trouvait un officier.

Le 20, le général Maucune qui avait ordre de reconnaître les forces qui couvraient le siége de Burgos, déboucha de Monasterio et enleva avec beaucoup d'élan le village de Quintanapalla.

Le 21, l'armée ennemie se mit en retraite vers le Duero, et le général Maucune la suivit de près. Il traversa Burgos, ramassant des traînards et des déserteurs, poussa une reconnaissance sur la route de Lerma, où fut prise une pièce de huit, et continua de s'avancer sur celle de Valladolid.

Le 23, il rencontra l'arrière-garde ennemie, couverte par neuf escadrons et quatre pièces de canon. Ces escadrons furent chargés, rompus à plusieurs reprises et rejetés sur Tamamès par notre cavalerie légère, qui leur fit éprouver une perte considérable.

Le 25, au combat de Villa-Muriel, il culbuta l'ennemi et le rejeta de l'autre côté de la rivière. Il fut cité honorablement par le général Souham dans son rapport au ministre de la guerre du 1ᵉʳ novembre suivant.

Employé à l'armée d'Italie, il alla rejoindre son poste et fut mis en non-activité après le retour des Bourbons en France.

Louis XVIII le nomma chevalier de Saint-Louis le 5 octobre 1814.

Lorsque Napoléon revint de l'île d'Elbe, il désigna, par décision du 10 juin 1815, le général Maucune pour aller commander la division des gardes nationales rassemblées à Lille; mais la rapidité avec laquelle se succédèrent les malheureux événements de cette fatale époque ne lui permirent pas d'exercer ces fonctions; il demeura en non-activité jusqu'au 21 octobre 1818, époque à laquelle il fut admis à la retraite.

Il est mort le 18 février 1824, et son nom figure avec honneur sur la partie Ouest de l'arc de triomphe de l'Étoile.

MAUPETIT (PIERRE - HONORÉ - ANNE, baron), général de brigade, né le 22 septembre 1772 à Lyon (Rhône). Sous-lieutenant le 10 mars 1792 dans le 9ᵉ régiment de dragons, il y fut nommé lieutenant le 1ᵉʳ avril 1793. Il fit les campagnes de 1792 à l'an IX aux armées des Alpes, de l'Ouest et d'Italie.

En l'an II, à l'affaire de Sorigimos, il fut blessé de plusieurs coups de crosse à l'épaule droite.

Devenu capitaine le 12 frimaire an IV, il fut promu chef d'escadron par arrêté du général en chef de l'armée d'Italie du 1ᵉʳ floréal an VII. Il prit ensuite part à la journée du 18 brumaire avec le 9ᵉ de dragons, qui était alors commandé par le chef de brigade Sébastiani (Horace), et qui faisait partie de la garnison de Paris.

Employé à l'armée de réserve, il se trouva à la journée de Marengo où il combattit avec la plus grande intrépidité. Il retarda pendant longtemps l'entrée dans la plaine de l'armée du général Mélas, par sept charges consécutives qu'il effectua sur l'avant-garde ennemie, et il reçut plusieurs coups de sabre sur la tête et un coup de feu à la jambe droite. Revenu, avec son régiment, à Paris, après la paix, il fut nommé chef de brigade en remplacement de Sébastiani.

Membre de la Légion-d'Honneur le 19 frimaire an XII, et officier de l'Ordre le 25 prairial suivant, il fit partie, en l'an XII et en l'an XIII, de la deuxième réserve de cavalerie de l'armée des côtes de l'Océan.

Le colonel Maupetit fit les campagnes d'Autriche, de Prusse et de Pologne, de l'an XIV à 1807, avec la réserve de cavalerie de la grande armée.

Le 16 vendémiaire an XIV, à l'affaire de Wertingen, il reçut neuf coups de baïonnette en traversant les bataillons autrichiens formés en carré, et il s'empara de quatre pièces de canon et de trois drapeaux. A Austerlitz, il fut nommé commandant de la Légion-d'Honneur.

En 1806, à Iéna, il donna l'exemple de la bravoure et du dévouement le plus absolu, et il fut élevé au grade de général de brigade par décret impérial du 30 décembre même année.

Il combattit à Friedland et reçut la

décoration de chevalier de la Couronne de Fer.

Créé baron en 1808, il fut envoyé en Espagne et se distingua dans plusieurs rencontres contre les Anglais.

Revenu en France avec un congé de convalescence, le général Maupetit mourut des suites de ses blessures le 13 décembre 1811 à Alençon.

MAUPOINT DE VANDEUL (Louis-Joseph), issu d'une des plus anciennes familles de Flandre, naquit à Lille le 6 janvier 1766. Son père, prévôt général de la maréchaussée de Flandre, le destina de bonne heure à la carrière des armes.

Déjà en 1782, il entrait, en qualité de sous-lieutenant au 3ᵉ régiment provincial d'état-major, et en 1786, il passait dans les Gardes du corps du roi, compagnie de Luxembourg. Il ne quitta Louis XVI qu'à la fatale journée du 7 octobre, après avoir suivi à pied l'infortuné monarque jusqu'à Paris. Ce fut dans la matinée de ce même jour que Maupoint dut à l'intervention de La Fayette de n'être pas pendu avec trois de ses camarades à une lanterne du château de Versailles. Enveloppé et pressé par la multitude, déjà la corde fatale avait été attachée à son cou.

Élu, par ses concitoyens, chef de bataillon de la garde nationale de Lille en 1789, Maupoint fut attaché, en 1792 à l'état-major du général Beurnonville, en qualité de capitaine.

De l'armée de la Moselle il passa à celle du Nord en 1793, et devint l'aide-de-camp du général Kermovan. C'est dans le cours de la même année que Maupoint, envoyé comme capitaine dans le 10ᵉ de hussards, arrêta la déroute d'une de nos colonnes à la malheureuse affaire de Montaigu, et prit part aux travaux de l'armée du Rhin jusqu'en l'an III de la République, à ceux de l'armée de l'Ouest en l'an IV, de Sambre-et-Meuse en l'an V. Dans toutes les affaires auxquelles assista son régiment, il déploya les qualités militaires qui le firent remarquer de ses chefs, et lui valurent, en l'an VII, le grade de chef d'escadron, avancement que Maupoint avait refusé une première fois pour ne pas se séparer de ses camarades du 10ᵉ. Il venait de se distinguer aux affaires de Valdigi et de Sarrena, dans lesquelles il reçut cinq coups de sabre et fut félicité par le général Championnet. Maupoint suivit ce même régiment aux armées des Alpes, d'Italie et d'Espagne. En l'an XII, au camp de Saint-Omer, il devint membre de la Légion-d'Honneur à la création de l'Ordre.

En 1806, Maupoint, après avoir passé douze années de sa vie dans le 10ᵉ hussards, où son nom vivait encore à la chute de l'Empire, fut appelé au commandement du 16ᵉ de chasseurs à cheval à la grande armée. A la tête de ce beau régiment, il se montra l'émule des grands chefs de cavalerie dont les Murat, les Lasalle et les Montbrun resteront dans nos Annales militaires comme la plus brillante personnification.

De 1808 à 1810, le colonel Maupoint ne quitta pas la grande armée et assista aux batailles mémorables qui marquaient cette période. Le fer et le feu de l'ennemi en inscrivirent les dates glorieuses sur tout son corps.

A la journée d'Essling, il avait eu trois chevaux tués sous lui; à Wagram, il rendit une partie de l'armée française témoin d'une charge qui arracha les acclamations des lignes qui en furent spectatrices. Le 16ᵉ chasseurs, après avoir été engagé tout le jour, avait reçu l'ordre de regagner ses bivouacs. Tandis que le colonel Maupoint marchait à la tête de ses 1,000 chevaux formés en colonne, il aperçoit le 4ᵉ cuirassiers engagé dans un combat corps à corps avec les cuirassiers autrichiens de Dalbert. A cette vue, Maupoint se dressant sur les étriers et brandissant le sabre, adresse quelques mots à ses chasseurs : il les enlève et les lance comme un ouragan sur la ligne de fer ennemie. Les cuirassiers autrichiens se rompent sous le choc de cette cavalerie légère qui les ramène, la pointe aux reins, jusque sur les derrières de leur artillerie dont elle s'empare. Ce fait de guerre, exécuté par le régiment de Maupoint avec la précision du champ de manœuvre, provoqua l'admiration de toute l'armée. L'Empereur décerna à l'intrépide colonel la croix d'officier sur le champ de bataille.

Le 6 août 1811, le grade de général de brigade fut la récompense de la valeur et de la capacité militaires de Maupoint, à une époque où la valeur et la capacité étaient des dons ordinaires. Il se rendit à l'armée d'Espagne qui devint témoin, à son tour, de ses hauts faits. Le maréchal Suchet les a glorifiés dans ses Mémoires.

En 1812, le général Maupoint, criblé de blessures, mutilé des pieds à la tête, fut contraint, par l'épuisement de ses forces, de descendre de son cheval de bataille; mais l'Empereur ne voulut pas encore se priver de ses services, et le mit à la tête de l'École militaire de Saint-Germain qu'il appelait *la poule aux œufs d'or* de la cavalerie française.

A la rentrée des Bourbons, le général Maupoint, que Napoléon avait fait baron de l'Empire, fut appelé au commandement des Bouches-du-Rhône et à celui du Var en 1815. Dans ces temps difficiles, et au milieu de la lutte des partis, il resta toujours fidèle à la France, et cette fidélité fut, toute sa vie, le seul mobile de ses sentiments et de ses actions.

Une démission prématurée rendit, en 1816, le général Maupoint à la vie privée, il y donna encore de grands exemples.

Il est mort à Marseille le 18 septembre 1849, et laissa des fils qui portent son nom avec honneur.

MAURIN (Antoine, baron), lieutenant-général, né le 19 décembre 1791, à Montpellier (Hérault). Entré au service comme chasseur dans le 20ᵉ régiment de chasseurs à cheval le 23 juillet 1792, il fit les campagnes de 1792, au commencement de l'an II, à l'armée du Nord.

Passé à celle de Sambre-et-Meuse, il y servit avec distinction pendant les ans II, III et IV, fut nommé adjoint à l'adjudant-général Mireur, le 29 germinal an II, et se fit remarquer au siége de Maëstricht et au combat de la Roër, où il passa un des premiers la rivière à la nage pour s'élancer dans les retranchements ennemis.

En l'an III, il commandait trois compagnies de grenadiers de l'avant-garde, et contribua par son courage à la prise de cette ville et à celle de 800 Autrichiens.

Sous-lieutenant au 20ᵉ de chasseurs à cheval, par décret de la Convention nationale en date du 27 fructidor an III, il commandait une des quatre compagnies de grenadiers qui passèrent le Rhin, dans les barques, à Bendorff, pendant la nuit du 11 au 12 messidor an IV, pour aller couper la retraite à un corps de troupes de 4,000 Autrichiens qui campaient dans la plaine de Neuwied. Ces compagnies, après avoir fait 200 prisonniers, pris une redoute armée de plusieurs pièces et enlevé les bagages du général ennemi, soutinrent dans Bendorff les efforts de ces 4,000 hommes pendant plus de quatre heures, et jusqu'à ce qu'un pont établi sur le Rhin permît de venir à leur secours.

Il se distingua de nouveau, à l'attaque de Limbourg, sur la Lahn, et fut nommé lieutenant sur le champ de bataille par le général en chef Jourdan.

Le 11 vendémiaire an V, à la bataille

de Biberach, il reçut un coup de sabre à l'épaule et passa ensuite à l'armée d'Italie, avec laquelle il fit la campagne de l'an V.

Le 29 ventôse, à la prise de Gradisca, il passa un des premiers l'Isonzo, sous le feu de l'ennemi, pour aller avec les grenadiers former l'investissement de cette place, et obtint le grade de capitaine qui lui fut donné sur le champ de bataille par le général en chef Bonaparte.

Dès le 15 germinal, il était passé auprès du général Bernadotte, qui l'avait choisi pour aide-de-camp.

Il servit, en cette qualité, depuis cette époque jusqu'à l'an X, aux armées d'observation sur le Rhin et de l'Ouest, fut nommé chef d'escadron par arrêté du Directoire et devint adjudant-général le 3 thermidor suivant.

Le 4 floréal an X, le premier Consul le nomma chef de brigade du 24ᵉ régiment de chasseurs à cheval.

De l'an X à l'an XIII, il fut employé dans la 11ᵉ division militaire, et créé membre de la Légion-d'Honneur le 19 frimaire an XII, et officier de l'Ordre le 25 prairial suivant.

Il fit les guerres de l'an XIV, de 1806 et partie de 1807, en Italie et à la grande armée, et fut nommé général de brigade le 25 juin 1807.

Appelé au commandement d'une brigade de cavalerie au corps d'observation de la Gironde, sous les ordres du général Junot, il entra en Portugal le 15 septembre suivant.

Créé baron de l'Empire le 17 mars 1808, il était au lit, malade; lors de la prise de Faro, les Anglais le firent transporter à bord de leur flotte, et il resta prisonnier jusqu'au 4 septembre 1812, époque de sa rentrée en France.

Mis en disponibilité et destiné à servir à la grande armée le 11 février 1813, il fut employé à la 4ᵉ division du 2ᵉ corps de cavalerie de la grande armée le 1ᵉʳ mars, passa à la 2ᵉ division du même corps le 15 avril, et revint à la 4ᵉ division le 31 mai suivant.

Créé commandant de la Légion-d'Honneur le 28 septembre, il fut mis en disponibilité le 15 décembre, et fut de nouveau employé au 2ᵉ corps de cavalerie le 30 du même mois.

Attaché aux divisions de cavalerie, à Versailles, le 6 janvier 1814, il fit la campagne de France, et fut promu au grade de général de division le 19 février suivant. Le même jour, l'Empereur lui confia le commandement de la 2ᵉ division de cavalerie légère du 2ᵉ corps de cavalerie, et c'est à la tête de ces troupes qu'il termina la campagne de 1814.

Après la rentrée des Bourbons, il fut nommé commissaire du roi pour la rentrée des prisonniers de guerre, reçut la croix de chevalier de Saint-Louis, et fut mis en non-activité le 1ᵉʳ janvier 1815, puis nommé par le gouvernement royal chef d'état-major du 2ᵉ corps de l'armée commandée par le duc de Berri, le 19 mars 1815.

L'Empereur, en rentrant dans sa capitale, lui confia, par décret du 31 du même mois, le commandement d'une division de cavalerie au 4ᵉ corps d'observation, devenu 4ᵉ corps de l'armée du Nord.

C'est à la tête de ces troupes qu'il fit la campagne des Cent-Jours en Belgique, et qu'il fut blessé d'un coup de feu qui lui traversa la poitrine au-dessus du sein gauche, le 16 juin au soir, à la bataille de Ligny.

Mis en non-activité au mois de septembre suivant, il fut compris comme disponible dans le cadre de l'état-major général de l'armée le 30 décembre 1818.

Louis XVIII lui confia le commandement de la 15ᵉ division militaire le 20 janvier 1819.

Disponible le 30 mai 1820, il fut admis à la retraite le 1er janvier 1825, et se trouvait encore dans cette position lorsque la révolution de Juillet éclata.

Le général Maurin offrit ses services et fut employé pendant quelques jours au ministère de la guerre. C'est par lui qu'étaient signées les dépêches télégraphiques qui apportèrent l'ordre aux officiers généraux commandant les divisions militaires d'arborer les trois couleurs.

Chargé provisoirement du commandement de la 1re division militaire, il fut confirmé dans ce commandement, le 18 septembre 1830, par le nouveau gouvernement.

Remplacé, le 25 du même mois, par le général comte Pajol, le général Maurin mourut le 4 octobre suivant.

Son nom est inscrit sur le côté Ouest de l'arc de triomphe de l'Étoile.

MAZAS (Jacques-François-Marc), né le 26 avril 1765 à Marseille (Bouches-du-Rhône), entra au service le 10 avril 1781 comme soldat dans le régiment de Bourbonnais-Infanterie, et passa, le 11 avril 1782, dans celui de Champagne, avec lequel il fit les campagnes de 1782 et 1783 en Amérique.

Congédié en 1790, il reprit les armes lorsque nos frontières furent menacées, et, le 20 juin 1793, il fut nommé adjudant-major du 11e bataillon de la Gironde, devenu 148e, puis 34e demi-brigade d'infanterie de ligne.

Il y fut promu capitaine le 3 juillet suivant, et servit à l'armée des Pyrénées-Occidentales depuis cette époque jusqu'en l'an III. Devenu chef de bataillon le 9 messidor an II, il fut fait chef de brigade le 1er germinal an III.

Employé en l'an IV à l'armée des côtes de l'Océan, sous les ordres de Hoche, il passa à celle des Alpes vers la fin de l'an IV, et fit les guerres des ans V, VI, VII, VIII et IX à l'armée d'Italie.

En l'an V, suivi seulement de quatre dragons, il pénétra dans Carpentras (Vaucluse); et fit mettre bas les armes à 4,000 insurgés qui s'étaient rendus maîtres de la ville.

A la bataille de Novi, il soutint avec la plus grande intrépidité, à la tête de sa demi-brigade, plusieurs charges de l'ennemi dont il paralysa les efforts.

Le 29 germinal an VIII, à l'attaque du monte San-Giacomo, les troupes se mirent en marche sur quatre colonnes à une heure après minuit. Le chef de brigade Mazas s'était établi, dès la veille, au lieu dit le Rocher, avec la colonne de droite, composée de la 34e de ligne et de la 7e légère. Il attaqua le monte San-Giacomo avec une grande résolution; le combat fut vif et acharné, mais enfin la position fut emportée.

Le 8 prairial suivant, lors des opérations du général Suchet sur le Var, Mazas attaqua avec impétuosité les postes retranchés qui couvraient le mouvement des Autrichiens, les força, prit quatre pièces de canon, et fit environ 300 prisonniers.

L'état des services de cet officier supérieur contient une annotation conçue en ces termes : « Cet officier a conduit la 34e demi-brigade d'infanterie de ligne à *vingt-six combats, à un siège et à trois batailles rangées;* partout il a donné l'exemple d'un courage soutenu et raisonné; il a développé des connaissances militaires et tenu une conduite digne d'éloges. »

Rentré en France après la paix, il tint garnison à Longwy pendant les ans X et XI, et passa colonel au 14e régiment d'infanterie de ligne le 12 vendémiaire an XII.

Employé au camp de Saint-Omer pendant les ans XII et XIII, il fut créé membre et officier de la Légion-d'Honneur les 19 frimaire et 25 prairial an XII.

Lors de la guerre contre l'Autriche, en l'an XIV, il fit partie de la division Saint-Hilaire, du 4e corps de la grande armée.

A Austerlitz, son régiment fit des prodiges de valeur et n'eut qu'une vingtaine d'hommes tués et une centaine de blessés, tandis qu'il fit éprouver une perte centuple à l'ennemi; le colonel Mazas trouva une mort glorieuse sur le champ de bataille, et fut le seul officier que perdit le 14e.

L'Empereur décréta qu'une place voisine du pont d'Austerlitz porterait le nom de cet intrépide officier.

Son nom figure aussi sur le côté Est de l'arc de triomphe de l'Étoile.

MENNE (Pierre-Maurice), né le 29 décembre 1785 à Agen (Lot-et-Garonne), entra au service dans la 59e demi-brigade en 1804, comme simple soldat, passa par tous les grades inférieurs, et fut nommé sous-lieutenant et chevalier de la Légion-d'Honneur en 1806, pour sa brillante conduite à la prise du pont de Guntzbourg.

Il prit part aux batailles d'Ulm, d'Iéna, d'Eylau, de Friedland, passa en Espagne, fut blessé aux affaires de Rubierca (1808) et des Arapyles (1812), élevé au grade de chef de bataillon; il se distingua de nouveau à la fatale journée de Vittoria, et plus tard à Arcis-sur-Aube où il commandait un bataillon du 118e régiment.

Mis en non-activité avec demi-solde en 1814, M. Menne fut employé, pendant les Cent-Jours, comme adjoint à l'état-major, dans la 14e division militaire (à Caen).

A la seconde Restauration il fut remis en demi-solde : en 1827, il fut appelé au commandement d'un bataillon du 3e régiment d'infanterie de ligne, puis du 30e de ligne en août 1830, et peu de jours après il fut nommé lieutenant-colonel du 19e d'infanterie légère.

Il fit la campagne de 1830 à Alger, fit celle de Belgique en 1831, fut nommé colonel du 2e d'infanterie légère, retourna en Afrique en 1835, y fit cinq campagnes successives et se distingua par sa haute bravoure.

M. Menne, officier de la Légion-d'Honneur en 1815, et commandeur en 1836. La Restauration l'avait fait chevalier de Saint-Louis en 1828.

Le 27 août 1839, il fut promu au grade de général de brigade.

Il est aujourd'hui à la retraite.

MENOU (Jacques-François, ABDALLAH, baron de Boussay), né à Boussay-de-Loches (Indre-et-Loire) le 3 septembre 1750, d'une ancienne famille. Il entra de bonne heure dans la carrière des armes, il était déjà maréchal de camp en 1789, lorsqu'il fut député de la noblesse du bailliage de Touraine aux États généraux. Nommé secrétaire le 5 décembre et président le 31 mars 1790. Membre du comité diplomatique, employé après la session comme maréchal de camp à Paris, puis à l'armée de l'Ouest. Commandant des sections de Paris au 1er prairial an III, il força le faubourg Saint-Antoine à capituler. Général en chef de l'armée de l'intérieur, dénoncé comme traître, mis en jugement et acquitté en 1795. Général de division à l'armée d'Égypte, il y montra beaucoup de valeur, épousa une riche musulmane et embrassa l'islamisme. Général en chef après la mort de Kléber. Les uns disent qu'il était au-dessous de cette mission difficile, les autres que les généraux ses collègues lui refusèrent tout concours. Quoi qu'il en soit, il fallut évacuer l'Égypte. Appelé an Tribunat en 1802. Administrateur du Piémont, gouverneur de la Toscane en 1805, et enfin gouverneur de Venise. Rappelé en France le 23 juillet 1810, il mourut à la villa Corneso, près Mestre (Italie) le 13 août 1810.

« Le général Menou était très-instruit, bon administrateur, intègre. Il s'était fait musulman, ce qui était assez ridicule, mais fort agréable au pays; on était en doute sur ses talents militaires; on savait qu'il était extrêmement brave, il s'était bien comporté dans la Vendée et à l'assaut d'Alexandrie. »

(*Mémorial de Sainte-Hélène*).

« Après la mort de Kléber, l'Égypte ne fut plus qu'un champ d'intrigues; la force et le courage des Français restèrent les mêmes; mais l'emploi ou la direction qu'en fit le général ne ressemblèrent plus à rien. Menou était tout à fait incapable; les Anglais vinrent l'attaquer avec 20,000 hommes; il avait des forces beaucoup plus nombreuses et le moral des deux armées ne pouvait pas se comparer. Par un aveuglement inconcevable, Menou se hâta de disperser toutes les troupes, dès qu'il apprit que les Anglais paraissaient; ceux-ci se présentèrent en masse et ne furent attaqués qu'en détail. » (*Mémorial*).

« L'Égypte fût resté à jamais une province française, s'il y eût eu pour la défendre tout autre que Menou.

« Menou était un homme courageux, mais il n'était pas soldat. » (O'MÉARA).

Le nom du général Menou est inscrit sur l'arc de l'Étoile, côté Sud.

MERLE (PIERRE-HUGUES-VICTOIRE, baron), né à Montreuil-sur-Mer (Pas-de-Calais) le 26 août 1766, s'enrôla dans le 53ᵉ régiment d'infanterie, ci-devant de Foix, le 4 mai 1781, et obtint son congé le 4 septembre 1782.

Entré comme grenadier au 80ᵉ régiment d'infanterie (Angoumois) le 14 décembre 1784, il devint caporal de fusiliers le 1ᵉʳ avril 1789, fourrier de grenadiers le 26, sergent-major le 18 avril 1791, sous-lieutenant le 19 juin 1792 et enfin lieutenant le 24 octobre suivant.

Merle était alors à l'armée des Pyrénées-Occidentales sous les ordres du général Moncey; sa bonne conduite, autant que sa bravoure, lui valurent, le 1ᵉʳ mai 1793, le grade de capitaine d'une compagnie d'artilleurs, formée par arrêté du représentant du peuple Garau.

Commandant du fort Socoa, le 1ᵉʳ septembre, il fut nommé chef de bataillon d'artillerie que les représentants du peuple, en mission à l'armée des Pyrénées-Occidentales, formèrent le 1ᵉʳ germinal an II.

Élevé au grade de général de brigade le 25 du même mois, Merle se distingua, le 22 thermidor, à Tolosa. La ville était défendue par 8,000 Espagnols. A la tête de deux escadrons de hussards du 12ᵉ, il exécuta une charge, dans Tolosa même, sur un régiment de cavalerie ennemie, le mit en déroute, lui tua un grand nombre d'hommes, lui fit 100 prisonniers, enleva 2 mortiers, et Tolosa tomba en son pouvoir avec des magasins considérables de subsistances; le général Moncey, dans plusieurs rapports qu'il adressa au gouvernement fit souvent l'éloge du général Merle.

Pourvu d'un commandement dans l'Ouest le 23 fructidor an III, ce général passa à l'armée des côtes de l'Océan le 11 nivôse an IV, à celle des Alpes le 23 messidor suivant, puis fut employé dans la 8ᵉ division militaire le 22 vendémiaire an V.

Le Directoire, sur des rapports calomnieux, le fit arrêter et traduire par-devant un conseil de guerre le 22 fructidor de la même année. Son innocence ayant été reconnue à l'unanimité des voix, il reçut l'ordre du premier Consul d'aller prendre un commandement dans la 17ᵉ division militaire le 19 nivôse an VIII, se rendit ensuite dans la 14ᵉ, fit partie de l'armée de réserve le 2 prairial, commanda une subdivision dans la 27ᵉ division militaire en l'an IX, devint membre de la Légion-d'Honneur le 19 frimaire an XII, et enfin commandant de l'Ordre le 25 prairial.

En l'an XIV, Merle servit avec distinction à la grande armée d'Allemagne. Gouverneur de Braunau le 8 brumaire, il se trouva à la bataille d'Austerlitz, eut deux chevaux tués sous lui, et mérita d'être nommé général de division le 3 nivôse.

Employé au corps d'observation des côtes de l'Océan le 8 juin 1808, il retourna presque immédiatement en Espagne, y signala son arrivée par la prise de Valladolid, se porta de là sur Santander, concourut au succès du combat de Medina de Riose, et reçut, le 4 septembre la décoration de grand officier de la Légion-d'Honneur.

Devenu baron de l'Empire vers le même temps, le général Merle, de concert avec le général Mermet, culbuta, le 15 janvier 1809, l'avant-garde anglaise qui, après avoir débarqué à la Corogne, s'était emparée des hauteurs de Villaboa. Le général Reynier l'ayant chargé d'une expédition dans les montagnes de Xérès, en Estramadure en 1810, il y rencontra, près de Salvatierra, l'avant-garde espagnole, nouvellement renforcée de 8,000 hommes, attaqua avec vigueur toutes ces troupes réunies, les battit et les dispersa entièrement. Il combattit avec sa valeur accoutumée à Busaco en Portugal, eut le bras fracassé dans cette affaire par la mitraille, et reçut une blessure grave à Oporto.

Mis en disponibilité le 24 novembre 1811, il reçut l'ordre le 26 avril 1812 d'aller prendre le commandement de la 3ᵉ division de réserve destinée à faire la campagne de Russie. C'est lui qui, à la tête de la division, couvrit le front de la place de Polotsk, qu'il protégea contre le corps d'armée du général Wittgenstein.

Pendant la retraite de l'armée française il se fit encore remarquer à Polotsk, où il repoussa victorieusement l'ennemi, malgré la supériorité numérique de ses forces. Obligé toutefois d'évacuer cette ville, le général Merle parvint à emmener avec lui tous les bagages et plus de 140 pièces d'artillerie, qui lui furent opiniâtrement disputées par les Russes. Les soldats surnommèrent ce beau fait d'armes *affaire de la nuit infernale*. Merle joignit à ces importants services celui de conduire jusqu'en Pologne le reste de sa division, accrue de plusieurs débris de l'armée qu'il avait recueillis sur sa route.

Appelé au commandement de la 25ᵉ division militaire, il se prononça, en 1814, pour la cause des Bourbons, adhéra un des premiers aux actes du gouvernement provisoire, reçut la décoration de chevalier de Saint-Louis le 27 juin, et eut l'inspection générale de la gendarmerie.

Au mois de mars 1815, le général Merle accompagna le duc d'Angoulême dans le Midi. Ce prince le chargea, conjointement avec le général de Vogüé, de la défense importante de Pont-Saint-Esprit, pour s'assurer une retraite, si le sort des armes ne lui était pas favorable. L'approche des troupes impériales, dont le nombre augmentait chaque jour considérablement, détermina l'évacuation de cette place. Merle se disposant à faire un mouvement sur Montdragon, écrivit au duc d'Angoulême qu'il laissait cependant M. de Vogüé à la garde du pont avec 150 gardes nationaux, qui l'abandonnèrent presque aussitôt.

En 1816, il obtint sa retraite avec une pension de 6,000 francs, et mourut à Marseille, où il s'était retiré, le 5 décembre 1830.

Son nom est gravé sur l'arc de triomphe de l'Étoile, côté Ouest.

MERLIN (Christophe-Antoine), lieutenant-général, né le 27 mai 1771 à Thionville (Moselle), entra au service comme sergent-major dans le 4e bataillon de la Moselle le 15 août 1791, et fut nommé sous-lieutenant au 105e régiment d'infanterie le 7 décembre de la même année.

Il y devint lieutenant le 11 mai 1792, passa le 21 septembre, en qualité d'adjoint aux adjudants-généraux, à l'armée du Midi, avec laquelle il fit la campagne de 1792, et fut nommé capitaine dans la légion de la Moselle le 8 décembre de la même année.

Aide-de-camp du général Favart le 8 mars 1793, il servit pendant cette année à l'armée du Nord, fut fait chef d'escadron le 3 août suivant, et devint adjudant-général, chef d'escadron à l'état major de cette armée le 14 vendémiaire an II.

Employé en cette qualité à l'armée des Pyrénées-Orientales, le 21 pluviôse suivant, il prit une part active aux guerres des ans II, III et partie de l'an IV, contre les Espagnols. Il fut blessé d'un éclat d'obus à la jambe gauche, à l'affaire d'Escola, où il donna des preuves d'une éclatante bravoure.

Adjudant-général, chef de brigade du 4e régiment de hussards en l'an IV, il fit avec ce corps les campagnes des ans IV, V, VI, VII, VIII et IX aux armées de Sambre-et-Meuse, du Danube, de Rhin-et-Moselle et du Rhin. Il fut blessé d'un coup de sabre au bras droit, à l'affaire de Steinberg, en l'an V, lors du passage du Rhin. En garnison à Cambrai pendant les ans X et XI, il servit à l'armée de Hanovre pendant les ans XII et XIII, fut créé membre de la Légion-d'Honneur le 19 frimaire an XII, et devint officier de l'Ordre le 25 prairial suivant.

Promu au grade de général de brigade en l'an XIII, il fut employé près les troupes françaises stationnées dans le royaume de Naples, et passa au commandement d'une brigade de cavalerie de l'armée d'Italie, sous les ordres du maréchal Masséna.

C'est en cette qualité qu'il prit part aux campagnes des ans XIII et XIV en Italie, et dans le royaume de Naples.

Devenu écuyer du roi Joseph Napoléon, il fut chargé le 1er juin 1807 du commandement de la division de Salerne et d'Avellino, et prit celui de la division des Abruzzes le 9 septembre suivant.

Employé au mois de mai 1808, dans la division du gouvernement de Naples et de la Terre du Labour, il suivit le roi Joseph lorsque ce prince quitta le royaume de Naples pour aller prendre possession du trône d'Espagne. Le général Merlin fut nommé commandant de la Légion-d'Honneur le 12 juin 1808, et, le 15 août suivant, il passa comme général de division et capitaine général au service du roi d'Espagne avec l'autorisation de l'Empereur.

A la bataille de Talaveira, il commandait une division de cavalerie légère qui fut placée derrière l'infanterie du maréchal duc de Bellune, afin de la soutenir et de pouvoir déboucher dans la plaine quand le moment serait venu. Une brigade de cavalerie anglaise ayant refoulé un de ses régiments, et le ramenant vivement, le général Merlin, à la tête de sa 2e brigade, chargea la cavalerie ennemie avec impétuosité et la prit en tête et en flanc, tandis qu'un des régiments de sa 1re brigade la chargeait par derrière. La brigade anglaise ne put résister à cette triple attaque. Un régiment de dragons légers fut en entier détruit ou fait prisonnier, l'autre régiment prit la fuite dans le plus grand désordre.

A la bataille d'Almonacid, il chargea avec tant d'impétuosité, qu'en moins de dix minutes, l'ennemi fut enfoncé et mis dans la déroute la plus complète. Les débris de l'armée insurgée ne trouvèrent leur salut que derrière les montagnes de la Guadiana.

Le 16 août, le roi Joseph le nomma capitaine général de ses gardes; néanmoins il conserva le commandement de sa division jusqu'à la fin de cette campagne.

Le 18 novembre, à la bataille d'Ocaña, la division de cavalerie légère du général Merlin sabra un bon nombre de fuyards et fit mettre bas les armes à 5,000 hommes. Les Espagnols furent poursuivis, le sabre dans les reins, jusqu'à la Guardia; à chaque pas la cavalerie française ramassait de nouveaux prisonniers, et dans la soirée, 20,000 hommes, 50 pièces de canon, 30 drapeaux et une immense quantité d'armes de toute espèce étaient au pouvoir des vainqueurs.

Après la retraite de l'armée française et le traité de Valençay, qui en fut la conséquence, Merlin rentra au service de la France comme général de division, avec rang du 5 juin 1814. Le 21 du même mois, il fut employé au dépôt central de cavalerie de Versailles, et désigné le 31 pour prendre le commandement des gardes nationales de Sens, Montereau et Fontainebleau : mais il ne remplit point ces dernières fonctions, et fut employé le 11 février dans le 2ᵉ corps de cavalerie.

Le 2 mars le général Ziethen, de l'armée de Silésie, chargé d'une reconnaissance sur May, déboucha de Neufchelles et repoussa la division Merlin, qui était en position; mais celle-ci ayant été soutenue par les divisions Ricard et Lagrange et 12 pièces de canon, l'ennemi, forcé sur sa gauche à cinq heures du soir, se retira avec beaucoup de peine derrière le corps de Kleist.

Le 13 mars, à la reprise de Rheims, la division Merlin, soutenue par les cuirassiers du 1ᵉʳ corps, engagea l'action à l'extrême droite, et fit mettre bas les armes à trois bataillons prussiens qui cherchaient à gagner le pont de Sillery.

Le 14, le général Merlin, avec l'infanterie du corps du maréchal duc de Raguse, marcha à la poursuite du corps de Saint-Priest.

Le 23, il chassa les Cosaques du général Tettenborn, de Vertus, qu'ils pillaient; il fit quelques prisonniers et s'empara de 60 voitures de bagages, de 300 chevaux, et de presque tout ce qu'ils venaient de piller, et qui fut rendu aux habitants.

Après l'abdication de l'Empereur, le gouvernement royal le nomma, au mois de mai, inspecteur général de la cavalerie dans la 5ᵉ division militaire, le créa chevalier de Saint-Louis le 19 juillet suivant, et lui confia, le 30 décembre, l'inspection générale de la cavalerie dans la même division, pour l'année 1815.

Napoléon, à son retour de l'île d'Elbe, lui donna, par décret du 6 avril, le commandement de la 8ᵉ division de cavalerie du 5ᵉ corps d'observation, devenu armée du Rhin. Le général Merlin se rendit à son poste et prit une part active aux combats qui eurent lieu pendant cette courte campagne, notamment le 24 juin, à l'attaque des avant-postes français sur la Lauta, où la cavalerie wurtembergeoise fut repoussée avec perte; et le 28 du même mois, à l'affaire qui eut lieu sur la route de Brumpt.

Mis en non-activité au retour des Bourbons, il fut chargé de l'inspection générale de la cavalerie dans les 6ᵉ et 18ᵉ divisions militaires, par décision royale du 25 juillet 1816, et les 18ᵉ et 21ᵉ divisions par décision royale du 27 avril 1817.

Compris dans le cadre de l'état-major général de l'armée le 30 décembre 1818, il fut de nouveau nommé inspecteur de cavalerie dans la 2ᵉ division militaire le 21 avril 1820, et placé en disponibilité le 1ᵉʳ janvier 1821.

Admis à la retraite par ordonnance du 1er décembre 1824, à compter du 1er janvier 1825, il fut relevé de cette position après la révolution de Juillet 1830, et chargé, dès le 8 août, de l'inspection générale extraordinaire de la cavalerie du 3e arrondissement.

Appelé au commandement de la 17e division militaire (Corse) le 9 septembre suivant, il fut chargé de l'inspection générale des troupes d'infanterie de sa division par décision du 13 mars 1831, et mis en disponibilité le 30 décembre de la même année.

Inspecteur général de cavalerie dans la 3e division militaire le 5 juillet 1832, il fut nommé membre du comité d'infanterie et de cavalerie le 20 septembre suivant.

Louis-Philippe le créa grand officier de la Légion-d'Honneur le 18 avril 1834, et lui confia l'inspection générale de la cavalerie de la 1re division militaire le 14 juin de la même année.

Admis dans le cadre de vétérance, à dater du 27 mai 1836, il passa dans celui de non-activité par suite de l'ordonnance du 28 août suivant.

Il est mort à Paris le 9 mai 1839.

Son nom est inscrit sur le côté Sud de l'arc de triomphe de l'Étoile.

MERLIN (JEAN-BAPTISTE-GABRIEL, baron), maréchal de camp, né le 17 avril 1768 à Thionville (Moselle).

Soldat dans le régiment de Royal-Cravate (10e de cavalerie), depuis le 13 août 1787 jusqu'au 10 mars 1792, époque à laquelle il fut nommé sous-lieutenant dans le 7e régiment de dragons, il fit les campagnes de 1792 à 1793, ans II et III aux armées des Ardennes, de Sambre-et-Meuse et du Rhin.

A l'affaire qui eut lieu entre Maubeuge et Beaumont, le 2 floréal an II, il mit en déroute avec son peloton la légion des émigrés dite *de Bion*. Sur le rapport du représentant du peuple Laurent, le Comité de salut public nomma le jeune Merlin capitaine au même corps.

Le 9 messidor an III, il fut promu au grade de chef d'escadron dans la légion de police, devenue 21e régiment de dragons, et passa en la même qualité dans la garde du Directoire le 8 thermidor an V.

De l'an III à l'an VIII, il servit donc dans l'intérieur, et fut nommé, le 29 brumaire de cette dernière année, chef de brigade du 8e régiment de cavalerie, devenu 8e de cuirassiers. Il fit avec ce corps les campagnes des ans VIII et IX à l'armée du Rhin, et se distingua, le 30 prairial an VIII, au passage du Danube, ce qui lui valut une lettre de félicitations du général Lecourbe le 2 messidor suivant.

Créé membre de la Légion-d'Honneur le 19 frimaire an XII, il en fut nommé officier le 25 prairial suivant, et fit la campagne de l'an XIV avec la division de cuirassiers, commandée par le général Pully, à l'armée d'Italie, devenue 8e corps de la grande armée.

Il prit part aux guerres de Prusse et de Pologne, en 1806 et 1807, fut créé baron le 19 mars 1808, et servit à l'armée d'Allemagne en 1809.

Le 21 mai, au combat d'Essling, blessé d'un éclat d'obus à la cuisse, il reçut les témoignages les plus flatteurs de la satisfaction de l'Empereur, qui l'éleva au grade de général de brigade.

Employé en cette qualité au commandement du département de l'Yonne, le 24 décembre 1810, il passa dans celui de l'Orne le 9 juin 1812, et conserva ces fonctions jusqu'au 21 juillet 1815.

A la première rentrée des Bourbons en France, Louis XVIII le créa chevalier de l'ordre royal et militaire de Saint-Louis par ordonnance du 5 octobre 1814.

Mis en non-activité à l'époque où il

quitta le commandement de l'Orne, il fut nommé lieutenant du roi de 1re classe, pour commander la place de Strasbourg, le 18 novembre 1818. Il exerça ces fonctions pendant environ dix-huit mois, et fut admis à la retraite le 20 juin 1821.

Relevé de cette position lors de la révolution de Juillet 1830, il fut compris dans le cadre de réserve de l'état-major général le 22 mars 1831, et fut de nouveau admis à la retraite le 1er mai 1832, comme ayant dépassé l'âge fixé par les ordonnances pour être maintenu sur le cadre d'activité.

Il est mort le 27 février 1842.

MERLIN (Antoine-François-Eugène, comte), fils de Merlin de Douai, le célèbre jurisconsulte, né à Douai (Nord) le 27 décembre 1778, entra dans la carrière des armes à l'âge de 14 ans en 1793. Il avait à peine 19 ans que Bonaparte le nomma son aide-de-camp et l'emmena en Égypte. Rentré plus tard dans le corps de l'armée, chacun de ses grades fut le prix d'une action d'éclat. Néanmoins, arrivé au grade de chef d'escadron de grosse cavalerie en novembre 1800, il ne fut nommé colonel du 1er hussards que dix ans plus tard.

Le 3 août 1811, il se signala à l'affaire de Sabugal, où, à la tête d'un faible escadron, il dispersa un régiment d'infanterie anglaise et lui reprit une pièce d'artillerie dont il venait de s'emparer. Pour ce fait, il fut créé officier de la Légion-d'Honneur.

A la malheureuse affaire des Arapyles, il soutint avec énergie, à la tête de son régiment, les efforts de l'ennemi et protégea la retraite de l'armée. Après s'être signalé dans les principales affaires de cette campagne, il fut nommé général de brigade le 14 juillet 1813, et appelé à la grande armée.

Le général Merlin se signala de nouveau pendant la campagne de Leipzig et mérita les éloges publics de Napoléon qui le nomma colonel en second du 4e régiment des Gardes d'honneur.

Pendant la première Restauration, il fut mis en non-activité et créé chevalier de Saint-Louis.

Au 20 mars, Napoléon le nomma major des chasseurs à cheval de la Garde impériale et le chargea en outre de l'organisation et du commandement du 2e régiment de cette arme.

Après le licenciement de l'armée de la Loire, le général Merlin quitta la France et suivit dans l'exil son père qui faisait partie de la liste des 38 proscrits. Les deux voyageurs s'embarquèrent à Anvers pour se rendre en Amérique, et firent naufrage près de Flessingue.

Rentré en France en 1818, le général Merlin fut signalé comme l'un des chefs de la conspiration du mois d'août 1820, et un mandat d'amener fut lancé contre lui; mais il parvint à s'y soustraire. A la suite d'un arrêt de non-lieu (février 1821), il put vivre tranquillement dans la retraite.

Remis en activité en 1830, créé commandeur de la Légion-d'Honneur le 21 mars 1831, et lieutenant-général le 30 septembre 1832, il fut chargé en 1835 du commandement de la 18e division.

En 1837, il fut élevé à la dignité de grand officier de la Légion-d'Honneur.

Membre de la Chambre des députés en 1835, il se montra partisan de la dynastie nouvelle.

Il appartient aujourd'hui au cadre de retraite.

MERMET (Julien-Augustin-Joseph), naquit au Quesnoy (Nord) le 9 mai 1772. Il était fils du chef de brigade Albert Mermet, qui fut tué le 29 fructidor an II, au combat de Freligne.

Le 10 mai 1788, il entra dans la cavalerie, où il servit jusqu'en 1791, époque à laquelle il quitta la France pour faire la campagne des Antilles dans le 39ᵉ régiment. De retour dans sa patrie, il fut nommé chef d'escadron au 7ᵉ régiment de hussards le 22 brumaire an II, devint colonel du 10ᵉ un mois après, puis général de brigade le 28 brumaire an III.

L'illustre pacificateur de la Vendée, Hoche, dont il fut le chef d'état-major, lui prodigua les témoignages les plus éclatants de son estime et de son amitié.

En l'an VIII, ayant passé à l'armée d'Italie, le général Mermet combattit avec distinction sur la rive gauche de la Stura, fut blessé à l'affaire de Molino, se signala de nouveau au village de Vallégio, fut nommé le 23 vendémiaire an XII membre de la Légion-d'Honneur, commandeur de cet Ordre le 25 prairial de la même année, et attaché à l'arrondissement électoral de Nîmes.

Devenu général de division le 12 pluviôse an XIII, l'Empereur lui conféra le titre de baron en 1809, et lui donna l'ordre de se rendre en Espagne, où il se fit particulièrement remarquer à l'attaque de Villaboa. Après avoir battu les Anglais au village d'Elvina, on le vit déployer la même valeur au siége de Ciudad-Rodrigo, dont la capitulation eut lieu le 10 juin 1810.

Commandant de la cavalerie de l'armée de Portugal en 1813, le général Mermet soutint, en 1814, sa brillante réputation de bravoure à l'affaire du Mincio, fut nommé, au retour des Bourbons, inspecteur général de cavalerie dans les 6ᵉ, 7ᵉ et 19ᵉ divisions militaires, chevalier de Saint-Louis le 27 juin 1814, enfin grand officier de la Légion-d'Honneur le 23 août de la même année.

Il était à Lons-le-Saulnier le 13 mars 1815, lorsque le maréchal Ney le chargea de se rendre à Besançon pour en prendre le commandement au nom de Louis XVIII.

Le 14, au moment de partir pour sa destination, le maréchal le fit prévenir qu'il avait d'autres ordres à lui donner, et lui enjoignit le même jour d'aller à Besançon pour y commander au nom de l'Empereur. Il lui ordonna ensuite de garder les arrêts, parce qu'il avait refusé d'obéir à cette injonction.

Lors de la seconde Restauration, le général Mermet fut rappelé aux fonctions d'inspecteur général de la cavalerie, devint gentilhomme du roi en 1821, aide-de-camp de Charles X en 1826, et mourut le 28 octobre 1837, à l'âge de 65 ans.

MESLIN (Jacques-Félix), né à Briquebec le 1ᵉʳ mars 1785, entra au service dans la 38ᵉ demi-brigade le 12 brumaire an X. Parti soldat, il fut nommé sous-lieutenant le 26 mai 1809, à la suite de l'affaire d'Essling, où il se distingua. Chargé à Wagram du commandement de la batterie d'artillerie régimentaire, il couvrit et protégea l'artillerie de la Garde, et eut deux chevaux tués sous lui. L'ennemi dirigea sur sa batterie qui lui faisait le plus grand mal une telle masse de feu, qu'il parvint à la démonter et à faire sauter les caissons.

En 1812, il se distingua devant Polostk, comme capitaine adjudant-major, et reçut la croix d'officier pour avoir chargé à la tête du régiment sur une batterie de huit pièces qu'il enleva. Dans les journées des 18, 19 et 20 octobre, il gagna le titre de chef d'escadron. Depuis le passage de la Bérésina il fit constamment partie de l'arrière-garde du général Maison, et repoussa souvent les Russes.

L'habileté et la bravoure qu'il déploya en 1813, à Willensbourg-sur-l'Elbe, lui valut les éloges de l'Empereur qui accorda à son bataillon un grand nombre de récompenses.

Arrivé à Dresde la veille de la grande bataille, il était en ligne avec son bataillon dès la pointe du jour et se couvrit de gloire.

Le 16 octobre, à Leipzig, il reçut ordre de tourner le village de Wachau à la tête d'un bataillon du 37ᵉ de ligne. Il essuya le feu de l'ennemi à deux cents pas du village, eut son cheval tué et fut blessé grièvement; il prit un autre cheval, continua sa marche, déploya son bataillon au débouché de Wachau, exécuta un feu de deux rangs sur l'ennemi qui se retira à la hâte, le poursuivit à la baïonnette, lui mit 5 à 600 hommes hors de combat et alla s'emparer d'une demi-batterie sur les hauteurs soutenues par quatre compagnies. Il perdit trois chevaux dans cette affaire, et les deux tiers de son bataillon, dont 14 officiers, furent mis hors de combat.

Le commandant Meslin se distingua encore pendant la retraite de Leipzig, et en 1815, à Fleurus et à Vavres, où il repoussa quatre attaques de l'ennemi.

Licencié après Waterloo, il ne fut rappelé qu'en 1819. Il fit partie de l'expédition de 1823. Il montra une grande bravoure au blocus de Saint-Sébastien, et fut nommé lieutenant-colonel sur le champ de bataille. Deux jours après, il s'empara en 48 heures du fort de Guetaria et fit la garnison prisonnière.

Colonel en 1829, M. Meslin fit en 1831 la campagne de Belgique (division Sébastiani), fut fait commandeur de la Légion-d'Honneur et promu en 1835 au grade de maréchal de camp.

Le 20 avril 1845 il fut nommé général de division; mis à la retraite par le gouvernement provisoire, il en fut relevé par un nouveau décret en août 1849.

MEUNIER (Hugues-Alexandre-Joseph, baron), né à Mont-Louis (Pyrénées-Orientales) le 23 novembre 1758, entra comme sous-lieutenant dans le 27ᵉ régiment d'infanterie, ci-devant Lyonnais, le 30 juin 1768, y devint lieutenant en 1774, et capitaine en 1782.

Il avait fait les campagnes navales de 1779 à 1783, sous les ordres de Falkenhayn, et s'était trouvé aux siéges de Mahon et de Gibraltar.

Créé chevalier de Saint-Louis par ancienneté de service en 1791, il fut promu au grade de lieutenant-colonel du 34ᵉ régiment, ci-devant Angoulême, en 1792. Il servait alors à l'armée du Nord, sous les généraux La Fayette et Dumouriez.

Du 1ᵉʳ août au 15 septembre, Meunier commanda le 1ᵉʳ bataillon des grenadiers de la réserve de l'armée du Nord, concourut à assurer la retraite de l'armée du Grand-Pré à Sainte-Menehould, recueillit, sous le feu de l'ennemi, toute l'artillerie de position, et eut plusieurs engagements avec les Prussiens, qu'il battit à l'entrée du bois de Senuc; mais en voulant soutenir, avec le bataillon qu'il commandait et un escadron de Chamborand, le choc de sept escadrons ennemis protégés par l'artillerie légère, il reçut au bras gauche un coup de biscaïen qui le blessa grièvement.

Le général en chef, désireux de récompenser dignement les services de cet officier supérieur, le nomma colonel sur le champ de bataille, pour prendre rang dans son régiment à partir du 24 du mois précédent, époque à laquelle il y avait eu vacance de ce grade. Il reçut aussi du général Beurnonville, alors ministre de la guerre, un cheval tout équipé, comme témoignage de la satisfaction du gouvernement.

Après la guérison de ses blessures, le colonel Meunier se rendit à l'armée du Nord, y remplit les fonctions de général de brigade, et eut sous ses ordres un corps de 8,000 hommes pour défendre les lignes de Pontamarcq et de Mons-en-Puelle, qui lui étaient confiées. Il obtint ensuite le commandement de la citadelle de Lille, lors de l'approche de cette place par l'ennemi, y organisa huit bataillons de nouvelle levée, puis se rendit, par suite de l'embrigadement, dans la Vendée, où il commanda le 1ᵉʳ bataillon du 34ᵉ régiment de ligne.

Nommé général de brigade par le général en chef Hoche, sur le champ de bataille de Quiberon, le 28 messidor an III, il fut confirmé dans ce grade le 6 floréal suivant. Employé, en l'an IV, comme commandant une des divisions de l'armée des côtes de Brest et de l'Océan, connue depuis sous le nom d'*armée de l'Ouest*, le général Meunier y soutint son ancienne renommée, et y mérita de nouveaux éloges du général en chef, qui le désigna bientôt, conjointement avec l'amiral Villaret et le ministre de la marine Truguet, pour commander une expédition projetée dans l'Inde, ayant pour objet de s'emparer du cap de Bonne-Espérance. L'expédition n'eut pas lieu.

Vers le même temps, Hoche, instruit du mécontentement des Irlandais, crut pouvoir saisir l'occasion d'aller en Irlande venger les fléaux que le gouvernement anglais a entretenus dans la Vendée. Briguant l'honneur d'affranchir l'Irlande d'un joug insupportable à la majorité de ses habitants, il traça un plan de débarquement et chargea le général Meunier d'organiser la deuxième partie de cette expédition forte de 17,000 hommes, dont il lui promit le commandement. Le 25 frimaire an V, la flotte de Hoche cingla vers l'Irlande ; mais arrivée en pleine mer, la frégate qui portait le général fut jetée au loin par la tempête ; les autres vaisseaux se dispersèrent et rentrèrent successivement dans Brest.

Au commencement de l'an VI, le général Meunier fut employé à l'armée d'Angleterre, sous les ordres du général en chef Bonaparte. Devenu membre du comité militaire le 24 germinal de la même année, il obtint la direction du dépôt de la guerre le 25 vendémiaire an VII.

Lorsque le 11 frimaire an VIII, il reprit le commandement du Finistère, qu'il avait déjà exercé, il s'occupa activement de mettre la ville de Brest en état de défense, fit parvenir au premier Consul un mémoire important sur cet objet, et rétablit la tranquillité dans les lieux soumis à sa surveillance. Le général en chef Brune, qui avait pu apprécier les services de Meunier, lui donna des témoignages authentiques de sa satisfaction, et fit le plus grand éloge de ce général dans un rapport qu'il adressa au gouvernement. Ce fut lui qui combina, avec le général Houdelot, à l'époque où il le remplaça au Finistère, l'opération qui contraignit Georges à se rendre.

Le général Meunier alla dans la 12ᵉ division militaire en l'an X, fut créé membre de la Légion-d'Honneur le 19 frimaire an XII, puis commandant de l'Ordre le 25 prairial suivant.

Il devint membre d'une commission instituée pour la confection du Code militaire, le 9 floréal an XIII ; cette commission ayant été dissoute sans avoir fait son travail, le général Meunier, attaché à la section qui devait rédiger l'ordonnance sur les manœuvres de l'infanterie, fit lui-même le travail et le présenta au gouvernement.

Employé à la grande armée en 1806, il se rendit à Paris pour y attendre des ordres le 21 septembre 1807, fut mis en disponibilité le 23 novembre, et eut, le 26 du mois suivant, l'inspection particulière de plusieurs régiments de ligne et d'artillerie en remplacement du général Mouton, appelé à d'autres fonctions.

Le 19 mars 1808, Napoléon lui accorda, avec le titre de baron de l'Empire, une dotation en Westphalie, le nomma inspecteur d'infanterie dans la 21ᵉ division militaire le 30 avril, puis l'employa dans la division de Toscane, où il commanda le département de la Méditerranée.

Mis momentanément à la retraite le 14 octobre 1809, à cause du délabrement de sa santé, le général Meunier resta dans cette position jusqu'au 21 juin 1810, époque à laquelle on lui confia le commandement de la succursale des Invalides, établie à Louvain. Le 1ᵉʳ juillet 1812, il commanda l'École militaire de Saint-Cyr.

Remplacé par ordonnance du 30 juillet 1814, il reçut le titre de lieutenant-général le 10 août, celui de chevalier de Saint-Louis le 16, obtint le commandement du département de la Vienne (12ᵉ division militaire) le 22 septembre suivant, et le conserva jusqu'au 17 février 1815.

Nommé commandant de l'École militaire de La Flèche par décret du 30 mars de la même année, il fut admis à la retraite le 1ᵉʳ août, et mourut à Poitiers (Vienne) le 9 décembre 1831.

MICHAUD (CLAUDE-FRANÇOIS-IGNACE), général de division, naquit à Chaux-Neuve (Doubs), le 28 octobre 1751. Entraîné par un penchant irrésistible pour les armes, Michaud s'enrôla, le 10 septembre 1780, dans le 5ᵉ régiment de chasseurs à cheval, et servit dans ce corps jusqu'au 22 novembre 1783.

Lorsqu'à l'époque de la Révolution de nombreux bataillons de volontaires vinrent grossir les rangs des défenseurs de la patrie, on eut besoin de soldats expérimentés pour les conduire au combat, Michaud se présenta, fut fait capitaine au premier bataillon du Doubs le 9 octobre 1791, et lieutenant-colonel au même bataillon le 30 décembre de la même année.

Le 10 octobre 1792, le général Biron lui confia le commandement temporaire de la place et vallée de Delémont. Nommé ensuite au commandement de Porentrui, il contribua beaucoup à la réunion de cette principauté à la France.

Élevé au grade de général de brigade le 19 mai 1793, il fut employé dans la division de droite de l'armée du Rhin.

Le 17 septembre, l'armée attaqua les Autrichiens sur toute la ligne de ce fleuve. L'aile droite, aux ordres des généraux Dubois, Desaix et Michaud, fondit sur l'ennemi dans la forêt de Berales, du côté de Lauterbourg, le culbuta, lui tua 2,000 hommes, mit le reste en déroute, s'empara de plusieurs pièces de canon, et une de ses compagnies d'artillerie tout entière tomba en notre pouvoir. Michaud déploya dans cette affaire, comme dans tous les combats qui eurent lieu contre les Autrichiens et le corps de Condé, autant de talent que de valeur et d'activité.

Promu général de division le 25 septembre de cette année, il fut d'abord employé au commandement de la division en avant de Weissembourg près de Bergzabern.

Quoique ses forces fussent bien inférieures à celles du prince de Condé, qu'il avait devant lui, il ne cessa d'obtenir des succès jusqu'à l'époque où les autres divisions de l'armée opérèrent leur retraite en arrière des lignes de la Lautern. Placé à l'arrière-garde, à la tête de son corps, il resta exposé à toutes les attaques de l'ennemi; mais il manœuvra avec tant d'habileté, combattit avec tant de courage, qu'il parvint à se replier en bon ordre, en faisant éprouver des pertes considérables aux colonnes qui lui étaient opposées.

Lorsque l'armée eut pris position sur la Lautern, le général Michaud commanda la division laissée en avant de Haguenau.

Il suivit encore le mouvement de l'armée qui continuait à rétrograder, imposa à l'ennemi par sa bonne contenance, et occupa Brumpt pendant la nuit. Assailli le lendemain par les Autrichiens, il les repoussa avec vigueur, leur tua un grand nombre de combattants, et empêcha que la place de Strasbourg, qui manquait de vivres et de munitions, ne fût investie.

Dans les derniers jours de frimaire an II, on confia au général Michaud le commandement de la division stationnée entre Bitche et celle du général Desaix. Malgré la disproportion de ses forces, il tint constamment tête à l'ennemi, qui ne put jamais le débusquer de la position qu'il avait prise à Finthneim, le poursuivit quelques jours après dans sa retraite sur Haguenau, lui fit des prisonniers, et s'empara de la presque totalité de ses bagages.

Le 6 nivôse il contribua aussi au gain de la bataille de Wissembourg, arriva le premier à Landau avec sa division, puis se porta sur le fort Vauban, pour contenir les Autrichiens qui pouvaient déboucher par là, et pénétrer dans le cœur de l'Alsace.

Porté au commandement de l'armée du Rhin, le 19 nivôse, le général Michaud, craignant que ce commandement ne fût au-dessus de ses forces, parut d'abord hésiter avant de l'accepter; mais le désir de servir utilement son pays l'emporta sur sa modestie et fit taire ses scrupules.

Le gouvernement n'eut qu'à s'applaudir de son choix. Avec une armée de 18,000 hommes, Michaud défendit le Palatinat, pendant tout l'hiver, contre les Autrichiens et les Prussiens, réunis au nombre de 95,000 combattants, et les força d'évacuer le fort Vauban, seul point d'appui qu'ils eussent encore dans cette contrée.

Les succès d'Oggersheim, de Kurweiller, de Lambsheim, de Franckenthal préparèrent la victoire de Schifferstadt, où l'ennemi fut culbuté et mis en déroute sur toute la ligne, depuis les Vosges jusqu'au Rhin, malgré son immense supériorité.

Cependant, le 4 prairial, les forces combinées des Autrichiens, secondées par une artillerie formidable, se portèrent sur l'aile gauche des Français pour donner le change sur leur véritable attaque. Après avoir employé inutilement toutes les ressources de la tactique, ils se décidèrent à marcher sur la division de droite, aux ordres de Desaix, qui leur opposa la résistance la plus vigoureuse. Vainement elle fut chargée avec impétuosité à plusieurs reprises, les colonnes ennemies, constamment repoussées, jonchèrent de leurs morts le champ de bataille et laissèrent en notre pouvoir un grand nombre de prisonniers.

Le général Michaud décida le succès de cette journée, autant par la sagesse de ses dispositions que par l'habileté de ses manœuvres. Malheureusement, quelques revers éprouvés, dans le même temps, par la droite de l'armée de la Moselle, vinrent compromettre la position de Michaud. Kaiserslautern, Hochspiré, Franckenstein, Weldonthal, avaient été emportés; le général Aubert, qui commandait à Kaiserslautern, prévint le général en chef qu'il se retirait sur Pirmaseny, derrière la Sarre; ce mouvement obligea alors l'armée du Rhin à se replier derrière les lignes de la Guerch.

Dans sa nouvelle position, cette armée soutint glorieusement sa réputation dans les différents combats qu'elle eut à livrer à Freibach, à Hombach, à Hochstadt. Grâce à la combinaison des mouvements arrêtés par le général en chef, plusieurs villages tombèrent en notre pouvoir, et les Prussiens, retranchés dans les montagnes, en furent débusqués par l'infanterie qui les poursuivit avec vigueur. Dix jours s'étaient à peine écoulés, que le général Michaud, dans un rapport qu'il adressa d'Anweiller à la Convention nationale, annonça de nouveaux succès dans les termes suivants :

« Les armées du Rhin et de la Moselle proclament aussi la victoire. Le 24 messidor, elles se sont mises en mouvement et ont commencé par occuper les positions d'où elles doivent, le lendemain, se précipiter sur les ennemis. Les avant-postes furent forcés rapidement ; vainement la cavalerie voulut charger notre brave infanterie de l'armée de la Moselle, trois fois celle-ci présenta un front imposant d'armes croisées et la repoussa courageusement.

« Le 25, nous attaquons sur tous les points. La division de droite, commandée par Desaix, et chargée d'une fausse attaque, fit un feu terrible d'artillerie, et s'empara vivement de Freibach et de Freismerheim. Elle chercha par tous ses mouvements à tenir l'ennemi en échec, à fixer son attention, à lui inspirer des craintes. La seconde division suivait peu ce mouvement par sa droite, et cherchait à pousser sa gauche, en réglant ses mouvements sur ceux de la division des gorges : c'était là que se portaient les plus grands coups et les plus difficiles. Les Prussiens, baraqués sur le Platzberg (montagne des plus élevées du pays des Deux-Ponts), s'y étaient recouverts d'abatis et de retranchements. Les généraux Siscé et Desgranges étaient chargés de l'attaque de cette position importante ; ils s'y portèrent avec autant d'accord que de célérité. Nos braves frères d'armes y montèrent à l'assaut, et au milieu d'un feu terrible, ils y prirent 9 pièces de canon, des caissons et des chevaux.

« Ce grand succès, résultat d'un courage intrépide, détermina celui de la prise de la montagne de Saukopf, poste également important et du plus difficile accès. Pendant cet avantage, une autre division attaquait Tripstadt, défendu par 30 pièces d'artillerie. On lui enleva au pas de charge 8 bouches à feu ; le lendemain, Tripstadt est emporté ; l'ennemi est en pleine retraite, nous sommes à Kerweille, et nous entrerons demain à Neustadt. »

Cette ville tomba au pouvoir des Français. Le général Michaud, poursuivant ses succès, se rendit maître encore une fois de la place de Kaiserslautern. Fermement résolu à fixer la victoire sur le Rhin, comme elle l'était au Nord, il marcha de là sur Franckenthal, dont il s'empara, le 17 vendémiaire an III, après un combat des plus opiniâtres, battit l'ennemi à Schelaudenbach, à Volffstein, prit Offembourg, Rockenlauzen, Landsberg, Alzein, Oberhausen, Gelheim, Grunstadt, Kircheim, Worms, Oppenheim, Monbach et Weissenau, où les colonnes qui lui étaient opposées perdirent beaucoup de monde.

L'armée combinée des Prussiens et des Autrichiens fut alors obligée d'abandonner toute la rive gauche du Rhin, à l'exception de Mayence et du fort de Manheim. On assiégea ce dernier qui capitula au bout de quelques jours de tranchée ouverte.

Pendant que le général Moreau se disposait à faire le blocus de Luxembourg, l'armée du Rhin, renforcée de deux divisions de celle de la Moselle, investit Mayence, que les travaux successifs des Français et des Prussiens, depuis 1792, avait rendue l'une des plus fortes places de l'Europe. L'âpreté de l'hiver de l'an III, célèbre dans les annales météorologiques, les difficultés de toute espèce, l'aspect même de l'ennemi rangé en bataille pour les recevoir, n'épouvantèrent point le général français et ne le firent point renoncer à l'entreprise qui lui était ordonnée.

Il poussa les travaux avec tant d'ardeur, qu'ils étaient à peu près terminés à la fin de pluviôse. Les deux partis se livraient journellement des combats avec des succès divers, mais toujours glorieux pour nos troupes.

A l'affaire du 6 germinal, Michaud combattit avec la bravoure d'un soldat, et eut la jambe fracturée d'un coup de biscaïen. Dangereusement malade des suites de cette blessure, il se vit obligé de quitter l'armée et d'en remettre le commandement au général Kléber, pendant l'absence du général en chef Pichegru.

Le 16 nivôse an IV, Michaud passa à l'armée de Sambre-et-Meuse, fut admis au traitement de réforme le 25 pluviôse an V, et cessa ses fonctions le 28 germinal suivant.

Appelé au commandement de la 13ᵉ division militaire le 21 vendémiaire an VI, il purgea le pays qui lui était confié, des bandits qui l'infestaient, et parvint à empêcher les Anglais d'y pénétrer. Le 18 messidor an VII, on lui confia par intérim le commandement de l'armée d'Angleterre.

Mis en disponibilité le 12 brumaire an VIII, le général Michaud fut employé à l'armée d'Italie le 27 ventôse de la même année. Il fit d'abord le blocus de la place de Savone, qui lui fut remise en exécution du traité de Marengo.

Après avoir quitté cette position avec une partie de ses troupes, il se rendit à Gênes, où les Autrichiens lui remirent également, en vertu du même traité, les forts dont ils étaient en position. Michaud venait de chasser les Anglais du golfe de la Spezzia, lorsque le général en chef Masséna le chargea, en messidor, de commander deux divisions de l'aile droite. Au mois de fructidor, il eut le commandement de la réserve.

Placé momentanément à l'avant-garde, on le vit coopérer à tous les succès obtenus par les différents corps depuis le passage du Mincio. A celui de l'Adige, il arrêta, battit et mit en fuite une colonne de 4,000 hommes, qui tentait de remonter la rivière pour soutenir les corps qui avaient pris position sur l'Adige supérieur, et qui furent eux-mêmes bientôt contraints de rétrograder. Il attaqua ensuite l'ennemi à Castel-Franco, le mit en pleine déroute, le poursuivit jusqu'à Salva-Rosa, et lui fit 800 prisonniers. Enfin, au moment de l'armistice, il reprit le commandement de la réserve, et bloqua la place de Mantoue, qui lui fut rendue par les Autrichiens, en conformité du traité d'Amiens.

Le 12 messidor an IX, on le chargea de commander l'aile gauche de l'armée d'Italie, qu'il ramena du Vicentin dans la République cisalpine.

Nommé inspecteur général d'infanterie le 8 ventôse an X, il obtint la décoration de membre de la Légion-d'Honneur le 19 frimaire an XII, puis celle de commandeur de l'Ordre le 25 prairial suivant.

Appelé au commandement des troupes stationnées en Hollande, le 26 fructidor an XIII, le général Michaud devint gouverneur des villes Anséatiques au mois de novembre 1806, assista au siége de Dantzig, en mars 1807, commanda par intérim la place de Berlin au mois d'août, eut le commandement du corps des Bavarois et Wurtembergeois dans le mois de septembre suivant, fut gouverneur de Magdebourg le 20 février 1808, et enfin inspecteur général d'infanterie dans les

13ᵉ, 14ᵉ et 15ᵉ divisions militaires.

Mis en non-activité le 1ᵉʳ septembre 1814, on l'admit à la retraite le 24 décembre de la même année.

Le général Michaud fut compris dans le cadre de réserve de l'état-major général le 7 février 1831, fit valoir ses droits à la retraite à compter du 1ᵉʳ mai 1832, conformément à l'ordonnance du 5 avril précédent, et mourut le 19 septembre 1835.

Son nom est gravé sur l'arc de triomphe de l'Étoile, côté Est.

MICHEL (Claude–Étienne, comte), naquit le 3 octobre 1772 à Pointre (Jura), où son père exerçait la profession de médecin.

Entré dans le 3ᵉ bataillon de volontaires de son département le 1ᵉʳ octobre 1791, sergent-major le 15 du même mois, sous-lieutenant le 4 mars 1792, il devint lieutenant et capitaine les 22 août et 6 octobre suivants dans le 96ᵉ régiment d'infanterie, qui forma successivement les 147ᵉ, 49ᵉ demi-brigades et 24ᵉ régiment de ligne.

Employé au cordon établi sur les frontières de la Suisse en 1792, il tomba au pouvoir des Prussiens le 5 mars 1793 à Remderkerm (armée du Rhin). Échangé le 3 messidor an III, il rejoignit son corps, et se signala à l'avant-garde de l'armée de Sambre-et-Meuse.

Chef de bataillon le 9 vendémiaire an IV, il passa en Corse et fit ensuite partie de l'expédition d'Irlande et de l'armée gallo-batave.

Le 10 vendémiaire an VI, il reprit à la baïonnette, sur les Anglo-Russes, le village de Schoorldam (Nord-Holland), s'y maintint pendant toute la journée malgré les efforts de l'ennemi, et fut blessé à la fin de l'action.

Pris par les Anglais le 6 vendémiaire an VII, il fut de nouveau échangé le 15 frimaire suivant.

Le 10 vendémiaire an VIII, à la bataille d'Egmond-op-Zée, il eut le bras droit cassé d'un coup de feu.

A la bataille de Nuremberg, le 27 frimaire an IX, il chargea à la tête de son bataillon, fort de 400 hommes, une colonne de 4,000 Autrichiens, la culbuta et lui fit un grand nombre de prisonniers : il reçut pendant l'action un coup de feu au bras gauche.

Major du 40ᵉ de ligne le 30 brumaire an XII, et, le 4 germinal, membre de la Légion-d'Honneur, ses services à la bataille d'Austerlitz lui valurent, le 6 nivôse an XIV, le grade de colonel et son admission, en qualité de major, dans le 1ᵉʳ régiment de grenadiers à pied de la vieille Garde, le 1ᵉʳ mai 1806.

Colonel de ce régiment, le 16 février 1807, en récompense de sa conduite à Iéna et à Eylau, il combattit à Friedland, et partit pour l'Espagne après le traité de Tilsitt.

Au combat de Burgos, le 10 novembre 1808, il montra la plus grande valeur; aussi l'Empereur lui donna-t-il le 16 du même mois la croix d'officier de la Légion-d'Honneur et le titre de baron de l'Empire.

Rappelé à la grande armée d'Allemagne en 1809, il assista aux batailles d'Ekmühl, d'Essling et de Wagram.

Nommé général de brigade le 24 juin 1811, il fit les campagnes de 1812, 1813 et 1814, en Russie, en Saxe et en France.

En 1813, l'Empereur le décora de la croix de commandeur de la Légion-d'Honneur le 6 avril, de la Couronne de Fer le 16 août, et le nomma, le 20 novembre, général de division.

En 1814, le 3 février, aux Maisons-Blanches, il chassa l'avant-garde commandée par le prince de Lichtenstein. Le lendemain, soutenu par les dragons du général Briche, il surprend les alliés à Saint-Thiébaud, et, malgré les forces supérieures dont ils disposaient, les repousse jusqu'à Saint-Parres-les-Vandes.

Le 11, à Montmirail, le bras fracassé par un coup de feu, il reste à la tête de sa division et contribue puissamment au succès de cette journée.

Il était encore alité par suite de cette blessure, lorsque le canon des armées alliées retentit jusque dans Paris. A ce bruit de guerre, le brave général oublie sa blessure et reparaît, le bras en écharpe, à la tête de ses soldats, le 30 mars devant les murs de la capitale.

Chargé de s'emparer du village de Pantin, défendu par une division de l'armée du général Wittgenstein, il tomba sous le coup d'un biscaïen. Ses efforts avaient cependant arrêté la marche de l'ennemi.

Louis XVIII le nomma chevalier de Saint-Louis le 20 août 1814, et colonel en second des chasseurs de la Garde royale.

L'Empereur, à son retour de l'île d'Elbe, le créa comte de l'Empire et l'employa à l'armée du Nord comme commandant une division de la vieille Garde.

A mont Saint-Jean, le 18 juin, l'intrépide Michel s'élance sur les masses ennemies et les pousse, la baïonnette dans les reins, jusqu'au delà du plateau de la Haie-Sainte, malgré le feu le plus terrible de l'artillerie et de la mousqueterie des Anglais.

Ce succès, qui malheureusement devait coûter la vie à un grand nombre de braves, devint fatal au général Michel; frappé mortellement, il tomba au milieu des siens. On rechercha religieusement son corps, mais on ne put le retrouver. Ce valeureux général dort avec ses compagnons d'armes dans la grande tombe du mont Saint-Jean.

On avait dit que le général Cambronne, sommé de se rendre, avait répondu : *La garde meurt et ne se rend pas;* c'était une erreur. Cette réponse énergique à un ennemi vainqueur appartient au général Michel.

Son nom est inscrit sur le côté Nord de l'arc de triomphe de l'Étoile.

MILHAUD (Édouard-Jean-Baptiste, comte) naquit à Arpajon (Cantal), le 18 novembre 1766.

Élève du génie maritime en 1788, et sous-lieutenant dans un régiment colonial en 1790, ses principes politiques le firent nommer en 1791, commandant de la garde nationale d'Aurillac, et en 1792 membre de la Convention nationale. A cette dernière époque, il servait en qualité de capitaine; nommé au mois de juillet dans le 14ᵉ de chasseurs à cheval.

Jeune, placé dans des circonstances de nature à exalter son imagination, si facile aux grandes impressions, Milhaud apporta, dans les manifestations de ses opinions, une irréflexion qui dut plus tard réprouver sa raison éclairée par l'expérience.

Appelé à prononcer sur la peine à infliger à Louis XVI : « Je n'ose croire, dit-il, que de la vie ou de la mort d'un homme dépende le salut d'un État. Les considérations politiques disparaissent devant un peuple qui veut la liberté ou la mort. Je le dis à regret, Louis ne peut expier ses forfaits que sur l'échafaud; sans doute, les législateurs philanthropes ne souillent point le Code d'une nation par l'établissement de la peine de mort; mais pour un tyran, si elle n'existait pas, il faudrait l'inventer. Je déclare que quiconque ne pense pas comme Caton n'est pas digne d'être républicain. Je condamne Louis à la peine de mort, et je demande qu'il la subisse dans les vingt-quatre heures. »

Envoyé, au mois de mai 1793, comme commissaire à l'armée des Ardennes, et le 19 août à l'armée du Rhin, il n'hésita point à prendre, dans ces deux missions, les mesures de salut public que la gravité des événements commandait, déployant surtout une inflexible rigueur envers ces spéculateurs éhontés qui trafiquent de l'indépendance de leur patrie.

De retour à Paris, au mois de frimaire an VI, et accueilli avec faveur par les jacobins, quelques succès de tribune l'égarèrent jusqu'à faire entendre des paroles, qui, plus tard, lui ont été souvent reprochées : « Il faut, dit-il un jour, que la France lance sur des vaisseaux la tourbe des ennemis de l'humanité, et que la foudre nationale les engloutisse dans le gouffre des mers. »

Envoyé, le 9 nivôse, à l'armée des Pyrénées-Orientales, il est juste de reconnaître que, s'il exerça le pouvoir dont il était investi avec une trop grande énergie, ceux contre lesquels il sévit étaient en effet coupables de menées criminelles avec l'étranger.

Rappelé au commencement de l'an III, et nommé membre du Comité militaire de la Convention, il fut chargé, comme rapporteur, de soutenir d'importantes propositions, et le talent avec lequel il s'acquitta de cette tâche permet de croire qu'il aurait été apte à devenir un habile administrateur.

La réaction thermidorienne ayant pris un caractère de persécution et de vengeance, son arrestation, proposée par Girardin (de l'Aude), eût été prononcée s'il n'eût été défendu par ses collègues du Comité militaire. Milhaud, que la Constitution de l'an III excluait de la représentation nationale, à cause de son âge (il n'avait pas 30 ans), et qui, d'après des documents certains, avait été nommé chef d'escadron au 20ᵉ chasseurs le 22 juillet 1793, reprit du service, le 5 nivôse an IV, comme chef de brigade du 5ᵉ dragons, employé à l'armée d'Italie. Dès lors, son nom s'associa de la manière la plus honorable aux triomphes et aux revers de nos armes.

Il se signala la première fois, le 21 fructidor ; passant à la nage la Brenta, il coupa la retraite à un corps autrichien de 3,000 hommes, lui fit mettre bas les armes, prit 8 pièces de canon, 15 caissons, un étendard et 6 drapeaux. Le lendemain, à la bataille de Bassano, il chargea l'arrière-garde ennemie avec 200 dragons, culbuta un bataillon du régiment de Wurmser, enfonça un bataillon hongrois, puis, s'étant emparé du grand parc d'artillerie autrichienne, composé de 40 pièces de canon et de 200 caissons, il fit servir par ses dragons 4 de ces pièces contre une division ennemie qui s'avançait pour lui enlever sa conquête. Au combat de Saint-Michel, dans les gorges du Tyrol, il reçut une blessure à la tête.

L'année suivante, tandis qu'il combattait ainsi pour la défense et la gloire de la patrie, Harmand, député de la Meuse au conseil des Anciens, revint sur les accusations qui avaient été portées contre lui après le 9 thermidor, et demanda un examen sévère de sa mission dans les départements du Haut-Rhin et du Bas-Rhin ; malgré les efforts des thermidoriens, cette proposition fut écartée de nouveau par un simple ordre du jour.

Il prit une part active aux événements des 18 et 19 brumaire an VIII, non comme commandant les troupes envoyées au Luxembourg pour y tenir prisonniers les membres du Directoire, mais, le 18, comme chef d'état-major de Lannes, au palais des Tuileries, et, le 19, comme remplissant auprès de Murat les mêmes fonctions à Saint-Cloud.

Nommé général de brigade le 15 nivôse suivant, et employé à l'armée d'Angleterre, il eut, le 11 ventôse, le commandement de la 8ᵉ division militaire (Vaucluse), fut envoyé à l'armée du Midi, le 5 floréal an IX, et dans la République italique le 1ᵉʳ vendémiaire an XI. Le 18 messidor de la même année, le premier Consul lui donna le commandement militaire de la République ligurienne, et le fit membre et commandeur de la Légion-d'Honneur les 19 frimaire et 25 prairial an XII.

En l'an XIII, le général Milhaud servit à l'armée des côtes de l'Océan depuis le 29 messidor jusqu'au 4ᵉ jour complémentaire, époque à laquelle il rejoignit la grande armée d'Allemagne.

Attaché au corps du prince Murat, il s'empara de Lintz, le 10 brumaire an XIV, après un engagement assez vif, battit l'ennemi le lendemain au village d'Aster, le culbuta, le poursuivit, et lui fit 200 prisonniers. Le 23, faisant l'avant-garde du maréchal Davoût, il poussa l'ennemi sur la route de Braunn jusqu'à Wolfkersdorf, fit 600 prisonniers et s'empara d'une nombreuse artillerie.

Le 28 octobre 1806, il força les 6,000 hommes du corps du prince Hohenlohe à capituler, et fut promu au grade de général de division le 30 décembre de la même année. En 1807, il fut à Eylau et à Creutzbourg.

Envoyé en Espagne en 1808, il dispersa, le 19 novembre, un bataillon d'étudiants près de Valverde, entra, le 23, dans Palencia, battit, le 22 décembre, la bande de l'Empecinado et dispersa la junte insurrectionnelle de Molina d'Aragon.

Le 28 mars 1809, le lendemain du combat de Ciudad-Réal, où le général Sébastiani défit 15,000 Espagnols qui gardaient les défilés de la Sierra-Morena, Milhaud poursuivit les fuyards dans la direction d'Asmagro et leur fit éprouver une perte considérable. Le 18 novembre suivant, attaqué à Ocaña par l'avant-garde de l'armée espagnole, il la repoussa vigoureusement, et à la célèbre bataille de ce nom, à la tête de l'une des brigades de sa division, il obligea une colonne ennemie à rendre ses armes et à lui livrer toute son artillerie. Le 4 décembre, il atteignit à Huerès, et dispersa de nouveau les guerillas de l'Empecinado.

En 1810, commandant l'avant-garde du 4ᵉ corps, il sabra, le 4 février, entre Anteguerra et Malaga, un corps d'infanterie considérable, et cette action, mentionnée avec éloges dans le rapport du général Sébastiani au maréchal Soult, valut à Milhaud le titre de grand officier de la Légion-d'Honneur que Napoléon lui conféra le 22 juin suivant. Il l'avait déjà créé comte de l'Empire quelque temps auparavant.

Mis en disponibilité le 17 novembre 1811, il reçut le 10 juin 1812, le commandement de la 25ᵉ division militaire.

Appelé, le 6 juillet suivant à la grande armée de Russie, il livra, le 10 octobre 1813, dans la plaine de Zeitz, l'un des plus beaux combats de cavalerie dont fassent mention nos Annales militaires, et dans lequel il détruisit entièrement les régiments de dragons autrichiens de Latour et de Hohenzollern, ainsi que les chevau-légers de Kaiser.

L'Empereur, sur le rapport qui lui fut adressé de cette brillante affaire, plaça sous les ordres de Milhaud le 5ᵉ *corps bis* de cavalerie, à la tête duquel celui-ci battit, le 24 décembre, à Sainte-Croix, près de Colmar, le corps des partisans du général autrichien Scheibler, et tailla en pièces, le 27 janvier 1814, à Saint-Dizier, la division de cavalerie du général Landskoy. Il se distingua aux combats de Marmont et de Valjouan, et chassa, du village de Villars, la cavalerie légère du prince de Wurtemberg.

Obligé de se retirer, le lendemain, devant le corps de Giulay, il opéra sa retraite en bon ordre sur Fontette, où il rejoignit le duc de Tarente, et conduisit les débris de son corps dans le département de la Seine-Inférieure. Ce fut de Rouen que, le 8 avril, adhérant, tant en son nom qu'en celui de ses compagnons d'armes, aux actes du Sénat, il écrivit au président du gouvernement provisoire :

« Nous voulons, pour le bonheur de la France, une constitution forte et libérale, et, dans notre souverain, le cœur de Henri IV. »

Fait chevalier de Saint-Louis le 1er juin, et le même jour inspecteur général de la 15e division militaire, il mit, néanmoins, l'empressement le plus généreux, au 20 mars 1815, à offrir ses services à l'Empereur, qui lui confia le commandement d'un corps de cuirassiers, qui, guidé par lui, se couvrit de gloire aux batailles de Fleurus et de Waterloo. Toutefois on a lieu de s'étonner que le général Milhaud ait été, après les malheurs du mont Saint-Jean, l'un des premiers officiers généraux et peut-être le premier à offrir ses services à Louis XVIII. Nous ajouterons que, proscrit comme régicide par la loi du 12 janvier 1816, et rayé du contrôle de la Légion-d'Honneur le 2 mars de la même année, il obtint un sursis indéfini et fut réintégré dans l'Ordre le 29 décembre 1817.

Placé dans le cadre de réserve le 7 février 1831, admis au traitement de réforme, comme n'ayant pas le temps suffisant pour la liquidation de sa retraite, le lieutenant-général comte Milhaud mourut à Aurillac le 8 janvier 1833.

Son nom est inscrit sur l'arc de triomphe de l'Étoile, côté Ouest.

MILLET DE VILLENEUVE (ARMAND-LOUIS-AMÉLIE), ancien lieutenant-général honoraire, officier de la Légion-d'Honneur, grand dignitaire de l'Ordre des Deux-Siciles et chevalier de Saint-Louis.

Fils d'un avocat au Parlement, ancien lieutenant de police d'Ajaccio, M. Millet de Villeneuve, né à Paris le 31 décembre 1772, avait obtenu, en 1791, une sous-lieutenance dans le 16e régiment d'infanterie, et avait fait ses premières armes au bombardement de Lille. En 1793, il était dans l'état-major du général Miranda et sous les généraux Dampierre, Custine, Houchard et Jourdan; prit une part active au siége de Maëstricht, au combat de Courtrai et à l'occupation de Menin. A l'ouverture de la campagne de 1795, il eut une commission de capitaine-adjoint à l'adjudant-général Reynier, et concourut sous Pichegru à la conquête de la Hollande ; il assista à la bataille de Turcoing, aux siéges d'Ypres et de Nimègue, au passage du Waal sur la glace, et à la défaite de l'armée anglaise, qui nous ouvrit la province de Groningue.

Dans les campagnes de 1797 et 1798, en Souabe et en Bavière, sous Moreau, il assista aux deux passages du Rhin, combattit à Rastadt, à Néresheim et à Neubourg.

Désigné pour faire partie de l'expédition d'Égypte, le capitaine Millet était à la tête des troupes qui enlevèrent l'île de Gozo, près Malte, se trouva au combat de Chebreiss, et reçut le grade de chef d'escadron sur le champ de bataille des Pyramides. Les Turcs du camp d'El-Arisch et des remparts d'Acre, les révoltés du Caire et les Anglais sous Alexandrie, furent successivement témoins de sa valeur.

Nommé premier aide-de-camp du général Reynier à son retour en France, et membre de la Légion-d'Honneur à la création de l'Ordre en 1804, il servit dans le royaume de Naples et dans les États vénitiens sous les ordres de Gouvion-Saint-Cyr, pendant la campagne de 1805. Il s'y fit remarquer par un brillant fait d'armes contre le corps du prince de Rohan. Envoyé dans les Calabres en 1806, il y fut fait adjudant-commandant au commencement de 1807, pour sa belle conduite aux combats de Campo-Tenese et de Sainte-Euphémie. L'année suivante, il se trouva au siége et à la prise de Reggio, où un coup de feu l'atteignit dans l'aine droite, et en 1809 il marchait contre l'armée anglaise débarquée à Ischio.

Passé en 1810 au service du roi Murat, qui le prit au nombre de ses aides-de-camp, M. Millet de Villeneuve obtint le grade de maréchal de camp le 31 octobre 1810, après l'expédition de Sicile. et fut fait lieutenant-général capitaine des gardes et commandant de l'infanterie le 28 février 1812.

En 1814 et 1815, il suivit les mouvements de l'armée napolitaine en Italie, rentra au service de la France comme maréchal de camp le 18 septembre 1816, et obtint le grade de lieutenant-général honoraire le 23 mai 1825, après avoir été compris dans la grande catégorie des retraites de l'année précédente.

Le général Millet de Villeneuve, qui avait été placé, en 1831, avec son grade effectif, dans le cadre de réserve, était rentré dans la retraite en 1835, et vivait depuis cette époque retiré à Versailles, où il est mort le 18 mai 1840.

MINA (don Francesco-Erpoz y Mina), naquit en Navarre, dans le petit village d'Idozin, le 17 juin 1781.

Juan-Estevan-Espoz y Mina, et Maria-Theresa-Ylundain y Ardaiz, ses père et mère, étaient de simples laboureurs. Quand il sut lire et écrire (c'est à cela que se borna toute son éducation), il s'adonna aux travaux des champs. Son père mort, il le remplaça et se mit à la tête de son petit patrimoine : il vécut ainsi jusqu'à 26 ans.

L'invasion de 1808 le tira de la vie champêtre et le jeta de sa chaumière dans les camps. Il entra en qualité de volontaire dans le bataillon de Doyle le 8 février 1809. Peu de temps après, il passa dans la *Guerilla* de son neveu Xavier Mina. Cette bande ayant été dissoute en 1810 et Xavier fait prisonnier par les Français, sept hommes reconnurent l'oncle pour leur chef.

A peine à la tête de sa petite troupe, il fut nommé par la junte aragonnaise, commandant en chef des guerillas de Navarre. La régence, qui gouvernait le royaume en l'absence de Ferdinand, le confirma dans ce poste honorable et l'éleva successivement aux grades de colonel, de brigadier, de maréchal de camp, de commandant général du haut Aragon. Sa première mesure comme dictateur des guerillas navarrais, fut de désarmer tous les chefs de bande qui répandaient le ravage et l'effroi dans la contrée, et de réunir leurs troupes à la sienne. A partir de cette époque, Mina prend une attitude plus régulière. A force d'activité, il organise un corps de partisans qui fit essuyer à l'armée française des pertes incalculables. Plusieurs fois trahi et battu partiellement, il se rallia toujours et devint formidable au point de mériter, de la part de l'ennemi lui-même, le titre de *Roi de Navarre*. Il soutint, durant cette campagne, cent quarante-trois combats, sans compter les escarmouches et les petites rencontres. Les actions les plus importantes furent : celle de Rocafort y Sanguesa, où, avec 3,000 hommes il en défit 5,000 et s'empara de toute l'artillerie ennemie; celle d'Arlaban, où il prit tout un convoi qui retournait en France, et délivra 700 prisonniers espagnols. Masséna, auquel ce convoi servait d'escorte, n'échappa que par un heureux hasard, qui l'avait retenu quelques heures en arrière. On cite encore le combat de Maneria, où il détruisit de fond en comble la division du général Abbé, forte de 7,000 hommes, et les engagements d'Egea, d'Ayube, de Placencia ; la seconde affaire d'Arlaban, où périt un secrétaire de Joseph, la prise du château d'Aljaferia et l'entrée à Saragosse en 1813; enfin la prise de Jaca, au mois de janvier 1814.

Indépendamment de ces affaires locales, Mina avait contribué puissamment à la victoire de Salamanque, remportée sur les Français par les troupes anglo-portugaises, en arrêtant en Navarre, pendant 53 jours, la marche de 26,000 hommes et 80 pièces de canon, destinés à joindre l'armée du maréchal Marmont; et plus tard, il assura le gain de la bataille de Vittoria, en empêchant les divisions de Clausel et de Foy, fortes de 28,000 hommes, de rejoindre l'armée principale. Il avait intercepté leur correspondance, de manière que l'ordre qui appelait ces deux généraux, ne leur parvint pas.

Exaspérés par les désastres essuyés en Navarre, les Français sortirent de leur caractère et commencèrent une guerre de barbares, pendant et fusillant autant d'officiers et de soldats qu'ils en pouvaient prendre, et emmenant en France un grand nombre de familles espagnoles; la tête de Mina lui-même avait été mise à prix. Dans ces circonstances, Mina usa de représailles, et le 14 décembre 1811, il publia une proclamation dont le premier article est ainsi conçu : « En Navarre, on déclare la guerre à mort et sans quartier, sans distinction de soldats ni d'officiers, y compris même l'Empereur des Français. » Cette guerre atroce se soutint quelque temps. Pour un officier espagnol exécuté par l'ennemi, Mina en faisait fusiller quatre, et vingt soldats pour un. Il tenait toujours en réserve, dans une vallée du Roncal, un nombre considérable de prisonniers dévoués à ces horribles exécutions. Comme l'avantage n'était pas du côté des Français, il fallut bien faire cesser cet affreux carnage. Aux premières ouvertures des généraux français, Mina s'empressa d'adhérer à leur demande.

Telle était la vigilance de ce partisan que, dans le cours d'une si longue campagne, ayant à combattre un ennemi toujours supérieur en nombre, il ne fut surpris qu'une seule fois, le 23 avril 1812. Trahi par Malcarado, l'un de ses officiers, qui avait des intelligences avec le général Panetier, il se vit entouré, au village de Robres, par 1,200 hommes. Attaqué par cinq hussards au seuil même de la maison où il était logé, il se défendit avec la barre de la porte, la seule arme qu'il eût sous la main, tandis qu'on lui préparait son cheval; et ayant réussi à rallier quelques-uns des siens, il soutint le combat pendant trois quarts d'heure, et donna le temps à tout son monde de se mettre en sûreté; le lendemain, il fit fusiller Malcarado et pendre trois alcades et un curé qui avaient trempé dans le complot.

Au milieu de tant de travaux, de combats toujours renaissants, Mina parvint à organiser une division de neuf régiments d'infanterie et deux de cavalerie qui, à la fin de la campagne, formaient un ensemble de 13,500 hommes. Il résulte des rôles officiels, qu'il ne perdit pas, en tout, plus de 5,000 hommes, tandis que la perte des Français, avec les morts et les prisonniers, a été portée au chiffre énorme de 40,000 hommes.

Mina paya toujours de sa personne; il eut quatre chevaux tués sous lui et reçut plusieurs blessures, dont une balle au genou, qu'il garda toute sa vie. Il avait établi pour son armée des fabriques ambulantes d'armes et de munitions qu'il transportait avec lui ou cachait dans le sein des montagnes. Pour couvrir tant de dépenses, il n'avait que le produit d'une douane que lui-même avait établie sur la frontière de France, et une contribution mensuelle de cent onces, que la douane d'Irun avait consenti à lui payer, afin qu'il n'entravât pas ses opérations. Il joignait à ces revenus les prises faites sur l'ennemi, les amendes dont il frappait des Espagnols suspects et quelques dons volontaires.

Dans le but de conserver, dans cette grande tourmente, les institutions civiles, il forma un tribunal de justice qui siégeait dans son camp, et auquel les peuples d'Alava et Guipuscoa, et même ceux du haut Aragon, venaient soumettre leurs différends. Il y joignit même le tribunal ecclésiastique de Pampelune, alors occupé par les Français. Nommé chef politique de la Navarre en 1813, il profita de sa double autorité civile et militaire pour favoriser tout ce qui pouvait consolider les libertés publiques.

Ainsi, armé en même temps de l'épée du soldat et du glaive du magistrat, il réunit longtemps dans sa personne toute la force de l'État, et on lui rendit cette justice, qu'il n'avait abusé d'aucune de ces deux dictatures.

En 1814, Mina ayant passé la frontière, était occupé à bloquer Saint-Jean-Pied-de-Port; lorsque la paix termina la campagne d'invasion, le partisan victorieux pouvait alors aspirer à tout, Ferdinand, rétabli sur son trône, désira le connaître; mais pendant le mois que Mina passa à Madrid, il put se convaincre qu'il y a deux fortunes: celle des combats et celle des cours. Il était trop franc et trop simple pour obtenir jamais les faveurs de la dernière. Il parla à Ferdinand d'institutions et de libertés publiques, les courtisans s'alarmèrent de ce langage, et pour l'éloigner de la capitale, ils firent courir le bruit en Navarre que sa division allait cesser d'être considérée comme troupe de ligne, mais qu'elle serait traitée comme corps franc; de là, force désertions: Mina fut renvoyé dans sa province pour sévir contre les transfuges. Sa présence suffit pour calmer les esprits; une simple proclamation ramena sous les drapeaux 2,500 déserteurs. Sûr de l'attachement de ses compagnons d'armes et indigné du joug que le parjure Ferdinand faisait peser sur l'Espagne, Mina conçut le hardi projet de s'emparer de Pampelune, afin d'y rétablir la constitution des Cortès. La tentative eut lieu dans la nuit du 25 au 26 septembre; elle échoua, et le 4 octobre, Mina réduit au rôle de fugitif et de proscrit, se réfugia en France, où il fut reçu avec une distinction marquée par tous les officiers qui l'avaient combattu.

Il était à peine arrivé à Paris qu'il fut arrêté sur la demande du comte de Casa Florès, ambassadeur d'Espagne; mais il fut élargi presque aussitôt, et cinq jours plus tard, il eut la satisfaction de voir renvoyer par Louis XVIII l'ambassadeur qui l'avait dénoncé. Le noble exilé vécut à Bar-sur-Aube d'une modique pension que lui faisait le gouvernement français. Pendant les Cent-Jours, Napoléon voulut l'attacher à son service, et lui refusa le passeport qu'il avait demandé pour quitter la France; mais inflexible dans son inimitié, Mina s'échappa clandestinement de Bar-sur-Aube, et quoique serré de près par les gendarmes, il réussit à gagner la frontière et se retira à Bâle. Il passa de là à Gand, et sans avoir toutefois combattu à Waterloo, il revint à Paris avec l'émigration de la seconde Restauration. Arrêté en 1816 par M. de Cazes avec le comte de Toreno et quelques autres proscrits espagnols qu'on accusait de conspiration contre les Bourbons, il ne fut relâché qu'après deux longs mois de captivité; mais depuis cette épreuve, il vécut paisiblement à Paris jusqu'en 1820.

La pierre de la constitution ayant été

relevée à l'île de Léon, Mina vint la proclamer une seconde fois en Navarre, à travers mille périls, mille obstacles. Quelques hommes se joignirent à lui, et redevenu comme autrefois chef de partisans, il marcha sur Pampelune qui lui ouvrit ses portes. Quand la constitution eut triomphé à Madrid, il fut nommé par Ferdinand capitaine général de la Navarre ; mais il demanda sa translation en Galice, et l'obtint. Il prévint dans ce gouvernement la formation des bandes insurgées qui désolaient les provinces voisines. De Galice il passa à Léon, où il fit le service comme simple soldat parmi les volontaires nationaux. Il y eut le même succès qu'en Galice, pas un factieux ne s'y rencontra.

En 1822 Mina reçut du ministre San Miguel le commandement de l'armée de Catalogne, destinée à agir contre l'insurrection absolutiste et apostolique. Il entra en Catalogne le 9 septembre, avec 800 fantassins et 275 chevaux. Le 10, il prit à Lérida le commandement de l'armée, ou plutôt il en forma une. La Catalogne était alors occupée par 30,000 insurgés qui étaient maîtres de plusieurs places fortes, et qui même avaient à Urgel un gouvernement organisé sous le nom de *Régence d'Espagne*. En moins de six semaines il avait organisé une armée sortie, pour ainsi dire, de terre au bruit de son nom ; il avait fait lever le siége de Cervesa et pris Castel-Fullit qu'il fit raser de fond en comble. Sur ses ruines il fit placer l'inscription suivante :

Aqui existio Castel-Fullit.
Pueblos,
Tomad egemplo :
No abrigueis a los enemigos de la patria.

Après ces débuts, Mina marcha de succès en succès ; il prit Balaguer, mit en fuite la régence d'Urgel, s'empara de tous ses papiers, passa au fil de l'épée la bande féroce de Romogosa, rejeta sur le territoire français les débris de la rébellion, et put, après six mois de victoires continues, écrire au gouvernement que la guerre civile était terminée. De si grands services avaient été récompensés par le grade de lieutenant-général et par la grand'croix de Saint-Ferdinand. Il avait reçu en même temps le commandement général et presque absolu de toute la Catalogne où il n'avait jusqu'alors commandé que l'armée.

Cependant les troupes françaises, concentrées sur la frontière sous le nom de cordon sanitaire, menaçaient d'une invasion la province pacifiée par Mina, et le 13 et le 14 avril 1823 elles passèrent en effet brusquement la frontière. Mina pris au dépourvu tint en échec, avec 6,000 hommes seulement, pendant plus de deux mois, le maréchal Moncey, dont l'armée forte de 20,000 fantassins et de 2,500 chevaux était appuyée par plus de 7,000 insurgés. Il ne succomba que le dernier dans cette lutte, et lorsque le gouvernement constitutionnel était déjà tombé à Madrid. Le 1er novembre 1823 il entra en pourparlers avec le maréchal Moncey, obtint une capitulation honorable, remit Barcelone et les autres places aux Français, et s'embarqua pour l'Angleterre sur un bâtiment français. Il se rendit à Londres, où il passa dans une retraite honorée et studieuse les sept années de sa seconde émigration.

La Révolution de juillet vint le rejeter dans la vie aventureuse de sa jeunesse. Il arriva en France et courut se jeter dans une entreprise désespérée et d'une réussite impossible. Mis en fuite à Vera et poursuivi par le général Llander, il regagna, à travers mille dangers, la frontière de France.

Son exil dura quatre ans encore. Ferdinand VII était mort et le ministère Zea avait été renversé pour faire place à Martinez de la Rosa et au statut royal. Plusieurs amnisties avaient été publiées; mais le nom de Mina avait été exclu de toutes les listes, il ne fut rappelé que le dernier. L'importance naissante de l'insurrection navarraise, les victoires de Zumala Carreguy, les défaites successives de tous les généraux envoyés contre lui, firent songer au vainqueur d'Arlaban et de Castel-Fullit. Un décret spécial le mit à la tête de l'armée navarraise. L'ordre de rappel le trouva aux eaux, atteint d'un cancer à l'estomac, c'était en septembre 1834. Sans alléguer aucune des excuses que son état de maladie aurait assez justifiées, il monta à cheval presque aussitôt, et de proscrit devenu général, il vint prendre le commandement qu'on lui confiait. Malheureusement il fut entravé dans toutes ses mesures. Suspect au gouvernement de Madrid à cause de ses opinions libérales, il n'obtint ni confiance, ni secours. On avait partagé le commandement; Llander, son ennemi personnel, fut nommé ministre de la guerre; il y eut un vice-roi de Navarre; enfin il fut réduit au simple commandement du corps d'armée de Navarre; toutefois il commença les opérations; mais victime d'une position fausse et vaincu par la maladie qui faisait des progrès, il dut quitter le commandement de l'armée pour aller se faire soigner à Montpellier par son ami le docteur Lallemand.

Il était encore dans cette ville, lorsqu'en août 1835 éclata le soulèvement des Juntes. Les Catalans rappelèrent Mina au milieu d'eux et le nommèrent de leur autorité capitaine général. Il accepta et se rendit à Barcelone. Dès son arrivée, les bandes carlistes furent rejetées sur les montagnes, et Mina recommençant contre eux sa tactique de 1823, en débarrassa pour longtemps le sol catalan. L'assaut du fort de Notre-Dame-del-Horte, l'événement capital de cette campagne rappelle la prise de Castel-Fullit. Le premier entre tous les capitaines généraux, il créa dans sa province une *junte de défense et d'armement*, aliénant ainsi, dans l'intérêt général, une partie de son autorité et repoussant le maniement des deniers publics avec autant d'empressement que d'autres les recherchent.

Il est mort à Barcelone, au mois de décembre 1836, du mal qui le minait depuis si longtemps. Il était âgé de 55 ans environ. Sa femme Juana Vega, qu'il avait épousée en Galice, lui ferma les yeux.

Il était d'une constitution robuste et avait des formes carrées et athlétiques. Il était modeste, simple dans ses mœurs et très-sobre.

MIOLLIS (Sextius-Alexandre-François, comte), fils d'un conseiller au Parlement, né à Aix le 18 septembre 1759, entra au service à l'âge de 17 ans, dans le régiment de Soissonnais-Infanterie, fit comme sous-lieutenant les dernières campagnes de la guerre d'Amérique, sous Rochambeau, fut blessé au siége d'York-Town et revint capitaine.

Chef du 1er bataillon des volontaires nationaux du département des Bouches-du-Rhône. En 1792, il donna de nombreuses preuves de bravoure, et fut nommé général de brigade en 1796.

Employé en Italie en 1796 et 1797, il se fit remarquer au siége de Mantoue, dont il obtint le commandement.

Général de division après le traité de Campo-Formio, il fut chargé d'occuper la Toscane.

En 1799, il était au nombre des défenseurs de Gênes, sous Masséna. Gouverneur de Belle-Isle-en-Mer en 1803, et de Mantoue en 1806, il fit ériger dans cette ville un monument à Virgile, et profita d'un court séjour qu'il fit à Ferrare pour faire transférer avec pompe les cendres de l'Arioste à l'Université de cette ville, où elles reçurent les hommages qui leur étaient dus. Enfin, la ville de Vérone lui doit la restauration de son cirque, l'un des monuments les plus intéressants de l'antiquité romaine.

En 1807, il commandait en Toscane et occupa Rome avec une division. Il s'acquitta avec modération des ordres sévères qu'il avait reçus à l'égard du pape Pie VII et de la reine d'Étrurie, et conserva le gouvernement des États romains jusqu'en 1814.

Louis XVIII lui confia les départements des Bouches-du-Rhône et de Vaucluse, et Napoléon l'appela pendant les Cent-Jours au commandement de Metz, où il resta jusqu'au mois d'octobre 1815, époque où il fut mis à la retraite.

Mort à Aix en 1828, le 18 juin, âgé de 69 ans. Le nom du général Miollis est gravé sur l'arc de l'Étoile, côté Sud.

MISSIESSY-QUIES ou BURGUES-MISSIESSY (ÉDOUARD-JACQUES, comte) (1), vice-amiral, naquit à Toulon le 23 avril 1756.

Il n'avait pas fait d'études préliminaires pour la marine : il l'aborda en praticien. Il naviguait avant l'âge de dix ans, et, à 14 ans il était garde. Il sentit alors le besoin d'étudier les mathématiques, et il se livra avec ardeur à ce travail. En 1776, une déclaration ministérielle rendit indispensables les connaissances qu'il avait acquises, et annonça que les places d'enseigne de vaisseau ne seraient plus données qu'au concours.

La déclaration de guerre de 1777 amena une promotion dans le personnel actif de la marine, et Missiessy, élevé au grade d'enseigne, fit, sur le vaisseau le *Vaillant*, sous les ordres du comte d'Estaing, cette célèbre campagne qui rendit les premiers services à la cause américaine. Il resta deux ans avec cette escadre, et prit part à tous les combats qu'elle eut à soutenir contre les Anglais.

En 1780, il passa comme second sur *la Surveillante*, de 32 canons. Le 5 juin 1781, près de l'île de Moyant, il attaqua le vaisseau anglais *l'Ulysse*, de 50 canons, et après un combat glorieux, il l'obligea à fuir, à moitié incendié et désemparé.

Il fut fait lieutenant de vaisseau, et la paix le ramena à Toulon sur le vaisseau *le Censeur*. Pour mettre à profit son expérience, il fit un livre des signaux communs à toutes les armées navales; le ministre l'adopta et le fit imprimer.

Ses *Observations sur l'arrimage des vaisseaux* n'eurent pas moins de succès. En 1789, il en publia un traité par ordre du gouvernement.

Un courrier extraordinaire le chargea le 2 novembre 1791 du commandement de *la Modeste*. Le dey d'Alger avait méconnu le pavillon français, capturé trois navires et menaçait de mettre notre consul à la chaîne : il s'agissait de le rappeler au respect du nom français. La frégate *la Modeste* était disposée en flûte, en trois jours, elle est armée en guerre : Missiessy part le 5, mouille le 7, obtient du dey audience et satisfaction, et reparaît dans le port de France avant qu'on eût cessé de s'entretenir de son départ.

A la promotion du 1ᵉʳ janvier 1792, il fut fait capitaine de vaisseau au choix; il passa alors sur le vaisseau *le Centaure*, et devint chef de file de l'escadre de l'amiral Truguet.

Contre-amiral un an plus tard, il était incarcéré, au mois de mai suivant, avec les plus notables habitants de Toulon. Aussitôt qu'il recouvra sa liberté, il partit pour l'Italie, où il resta jusqu'en l'an IV.

---

(1) Cet officier supérieur de la marine a signé Missiessy-Quies jusqu'en 1804, et depuis 1805, Burgues-Missiessy.

Il fut alors attaché au dépôt des plans et cartes de la marine à Paris, et adjoint ensuite au célèbre Borda, pour mettre en usage, dans les ports et les arsenaux, le nouveau système des poids et mesures. Quelque temps après, il fut nommé directeur-adjoint de l'École des constructions navales.

C'est en l'an V, pendant son séjour à Paris, qu'il publia, par ordre du gouvernement, son ouvrage sur l'installation des vaisseaux.

Chef d'état-major général, de l'an IX à l'an X, de l'armée combinée, réunie à Cadix sous les ordres de l'amiral Truguet, il fut rappelé à Paris avec le titre de préfet maritime.

C'était la première fois que la capitale reconnaissait l'autorité d'un semblable fonctionnaire; c'est que la Seine était devenue un grand chantier maritime, où se faisaient les préparatifs d'une descente en Angleterre. Au mois de messidor an XI, il se rendit au Havre avec les mêmes fonctions et la mission spéciale d'accélérer la construction des bâtiments de la flottille. Trois mois après, le gouvernement le mit à la tête d'une division de l'armée navale de Brest. Il reçut la croix de membre, puis de commandeur de la Légion-d'Honneur, les 19 frimaire et 25 prairial an XII.

En l'an XIII, Missiessy commandait en chef l'escadre de Rochefort, composée de trois vaisseaux de ligne, trois frégates et deux bricks. Il portait 3,500 hommes de troupes, aux ordres du général de division Lagrange, et, en outre, 5,000 fusils, 5 milliers de poudre et un train considérable d'artillerie destinés aux colonies françaises, l'ordre était de se rendre aux Antilles avec la plus grande diligence, et, en attendant l'escadre de Toulon, de ravitailler les colonies de la France et de ravager celles de l'Angleterre.

Missiessy partit le 21 nivôse, et après une lutte de douze jours contre la tempête, dans le golfe de Gascogne, il entrait, le 21 février, dans le canal qui sépare la Martinique de Sainte-Lucie. Quatre colonies anglaises, la Dominique, Nièvre, Montserrat et Saint-Christophe, furent ravagées et désarmées, les navires pris, des contributions frappées, les troupes ennemies prisonnières. La Guadeloupe, la Martinique, Saint-Domingue furent ravitaillées d'hommes, de vivres, de munitions, et Missiessy, rappelé en France, reparut, le 30 floréal, dans le port de Rochefort, avec tous ses bâtiments, après une campagne de cinq mois. C'était un succès bien rare à cette époque.

Cependant, il n'attira pas sur Missiessy les faveurs du gouvernement; il eut même à se défendre de certains reproches que lui adressaient les feuilles officielles, et il réclama vainement le grade de vice-amiral; il ne l'obtint qu'en mars 1809. Il y avait treize mois alors qu'il avait été rendu au service actif et appelé au commandement en chef de l'escadre de l'Escaut. C'était un poste de confiance et d'honneur. Là devait se porter tout l'effort de l'expédition anglaise, dont le but était la destruction du port d'Anvers.

Le 29 juillet 1809, on signala la flotte anglaise; elle se composait de 22 vaisseaux de ligne et de 120 autres bâtiments de guerre. Le fort Bathz fut abandonné, Flessingue capitula; cependant, le 7 septembre suivant, il ne restait pas un seul vaisseau ennemi en face de la ligne de défense, si puissamment organisée par l'amiral français. L'Empereur conféra à Missiessy le titre de comte avec une dotation de 4,000 francs de rente, et, par lettres patentes, il le nomma commandant en chef des côtes du Nord. Cette entreprise, honteuse pour ses armes, coûta à l'Angleterre 7,000 hommes et 3 millions sterling. Cette appréciation résulte des débats qui ont eu lieu en 1820 dans les deux chambres du parlement anglais.

Le coup de main de Flessingue avait vivement préoccupé l'"Empereur; en 1811, il alla lui-même inspecter l'escadre de l'Escaut. Une dotation de 20,000 francs de rente et son élévation au grade de grand officier de la Légion-d'Honneur prouvèrent à Missiessy qu'il était aussi satisfait du présent que du passé. Son escadre se composait alors de 17 vaisseaux. L'année suivante, plusieurs bâtiments sortirent encore des chantiers d'Anvers, et l'amiral, à cette occasion, fut nommé grand-croix de l'ordre de la Réunion.

Les événements de 1813 et 1814 amenèrent sur Anvers les Prussiens et les Anglais réunis. La ville fut bombardée, et l'incendie menaçait la flotte française réunie dans ce port. Missiessy l'en préserva par l'habileté de ses mesures et il ne désarma que sur l'ordre du roi. Il se rendit alors à Paris, et vint offrir à Louis XVIII sa soumission et ses services. Il fut nommé grand-croix de la Légion-d'Honneur.

En 1815, à la nouvelle du débarquement de Napoléon, les officiers de marine présents à Paris formèrent une compagnie dont Missiessy eut le commandement. Le 20 mars, il donna sa démission, et il ne reprit du service qu'au mois de juillet suivant, en qualité de préfet maritime à Toulon, et, l'année suivante, il reçut le titre de commandant de la marine. Commandeur de Saint-Louis à cette dernière époque, il devint grand-croix de l'Ordre en 1823, et l'année suivante, il fut nommé vice-président du conseil d'amirauté qui venait d'être créé.

Charles X l'éleva à la dignité de chevalier-commandeur de l'ordre du Saint-Esprit le 2 juin 1827.

Admis à la retraite par ordonnance royale du 23 avril 1832, il est mort le 24 mars 1837, dans la ville qui l'avait vu naître.

Son nom est gravé sur l'arc de triomphe de l'Étoile, côté Nord.

MOLETTE (JEAN-BAPTISTE), baron de MORANGIÈS, né au Mas, arrondissement de Brioude (Haute-Loire), le 21 novembre 1758, entra comme cadet au régiment de Languedoc le 15 juin 1775, et passa sous-lieutenant au même corps le 27 août 1778.

Lieutenant le 29 décembre 1785, il fut nommé capitaine dans le régiment de la Sarre, devenu 51ᵉ le 12 janvier 1792.

Il fit les campagnes de 1792, des ans II, III et IV, à l'armée d'Italie, et commanda comme capitaine et chef de bataillon provisoire le 1ᵉʳ bataillon formant l'avant-garde de la division Masséna. Molette reçut un coup de feu au siége de Milan.

Il se distingua en plusieurs occasions par sa bravoure, et fut fait chef de bataillon sur le champ de bataille par le général en chef Bonaparte, à la bataille de Caldiero en l'an V. A l'affaire de Brescia, après des prodiges de valeur, il tomba au pouvoir des Autrichiens. Échangé, il passa en Suisse, commandant toujours un bataillon de grenadiers de l'avant-garde, sous les ordres du général Pigeon.

Nommé chef de la 18ᵉ demi-brigade de ligne, il s'embarqua avec Bonaparte pour l'Égypte, et fit toutes les campagnes d'Orient, jusqu'à la rentrée de l'armée en France. Molette fit preuve d'une grande intrépidité dans les glorieux combats que les Français eurent à soutenir, et versa souvent son sang pour la patrie.

Au siége de Saint-Jean-d'Acre, il reeut un coup de feu; à la bataille d'Aboukir, une balle lui fracassa le bras droit; à la bataille d'Alexandrie un nouveau coup de feu l'atteignit au bras gauche.

Le général en chef de l'armée d'Orient l'éleva au grade de général de brigade le 7 floréal suivant. Ayant été confirmé par arrêté du 9 frimaire an X, il prit le commandement du département des Basses-Alpes (8ᵉ division militaire), et fut inscrit sur le tableau des officiers généraux par arrêté du 3 germinal an XI.

Nommé membre et commandant de la Légion-d'Honneur les 19 frimaire et 25 prairial an XII, le général Molette passa au commandement de Gênes le 29 messidor an XIII.

En 1808, il commandait le département de Gênes et le golfe de Spezzia. En 1812, le gouvernement l'appela à la tête des cohortes nationales stationnées à Paris.

Créé baron de l'Empire en 1813, il prit le commandement du département de l'Oise, et de nouveau celui de Gênes le 25 novembre; il quitta ce poste par suite de la convention conclue par lord Benting et le général de division Frésia, le 21 avril 1814. Le 26, il fut appelé au commandement en chef des troupes de la 28ᵉ division militaire lors de leur rentrée en France.

Louis XVIII le créa chevalier de Saint-Louis, et l'employa dans la 8ᵉ division militaire, en le mettant à la disposition du maréchal Masséna; ce maréchal nomma Molette, le 7 novembre, commandant de l'arrondissement de Draguignan (Var); il continua de remplir les mêmes fonctions jusqu'au 1ᵉʳ juin 1815, époque à laquelle le lieutenant-général Verdier l'appela à Marseille pour être chargé de l'organisation des gardes nationales de la 8ᵉ division militaire en remplacement du général Mouton-Duvernet.

En 1815, le général baron de Morangiès fut nommé, par le maréchal Brune, commandant en chef des trois bataillons d'élite du Var et des Basses-Alpes, des bataillons retraités de l'Isère et des Bouches-du-Rhône, et de la garde nationale de Toulon : ces divers corps ayant été licenciés le 31 juillet, lui-même obtint sa retraite le 4 septembre suivant. Il mourut le 21 mai 1827.

Il est inscrit sous le nom de Morangiès sur l'arc de triomphe de l'Étoile.

MOLINE DE SAINT-YON (ALEXANDRE-PIERRE), né vers 1783.

Élève de l'École militaire de Fontainebleau. Sous-lieutenant en 1805, lieutenant en 1807, capitaine en 1809, chef d'escadron en 1813, officier d'ordonnance de l'Empereur en 1815, lieutenant-colonel en 1830, colonel en 1831, maréchal de camp en 1835, lieutenant-général en 1844.

Ce général a pris une part glorieuse à toutes les guerres de la Péninsule, sous l'Empire; il fut blessé en 1813 devant Saint-Jean-de-Luz. Il a été, depuis, successivement attaché au dépôt de la guerre, membre des comités d'état-major, de l'infanterie et de la cavalerie; directeur du personnel et des opérations militaires au ministère de la guerre, ministre de la guerre du 10 novembre 1845 au 9 mai 1847. Il est grand officier de la Légion-d'Honneur. Louis-Philippe l'avait créé pair de France.

M. Moline a publié un *Précis des Guerres de Religion*, une *Notice biographique sur le prince Eugène*, un grand nombre d'articles dans les recueils et journaux militaires, et divers ouvrages littéraires.

MOLITOR (GABRIEL-JEAN-JOSEPH, comte), maréchal de France, né le 7 mars 1770 à Hayauge (Moselle). Son père était un ancien militaire qui s'occupa de l'éducation de son fils. Le jeune Molitor s'enrôla, en 1791, dans le 4ᵉ bataillon de volontaires de son département; élu capitaine à l'unanimité, il fit la campagne de 1792 à l'armée du Nord. Adjudant-général l'année suivante à l'armée des Ardennes, il commandait une brigade, sous le général Hoche, à la bataille de Kaiserslautern. Il enleva avec trois bataillons la position importante d'Erhrlenbach défendue par la droite de l'armée prussienne. Dans la campagne de 1795, il commandait une des colonnes qui décidèrent le succès de la bataille de Gersberg, près Wissembourg. Pendant les quatre campagnes suivantes, il assista comme chef d'état-major à toutes les opérations de Pichegru, Kléber, Moreau et Jourdan. Il fut grièvement blessé dans une attaque sur Mayence. Au siége de Kehl il défendit avec intrépidité l'île d'Ehrlen-Bhein, et reçut le brevet de général de brigade le 30 juillet 1799.

Envoyé en Suisse sous Masséna, Molitor défit successivement les Autrichiens dans les combats de Schwitz, Mütten et Glaris. Menacé dans cette dernière ville par les deux corps austro-russes de Jellachich et de Linken, il répondit à un parlementaire qui vint le sommer de se rendre : « Ce n'est pas moi qui me rendrai, ce sera vous! »

Pendant huit jours de combats acharnés, il s'empara six fois du pont de Naffels, s'y maintint enfin et réussit à empêcher la jonction des deux corps ennemis. A la suite de cette campagne, le Directoire exécutif écrivit une lettre de félicitations à Molitor, et le gouvernement helvétique lui vota des actions de grâce.

En 1800, Molitor alla servir sous Moreau, à l'armée du Rhin, dirigea le passage du fleuve, et se jeta dans la première barque avec une compagnie de grenadiers. Il battit à Stockack la gauche des Autrichiens, et leur fit 4,000 prisonniers. Bientôt après, avec une division de 5,000 hommes, il parvint à contenir le corps autrichien du Tyrol qui ne comptait pas moins de 25,000 combattants. Constamment vainqueur dans une foule de combats partiels, notamment à Brégentz et à Nesselwangen, il couronna cette expédition par la prise de l'importante position de Feldkirch et du pays des Grisons, ce qui nous ouvrit une communication avec l'armée d'Italie.

A la paix, Molitor fut nommé général de division, le 6 octobre 1800, et alla prendre le commandement de la division de Grenoble, qu'il conserva jusqu'en 1805.

Lors de la reprise des hostilités, il rejoignit en Italie Masséna qui lui fit les honneurs de la division d'avant-garde, avec laquelle, à Caldiero, il soutint seul l'attaque de l'aile droite autrichienne conduite par l'archiduc Charles.

Après la paix de Presbourg, l'Empereur l'envoya prendre possession de la Dalmatie. Investi de tous les pouvoirs civils et militaires, il introduisit l'ordre dans l'administration et économisa la moitié du revenu public. Attaqué d'abord par mer, il repoussa l'escadre russe qui assiégeait Lézina, enleva 300 Russes débarqués dans cette île, et reconquit celle de Curzola.

Cette campagne fut terminée par le déblocus de Raguse; il y accourut avec 1,700 hommes, balaya les 10,000 Monténégrins et les 3,000 Russes qui menaçaient la ville. Les Ragusiens conçurent pour lui une telle reconnaissance que, dans les églises, au chant du *Domine salvum*, après le mot *imperatorem*, on ajoutait : *et nostram liberatorem Molitorem*. L'Empereur le créa grand officier de la Légion-d'Honneur.

En 1807, Molitor conduisit un corps d'armée sur la Baltique, poursuivit le roi de Suède jusqu'aux ports de Stralsund, et dirigea les opérations de l'aile gauche au siége de cette forteresse, où il entra le premier.

Il resta en Poméranie avec le titre de gouverneur général civil et militaire, jusqu'à la fin de 1808.

A l'ouverture de la nouvelle campagne d'Allemagne en 1809, il eut une division au corps de Masséna. Le 19 mai, à la tête d'une de ses brigades, il opéra le premier passage du Danube à Ebersdorff, et débusqua les Autrichiens de l'île de Lobau. Le surlendemain 21, il soutint seul avec sa division, pendant plusieurs heures, le premier choc de l'armée autrichienne à Aspern. Le 6 juillet, pendant la bataille de Wagram, il fut chargé de l'attaque du village d'Aderkla, où il arrêta, pendant une grande partie du jour, les efforts désespérés du centre de l'ennemi.

Chargé, en 1810, du commandement des villes Anséatiques, et, en 1811, des départements de l'ancien royaume de Hollande, le général Molitor s'y trouvait encore en avril 1813, lorsque La Haye, Leyde et Zardam se mirent en insurrection. Il apaisa ce mouvement par la rapidité et l'énergie de ses mesures.

En 1814, quand la défection des soldats étrangers eut livré cette partie du territoire à nos ennemis, Molitor rentra en France, et La Chaussée, Châlons et La Ferté-sous-Jouarre furent encore témoins de son courage.

Napoléon, au retour de l'île d'Elbe, trouva Molitor remplissant les fonctions d'inspecteur général, et lui confia la défense des frontières de l'Alsace, avec un corps de 20,000 gardes nationaux mobiles. A la seconde Restauration, Molitor cessa d'être employé, et fut même exilé de Paris; mais le maréchal Gouvion Saint-Cyr, à son arrivée au ministère de la guerre, lui fit rendre son inspection générale.

En 1823, le général Molitor, appelé au commandement du deuxième corps de l'armée des Pyrénées, s'empara successivement du royaume d'Aragon, de Murcie, de Grenade, et se rendit maître des places de Malaga, de Carthagène et d'Alicante. Ces succès le firent élever à la dignité de maréchal de France le 9 octobre 1823, et lui ouvrirent les portes de la Chambre des Pairs.

Le gouvernement de Juillet le nomma en 1831 au commandement supérieur des 7e et 8e divisions militaires. En 1840, le maréchal Molitor soutint à la Chambre des Pairs, avec toute l'autorité de l'expérience, le système des fortifications de Paris, « pour que cette capitale ne fût jamais attaquée et que la défense de la France fût nécessairement reportée sur son véritable terrain, c'est-à-dire à la frontière. »

Appelé, le 6 octobre 1847, au gouvernement des Invalides, le maréchal Molitor avait cédé cette place d'honneur à l'ancien roi de Westphalie, Jérôme Bonaparte, pour occuper le poste de grand chancelier de la Légion-d'Honneur.

La vie du maréchal Molitor est une des plus longues et des plus belles carrières militaires de notre époque; sorti des rangs des simples soldats, il a dû son premier grade au choix de ses concitoyens, et n'a obtenu les autres que sur les champs de bataille.

Son nom est inscrit sur l'arc de triomphe de l'Étoile, côté Est.

MOLLIÈRE (Pierre-Alexandre-Jean), né à Orléans en 1800. Simple soldat volontaire à vingt-quatre ans, dans l'infanterie régulière grecque, puis officier dans la compagnie sacrée des Philhellènes, il était devenu officier d'ordonnance du général Fabvier, aide-de-camp du général Trézel, et enfin chef de bataillon dans l'état-major de l'armée grecque. Après la campagne de Roumélie contre Reschid-Pacha, il parvint à pénétrer de vive force dans l'Acropolis avec les Philhellènes.

Un jour, à Athènes, deux grenadiers vont relever dans la plaine, auprès des lignes turques, le malheureux commandant Robert, qui a eu les deux jambes emportées. Cet acte de dévouement obtient un plein succès, et les deux soldats rapportent leur chef vivant dans la citadelle. De ces deux hommes, l'un était Mollière, qui fut fait officier peu de jours après. Un autre jour, le général Fabvier apprend que les Grecs manquent de munitions dans les positions avancées. Il forme un bataillon de 750 hommes, fait donner à chaque soldat 25 livres de poudre et les dirige sur la tranchée au milieu du feu de l'ennemi, fort de 8,000 hommes. Mollière est encore à la tête de cette périlleuse entreprise.

En 1827, Mollière fit la campagne de Thèbes, il prit part à celle de Scio, où il débarqua le premier au pied des redoutes turques, ayant de l'eau jusqu'à la ceinture. L'année suivante, il faisait partie de l'expédition de Tschesmé en Asie.

En 1830, Mollière n'hésita point à quitter sa brillante position d'officier supérieur dans l'armée grecque, pour accepter le modeste grade de lieutenant dans l'armée française. En 1832 il mettait le pied sur la terre d'Afrique avec le 1ᵉʳ bataillon d'infanterie légère nouvellement créé.

Le général Trézel le prit pour son officier d'ordonnance pendant l'expédition de Bougie. Quoique blessé dès les premiers instants du débarquement (29 septembre 1833), Mollière voulut rester à la tête de la première colonne d'attaque qu'il dirigea sur le fort d'Abd-el-Kader, jusqu'au moment où les forces lui manquèrent totalement. Dans la campagne de Maskara, en décembre 1835, lorsqu'à la sortie du camp de Sig l'armée fut attaquée dans le ravin de l'Habra, Mollière, à la tête d'une compagnie de Zouaves, aborda l'ennemi corps à corps et dégagea plusieurs blessés de la 1ʳᵉ brigade, notamment le général Oudinot.

On le trouve encore cité à la suite des expéditions de Médéah, de Maskara et de Constantine en 1836. En octobre 1838 resté seul officier français au camp d'El-Arouch avec les milices turques, il repoussa vigoureusement les attaques des Kabyles, et à la tête de ces mêmes troupes, organisées en bataillons de tirailleurs indigènes, il soutint, dans la province de Constantine, plusieurs brillants combats en avant de la redoute du 62ᵉ de ligne, dans les journées des 9, 11 et 15 mai 1840.

De retour en Afrique en 1845, comme colonel du 13ᵉ léger, après une absence de trois ans, Mollière prit part dans la campagne d'automne, à l'expédition dirigée dans l'Ouest par le général Bugeaud contre les Ouled-Krelif et les Beni-Meïda, avec les colonnes du général Jusuf.

Il était rentré en France avec son régiment, peu de temps après les événements de Février, et se trouvait employé à l'armée des Alpes lors de sa nomination au grade de général de brigade le 17 août 1848.

Commandeur de la Légion-d'Honneur et commandant la 4ᵉ brigade d'infanterie de l'armée de Paris, le général Mollière est mort dans cette ville le 6 juillet 1850.

Le général Mollière n'était pas seulement un officier du premier mérite, il était aussi un écrivain militaire distingué. Il avait publié un mémoire fort remarquable sur l'organisation des corps auxiliaires en Algérie, question dont il avait étudié toutes les faces durant son commandement des Turcs de Constantine, et il mettait la dernière main au dictionnaire de l'armée de terre, auquel le savant général Bardin, son oncle, avait travaillé pendant trente ans, et dont le manuscrit paraît être complétement terminé.

MONCEY (Bon ou Rose-Adrien-Jeannot), duc de Conegliano, maréchal de France, né à Besançon le 31 juillet 1754, fils d'un avocat au parlement de cette ville. Il s'évada du collége et s'enrôla dans le régiment de Conti-Infanterie, et servit comme grenadier jusqu'en 1773. Il racheta deux fois son congé et se livra ensuite à l'étude du droit. En 1774 il entra dans la gendarmerie de la garde et y resta jusqu'en 1778. Sous-lieutenant de dragons dans les volontaires de Nassau en 1778, capitaine d'infanterie en 1791, chef de bataillon en 1793 dans le régiment des chasseurs catalans, général de brigade en avril 1794, deux mois après général de division et général en chef de l'armée des Pyrénées, commandant de la 11ᵉ division militaire en 1796, commandant l'un des corps de l'armée d'Italie en 1799, il contribua glorieusement à la victoire de Marengo ; premier inspecteur général de la gendarmerie en 1801, maréchal d'Empire en 1804, duc de Conegliano et commandant de l'armée de réserve du Nord, major général, commandant en second la garde nationale parisienne en 1814. Il déploya, le 31 mars, pendant la bataille livrée sous les murs de cette ville une fermeté de caractère et une présence d'esprit peu communes. Ministre d'État à la Restauration et pair de France. Il se tint à l'écart pendant les Cent-Jours mais se laissa créer Pair de la cour Impériale.

A la seconde Restauration président du conseil de guerre chargé de prononcer sur le sort du maréchal Ney, le duc de Conegliano refusa, et ce refus équivaut à la plus belle victoire. Il fut destitué et emprisonné pendant trois mois au château de Ham.

Rétabli le 14 juillet 1816 dans tous ses titres, il a été de nouveau nommé pair de France en 1819. Lors de la guerre d'Espagne en 1823, il commanda le 4ᵉ corps. Rappelé à la Chambre des Pairs, il fit de l'opposition au ministère Villèle. En 1830 il reprit avec joie sa cocarde de 1792. Nommé, en 1834, au poste de gouverneur des Invalides, en remplacement du maréchal Jourdan, il y mourut le 20 avril 1842.

Son fils, à peine âgé de 25 ans, fut tué en décembre 1817 de la manière la plus déplorable, par un coup de fusil de chasse, dont il avait fait partir la détente, en sautant un fossé.

Ce jeune homme, dont toute l'armée avait admiré l'intelligence et le courage, était colonel du 3ᵉ régiment de hussards. Le colonel Moncey, lit-on dans *le Moniteur* du 30 décembre 1817, comptait de longs et glorieux services, attestés par de nombreuses blessures. Sa bravoure et ses talents militaires l'avaient rendu digne du nom qu'il portait.

MONNET (Louis-Claude, baron), né à Mougon (Deux-Sèvres), le 1ᵉʳ janvier 1766, commanda la garde nationale de Sainte-Néomaye pendant les années 1789, 1790, 1791 et 1792 ; mais il ne commença à servir que le 28 mars 1793, comme capitaine dans le 3ᵉ bataillon des Deux-Sèvres et Charente, surnommé *le Vengeur*.

Il fit les campagnes des ans II, III, IV et V dans la Vendée. Toujours au poste le plus périlleux, il se distingua et mérita la confiance des généraux.

En l'an II, à l'affaire de Fontenay, l'armée républicaine, forte de 4,000 hommes, ayant été attaquée par 30,000 hommes, la brigade dont Monnet faisait partie fut un instant ébranlée par le feu terrible de l'artillerie ennemie ; mais bientôt, n'écoutant que son courage, ce brave s'élance des rangs et se précipite sur cette artillerie; enflammées par son exemple, les troupes le suivent, et 6 pièces de canon tombent au pouvoir des soldats de la République. Ce coup hardi fit battre en retraite les insurgés.

En l'an III, il acquit une gloire nouvelle aux combats de Luçon, Mortagne, Châtillon, Saint-Florent, Angers, Lavalle, d'Antzin, et surtout à l'affaire de Saint-Denis où, avec 600 combattants, il battit Charette, fort de 6,000 hommes. Monnet, en cette occasion, montra la plus grande valeur; il n'hésita pas à marcher au pas de charge contre un ennemi dix fois plus nombreux, et le mit dans la déroute la plus complète avant que la division du général Broussard eût eu le temps de seconder cette attaque hardie. Hoche le combla d'éloges et le nomma chef de bataillon le 4 frimaire an IV; il lui confia alors le commandement d'une colonne mobile, à l'effet de poursuivre sans relâche les débris de l'armée de Charette.

Le Directoire exécutif, informé de sa belle conduite, le nomma chef de la 31ᵉ demi-brigade par arrêté du 5 thermidor.

Monnet continua à poursuivre les insurgés de la Vendée, marcha par les chemins les plus difficiles et sut pourvoir à la subsistance de ses troupes dans un pays dévasté; il battit partout l'ennemi, soumit les districts de Montaigu et de la Roche-sur-Yon, dont les habitants rendirent les armes, et termina sa mission par la prise de Charette et de treize chefs des révoltés, dans la forêt de Grallard : il contribua donc puissamment à la pacification de la Vendée.

Appelé au commandement du département des Deux-Sèvres, il rendit de nouveaux services et s'attacha à purger ce pays de quelques bandes de brigands qui l'infestaient encore.

En l'an V, il passa avec sa brigade à l'armée du Rhin, et fit partie, l'année suivante, du corps d'armée du général Schaenbourg, destiné à pénétrer en Helvétie.

Monnet se trouva au combat de Berne et se couvrit de gloire à l'affaire de Sion. L'ennemi gardait le pont du défilé de la Morga, occupait les positions qui le dominent, et s'était retranché derrière le torrent qui bordait son camp. Le combat durait depuis la pointe du jour, l'ennemi faisait une résistance opiniâtre et défendait avec 6 pièces de canon le pont qui coupait la route, Monnet, impatient de la victoire, se porte sur la droite du torrent avec le 1ᵉʳ bataillon de la 31ᵉ, le traverse presqu'à la nage, à la tête de ses troupes, sous le feu le plus terrible, gravit la montagne, débusque l'ennemi de position en position, fait tourner de suite le pont par ses grenadiers, s'empare de 6 pièces de canon qui le défendaient, et ouvre ainsi un passage à la colonne française.

Il emporta d'assaut, avec deux bataillons sous les ordres du général Lorge, la ville de Sion, défendue par 6,000 hommes. Cette affaire fût décisive, tout le haut Valais se soumit et rendit les armes; et cette action valut à Monnet une lettre de félicitations de la part du Directoire exécutif.

Les hostilités ayant recommencé en l'an VII, entre la France et l'Autriche, Monnet passa le mont Saint-Bernard avec sa demi-brigade pour se rendre en Italie, sous les ordres de Brune.

Le 6 germinal il se trouva à l'affaire de Bassolingo; l'ennemi occupait le plateau de Paulo, adossé à l'Adige, où il était retranché dans une triple ligne d'ouvrages; mais cette position formidable ne pouvait arrêter l'intrépidité française, et tous les retranchements, malgré la plus vigoureuse défense, furent successivement enlevés à la baïonnette. L'ennemi opérait sa retraite sur deux ponts qu'il avait jetés sur l'Adige; Monnet s'en aperçoit, il se précipite avec sa demi-brigade pour la lui couper, passe les ponts de l'Adige pêle-mêle avec l'ennemi et s'en empare. Le sang-froid et l'audace de cet officier contribuèrent puissamment au succès de cette journée, qui nous livra 3,000 prisonniers.

Le 16 il commandait l'avant-garde de l'armée à la bataille de Vérone ; il soutint avec 1,800 hommes le choc de 15,000 Autrichiens, débloqua le village qui renfermait l'ambulance de l'armée, et fit mettre bas les armes à plusieurs bataillons. L'ennemi ayant reçu des renforts considérables, Monnet opéra sa retraite avec tant d'ordre qu'il ne perdit pas un homme. Bientôt la division française se rallia, et tous les généraux étant blessés, Monnet en prit le commandement, marcha au pas de charge sur l'ennemi, l'enfonça et l'obligea à se retirer dans le plus grand désordre sous les murs de Vérone. La victoire et 2,000 prisonniers restèrent aux Français.

Le courage et le dévouement de Monnet lui méritèrent le grade de général de brigade sur le champ de bataille.

Monnet se trouva ensuite au siége de Mantoue, où il se distingua par son zèle et sa bravoure, mais il fut fait prisonnier de guerre à la prise de cette ville le 12 thermidor.

L'année suivante il rentra en France, et le gouvernement le confirma dans son grade de général de brigade le 26 vendémiaire an IX.

Il passa au corps d'observation de la Gironde, destiné pour l'expédition de Portugal, prit le commandement de l'avant-garde, forte de 8,000 hommes, et combina ses dispositions avec tant d'habileté, qu'il tint en échec l'armée portugaise qui comptait 22,000 combattants.

La paix se fit alors avec le Portugal, mais les troupes françaises restèrent campées ; Monnet y maintint la plus exacte discipline et se montra rempli d'égards pour les alliés de la France.

Cette conduite lui valut les éloges les plus flatteurs de la famille royale d'Espagne, à laquelle il fut présenté au palais de l'Escurial.

Mis en disponibilité le 12 ventôse an X, il obtint de l'emploi le 28 du même mois, dans la 13ᵉ division militaire, à Rennes.

Le 10 germinal an XI, il passa en Batavie. La guerre étant sur le point d'éclater entre la France et l'Angleterre, le premier Consul rappela le général Monnet à Paris et lui conféra, par arrêté du 16 floréal, le commandement supérieur de Flessingue et de l'île de Walcheren, qu'il mit en état de siége.

Dans le mois de messidor, Bonaparte étant venu visiter cette place importante, les magistrats lui en présentèrent les clefs ; il les prit et les donna au général Monnet, en lui disant qu'elles ne pouvaient être remises à quelqu'un qui eût plus sa confiance. Le premier Consul le félicita ensuite sur l'activité qu'il avait déployée pour mettre l'île dans le meilleur état de défense possible, le nomma général de division le 9 fructidor suivant, membre et commandeur de la Légion-d'Honneur les 19 frimaire et 25 prairial an XII, et électeur du département des Deux-Sèvres.

Monnet fit les campagnes des ans XI, XII, XIII et XIV en Hollande, et se vit de nouveau appelé au commandement de Flessingue et de Walcheren le 19 juillet 1806.

Comment ce général a-t-il reconnu la noble confiance du premier Consul ? Quelle a été sa sollicitude pour les intérêts et la gloire de la patrie ?

Le 29 juillet 1809, une flotte anglaise de 4 frégates et 130 autres bâtiments de transport, faisant voile au nord de l'île de Walcheren, fut signalée au général

Monnet. Le système de défense qu'adopta le gouverneur en cette circonstance était déplorable, il n'opposa à l'ennemi qu'une faible partie des troupes sous ses ordres, et ne put empêcher le débarquement de 18 ou 20,000 Anglais.

Du 3 au 8 août, l'ennemi construisit ses batteries devant Flessingue, et retrancha sa ligne de contrevallation. En le laissant approcher de la place presque sans résistance, le général français commit une faute capitale dont les Anglais surent tirer parti.

Le 13, au matin, ils démasquèrent devant Flessingue 6 batteries armées de 14 mortiers, 16 obusiers et 10 pièces de canon de 36. Le feu fut entretenu pendant deux jours et deux nuits. Une grande quantité de fusées à la Congrève fut jetée sur la ville. Dans la matinée du 15, le feu recommença avec la même activité de la part des assiégeants, et très-mollement du côté de la place; l'incendie se manifesta dans plusieurs quartiers à la fois; le général Monnet pensa avoir fait tout ce que lui commandait l'honneur, en soutenant le siége pendant seize jours seulement, et la capitulation fut signée le 15. La garnison obtint les honneurs de la guerre, mais elle resta prisonnière pour être conduite dans la Grande-Bretagne. Cette dernière condition, à laquelle les troupes étaient bien loin de s'attendre, leur causa une vive douleur, et elles manifestèrent la résolution de se défendre; mais il n'était plus temps : déjà les Anglais occupaient les portes.

4,000 hommes mirent bas les armes et furent conduits à Veeve pour y être embarqués immédiatement; lord Chatam ne voulut pas même en excepter les généraux et les officiers; sans doute les assiégés firent de nombreuses sorties et y déployèrent toute la valeur française, mais leur chef manqua d'instruction, de dévouement et d'énergie. Si, dès le 30 juillet, le général Monnet eût envoyé à Middelburg les vieillards, les femmes et les enfants de Flessingue, si, mettant à profit ce long intervalle de treize jours que les Anglais employèrent à construire leurs batteries, il eût blindé sa manutention, ses magasins et l'arsenal de la marine; enfin, s'il eût ménagé sa garnison au lieu de la compromettre en rase campagne, nul doute que Flessingue aurait pu tenir assez longtemps du moins pour attendre les secours de la France.

Avant de capituler, il restait encore au gouverneur un moyen énergique. Il avait sous ses ordres un guerrier intrépide, d'une stature colossale, dont les Anglais avaient apprécié la bravoure et la résolution, c'était le général Osten. Si Monnet avait envoyé un tel homme en parlementaire au camp ennemi, il aurait dit aux généraux anglais : *Nous sommes encore 4,000 soldats dans les murs de Flessingue ; nous ne voulons pas être vos prisonniers ! Laissez-nous rentrer en France, autrement nous irons braver la mort dans vos carrés, et Dieu sait ce qu'il vous en coûtera.*

Nul doute qu'un pareil langage eût imposé à lord Chatam, qui n'aimait pas les moyens extrêmes, et il est probable que la garnison aurait obtenu ces conditions. Mais le gouverneur qui semblait pressé de capituler, choisit pour parlementaires deux jeunes capitaines, peu habitués aux affaires de guerre ; en face de généraux anglais qui avaient sur eux une grande supériorité de grade, d'âge et de jactance, ils n'obtinrent rien, et seuls ils signèrent cette convention si dure, pour laquelle Monnet s'était bien gardé de consulter le général Osten.

La reddition de Flessingue causa un vif mécontentement à Napoléon. Il soumit les circonstances du siège à un conseil d'enquête qui se prononça contre le général Monnet. Il résulte du rapport de ce conseil : 1° que ce gouverneur n'avait point exécuté, comme il aurait dû le faire, l'ordre de couper les digues, s'il était pressé par l'ennemi; qu'il avait rendu Flessingue, lorsque cette ville, n'avait encore essuyé qu'un bombardement de trente-six heures, ayant plus de 4,000 hommes de garnison, l'ennemi étant encore à 8 mètres de la place, et n'ayant ni donné d'assaut, ni exécuté de passage de fossé, ni fait de brèche au rempart, et qu'une telle conduite ne pouvait être imputée qu'à la lâcheté ou à la trahison; 2° qu'il avait en outre exercé des concussions en percevant et faisant percevoir à son profit, depuis l'an XI jusqu'en 1806, un droit de 22 sous tournois par demi-ancre de genièvre exporté, et que, suivant plusieurs déclarations, la seule maison de madame Weck, à Flessingue, avait payé pour son compte de 50 à 80,000 florins dans l'espace de trois ans. Un conseil de guerre, saisi de l'affaire, déclara Monnet coupable de lâcheté et de trahison, et le condamna à mort par contumace.

Ce général rentra en France, en mai 1814, au retour des Bourbons et crut devoir appeler de ce jugement devant Louis XVIII.

Voici les explications que donna cet officier général sur les deux griefs énoncés dans le rapport du conseil d'enquête.

En premier lieu, il dit qu'il fut attaqué à Flessingue par 55,000 hommes et 1,600 bâtiments armés en guerre, que l'armement de la place était de 96 canons et mortiers en mauvais état; sa garnison de 3,700 hommes, la plupart étrangers, et dont plus de 1,000 avaient déserté pendant le siège; qu'au lieu d'un secours de 10,000 hommes, qui lui était annoncé, il ne reçut que 2,500 recrues non armées, ni équipées; que, ne pouvant espérer de chasser l'ennemi, il avait fait couper la digue de Rameskens; qu'il n'avait pu en faire autant de celle de Noll, à raison de la force de son estacade et du défaut de temps nécessaire; que l'ennemi, parvenu à 15 toises du bastion aboutissant à cette dernière digue, aurait pu y faire en six heures une brèche praticable, et aurait pu, par ses attaques du côté de la mer, entièrement incendier la ville, dont la plupart des maisons étaient déjà la proie des flammes, lorsque le Conseil de défense jugea qu'il n'y avait plus moyen de prolonger une résistance qui avait été opiniâtre pendant dix-sept jours; que le résultat de cette défense a été le salut de la flotte française et du port d'Anvers, où des secours ont eu le temps d'arriver.

Quant au second grief, cet officier général dit qu'ayant été chargé verbalement par le premier Consul de lui procurer des renseignements exacts sur les armements des Anglais, il se crut autorisé, pour faire face aux dépenses considérables occasionnées par de semblables recherches, à accepter le don en argent offert par Holman et Ceulen, armateurs, afin de s'assurer de sa protection pour la stabilité de leur négoce ; et, que le premier Consul, à qui il fit part verbalement de cette mesure, lui répondit : « Ce qu'il y a de mieux, c'est que ce soient les Anglais qui paient les frais de la police que je fais exercer sur eux. »

Le comte Dupont, ministre de la guerre, adressa au roi un rapport sur cette affaire, et proposa de faire rétablir cet officier général sur la liste des lieutenants-généraux en activité, et de faire lever le séquestre mis sur ses biens. A une époque où toutes les trahisons envers l'Empire étaient des titres de faveur, la disculpation de Monnet devait être favorablement accueillie, aussi fut-il réintégré le 24 juillet dans son grade et dans se honneurs, nommé chevalier de Saint-Louis et créé baron.

Le 13 avril 1815, l'Empereur ordonna sa radiation du tableau des officiers généraux; mais l'ordonnance du 1er août suivant annula cette disposition.

Compris comme disponible dans l'organisation du 30 décembre 1818, ce général mourut à Paris le 8 juin 1819.

MONTAGNAC (LUCIEN de), né à Pouru-aux-Bois, près Sedan, le 17 mai 1803. Il sortit de l'École militaire avec le grade de sous-lieutenant le 1er octobre 1821, fit la campagne d'Espagne en 1823, et devint lieutenant le 30 décembre 1827.

En 1832, après les journées des 5 et 6 juin, Montagnac, qui avait fait son devoir avec énergie et courage, crut devoir refuser la décoration de la Légion-d'Honneur qui lui était offerte par le roi à une revue. Le jeune officier sut motiver son refus avec autant de convenance que de dignité, résolu à attendre, dit-il, cette récompense d'une occasion où il saurait mieux la mériter, et désireux de la voir reporter sur quelqu'un des vieux braves sous-officiers de sa compagnie qui avaient blanchi dans les camps. Toute insistance fut vaine, et un voltigeur fut décoré à sa place.

Capitaine en 1836, Montagnac passe en Afrique; mis à l'ordre du jour de l'armée le 4 juillet 1840, il reçut bientôt et accepta cette fois la croix d'Honneur.

Un an après, le 18 juillet 1841, il était élevé au grade de chef de bataillon. En mai 1843, à la tête de six compagnies d'élite du 61e et d'un détachement de spahis, il eut, avec un gros d'Arabes, un engagement dans lequel il fut admirable d'intrépidité. Après avoir, dans une charge à fond, culbuté la troupe ennemie, il se rencontre face à face avec l'un des chefs, une lutte s'engage corps à corps, l'Arabe reçoit à la tête un vigoureux coup de sabre, il en est étourdi, il roule à terre évanoui; telle avait été la violence du choc que Montagnac, dans l'effort fait par lui, perdant les étriers, vint tomber près de l'ennemi renversé. Les spahis accourent, achèvent l'Arabe, relèvent leur commandant; il avait le bras droit brisé en deux, près du poignet. Il se fait panser sur-le-champ, et, le bras dans les attelles, se remet à la tête de sa troupe; ainsi blessé il ne discontinua pas son service et son commandement. Chaque jour, tant que dura l'expédition qui fut de près de deux mois, il se faisait mettre à cheval par ses soldats et marchait avec eux. Quand, après cinquante jours on leva l'appareil, le commandant de Montagnac était irréparablement estropié. Il avait perdu pour toujours l'usage de la main droite, et, pour ses glorieux loisirs, la ressource de la peinture cultivée par lui avec amour et bonheur. Il sut bientôt écrire de la main gauche. Le stoïque héroïsme qui lui avait valu cette glorieuse infirmité ne passa pas inaperçu, et le général Baraguay d'Hilliers fut chargé de lui transmettre les témoignages de satisfaction du ministre de la guerre qui, le 10 mars suivant, 1844, le fit élever au grade de lieutenant-colonel.

Le 21 septembre 1845, M. de Montagnac était commandant supérieur du poste de Djemma-Ghazaouat, petit port de la frontière du Maroc (province d'Oran); cédant aux instances des tribus voisines qui se prétendaient menacées d'une razzia par Abd-el-Kader, le brave lieutenant-colonel du 15e léger se porte à leur secours avec 450 hommes, savoir : 390 du 8e bataillon de chasseurs d'Orléans et 60 du 2e régiment des hussards. Lâchement entraîné dans une embuscade, il est enveloppé et assailli par une masse énorme de cavaliers, tant du pays que de la frontière du Maroc. Après une lutté terrible, sa petite colonne, écrasée par le nombre, fut presque entièrement détruite, une centaine d'hommes, blessés pour la plupart, furent fait prisonniers; le colonel Montagnac qui marchait en tête de l'avant-garde avait été tué un des premiers.

Des traits d'un courage héroïque ont signalé le désastre de Sidi-Brahim (c'est le nom d'un marabout voisin) que la compagnie de carabiniers formant l'arrière-garde était parvenue à gagner. Après que les hommes des deux compagnies formant le centre eurent été tous tués, pendant deux jours, sans eau, sans vivres, nos 80 carabiniers, renfermés dans le marabout qu'ils crénelèrent, résistèrent à toutes les attaques des Arabes. Ces malheureux soldats n'avaient entre eux qu'une bouteille d'absinthe, ils durent boire leur urine pour apaiser leur soif; privés de munitions, ils coupèrent en quatre leurs dernières balles. Abd-el-Kader, qui dirigeait lui-même cette attaque, adressa plusieurs lettres écrites en français aux 80 carabiniers pour leur promettre la vie sauve, s'ils consentaient à se rendre; ils refusèrent.

Vers le soir du 2ᵉ jour, le capitaine Géraux, seul officier qui n'eût pas été tué, sortit avec ses soldats du marabout pour se diriger sur Djemma-Ghazaouat; parvenu, après des efforts prodigieux à une lieue environ du camp, cette petite troupe dut traverser un ravin rempli de Kabyles. La lutte avait trop duré; les forces de nos soldats étaient épuisées; presque tous les carabiniers y restèrent. C'est là seulement que le capitaine Géraux fut tué. De 450 hommes, 10 seulement survécurent.

MONTBRUN (Louis-Pierre), né à Florensac (Hérault) le 1ᵉʳ mars 1770, s'engagea, le 5 mai 1789, dans le 1ᵉʳ régiment de chasseurs à cheval.

Brigadier au même corps le 20 novembre 1791 et maréchal-des-logis le 11 juillet 1793, il fit, aux armées du Nord et de la Moselle, les campagnes de ces deux armées, et celles des ans II, III, IV et V à l'armée de Sambre-et-Meuse.

Nommé adjudant le 10 vendémiaire an II, et sous-lieutenant le 26 fructidor suivant, il fut fait lieutenant le 9 thermidor an IV, sur le champ de bataille d'Altendorff, pour avoir, au milieu de la mêlée, couvert de son corps le général Richepanse, qui, blessé au bras, allait tomber au pouvoir de l'ennemi.

Capitaine au choix le 11 germinal an V, il passa, en l'an VI, à l'armée du Rhin. Le 13 vendémiaire an VIII, il emporta de vive force la tête de pont de Nidda, près Francfort, défendue par 2,000 Autrichiens. C'est à cette occasion que Moreau le nomma chef d'escadron le 14 du même mois. Confirmé dans ce grade le 26 germinal, il obtint celui de chef de brigade le 26 prairial, à la suite de plusieurs charges brillantes, effectuées à l'affaire du 16, pour empêcher l'ennemi de franchir un défilé. Il se signala pendant le reste de la campagne, principalement les 18 et 19 messidor, en détruisant presque entièrement une colonne de la garnison d'Ulm que le général Richepanse tenait en état de blocus.

Déjà considéré comme l'un des meilleurs officiers de cavalerie de l'armée, Montbrun se trouvait à Bruges avec son régiment, lorsque, les 19 frimaire et 25 prairial an XII, il prit rang dans la Légion-d'Honneur comme membre et comme officier.

Quand un décret du 3 nivôse an XIV lui conféra le grade de général de brigade, il avait acquis des droits à cette faveur, et par sa conduite au combat de Ried, dont en grande partie il avait assuré le succès, et par sa participation aux étonnants faits d'armes de la journée d'Austerlitz.

Employé dans le royaume de Naples en 1806, il fit partie, vers la fin de la même année, du corps de la grande armée qui, sous les ordres de Vandamme, opérait dans la Silésie concurremment avec le général Minucci; il battit, le 30 novembre, près d'Ohlau, le prince d'Anhalt-Pless, lui fit 1,800 prisonniers, et s'empara de 7 pièces de canon,

Le 11 juin de l'année suivante il remporta, en Pologne, un avantage non moins important à l'affaire du pont de Drewkenow, sur l'Omulew, et envoyé en Espagne, en 1808, il décida de la victoire remportée par le maréchal Victor au pied du Somo-Sierra.

Le 4 décembre de la même année, se trouvant en parlementaire à l'une des portes de Madrid pour engager le peuple de cette ville à cesser une défense inutile, et n'ayant pu cacher son indignation en entendant un garçon boucher prétendre ne vouloir traiter qu'avec le maréchal Bessières, qui commandait de ce côté, la populace l'entoura, proférant contre lui des cris de mort; il ne dut son salut qu'en se faisant un passage à coups de sabre.

Créé comte de l'Empire en 1809, promu général de division le 9 mars, et le 29 avril commandeur de la Légion-d'Honneur, il passa à la grande armée d'Allemagne. L'Empereur lui donna le commandement d'une division de cavalerie légère, forte de 4,000 chevaux, avec laquelle, réunie au corps du général Lauriston, il passa, le 7 juin, la Raabnitz, non loin de Sovenhyaga, après avoir défait un corps de cavalerie hongroise.

Le 13 du même mois, veille de la bataille de Raab, marchant à l'avant-garde, il rencontra la cavalerie ennemie au village de Sazuak; entraîné par l'ardeur de ses troupes, il fut un instant enveloppé, et il aurait été forcé de mettre bas les armes, s'il n'eût été secouru par le général Durutte, qui vint à son secours avec sa division. Le lendemain, chargé avec deux brigades de cavalerie légère d'appuyer le mouvement de la division Seras, il obligea la droite de l'armée autrichienne de démasquer le front de son infanterie, et par cette manœuvre, exécutée sous le feu d'une artillerie nombreuse, il arrêta la cavalerie ennemie qui s'ébranlait pour paralyser l'attaque du général Seras.

Le 16, dans une reconnaissance sur Comorn, ses avant-postes furent brusquement attaqués par 600 chevaux, soutenus par quelque infanterie; il se met à la tête d'un régiment rassemblé en toute hâte, fond sur les assaillants avec son impétuosité ordinaire, les culbute et les ramène le sabre aux reins jusque sous les murs de Comorn.

L'Empereur en témoignage de sa satisfaction, le fit chevalier de la Couronne de Fer le 9 juillet de la même année, et le 10 avril 1810 il lui confia le commandement de la cavalerie de l'armée que Masséna commandait en Portugal.

Dans cette contrée, Montbrun se plaça, dans l'opinion des gens de guerre, au rang des Lasalle, des Michaud et des Colbert. Il se distingua surtout à la bataille de Bussaco.

A cette dernière affaire, marchant sur la droite de l'armée ennemie, il chargea en colonne par régiment 20 escadrons anglais qu'il détruisit presque entièrement. Montbrun, récompensé de cette belle action par la croix de grand officier de la Légion-d'Honneur, fut moins heureux lorsque, rentré en Espagne après l'insuccès de l'expédition de Portugal, il entreprit, au mois de décembre, malgré les observations du maréchal Suchet, de s'emparer d'Alicante.

A peine arrivé devant cette place, il fut forcé de se retirer. Cette opération, dont se plaignit le général en chef dans ses rapports officiels, a été sévèrement censurée par la plupart des écrivains militaires, qui l'accusent de négligence dans le maintien de la discipline, sans songer qu'à cette époque les troupes françaises, en Espagne, abandonnées pour ainsi dire à elle-mêmes, subsistaient des seules ressources que leur procurait le pays. Si, dans cette circonstance, il commit une faute, il la répara dans les plaines de la Russie.

Investi, au mois de juin 1812, du commandement du 2ᵉ corps de réserve de cavalerie, aux ordres du roi de Naples, il trouva une mort glorieuse le 7 septembre, à la bataille de Mojaïsk, où il fut frappé d'un boulet.

Son nom est gravé sur l'arc de triomphe de l'Étoile, côté Sud.

MONTCHENU (Victor-François, de), issu d'une des plus anciennes familles du Dauphiné, vouée depuis plusieurs siècles à la carrière des armes, naquit le 6 novembre 1764 à Bougé-Chambalu (Isère). Admis, encore enfant, à l'École des chevau-légers, il avait obtenu, en 1775, en entrant dans sa douzième année, une sous-lieutenance au régiment d'infanterie du Roi, où les emplois étaient réservés aux fils de famille les plus recommandables par leur noblesse et leurs services. Il était capitaine dans ce corps à la malheureuse affaire de Nancy, et se trouvait à côté du lieutenant Desiles, lorsque ce jeune officier périt victime de son généreux dévouement, en se jetant à la bouche d'un canon, dans l'espoir d'arrêter la lutte engagée entre les patriotes et les troupes de M. de Bouillé.

Constamment attaché aux principes monarchiques, lorsque de Montchenu vit en 1792 que la cause royale était irrévocablement séparée de celle de la nation, il quitta la France et rejoignit l'armée des Princes, où il servit en qualité d'aide-de-camp du général Livarot. En mars 1793 il assistait à la défense de Maëstricht contre l'armée de Dumouriez, et pendant les campagnes de 1794 et 1795 il servait en qualité d'aide-major au régiment de Broglie, à la solde de l'Angleterre.

Rentré en France à la paix de 1814, de Montchenu reçut la croix de Saint-Louis, le 13 août, et le brevet de maréchal de camp le 30 décembre de la même année. Son frère aîné fut l'année suivante envoyé en qualité de commissaire du gouvernement français à Sainte-Hélène pour y surveiller Napoléon.

Sous la Restauration, le général de Montchenu a exercé les fonctions d'inspecteur général d'infanterie. Il a été successivement nommé chevalier, puis officier de la Légion-d'Honneur, le 18 mai 1820, et le 1ᵉʳ mai 1821.

Après les événements de 1830, il a cessé de servir, a été admis à la retraite au mois de février 1835 et est mort à Paris le 12 janvier 1849, âgé de 85 ans.

MONTCHOISY (Louis-Antoine, CHOIN DE MONTGAY, baron de), né à Grenoble (Isère), le 21 juin 1747, entra comme élève dans le corps royal d'artillerie en 1765, et fut nommé garde du corps du roi en 1767. Montchoisy servit dans la maison du roi jusqu'en 1777, époque à laquelle il passa, en qualité de capitaine, dans les troupes coloniales.

En avril 1779, promu aide-major général dans le corps des volontaires de Nassau-Siégen au service de la marine, conservé major à la suite des volontaires étrangers de Lauzun, et attaché en cette qualité au 1ᵉʳ régiment de chasseurs à cheval, il fit les campagnes d'Amérique, de 1779 à 1783, sous les ordres du maréchal de Rochambeau, et reçut à la fin de cette guerre le brevet de chevalier de Saint-Louis; le 1ᵉʳ mai 1788 il obtint le grade de major titulaire dans les chasseurs royaux de Provence, et, le 23 novembre 1791, celui de colonel du 68ᵉ régiment d'infanterie de ligne.

Montchoisy remplissait les fonctions de maréchal de camp commandant l'avant-garde de la division Harville, qui était entrée victorieuse dans Bruxelles. Il se distingua sous Dumouriez, pendant les campagnes de 1792 et 1793, et mérita le grade de maréchal de camp le 8 mars 1793. Il était du nombre des officiers généraux qui, renfermés dans Maubeuge, défendirent cette ville contre les efforts des coalisés. Il battit l'ennemi dans plusieurs rencontres.

Le 15 avril, ayant été impliqué dans l'affaire du général Harville, lors de la défection de Dumouriez, il fut décrété d'arrestation sur le rapport du comité militaire. Cette affaire, après avoir été examinée par le même comité, le représentant du peuple Camille Desmoulins, l'un de ses membres, la présenta de nouveau à la Convention nationale le 12 vendémiaire an II, annonça qu'il n'y avait eu aucune trahison, et conclut au rapport du décret du 15 avril et à la mise en liberté des détenus. La Convention renvoya le tout au Comité de salut public, avec ordre de donner son avis; depuis cette époque, cette affaire paraissait oubliée, lorsque Montchoisy recouvra sa liberté après dix-sept mois de détention. Cependant, le décret du 15 avril subsistait toujours, les prévenus se pourvurent à la Convention. Le comité militaire ayant fait son rapport, elle rapporta ce décret par celui du 28 ventôse.

Les soupçons qui pouvaient exister contre cet officier se trouvaient ainsi détruits, il ne restait plus que des témoignages favorables sur son compte, lesquels se trouvaient contresignés dans plusieurs certificats que lui avaient donnés les corps et les officiers de tous grades qui servaient avec lui ou sous ses ordres. La commission faisait observer que la suspension prononcée contre Montchoisy, le 30 septembre, n'avait eu d'autre cause qu'une mesure générale, et qu'il serait injuste de l'attribuer à des motifs qui pourraient compromettre sa réputation. Le 22 floréal an III, la Convention réintégra ce général et l'employa, le 25 prairial, à l'armée de l'intérieur.

Promu général de division le 15 fructidor, il prit le commandement de la 18ᵉ division militaire, à Dijon, le 19 nivôse an IV, passa à l'armée des Alpes le 2 pluviôse, et devint inspecteur général de l'armée des Alpes et d'Italie.

Cet avancement fit murmurer des officiers supprimés qui vinrent s'en plaindre à la Convention, en rappelant son titre d'ex-noble et son attachement à Dumouriez; néanmoins, le Directoire lui confia le commandement de Lyon, qu'il lui ôta le 8 prairial, comme ayant favorisé le parti royaliste.

Le général Montchoisy adressa aussitôt un mémoire au Directoire exécutif dont le but était d'obtenir sa réintégration dans les fonctions de son grade. Cet officier général y rappelait ses anciens services, ainsi que la conduite franche et énergique qu'il avait tenue dans les circonstances orageuses de la Révolution. Il citait en sa faveur les témoignages d'estime et d'amitié de ses supérieurs et de ses subordonnés, et invoquait surtout pour sa justification des faits qui avaient causé sa destitution, le jugement que portaient de sa conduite les administrateurs du département du Rhône, l'accusateur public du tribunal criminel, le commissaire du Directoire exécutif, les chefs de tous les corps, ainsi que les officiers, sous-officiers et soldats de la garnison, et, enfin, le général Kellermann.

Le ministre de la police générale appuya fortement le mémoire du général Montchoisy, et conclut à ce que le Directoire voulût bien lever la destitution de cet officier général et l'employer dans son grade.

Mais le Directoire exécutif, considérant que le général Montchoisy n'avait pas déployé l'énergie qu'exigeait la situation de la commune de Lyon, qu'il était de son devoir de dissiper par la force l'attroupement duquel il était résulté le meurtre de plusieurs citoyens, arrêta que ce général serait destitué de ses fonctions. Le 10 germinal an V, il fut mis en traitement de réforme.

L'année suivante, il réclama contre une accusation du député Chabert, qui l'avait signalé aux Cinq-Cents comme protecteur des égorgeurs de Lyon.

Remis en activité à l'armée du Danube le 3 prairial an VII, il passa à l'armée d'Helvétie le 2 prairial an VIII.

Le 20 floréal an IX, à la suppression de l'armée des Grisons, Montchoisy conserva le commandement des troupes en Suisse et favorisa la révolution des 5 et 6 brumaire an X en faveur du parti Reding. Rappelé par suite de sa conduite, il obtint cependant d'être nommé inspecteur en chef aux revues le 27 brumaire suivant. Le 6 ventôse an XI, créé capitaine général des îles de France et de la Réunion, il ne se rendit pas à cette destination et fut mis en disponibilité.

Membre et commandeur de la Légion d'Honneur les 19 frimaire et 25 prairial an XII, il prit, le 1er messidor an XIII, le commandement de la 28e division militaire à Gênes.

Créé baron de l'Empire en 1811, il mourut en activité à Gênes, le 14 juin 1814. Son nom est inscrit sur l'arc de triomphe de l'Étoile, côté Nord.

MONTESQUIOU - FEZENSAC (ANATOLE, comte de), appartenant à une des familles les plus illustres de France et fils de madame la comtesse de Montesquiou, à qui l'empereur Napoléon confia l'éducation du roi de Rome; le comte de Montesquiou est né le 8 août 1788, il entra dans les rangs de l'armée comme simple soldat à l'époque la plus brillante de l'Empire, en 1806, deux ans avant d'être appelé par la conscription; les grandes campagnes qui suivirent lui fournirent bientôt l'occasion de se signaler; c'est sur les champs de bataille qu'il a conquis ses grades. Décoré à la bataille d'Essling, il combattit à Wagram auprès de l'Empereur qui l'avait déjà attaché à sa personne comme officier d'ordonnance; il prit part aux campagnes de Russie en 1812, et d'Allemagne en 1813; sa brillante conduite à la bataille de Hanau lui mérita le grade de colonel; il fut bientôt nommé aide-de-camp de l'Empereur. Dans la belle campagne de 1814, il se trouva aux combats les plus importants et eut l'honneur de s'emparer d'un drapeau ennemi.

Après l'abdication de l'Empereur, le comte de Montesquiou, resté fidèle à la fortune de son souverain, sollicita la faveur de le suivre à l'île d'Elbe; n'ayant pu l'obtenir, il se retira à Vienne. Ce dévouement le fit porter sur la liste des proscrits; son parent, l'abbé de Montesquiou, qui avait été ministre de Louis XVIII pendant la première Restauration, parvint, par ses démarches, à obtenir sa radiation. M. de Montesquiou put alors rentrer en France, et vécut livré à l'étude des arts et des belles-lettres. Nommé, en 1823, chevalier d'honneur de la duchesse d'Orléans, il fut constamment honoré de la confiance de cette famille. Le roi Louis-Philippe, lors de son avénement au trône en 1830, le choisit pour aller faire reconnaître le nouveau gouvernement auprès des cours de Rome et de Naples; cette mission, remplie avec beaucoup de zèle et d'habileté, fut suivie du plus heureux succès. Le 2 avril 1834, il fut promu au grade de maréchal de camp.

Le comte Anatole fut bientôt appelé par la confiance de ses concitoyens à la Chambre élective; nommé député de la Sarthe en 1834, 1837, 1839, il se plaça au nombre des défenseurs les plus zélés de la monarchie fondée en 1830; lorsque le roi l'eut élevé à la pairie en 1841, son fils, le comte Léon de Montesquiou, eut l'honneur de le remplacer à la Chambre des Députés.

Le comte Anatole a consacré les loisirs que lui ont laissés les affaires publiques aux beaux-arts, à la poésie. Il a publié, en 1845, une traduction en vers de toutes les poésies italiennes et de beaucoup de poésies latines de Pétrarque; cette œuvre, fruit de longues années de persévérance, a été accueillie par le plus légitime succès. Tous les hommes de goût ont rendu hommage à la supériorité avec laquelle il est venu à faire passer dans notre langue la grâce de son divin modèle. Il a publié récemment deux volumes de poésies intitulés : *Chants divers*. Dans le cadre le plus varié il a réuni tous les genres : des odes, des morceaux épiques, des contes, des élégies, des chansons; il y célèbre les magnificences de l'Empire, les gigantesques combats auxquels il a pris part, il raconte dans un langage vraiment inspiré les effroyables désastres de la Russie, les scènes de douleur et d'angoisses dont il a été témoin; on sent palpiter dans ces pages l'émotion du citoyen dont l'âme a saigné des blessures faites à la patrie.

On parle avec beaucoup d'éloges de plusieurs tragédies qu'il a récemment composées; mais, jusqu'à présent, peu d'élus ont été admis aux confidences du poète dramatique.

On voit que le comte Anatole de Montesquiou a dignement soutenu l'honneur de son nom, et qu'il peut à juste titre joindre à la couronne du soldat le laurier du poëte.

M. de Montesquiou est aujourd'hui grand officier de la Légion-d'Honneur, commandeur des ordres de Léopold de Belgique et de Saint-Grégoire le Grand, chevalier du Mérite militaire de Bavière, de l'épée de Suède, de Léopold d'Autriche, etc.

Il a été admis à la retraite.

MONTHOLON (Charles - Tristan, comte), né à Paris en 1782; son père était colonel des dragons de Penthièvre, et premier veneur de Monsieur (Louis XVIII). Quand il mourut, son fils avait six ans; il n'en fut pas moins colonel et premier veneur. A onze ans, on l'embarqua sur la frégate *la Junon*, et il fit, tout enfant, la campagne de Sardaigne. M. de Sémonville, que la mère de Charles Montholon avait épousé en secondes noces, adopta ce jeune homme, qui garda cependant le nom de son père.

M. de Sémonville était nommé ambassadeur à Constantinople. Les Autrichiens l'arrêtèrent à Vico Soprano. Le jeune Montholon fut blessé en défendant son père.

En 1798, M. Montholon entra au service. Il devint bientôt aide-de-camp d'Augereau.

Joubert, ayant épousé mademoiselle Montholon, prit son beau-frère avec lui; mais, après la mort de Joubert à Novi, M. Montholon retourna près d'Augereau. Détaché à l'armée d'Allemagne, il gagna un sabre d'honneur à la bataille de Hohenlinden. Depuis, il fit toutes les campagnes à la grande armée. A Iéna, il chargea les carrés prussiens avec la brigade Colbert et fut grièvement blessé. A Elsberg il se lança sans ordre pour sauver d'une destruction totale quelques bataillons de la division Savary rompus par la cavalerie russe. Murat rendit compte de cette belle action en termes flatteurs; à Eckmühl il fut blessé en chargeant à la tête de la cavalerie wurtembergeoise. Nommé chef d'escadron et colonel sur le champ de bataille, il commandait les marins de la Garde à l'affaire de Madrid et s'empara de l'arsenal, dernière retraite des insurgés. On le fit baron avec 5,000 francs de dotation. Après Wagram, l'Empereur le fit comte de l'Empire et l'attacha à sa personne.

En 1810 et 1812 le comte Montholon fut nommé ministre plénipotentiaire près le grand duc de Wurtzbourg. Il fit un rapport pour constater l'existence d'une nouvelle coalition contre la France. Ce rapport est conservé aux archives des affaires étrangères.

Successivement il avait reçu, des mains de l'Empereur, les ordres des principales cours de l'Europe.

En 1812, il éprouva la disgrâce de Napoléon et perdit ses emplois.

En 1814, lors de l'invasion, il alla offrir ses services qui furent acceptés, et il fut nommé général de brigade. On lui confia le commandement du département de la Loire. Abandonné par Augereau, il se battit depuis le 25 mars jusqu'au 17 avril contre la division autrichienne du général Hoardeck. Après l'abdication de Napoléon, il remit son commandement au colonel Genty du 8ᵉ léger, et se rendit auprès de l'Empereur à Fontainebleau. Il conjura Napoléon de lui permettre de l'enlever dans les montagnes de Tarare. Le général Montholon, avec 8,000 hommes qu'il avait alors dans le département de la Loire, aurait conduit l'Empereur par la rive droite du Rhône aux 24,000 braves que la trahison d'Augereau enchaînait à Valence, et que Napoléon à leur tête se serait facilement réuni aux corps d'armée de Soult, d'Eugène et de Suchet. Cette réunion de plus de 80,000 soldats dévoués aurait permis d'aller manœuvrer soit derrière la Loire pour rallier les troupes de Paris et de Fontainebleau, soit derrière la Saône pour rallier toutes les garnisons de l'Est, et l'ennemi dérouté y aurait trouvé sa perte. L'Empereur refusa par horreur pour la guerre civile.

Montholon déposa son commandement et ne servit pas les Bourbons en 1815; il alla au-devant de l'Empereur débarqué au golfe Juan, et le rejoignit dans la forêt de Fontainebleau. Napoléon lui confia le commandement des régiments qui venaient de le rejoindre. Après Waterloo, il s'éleva, avec le général Lallemand, contre l'opinion de se rendre aux Anglais, et suivit Napoléon à Sainte-Hélène. Ce fut lui qui ferma les yeux à l'Empereur. Dans le testament de l'illustre captif on lisait ce qui suit : « Je lègue au comte de Montholon deux millions de francs comme une preuve de ma satisfaction des soins filials qu'il m'a donnés depuis six ans.

« Je lègue au comte Bertrand cinq cent mille francs.

« Je lègue à Marchand, mon premier valet de chambre, quatre cent mille francs. Les services qu'il m'a rendus sont ceux d'un ami. Je désire qu'il épouse une veuve, sœur ou fille d'un officier ou soldat de ma vieille Garde.

« J'institue les comtes Montholon, Bertrand et Marchand, mes exécuteurs testamentaires, etc., etc. »

De retour en Europe, Montholon a vécu hors de la sphère politique jusqu'à la chute de Charles X. Il était en Allemagne à l'époque de la révolution de Juillet.

Depuis cette époque il mena une vie de luxe et de faste qui finit par engloutir sa fortune.

Il accompagna le prince Louis Napoléon lors de l'affaire de Boulogne, et fut détenu comme lui au château de Ham.

Il est aujourd'hui représentant du peuple à l'Assemblée législative.

En 1823 il avait publié, avec le général Gourgaud, huit volumes de mémoires pour servir à l'histoire de France sous Napoléon, écrits à Sainte-Hélène sous sa dictée.

MONTMARIE (LOUIS-FRANÇOIS-ÉLIE LE PELLETIER, comte de), né le 12 mars 1771, fit ses premières armes dans la cavalerie, parcourut tous les grades inférieurs et fut nommé en 1804, chef d'escadron, aide-de-camp du maréchal Lefebvre et chevalier de la Légion-d'Honneur.

Devenu colonel du 28⁰ dragons, il se signala dans les divers combats qui précédèrent le siége de Dantzig, et se fit remarquer par des charges brillantes qu'il exécuta contre les Prussiens.

Le 9 mai 1809, il fut élevé au rang de général de brigade. Créé baron de l'Empire et officier de la Légion-d'Honneur, il se distingua dans la campagne du Tyrol.

En 1810, le général Montmarie passa en Espagne, où il réussit à débloquer le fort de Morello près Valence. Il fut encore mentionné pour sa bravoure au combat de Vinaros, aux siéges de Tarragone et de Figuières, et particulièrement à la bataille de Sagonte, à la suite de laquelle il fut créé commandeur de la Légion-d'Honneur.

Pendant la campagne de France, il fut chargé du commandement de Vitry, qu'il évacua le 5 février, à la prise de Clary (environs de Laon) il fit prisonniers 7 officiers et 250 soldats.

Sous la Restauration, M. de Montmarie fit partie de la maison militaire du roi, avec le titre de lieutenant des Gardes du corps (compagnie de Wagram) et de chevalier de Saint-Louis; peu de jours après, il fut créé grand officier.

A la nouvelle du débarquement de Napoléon, il fut promu au grade de lieutenant-général. Il suivit le duc de Berry et reçut en 1817 le titre de comte; plus tard il fut nommé inspecteur général d'infanterie et commandeur de Saint-Louis en 1825. Député depuis 1824, il a toujours voté avec le ministère.

Le général Montmarie est sur le cadre de retraite depuis le 27 juillet 1835.

MONTMORENCY (ANNE-CHARLES-FRANÇOIS, duc de), pair de France, grand officier de la Légion-d'Honneur, *premier baron chrétien*, chef de l'illustre famille de Montmorency; né le 12 juillet 1768; entra au service en 1785, au régiment de colonel-général-dragons. Il épousa en 1788 mademoiselle de Matignon. La Révolution le força de s'expatrier, mais il se hâta de rentrer en France dès que le premier Consul en eut ouvert les portes à ceux qui avaient été exilés. En 1813, il fut nommé au commandement de la garde nationale d'Eure-et-Loir; en 1814, lors de l'invasion de nos frontières, l'Empereur l'attacha à l'état-major de la garde nationale de Paris, en qualité d'un des quatre aides-majors généraux, sous les ordres du maréchal Moncey. C'était le moment où les puissances étrangères enveloppaient la capitale avec des forces si supérieures en nombre aux nôtres. Le maréchal Moncey ayant été rappelé précipitamment auprès de l'Empereur, et les trois autres majors généraux ayant reçu en même temps une autre destination, il se trouva seul investi du commandement et chargé de défendre la capitale.

A partir de 1815, le duc de Montmorency partagea sa vie entre la ville et la campagne. Il fit partie du conseil général d'Eure-et-Loir en 1822, et il continua d'y siéger jusqu'en 1836.

Mort le 24 mai 1846.

MONTRICHARD (Joseph-Élie-Désiré PERRUQUET), né le 24 janvier 1760 à Thoivette (Jura).

Élève surnuméraire d'artillerie à l'École de Metz le 16 août 1781, il passa comme élève d'artillerie à Besançon le 1er septembre 1782.

Nommé lieutenant en second d'artillerie au régiment de Strasbourg le 1er septembre 1783, lieutenant en premier le 11 juin 1786, il entra en qualité de capitaine en second d'artillerie au régiment de Metz le 1er avril 1791, et y fut fait capitaine-commandant le 1er juin 1792. Il fit dans les armées du Haut-Rhin, du Bas-Rhin, du Nord et de Rhin-et-Moselle, les premières campagnes de la Révolution, et déploya dans plusieurs affaires une énergie peu commune.

Promu chef de bataillon adjudant-général le 30 juillet 1793, il continua à donner des preuves de bravoure et de talent. Toujours aux armées actives, Montrichard attira l'attention des généraux dans les guerres des ans II et III, et fut créé chef de brigade adjudant-général le 25 prairial de cette dernière année.

En l'an IV, au passage du Rhin, devant Kehl, le 15 thermidor, il s'embarqua avec un petit nombre d'hommes, traversa audacieusement le fleuve sous le canon de l'ennemi, s'empara de vive force de la rive opposée, fit un grand nombre de prisonniers, occupa la position qu'on lui avait ordonné de prendre, et contribua beaucoup au succès de cette brillante journée; sa belle conduite lui mérita le grade de général de brigade sur le champ de bataille.

Au passage du Lech, effectué le 7 fructidor suivant, il se jeta dans le fleuve à la tête des colonnes qu'il enflamme par son exemple, se précipita sur l'ennemi et le mit en déroute après une vigoureuse résistance. Il reçut dans cette action hardie les félicitations du gouvernement. Si le général Montrichard montra dans ces diverses attaques de l'audace et de l'énergie, il sut aussi faire preuve de talents dans la défense. C'est ainsi qu'il ajouta à sa réputation lors de la retraite de l'armée de Rhin-et-Moselle à la fin de cette campagne.

Employé en l'an V aux armées du Rhin et d'Allemagne, il fut appelé, le 24 thermidor an VI, aux fonctions de chef d'état-major général à l'armée de Mayence.

Lorsque le Directoire fit choix du général Joubert pour commander l'armée d'Italie, Montrichard l'y suivit, et l'aida dans l'exécution du plan qui avait pour but de s'assurer de l'entière possession du Piémont; lorsque le roi de Sardaigne signa sa renonciation à la couronne, le 23 vendémiaire an VII, il était chef d'état-major à l'armée d'Italie.

Promu au grade de général de division le 17 pluviôse, il commandait la place de Bologne peu de jours avant que Scherer ne prît le commandement en chef de cette armée. Scherer ayant été défait à Magnano, le 5 floréal, le général Montrichard se vit chargé de prévenir les suites de cette défaite en couvrant la Toscane et la Ligurie, mission dont il s'acquitta avec un plein succès; il battit les Impériaux en plusieurs rencontres, et les força d'abandonner le siège du fort Urbino. Ce commandement était d'autant plus difficile que les Autrichiens avaient en Toscane de nombreux partisans et fomentaient des insurrections parmi les habitants; mais son caractère ferme maintint partout le calme et la tranquillité; il rétablit la communication de Bologne avec Ferrare que les insurgés avaient momentanément interceptée. Ce fut alors qu'il eut une altercation assez vive avec le général Lahoz, commandant les troupes cisalpines, par suite de laquelle il suspendit cet officier de ses fonctions, en déliant les troupes sous son commandement de l'obéissance militaire; cette mesure, peut-être trop rigoureuse, fit oublier à Lahoz ce qu'il devait à la France et le jeta dans les rangs des ennemis.

Le général Montrichard commandait la division de droite de l'armée à la sanglante bataille de la Trébia, livrée aux Français par les Austro-Russes le 29 prairial, et qui dura trois jours.

Le général Montrichard fit ensuite les campagnes des ans VIII et IX à l'armée du Rhin. Il prit la part la plus active aux victoires remportées par le général Moreau, et se trouva, à la tête de sa division, aux combats d'Engen, Mœskirch, Hochstedt; il se distingua surtout dans les affaires de Stockach, Mimmingen et Oberhausen. Il prit ensuite le commandement de l'une des trois divisions chargée de couvrir la haute Souabe, le pays des Grisons et le Voralberg, et, le 27 brumaire an X, celui des troupes françaises en Helvétie. Au mois de thermidor suivant, il était gouverneur du duché de Lunebourg, lorsqu'il reçut l'ordre de passer en Italie. Le 27 brumaire an XII, Montrichard prit le commandement de la 1re division du corps d'armée employé dans les États de Naples.

Nommé membre de la Légion-d'Honneur le 19 frimaire, l'Empereur l'éleva au grade de commandeur de l'Ordre le 25 prairial.

Au mois de brumaire an XIV, ce général était en marche avec sa division, quand deux courriers extraordinaires lui apportèrent des ordres du lieutenant-général Gouvion-Saint-Cyr pour se rendre très-promptement à Ancône, y prendre le commandement supérieur de cette place, faire sans délai occuper militairement tous les forts et postes qui en dépendaient, former en quinze jours un approvisionnement de siège pour trois mois, en tout genre, relever tous les ouvrages qui avaient été établis dans la dernière guerre, mettre la place dans le meilleur état de défense, et pousser les travaux avec la plus grande activité.

Le général Montrichard ayant frappé une contribution de 100,000 piastres sur la marche d'Ancône, l'Empereur, instruit de cette circonstance, lui fit ordonner, le 16 mars 1806, de cesser ses fonctions et de venir à Paris rendre compte de sa conduite.

Mis en non-activité, cet officier général adressa au comte Dejean, ministre de la guerre, une lettre pour sa justification, dont nous donnons ici quelques fragments:

« Lorsque j'annonçai, dit le général Montrichard, à M. le gouverneur pontifical, que j'allais faire occuper militairement la place d'Ancône et dépendances, en vertu des ordres de l'Empereur et roi, il me répondit qu'il réclamait contre cette occupation comme contraire à la neutralité, mais que, ne pouvant s'y opposer par la force, il se bornait à en rendre compte à sa cour par un courrier extraordinaire. Après avoir fait relever les troupes pontificales dans tous leurs postes et prendre possession des magasins du génie et de l'artillerie, je m'empressai d'écrire à M. le délégué apostolique pour l'inviter à me donner connaissance des mesures qu'il avait prises pour la formation de l'approvisionnement de siège que l'ordonnateur Colbert lui avait demandé, d'après les ordres du général en chef. Il me répondit verbalement qu'il n'avait aucune instruction, ni aucun pouvoir de sa cour relativement à cet approvisionnement.

« M. le délégué m'annonça qu'il avait

ordre de déclarer, de la manière la plus positive, que Sa Sainteté, déjà étonnée de l'occupation d'Ancône, sans en avoir été prévenue en aucune manière, ne l'était pas moins des demandes faites pour un approvisionnement de siége, d'entretien journalier de troupes, de fournitures d'hôpitaux, etc.

« Enfin, qu'il ne serait rien fourni aux troupes étrangères restées sur son territoire au delà du 27 brumaire, époque à laquelle le passage de l'armée de Naples, dans ses États, devait être entièrement effectué. Le surintendant pontifical me fit aussi connaître qu'il avait ordre de cesser toute espèce de fournitures, à compter du même jour.

« S. E. le cardinal Fesch, ministre de S. M. l'Empereur et roi près le Saint-Siége, m'écrivit en même temps que le Saint-Père, profondément affligé de l'occupation d'Ancône, était dans l'impossibilité absolue de se prêter en rien aux besoins des troupes, et qu'il donnait ordre à son gouverneur à Ancône de protester de la manière la plus formelle contre toute réquisition que je serais dans le cas de faire.

« Cependant il fallait assurer tous les services, commencer les travaux de la place; l'artillerie était dans le plus mauvais état; il n'y avait rien dans les magasins du génie : tout était à faire, et je ne pouvais compter sur d'autres moyens que ceux que je prendrais sur les lieux.

« Cependant, sur de nouvelles insistances, M. le délégué apostolique autorisa la députation à faire des avances pour subvenir aux dépenses des travaux de la place et des troupes ; il proposa de les faire rembourser au moyen d'une réquisition que j'adresserais aux receveurs de la Marche d'Ancône et du duché d'Urbin; il fixa lui-même les sommes à payer par chacun des receveurs et se rendit garant de leur rentrée.

« Je voulais éviter une réquisition et amener la députation à faire de son propre mouvement l'avance des fonds indispensables pour l'exécution des ordres que j'avais reçus, il me fut impossible de la déterminer; elle m'écrivit que, devant rendre compte de ses opérations, elle ne pouvait agir que d'après un arrêté de ma part.

« La mesure proposée par M. le gouverneur fut donc arrêtée en présence de M. le commissaire des relations commerciales de France, avec qui je devais me concerter, et, le 25 brumaire, je requis les receveurs de la Marche d'Ancône et du duché d'Urbin de faire provisoirement une avance de 100,000 écus romains.

« M. le délégué protesta non-seulement contre cette réquisition, mais il en porta plainte à sa cour comme s'il avait été étranger à cette mesure.

« Malgré toutes les entraves que la députation apportait, cette réquisition s'effectua néanmoins; les travaux du génie et de l'artillerie étaient en bon train, les services courants étaient assurés, on commençait l'approvisionnement de siége.

« Les circonstances devenaient plus impérieuses, les Anglo-Russes étaient débarqués à Naples le 30 brumaire. Je répondais de la sûreté de la place; il était urgent de travailler à sa défense.

« Je fis donc de nouvelles instances auprès de la députation ; je la sommai, au nom de la nécessité, de subvenir à nos besoins; quelques menaces, un petit appareil de forces, rien ne put la déterminer. Les autorités municipales ne voulant plus agir, je pris le parti extrême (je n'en avais pas d'autre) de m'adresser directement aux habitants, et par un second arrêté du 5 frimaire, je répartis les 100,000 écus demandés à la Marche d'Ancône et au duché d'Urbin entre les corporations de la seule ville d'Ancône;

quarante-huit particuliers furent désignés pour en faire les avances, et j'ordonnai qu'elles fussent versées dans la caisse du payeur de la division.

« Quant aux paiements nécessités par le service de la place, ils ont été faits, tant par le payeur de la division que par la députation, sur la demande des chefs de service, examinés et visés par le commissaire des guerres chargé de l'administration supérieure de la division, et approuvés par moi, à la charge par les parties prenantes d'en rendre compte et de produire les pièces à l'appui.

« Si cette réquisition avait eu, comme le supposait M. le secrétaire d'État, un autre objet que celui d'exécuter promptement les ordres de Sa Majesté, je n'y aurais certainement pas donné suite. »

Le général Montrichard avait joint à ce Mémoire justificatif plusieurs pièces en sa faveur, et notamment une lettre du cardinal Fesch au ministre de la guerre, dans laquelle Son Éminence reconnaissait que le gouvernement romain, qui voyait d'un mauvais œil l'occupation d'Ancône, n'avait cessé de dénoncer aux ministres de Sa Majesté le général Montrichard. Le cardinal s'empressait de rendre hommage à la vérité, étant bien persuadé que le général avait été plus malheureux que coupable.

Le comte Dejean fit son rapport sur cette affaire, justifia la conduite de l'ex-gouverneur d'Ancône, et mit le tout sous les yeux de Napoléon.

Il paraît que l'Empereur ne conserva aucun doute à cet égard, car il employa le général Montrichard, le 14 janvier 1808, à l'armée de Dalmatie. Le 30 juin 1809, il reçut l'ordre de se rendre au quartier général impérial, et reçut, le 12 novembre, le commandement de la 2ᵉ division du 11ᵉ corps.

Disponible par suite de l'organisation de l'armée d'Illyrie en 1810, il fut appelé en 1812, au commandement de la division qui s'organisait dans le Frioul. Le 3 mars 1813, il servit dans les provinces Illyriennes.

Mis en non-activité à la paix de 1814, le roi le créa chevalier de Saint-Louis la même année, et lui confia le commandement de la 6ᵉ division militaire (Besançon) en juillet 1815. Le général Montrichard obtint sa retraite le 4 septembre suivant.

Il mourut le 5 avril 1828.

Son nom est inscrit sur l'arc de triomphe de l'Étoile, côté Nord.

MONT-SERRAZ (PIERRE – FRANÇOIS), lieutenant-général, né le 5 février 1758 au bourg de l'Hôpital, ancien département du Mont-Blanc.

Entré au service le 21 juillet 1791 dans le 3ᵉ bataillon des volontaires de Paris, il fut nommé capitaine à l'élection le 1ᵉʳ août suivant, et quatre jours après il remplissait les fonctions d'adjudant-major.

Redevenu lieutenant le 3 juillet 1792 dans le 12ᵉ bataillon de chasseurs, incorporé dans la 16ᵉ demi-brigade légère, il se signala à l'armée du Nord et fut nommé adjudant-major le 10 mars 1793.

Il se fit remarquer pendant les campagnes de l'armée du Rhin, de l'an II à l'an V, et parvint aux grades de capitaine et de chef de bataillon les 6 frimaire et 20 messidor an II.

Sa conduite aux affaires de Neubourg, de Rottwil, de Biberach, de Riégel et au passage du Rhin, le 1ᵉʳ floréal an V, lui mérita les éloges les plus flatteurs de la part des généraux Michaud, Pichegru et Moreau, sous les ordres desquels il avait combattu.

Passé en l'an VI à l'armée d'Helvétie, il déploya le plus grand courage à la prise de Sion, et reçut à ce sujet, le 9 prairial an VI, une lettre de félicitations du Directoire. Il fit partie des armées d'Italie et du corps d'observation du Midi, en l'an VII et en l'an VIII, et fut nommé colonel sur le champ de bataille le 25 prairial an VII.

Chargé de la première expédition de l'île d'Elbe, il s'empara avec 500 hommes, de la ville de Porto-Ferrajo, mit ensuite le siége devant Porto-Longone, défendu par une garnison napolitaine quatre fois plus nombreuse que les troupes mises à sa disposition, et qui capitula après quarante-cinq jours de bombardement ; il attaqua, peu de jours après, et s'empara de vive force d'un camp retranché de 8,000 hommes, qui furent repoussés avec perte de 18 canons, 6 mortiers, de toutes les munitions de guerre et de quelques centaines de prisonniers.

Il fut nommé membre de la Légion-d'Honneur le 19 frimaire an XII, officier de cet ordre le 25 prairial suivant, et électeur du département du Léman en l'an XIII.

Le colonel Mont-Serraz, qui avait continué ses services en Italie de l'an X à 1806, entra le 11 juillet de cette dernière année, avec l'agrément de l'Empereur, en qualité de colonel des grenadiers à pied dans la Garde royale de Naples. Il se distingua, en 1808, après la prise de l'île de Capri.

Peu de temps après, Murat lui confia le commandement de la place de Naples qu'il conserva jusqu'en 1814.

Après avoir obtenu, comme rémunération de ses services et de sa fidélité, le grade de lieutenant-général, il rentra en France, où il fut accueilli par Louis XVIII qui le nomma chevalier de Saint-Louis.

Le général Mont-Serraz est mort à Meudon le 27 septembre 1820.

MORAND (Charles - Antoine - Louis-Alexis, comte), pair de France, commandant en chef de l'un des corps de la grande armée, aide-de-camp de Napoléon, colonel général des chasseurs à pied de la Garde impériale, commandeur de la Couronne de fer et de l'Ordre de Saint-Henri de Saxe ; né le 4 juin 1771 à Pontarlier.

Il était entré tout jeune dans la carrière du barreau ; mais en 1794, il changea sa robe d'avocat contre une épée, et il fut nommé d'abord capitaine, puis commandant du 7e bataillon des volontaires du Doubs. Il prit une part glorieuse au siége du Quesnoy, au blocus de Maubeuge, au combat de Wattignies, à la victoire d'Hondscoote. Incorporé avec son bataillon dans la 88e demi-brigade, Morand fit les campagnes de l'an III et de l'an IV aux armées du Rhin et de Sambre-et-Meuse, et ensuite en Italie et en Orient.

Le 3 thermidor an VI, il reçut le brevet de chef de brigade de la 88e sur le champ de bataille des Pyramides. Le 21 fructidor an VII, il fut nommé adjudant-général et investi par Kléber du commandement de la province de Djerjeh. Le 18 fructidor an VIII, il reçut le grade de général de brigade. A son retour en France, il commanda le département du Morbihan, et reçut en l'an XI le commandement d'une brigade d'infanterie à l'armée des côtes de l'Océan. A Austerlitz, la brigade Morand faisait partie du corps d'armée du maréchal Soult. Cette brigade et son illustre chef soutinrent leur réputation à Eylau, à Eckmühl, à Wagram.

En 1810 et 1811, le général Morand commandait à Hambourg. En 1812, il prenait une part active à la bataille de la Moskowa où il fut blessé à la mâchoire. En 1813, il ajouta encore à sa réputation par sa conduite à Lutzen, à Bautzen, à Leipzig. Enfin il commandait huit bataillons de la Garde à Waterloo.

Après le départ de Napoléon et le licenciement de l'armée de la Loire, le général Morand obtint l'autorisation de se rendre en Pologne où toute sa famille le suivit.

En 1816, le 20 août, il fut condamné à mort, par contumace, par un conseil de guerre réuni à La Rochelle ; mais il arriva à l'improviste à Strasbourg, se constitua prisonnier, parut devant le conseil de guerre et fut glorieusement acquitté. Il resta dans la retraite jusqu'au mois d'août 1830. Il reçut alors le grand cordon de la Légion-d'Honneur qui lui avait été accordé en 1815 par l'Empereur et le commandement de la division militaire de Besançon.

Mort au mois de septembre 1845.

MORARD DE GALLES (JUSTIN BONAVENTURE, comte), issu d'une famille noble du Dauphiné, naquit à Goncelin (Isère) le 30 mars 1741.

En 1757, il appartenait à la marine royale en qualité de garde de pavillon. Il était entré au service à l'âge de 11 ans, dans les gardes de la maison du roi. Le comte de Grasse était chargé, en 1765, de purger la Méditerranée des pirates barbaresques qui l'infestaient. Le jeune Morard de Galles, enseigne à bord de la frégate *l'Hermine*, reçut mission de faire sauter l'un des corsaires qui s'était réfugié sous la protection des batteries de la côte. Favorisé par une nuit obscure, il aborda le navire ennemi, et attacha lui-même à l'un de ses flancs la chemise soufrée : Une explosion terrible annonça, une demi-heure après, la réussite de cette audacieuse entreprise.

La même année, il prit une part active au bombardement de l'Arache, sur le vaisseau *l'Etna*, et fit ensuite, avec une égale distinction, d'abord sur la flûte *la Normandie*, ensuite sur les frégates *la Perle* et *l'Aurore*, les campagnes dans les mers de l'Inde.

Revenu en France, il demeura attaché à la direction des constructions navales de Brest jusqu'en 1776. A cette époque, il reprit la mer sur l'escadre de Duchaffault.

Nommé lieutenant de vaisseau en 1777, il se distingua l'année suivante au combat d'Ouessant, à bord de *la Ville de Paris*, et dans les affaires des 17 avril, 15 et 19 mai 1780. Mais ce fut sous les ordres du bailli de Suffren, et principalement au combat de la Praya, que Morard acquit la place glorieuse qu'il occupe dans les fastes de notre marine.

Le 16 août 1781, la flotte française rencontra sur les côtes du Sénégal une flotte anglaise que Suffren n'hésita pas à attaquer, quoiqu'il lui fût inférieur en forces. Dès le commencement de l'action, le vaisseau monté par Morard de Galles se trouva entouré par cinq bâtiments ennemis, et son capitaine, de Trémoignon, fut mis hors de combat. Morard, blessé lui-même, se mit néanmoins en possession du commandement et parvint, après une lutte sanglante, à se dégager et à reprendre son rang de bataille.

Cette brillante conduite lui valut les éloges de l'armée et de l'amiral, qui le nomma sur-le-champ capitaine de vaisseau et lui confia le commandement de celui qu'il avait si bien défendu.

La cour ratifia cette promotion, qu'il continua de mériter pendant les campagnes suivantes sur la frégate *la Pourvoyeuse* et sur *l'Annibal*, vaisseau capturé sur les Anglais.

Il le commandait aux engagements des 17 février et 13 avril 1784, et des 6 juillet et 3 septembre suivants, où il reçut trois nouvelles blessures qui l'obligèrent à solliciter un congé. Mais à peine arrivé à l'Ile-de-France, il dut se rendre à bord de *l'Argonaute* et rejoindre l'escadre devant Gondelour.

Enfin, après avoir assisté aux divers combats qui couvrirent de gloire notre marine pendant les dernières années de la monarchie, sa santé, affaiblie par ses blessures et par l'insalubrité du climat de l'Inde, le contraignit, en 1790, à demander à revenir en France ; il y trouva la marine entièrement désorganisée par l'émigration. Loin d'imiter l'exemple de ses camarades, il offrit ses services au nouveau gouvernement et fut élevé au grade de contre-amiral, avec le commandement d'une division.

Vice-amiral en 1793, son escadre, composée de trois vaisseaux et de sept frégates, allait mettre à la voile pour Saint-Domingue, lorsqu'il reçut l'ordre de se tenir en croisière entre Groix et Belle-Isle, afin d'assurer la rentrée des navires du commerce dans nos ports bloqués par les Anglais. Ses équipages, harassés et dénués de tout, se mutinèrent et menacèrent de mort leurs officiers, si l'escadre ne reprenait la route de Brest.

A son retour, frappé par la loi qui excluait les nobles des emplois civils et militaires, il fut arrêté et resta prisonnier jusqu'au 9 thermidor. Il ne fut employé de nouveau qu'en l'an V ; alors se préparait à Brest une expédition pour l'Irlande : une escadre de 15 vaisseaux de ligne, 12 frégates, 6 corvettes ou avisos et 9 bâtiments de transport, devait, sous les ordres de Villaret, transporter dans cette île 15,000 hommes de débarquement aux ordres de Hoche.

Au moment de lever l'ancre, Villaret fut rappelé et remplacé par Morard de Galles qui, le 25 frimaire an V, donna le signal du départ.

Cette expédition ne fut pas heureuse ; un de ses vaisseaux, *le Séduisant*, se perdit en sortant de Brest, dans la passe du Raz, et la flotte, après avoir gagné l'entrée de la baie de Bautry, fut forcée par les vents contraires de rentrer dans Rochefort. Le Consulat et l'Empire le dédommagèrent de la défaveur qui avait été la suite de cet insuccès.

Membre du Sénat à la formation de ce corps (4 nivôse an VIII), de la Légion-d'Honneur le 9 vendémiaire an XII, la même année l'Empereur le décora du cordon de grand officier de cet Ordre (25 prairial), le nomma titulaire de la sénatorerie de Limoges (2 prairial), et comte de l'Empire en 1808.

L'amiral Morard de Galles est mort à Guéret le 23 juillet 1809. Le conseil municipal de cette ville vota des fonds pour un monument à sa mémoire.

MOREAU (Jean-Victor), né à Morlaix le 11 août 1763, fils d'un avocat. Destiné lui-même au barreau, son penchant pour les armes l'entraîna à s'engager à l'âge de 18 ans. Son congé fut aussitôt racheté, et Moreau était Prévôt de droit à Rennes au commencement de la Révolution. Il commanda les attroupements rennois et nantais qui se formèrent en 1789. En 1790, il présida la confédération de la jeunesse bretonne et angevine. Commandant d'un bataillon de volontaires sous Dumouriez ; général de brigade en 1793, et général de division le 12 avril 1794. Commandant de l'aile droite de l'armée de Pichegru, en Hollande ; puis général en chef de l'armée de Rhin-et-Moselle en 1796, il battit Wurmser et le prince Charles. Obligé de prendre sa retraite, lors de l'affaire des papiers de Pichegru, Moreau reçut, en 1798, le titre d'inspecteur général. Général en chef de l'armée d'Italie, à la retraite de Scherer, il sauva l'armée et battit les Russes à Bassignano : il avait 20,000 hommes contre 90,000. Général en chef de l'armée du Rhin en 1799.

Commandant de l'armée du Danube après le 18 brumaire, il remporta les grandes victoires de Hochstedt, de Neubourg et de Hohenlinden et arriva à 20 lieues de Vienne. Moreau devait alors épouser la sœur du premier Consul, Pauline Bonaparte.

Devenu suspect, il fut arrêté et condamné le 10 juin 1804 à deux années d'exil ; il alla se fixer aux États-Unis.

En 1813, Moreau traversa les mers pour venir s'unir aux ennemis de son pays. Le meilleur plan de campagne que, dès l'arrivée de Moreau au quartier général russe, les alliés commencèrent à suivre, révéla la présence de l'habile général français au milieu d'eux ; mais le Dieu de la France devait punir cet autre connétable de Bourbon ; le 27 août, frappé devant Dresde d'un boulet qui lui enleva les deux jambes, Moreau mourut en Bohême le 2 septembre 1813.

— « Le général Moreau a fait la campagnes de 1794 et 1795, sous les ordres des généraux Pichegru et Jourdan, comme Souham, Taponier, Michaud, etc. Il commanda en chef, pour la première fois, au mois de mai 1796, à l'armée du Rhin ; il passa ce fleuve au mois de juillet : Napoléon était alors maître de toute l'Italie.

« La campagne d'Allemagne en 1796 ne fait honneur ni aux talents militaires de ceux qui ont conçu le plan, ni au général qui en a eu la principale direction et qui a commandé la principale armée : 1° Il passa sur la rive droite du Danube et du Lech, après la bataille de Heresheim, le 11 août, tandis qu'en marchant devant lui sur l'Atmuhl, par la rive gauche du Danube, il se fût joint en trois marches avec l'armée de Sambre-et-Meuse, qui était sur la Redwitz, et eût, par ce mouvement, décidé de la campagne ; 2° il resta inactif six semaines, pendant août et septembre, en Bavière, pendant que l'archiduc battait l'armée de Sambre-et-Meuse et la rejetait au delà du Rhin ; 3° il laissa assiéger Kehl pendant plusieurs mois par une armée inférieure, à la vue de la sienne, et il laissa prendre cette place.

« Dans la campagne de 1799, il servit d'abord en Italie, sous Scherer, comme général de division ; il y montra autant de bravoure que d'habileté, à la tête d'une ou deux divisions ; mais appelé au commandement en chef de cette même armée, à la fin d'avril, par le rappel de Scherer, il ne fit que des fautes, et ne montra pas plus de connaissances du grand art de la guerre, qu'il n'en avait montré en 1796 : 1° Il se fit battre à Cassano par Suvarow ; il y perdit la plus grande partie de son artillerie et laissa cerner et prendre la division Serrurier ; 2° il fit sa retraite sur le Tésin, tandis qu'il eût dû la faire sur la rive droite du Pô, par le pont de Plaisance, afin de se réunir à l'armée de Naples que commandait Macdonald, et qui était en marche pour s'approcher du Pô : cette réunion faite, il était maître de l'Italie ; 3° du Tésin il fit sa retraite sur Turin, laissant Suvarow maître de se porter sur Gênes et de le couper entièrement de l'armée de Naples. Il s'aperçut à temps de cette faute, revint en toute hâte, par la rive droite du Pô, sur Alexandrie ; mais quelques jours après, il commit la même faute, en marchant sur Coni, en abandonnant entièrement l'armée de Naples et les hauteurs de Gênes ; 4° pendant qu'il marchait à l'Ouest, Macdonald arrivait avec l'armée de Naples sur la Spezzia ; au lieu d'opérer sa jonction avec ce général sur Gênes, derrière l'Apennin, et de déboucher, réunis sur la Bocchetta, pour faire lever le siége de Mantoue, Moreau prescrivit à Macdonald de passer l'Apennin et d'entrer dans la vallée du Pô pour opérer sa jonction sur Tortone ; il arriva ce qui devait arriver : l'armée de Naples seule eut à supporter tous les efforts de l'ennemi sur les champs de la Trébia, et l'Italie alors fut véritablement perdue.

« En 1799, Moreau ne jouissait d'aucun crédit, ni dans l'armée, ni dans la nation ; sa conduite, en fructidor 1797, l'avait discrédité dans tous les partis. Il avait gardé pour lui les papiers trouvés dans le fourgon de Klinglin, qui prouvaient les correspondances de Pichegru avec le duc d'Enghien et les Autrichiens, ainsi que les trames des factions de l'intérieur, pendant que Pichegru, masqué par la réputation qu'il avait acquise en Hollande, exerçait une grande influence sur la législature. Moreau trahit son serment, et viola son devoir envers son gouvernement, en lui dérobant la connaissance de papiers d'une si haute importance, et auxquels pouvait être attaché le salut de la République; si c'était son amitié pour Pichegru qui le portait à ce coupable ménagement, il fallait alors ne pas communiquer ces papiers au moment où leur connaissance n'était plus utile à l'État, puisqu'après la journée du 18 fructidor le parti était abattu et Pichegru dans les fers. La proclamation de Moreau à l'armée et sa lettre à Barthélemy furent un coup mortel qui priva Pichegru et ses malheureux compagnons de la seule consolation qui reste aux malheureux, l'intérêt public.

« Moreau n'avait aucun système, ni sur la politique, ni sur l'art militaire ; il était excellent soldat, brave de sa personne, capable de bien remuer sur un champ de bataille une petite armée, mais absolument étranger aux connaissances de la grande tactique. S'il se fût mêlé dans quelques intrigues pour faire un 18 brumaire, il eût échoué, il se serait perdu, ainsi que le parti qui se serait attaché à lui. Lorsqu'au mois de novembre 1799, le corps législatif donna un dîner à Napoléon, un grand nombre de députés ne voulurent point y assister, parce que Moreau devait y occuper un rang distingué, et qu'ils ne voulaient rendre aucun témoignage de considération au général qui avait trahi la République en Fructidor. Ce fut dans cette circonstance que ces deux généraux se virent pour la première fois. Quelques jours avant le 18 brumaire, pressentant qu'il se tramait quelques changements, Moreau se mit à la disposition de Napoléon, et lui dit qu'il suffisait de le prévenir une heure d'avance, qu'il viendrait à cheval près de lui, avec ses officiers et ses pistolets, sans autre condition. Il ne fut pas dans le secret du 18 Brumaire. Il se rendit le 18, à la pointe du jour, chez Napoléon, comme un grand nombre d'autres généraux et officiers qu'on avait prévenus dans la nuit et sur l'attachement desquels on croyait pouvoir compter.

« Le 18 brumaire à midi, après que Napoléon eut pris le commandement de la 17ᵉ division militaire et des troupes qui étaient à Paris, il donna celui des Tuileries à Lannes, celui de Saint-Cloud à Murat, celui de la chaussée de Paris et Saint-Cloud à Serrurier, celui de Versailles à Macdonald et celui du Luxembourg à Moreau. 400 hommes de la 96ᵉ furent destinés à marcher sous ses ordres pour garder ce palais ; ils s'y refusèrent, disant qu'ils ne voulaient pas marcher sous les ordres d'un général qui n'était pas patriote. Napoléon dut s'y rendre lui-même et les haranguer pour lever ces difficultés.

« Après Brumaire, les Jacobins continuèrent à ramener et à chercher des appuis dans les armées de Hollande. Masséna était plus propre que personne pour commander dans la rivière de Gênes, où il n'y avait pas un sentier qu'il ne connût. Brune, qui commandait en Hollande, fut envoyé dans la Vendée ; on rompit ainsi toutes les trames qui pouvaient exister dans ces armées. D'ailleurs le premier Consul n'eut jamais qu'à se louer de Moreau jusqu'au moment de son mariage qui eut lieu pendant l'armistice de Pahrsdorf, en juillet 1800.

« Ce serait avoir des idées bien fausses de l'état de l'esprit public alors, que de supposer qu'il y eut aucun partage dans l'autorité : la République était une. Napoléon, premier magistrat, était l'homme de la France ; il était tout ; les autorités constituées, le Sénat, le Tribunat, le Corps législatif avaient leur influence : tout individu qui n'exerçait pas d'influence sur ces Corps n'était rien. Moreau ne commandait pas d'armée ; elles étaient toutes entre les mains d'une faction opposée. Masséna, qui venait de sauver la France à Zurich, Brune qui venait de battre le duc d'York et de sauver la Hollande, jouissaient alors d'une grande réputation. Moreau qui, à la tâche de Fructidor joignait celle des défaites de Cassano et de Trébia, auxquelles on attribuait la perte de l'Italie, était peu en faveur ; mais c'est justement parce qu'il était peu accrédité, que le danger ne pouvait venir, s'il y en avait du côté des armées, que de la part du parti opposé, que le gouvernement consulaire accorda une grande confiance à ce général, et lui confia une armée de 140,000 hommes, dont le commandement s'étendit de la Suisse au bord du Mein.

« Il n'y eut aucune discussion sur le plan de campagne de 1800 entre Moreau et le ministre de la guerre. Napoléon, en considérant la position de la France, reconnut que les deux frontières sur lesquelles on allait se battre, celle d'Allemagne, celle d'Italie : la première était la frontière prédominante ; celle d'Italie était la frontière secondaire ; en effet, si l'armée de la République eût été battue sur le Rhin et victorieuse en Italie, l'armée autrichienne eût pu entrer en Alsace, en Franche-Comté ou en Belgique et poursuivre ses succès, sans que l'armée française, victorieuse en Italie, pût opérer aucune diversion capable de l'arrêter ; puisque, pour s'asseoir dans la vallée du Pô, il lui fallait prendre Alexandrie, Tortone et Mantoue, ce qui exigeait une campagne entière, toute diversion qu'elle eût voulu opérer sur la Suisse eût été sans effet. Du dernier col des Alpes, on peut entrer en Italie sans obstacle ; mais des plaines d'Italie, on eût trouvé à tous les pas des positions si on eût voulu pénétrer dans la Suisse. Si l'armée française était victorieuse sur la frontière prédominante, tandis que celle sur la frontière secondaire d'Italie serait battue, tout ce qu'on pouvait craindre était la prise de Gênes, une invasion en Provence, ou peut-être le siège de Toulon ; mais un détachement de l'armée d'Allemagne qui descendrait de Suisse dans la vallée du Pô arrêterait l'armée victorieuse en Italie et en Provence. Il conclut de là qu'il ne fallait pas envoyer à l'armée d'Italie au delà de ce qui était nécessaire pour la porter à 40,000 hommes, et qu'il fallait réunir toutes les forces de la République, à partir de la frontière prédominante.

« En effet, 140,000 hommes furent réunis depuis la Suisse jusqu'à Mayence, et une deuxième armée, celle de réserve, fut réunie entre la Saône et le Jura, en deuxième ligne. L'intention du premier Consul était de se rendre, au mois de mai, en Allemagne, avec ces deux armées réunies, et de porter d'un trait la guerre sur l'Ems ; mais les événements arrivés à Gênes, au commencement d'avril, le décidèrent à faire commencer les hostilités sur le Rhin, lorsque l'armée de réserve se réunissait à peine. Le succès sur cette frontière n'était pas douteux ; tous les efforts de l'Autriche avaient été dirigés sur l'Italie. Le maréchal Kray avait une armée très-inférieure en nombre, et surtout en qualité, à l'armée française, puisqu'il avait beaucoup de troupes de l'Empire.

« Le plan de campagne que le premier Consul dicta au ministre de la guerre, et que celui-ci envoya à Moreau, fut le suivant : Réunir les quatre corps d'armée par des mouvements masqués sur la rive gauche du Rhin entre Schaffouse et Stein; jeter quatre ponts sur le Rhin, et passer à la fois, dans le même jour, sur la rive droite, de manière à se mettre en bataille, la gauche au Rhin et la droite au Danube; acculer le général Kray dans les défilés de la forêt Noire et dans la vallée du Rhin; saisir tous les magasins; empêcher les divisions de se rallier; arriver avant lui sur l'Ulm; lui couper la retraite sur l'Inn, et ne laisser à ses débris, pour tout refuge, que la Bohême. Ce mouvement eut, en quinze jours, décidé de la campagne. Il ne pouvait y avoir aucune circonstance plus favorable, car il ne faut jamais un meilleur rideau qu'une rivière aussi large que le Rhin pour masquer des mouvements; le succès était infaillible, Moreau ne le comprit pas. Il voulait que la gauche débouchât par Mayence, ce à quoi le premier Consul ne voulut pas consentir; mais les circonstances de la République ne lui ayant pas permis de se rendre à l'armée, il dit alors à son ministre qu'il serait impossible d'obliger un général en chef à exécuter un plan qu'il n'entendait pas; qu'il fallait donc lui laisser diriger ses colonnes à sa volonté pourvu qu'il n'eût qu'une seule ligne d'opérations et ne manœuvrât que sur la rive droite du Danube.

« Moreau ouvrit la campagne, sa gauche, commandée par Sainte-Suzanne, par le pont de Kehl. Saint-Cyr passa le pont de New-Brisach; la réserve passa à Bâle; et Lecourbe, cinq jours après, passa à Stein. A peine Sainte-Suzanne eut-il passé, que Moreau s'aperçut que ce corps était compromis. Il le fit repasser à New-Brisach. Cette ouverture de campagne est contraire aux premières notions de la guerre. Il fit manœuvrer son armée dans le cul-de-sac du Rhin, dans le défilé des montagnes Noires, devant une armée qui était en position. Moreau manœuvra comme si la Suisse avait été occupée par l'ennemi ou eût été neutre. Il ne sentit pas le parti que l'on pouvait tirer de cette importante position en débouchant par le lac de Constance. Le général Kray, ainsi prévenu, réunit ses troupes à Stockach et à Engen, avant l'armée française. Il n'éprouva aucun mal; il eût été perdu sans ressources, si Moreau eût pu comprendre qu'il fallait que toute son armée débouchât par où déboucha Lecourbe. Le détail d'opérations si mal conduites faisait dire souvent au premier Consul : « Que voulez-vous? ils n'en savaient pas davantage; ils ne connaissaient pas les secrets de l'art ni les ressources de la grande tactique. »

« Nous n'avons pas besoin de réfuter l'assertion que le premier Consul voulait déboucher des montagnes de la Suisse en Italie, sans prendre l'offensive sur le Rhin; cela est trop absurde. Bien loin de là, il ne croyait pas que la diversion par le Saint-Gothard fût possible, si, au préalable, on n'avait battu et rejeté l'armée autrichienne au delà du Lech; car l'opération de l'armée de réserve eût été une insigne folie, si au moment où elle fut arrivée sur le Pô, l'armée autrichienne d'Allemagne eût pris l'offensive et battu l'armée française. S'il eût voulu à toute force, et conduit par la passion, prendre d'abord l'Italie, qui l'eût empêché de laisser l'armée d'Helvétie dans la situation où elle se trouvait en janvier 1800, et d'envoyer les 40,000 hommes dont il la renforçait à Gênes, ce qui aurait permis à Masséna de s'avancer sur le Pô? Napoléon savait bien que l'Italie n'était pas la conséquence d'une victoire en Allemagne, que c'était le corollaire du succès obtenu sur la frontière prédominante.

« Rewbel ayant eu occasion d'entretenir le premier Consul, en 1800, lui dit : « Vous réunissez une belle armée sur le Rhin ; vous avez là toutes les troupes de la France ; ne craignez-vous pas les inconvénients de mettre tant de troupes dans une seule main ? »

« Cette considération politique m'a toujours fait maintenir les deux armées de Rhin-et-Moselle et de Sambre-et-Meuse ; peut-être cet inconvénient est-il moindre vis-à-vis de vous que le soldat regarde comme le premier général. Cependant, croyez-moi, allez à cette armée vous-même ; sans cela vous en éprouverez de grands inconvénients. Je sais que Moreau n'est pas dangereux ; mais les factieux, les intrigants de ce pays, quand ils s'attachent à un homme, suppléent à tout. »

Pendant l'armistice de Pahrsdorf, Moreau ayant fait un voyage à Paris descendit aux Tuileries ; il n'était pas attendu. Comme il était avec le premier Consul, le ministre de la guerre, Carnot, arriva avec une paire de pistolets de Versailles, couverts de diamants d'un très-haut prix ; ils étaient destinés pour le premier Consul, qui les prit et les remit à Moreau, en disant : « Ils viennent fort à propos. » Cette scène n'était pas arrangée ; cette générosité frappa le ministre.

« L'Impératrice Joséphine maria Moreau avec mademoiselle Hulot, créole de l'île de France. Cette demoiselle avait une mère ambitieuse, elle dominait sa fille et bientôt domina son gendre et changea son caractère. Ce ne fut plus le même homme ; il se mêla dans toutes les intrigues ; sa maison fut le rendez-vous de tous les malveillants ; non-seulement il fit de l'opposition, mais il conspira contre le rétablissement du culte et le concordat de 1801 ; il tourna en ridicule la Légion-d'Honneur. Plusieurs fois le premier Consul voulut ignorer ces inadvertances ; mais enfin il dit : « Je m'en lave les mains ; qu'il se casse le nez contre les piliers du palais des Tuileries. » Cette conduite de Moreau était contraire à son caractère ; il était Breton, détestant les Anglais, avait les chouans en horreur, une grande répugnance pour la noblesse : c'était un homme incapable d'une grande contention de tête ; il était naturellement loyal et bon vivant ; la nature ne l'avait pas fait pour les premiers rôles ; s'il eût fait un autre mariage, il eût été maréchal, duc, eût fait les campagnes de la grande armée, eût acquis une nouvelle gloire ; et si sa destinée était de tomber sur le champ de bataille, il eût été frappé par un boulet russe, prussien ou autrichien ; il ne devait pas mourir par un boulet français. » (NAPOLÉON *à Sainte-Hélène*.)

« Moreau était le point d'attraction et de ralliement qui avait attiré la nuée de conspirateurs qui vint de Londres fondre sur Paris. Moreau ne cessa de leur dire, à leur arrivée, qu'il n'avait personne, pas même son aide-de-camp, mais que, s'ils tuaient le premier Consul, il aurait tout le monde.

« Moreau, livré à lui-même, était un fort bon homme qu'il eût été facile de conduire : c'est ce qui explique ses irrégularités. Il sortait du palais tout enchanté, il y revenait plein de fiel et d'amertume, c'est qu'il avait vu sa belle-mère et sa femme. » (LAS CAZES.)

« Lors du jugement, la fermeté des complices, le point d'honneur dont ils ennoblirent leur cause, la dénégation absolue, recommandée par l'avocat, sauvèrent Moreau. Interpellé si les confé-

rences, les entrevues qu'on lui reprochait, étaient vraies, il répondit *non;* mais le vainqueur de Hohenlinden n'était pas habitué au mensonge; une rougeur soudaine parcourut tous les traits de sa figure ; aucun des spectateurs ne fut dupe, toutefois il fut absous. »
(*Extrait de* Las Cazes.)

« Moreau était un excellent général de division, mais incapable de commander une grande armée. Avec 100,000 hommes, Moreau aurait divisé son armée sur différentes positions, couvert les routes, et n'aurait pas fait plus que s'il n'eût eu que 30,000 hommes. Il ne savait profiter ni du nombre de ses troupes ni de leur position. Très-calme et très-froid dans le combat, il était plus en état de commander dans la chaleur d'une action, qu'à faire des dispositions préliminaires. On le voyait souvent fumer sa pipe sur le champ de bataille.

« Moreau n'avait pas naturellement un mauvais cœur, c'était un bon vivant; mais il avait peu de caractère, il se laissait conduire par sa femme et une autre créole, sa belle-mère. » (O'Méara.)

« Il ne faisait autre chose dans son quartier général que de s'étendre sur un sopha, ou se promener dehors, la pipe à la bouche; il lisait peu. Ce fut moi qui engageais Moreau à se marier, sur la prière de Joséphine qui aimait sa femme, parce qu'elle était créole. La conduite de Moreau envers Pichegru lui a fait perdre beaucoup dans l'estime publique. » (O'Méara.)

« Sa retraite, au lieu d'être une preuve de talents, est la plus grande faute que Moreau ait jamais pu commettre. Si au lieu de se retirer il eût tourné l'ennemi et marché sur les derrières du prince Charles, je pense qu'il aurait écrasé ou pris l'armée autrichienne. Le Directoire me portait envie; il avait besoin de tout faire pour diminuer la gloire militaire que j'avais acquise ; ne pouvant accréditer Moreau pour une victoire, il le vanta pour sa retraite et le fit louer dans les termes les plus pompeux, quoique les généraux autrichiens eux-mêmes blâmassent la retraite de Moreau. Au lieu d'éloges Moreau méritait la plus sévère censure et la plus complète disgrâce.

« Comme général, Pichegru avait beaucoup plus de talents que Moreau.

« Moreau se moquait de l'institution de la Légion-d'Honneur. Quelqu'un lui disait qu'on avait dessein de donner la croix, non-seulement à ceux qui se seraient distingués par la gloire des armes, encore à ceux qui se seraient fait remarquer par leur mérite et par leur savoir. Il s'écria : « Eh bien! je vais demander la croix de commandeur de l'Ordre pour mon cuisinier, car il a un mérite supérieur dans l'art de la cuisine. » (O'Méara.)

« Moreau était peu de chose dans la première ligne des généraux; la nature en lui n'avait pas fini sa création ; il avait plus d'instinct que de génie. »
(Las Cazes.)

« La conspiration de Georges me fut révélée par un chouan qui exerçait la profession d'apothicaire. Moreau, Pichegru et Georges avaient eu une entrevue dans une maison du boulevard. On convint que Georges m'assassinerait, que Moreau serait premier Consul et Pichegru second Consul ; mais Georges insistait pour être le troisième; sur quoi les deux autres observèrent que, comme il était connu pour un royaliste, s'ils se l'adjoignaient pour collègue, ils seraient perdus dans l'esprit du peuple ; là-dessus Georges répliqua : Si ce n'est pas pour les Bourbons que je travaille, je veux au moins que ce soit pour moi; et si ce n'est ni pour eux ni pour moi, *bleus* pour *bleus,* j'aime autant Bonaparte que vous. Quand cette conversation fut répétée à Moreau dans un de ses interrogatoires, il s'évanouit. Si j'avais été sanguinaire, comme on l'a prétendu, j'aurais fait fusiller Moreau, car, après qu'on l'avait convaincu d'avoir communiqué avec Georges, il ne pouvait plus lui rester aucune popularité. »

(NAPOLÉON *à Sainte-Hélène.*)

« Au mois d'octobre 1813, lorsque plusieurs corps de l'armée française descendaient de Dresde, vis-à-vis de Wittenberg et passèrent l'Elbe, un courrier du quartier général de l'armée de Bohême se rendant en Angleterre fut intercepté, et tous les papiers de Moreau furent pris. Le général Rapatel, son aide-de-camp et son compatriote, renvoyait à Mme Moreau des papiers ; elle était très-bourbonniste ; elle lui reprochait dans toutes ses lettres son éloignement pour les Bourbons, son laisser-aller, ses préjugés révolutionnaires, son défaut d'intrigues, et lui donnait des conseils sur les moyens dont il devait se faire valoir à la cour de Russie et d'Autriche. Moreau répondait à toutes : « Vous êtes folle avec vos Bourbons ;... au surplus, vous connaissez mes sentiments ; quant à moi, je ne demande pas mieux de les aider ; mais au fond de mon cœur, je vous assure, je crois cet ordre de choses fini à jamais. »

« La première idée de l'Empereur fut de faire imprimer cette correspondance ; mais il se reprochait d'avoir laissé exister des phrases dans un bulletin relatif à la mort de ce général ; il lui semblait que des mots de regret qu'il avait prononcés, en apprenant cette mort, eussent dû être recueillis de préférence ; il jugea inconvenant de troubler sa cendre, en dévoilant des sentiments secrets, écrits d'abandon à sa femme, et dans une correspondance confidentielle.

« Moreau avait rendu des services et avait de belles pages dans l'histoire de la guerre de la Révolution. Ses opinions politiques avaient toujours été fort sages, et quelquefois Napoléon a laissé percer des regrets de sa fin déplorable... *Les femmes l'ont perdu!* (MONTHOLON.)

MORIO (JOSEPH-ANTOINE, comte), général de division au service du roi de Westphalie, né le 16 janvier 1771 à Chantelle-Château (Allier).

Élève de la marine le 24 mars 1789, il servit pendant seize mois, en 1789 et 1790, dans la Méditerranée et dans l'Archipel grec, et fut admis le 1er septembre 1792, en qualité d'élève sous-lieutenant d'artillerie, à l'école de Châlons ; il obtint le grade de lieutenant en second le 1er juin 1793 et celui de lieutenant en premier le 30 août suivant. Il fit la campagne de cette année à l'armée du Nord et prit une part glorieuse à l'affaire du camp de César, sous Cambrai, et à la retraite de l'armée sur Maubeuge.

Nommé capitaine dans le corps du génie le 1er vendémiaire an III, il fut envoyé dans la place de Grenoble et désigné, peu de temps après, pour faire partie de l'armée expéditionnaire des Indes-Orientales.

Cette expédition ayant été ajournée, le gouvernement désigna le capitaine Morio pour faire partie de l'armée de l'Ouest et l'envoya à La Rochelle. Il était passé en l'an IV à l'armée du Rhin, lorsqu'il fut désigné pour accompagner le général Aubert-Dubayet, nommé à l'ambassade à Constantinople.

De retour en France en l'an V, il reçut l'ordre de se rendre à l'armée d'Italie pour être attaché à la place de Palma-Nova, dont on restaurait les fortifications.

Nommé l'année suivante commandant du génie de l'armée des îles du Levant, il dirigea avec habileté la retraite de Butrolum en Épire, et fut ensuite employé au siége de Corfou. Le 1er brumaire an VII, il fut promu extraordinairement au grade de chef de bataillon par la commission du gouvernement français des îles du Levant.

Confirmé par arrêté des Consuls du 4 nivôse an VIII, il fut envoyé en mission extraordinaire auprès de l'armée d'observation en Westphalie; il rejoignit l'armée de réserve en Italie, assista au siége de Peschiera et fut nommé sous-directeur des fortifications le 7 germinal suivant.

Promu au grade de chef de brigade le 9 nivôse an X, il revint dans la Lombardie et fut chargé de présenter un projet de travail relatif aux fortifications de la place de Legnano. Le ministre de la guerre lui adressa, le 20 frimaire an XI, le brevet de directeur provisoire.

Il fit ensuite, en qualité de commandant du génie, les guerres de Hanovre de l'an XI à l'an XIII. Les 19 frimaire et 25 prairial an XII, il reçut la décoration de la Légion-d'Honneur et la croix d'officier de cet Ordre, fut nommé électeur du département de l'Allier, et pourvu le 13 messidor an XIII du titre de directeur titulaire.

Le colonel Morio fit avec distinction les campagnes de l'an XIV et de 1806 à la grande armée, et reçut, à la fin de cette dernière guerre, la décoration de l'ordre du Lion de Bavière.

Lorsque Napoléon fonda, le 11 août 1807, le royaume de Westphalie en faveur de son frère Jérôme, le colonel Morio le suivit en qualité d'adjudant et devint successivement général de brigade, général de division et grand écuyer au service de ce prince. Le roi l'envoya à Naples en 1808 pour complimenter son beau-frère Joachim Murat sur son avénement au trône.

En 1810, Jérôme le nomma colonel général des chasseurs de la Garde westphalienne et lui conféra le titre de comte.

On lit dans *le Moniteur* du 7 janvier 1812, article Westphalie :

« Le général de division comte Morio, grand écuyer de Sa Majesté, a été assassiné le 24 décembre 1811 par le nommé Lesage, maréchal ferrant, qui venait d'être renvoyé des écuries du roi.

« Sa Majesté, qui honorait de son amitié le général Morio, a pris la part la plus vive à ce triste événement. »

MORLOT (Antoine) naquit à Bousse (Moselle), le 5 mai 1766, et servit dans le corps royal d'artillerie depuis le 7 décembre 1782 jusqu'au 28 septembre 1790.

Élu capitaine au 3ᵉ bataillon des volontaires nationaux de la Moselle, et employé à l'armée de ce nom, la valeur et l'intelligence qu'il déploya pendant la campagne de 1792 à 1793, principalement au siége de Thionville, le firent nommer, le 20 septembre de cette dernière année, général de brigade sans avoir passé par les grades intermédiaires.

Ce fut également à sa belle conduite à la bataille de Kaiserslautern et à celle qui décida de la levée du blocus de Landau, qu'il dut, le 9 pluviôse an II, sa promotion au grade de général de division.

A la première de ces affaires, chargé, au plus fort de l'action, de s'emparer avec cinq bataillons de la position de Morlotte, défendue par 60 pièces de canon et par une infanterie nombreuse, il fut, il est vrai, forcé de battre en retraite devant des forces aussi supérieures; mais par une manœuvre habilement conçue, il évita d'être enveloppé par la cavalerie ennemie et ramena sa division sur la ligne de bataille où Hoche le combla d'éloges et l'embrassa.

Il combattit avec non moins de distinction, le 26 germinal, à la prise d'Arlon, le 8 prairial, au passage de la Meuse près de Dinant, et le 28 du même mois à celui de la Sambre, près Charleroi, où, contraint d'abandonner le village de Grosselies, il conserva néanmoins 7 pièces de canon qu'il avait enlevées à l'ennemi.

Le 8 messidor, jour de la bataille de Fleurus, placé en avant de ce village et attaqué par le corps du général autrichien Quasdanowich, non-seulement il se maintint dans cette position, mais s'apercevant que la division du général Championnet allait être mise en pleine déroute, il la secourut efficacement par une charge à la baïonnette qu'il dirigea en personne. On sait que l'une des particularités de cette célèbre bataille, c'est que le général en chef Jourdan recevait d'un aérostat, élevé de 300 toises, des renseignements sur la situation des deux armées ; mais ce qu'on a jusqu'à ce jour ignoré, c'est que ce fut Morlot qui remplit cette périlleuse mission.

Il se distingua de nouveau devant Maëstricht à la bataille d'Aldenhoven, et la campagne de l'an II terminée, il servit, de l'an III à l'an V, aux armées du Nord, de Sambre-et-Meuse et de Hollande.

Investi, après la conquête de ce pays, du commandement d'Aix-la-Chapelle et des contrées situées entre Meuse et Rhin, un conflit d'autorité s'éleva entre lui et le directeur général de la police que le Directoire y avait envoyé vers la fin de l'an IV. Cet agent, blessé de l'opposition qu'apportait Morlot à ses empiétements sur les droits et les immunités des généraux en ce qui concernait la police militaire, le dénonça comme concussionnaire, et le Directoire, sans examen, sans enquête préalable, le destitua le 5 brumaire an V.

Morlot, qui se justifia complètement, fut réintégré dans son grade le 5 nivôse de la même année, eut le 11 fructidor le commandement de la 10ᵉ division militaire, puis, de la 3ᵉ le 10 pluviôse an VI, et fit les campagnes des ans VII et VIII en Batavie, dans l'Ouest et dans les Grisons.

En non-activité le 1ᵉʳ vendémiaire an X, membre de la Légion-d'Honneur le 19 frimaire, en disponibilité le 1ᵉʳ nivôse, commandant de l'Ordre le 25 prairial an XII, et de la 16ᵉ division militaire le 28 brumaire an XIV, il rejoignit, le 9 novembre 1807, le corps d'observation des côtes de l'Océan.

Morlot ayant sous ses ordres la 3ᵉ division du 3ᵉ corps de l'armée d'Espagne, se trouva le 23 novembre 1808 à la bataille de Tudela, et en février 1809 au siége de Saragosse.

Atteint, devant cette place, d'une fièvre cérébrale, il mourut à Bayonne le 23 mars. Son nom est inscrit sur le côté Nord de l'arc de triomphe de l'Étoile.

MORNAY (Charles-Léonce de), issu de la famille de Duplessis-Mornay d'Arques et d'Yvry, ce compagnon indépendant du Béarnais, héritier d'un beau nom de guerre, Léonce de Mornay porta la cuirasse comme son aïeul Duplessis l'avait portée. Né en 1792, il sortait en 1812 de l'École militaire de Saint-Germain. Sous-lieutenant au 8ᵉ régiment de hussards, il prenait sa part des dangers et des gloires de la retraite de Russie.

Le 10 octobre 1813 à Duben, l'Empereur nommait de Mornay lieutenant ; bientôt après, à l'affaire de Külm, de Mornay était blessé d'un biscaïen à l'épaule. Chevalier de la Légion-d'Honneur en 1813, il se distinguait aux batailles de Bautzen, de Dresde et Leipzig. La même année, le général Corbineau appelait de Mornay auprès de lui en qualité d'aide-de-camp. Nous le retrouvons capitaine en 1814 et c'est en cette qualité qu'il est fait prisonnier à l'affaire de Brienne.

Rentré en France à la paix de 1814, Léonce de Mornay fut admis dans la maison du roi et obtint un grade supérieur.

Lieutenant-colonel du 2ᵉ dragons à la fin de 1815, Mornay obtint en 1833 le commandement des dragons de la Manche qui devinrent le 7ᵉ régiment de cuirassiers.

Après avoir exercé pendant douze années consécutives les fonctions si importantes de colonel, Léonce de Mornay fut nommé maréchal de camp le 31 décembre 1835.

Dix ans après, en 1845, le grade de lieutenant-général lui fut conféré.

Excellent officier de cavalerie, rapide manœuvrier, versé dans tous les détails du métier, le général de Mornay était naturellement indiqué pour le commandement des camps de manœuvre; aussi fut-il, à plusieurs reprises, appelé à la tête du camp de Lunéville; c'est en qualité de commandant en chef du camp que le général de Mornay présida aux essais tentés pour la réforme des manœuvres de la cavalerie. Le général de Mornay est mort en janvier 1849 dans sa 57ᵉ année.

MORTIER (ÉDOUARD-ADOLPHE-CASIMIR-JOSEPH), duc de Trévise, maréchal de France, né à Cambrai (Nord) en 1768, était fils d'Antoine-Charles-Joseph Mortier, député aux États généraux. Il entra comme capitaine dans le 1ᵉʳ bataillon des volontaires du Nord. Il eut un cheval tué sous lui à l'affaire de Quiévrain et donna des preuves de sa valeur aux batailles de Jemmapes, de Nerwinde, à Sellemberg près de Louvain. Pendant le blocus de Valenciennes, il se maintint pendant six heures sur la rivière de Persian avec 150 hommes, après l'évacuation du camp de Famars. Il fut nommé adjudant-général à Hondscoote, en octobre 1793. Blessé au moment où il s'emparait du village de Dourlers, il se signala de nouveau à Mons, à Bruxelles, à Louvain, à Fleurus. En 1794, sous le général Kléber, il s'empara du fort Saint-Pierre, et se trouva, sous les ordres de Marceau, au passage du Rhin à Neuwied.

En 1796, il eut le commandement des avant-postes de l'armée de Sambre-et-Meuse sous le général Lefebvre. Il se signala à Altenkirchen, à la bataille de Friedberg, enleva les hauteurs de Wildendorf et fit 2.000 prisonniers; s'empara de Grossen, fit capituler Francfort, enleva de vive force Gemmunden, où il fit un grand nombre de prisonniers et prit quinze bateaux chargés de munitions de guerre, et enfin força le général Wartensleben à opérer sa retraite sur Bamberg. Au combat d'Hirschied, à Ehmanstadt, Mortier donna des preuves de la plus grande valeur.

Dans le fort de Rothemberg, dont il s'empara, il trouva 60 pièces de canon. Promu au grade de général de brigade en 1799, il concourut puissamment à la prise de Lieptengen. Général de division le 27 septembre 1799, il alla commander la 4ᵉ division à l'armée d'Helvétie. Il combattit avec distinction dans les différentes affaires qui précédèrent et suivirent la prise de Zurich, et seconda Masséna à opérer l'entière expulsion de l'ennemi du territoire helvétique. Il participa ensuite aux opérations militaires qui eurent lieu contre les Autrichiens dans le pays des Grisons. Un arrêté du gouvernement consulaire l'appela bientôt au commandement des 15ᵉ et 16ᵉ divisions militaires, dont le chef-lieu était Paris. En 1803, le général Mortier fut chargé par le premier Consul du commandement de l'armée destinée à s'emparer du Hanovre. Il traverse le Waal avec 14,000 hommes, bat les troupes hanovriennes et force le feld-maréchal Waldomen à signer, le 3 juin, à Sublingen, une convention qui rendit les Français maîtres de tout l'Électorat. Il reçut du premier

Consul les éloges les plus flatteurs et devint l'un des quatre commandants de la Garde consulaire. Le commandement de l'artillerie lui fut spécialement confié. En 1804, Mortier fut élevé à la dignité de maréchal; grand aigle de la Légion-d'Honneur il reçut quelque temps après la croix de l'ordre du Christ du Portugal. En 1805, il commanda un des corps de la grande armée sous les ordres de l'Empereur. Dès l'ouverture de la campagne, le maréchal vint prendre position à la gauche du village de Leoben. 30,000 Russes attendaient qu'il se fût engagé avec sa colonne composée de 4,600 combattants dans l'étroit défilé de Diernstein. Le 11 novembre, à la pointe du jour, les tirailleurs ennemis engagèrent la lutte qui devint bientôt générale. Les troupes russes, dirigées sur le village de Léoben, furent écrasées par les régiments des 4e léger, 100e et 103e de ligne. Six drapeaux, cinq canons, 4,000 prisonniers restèrent au pouvoir des Français. Ce premier succès était brillant, mais les Russes étaient trop nombreux pour désespérer de leur entreprise. Le maréchal Mortier résolut d'attendre la colonne du général Dupont et le parc de réserve d'artillerie. Vers la nuit, on vit les hauteurs se couvrir de troupes ennemies. Le maréchal était parti avec un petit corps de cavalerie pour se porter au-devant de la division attendue. Prévenu par les ordonnances envoyées à la hâte, il accourt précipitamment et se voit sur le point d'être pris par les Russes qui attaquèrent son escorte à Diernstein; il trouve les postes français déjà occupés par l'ennemi; les 4,000 Français qui occupaient le plateau de Leoben se trouvaient dans une position désespérée; ils avaient devant et derrière eux des masses énormes d'ennemis: à gauche un escarpement inaccessible, et à droite le Danube qui n'offrait aucun moyen de salut. Tandis que le maréchal délibérait avec ses officiers, le brave major Henriot lui fit dire que si on voulait seconder le mouvement qu'il allait faire avec ses bataillons, il répondait de sauver la division. Le plan de Henriot fut communiqué au maréchal qui l'approuva et donna ordre d'attaquer immédiatement. Alors, le major s'adossant aux grenadiers qui formaient la tête de sa colonne : « Camarades, leur dit-il, nous sommes enveloppés par 30,000 Russes et nous ne sommes que 4,000, mais les Français ne comptent point leurs ennemis. Nous leur passerons sur le ventre. Grenadiers du 100e régiment, à vous l'honneur de charger les premiers. Souvenez-vous qu'il s'agit de sauver les aigles françaises. » Un cri général répond à cette courte et énergique harangue : « Major, nous sommes tous grenadiers. » Henriot fait alors tirer les six derniers boulets que possédait la division, ordonne la charge, et recommande à ses soldats de crier tous ensemble : « Point de quartier, ce sont les Russes! » La colonne s'avance impétueusement sous le feu de la mousqueterie ennemie. La première section se précipite sur les premières files russes; les perce de ses baïonnettes, décharge en même temps l'arme, ce qui produit une sourde détonation qui épouvante les files suivantes. Chaque section opère la même manœuvre et se replie immédiatement sur les côtés pour faire place à celle qui la suit. La tête de la colonne ennemie, pressée, refoulée par nos troupes, écrase son propre centre contenu par la queue. Pour échapper à une mort certaine, le centre franchit ou renverse les murs d'enceinte qui bordent le chemin. La plus grande confusion se met dans les rangs ennemis, la déroute devient générale. Il était nuit. Dans ce désordre épouvantable, quelques soldats russes, pour éclairer leur marche au milieu de l'obscurité, incendient le village de Leoben, et les cris de 500 de leurs blessés qui expirent au milieu des flammes mettent le comble à cette scène d'horreur et de destruction. Les Russes perdirent dans cette journée 6,000 hommes blessés ou tués, trois officiers généraux, des drapeaux, des pièces d'artillerie et des milliers de fusils. Mortier s'étant ensuite porté en avant, osa, avec 4,000 hommes seulement, présenter le combat à l'armée entière commandée par Kutusoff. Malgré l'extrême infériorité de ses forces, le maréchal culbuta les colonnes ennemies. Il fit dans cette occasion des prodiges de valeur.

En 1806, Napoléon confia à Mortier le commandement du 8ᵉ corps de la grande armée, composée de troupes gallo-bataves. Il s'empara de Cassel le 1ᵉʳ octobre et de Naumbourg en novembre suivant. En 1807, il vainquit les Suédois à Anclam et se signala à la bataille de Friedland. Nommé duc de Trévise, quelque temps après, il reçut une dotation de 100,000 francs de rente sur les domaines de l'ancien électorat de Hanovre. En 1808, il commanda le 5ᵉ corps de l'armée d'Espagne, prit une part glorieuse au siége de Saragosse, gagna la bataille d'Ocaña, où plus de 60,000 Espagnols furent écrasés par moins de 30,000 Français, fut chargé du siége de Cadix et battit les Espagnols à la bataille de Gebora en 1811.

En 1812, lors de la campagne de Russie, le maréchal Mortier reçut le commandement de la jeune Garde impériale. L'Empereur le nomma gouverneur du Kremlin et lui donna, au moment de la retraite, la terrible mission de le faire sauter. Poursuivi par des forces supérieures, le duc de Trévise fut attaqué au passage de la Bérésina et partagea avec le maréchal Ney l'honneur de sauver les débris de la grande armée. Ce fut lui qui réorganisa, à Francfort-sur-le-Mein, la jeune Garde dont il eut le commandement pendant la campagne de 1813. Il combattit à Lutzen, à Bautzen, à Dresde, à Wachau, à Leipzig et à Hanau.

Pendant la campagne de 1814, le maréchal duc de Trévise prit une part active à toutes les actions qui signalèrent cette immortelle campagne. Ce fut lui qui, dans la défense de Paris, fut chargé de soutenir le choc de l'armée alliée dans la plaine de Saint-Denis. Parvenu au pied de l'enceinte de cette capitale, l'empereur de Russie envoya à Mortier le comte Orlow, son aide-de-camp, pour le sommer de mettre bas les armes ; le maréchal répondit : « Les alliés, pour être au pied de la butte Montmartre, ne sont pas pour cela maîtres de Paris. L'armée s'ensevelirait sous ses ruines plutôt que de souscrire à une capitulation honteuse ; et quand elle ne pourra plus se défendre, elle sait comment et par où effectuer sa retraite devant et malgré l'ennemi. »

Mortier ne quitta sa position qu'après que le duc de Raguse eut conclu un arrangement pour l'évacuation de la capitale. Le 8 avril il envoya son adhésion aux actes du Gouvernement provisoire. Immédiatement après la rentrée des Bourbons, il fut envoyé à Lille en qualité de commissaire extraordinaire de la 16ᵉ division, dont il devint ensuite gouverneur. Le roi le nomma chevalier de Saint-Louis et Pair de France.

A l'époque du 20 mars, le Gouvernement résolut de former à Péronne une armée de réserve dont le maréchal devait avoir le commandement. Arrivé à Lille un peu avant Louis XVIII, le duc de Trévise se hâta de prévenir M. de Blacas que la garnison était prête à se soulever et fit conjurer le roi de partir le plus promptement possible. Le roi ayant approuvé ce conseil, le maréchal l'accompagna jusqu'au bas des glacis, afin d'imposer aux soldats par sa présence. « Je vous remercie de ce que vous avez fait, monsieur le maréchal, lui dit le roi. Je vous rends vos serments ; servez toujours la France et soyez plus heureux que moi. »

Napoléon créa Mortier membre de la nouvelle Chambre des Pairs et le chargea de l'inspection des places frontières de l'Est et du Nord.

Après la seconde Restauration, il fut éliminé de la Chambre des Pairs que le roi venait de reformer. Membre du Conseil de guerre chargé de juger le maréchal Ney il se déclara incompétent. Nommé gouverneur de la 15e division militaire à Rouen, en 1816, il fut élu, la même année, membre de la Chambre des Députés par le département du Nord, et rétabli dans les honneurs de la Pairie en mars 1819.

Après la révolution de Juillet, il fut nommé grand chancelier de la Légion-d'Honneur, et le 10 novembre 1834 ministre de la guerre ; mais il résigna à la première occasion ces dernières fonctions qu'il avait acceptées à regret.

C'est en qualité de grand chancelier de la Légion-d'Honneur qu'il accompagna le roi le jour où une balle est venue le frapper au milieu d'une fête. Le cortége était parvenu au boulevard du Temple, le maréchal se plaignit de la chaleur qui l'accablait. Quelqu'un l'engagea de se retirer ; mais il n'y voulut pas consentir. « Ma place, dit-il, est auprès du roi, au milieu des maréchaux, mes compagnons d'armes. » A peine avait-il exprimé cette noble résolution, qu'il tomba foudroyé par la mitraille de la machine infernale que Fieschi avait dirigée contre le roi. Il vivait encore quand on le transporta dans une salle de billard du Jardin-Turc. Il chercha à s'appuyer contre une table ; puis tout à coup, saisi par les dernières convulsions, porta le corps en arrière, poussa un grand cri et expira.

Ainsi périt sous la balle d'un assassin une de nos vieilles illustrations, celui que les boulets du champ de bataille avaient respecté pendant trente années de sa glorieuse carrière.

MORVAN (Frédéric-Pierre), né à Quimper (Finistère) le 16 septembre 1786 ; il est fils du jeune et infortuné avocat et poëte que moissonna la faux révolutionnaire en 1794. Reçu à l'École polytechnique, M. Morvan passa en 1807 à l'École d'application à Metz, et, en 1809, à l'état-major du 3e corps de la grande armée en qualité de lieutenant en second de sapeurs à la suite. Il fut chargé de la direction de divers travaux des camps et cantonnements en Moravie, partit pour l'armée d'Aragon, comme lieutenant d'état-major du génie, et prit une part glorieuse au siége de Méquinenza.

Nommé capitaine en second de sapeurs, il fut chargé de la construction et de la défense de la tête du pont de Xerta. Il prit part au siége de Tortose, dirigea les retranchements de Perillo et du Plati et des travaux du col de Bologne, ce qui lui mérita le grade de capitaine en premier de sapeurs le 30 janvier 1811, et celui de capitaine en second à l'état-major du génie le 1er juillet suivant.

M. Morvan se distingua à la défense du fort Saint-Philippe, au siége de Tarragone, et à celui de Sagonte il fut blessé en conduisant une sape, le 16 juin 1811, et, le 28 suivant, à l'assaut du corps de la place : ces deux faits d'armes lui méritèrent la décoration de la Légion-d'Honneur. Aux travaux du siége de Valence et de Peniscola, à la défense de Denia, il déploya beaucoup de zèle et d'habileté. Fait prisonnier en 1813, il fut conduit aux Baléares. Il venait d'être atteint d'une balle dans le corps.

Sorti des prisons de Majorque en 1814, M. Morvan fut mis en cantonnement dans les Pyrénées, et de là envoyé à Concarneau.

En 1815 il se prononça pour le régime impérial et empêcha le commandant d'armes de livrer la place aux chouans. Il fut employé sous les ordres des généraux Lamarque et Travot.

La Restauration le mit en surveillance et en demi-solde.

Rappelé en 1816 comme capitaine du génie, il fut employé à Brest puis à Concarneau.

Il fit la campagne d'Espagne en 1823, en qualité de chef de bataillon, fut chargé de l'investissement de Saint-Sébastien, du siége de l'île de Léon, comme chef d'attaque de San Pietri, et fut nommé commandant du génie à Cadix.

M. Morvan fut créé, dans cette campagne, chevalier de Saint-Louis et de Saint-Ferdinand d'Espagne.

Lors de l'évacuation de la Péninsule, il fut directeur des fortifications à Bayonne, à Péronne et à Amiens, comme lieutenant-colonel en 1832. En 1837 il fut nommé colonel du 2e régiment du génie, et, l'année suivante, directeur des fortifications à Saint-Omer.

Il fut enfin promu au grade de général de brigade, et, le 12 juin 1848, nommé général de division.

Aujourd'hui il est commandeur de la Légion-d'Honneur, membre du comité des fortifications et commandant le génie à l'armée des Alpes.

MOULIN (N.), né à Caen en 1752, entra d'abord dans les ponts-et-chaussées où il resta jusqu'en 1789, prit à cette époque du service et parvint, dès les premières années de la Révolution, au grade de général de brigade.

Commandant en chef de l'armée des Alpes en 1794, commandant de Paris en 1798 et 1799, membre du Directoire après le 30 prairial. Il proposa l'arrestation du général Bonaparte au 18 brumaire, et voulait le faire fusiller. Arrêté lui-même, il parvint à s'échapper. Quelque temps après il reprit du service et obtint le commandement de la place d'Anvers où il mourut sans fortune en 1810.

« Moulin, général de division, n'avait pas fait la guerre; il sortait des Gardes françaises, et avait reçu son avancement dans l'armée de l'intérieur. C'était un homme patriote, chaud et droit. »

(Napoléon, etc.)

MOUTON (maréchal LOBAU), né à Phalsbourg le 21 février 1770, et dans le commerce; George Mouton, depuis comte et maréchal de Lobau, fut de ce glorieux département de la Meurthe auquel la France doit, entre tant d'autres illustrations, les généraux Klein, Rampon, Hugo, Fabvier, et les maréchaux Gérard et Gouvion-Saint-Cyr. En 1792, quand, au cri de la patrie en danger, s'élança tout ce qu'il y avait de plus brave et de plus généreux dans notre jeunesse, il fut l'un des premiers qui courut aux armes. Et cet élan fut si soutenu, que, le premier au premier coup de canon de cette guerre de vingt-trois ans, et quoique plusieurs fois abattu, quand le dernier coup retentit, il s'y retrouvait encore.

Dès les premières actions il attire tous les regards de ses camarades. Dans ce compagnon de guerre ils ont remarqué d'abord un guerrier de formes athlétiques, de tête haute, de cœur élevé, et dont l'âme, plus ferme encore que le bras, grandissait en proportion du péril; le danger l'excite et l'inspire, et déjà il leur commande par l'autorité de l'exemple avant d'y joindre celle du grade.

Les chefs alors manquaient. Tous se cherchaient des appuis et des guides; on les choisissait à l'épreuve qui ne trompe pas; et comme dans cette guerre acharnée, nuit comme jour, hiver comme été, l'on était toujours aux prises, les grades ne manquaient pas plus que les occasions de les mériter. C'est pourquoi, de 1792 à 1799, d'abord soldat, bientôt officier, puis aide-de-camp du savant Meusnier et du célèbre Joubert, frappés mortellement à ses côtés, on vit ce jeune guerrier, soit en France, soit aux armées du Rhin et d'Italie, monter rapidement par tous les grades jusqu'à celui de colonel, au choix et aux acclamations de ses chefs et de ses camarades.

Ici, au milieu des montagnes de Gênes et de nos corps battus, abandonnés et découragés, la position est devenue plus élevée, plus difficile, et plus que jamais cependant le jeune colonel la domine. Il vient d'y prendre le commandement du 3ᵉ de ligne, en proie comme toute l'armée au désespoir des revers, et à une misère si affreuse, que tout périssait par la désertion et l'indiscipline. Environné d'ennemis, en butte à tous les feux les plus ardents de la guerre, il relève tous les courages, il rétablit l'ordre et la règle, et, triomphant à la fois de tous les fléaux, parmi les Miollis, les Reille, et Soult, et Masséna, que cette seule défense eût suffi pour rendre célèbres, il se fait distinguer dans une multitude de combats, comme l'un des plus intrépides et des plus fermes soutiens de la gloire des armées françaises.

Il suffira de dire que dans l'une de ces actions, où ce n'était qu'en attaquant que l'on songeait à se défendre, sur sept drapeaux arrachés à l'ennemi, son régiment seul en rapporta six! Dans la dernière, un bras et le corps percés d'une balle, et laissé pour mort sur le champ de bataille, l'amour et le dévouement des siens nous le conservèrent.

En 1805, sa renommée, toujours croissante en paix comme en guerre, l'éleva au rang de général et d'aide-de-camp de l'Empereur. Et, ce qui est remarquable, c'est que dans cette cour guerrière il apporta et conserva constamment l'austère et simple franchise de ses mœurs jusque-là républicaines; car jamais il ne flatta, quel que fût le souverain, empereur ou peuple; jamais sa mâle et quelquefois rude véracité ne se démentit; je n'en citerai que deux exemples :

A Austerlitz, au milieu des acclamations enivrantes de cent mille soldats, quand celui qu'elles transportaient s'écria : « Qu'avec de tels hommes on ferait le tour du monde; » et que notre jeune ardeur s'enflammait à ces paroles, on l'entendit répondre : « Oui, sans doute, « mais ne vous y méprenez pas ; la « France est trop belle pour qu'on aime « à s'en éloigner autant, et à rester si « longtemps séparé d'elle. Dans cette joie « de la bataille de demain, il y a l'espoir « d'en finir. »

A notre entrée victorieuse dans Smolensk, au milieu de l'ivresse de cet autre triomphe, une voix s'élevant tenta d'en arrêter l'entraînement; c'était la sienne! Il se retourna vers l'Empereur qu'il précédait, et s'arrêtant : « Voilà une belle tête de cantonnement! » s'écria-t-il. Il déplut, mais il fut écouté; et sans le glorieux, mais trop sanglant combat du surlendemain, peut-être eussions-nous dû à sa ferme franchise d'autres destinées plus heureuses.

A la fin de 1807, sur cet amas de lauriers d'Ulm, d'Austerlitz, d'Iéna, de Pultusk, d'Eylau et de Friedland, que son sang vient de teindre encore, son habile valeur, dont l'Empereur lui-même venait d'être témoin dans quatre campagnes, dans une foule de combats et dans six grandes batailles, fut récompensée par le grade de général de division et le rang d'inspecteur général.

Cependant, dès 1808, la guerre encore et toujours lui, grandissant ensemble, ont passé du Nord au Midi de l'Europe. Aussitôt deux batailles nouvelles, celles de Rio-Secco et de Burgos viennent accroître sa renommée. A ces deux journées, aussi rapide dans ses dispositions que prompt dans l'attaque, qu'il dirige toujours droit au cœur de l'ennemi, quels que soient le danger et la supériorité du nombre, c'est la division qu'il commande qui remporte la victoire au pas de charge. Cinquante-neuf canons, douze drapeaux, et jusqu'aux cordes et aux chaînes de fer que les moines de l'armée ennemie avaient apportées pour le supplice de nos soldats, devinrent les trophées de ces deux victoires. Cinquante-neuf canons conquis en deux journées, voilà, avec tant d'autres bronzes russes et allemands pris de sa main, sa part de souscription à l'airain de notre glorieuse colonne! Mais, en 1809, il en apportera et il en conservera plus encore.

L'Autriche, à ces feux lointains, comme en 1805 à ceux de notre flottille, rallumant soudainement un nouvel incendie, en embrase, en le remontant, les bords du Danube! Mais plus soudainement elle y rencontre Napoléon qu'elle croit encore sur le Tage. Dès le premier pas, lui-même applaudit à la manœuvre hardie et savante d'Abensberg, où son aide-de-camp Mouton prépara la victoire d'Eckmühl. Ce coup de foudre annonce à l'ennemi l'Empereur. L'attaque de l'Autriche, surprise à revers, est renversée; elle est forcée d'aller s'abriter derrière l'Iser. Cependant, à la faveur de cet obstacle, les corps autrichiens dispersés vont se réunir et rendre la victoire incertaine. Déjà le pont de Landshütt, qu'ils ont franchi, brûle aux yeux de l'Empereur; et Napoléon lui-même s'arrête: il n'ose aventurer ses soldats sur ce brasier suspendu sur un abîme, que défendent de l'autre rive dès milliers d'ennemis retranchés dans une position formidable. Mais, ce qu'il ne doit pas commander, son aide-de-camp l'exécute! Il s'empare du premier régiment qu'il trouve là; c'était le 17e; et, l'entraînant, lui en tête: *Marchons*, s'écrie-t-il, *et ne tirez pas!* Et les flammes qui consument le pont, et les feux autrichiens concentrés sur ce long et périlleux passage, rien ne l'arrête: il aborde, il rompt l'ennemi consterné, et, par ce sublime élan, il change un combat disputé en une victoire rapide et complète.

L'armée autrichienne, par ce coup de guerre, est tranchée en deux et s'abandonne à une double déroute. Elle laisse entre nos mains trente canons, six cents caissons chargés, trois mille voitures, neuf mille prisonniers, et leur capitale elle-même, qu'il fallut pourtant disputer encore dans Esslingen.

Esslingen! journée glorieuse et fatale, où la fortune, où les éléments conjurés nous trahirent; où le fleuve ennemi, s'enflant et s'interposant tout à coup, livre à l'archiduc la tête de notre armée séparée du reste. Déjà Lannes a succombé! Plus le combat devient inégal, plus il redouble d'acharnement.

A la vue de notre situation désespérée, de notre épuisement et de quelques planches fragiles, dernière ressource pour sauver ce qui reste de l'élite de l'armée avec son chef, l'Autriche entière en armes, accourant et se précipitant triomphante, accable et écrase de tous ses feux nos débris poussés et acculés contre le Danube!

Tout semblait perdu; mais à l'avenir, que nos écoles citoyennes et que nos invocations guerrières n'aillent plus chercher dans l'antiquité d'autres exemples! Désormais pour nous, entre tant d'autres, Esslingen et Lobau suffiront! Qu'elles rappellent le vainqueur de Zurich, quand

Napoléon le fait conjurer d'arrêter l'ennemi dans la plaine deux heures seulement encore. « Dites-lui que j'y resterai deux heures, vingt-quatre heures, toujours, a répondu Masséna, et il tient parole. Montrez au même moment le vainqueur de Landshütt couvrant de son corps l'île de Lobau. Ses cartouches sont épuisées, sa main est fracassée, il a déjà repoussé sept fois l'ennemi à la baïonnette; et Napoléon, qu'il préserve, lui envoie dire de cesser un combat désespéré. Mais le général français montre à l'aide-de-camp le danger, et, calme comme sur un champ de manœuvres ; « Non, répond-il à Rapp, vous savez le « métier; dites à l'Empereur qu'il achève « sa retraite, et que, quant à moi, je « n'ai d'autre parti à prendre ici que de « me faire tuer sur place ! »

Cependant l'ennemi, étonné de ce double dévouement, s'est arrêté, il n'a osé achever; la France et son chef ont été sauvés pour trois ans encore, et l'Empereur reconnaissant proclame Masséna prince d'Esslingen ! Quant à Mouton, qu'il appelait son *lion* : « Sans Masséna, lui a-t-il dit, vous eussiez mérité le nom d'Esslingen ! » et par une même reconnaissance il veut qu'à l'avenir le surnom glorieux de comte de Lobau soit ajouté à ses insignes.

Après Esslingen pourtant, il fallait Wagram ; mais la tige de notre gloire venait d'être héroïquement conservée, et nos lauriers repoussèrent si hâtifs, que la main blessée du comte Lobau saignait encore, lorsqu'elle en cueillit de nouveaux sur cet autre champ de bataille.

Cette fois enfin, la paix et l'archiduchesse sont conquises; et pendant que la fortune impériale monte à son comble par la naissance du roi de Rome, Napoléon confie secrètement au comte de Lobau la révision du personnel de l'armée entière. Il se repose en lui; il juge que nul, autant qu'un chef d'un mérite si reconnu, ne saurait aussi bien reconnaître celui de tous ses compagnons d'armes.

Alors commence, en 1812, cette grande marche, d'abord triomphale et irrésistible, mais contre nature, du Midi contre le Nord, que termine la plus épouvantable des catastrophes. C'est là que, grand officier de l'ordre d'Honneur, le comte de Lobau, comme aide-major général, dirige une infanterie de 500,000 hommes. Mais pour la plupart de tant d'infortunés l'hiver russe sera sans printemps ! Il commence, et bien plus que les flots de ces contrées, ces flots de soldats, naguère si rapides, s'arrêtent et demeurent glacés, d'une glace pour eux éternelle ! Dans cet effroyable naufrage, à peine quelques guerriers épars restent debout, et parmi ceux-là, c'est encore Lobau que Napoléon appelle, quand il en choisit trois seulement pour les ramener en France avec lui, et pour y recréer une armée nouvelle.

En effet, à peine Napoléon a-t-il touché la terre héroïque, que tel que le géant des temps fabuleux, il s'est redressé formidable ! L'Allemagne le croit seul et désarmé, et dès les premiers mois de 1813 elle le voit soudainement reparaître aux champs de Lutzen à la tête de 300 canons et de 300,000 hommes. Le plus célèbre des tombeaux qu'une mort guerrière ait consacré est le rendez-vous qu'il leur donne. Mais là, surprise à son tour dans sa marche rapide, sa jeune armée, frappée subitement dans son flanc droit, chancelle, près de périr, en vue des cendres de Gustave-Adolphe. Pourtant Marmont et toujours Ney, s'appuyant sur nos braves marins, résistent encore ; mais à Kaya, une trouée mortelle est ouverte ! Napoléon y place Lobau : à la voix de ce général nos soldats se rallient, ils se raffermissent, l'ennemi s'arrête, le combat se rétablit, Macdonald a le temps d'accourir, et Napoléon lui-même, celui d'achever la victoire avec l'artillerie de sa garde.

Plus tard, quand les journées de Bautzen et de Wurtzen, lorsque l'armistice même et la grande victoire de Dresde finissent par le désastre de Kulm, l'Empereur le charge d'en recueillir les débris; il veut que Lobau remplace Vandamme, et c'est ainsi que dans les grands périls c'est toujours lui qu'il appelle et qu'il leur oppose.

A Dresde enfin, où il ne commandait pas en chef, pour la première fois il succombe. Mais là, comme sur tout le cours de l'Elbe, si nos garnisons, brusquement séparées de l'Empereur et successivement prisonnières, sont restées inutiles au salut de la France, c'est qu'on n'a point écouté son inspiration. Il a proposé de les recueillir en descendant le fleuve, mais on a jugé l'effort impossible, et l'Empereur ainsi que la France tombent en 1814, privés de plusieurs de nos chefs les plus habiles et de 100,000 hommes.

Vinrent ensuite neuf mois d'un calme trompeur, puis la réapparition du héros de la France. Dès lors renaît le danger, et reparaît le comte de Lobau aux champs de Fleurus et sur celui de Waterloo, où notre aile droite était sous ses ordres. C'est là que, victorieux tout le jour, quand le soir de l'arrivée d'une seconde armée ennemie nous accable, le dernier à ce dernier coup de canon, il s'obstine à rallier nos débris, et qu'abattu lui-même, il tombe aux mains de l'étranger sur ce déplorable champ de notre dernière bataille.

Le prix de tant de services signalés fut trois ans d'exil, puis suivirent dix ans d'un simple et noble repos, loin des disgrâces et des faveurs de la Restauration, qu'il respecta jusqu'au jour où elle disparut en 1830.

Déjà, depuis deux ans, l'inquiétude générale l'avait placé parmi les défenseurs de nos libertés, à côté des Sébastiani, des Foy, et de ce Périer à jamais célèbre, quand surgit cette révolution, complément de celle de 1789. Alors le comte de Lobau accepte ce nouveau danger et, comme *membre du gouvernement provisoire*, il s'y montre en tête de la France nouvelle.

Quand La Fayette mourut, ce fut encore le comte de Lobau qui fut appelé à l'honneur de lui succéder dans le commandement de la garde nationale parisienne.

Le maréchal comte de Lobau est mort à l'âge de 68 ans et 9 mois, dans la nuit du 27 novembre 1838.

Son nom est inscrit sur l'arc de triomphe de l'Étoile, côté Est.

MOUTON DUVERNET (RÉGIS-BARTHÉLEMY, baron), né au Puy en 1779, s'engagea à 19 ans dans le régiment de la Guadeloupe, était capitaine adjudant-major au siège de Toulon. Il fit ensuite les campagnes d'Italie et se distingua surtout à Arcole. — Envoyé comme colonel en Espagne en 1806, il en revint général de division et fit avec la plus grande distinction les campagnes de 1813 et de 1814. Nommé, pendant les Cent-Jours, membre de la Chambre des représentants, il y appuya toutes les mesures qui avaient pour but de sauver l'indépendance nationale.

Gouverneur de Lyon le 2 juillet 1815, il y montra beaucoup de vigueur, de prudence et de modération. — Compris sur la liste de proscription du 31 juillet, il fut arrêté au mois de mars 1816, condamné à mort par un conseil de guerre et fusillé le 26 juillet suivant.

MURAT (JOACHIM), né à la Bastide-Fortunière, près Cahors (Lot), le 25 mars 1771, fils d'un aubergiste, fit ses études à Toulouse. Il s'y préparait au noviciat sacerdotal et porta le petit collet. Ses camarades de la Bastide l'appelaient l'abbé Murat. Le jeune Joachim aimait les plaisirs, il fit des dettes et craignant le courroux paternel il s'enrôla dans un régiment de chasseurs des Ardennes qui passa par Toulouse. Renvoyé pour insubordination, il retourna quelque temps chez son père, et fut admis ensuite dans la garde constitutionnelle de Louis XVI. Sous-lieutenant dans le 11e de chasseurs à cheval. Lieutenant-capitaine et chef d'escadron en 1792. Destitué comme terroriste après le 9 thermidor. Aide-de-camp du général Bonaparte à la première campagne d'Italie. Général de brigade à la même armée.

A la bataille de Roveredo (4 septembre 1796), il fut chargé par Bonaparte de poursuivre l'ennemi qui, en fuyant, cherchait à se rallier; à la tête d'un escadron de chasseurs du 10e régiment dont chaque cavalier portait un fantassin en croupe, il passa l'Adige à gué, et cette attaque inattendue jeta la confusion dans les rangs de l'ennemi. Au combat de Bassano, livré le 22 du même mois, il commandait un corps de cavalerie dont les charges brillantes contre les carrés de l'infanterie austro-sarde contribuèrent puissamment au succès de la journée.

Le 13 mars 1797 il exécuta avec sa cavalerie le fameux passage du Tagliamento, fait d'armes qui déconcerta tous les plans de l'archiduc Charles et qui devait forcer l'Autriche à signer les préliminaires d'un traité de paix.

Général de division en Égypte, il déploya la plus grande valeur à la prise d'Alexandrie et à la bataille des Pyramides.

Un jour il fut enveloppé par un grand nombre de Mamelucks; on le crut tué; mais quelques cavaliers français parvinrent à le dégager; il n'avait reçu aucune blessure; mais son sabre brisé et teint de sang attestait la lutte qu'il venait de soutenir. Quand Bonaparte mit le siége devant Saint-Jean-d'Acre, l'infériorité de l'artillerie française décida le général en chef à tenter l'assaut de cette place. Murat se présenta pour monter le premier à l'assaut; Bonaparte lui refusa d'abord ce périlleux honneur; mais Murat fut si pressant qu'il fallut bien le lui accorder. Saint-Jean-d'Acre eût été emporté si l'héroïsme avait pu suffire. A cet assaut meurtrier où Murat se distinguait, comme un but aux coups de l'ennemi, par le panache qui flottait au-dessus de sa tête, il reçut dans le collet de son habit une balle qui traversa sa cravate et lui effleura le cou; son panache abattu par une autre balle resta au pouvoir des assiégeants, et le pacha l'ayant réclamé, le montrait toujours comme un glorieux trophée.

Mustapha-Pacha, à la tête de 18,000 Turcs, avait abordé dans la rade d'Aboukir. Bonaparte ayant ordonné l'attaque du camp des Turcs, ceux-ci se défendaient avec courage et quelque chance de succès, lorsque Murat, commandant de l'avant-garde, détacha un de ses escadrons, en lui ordonnant de charger l'ennemi et de traverser toutes les positions, pendant que le général Lannes se portait à l'attaque d'une redoute jusqu'aux fossés de laquelle l'escadron de Murat devait pénétrer. Ces deux attaques combinées jetèrent le trouble et la confusion dans le camp ennemi. « L'intrépide cavalerie du général Murat, écrivait Bonaparte au Directoire, a résolu d'avoir le principal honneur de cette journée; elle charge l'ennemi sur sa gauche, se porte sur les derrières de la droite, la surprend à un mauvais passage et en fait une horrible boucherie. Le gain de cette bataille est dû principalement à Murat. Je vous demande pour lui le grade de général de division; sa brigade de cavalerie a fait l'impossible. »

Cette bataille fut la dernière livrée par Bonaparte en Égypte ; rappelé en France par les événements graves qui s'y passaient ; il ne ramena d'Égypte que sept personnes au nombre desquelles se trouvait Murat.

Ce fut lui qui, au 18 brumaire, entra à la tête de 60 grenadiers dans la salle des Cinq-Cents et prononça la dissolution de ce Conseil.

Commandant de la garde consulaire après cette journée, c'est alors qu'il épousa Caroline Bonaparte, sœur de Napoléon. Commandant la cavalerie de la grande armée dans la campagne de Marengo, il contribua puissamment au succès de cette bataille.

Gouverneur de la République cisalpine en 1802. Gouverneur de Paris et général en chef en 1804. Maréchal d'Empire, prince et grand amiral, commandant la cavalerie de la grande armée dans la campagne d'Austerlitz, il avait porté les premiers coups à l'Autriche et obtenu les premiers succès ; après s'être emparé des débouchés de la forêt Noire, il avait enfoncé et dispersé une forte division autrichienne, lui avait pris son artillerie, ses drapeaux et 4,000 prisonniers. Peu de jours après, il avait forcé le général Werneck à capituler, rien ne résistait à cette redoutable cavalerie française commandée par un chef aussi intrépide : 1,500 chariots, 50 pièces de canon, 1,600 prisonniers avaient été les trophées de sa marche victorieuse jusqu'à Nuremberg. Un nouvel ennemi se présente ; les Russes entrent en ligne. Murat atteint une de ses divisions, lui enlève cinq pièces de canon et 500 hommes, la poursuit, l'attaque de nouveau sur les hauteurs d'Amstetten et lui fait éprouver une nouvelle perte de 1,800 hommes. Murat entre à Vienne à la tête de sa cavalerie ; il avait failli surprendre l'empereur d'Autriche dans l'abbaye de Molk ; il sort de Vienne pour poursuivre l'ennemi, sabre l'arrière-garde à Hollabrünn, mais trop généreux, lui accorde un armistice que Napoléon blâme vivement. Pour réparer sa faute, il prend aux Russes, à Guntersdorf, 1,800 hommes et 12 pièces de canon et se couvre de gloire à Austerlitz : c'est alors que Napoléon le nomme grand duc de Berg et de Clèves.

Mais la campagne de Prusse l'arracha aux soins de sa souveraineté ; Murat, toujours à l'avant-garde, traverse la Saale, détruit deux régiments qui lui disputent le passage, se bat comme un lion à Iéna, force l'importante place d'Erfurth à capituler, harcèle avec une ardeur infatigable les débris de l'armée prussienne, et fait toute une brigade prisonnière dans le faubourg de Prentzlaw. Une capitulation lui livre 64 pièces d'artillerie, 45 drapeaux, six régiments de cavalerie, 1,600 hommes d'infanterie et le prince de Hohenlohe qui commandait ces troupes. Attaqué dans Lubeck, Blucher se rend à Murat avec les troupes et le matérial qu'il avait cru sauver par un indigne subterfuge. Pendant ce temps, une des divisions de Murat, commandée par le général Lasalle avait fait capituler une garnison nombreuse qui défendait Stettin, une des plus fortes places de la Prusse : « Puisque vous prenez des places fortes avec votre cavalerie, écrivait Napoléon à son beau-frère, je pourrai congédier le Génie et faire fondre mes grosses pièces. » Cependant les Russes accourent au secours des Prussiens aux abois. Les Français marchent au-devant d'eux. Murat les attaque, les chasse de Varsovie où il entre le 28 novembre 1806. A Eylau, c'est encore Murat qui force l'ennemi à la retraite, après avoir enfoncé son infanterie : une grande partie de l'artillerie russe tombe au pouvoir du grand duc de Berg.

Élu roi des Deux-Siciles en 1808, il

se concilia l'affection de ses sujets par une administration douce et paternelle et par le respect qu'il montra pour les mœurs de ses sujets allemands ou italiens.

Commandant général de la cavalerie française en Russie, il se montra dans cette campagne aussi ardent, aussi impétueux que dans les précédentes : il fut terrible aux ennemis, surtout au combat d'Ostrowno, à la bataille de Smolensk.

Retourné à Naples en janvier 1813, il ne rejoignit l'armée française qu'après les batailles de Lutzen et de Bautzen. L'Empereur lui confia le commandement de l'aile droite à la bataille de Dresde, et Murat eut une belle part à cette victoire. Il se distingua encore à Wachau et à Leipzig, et retourna en Italie.

Bientôt après il traita avec l'Autriche et se joignit aux ennemis de la France en 1814. Battu le 2 mai à la bataille de Tolentino, Murat y fit des prodiges de valeur, et s'y montra même général habile, homme de grande guerre par les dispositions qu'il prit pour réparer les fautes de ses lieutenants et suppléer à la faiblesse de ses troupes. La jonction des forces du général Neiperg avec celles du général Bianchi détermina la retraite de l'armée napolitaine.

Détrôné le 19 mai 1815, retiré en France durant les Cent-Jours, et proscrit après, il alla en Corse et organisa une expédition.

Parti d'Ajaccio, le 28 septembre 1815, il arriva le 8 octobre au village de Pizzo, dans les Calabres, où il fut arrêté le même jour et fusillé cinq jours après.

Murat avait gouverné avec bonté et modération les Napolitains qui se montrèrent si ingrats. Il fit pour eux *plus que tous les rois ses prédécesseurs* et mérita réellement leur amour. Une armée de 15 à 16,000 brigands mal vêtus, mal disciplinés, devint par lui une armée de 70,000 hommes de belles troupes. Il opéra la même révolution dans la marine, dans l'administration civile, dans les lettres et les sciences. On lui a reproché son goût pour la parure qui lui avait fait donner le sobriquet de *Roi Franconi*, mais c'est par cela seul qu'il plut aux Napolitains et réussit auprès d'eux.

— « Après l'armistice de Cherasque, le général Murat, premier aide-de-camp du général en chef de l'armée d'Italie, fut expédié pour Paris, avec vingt et un drapeaux et la copie de l'armistice. Napoléon avait pris cet officier au 13 vendémiaire ; il était alors chef d'escadron au 21ᵉ de chasseurs. Il a été depuis marié à la sœur de l'Empereur, maréchal d'Empire, grand duc de Berg, roi de Naples, etc. — Il a eu une grande part à toutes les opérations militaires du temps; il a toujours déployé un grand courage et surtout une singulière hardiesse dans les mouvements de cavalerie. » (LAS CAZES.)

— « Il n'y avait pas deux officiers dans le monde pareils à Murat pour la cavalerie, et à Drouot pour l'artillerie : Murat avait un caractère très-singulier. Il y a environ vingt-quatre ans qu'il était capitaine ; je le pris pour mon aide-de-camp ; je l'ai fait tout ce qu'il a été depuis. Il m'aimait ; je peux même dire qu'il m'adorait. Il était, en ma présence, comme frappé de respect et prêt à tomber à mes pieds. J'ai eu tort de l'éloigner de ma personne ; car, sans moi, il n'était rien, et à mes côtés, il était mon bras droit. Si j'ordonnais à Murat d'attaquer et de culbuter 4 ou 5,000 hommes dans une direction donnée, c'était l'afd'un moment....... Je ne puis concevoir comment un homme si brave pouvait être si *faible* en certaines circonstances ; il n'était brave que devant l'ennemi, et là, c'était peut-être l'homme le plus vaillant du monde, son courage impétueux le portait au milieu du danger; couvert de plumes qui s'élevaient sur sa tête comme un clocher et tout d'or, c'était un miracle qu'il échappât tant il était facile à reconnaître à son costume. Toujours en butte au feu de tous les ennemis, les Cosaques eux-mêmes l'admiraient à cause de son étonnante bravoure. Chaque jour, il était engagé dans un combat particulier avec quelques-uns d'entre eux, et ne revenait jamais sans avoir teint son sabre de leur sang. En campagne, c'était un véritable paladin; mais si on le prenait dans le cabinet, c'était un poltron sans jugement ni décision. Murat et Ney étaient les deux hommes les plus braves que j'aie jamais connus. Le caractère de Murat était cependant plus noble, car il était généreux et franc. Chose étrange! Murat, malgré l'amitié qu'il me portait, m'a fait plus de mal que qui que ce soit au monde. Quand je quittai l'île d'Elbe, je lui envoyai un courrier pour l'informer de mon départ; il prétendit qu'il devait attaquer les Autrichiens, le courrier se jeta à ses genoux pour l'en empêcher; il me croyait maître de la France, de la Belgique et de la Hollande, et il devait, disait-il, faire sa paix avec moi et ne pas adopter de demi-mesures; il chargea les Autrichiens comme un fou, avec sa canaille, et ruina mes affaires; car, dans le même temps, je faisais avec l'Autriche une négociation d'après laquelle je stipulais qu'elle resterait neutre. Ce traité était sur le point d'être conclu, et alors j'aurais régné paisiblement. Mais aussitôt que Murat attaqua les Autrichiens, l'empereur François crut qu'il n'agissait que d'après mes instructions; et, en effet, il sera difficile de faire croire le contraire à la postérité. Metternich dit : « Oh! l'Empereur est toujours le même; c'est un homme de fer. Le séjour qu'il a fait à l'île d'Elbe ne l'a pas changé, rien n'est capable de le guérir : tout ou rien, voilà sa devise! » — L'Autriche se joignit à la coalition, et ma perte fut consommée.

— « Murat ignorait que ma conduite fût réglée d'après les circonstances. Il était comme un homme qui regarde le changement de décorations à l'Opéra, sans jamais penser à la machine qui les met en mouvement : il n'a pas cru me faire un grand tort en se séparant de moi la première fois; car il ne se serait pas joint aux alliés. Il calcula que je serais obligé de céder l'Italie et quelques autres pays; mais il n'a jamais envisagé ma ruine entière. » (O'Méara.)

— « On ne le plaindra pas : c'était un traître. Il ne m'a jamais dit qu'il fût déterminé à défendre son trône; et jamais je ne lui ai manifesté l'intention de réunir les royaumes d'Italie et de Naples, ni de lui ôter la couronne et de le faire connétable de l'Empire : certainement, je me suis servi de lui comme d'un instrument pour exécuter de grands projets sur l'Italie, et mon intention était *de déposséder Murat du trône de Naples;* mais le temps n'était pas venu, et, d'ailleurs, je lui aurais donné une indemnité convenable. Sa lettre à Macirone est d'un ridicule achevé, et son entreprise est celle d'un fou. Quel motif avait-il de se plaindre de l'empereur d'Autriche qui s'était conduit généreusement, qui lui avait offert un asile partout où il voudrait dans ses États, et qui ne lui imposait d'autre condition que celle de ne pas les quitter sans sa permission : ce qui était très-essentiel. Dans l'état où en étaient les choses, que pouvait-il exiger de plus? moi-même, je n'aurais jamais demandé davantage à l'Angleterre. C'était un acte de générosité de la part de l'empereur d'Autriche; il lui rendait le bien pour le mal, car Murat avait fait tous ses efforts pour lui enlever l'Italie. »
(O'Méara.)

« Il était dans la destinée de Murat de nous faire du mal, il nous avait perdus en nous abandonnant, et nous perdit en prenant trop chaudement notre parti.

« Murat avait perdu deux fois Napoléon, et cependant c'est à Toulon que Murat accourut chercher un asile. Je l'eusse amené à Waterloo, disait Napoléon, mais l'armée française était si patriotique, si morale, qu'il est douteux qu'elle eût voulu supporter celui qu'elle disait avoir perdu la France. Je ne me crus pas assez puissant pour l'y maintenir, et pourtant, il nous eût valu peut-être la victoire ; car que nous fallût-il dans certains moments de la journée? enfoncer trois ou quatre carrés anglais : or, Murat était admirable pour une pareille besogne; il était précisément l'homme de la chose. Jamais, à la tête d'une cavalerie, on ne vit quelqu'un de plus déterminé, de plus brave, d'aussi brillant.

« En fusillant Murat, les Calabrais ont été plus humains, plus généreux que ceux qui m'ont envoyé ici. » (Las-Cases).

— « Le roi de Naples est un bon militaire ; c'est un des hommes les plus brillants que j'aie jamais vus sur un champ de bataille. Pas d'un talent supérieur, assez timide pour le plan des opérations ; mais au moment où il voit l'ennemi, tout cela disparaît et fait place à une valeur éblouissante. C'est un bel homme, grand, bien mis, avec beaucoup de soin, quoique d'une manière un peu fantasque : enfin un superbe lazarone. Il fallait le voir à la tête de la cavalerie; il la menait même trop bien, car il faisait tuer trop de monde ; mais il était toujours en avant : c'était un spectacle magnifique. »

(Napoléon *à l'île d'Elbe*.)

En parlant du roi de Naples l'Empereur avait un ton plus animé que sur tout autre sujet.

MUSNIER DE LA CONVERSERIE (Louis-François-Félix, comte), né à Longueville (Pas-de-Calais), le 18 janvier 1766, entra, le 22 août 1780, à l'École militaire de Paris en qualité de cadet-gentilhomme, et prit rang de sous-lieutenant le 10 janvier 1781.

Incorporé avec ce grade, le 22 décembre 1782, dans le régiment de Piémont (3ᵉ infanterie), il fut nommé lieutenant en second le 10 août 1788, adjudant-major le 15 septembre 1791, capitaine le 1ᵉʳ mars 1792, et, le 1ᵉʳ juillet de la même année, le général Lamorlière, commandant en chef de l'armée du Rhin, le prit pour l'un de ses aides-de-camp.

En 1793, envoyé à l'armée des côtes de Cherbourg, il devint adjoint aux adjudants-généraux le 1ᵉʳ avril, ensuite, passé à l'armée de l'Ouest, il y fut promu, le 7 germinal an III, chef du 1ᵉʳ bataillon de la 106ᵉ demi-brigade de bataille; puis, le 19 fructidor, chef de brigade de la 187ᵉ, et, quelque temps après, de la 60ᵉ d'infanterie.

Adjudant-général le 30 messidor an IV, il remplit, jusqu'à la fin de l'an VI, les fonctions de chef d'état-major à l'armée du Nord, en Batavie, et rejoignit, le 27 vendémiaire an VII, l'armée d'Italie, où, pour la première fois, il se distingua, le 15 frimaire, par la prise de Novare, à l'occasion de laquelle le Directoire lui conféra le grade de général de brigade.

Le 18 prairial an VIII, appartenant à la division du général Boudet, il s'empara de Plaisance et détruisit presque entièrement le régiment autrichien de Klébeck.

Le 25 du même mois, il combattit avec la plus grande valeur à Marengo, et se signala le 4 ventôse an IX à la bataille de Pozzolo.

Mis en non-activité le 1ᵉʳ vendémiaire an X, Musnier, employé de nouveau le

23 brumaire suivant dans la 15ᵉ division militaire, en eut le commandement intérimaire le 4ᵉ jour complémentaire an XI.

Membre et commandeur de la Légion-d'Honneur les 19 frimaire et 25 prairial an XII, électeur attaché au collége du Pas-de-Calais, à la même époque, l'Empereur l'éleva au grade de général de division le 12 pluviôse an XIII, et le maintint dans son commandement le 11 ventôse.

Le 9 novembre 1807, ayant été employé à l'armée d'observation des côtes de l'Océan, bientôt après 3ᵉ corps de l'armée d'Espagne, il assista, vers la fin de 1808, aux premières opérations du siége de Saragosse.

En 1809, il se trouva, le 16 juin, à la bataille de Maria, contribua, le 18 juin, au succès du combat de Belchite par une charge en colonnes par bataillons qui rompit la ligne ennemie, et, le 6 décembre, guidant le 115ᵉ de ligne et le 1ᵉʳ régiment polonais de la Vistule, il chassa les Espagnols de Moellea et de Batea.

Au mois d'avril 1810, il occupa Flix et Mora, sur les bords de l'Èbre, se battit le lendemain dans la plaine en avant de Lérida, et prit Mequinenza le 8 juin, après huit jours de tranchée ouverte.

L'Empereur le récompensa de sa brillante conduite par le titre de comte et par la décoration de grand officier de la Légion-d'Honneur, qu'il lui accorda le 8 août.

Le 26 novembre, il parvint à attirer sur Uldecona l'armée espagnole, dite de *Valence*, forte de 12,000 hommes, et quoiqu'il n'eût que 2,000 fantassins, 500 cuirassiers et 9 pièces de canon, il la mit en pleine déroute et la poursuivit jusque sous les murs de Peniscola. Un mois après, Rastobe se rendit.

Nommé gouverneur de cette place, il défit, le 4 avril 1811, un corps ennemi à Benicorlo et fit 2,000 prisonniers.

Enfin, en 1812, il se signala, au mois de novembre, pendant le siége de Valence, et, le 26 décembre, au combat de Manisse; mais l'état de sa santé, altérée par les fatigues de la guerre, l'obligea à demander un congé le 10 avril 1813. Toutefois, avant de quitter l'Espagne, il repoussa, le 7 juin, l'invasion d'un corps anglo-sicilien débarqué près de Valence, et, le 27 du même mois, il se rendit maître du fort de Requena.

Employé pendant son séjour en France à l'inspection des places fortes, il reçut le commandement de la réserve de Genève le 23 décembre 1813.

En janvier 1814, après avoir repris Mâcon sur l'armée autrichienne du comte de Bubna, il alla rejoindre à Lyon le duc de Castiglione.

De 6,000 hommes dont il avait disposé, il ne lui en restait plus que 1,200, parmi lesquels on comptait à peine 300 vieux soldats. Néanmoins, avec ce petit nombre, chargé de la défense de la tête du faubourg de la Croix-Rousse, il intimida par d'énergiques dispositions le comte de Bubna, qu'il contraignit à se retirer par le château de la Pape. L'ennemi ayant été poursuivi, il délogea, le 17 février, de Meximieux, les postes du général Klopfstein, qu'il pourchassa jusqu'au village de l'Oye, défit, le 11 mars, les avant-postes autrichiens à Saint-George, près de Villefranche, et il les repoussait vers la Maison-Blanche, quand, arrêté par une batterie de 30 pièces de canon, il lutta plus d'une heure contre le feu de l'artillerie et contre les charges d'une cavalerie nombreuse avant de donner le signal de la retraite.

Le général Musnier, qui adhéra aux actes du Sénat, et que Louis XVIII fit chevalier de Saint-Louis le 27 juin, fut néanmoins désigné par l'Empereur, le

28 mai 1815, pour inspecter les 10ᵉ, 11ᵉ et 20ᵉ divisions militaires.

Mis à la retraite le 4 septembre suivant, et placé dans le cadre de réserve de l'état-major général de l'armée le 17 février 1831, il prit définitivement sa retraite le 1ᵉʳ mars 1832. Il est mort à Paris le 16 novembre 1837.

Son nom est inscrit sur le côté Ouest de l'arc de triomphe de l'Étoile.

N

NANSOUTY (Étienne-Antoine-Marie-Champion, comte de), né à Bordeaux le 30 mai 1768, fut admis à l'École militaire de Paris le 21 octobre 1782.

Cadet-gentilhomme avec rang de sous-lieutenant le 30 mai 1783, il passa sous-lieutenant au régiment de Bourgogne le 26 mars 1785, capitaine de remplacement au régiment de Franche-Comté-Cavalerie le 6 avril 1788, et, le 24 mai, au régiment de Hussards-Lauzun, devenu 6ᵉ régiment.

Nommé lieutenant-colonel du 9ᵉ régiment de cavalerie le 4 avril 1792, il fit les campagnes de 1792, 1793, et de l'an II à l'an VII aux armées sur le Rhin.

Nansouty se fit bientôt remarquer de ses chefs par sa bravoure, ses heureuses dispositions et ses talents. Il sut se rendre utile dans chacun des grades qu'il obtenait, et conserva dans son régiment la discipline qu'il était si difficile de maintenir alors.

Nommé chef de brigade le 19 frimaire an II, il justifia l'opinion que le général en chef Moreau avait conçue de sa prudence et de sa valeur; mais, aussi modeste que brave, il refusa plusieurs fois le grade de général de brigade, qu'il n'accepta que le 12 fructidor an VII.

Employé à l'armée de réserve le 15 ventôse an VIII, il rentra bientôt dans l'armée du Rhin.

Appelé sur un plus vaste théâtre, le général Nansouty rendit des services plus efficaces et contribua puissamment aux succès de l'armée du Rhin. Il seconda le général en chef Ney dans les différentes attaques qu'il fit faire, depuis Seltz jusqu'à Mayence.

Nansouty surprit, à Sandhoffen, une compagnie de hulans, qu'il ramena prisonnière de guerre sans avoir perdu un seul homme.

Le 12 floréal, à Stockack, il commandait une brigade de grosse cavalerie, et ses habiles manœuvres préparèrent le succès de cette affaire.

Le 13, à Engen, il commandait la réserve de Lecourbe, et ce général déclara qu'il devait une partie du succès de cette bataille aux sages mesures et à l'intrépidité de Nansouty. Le 15, à Mœskirch, il rompit souvent l'ennemi par des charges brillantes et réitérées à la tête de sa cavalerie. Lorsque le général Lecourbe reçut l'ordre de marcher pour s'emparer d'un des ponts sur le Danube, depuis Dillingen jusqu'à Donawerth, Nansouty assura les derrières de l'armée française contre le prince de Reuss, dont le corps était stationné dans le Tyrol, et le battit chaque fois qu'il voulut déboucher. Dans la journée du 24 prairial, le général ayant été attaqué par le prince de Reuss, il le repoussa vigoureusement jusqu'à Fuessen.

Ce général prit la part la plus glorieuse à toutes les affaires qui terminèrent la dernière campagne de cette guerre, et acquit la réputation d'un de nos bons généraux de cavalerie. A la tête de son régiment, il chargeait avec la valeur d'un soldat; commandant d'une brigade, il la dirigeait avec la prudence, la précision et le coup d'œil qui, dans les moments critiques, décident la victoire.

Le 12 prairial an IX, employé près le corps d'observation de la Gironde, et mis à la disposition du gouvernement le 12 nivôse an X, Nansouty fut attaché à la 22ᵉ division militaire le 28 ventôse suivant.

Promu général de division le 3 germinal an XI, il commanda, le 5, le département de Seine-et-Oise, et, le 8 floréal, il fit partie du camp de Nimègue.

Nommé membre de la Légion-d'Honneur le 19 frimaire an XII, il passa à l'armée des côtes de l'Océan, et reçut la croix de commandeur de l'Ordre le 25 prairial suivant.

Le général Nansouty prit ensuite le commandement de la 1ʳᵉ division de grosse cavalerie de la grande armée, et fit les campagnes des ans XIV, 1806 et 1807, en Autriche, en Prusse et en Pologne.

A la tête d'un corps de cuirassiers, il décida le succès du combat de Wertingen, se distingua à Ulm, et contribua puissamment à la victoire d'Austerlitz. Nansouty fit des prodiges de valeur à Eylau et à Friedland. Le maréchal Lannes lui ayant commandé d'aller au-devant de l'armée française, il passa avec sa division de cavalerie sous un feu terrible, et contint jusqu'à six heures du soir les efforts d'une masse d'ennemis. Les Russes, trompés par ses habiles manœuvres, n'osèrent avancer, et Napoléon eut le temps d'arriver avec son armée.

Grand officier de la Légion-d'Honneur le 4 nivôse an XIV, Nansouty reçut, en récompense de sa belle conduite dans cette campagne, le grand aigle de la Légion-d'Honneur le 11 juillet 1807, et le titre de premier écuyer de l'Empereur l'année suivante. En cette qualité, il accompagna Napoléon, d'abord en Espagne, puis à Erfurth, reçut des souverains l'accueil le plus honorable, et fut créé comte de l'Empire le 19 mars 1808.

En 1809, le général Nansouty prit le commandement de la division de réserve de grosse cavalerie à la grande armée en Allemagne, et mit le comble à sa réputation en exécutant, à Essling et à Wagram, ces belles charges qui achevèrent de fixer la victoire sous les drapeaux français. L'Empereur lui accorda une dotation de 10,000 francs sur le domaine de Zeven, situé en Hanovre. Nansouty reprit, près de Napoléon, ses fonctions de premier écuyer, employa une partie de 1811 à faire des inspections générales de cavalerie, et passa, le 25 décembre, au corps d'observation de l'Elbe.

En avril 1812, il commanda en Russie le 1ᵉʳ corps de réserve de cavalerie de la grande armée, se trouva à la bataille de la Moskowa, où il rendit les plus grands services et reçut une balle au genou.

Nommé colonel général des dragons le 16 janvier 1813, il redoubla de courage à mesure que les dangers devenaient plus éminents; Nansouty assista glorieusement aux affaires de Dresde, de Wachau, de Leipzig et de Hanau, où il versa de nouveau son sang pour la patrie. Le 29 juillet, il prit le commandement de la Garde impériale et mérita d'être cité honorablement dans les bulletins de la grande armée en Saxe.

Dans la campagne de France, il fit des prodiges de valeur à Champ-Aubert, à Montmirail le 11 février 1814, à Craone, et fut blessé dans ces deux dernières affaires.

Le 20 avril suivant, membre de la commission des officiers généraux pour la Garde, il passa dans la 18ᵉ division militaire le 22 comme commissaire extraordinaire du Roi.

Créé chevalier de Saint-Louis le 1ᵉʳ juin, inspecteur général des dragons le 14 juillet, il devint ensuite capitaine-lieutenant de la 1re compagnie des mousquetaires.

Le général Nansouty mourut à Paris, des suites de ses blessures et des fatigues de la guerre, le 12 février 1815.

Son nom est inscrit sur l'arc de triomphe de l'Étoile, côté Est.

NARBONNE-LARA (Louis, chevalier, puis comte de), né à Colorno, dans le duché de Parme, en 1755, d'une famille distinguée. Sa mère fut dame d'honneur de madame Adélaïde. M. de Narbonne embrassa de bonne heure la carrière des armes. Il servit dans l'artillerie, dans les dragons, et fut colonel du régiment de Piémont. Commandant en chef des gardes nationales du Doubs en 1790. Il conduisit à Rome les tantes de Louis XVI. Général de brigade nommé par le Roi. Ministre de la guerre du 6 décembre 1791 au 9 mars 1792, il visita les frontières pendant son ministère, et fit, à la suite de ce voyage, un brillant rapport à l'Assemblée législative sur les ressources militaires de la France; il organisa trois armées sous les ordres des généraux Rochambeau, Luckner et La Fayette. Décrété d'accusation après le 10 août, il se retira à Londres d'où il écrivit à la Convention pour lui demander un sauf-conduit afin de venir assumer sa part de responsabilité dans les actes du gouvernement de Louis XVI. Cette dangereuse faveur lui fut refusée.

Général de division en 1809, il remplit plusieurs missions diplomatiques, fit la campagne de Russie en qualité d'aide-de-camp de Napoléon; fut ambassadeur à Vienne en 1813, puis commandant de la place de Torgau, où il mourut le 17 novembre 1813.

NARP (comte de), né le 19 avril 1786, entra au prytanée de Saint-Cyr en 1801, et demanda, l'année suivante, à entrer à l'école militaire de Fontainebleau.

Il fut interrogé par le premier Consul qui se trouvait en inspection à Saint-Cyr, et admis comme élève. Bonaparte fit personnellement les frais du trousseau.

Sorti de l'école comme sous-lieutenant en 1804, M. de Narp fit plusieurs campagnes avec le 101e régiment de ligne.

Il se distingua à la prise de Capri, passa en Espagne en 1811, fut blessé et fait prisonnier à la bataille des Arapyles, conduit dans les cachots de Lisbonne, puis en Angleterre, jeté sur les pontons, puis enfermé dans les prisons de Plymouth, et enfin envoyé en *cautionnement*, sur parole à Oswestry (Shropshire).

Rentré en France en 1814, M. de Narp rejoignit le 101e régiment, fit la campagne de 1815 à la suite de laquelle il revint dans ses foyers; mais à peine y était-il qu'il reçut ordre d'entrer dans la Garde royale. En 1820, il passa dans le 1er léger en qualité de chef de bataillon; et fut nommé, en 1823, lieutenant-colonel du 64e que l'on organisait à Lille, et, en 1829, colonel du 54e qui se trouvait en Morée.

M. de Narp était à Grenoble au moment de la Révolution de 1830. Il refusa de prendre la cocarde tricolore et faillit être victime de la fureur populaire.

Rentré dans la vie privée, il ne reprit du service qu'en 1833 et fut envoyé en Belgique par ordre du gouvernement. En y arrivant, il fut fait général de brigade par le roi Léopold qui le nomma inspecteur général d'infanterie, gouverneur militaire du Brabant et commandant chaque année une division militaire de 15 à 18,000 hommes.

A la paix avec la Hollande, Léopold ayant remercié les officiers français envoyés pour former l'armée belge, M. de Narp fut rappelé en France et fut chargé du commandement de la Dordogne.

M. de Narp fut nommé chevalier de la

Légion-d'Honneur en 1814, officier en 1824 et commandeur en 1837.

Il était en outre chevalier de Saint-Louis et grand officier de l'ordre de Léopold.

NEIGRE (Gabriel, baron), pair de France, lieutenant-général d'artillerie, grand cordon de la Légion-d'Honneur. Né le 28 juillet 1774, enfant de troupe en 1780, capitaine à 19 ans, il dut tous ses grades à son mérite.

Au commencement de 1812, l'Empereur le nomma à la direction générale des parcs de l'artillerie de la grande armée. Le grade de maréchal de camp et le titre de baron furent la récompense bien méritée de ses efforts pendant la campagne de Russie. En 1815, il assista à la funeste bataille de Waterloo, et il déploya, pendant la retraite, toute son énergie pour sauver le matériel de l'artillerie confié à ses soins. Après le licenciement de l'armée de la Loire, il vint de nouveau siéger au comité de l'artillerie. Il fut appelé en 1831 au commandement en chef de l'artillerie de l'armée du Nord, destinée à faire restituer à la Belgique la citadelle d'Anvers. Le 22 janvier 1839, il fut nommé directeur du service des poudres et salpêtres.

Mort le 11 août 1847.

NÉGRIER (François-Marie-Casimir), né le 27 avril 1788 au Mans. Il avait 12 ans lorsque le général Lannes le prit sous sa protection et l'emmena avec lui dans son ambassade en Portugal. Lannes le confia ensuite aux soins de son aide-de-camp Subervic, qui le ramena en France et surveilla son éducation. Destiné au métier des armes par son illustre protecteur, les succès de la campagne d'Austerlitz enflammèrent tellement le jeune cœur de Négrier que, abandonnant le lycée et ses études, il entra comme simple soldat dans le 2ᵉ d'infanterie légère en septembre 1806, et rejoignit immédiatement les bataillons de guerre à la 2ᵉ division du 8ᵉ corps de la grande armée. Il assista au siége de Hameln en octobre et y fut nommé caporal le 24 novembre.

Dans la campagne suivante, au siége de Dantzig, avec le 10ᵉ corps, Négrier se trouva, le 20 mars 1807, au passage de l'île de Noyat, opération dont le but était de couper les communications de la place avec la mer, et dont le succès valut six décorations aux soldats qui s'y étaient le plus distingués. Il était également au combat du 4 avril, où sa compagnie repoussa de la presqu'île de Pilau une colonne prussienne qui fut contrainte de se jeter en désordre dans les bateaux pêcheurs en abandonnant 300 prisonniers. Le 17, sa compagnie contribua encore à repousser dans la place une colonne de Russes et de Prussiens qui laissa 500 hommes sur le terrain.

Après la capitulation de Dantzig, le 2ᵉ léger étant passé au 2ᵉ corps, Négrier, qui avait été fait sergent le 1ᵉʳ juin, se trouva le 14 à la bataille de Friedland, où un éclat d'obus l'atteignit au-dessus de l'œil gauche, au moment où, formé en carré, son régiment essuyait, l'arme au bras, tout le feu de la droite et du centre de l'armée russe.

Après la paix de Tilsitt, Négrier à qui sa blessure avait mérité l'épaulette d'adjudant-sous-officier le 24 juin, rentra en France et reçut le 1ᵉʳ septembre la décoration de la Légion-d'Honneur. Il n'avait alors que 19 ans et comptait déjà deux campagnes en moins d'une année de service.

Du camp de Rennes il passa en Espagne, fut nommé sous-lieutenant le 7 juillet 1808 et lieutenant le 13 novembre; il se trouva le 10 décembre à l'affaire de Gamonal qui nous ouvrit les portes de Burgos, et le 11, à la reconnaissance de San Vicente de la Barquesa, dans les

Asturies. Dans cette affaire, où 10,000 Espagnols furent battus et chassés par un bataillon du 2ᵉ léger, fort de 1,200 hommes, on s'était emparé d'un petit bâtiment chargé de montres. Le général Brayer les fit distribuer aux militaires, aux officiers et aux soldats. Négrier se trouva du nombre des récompensés.

Dans la campagne de 1809, il se trouva au combat de Cacabellos le 3 janvier, à ceux de Lugo, d'Elvina et de la Corogne qui décidèrent la retraite du général anglais Moore. En Portugal, avec le maréchal Soult, il assista au combat de Monterey, le 5 mars, puis à la retraite de l'armée française devant les armées combinées de sir Arthur Wellesley et du maréchal Beresford.

En 1810, Négrier assista au combat de Busaco, 27 septembre, où il reçut un coup de feu à la tête, au moment où les généraux Merle, Foy et Graindorge, un fusil à la main, combattant comme les soldats, faisaient de vains efforts pour maintenir leurs troupes sur les hauteurs d'Alcabar.

Nommé capitaine le 31 juillet 1811, il assista l'arme au bras au combat de Fuentès de Onoro, se trouva en 1812 au siége de Castro et à la funeste bataille des Arapyles qui fut le signal de nos revers dans la Péninsule. En mai 1813, il suivit le mouvement de retraite de l'armée de Portugal sur l'Èbre. Blessé d'un coup de feu à la tête à la bataille de Vittoria (21 juin) en défendant le pont de l'Ariago et le village d'Abechucho, il conserva néanmoins assez d'énergie pour rester à son poste, et se trouva le 31 août au passage de la Bidassoa, où il eut le bras droit traversé par une balle.

A l'ouverture de la campagne de 1814, il assista, comme chef de bataillon (élu le 4 octobre 1813) aux glorieux combats de Brienne, la Rothière, Champ-Aubert et Vauchamps. Après l'occupation de Méry-sur-Seine par le général Boyer (23 février), le corps de Schwartzemberg avait mis le feu à la ville, espérant que l'incendie arrêterait nos troupes; mais le commandant Négrier, à la tête du 2ᵉ de ligne, s'élance au milieu des flammes, traverse le pont au pas de charge, et au milieu d'un feu si ardent que quelques gibernes s'enflamment et sautent. Grâce à cet acte de vigueur, nos troupes purent rentrer à Troyes avec l'Empereur le 25.

Il suivit Napoléon dans sa marche sur Soissons, et dans la nuit qui précéda le combat de Craone, avec 500 hommes il surprit les Russes dans leur bivouac, en tua un grand nombre et rejeta les autres au delà du village. Napoléon, témoin de ce beau fait d'armes, le nomma officier de la Légion-d'Honneur (13 mars) et accorda 25 décorations à son bataillon. C'est la dernière part qu'il prit à cette lutte terrible et immortelle.

La Restauration le conserva en activité. Après le 20 mars, il fit partie, avec le 2ᵉ léger, de la division Reille, 2ᵉ corps, et se trouva engagé le 15 juin en avant de Thuin contre un corps prussien de 890 hommes qu'il chassa devant lui jusqu'au delà du pont de Marchiennes. Dans la journée du 16, il combattit vaillamment aux Quatre-Bras. Le 18, il fit partie de l'attaque du bois et du château de Hougoumont, où il eut la jambe droite traversée par un coup de feu.

A la seconde Restauration, il échappa encore au licenciement, grâce à sa grande réputation de courage et de talent. De 1816 à 1829, il fut successivement employé dans les grades de major, de lieutenant-colonel et de colonel dans la légion de Lot-et-Garonne, les 54ᵉ et 16ᵉ régiments de ligne, et il reçut la croix de Saint-Louis le 17 août 1822.

Promu au grade de colonel le 22 août 1830 et mis à la tête du 54ᵉ de ligne, il obtint la croix de commandeur de la Légion-d'Honneur le 18 avril 1834, fut compris dans la promotion des maréchaux de camp le 22 novembre 1836; il prit le 8 décembre le commandement de la subdivision du Pas-de-Calais.

Appelé en mars 1837 à la tête d'une brigade d'infanterie dans la division d'Alger, il séjourna au camp d'observation de Bouffarick durant le mois de juin, et remplaça le gouverneur général dans la province d'Alger pendant la seconde expédition de Constantine.

A la fin de novembre, le maréchal Valée lui confia le commandement de Constantine et de ses dépendances, et en août 1838, il fut chargé de compléter la reconnaissance du chemin de Constantine à Stora. Sa marche hardie dans une contrée où les Turcs n'osaient pas s'aventurer étonna les Kabyles. Dès lors commença sous sa direction l'exécution de cette voie militaire, longue de 22 lieues, qui conduit en trois jours de marche de Constantine à la mer.

Vers le même temps, le commandant de Mjez-Amar ayant été arrêté par les Haraktas, dans une reconnaissance, le général Négrier marcha pour les punir; mais à l'apparition de ses troupes, cette tribu demanda l'aman et se soumit à la réparation qu'il exigea d'elle; puis, comme l'ex-bey El-Hadj-Ahmed s'approchait de Constantine qu'il espérait surprendre, le général se porta au-devant de lui et le contraignit à reculer sans combat.

Rappelé en France en juillet 1838, le général Négrier prit le commandement du département du Nord. En janvier 1839, on lui confia celui de la 2ᵉ brigade, 3ᵉ division, rassemblée sur cette partie de la frontière, et il rentra dans sa subdivision au licenciement des corps d'observation le 25 mai. Vers la fin de juin, il eut le commandement de la 4ᵉ division d'infanterie à Paris, fut employé au camp de Fontainebleau en 1839 et 1840, alla en mission à Heilbron pour assister aux manœuvres des troupes du 8ᵉ corps de la confédération germanique. Envoyé de nouveau en Algérie à la fin de janvier 1841, il reprit le commandement supérieur de la province de Constantine.

Abd-el-Kader avait conservé du côté de Msilah, au sud-ouest de Sétif, un reste d'influence qu'il importait de détruire. A cet effet, le général Négrier se rendit à Msilah, en mai, à la tête d'une forte colonne. Il y fit reconnaître l'autorité d'El-Mokrani, notre khalife, par un grand nombre de tribus qui vinrent faire leur soumission et pourvut aux dispositions nécessaires pour mettre le khalifat d'Abd-el-Kader dans l'impossibilité d'y créer un nouveau centre d'intrigues.

Créé lieutenant-général le 18 décembre 1841, il ouvrit la campagne de 1842, en repoussant, en janvier, une attaque dirigée contre Msilah par Ben-Omar, khalife de l'Émir. Le 31 mai, il prit possession de Tebessa, situé à 35 lieues sud-est de Constantine, et après avoir donné dans cette ancienne colonie romaine l'investiture, au nom de la France, à des autorités indigènes, il revint à Constantine en dissipant les rassemblements qui voulaient lui disputer le passage.

Rentré en France le 21 janvier 1843, le général Négrier commanda successivement les 13ᵉ et 16ᵉ divisions militaires, à Rennes et à Lille, fut nommé inspecteur général d'infanterie en 1845 et 1846, et reçut la croix de grand officier le 22 avril 1847. Au mois de mai 1848 le gouvernement provisoire lui conserva le commandement de la nouvelle 2ᵉ division, et il vint à la même époque siéger à l'Assemblée nationale en qualité de représentant du département du Nord.

Dès ses premières réunions, l'Assemblée pressentant les dangers qu'elle aurait à courir lui avait confié les fonctions de questeur. Dans la matinée du 23 juin, vers midi, il avait successivement passé en revue, sur la place de la Concorde, les 4e, 19e et 22e bataillons de garde mobile qui étaient partis pleins d'enthousiasme pour le Petit-Pont, la rue Saint-Severin et la rue Saint-Jacques, sous la conduite des généraux Duvivier et Bedeau. Deux mille hommes fournis par les 10e et 11e légions de la garde nationale restèrent sous ses ordres, bivouaqués sur la place du Palais jusqu'au lendemain 24; mais le 25, voyant la lutte se prolonger et n'écoutant que son ardeur, il monta à cheval à une heure de l'après-midi, serra une dernière fois la main du président de l'Assemblée nationale, et partit avec une colonne composée de six compagnies du 28e régiment de ligne, de deux compagnies du 69e et du 4e de la garde mobile qu'il conduisit d'abord sur la place de l'Hôtel-de-Ville et qu'il porta ensuite en suivant les quais vers le Grenier d'abondance d'où partait le feu des insurgés embusqués dans les décombres et dans les jardins environnants. Il avait déjà parcouru le boulevard Bourdon dans toute sa longueur et renversé les nombreux obstacles qui s'opposaient à sa marche, lorsque, arrivé à la barricade parallèle à la rue de Beautreillis, il fut atteint d'un coup de feu et tomba expirant dans les bras d'un sous-officier du 69e. Il était sept heures et demie du soir. Sa mort, loin d'intimider les soldats, excita leur ardeur, et d'un dernier élan ils franchirent les barricades qui les séparaient encore de la colonne de Juillet.

Le général Négrier comptait 42 ans de services non interrompus et constamment signalés par les vertus du citoyen, le courage du soldat et l'habileté du chef.

Paris a voulu conserver son cœur et en a confié la garde à nos soldats invalides. Lille a réclamé son corps qu'une députation lui a porté solennellement. Enfin son jeune fils, soldat au 7e régiment de ligne, a été nommé sous-lieutenant, et sa veuve, indépendamment de la pension de retraite à laquelle lui donne droit la législature, a obtenu, à titre de récompense nationale, une seconde pension de 3,000 francs, reversible sur chacun de ses deux enfants.

NEMOURS (Louis-Charles-Philippe-Raphael d'Orléans, duc de), né à Paris le 25 octobre 1814. Ce jeune prince reçut, comme ses frères, une éducation forte et populaire, d'abord sous les yeux de son père et ensuite au collége Henri IV. Il n'avait pas encore 18 ans, lorsque, le 3 février 1831, il apprit la nouvelle de son élection au trône de Belgique; le gouvernement belge lui ayant fait officiellement l'offre de la couronne, Louis-Philippe, par de hauts motifs politiques, la refusa pour son fils.

En janvier 1833, il accompagna le roi, avec ses frères d'Orléans et de Joinville, dans le voyage que fit ce prince dans le département du Nord.

En 1836, une grande expédition avait été résolue contre Achmet-Bey, il ne s'agissait de rien moins que de la conquête de Constantine; le maréchal Clausel devait commander l'armée, et le duc de Nemours prendre part aux fatigues, aux dangers et à la gloire de l'expédition.

L'armée, forte d'environ 7,000 hommes, partit de Bone le 13 novembre; le 18, elle franchit le col de Raz-el-Akba; elle avait marché jusque-là au milieu d'une population amie et pacifique; le 18, on n'était plus qu'à deux marches de Constantine. On campa à Raz-Oued-Zenati, et ce fut là que commencèrent les souffrances inouïes et les mécomptes les plus cruels. L'armée était parvenue dans des régions très-élevées; pendant la nuit, la pluie, la neige et la grêle tombèrent avec tant d'abondance et de continuité, que les soldats, au bivouac, furent exposés à toutes les rigueurs d'un hiver de la Russie ; les terres, entièrement défoncées, rappelaient les boues de la Pologne.

On apercevait Constantine et, déjà, on désespérait presque d'arriver sous ses murs. L'armée se mit toutefois en marche le 20, et parvint, à l'exception des bagages et d'une arrière-garde, au *monument de Constantin*, où l'on fut obligé de s'arrêter. Le froid était excessif. Plusieurs hommes eurent les pieds gelés ; d'autres périrent pendant la nuit, car depuis Raz-el-Akba on ne trouvait plus de bois.

Enfin, les bagages sur lesquels on doublait et triplait les attelages, ayant rejoint l'armée, elle franchit, le 21, le Bou-Merzoug, un des affluents de l'Oued-Rammel et prit position sous les murs de Constantine. Cette ville est défendue par la nature même : un ravin de 60 mètres de largeur, d'une immense profondeur, et au fond duquel coule l'Ouel-Rammel, présente pour escarpe et contrescarpe un roc taillé à pic, inattaquable par la mine comme par le boulet. Le plateau de Mansourah communique avec la ville par un pont très-étroit et aboutissant à une double porte très-forte et bien défendue par les feux de mousqueterie des maisons et des jardins qui l'environnent.

Le maréchal Clausel occupa le plateau de Mansourah avec le duc de Nemours et les troupes du général Trézel ; le général de Rigny eut ordre de s'emparer des mamelons de Koudiat-Aty, d'occuper les marabouts et les cimetières en face la porte Ez-Rabahah et de bloquer cette porte. Malheureusement il était impossible de conduire sur ce point, le seul attaquable, l'artillerie de campagne. Le bey Achmet avait craint de s'enfermer dans Constantine, il en avait confié la défense à son lieutenant Ben-Haïssa, et avait introduit dans la ville 1,500 Turcs et Kabyles bien déterminés à la défendre.

La brigade d'avant-garde se porta sur les hauteurs qui furent successivement enlevées. Le maréchal fit diriger le feu de l'artillerie contre la porte El-Cantara. Le 22, cette brigade soutint un combat brillant contre les Arabes sortis par celle des portes que l'armée ne pouvait bloquer, puisqu'elle ne comptait plus que 3,000 hommes sous les armes. Le temps continuait à être affreux, la neige tombait à gros flocons ; le vent était glacial ; les munitions et les vivres épuisés.

Le 23, nouvelle attaque des ennemis qui furent repoussés. Deux attaques simultanées contre les Français, dans la nuit du 23 au 24, n'eurent pas de succès. Beaucoup d'hommes furent mis hors de combat. Le 24, le maréchal ordonna la retraite. Cette première journée fut très-difficile ; la garnison entière et une multitude de cavaliers arabes attaquèrent notre arrière-garde avec acharnement ; le commandant Changarnier, du 2ᵉ léger, se couvrit de gloire en cette circonstance et s'attira les regards et l'estime de toute l'armée. Entouré d'ennemis, il forme son bataillon en carré et, au moment d'une terrible attaque, fait ouvrir un feu de deux rangs à bout portant, qui couvre d'hommes et de chevaux trois faces du carré.

Le 26, l'armée campa à Sidi-Tam-Tam. Le 27, elle avait passé le défilé difficile qui conduit au col de Raz-el-Akba, et les Arabes abandonnèrent leur poursuite. Le 28, elle atteignit Guelma où elle laissa ses malades. Le 1ᵉʳ décembre, elle était de retour à Bone : elle avait eu dans cette expédition 453 morts ou égarés et 304 blessés, résultat funeste qui devait être suivi d'une glorieuse compensation.

Une nouvelle expédition fut résolue en 1837, l'armée se réunit dans le camp de Merdjez-Hammar, établi sur les bords de la Seybouse, en avant de Ghelma, à moitié chemin de Bone à Constantine. Placée sous les ordres du général Damrémont, gouverneur général, elle avait pour chef d'état-major, le maréchal de camp Perregaux; la 1re brigade, celle d'avant-garde était commandée par le jeune et intrépide duc de Nemours, les 2e, 3e et 4e étaient sous les ordres des généraux Trézel et Rulhières; le général Valée commandait l'artillerie, et le général Rohaut de Fleury le génie.

Pour le récit de cette expédition, nous laisserons parler un témoin oculaire allemand qui servait l'armée en volontaire.

« Ce fut le 1er octobre que l'armée sortit du camp de Merdjez-Hammar pour marcher sur Constantine. Elle se composait de quatre brigades, dont chacune avait à peine la force d'un régiment; le tout ne comprenait pas plus de 7,000 hommes. Les fièvres et les dyssenteries avaient décimé les rangs. Les grands hôpitaux de Bone, les baraques d'ambulance des camps de Drean, de Ghelma et Merdjez-Hammar ne suffisent pas au nombre toujours croissant des malades. On eut recours enfin aux bâtiments à vapeur, qui transportèrent plusieurs centaines de convalescents en France. Toutefois, les corps d'Afrique proprement dit, les Zouaves, les chasseurs d'Afrique, avaient moins souffert. Les deux premières brigades, commandées par le duc de Nemours et le général Trézel, bivouaquèrent, le 1er octobre, sur les hauteurs de Rez-el-Akba. Le sommet de cette montagne s'élève à 2,920 pieds au-dessus de la Méditerranée. Les oliviers sauvages, les arbres qui portent la pistache et le tamarin, forêts qui, dans les environs de Merdjez-Hammar, ornent les collines et les vallées d'un vert oujours varié, disparaissent tout à fait sur le Raz-el-Akba, et le pays, jusqu'à Constantine, prend un aspect d'aridité qui désespère la vue.

« Notre bivouac était sur la même place où Achmet-Bey avait eu le sien; on y trouva une grande quantité de paille. Les soldats portaient du bois pour trois jours sur leurs havresacs, et bientôt des feux étincelants éclairèrent la montagne; et les merveilles culinaires du solbat français brillèrent au même lieu où, quelques jours auparavant, avait fumé le triste kouskousou des Arabes d'Achmet. A un quart de lieue à l'Est de notre bivouac, on vit une masse considérable de ruines, connues dans le pays sous le nom d'Aouna. Nous prîmes copie d'une trentaine d'inscriptions latines; mais aucune ne nous révéla le nom de cette ville numidienne.

« Le 2 octobre, l'armée campa auprès du marabout de Sidi-Tamtam, où l'on trouve des tombeaux arabes. Les troisième et quatrième brigades, commandées par le général Rulhières et le colonel Combe, se tenaient toujours une demi-journée en arrière pour protéger le grand convoi qui, avec sa multitude de voitures et de mulets, occupait deux lieues de route. « Si Achmet attaquait notre arrière-garde avec toutes ses forces, disait un officier supérieur dont l'avis avait dans l'armée l'autorité d'un oracle, nous pourrions arriver devant Constantine dans un état qui rendrait le succès très-problématique. » En effet, les troupes n'étaient pas assez nombreuses pour protéger un convoi d'une telle étendue, et les Arabes auraient pu facilement jeter un désordre affreux dans les bagages. Heureusement, Achmet avait renoncé à nous livrer bataille et voulait concentrer sa résistance dans sa capitale et les environs. Souvent nous vîmes des patrouilles de cavalerie qui, des hauteurs stériles, nous regardaient, mais elles disparaissaient aussitôt que notre avant-garde approchait d'elles.

Le 3, l'armée campa auprès de Ouad-el-Aria, petit ruisseau dont les eaux limpides rafraîchirent agréablement nos soldats. Je dois remarquer qu'en général nous n'avons pas manqué d'eau. S'il n'y a pas de rivières navigables dans ce pays, en revanche il y a une grande abondance de sources et de petits ruisseaux; on ne fait pas une lieue sans en trouver, ils courent ordinairement vers l'Est. Ce n'est que dans la saison la plus chaude, depuis le mois de juillet jusqu'au mois de septembre, que beaucoup de ces ruisseaux se tarissent. La contrée que nous parcourûmes depuis Merdjez-el-Hammar était d'une stérilité désolante; ce n'est qu'aux approches de Constantine que nous nous trouvâmes consolés par l'aspect d'une nature vraiment grandiose. Cependant, pour beaucoup d'entre nous, il était d'un grand intérêt d'observer la forme de l'Atlas à cette distance de la mer.

« Depuis Rez-el-Akba, nous marchions dans un pays très-élevé, dont les vallées mêmes étaient au moins à 1,500 pieds au-dessus du niveau de la mer; mais les montagnes ne s'élevaient qu'à 500 pieds au-dessus des vallées: c'étaient de véritables collines. Les vallées s'élargissent quelquefois et se transforment en plateaux dont quelques-uns embrassent jusqu'à 30,000 hectares de terrain. On voit bien rarement des rochers; partout une terre grisâtre, une végétation pauvre, çà et là de petites herbes, mais généralement un sol nu. Pas un arbre un peu élevé, pas un oiseau chantant pour mêler quelque poésie à cette solitude monotone. Il est vrai qu'on ne s'ennuie pas, même dans un désert au milieu de quelques milliers de Français qui trouvent partout matière à causer et à rire. Le règne animal était, s'il est possible encore, plus pauvre que le règne végétal. Aucun insecte ne bourdonne autour des fleurs clairsemées. Notre unique et assidu compagnon était le grand aigle à tête blanche (*vultur leucocephalus*) dont une nuée immense planait au-dessus de nos têtes comme une armée de géants ailés; on ne pouvait regarder sans un saisissement profond ces oiseaux qui sentent les cadavres et suivent les armées comme les requins suivent les vaisseaux. Pendant le silence de la nuit, nous entendions le rugissement des lions que les feux de nos camps empêchaient de venir chercher leur proie parmi nos chevaux et nos mulets. Les plateaux stériles de la province de Constantine sont la véritable patrie de ces redoutables animaux: c'est là que le lion partage avec le Bédouin l'empire du désert; le lion en est le maître absolu pendant la nuit, et il apparaît régulièrement devant les douaires arabes pour lever la dîme sur le bétail.

« Notre marche jusqu'à Constantine dura près de six jours, quoique cette ville fût éloignée seulement de 19 lieues de Merdjez-el-Hammar et de 41 lieues de Bone. Les scènes du bivouac étaient toujours très-pittoresques. On campait toujours auprès d'un ruisseau ou d'une source, et le camp recevait le nom du village, ou du ruisseau, ou du tombeau, ou du marabout le plus proche. Dès que le carré était clos, il fallait admirer l'activité des soldats. Les uns couraient pour chercher de l'eau ou des tiges de chardons secs, faute de bois dont le pays est dénué; d'autres allumaient le feu et préparaient la cuisine; bientôt on voyait briller mille feux: ici on entendait des chants, là des causeries, plus loin des rires joyeux. Les orateurs du bivouac (c'étaient ordinairement des volontaires parisiens) rassemblaient autour d'eux leurs auditeurs, leur parlaient politique et annonçaient les futures destinées de l'Europe. Les honnêtes et simples recrues de la Bretagne et de la Vendée écoutaient en silence, avec une foi religieuse, ces oracles de Paris qui ne savent douter de rien. Dès qu'il a mangé le potage au riz et rongé le biscuit sec, le soldat français se fait un lit aussi commode que possible.

« Une fois, je vis un soldat du bataillon d'Afrique ouvrir un tombeau arabe, en déloger l'antique habitant et se coucher à sa place. D'autres restaient debout autour du feu pendant presque toute la nuit, causant et se faisant du café.

Les scènes du bivouac arabe sont toutes différentes. Dès que les spahis qui forment toujours l'avant-garde ont atteint le lieu destiné au repos, ils attachent les pieds de leurs chevaux, rangés sur deux colonnes, à des piquets de bois. Après ces soins, tous les Arabes se rassemblent pour faire la prière. Tournés vers l'Orient, ils se jettent à terre, la tête en avant, se relèvent et se couchent de nouveau, presqu'à l'instar des épileptiques, tandis qu'un d'entre eux murmure la formule de la prière. Quelquefois les rayons du soleil couchant, éclairant leurs visages à larges barbes, donnent à ces groupes, absorbés par la prière, un caractère de sainteté qui inspire en effet la vénération. Mais sitôt qu'il s'est acquitté de ce devoir pieux, l'Arabe devient gai et enjoué comme un enfant. On chauffe le kouskousou, on allume les pipes. Les plus jeunes des spahis commencent leurs jeux; les plus âgés les regardent, assis en deux cercles, les jambes croisées; les chevaux forment le fond du tableau et sont comme les spectateurs du côté opposé. Les jeux des Arabes sont des drames ou des pantomimes, représentant des amours, des chasses, des combats, tableau des mœurs du désert. Ces hommes habituellement si graves et si sérieux se livrent à cet amusement avec une vive gaîté; ils rient, ils plaisantent, ils crient quelquefois à troubler le sommeil de leurs camarades français. Quand ils ont assez de ces divertissements, ils forment ensemble un assez grand cercle; ils placent au milieu de ce cercle une lanterne de papier, et l'un d'eux commence un chant guttural en s'accompagnant d'une guitare de structure barbare; les autres écoutent immobiles et silencieux. Ils passent ainsi leur soirée jusqu'à une heure avancée de la nuit. Souvent j'ai vu, après minuit, lorsque la plupart des feux des Français étaient éteints, les Arabes assis sous les étoiles, écoutant le troubadour qui leur chantait les délices amoureuses des douaires. Vers quatre heures du matin on sonnait le réveil au camp. La musique de chaque régiment jouait ses airs les plus doux. Quelle misère brillante est la misère du soldat! Une musique suave lui donne la force et la patience, et ranime ses membres engourdis par le brouillard et la rosée glaciale du matin.

Dès qu'il faisait assez jour pour distinguer la route, l'avant-garde se mettait en marche; tous les corps suivaient dans l'ordre prescrit. L'artillerie et l'immense convoi se traînaient ensuite, puis venaient la troisième et la quatrième brigade qui avaient rejoint l'armée le 1ᵉʳ octobre. Le 5 octobre nous aperçûmes enfin du sommet d'une hauteur couronnée par les ruines d'un beau monument romain le but de notre pèlerinage. Constantine! Constantine! crièrent les soldats en faisant retentir leurs armes. Je crois, en vérité, que le cri Moscou ne fut pas répété avec plus d'enthousiasme par la grande armée de Napoléon. Certes, l'aspect d'une ville avait quelque chose de fort bienfaisant après une marche de cinq jours à travers un désert montagneux d'une monotonie mortelle, où l'on ne rencontrait pas une habitation humaine.

Dans la situation terrible où se trouvait l'armée, il n'y avait pas un seul instant à perdre pour établir les batteries de brèche. Le nombre des malades croissait, les vivres commençaient à manquer; le 10, les chevaux avaient déjà mangé tout leur fourrage. Pour faire monter l'artillerie sur le Coudiat-Aty en traversant la rivière du Rummel, on attela jusqu'à vingt chevaux à une seule pièce; on parvint enfin avec des peines inouïes à surmonter tous les obstacles. Ce transport était d'autant plus difficile qu'on ne pouvait l'opérer que la nuit pour éviter le feu des assiégés. Le 10, toutes les pièces de 24 étaient placées sur la colline, et le 11 elles commencèrent à lancer leurs boulets contre les murs, entre les portes Bal-el-Oued et Bab-el-Decheddid, seul point où une brèche fut praticable; c'est là que finit le profond précipice qui environne toutes les autres parties de l'enceinte; le rocher n'y forme pas une muraille escarpée, et l'on y communique du Coudiat-Aty par une haute jetée. Sans cet unique point vulnérable, Constantine serait un autre Gibraltar qu'on pourrait détruire par des bombes, mais non pas prendre d'assaut. Le gouverneur, le duc de Nemours, le général Perregaux, chef d'état-major, se rendirent de Mansourath à Coudiat-Aty pour observer les effets produits par les batteries de brèche. La communication entre ces deux positions n'a jamais été interrompue, mais le passage du Rummel était toujours dangereux : d'un côté le feu des assiégés nous foudroyait; de l'autre, de nombreux groupes de cavaliers, perchés sur les collines comme des oiseaux de proie, fondaient sur les hommes isolés qui essayaient de passer la rivière. Un soldat s'étant écarté des avant-postes pour couper du bois, des Arabes s'élancèrent sur lui, et avant qu'on eût eu le temps de tirer un coup de fusil, lui coupèrent la tête et reprirent leur volée. 300 Arabes environ campaient sur les hauteurs auprès de l'aqueduc colossal des Romains; leur quartier général était à une petite demi-lieue au sud de Coudiat-Aty, non loin d'une vaste habitation appartenant au bey, là où commençaient les beaux jardins d'arbres fruitiers. On disait qu'Achmet y était en personne, entouré de 4,000 cavaliers arabes du désert de Saarah et de quelques Kabyles à pied. Ces derniers s'approchèrent quelquefois des tirailleurs français jusqu'à une demi-portée de fusil; mais leurs attaques furent toujours conduites sans énergie et avec le désordre habituel à ces hordes, et qui les rendent si inférieures à des troupes régulières en rase campagne. Lorsqu'ils s'aperçurent du peu d'effet de leur feu, ils cessèrent et se bornèrent pendant les derniers jours à observer l'ennemi. Il y avait dans leur camp beaucoup de femmes qui, à l'instar des femmes des anciens Germains, encourageaient les guerriers par des cris et des applaudissements.

Dans la matinée du 12, la brèche était devenue si large que douze hommes de front auraient pu y passer. Vers huit heures, le gouverneur fit cesser le feu parce qu'il attendait le retour d'un parlementaire envoyé dans la ville pour sommer les habitants de se rendre. Ceux-ci retinrent le parlementaire jusqu'à ce qu'ils eussent un peu réparé la brèche avec de la terre, puis ils firent répondre : « Si vous demandez de la poudre, nous vous en donnerons; si vous demandez du pain, vous en recevrez; mais vous n'aurez pas la ville tant qu'un seul de ses défenseurs sera debout. » Après la réception de cette réponse on fit recommencer le feu. Les mortiers et les pièces de 24 tonnèrent sans interruption. Chaque coup était répété par l'écho le plus voisin de la montagne, qui le renvoyait à un écho plus éloigné, celui-ci à un autre, tellement que le bruit de la canonnade a pu être répercuté ainsi de montagne en montagne jusqu'au désert. Après avoir examiné la batterie, le général Damrémont s'avança imprudemment vers la partie occidentale de la colline de Coudiat-Aty pour observer, à l'aide d'une longue vue, l'effet du feu. Les boulets, les bombes, et même les balles qu'il entendait siffler ou crever autour de lui, ne purent l'arrêter dans sa promenade téméraire. Il expia enfin ce mépris obstiné de la mort : un boulet de quatre le renversa sans vie. A peine eut-il le temps de recommander à Dieu son âme intrépide par ce mot : *Mon Dieu!* qui lui échappa. Le général Perregaux, se penchant sur le corps de son ami, fut blessé au front par une balle. Le général Rulhières fut effleuré par un coup de fusil à la joue gauche, et sa capote fut trouée de plusieurs balles. Le duc de Nemours se trouvait sur le même lieu où les projectiles de toute espèce ne cessaient de pleuvoir ; ses aides-de-camp essayèrent de l'en éloigner, même par la force ; mais il résista avec indignation, et resta comme les autres jusqu'à ce qu'on eût relevé le corps du général Damrémont.

« Le jeune duc de Nemours, pendant toute l'expédition, a fait preuve d'une grande bravoure ; je l'ai vu au milieu du feu le plus terrible, sur des lieux où les bombes s'enfonçaient dans la terre quatre fois par minute. Nous autres nous pensions ne rien faire de honteux en nous couchant quelquefois pour que les éclats des bombes passassent au-dessus de nous ; mais le prince méprisait nos manœuvres prudentes et se promenait sous la pluie des balles avec un sang-froid que nous admirions tous, mais dont je n'oserais apprécier le mérite, car sa taciturnité était aussi surprenante que sa bravoure. Jamais il n'a fait entendre à l'armée ou à des corps séparés une parole d'enthousiasme ; l'idée ne lui est pas venue de récompenser un beau fait d'armes par le moindre compliment. En présence du corps sanglant du général en chef, lorsque l'émotion la plus profonde s'empara de tous les officiers, même des partisans du maréchal Clausel, le duc de Nemours avait certes la plus belle occasion qui pût s'offrir à un jeune prince de révéler un certain talent oratoire : il ne sortit pas de sa bouche une phrase brillante, pas un mot digne d'être répété et d'être inséré dans *le Moniteur Algérien*. Le duc de Nemours montra dans cette occasion comme dans toutes les autres une bravoure inébranlable et un grand sang-froid ; mais il resta muet. »

Après la mort du général Damrémont, un conseil de guerre fut convoqué et le commandement de l'armée fut confié au général d'artillerie Valée, vétéran de l'Empire. Ce triste événement n'occupa l'armée que pendant quelques heures ; il fut bientôt oublié. Le général Damrémont et les soldats de l'armée d'Afrique se connaissaient depuis trop peu de temps pour que la perte de ce général, qui pour la première fois exerçait un commandement de quelque importance, pût causer en eux une sensation bien profonde. C'était une opinion générale dans l'armée, surtout parmi les soldats, que Constantine n'eût pas été prise si le général Damrémont eût conservé le commandement.

Le général Valée, homme morose et opposé au système de négociations et de traités qu'on avait adopté depuis quelque temps, donna sur-le-champ l'ordre de doubler le nombre et la célérité des coups. Vers midi, une nouvelle batterie était construite, plus près de la ville que les autres; elle tirait par conséquent avec plus de certitude. L'armée avait appris que l'assaut aurait lieu le lendemain : elle accueillit cette nouvelle avec une grande joie : en effet il était temps. Non-seulement les troupes avaient horriblement souffert, mais depuis le 10 les chevaux et les mulets n'avaient pas mangé un grain d'orge ; ils mouraient par centaines. Ajoutez à toutes ces misères le manque absolu de bois. A la fin du siége, les soldats ne trouvaient même plus quelques misérables tiges de chardons pour faire leur soupe. Le bivouac était affreux, surtout pendant les nuits froides et humides, où l'on n'entendait que le bruit des averses, les hurlements d'un vent glacial, les plaintes des malades et les hennissements des chevaux affamés. Heureusement, le 12 octobre, le ciel s'éclaircit un peu et avec lui l'humeur des soldats. On ne saurait se faire l'idée de l'influence qu'exerce l'atmosphère sur le moral d'une armée dans des circonstances pareilles. Le 13, le soleil se leva sur un horizon entièrement dégagé de nuages ; cela parut un signe de bon augure. Les corps désignés pour l'assaut poussèrent des cris de joie. La première colonne d'attaque fut formée par un bataillon de Zouaves, deux compagnies du 2ᵉ léger, la compagnie franche et une partie du génie sous le commandement du colonel Lamoricière. Cet officier a le don d'exciter l'enthousiasme des soldats. Les Zouaves, couchés dans une tranchée, s'étaient approchés de la brèche jusqu'à une distance de soixante pas ; ils y avaient séjourné pendant 24 heures en attendant le signal de l'assaut, qui devait être donné par huit coups de canon tirés à la fois. Les boulets devaient soulever un nuage de poussière près de la brèche pour empêcher les assiégés de tirer sur les premiers assaillants. A huit heures du matin, les fanfares de la musique de la légion étrangère accompagnèrent le bruit des huit coups de canon ; la musique, les tambours des autres régiments répondirent à ce signal. Le colonel Lamoricière sauta de la tranchée et s'élança le premier, le sabre à la main, sur la brèche ; les Zouaves et les autres corps le suivirent au pas de charge. A ce moment, tous les Arabes et Kabyles postés sur les collines du sud et de l'ouest poussèrent des cris sauvages si bruyants qu'on n'entendait plus les fanfares de la musique française ; bientôt ils se lassèrent de crier, et à leurs hurlements succédèrent des sons rauques et plaintifs : c'était comme le chant de mort de la ville du diable. Une demi-heure après, les Français étaient maîtres de la brèche.

« La seconde colonne d'assaut se composait des compagnies d'élite du 17ᵉ léger et du 47ᵉ de ligne, des tirailleurs d'Afrique et de la légion étrangère. Le colonel Combe, qui la commandait, arriva devant la brèche au moment où les Zouaves demandaient des échelles. C'est que, derrière la brèche, il n'y avait pas d'entrée dans les rues, mais une porte fermée et des maisons percées de créneaux. Cet obstacle fut écarté par une formidable explosion de poudre qui tua plus de cinquante Français et en blessa un plus grand nombre. Les récits sur les causes de cette explosion sont fort contradictoires ; comme ceux qui en furent les plus proches témoins y périrent, il a été bien difficile d'obtenir sur ce point des renseignements exacts. Quoi qu'il en soit, cette catastrophe qui fut fatale à tant de braves détruisit les derniers retranchements de l'ennemi. Les Zouaves se précipitèrent dans les rues, la baïonnette en avant. Le combat, qui eut lieu sur la brèche et dans la rue, ne dura guère plus d'un quart d'heure ; mais il fut bien meurtrier ; trois ou quatre cents morts, Français, Zouaves, Kabyles et Turcs gisaient pêle-mêle sur le sol.

« Pendant la durée de la lutte, nous autres spectateurs, postés sur le Coudiat-Aty, nous éprouvions des émotions indicibles. J'ai été plusieurs fois dans ce pays témoin d'expéditions militaires ; j'ai admiré partout la valeur brillante, héroïque de l'armée française ; mais, cette fois mon admiration fut portée au comble : ici le péril était formidable ; la mort était presque certaine pour les premiers assaillants ; pourtant il n'y eut pas un seul homme dont le cœur faiblît, dont le pas se ralentît ou chancelât. Les chefs et notamment les sous-officiers donnaient aux soldats l'exemple de l'intrépidité, aussi le nombre des morts sur la brèche fut-il égal parmi les officiers et sous-officiers et parmi les soldats. La ville de Constantine avait encore au moment de l'assaut 6,000 défenseurs. Les Turcs les plus braves se jetaient, le yatagan à la main, au-devant des assaillants et expiraient sous les coups des baïonnettes ; mais à la fin la terreur de la mort s'emparait de ces âmes fanatiques, et cependant ils étaient convaincus qu'une main chrétienne en leur donnant la mort les envoyait au paradis.

« Les habitants continuèrent quelque temps encore leur résistance dans les rues, pour s'assurer la retraite vers la Kasbah et une issue hors la ville ; beaucoup s'élancèrent à travers des rochers, vers la plaine, du côté du midi ; plusieurs se tuèrent en tombant, d'autres se blessèrent ; quelques-uns se traînèrent péniblement jusqu'aux jardins méridionaux, ou furent emportés par leurs parents : 200 cadavres gisaient au pied des rochers. Avec la résistance des habitants de la ville cessa la fureur des soldats français, mais on ne pouvait les empêcher de piller. Cependant aucun habitant ne périt pendant le pillage. Vers 9 heures, le drapeau tricolore avait remplacé sur le rocher le drapeau rouge. La palme de la victoire est due à la première colonne et à son brave chef, le colonel Lamoricière. Cet intrépide officier, le visage brûlé, presque privé de la vue, conduisit les Zouaves jusqu'à la Kasbah. La deuxième colonne soutenait la première avec zèle ; mais les dangers qu'elle courait n'étaient plus les mêmes : l'explosion de poudre avait déjà eu lieu lorrsqu'elle arriva sur la brèche ; le colonel Combe, le commandant de cette seconde colonne, fut frappé par deux coups de fusil lorsqu'il se trouvait sur la muraille ; cependant il continua à commander ses soldats jusque dans la ville ; ce ne fut qu'alors qu'il se rendit auprès du duc de Nemours, lui fit son rapport, et ajouta enfin avec le plus grand sang-froid : « Monseigneur, permettez maintenant que je me retire, je suis blessé mortellement ; je vous recommande ma malheureuse famille. » Il avait su tellement se contenir pendant qu'il faisait son rapport, que le prince ne s'était point aperçu de l'état où il se trouvait. Le colonel Combe eut encore la force de retourner presque seul au bivouac de son régiment, où trois jours après il fut enterré. Vers dix heures du matin, le massacre avait entièrement cessé, et dès ce moment aucun coup de fusil ne fut tiré. Les Arabes et les Kabyles qui, du haut de leurs collines, avaient été témoins de l'assaut, se retirèrent en silence lorsqu'ils ne virent plus le drapeau rouge.

« Tous les curieux de l'armée accoururent alors pour voir l'intérieur de cette sombre ville qui, dans le cours d'une année, avait été le théâtre de deux catastrophes, et dont la prise venait d'être achetée au prix de tant de sang. La brèche avait trente pieds de largeur ; il fallait, pour y monter, grimper sur une élévation de terre et de sable; un grand nombre de sacs de laine, de pierres, etc., étaient épars derrière la muraille renversée. Ces matériaux avaient été probablement entassés pour remplir la brèche. On voyait derrière la brèche des débris de maisons crevées par la violence de l'explosion. Les corps sanglants et brûlés des Africains et des soldats français gisaient ici les uns si près des autres, que nous ne pouvions pénétrer dans la ville qu'en marchant sur ces morts. La plupart des cadavres étaient horriblement mutilés; plusieurs étaient sans tête, ou le visage tellement noirci par les brûlures, qu'on ne pouvait plus distinguer les blancs européens des Kabyles basanés et des nègres. Dans les rues de la ville, au contraire, les cadavres n'étaient point mutilés; les groupes de morts y avaient même quelque chose d'imposant : là, on avait combattu face à face, et le Français reposait comme réconcilié sur la poitrine du Kabyle. Il y avait une expression de tranquillité héroïque dans les pâles figures des Français; ils paraissaient dormir, tandis que les traits sanglants des Maures et des Kabyles étaient défigurés par des grimaces atroces.

« Je n'oublierai jamais la figure à longue barbe d'un vieux Maure ou Turc que je vis assis, appuyé vers le coin d'une maison, les yeux et la bouche ouverts, la main gauche fermée et étendue vers le ciel, tandis que la main droite tenait encore un pistolet; cette figure avait quelque chose d'horriblement menaçant.

« Parmi les épisodes de ces scènes de carnage, j'ai remarqué un trait d'humanité qui m'a paru plus digne d'admiration qu'un acte d'héroïque bravoure : Au milieu du pillage, j'aperçus un officier du génie, qui portait avec le plus grand zèle les cadavres des soldats de son arme dans des lieux écartés, afin que ceux qui pillaient et qui, dans leur fureur, se précipitaient d'une maison dans l'autre en marchant avec indifférence sur les corps de leurs camarades, ne pussent point les mutiler. Puis, le même officier courait dans les maisons les plus proches pour en protéger les habitants tremblants et en chasser les pillards furieux. Deux Maures aveugles étaient debout au coin d'une des rues, ne sachant peut-être point ce qui se passait, ils étendaient leurs mains et demandaient du pain; leurs figures douces et belles avaient une singulière expression de prière. « C'est trop, s'écria un soldat, ces coquins nous demandent encore du pain ! — A qui voulez-vous qu'ils en demandent? dit l'officier; ces pauvres diables n'ont plus que nous pour leur en donner. » Et il courut vers des soldats de son corps et leur demanda un morceau de biscuit pour les ennemis aveugles. Cela eut lieu après le carnage le plus atroce.

« Cet homme généreux dont je crois devoir citer ici publiquement le nom, était M. Chandon, lieutenant du génie d'état-major.

« Lorsque le bruit du combat eut cessé, on enterra les morts avec assez peu de cérémonie, on jeta tous ensemble Français et Africains dans une grande fosse.

« Il ne resta plus rien à faire qu'à se promener et à prendre un coup d'œil de la ville.

« L'intérieur de Constantine ressemble à peu près à toutes les autres villes de la Barbarie : des maisons sans croisées, ayant des cours intérieures et des galeries à colonnes, des rues étroites, sombres, sales et puantes, quelques marchés publics, une immense quantité de cafés et de boutiques, voilà le tableau général de la ville intérieure. Les mosquées ne sont pas plus belles que celles d'Alger.

« Le palais du célèbre Ben-Aïssa n'est pas très-brillant, les galeries n'ont pas même de colonnes qui ornent généralement la maison de chaque Maure tant soit peu riche. En revanche, les caves de cette maison, dit-on, renferment des sommes considérables d'argent comptant qu'on y a caché; l'extérieur du palais du bey est bien misérable.

« A l'aspect des peintures à fresque du palais, nous fûmes pris d'un rire inextinguible ; elles sont mauvaises au-dessus de toute expression; l'art de la peinture est chez ce peuple encore dans l'état d'enfance, tandis qu'il n'y manque pas d'architectes habiles. Les peintures à fresque représentent, pour la plupart, des voiles déployées et leurs canons faisant feu. L'attaque manquée du général Clausel est aussi représentée sur les murs; les Français y sont peints comme des nains, et les Turcs comme des géants. Dans une aile du palais se trouvaient environ 80 femmes; c'étaient des prisonnières du bey, les épouses et filles de Cheiks arabes, qui n'avaient pas payé le tribut, et dont le Bey espérait extorquer une rançon. Achmet-Bey qui, malgré son âge, est encore très-libertin, traita ces femmes, durant leur captivité, comme les siennes.

« L'armée resta à Constantine jusque vers la fin du mois de novembre. A cette époque, le général Valée y laissant une garnison sous les ordres du général Bernelle, revint à Bône avec le duc de Nemours. Il y reçut la nouvelle de sa promotion à la dignité de maréchal de France.

« Le duc de Nemours revint en France par Gibraltar et l'Atlantique ; en revenant il se blessa au bras, ce qui ne l'empêcha pas d'assister à l'ouverture des chambres, le 18 décembre 1837. Le 27 avril 1840, le duc de Nemours épousa à Paris Victoire-Antoinette-Auguste, princesse de Saxe-Cobourg-Gotha, née à Vienne le 16 février 1822.

« Le 13 juillet 1842, le duc d'Orléans, héritier du trône, meurt tragiquement sur la route de Neuilly. Les chambres dissoutes la veille sont convoquées de nouveau ; elles votent à une immense majorité la loi de régence qui leur est proposée. Après ce vote unique en faveur du duc de Nemours, la session est close.

« Le 12 juillet 1844, le duc se vit père d'un fils qui reçut le titre de duc d'Alençon. En juin 1846, il assista à Lille, avec son frère le duc de Montpensier, à l'inauguration du chemin de fer du Nord. »

Le 24 février 1848, jour néfaste, la duchesse de Nemours quitta Paris avec le roi et la reine. Le duc resta pour accompagner sa belle-sœur, la duchesse d'Orléans et résigner en sa faveur ses pouvoirs de régent. Il était avec elle à la chambre des députés en costume d'officier général. On sait le succès de cette démarche. Le duc, séparé de sa belle-sœur par les flots de la multitude, quitta Paris et arriva à Londres le 27 février avec la princesse Clémentine.

NEUHAUS, dit MAISONNEUVE (EMMANUEL-MICHEL-BERTRAND-GASPARD), général de division, naquit à Landau (Bas-Rhin) le 29 septembre 1757. Après avoir terminé ses études au collège de Mayence, il s'enrôla dans le régiment de Champagne-Infanterie le 16 août 1775. Ce régiment ayant dédoublé à Calais en 1776, il passa dans celui d'Austrasie-Infanterie, où il devint caporal le 28 novembre 1779, s'embarqua avec ce corps pour les Grandes-Indes le 15 janvier 1780, et assista à tous les combats qui eurent lieu à la côte de Coromandel.

Au siége de Trinquemal, dans l'île de Ceylan, Neuhaus-Maisonneuve, à la tête d'un fort détachement, attaqua l'ennemi et contribua à la prise de cette place, ainsi qu'à la reddition du fort d'Osteinbourg.

Nommé sergent le 3 juillet 1782, il s'embarqua sur le vaisseau amiral *le Héros* le 3 septembre suivant, et combattit à la mémorable journée où ce vaisseau soutint seul une lutte de huit heures contre 12 vaisseaux anglais. Un boulet de canon lui ayant emporté le bras gauche, il restait inébranlable à son poste, lorsqu'il eut la jambe gauche fracturée par un second boulet. L'amiral Suffren, témoin de son dévouement, lui promit de solliciter le brevet d'officier, l'emmena en France avec lui, et le présenta lui-même au roi, dont il reçut une pension le 23 mai 1784.

Neuhaus-Maisonneuve fut nommé sous-contrôleur de l'hôpital militaire de Sarrelouis le 8 mai 1786. Les habitants de Metz l'ayant choisi, le 2 juillet 1789, pour être leur centenier, il obtint, le 29 du même mois, le grade de capitaine aide-major chef de bataillon dans la garde nationale sédentaire de cette ville.

Commandant des fédérés de la Moselle, qui se rendirent à Paris lors de la fête du 14 juillet 1790, il passa, le 17, comme sous-lieutenant dans le régiment provincial-artillerie de Metz, et y devint major des cinq bataillons de la garde nationale le 15 février 1791.

A la formation du 2ᵉ bataillon des volontaires de la Moselle, le 14 août suivant, Neuhaus-Maisonneuve fut nommé lieutenant-colonel commandant en premier de ce corps. Il mit tous ses soins à l'organiser, le conduisit sur les frontières, et reçut l'ordre d'aller au camp retranché sous Sedan, où il envoya plusieurs détachements contre quelques partis ennemis répandus des Ardennes. Lorsque, après l'affaire du camp de la Lune, où il se trouva, les Prussiens furent obligés de rendre Longwy et de quitter le territoire français, Neuhaus-Maisonneuve eut le commandement de Stenay.

Devenu lieutenant-colonel divisionnaire chef de brigade le 12 mai 1793, il se rendit à l'armée de la Moselle pour l'ouverture de la campagne devant Trèves. Il fut ensuite chargé de couvrir la Sarre à la rentrée de l'armée, et commanda les flanqueurs de droite au combat de Forbach. C'est lui qui, à l'affaire de Neukirch, pays des Deux-Ponts, après avoir rallié les tirailleurs, força le passage du pont, culbuta l'ennemi et favorisa ainsi la marche de l'armée, qui volait au secours de Mayence. Mais, dès que la reddition de cette place eut forcé les troupes françaises de prendre la défensive sur la Sarre, Neuhaus-Maisonneuve prit le commandement de l'armée de Bliescastel pour empêcher que l'ennemi ne franchît la Blize, et ne se jetât entre l'armée des Vosges et celle de la Moselle, ce que le corps du partisan ennemi Sekouly essaya vainement de faire.

Élevé au grade de général de brigade le 30 juillet 1793, il se distingua à l'armée des Ardennes, campée sous Carignan.

Après avoir battu l'ennemi aux journées des 30 août, 1ᵉʳ, 2 et 3 septembre, il le rejeta au delà de la rivière de Semoys, pays de Luxembourg, et fut promu au grade de général de division le 20 du même mois. Il passa presque aussitôt à l'armée du Nord, où il contribua au déblocus de Maubeuge ; il obtint ensuite le commandement du camp retranché d'Arleux, auquel il joignit celui des divisions de Douai, de Pont-à-Marcq, et de la division de droite sur la Sambre, près de Beaumont.

Etant tombé malade par suite des fatigues de la guerre, il fut mis à la retraite le 21 pluviôse an II. Remis en activité comme général de division commandant l'arrondissement de Bitche, Neuhaus-Maisonneuve se rendit utile dans ce pays et le purgea des brigands incendiaires qui le troublaient depuis longtemps.

A la chute du gouvernement directorial, le premier Consul le nomma commandant d'armes de la place de Bitche le 1er vendémiaire an IX.

Créé membre de la Légion-d'Honneur le 10 frimaire an XII, il devint officier de l'Ordre le 26 prairial suivant, puis chevalier de l'Empire le 23 juillet 1810.

Il commanda pour la dernière fois la place de Bitche pendant le blocus au 1er janvier 1814, époque à laquelle il fut confirmé dans ce commandement par le maréchal duc de Valmy, commissaire du roi.

Nommé chevalier de Saint-Louis le 29 septembre de cette année, il fut remplacé le 16 mai 1815, obtint presque aussitôt sa retraite, et mourut le 22 novembre 1834.

NEUMAYER (Maximilien-Georges-Joseph), né à Neuhausen, près Worms, ex-département du mont Tonnerre, aujourd'hui grand duché de Hesse, le 1er avril 1789. Il entra en 1807 à l'école de Fontainebleau, d'où il passa à celle de Saint-Cyr ; et en 1809, dans le 6e d'infanterie légère, en qualité de sous-lieutenant.

Après avoir fait une campagne en Allemagne, son régiment passa en Espagne où le jeune Neumayer ne tarda pas à se signaler. Le 18 juillet 1810 il s'empara d'une pièce de canon, sur le glacis de la ville d'Almeida (Portugal), dans une sortie que fit la garnison. Peu après il fut blessé d'un coup de feu à l'affaire de Buraco et mérita par sa belle conduite l'épaulette de lieutenant.

Le 12 avril 1813, à la tête d'une compagnie de carabiniers, il enleva et passa le premier le point retranché de la Horaduda sur l'Èbre, et culbuta trois compagnies qui la défendaient. Le 30 mai suivant, il se précipita avec sa compagnie au milieu du bataillon d'Artola (en Biscaye), lui fit mettre bas les armes et ramena 300 prisonniers. Enfin, le 29 juillet, il débusqua avec deux compagnies un bataillon anglais et se rendit maître, à l'arme blanche, des crêtes des Pyrénées qui dominent le val Carlos. Ces divers faits furent mis à l'ordre du jour de l'armée et méritèrent à M. Neumayer la croix de la Légion-d'Honneur et le grade de capitaine. Il avait été blessé d'un coup de feu dans la dernière action.

A peine remis de sa blessure, il se trouva au combat sous Bayonne (10 décembre 1813), où il eut le bras gauche cassé d'un coup de feu. Mais il suivit le mouvement de retraite de l'armée et put se trouver en ligne à Toulouse, où il combattit vaillamment, et reçut une blessure d'autant plus grave que la balle l'atteignit au même bras qui avait été fracturé quatre mois auparavant.

Mis en non-activité en 1814, M. Neumayer fut, pendant les Cent-Jours, nommé capitaine adjudant-major au 8e bataillon de la garde nationale mobilisée du département du Bas-Rhin. Les désastres de Waterloo le rejetèrent dans les cadres de la non-activité jusqu'en 1820. A cette époque, il entra dans la légion des Bouches-du-Rhône (6e d'infanterie de ligne) en qualité de capitaine, et fit plus tard la campagne d'Espagne pendant laquelle il fut nommé chevalier de l'ordre royal de Saint-Louis, et de celui de Saint-Ferdinand (2e classe).

A sa rentrée en France, il fut promu au grade de chef de bataillon au 22e de ligne.

A la suite de la Révolution de Juillet, il fit la campagne de Belgique et fut honorablement cité dans les rapports du maréchal Gérard et créé officier de la Légion-d'Honneur et chevalier de l'ordre de Léopold.

Envoyé en Afrique en 1835 en qualité de lieutenant-colonel de la Légion étrangère, il rentra en France à la suite d'une fracture à la jambe.

Après son rétablissement, il entra dans le 1ᵉʳ d'infanterie légère, d'où il passa en 1837 au commandement du 10ᵉ d'infanterie de ligne.

Il fut depuis promu successivement au grade de général de brigade, et le 12 juin 1848 à celui de général de division. Il est aujourd'hui commandeur de la Légion-d'Honneur et commande la 1ʳᵉ division militaire.

M. Neumayer est compté à juste titre parmi nos officiers généraux les plus distingués.

NEY (MICHEL), né à Sarrelouis le 10 janvier 1769, d'un ouvrier tonnelier.

Il entra fort jeune au service, comme simple hussard dans le régiment de Colonel-Général. Après avoir passé par tous les grades inférieurs, il était devenu capitaine en 1794. Kléber le fit nommer adjudant-général chef d'escadron. Général de brigade sur le champ de bataille en 1796, il venait de prendre Wurtzbourg avec 100 hommes de cavalerie seulement, et avait forcé le passage de la Rednitz et pris Forcheim, 70 pièces de canon et d'immenses approvisionnements. Général de division en l'an IV; envoyé extraordinaire et ministre plénipotentiaire auprès de la République helvétique en 1802, il eut le bonheur de pacifier ce pays menacé de la guerre civile. Commandant de l'armée de Compiègne en 1803. Maréchal d'empire le 19 mai 1804, et grand aigle le 1ᵉʳ février 1805. Cette même année, il reçut le titre de duc d'Elchingen, en mémoire de la bataille de ce nom qu'il avait gagnée.

Nous donnons ici un fragment des *Mémoires du maréchal Ney*, où se trouve le récit de ces glorieux combats.

Affaires d'Elchingen, du 6 au 20 octobre 1805.

« Le mouvement avait continué. Nous occupions Nordlingen, nous tenions les avenues qui conduisent au Danube. Nous étions au moment de mener à terme une grande combinaison. Marmont avait ordre de se porter sur Neubourg ; Davoût était chargé de le suivre, et Bernadotte de pousser sur Munich l'armée bavaroise, dont il venait de prendre le commandement. Murat, de son côté, devait presser la marche de ses colonnes, il devait déboucher devant Donawerth, forcer la place et enlever le pont. Lannes, Soult, l'appuyaient avec leurs troupes : l'entreprise ne paraissait pas douteuse.

« L'ennemi, néanmoins, venait de voir démasquer des manœuvres qui jusque-là lui avaient échappé ; il nous voyait inopinément déboucher sur ses derrières, il devait tout entreprendre, tout tenter pour sauver ses communications. L'Empereur ne voulut pas courir les chances qu'enfante quelquefois une position désespérée. Il résolut de réunir ce qu'il avait de troupes disponibles, et appela le maréchal à Donawerth. Celui-ci venait de prendre position sur le Brentz ; ses positions commandaient le cours du Danube et dominaient tous les débouchés qui mènent à ce fleuve, depuis Ulm jusqu'à Donawerth. En revanche, elles se trouvaient un peu trop sur la droite de la ligne d'opérations ; le maréchal, appelé à heure fixe sur le point où il devait combattre, ne pouvait plus l'atteindre s'il était obligé de gagner Neresheim. S'y porter en côtoyant le Danube, faire une longue marche de flanc, pouvait paraître dangereux à l'état-major ; mais le maréchal ne partageait ni les vues ni les appréhensions de celui-ci sur les projets de l'ennemi, et il se décida à ce mouvement. Il était convenu que Mack n'avait « que quelques escadrons de cavalerie légère en avant de Donawerth ; qu'il n'avait garde d'engager une action ayant la Wernitz à dos. » Quant à leurs entreprises, il s'était assuré que les Autrichiens n'avaient aucune notion certaine sur notre marche, qu'ils ne nous croyaient pas même réunis en corps d'armée.

« Ces aperçus ne tardèrent pas à se vérifier. Le quatrième corps avait enlevé Donawerth sans résistance, et le sixième avait fait son mouvement le long du fleuve, sans qu'aucun incident fâcheux eût signalé sa marche, lorsqu'il reçut ordre de prendre position. Soult s'était avancé le 6 sur la place; il n'avait aperçu, comme l'avait annoncé le maréchal, que quelques partis de cavalerie qui n'avaient pas essayé de s'engager. Il avait précipité son mouvement et était arrivé, après une traite de quinze heures, devant le pont qu'il devait enlever. Ses voltigeurs s'étaient élancés sur les travées que les Autrichieus livraient aux flammes, et le fleuve avait été franchi.

« L'ennemi se replia sur le Lech, on le suivit, on s'avança sur Neubourg; mais l'Empereur, auquel on annonçait de toutes parts qu'il se concentrait sur cette place, se persuada qu'il avait abandonné le Michelsberg et résolut d'emporter Ulm. Il chargea Ney de l'attaquer sur la rive gauche, tandis que Soult la presserait par la rive droite. Il était convaincu que les Autrichiens s'étaient détachés du fleuve, qu'il n'avait qu'à faire marcher pour circonscrire leur champ d'opérations; le maréchal était loin d'adopter ses vues à cet égard. Les Autrichiens venaient de quitter la rive gauche du Lech et s'avançaient dans une sorte de confusion sur Ulm. Le pont de Guntzbourg était détruit, leurs flancs étaient assurés, leurs derrières hors d'atteinte; il ne doutait pas qu'ils ne cherchassent à déboucher sur la rive gauche, et ne dissimulait pas les dangers que couraient les dragons établis à Heydenheim, si on ne se hâtait de les faire serrer sur lui.

« L'irruption, du reste, n'était pas imminente. Ney avait atteint les hauteurs de Burgberg le 8; le 9, il avait continué son mouvement. Loison avait enlevé Elchingen, Dupont s'était établi à Albeck, Malher avait fait halte à Riedhausen. Il menaçait à la fois Guntzbourg et Ulm, il était en mesure de battre, de contenir l'armée autrichienne quelque part qu'elle se présentât; mais la fortune semblait l'avoir mise hors d'état de rien entreprendre. Davoût atteignait Aicha; Bernadotte entrait à Munich; Soult, Marmont, poussant sur Landsberg, achevaient l'investissement des colonnes ennemies, et leur laissaient pour tout champ d'excursion l'étroit espace qui s'étend du haut Lech au Danube.

« Ainsi circonscrites, enveloppées, elles n'avaient d'autre alternative que de se jeter dans le Tyrol ou d'en venir aux mains; car, de s'aventurer sur la rive gauche, le major général vit qu'il y avait de la folie à l'entreprendre, et plus encore à le supposer. Une bataille était donc imminente, et Napoléon désirait que le maréchal s'y trouvât. « Ne perdez pas de vue, écrivait à Ney le ministre de la guerre, que par ses projets, qui sont de cerner l'ennemi, l'Empereur se trouve obligé de disséminer un peu ses forces, et qu'il a besoin de toute la confiance qu'il a dans ses généraux et de toute leur activité pour ne pas rester oisif quand il faut agir. » Les troupes succombaient à la fatigue : depuis trois jours elles n'avaient ni subsistances ni repos. La pluie était battante, le sol détrempé; tout ce qu'il y a de pénible dans la vie se réunissait sur elles. Mais la dépêche était pressante. Le général Malher eut ordre de faire ses dispositions. Arrivé le 10, à trois heures du matin, à Riedhausen, il se remit en marche dès que le jour parut, et s'avança sur Guntzbourg. La route était défoncée, le pays couvert de marécages. Il ne fit son mouvement qu'avec les plus grandes difficultés. Il atteignit enfin les bords du fleuve. Le maréchal lui avait signalé un gué qu'il avait reconnu autrefois, et qui, sans doute, existait encore. Il l'avait chargé de le faire sonder, et lui avait indiqué le point du passage qui lui semblait présenter plus de chance. Mais Malher ne tient pas compte de ces obstacles. Ses colonnes sont formées; il donne le signal. Marcognet est chargé d'emporter Guntzbourg; il ouvre le feu, tombe de tout son poids sur les Tyroliens qui défendent les abords du Danube, enlève hommes et canons. Il se jette alors dans le fleuve, traverse le premier bras, s'empare de l'île et arrive au pont. Les travées sont coupées. Il essaie courageusement de les rétablir ; mais la mitraille succède à la mitraille : il est obligé de lâcher prise, de se retirer sur la lisière des bois.

« Le maréchal ne tarde pas à être informé de la résistance que Malher éprouve. Il fait prendre les armes à la 2ᵉ division et la charge de lui prêter main-forte; le secours est inutile. Le général Labassé a été plus heureux que son collègue ; il s'est porté sur le point qu'indiquaient les instructions. Les difficultés du terrain, le feu de l'infanterie, le jeu des pièces n'ont pu arrêter son audace ; il est arrivé au pont de Reseinsberg, s'est élancé sur les madriers, les a franchis, et, fondant sur les troupes qui le couvraient de feu, il a enlevé les unes, culbuté les autres: il les a suivies, les a refoulées dans la place, et s'est fièrement établi sur les hauteurs.

« L'armée autrichienne se trouvait presqu'en entier réunie sous les murs de Guntzbourg. Elle reprend l'attaque, l'action recommence plus vive et plus ardente; mais le général Malher est accouru de son côté avec le reste de ses troupes. On joint l'ennemi, on le renverse ; l'infanterie autrichienne regagne la place en désordre et n'ose plus en sortir. Il n'en est pas ainsi de la cavalerie : aucun échec n'a encore ébranlé la confiance qu'elle a dans son courage ; elle veut à toute force emporter les hauteurs qu'occupe le 59ᵉ. Elle s'avance avec intrépidité sur lui, et, toujours désorganisée par son feu, elle l'aborde avec une fureur toujours nouvelle. Cinq fois elle a échoué ; elle se rallie, elle ne se rebute pas encore. Elle forme de nouveau ses escadrons, et revient intrépidement à la charge ; mais cet admirable régiment a perdu ses plus braves officiers. Le colonel Lacuée est au nombre des morts, deux chefs de bataillons sont atteints. Il veut les venger, avoir satisfaction de ces attaques, qui, sans cesse dissipées, se reproduisaient sans cesse. Il anime son feu, désorganise cette cavalerie si opiniâtre, et l'oblige enfin de s'éloigner. Malher fait alors investir la place et y pénètre avant le jour.

« La 2ᵉ division commençait à paraître. Le maréchal se trouvait avec les deux tiers de ses forces sur la rive droite. Il avait forcé le passage, enlevé des canons, des drapeaux, et pris un millier d'hommes. L'Empereur lui témoigna la satisfaction que lui causait ce beau résultat ; mais il persistait à croire que les ennemis manœuvraient sur l'Iller; il le pressait de s'avancer sur Ulm et d'en prendre possession. « Il le laissait le maître de marcher comme il l'entendrait pour atteindre ce but ; mais il fallait que la place fût cernée le 11. La chose importait sous tous les points de vue. »

« Le maréchal se mit en mesure de la tenter. Loison poussa sur la rive droite, Dupont eut ordre de se rapprocher de la rive gauche; et Baraguay-d'Hilliers, qui était à Stalzingen avec les dragons, de se diriger sur Languenau et de prendre position en arrière d'Albeck, afin de le soutenir. Dupont devait se munir d'échelles, de madriers, de tout ce qu'exige une escalade, sans faire cependant aucune tentative qu'il n'eût reçu de nouveaux ordres. Mais, sur ce théâtre mobile, chaque heure a son incident, chaque heure amène sa combinaison. On annonce tout à coup que les Russes commencent à se montrer sur l'Inn. L'Empereur court à leur rencontre, et Murat prend le commandement de l'aile droite. Maître de deux des barrières du champ clos où se sont placés les Autrichiens, ce prince se persuade aussi que c'est sur l'Iller qu'il doit leur donner le coup de grâce, que c'est là qu'il doit les chercher. Le maréchal combat vainement cette opinion ; vainement il représente que l'archiduc s'est éloigné de Guntzbourg à la tête de dix régiments d'infanterie et de plusieurs corps de cavalerie ; que sans doute il s'est dirigé sur Ulm, où sont déjà 15,000 hommes accourus la veille de Schaffouse ; que tout démontre que ce sont nos communications qu'il veut atteindre ; que c'est par la rive gauche qu'il est résolu d'opérer. Murat refuse de croire qu'il ose l'entreprendre. Les marches, les maladies, le défaut de vivres ont réduit nos forces outre mesure. Il a pour instructions principales d'empêcher les Autrichiens de communiquer par leur droite avec les troupes adossées au Tyrol. Il veut réunir tout ce qu'il y a de disponible, pousser sur l'Iller et donner bataille.

« Ney juge la résolution imprudente : il la combat, la désapprouve ; une vive discussion s'établit entre eux. Tous deux sont égaux en grade, tous deux sont fiers, ardents. L'un supporte impatiemment d'être obligé d'obéir ; l'autre est décidé à faire exécuter ses ordres. Ils sont au moment de vider leur querelle par un combat singulier ; déjà la lettre de provocation est écrite ; mais au moment de l'expédier, Ney se rappelle qu'il est devant l'ennemi, et se résigne à ce qu'il ne peut empêcher. Il commande d'organiser un corps d'observation en avant d'Albeck, appelle Dupont et Baraguay-d'Hilliers sur la rive droite. Néanmoins, le mouvement lui paraît si grave, qu'il croit devoir signaler de nouveau au ministre les conséquences qu'il entraîne. Il lui expose à la fois les chances que présente l'action qu'on veut livrer, et le danger qu'il y a à abandonner aux Autrichiens les débouchés d'Ulm. Ils peuvent, dès que nous aurons passé le fleuve, se jeter brusquement sur nos derrières, saisir nos communications, et nous mettre dans la situation où nous les avons placés nous-mêmes. Ils peuvent se diriger sur Elvangen, Heydenheim, Neresheim, pousser même jusqu'à Nordlingen, s'ils le jugent convenable. A ce grave inconvénient s'en joint un autre. Nous voulons livrer bataille, mais comment y parvenir ? L'Iller n'est guéable nulle part. L'ennemi n'a qu'à rompre les ponts ; nous n'avons plus aucun moyen de l'atteindre. Se décide-t-il à combattre, la chance devient fort douteuse. Nous sommes sans approvisionnements, et le défaut de subsistances commence à se faire vivement sentir. Notre cavalerie est d'une bravoure à toute épreuve ; mais le manque de fourrages, les longues marches l'ont cruellement éclaircie. La division de hussards et de chasseurs qui est attachée au 6ᵉ corps ne dépasse pas 900 chevaux. Celle du général Bourcier, qui se compose de six régiments de dragons, s'élève au plus à 1,600 hommes sous les armes. Le corps entier ne compte pas au delà de 16 à 17,000 combattants, ce qui n'est, à proprement parler, qu'une forte division.

« Le reste de l'aile droite n'a pas moins souffert. La division du général Gazan est réduite à 5,000 hommes ; celle du général Oudinot en compte à peu près 6,000 ; celle du général Suchet 8,000 ; les dragons à pied 4,000 ; la cavalerie en a tout au plus 5,000 : total général 50,000 combattants. Un tel état de choses peut-il inspirer une bien haute confiance ? Les résultats qu'il est permis de se promettre valent-ils les chances auxquelles on s'expose ?

« Mais déjà tout ce que prévoyait, tout ce que redoutait le maréchal avait eu lieu. Arrivés le 10 dans la nuit à Ulm, les Autrichiens avaient passé le Danube le 11 au matin, et s'étaient répandus comme un torrent sur nos communications. Dupont faisait son mouvement. On s'était de part et d'autre trouvé inopinément en présence ; de part et d'autre on s'était vivement engagé. La disproportion des forces eût rendu le feu meurtrier. On avait joint l'ennemi à la baïonnette, on avait porté le désordre dans ses rangs ; mais une colonne n'était pas rompue qu'elle était remplacée par une autre. Baraguay, qui devait appuyer la division, ne paraissait point. Seul aux prises avec une armée entière, Dupont ne put contenir les colonnes qui couvraient la plaine, et les Autrichiens, tout meurtris des coups dont il les avait frappés, continuèrent leur mouvement. Werneck marcha sur Heydenheim, Riesck se dirigea avec une colonne nombreuse sur Elchingen. Cette position était pour ainsi dire abandonnée, il s'en empare, s'y établit, et fait aussitôt toutes les dispositions que la circonstance exige. Il désorganise le pont, brise les travées, mine les pilotis, ne laisse qu'un étroit passage pour éclairer la rive droite. Six pièces de canon, des troupes nombreuses sont placées sur l'avenue ; la défense en paraît assurée. Ces mesures néanmoins ne suffisent pas encore. On s'établit dans les jardins, on se retranche dans le château, le couvent, la chapelle. Il n'y a pas un mur dont on ne fasse un appui, pas un détour dont on ne profite, pas un obstacle dont on ne tire avantage.

« Le maréchal venait d'acheminer sa seconde division sur le Roth. Il reçut à la fois l'ordre de gagner le Leiben et de reporter Dupont sur Albeck. L'Empereur avait jugé comme lui de l'importance qu'avait la rive gauche. Il avait vivement blâmé le projet de dégarnir, d'abandonner les hauteurs qui commandent le fleuve. Le maréchal chargeait la première division de les réoccuper, lorsqu'il apprend le rude combat qu'elle a soutenu et les dispositions que fait le général Riesch. Il pousse aussitôt la troisième division à la suite de la deuxième, et court de sa personne joindre les colonnes que conduit Loison. Il les atteint le 13 à sept heures du soir. A huit heures il se remet en marche et se présente le 14, au point du jour, devant Elchingen. Elchingen est située sur un plateau d'où ses édifices, ses jardins, se prolongent jusqu'aux bords du fleuve. A droite est une forêt qui touche au Danube ; à gauche, des villages, des bouquets de bois ; en face, un terrain coupé qui se termine à pic à soixante toises au-dessus du courant. Vue de la rive droite, Elchingen apparaît comme un château-fort que couvrent de formidables ouvrages, que défend une armée nombreuse, et auquel on n'arrive qu'après avoir franchi un fleuve qui semble à lui seul une barrière insurmontable. On se dispose néanmoins à l'aborder ; on marche au pont, on assemble quelques planches, on essaie de les ajuster. L'artillerie tonnait avec force ; les soldats perdent bientôt patience et laissent là ces longs apprêts. Ils vont droit à l'ennemi qui les foudroie, s'élancent de poutrelle en poutrelle, enlèvent les pièces, culbutent les colonnes chargées de les défendre. Le passage dès lors est assuré. On se presse, on se heurte, on débouche en masse sur la rive gauche. Le terrain ne présente pour se déployer qu'une prairie étroite. On ne marche qu'avec plus d'ardeur à l'ennemi; on le pousse de jardin en jardin, de maison en maison; on réussit à le chasser des principaux édifices. Il ne se rebute pas néanmoins; il continue à combattre, à tirer parti de tous les obstacles; et quand enfin les dernières maisons lui échappent, il se rallie, se forme sur le plateau, et se dispose de nouveau à tenter la fortune. Mais la cavalerie légère avait débouché. Le colonel Colbert était en bataille; le général Roguet, chassant devant lui les masses qui avaient opposé une si longue résistance dans l'abbaye d'Elchingen, venait de couronner les hauteurs. Le maréchal fit ses dispositions. Riesch, déployé sur deux lignes, appuyait sa droite aux bois qui courent le long de la route de Gottingen et se développait parallèlement au Danube. Plus haut, à quelque distance, se trouvait le général Miezery, chargé de maintenir la communication entre cette colonne et celle qui gagnait Heydenheim sur les derrières, mais on ne savait où était le général Dupont qui, appelé d'abord sur la rive droite, avait presque aussitôt reçu ordre de réoccuper Albeck. La situation était difficile, un peu confuse; le maréchal néanmoins ne désespéra pas de la ramener à bien. Il feignit de vouloir opérer par la droite, attira par ses déploiements les réserves de l'ennemi sur ce point, et ne le vit pas plus tôt dégarnir son centre que, se jetant à la tête d'une partie de ses forces, il manœuvra pour le couper par la gauche, lui enlever ses communications. Colbert se développe au-dessous d'Elchingen. Placé au-dessus, Roguet rompt par pelotons à gauche, avec le 69e, longe intrépidement le front de la ligne ennemie et reçoit son feu à bout portant. Le 76e, qui suit en colonnes, appuie à droite. Le 18e de dragons se met en mouvement. On s'aborde, on se heurte avec violence. En un instant deux carrés ennemis sont enfoncés; mais Riesch a saisi le but de la manœuvre. Il voit que le maréchal veut le tourner, qu'il cherche à intercepter le chemin de traverse qui mène d'Elchingen à la grande route d'Albeck à Ulm. Il serre, il groupe ses colonnes; d'une extrémité de la ligne à l'autre toutes se forment en carré, toutes appuient vivement à droite. Vaine précaution! l'infanterie les disperse dans le bois, la cavalerie les rompt dans la plaine; quelque part qu'on les atteigne, on les renverse, on les enfonce. Elles réussissent néanmoins à conserver leur communication; quelques corps seuls sont chassés sur Langueneau, le reste se jette dans la forêt de Kesselbrun et s'y rallie. Mais Villate a suivi le mouvement; ses colonnes ont atteint la lisière du bois. Le général Malher arrive sur le champ de bataille; il éclaire la gauche et se place en deuxième ligne. L'action recommence. On se joint, on se presse, on combat avec ardeur. Enfin nous sommes au moment d'emporter le bois de Haslach; nous nous établissons sur la route d'Albeck. La victoire semble consommée, lorsque survient un incident qui est sur le point de tout compromettre. Wernech, prévenu que l'on était aux mains, avait rebroussé en toute hâte. Dupont, de son côté, qui s'était réfugié à Brentz, après la rencontre d'Haslach, avait fait son mouvement par Langueneau, et venait d'arriver à Albeck lorsque la colonne ennemie se présenta. L'un tenait la route, l'autre voulait la forcer. Mais quelle que fût la résolution des Autrichiens, ils n'auraient pu triompher de la résistance qu'on leur avait opposée. Diverses charges avaient eu lieu, et toujours ils avaient été rompus; toujours ils avaient été ramenés avec perte. Les colonnes descendues d'Elchingen venaient compliquer une position qui était déjà si fâcheuse. Ils recueillirent leurs forces et s'avancèrent avec une sorte de fureur à leur rencontre ; mais le général Bourcier arrivait avec sa cavalerie. Ils furent rompus, rejetés partie sur Langueneau, partie sur Jungengen. Le maréchal n'essaya pas de les suivre. Il avait cinq mille prisonniers, des canons, des drapeaux. L'artillerie tonnait sur sa droite avec une force toujours croissante ; il fit un changement de direction et accourut au secours.

« Le feu s'était successivement éteint ; la nuit était noire lorsqu'il arriva. Il établit sa droite à Albeck, sa gauche vers Gottingen, attendant, pour reprendre l'attaque, que le jour vînt l'éclairer. Mais l'Empereur, qui d'abord avait mal apprécié le combat d'Haslach, n'avait pas tardé à revenir de sa méprise. Ses colonnes convergeaient sur Ulm lorsque la nouvelle de cette rencontre lui était parvenue. Il avait pressé la marche de tous ses corps, il était lui-même accouru prendre la direction du mouvement. Bessières s'était porté à Wassen-Horn ; Soult s'était avancé sur Memmingen, et Marmont, établi à Ober-Kirch avait complété l'investissement sur la rive droite. Murat avait passé sur la gauche ; Lannes l'avait suivi et poussait sur Michelsberg. Le maréchal reçut ordre de le soutenir et de se reporter sur les positions qu'il avait quittées la veille. Le jour commençait à poindre ; il prit les armes et se dirigea sur Jungengen. Le général Suchet occupait déjà le village. On se forma, on se déploya, on chercha à embrasser les hauteurs, à tourner les redoutes qui les couvraient.

« Le maréchal avait la droite, Lannes menait la gauche. Tout était disposé ; on marcha, on se mit en mouvement. L'ennemi en position sur le Michelsberg opposa d'abord une vive résistance ; mais attaqué de front, menacé sur ses derrières, il fut obligé de lâcher prise, de se réfugier dans la place. Ney rejetait avec impétuosité dans les faubourgs les colonnes qui lui étaient opposées, que Lannes se débattait encore contre les redoutes qu'il avait en face. Tout à coup celui-ci s'aperçoit que son collègue est maître des hauteurs, se déploie sur les glacis. Il s'indigne de se voir devancer ; il veut à son tour brusquer la fortune : il excite ses généraux, ses chefs de corps, répand partout l'ardeur qui le transporte. Vedel s'élance à la tête de la 17ᵉ légère sur les redoutes qui couvrent le Frauenberg et les emporte. Le maréchal Lannes applaudit à ce coup de vigueur et prend le parti de suivre la route que l'intrépide colonel lui a frayée. Ses colonnes sont formées ; il veut forcer, enlever la place, porter le désordre au milieu des bataillons autrichiens, partager avec son collègue la gloire de renverser les derniers obstacles qui les couvrent. Il lance encore la 17ᵉ. De son côté, Ney pousse le 50ᵉ de ligne et le 6ᵉ léger. L'attaque est sur le point de réussir ; ces intrépides soldats ont franchi les ponts, l'ennemi épouvanté jette ses armes. Ils n'ont plus qu'à suivre, qu'à pousser leurs avantages ; mais la fortune est décidée, et l'armée vaincue peut encore rendre un sanglant combat. L'Empereur ne veut pas prodiguer le sang de tant de braves. Il arrête les colonnes, les Autrichiens se remettent de leur stupeur. Le colonel Vedel, avec quelques centaines de soldats, est fait prisonnier.

« Nous étions maîtres de tous les forts, de toutes les avenues. Werneck, battu de nouveau en avant d'Albeck, gagnait la Franconie en désordre. Toute espérance était perdue. Les généraux autrichiens, hors d'état de se dégager par la force des armes, essayèrent de se faire jour à l'aide des négociations. Ils députèrent le prince de Lichtenstein au maréchal, et lui offrirent la remise de la place, à condition qu'ils pourraient joindre Kienmayer, prendre part à ses opérations. Si on refusait une demande qui leur paraissait naturelle, ils étaient décidés à s'ensevelir sous les murs de la ville, à ne plus faire d'ouvertures comme à n'en pas recevoir. Ney n'essaya pas d'interrompre le prince. Il honorait sa personne, respectait son malheur; mais, dans l'état des choses, semblables termes étaient inadmissibles : il ne lui dissimula pas qu'il fallait que l'armée autrichienne subît sa destinée. Lichtenstein reporta ces tristes nouvelles à Ulm. Les généraux s'assemblèrent et résolurent d'essayer si la constance du maréchal tiendrait devant un dernier effort. Ils prirent une délibération ainsi conçue : « La garnison d'Ulm, voyant à regret que les conditions équitables qu'elle s'était crue en droit de demander à juste titre à son Excellence le maréchal *Neu* n'ont pas été acceptées, est fermement décidée à attendre le sort de la guerre.

« Le comte GIULAY, lieut.-gén.

« LOUDON, lieut.-gén.

« Le comte RIESCH, lieut.-gén.

«Ulm, le 16 octobre 1805. »

« La résolution était digne de ceux qui l'avaient prise; mais que sert le courage quand il n'est pas secondé par la fortune ? Ulm était sans magasins, nous occupions les hauteurs qui dominent la place. L'armée autrichienne subit la loi de la nécessité : trente-trois mille hommes, dont la plupart avaient assisté à d'honorables combats, défilèrent tristement devant les bataillons qui les avaient vaincus, et nous livrèrent leurs armes, leurs drapeaux. Le 6e corps les avait battus dans six rencontres consécutives : il les avait défaits à Guntzbourg, à Haslach, à Elchingen, à Albeck, au Michelsberg ; il leur avait fait quatorze mille prisonniers, enlevé une artillerie nombreuse, pris dix drapeaux. Le combat de Wertingen, la capitulation de Memmingen étaient les seules actions dont il ne pût revendiquer la gloire ; toutes les autres étaient son ouvrage. L'Empereur voulut honorer sa constance, sa bravoure. Il lui décerna la place d'honneur dans cette grande cérémonie, et chargea le maréchal Ney de prendre possession de la place que nous abandonnaient les vaincus. »

La capitulation d'Ulm ne fut que le prélude d'Austerlitz. Pendant que Napoléon frappait ce grand coup, Ney, détaché vers le Tyrol avec la droite de la grande armée, terminait la campagne en chassant du Tyrol l'archiduc Jean, en s'emparant d'Inspruck et de la Carinthie.

Bientôt s'ouvrit la campagne de Prusse.

Ney fut surnommé le *Brave des braves* après la bataille d'Iéna. Il battit en Espagne le général Wilson et exécuta à Miranda d'admirables manœuvres.

Il commandait le 3e corps d'armée à la campagne de Russie, où il se couvrit d'une gloire impérissable.

Il fut nommé prince de la Moskowa le 7 septembre 1812, sur le champ de bataille de ce nom, où les Russes perdirent 45,000 hommes. Commandant l'arrière-garde lors de la retraite pendant laquelle sa conduite éleva au-dessus de tout éloge ses talents militaires et son intrépidité. Laissé à l'extrême arrière-garde après la bataille de Krasnoé, surnommée par les ennemis la *bataille des héros*, il n'avait que 6,000 hommes et se vit attaquer par des masses énormes qui lui fermaient la marche; il se retire devant elles, surprend le passage du Dnieper, se fait jour à travers des nuées de Cosaques et rejoint, après trois jours et par d'audacieuses manœuvres, Napoléon, qui disait hautement qu'il donnerait 300 millions pour sauver le *Brave des braves*.

Au passage de la Bérésina, il sauva les débris de l'armée, et n'arriva aux frontières de la Russie qu'après des marches forcées et des périls sans nombre. « Après la sortie de Wilna, dit M. de Ségur, Ney traverse Kowno et le Niémen, toujours combattant, reculant et ne fuyant pas; marchant toujours après les autres, et pour la centième fois depuis quarante jours et quarante nuits, sacrifiant sa vie et sa liberté pour sauver quelques Français de plus. Il sort enfin de cette fatale Russie, montrant au monde l'impuissance de la fortune contre les grands courages, et que, pour le héros, tout tourne en gloire, même les plus grands désastres. »

Ney fut le premier des maréchaux qui abandonna Napoléon après la capitulation de Paris.

Commandant en chef de la cavalerie de France à la Restauration, gouverneur de la 6ᵉ division militaire; Pair de France; commandant le corps d'armée destiné à s'opposer au retour de Napoléon, il se compromit alors par des paroles imprudentes, et se vit entraîné près de Napoléon quelques jours après. Commandant l'aile gauche de l'armée du Nord dans les Cent-Jours, il fit des fautes à Waterloo, se battit comme un lion et eut sept chevaux tués sous lui. Compris dans l'ordonnance du 24 juillet 1815, le maréchal Ney fut arrêté au château de Bessonis, près d'Aurillac; conduit à Paris, il parut le 9 novembre devant un conseil de guerre qui se déclara incompétent. Traduit devant la Cour des Pairs le 21 novembre, défendu par Dupin aîné et Berryer père, condamné à mort dans la nuit du 6 au 7 décembre, et fusillé le 7 à 9 heures du matin, derrière le jardin du Luxembourg, du côté de l'Observatoire.

— « Au retour de la campagne de Russie, Napoléon se montrait si frappé de la force d'âme qu'il disait avoir été déployée par Ney, qu'il le nomma prince de la Moskowa, et qu'il répéta alors à plusieurs reprises : « J'ai 200 millions dans mes caves, je les donnerais pour Ney. » (Las Cases.)

« Ney ne s'est jamais permis un langage hautain en ma présence; au contraire, il était toujours très-soumis; quoiqu'il se livrât parfois en mon absence à des excès de violence, *S'il se fût permis un langage inconvenant à Fontainebleau* (comme on l'a écrit), *les troupes l'eussent déchiré en pièces.*

« Quant à la proclamation que Ney a prétendu avoir reçue de moi en 1815, c'est une fausseté : j'aurais supprimé cette proclamation, si cela eût été en mon pouvoir, car elle était indigne de moi. Ney n'aurait pas dû la publier, ou du moins il aurait dû agir différemment qu'il n'a fait; car, quand il a promis au roi de m'amener dans une cage de fer, il parlait dans la sincérité de son âme, et ses intentions étaient conformes à ses discours; il y persista pendant deux jours, après quoi il se joignit à moi. Il aurait dû faire comme Oudinot, qui demanda à ses troupes s'il pouvait compter sur leur fidélité; elles lui répondirent unanimement : Non; nous ne voulons pas nous battre contre Napoléon. »
(O'Méara.)

« A Waterloo, Ney était tout hors de lui; on pouvait lire sur son front, pêle-mêle, les remords de Fontainebleau et ceux de Lons-le-Saulnier. » (Las Cases.)

— « La défense politique de Ney semblait toute tracée : il avait été entraîné par un mouvement général qui lui avait paru la volonté et le bien de la patrie; il y avait obéi sans préméditation, sans trahison; des revers avaient suivi; il se trouvait traduit devant un tribunal; il ne lui restait rien à répondre sur ce grand événement. Quant à la défense de sa vie, il n'avait rien à répondre encore, si ce n'est qu'il était à l'abri derrière une capitulation sacrée, qui garantissait à chacun le silence et l'oubli sur tous les actes, sur toutes les opinions politiques. Si, dans ce système, il succombait, ce serait du moins à la face des peuples, en violation des lois les plus saintes, laissant le souvenir d'un grand caractère, emportant l'intérêt des âmes généreuses, et couvrant ses bourreaux de réprobation et d'infamie ; mais ce zèle était peut-être au-dessus de ses forces morales.

« Il est certain que Ney quitta Paris tout au roi; qu'il n'a tourné qu'en voyant tout perdu. Si, alors, il s'est montré ardent en sens contraire, c'est qu'il sentait qu'il avait beaucoup à se faire pardonner.

« La situation de Ney était comparable à celle de Turenne, Ney pouvait être défendu ; Turenne était injustifiable, et pourtant Turenne fut pardonné, honoré, et Ney allait probablement périr. En 1649, Turenne commandait l'armée du roi. Malgré qu'il eût prêté serment de fidélité, il corrompit son armée, se déclara pour la Fronde et marcha sur Paris; mais dès qu'il fut reconnu coupable de *haute trahison*, son armée repentante l'abandonna, et Turenne poursuivi se réfugia auprès du prince de Hesse pour échapper à la justice.

« Ney, au contraire, fut entraîné par le vœu, par les clameurs unanimes de son armée. Si sa conduite au 20 mars n'est pas honorable, elle est du moins explicable, et, sous quelques rapports, excusable. » (LAS CASES.)

O

OCHER DE BEAUPRÉ (ANDRÉ-FRANÇOIS), né aux Sables-d'Olonne le 22 novembre 1776 il fit partie à 16 ans (1793) d'un bataillon de première réquisition du département de la Vendée, en qualité de sous-lieutenant. Il quitta le service à l'incorporation de ces corps, et y rentra en 1799 comme sous-lieutenant de la *Légion de la Loire;* fut aide-de-camp du général d'Houdetot et chef de bataillon au 82ᵉ d'infanterie; servit à la Martinique, où il se distingua contre les Anglais en 1815, sous les ordres du général Lauriston, et mérita le grade de chef de bataillon au 82ᵉ régiment. Prisonnier de guerre avec toute la garnison de l'île à la capitulation du 24 février 1809, il fut conduit sur les pontons d'Angleterre, et pendant cinq ans y souffrit les plus affreuses privations.

Rendu à sa patrie à la paix de 1814, le commandant Ocher de Beaupré, replacé au 43ᵉ de ligne, reçut la croix de la Légion-d'Honneur et servit comme adjoint à l'état-major du 2ᵉ corps d'armée en 1815.

A Waterloo, M. Ocher de Beaupré était aide-de-camp du prince Jérôme Bonaparte, ex-roi de Westphalie. En 1827, il avait été lieutenant-colonel aux 4ᵉ et 49ᵉ de ligne, il fut nommé colonel du 51ᵉ qu'il laissa à la Guadeloupe, puis du 30ᵉ, à la tête duquel il fit, en 1830, partie de l'expédition d'Alger; sous ses ordres, ce brave régiment, que Paris possède aujourd'hui (1850) dans ses murs, prit part au combat de Sidi-Kalef et aux opérations qui précédèrent la prise d'Alger, ainsi qu'aux combats de Blidah et de Médéah, qui valurent à son chef la croix de commandeur le 27 décembre 1830.

En 1831, il fut promu au grade de maréchal de camp (2 avril). De retour en France, il commanda en cette qualité les départements du Tarn-et-Garonne et celui de Loir-et-Cher.

Placé dans la section de réserve en 1839 et admis à la retraite en avril 1848, il s'était retiré dans sa famille, à Blois, où il est mort le 8 février 1850. Le général Ocher de Beaupré était frère de l'officier général d'artillerie de ce nom et beau-frère de l'amiral Duperré.

OLIVIER (JEAN-BAPTISTE, baron), né sous les drapeaux du régiment, à Strasbourg (Bas-Rhin), le 25 décembre 1765.

Entré dans la carrière des armes le 1er juillet 1770, en qualité de soldat dans le 35e régiment, ci-devant Aquitaine, il fut fait caporal le 1er janvier 1782, sergent le 15 juin 1785, adjudant-major au 4e bataillon de la Moselle le 25 août 1791, chef de bataillon le 15 juin 1792, et général de brigade le 19 septembre 1793. Le 26 juin 1794, il monta dans le premier aérostat qui fut lancé avant la bataille de Fleurus, commanda une brigade pendant cette journée, et y mérita de tels éloges, que, pour en conserver le souvenir, il fit donner à son fils le nom de *Fleurus*. Le général Olivier commanda en l'an IV la cavalerie de la division Grenier.

Au nombre des faits d'armes qui lui ont fait bien mériter de la patrie, on cite le passage de la Lahn, où il chargea l'arrière-garde ennemie, la culbuta, la poursuivit avec impétuosité et lui fit 130 prisonniers; le combat de Rauch-Eberach où, chargé par le général Jourdan de débusquer un corps ennemi, il se précipita à l'instant sur lui, le battit et le mit en fuite; la prise et le combat de Subbach, où il s'établit, puis contraignit l'ennemi de se retirer et d'aller chercher un refuge derrière les rochers. On cite la brillante défense de la tête du pont de Neuwied, qu'il fit à l'armée de Moselle en octobre 1796; la prise audacieuse des redoutes et du village de Bendorff, où il se signala en avril 1797, à l'armée de Sambre-et-Meuse, celle plus importante et plus difficile de Vetzlar, qu'il fit avec sa brigade seule, aussi en avril 1797. Ce dernier fait d'armes lui valut le grade de général de division. On cite encore les succès qu'il obtint avec sa division en 1798, sur les rebelles de la Calabre, qu'il battit et dispersa complétement après leur avoir pris 35,000 fusils; et les services qu'il rendit à l'armée lors de la retraite dirigée par Macdonald. Le 24 prairial an XII, il rencontra un parti autrichien à San-Veneizo, le chargea jusqu'à un mille de Modène, le culbuta et lui fit un grand nombre de prisonniers. Le 30, il fut blessé en combattant courageusement près de Plaisance; on cite enfin les prodiges de valeur que fit le général Olivier à la bataille de la Trébia où sa division appuyait la gauche de la ligne de bataille, et où il eut une jambe emportée par le dernier boulet français au moment où il prodiguait ses soins aux blessés sur le champ de bataille.

Lorsqu'il fut de retour en France et en état de reprendre du service, le premier Consul lui confia une inspection générale (21 pluviôse an VIII), et il s'acquitta de ces nouvelles fonctions depuis 1800 jusqu'à la suppression du comité central des revues en 1806. Il a développé dans ce comité le caractère franc, ferme et judicieux qu'il a toujours eu, et il s'y est acquis l'estime et l'attachement de ses collègues et de ses subordonnés.

Dans le mois de floréal an X, il partit pour l'Étrurie, se rendit dans la République italienne en l'an XII, fut mis en disponibilité en l'an XIII et commanda la 20e division militaire.

Le général Olivier était à cette époque baron de l'Empire, grand officier de la Légion-d'Honneur, chevalier de l'ordre de la Couronne de Fer.

Le 4 avril 1809, il reçut le commandement de la 16e division militaire, fut employé près du corps d'armée rassemblé sur l'Escaut le 8 août, servit à l'armée du Nord le 26 septembre de la même année, et se rendit à Lille, chef-lieu de son gouvernement. Il était en tournée pour le service de sa division lorsqu'il mourut au château de Saint-André, à Witernesse, le 21 octobre 1813, emportant dans la tombe l'estime et les regrets de tous. La ville entière accompagna ses restes à sa dernière demeure.

ORDENER (Michel, comte), né le 2 septembre 1755, à Saint-Avold (Moselle), entra dans les dragons de la légion de Condé le 1er janvier 1773, brigadier le 7 novembre 1776; il passa, le 9 décembre, avec son grade et un escadron, après la suppression de la légion, dans les dragons de Boufflers, et repassa, avec le même escadron, au 4e de chasseurs à cheval, devenu 10e.

Ordener obtint tout son avancement dans ce corps; maréchal-des-logis le 1er septembre 1785, adjudant le 23 mai 1787, sous-lieutenant le 25 janvier 1792, lieutenant le 23 mai suivant, capitaine le 1er mai 1793, chef d'escadron le 9 thermidor an II, et chef de brigade le 30 fructidor an IV; il fit les campagnes des années 1792 et 1793 à l'armée du Rhin et de la Moselle, et donna des preuves multipliées d'une brillante valeur dans les guerres de l'an II à l'an VIII aux armées du Rhin, des Alpes, d'Italie, d'Angleterre et du Danube.

Nommé chef de brigade des grenadiers à cheval de la garde des Consuls, le 29 messidor an VIII, il fut souvent cité avec éloges par les divers généraux commandant les divisions dont son régiment fit partie.

Dans cette campagne, l'intrépide Ordener fit environ 6,000 prisonniers, prit 26 bouches à feu, la majeure partie de leurs caissons, 7 drapeaux ou étendards, environ 200 chariots chargés d'équipages, au moins 2,400 chevaux; il eut 7 chevaux tués sous lui, reçut huit coups de sabre, dont cinq sur la tête, à l'affaire de Valevau, le 27 thermidor an VII, et trois coups de feu qui, quoique assez graves, ne le mirent pas hors d'état de pouvoir continuer ses services : le seul inconvénient qui résulta de ses blessures fut une surdité périodique provenant d'un coup de boulet qui lui enleva la face droite.

Promu général de brigade le 11 fructidor an XI, membre de la Légion-d'Honneur le 19 frimaire an XII, il reçut du ministre de la guerre, le 20 ventôse, l'ordre de se porter sur la ville d'Ettenheim pour y opérer l'arrestation du duc d'Enghien. Le général Ordener y arriva le 25, et fit cerner, de concert avec le général Fririon, la maison du prince, par un détachement de gendarmerie et une partie du 22e de dragons. A cinq heures et demie, les portes furent enfoncées et le duc emmené au moulin près la Tuilerie; on enleva ses papiers, on les cacheta, et l'on conduisit le prince dans une charrette, entre deux haies de fusiliers, jusqu'au Rhin.

Voici l'ordre que reçut à ce sujet le général Ordener du ministre de la guerre :

Paris, le 20 ventôse an XII.

« En conséquence des dispositions du gouvernement qui met le général Ordener à celles du ministre de la guerre, il lui est ordonné de partir en poste de Paris, aussitôt après la réception du présent ordre, pour se rendre le plus rapidement possible, et sans s'arrêter un instant, à Strasbourg. Il voyagera sous un autre nom que le sien. Arrivé à Strasbourg, il verra le général de la division. *Le but de la mission est de se porter sur Ettenheim, de cerner la ville, d'enlever le duc d'Enghien, Dumouriez, un colonel anglais et tout autre individu qui serait à leur suite.* Le général commandant la 5e division, le maréchal-des-logis qui a été reconnaître Ettenheim, ainsi que le commissaire de police, lui donneront tous les renseignements nécessaires.

« Le général Ordener donnera ordre de faire partir de Schelestadt 300 hommes du 26ᵉ de dragons qui se rendront à Rheinau, où ils arriveront à huit heures du soir. Le commandant de la 5ᵉ division enverra 11 pontonniers à Rheinau, qui y arriveront également à huit heures du soir, et qui, à cet effet, partiront en poste sur les chevaux d'artillerie légère. Indépendamment du bac, il se sera assuré qu'il y avait là quatre ou cinq grands bateaux, de manière à pouvoir passer d'un seul voyage 300 chevaux. Les troupes prendront du pain pour quatre jours, et se muniront d'une quantité de cartouches suffisante. Le général de la division y joindra un capitaine, un lieutenant de gendarmerie et une trentaine de gendarmes. Dès que le général Ordener aura passé le Rhin, *il se dirigera droit à Ettenheim, marchera droit à la maison du duc d'Enghien et à celle de Dumouriez.* Après cette expédition terminée, il fera son retour sur Strasbourg.

« En passant à Lunéville, le général Ordener donnera ordre que l'officier de carabiniers, qui aura commandé le dépôt à Ettenheim, se rende à Strasbourg, en poste, pour y attendre ses ordres. Le général Ordener, arrivé à Strasbourg, fera partir, bien secrètement, deux agents soit civils, soit militaires, et s'entendra avec eux pour qu'ils viennent à sa rencontre. Le général Ordener est prévenu que le général Caulaincourt doit partir avec lui pour agir de son côté. Le général Ordener aura soin que la plus grande discipline règne, que les troupes n'exigent rien des habitants. S'il arrivait que le général Ordener ne pût pas remplir sa mission, et qu'il eût l'espoir, en séjournant trois ou quatre jours et en faisant des patrouilles, de réussir, il est autorisé à le faire. Il fera connaître au bailli de la ville, que, s'il continue à donner asile aux ennemis de la France, il s'attirera de grands malheurs. Il donnera l'ordre au commandant de Neuf-Brisac de faire passer 100 hommes sur la rive droite du Rhin, avec deux pièces de canon. Les postes de Kehl, ainsi que ceux de la rive droite, seront évacués aussitôt que les deux détachements auront fait leur retour.

« Le général Ordener, le général Caulaincourt, le général commandant de la 5ᵉ division, tiendront conseil et feront les changements qu'ils croiront convenables aux présentes dispositions. S'il arrivait qu'il n'y eût plus à Ettenheim, ni Dumouriez, ni le duc d'Enghien, le général Ordener me rendra compte, par un courrier extraordinaire de l'état des choses, et il attendra de nouveaux ordres. Le général Ordener requerra le commandant de la 5ᵉ division de faire arrêter le maître de poste de Kehl, et les autres individus qui pourraient donner des renseignements.

« Je remets au général Ordener une somme de 12,000 francs, pour lui et le général Caulaincourt. Vous demanderez au général commandant la 5ᵉ division militaire que, dans le temps où vous et le général Caulaincourt ferez votre expédition, il fasse passer 300 hommes de cavalerie à Kehl avec quatre pièces d'artillerie légère. Il enverra aussi un poste de cavalerie légère à Wilstadt, point intermédiaire entre les deux routes.

« Alex. Berthier. »

Cet ordre que le ministre de la guerre envoyait au général Ordener était la copie presque littérale de celui qu'il avait lui-même reçu du premier Consul, sous la date du 19 ventôse.

Après avoir opéré l'arrestation du duc d'Enghien, Ordener ne prit aucune part soit directe soit indirecte au jugement et à l'exécution de ce prince. On lit dans le tome II des *Mémoires de Sainte-Hélène* cette note écrite de la main de Napoléon : « Caulaincourt, mon aide-de-camp, a dû obéir aux instructions que Berthier et Talleyrand, ministre des relations extérieures, étaient chargés de lui donner pour la mission qui lui était confiée : 1° de confondre les trames ourdies par les ministres anglais sur la rive droite du Rhin; 2° s'assurer de la personne et des papiers de la baronne de Reich et de ses complices, qui tramaient à Offenbourg le renversement du gouvernement consulaire et la mort du premier Consul; 3° inspecter et activer l'armement de la flottille; 4° faire remettre à la cour de Bade des explications sur la violation de son territoire, aussitôt qu'Ordener se serait saisi du duc d'Enghien. Ordener a dû obéir à l'ordre de passer le Rhin avec 300 dragons et d'enlever le prince. »

Nommé commandeur de la Légion-d'Honneur le 25 prairial an XII, Ordener fit, avec la cavalerie de la garde, la campagne de l'an XIII sur les côtes de l'Océan, et passa, en vendémiaire, à la grande armée. Dans la guerre d'Autriche, ce général soutint sa réputation, et fit des prodiges de valeur à la bataille d'Austerlitz.

Promu général de division le 4 nivôse an XIV, il continua à commander les grenadiers à cheval de la Garde. Appelé au Sénat le 20 mai 1806, et nommé commandant de l'ordre de la Couronne de Fer, il obtint sa retraite le 25 octobre suivant.

Napoléon créa le général Ordener comte de l'Empire en 1808, et le nomma gouverneur du palais impérial de Compiègne l'année suivante. Il y mourut, cette année même, dans l'exercice de ses fonctions le 30 août 1811.

Son nom est inscrit sur l'arc de triomphe de l'Étoile, côté Ouest.

ORDONNEAU (Louis, baron), né le 25 juillet 1770 à Saint-Maurice (Charente-Inférieure), appartient à une famille de cultivateurs de la Saintonge. Il exerçait la profession de commis-marchand, lorsqu'il entra, le 14 juillet 1789, dans la garde nationale de Bordeaux, d'où il fut congédié le 6 septembre 1791.

Il vint à Paris, reprit du service comme grenadier dans le 1er bataillon de la Butte des Moulins, le 5 septembre 1792, et passa, le 29 octobre, dans les chasseurs à pied de Mormal, où il fut nommé sergent-major le 11 novembre suivant.

Ce bataillon forma, le 16 du même mois, le 4e bataillon franc qui fut incorporé plus tard dans la 32e demi-brigade d'infanterie légère.

De 1792 à l'an IX, Ordonneau fit toutes les campagnes de la Révolution aux armées du Nord, de Sambre-et-Meuse, des côtes de Brest et de Cherbourg, des Alpes, d'Italie, de Naples et Gallo-Bataves.

Il fut proclamé sous-lieutenant par le choix de ses camarades le 7 février 1793, devint lieutenant à l'ancienneté le 22 vendémiaire an II, et passa, le 1er nivôse suivant, en qualité d'aide-de-camp, auprès du général Duhesme, qui, dans sa réponse du 5 ventôse an III, aux renseignements exigés par le décret de la Convention nationale du 29 frimaire de la même année, s'exprimait ainsi sur le compte du lieutenant Ordonneau : « Est bon républicain, patriote attaché à la Révolution, connaît les manœuvres de l'infanterie et surtout le service des avant-postes; a un coup-d'œil exercé aux positions et beaucoup d'activité. Sait lire, écrire et calculer, a en outre de la capacité, de l'intelligence et de la bravoure dans le service d'aide-de-camp, qu'il fait auprès de moi depuis le 20 octobre 1793 (vieux style). »

Le 2 prairial an II, devant Prischy,

Ordonneau traversa l'armée ennemie pour aller porter un ordre; son escorte fut tuée ou prise, mais, bravant le danger qui le menaçait, il traversa seul la ligne ennemie pour venir rendre compte de sa mission.

Le 12, devant Landrecies, il fut blessé d'un coup de biscaïen à la jambe droite, et reçut, le 10 messidor suivant, à l'affaire de Braine-le-Comte, un coup de feu à la tête et eut son cheval tué sous lui.

Dans la nuit du 9 au 10 brumaire an III, à la tête d'un escadron du 3ᵉ régiment de chasseurs à cheval, il reprit sur l'ennemi, devant le fort Saint-Pierre, une batterie de canons, fit 90 prisonniers, et eut un cheval tué sous lui par cinq coups de feu.

Capitaine le 25 frimaire an IV, il fut nommé, sur la demande du général Championnet, chef d'escadron le 27 pluviôse de la même année.

A l'attaque d'Andria, le 3 germinal suivant, il monta à l'assaut à la tête de la colonne du centre qu'il commandait. Le 7 brumaire an VIII, à l'attaque que le général Duhesme fit faire du camp retranché de Bussolino, près de Suze, le commandant Ordonneau tourna la position par le sommet des montagnes avec les grenadiers des 25ᵉ, 26ᵉ et 107ᵉ demi-brigades. Il arriva avec tant de promptitude sur les derrières de l'ennemi, qu'il détermina le succès de la journée et la déroute d'une colonne de 4,000 Autrichiens, après avoir fait prisonniers 400 hommes qui défendaient une redoute dont il s'empara.

A l'affaire de Neukerchen, le 30 frimaire an IX, il rendit de grands services. La division Duhesme, alors peu nombreuse, tenait, en avant de ce bourg, une position où elle combattait avec opiniâtreté depuis quatre ou cinq jours. Le général autrichien Kleneau, qui avait éprouvé un échec à Nuremberg, se contenta de laisser quelques troupes devant la division du général Barbou, et joignit la majeure partie de ses forces à celles qui se trouvaient en présence de la division Duhesme. Une colonne de 5,000 hommes fut alors détachée pour tourner cette division, tandis que le corps principal devait l'attaquer de front. Le peu de cavalerie qu'avait le général Duhesme ne lui permettait pas de s'éclairer au loin, de sorte que la colonne ennemie qui filait en silence sur ses derrières, était déjà maîtresse d'Etzel et interceptait les communications avec Fortheim, lorsqu'on l'aperçut. Le commandant Ordonneau, avec 150 hommes de la 29ᵉ légère, se porta aussitôt à la rencontre de cette colonne. Ce mouvement fut exécuté avec tant d'audace et d'intrépidité qu'il déconcerta l'ennemi, le força à rebrousser chemin pendant une demi-heure et donna le temps au général Duhesme de faire ses dispositions et de se retirer en bon ordre. Cette manœuvre hardie empêcha la division française, forte seulement de 3,500 hommes, d'être entamée ou forcée par un corps ennemi de 14 à 15,000 hommes, qui, avant l'action, l'avait presque entièrement tournée.

Par arrêté du 29 prairial an X, le premier Consul décerna un sabre d'honneur au commandant Ordonneau.

Employé dans la 19ᵉ division militaire, de l'an X à l'an XII, cet officier supérieur fut classé comme membre de droit dans la 12ᵉ cohorte de la Légion-d'Honneur, et en fut nommé officier le 25 prairial an XII.

L'Empereur le désigna, en outre, pour faire partie du collége électoral du département de Saône-et-Loire.

Il fut, de l'an XIV à 1807, en Italie, et fut nommé, le 23 août de cette dernière année, au grade d'adjudant-commandant.

Employé à l'armée de Catalogne de

1808 à 1813, il s'y distingua encore au siége de Tarragone et aux affaires du col d'Ordal et de Villa Franca.

Promu au grade de général de brigade le 28 juin 1813, et maintenu à l'armée de Catalogne par décision du 1er septembre de la même année, il attaqua et dispersa, près de San Estevan, les corps de Manso et de Calatrava.

Rappelé en France en 1814, il prit le commandement d'une des brigades de la division Meunier, à l'armée de Lyon. Le 19 février. A la prise de Bourg (Ain), il fut blessé d'un coup de feu à la jambe droite, et reçut une forte contusion à l'épaule droite le 11 mars suivant devant Macon.

Après l'abdication de l'Empereur, le général Ordonneau fut fait chevalier de l'ordre royal et militaire de Saint-Louis le 29 juillet 1814, et fut nommé commandant supérieur de l'île de Ré le 31 août suivant. Louis XVIII lui accorda des lettres de noblesse et le titre de baron au mois de janvier 1815, et le 14 février suivant il le fit commandeur de la Légion-d'Honneur. Le général Ordonneau qui avait conservé son commandement pendant les Cent-jours, fut mis en disponibilité le 29 octobre 1817; mais il fut bientôt rappelé à l'activité et employé comme commandant de la 1re subdivision de la 19e division militaire. Il fut promu au grade de grand officier de la Légion-d'Honneur le 1er mai 1821.

Commandant de la 3e brigade de la 3e division du 2e corps de l'armée des Pyrénées, il fit la campagne d'Espagne en 1823, fut nommé lieutenant-général le 3 octobre, et reçut la plaque de 4e classe de l'ordre de Saint-Ferdinand le 22 novembre de la même année.

Nommé commandeur de Saint-Louis le 29 octobre 1826, il commanda en 1828 une division au camp de Saint-Omer et fut mis en disponibilité en 1829.

En 1835, le baron Ordonneau a été placé dans le cadre de vétérance des officiers généraux, et il fait aujourd'hui partie de celui de réserve créé par la loi de 1839.

ORLÉANS (Ferdinand-Philippe-Louis-Charles-Henri-Joseph de Bourbon, duc d'), fils aîné de Louis-Philippe, roi des Français, et de Marie-Amélie, fille de Ferdinand IV, roi des Deux-Siciles; il naquit à Palerme le 3 septembre 1810 et reçut en naissant le titre de duc de Chartres. Le jeune prince avait 3 ans au moment de la chute de Napoléon; son père le confia d'abord aux soins du très-estimable M. de Boismilon, puis il le plaça au collége de Henri IV en 1819; il voulut qu'il reçût une éducation libérale, sur le pied de la plus complète égalité avec les autres élèves. Il fit de brillantes études et suivit les cours de l'École polytechnique; après un voyage en Angleterre et en Écosse en 1819, il alla rejoindre à Lunéville le 1er régiment de hussards, dont il venait d'être nommé colonel par Charles X. Il était en garnison à Joigny quand éclata la Révolution de 1830; le duc de Chartres fit arborer la cocarde tricolore à son régiment et l'amena en toute hâte au secours des Parisiens insurgés; arrêté provisoirement à Montrouge, et bientôt relâché, mais après avoir couru les plus grands dangers, il entra le 3 août dans Paris à la tête de son régiment, et devint bientôt *duc d'Orléans et Prince royal.* Un an après, il partit résolûment avec son jeune frère le duc de Nemours, pour aller faire ses premières armes sous le maréchal Gérard; on sait du reste que cette campagne ne fut guère qu'une promenade militaire. Entrés en Belgique en 1831, les princes s'empressèrent de visiter la plaine de Jemmapes, où leur père avait combattu en 1792.

Lors de l'insurrection de Lyon en novembre 1831, le prince royal alla avec le maréchal Soult au sein de cette ville ensanglantée, pour ramener à des sentiments d'ordre les populations ouvrières exaspérées par la misère. Il était à peine de retour à Paris que l'invasion du choléra lui offrit une nouvelle occasion de dévouement; il paya de sa personne et se rendit à l'Hôtel-de-Ville au moment où le fléau sévissait avec le plus d'intensité ; cet acte de courage lui valut une médaille que lui décerna le conseil municipal de Paris.

Quelques mois plus tard, le duc d'Orléans rentra en Belgique avec le commandement de la brigade d'avant-garde de l'armée du Nord. Le 20 novembre 1832, il était devant la citadelle d'Anvers; il commanda la tranchée dans la nuit du 29 au 30 novembre, et son nom fut cité avec un éloge mérité dans le bulletin du lendemain. A l'attaque meurtrière de la lunette Saint-Laurent, il s'élança sur le parapet au milieu d'une grêle de projectiles de toute espèce pour diriger l'action et stimuler le courage de nos soldats.

Le duc d'Orléans se rendit en 1835 sur la terre d'Afrique, fit avec éclat la rude campagne de cette année et prit une part glorieuse au combat de l'Habrah, où il fut blessé, et à la prise de Mascara.

En 1836, il fit avec son frère Nemours, un voyage en Prusse ; c'est à la suite de ce voyage qu'il devint l'époux de la duchesse *Hélène-Louise-Élisabeth* de Mecklembourg-Schwerin, née le 24 janvier 1814, et fille de Frédéric-Louis, grand-duc héréditaire de Mecklembourg-Schwerin. Cette union fut célébrée le 30 mai 1837; des fêtes brillantes furent commencées. On sait l'affreuse catastrophe qui vint les interrompre. Le jeune prince consacra plus de 500,000 francs à soulager toutes les infortunes qui lui furent signalées.

Malgré mille résistances qu'il eut à vaincre, il retourna en Afrique et y fit une nouvelle campagne. L'armée sous ses ordres, passa à Djimilah les Portes de Fer, réputées infranchissables, et offrit à son jeune général cet arc de triomphe jeté par les Romains au milieu du désert. En mars 1840, le duc d'Orléans partit encore une fois pour l'Algérie, emmenant avec lui le duc d'Aumale, son jeune frère, dont il devait diriger les premiers travaux militaires. Aux combats de l'Affroun, de Londger, du bois des Oliviers, il déploya une intrépidité peu commune : chargé de diriger les dispositions d'attaque à la prise du Teniah de Mouzaïa, il commanda en personne la colonne attaquant la position de front, et eut la gloire de planter sur ces hauteurs la bannière tricolore de la France.

Rappelé en France après cette campagne, le duc d'Orléans consacra ses soins à l'agrandissement des forces militaires du pays et à l'amélioration physique et morale des soldats. Il organisa à Saint-Omer les chasseurs de Vincennes, devenus chasseurs d'Orléans et redevenus chasseurs de Vincennes à pied. Il jeta les bases d'une *Histoire des Régiments*, entreprise par ordre du ministre de la guerre, et écrivit en partie celle de deux régiments qui s'étaient trouvés sous ses ordres. Les arts et les lettres occupaient également ses loisirs, et trouvaient en lui un protecteur intelligent.

Une affreuse catastrophe brisa tout à coup cette existence si noblement remplie. De retour de Plombières, où il venait de conduire la duchesse d'Orléans, le prince royal se disposait à partir pour Saint-Omer, où il devait passer en revue une partie de l'armée d'opération sur la Marne, dont il venait de recevoir le commandement en chef, quand il se rendit le 13 juillet 1842 à Neuilly pour faire ses adieux à sa famille. Les chevaux de sa calèche s'étant emportés, le prince voulut s'élancer de la voiture et se brisa la tête sur le pavé; quelques heures après il rendait le dernier soupir.

De son mariage avec la princesse Hélène sont nés : Louis-Philippe-Albert d'Orléans, comte de Paris, prince royal, le 24 août 1838, et Robert-Philippe-Louis-Eugène-Ferdinand d'Orléans, duc de Chartres, le 9 novembre 1840.

OSTEN (Pierre-Jacques) naquit à Menin, dans la Flandre Occidentale, le 4 avril 1759. Lorsque les Belges, armés pour la défense de leurs droits, opposèrent toutes leurs forces aux troupes de l'empereur d'Autriche, il prit une part active aux mouvements qui agitaient les Pays-Bas autrichiens, et fut fait sous-lieutenant au 1er régiment des chasseurs de Namur par les États assemblés, le 21 novembre 1789.

Employé à l'armée de Brabant, sous les ordres de Vandermersch, Osten s'y fit remarquer et y devint capitaine le 1er avril 1790. Au premier cri de guerre qui se fit entendre sur nos frontières menacées par les coalisés, Osten quitta sa patrie. Ce fut la France qu'il choisit pour la remplacer : et ce fut dans les rangs de ses frères adoptifs qu'il alla combattre les Autrichiens à l'armée du Nord, commandée par Lucker.

Le 3 août 1792, on le nomma chef de bataillon des chasseurs français, ci-devant belges, dans la division du général Rozières.

A la tête de 400 de ces chasseurs et de 100 hussards d'Esterhazy, il se rendit maître successivement de Pont-Rouge, Warneton, Commines et Werwick, sur la rive gauche de la Lys (pays autrichien), puis, s'empara du pont de cette dernière place, selon les intentions du maréchal, qui le traversa au point du jour avec son armée. Le chef de bataillon Osten eut ordre de se rendre à la division Valence, concourut à la prise de Courtrai, et enleva avec son détachement la première pièce de canon qui fut prise pendant la campagne.

Passé dans la division Jarry, il s'y fit bientôt remarquer en emportant les villages de Harlebek, de Kurne, et en brûlant le pont sur la Lys, position qu'il occupa jusqu'au 1er juillet. Il servit ensuite sous les ordres du général Labourdonnaie. Pendant le bombardement de Lille, il reprit le Quesnoy sur la Deule, marcha sur Deulémont et Pont-Rouge, dont il s'empara, et s'y maintint malgré les différentes attaques de l'ennemi. Le 4 novembre de la même année, Osten partit du camp de Cisoing, rentra dans la Belgique pour la seconde fois, reprit Werwick, passa par le Pont-Rouge, et arriva devant la place de Warneton où il attaqua l'ennemi, le mit en déroute et lui fit 40 prisonniers.

Nommé chef de brigade de deux bataillons de chasseurs belges le 1er janvier 1793, il commanda, à l'époque de l'invasion de la Belgique, les troupes du général Lamarlière. Après la reddition du château d'Anvers, au siége duquel il avait combattu, il passa avec ses troupes sous les ordres du général Berneron, concourut à la prise de Klunder et assista au bombardement de Willemstadt. Chargé du commandement de l'arrière-garde, lors de la retraite de l'armée, le chef de brigade Osten prit position à Steeinworden, près Cassel, du 1er au 2 avril. Employé successivement sous les ordres des généraux O'Moran, Dampierre, Lamarche, Custine et Houchard, il donna dans toutes les circonstances des preuves d'une grande valeur.

Le 2 brumaire an II, il fit une forte reconnaissance sur le camp de Cisoing pour favoriser l'attaque du général Souham sur Menin. Il combattit pendant cinq jours avec acharnement, força le camp du duc d'Yorck, le contraignit de se retirer sur Tournai, et chargea ensuite la cavalerie impériale. Assailli pendant l'action par deux dragons ennemis, il en tua un, mit l'autre en fuite, reçut une blessure à la main, puis eut un cheval tué sous lui.

Élevé au grade de général de brigade, Osten marcha sur Ath avec ses troupes, comme flanqueurs de la droite de l'armée, le 22 messidor.

Pichegru l'ayant chargé d'aller bloquer Condé et Valenciennes, il exécuta l'ordre qu'il avait reçu malgré les attaques réitérées de l'ennemi. A l'arrivée du général Scherer, qui venait de faire le siége du Quesnoy, il partit pour aller assiéger la citadelle de Valenciennes. Trois fortes redoutes situées sur les glacis défendaient cette forteresse. Le 10 fructidor, après avoir facilité à l'ingénieur les moyens d'ouvrir la tranchée, il attaqua la redoute du centre, enleva le village à la baïonnette, se précipita le premier dans le fossé, arracha les premières palissades et s'empara des trois redoutes et du village d'Anzin.

S'étant rendu à l'armée du Nord, en Hollande, le 22 fructidor, on le vit, dans les premiers jours de vendémiaire an III, refouler jusque dans la place l'ennemi qui était campé devant Grave.

Le 1er brumaire, le général Osten franchit la Meuse à Lith, culbuta les colonnes qui lui étaient opposées, prit position sur la rive gauche du Wal, et enleva à la baïonnette, le 6 brumaire, le village d'Herwaerden et les redoutes qui couvraient le fort Saint-André. Le 7 nivôse, il se rendit maître des lignes de Hollande, des postes retranchés qui composaient ces lignes, de 36 bouches à feu, des munitions, des bagages et d'un grand nombre de prisonniers. Cette action fut mise à l'ordre du jour de l'armée.

Le 23, il s'empara, devant Gorcum, d'une batterie composée de 9 bouches à feu. Le 28, le village d'Hartimsweld tomba en son pouvoir : une pièce de six, avec ses caissons et 12 chevaux, fut le prix de cette attaque. Le 30, il occupa Dortha, où l'on trouva 600 bouches à feu, 20,000 fusils, 15 bâtiments de transport anglais ; força le 1er pluviôse les redoutes de Daalem, en avant de Gorcum. Lœvestein et Worcum se rendirent à la première sommation. A la fin de fructidor, le général Osten fut envoyé en Zélande.

Employé pendant les ans IV, V et VI, sous les ordres des généraux en chef Moreau, Beurnonville, Joubert et Hatry, il se rendit, le 4 brumaire an VI, à l'armée de Batavie, où il servit pendant les ans VII, VIII, IX et X. Il devait revenir en France lors de la réduction de l'état-major de cette armée, le 21 ventôse an XI, quand le gouvernement lui ordonna de rester en Batavie le 24 germinal. Il faisait partie du camp de Compiègne le 23 floréal de la même année.

Créé membre de la Légion-d'Honneur le 19 frimaire an XII, il devint commandeur de l'Ordre le 25 prairial suivant. Le général Osten retourna en Hollande, où il était encore le 10 thermidor an XIV, lorsqu'il prit le commandement provisoire de Flessingue et de l'île de Walcheren le 20 novembre 1806.

L'année suivante, il adressa une proclamation énergique aux habitants de l'île de Zélande pour les engager à s'armer et à former une légion destinée à la défendre contre l'attaque des Anglais dont ils étaient menacés.

En 1809, l'île de Walcheren fut envahie par 30,000 Anglais commandés par lord Chatam. Le général Osten combattit avec la plus grande bravoure à la tête d'une poignée de braves ; mais il succomba, accablé par le nombre, et fut contraint de se rendre prisonnier de guerre. Lord Chatam lui donna d'abord des témoignages publics de son estime pour sa conduite militaire, ce qui ne l'empêcha pas de le faire embarquer pour l'Angleterre où il resta prisonnier. Après avoir brisé ses fers, il se sauva sur une barque ouverte, qui atteignit heureusement les côtes de France.

Mis en jugement en Angleterre, et déclaré coupable par les juges du ban du roi, il ne put obtenir, lors de son arrivée à Paris, une audience de l'Empereur, qui avait d'abord approuvé ce jugement. Il parvint cependant à se justifier auprès de ce souverain, et prouva qu'il n'avait point donné sa parole ni contracté aucun engagement qui pût l'empêcher de saisir la première occasion de recouvrer sa liberté.

Rentré en faveur, il fut envoyé à l'armée d'Illyrie le 26 septembre 1810, obtint un commandement dans la 17ᵉ division militaire le 14 novembre 1811, passa dans la 1ʳᵉ division de la grande armée le 17 janvier 1812, fit partie du corps d'observation du Bas-Rhin en 1813, et commanda enfin une subdivision dans la 32ᵉ division militaire le 24 février 1813.

Le prince d'Eckmühl lui ayant donné l'ordre de se rendre à Hambourg, le général Osten retourna à Brême pour reprendre le commandement du département des Bouches-du-Weser le 21 septembre, revint encore une fois à Hambourg le 2 novembre suivant, fut attaché à la 50ᵉ division d'infanterie, et mourut à Hambourg, en 1814, des suites d'une blessure qu'il avait reçue, le 27 février de cette année, dans l'île de Wilhemsbourg, entre Hambourg et Haarbourg.

OUDINOT (Charles-Nicolas), duc de Reggio, maréchal de France, né le 2 août 1767 à Bar-sur-Ornain. Il s'enrôla en 1784 dans le régiment de Médoc, le quitta au bout de quelques années, mais reprit du service quand éclata la Révolution, et fut nommé en 1791 chef de bataillon des volontaires de la Meuse. Il se distingua en septembre 1792 par une belle défense du château de Bitche, et obtint le régiment de Picardie dont le colonel venait d'émigrer. Le corps des officiers allait suivre cet exemple : une harangue d'Oudinot les retint au poste de l'honneur. En juin 1794, attaqué près de Moclauter par 10,000 ennemis, il résista pendant dix heures avec un seul régiment, opéra ensuite sa retraite sans être entamé, et pour prix de cette conduite, il fut fait général de brigade. Au mois de juillet suivant il s'empara de Trèves par une manœuvre hardie et y commanda jusqu'en août 1795. Passé alors à l'armée de Moselle, il fut en octobre attaqué de nuit à Neckerau, blessé de cinq coups de sabre, pris et envoyé en Allemagne.

Echangé au bout de cinq mois, il enleva à l'ennemi, dès son retour à l'armée, Nordlingue, Donauwerth et Neubourg. Au blocus d'Ingolstadt, où il eut à lutter contre des forces décuples, il reçut une balle à la cuisse, trois coups de sabre sur les bras et un sur le cou ; cependant, sans attendre que sa guérison fût complète, il rejoignit sa division à Ettenheim et chargea l'ennemi le bras en écharpe. L'affaire du pont de Manheim, la bataille de Feldkirch et la prise de Constance, que défendait le prince de Condé, lui valurent le grade de général divisionnaire. Blessé de nouveau à la bataille de Zurich, il devint chef d'état-major de Masséna qu'il suivit en Italie et avec lequel il soutint le glorieux siège de Gênes. Conservé par Brune dans les fonctions de chef d'état-major de l'armée d'Italie, il se distingua à toutes les affaires dont les rives du Mincio furent le théâtre, et fut chargé de porter à Paris la nouvelle de la paix bientôt signée à Trévise.

Grand Aigle de la Légion-d'Honneur en 1805, il part du camp de Boulogne à la tête de 10,000 grenadiers, s'empare de Vienne comme en passant, au bout de 45 jours de marche, se présente au pont du Danube que défendent 180 pièces de canon, arrache la mèche du premier canonnier autrichien, passe le fleuve, occupe la rive opposée avec sa division, et force à capituler toutes les troupes ennemies qu'il rencontre. Après avoir participé aux combats de Wertingen et d'Armstetten, Oudinot, blessé encore une fois à celui de Juncersdorff, assista, quoique convalescent, à la bataille d'Austerlitz, où il cueillit de nouveaux lauriers. En 1806 il prit possession des comtés de Neuchâtel et de Valengen, puis il entra à Berlin.

Au commencement de 1807 il gagna en Pologne la bataille d'Ostrolenka qui lui valut le titre de comte et une dotation d'un million. Il alla ensuite avec une forte division renforcer le corps du maréchal Lefebvre qui assiégeait Dantzig et amena la capitulation de cette place. Le 14 juin, attaqué à une heure du matin par 80,000 Russes dans la plaine de Friedland, il résista jusqu'à midi, et alors Napoléon survenant avec le reste de l'armée, remporta cette sanglante victoire qui fut suivie bientôt de la paix de Tilsitt.

Gouverneur d'Erfurth en 1808, pendant la réunion des souverains, Oudinot continua de commander en 1809 les grenadiers réunis. Cette formidable avant-garde, partout victorieuse, battit les Autrichiens à Pfaffenhofen le 19 avril, entra le 13 mai à Vienne, concourut à la victoire de Wagram, et valut à son digne chef les titres de maréchal et de duc de Reggio.

En 1810, il s'empara, sans coup férir, du royaume de Hollande, et y commanda jusqu'à l'ouverture de la campagne de Russie. Placé alors à la tête du 2ᵉ corps de la grande armée, il se rendit à Berlin, dont il fut deux mois gouverneur, et participa ensuite aux affaires les plus mémorables, jusqu'à ce que, grièvement blessé à celle de Polotsk, il dut remettre son commandement au général Gouvion-Saint-Cyr. Toutefois, en apprenant bientôt l'évacuation de Moscou, nos premiers désastres et la blessure de son successeur, il se hâta, quoiqu'à peine guéri, de rejoindre son corps, concourut, avec les maréchaux Ney, Mortier et Victor, à assurer aux débris de l'armée française le passage de la Bérésina, et fut encore blessé.

En 1813 Oudinot combattit glorieusement à Bautzen, mais il essuya un rude échec à Gross-Beeren, et partagea, peu après, celui de Ney à Dennewitz.

A Leipzig il combattit encore; mais quelques jours avant la bataille de Hanau, il tomba malade et fut emporté mourant du théâtre de la guerre. Cependant il prit part aux plus terribles affaires de la campagne de France en 1814, aux combats de Brienne et de Champ-Aubert, ainsi qu'aux revers de Bar et de La Ferté-sur-Aube.

Après la capitulation de Paris et la déchéance de Napoléon, le duc de Reggio se voua tout entier au service de Louis XVIII, qui le nomma colonel général des grenadiers et chasseurs royaux, et gouverneur de Metz. Mais tous ses efforts ne purent contenir que jusqu'à Troyes l'impatience de ses troupes qui l'abandonnèrent pour aller au-devant de Napoléon. Il passa les Cent-Jours dans sa campagne de Montmorency, et après la seconde Restauration, il fut nommé commandant en chef de la garde nationale parisienne, major-général de la garde royale, Pair de France, ministre d'État, grand-croix de l'ordre royal de Saint-Louis, et enfin chevalier du Saint-Esprit. Dans la guerre d'Espagne de 1823, le maréchal Oudinot, à la tête d'un corps d'armée, entra sans coup férir à Madrid, reçut du prince généralissime le commandement de cette capitale, et jusqu'à son départ pour Paris, il s'appliqua à contenir une populace, féroce et fanatisée.

Quand éclata la révolution de Juillet 1830, Oudinot était encore un des quatre majors généraux de la Garde royale. Il prêta serment au gouvernement nouveau, mais il parut le bouder pendant quelques années; puis, en 1837, il accepta le poste de grand chancelier de la Légion-d'Honneur, qu'il n'a quitté, en 1842, que pour passer à celui de gouverneur des Invalides.

Le maréchal Oudinot est mort dans l'exercice de ces dernières fonctions le 13 septembre 1847, à six heures du soir.

OUDINOT (Nicolas-Charles-Victor). Le marquis Victor Oudinot, fils aîné du maréchal duc de Reggio, est né à Bar-le-Duc le 3 novembre 1791. Il est du petit nombre de ceux qui, encore aujourd'hui dans la force de l'âge, ont fait les principales guerres de l'Empire. Les vétérans de la République se rappellent l'avoir vu dans les Guides de Masséna, pendant la campagne de Zurich.

En 1805, l'Empereur le nomma son premier page au congrès d'Erfurth. Il fit, en cette qualité, la campagne de 1809, pendant laquelle, de trois champs de bataille différents, Napoléon l'envoya en France rendre compte au Sénat de la situation de l'armée.

Nommé successivement lieutenant au 5e de hussards et aide-de-camp de Masséna pendant la campagne de Portugal, il rentra en France en 1811 et fut incorporé dans la Garde. C'est dans ce corps d'élite qu'il fit les campagnes de Russie, de Saxe et de France.

En 1814, l'Empereur, au moment de quitter Fontainebleau, remit au maréchal Oudinot, pour son fils, un brevet de colonel. Louis XVIII confirma cette nomination le 27 avril, et chargea le colonel Oudinot d'organiser le régiment des hussards du roi.

Il resta étranger à tout commandement pendant les Cent-Jours. — En septembre 1815, il forma à Lille le régiment des hussards du Nord, dont il conserva le commandement jusqu'en 1822, époque où il fut mis à la tête du 1er régiment de grenadiers à cheval de la Garde royale.

Maréchal de camp en 1824, il prit le commandement d'une brigade au camp de Lunéville, et y fit apprécier bientôt ses capacités militaires.

Le roi lui confia le soin de réorganiser à Saumur, sur de plus larges bases, l'école de cavalerie, licenciée quelques années auparavant. Cet établissement comptait à peine cinq années d'existence sous ses ordres, que déjà toutes les puissances militaires y avaient envoyé des officiers chargés d'étudier l'institution de cavalerie la plus complète de l'Europe.

Survint la révolution de Juillet, elle n'altéra pas la discipline de l'École; mais rien ne put décider Oudinot à garder son commandement; il écrivit au ministre de la guerre la lettre suivante :

« Conformément à vos ordres, je passerai l'inspection générale de l'École avant de quitter Saumur; mais, plein de respect pour de hautes infortunes, il ne peut me convenir de me perpétuer dans le poste dont je suis redevable au pouvoir qui m'avait revêtu de sa confiance. Je ne brise pas mon épée; j'espère même que le jour n'est pas éloigné où je pourrai m'en servir contre les ennemis de mon pays. »

En 1835, son frère, colonel du 2e des chasseurs à cheval d'Afrique, fut frappé à mort au moment où, par une charge vigoureuse, à la tête de l'avant-garde, il forçait le défilé de Muley-Ismaël. Quelques mois après, le marquis Oudinot reçoit l'ordre de partir pour Oran et de prendre le commandement de la 1re brigade du corps expéditionnaire de Mascara. Nous avions un échec à réparer; et le général venait, en outre, redemander à l'Afrique la dépouille mortelle de son frère. Chargé d'une dangereuse expédition par le maréchal Clausel, il reçut une grave blessure et fut obligé de rentrer en France pour se rétablir.

Le 31 décembre 1815, il fut promu au grade de lieutenant-général.

Élu député en 1842, il siégea à gauche, et se montra, dès son début, ennemi du favoritisme qui récompense les nullités complaisantes et délaisse le mérite indépendant. Les intérêts de l'armée, de l'Algérie, des haras, des remontes, le Code pénal militaire, l'ont fait monter à la tribune.

Le général Oudinot est l'un de nos officiers généraux les plus distingués. Il a consacré ses loisirs à des études d'un ordre sérieux; il a fait paraître des ouvrages qui dénotent une grande élévation de vues et qui ont obtenu les suffrages des hommes spéciaux, en France et à l'étranger. On remarque les suivants : *de l'Italie et de ses forces militaires; Considérations sur l'emploi des troupes aux grands travaux d'utilité publique*, etc.

M. le général de division Oudinot, commandeur de la Légion-d'Honneur, membre de l'Assemblée constituante, commandant en chef le corps expéditionnaire de la Méditerranée, membre de l'Assemblé législative, vient de s'illustrer par un fait d'armes de la plus haute importance. Il a pris la ville de Rome devenue le siége d'un gouvernement révolutionnaire et rétabli le pouvoir pontifical.

Partie de Marseille le 28 avril 1849, sous le commandement du général en chef Oudinot de Reggio, l'armée française débarqua le 25 à Civita-Vecchia et occupa la ville sans coup férir. Le 30, 6,000 de nos soldats se présentèrent devant Rome, et rencontrèrent sous ses murs une résistance imprévue; 200 hommes du 20e de ligne emportés par leur ardeur entrèrent par la porte Saint-Pancrace et furent retenus prisonniers. La première attaque contre les fortifications de la place eut lieu le 3 juin. Les opérations se continuèrent pendant tout le mois avec d'autant plus de lenteur que le général Oudinot, pour ménager les monuments, dirigeait les attaques du côté où ceux-ci étaient moins exposés au feu de nos batteries. Le 28 juin, un vigoureux combat d'artillerie ouvrit la brèche qui fut praticable le 29. Après deux assauts livrés, la municipalité romaine se présenta le 30 juin au soir au quartier général, demandant une capitulation dont les termes sont débattus le 1er et le 2 juillet. Le 2 au soir, la ville renonce à fixer des conditions et ouvre ses portes. Le 3 juillet, le général Oudinot entre vainqueur dans Rome; le 5, il prend possession du fort Saint-Ange.

Le général Oudinot, rentré en France peu après cette expédition, revint reprendre sa place à l'Assemblée législative. Le bruit court en ce moment (1850) de sa prochaine promotion au titre de maréchal de France.

P

PACTHOD (MICHEL-MARIE, comte), né le 16 janvier 1764 à Saint-Julien, ville démembrée du département du Mont-Blanc pour former le département du

Léman, et naturalisé français le 14 août 1816, exerçait, dès 1786, la charge de commissaire-auditeur des guerres à Carouges, lorsqu'il fut admis au service militaire en Piémont. Le 15 décembre 1792, il fut nommé, par le représentant du peuple Hérault de Séchelles, capitaine d'une compagnie franche du Mont-Blanc à l'armée des Alpes, et devint chef du 2ᵉ bataillon des volontaires nationaux du même département le 1ᵉʳ mai 1793. Il se fit remarquer au siége de Toulon. En récompense de la bravoure et de l'intelligence que Pacthod montra dans toutes les actions qui eurent lieu contre cette ville, et dans l'une desquelles il fut blessé d'un coup de canon, les représentants du peuple, en mission à Toulon, le firent adjudant-général chef de brigade, et lui confièrent le commandement temporaire de Marseille. 5,000 Toulonnais ayant marché contre cette dernière ville, Pacthod se mit à la tête de la garnison, composée de 900 hommes, les repoussa et les poursuivit jusque sous les murs de Toulon, où il entra quelques jours après et rétablit l'ordre. Il revint à Marseille au moment où les égorgeurs s'étaient emparés du fort Jean et massacraient les prisonniers; il se transporta dans ce fort, arrêta les massacres et fit saisir les principaux assassins. Les représentants du peuple le nommèrent général de brigade le 7 prairial an III.

Dans le mois de vendémiaire an IV, le représentant Fréron lui ôta son commandement et l'envoya à l'armée des Alpes. Le général Pacthod attribua cette mesure arbitraire à une dénonciation adressée à la Convention sur sa conduite contre les révoltés toulonnais, en prairial. A cette occasion, les représentants du peuple dans le département du Mont-Blanc firent le plus grand éloge des qualités morales et des talents de cet officier, noté comme paraissant avoir reçu une éducation distinguée.

En l'an V, le général Kellermann certifia qu'il avait servi sous ses ordres, à l'armée des Alpes, avec beaucoup de zèle et d'activité. En l'an VI, le général Augereau demanda qu'il fût employé et lui confia le commandement de la place de Strasbourg; réformé par le Directoire, le 5 prairial, par suite des préventions qu'avaient fait naître contre lui les friponneries de son secrétaire qui avait fait de faux bons, le général Pacthod s'en justifia, en faisant observer que le délit avait été commis dans la partie administrative, absolument étrangère à sa surveillance et à sa responsabilité. Les représentants du peuple du Bas-Rhin et l'administration centrale du département certifièrent que personne ne s'était plaint de lui pendant qu'il avait commandé à Strasbourg, et qu'il était généralement aimé et estimé dans cette ville. Mis de nouveau en activité le 15 fructidor an VII, il servit à l'armée de Hollande. Nommé membre de la Légion-d'Honneur le 19 frimaire an XII, électeur du département du Léman, et commandant de l'Ordre le 25 prairial, il passa au 1ᵉʳ corps de la grande armée en fructidor an XIII. Pacthod fit les campagnes des ans XII et XIII à l'armée de Hanovre et celles de la grande armée jusqu'au milieu de 1808. Le 4 novembre 1806, au combat de Crevismulen, Pacthod culbuta l'arrière-garde des Prussiens, et se distingua, les 6 et 7 du même mois, à la prise de Lubeck. Le prince de Ponte-Corvo, à la suite de ces glorieuses journées, demanda pour Pacthod le grade de général de division. Il se couvrit de gloire et contribua puissamment au gain de la bataille de Mohreingen, le 25 janvier 1807, où il reçut un coup de biscaïen à la hanche gauche. A la bataille de Friedland, le 14 juin, le 1ᵉʳ corps, dont le général Pacthod faisait partie, ayant fortement secondé le succès de cette journée, le duc de Bellune demanda de nouveau de l'avancement pour cet officier général, mais l'Empereur ajourna de faire droit à cette demande jusqu'à la première victoire remportée sur les armées espagnoles. Cette occasion se présenta bientôt. En octobre 1808, ayant passé au 1ᵉʳ corps de l'armée d'Espagne, il enleva, le 16 novembre, la position de l'ennemi à Espinosa, et l'issue de cette glorieuse bataille décida cette promotion méritée et promise. Créé général de division sur le champ de bataille, Pacthod se distingua d'une manière plus brillante encore le 2 décembre suivant, à l'attaque de Madrid, et à Uclès, le 13 janvier 1809, où toute l'infanterie espagnole fut faite prisonnière de guerre. Le 21 mars, il prit le commandement d'une division à l'armée d'Italie. A l'attaque du fort de Malborghetto, il sauta le premier dans les retranchements et s'en empara le 17 mai suivant. Il cueillit de nouveaux lauriers, le 14 juin, à la bataille de Raab et à celle de Wagram, où il reçut une blessure grave. Le 9 mai 1810, Pacthod passa à l'armée de Naples; mis en disponibilité le 23 décembre 1811, il reçut, le 16 mars 1812, l'ordre de se rendre à l'armée d'Illyrie. Le 18 janvier 1813, il commanda la 1ʳᵉ division du 1ᵉʳ corps de l'armée d'observation d'Italie, et, le 17 mars suivant, la 2ᵉ division du même corps. Passé au 12ᵉ corps de la grande armée le 24 avril, il fit la campagne de Saxe. Ce général prit une part très-active à la bataille de Bautzen, le 20 mai, et reçut de Napoléon le titre de comte de l'Empire. Le 28 du même mois, Pacthod obligea 8,000 Prussiens à mettre bas les armes à Hoyerswerda, et versa de nouveau son sang pour la patrie à la bataille de Hanau. L'Empereur le créa grand officier de la Légion-d'Honneur le 22 juillet suivant.

Le 31 octobre de la même année, à l'attaque du pont de Saxe-Hausen, à Francfort-sur-le-Mein, il commandait en chef un corps d'armée de deux divisions de la jeune garde, en remplacement du maréchal duc de Reggio, couvert de blessures, lorsqu'il fut lui-même grièvement atteint d'un coup de feu à l'épaule gauche. Le 24 janvier 1814, il commanda les gardes nationales de Sens, Montereau, etc. Dans la campagne de France, le général Pacthod se trouvait placé, le 25 mars, à la tête d'un corps de 8,000 hommes, auxquels il avait fait jurer de vendre chèrement leur vie; il soutint pendant six heures un combat sanglant à la Fère-Champenoise; mais, accablé par des forces innombrables, dirigées par l'empereur Alexandre et le roi de Prusse, il se vit forcé de se rendre prisonnier avec ses troupes, dont plus de la moitié était hors de combat. Les deux souverains, témoins de cette défense héroïque, l'accueillirent avec distinction sur le champ de bataille même. Pacthod s'empressa d'adhérer à la déchéance de Napoléon qui eut lieu quelques jours après.

A la suite des événements du 20 mars 1815, Pacthod ayant reçu du gouvernement impérial l'ordre de se rendre à l'armée de Alpes pour y prendre le commandement de la 13ᵉ division militaire, n'obéit pas à cette injonction, fut remplacé le 10 mai 1815 et mis en disponibilité. Le 1ᵉʳ juillet 1818, Louis XVIII le nomma inspecteur général d'infanterie dans les 8ᵉ et 9ᵉ divisions militaires. Le 30 décembre suivant, compris comme inspecteur général d'infanterie dans le cadre d'organisation de l'état-major général, et mis en disponibilité le 30 décembre 1819, le général Pacthod comparut devant le 1ᵉʳ conseil de guerre permanent, séant à Paris, le 21 septembre 1822, comme accusé de s'être porté à des voies de fait envers un adjudant de la ville de Paris, de service au jardin Beaujon. Le conseil de guerre acquitta le comte Pacthod à l'unanimité, le déclarant non coupable d'injures et de voies de fait envers ledit adjudant, et le déchargeant de toute espèce de blâme et de culpabilité dans l'action portée contre lui. Membre de la commission de révision du Code de justice militaire le 15 juin 1822, et remis en disponibilité le 1er mars 1823, le général Pacthod obtint sa retraite en 1827. Il mourut à Paris le 24 mars 1830. Son nom est inscrit sur l'arc de triomphe de l'Étoile, côté Sud.

PAILLHÈS (ANTOINE, baron), né à Béziers (Hérault), le 25 août 1779; déserta le collége à 14 ans pour s'engager dans le 83e régiment, compagnie des grenadiers du célèbre Latour-d'Auvergne. Détaché quelque temps pour aller faire la campagne de Savoie, il revint assister à la bataille de la Montagne-Noire, où fut tué Dugommier, et enleva une redoute et six pièces de canon.

A la prise de Roses, il s'empara avec quelques soldats d'un ouvrage important, et y fut blessé.

Passé dans la 61e demi-brigade, le jeune Paillhès fut un des quatre sous-officiers qui se précipitèrent dans le marais, à la droite du pont d'Arcole, pour sauver Bonaparte, qui y avait été renversé. Après avoir fait les campagnes d'Italie et d'Égypte, il gagna à Austerlitz le grade de lieutenant et passa dans la Garde impériale. S'étant distingué au combat de Rio-Secco en Espagne, en 1808, il fut fait capitaine sur le champ de bataille, et le 12 mai 1809 chef de bataillon. Il combattit avec ce grade en Allemagne, en Espagne et en Russie.

Sur la route de Kalouga à Smolensk, dans une attaque de nuit, il passa avec 2,600 hommes de la Garde sur le ventre d'un corps russe de 25,000 hommes. Napoléon paya ce trait d'audace et quelques autres qui suivirent du grade de colonel du 2e régiment provisoire, d'où il passa au 7e des tirailleurs-pupilles de la Garde.

En 1814, le colonel Paillhès fut chargé d'organiser le 90e d'infanterie de ligne. Dans une revue que passa le duc de Berry à Thionville, ce prince donna à l'un des majors la croix d'officier, puis la lui retira pour la donner à un émigré qui venait de lui rappeler des services rendus aux Bourbons; Paillhès est informé de ce fait, à l'instant il aborde vivement le prince et lui reproche avec énergie l'insulte faite à un brave officier. « Si vous aviez eu affaire à moi, ajoute-t-il en s'exaltant, je vous aurais tué. »

Huit jours plus tard, le colonel Paillhès fut renvoyé en demi-solde et mis sous la surveillance de la haute police, ce qui ne l'empêcha pas d'entrer dans la conspiration ourdie par Lefebvre Desnoettes et les frères Lallemand; cette conspiration avorta par le débarquement de l'Empereur; Paillhès alla à sa rencontre jusqu'à Sens et revint à Paris avec lui.

Nommé colonel du 3e tirailleurs de la Garde, il combattit à Waterloo, prit et reprit plusieurs fois le village de Planchenois, et abandonna le dernier le champ de bataille. Le colonel Paillhès refusa de signer la capitulation de Paris; il voulait qu'on arrêtât Fouché, Davoût et qu'on se battît : la majorité s'y opposa.

Derrière la Loire, on prépara une insurrection qui devait être dirigée par Excelmans, Chastel, etc.; mais la majorité encore la fit avorter.

Le jour que Ney fut fusillé, Paillhès fut arrêté comme ayant conçu le projet de l'enlever, si on conduisait le maréchal à Grenelle. On mit Paillhès en liberté, faute de preuves, mais on l'exila deux ans de Paris.

Pendant le règne des princes de la branche aînée des Bourbons, le colonel Paillhès se trouva compromis, à tort ou à raison, dans toutes les conspirations, celle de Béfort surtout; cette dernière lui valut cinq années de détention.

Après les événements de juillet, auxquels il prit part, il fut nommé au commandement de l'École militaire. Le 2 avril suivant, il fut fait maréchal de camp et appelé au commandement de la subdivision militaire de l'Aube; il fut, à la même époque, créé commandeur de l'ordre de la Légion-d'Honneur. Il était déjà chevalier de la Couronne de Fer et de Saint-Louis.

PAJOL (Claude-Pierre, comte), fils d'un avocat de Besançon, né dans cette ville le 3 février 1772, vint à Paris en 1789 pour y faire son droit, et se mêla aux mouvements populaires de l'époque. Sergent d'une compagnie de volontaires patriotes, il assista à la prise de la Bastille et combattit toute la journée à côté et sous les ordres d'Hulin.

De retour dans sa famille, après son cours de droit, il partit le 1er janvier 1791 comme sergent-major du 1er bataillon du Doubs; mais M. de Narbonne le nomma bientôt sous-lieutenant au régiment de Saintonge. Le 20 septembre il assista à la bataille de Valmy comme lieutenant de ce corps de grenadiers surnommé *Colonne Infernale*. Le premier il entra dans Spire, fut nommé capitaine, se distingua à la bataille d'Hocheim (1793), s'empara, le 8 avril, dans une sortie de nuit, d'une des redoutes de Bibrich, défendue par 150 Hessois et 3 pièces de canon, fut grièvement blessé et n'en ramena pas moins les 150 Hessois prisonniers.

Aide-de-camp de Kléber en 1794, il combattit à la bataille de Marchiennes, à celle de Fleurus, au combat du mont Patissel, à la prise de la montagne de Feu, aux batailles d'Esnous et de la Roër et au siége de Maëstricht. Il y donna tant de preuves de valeur, qu'il fut chargé de porter à la Convention 36 drapeaux enlevés à l'ennemi. Cela est consigné dans le document suivant :

Extrait du procès-verbal de la Convention nationale, du 22e jour de brumaire, l'an III de la République française une et indivisible.

Pajol, aide-de-camp du général Kléber, se présente à la barre et dit :

« Je viens déposer au sein de la Convention nationale trente-six drapeaux que l'armée de Sambre-et-Meuse vient tout récemment d'enlever à vos ennemis. Un lui a été enlevé au mont Patissel, quatre au célèbre combat d'Esnous et les trente et un autres ont été déposés sur les glacis de Maëstricht devant les soldats de la liberté. »

La Convention nationale décrète la mention honorable, insertion au Bulletin, et que son président lui donnera l'accolade fraternelle.

Visé par le représentant du Peuple, inspecteur aux procès-verbaux.

Joseph Becker.

Collationné à l'original par nous, représentant du peuple, secrétaire de la Convention, à Paris, le 25 desdits mois et an. Duval-Merlino.

En 1796 sa belle conduite à Altenkirchen lui mérita le grade de chef d'escadron sur le champ de bataille. Il fit, avec le 4e hussards, la campagne de 1797 et mérita les éloges de Hoche au passage du Rhin à Neuwied. Il se distingua encore à la bataille d'Ostrak et à celle de Liebtingen, où il chargea l'infanterie ennemie et lui fit deux bataillons prisonniers. Le 1er hussards passa en Suisse sous les ordres de Masséna. Le chef d'escadron Pajol s'y distingua par son intrépidité réfléchie autant que par son bouillant courage. Ayant eu son cheval tué dans une charge, il tomba au pouvoir de l'ennemi.

Son régiment qui s'aperçoit de cette perte, exécute une nouvelle charge et retire son commandant des mains de l'ennemi; Pajol, que les Autrichiens avaient dépouillé de ses habits, monte en chemise un cheval de prise, redouble la charge, fait un horrible carnage des Autrichiens et ramène bon nombre de prisonniers. Masséna le proclama à l'instant colonel.

Passé au 6ᵉ hussards, à l'armée d'Italie, il perdit presque tout son régiment à la bataille de Novi, revint en France pour le remonter, rentra en campagne à l'avant-garde de Lecourbe, se signala dans tous les combats, reçut en 1801 un sabre d'honneur, à la bataille de Neubourg, pour avoir enlevé 200 prisonniers à un régiment de cuirassiers, et mérita les éloges de Moreau à Hohenlinden. Général de brigade à la suite des batailles d'Ulm, de Léoben et d'Austerlitz. Il fit les campagnes de Prusse et de Pologne en 1806 et 1807, et se distingua particulièrement à la Passarge et à Gutstadt. A la bataille d'Heilsberg il soutint, avec trois régiments, la charge de toute la cavalerie ennemie, et donna le temps à la cavalerie française de se rallier. Après la bataille de Friedland il passa le premier la Pregel et entra à Tilsitt avec l'ennemi.

En 1809 il commanda toute la ligne d'avant-postes en Bohême et reçut en 1809 la déclaration de guerre de l'Autriche dont les forces l'assaillirent sur tous les points. Il les contint avec 2,000 hommes jusqu'à l'arrivée de Davoût. Napoléon, témoin de son intrépidité à Eckmühl, le créa commandeur de la Légion-d'Honneur. A la bataille de Wagram, il soutint tous les efforts que fit la cavalerie ennemie pour se porter sur le Danube et la battit. Lors de l'expédition de Russie, il forma l'avant-garde de Davoût, passa le premier le Niémen, le 24 juin, s'empara de Kourno, fit prisonnier un bataillon russe, prit Eré, Zimori, Wilna, Minski et les immenses magasins de cette ville. Instruit que le grand parc d'artillerie du général Bagration avait choisi une route difficile, il se mit à le poursuivre avec 100 des meilleurs chevaux de son avant-garde. Cette expédition lui valut le grade de général de division le 7 août 1812. Les services qu'il rendit dans cette campagne sont innombrables. A la Moskowa il soutint les plus grands efforts des Russes, vit périr à ses côtés les généraux Montbrun, Caulincourt, Désirat et ses propres aides-de-camp. Enfin débordant avec sa cavalerie la grande redoute des Russes, pendant que l'infanterie l'enlevait, il força l'ennemi à la retraite.

Le 9, ayant occupé Mojaisk, il fit deux bataillons russes prisonniers, eut le bras droit cassé d'un coup de fusil, son cheval tué, et n'en poursuivit pas moins l'ennemi jusqu'à Moscou. Il accompagna l'armée dans sa fatale retraite, et à peine guéri de sa blessure, il combattit en 1813 à Lutzen, à Bautzen, à Buntzlau, à Dresde. Ce fut de l'une de ses pièces que partit le boulet qui emporta les deux jambes à Moreau.

Le général Pajol protégea la retraite du corps de Vandamme dont il reçut les débris et garda les débouchés de la Bohême. Ce fut dans cette position que Napoléon ayant manqué d'être pris par le peu de surveillance des piquets de sa garde, s'écria devant tout son état-major *qu'il n'avait plus de généraux de cavalerie que Pajol;* que celui-là savait non-seulement *se bien battre, mais ne pas dormir, se bien garder et n'être jamais surpris,* et qu'il lui fit expédier l'ordre de se rendre près de lui.

A la tête du 5ᵉ corps de cavalerie, Pajol soutint le choc de la cavalerie ennemie réunie contre lui à Wachau.

Dans une charge, un obus éclatant contre le poitrail de son cheval, l'enleva, dit-on, à plus de 20 pieds en l'air, lui cassa le bras gauche et lui fractura les côtes. Ce coup extraordinaire, et qui tient du prodige, fit dire à l'Empereur, en voyant les débris du cheval du général Pajol : « Je fais une grande perte que je ne remplacerai pas de sitôt, et si Pajol en revient, il ne doit plus mourir. »

En 1814, et deux mois après ce fait, il vint, le bras en écharpe, offrir ses services à l'Empereur qui lui confia le commandement de l'armée d'observation de la Seine, de l'Yonne et du Loing. Le 17 février, à six heures du matin, il débouchait des bois de Valence, chassant vigoureusement l'ennemi devant lui jusqu'à son corps de bataille qu'il attaqua, croyant être soutenu par Victor qui devait se trouver là à la même heure. Victor ne parut point, et Pajol, luttant seul contre l'armée ennemie, avait perdu 19 pièces sur 24 et beaucoup de monde, et se disposait à la retraite, quand Bertrand accourut à toute bride, lui recommander de tenir, en lui annonçant le général Gérard qui avait succédé à Victor. Pajol fit alors un effort surhumain, chargea de nouveau sur la route de Montereau, culbuta l'ennemi au milieu d'un feu terrible, lui enleva 5,000 hommes, toute son artillerie, et le poursuivit sur les deux rives de l'Yonne jusqu'à la nuit qui le sauva d'une destruction totale.

Cette charge, l'une des plus belles qu'on puisse citer, valut à Pajol la croix de grand officier conférée sur le champ de bataille. Napoléon lui dit en l'embrassant : « Si tous les généraux m'avaient servi comme vous, l'ennemi ne serait point en France. »

Sous la Restauration, Pajol continua à servir, il organisa et commanda les quatre régiments du roi. En 1815, il fit sa soumission à l'Empereur, dès le 21 mars, distribua la cocarde tricolore à ses soldats, et proposa à Napoléon de marcher immédiatement sur Bruxelles avec les 18,000 hommes de l'armée de la Loire.

Nommé Pair de France, et commandant en chef du 1er corps de cavalerie, il entra le 15 juin à Charleroi, se mesura le 16 avec des forces supérieures, et le 17 enleva à l'arrière-garde prussienne 10 pièces de canon, tous ses équipages et un grand nombre de prisonniers. Napoléon le décora du grand cordon de la Légion-d'Honneur. Le 18, il prit Namur, et, entendant sur la grande route de Bruxelles une canonnade terrible dans la direction de Waterloo, il se dirigea de ce côté, arriva vers cinq heures sur la Dyle et informa Grouchy de son arrivée. Celui-ci lui fit dire de passer la Dyle ; mais ce mouvement effectué devint inutile, puisque le 19 on connut le désastre de Waterloo. Pajol proposa de tomber sur le flanc gauche des Anglo-Prussiens avec 36,000 hommes réunis sur un seul point ; mais, n'ayant pu se faire écouter, il fit sa retraite en bon ordre jusqu'à Paris, demanda que cette ville se défendît, avec tant de chaleur que Davoût donna à Excelmans, qui refusa, l'ordre de l'arrêter, puis il suivit l'armée derrière la Loire et fut mis à la retraite sur sa demande le 7 août. En 1830 ce fut Pajol qui prit le commandement en chef de toute l'insurrection qu'il encouragea de toutes ses forces ; mais *cet honneur* lui fut enlevé par La Fayette, puis par Gérard. Il prit alors le commandement en second. Chargé de poursuivre et de détruire l'armée (environ 14,000 hommes qui entouraient Charles X à Rambouillet), il se mit à la tête des Parisiens armés dont on était bien aise de débarrasser la capitale, réunit environ 1,600 *omnibus*, *gondoles*, *fiacres* et *ca-*

briolets, partit de Paris le 3 vers trois heures, fit 13 lieues en six heures avec 15,000 hommes armés, sans vivres, sans argent et huit pièces de quatre que M. Degousée, son ami et son aide-de-camp, eut la pensée d'enlever de Saint-Cyr. Dix autres mille hommes, ouvriers, étudiants, volontaires, suivaient ce convoi ridicule. Au reste, Pajol ne se dissimulait pas que si Raguse et Bordesoulle, qui commandaient les troupes royales, n'avaient pas oublié leur métier, son armée serait taillée en pièces. Un seul officier général lui avait offert ses services, c'était Excelmans; un autre, le brave colonel Beauvais-Poque, commandait une partie de l'expédition. Tout tourna à l'avantage de Pajol, Charles X eut peur et suivit sa route avec précipitation. Pajol entra en vainqueur à Rambouillet, d'où il revint avec les chevaux et les équipages de la cour et un caisson contenant les diamants de la couronne. Le 26 septembre Pajol eut le commandement de la 1re division militaire. Le 19 novembre 1830 il fut appelé à la Chambre des Pairs. Le 29 octobre 1842 il fut remplacé dans sa division par Tiburce Sébastiani et mis en disponibilité.

Le brave et intrépide Pajol est mort le 8 mars 1844. Napoléon n'avait pas eu le temps de le faire maréchal. Les deux gouvernements qui lui ont succédé n'ont pas songé à acquitter cette dette sacrée.

PAMPHILE - LACROIX (FRANÇOIS - JOSEPH, vicomte de), né à Aimargues (Gard), le 1er juin 1774, d'un père, juge au tribunal criminel du département de l'Hérault, reçut une éducation conforme à la position que sa famille avait dans le monde. Le 12 mai 1792, le jeune Pamphile entra dans le 14e régiment d'infanterie, ci-devant Forez, comme sous-lieutenant, et fit en cette qualité les campagnes de la Champagne et de la Belgique. Son courage, ses heureuses dispositions le firent appeler, en avril 1793, à l'état-major de l'armée du Nord, commandée par le général Dampierre. Il se rendit ensuite auprès du général de brigade Macdonald, commandant le régiment de Picardie, et remplissant alors les fonctions d'officier général sur les bords de la Lys. A partir de cette époque, et pendant dix années, ses services se lient intimement à ceux du chef illustre dont il fut avec justice l'officier de prédilection. Il se rendit digne de la confiance de Macdonald, par la valeur qu'il déploya sur les champs de bataille du département du Nord, de la Belgique, de la Hollande, de l'Italie, ainsi qu'à la prise de Terracine, où il eut la cuisse gauche traversée d'une balle. En récompense de sa brillante conduite dans cette journée, ce brave militaire fut élevé au grade de chef de bataillon. Il combattit avec non moins de distinction à l'attaque de Capoue et à la prise de Naples, où ses services lui valurent le rang d'adjudant-général. A la bataille de la Trébia, il prit le commandement de la division de réserve, qui présentait moitié de l'effectif de l'armée, et eut deux chevaux tués sous lui.

A la tête de ce corps il culbuta, aux combats de la Nuza et de la Duchessa, les colonnes ennemies qui voulaient couper la retraite de l'armée, leur enleva de vive force la ville de Reggio, s'empara ensuite, dans une attaque de nuit, de Sassuolo, et rouvrit ainsi à l'armée de Naples les débouchés par lesquels elle effectua sa retraite par les défilés longs et étroits des Apennins, où elle eût pu trouver ses fourches Caudines. Un an après, l'adjudant-général Lacroix traçait autour de Bard, sur les rochers à pic d'Albaro déclarés impraticables, un sentier par lequel la fortune du premier Consul et des armées françaises redescendait en Italie et venait briller à Marengo d'un si vif éclat. Lorsqu'en l'an IX, le général Macdonald fut appelé au commandement en chef de l'armée des Grisons, il chargea l'adjudant-général Lacroix de commander son avant-garde et d'ouvrir, à travers les neiges et les glaces des Alpes, le fameux passage du Splugen. Enfin, en l'an X, il fit partie de l'expédition de Saint-Domingue, où il enleva de vive force la ville de Port-au-Prince. Atteint d'une balle à la poitrine, il reçut, pour prix de ses nouveaux exploits, le grade de général de brigade, dont il avait depuis trois ans si heureusement rempli les fonctions. Le sort semblait avoir destiné le général Lacroix à avoir des commandements supérieurs aux fonctions de son grade effectif : à peine était-il fait général de brigade à Saint-Domingue, que, le général Boulet ayant été blessé, il prit le commandement de la division et soutint avec elle plusieurs combats glorieux sur *l'Artibonite*, à la Crête-à-Pierrot, aux Matheux et à l'Arcahaie. Chargé d'organiser la défense du département de Cibao, au moment de la défection générale des noirs, le général Lacroix rouvrit les communications, marcha avec les milices espagnoles au secours de la partie française, escalada avec elles les forts d'Ouanaminthe et de Laxavon, et chassa les noirs insurgés des bords de la rivière du Massacre.

De retour en France en l'an XI, il reçut la décoration de membre de la Légion-d'Honneur, puis celle de commandant de l'Ordre la même année. Il se rendit ensuite en Hollande, s'embarqua sur *le Texel* avec sa brigade pour l'expédition d'Angleterre, et fit enfin, avec cette même brigade, les campagnes d'Ulm, d'Allemagne et du Frioul. Le 24 juin 1808, l'Empereur le nomma baron de l'Empire avec une dotation de 4,000 francs. Promu chef d'état-major de l'armée de Naples en 1809, il se signala par ses services pour la défense du pays contre l'armée anglo-sicilienne. Après la cessation des hostilités, il purgea le pays des brigands qui l'infestaient, et prit une part active à l'organisation de l'administration du royaume. Ayant obtenu un congé pour rentrer en France, il ne rejoignit point en temps opportun, eut quelques démêlés avec l'autorité impériale, et fut, pendant quelques jours, enfermé dans la forteresse de Montpellier. Toutefois, il n'avait pas entièrement démérité de la confiance de l'Empereur, puisqu'il en reçut le commandement d'une brigade, et qu'à la première Restauration on le porta au cadre de non-activité. Louis XVIII le créa cependant chevalier de Saint-Louis le 8 juillet 1814. Aux premières nouvelles du débarquement de Napoléon, le général Pamphile Lacroix fut nommé, par ordonnance royale contre-signée du maréchal Soult, lieutenant-général honoraire ; mais les événements et l'enthousiasme national ne permirent point aux Bourbons d'organiser leur défense, et vingt jours plus tard, l'Empereur appelait le général Lacroix aux fonctions de chef de l'état-major du 2ᵉ corps et lui conférait le grade de lieutenant-général titulaire. A la suite de nos désastres de Waterloo, Napoléon lui prescrivit de rester le plus longtemps possible à la sortie de Charleroi, pour donner des directions aux hommes des différents corps de l'armée qui se retiraient isolés. Le 30 juin, Laguette-Mornay ayant, dans un rapport à la Chambre des représentants, porté atteinte à l'honneur de la 2ᵉ division, en disant qu'elle avait été la plus démoralisée dans la déroute du mont Saint-Jean, le général Lacroix prit hautement la défense de ce corps et adressa au président de la Chambre une réclamation tout à la fois respectueuse et énergique, dont la lecture donna lieu à un vote de remerciments des représentants de la nation à la 2ᵉ division. On le porta de nouveau sur le cadre de non-activité. En 1819, il prononça l'oraison funèbre du maréchal Serrurier, dans laquelle il ne craignit pas de payer aussi un tribut d'hommages à la mémoire de Masséna, en rappelant que cet illustre guerrier avait eu le malheur de descendre au tombeau avec la douleur poignante de voir sa patrie envahie par les armées étrangères et ses compagnons d'armes en butte aux outrages et à la persécution. Malgré l'expression de ses sentiments, le général Pamphile Lacroix fut appelé à l'activité en 1820 par l'amitié personnelle du ministre Latour-Maubourg, et chargé du commandement de la 7ᵉ division à Grenoble. Placé sur le terrain brûlant des conspirations, il se voua franchement à la défense des Bourbons, mais sans abandonner celle de ses anciens frères d'armes : sentiment qui pouvait n'être pas sans danger pour son ambition personnelle.

Bientôt il se trouva en présence de l'insurrection du 20 mars 1821. Pour la réprimer, il mit un empressement blâmable à proclamer la mise de la ville en état de siége : mais l'on doit toutefois reconnaître qu'il accompagna la publication de cette mesure d'une proclamation bienveillante et paternelle, et que, pendant les sept jours qu'il conserva dans ses mains le pouvoir dictatorial, il ne commit aucun acte arbitraire. Le gouvernement approuva toutes les mesures prises par le général Lacroix, et le cordon de commandeur de l'ordre de Saint-Louis fut, le 7 avril suivant, la récompense de son zèle et de son énergie. Peu après, il passa au commandement de la 5ᵉ division à Strasbourg, et se trouva de nouveau en contact avec les conjurés. Sa conduite dans les affaires de Béfort, de Strasbourg et de Colmar, n'est peut-être pas exempte de blâme.

Créé vicomte le 10 août 1822, il obtint, au mois de janvier 1823, le commandement de la 10ᵉ division militaire à Toulouse, ainsi que celui de la 2ᵉ division de l'armée d'observation. Un mois plus tard il fit partie de l'armée des Pyrénées, entra en Espagne à la tête de la 6ᵉ division et devint membre de la commission de défense du royaume. Nous ne savons pour quel motif il tomba, au mois d'août 1823, dans la disgrâce du prince généralissime. Ce qu'il y a de certain, c'est qu'il ne conserva plus de sa haute position que le titre de gentilhomme de la chambre, qui lui avait été conféré lors de la création de la maison du roi. Il resta en disponibilité jusqu'au mois d'août 1831, époque à laquelle le gouvernement de Juillet le mit à la retraite.

PANNETIER (Claude-Joseph), comte de Valdotte, né à Pont-de-Vaux (Ain) le 28 novembre 1769, partit comme volontaire au 3ᵉ bataillon de l'Ain le 12 décembre 1791. Caporal le 1ᵉʳ septembre 1792, sergent-major le 8 octobre, lieutenant le 6 janvier 1793, il fit les campagnes de 1792 à l'an II à l'armée du Rhin. Il assista au combat de Kayserslautern les 8 et 9 frimaire an II, et y reçut un coup de feu au bras gauche. Passé, en l'an III, à l'armée d'Italie, il fixa l'attention du général en chef Joubert en enlevant sous ses yeux, au col de Campion, sept postes autrichiens. Le 12 brumaire an V, au passage du Lavis, il s'empara d'une redoute, et le lendemain du pont de Neumarck. Cet officier se distingua particulièrement à la bataille de Rivoli où il reçut un nouveau coup de feu à la jambe droite, et fut nommé capitaine sur le champ de bataille. Le 16 nivôse suivant, Joubert le choisit pour aide-de-camp. Pannetier continua de servir à l'armée d'Italie, de l'an VI à l'an IX. Nommé chef de bataillon le 13 ventôse an VI, il donna de nouvelles preuves de bravoure à la bataille de Novi. Créé par Championnet adjudant-général chef de brigade le 21 vendémiaire an VIII, il fit partie de l'armée de réserve dans la même année. Le 1ᵉʳ vendémiaire an X, Pannetier entra comme chef de bureau au ministère de la guerre. Élevé au grade de général de brigade le 11 fructidor an XI, et nommé membre de la Légion-d'Honneur en l'an XII, il obtint le titre de commandeur de l'Ordre. Ce général passa le 14 pluviôse an XII à l'armée des côtes, et fut employé à la grande armée en l'an XIV. Le 25 février 1806, il fut attaché au 7ᵉ corps commandé par Augereau, en qualité de chef d'état-major général, et confirmé dans cet emploi le 9 mars suivant. Envoyé au 2ᵉ corps d'observation de la Gironde le 3 novembre 1807, il ne tarda pas à entrer en Espagne où sa brigade, dont faisait partie le 2ᵉ régiment de la garde de Paris, s'avança la première au pas de charge, le 7 juin 1808, sur les retranchements du village d'Alcolea, défendu par 25,000 Espagnols et 12 pièces d'artillerie, et sans répondre au feu meurtrier de l'ennemi, il escalada l'épaulement malgré la profondeur du fossé, culbuta les Espagnols, les égorgea dans leurs ouvrages et s'empara d'Alcolea. Le 31 mai 1809, il fit partie de l'armée d'Allemagne et passa au 1ᵉʳ corps le 7 août de la même année. Le 19 juillet 1810, il prit le commandement d'une brigade de la 2ᵉ division d'arrière-garde à l'armée d'Espagne. Le 3 juillet 1811, il emporta d'assaut Sorlada. Dans la nuit du 1ᵉʳ au 2 janvier 1812, ce général ouvrit la tranchée devant Valence, à 80 toises des ouvrages de San Vicente d'Olivetto. En 1813, il battit constamment les partis qui cherchaient à troubler la tranquillité dans la vieille Castille et à intercepter les communications, et conduisit une colonne de 7,000 prisonniers en France. Il obtint alors un congé et rejoignit, le 2 novembre 1813, l'armée d'Aragon et de Catalogne où il commanda la 2ᵉ brigade de la 2ᵉ division.

Rentré en France, il combattit avec distinction sous les ordres du maréchal Augereau, commandant l'armée de Lyon. Le maréchal, voulant contraindre l'ennemi à évacuer les départements qu'il avait envahis, donna ordre au général Pannetier de se porter par Villefranche sur Mâcon. Le 17 février 1814, ce général culbuta les avant-postes autrichiens à Villefranche, leur fit une centaine de prisonniers et enleva le lendemain Mâcon au général Scheiter, après un engagement assez vif. Le 17 mars, Pannetier, assailli par des masses formidables, eut d'abord sa position enlevée et fut vivement poursuivi par la tête de colonne du général Bianchi; mais, bientôt soutenu par la réserve, il rentra dans Lage-Longeart à la tête du 4ᵉ hussards, et tailla en pièces une brigade ennemie forte de 4 bataillons et de 4 escadrons. Le 20 mars, il se distingua de nouveau à Lyon dans l'attaque que l'ennemi tenta sur le faubourg de Vaize. Le 8 juillet, le roi le nomma chevalier de Saint-Louis. Mis en non-activité dans le mois de septembre, il fut employé, le 14 avril 1815, à l'organisation des gardes nationales sous les ordres du général Rouyer. Nommé général de division le 16 avril, il commandait aux Échelles à l'époque de la bataille de Waterloo, et il ne fit sa retraite que lorsqu'il se vit pressé de toutes parts par des forces supérieures. Le 10 mai, le général Pannetier passa à l'armée des Alpes et prit le commandement de la 6ᵉ division de réserve des gardes nationales. Une ordonnance royale du 1ᵉʳ août annula sa nomination au grade de général de division, et le mit en non-activité le 16 du même mois. Compris, le 30 décembre

1818, dans l'organisation de l'état-major général, il obtint sa retraite le 1ᵉʳ décembre 1824. Remis en activité, il commanda le département de l'Ain le 14 janvier 1831. Compris dans le cadre d'activité de l'état-major général le 22 mars de la même année, le roi le créa lieutenant-général le 18 novembre suivant. Placé, le 20 décembre, dans le cadre de réserve, le général Pannetier fut réadmis à la retraite le 1ᵉʳ décembre 1834. Il est mort à Pont-de-Vaux le 3 décembre 1843. Il avait été fait baron de l'Empire en 1808, comte en 1811, et avait pris le nom de Valdotte après la Restauration.

PAOLI (Pascal), né en 1726, à Morosaglia (Corse), dans le hameau nommé *la Shetta*. Son père Hyacinthe, un des chefs de la nation avant et depuis le départ du roi Théodore, fut obligé de se réfugier en 1739 à Naples, dont le roi lui donna un régiment. Pascal fut élevé à l'École militaire, et son père, qui était un poëte distingué, prit soin de son éducation littéraire. Il était officier dans le régiment de son père, lorsqu'il revint en Corse visiter les parents qu'il y avait laissés : c'était en 1755. La guerre que la République de Gênes continuait à faire à la Corse était à son plus fort, et les représentants de la nation convoqués à Orezza, allaient délibérer sur les chefs qu'ils devaient nommer pour guider le pays dans cette lutte importante. Paoli se rendit à l'Assemblée comme député de Morosaglia; la renommée de son père, sa bonne mine, peut-être aussi son uniforme, attirèrent sur lui tous les regards.

On savait qu'il avait reçu une brillante éducation, et quant à son patriotisme on n'en pouvait douter ; il fut donc, d'une voix unanime, nommé général en chef de la nation. Il voulait décliner cet honneur, on insista et il fut forcé d'accepter. Il demanda alors qu'on lui donnât pour collègue Mario Matra, homme de guerre déjà renommé et qui commandait avant lui les nationaux. On applaudit à ce choix, et les deux généraux prirent ensemble les mesures nécessaires pour continuer la guerre.

Cependant des discussions s'élevèrent bientôt entre eux ; Matra, plus expérimenté, leva un corps de partisans, marcha contre son collègue ; mais la lutte se termina par la mort de ce général qui fut tué au siége du couvent de Bozio. Paoli, resté seul général, combattit d'abord avec avantage les Gênois et les troupes françaises venues à leur secours ; puis, vaincu, en 1769, par les forces supérieures du comte de Vaux, il quitta la Corse avec 5 ou 600 de ses partisans, et se retira en Angleterre, où le gouvernement lui donna une généreuse hospitalité. Enfin, après un exil de vingt ans, Paoli fut rappelé en 1790, dans sa patrie, et son voyage de Paris en Corse fut une véritable marche triomphale. Louis XVI le nomma alors lieutenant-général et commandant de l'île.

Cependant la Révolution marchait à grands pas ; bientôt Paoli s'effraya des progrès de la démocratie. Il était arrivé à un âge où l'ardeur de la jeunesse commençait à se refroidir. Ne sachant où s'arrêterait la Révolution française, il craignait pour sa patrie les secousses qui pouvaient en résulter, et crut qu'il valait mieux pour elle être soumise à un gouvernement qui avait déjà subi de semblables épreuves ; il s'adressa donc à l'Angleterre dont le gouvernement, saisissant avec empressement une semblable occasion d'augmenter ses possessions, envoya aussitôt dans la Méditerranée une flotte sous le commandement de l'amiral Hood, avec ordre de s'emparer de la Corse.

Les Français qui se trouvaient dans l'île étaient en trop petit nombre pour résister longtemps. Les villes maritimes eurent beaucoup à souffrir. Calvi surtout se fit remarquer par son dévouement à la France et fut entièrement ruinée; mais Paoli parvint à faire consentir la population à passer sous le gouvernement des Anglais. Une Consulte générale fut tenue à Corté en juin 1794, et les députés jurèrent fidélité au roi d'Angleterre et à la constitution que ce prince avait offerte, et qui établissait un Parlement et un vice-roi.

Cependant Paoli, mécontent de la conduite que tenaient les Anglais, se retira à Monticello; mais ses ennemis crurent qu'il n'était pas prudent de laisser bouder ainsi un homme dont l'influence était encore assez grande pour faire perdre aux Anglais tout ce qu'il leur avait donné; et le vice-roi, sir Guillaume Elliot, demanda à son gouvernement de l'appeler en Angleterre. Paoli quitta la Corse avec regret mais résigné. Il se rendit à Londres où il vécut jusqu'en 1807; les succès de Napoléon réveillaient chez lui de nobles sentiments, il était heureux des triomphes de celui qu'il appelait son élève, et illuminait son palais à chaque grande victoire du Consul ou de l'Empereur.

Il laissa, par son testament, une somme assez forte pour fonder à Corté une université, et à Morosaglia une École primaire supérieure. Ses vœux ont été accomplis.

PARCHAPPE (Charles-Jean-Baptiste), né le 4 avril 1787 à Épernay (Marne), d'une famille anoblie par Henri IV au siége d'Épernay. Entra à l'École militaire de Fontainebleau le 8 décembre 1804, et y fut nommé sergent-major.

Sous-lieutenant en avril 1806 au 56ᵉ de ligne, il rejoignit ce corps en Italie, passa en Allemagne, assista comme commandant des détachements auxiliaires aux siéges de Stralsund et de Colbert, fit partie du corps expéditionnaire qui opéra en Danemark sous les ordres du prince de Ponte-Corvo; et, après la fuite de la Romana, suivit sa division dirigée sur l'Espagne, s'arrêta à Lyon d'où il partit à marches forcées pour aller se joindre à Augsbourg au 4ᵉ corps commandé par Masséna.

Nommé lieutenant par l'Empereur après la bataille de Ratisbonne, il assista au combat d'Ebelsberg, passa le Danube devant Vienne avec quelques hommes, alla s'établir dans une maison de plaisance impériale et s'y défendit toute la nuit, continua à se battre héroïquement les jours suivants, et fut décoré de la main de l'Empereur après la bataille d'Essling.

Blessé à Wagram par un boulet qui enleva son shako; il suivit sa division après la campagne de 1809 pour assister en Hollande à l'abdication du roi Louis.

En 1811, ce fut encore l'Empereur qui créa capitaine de voltigeurs le lieutenant Parchappe, en souvenir de sa belle conduite à Essling.

Le capitaine Parchappe fit la campagne de Russie avec distinction et y fut blessé.

En 1813, faisant partie du 2ᵉ corps, division Dubreton, il combattit à Dresde, à Wachau, à Leipzig, à Hanau. Sa conduite, dans ces diverses affaires, fut digne des plus grands éloges.

Dans la campagne de France, Parchappe se battit à Ligny, à Saint-Dizier, à Brienne, à Chauménil, à la Rothière, à Troyes, etc., et fut plusieurs fois blessé.

Le 28 janvier 1814, il fut nommé chef de bataillon et officier de la Légion-d'Honneur sur le champ de bataille.

La Restauration le laissa inactif; mais il fit la campagne de Waterloo et fut de nouveau renvoyé dans ses foyers.

En 1823, le commandant Parchappe fit la campagne d'Espagne; il était chevalier de Saint-Louis, il obtint la croix de Saint-Ferdinand.

En 1825, on le nomma lieutenant-colonel au moment où son régiment (le 51e) allait s'embarquer pour la Guadeloupe, puis colonel de ce même régiment. La révolution de Juillet l'empêcha d'aller le rejoindre aux colonies.

Le 29 juillet, le colonel Parchappe faisait partie de l'état-major du général La Fayette; le 31, il prit possession de la Bourse qu'il fit évacuer; le 1er août, il fut envoyé en qualité de commissaire provisoire à Saint-Cloud. A son retour, il prit le commandement du 15e de ligne. Il assista aux troubles de Lyon en 1834.

Maréchal de camp en 1835, après 34 ans de service, commandeur de la Légion-d'Honneur, il a été promu au grade de général de division le 12 juin 1848.

PARTOUNEAUX (Louis, comte), né le 26 septembre 1770 à Romilly-Seine (Aube), entra au service comme grenadier volontaire au 1er bataillon de Paris le 13 juillet 1791, et passa, le 12 janvier 1792, sous-lieutenant au 50e régiment d'infanterie, ci-devant Hainault, où il fut nommé lieutenant le 11 septembre suivant. Il fit, aux armées du Nord et d'Italie, les campagnes de 1792, sous les ordres des généraux Anselme, Rochambeau et Biron, et se distingua par sa bravoure en plusieurs circonstances. Promu au grade de capitaine le 15 avril 1793, il contribua, avec un détachement du 50e, au succès du combat de Sospello et à la déroute complète des Piémontais à Utelle et à Levenzo le 8 septembre de la même année. Depuis cette époque jusqu'en l'an VII, il continua de servir à l'armée d'Italie, sous les ordres des généraux Dumerbion, Dugommier, Bonaparte, Scherer, Moreau et Joubert. Il prit une part distinguée aux combats de Gillette les 27 et 28 vendémiaire an II. Le 1er brumaire suivant, à la tête de ses éclaireurs, il chassa plusieurs milliers de soldats et de paysans piémontais qui s'étaient emparés des hauteurs qui dominent Utelle. Sa conduite, le 4 frimaire, aux combats de Castel-Genest et de Brec, lui mérita les éloges les plus flatteurs de la part du général Masséna, sous les ordres duquel il se trouvait alors.

Appelé au commandement de l'armée de siége de Toulon, le général Dugommier, qui avait su apprécier les qualités militaires du capitaine Partouneaux, le choisit pour être l'un des six officiers qu'il emmena avec lui.

Le 25 frimaire, à l'attaque de vive force des ouvrages qui défendaient la place, Partouneaux, qui montait le second à l'assaut, fut grièvement blessé d'un coup de feu qui lui brisa le genou droit, dans les retranchements de la redoute anglaise dont la prise décida la reddition de Toulon. Sa brillante conduite dans cette journée lui valut le grade d'adjudant-général chef de bataillon, qu'il reçut sur le champ de bataille, et dans lequel le confirmèrent les représentants du peuple par arrêté du 30 du même mois.

Le général Dugommier, en lui transmettant son brevet, lui écrivit ces mots : « Reçois le tribut de la reconnaissance nationale. Je te le fais passer avec autant de plaisir qu'il y a eu de justice à te l'accorder. » Longtemps malade par suite de cette blessure, dont il resta estropié, et employé sur les côtes, ne pouvant plus l'être activement, il fut promu au grade d'adjudant-général chef de brigade le 29 fructidor an III.

Toujours retenu par sa blessure, mais fatigué de ne prendre qu'une part passive aux grands succès du général Bonaparte, il demanda et obtint d'aller rejoindre l'armée d'Italie, où le général en chef l'employa comme chef d'état-major de la division Rey.

Il se fit remarquer par ses talents et

sa valeur au combat de la Corona et à la bataille de Rivoli, les 1er, 25 et 26 frimaire an V. Dans cette journée, revenant d'une mission secrète qui lui avait été confiée par le général en chef, il rallia une brigade en désordre, refoulée par des forces supérieures et la ramena au combat. Il sut conquérir l'estime et l'amitié du général Joubert par les services importants qu'il rendit pendant la campagne du Tyrol et la marche de l'armée sur la Carinthie.

Le traité de Campo-Formio ayant mis fin aux hostilités, l'adjudant-général Partouneaux fut chargé de plusieurs missions auprès de la cour de Rome et du gouvernement de Venise, et partout il sut se concilier l'estime et l'affection des autorités et des habitants.

La guerre ayant de nouveau éclaté entre la France et l'Autriche, le Directoire le rappela à l'état-major général de l'armée d'Italie, et à la suite des affaires des 6 et 16 germinal an VII, à Bussolengo et sous Vérone, il reçut le grade de général de brigade par arrêté du Directoire du 4 floréal suivant et une lettre de félicitations du ministre de la guerre. Il se distingua encore par sa bravoure pendant toute la retraite de l'armée d'Italie, et particulièrement aux combats de Vérone et d'Alexandrie. Scherer, en remettant le commandement en chef à Moreau, lui dit : *Je te présente Partouneaux qui, dans cette campagne, a fait des miracles.*

Le 28 thermidor, à la bataille de Novi, Kray et Bellegarde, qui formaient la droite de l'armée austro-russe, furent repoussés par les troupes du général Pérignon qui commandait la gauche de l'armée française; la cavalerie du général Richepanse et l'infanterie de réserve aux ordres du général Partouneaux, complétèrent leur défaite sur ce point. Pour réparer les échecs éprouvés par l'armée impériale, Suwarow ordonna une attaque générale sur le front de Pérignon, que Bellegarde chercha à tourner. La colonne chargée de l'attaque était dirigée par le général Ott. Le général Lemerin la repoussa, et Partouneaux, jeté sur son flanc, la ramena en désordre au bas de la colline; mais ce général, emporté par son ardeur, s'étant trop aventuré dans cette circonstance, reçut un coup de biscaïen dans les reins et tomba au pouvoir de l'ennemi. Il resta en captivité jusqu'au mois de brumaire an IX, époque à laquelle son échange eut lieu contre M. de Zach, général major de l'armée autrichienne. Le 29 frimaire suivant, le premier Consul lui confia le commandement d'Ehrenbreitstein et le chargea de la démolition de cette forteresse.

Mis en disponibilité le 1er floréal de la même année, et employé dans la 19e division militaire, comme commandant auxiliaire de la garde du premier Consul à Lyon, le 18 vendémiaire an X, il passa le 26 pluviôse suivant dans la 8e division militaire, où il prit le commandement du département des Alpes maritimes.

Nommé général de division le 9 fructidor an XI, il se trouva placé, le 12 du même mois, à la tête d'une division du camp de Compiègne, devenu camp de Montreuil, sous les ordres de Ney.

Créé membre de la Légion-d'Honneur le 19 frimaire an XII, et commandant de l'Ordre le 25 prairial suivant, l'Empereur le nomma électeur du département des Alpes maritimes, en conformité des dispositions du statut organique des constitutions de l'Empire du 28 floréal même année.

Mis en disponibilité le 9 brumaire an XIII, puis en non-activité le 11 ventôse suivant, il alla prendre le commandement d'une division de grenadiers à l'armée d'Italie, commandée par le maréchal Masséna, le 2 vendémiaire an XIV.

A la tête de cette troupe d'élite, il culbuta l'ennemi, le 7 brumaire, au combat de San Michele. Le lendemain 8, à la bataille de Caldiéro, il formait la réserve avec ses grenadiers. Vers les quatre heures du soir, les Autrichiens ayant fait avancer la leur, composée de 24 bataillons de grenadiers soutenus par 5 régiments de cavalerie, le maréchal Masséna fit également porter en avant la division Partouneaux forte de 11 bataillons. La cavalerie française culbuta celle des Autrichiens, et les grenadiers de Partouneaux, ayant chargé à la baïonnette, décidèrent la victoire. Il donna de nouvelles preuves de courage au combat et au passage du Tagliamento, le 22 du même mois, et enfin au passage de l'Isonzo le 24.

Le roi de Naples ayant violé le traité du 4ᵉ jour complémentaire an XIII, et reçu dans ses ports les Anglais et les Russes avec lesquels il s'allia contre la France, Napoléon ordonna aussitôt au maréchal Masséna de s'avancer sur le territoire napolitain à la tête des troupes dont il avait le commandement. Le général Partouneaux suivit le mouvement de cette armée, qui prit le nom *d'armée de Naples* au mois de février 1806. Il s'empara de Capoue, sans beaucoup de résistance, et entra dans Naples avec la division Duhesme, le 13 du même mois.

Joseph ayant été proclamé roi de Naples le 30 mars, nomma grand dignitaire de l'ordre des Deux-Siciles, le 19 mai suivant, le général Partouneaux qui était alors chargé du gouvernement de la ville de Naples, de ses forts et de son golfe. Ce général commanda ensuite successivement les provinces des Abruzzes, de la Pouille et des Calabres, et dans ces postes difficiles il rendit des services importants et fit aimer et respecter le nom français dans ces contrées conquises qu'il pacifia.

Vers la fin du mois de juin 1809, les Anglo-Siciliens vinrent longer les côtes de Calabre, cherchant un point favorable pour le débarquement et épiant les signaux convenus avec les mécontents de l'intérieur; mais le général Partouneaux avait pris des mesures si sévères et si bien concertées que personne n'osa remuer. Quelques débarquements partiels qui eurent lieu sur différents points furent vigoureusement repoussés par les postes français. A la fin du même mois, le général anglais Stuart, ayant été informé que quelques démonstrations, faites par ses ordres dans le golfe de Policastro, avaient attiré sur ce point le général Partouneaux avec une grande partie de ses troupes, se décida à tenter un nouveau débarquement aux environs de Scylla. Les troupes ennemies abordèrent sans résistance, et déjà elles se préparaient à attaquer le fort de Scylla, lorsque le général Partouneaux accourut à marches forcées pour s'opposer à cette entreprise. Les Anglo-Siciliens, en le voyant arriver, se rembarquèrent précipitamment, abandonnant sur le rivage leur artillerie de siége, leurs munitions, leurs bagages, leurs vivres, etc.

Obligé de porter ses troupes loin de Scylla, à l'époque où le roi de Naples voulait tenter la conquête de la Sicile, il fit sauter cette forteresse dont les Anglais auraient pu s'emparer en son absence. Cette opération, peu comprise et d'abord blâmée par le roi Joachim, eut l'approbation de l'Empereur, qui dit en l'apprenant, que c'était la seule *opération militaire de la campagne*.

Il commanda l'année suivante, en Calabre, la 1ʳᵉ division de l'armée qui menaça la Sicile, et eut à soutenir fréquemment des combats fort honorables.

Disponible le 19 juillet 1811, et désigné le 23 janvier 1812 pour être employé au camp de Boulogne, il prit le commandement de la 12ᵉ division d'infanterie du 9ᵉ corps de la grande armée le 23 février suivant, et fit partie de l'expédition de Russie. Ce corps d'armée arriva à Smolensk dans les premiers jours de septembre, et prit ses cantonnements depuis cette ville jusqu'à Orsza.

Pendant la retraite de Moscou, le général Partouneaux reçut, le 26 novembre, l'ordre du maréchal de Bellune de faire avec sa division l'extrême arrière-garde de l'armée, ce qu'il exécuta jusqu'à Borisow.

Cette division, qui au commencement de la campagne avait un effectif de 12,500 combattants, se trouvait alors réduite à environ 3,000 hommes; néanmoins, elle remplit dignement l'honorable mission qui lui avait été confiée. Les instructions données au général Partouneaux lui enjoignaient de faire évacuer Borisow par la masse des traîneurs et des bagages qui l'obstruaient, d'observer les mouvements du général russe Tchitchagow, qui était en position sur la rive droite de la Bérésina, ainsi que ceux des généraux Wittgenstein et Platow qui suivaient l'armée; enfin, de se conformer avec sa division au mouvement général de retraite.

Le 27 novembre, dans la matinée, le général Delaître, laissé à Borisow avec deux régiments de cavalerie légère pour se joindre à la 12ᵉ division d'infanterie, et former de concert avec elle l'arrière-garde de toute l'armée, fut prévenu d'une tentative que paraissaient vouloir faire sur la ville les troupes ennemies qui occupaient la redoute située au delà du pont brûlé sur la route de Minsk. Il prit aussitôt ses mesures pour repousser l'attaque qui pourrait être faite, et donna avis au général Partouneaux de ce qui se passait. Celui-ci, qui était à plus de quatre werstes de Borisow et dont la marche était retardée par une énorme quantité de traîneurs, y envoya la brigade Camus qui, à son arrivée, s'occupa d'observer l'ennemi, de rétablir l'ordre et de faire sortir de la ville les traîneurs qui l'encombraient. Les 2ᵉ et 3ᵉ brigades restèrent en position sur la route de Smolensk.

Ayant ainsi pourvu à l'exécution des ordres qu'il avait reçus, le général Partouneaux se disposait à faire opérer le mouvement de retraite des brigades Billard et Blamont sous la protection de celle du général Camus, qui aurait ainsi formé l'arrière-garde, lorsque arriva le colonel d'Ambrugeac, attaché à l'état-major général de l'armée, qui lui apporta l'ordre du prince de Neufchâtel, de prendre position à Borisow et d'y passer la nuit. Cet ordre, qui pouvait avoir pour objet de fixer l'attention de l'ennemi sur Borisow, d'empêcher les communications entre les différents corps russes et de favoriser la retraite de l'armée, exigeait de nouvelles dispositions.

Le général Partouneaux donnait ses ordres en conséquence lorsqu'il entendit le canon résonner sur la route qui le séparait de la grande armée, et vit refluer sur lui la colonne immense des bagages et des traîneurs. Il était à peu près quatre heures du soir, la route n'était plus libre. La position de la division d'arrière-garde devenait inquiétante; mais le général Partouneaux dut croire que des mesures avaient été prises pour la soutenir et assurer sa retraite. Il se transporta sur la route de Smolensk pour donner des ordres aux troupes qu'il y avait laissées; mais quelle fut sa surprise en revenant à Borisow d'y trouver les Russes de l'amiral Tchitchagow au lieu de la brigade du général Camus.

Cet officier général avait été obligé d'évacuer ce village pour aller prendre position au delà de Borisow (route de

Wezelowo). Il fallut livrer un rude combat : le 44ᵉ de ligne, sous les ordres du chef de bataillon Manneville, soutenu par le 126ᵉ de la brigade Billard, aborde l'ennemi à la baïonnette, le refoule vers le pont et le force à repasser la rivière ; le général Blamont le suit après avoir laissé, d'après les ordres du général Partouneaux, un bataillon d'extrême arrière-garde, chargé de brûler le pont de la Ska. Ce bataillon, qui appartenait au 55ᵉ de ligne et qui était sous les ordres du commandant Joyeux, échappa seul, et, par un concours de circonstances aussi heureuses que singulières, parvint à rejoindre le 9ᵉ corps.

A trois werstes environ de Borisow, on rencontra l'ennemi en position sur la route, on l'attaqua avec vigueur ; un feu terrible et meurtrier s'engagea de part et d'autre. L'artillerie française, réduite à trois pièces, tira 400 coups, dont une grande quantité à mitraille, pendant près de deux heures. Le chef de bataillon Sibille qui la commandait, fut blessé d'un coup de baïonnette à la main droite, et sur 42 canonniers il n'en resta que 18 après l'affaire, les autres furent blessés ou tués.

Il était nuit close, la division française était pressée, encombrée par de nombreux bagages accumulés et par une masse considérable de traîneurs sans armes et démoralisés ; l'ennemi, avec des forces bien supérieures, l'enveloppait de de toutes parts. Sur ces entrefaites, arrive un parlementaire qui, après avoir éclairé le général Partouneaux sur sa véritable position, le somme de se rendre au nom du général Wittgenstein.

Malgré la situation critique dans laquelle il se trouve, le brave Partouneaux répond au parlementaire : « Je ne « veux point me rendre ; je ne puis vous « renvoyer dans ce moment ; vous serez « témoin des efforts que nous allons faire « pour nous ouvrir un passage. » Cette résolution énergique ne devait point avoir le résultat que s'en promettait le brave général.

Les troupes du général Wittgenstein couronnaient toutes les hauteurs de la droite des Français ; celles de Platow et celles de Tchitchagow, qui avaient passé la Bérésina aussitôt que Borisow avait été évacué, les resserraient sur leur gauche et sur leur derrière, et le comte Steingell, avec 18,000 hommes et 60 pièces de canon, était établi sur la route entre eux et le reste de l'armée, dont huit werstes les séparaient encore.

Dans ce moment, arrive le capitaine Rocheix, aide-de-camp du général Camus, qui annonce que le pont de Studzianka est en feu. C'était une erreur, et l'on sut plus tard qu'on avait pris l'incendie d'une ferme pour celui du pont(1). Le général Partouneaux envoie alors au général Camus l'ordre de chercher, à la faveur de la nuit, à passer la Bérésina, soit en la remontant, soit en la descendant à gué ou à la nage, et il le fit prévenir qu'il allait se diriger sur la droite.

A la tête de la brigade Billard, le général Partouneaux gravit la montagne, où bientôt il rencontra l'ennemi. Après avoir erré plusieurs heures dans l'obscurité, à travers des bois, des marais et des lacs, cette brigade, qui ne comptait plus que 400 combattants, suivie, harcelée par les Cosaques, enveloppée par l'ennemi, exténuée de faim, de fatigue et de froid, et près d'être engloutie par un lac à peine gelée que la neige et la nuit dérobaient à tous les regards, se vit obligée de déposer les armes, après avoir

(1) Témoin du désespoir qu'il ne put maîtriser quand cette fatale erreur fut reconnue, le général Wittgenstein lui demanda ce qu'il eût pu attendre d'une résistance plus prolongée ?... « Nous aurions été nous faire tuer plus loin, répondit Partouneaux. »

fait tout ce qui était humainement possible pour obtenir un résultat plus heureux ; les deux autres brigades, après avoir passé la nuit à combattre, durent partager le sort de celle du général Billard.

L'attitude et les efforts du général Partouneaux, dans cette malheureuse circonstance, n'offrait rien que d'honorable pour la gloire de nos armes. Il opéra une heureuse diversion et favorisa le passage des restes de la grande armée sur les ponts établis à Studzianka, en empêchant l'ennemi de porter son attention sur ce point.

Le 29ᵉ Bulletin de la grande armée, en rendant compte de cette affaire, s'exprimait ainsi.

« La division Partouneaux partit la nuit de Borisow. Une brigade de cette division, qui formait l'arrière-garde et qui était chargée de brûler les ponts, partit à sept heures du soir ; elle chercha la première brigade et son chef de division qui étaient partis deux heures avant, et qu'elle n'avait pas rencontrés en route. Ses recherches furent vaines. On conçut alors des inquiétudes : tout ce qu'on a pu connaître, c'est que cette première brigade, partie à cinq heures, s'est égarée à six, a pris à droite au lieu de prendre à gauche, et a fait deux ou trois lieues dans cette direction ; que la nuit, et transie de froid, elle s'est ralliée aux feux de l'ennemi, qu'elle a pris pour ceux de l'armée française : entourée ainsi, elle aura été enlevée. Cette cruelle méprise doit nous avoir fait perdre 2,000 hommes d'infanterie, 300 chevaux et trois pièces d'artillerie. Des bruits couraient que le général de division n'était pas avec sa colonne et marchait isolément. »

D'après ce qui précède, on s'aperçoit facilement que l'Empereur ignorait les obstacles que la division Partouneaux avait rencontrés, les combats qu'elle avait soutenus, les pertes qu'elle avait éprouvées et ses longs efforts pour s'ouvrir un passage. Mieux informé, Napoléon ne tarda pas à rendre justice au brave général, et il lui donna un témoignage d'estime et de satisfaction en accordant, par un traité signé à Dresde, le 19 juillet 1813, trois places gratuites d'élèves au Lycée de Turin, à ses fils.

Rentré de captivité au mois de juillet 1814, le général Partouneaux demeura en non-activité et fut nommé chevalier de Saint-Louis le 13 août de cette année, et grand officier de la Légion-d'Honneur le 23 du même mois.

Profondément affligé des inculpations contenues dans le 29ᵉ Bulletin, et dont il n'eut connaissance qu'à sa rentrée en France, le général Partouneaux réclama vivement auprès des différents ministres de la guerre qui se succédèrent à cette époque, et leur adressa une relation de ce qui s'était passé à la désastreuse journée de Borisow. Le maréchal duc de Dalmatie l'ayant autorisé, le 6 février 1815, à donner à son Mémoire toute la publicité qu'il jugerait convenable, il s'occupait de recueillir les matériaux et les documents nécessaires pour rédiger un exposé plus complet de sa conduite à l'affaire du 27 novembre 1812, lorsque Napoléon revint de l'île d'Elbe. A peine la nouvelle de cet événement était-elle parvenue à Paris, que par une lettre du 5 mars, le ministre de la guerre ordonna au général Partouneaux de partir sur-le-champ en poste pour se rendre à Lyon, auprès du comte d'Artois qui devait lui donner de nouveaux ordres.

Malgré les injonctions qui lui furent adressées à plusieurs reprises par le gouvernement impérial, le général Partouneaux ne voulut accepter aucune fonction, et il adressa à l'Empereur lui-même une lettre dont nous extrayons les paragraphes suivants :

« Je n'abandonnerai point un prince malheureux qui n'a à opposer au torrent qu'entraînent et la fortune et le nom de votre Majesté, que des droits et des vertus. Votre Majesté a été bien injuste envers moi dans son 29ᵉ Bulletin. J'avais fait mon devoir, j'avais fait tout ce qu'on pouvait attendre d'un homme d'honneur dans la situation affreuse où je me suis trouvé, et Votre Majesté me frappe d'un coup de massue !

« Ceux qui ignorent les ordres que j'avais reçus, ce que j'avais fait, et les obstacles que j'avais rencontrés, m'accusaient, me trouvaient des torts ; les braves qui me connaissaient ne pouvaient m'en supposer, mais ils craignaient pour moi. Je ne me plaignis alors que de l'extrême injustice de Votre Majesté. Chaque jour je suis encore dans la cruelle nécessité d'expliquer cette malheureuse affaire. Humilié, accablé par ce coup, je recueillis des pièces officielles, et je composai une adresse à l'armée. On imprime en ce moment ces pièces à Paris, à moins que mes amis ne soient empêchés de le faire par le retour de Votre Majesté ; quant à moi, je suis sans inquiétude, car ce que j'ai de plus cher, c'est l'honneur !... »

La franchise avec laquelle le général s'était exprimé dans cette lettre, et son refus constant de prendre du service, n'empêchèrent pourtant point l'Empereur de se montrer bienveillant envers lui. Napoléon accorda spontanément à ses fils, dans le lycée de Marseille, les trois places gratuites que les événements de 1814 leur avaient fait perdre à celui de Turin.

Cependant, le 15 juin, le maréchal prince d'Eckmühl, alors ministre de la guerre, écrivit au comte Partouneaux : « Général, vous voudrez bien, au reçu de la présente, partir pour vous rendre à Paris et recevoir une destination. Si vous ne vous conformiez pas à cet ordre, je serai dans la nécessité de demander votre destitution ou votre mise en jugement. » Et le *Journal de l'Empire* le citait nominativement comme l'un des lieutenant-généraux au nombre de quatre auxquels des commandements de corps d'armée étaient destinés. La catastrophe de mont Saint-Jean mit obstacle aux fâcheuses conséquences que pouvait avoir pour le général Partouneaux un nouveau refus de sa part.

Au second retour des Bourbons, d'affligeants désordres eurent lieu dans le Midi de la France. Une populace égarée par des meneurs, que leur position sociale eût dû éloigner de pareils excès, porta le deuil et la désolation dans un grand nombre de familles. La terreur qu'inspiraient les exploits de ces soi-disant serviteurs de l'autel et du trône, comprimait et paralysait les efforts de la partie saine de la population, qui aurait voulu y mettre un terme.

Dans ces circonstances, le gouvernement royal, par décision du 21 juillet, confia au général Partouneaux le commandement de la 8ᵉ division militaire. Après avoir fait reconnaître son autorité à Marseille, cet officier général se rendit à Toulon, où le nouveau gouvernement était toujours méconnu. En route, il apprit que le maréchal Brune venait de quitter Toulon avec une escorte de 60 à 80 chasseurs à cheval du 14ᵉ régiment, et que des attroupements considérables se mettaient en mouvement pour s'emparer de sa personne. Le général Partouneaux courut sans perdre de temps au cantonnement anglo-sicilien le plus proche et pria l'officier, au nom de l'honneur et de l'humanité, de donner aide et assistance au maréchal, ce qu'on lui accorda.

Arrivé à Toulon, Partouneaux essaya d'abord inutilement de déterminer la garnison à se soumettre, mais il ne se découragea pas. Il tint aux soldats le langage de l'honneur, leur parla des intérêts de la patrie, du dépôt précieux qui leur était confié, des armées étrangères qui étaient aux portes. Ils étaient Français, ils l'entendirent!...

A cette malheureuse époque, notre territoire était envahi, et plusieurs de nos places fortes se trouvaient au pouvoir des ennemis. La Provence était occupée par 50,000 Autrichiens ou Anglais qui voulaient s'emparer de Toulon et d'Antibes; mais ces places, quoiqu'elles eussent arboré le drapeau blanc, n'ouvraient pas leurs portes aux alliés, et d'après les instructions qu'il avait reçues, le commandant de la 8ᵉ division militaire les maintenait sur un pied de défense respectable.

Le 25 septembre il adressa de son quartier général de Marseille la proclamation suivante, qui fut affichée sur tous les murs de la ville.

« Habitants de Toulon,

« Si, comme j'aime à le croire, vous êtes les vrais amis du roi, conformez-vous donc à ses pensées, imitez ses vertus, oubliez vos maux passés! Imitez les courageux habitants d'Antibes, qui ne forment plus qu'un faisceau pour se défendre contre toute agression étrangère, si on pouvait la tenter! Empêchez ces cris, ces vociférations de quelques malintentionnés qui, sous le masque de l'enthousiasme, cherchent à exaspérer les esprits, à exciter les vengeances, à provoquer le soldat, tandis que celui-ci, soumis aux ordres de ses chefs, ne répond que par le calme et la plus exacte discipline! Ne voyez dans les braves qui forment la garnison que des Français, prêts comme vous, à sacrifier leur vie pour défendre la noble cause de nos rois! Le véritable ami du roi est l'ami de l'ordre, de la tranquillité, de l'union; il ne cherche point à les troubler.

« Gardes nationales, pénétrez-vous de vos devoirs; soyez étrangères aux partis, et faites tous vos efforts pour le maintien du bon ordre.

« Soldats, auxquels la garde de Toulon est encore confiée, souvenez-vous que vous êtes Français, et que vous devez compte au roi, à la France entière, de votre fidélité. Aussitôt que je le pourrai, je vous donnerai la permission de retourner dans vos foyers; mais aujourd'hui, j'ai l'ordre précis de conserver à Sa Majesté toutes les places de guerre de la division, et particulièrement Antibes et Toulon.

« Habitants de Toulon, soldats de la garde nationale et de la ligne, n'ayez plus qu'un désir, ne formez plus qu'un vœu, celui de servir le roi, de sauver la patrie! Après avoir accompli vos devoirs envers eux, vous avez des droits à leur reconnaissance. »

Cette pièce officielle, où se révèlent les bons sentiments qui animaient le général Partouneaux, fut dénoncée le 27 du même mois au ministre de l'intérieur, par le secrétaire général de la préfecture des Bouches-du-Rhône, *comme ayant déplu aux alliés et fait de la peine à lord Exmouth!*...

Le comte de Vaublanc adressa le 6 octobre une copie de la dénonciation au duc de Feltre, qui lui répondit, le 8, qu'il allait proposer au roi de retirer cet officier général de la 8ᵉ division et de le faire passer à un autre commandement.

Cependant les prétentions exorbitantes des généraux ennemis avaient donné lieu à une correspondance dont nous devons donner quelques extraits pour faire mieux apprécier la position dans laquelle se trouvait le digne général, et à quels hommes la France était livrée.

« Si vos troupes, écrivait-il aux généraux ennemis, s'approchent trop près des glacis de ces deux places (Toulon et Antibes), j'ai donné l'ordre de faire feu sur elles. Un coup de tocsin, et toute la Provence se lèverait comme un seul homme. »

Le 2 octobre, en donnant ses instructions au général Lardenois, commandant de Toulon, pour maintenir l'ordre et surtout pour conserver cette place, il lui disait : *Avant tout, unissons-nous et soyons Français, et malgré leur maladie morale, j'aime mieux les soldats français que les Autrichiens et autres, car je me plais à penser que les coups de fusil les ramèneraient à leurs devoirs envers la patrie.*

Le même jour, le général Frémont, commandant en chef les troupes autrichiennes, adressait au comte Partouneaux une lettre datée de son quartier général de Lyon, et ainsi conçue :

« Monsieur le général, le lieutenant-général baron de Bianchi m'a envoyé la lettre que vous avez écrite à M. le général comte de Niepperg en date du 26 septembre. Le contenu de cette lettre est de nature à me forcer à y répondre moi-même, et à vous faire observer que les principes que vous y manifestez ne sont conformes ni à votre situation ni à la nôtre, et sont en opposition formelle aux arrangements passés entre le gouvernement français et les puissances alliées, arrangements d'autant plus importants et essentiels à maintenir, qu'ils ont été, pour ainsi dire, les préliminaires du traité définitif qui se négocie. Le licenciement général de l'armée française a été ordonné par Sa Majesté le roi de France ; cette mesure a été mise à exécution partout.

« Il a été convenu et arrêté que les garnisons de toutes les places seraient également licenciées ; que les gardes urbaines en formeraient seules les garnisons ; que les places qui obtempéreraient à cette disposition seraient respectées par les alliés ; mais qu'ils conserveraient le droit de traiter hostilement celles qui, n'obéissant pas à cette mesure, se déclareraient par là rebelles aux ordres du roi ; tels sont les ordres de Sa Majesté le roi, Monsieur le général, et vous ne pouvez pas en avoir d'autres.

« Par une disposition particulière à Toulon, le seul 14ᵉ régiment d'infanterie a été excepté du licenciement et doit continuer seul à former la garnison, composée encore de plusieurs autres régiments.

« En vertu de cette convention, des places ont été prises, tandis que d'autres ont leurs communications libres et sont respectées.

« En vertu de cette convention, vous m'avez laissé jusqu'aujourd'hui le droit de traiter hostilement Antibes et Toulon, puisque vous n'avez point achevé le licenciement de vos troupes ; et quand j'ai la modération de n'ordonner que des mesures de simple précaution, dictées surtout par la conduite hostile du commandant d'Antibes, c'est vous, Monsieur le général, qui prenez le ton de la menace et qui parlez d'une guerre terrible. Vous n'avez pas plus le droit d'en parler que de la faire, et pour terminer des discussions oiseuses et si fort en opposition aux relations qui existent entre Sa Majesté le roi de France et les hautes puissances alliées, je dois, en conformité des conventions existantes et des ordres que j'ai reçus, vous déclarer :

« Que je ferai mettre et continuer le blocus devant Toulon jusqu'à l'entier licenciement des troupes de ligne et des gardes nationales qui s'y trouvent encore, à l'exception du 14ᵉ régiment d'infanterie de ligne. Dès que le licenciement sera achevé, les communications de cette place seront entièrement libres, les troupes qui l'observent seront éloignées, et les relations amicales qui existent sur tous les autres points seront rétablies.

« Quant à Antibes, je réclame l'exécution de la convention conclue pour cette place, en vertu de laquelle elle doit être occupée de concert avec la garde urbaine, dont un détachement sera admis à la possession commune du fort Carré; mais tous les soldats étrangers à la ville d'Antibes, et qui sont enrôlés dans la *garde urbaine* en sortiront. La dénomination de garde urbaine indique que ce ne sont que les habitants domiciliés qui peuvent en faire partie. Quand tous les articles de cette convention auront reçu leur exécution et que mes troupes jouiront sans obstacle du libre usage de la route de communication qui passe sous Antibes, elles s'éloigneront d'Antibes après y avoir laissé garnison, et les communications de cette place seront libres comme partout ailleurs.

« J'espère, Monsieur le général, que vous verrez dans cette déclaration toutes les sûretés que vous pouvez désirer pour exécuter, sans inquiétude, les ordres de votre souverain, et satisfaire aux engagements qu'il a pris. »

A la réception de cette lettre, le général Partouneaux adressa, le 6 octobre, au général Frémont, la réponse suivante :

« Monsieur le Général,

« Je reçois la lettre du 2 courant, que vous me faites l'honneur de m'adresser. Je vous prie d'être bien persuadé que je ne fais qu'exécuter les instructions que j'ai dans la conduite que je tiens. Si elle est contraire aux conventions établies, veuillez me faire expédier des ordres par mon roi ou son ministre; vous en avez la facilité, puisque les souverains alliés sont à Paris. Veuillez être assuré que je les exécuterai tels qu'ils seront.

« Je suis loin de prendre le ton de menace duquel vous parlez; il ne conviendrait pas à la situation dans laquelle se trouve ma malheureuse patrie; mais, comme moi, étant militaire, si vous avez des ordres vous les exécuterez. Ainsi, estimez-moi assez pour croire que je remplirai mon devoir, si vos instructions vous mettent dans la nécessité de m'y forcer.

« Je ne connais pas la Convention dont vous me parlez relativement à Antibes, puisque celle du 14 août a été désapprouvée par le ministre. J'ai donc besoin de nouvelles instructions de sa part. »

Le même jour, il écrivit au ministre de la guerre :

« Les Autrichiens veulent absolument occuper Antibes. Mes instructions m'enjoignent positivement de conserver cette place au roi : veuillez me donner vos ordres; je m'empresserai de les exécuter. Votre Excellence observera qu'ils vont cerner Toulon, et que s'ils veulent franchir les avant-postes de cette place, les hostilités vont commencer. Vu les circonstances, je ne puis expédier des troupes en Corse jusqu'à la réception de nouveaux ordres de Votre Excellence. »

Pendant que cela se passait, le duc de Feltre, ainsi qu'il l'avait promis au ministre de l'intérieur, avait soumis au roi un rapport à la suite duquel une ordonnance du 12 octobre envoya le général Partouneaux prendre le commandement de la 10e division militaire, et le remplaça dans celui de la 8e par un officier général dont les actes devaient moins déplaire aux généraux alliés.

Lorsqu'en 1816, des troubles sérieux agitèrent Toulouse, on dut à la noble conduite et à la patiente modération du général Partouneaux de n'avoir point à déplorer une collision imminente. Confirmé le 20 novembre de cette année dans le titre de comte, qui lui avait été précédemment conféré par l'Empereur, on le comprit dans le cadre d'organisation de l'état-major général le 30 décembre 1818, et on le maintint dans son commandement.

Appelé le 6 décembre 1820, au commandement de la 1re division d'infanterie de la Garde royale, il fut nommé commandeur de l'ordre de Saint-Louis le 1er mai 1824, grand-croix de la Légion-d'Honneur le 14 août 1823.

Élu député en mars 1824, et de nouveau en novembre 1827, il vint siéger à la Chambre, aux travaux de laquelle il prit une part assidue.

Le 29 octobre 1828, il fut créé grand-croix de l'ordre royal et militaire de Saint-Louis.

Frappé d'apoplexie quelque temps après, il demanda et obtint de permuter avec le lieutenant-général comte Ricard, commandant la 8e division militaire, et reçut ce dernier commandement par ordonnance du 1er janvier 1829. C'est sous sa direction qu'eurent lieu les premiers préparatifs de l'expédition d'Afrique, qui vint ajouter à l'importance de son commandement.

Ce n'est que le dimanche, 1er août 1830, à l'arrivée du courrier, qu'on eut connaissance à Marseille des premiers mouvements de Paris. Entre huit et neuf heures, le général Partouneaux reçut une dépêche télégraphique, en date du 31 juillet, qui l'informait que la Révolution était consommée, que le duc d'Orléans avait été proclamé lieutenant-général du royaume, que toutes les troupes de ligne s'étaient réunies aux citoyens. Par cette dépêche, il était rendu responsable du sang qui serait répandu dans sa division.

Le général, craignant que le mauvais état de sa santé ne lui permît pas de soutenir les nouvelles fatigues que les circonstances exigeraient, demanda le 2 au matin, par le télégraphe, d'être remplacé dans son commandement.

Cependant, plusieurs jours se passèrent, sans qu'il eût été donné suite à sa demande, et, lorsque le 5 août, le drapeau tricolore eut été arboré sur les forts de Marseille, il fit publier une proclamation ainsi conçue :

« Bons et braves Provençaux, au milieu des circonstances graves et difficiles dans lesquelles nous nous sommes trouvés, je ne puis qu'admirer votre conduite. L'ordre et la tranquillité n'ont pas cessé de régner dans la 8e division militaire.

« Confondez vos opinions, et sachez faire à l'intérêt public les sacrifices qu'il réclame.

« Je continuerai à veiller, avec sollicitude au maintien de l'ordre et à la tranquillité, et j'ai la ferme confiance qu'ils ne seront point troublés. »

Le même jour, comme les chefs des différents services publics manifestaient l'intention d'abandonner leur poste, il fit afficher dans tous les quartiers de la ville une note ainsi conçue :

« Opinion du lieutenant-général commandant la 8e division militaire.

« Mon opinion est que, dans les circonstances graves qui pèsent sur notre pays, après les scènes sanglantes qui ont eu lieu, on ne peut abandonner précipitamment son poste avant d'avoir été remplacé, parce que, s'il en était autrement, ce serait livrer la France à toutes les horreurs du désordre et de *l'anarchie*, et que nous nous devons avant tout à sa gloire et à ses intérêts.

« Quand ensuite les postes qu'on occupe auront été remplis, chacun de nous restera libre de faire ce que sa conscience lui dictera. »

Une dépêche télégraphique du 5 août, parvenue à Marseille dans la soirée du 7, fit enfin connaître au général Partouneaux qu'il était remplacé dans son commandement par le lieutenant-général Corsin, qui entra en fonctions le 9. Dès ce moment, le comte Partouneaux vécut éloigné des affaires publiques.

Compris dans le cadre de réserve de l'état-major général de l'armée le 7 février 1831, il fut admis à faire valoir ses droits à la retraite par décision royale du 25 avril 1832, à compter du 1ᵉʳ mai suivant.

Le général Partouneaux était depuis un mois à Marton (principauté de Monaco), lorsque, le 14 janvier 1835, une attaque d'apoplexie vint l'enlever à sa famille, à ses amis et à la France.

Son nom est inscrit sur l'arc de triomphe de l'Étoile, côté Sud.

PASKEWISCH (IVAN FEDEROWIHSCH), prince de Varsovie, comte d'Érivan, feld-maréchal des armées russes, lieutenant du royaume de Pologne, chevalier de tous les ordres de Russie de 1ʳᵉ classe, de plusieurs ordres étrangers, décoré du portrait de l'empereur de Russie enrichi de diamants et d'une épée ornée de diamants avec l'inscription : *Au vainqueur des Persans, à Elisabetvol*, naquit à Pultava, le 8 mai 1782, d'une famille noble et riche; fut placé dans le corps des Pages, et, à la suite d'un brillant examen, fut nommé lieutenant de la Garde, ayant rang de capitaine, et en même temps aide-de-camp de l'empereur Paul, qui l'employa à des missions de confiance. Paskewisch fit ses premières armes contre les Français en 1805. L'année suivante, il se trouvait à l'armée de Turquie. Présent à presque toutes les batailles et à tous les assauts, il fut blessé dans cette campagne, et conquit tous ses grades à la pointe de l'épée. Il fut aussi chargé de négociations importantes à Constantinople, notamment en 1808, à l'époque où Sélim III fut précipité du trône. Soupçonné d'espionnage, les Turcs voulaient le massacrer; il se sauva sur une barque à quatre rames, et traversa ainsi un littoral de cent lieues de la mer Noire, que l'on sait être si orageuse. Arrivé à Warna, il persuada au pacha que la paix était conclue, et échappa ainsi à une mort certaine.

Dans cette guerre de Turquie, Paskewisch se distingua souvent. A la mort de Sélim, il y eut un armistice; mais en 1809 les hostilités recommencèrent. Au siége de la formidable place de Braïloff, il monta à l'assaut comme volontaire et un des premiers ; une balle le frappa à la tête. A peine convalescent, il se mit à la poursuite de l'ennemi à la tête d'un détachement, l'atteignit et le tailla en pièces.

Le 27 juillet, au passage du Danube, à la prise de l'île de Tchetali, à l'affaire de Kustendji, à la bataille de Razovat, au siége de Silistri, à la bataille de Tataritza, partout Paskewisch se couvrit de gloire et fit admirer sa bravoure.

En 1810, nommé commandant du régiment de Wilobsk, il participa au combat de Mangalia, à la prise de Silistri, à l'assaut de l'importante forteresse de Buzardjik, et déploya la plus grande intrépidité. Le 4 juin, il était sous les murs de Warna; il enleva les batteries qui couronnaient le promontoire de Galatembourg, assiégea la forteresse sur la rive opposée du lac, et repoussa vigoureusement deux sorties de l'ennemi. Il fut, pour cette conduite, nommé chevalier de Saint-George, 3ᵉ classe, décoration qui ne se donne pas aux simples colonels. Le 23 juillet, il assistait à l'attaque de Schoumla, s'empara d'une hauteur et y plaça deux canons qui firent beaucoup de mal aux Turcs.

Le colonel Paskewisch se couvrit encore de gloire au sanglant assaut de Roustchoufk et à l'affaire de Balyne, où il se fit remarquer d'une manière si éclatante qu'il y reçut le grade de général-major. Dans cette bataille qui dura près de deux jours 19,000 Russes taillèrent en pièces 45,000 Turcs. Le pacha y fut tué; toute l'artillerie, tout le camp, un riche butin et une flottille furent la proie des vainqueurs. En 1812, lors de l'invasion française, Paskewisch reçut le commandement de la 26e division d'infanterie sous les ordres de Bagration. A la bataille de Smolensk il commandait le centre et l'aile gauche composée de six régiments avec 45 pièces de canon. Il fut un de ceux qui déployèrent le plus de valeur. Il enleva et reprit plusieurs fois des batteries françaises, fit prisonnier un général et eut deux chevaux tués sous lui.

A l'affaire de Wiasma, Paskewisch dirigeait le centre et l'aile droite de l'armée russe; il fondit sur nos troupes avec une telle vigueur qu'il les força d'abandonner quatre positions avantageuses. Dans ce fait d'armes important qui coûta dix mille hommes aux deux armées, il donna une nouvelle preuve de son intelligence.

Le 3 novembre, sur le chemin de Smolensk à Krasnoé, il attaqua, avec une brigade, la queue de la première colonne de la garde impériale, fit 600 prisonniers, parmi lesquels un général, enleva 4 canons et tous les bagages.

Le 4 du même mois, sa division fut attaquée par le corps d'armée du vice-roi; il tailla en pièces une forte colonne, lui fit 800 prisonniers, dont un général, et enleva six canons et deux drapeaux. Deux jours après il repoussa le maréchal Ney qui cherchait à se faire jour à travers les colonnes russes. Pendant le reste de la campagne, il commanda l'avant-garde et se trouva continuellement au feu.

Investi à Wilna du commandement du 7e corps, il passa le Niémen et se dirigea sur Polotsk. En janvier 1813, il commandait en chef le blocus de Modlin qui dura six mois, parce qu'il lui était expressément défendu de faire de siège en règle. Il utilisa ce temps à organiser un corps magnifique de 30,000 hommes. Pendant l'armistice de 1813, il commandait la 26e division en Bohême; il se trouva à la bataille de Kulm.

Ayant de nouveau montré sa bravoure et ses talents sous les murs de Leipzig, il obtint le grade de lieutenant-général, — puis fut employé au blocus de Magdebourg, à celui de Hambourg, et commanda en janvier 1814 la 2e division des grenadiers à la tête de laquelle il se distingua à la bataille d'Arcis-sur-Aube.

C'est lui qui, du 17 au 27 mars, refoula jusqu'aux barrières de Paris nos braves qui combattaient à Bondy, à Belleville, à Ménilmontant.

En 1815, Paskewisch fit partie de l'armée russe qui vint en France. En 1817, il accompagna dans ses voyages en Europe le grand duc Michel et fut nommé à son retour chef d'une division de la Garde impériale en 1823. Alexandre le nomma son aide-de-camp général.

En août 1826, il reçut le commandement des troupes chargées de repousser les Persans qui avaient envahi la Géorgie; il livra à Elisavetvol une sanglante bataille au prince Abbas-Mirza, le mit en déroute complète, le poursuivit, et l'obligea d'évacuer les provinces envahies.

Investi du commandement en chef en 1827, il passa l'Araxe, battit de nouveau le prince Abbas-Mirza, se porta sur Érivan qu'il investit le 25 septembre, et s'en empara après six jours de tranchée. Il fit la conquête de tout l'Aderbidjan. Abbas, effrayé de ces succès rapides, demanda la paix. Une trêve fut conclue; mais la mauvaise foi des Persans amena la rupture des négociations. Le général Paskewisch recommença vigoureusement les hostilités, prit plusieurs places fortes, et n'était guère éloigné de

Tchéron, résidence du Shah, lorsque le vieux Felh-Ali, sans même consulter son fils, envoya des plénipotentiaires à Paskewisch, avec des présents magnifiques, parmi lesquels ce fameux diamant qui passe pour le plus gros de l'univers. — La paix fut signée le 10 février 1828. Paskewisch fut créé comte de l'Empire avec le surnom d'Érivan et un présent d'un million de roubles.

A la reprise des hostilités avec la Turquie, le comte Paskewisch, avec des ressources minimes, lutta avec succès contre des forces considérables. Il s'empara de la forteresse de Kars considérée comme inexpugnable, de plusieurs places également importantes, remporta les brillantes victoires de Kainli et de Milli-Douzé et entra en vainqueur dans Erzeroum, la plus belle, la plus importante de ses conquêtes qui lui valut le titre de l'ordre militaire de Saint-George de 1re classe, distinction que personne ne partage avec l'Empereur. Continuant le cours de ses victoires, il marchait déjà sur Trébizonde lorsqu'il reçut la nouvelle de la paix signée à Andrinople. Paskewisch se porta alors sur la ligne du Caucase pour châtier les peuplades insurgées de la partie septentrionale de ce pays. Cette expédition heureusement terminée, et la Russie asiatique pacifiée, Paskewisch retourna à Tiflis, son quartier général, en décembre 1830. Mais un orage terrible grondait à l'ouest de la Russie d'Europe ; la Pologne était en feu. Le maréchal Diébitch, commandant en chef l'armée russe contre les insurgés, paraissait au-dessous de sa mission. Il mourut tout à coup du choléra, et le comte Paskewisch fut nommé à sa place au grand contentement de tous. Il arriva à Polotsk, le 14-26 juin 1831 et prit le commandement de l'armée qui se composait de 74 bataillons d'infanterie, de 101 escadrons de cavalerie régulière, de 51 compagnies de Cosaques et 318 pièces d'artillerie. En peu de jours il eut tracé son plan de campagne. Les difficultés étaient immenses ; mais grâce à ses habiles manœuvres, et surtout à la conduite plus qu'incertaine de Skryuecki, il parvint à effectuer le passage de la Vistule, puis s'ouvrit un chemin vers Varsovie. Le 25 août le canon gronda sous les murs de cette capitale et l'attaque commença avec impétuosité. Les Polonais défendirent leur dernier boulevard avec un héroïque courage. Le 26, les colonnes russes pénétrèrent dans les faubourgs et dans la ville même et s'y établirent. Paskewisch y fut atteint au bras gauche d'un boulet qui lui fit une forte contusion ; mais il resta sur le champ de bataille. Le 27, Varsovie avait fait sa soumission ; l'armée n'avait pas mis bas les armes : il se mit à sa poursuite et la dispersa. Le 23 septembre, la Pologne était retombée sous le joug du Czar. Le maréchal comte Paskewisch d'Érivan fut élevé à la dignité de prince de Varsovie avec le titre d'altesse et la transmission de ce titre à la postérité. Il fut, en outre, nommé lieutenant du royaume de Pologne.

PÉCHEUX (Marc-Nicolas-Louis, baron), lieutenant-général, né le 28 janvier 1769 à Bucelly (Aisne), entra, le 17 août 1792, comme capitaine de grenadiers dans le 4e bataillon de volontaires du département de l'Aisne, amalgamé dans la 41e demi-brigade de ligne, laquelle fut incorporée dans la 17e à l'époque de l'embrigadement. En 1792 il servait à l'armée du Nord sous les ordres de Dumouriez, et il y mérita le grade de chef de bataillon le 8 septembre. Employé, de 1793 à l'an VI, aux armées des Ardennes, de Sambre-et-Meuse et de l'intérieur, il passa à celle d'Italie, à laquelle il resta attaché de l'an VII à l'an IX. Joubert, Moreau,

Championnet, Brune, eurent plusieurs fois l'occasion de recommander au gouvernement la brillante conduite de cet officier supérieur, conduite qui lui mérita, le 21 fructidor an VII, le brevet de chef de brigade. Après les campagnes des ans X, XI et XII dans la Ligurie, aux armées gallo-batave et de Hanovre, il fut envoyé au camp de Boulogne. C'est là qu'il reçut, le 19 frimaire an XII, la décoration de la Légion-d'Honneur et celle d'officier du même Ordre le 25 prairial suivant. Peu de temps après, l'Empereur le nomma membre du collége électoral du département de l'Aisne. Il avait pris, le 11 fructidor an XI, le commandement de la 95ᵉ demi-brigade, à la tête de laquelle il se signala à Austerlitz. Pendant cette bataille, il causa une grande perte à la cavalerie de la garde russe, qui ne put entamer ses carrés. Le colonel Pécheux déploya la même valeur et les mêmes talents en Prusse et en Pologne, en 1806 et 1807, à Schleitz, à Iéna, à Halle, où il culbuta la réserve du prince de Wurtemberg, à la prise de Lubeck, au combat de Spandau et à la bataille de Friedland, où son régiment faisait partie de la réserve. Envoyé en Espagne en 1808, il se distingua, dès le début de la campagne, par la prise du plateau de Spinoza. Ce brillant fait d'armes, qui appartient entièrement au 95ᵉ régiment, lui mérita, le 24 novembre, la croix de commandeur de la Légion-d'Honneur et le titre de baron de l'Empire. On le retrouve encore à Tudela, à la prise de Madrid, à Velei, en janvier 1809, à Almaras le 18 mars suivant, et à Medelin le 28 du même mois ; il concourut puissamment, dans cette dernière affaire, à la défaite des Espagnols, et se fit remarquer aux brillantes journées de Talavera, Cuença et d'Ocaña ; enfin, les services qu'il rendit au siège de Cadix lui firent obtenir, le 23 juin 1810, les épaulettes de général de brigade. Peu de temps après il fut investi du commandement de la ville de Xérès, qu'il ne quitta qu'à la fin de 1811, pour se rendre au siège de Tarifa. Immédiatement après la reddition de cette place, le général en chef mit sous ses ordres les troupes de l'aile gauche, avec mission de reprendre le siège de Cadix. Pendant la retraite de l'armée du duc de Dalmatie de l'Andalousie, et la poursuite de lord Wellington, le maréchal lui confia la direction de l'avant-garde, avec laquelle il mit en déroute, devant Samrenos, l'arrière-garde ennemie. Nommé général de division le 30 mai 1813, il fut mis, le 9 août suivant, à la disposition du maréchal prince d'Eckmühl, commandant le 13ᵉ corps à Hambourg. Le général Pécheux quitta cette ville pour se porter sur Magdebourg avec sa division, forte de 8,000 hommes, dans le dessein de chasser les Prussiens des positions qu'ils occupaient aux environs de la place. Le général comte Walmoden, instruit de son projet par des lettres interceptées, déroba aux Français le nombre de ses troupes, et les attaqua presque à l'improviste avec des forces supérieures. Obligé de battre en retraite, Pécheux opéra ce mouvement rétrograde avec le plus grand ordre, et en disputant pied à pied le terrain à l'ennemi ; il perdit dans cette retraite tous ses équipages, et deux de ses aides-de-camp furent faits prisonniers. Enfermé dans Magdebourg, à la fin de 1813, il s'y maintint pendant toute la durée de la campagne suivante, et rendit cette place lorsqu'il eut connaissance des événements politiques qui se passaient en France.

Chevalier de Saint-Louis le 20 août 1814, il reçut, le 31 mars 1815, le commandement d'une division du 4ᵉ corps à l'armée du Nord, et après le licenciement de l'armée impériale, il fut mis en non-activité. En 1818 le roi l'appela au commandement de la 12ᵉ division militaire. Inspecteur général d'infanterie en 1820, il fut désigné, le 20 avril de cette année, pour être employé dans la 16ᵉ division territoriale, et le 4 novembre suivant le ministre de la guerre le chargea de la conversion des légions départementales en régiments. Il était en disponibilité depuis le 1ᵉʳ janvier 1821, lorsque le duc de Bellune, ministre de la guerre, lui confia, en 1823, le commandement de la 12ᵉ division du 5ᵉ corps de l'armée d'Espagne, sous les ordres du général Lauriston.

Remis en disponibilité le 8 janvier 1824, il fut nommé grand officier de la Légion-d'Honneur le 23 mai 1825, et placé dans le cadre d'activité par ordonnance du 7 février 1831.

Le général Pécheux est mort à Paris le 1ᵉʳ novembre suivant. Son nom est inscrit sur l'arc de triomphe de l'Étoile, côté Ouest.

PELLEPORT (Pierre, vicomte de), né à Montréjean (Haute-Garonne) le 26 octobre 1773. Il entra au service comme soldat dans la levée en masse de son département, et fit dans ce corps les campagnes des Pyrénées-Orientales, pendant lesquelles il fut promu au grade de sous-lieutenant. Il passa ensuite dans le 18ᵉ de ligne où il devint général de brigade. Il fit les campagnes d'Italie, d'Égypte, fut blessé sous les murs de Saint-Jean-d'Acre, et fait capitaine à Aboukir.

Il fut de la première promotion de la Légion-d'Honneur, fit les campagnes d'Autriche, de Prusse et de Pologne; il gagna à Iéna les épaulettes de chef de bataillon, et une riche dotation à Eylau où il avait reçu plusieurs blessures.

Colonel à Essling, il se distingua encore à Wagram et à Znaïm, et y gagna la croix d'officier et le titre de baron avec une nouvelle dotation.

En Russie, il combattit sous les ordres de Ney et reçut à Valontino la croix de commandeur, et dans la même campagne le grade de général de brigade.

En 1813, le général Pelleport se montra glorieusement à Lutzen, à Bautzen, à Leipzig. Blessé dans cette bataille, il reçut la croix de la Couronne de Fer, prit part à la campagne de France et fut de nouveau blessé sous les murs de Paris.

Louis XVIII fit le général Pelleport chevalier de Saint-Louis et commandant d'une brigade de la garnison de Paris. Pendant les Cents-Jours, il passa à l'armée du Midi sous les ordres du général Gilly.

Attaché en 1823 à l'expédition d'Espagne, il reçut du duc d'Angoulême le titre de vicomte, la croix de grand officier, celle de commandeur de Saint-Louis, et celle de l'Ordre de Saint-Ferdinand, 4ᵉ classe.

Il fut ensuite attaché au conseil supérieur de la guerre.

Le général de Pelleport ne fut point employé après les événements de 1830. Il ne fut remis en activité qu'en 1834. En 1836, il fut nommé inspecteur général et commandant supérieur du camp de Saint-Omer, puis appelé au commandement des 21ᵉ et 11ᵉ divisions militaires. Il était général de division depuis le 8 août 1823. Il est aujourd'hui à la retraite.

PELLETIER (Louis), né à Saint-Lubin (Eure-et-Loir), le 20 mai 1754, entra au régiment des Lyonnais le 7 janvier 1771, et passa le 15 juin 1775 au régiment du Maine, dédoublement des Lyonnais. Sergent le 25 novembre 1779, sergent-major de grenadiers le 1ᵉʳ février 1786, adjudant-sous-officier le 14 juillet 1791, lieutenant le 26 mai 1792, adjudant-major le 6 juin et capitaine de grenadiers le 6 novembre suivant, Pelletier fit les campagnes de 1792 et 1793 à l'armée d'Italie, et fut blessé le 12 juin de cette dernière année à l'affaire du camp de Raous, d'un coup de feu à la joue droite qui lui emporta la pommette de cette joue. Il assista au siége de Toulon et fit le reste de la campagne à l'armée des Pyrénées-Orientales. Nommé général de brigade le 3 nivôse an II; il fut mis en non-activité. Rappelé au service, il passa à l'armée des Alpes et d'Italie le 7 thermidor an III. Le 17 du même mois il commandait au camp de Terme ; l'ennemi venait de prendre une position qui ôtait toute espèce de retraite aux troupes françaises si elles eussent été repoussées. Le général Pelletier s'aperçut du danger et fit avancer contre cette colonne deux pièces de canon soutenues seulement par un corps de 200 hommes, dont il enflamma le courage en l'appelant son intrépide réserve. Cette petite troupe marcha à l'ennemi, l'attaqua en commençant le combat par la décharge de ses deux pièces d'artillerie, parvint à repousser les 2,000 Piémontais et les contraignit à repasser à la hâte la gorge de Linferno. Le général Pelletier, dans cette circonstance, fit preuve du plus grand talent. Tourné de tous côtés par un ennemi supérieur, il fit face de toutes parts, car il avait tout prévu avec ce sangfroid qui caractérise le vrai général. Bientôt, attaqué dans son camp par les Piémontais, il parvint, malgré la supériorité numérique de l'ennemi, à conserver ce point important.

A la bataille de Castiglione, le 16 thermidor an IV, Pelletier commandait les 45ᵉ et 69ᵉ demi-brigades, une partie de la réserve et un escadron du 22ᵉ chasseurs, et rendit les plus grands services dans cette sanglante journée. En l'an V, ce général resta au blocus de Mantoue pendant toute sa durée et passa ensuite à la division Joubert, qui était dans le Tyrol. De l'an VII à l'an XIII, il servit dans la 8ᵉ division militaire, et fut nommé membre de la Légion-d'Honneur le 19 frimaire an XII, et commandant de l'Ordre le 25 prairial. Le 20 octobre 1811, appelé au commandement du département du Gard, il prit plus tard celui du département de l'Hérault. Le général Pelletier obtint sa retraite le 1ᵉʳ octobre 1814.

PELLETIER (JEAN-BAPTISTE), né à Eclaron (Haute-Marne) le 16 février 1777. Nommé élève à l'école d'artillerie de Châlons, le second de la promotion dont le chef était Drouot, il fut immédiatement appelé aux armées comme lieutenant en second au 2ᵉ régiment d'artillerie à pied, et fit, à 17 ans, sa première campagne à l'armée du Rhin. Il se distingua aux combats de Haguenau et de Geisberg pendant le blocus de Landau.

Capitaine à l'armée du Nord en 1794, il fit les campagnes de l'an II et de l'an III, et ensuite avec l'armée de Paris où il prit part avec sa batterie à la journée du 13 vendémiaire an IV, où les sections de Paris furent vaincues par le général Bonaparte. M. Pelletier fit les campagnes de l'an VIII et de l'an IX à l'armée d'Italie, assista au passage du Mincio, et fut nommé chef de bataillon et membre de la Légion-d'Honneur en 1804. En 1805, il reçut le commandement de la réserve d'artillerie de l'armée du Nord où il fut nommé major le 14 août 1806. En cette qualité il commanda l'artillerie du corps italien qui effectua le blocus de Colberg ; puis l'artillerie de la division Verdres à la grande armée, et prit part au combat de Heilsberg et à la bataille de Friedland.

Nommé colonel après cette bataille et baron en 1808, il commanda l'artillerie de réserve d'infanterie à la grande armée et fut nommé directeur à Varsovie. Après la campagne de 1808, il fut nommé le 4 mars 1809, général de brigade par l'Empereur qui lui confia le commandement de l'artillerie et du génie du grand duché de Varsovie. Il assista au combat de Ratzin près de Varsovie, à la prise de la tête du pont de Gora, et dirigea lui-même les troupes qui enlevèrent par escalade le plan de Zamosc.

Officier de la Légion-d'Honneur par l'Empereur en 1809, chevalier de l'ordre du mérite militaire de Pologne et général de division par le roi de Saxe en 1811. En 1812, il conserva le commandement de l'artillerie du corps de Poniatowski (5ᵉ corps), et fut nommé commandeur par l'Empereur après l'attaque de Smolensk. Il assista à l'attaque de la redoute de Schwardina (3 septembre) à la bataille de la Moskowa, au combat de Torentino et fut fait prisonnier au combat de Wiasma.

Rentré en France à la paix, il ne fut reconnu que comme maréchal de camp et mis en disponibilité. Rappelé en 1815, il commanda l'artillerie du 2ᵉ corps, et combattit aux Quatre-Bras et à Waterloo. Depuis il fut successivement membre du comité de l'artillerie, commandant de l'école d'artillerie de Toulouse, de Metz, de l'école d'application d'artillerie et du génie, grand officier de la Légion-d'Honneur et général de division le 26 novembre 1836, enfin membre du comité d'artillerie et inspecteur général de l'armée en 1837, 1838 et 1839. Le général Pelletier est aujourd'hui en retraite.

PENNE (Raymond, baron), naquit le 18 novembre 1770 à Coarraze (Basses-Pyrénées).

Dragon dans le régiment Colonel-Général (5ᵉ) le 23 août 1788, il passa comme lieutenant le 3 septembre 1792 dans le 4ᵉ bataillon de volontaires de Paris, où il devint capitaine le 29 novembre suivant.

Il fit les guerres de 1792 à 1793 à l'armée de Sambre-et-Meuse.

Capitaine de grenadiers le 26 floréal an II dans la 59ᵉ demi-brigade de bataille, devenue 102ᵉ de ligne le 11 ventôse an IV, il se fit remarquer dans tous les engagements que son corps eut à soutenir, et fut souvent cité à l'ordre de l'armée. On lit le passage suivant dans un rapport officiel adressé au Comité de salut public par le général Jourdan :

« Dans la nuit du 19 au 20 fructidor an III, les grenadiers réunis de la division Championnet, aux ordres du général Legrand, passèrent le Rhin en présence de l'ennemi. Dès que les Autrichiens aperçurent notre petite flottille, ils dirigèrent sur elle un feu terrible d'artillerie et mousqueterie sans pouvoir arrêter l'audace de nos soldats. Le capitaine Penne, arrivé le premier sur la rive droite avec 15 hommes, se met à leur tête, fait battre la charge, repousse dans le bois, à la baïonnette, la colonne qui lui était opposée, et s'empare d'une batterie armée de 4 pièces de canon. »

Il servit aux armées d'Allemagne et du Danube pendant les ans VI et VII, et en Italie de l'an VIII à l'an XI. Il y reçut, le 23 pluviôse an IX, les épaulettes de chef de bataillon. Major du 106ᵉ régiment le 30 frimaire an XII, et membre de la Légion-d'Honneur le 4 germinal suivant, il commanda, pendant les campagnes de la grande armée, de l'an XIV à 1806, un régiment de grenadiers réunis faisant partie du 2ᵉ corps.

Placé en 1807 à la tête d'un régiment de grenadiers et voltigeurs réunis, il fit la guerre en Pologne, et fut nommé, le 25 décembre de cette année, colonel du 112ᵉ régiment.

En 1809, il combattit en Italie et en Allemagne, et Napoléon lui donna la croix d'officier de la Légion-d'Honneur le 27 juillet de la même année, et le titre de baron de l'Empire le 15 août suivant.

Général de brigade le 6 août 1811, et employé le 30 du même mois dans la 23ᵉ division militaire, il reçut l'ordre, le 26 juin 1812, de rejoindre la 4ᵉ division d'infanterie de la grande armée. L'Empereur l'attacha, le 1ᵉʳ août suivant, au grand quartier général.

Commandant de la Légion-d'Honneur le 18 juin 1813, et détaché peu de temps après au corps d'observation de l'Elbe, il reçut, le 21 août, en avant de Lowemberg (Silésie), un coup de feu qui lui fracassa la rotule du genou droit. Il rentra en France pour soigner sa blessure. Louis XVIII le nomma chevalier de Saint-Louis le 30 août 1814.

Au retour de l'île d'Elbe, il eut le commandement de la 21ᵉ brigade d'infanterie, à la tête de laquelle il reçut une mort glorieuse, le 18 juin 1815, à l'attaque dirigée par lui sur les hauteurs de Bierge. Il y fut tué par un boulet de canon.

Son nom figure sur le côté Nord de l'arc de triomphe de l'Étoile.

PÉRIGNON (Dominique-Catherine, comte, puis marquis de).

Lorsque sortit des États généraux de 1789 cette souveraineté populaire qui jeta le gant à la monarchie de droit divin, Pérignon avait déjà payé la dette que tout citoyen doit à son pays. Il était né à Grenade, près Toulouse, le 31 mai 1754, et la position sociale de sa famille lui avait donné une sous-lieutenance dans le corps des grenadiers royaux de Guyenne; il était devenu ensuite aide-de-camp du comte de Preissac.

Rentré depuis quelque temps déjà dans la vie civile, avec la maturité de l'exercice et des années, il ne tarda pas à s'associer au nouvel ordre de choses, en acceptant les fonctions de juge de paix du canton de Montech.

C'est dans l'exercice de cette magistrature nouvelle et populaire que les élec-teurs du département de la Haute-Garonne vinrent le prendre pour l'envoyer comme leur représentant à l'Assemblée législative.

Il comptait alors trente-sept ans; il avait servi comme officier, il avait siégé comme juge; ces précédents devaient influer sur le reste de sa vie et lui enlever, soit dans les camps, soit dans les affaires, le caractère de la spécialité.

En effet, au premier cri de guerre, le cœur du soldat s'allume sous la toge du législateur, et il va prendre le commandement d'une légion dans l'armée des Pyrénées-Orientales.

Le 17 juillet 1793, au combat de Thuir et du Mas-de-Serre, son intrépidité eut une grande part aux succès des armes françaises.

Nommé général de division le 3 nivôse an II, il eut la gloire de sauver la place de Perpignan : il reçut dans cette affaire un coup de baïonnette à la cuisse. Vainqueur à la Jonquière, le 19 prairial suivant, il commandait le centre de l'armée le 28 brumaire an III, à la bataille de la Montagne-Noire où périt Dugommier. Il lui succéda dans le commandement en chef. La victoire d'Escola, la prise de l'*imprenable* Bouton-de-Rose et de la ville justifièrent glorieusement le choix qu'on avait fait de lui.

Le 4 messidor an III, le traité de Bâle réconcilia la France et l'Espagne, et Pérignon, ambassadeur à Madrid, fut chargé de cimenter les relations amicales que ses victoires avaient rétablies.

Deux ans plus tard, le vice-amiral Truguet le remplaça dans ce poste important, et il alla reprendre son rang de bataille à l'armée d'Italie.

Il commandait l'aile gauche à la bataille de Novi; ses deux divisions, aux ordres des généraux Grouchy et Lemoine, gardaient les vallées de la Bormida et du Tanaro. Pérignon défendait le village de Pasturana et faisait des prodiges de valeur ; mais, accablé par le nombre, il tomba, couvert de blessures, au pouvoir de l'ennemi.

Ce ne fut qu'en l'an IX que les Russes le rendirent à la France. Le vainqueur de Marengo accueillit l'intrépide et malheureux soldat de Novi ; mais, âgé déjà de quarante-sept ans, Pérignon ne pouvait pas prendre place dans ce cortége de jeunes capitaines qui se pressaient autour du jeune héros.

Le 26 ventôse an IX, le sénat conservateur recevait le message suivant :

« Le premier Consul, en exécution de l'article 14 de la Constitution, vous présente comme candidat à la place vacante au Sénat, le général Pérignon, qui a signé le traité d'alliance conclu le 26 fructidor an IV entre la France et l'Espagne. »

Et le Sénat répondait à ce message par l'arrêté suivant :

Extrait des registres du Sénat conservateur.
8 germinal an IX.

« Vu le message du Corps législatif, du 24 ventôse dernier, par lequel il présente le citoyen Grégoire, l'un de ses membres, comme candidat pour une place vacante du Sénat conservateur ;

« Vu pareillement le message du premier Consul, du 26 du même mois, par lequel il présente pour la même place le général Pérignon ;

« Vu enfin le message du Tribunat du 28 ventôse, contenant présentation, pour la même place, du citoyen Démeuniers (1) l'un de ses membres ;

« Le Sénat, réuni au nombre des membres prescrits par l'article 90 de la Constitution, procède, en exécution de l'article 16, au choix d'un sénateur entre les trois candidats qui ont partagé le vœu des autorités présentantes ;

« La majorité absolue des suffrages recueillis au scrutin individuel se fixe sur le citoyen Pérignon, général de division ;

« Il est proclamé par le président membre du Sénat conservateur.

« Le Sénat arrête que cette nomination sera notifiée, par un message du Corps législatif, au Tribunat et aux consuls de la République. »

Tiré de l'armée active, Pérignon rentrait ainsi dans la carrière législative par la première magistrature de la République. Le premier Consul le jugeait déjà trop mûr pour le champ de bataille. On peut marquer ici, avec vérité, le terme de sa vie militaire. Lorsque le chef de l'État lui rendit l'épée du commandant, ce fut plutôt pour un service de représentation que d'activité.

Le traité du 26 fructidor an IV avait laissé de l'incertitude relativement aux limites de la France et de l'Espagne du côté des Pyrénées ; Pérignon, qui avait signé ce traité, reçut, le 24 fructidor an X, la mission de régler ces difficultés, en qualité de commissaire extraordinaire.

Président du collége électoral de la Haute-Garonne le 19 ventôse an XII, le 16 floréal suivant il présentait au premier Consul une députation du collége, et terminait ainsi son discours à celui que dix jours plus tard le Sénat allait saluer du titre d'Empereur.

« O Napoléon ! lorsque le monde reste dans le silence de l'admiration en présence de votre renommée, les trente-cinq millions de Français pourraient-ils ne pas consacrer cette si grande prédilection dont le ciel les a favorisés en vous plaçant à leur tête ! Qu'ils vous portent sur le pavois entouré de tous les attributs dignes d'eux et de vous ; qu'en même temps toute votre famille y soit portée,

---

(1) C'est donc à tort que tous les biographes ont présenté *Pérignon* comme le successeur de *Démeuniers* au Sénat conservateur.

saisie d'un pacte héréditaire indissoluble, et que la postérité soit ainsi forcée à reconnaître que la génération présente sut tester glorieusement et utilement en faveur des générations futures. »

Pérignon avait été mis en possession de la sénatorerie de Bordeaux par disposition consulaire en date du 5 vendémiaire an XII.

Le lendemain de son élévation à l'Empire, Napoléon rendit un décret (29 floréal), qui créait quatorze maréchaux de France, auxquels étaient adjoints, avec le même titre, quatre sénateurs, parmi lesquels Pérignon, comme ayant commandé en chef. Nous rapportons le texte même du décret; les pièces que nous donnons plus loin en feront ressortir l'intérêt.

Décret impérial.

NAPOLÉON, empereur des Français, décrète ce qui suit :

Sont nommés maréchaux de l'Empire, les généraux Berthier, — Murat, — Moncey, — Jourdan, — Masséna, — Augereau, — Bernadotte, — Soult, — Brune, — Lannes, — Mortier, — Ney, — Davoût, — Bessières.

Le titre de maréchal d'Empire est donné aux sénateurs Kellermann, — Lefebvre, — Pérignon et Serrurier qui ont commandé en chef.

Donné à Saint-Cloud, le 29 floréal an XII.

NAPOLÉON.
Par l'Empereur,
Le secrétaire d'État, MARET.

Le maréchal sénateur devint, le 25 prairial an XIII, grand officier de la Légion-d'Honneur et grand Aigle le 13 pluviôse an XIII.

Gouverneur de Parme et de Plaisance en 1806, il reçut en 1808 l'ordre d'aller prendre le commandement en chef des troupes françaises dans le royaume de Naples en remplacement du général Jourdan, et la même année il fut créé grand dignitaire de l'ordre des Deux-Siciles. Le titre de comte de l'Empire venait de lui être conféré. Il ne quitta Naples qu'au moment où le roi se déclara contre la France.

Après la restauration du trône des Bourbons, le duc de Valmy, au nom des quatre maréchaux sénateurs, adressa la réclamation suivante.

« *A Monsieur, comte d'Artois, lieutenant-général du royaume.*

« Paris, 15 avril 1814.

« Monseigneur,

« Je viens, au nom de mes collègues, maréchaux-sénateurs, et au mien, comme doyen des maréchaux de France, réclamer près de Votre Altesse Royale contre l'ordre dans lequel on nous a placés par rapport aux autres maréchaux.

« Nous quatre, maréchaux-sénateurs, *Kellermann, Lefebvre, Pérignon* et *Serrurier*, avons été nommés des premiers et avant tous les autres, sans doute à cause de l'ancienneté de nos services et de nos grades de généraux en chef ou de division. Les autres maréchaux, même le maréchal Berthier, n'ont été nommés qu'après.

« Nous prions Votre Altesse Royale, lieutenant-général du royaume, d'avoir la bonté de nous faire rétablir dans l'ordre dans lequel nous devons être placés, et qui doit précéder MM. les maréchaux nommés depuis ces sénateurs.

« Entré au service comme cadet au régiment de Lowendal en 1752, chevalier de Saint-Louis avant l'âge prescrit par les règlements, j'ai passé par tous les grades. Nommé par Sa Majesté Louis XVI cordon rouge en 1791, lieutenant-général, général d'armée au commencement de 1792, j'ai commandé en chef les armées actives et de réserve jusqu'à ce jour. Doyen des maréchaux de

France, je prie Votre Altesse Royale de me faire jouir des prérogatives attachées à ce titre, comme sous l'ancien ordre de choses.

« Je suis, etc.

« Le maréchal-sénateur,
« KELLERMANN, duc de Valmy. »

A cette demande qui paraîtra au moins fort singulière à ceux qui auront lu le décret reproduit plus haut. *Monsieur* fit répondre :

« *A M. le maréchal Kellermann, duc de Valmy.*

« Palais des Tuileries, 17 avril 1814.

« M. le Maréchal,

« Son Altesse Royale *Monsieur*, lieutenant-général du royaume, à qui j'ai eu l'honneur de soumettre votre lettre du 15 de ce mois, me charge de faire connaître que la réclamation qu'elle contient pour vous, Monsieur le Maréchal, et pour MM. les maréchaux *Lefebvre*, *Pérignon* et *Serrurier*, est d'une trop haute importance pour que Son Altesse Royale puisse prendre une décision avant l'arrivée de Sa Majesté Louis XVIII.

« Aussitôt que Sa Majesté sera arrivée, Son Altesse Royale lui mettra sous les yeux votre réclamation.

« Veuillez agréer, etc. »

Mais il y avait preuve de zèle et de condescendance dans cette démarche empressée, et puis le comte Pérignon avait adhéré aux actes du Sénat; aussi le lieutenant-général du royaume le nomma commissaire du roi dans la 1re division militaire, et des ordonnances royales des 31 mai, 1er et 4 juin, le firent successivement chevalier de Saint-Louis, président de la commission chargée de vérifier les titres des anciens officiers de l'armée des émigrés, et enfin pair de France.

Nommé en 1815 gouverneur de la 10e division militaire, il chercha au mois de mars, de concert avec le baron de Vitrolles, à organiser dans le Midi un plan de résistance contre Napoléon. Il n'y réussit point et resta éloigné des affaires pendant les Cent-Jours.

Le 10 janvier 1816, il passa avec le même titre dans la 1re division militaire, et reçut le 3 mai suivant la croix de commandeur de Saint-Louis.

Le maréchal Pérignon est mort à Paris, le 25 décembre 1818.

PERNETY (JOSEPH-MARIE, vicomte), né à Lyon (Rhône), le 19 mai 1766, entra comme aspirant d'artillerie à l'École de Metz le 1er juin 1781 ; le 1er juin 1782, il était élève à la même École.

Nommé, le 1er septembre 1783, lieutenant à la suite du régiment de La Fère (artillerie), il passa titulaire dans le régiment de Grenoble, devenu 4e le 11 janvier 1784, et lieutenant en premier au même corps le 17 juin 1788.

Capitaine en second au 4e régiment d'artillerie à pied le 1er avril 1791, il fit la campagne de 1792 à l'armée d'Italie, et fut promu le 1er février de cette année au commandement d'une compagnie dans son régiment. Cet officier se distingua par sa bravoure et ses talents à la défense du Belvéder et à la prise de Saorgio le 18 floréal an II.

Pernety prit une part glorieuse aux affaires de Bassano, Arcole et Rivoli ; à cette dernière affaire, il eut un cheval tué sous lui et fut promu chef de bataillon sur le champ de bataille. Confirmé dans ce grade, quoique restant surnuméraire, il passa, en l'an VII, au 8e régiment d'artillerie à pied. Il fit partie de la division de Brest qui partit, le 30 fructidor, pour l'expédition d'Irlande, en commanda l'artillerie, sous les ordres du général Hardy, et tomba au pouvoir des Anglais à la suite du glorieux combat du vaisseau *le Hoche*.

Rentré en France trois mois après, il commanda l'artillerie de la division Vatrin, fit passer les premières pièces de canon au mont Saint-Bernard les 28 et

30 floréal an VIII, et releva avec le lieutenant Marion et 4 canonniers, sous le feu du fort de Bard, un caisson qui obstruait la descente. Pernety assista aux batailles de Casteggio et de Marengo; à la suite de cette bataille, il reçut des Autrichiens, en qualité de commissaire, l'artillerie d'Alexandrie.

Fait colonel du 1er régiment d'artillerie à pied le 10 vendémiaire an XI, il commanda l'artillerie qui entra en Helvétie sous les ordres du général Ney, et y servit sans interruption jusqu'à la fin de l'an XII.

Nommé membre de la Légion-d'Honneur le 19 frimaire de cette année, officier de l'Ordre le 25 prairial, Pernety, élevé au grade de général de brigade le 12 pluviôse an XIII, fit à la grande armée les campagnes de l'an XIV à 1807. Il se trouva aux batailles d'Ulm, d'Austerlitz et d'Iéna, et dirigea les travaux du siége de Breslau avec beaucoup de talent et d'activité.

Lorsque le général Vandamme convertit le siége de la ville de Neiss en blocus le 11 avril 1807, à cause de la nécessité où l'on avait été de diriger sur Dantzig toute l'artillerie disponible en Silésie, Pernety parvint par son zèle à rassembler et à former à Schweidnitz un petit parc de 20 pièces avec lequel les travaux de ce siége purent être repris.

Commandant de la Légion-d'Honneur le 3 mai, et général de division le 11 juillet suivant, il reçut du roi de Bavière la croix de commandeur de l'ordre royal et militaire de Maximilien.

En 1809, il commanda l'artillerie du 4e corps à l'armée d'Allemagne sous les ordres du maréchal Masséna, et fit jeter sur le Danube les ponts de bateaux nécessaires pour s'emparer de l'île de Lobau. Après la bataille d'Essling, il prit la direction de l'artillerie dans l'île, qu'il fit entourer de batteries formidables et disposa des ponts de sortie. A la bataille de Wagram, le maréchal Masséna complimenta publiquement le général Pernety, qui fut créé baron de l'Empire et grand officier de la Légion-d'Honneur le 21 juillet de la même année.

En 1810, après la paix, il remplit la mission de tracer les limites entre l'Autriche et la Bavière, et reçut, à cette occasion, la grand'croix de l'ordre de Maximilien de Bavière. Le général Pernety passa ensuite à la grande armée de Russie.

Le 5 septembre 1812, il prit la tête de la division Compans avec 30 pièces de canon et longea un bois en tournant la position de l'ennemi. Il eut l'honneur de commencer la bataille de la Moskowa et de contribuer à la prise des redoutes russes par un feu habilement dirigé.

Le 25 du même mois, ce général prit le commandement de l'artillerie des réserves de cavalerie, et sut la ramener presque entière jusqu'au delà de la Bérésina; mais bientôt hommes et chevaux tombèrent victimes d'un froid excessif.

Le 11 mars 1813, Pernety eut le commandement en second de l'artillerie de la grande armée, rendit les plus importants services aux batailles de Lutzen et Bautzen, et reçut le 3 mai, la grand' croix de l'ordre de la Réunion. Les batailles de Dresde, Leipzig et Hanau lui firent acquérir de nouveaux titres de gloire.

Louis XVIII le nomma chevalier de Saint-Louis le 27 juin 1814, et inspecteur général d'artillerie à Grenoble et à Valence.

Appelé en 1815, comme chef de la division d'artillerie au ministère de la guerre, il opéra avec succès la réorganisation de cette arme, et obtint sa retraite le 1er août suivant.

Le 12 février 1817, le roi le créa vicomte, et membre du comité de la guerre le 9 avril; l'année suivante, il le fit inspecteur général d'artillerie, président du Comité central d'artillerie comme le plus ancien lieutenant-général, et conseiller d'État attaché au Comité de la guerre.

En 1821, il reçut le grand cordon de la Légion-d'Honneur et fut mis en retraite le 1er décembre 1824.

Son nom est inscrit sur l'arc de triomphe de l'Étoile, côté Sud.

PERRON DE SAINT-MARTIN (N.), né en Piémont, général piémontais, président du conseil des ministres. Soldat au sortir de l'enfance, il commença à 16 ans à parcourir tous les champs de bataille de l'Europe dans les rangs de notre armée. Capitaine dans la Garde impériale et officier de la Légion-d'Honneur à 23 ans, il eut le bonheur de sauver la vie, à la bataille de Ligny, au maréchal Gérard, son ami. Général français, au bruit du canon il quitta sa patrie d'adoption pour aller au secours de l'Italie, son pays natal, et lorsqu'après les désastres de la première campagne, il fut appelé à diriger un instant les conseils du roi de Sardaigne, aucun homme d'État de profession ne fut plus prudent que ce militaire passionné. Il résista avec une constante énergie à la reprise des hostilités, et opposa aux clameurs des factions autant de dédain qu'il était accoutumé à montrer de mépris contre le danger. Une fois l'Italie jetée, malgré ses conseils, dans les hasards d'une guerre nouvelle et inconsidérée, il réclama sa place sur le champ de bataille. A quelques jours de distance, le général Perron mérita ces deux gloires, d'avoir voulu épargner la défaite à son pays par l'énergique prudence de ses conseils, et d'avoir tenté de le sauver par la bouillante ardeur de son courage. On retrouva à l'âge de 60 ans, sur les champs de *Novare*, le jeune capitaine de la vieille Garde. Il poussait en avant les troupes ennemies par son exemple, lorsqu'une balle ennemie, en le renversant, arrêta l'essor de sa division.

M. de Perron avait connu l'adversité et l'exil. Par suite des événements politiques du Piémont, privé longtemps de sa fortune, il se fit cultivateur et fermier dans le Forez.

Piémontais par une illustre origine et par une mort glorieuse, le général Perron avait eu une carrière toute française. Ses services lui méritèrent l'honneur de la grande naturalisation. Ses alliances de famille le rattachaient encore à notre pays, et il avait épousé mademoiselle de Latour-Maubourg, petite-fille du général La Fayette.

PETIET (Auguste-Louis, baron), fils de Claude Petiet, ancien ministre de la guerre, intendant général des armées françaises, etc., est né à Rennes (Ille-et-Vilaine) le 19 juillet 1784. A 15 ans, il avait fini ses études pour entrer à l'École polytechnique et avait été déclaré admissible par Legendre; mais son père, partant avec le premier Consul pour l'armée de réserve, emmena son fils qui assista encore enfant à la bataille de Marengo. Devenu sous-lieutenant au 10e hussards, il quitta ce régiment en 1804 pour devenir aide-de-camp du maréchal Soult. A Boulogne, à Austerlitz, il chargea trois fois avec une division de dragons, et contribua à la prise de quatre pièces de canon. L'Empereur le décora. A Eylau, il commandait une compagnie du 8e hussards, fit la campagne de Friedland et coopéra à la prise de 300 chevaux de cuirassiers prussiens.

Il fit, en qualité d'aide-de-camp de Soult, les campagnes d'Espagne et celle de 1809 en Portugal. Au siège de Badajoz, il enleva d'assaut le fort de Parvaleras à la tête de 200 voltigeurs. Quelques jours après, il fut grièvement blessé en chargeant avec deux escadrons. M. Petiet obtint le grade de chef d'escadron sur le champ de bataille. Rentré en France, il fut nommé lieutenant-colonel du 13ᵉ hussards, mais il obtint d'être nommé chef d'escadron de la vieille Garde aux lanciers rouges. Officier de la Légion-d'Honneur à la bataille de Dresde. Napoléon le nomma baron de l'Empire.

Dans la retraite de Saxe, détaché avec deux escadrons à l'arrière-garde du maréchal Mortier, il ne lui restait plus que 55 hommes des 300 qu'il commandait. Il reçut le brevet de colonel en arrivant à Mayenne. Devenu chef d'état-major de la cavalerie légère du 5ᵉ corps, le colonel Petiet fit avec cette division l'immortelle campagne de Baune.

Au combat de Nangis, il eut un cheval tué sous lui et reçut deux coups de feu. Napoléon le nomma alors chevalier de la Couronne de Fer.

A Waterloo, employé comme adjudant-général près le major général de l'armée, il porta les ordres de l'Empereur, eut un cheval tué et fut nommé général de brigade.

Licencié à la Restauration, il accepta en 1823 la place de chef des archives historiques du dépôt de la guerre.

En 1830, il fit partie de l'expédition d'Afrique, et eut pendant le siège un cheval tué devant le fort l'Empereur.

Après les événements de juillet, on lui rendit le grade de maréchal de camp dont les Bourbons l'avaient privé pendant quinze ans.

Dans les années 1831, 1832 et 1833, il commanda le département de l'Hérault et y calma plusieurs émeutes.

Il est aujourd'hui grand officier de la Légion-d'Honneur et admis à la retraite.

PETIET (PAUL). Ainsi que Masséna, Paul Petiet avait été destiné à l'état ecclésiastique. Les événements de 1789 lui firent prendre la carrière des armes.

C'est au régiment d'Anjou, devenu le 36ᵉ de ligne, qu'il se lia d'amitié avec Bernadotte, auquel de si hautes destinées étaient réservées. L'empereur Napoléon n'aimait pas Bernadotte, et il y a donc lieu de croire que l'intimité de Paul Petiet avec le futur roi de Suède lui fut plus nuisible que profitable; il en fut de même de son attachement pour le général Moreau, sous les ordres duquel il servit, en l'an VIII, à l'armée du Rhin.

En effet, adjudant-général dès l'an VII, M. Paul Petiet, qui fit partie de l'état-major du major général prince Berthier, qui fit avec lui les campagnes d'Austerlitz, d'Iéna, d'Eylau, de Friedland, était resté à la chute de l'Empire le doyen de son grade, n'ayant pu parvenir à celui de général de brigade ; il n'obtint même que le titre de chevalier, tandis que la plupart de ses camarades reçurent celui de baron.

En 1815, l'adjudant-commandant Petiet était chef d'état-major de la 7ᵉ division militaire que commandait le général Marchand. Lorsque Napoléon se présenta devant Grenoble, le général et son chef d'état-major furent les seuls qui ne reçurent pas pouvoir de se placer dans les rangs de la petite armée que grossirent tous les corps de la garnison.

Mort à Limoux le 27 septembre 1849.

PETIT (JEAN-MARTIN, baron), né le 22 juillet 1772, s'enrôla dès qu'il eut l'âge requis, et se rendit à la frontière. Colonel en 1806, il se distingua dans tous les combats contre les Prussiens et les Russes, et particulièrement au combat de Czarnanow. Nommé membre, puis officier de la Légion-d'Honneur, il fut décoré en 1808 de l'ordre de Saint-Henri de Saxe.

Promu au grade de général de brigade le 28 juin 1813 et créé baron de l'Empire, M. Petit prit le commandement de l'un des corps de la Garde impériale, et fit la campagne de France, pendant laquelle il reçut, le 26 février 1814, la croix de commandeur à la suite de brillants faits d'armes.

Après les désastres de Paris, Napoléon, ayant abdiqué, harangua les compagnons de sa gloire, et pressant avec émotion l'aigle de la Garde sur son cœur, il ouvrit les bras au commandant de ce corps d'élite ; le général Petit s'y précipita et reçut le baiser d'adieu solennel.

Le général Petit prêta serment à la royauté, et, le 25 juillet suivant, il reçut la croix de Saint-Louis ; mais au retour de Napoléon, le général Petit reprit sa place à ses côtés. Il se trouva à Waterloo en qualité de major au 1er régiment des grenadiers à pied de la Garde. Ce régiment est celui qui résista à l'ennemi pendant la retraite, qui soutint les chocs les plus violents et qui combattit le dernier. Le général Petit se montra brave au milieu de tant de braves.

La Restauration refusa au général Petit le titre de lieutenant-général que Napoléon lui avait donné. Ce titre lui fut restitué le 27 février 1831. Remis en activité à cette époque, il fut chargé du commandement d'une division militaire. Il fut porté sur le cadre de retraite en 1847. Il était grand officier de la Légion-d'Honneur depuis 1835 et pair de France depuis le 3 octobre 1837.

Il est aujourd'hui commandant de l'Hôtel des Invalides sous les ordres de Jérôme Bonaparte.

PEUGNET (JEAN-BAPTISTE, baron), né le 30 juillet 1764, à Vraucourt (Pas-de-Calais). Entré au service comme volontaire le 26 septembre 1791 dans le 1er bataillon du Pas-de-Calais, il fut fait sergent le même jour et obtint le grade de sous-lieutenant le 12 février 1792.

Il prit part à toutes les guerres de la Révolution et servit successivement, de 1792 à l'an III à l'armée du Nord, en l'an IV à celle de l'Intérieur, de l'an V à l'an VIII à celle d'Italie, et en l'an IX à celle des Grisons.

Lors de la levée du camp de Maulde, il était détaché avec 42 hommes au château de l'Abbaye, où il avait ordre de tenir jusqu'à la dernière extrémité. Assailli le 7 septembre 1792 par de nombreux ennemis, sa résistance fut héroïque, mais il perdit 40 hommes qui tombèrent morts ou grièvement blessés. Atteint lui-même de deux coups de feu à la jambe droite et n'ayant plus avec lui que deux soldats valides, l'intrépide Peugnet effectua sa retraite les armes à la main. Les ennemis étaient déjà maîtres d'une partie du château lorsque, accompagné de ses deux soldats, il traverse un jardin et va chercher une issue ; mais quatre grenadiers autrichiens les attendaient au passage : il en tue un avec son sabre, deux autres expirent sous les coups de ses compagnons, le quatrième prend la fuite, et nos trois braves parviennent à rejoindre leur bataillon.

Capitaine le 26 janvier 1793 dans le 10e bataillon du Pas-de-Calais, qui entra dans la formation de la 14e demi-brigade, devenue 14e régiment d'infanterie de ligne, Peugnet se distingua particulièrement, le 8 pluviôse an V, au combat d'Ario, sur l'Adige, où il reçut l'ordre de s'emparer d'une redoute qui défendait le passage du fleuve.

A la tête d'un détachement de 17 hommes seulement, il se dirigea sur la batterie par des sentiers impraticables. Sa marche, favorisée par l'obscurité de la nuit et par une pluie qui tombait à torrent, ne fut point aperçue par l'ennemi, et il parvint au pied des retranchements sans avoir donné l'éveil.

Une fois arrivé, il cherche à réunir son monde pour exécuter son coup de main projeté, mais il s'aperçoit alors qu'il n'a plus auprès de lui que deux des soldats qui devaient le seconder ; les autres se sont égarés dans la route ou n'ont pu surmonter les obstacles qui s'opposaient à leur marche.

Dans cette position critique, éloigné de tout secours, il prend le parti de se retirer ; mais, entouré de postes ennemis, il n'a d'autres moyens d'échapper à leur surveillance que de se jeter dans un ruisseau où, dans l'eau jusqu'au cou, il attend que le jour paraisse. Pendant ce temps, les Autrichiens ayant évacué leurs positions, il put se montrer sans danger et rentrer à son corps.

Le 28 thermidor an VII, à la bataille de Novi, Peugnet avec sa seule compagnie de grenadiers, culbuta un bataillon russe qui s'était maintenu dans ses positions, malgré le feu de deux demi-brigades et de plusieurs pièces de canon. Atteint, dès le commencement de l'action, d'une balle qui lui avait traversé la cuisse droite, il ne voulut quitter le champ de bataille qu'après avoir vu l'ennemi repoussé.

Le 7 brumaire an VIII, commandant le 1er bataillon de sa demi-brigade, il fut chargé par le général Laboissière de débusquer l'ennemi des positions qu'il occupait entre l'Orba et la Bormida, ce qu'il exécuta avec un plein succès, ayant contraint l'ennemi de repasser la Bormida sur plusieurs points.

Le 26 du même mois, à l'affaire de Busaco, il combattit avec une grande valeur, reçut quatre coups de sabre, dont deux à la main droite, un à la main gauche et un autre sur la tête, fut fait prisonnier de guerre et subit une captivité de quinze mois en Autriche. A son retour, il reçut un sabre d'honneur qui lui fut décerné par arrêté du 28 fructidor an X.

Employé en l'an XII et en l'an XIII au camp de Saint-Omer, il fut créé officier de la Légion-d'Honneur le 25 prairial an XII, et fut nommé membre du collège électoral du département du as-de-Calais.

De l'an XIV à 1807, il fit les campagnes d'Autriche, de Prusse et de Pologne, et le 30 frimaire an XIV, après la bataille d'Austerlitz, où il commandait le 1er bataillon du 14e, et où il rendit d'importants services, il fut nommé chef de bataillon au 61e régiment d'infanterie de ligne.

Le 14 octobre 1806, à la bataille d'Iéna, il fut grièvement blessé d'un coup de feu à la jambe gauche et eut un cheval tué sous lui. Il ne voulut point quitter le carré de son bataillon qu'après que la victoire se fut décidée en notre faveur.

Peu de temps après, l'Empereur, pour lui témoigner sa satisfaction, lui accorda une dotation de 3,000 fr. de rente.

En 1809 il fit partie de l'armée d'Allemagne.

Dans une affaire qui eut lieu le 19 avril près de Landshut, avec son bataillon il enleva à la baïonnette un village dans lequel les Autrichiens laissèrent un grand nombre de morts, et il eut encore un cheval tué sous lui. Le 21, en avant de cette même ville, avec 400 hommes, il sut, par des démonstrations, tromper l'ennemi et lui persuader qu'il avait devant lui la division Morand tout entière. Coupé de cette division, il contint les Autrichiens par son attitude menaçante, et donna le temps au maréchal Bessières de venir le dégager.

Après avoir reçu les éloges les plus flatteurs de la part du maréchal, le commandant Peugnet remit à la division Legrand 1,200 prisonniers de la Landwehr et rejoignit le 23, devant Ratisbonne, son régiment qui le croyait tombé au pouvoir de l'ennemi.

Le 7 juin suivant, il fut nommé colonel en second, et alla prendre le commandement d'un régiment provisoire dans une division du corps du général Oudinot.

A Wagram, il fit des prodiges de valeur.

Dans la matinée, il déposta l'ennemi qui s'était retranché dans un village en avant de notre ligne, lui tua beaucoup de monde et s'empara ensuite d'un plateau qu'il conserva malgré les efforts réitérés de plusieurs colonnes considérables qui voulaient reprendre cette position. S'étant précipité dans la mêlée le sabre à la main, il tua trois Autrichiens, en blessa quatre autres et fut lui-même grièvement atteint d'un coup de feu qui lui traversa l'avant-bras droit.

Jamais il n'avait couru de plus grands dangers que dans cette journée : ses vêtements furent criblés de balles ; un biscaïen vint s'amortir sur une des fontes de ses pistolets, et cinq autres percèrent son manteau roulé sur le devant de sa selle.

La blessure qu'il avait reçue lui fit perdre complétement l'usage de son bras. Désormais incapable de continuer son service à l'armée active, il avait droit à une honorable retraite; mais l'Empereur, voulant utiliser son zèle et son dévouement, le créa baron le 15 août 1809, avec une nouvelle dotation de 4,000 francs de rente et le nomma, par décret du 16 du même mois, commandant d'armes de troisième classe dans l'île de Texel, à laquelle on adjoignit celle de Whilande.

Lors de la terrible tempête qui eut lieu dans la nuit du 23 au 24 décembre 1811 sur la côte Nord de l'île de Texel, le colonel Peugnet, au péril de sa vie, coopéra au sauvetage de 31 personnes et de plusieurs bâtiments, et fit retirer des flots 2,932 barils de poudre provenant d'un navire anglais qui s'était jeté à la côte, et dont il fit conduire l'équipage à Amsterdam après l'avoir accueilli et traité avec tous les égards et toute l'humanité que réclamait la circonstance. En 1813, il commandait à Barcelone. Au mois de mai 1814, lorsqu'il fut obligé de rendre cette place à l'Espagne, le conseil municipal de cette ville, voulant donner au colonel Peugnet un témoignage de son estime et de sa gratitude, lui adressa au moment de son départ un certificat dans lequel il donnait de justes éloges à sa modération, à son désintéressement, à son zèle pour le maintien de l'ordre et de la discipline parmi les troupes, ainsi qu'à ses bons et loyaux procédés envers les habitants.

Rentré dans ses foyers, il fut nommé commandant d'armes à La Rochelle le 3 novembre 1814.

Lorsqu'en 1815 cette place fut déclarée en état de siége, il prit les mesures convenables pour la mettre à l'abri de toute insulte de la part de l'ennemi.

Le 22 juin de cette même année, il fut envoyé à l'armée de la Loire pour y commander, dans la division Alméras, une brigade de gardes nationales mobiles. Cette brigade fut licenciée le 29 juillet, et le colonel retourna à La Rochelle; mais, signalé le 20 septembre 1815, par un des ministres réactionnaires de cette époque, comme l'homme le plus inepte et le plus féroce, il fut immédiatement renvoyé dans ses foyers et admis à la retraite le 7 décembre 1816.

Lors de la révolution de Juillet, le colonel Peugnet demanda à rentrer dans l'armée active et à consacrer ses derniers jours au service du pays; mais son âge et la calomnieuse dénomination de 1815 s'opposèrent au succès de sa demande.

Il est mort le 28 septembre 1831.

PHILIPPON (Armand, baron), né à Rouen (Seine-Inférieure) le 28 août 1761, entra au service comme soldat au régiment de Lorraine, le 15 avril 1778. Devenu caporal le 16 avril 1785, il obtint le grade de sergent le 1er novembre 1786 et celui de sergent-major le 15 avril 1790. Nommé capitaine au 7e bataillon du Bec-d'Ambès le 9 août 1792, Philippon fit la campagne de cette année, ainsi que celle de 1773 à l'armée du Nord, sous les ordres des généraux Servan et Léonard Muller. Il se rendit ensuite à l'armée des Pyrénées-Occidentales, commandée par Moncey, où il se fit remarquer par sa bravoure, en enlevant, seulement avec 600 hommes, le poste d'Irursum, défendu par 2,300 Espagnols. Il en tua 400, fit prisonnier le lieutenant-colonel, 17 officiers et 37 soldats. Ce beau fait d'armes lui mérita le grade d'adjudant-général provisoire chef de brigade, qui lui fut conféré le 21 prairial an II: Philippon passa plus tard à l'armée de l'Ouest, où on le mit à la réforme, avec traitement, le 21 fructidor an IV. En l'an VII, il reçut l'ordre d'aller à l'armée du Danube, passa à celle des Alpes, et y devint chef de la 87e demi-brigade le 29 brumaire de la même année. Il fit successivement les campagnes des ans IX, X et XI, dans le pays des Grisons, dans le Valais, en Suisse et en Italie. Il servait à l'armée de Hanovre lorsqu'il fut créé membre de la Légion-d'Honneur le 19 frimaire an XII, puis officier de l'Ordre le 25 prairial suivant. Créé baron de l'Empire en 1809, la guerre d'Espagne lui fournit de nouvelles occasions de signaler son courage ; il en donna des preuves éclatantes au siége de Cadix, ce qui lui valut le grade de général de brigade le 23 juin 1810. A la bataille de la Gebora, il combattit de nouveau avec une rare intrépidité. Au siége de Badajoz, dont il avait été nommé gouverneur, le général Philippon défendit les approches de la place par de vigoureuses sorties faites à propos et par des retranchements ou contre-approches qui rendaient les progrès des assiégeants à peu près nuls. Le 10, il fit une sortie avec 1,200 hommes, s'empara de la tranchée, la détruisit de fond en comble, et ne se retira que devant des forces supérieures. Le 12, le général Beresford, ayant appris que le duc de Dalmatie s'avançait au secours de Badajoz, se décida à lever le siége et à concentrer ses forces pour livrer bataille : il se mit alors en mouvement ; mais au moment où son arrière-garde se retirait, le général Philippon fit encore une sortie à la tête de la garnison, et tailla en pièces un régiment portugais de troupes légères qui se trouvait en dernière ligne. C'est ainsi qu'avec de faibles moyens il sut, par l'opiniâtreté de son courage, prolonger assez la défense pour donner le temps au maréchal Soult de venir secourir la place. Le 10 juin, la garnison française eut à soutenir une nouvelle attaque qu'elle repoussa avec le même succès. Froidement intrépide au milieu des dangers, le premier dans les sorties, le dernier dans la retraite, entreprenant, infatigable, le gouverneur de Badajoz ne cessa de donner aux siens l'exemple du plus entier dévouement. Les assiégeants, désespérant alors de s'emparer de cette ville, brûlèrent, dans la nuit du 11 juin, leurs approvisionnements de siége, et, le 12 au matin, ils disparurent de Badajoz. Élevé au grade de général de division le 9 juillet 1811, en récompense de sa brillante conduite, le général Philippon fut assiégé une dernière fois en mars 1812. Il déploya encore plus de talent et de courage dans cette défense que dans les précédentes ; mais, trahi par les habitants, attaqué par un ennemi valeureux dont les forces étaient infiniment supérieures à celles qui lui étaient opposées, le général français, après avoir combattu sur la brèche, dans les rues, sur les places publiques, fut contraint de céder au nombre toujours croissant de ses adversaires. Voyant tout espoir perdu, il se renferma avec la poignée d'hommes qui lui restaient dans une église, où il tint encore quelque temps; mais le manque de munitions le força à se rendre prisonnier ainsi que les débris de sa vaillante garnison. On le transporta en Angleterre, où il parvint à briser ses fers. De retour en France, au mois de juillet 1812, il fut employé à la grande armée au mois d'août de la même année, puis obtint le commandement de la 1re division du 1er corps le 23 mars 1813. Le 7 avril, il passa dans le 11e corps et suivit Vandamme dans les gorges de la Bohême. Ce fut lui qui, après le désastre de Kulm, sut par d'habiles manœuvre ramener les débris de nos troupes à Dresde, où il fut fait prisonnier avec le corps que le comte Gouvion-Saint-Cyr y commandait. Rentré en France à l'époque de la première Restauration, le général Philippon fut créé chevalier de Saint-Louis, obtint sa retraite le 15 janvier 1814, et mourut le 4 mai 1836. Son nom est gravé sur l'arc de triomphe de l'Étoile, côté Ouest.

PIAT (JEAN-PIERRE, baron), né le 6 juin 1774 à Paris (Seine), entra comme sous-lieutenant le 10 janvier 1792 dans le 2e bataillon du 56e régiment d'infanterie, devenu 112e, puis 88e demi-brigade d'infanterie de ligne, et servit à l'armée du Nord en 1792 et 1793. A la bataille de Nerwinde, il reçut un coup de feu à la main droite.

Lieutenant le 10 vendémiaire an II, il fit les guerres de l'an II à l'an IV à l'armée de Sambre-et-Meuse, passa à l'armée d'Italie et fut nommé capitaine de grenadiers sur le champ de bataille le 26 ventôse an V, pour sa conduite au passage du Tagliamento. Sa demi-brigade fit partie de l'armée d'Orient en l'an VI. Il se signala à la bataille de Sedenian (haute Égypte) le 17 vendémiaire an VII, et devint chef de bataillon le 8 frimaire suivant.

Blessé à l'affaire de Bénéhadi, le 19 germinal même année, d'un coup de feu dans les reins, atteint d'une balle à la figure au siége du Caire; il se trouva encore à la bataille livrée sous les murs d'Alexandrie le 30 ventôse an IX, et y reçut une nouvelle blessure au genou droit. Le général en chef le nomma chef de brigade provisoire le 7 floréal suivant.

Rentré en France au commencement de l'an X, la 88e alla tenir garnison à Phalsbourg. Le 11 brumaire an XII, le chef de brigade Piat, qui n'avait pas été confirmé dans ce dernier grade, fut cependant nommé major du 2e régiment de ligne et membre de la Légion-d'Honneur le 4 germinal suivant.

Il fit les campagnes de la grande armée de l'an XIV à 1807, obtint la croix d'officier de la Légion-d'Honneur le 15 décembre 1808; et, le 7 avril 1809, le grade de colonel du 85e de ligne qui était alors en Allemagne. Il servit en Russie, où il mérita le titre de baron de l'Empire, et en Saxe en 1813.

Le 3 avril 1813, l'Empereur le nomma général de brigade et l'envoya à l'armée d'Italie.

Revenu en France en 1814, le roi le nomma chevalier de Saint-Louis le 27 novembre de la même année, et il resta en disponibilité jusqu'à son admission à la retraite, qui eut lieu le 5 avril 1824.

Rappelé à l'activité après la Révolution de 1830, il commanda en 1831 et 1832 le département du Var, obtint la croix de commandeur de la Légion-d'Honneur le 16 novembre 1832, et, en 1833, le commandement des Hautes-Alpes où il resta jusqu'en 1837.

Mis alors en non-activité à cette date, il entra dans la 2e section du cadre de l'état-major général, conformément à l'ordonnance du 28 août 1836, et obtint définitivement sa retraite.

PICHEGRU (Charles), né à Arbois en 1761, fit ses premières études au collège d'Arbois, et sa philosophie chez les Minimes. Répétiteur de mathématiques à l'école militaire de Brienne, il donna des leçons à Bonaparte, s'enrôla dans un régiment d'artillerie où il devint sergent. Adjudant sous-officier en 1789, il alla offrir ses services aux émigrés de Coblentz et en fut dédaigné. Alors il se fit républicain et devint commandant d'un bataillon de volontaires du Gard. Employé dans les états-majors en 1792. Général de brigade, général de division et général en chef de l'armée en 1793. Général en chef de l'armée du Nord en 1794, il la réorganise, bat l'ennemi à Cassel, à Courtrai, à Menin, et s'empare de Bois-le-Duc, de Venloo, de Nimègue, passe le Vahal sur la glace, entre à Amsterdam le 19 janvier 1795, et deux jours après envoie sur le Zuyderzée un escadron de hussards prendre à l'abordage la flotte hollandaise enchaînée par la glace. Après cette campagne, Pichegru quitta le commandement de l'armée du Nord pour aller prendre celui de l'armée du Rhin. Là encore il se couvrit de gloire ; le Rhin fut audacieusement franchi, et la formidable place de Manheim tomba entre ses mains, mais ce fut le terme de ses succès et de sa gloire.

Général en chef des armées de Sambre-et-Meuse en 1795, c'est à cette époque que Pichegru entretint des relations amicales avec les ennemis de la France. Il accueille les propositions qui lui sont faites au nom du prince de Condé, chef de l'émigration. Cette même année, il laisse battre ses troupes dans l'espoir d'avancer les officiers de ceux à qui il s'était vendu. Rappelé par le Directoire, on n'osa le faire arrêter faute de preuves. Il était à cette époque regardé comme une puissance. Il vécut deux ans dans la retraite à Arbois.

Député des Cinq-Cents en 1797 et président de ce corps, Pichegru fut arrêté par la garde même du corps législatif le 4 septembre 1797. Condamné le lendemain à être déporté à Cayenne, il fut conduit dans les déserts de Sinnamari. Au bout de quelque temps il s'évada à Surinam et revint en Angleterre où il reçut l'accueil le plus distingué, et de là en Allemagne. En 1804, il vint secrètement à Paris où il conspira avec Georges et Moreau. Il fut livré, emprisonné au Temple, et le 4 avril 1804, il s'étrangla avec sa cravate.

— « Pichegru était de la Franche-Comté et d'une famille de cultivateurs.

« Les Minimes de Champagne avaient été chargés de l'école militaire de Brienne ; leur pauvreté et leur peu de ressources, attirant peu de sujets parmi eux, faisaient qu'ils n'y pouvaient suffire. Ils eurent recours aux Minimes de Franche-Comté ; le père Patrault fut un de ceux-ci. Une tante de Pichegru, sœur de charité, le suivit pour avoir soin de l'infirmerie, amenant avec elle son neveu, jeune enfant auquel on donna gratuitement l'éducation des élèves. Pichegru, doué d'une grande intelligence, devint, aussitôt que son âge le permit, maître de quartier et répétiteur du père Patrault qui lui avait enseigné les mathématiques. Il songeait à se faire minime ; c'était toute son ambition et les idées de sa tante ; mais le père Patrault l'en dissuada, en leur disant que sa profession n'était plus du siècle, et que Pichegru devait songer à quelque chose de mieux ; il le porta à s'enrôler dans l'artillerie où la Révolution le prit sous-officier. On connaît sa fortune militaire ; c'est le conquérant de la Hollande.

Ainsi le Père Patrault a la gloire de compter parmi ses élèves les deux plus grands généraux de la France moderne.

« Quand Pichegru se fut livré au parti royaliste, consulté pour savoir si on ne pourrait pas aller jusqu'au général en chef de l'armée d'Italie : « N'y perdez « pas votre temps, dit-il, je l'ai connu « dans son enfance, ce doit être un ca-« ractère inflexible : s'il a pris un parti, « il n'en changera pas. » (Las Cases.)

« Pichegru, répétiteur à Brienne, m'apprit les mathématiques lorsque je n'avais que dix ans. Je possédais cette science au plus haut degré. Comme général, Pichegru était un homme d'un talent peu ordinaire, *infiniment* supérieur à Moreau, bien qu'il n'eût rien fait de véritablement remarquable, le succès des campagnes de Hollande étant, en grande partie, la conséquence de la bataille de Fleurus. » (O'Méara.)

« Pichegru, disait Napoléon, auquel on parle d'élever une statue, fut pourtant coupable des plus grands crimes que l'on connaisse ; un général qui s'est fait battre exprès, qui a fait tuer ses soldats de connivence avec l'ennemi !......

« En 1803, à l'époque de la fameuse conspiration, Pichegru fut victime de la plus infâme trahison : c'est vraiment la dégradation de l'humanité. Il fut vendu par un ami intime, qui vint offrir de le livrer pour cent mille écus. La nuit venue, l'infidèle ami conduisit les agents de la police à la porte de Pichegru, leur détailla la forme de sa chambre, ses moyens de défense. Pichegru avait des pistolets sur sa table de nuit ; la lumière était allumée, il dormait. On ouvrit doucement la porte à l'aide de fausses clefs que l'ami avait fait faire exprès. On renversa la table de nuit, la lumière s'éteignit, et l'on se colleta avec Pichegru, réveillé en sursaut. Il était très-fort, et il fallut le lier et le transporter nu ; il rugissait comme un taureau. »
(Las Cases.)

« Quant à l'inculpation relative à la mort de Pichegru, qu'on assurait avoir été étranglé par les ordres du premier Consul, Napoléon disait qu'il serait honteux de s'en défendre, que c'était par trop absurde. Que pouvais-je y gagner ? faisait-il observer. Un homme de mon caractère n'agit pas sans de grands motifs. M'a-t-on jamais vu verser le sang par caprice ?... Ceux qui me connaissent savent que mon organisation est étrangère au crime.....

« Tout bonnement, Pichegru se vit dans une situation sans ressources ; son âme forte ne put envisager l'infamie du supplice ; il désespéra de ma clémence ou la dédaigna, et il se donna la mort. »
(Las Cases.)

« Pichegru s'était engagé à réunir son armée à celle des émigrés, à proclamer Louis XVIII et à marcher sur Paris. De son côté, le prince de Condé prenait l'engagement, au nom du prétendant, et par l'intermédiaire de Franche-Boul, Roque de Montgaillard, etc., à donner à Pichegru le gouvernement de l'Alsace, le château de Chambord, 1 million en argent, 200,000 livres de rentes, la terre d'Arbois, qui prendrait le nom de Pichegru ; enfin douze pièces de canon, le grand cordon rouge de Saint-Louis, celui du Saint-Esprit et la dignité de maréchal. »

En attendant la réalisation de ces promesses, on lui envoyait jusqu'à 900 louis à la fois, qui lui étaient fournis par le ministre anglais en Suisse.

PILLE (Louis-Antoine, comte) naquit à Soissons (Aisne) le 14 juillet 1749. Admis d'abord comme élève commissaire des guerres, il servit, de 1767 à 1776, en qualité de secrétaire des intendances d'Amiens, de Rennes et de Dijon. Employé dans cette dernière ville au moment de la Révolution, il devint sous-lieutenant des chasseurs volontaires à cheval de Dijon le 1ᵉʳ août 1789, chef de bataillon le 11 novembre suivant, commandant des volontaires de cette ville le 18 avril 1790, et fit partie des fédérés volontaires qui se rendirent à Paris le 14 juillet de la même année.

Nommé le 30 août 1791 lieutenant-colonel du 1ᵉʳ bataillon des volontaires de la Côte-d'Or, il servit à l'armée du centre en 1792.

Adjudant-général provisoire le 19 août même année, il se fit remarquer à l'affaire de Boujon, à la bataille de Jemmapes, aux combats d'Anderlach, de Tirlemont et de Varon.

Passé à l'armée du Nord au commencement de 1793, il assista au bombardement de Maëstricht, à la bataille de Nerwinde et au combat de Pellenbeck, et reçut un coup de feu à la tête.

Lors de la retraite du camp de Bruille (2 avril), Pilles, livré à l'ennemi par Dumouriez, était détenu dans la citadelle de Maëstricht; les Autrichiens le remirent par suite d'échange le 23 mai aux avant-postes français.

Confirmé dans le grade d'adjudant-général le 15 août 1793, il obtint, le 13 frimaire an II, celui de général de brigade. Il avait obtenu des lettres de service pour passer avec ce grade à l'armée des Alpes, lorsque, le 1ᵉʳ floréal suivant, le Comité de salut public le désigna à la Convention nationale pour remplir les fonctions de commissaire de l'organisation et du mouvement des armées de terre. Il occupa ce poste important jusqu'au 15 brumaire an IV.

Général de division le 16 de ce mois, il eut plusieurs commandements dans l'intérieur.

Chargé, en l'an VI, du commandement en chef de douze des départements du Midi de la France, depuis les Alpes et les Pyrénées jusqu'à l'Océan, il reçut du général Bonaparte une lettre dans laquelle on trouve la phrase suivante: « Le gouvernement ne pouvait confier en des mains plus sages des fonctions plus importantes. »

Nommé inspecteur en chef aux revues le 2ᵉ jour complémentaire an IX, il s'occupa d'augmenter l'armement des côtes de l'Ouest, notamment celles de la rade et du port de Boulogne, et prit part aux différents engagements qui eurent lieu en vue de cette place. Après le traité d'Amiens, le premier Consul l'attacha au comité central des revues et de l'administration des troupes.

Le 19 fructidor an XI, envoyé en tournée dans la 27ᵉ division militaire (armée d'Italie), il y reçut, le 4 germinal an XII, la décoration de la Légion-d'Honneur, et, le 27 nivôse an XIII, la croix d'officier du même Ordre.

En 1807, il fut chargé de l'inspection générale des troupes d'infanterie stationnées en Italie et dans le royaume de Naples.

Rentré en France, il passa avec les mêmes fonctions, en octobre 1808, dans les 10ᵉ et 11ᵉ divisions militaires.

Mis en disponibilité le 1ᵉʳ mai 1814, chevalier de Saint-Louis le 19 juillet de la même année, commandeur de la Légion-d'Honneur le 1ᵉʳ novembre suivant, Louis XVIII lui accorda le titre de comte le 23 septembre 1815.

Le 30 décembre 1814, il avait été employé comme inspecteur général d'infanterie dans la 16ᵉ division militaire (Lille).

Admis à la retraite le 6 septembre 1815, il mourut à Soissons, le 7 octobre 1828.

Son nom est inscrit sur l'arc de triomphe de l'Étoile, côté Ouest.

PINO (le comte Dominique), né à Milan en 1760 d'une famille commerçante.

D'un caractère impétueux et déterminé, il embrassa avec ardeur la cause de la Révolution en 96 ; il fut d'abord simple grenadier, et, l'année suivante, chef d'une légion levée à la hâte, qui alla prendre possession de quelques terres du duc de Parme sur les confins du territoire milanais. Il paraît que dès lors le général Pino songeait à profiter des circonstances pour rendre l'Italie indépendante. Il en fut soupçonné dès 1798, lorsqu'il commandait à Pesaro avec le général Lahoz, son ami. Par suite de ce soupçon, le général Montrichard, qui commandait à Bologne, enjoignit à ces deux officiers de quitter leur commandement. Lahoz ne céda point et se mit résolûment à la tête d'une insurrection contre les Français. Pino, au contraire, vint trouver le général Monnier qui commandait à Ancône, montra dès lors un dévouement sans bornes à Bonaparte et contribua à la défense d'Ancône. Général de brigade le 16 décembre 1798, lorsque les Austro-Russes envahirent l'Italie en 1799, il se réfugia en France et retourna dans sa patrie quand Bonaparte la conquit en 1800. Il fut alors élevé au grade de général de division. Il avait pris pour aide-de-camp le littérateur Fôscolo, grand partisan de l'indépendance italienne. En 1802, Bonaparte chargea le général Pino du commandement de la Romagne, et, plus tard, il lui confia le ministère de la guerre du royaume d'Italie, et le fit comte. En 1805, Pino fut remplacé au ministère par Caffarelli et retourna commander sa division sous les ordres de Napoléon. Il s'y distingua par sa bravoure et son intelligence. Il resta attaché à la grande armée jusqu'à l'automne de 1813. L'Empereur l'envoya en Italie pour soutenir les efforts du vice-roi contre les progrès de l'Autriche. On vit le général Pino manœuvrer à la tête de sa division dès le 15 septembre sur la Lippa, sur Adelsberg et Fiume. Après avoir recueilli quelques troupes à Bologne, il marcha contre les Autrichiens qui avaient débarqué sur le Pô près de Volano. Alors Murat mettait en mouvement ses Napolitains. On a lieu de croire qu'il pénétra les desseins du roi de Naples, et peut-être soupçonna-t-il le général Pino de vouloir seconder ses entreprises. Toujours est-il que celui-ci, par mécontentement ou par ordre, quitta l'armée et vint à Milan vivre en particulier, dans l'attente des résultats de la campagne. Lorsqu'en 1816, le Sénat du royaume délibérait pour demander aux souverains alliés Eugène Beauharnais pour roi d'Italie, on croit qu'il n'était pas étranger à l'insurrection du 20 avril qui fit échouer ce sage projet. Les troupes autrichiennes étant entrées dans Milan peu de jours après, et le feld-maréchal de Bellegarde s'étant mis à la tête de la régence, l'influence du général Pino cessa ; il fut mis à la retraite avec une pension de 3,000 florins. Au mois de décembre suivant, le général Bellegarde fit arrêter le général Théodore Lechi et un aide-de-camp du général Pino que celui-ci avait envoyé, dit-on, au roi de Naples pour l'engager à employer ses armées au maintien du royaume d'Italie dont il lui offrait la couronne. Il est certain que l'indépendance de l'Italie a toujours été la pensée du général Pino, dont l'esprit inconstant et le caractère ambitieux ont balancé les bonnes intentions.

Pino, devenu suspect aux autorités autrichiennes, fut mis en surveillance et se condamna à un repos absolu.

Il est mort près de Milan, le 13 juin 1826, âgé de soixante-six ans.

PIRÉ (Hippolyte-Marc-Guillaume de Rosnivinen de), né à Rennes en 1778, quitta la France avec sa famille au commencement de la Révolution, et servit successivement à l'armée des princes, dans les gardes du corps du roi, puis dans le régiment de Rohan-Soubise, que l'Angleterre entretenait à sa solde en Hollande sous les ordres du duc d'Yorck. Débarqué à Quiberon avec l'armée royale, le jeune Piré parvint, quoique blessé d'un coup de feu dans la poitrine, à échapper à ce désastre, et put revenir en Angleterre. L'année suivante, M. de Serent, aide-de-camp du comte d'Artois, l'emmena en Bretagne pour servir auprès du marquis de Puisaye comme aide-de-camp.

Après la pacification de l'Ouest, Piré entra comme soldat dans la légion des hussards volontaires du premier Consul, corps d'élite qui servit à rallier sous le drapeau de la France une partie de la jeune noblese rentrée de l'émigration, et sur l'organisation duquel fut calqué plus tard celle des gardes d'honneur. Il y fut fait capitaine pendant la campagne du Rhin.

Officier de l'état-major du prince de Neufchâtel, major général de la grande armée, Piré se distingua à Austerlitz. Escorté de deux cavaliers seulement, il fit mettre bas les armes à un détachement russe de 50 hommes. Avant la bataille d'Iéna, il fit, par ordre du grand duc de Berg, une reconnaissance qu'il conduisit avec une faible escorte à dix lieues en arrière du flanc gauche de l'armée prussienne. Chargé ensuite de reconnaître les abords de Stettin, il entra audacieusement dans la place, et entama sur-le-champ une négociation qui fut suivie d'une capitulation en règle, approuvée le lendemain par le général Lasalle.

La conduite de Piré à Eylau lui mérita la décoration de la Légion-d'Honneur. Il fut nommé colonel du 7e chasseurs après Friedland, le 25 juin 1807.

Passé en Espagne en 1808, il commandait à Sommo-Sierra l'escadron de chevau-légers polonais qui culbuta l'infanterie et l'artillerie espagnole; il y fit même prisonnier de sa main le colonel du régiment d'infanterie de la Couronne, qu'il conduisit à l'Empereur.

A l'ouverture de la campagne d'Allemagne, en 1809, Napoléon nomma Piré général et lui confia le commandement d'une brigade de cavalerie légère à la 2e division du 3e corps, avec laquelle il combattit à Thann, à Eckmühl, à Ratisbonne. Un coup de feu reçu à la tête à Ratisbonne ne l'empêcha point de suivre les opérations de la campagne et de se trouver aux batailles de Raab et de Wagram.

En 1812, le général Piré débuta en Russie par le brillant combat d'Ostrowno; il reçut la croix d'officier à Witepsk, et se fit remarquer pendant toute la retraite par une rare énergie. Chargé l'année suivante, après la bataille de Dresde, de poursuivre le corps d'armée du général saxon Thielmann, l'activité et le talent qu'il déploya lui valurent les insignes de commandant de la Légion-d'Honneur et le grade de général de division.

A la tête de la cavalerie légère du 5e corps, pendant la campagne de France, en 1814, Piré culbute à Saint-Dié 2,000 Cosaques qui viennent attaquer les grand'gardes; à Brienne; il forme l'avant-garde et repousse l'ennemi au delà du défilé; à Nangis et à la Ferté-sur-Aube, il exécute de belles charges, et le 22 mars, en avant de Saint-Dizier, il enlève à l'ennemi un équipage de ponts de 80 voitures.

Mis d'abord en non-activité à la Restauration, puis rappelé au service dans la 13e division, le général Piré eut ordre, après le 20 mars 1815, de marcher contre le corps de l'armée du duc de Bourbon, commandé par le prince de La Trémouille; ensuite il fut envoyé à Lyon et à Grenoble pour repousser l'armée royale du Gard, marcha sur Avignon et, après quelques engagements de peu d'importance, mit le duc d'Angoulême dans la nécessité de signer la capitulation de La Palud.

A son retour à Paris, il eut le commandement de la division de cavalerie légère du 2ᵉ corps, sous le général Reille, et combattit aux Quatre-Bras ainsi qu'à Waterloo.

Il opérait sa retraite sur la capitale avec les débris de sa cavalerie, lorsqu'à Roquencourt il rencontra, le 2 juillet, une colonne prussienne chassée de Versailles par le général Exclmans. Ce corps, composé des régiments de hussards de Brandebourg et de Poméranie, les deux plus beaux de l'armée prussienne, attaqué en tête et en queue par le 44ᵉ et la cavalerie de Piré, et cerné dans la grande rue du village, fut obligé de mettre bas les armes, depuis le premier jusqu'au dernier homme, après avoir perdu les trois quarts de son monde.

L'ordonnance du 24 juillet obligea le général Piré à quitter la France. Il se retira en Allemagne, puis en Russie, où sa renommée de bravoure lui servit toujours de sauf-conduit. Il ne rentra dans sa patrie qu'à l'amnistie de 1819.

Après 1830, le général Piré occupa plusieurs commandements importants, tels que les 3ᵉ et 9ᵉ divisions militaires, et obtint la décoration de grand officier de la Légion-d'Honneur en 1834. Admis à la retraite en 1848, par suite de la suppression du cadre de réserve, il retrouva, lors des événements de juin, toute l'ardeur de sa première jeunesse et marcha contre les barricades, revêtu de son uniforme d'officier général et le fusil à la main, dans les rangs des gardes nationaux de la 1ʳᵉ légion.

Le général Piré est décédé à Paris le 20 juillet 1850. Il avait payé de sa personne dans trente-trois batailles rangées et plus de cent cinquante combats d'avant-garde.

Son nom figure sur l'arc de triomphe de l'Étoile.

PIRON (JEAN-ADRIEN), né le 22 juin 1790 à Paris, sortit de l'École polytechnique en 1809, pour passer à l'École de Metz, et fut admis dans l'artillerie en octobre 1810.

Constamment employé aux armées jusqu'à la paix, il servit d'abord en Portugal, se trouva aux batailles d'Almeida, de Salamanque et de Vittoria, et fut grièvement blessé dans chacune de ces deux dernières affaires. Décoré par l'Empereur le 25 février 1814, pour sa belle conduite aux combats de Brienne et de Montereau, il avait mérité de nouveaux éloges à Craone, à Laon, à Fère-Champenoise et sous les murs de Paris. Déjà capitaine depuis deux ans, lors du retour de Napoléon, il défendit énergiquement la place de Mézières pendant l'invasion de 1815.

Ses connaissances étendues dans la fabrication des armes l'avaient fait maintenir pendant longtemps au dépôt central, où, victime de son zèle, il avait perdu l'œil droit dans des expériences sur la position de la lumière des armes portatives. Promu au grade de lieutenant-colonel en 1837, il fut envoyé en qualité de commandant adjoint à l'École de Metz, devint colonel et directeur des poudres en 1840.

Officier de la Légion-d'Honneur en 1842, successivement directeur à Montpellier, Saint-Omer et Douai, et inspecteur des manufactures en 1847, il vit récompenser ses quarantes années de service par le grade de général de brigade, le 12 juin 1848, et commanda en dernier lieu l'artillerie de la 3ᵉ division militaire.

Mis en disponibilité au mois de février dernier, en raison du mauvais état de sa santé, il est mort à Paris le 19 juin 1850.

PLÉVILLE-LE-PELLEY (Georges-René), né à Granville le 29 juillet 1726. Bercé aux murmures des flots, élevé au bruit de la tempête, la mer fut en quelque sorte son premier élément. Dès sa tendre enfance, son plus grand plaisir était de voir les bâtiments mouillés dans le port ou de contempler du haut du roc quelque voile au large; et s'il manquait à la maison paternelle, c'était dans un bateau de pêche ou à bord d'un navire amarré au quai qu'on le retrouvait toujours. Il enviait le sort des enfants de son âge embarqués comme mousses, et demanda bientôt à s'embarquer aussi. Ses parents le destinaient à une autre profession : au lieu de l'enrôler à bord comme il le désirait, ils l'envoyèrent au collége de Coutances. Le jeune Pléville fit usage de tout ce qu'un enfant peut employer pour fléchir son père, les prières et les larmes; mais la résolution qu'il s'efforçait de combattre était un parti pris en famille; on fut inexorable. Ne pouvant changer la volonté paternelle, il suivit le penchant irrésistible qui l'entraînait vers la marine, et s'évada du collége pour aller s'embarquer. C'était en 1738, il avait alors douze ans. Il se rendit furtivement au Havre, où il se fit admettre en qualité de mousse, sous le nom de Vivier, à bord d'un navire en partance pour la pêche de la morue. Il avait pris un faux nom pour mieux échapper aux recherches dont son escapade allait le rendre l'objet de la part de sa famille. Ainsi, à l'exemple de tant d'autres personnages célèbres, ce fut donc malgré ses parents et à leur insu que Pléville-le-Pelley embrassa la carrière dans laquelle il s'est illustré si honorablement.

Après six années consécutives de navigation de long cours dans les parages les plus orageux du globe, Pléville, devenu un marin expérimenté, quoiqu'il n'eût encore que dix-huit ans, passa, en qualité de lieutenant, sur un corsaire du Havre, armé contre les Anglais, à qui Louis XV venait de déclarer la guerre.

Ce fut vers cette époque qu'il retourna à Granville, afin de se réconcilier avec sa famille. Un père est rarement inflexible pour un enfant qu'il aime. Le jeune Pléville obtint son pardon, et, de plus, la permission de poursuivre la carrière qu'il avait prise.

Il s'embarqua bientôt sur un corsaire de Granville. Ce bâtiment fut rencontré sous l'île de Jersey, quelques heures après sa sortie du port, par deux corvettes anglaises qui l'écrasèrent sous le feu croisé de leurs canons. Pléville-le-Pelley eut la jambe droite emportée par un boulet dans ce malheureux combat, et fut fait prisonnier avec ses compagnons de fortune.

Sa captivité dura peu. De retour en France, il obtint, malgré sa mutilation, le grade de lieutenant de frégate dans la marine royale, et s'embarqua en cette qualité à bord du vaisseau *l'Argonaute*, commandé par Tilly-le-Pelley, son oncle. Il passa ensuite sur le vaisseau *le Mercure*, qui faisait partie de l'escadre envoyée en 1746, sous les ordres du duc d'Amoille, pour reprendre le cap Breton. Dans le combat que cette escadre eut avec les Anglais, *le Mercure* se signala par sa valeur. Pléville-le-Pelley, officier de manœuvre à bord, fut mis hors d'action au fort de l'affaire : un boulet lui emporta sa jambe de bois et le renversa du banc de quart sur le pont. « Le boulet s'est trompé, » dit-il en riant à son capitaine, il n'a donné de besogne qu'au charpentier.

Il reçut, en 1748, le commandement de la corvette *l'Hirondelle*, de quatorze canons de 6, avec laquelle il s'empara de trois bâtiments anglais de la compagnie des Indes, portant ensemble quarante-quatre bouches à feu. Ces prises n'amenèrent qu'après un combat où le capitaine français, par un hasard remarquable, eut encore sa jambe de bois emportée par un boulet.

Pléville, qui s'était déjà fait une belle réputation par son courage et ses talents, se vit contraint de renoncer pour quelque temps à la navigation, sa santé délabrée ne lui permettant plus de supporter les fatigues de la mer. Il fut alors employé dans les arsenaux. Administrateur habile et probe, fonctionnaire éclairé, homme énergique, travailleur infatigable, les services qu'il rendit dans les ports le firent nommer lieutenant de vaisseau en 1762.

Il occupait le poste alors très-important de lieutenant de port à Marseille, lorsque la frégate anglaise *l'Alarme*, battue par la tempête dans la soirée du 1er mai 1770, s'affala sur la côte de Provence, au milieu des rochers sur lesquels elle courait le danger imminent de se briser. Ce sinistre donna à Pléville l'occasion de déployer ses connaissances nautiques, son sang-froid et son courage. Averti de l'état de détresse du bâtiment étranger, il rassemble à la hâte les pilotes du port, s'entoure des marins les plus intrépides, et à leur tête vole au secours des Anglais, en affrontant au milieu des ténèbres d'une nuit d'orage les périls d'une mer en fureur. Il s'amarre à un grelin, s'affale le long des rochers, et parvient avec sa jambe de bois à bord de la frégate dont il prend le commandement. Le bâtiment avait déjà donné plusieurs coups de talon, il commençait à toucher. Pléville ordonne une manœuvre qui le remet à flot : son courage surmonte les obstacles, ses connaissances théoriques et pratiques aplanissent les difficultés, et *l'Alarme*, arrachée aux dangers de la côte, sauvée d'un naufrage certain, est conduite comme par miracle dans le port de Marseille. Cette frégate était commandée par le capitaine John Jervis, mort amiral de la flotte britannique, et connu dans les fastes de la marine sous le nom de lord Saint-Vincent. L'intrépide dévouement du lieutenant du port de Marseille fut dignement apprécié en Angleterre. Les lords de l'amirauté lui donnèrent un éclatant témoignage de la reconnaissance du gouvernement britannique, en chargeant le capitaine Jervis de retourner à Marseille avec la frégate *l'Alarme*, pour remettre en leur nom à Pléville-le-Pelley un présent fort riche, et une lettre par laquelle ils lui exprimaient les sentiments que sa conduite leur avait inspirés.

La lettre était ainsi conçue :

« Monsieur, la qualité du service que
« vous avez rendu à la frégate *l'Alarme*
« fait la noble envie et l'admiration des
« Anglais. Votre courage, votre prudence, votre intelligence, vos talents
« ont mérité que la Providence couron-
« nât vos efforts. Le succès a fait votre
« récompense ; mais nous vous prions
« d'accepter comme un hommage rendu
« à votre mérite et comme un gage de
« notre estime et de notre reconnais-
« sance, ce que le capitaine Jervis est
« chargé de vous remettre de notre
« part.

« Au nom et d'ordre de Milords,
« Stéphans. »

Le présent, d'une magnificence toute royale, consistait en une pièce d'argenterie en forme d'urne, sur laquelle étaient gravés des dauphins et autres attributs maritimes, avec un modèle de la frégate *l'Alarme;* le couvercle, richement ciselé, était surmonté d'un triton. Ce vase, remarquable par l'élégance de sa forme et le fini du travail, portait d'un côté les armes d'Angleterre, et de l'autre l'inscription suivante, destinée à conserver le souvenir de l'événement qui avait donné lieu à ce superbe présent :

Georgio-Renato Pleville-le-Pelley, nobili normano Grandivillensi, navis bellicæ portûsque Massiliensis pro præfecto, ob navim regiam in littore gallico periclitantem virtute diligentiâque suâ servatam. Septem viri rei navalis Britannicæ. M.DCCLXX.

Dix ans après, le dévouement de Pléville-le-Pelley pour le salut de *l'Alarme* trouva une récompense non moins honorable, mais d'un autre genre. Son fils, jeune officier de marine, ayant été pris sur une frégate, à la suite d'un combat, en 1780, et conduit en Angleterre, l'amirauté britannique le fit renvoyer en France, sans échange, après l'avoir autorisé à choisir trois de ses camarades pour les emmener avec lui. Cela n'était sans doute, de la part des Anglais, qu'un acte de justice; mais une aussi éclatante marque de reconnaissance pour un service rendu depuis tant d'années est un exemple de gratitude trop rare chez les gouvernements pour que l'histoire n'en garde pas les souvenirs.

En 1778, une escadre, armant à Toulon pour aller soutenir la cause des indépendants américains, Pléville-le-Pelley fut désigné pour faire partie de l'expédition. Il embarqua comme lieutenant à bord du vaisseau *le Languedoc*, monté par le comte d'Estaing, amiral de l'escadre. Cette armée navale devait se rendre à l'embouchure de la Delaware afin d'y bloquer l'amiral anglais Howe que Washington aurait attaqué par terre; mais l'ennemi, pressentant ce projet, se retira à Sandy-Hook; et il y avait dix jours qu'il était sorti de la Delaware, lorsque le comte d'Estaing arriva à l'entrée du fleuve. La présence de l'escadre française devenant inutile sur la côte de Pensylvanie, l'amiral se porta sur Rhode-Island et prit position devant la ville de New-Port, tandis que le général Sullivan et La Fayette débarquaient dans l'île avec 9,000 hommes. La prise de Rhode-Island paraissait infaillible, lorsque d'Estaing, quittant sa station pour attaquer la flotte anglaise, fut assailli par une tempête qui le força d'aller se réparer à Boston, et l'expédition manqua son but. Notre escadre se rendit ensuite aux Antilles, s'empara de la Grenade et battit l'amiral Byron.

Pléville-le-Pelley, qui réunissait aux qualités de l'excellent marin celles qui font l'honnête homme, s'attira bientôt toute la confiance du comte d'Estaing. L'amiral connaissait sa grande activité; il le savait administrateur éclairé et d'une probité sûre. Ce fut lui qu'il chargea d'aller vendre à la Nouvelle-Angleterre les nombreuses prises faites par nos vaisseaux. Le compte qu'il en rendit à son retour à bord de l'amiral était si satisfaisant, que le comte d'Estaing voulut le récompenser de son zèle en lui allouant une commission de 2 p. 0/0 sur le produit de la vente, qui s'élevait à environ 15 millions. Pléville refusa ces 100,000 écus de gratification, en disant qu'il était satisfait du salaire que le roi lui donnait pour le servir. L'antiquité ne nous offre pas un plus bel exemple de désintéressement. Cela se passait pourtant il y a soixante ans.

Dignement apprécié au Nouveau Monde, Pléville reçut du gouvernement américain la décoration de l'ordre de Cincinnatus.

Rentré en France avec son amiral en 1780, il apprit en arrivant à Brest qu'il était nommé capitaine de vaisseau. Ce grade lui avait été conféré à la sollicitation du comte d'Estaing, qui l'avait demandé en échange de la gratification de 100,000 écus qu'il n'avait pu lui faire accepter. C'était donc une récompense accordée à la vertu, mais d'autant plus juste qu'elle était en même temps le prix de longs et honorables services.

En 1796, Pléville alla organiser la marine dans les ports d'Italie soumis à nos armes; et, à son retour en France, il se rendit comme ministre plénipotentiaire au Congrès assemblé à Lille pour y traiter de la paix.

Ce fut pendant son séjour à Lille, le 19 juillet 1797, que le Directoire le nomma ministre de la marine, en remplacement de l'amiral Truguet. Pléville entra aux affaires à une époque difficile. C'est lui qui eut la triste mission de donner les ordres pour l'embarquement des déportés du 18 fructidor, conduits à la Guyane et jetés vivants dans les tombeaux de Sinnamari et de Conanama. L'activité, les talents administratifs qu'il déploya dans toutes les choses de son département, rendirent d'immenses services à la patrie. Il se montra constamment homme d'État intègre, ministre honnête homme. Son austère probité dut plus d'une fois faire rougir les gouvernants d'alors. Voici, entre autres, un fait qui honore et peint son beau caractère. Le Directoire exécutif le chargea de faire une tournée d'inspection sur les côtes de l'Ouest : 40,000 francs lui furent alloués pour cette mission. « Le modeste Pléville-le-Pelley, dit François de Neufchâteau, ne prit de cette somme que 12,000 francs, n'en dépensa que 7,000 dans sa tournée, et, à son retour voulut remettre le reste à la trésorerie nationale qui avait porté en compte les 40,000 francs. Le gouvernement ne crut pas de sa dignité de souscrire à l'intention du ministre. Pléville-le-Pelley, ne pouvant insister et ne voulant pas non plus garder une somme à laquelle il ne se croyait aucun droit, voulut au moins qu'elle tournât à l'utilité de l'État, et la consacra à l'érection du télégraphe que l'on voit encore aujourd'hui sur l'hôtel du ministère de la marine, et cependant il était peu riche, et sa famille qu'il soutenait était extrêmement nombreuse. »

Son administration, aussi habile que désintéressée, son dévouement à son pays, ses longs services, lui valurent le grade de contre-amiral en 1797, et celui de vice-amiral en 1798.

Au bout de neuf mois de ministère, Pléville-le-Pelley, épuisé par le travail et plus que septuagénaire, se démit de son portefeuille, trop lourd pour ses vieux ans.

Le délabrement de sa santé lui rendait la retraite nécessaire : cependant il fut encore nommé au commandement de l'armée navale de la Méditerranée; mais, arrivé à Toulon, ses infirmités l'obligèrent de demander son remplacement. Il se retira alors au sein de sa famille pour y terminer dans le repos une vie usée par l'âge et les fatigues. La fortune vint bientôt l'y troubler.

Quelques jours après la révolution du 18 brumaire (le 24 novembre 1799), le premier Consul l'éleva à la dignité de Sénateur. Enfin il fut fait grand officier de la Légion-d'Honneur à la création de l'ordre. Ces hautes distinctions n'étaient pas des récompenses trop éminentes pour le mérite et la vertu du grand citoyen qui les recevait; mais c'était beaucoup plus que le modeste amiral n'attendait.

Pléville-le-Pelley, comblé de gloire et d'honneur, mourut à Paris le 2 octobre 1805, dans sa quatre-vingtième année, succombant à une maladie de quelques jours.

PLOMION (Louis-Roch), né le 15 août 1764, dans le département de la Somme, entra au service le 11 novembre 1782 dans le 58ᵉ régiment d'infanterie de ligne, et fit les campagnes de 1782 à 1783 en Espagne, celle de 1790 en rade de

Brest, et celle de 1791 en Amérique.

Caporal le 1" octobre 1790, il fut fait fourrier le 1er janvier 1791, et sergent le 15 mars 1792.

Il servit aux armées des Ardennes, du Nord et de Sambre-et-Meuse depuis 1792 jusqu'à l'an IV, se distingua particulièrement le 8 mai 1793 à l'affaire du bois de Bonne-Espérance, près Valenciennes, où il fut blessé d'un coup de feu à la jambe gauche. Passé à l'armée d'Italie il y fit la guerre de l'an V à l'an VIII inclusivement.

Le 30 prairial an VII, à la bataille de la Trébia, dans le village de Castel-San-Juan, accompagnant lui seul l'adjudant-major Reboul, de son bataillon, ils firent mettre bas les armes à un peloton de 20 soldats Autrichiens embusqués dans un jardin et les emmenèrent prisonniers.

Le 1er messidor, à la même affaire, le 3e bataillon de la 55e se trouvait exposé au feu meurtrier de deux pièces de canon qui portaient le ravage dans ses rangs. Le chef de brigade demande un sous-officier et 30 hommes de bonne volonté pour s'emparer de ces pièces. Le sergent Plomion sort des rangs le premier, il est bientôt suivi par les volontaires demandés. Ces braves soldats, sans s'inquiéter du danger qui les menace, traversent une colonne russe et s'emparent des pièces après avoir tué tous les canonniers qui les servaient; mais, assaillis par des forces considérables, ils sont obligés d'abandonner les pièces après avoir combattu avec la plus rare intrépidité.

Dans cette lutte terrible, tous ses compagnons d'armes ont trouvé un glorieux trépas; il ne lui reste plus qu'un seul des 30 braves qui l'avaient accompagné. Plomion se fait jour, les armes à la main, pour rejoindre son bataillon qui, pendant ce temps, avait été contraint de battre en retraite. Le soldat qui lui restait est grièvement blessé et ne peut plus le suivre; il est donc forcé de continuer seul son mouvement de retraite, s'arrêtant à chaque pas pour repousser l'ennemi qui le pressait de trop près. Il allait atteindre son bataillon lorsqu'il s'entend appeler et aperçoit au milieu d'un groupe de Russes le porte-drapeau qui, mortellement blessé, faisait un dernier effort pour reprendre le drapeau qu'on venait de lui enlever. A cette vue l'intrépide Plomion s'élance sur les Russes, il tue et disperse à coups de baïonnette tout ce qui s'oppose à son passage. Arrivé auprès du soldat russe qui s'était emparé du drapeau, il le lui arrache des mains, l'emporte et rejoint son bataillon au milieu d'une grêle de balles que les Russes font pleuvoir autour de lui. Après avoir remis son précieux dépôt entre les mains de son sergent-major, il retourne au combat; mais, blessé d'un coup de feu qui lui traverse le corps et lui brise deux côtes, il fut fait prisonnier et conduit en Hongrie.

Lors de sa rentrée des prisons de l'ennemi, il alla rejoindre à Rouen le dépôt de son régiment. Le premier Consul, traversant cette ville peu de temps après, passa en revue la garnison, et il demanda si parmi les prisonniers rentrants il n'en était pas dont le courage fût resté sans récompense. Plomion lui fut présenté et reçut de lui un sabre d'honneur. Le brevet porte la date du 10 prairial an XI.

Il fit la campagne de l'an IX à l'armée de Batavie.

Sergent-major le 11 thermidor an XI, il fut promu sous-lieutenant le 7 vendémiaire an XII, fut employé à l'armée des côtes de l'Océan pendant les ans XII et XIII, et prit part aux guerres d'Autriche, de Prusse et de Pologne, de l'an XIV à 1807, avec la grande armée.

Lieutenant le 23 février 1807, il servit avec distinction en Espagne de 1808 à 1810, et fut nommé capitaine le 4 mars de cette dernière année.

Adjudant-major, chargé de l'habillement le 1ᵉʳ janvier 1813, il fut élevé au grade de chef de bataillon par décret impérial du 1ᵉʳ mars suivant.

Pendant la campagne de Saxe en 1813, le commandant Plomion donna de nouvelles preuves de son courage et de ses talents militaires, notamment à la bataille de Dresde, où il mérita la croix d'officier de la Légion-d'Honneur, dont le brevet lui fut expédié le 19 septembre 1813.

Prisonnier de guerre à la capitulation de Dresde, le 1ᵉʳ décembre de la même année, il rentra en France le 24 juillet 1814, fut mis en retraite le 1ᵉʳ août suivant, et se retira à Péronne, où il se vit entouré de l'estime et de la considération de ses concitoyens.

Le commandant Plomion compte trente-deux ans de services actifs et vingt-trois campagnes.

POINSOT (Pierre), baron de Chansac, né à Châlons (Saône-et-Loire) le 7 février 1764, fit ses premières armes au 57ᵉ régiment d'infanterie, où il entra en qualité de soldat le 1ᵉʳ avril 1779. Envoyé avec son régiment dans l'île de Corse, commandée par le comte de Marbœuf, il y demeura jusqu'en 1784, époque à laquelle il obtint, en récompense de sa bonne conduite, le grade de sous-officier. Après avoir acheté son congé, il rentra dans ses foyers le 31 juillet 1785. Toutefois son penchant pour la carrière des armes le ramena bientôt sous les drapeaux. Il entra dans le 11ᵉ régiment de dragons le 20 octobre 1786, y fut nommé brigadier, et puis quelque temps après fourrier. Il servait depuis cinq ans et sept mois dans les dragons, lorsqu'il en sortit pour passer dans la cavalerie de la garde du roi, où il resta jusqu'au licenciement de ce corps. Aussitôt que la guerre de la révolution eut commencé, Poinsot demanda du service, et fut nommé, le 31 mai 1792, capitaine de cavalerie dans la légion du Nord. Il combattit sous les ordres du général Dumouriez, à l'armée du Nord, où son courage et ses talents lui procurèrent un avancement rapide. Devenu adjudant-général le 25 février 1793, il se rendit, le 3 juin, à l'armée des Pyrénées-Orientales, où il donna de nouvelles preuves de sa valeur. Le 17 juillet, il attaqua les Espagnols, leur fit 500 prisonniers et s'empara de deux pièces de canon. Promu, le 7 août, au grade de général de brigade, Poinsot se distingua à l'affaire du camp de la Perche, à la reprise de la Cerdagne française, envahit la Cerdagne espagnole, fit 1,500 prisonniers, se rendit maître de huit pièces d'artillerie, d'un camp de 6,000 hommes, tout tendu, ainsi que des vivres, des munitions, des fourrages et de la caisse de tous les corps. Cette belle conquête lui valut le grade de général de division provisoire, le 3 vendémiaire an II. Suspendu de ses fonctions le 7 frimaire suivant, comme ayant été garde du roi, il fut toutefois maintenu en activité par le général Dugommier. Appelé à l'armée de Rhin-et-Moselle le 15 fructidor an IV, il ne fut employé que dans le grade de général de brigade, par suite du travail d'Aubry, qui vint alors priver les militaires des récompenses que leur avaient acquises leur bravoure et leurs services. Il partit ensuite pour l'armée de Mayence, fut réformé le 4 fructidor an VI, et rentra en activité le 3 thermidor an VII, époque à laquelle il alla rejoindre l'armée d'Italie sous les ordres de Masséna. Le général Poinsot ajouta à sa réputation en coopérant glorieusement à tous les combats qui furent livrés dans la Péninsule. Il se fit plus particulièrement remarquer à la défense de Gênes, où Masséna, pendant soixante jours, résista comme par miracle, avec une poignée de soldats débiles, dénués de tout secours, aux forces infiniment supérieures des coalisés. Le 18 germinal, les divisions de l'armée française furent établies pour la défense de Gênes et de ses environs, de manière à ce que l'ennemi fût obligé de se morceler pour faire face à toutes les attaques qu'il avait à redouter, et à toutes celles qu'il devait entreprendre. Le général Poinsot, qui commandait une brigade dans la division de Gazan, reçut l'ordre de se porter sur Campo-Freddo, en chassa l'ennemi, et lui fit, avec la 92e et un bataillon de la 78e, 124 prisonniers. Le 20 germinal, il attaqua, à la hauteur de Sasselo, l'arrière-garde autrichienne, qui se dirigeait par là sur la Verréria, la culbuta, la mit en déroute, et emporta la ville au pas de charge. Parvenu à un mille au delà de Sasselo, le général Poinsot, n'ayant avec lui que 15 chasseurs, qui seuls avaient pu le suivre dans la rapidité de sa course, n'hésita pourtant pas à se précipiter à leur tête sur un détachement de 100 hussards qui escortaient plusieurs pièces d'artillerie, et leur enleva trois pièces de canon. Il se signala aussi dans divers autres engagements plus ou moins importants. Lorsque l'armée française, par suite des journées des 28, 29 et 30 germinal, se replia sur Gênes, Masséna confia le commandement de la réserve au général Poinsot. Ce fut lui qui, de concert avec l'adjudant-général Andrieux, enleva à l'ennemi ses deux dernières redoutes sur le mont Reti, et fit mettre bas les armes à un bataillon ennemi qui tomba en notre pouvoir avec son drapeau. Le général Poinsot se distingua de nouveau, le 21 floréal, dans un combat où plus de 800 Autrichiens furent culbutés et précipités du haut des rochers. La capitulation ayant été signée, il continua à servir à l'armée d'Italie, sous les généraux Brune et Moncey. Rentré dans ses foyers avec traitement d'activité, le 12 messidor an IX, il cessa d'être employé dans son grade le 1er vendémiaire an X. Réintégré le 11 brumaire suivant, on le chargea bientôt du commandement d'une subdivision dans la 18e division militaire. Le 2 ventôse an XI, Poinsot partit pour Saint-Domingue, avec le général Rochambeau, rentra en France le 13 thermidor, puis se rendit le 9 thermidor à l'île de Walcheren, pour prendre le commandement des troupes qui s'y trouvaient stationnées. Créé membre de la Légion-d'Honneur le 19 frimaire an XII, il devint commandant de l'Ordre le 25 prairial de la même année. Après avoir été admis au traitement de réforme le 2 fructidor an XIII, il fut remis en activité dans la 18e division militaire le 24 mai 1806, et employé au 2e corps d'observation de la Gironde le 15 décembre 1807. Devenu baron de l'Empire en 1808, le général Poinsot alla à l'armée d'Italie le 28 novembre de cette année. De retour à Paris le 13 novembre 1809, il passa à l'armée d'Espagne le 19 décembre, et fit partie du 2e corps de celle de Portugal, le 20 juin 1810. Mis en disponibilité le 2 juillet 1811, il organisa 4 escadrons dans la 6e division militaire le 2 janvier 1812, servit le 11 août dans le 11e corps de la grande-armée, et obtint un commandement dans le 2e corps de cavalerie le 12 avril 1813. Prisonnier de guerre quelque temps après, il revint, au mois de juin 1814, en France, où il cessa d'être en activité le 1er septembre. Admis à la retraite le 24 décembre, il fut mis à la disposition du général Margaron pour être employé au dépôt de cavalerie d'Amiens le 28 mai 1815. Le 1er octobre, le général Poinsot rentra dans l'état de retraite, devint lieutenant-général honoraire le 8 mars 1818, fut compris, comme maréchal de camp, dans le cadre de réserve de l'état-major général le 22 mars 1831, obtint encore une fois sa retraite le 1er mai 1832, et mourut le 30 juillet 1833. Son nom est inscrit sur l'arc de triomphe de l'Étoile, côté Nord.

POISSONNIER-DESPERRIÈRES (Adrien-Marie-Gabriel), né le 12 janvier 1763, entra en 1780, comme aspirant au corps royal d'artillerie. Lieutenant en deuxième. Surnuméraire au régiment de La-Fère, artillerie, le 1er septembre 1782, il passa titulaire au régiment de Toul le 4 mai 1783, et lieutenant en premier au même corps le 1er mai 1789. Aide-de-camp du général La Fayette le 20 juillet 1789, il commanda le 10 août suivant l'artillerie de la garde nationale parisienne soldée. Ayant donné sa démission du corps royal, le 24 décembre, Poissonnier fut nommé, le 16 mars 1791, major de division dans la garde soldée de Paris. Lieutenant-colonel au 104e régiment le 28 octobre suivant, il passa colonel du 81e régiment le 16 mai 1792, et, le 27 mai, colonel du 49e. Le 20 juin de la même année, il couvrit le roi de son corps, quand le peuple força le château des Tuileries, et tint le Dauphin dans ses bras, lorsque Santerre défila devant la famille royale à la tête de ses troupes. Employé à l'armée de Nord-et-Moselle, le général en chef Kellermann lui confia, à l'avant-garde, le commandement de 2,500 grenadiers réunis qui firent des prodiges de valeur à la bataille de Valmy, le 20 septembre, et lui méritèrent le titre de colonne infernale. La conduite de Poissonnier, dans cette glorieuse journée, fut telle, que Kellermann demanda pour lui le grade de maréchal de camp. Aux trois journées de Buzancy, à la tête des grenadiers réunis, il combattit constamment l'arrière-garde de l'ennemi, et lui prit beaucoup d'équipages. La campagne d'été finie, les représentants du peuple voulurent faire exécuter le décret qui ordonnait l'arrestation de Desperrières, mais le général en chef et ses grenadiers refusèrent de le livrer. Dans la campagne d'hiver de la même année, sous le général Beurnonville, entre Saare et Moselle, il passa la Saare avec ce corps, et repoussa les ennemis jusqu'au pont de Kous-Saarbruck; en trois jours il leur enleva Bilbausen, Vavreen et Pelingen. Cette guerre terminée, et les grenadiers réunis renvoyés à leurs corps respectifs, le décret reçut son exécution; mais les mentions honorables que cet officier présenta en sa faveur détruisirent les préventions; le décret fut rapporté, et Poissonnier, rendu à ses fonctions, revint à l'armée. Il fit la campagne de 1793, sous le général Houchard, et se couvrit de gloire au combat et à la prise d'Arlon le 6 juin. Sa colonne traversa la plaine en bon ordre, sous le feu très-vif des batteries ennemies, et y resta exposé pendant trois quarts d'heure. Poissonnier eut l'honneur d'aborder le premier les retranchements et de mettre les canonniers autrichiens dans le plus grand désordre.

Nommé général de brigade le 30 juin, il fut suspendu de ses fonctions le 20 septembre suivant. Destitué comme noble vers la fin de cette année, et jeté dans un cachot, au dépôt de la Conciergerie, il y resta cinq mois et demi; il n'en sortit qu'après la mort de Robespierre. Réintégré et remis en activité à l'armée de la Moselle le 21 frimaire an III, il passa, le 5 prairial, à la 17e division militaire. Employé à l'armée des côtes de Cherbourg le 25 du même mois, il revint à l'armée de l'intérieur le 14 fructidor suivant. Le général Poissonnier commandait au camp du Trou-d'Enfer, près Paris, les troupes que la

Convention nationale appela à son secours le 13 vendémiaire an IV, contre les sections de Paris qui refusaient d'obéir au décret par lequel les deux tiers de cette assemblée devaient être admis dans le nouveau corps législatif. Pour ne pas obéir à cette injonction, il feignit d'être malade. De là, sa disgrâce auprès de Bonaparte, qui prit le commandement des troupes conventionnelles dans cette journée. Le général Poissonnier fut destitué; mais, ayant offert ses services après le 18 brumaire, il obtint par arrêté du premier Consul, du 21 nivôse an VIII, sa réintégration dans son grade à l'armée du Rhin le 29 du même mois. Cet officier général mérita d'être cité honorablement aux affaires d'Engen, Mœrskirch et de Biberach. Le 9 frimaire an IX, il était chargé, à la tête de deux bataillons et de trois escadrons, de la défense d'Aschau, lorsque l'archiduc Jean s'y porta par Craïbourg. Les Autrichiens, qui s'étaient avancés sur Riecherslheim, attaquèrent le général Poissonnier sur le pont d'Aschau avec des efforts incroyables; celui-ci fit la plus vive résistance; mais à la fin, il se replia, emmenant avec lui plus de 700 prisonniers, dont vingt-deux officiers de tous grades. En arrêtant pendant six heures l'archiduc, qui avait 25,000 hommes sous ses ordres, il donna le temps au général Moreau de venir le dégager avec deux divisions, et sauva les équipages, 49 bouches à feu et le trésor. Mis en non-activité le 1er vendémiaire an X, il obtint de l'emploi dans la 6e division militaire le 4e jour complémentaire an XI. Il fut nommé membre de la Légion-d'Honneur le 19 frimaire an XII, et commandant de l'Ordre le 25 prairial.

Le général Poissonnier a dit dans sa *Vie politique*, publiée en 1823: « Lors du procès, je me prononçai pour Moreau dont je plaignis la destinée; Bonaparte le sut; je fus suspendu de mes fonctions, mis à la demi-solde, etc. » Il y a ici une erreur que nous nous contenterons de réfuter par des dates. Moreau, arrêté le 25 pluviôse an XII, fut condamné le 21 prairial suivant; et M. Poissonnier, employé dans la 6e division militaire le 4e jour complémentaire an XI, a conservé son commandement jusqu'au 6 mars 1806, époque de sa mise en non-activité. Cette décision fut motivée : 1° sur la mésintelligence qui régnait entre lui et les autorités civiles du département du Jura, dont il avait le commandement ; 2° sur les moyens qu'il employait pour soutenir les dépenses excessives auxquelles il se livrait dans ce département. Son admission à la retraite, le 6 août 1811, après cinq ans de non-activité, prouva qu'on ne le jugea plus susceptible d'être employé, et le 23 octobre 1812 il reçut, par suite de l'affaire Malet, l'ordre de se retirer à Rouen, disposition contre laquelle il réclama vivement sans succès. Créé chevalier de Saint-Louis le 19 juillet 1814, le roi lui confia, le 31 décembre 1815, le commandement du département de l'Hérault, en récompense, sans doute, du dévouement dont il avait fait preuve en le suivant à Gand. Le 22 juillet 1816, il commanda le département de la Lozère, et, le 2 juillet 1817, celui de l'Aveyron. Remis en non-activité le 1er décembre suivant, il obtint le 18 novembre 1818 la place de lieutenant de roi à Perpignan. Sa conduite dans ce commandement et sa manière de servir donnèrent lieu à des plaintes qui déterminèrent son changement, et il passa à Besançon le 2 août 1820. Sur de nouvelles plaintes, il fut définitivement admis à la retraite le 24 octobre 1821.

En janvier 1823, il fit hommage au roi et à chacun des membres de la famille royale d'un livre que nous avons cité plus haut : *Vie politique et militaire* du général A.-M.-G. Poissonnier-Desperrières, un volume in - 8°. On y lit, pages 218 et 223, que cet officier général est l'auteur d'un ouvrage intitulé : *Commentaire du règlement du 1ᵉʳ août 1791, et supplément aux manœuvres d'infanterie*, que le duc d'Angoulème voulut bien, en 1814, honorer de son approbation et faire déposer au ministère de la guerre.

POITEVIN DE MAUREILLAN (CASIMIR, baron, puis vicomte), général de division du génie, né le 14 juillet 1772 à Montpellier (Hérault). Issu d'une famille noble du Languedoc, il entra comme élève sous-lieutenant à l'école du génie de Mézières le 12 février 1792, et se fit remarquer au siége de Namur et à l'attaque du fort Villette. Lieutenant le 15 février 1793, et capitaine le 1ᵉʳ juin suivant, il prit une part honorable au bombardement de Maëstricht, après lequel le général en chef le chargea de retrancher la forêt de Marmale. En février 1793, le général Bouchet, en sollicitant du ministre de la guerre le grade de capitaine pour les deux frères Poitevin (Casimir et Victor), s'exprimait ainsi : « D'après la conduite que je leur ai vu tenir aux attaques de Namur et à celles qui ont suivi, je ne crains pas d'assurer que peu de sujets annoncent de plus heureuses dispositions pour être un jour d'excellents officiers. On ne peut rien ajouter à leur zèle, à leur activité, à leur intelligence ; je ne parle pas de leur bravoure dans les occasions : c'est une qualité inhérente à tous les Français. » Le jeune Poitevin (Casimir) se trouva encore à la bataille de Nerwinde, au siége de Menin et à la bataille de Courtrai, et dirigea les ouvrages entrepris pour mettre cette place à l'abri d'un coup de main. Plus tard, il alla prendre part au siége d'Ypres et de Nieuport, à la prise de l'île de Cadsand et au siége de l'Écluse, et devint chef de bataillon le 18 fructidor an II. Cette même année il dirigea, en qualité de commandant du génie, le siége de Venloo, se trouva à celui de Nimègue, à la prise de la Hollande et au passage du Rhin devant Dusseldorff. Il faisait partie de l'armée du Rhin, lors du second passage de ce fleuve le 6 messidor an IV, et il reçut à l'occasion de la valeur éclatante qu'il y avait déployée, une lettre de félicitation du Directoire. Il assista à la bataille de Biberach, et se fit particulièrement remarquer pendant la retraite de Moreau, ainsi qu'à la défense de la tête de pont de Huningue, où il commandait le génie. Il contribua, le 1ᵉʳ floréal an V, au nouveau passage du Rhin, et fut nommé chef de brigade le 19 prairial suivant. Le général Moreau écrivit au ministre de la guerre : « Les bons services de cet officier lui ont mérité cet avancement ; il a été employé très-utilement au passage du Rhin en l'an IV, s'est distingué pendant la retraite de l'armée en Bavière. Il a été chargé de retrancher et de défendre la tête de pont de Huningue, et cette opération fait infiniment d'honneur à ses talents et à son courage. » Le colonel Poitevin fut chargé, peu de temps après, de la construction des retranchements du fort de Kehl et du commandement du génie de l'aile droite de l'armée d'Allemagne. Désigné par le général Bonaparte pour faire partie de l'expédition d'Égypte, il se signala à la prise de Malte, aux batailles d'Alexandrie et de Chebreiss. Fait prisonnier par les Turcs au commencement de l'an VII, il ne fut rendu qu'à la fin de l'an IX ; le premier Consul l'employa immédiatement au comité des fortifications. Il faisait partie des cantonnements de Saintes, lorsqu'il reçut le 19 frimaire an XII l'étoile de la Légion-d'Honneur, et le 25 prairial suivant la décoration d'officier de cet Ordre. L'Empereur le nomma, en l'an XIII, membre du collége électoral du département de l'Hérault.

Désigné, la même année, pour faire partie de l'expédition de l'île de la Dominique, il prit part à l'attaque et à la prise de la ville des Roseaux. De retour en France, il fut appelé au commandement du génie d'un des corps de la grande armée, et sa conduite à la prise d'Ulm, au combat de Hollabrunn et à la bataille d'Austerlitz, lui valut les épaulettes de général de brigade le 4 nivôse an XIV. Employé à l'armée de Dalmatie en 1806 et 1807, il s'est trouvé au combat de Castelnovo, dans lequel il déploya autant d'habileté que de courage ; il reçut vers ce temps la décoration de chevalier de la Couronne de Fer. Chargé de 1808 à 1810 de l'inspection générale des places de la Dalmatie et de l'organisation définitive des directions de Trieste et de Zara, le général Poitevin s'acquitta de ces diverses missions avec beaucoup de zèle et de talent. Napoléon lui conféra, comme témoignage de sa haute satisfaction, le titre de baron de l'Empire. Appelé en 1812 au commandement du génie d'un des corps de la grande armée, il fut chargé en 1813 de la défense de Thorn. Nommé général de division le 26 avril 1814, il reçut, le 8 juillet suivant, la croix du Mérite militaire, et fut fait commandant de la Légion-d'Honneur le 23 août de la même année. Le 18 mars 1815, il reçut l'ordre de se rendre en toute hâte au corps d'armée commandé par le général Maison, chargé de couvrir la capitale à l'approche de Napoléon qui s'avançait à marches forcées. Surpris par les événements, il suivit la fortune de son général et accompagna le roi à Lille. L'Empereur, loin de lui retirer son estime, le désigna le 5 avril pour commander le 5ᵉ corps d'observation, devenu armée du Rhin. Ce fut lui qui négocia, en cette qualité, l'armistice conclu entre les armées française et autrichienne. Au retour de Gand, le maréchal Gouvion-Saint-Cyr, alors ministre de la guerre, le chargea d'opérer le licenciement des troupes du génie réparties sur les divers points du royaume. En 1816, le gouvernement le nomma membre de la commission chargée de la démarcation des frontières du Nord. En 1820, le roi de Hollande le créa, à cette occasion, chevalier de l'Ordre militaire de Guillaume des Pays-Bas. Louis XVIII lui conféra le titre de vicomte par ordonnance du 17ᵉ août 1822, et le roi Charles X le nomma grand officier de la Légion-d'Honneur le 23 mai 1825. Le 20 février 1826, il reçut la croix de commandeur de l'ordre du Mérite civil de Bavière. Le général Maureillan est mort le 19 mai 1829. Son nom est inscrit sur l'arc de triomphe de l'Étoile, côté Sud.

PONIATOWSKI (JOSEPH-CIOLEK), neveu du dernier roi de Pologne, fils du prince André, général au service de l'Autriche, naquit à Vienne le 7 mai 1766, dernier rejeton d'une famille qui avait donné des rois à la Pologne. Dès sa jeunesse, il se montra le défenseur le plus sincère de la liberté de son pays.

Il fit la campagne de 1792, et, après la Confédération de Targowitz, il quitta l'armée suivi des meilleurs officiers.

En 1794, il reparut dans les rangs de ses compatriotes, comme simple volontaire ; mais Kosciusko lui confia le commandement d'une division. Poniatowski refusa ensuite les faveurs de la cour de Vienne et celles de Paul Iᵉʳ. Ministre de la guerre du grand duché de Varsovie, il défendit les frontières contre les Autrichiens et les repoussa en 1809.

Commandant d'un corps de la grande armée française en Russie, maréchal d'Empire à la bataille de Leipzig, dit ba-

taille des nations. C'était le 19 octobre 1813, troisième jour de la bataille, la nuit avait terminé l'action, le calme avait enfin succédé à cette terrible mêlée, quelques coups de fusil seulement se faisaient entendre de loin en loin. L'Empereur, assis sur un pliant, près du feu de son bivouac, dictait au major général des ordres pour la nuit, lorsque les commandants de l'artillerie vinrent lui dire que les munitions étaient épuisées. On avait tiré dans la journée 95 mille coups de canon ; depuis cinq jours on en avait tiré plus de 220 mille ; les réserves étaient vides : il ne restait pas plus de 16 mille coups, c'est-à-dire de quoi entretenir le feu pendant deux heures à peine. Dans cette position, il ne fallait pas songer à conserver plus longtemps le champ de bataille ; Napoléon se décida à la retraite, et des ordres furent sur-le-champ expédiés. A huit heures, il quitta le bivouac et s'établit dans la ville à l'auberge des *Armes de Prusse.* La retraite commença par les corps des maréchaux Victor et Augereau ; le maréchal Marmont devait se maintenir dans le faubourg de Halle ; la défense du faubourg de Rosenthal avait été confiée au général Régnier ; le maréchal Ney fit replier ses troupes sur les faubourgs de l'Est ; les corps de Poniatowski, de Lauriston et Macdonald, formant l'arrière-garde, rentrèrent en ville et s'établirent derrière les barrières du Midi ; le maréchal prince Poniatowski vient prendre les ordres de l'Empereur : « Prince, lui dit Napoléon, vous défendrez les faubourgs du Midi. — Sire, j'ai bien peu de monde. — Eh bien ! vous vous défendrez avec ce que vous avez. — Nous tiendrons, Sire, nous sommes tous prêts à nous faire tuer pour Votre Majesté. » Le noble Polonais ne devait pas tarder à tenir son serment.

Cependant, il devenait important de s'assurer du grand pont de l'Elster. Napoléon recommanda ce point essentiel à l'attention des officiers du génie et de l'artillerie. — « On devra, dit-il, le faire sauter quand le dernier peloton sortira de la ville et qu'il ne restera plus que cet obstacle à opposer à l'ennemi. » — A l'instant on commença à miner le pont. Ces ordres donnés, il recommanda au maréchal Macdonald de tenir dans la vieille ville vingt-quatre heures encore, si faire se pouvait, ou, au moins le reste de la journée. Tout à coup en entendit une explosion terrible : c'était le pont de l'Elster. Cependant les troupes de Macdonald, de Lauriston, de Poniatowski, de Régnier étaient encore dans la ville, avec plus de 200 pièces de canon. Tout moyen de retraite était enlevé ; le désastre était à son comble. On apprit le soir, sur la route d'Erfurth, que Macdonald avait traversé l'Elster à la nage ; quant à Poniatowski, ayant voulu, quoique blessé, franchir le fleuve à la nage, il avait trouvé la mort dans un gouffre.

On apprit bientôt la cause de la catastrophe du pont : les Badois et les Saxons venaient d'abandonner la cause de la France ; du haut des murs de la vieille ville, ils signalaient leur trahison en tirant contre les Français. Trompé par cette double fusillade, le sapeur posté au pont crut que l'ennemi arrivait et que le moment était venu de mettre le feu à la mine. Ainsi fut consommée la perte de tout ce que Leipzig renfermait de Français et de munitions.

Le corps de Poniatowski, retrouvé seulement le 24, fut embaumé et porté par ses compagnons d'armes à Varsovie, puis de là à Cracovie dans le tombeau des rois de Pologne, où il repose à côté de Sobieski et de Kosciusko. Aux funérailles de ce héros célèbre, à Leipzig, les vainqueurs et les vaincus réunis, y représentaient l'Europe entière pleurant sur la tombe du dernier des Polonais.

— « Le vrai roi de Pologne, disait Napoléon, en entendant passer en revue les rois auxquels on l'avait crue destinée, le vrai roi de Pologne, c'était Poniatowski; il en réunissait tous les titres et en avait tous les talents, » .... Après avoir prononcé ces mots, Napoléon s'est tu. »
(Las Cazes.)

POUGET (François-Réné-Caillou, baron), fils du chirurgien du roi de Pologne; il est né à Craon (Meurthe) le 28 juillet 1767. Nommé capitaine au 4ᵉ bataillon de volontaires de la Meurthe le 21 août 1791, puis adjudant-général chef de bataillon sur le champ de bataille en 1794, il servit de 1791 à l'an III aux armées de Flandre, de la Moselle et de Rhin-et-Moselle, prit part au combat de Grisonelle, à l'avant-garde de l'armée de La Fayette, au blocus de Landau, au siége de Thionville, aux prises de Worms, Trèves, Franckendal et Coblentz, au blocus de Luxembourg, et se signala par son courage au combat de Tribstadt où il s'empara de plusieurs pièces de canon. Réformé en l'an III, il reparut en l'an VII comme chef de bataillon, devint major de création en l'an XII, membre de la Légion-d'Honneur la même année, colonel en l'an XIII, et fit les campagnes de 1805, 1806 et 1807 à la grande armée. A Austerlitz sa conduite fut une des plus brillantes. En récompense des services qu'il rendit dans cette journée, en s'opposant, avec son régiment, à ce que les Russes tournassent, au village de Telnitz, l'extrême droite de l'armée française, l'Empereur lui conféra la croix de commandeur de la Légion-d'Honneur.

A la prise de Lubeck, en 1806, il concourut au succès de cette brillante journée, fit preuve du plus grand courage au combat de Hoffen en 1807 où son régiment fit des prodiges de valeur sous les yeux de l'Empereur, combattit avec la même distinction à Eylau qu'il prit le 7 février à huit heures du soir, et le 8ᵉ jour de la bataille, à Friedland, il fut créé baron de l'Empire le 19 mai 1808. Le baron Pouget ajouta à sa réputation militaire, par un fait d'armes éclatant à la prise du château d'Ebersberg. A Essling, il eut la moitié du pied gauche coupé par un boulet et fut forcé de quitter son régiment. L'Empereur accorda à ce brave officier le grade de général de brigade, puis une dotation de 4,000 francs en Hanovre, comme amputé, et lui donna le commandement des départements de la Marne et des Vosges.

Le baron Pouget fit partie de l'expédition de Russie en 1812 comme commandant une brigade du corps d'observation de l'Elbe. Après avoir soutenu plusieurs combats glorieux et reçu une blessure fort grave au genou, il fut fait prisonnier pendant la retraite. Rentré en France à la paix de 1814, il resta en non-activité pendant la première Restauration.

L'Empereur, au retour de l'île d'Elbe, lui confia le commandement des Bouches-du-Rhône. Rentré en non-activité après les Cent-Jours, il fut appelé, après la Révolution de 1830, au commandement du département de l'Aube, et fut créé par le roi grand officier de la Légion-d'Honneur en 1831.

Cet officier général fut admis définitivement à la retraite en 1832.

Son nom est inscrit sur l'arc de l'Étoile.

PRÉVAL (Claude-Antoine, vicomte de), né à Salins (Jura), le 6 novembre 1776, d'une ancienne famille de la Franche-Comté. Son père, ancien capitaine et chevalier de Saint-Louis, était officier général en 1793. Claude de Préval fut reçu sous-lieutenant en 1789, et en 1794 il était capitaine commandant de la compagnie d'artillerie de la 42ᵉ demi-brigade. Il se distingua en avant de Weingarten, près Spire, et au siége du fort du Rhin, de Manheim, où il fut adjoint à l'arme du génie. Considéré comme suspect, en sa qualité de noble, fils d'officier général, sa carrière fut un moment interrompue; réintégré dans son grade quelques mois après, il devint adjoint des adjudants-généraux Ducomet et Grandjean. Le général Gouvion-Saint-Cyr lui donna de nombreuses missions de confiance. Au passage du Val-d'Enfer en 1796, le capitaine Préval contribua au succès de la journée par une manœuvre des plus hardies.

Chef de bataillon à l'armée d'Italie en 1799, il rendit, au combat du 6 germinal, de si éminents services que le Directoire lui conféra le grade d'adjudant-général. A la bataille de Magnano, il commandait la brigade de gauche qui eut à lutter contre des forces quadruples, contint, pendant six heures, un corps ennemi considérable, et lui enleva un bataillon de grenadiers et six pièces de canon. A la journée de Novi, chargé de reconnaître la position et les mouvements de l'ennemi, il fit preuve d'une rare sagacité en annonçant que les mouvements signalés étaient ceux d'une bataille générale; il se trouvait aux côtés du général Joubert, lorsque ce dernier fut atteint d'un coup mortel, et se porta intrépidement en avant à la tête de quelques tirailleurs. Moreau, ayant repris le commandement en chef, conserva Préval auprès de lui et l'employa à diverses reconnaissances.

Vers la fin de 1799, l'adjudant-général Préval exerçait à Nice les fonctions de sous-chef de l'état-major général de l'armée. On sait quelle était alors la déplorable situation de nos armées: les soldats, sans solde et sans pain, se débandaient et menaçaient de rentrer en France. Par sa fermeté et son énergie, Préval retint sous les drapeaux plus de 4,000 soldats exaspérés. Chef d'état-major du général Suchet, il fut du plus utile secours à cet illustre chef dans sa retraite sur Nice et dans sa belle campagne du Var. Suchet demanda pour lui le grade de général de brigade que Masséna s'empressa d'accorder; mais Préval crut devoir refuser cet avancement et sollicita le commandement d'un régiment. Ce ne fut pourtant qu'après la campagne de l'an IX qu'il fut mis à la tête du 3ᵉ régiment de cuirassiers, à Pignerol.

Depuis 1802 jusqu'en 1805, le colonel Préval fut employé dans la 1ʳᵉ division. C'est à cette époque qu'il jeta les premiers fondements de sa réputation comme écrivain militaire, en adressant au premier Consul divers mémoires sur la guerre. A Austerlitz, son régiment se conduisit avec une intrépidité qui mérita les éloges des généraux Murat et Nansouty; l'Empereur récompensa sa brillante conduite en le nommant commandant de la Légion-d'Honneur. A Iéna, le colonel Préval se distingua de nouveau et fut choisi pour faire capituler la garnison d'Erfurth. Après la bataille de Pultusk (31 décembre 1806), il fut créé général de brigade. En 1809, l'Empereur lui confia la formation et l'inspection des régiments provisoires de cavalerie réunis sur le Rhin, l'appela ensuite au Conseil d'État, et l'employa en 1810 en qualité d'inspecteur général d'armes.

L'Empereur qui appréciait son aptitude pour l'organisation militaire, l'employait à ce service et lui refusait l'autorisation de rejoindre l'armée active. Son inspection et son action s'étendaient aux provinces Rhénanes, à la Belgique, à l'Alsace, à la Lorraine et à la Franche-Comté. Les graves événements de 1813 suspendirent sa mission d'organisation, il fut chargé du commandement supérieur du grand duché de Francfort. A la tête de 5,000 hommes d'infanterie et de 1,200 de cavalerie, il parvint, pendant plusieurs jours, à arrêter l'avant-garde de l'armée bavaroise qui s'avançait sur Hanau; mais forcé, par des ordres réitérés du duc de Valmy, de faire sa retraite sur Mayence, il prit position à Hocheim, dans la nuit qui précéda la bataille de Hanau qu'on était loin de prévoir, et perdit ainsi le fruit de sa brillante conduite en avant de cette ville et dans le commandement de Francfort. Au moment de l'invasion, l'Empereur le chargea d'organiser les forces nationales dans le Jura; mais la marche rapide de l'ennemi rendit inutile toute organisation de résistance. En février 1814, il fut chargé de la remonte de la cavalerie à Versailles, puis d'organiser la résistance en Normandie. Le 10 mai suivant, Louis XVIII lui conféra le grade de général de division, le nomma membre du Conseil de la guerre, puis chef d'état-major général de la gendarmerie.

Pendant les Cent-Jours, il fut d'abord porté sur une liste d'exil, puis l'Empereur, qui connaissait son étonnante activité, lui confia la haute direction de la réorganisation de la cavalerie, fonctions qu'il conserva jusqu'en septembre. A cette époque, il fut mis en disponibilité, rappelé en 1817 et remplacé en 1819, à la retraite de Gouvion-Saint-Cyr.

Pendant huit années, le général Préval, composa, dans sa retraite près de Blois, plusieurs ouvrages militaires. Le 17 février 1828, il fut appelé à faire partie du Conseil supérieur de la guerre.

En 1830, le maréchal Soult s'associa le général Préval et lui confia en décembre la direction de la cavalerie, et en 1831 la direction de l'infanterie.

Nommé, en 1832, président du Comité d'infanterie et de cavalerie, il se livra à une suite de travaux remarquables, et, à la désorganisation de ce Comité, il continua ses fonctions d'inspecteur général de cavalerie pendant les années 1835, 1836 et 1837.

Vers la fin de cette année, il fut élevé à la pairie et nommé président du Comité de la guerre au Conseil d'État, en remplacement du savant Mathieu Dumas.

Les ouvrages spéciaux du général Préval lui ont acquis une réputation européenne. Il est grand-croix de la Légion-d'Honneur, chevalier de Saint-Louis et de la Couronne de Fer, grand-croix de Saint-Joachim de Wurtzbourg.

Admis à la retraite.

PREVOST (Antoine-Constantin de), né à Lieuvillers (Oise), le 17 juillet 1788, entra à 18 ans dans les Vélites de la Garde impériale avec lesquels il fit la campagne de Prusse, et d'où il passa dans le 15ᵉ régiment de chasseurs avec le grade de sous-lieutenant. Attaché peu de temps après au général Mourier en qualité d'aide-de-camp, il le suivit en Espagne et en Portugal. Il se distingua à l'affaire d'Alba de Tormes (28 novembre 1809), où il fut grièvement blessé, en chargeant un carré d'infanterie ennemie, et à celle d'Olta, 7 octobre 1810, où il fut atteint d'un coup de feu qui lui traversa la poitrine, au moment où il renversait, à la tête d'un poloton, un détachement de cavalerie anglaise.

Appelé à l'armée du Nord, M. de Prevost fit la campagne de Russie et mérita la croix d'honneur sur le champ de bataille de Krasnoë; il fut en outre, l'année suivante, promu au grade de capitaine; et fit la campagne de France en 1814.

Après les Cent-Jours, M. de Prevost entra dans les lanciers de la Garde royale pour passer successivement dans les dragons de l'Hérault et dans les chasseurs du Morbihan. Il fit la campagne d'Espagne (1823-24) et obtint le grade de lieutenant-colonel, la croix de Saint-Ferdinand et celle de Saint-Louis. Il fut en outre nommé officier de la Légion-d'Honneur.

Mis en solde de congé après les événements de 1830, il fut bientôt rappelé, entra dans le 2ᵉ régiment de chasseurs, puis nommé colonel du 1ᵉʳ régiment avec lequel il fit la campagne de Belgique.

M. de Prevost fut créé commandeur en 1838, puis général de brigade, puis enfin promu au grade de général de division le 7 décembre 1848.

PRIVÉ (Ythier-Silvain, baron), maréchal de camp, né le 19 juillet 1762 à Vannes (Loiret), entra au service comme soldat dans le corps des carabiniers, le 15 mai 1779, et obtint son congé le 22 septembre 1781. Le 14 juillet 1787, il s'engagea dans le régiment de Dauphin-Dragons (7ᵉ de l'arme), et y servit jusqu'au 15 octobre 1789, époque à laquelle il passa comme soldat dans le bataillon de Sully, incorporé dans le 1ᵉʳ du Loiret. Nommé le 25 janvier 1792 sous-lieutenant au 13ᵉ dragons, il rejoignit son régiment à Thionville, et lorsque les Autrichiens vinrent faire le siége de cette place, il se fit remarquer par son courage dans les différentes sorties de la garnison. Dans celle qui eut lieu le 22 septembre 1792, Privé passa la Moselle à la tête de 16 dragons, attaqua un poste ennemi qui gardait un magasin considérable de subsistances, et fit de sa main quatre prisonniers. Dans celle du 16 octobre suivant, il s'empara d'un convoi de grains. Promu lieutenant le 20 avril 1793, il servit pendant cette année et la suivante à l'armée du Nord. Chargé, avec 30 dragons de son régiment, de chasser les Prussiens d'un poste retranché qu'ils occupaient près de l'abbaye d'Anchin, il attaqua l'ennemi avec la plus grande intrépidité, et, quoique blessé d'un coup de feu à la jambe droite, dès le commencement de l'action, il poursuivit l'ennemi avec vigueur et lui fit 10 prisonniers, parmi lesquels se trouvait l'officier qui commandait le poste. Passé comme lieutenant aide-de-camp auprès du général Bonnaud, le 28 thermidor an II, il continua de faire la guerre à l'armée du Nord pendant une partie de l'an III. Son général lui ayant ordonné de faire la reconnaissance des lignes de Breda, il s'acquitta de cette mission en homme d'intelligence et de cœur. Son rapport indiquait avec une grande précision la force et l'emplacement des postes ennemis, ainsi que les points susceptibles d'être attaqués avec quelque chance de succès. Le général en chef Pichegru suivit de point en point les indications que contenait ce rapport ; l'attaque réussit complétement, et l'ennemi perdit toute son artillerie.

Le général en chef, en témoignage de sa satisfaction, chargea le lieutenant Privé de porter à la Convention nationale les 19 drapeaux pris dans cette glorieuse journée. Le 26 nivôse an III, il fut admis à la barre, et s'adresssant à l'Assemblée, il s'exprima en ces termes : « Citoyens représentants, l'armée du Nord continue de poursuivre sans relâche les ennemis de la République. Elle ne connaît point d'obstacles quand vous ordonnez au nom de la patrie, et elle est payée de toutes ses fatigues par la perspective de la liberté et du bonheur du pays. La mémorable journée du 7 nous a valu des avantages immenses ; nous nous sommes emparés des positions qu'il importait le plus d'occuper pour porter les plus terribles coups aux armées anglaise et hollandaise. Nous avons fait un grand nombre de prisonniers, et l'ennemi nous a laissé plus de 300 pièces de canon et une grande quantité de munitions. Enfin, nos braves soldats ont enlevé dans cette journée 19 drapeaux qu'ils m'ont chargé de vous présenter. Citoyens représentants, recevez, au nom de l'armée du

Nord, ce gage de son dévouement à la République, à la représentation nationale. C'est à votre voix qu'elle a renversé les hordes innombrables qui menaçaient d'envahir la France. Tout son sang appartient à la patrie ; c'est à vous d'en disposer en son nom. Je vous présente deux braves soldats qui se sont particulièrement distingués dans la journée du 7, Gaignard, brigadier au 13° régiment de dragons, et Babo, grenadier au 2° bataillon de la 27° demi-brigade. Ils ont enlevé chacun un drapeau à l'ennemi. » Le président, Letourneur de la Manche, lui répondit, et il l'invita aux honneurs de la séance, ainsi que Gaignard et Babo, après lui avoir donné l'accolade.

De retour à l'armée, Privé obtint le grade de capitaine le 27 messidor an III, et resta attaché, en qualité d'aide-de-camp, au général Bonnaud qu'il suivit à l'armée des côtes de Cherbourg lorsque cet officier général alla en prendre le commandement en chef. Chargé, avec une colonne de 800 hommes d'infanterie, d'aller chercher un convoi de grains destiné à l'approvisionnement de la ville d'Angers, le capitaine Privé fut attaqué par un corps de 4,000 chouans. Il le repoussa et lui fit essuyer une défaite complète, à la suite de laquelle il fit arriver son convoi à Angers. Sur le rapport du général Bonnaud, le gouvernement récompensa les services de cet officier en le nommant chef d'escadron aide-de-camp le 13 pluviôse an IV. Son général ayant reçu le commandement de la cavalerie de l'armée de Sambre-et-Meuse, Privé fit avec lui les campagnes des ans IV et V à cette armée. Il montra beaucoup de valeur dans différents combats, et fut frappé à la main droite d'un éclat d'obus pendant qu'il soutenait près d'Amberg, à la tête de la division de cavalerie, la retraite de l'armée de Sambre-et-Meuse. Il ne quitta son poste, pour aller se faire panser, que lorsque toutes les troupes furent repassées sur la rive gauche du Rhin. Ayant cessé ses fonctions d'aide-de-camp à la mort du général Bonnaud, il fut placé provisoirement comme chef d'escadron dans le 13° régiment de dragons le 10 germinal an V, et autorisé, le 3 fructidor suivant, à se retirer dans ses foyers avec traitement de réforme. Il resta dans cette position jusqu'au 19 floréal an VII, époque à laquelle il fut fait commandant du contingent des conscrits du département du Loiret. Élevé au grade de chef de brigade du 21° régiment de cavalerie le 17 fructidor de la même année, il commanda ce corps pendant les guerres d'Italie des ans VIII et IX, et vint tenir garnison à Nevers pendant les ans X et XI. Réformé, le 10 nivôse de cette dernière année, par suite de l'incorporation du 21° de cavalerie dans le 1er de carabiniers et dans les 24°, 25° et 26° de dragons, il fut désigné, le 3 germinal, pour aller prendre le commandement du 5° régiment de dragons en remplacement de Louis Bonaparte, frère du premier Consul ; mais le gouvernement le plaça à la tête du 2° régiment de la même arme le 13 fructidor. Employé à l'armée des côtes de l'Océan en l'an XII et l'an XIII, il devint membre de la Légion-d'Honneur les 19 frimaire et 25 prairial an XII, et membre du collège électoral du département du Loiret. Il fit les campagnes de l'an XIV à 1807 avec la 1re division de dragons de la réserve de cavalerie de la grande armée, et combattit à Wertingen, à Langenan, à Neresheim et à Austerlitz. L'Empereur, satisfait de sa conduite pendant cette courte et glorieuse campagne, lui donna la croix de commandeur de la Légion-d'Honneur le 4 nivôse an XIV. Le 14 octobre 1806, à Iéna, le colonel Privé exécuta trois charges vigoureuses avec un plein succès. Dans cette journée, il fit prisonnier un bataillon prussien tout entier, enleva un drapeau et s'empara de 12 pièces de canon. Vers la fin de la bataille, il chargea, avec le 1er escadron de son régiment, 200 dragons Saxons qui furent culbutés, sabrés et poursuivis jusqu'à plus d'un kilomètre sur les derrières de l'armée prussienne. Lorsqu'il voulut retourner, il trouva sa retraite coupée par la cavalerie de l'armée ennemie; prenant alors toutes les dispositions convenables avec un sang-froid admirable, il s'élance sur la ligne prussienne, la renverse et vient reprendre son ordre de bataille sans avoir éprouvé de perte. Le 26 décembre suivant, à Golymin, il exécuta plusieurs charges contre la cavalerie russe, et lui enleva 3 pièces de canon. Le 7 février 1807, au combat en avant d'Eylau, il chargea avec intrépidité contre une colonne d'infanterie russe qui fut sabrée et faite prisonnière, et il eut, dans cette action un cheval tué sous lui. Le lendemain 8, à la bataille d'Eylau, il fut blessé d'un coup de biscaïen au pied gauche. Nommé général de brigade le 14 mai suivant, il fut créé baron de l'Empire, avec dotation, par décret du 19 mars 1808. Employé au corps d'observation de la Gironde sous les ordres du général Dupont, il y commanda la brigade d'avant-garde, et entra en Espagne avec ce corps. Le 7 juin 1808, pendant l'attaque du pont d'Alcolea, le général Privé, avec sa brigade de dragons, sabra et mit en fuite une colonne de 3,000 Espagnols. Le 19 juillet suivant, à Baylen, le général Dupont ordonna à Privé de se porter avec sa brigade de dragons sur une colline élevée, occupée par deux bataillons ennemis qui menaçaient la droite de l'armée française. Pour y arriver, il fallait traverser un terrain difficile et qui ne permettait aucun ordre de bataille. Le général Privé fait avancer en tirailleurs le 1er régiment provisoire de dragons, et marche ensuite avec le 2e, tandis qu'un escadron de cuirassiers se porte en colonne sur son flanc droit, à la hauteur des tirailleurs. La brigade française gagne bientôt le sommet de la colline; le général fait sonner la charge; le 1er régiment de dragons et l'escadron de cuirassiers s'élancent sur les deux bataillons ennemis, les enfoncent et sabrent tous ceux qui ne cherchent point leur salut dans la fuite. Le général Privé ne pouvant pas conserver cette position à cause du feu violent auquel il se trouvait exposé, ramena sa brigade sur le terrain d'où elle était partie; mais à peine avait-elle évacué la hauteur que deux autres bataillons ennemis vinrent prendre la place de ceux qui avaient été culbutés. Le général Dupont ordonna aussitôt une seconde attaque, qui fut exécutée de la même manière et avec autant de succès. La brigade française reprit encore sa première position. Privé fit présenter au général Dupont les deux drapeaux que sa troupe avait enlevés, et que le général en chef fit porter sur le front de l'infanterie pour exciter l'ardeur de l'armée.

Quand le général Dupont eut pris la résolution d'entrer en pourparlers avec l'ennemi, le général Privé, qui avait combattu avec gloire depuis le commencement de l'action, vint le trouver, lui représenta que rien n'était encore désespéré, et qu'il y avait un moyen de s'ouvrir un passage; qu'il fallait d'abord abandonner toute espèce de voitures qui pourraient entraver la marche des troupes, et à la garde desquelles étaient employés en ce moment plus de 1,500 hommes, qui devenaient alors disponibles pour le combat; ensuite réunir toute l'infanterie devant l'aile droite de l'ennemi, et la faire marcher en plusieurs colonnes sur cette même aile en flanquant leur gauche par la cavalerie. Il ajouta que cette droite, ainsi culbutée, l'armée française continuerait sa marche en avant et parviendrait sans doute à se mettre en communication avec le général Vedel, qui ne pouvait pas être très-éloigné de Baylen ; que les dispositions pour cette attaque étaient d'autant plus faciles à faire, qu'elles seraient masquées par le bois qui se trouvait entre la gauche des Espagnols et la droite des Français, accident qui empêcherait les Espagnols d'apercevoir les mouvements de la formation des premières colonnes. Le général Dupont n'accueillit point les judicieuses observations du général Privé qui alla rejoindre sa brigade. Lorsque le général Dupont s'embarqua pour retourner en France, il laissa le général Privé en Andalousie pour veiller aux intérêts des troupes prisonnières, dont il partagea ensuite les infortunes par une monstrueuse violation des droits de la guerre et de l'humanité. Conduit d'abord aux îles Baléares, puis en Angleterre, il rentra en France le 1er juin 1814 et fut mis en non-activité. Louis XVIII le créa chevalier de l'ordre royal et militaire de Saint-Louis le 17 janvier 1815, et l'Empereur, après son retour de l'île d'Elbe, lui confia l'organisation des gardes nationales dans la 14e division militaire. Rentré en non-activité après la catastrophe de mont Saint-Jean, il demeura dans cette position jusqu'au 20 mai 1818, époque de son admission à la retraite. Il est mort le 13 février 1831.

PRUÈS (Bernard), né à la Martinique le 11 juin 1773, entra comme volontaire dans les dragons de la Haute-Garonne en 1792. Dix-huit mois plus tard, il était sous-lieutenant au 24e des chasseurs à cheval. Il fit dans ces deux corps les campagnes d'Espagne et d'Italie, de 1792 à 1806, gagna tous ses grades sur le champ de bataille, se distingua surtout au combat de Casano (Italie) le 8 floréal an VII, où il fut blessé, et à l'attaque des redoutes du Caldiero le 8 brumaire an XIV, où il fut de nouveau blessé. Il mérita et obtint un sabre d'honneur en 1803 et la croix d'officier en 1804. Il n'était encore que capitaine.

Le 17 janvier 1807, il passa chef d'escadron au 16e des chasseurs à cheval. En 1808, il fut attaché en qualité d'aide-de-camp au général Bertrand qu'il suivit jusqu'en 1813.

Le 1er mars de cette année, il fut nommé colonel du 1er régiment des hussards Croates, puis il passa au 3e hussards.

Pendant les Cent-Jours, il fit partie du corps d'observation du Jura, sous les ordres de Lecourbe. M. Pruès fut nommé colonel du 13e de chasseurs à cheval, qui fit dans cette courte campagne des prodiges de valeur et s'immortalisa surtout dans la journée du 4 juillet. 60,000 ennemis, commandés par le prince de Colloredo, avaient débouché par Bâle ; Lecourbe se retira lentement et en bon ordre, disputant avec ses 6,000 hommes le terrain pied à pied. Il arriva intact sous le canon de Béfort, après avoir causé à l'ennemi une perte de plus de 15,000 hommes. Il fallait s'emparer de Béfort pour pénétrer dans l'intérieur, l'ennemi l'essaya et fut repoussé ; un régiment hongrois de la Garde (le Royal-Alexandre) fut chargé par deux escadrons du 13e chasseurs, et fut enfoncé et massacré. Des 630 hommes qui composaient le Royal-Alexandre, pas un seul n'échappa au sabre des cavaliers. Ce fait d'armes, d'une miraculeuse valeur, a laissé aux lieux où il s'accomplit le nom de *champ de la mort*.

En 1818 (8 mars), M. Pruès fut nommé chevalier de Saint-Louis. Il prit part en 1823 à la campagne d'Espagne, en qualité de commandant du quartier général du 4ᵉ corps de l'armée des Pyrénées. Il fut nommé à cette occasion chevalier de l'ordre d'Espagne de Saint-Ferdinand (2ᵉ classe) et admis à la retraite après la campagne avec le grade de maréchal de camp honoraire. Toutefois il a fait en 1831 la campagne de Belgique.

PULLY (Charles-Joseph, RANDON, comte de), général de division, né le 18 décembre 1751 à Paris (Seine). Le 22 avril 1768, il entra comme volontaire dans le régiment des hussards de Berchiny, et passa, le 2 décembre suivant, avec le grade de lieutenant, dans la 1ʳᵉ compagnie de Mousquetaires de la maison du roi. Le 11 avril 1770, il reçut le brevet de capitaine commandant dans le régiment de dragons de La Rochefoucauld. En 1776, il se rendit au camp de Vaussieux, sous les ordres du maréchal de Broglie, et servit en 1783, sur les côtes de Normandie, avec le maréchal de Vaux.

Nommé chef d'escadron le 1ᵉʳ mai 1788, et lieutenant-colonel du 10ᵉ régiment de cavalerie (Royal-Cravate) le 17 mai 1789, il développa dès lors des talents militaires que sa bravoure devait bientôt puissamment seconder. Bien qu'appartenant à une famille noble, il se rallia franchement aux principes de notre régénération politique, et rendit d'importants services pendant les troubles qui agitèrent les premières années de la Révolution.

Élevé au grade de colonel le 5 février 1792, il fut immédiatement employé à l'armée de Dumouriez. Il se signala à l'ouverture de la campagne, fut nommé général de brigade le 19 septembre de cette année, et contribua puissamment à la prise des hauteurs de Wavren. Le 15 décembre, la seconde colonne, dirigée par Pully, arrivait au pied de la montagne de Hamm, et l'attaque allait commencer, lorsqu'un Français, déserteur du camp ennemi, se jette à ses pieds, lui demande sa grâce et le conjure de ne point gravir cette position, fortifiée et défendue par un corps trois fois plus nombreux que les assaillants. Pully accorda la liberté au déserteur et lui dit : « Suis-moi, si tu veux la mériter. » En même temps, le signal est donné : les troupes, guidées par leur brave général, s'élancent avec impétuosité vers la montagne, la gravissent à la baïonnette et refoulent l'ennemi vers leurs batteries foudroyées par notre artillerie, habilement placée sur les hauteurs dominantes. Les retranchements sont bientôt enlevés, les canons pris ou démontés, les canonniers tués sur leurs pièces et 3,000 Autrichiens forcés d'abandonner leurs positions à 1,200 Français. Le général Beurnonville, sous les ordres duquel se trouvait Pully, écrivit à la Convention nationale pour lui rendre compte de la brillante conduite de cet officier général dans cette affaire. Le 8 mars 1793, il reçut le brevet de général de division, comme un témoignage de la satisfaction du gouvernement.

Le 17 mai suivant, il coopéra, sous les ordres de Custine, en avant de Herscheim et de Rehinzabern, à arrêter un corps prussien de beaucoup supérieur en nombre. Il se distingua d'autant plus particulièrement dans cette journée, qu'il répara en partie, par sa bonne contenance, une faute commise par le général Ferrières et qui pouvait gravement compromettre l'armée. Tandis qu'il était appelé au commandement du corps des Vosges, le général Pully était accusé, au sein même de la Convention, de trahison, et d'avoir abandonné le camp d'Hornebach pour se réunir aux émigrés. Il s'empressa de démentir énergiquement cette nouvelle, et écrivit en même temps au général en chef et au Comité de salut public pour demander une éclatante réparation de cette calomnie. Il ne fut point écouté et fut suspendu de ses fonctions le 1ᵉʳ août 1793. Réintégré le 25 germinal an III, il fut autorisé à faire valoir ses droits à la retraite ; il avait été réemployé à l'armée du Nord, lorsqu'un ordre du 4 vendémiaire an IV lui enjoignit de nouveau de cesser ses fonctions. Un arrêté du Directoire, du 23 floréal an IV, l'avait nommé inspecteur général de cavalerie à l'armée de Rhin-et-Moselle; mais ayant eu avis que Schérer avait commencé cette opération, Pully ne crut pas devoir se rendre à sa destination et resta sans emploi jusqu'au 19 nivôse an VIII, époque à laquelle le premier Consul lui confia le commandement de la 15ᵉ division militaire.

Il fut un des premiers qui, au 18 brumaire, offrit ses services au général Bonaparte. Il concourut ensuite, avec le général Gardanne, au désarmement de la 14ᵉ division militaire. Envoyé à l'armée du Rhin le 3 germinal suivant, et à celle des Grisons le 26 brumaire an IX, sous les ordres du général Macdonald, il franchit le Splugen à la tête d'une division, se signala au passage et à la prise de Saint-Alberto, et contribua, le 17 nivôse, à la reddition de la ville de Trente. Après la suspension des hostilités, il occupa militairement une partie du Tyrol, et fut envoyé le 24 fructidor dans la République cisalpine, pour y commander un corps de cavalerie. Pully y reçut, le 19 frimaire an XII, la décoration de membre de la Légion-d'Honneur, et le 25 prairial même année celle de commandeur de cet ordre; il devint membre du collège électoral du département de la Seine, et obtint, peu de temps après, le commandement d'une division de cuirassiers, faisant partie de l'armée du maréchal Masséna. Cette armée, qui se dirigeait vers les États autrichiens par le nord de l'Italie, tandis que la grande armée marchait sur Vienne, obtint partout les plus éclatants succès. Le général Pully prit une part glorieuse à tous les engagements qui eurent lieu pendant cette mémorable campagne, notamment au passage du Tagliamento.

Le 21 brumaire an XIV, la cavalerie des généraux Pully et Mermet engagea, d'une rive à l'autre de ce fleuve, une vive canonnade qui dura toute la journée. Le lendemain, à la pointe du jour, l'armée effectuait sans obstacles le passage de cette rivière et marchait sur l'Isonzo. Le 7 octobre 1809, il fut nommé inspecteur général de cavalerie aux armées de Naples et d'Italie, exerça en 1808 les mêmes fonctions dans les 27ᵉ et 28ᵉ divisions militaires, et fit avec une grande distinction la campagne de 1809 à la grande armée. Chargé, le 4 septembre de cette année, de la formation et de l'inspection des corps de l'armée du Nord, et, le 20 novembre suivant, de l'organisation de douze régiments de dragons et de leurs dépôts, il s'acquitta de ces deux fonctions avec autant de zèle que de talent. Il fut également chargé en 1810 et 1811 d'inspecter les troupes de cavalerie stationnées en Italie, et d'organiser les dépôts de remonte dans les 6ᵉ et 18ᵉ divisions militaires.

Nommé gouverneur du palais de Meudon le 5 janvier 1812, il fut appelé à organiser, à Versailles, le 1ᵉʳ régiment des Gardes d'honneur, dont Napoléon le nomma colonel le 8 avril 1813. Napoléon lui conféra, la même année, le titre de comte de l'Empire. Lors de la première abdication de l'Empereur, le général Pully envoya sa soumission à Louis XVIII qui le comprit, le 23 août 1814, dans une promotion de douze grands officiers de la Légion-d'Honneur, et lui donna la croix de Saint-Louis.

Après avoir successivement exercé,

en 1814 et 1815, les fonctions d'inspecteur général de cavalerie, il fut admis à la retraite le 4 septembre de cette dernière année.

Il accueillit la révolution de Juillet 1830 avec autant d'enthousiasme que celle de 1789, fut admis, le 7 février 1831, dans le cadre de réserve de l'état-major général, et rentra dans sa position de retraite le 1er mai de la même année. Il est mort à Paris, le 20 avril 1832.

Son nom est inscrit sur l'arc de triomphe de l'Étoile, côté Nord.

PUTHOD (Jacques-Pierre-Marie-Joseph, vicomte), né le 28 septembre 1769 à Bagèle-Châtel (Ain), entra comme volontaire, le 26 octobre 1785, au régiment de la Couronne (devenu 45e).

Gendarme (sous-lieutenant), compagnie Dauphin, il rejoignit son corps à Lunéville le 17 mars 1787. Ayant été licencié, il passa lieutenant au 3e bataillon de l'Ain le 12 décembre 1791, et au régiment d'infanterie colonel-général le 20 mai 1792. Le 22 août suivant, admis à l'état-major général, il fut nommé, le 13 septembre, capitaine au même corps.

Puthod fut envoyé le 10 mars, par le ministre Beurnonville, en qualité de commissaire supérieur du pouvoir exécutif, près l'armée du Rhin, pour la levée des 300,000 combattants décrétée le 24 janvier 1793. Confirmé dans son grade le 30 juillet, il se trouva à la glorieuse défense de Lille. Le général Renauld, qui commandait dans cette place, le nomma, en récompense de sa belle conduite, lieutenant-colonel le 3 octobre suivant.

Adjudant-général chef de brigade le 25 prairial an III, Puthod fit avec beaucoup de distinction les campagnes de cette année à l'an VII, aux armées du Rhin et d'Italie. Le général Macdonald l'éleva au grade de général de brigade, sur le champ de bataille de la Trébia, le 28 prairial an VII. Il continua à servir dans les mêmes armées jusqu'à l'an IX. Le 28 prairial an VIII, au passage du Danube, il avait fait 4,500 prisonniers, 28 pièces de canon; leurs caissons et les bagages de l'ennemi étaient tombés en son pouvoir.

Le 22 messidor, dans une charge à la baïonnette, à la tête de trois bataillons, il emporta d'assaut le débouché du Tyrol, prit la ville de Fussen, fit 1,000 prisonniers et enleva sept pièces de canon.

Le 8 frimaire an IX, au passage de la Sala, il ramena 900 prisonniers, et s'empara de neuf pièces de canon à l'affaire de Valtz. Le lendemain il se distingua de nouveau devant Salzbourg, où il prit trois pièces d'artillerie.

Mis en non-activité le 1er vendémiaire an X, il obtint de l'emploi dans la 5e division militaire le 1er vendémiaire an XI.

Passé dans la 6e le 6 vendémiaire an XII, le général Puthod fut créé membre de la Légion-d'Honneur le 19 frimaire.

Nommé commandeur de la Légion-d'Honneur le 25 prairial de la même année, il passa en l'an XIV à l'armée du Nord et commanda à Colmar. En 1807, il dirigea l'avant-garde au combat de Dirschaw et s'empara de cette ville. Au siége de Dantzig, son courage et ses talents concoururent puissamment à la prise de cette ville.

En 1808, Puthod passa en Espagne, y soutint sa brillante réputation, et fut promu le 24 novembre au grade de général de division.

Créé baron de l'Empire, il prit, le 15 octobre 1809, le commandement de la 4e division d'infanterie du 4e corps de l'armée d'Allemagne, et celui de la 25e division militaire le 21 avril 1810. Remplacé le 24 août 1811, il reçut l'ordre, le 4 octobre suivant, d'aller prendre le commandement de la 34ᵉ division militaire.

Le 20 janvier 1813, il passa à la 2ᵉ division du corps d'observation de l'Elbe. Le 31 mai, il combattit la Garde royale prussienne et la força d'évacuer Breslau.

Les 19, 20, 21 et 22 août, le général Puthod soutint de glorieux combats aux environs de Goldberg ; mais forcé, par suite des mouvements de l'armée, de se retirer sur le Bober, dans la nuit du 26 au 27, il voulut en vain passer ce torrent, accru par des pluies subites.

Quoique Puthod eût en tête un ennemi dix fois plus nombreux que lui, il le combattit pendant deux jours avec un courage inouï. Déterminé à se faire un passage, il gagna les hauteurs de Plagwitz et attendit son salut de sa bravoure et des fautes de l'ennemi.

Sa division, forte d'abord de 9,000 hommes, se trouvait réduite à 3,000. Attaqué par une armée entière, il sentit qu'une plus longue résistance devenait inutile. Il consentit à se rendre prisonnier de guerre, le 29, à Lawemberg. Le général Puthod ne revint en France qu'après l'abdication de l'Empereur.

Nommé, par le roi, chevalier de Saint-Louis, vicomte et inspecteur général d'infanterie dans le département du Haut-Rhin le 29 juillet 1814, Puthod fut appelé le 9 mai 1815 au commandement des gardes nationales de la 19ᵉ division militaire.

Mis en non-activité le 14 août, et compris dans le cadre d'organisation comme disponible le 30 décembre 1818, il reçut le commandement de la 14ᵉ division militaire le 30 mars 1820, et le titre de grand officier de la Légion-d'Honneur le 1ᵉʳ mai 1821.

Mis en disponibilité le 1ᵉʳ octobre 1829, et compris dans le cadre de réserve le 7 février 1831, il passa dans le cadre d'activité le 12 août suivant.

Admis à la retraite le 1ᵉʳ octobre 1834, le général Puthod mourut le 31 mars 1837. Son nom est inscrit sur l'arc de triomphe de l'Étoile, côté Nord.

Q

QUANTIN (Pierre), né à Ferraque, près Lisieux (Calvados), le 19 juin 1759. Il servait avant la Révolution dans l'artillerie de marine, qu'il abandonna pour celle de terre. Il fut nommé, en 1792, capitaine des canonniers du 3ᵉ bataillon du Calvados. Beaucoup d'instruction dans son arme qui, à cette époque, rendait la France supérieure à toutes les autres nations, un grand dévouement à la République, une activité de tous les instants, le firent rapidement acquérir les grades supérieurs.

En 1795, il avait déjà obtenu celui de général de division. Il fut employé sous les ordres du général Hédouville, chef d'état-major général de l'armée des côtes de Brest ; sous les ordres du général Hoche, dans les guerres de la Vendée.

Ses principes furent ceux de ces deux illustres généraux : éviter autant que possible de répandre le sang français, employer sans cesse la persuasion pour ramener des esprits égarés, et ne sévir avec rigueur que comme nécessité absolue et pour intimider par des exemples de sévérité. Il partagea les travaux du général Hédouville et mérita une part des éloges qu'on donna au noble pacificateur de la Vendée, pour la manière dont il s'était acquitté de cette mission difficile. Ce pauvre pays lui dut, non-seulement la paix, mais oublia encore un instant les désastres de cette guerre cruelle sous son administration sage et éclairée.

Le général Quantin quitta cette contrée en 1797 pour aller prendre le commandement de la 9ᵉ division à Nîmes; un an après, il passa dans la 8ᵉ et se rendit à Aix, qui en était le chef-lieu.

La majorité des citoyens s'abstenaient de se présenter aux élections primaires: chez les uns, c'était le dégoût d'assister à ces assemblées, où s'élevaient toujours de vives discussions qui dégénéraient en actes de violence, où fort souvent les suffrages étaient disputés à coups de poings; chez les autres, c'était indifférence, ou conviction de l'inutilité de ces élections que le [pouvoir exécutif cassait à volonté.

Le général Quantin adressa à ce sujet, au nom du Directoire, une proclamation par laquelle il engageait les habitants de la province à se rendre exactement à ces assemblées et à y concourir de leur vote. Les choses qui y furent faites ne plurent cependant point au Directoire qui annula, cette année encore, les opérations électorales, malgré les plus scrupuleuses observations des décisions réglementaires.

En l'an X, le général Quantin fut appelé à faire partie de l'expédition de Saint-Domingue, commandée par le général Leclerc. Il revint en France en l'an XI, après la mort du général en chef.

En l'an XII, il obtint la croix de la Légion-d'Honneur et fut nommé commandeur le 25 prairial de la même année. L'Empereur lui confia le commandement de Belle-Isle-en-Mer, qu'il conserva plusieurs années, et où il fit exécuter des travaux qui ont rendu ce port à peu près inexpugnable. Une disgrâce, dont les causes n'ont jamais été bien éclaircies, lui fit retirer ce commandement; il demanda et obtint sa retraite en 1811.

QUESNEL (François-Jean-Baptiste, baron de), né à Saint-Germain-en-Laye (Seine-et-Oise) le 18 janvier 1765, entra au 25ᵉ régiment d'infanterie le 18 juillet 1782.

Caporal le 18 septembre 1783, sergent le 10 octobre 1784, fourrier le 7 juillet 1786, sergent-major le 12 septembre 1789, sous-lieutenant le 15 septembre 1791, lieutenant et capitaine de grenadiers les 19 avril et 1ᵉʳ mai 1792, adjudant-général chef de bataillon le 15 mai 1793, adjudant-général chef de brigade le 30 septembre 1793, et général de brigade le 6 nivôse an II, il fit les campagnes de 1792 à l'an III aux armées du Nord et des Pyrénées-Orientales.

Lors de la suppression de cette dernière armée, Quesnel passa à celle des côtes de l'Océan, et le général en chef le plaça dans l'arrondissement de la Manche.

Le 18 fructidor an VI, le commissaire du Directoire près l'administration centrale de ce département l'ayant dénoncé pour ses liaisons avec des personnes dont les sentiments antirépublicains étaient connus, le ministre de la guerre demanda des renseignements aux représentants du peuple composant la députation de ce département; tous s'accordèrent à justifier que cet officier général avait rendu les plus grands services dans la poursuite des Chouans et la pacification de la Vendée; mais quelques-uns déclarèrent que son mariage avec une ci-devant noble lui ayant donné l'occasion de fréquenter des sociétés qui n'avaient pas la confiance des patriotes, il avait attiré sur lui le soupçon de n'être pas républicain et de favoriser les partisans du système qui existait avant le 18 fructidor. Ils témoignèrent même le désir de le voir conserver en activité, et, pour son intérêt personnel ainsi que pour la tranquillité du département, ils demandèrent son changement. Le général Lemoine, de son côté, écrivit en faveur du général Quesnel; il certifia qu'il avait toujours vu servir cet officier avec honneur et distinction à l'armée des Pyrénées-Orientales et à celle des côtes de l'Océan, où, par son énergie et son patriotisme, il était parvenu à pacifier l'arrondissement de la Manche qui lui était confié. Le général Augereau écrivit également au Directoire pour lui demander la conservation du général Quesnel.

Le Directoire, d'après tous ces renseignements, qui lui parurent satisfaisants, décida que le général Quesnel serait employé dans une autre division, et le ministre de la guerre lui donna, en conséquence, l'ordre de passer dans la 13° division militaire.

Mis en traitement de réforme le 23 floréal an VI, il reprit de l'activité à l'armée d'Italie le 17 pluviôse an VIII.

Quesnel fit les guerres d'Italie jusqu'à l'an VIII, et fut blessé d'un coup de biscaïen qui lui fractura l'avant-bras gauche à la bataille de Bassignant, le 23 floréal an VII. Il ne crut pas devoir quitter l'armée à cette époque; mais les douleurs qu'il éprouva le forcèrent à demander un congé de convalescence, que le Directoire lui accorda le 15 frimaire de l'année suivante.

Employé dans la République cisalpine le 12 prairial an IX, et en prairial an XI, près le corps de troupes à Faënza, Quesnel passa ensuite à l'armée de Naples.

Nommé membre de la Légion-d'Honneur le 19 frimaire an XII, commandant de l'Ordre le 25 prairial, et général de division le 12 pluviôse an XIII, il alla prendre un commandement à l'armée du Nord le 2 frimaire an XIV.

Disponible à la suppression de cette armée le 1er février 1806, il commanda la 9e division militaire le 7 juin suivant. Il passa à l'armée de Portugal vers la fin de 1807, s'y distingua, et fut nommé gouverneur d'Oporto et de la province d'Entre-Duero-e-Minho, avec le commandement de toutes les troupes espagnoles qui s'y trouvaient.

Fait prisonnier de guerre par les Anglais en 1808, et transféré à la Corogne, Quesnel se vit délivré par les Français qui s'emparèrent de cette ville le 16 janvier 1809. Ayant reçu l'ordre le 11 juillet de se rendre au quartier général, il partit pour Nimègue, et prit le 7 février 1810 le commandement des brigades de cavalerie légère. Le 3 mai suivant, il commanda la 11e division militaire.

Employé à l'armée de Catalogne, division de Puycerda, le 13 février 1811, il marcha avec ses troupes, le 3 mai, pour investir le fort de Figuières dont les miquelets s'étaient emparés. Le général Quesnel se fit remarquer dans les divers combats qui se livrèrent en avant de ce fort contre le général espagnol Campo-Verde, et reçut le titre de baron de l'Empire. Le 27 mai 1813, employé au corps d'observation de l'Adige, il enleva avec sa division, le 6 septembre, le château de Feistritz, où l'ennemi, qui s'était retranché, perdit 500 hommes tués ou blessés et autant de prisonniers. Le 15 novembre suivant, il se distingua de nouveau et contribua puissamment à la déroute des Autrichiens à Caldiero.

Quesnel revint à l'armée d'Italie, et assista à la bataille du Mincio le 8 février 1814; cette journée fit le plus grand honneur aux talents et à l'intrépidité de ce général et lui mérita les éloges du vice-roi.

A la rentrée des Bourbons, Louis XVIII le créa chevalier de Saint-Louis et grand officier de la Légion-d'Honneur. Le 4 septembre 1815, cet officier général obtint sa retraite.

Voici ce qu'on lit dans *la Biographie Boisjolin* sur la mort mystérieuse du général Quesnel.

« En avril 1819, il disparut tout à coup, et son corps fut retrouvé dans la Seine. On ne peut attribuer cet événement au suicide ; le général Quesnel, officier plein d'honneur et jouissant de l'estime de l'armée, n'avait aucun motif pour se donner la mort, et rien n'annonçait en lui, le matin de ce jour, ce funeste projet. On assura que, passant fort tard sur le pont des Arts, à Paris, il avait été saisi et jeté dans la rivière par des personnes qui, lui ayant fait des confidences relativement à la politique, en craignaient la révélation. Ce qu'il y a de certain, c'est qu'on trouva sur lui sa montre, son épingle et les bijoux qu'il portait habituellement. »

Son nom est inscrit sur l'arc de triomphe de l'Étoile, côté Nord.

QUIOT (Joachim-Jérôme, baron), né à Alixan (Drôme), en février 1776, fils de parents honorés dans le tiers état. Quiot avait à peine seize ans lorsqu'il partit pour l'armée des Alpes comme simple grenadier au 3ᵉ bataillon de volontaires de la Drôme, où Victor, depuis maréchal, était instructeur. Successivement caporal et sergent-major, il fut élu capitaine en 1793, fit ses premières armes au siége de Toulon, et passa ensuite à l'armée des Pyrénées-Orientales, où on lui confia le commandement d'un bataillon de chasseurs formé de l'élite des corps et constamment exposés aux avant-postes. Il assista aux prises de Collioure, du fort Saint-Elme et de Figuières, à la bataille de Boulon et au siége de Roses, qui termina la guerre des Pyrénées.

Envoyé en Italie après la paix de Bâle, Quiot y retrouva Victor, son ancien camarade, qui, devenu général, le prit auprès de lui comme aide-de-camp. A Rivoli, conduisant 300 hommes de la 18ᵉ demi-brigade, il enleva une des positions les plus difficiles et eut le bras traversé par une balle. A la bataille de la Favorite, il fit mettre bas les armes à 200 Autrichiens du corps de Provera, et eut le même jour son cheval tué en conduisant un bataillon de la terrible 57ᵉ à l'attaque du château. Nommé chef de bataillon sur le champ de bataille de Vérone, le 26 mars 1799, Quiot se trouva aux journées de la Trébia et de Fassano qui nous firent perdre momentanément l'Italie. Il y rentra l'année suivante avec l'armée de réserve, et eut le commandement de la colonne de gauche de la division Victor qui tourna le village de Marengo la veille de la bataille.

Membre de la Légion-d'Honneur à la création, Quiot passa auprès du maréchal Lannes, combattit à Ulm, à Hollabrünn, à Austerlitz, et fut nommé le 27 décembre 1805 colonel du 100ᵉ régiment de ligne, à la tête duquel il fut blessé à Iéna, en enlevant le village de Wierzen-Hellingen où s'appuyait l'aile gauche des Prussiens. Ce nouveau fait d'armes lui mérita la décoration d'officier de la Légion-d'Honneur.

Après la paix de Tilsitt, le colonel Quiot suivit le 5ᵉ corps en Espagne, et obtint le titre de baron de l'Empire après le second siége de Saragosse.

En Andalousie, en 1810, lors du passage de la Sierra-Moréna, il attaqua la division espagnole du général Lascy, retranchée dans le défilé de Spena-Perros, la battit complétement, lui fit 800 prisonniers et s'empara des drapeaux des régiments des gardes espagnoles et de Jaen. Au siége de Badajoz, étant major de tranchée, il repoussa deux sorties de la garnison et reçut dans la seconde un coup de biscaïen à la tête.

Après la bataille de la Gébora, où il

mérita les éloges du maréchal duc de Dalmatie, il vint au siége de Campo-Mayor dont il fut nommé gouverneur; les brèches de la place n'étaient pas encore réparées, lorsqu'il apprit que 15,000 Anglo-Hanovriens, venant de Lisbonne sous la conduite de Beresford, n'étaient plus qu'à trois lieues. En quelques instants toute la division Latour-Maubourg, prévenue par lui et réunie devant la ville, put commencer son mouvement de retraite sur Badajoz. Pendant ce temps, Quiot, après avoir formé son régiment en trois bataillons carrés, soutenait les charges de la cavalerie ennemie opérées dans une plaine large de quatre lieues, sous la protection de six pièces d'artillerie légère. Ce mouvement rétrograde, effectué avec le plus grand succès par trois faibles bataillons devant une armée, valut au colonel Quiot un témoignage particulier de la satisfaction du duc de Trévise, qui obtint pour lui de l'Empereur le grade de général de brigade le 19 mai 1811. Le 100ᵉ régiment lui offrit une épée d'honneur comme gage d'attachement et de reconnaissance.

Employé dans son nouveau grade avec le 3ᵉ corps en Espagne, il marcha contre le général Ballesteros, le battit à la bataille d'Albuera, y fut atteint d'un coup de baïonnette à la cuisse gauche; le battit ensuite à l'embouchure de la Guadiana et le força d'aller chercher par mer un refuge à Cadix.

Le général Quiot revenu en France pour prendre quelque repos, rentra en ligne dans les rangs du 1ᵉʳ corps après la rupture de l'armistice de 1813. A Külm, le 30 août, chargé d'attaquer le corps prussien de Kleist, il avait déjà culbuté la 1ʳᵉ ligne ennemie, fait 2,000 prisonniers et enlevé quatre pièces de canon, lorsqu'une fausse direction donnée aux troupes chargées de le soutenir, compromit toute sa brigade, dont la moitié fut bientôt mise hors de combat. Blessé lui-même dangereusement à l'épaule et fait prisonnier de guerre, il fut conduit en Bohême et de là en Hongrie, d'où il ne revint qu'après la paix de 1814.

A sa rentrée en France, il obtint successivement la croix de Saint-Louis, le commandement du département de la Drôme et la croix de commandeur. Au retour de Napoléon, il sollicita sa mise en disponibilité; mais au bruit d'une coalition contre la France, il reprit du service dans le 1ᵉʳ corps de l'armée du Nord et fit la campagne de Waterloo. Dans les premières années de la Restauration, il commanda les subdivisions de la Drôme et de l'Isère. Élevé à la dignité de grand officier de la Légion-d'Honneur, le 17 août 1822, et nommé lieutenant-général le 30 juillet 1823, il obtint la pension de retraite en mai 1831. Retiré dans sa terre du Passage, département de l'Isère, il fut pendant plusieurs sessions membre du conseil général. Il est mort à La Balme, près Grenoble, le 12 janvier 1850. Le nom du général Quiot est inscrit sur le côté Sud de l'arc de triomphe de l'Étoile.

R

RADET (ÉTIENNE, baron) entra comme soldat au régiment de la Sarre-Infanterie le 4 avril 1780.

Caporal le 20 mars 1781, sergent le 26 avril 1782, il fit la traversée de Rochefort au cap Français. Congédié le 12 octobre 1786, il se fit cavalier de maréchaussée le 30 novembre de la même année. Brigadier le 11 décembre 1787, il donna sa démission pour entrer dans la garde nationale, en qualité de sous-lieutenant, le 11 août 1789; lieutenant le 10 novembre, il fut nommé capitaine des canonniers le 1er octobre 1790. Radet instruisit et forma la garde nationale de Varennes.

Lors de l'arrestation de Louis XVI, il se conduisit de manière à favoriser l'arrivée de ce prince à Montmédi.

Major le 9 août 1791, chef de bataillon du canton de Varennes le 16 mars 1792, et adjudant-général de légion le 25 juin, il remplit, le 15 juin suivant, les fonctions d'aide-de-camp provisoire des généraux Dillon et Dubois.

Arrêté et traduit au tribunal révolutionnaire comme prévenu de correspondance avec les émigrés et les ennemis de la France, et d'avoir été un des complices de la fuite de Louis XVI, il fut cependant acquitté, le 16 pluviôse an II, et renvoyé auprès du général Dubois.

Radet fit la campagne de 1792, se trouva à la reddition de Verdun, à la défense des ponts de Villosne et Consenwoye, et rejoignit l'armée des Ardennes, avec une partie de sa légion, à la côte de Biesme. Il assista, près de Kellermann, à l'affaire du camp de la Lune, et poursuivit les Prussiens dans leur retraite sur Deux-Ponts.

Passé à l'armée de la Moselle, Radet combattit vaillamment à l'affaire d'Arlon, à la bataille de Niderbronn et à la reprise des lignes de Weissembourg et du Palatinat.

Revenu à l'armée du Nord, il prit part à toutes les opérations de l'aile droite de cette armée.

Employé de nouveau à l'armée de la Moselle, dite de *Sambre-et-Meuse*, il assista, le 12 frimaire an II, à la bataille de Bossut sous le général Kléber.

Ayant fait dans cette affaire 200 émigrés prisonniers, Radet, au lieu d'exécuter la loi qui ordonnait de les faire fusiller, sollicita et obtint du général Bernadotte de les incorporer dans les rangs français et de renvoyer les officiers sur parole. Le 22 du même mois, il se trouva à la prise de Charleroi.

Nommé adjudant-général chef de brigade par les représentants du peuple le 15 floréal an II, et attaché à la division de cavalerie du général Dubois, il se distingua à la bataille de Fleurus, au combat et à la prise de Mons, les 8 et 13 messidor. Confirmé le 25 prairial an III, il acquit une nouvelle gloire au combat de Dierdorff le 28 germinal an V.

Dans cette journée, Radet, se trouvant engagé avec la légion de Bussy, remarqua dans la mêlée un sous-officier de ce corps qui mit pied à terre et donna son cheval à son officier pour le sauver, ce qui le fit devenir prisonnier, ainsi qu'un autre officier de la même légion; touché d'un aussi noble trait, Radet renvoya de suite ce sous-officier ainsi que l'officier. Quelques jours après, à la paix de Friedberg, il alla voir la légion de Bussy, cantonnée dans le voisinage, raconta le fait dont il avait été témoin, et s'informa si l'officier et le sous-officier étaient rentrés. Non-seulement Radet revit ce brave avec une vive satisfaction mais il obtint du major de Vignol, commandant la légion, de l'emmener à Friedberg pour le présenter au général Hoche, qui l'accueillit parfaitement. Radet profita de cette circonstance pour obtenir le renvoi d'un officier et de 16 émigrés de cette légion, et remit au brave sous-officier les attestations de son dévouement, au moyen desquelles il obtint la médaille d'argent de Marie-Thérèse. Ce sous-officier s'appelait de Condé; plus tard, Radet le fit rayer de la liste des émigrés et contribua puissamment à le faire placer avantageusement au ministère de l'administration de la guerre à Paris.

En l'an VI, rappelé des armées actives, il fut envoyé comme chef de légion de gendarmerie pour réorganiser la 24ᵉ division de cette arme à Avignon, la commander et contribuer au rétablissement de la tranquillité dans le Midi. C'est là qu'il vit, pour la première fois, le général Bonaparte à son retour d'Égypte. Témoin des services rendus par Radet dans cette contrée et de la considération qu'il s'y était acquise, le général Bonaparte lui parla beaucoup, dans une longue conférence, du service de la gendarmerie, des principes de l'organisation de ce corps, et ce fut à cette circonstance que Radet dut son avancement.

Devenu premier Consul, Bonaparte l'appela à Paris, et le nomma général de brigade de gendarmerie le 15 floréal an VIII. Radet s'occupa alors d'un grand travail relatif à l'organisation de ce corps, et le soumit au premier Consul, qui l'approuva. Il prit le commandement en chef de toute la gendarmerie de France, la réorganisa, et l'on peut dire qu'elle se ment encore aujourd'hui d'après les règlements qu'il a faits pour elle et les relations qu'il lui a fixées avec les diverses autorités publiques.

Nommé membre de la Légion-d'Honneur le 19 frimaire an XII, commandeur de l'Ordre le 25 prairial, et électeur de la Meuse, Radet inspecta successivement la gendarmerie en Corse, en Piémont, à Gênes, et fut chargé, le 27 mars 1808, d'organiser la gendarmerie en Toscane.

A cette époque, l'Autriche avait armé contre la France et manifestait l'intention de soumettre les princes de la Confédération ; Napoléon, pour soutenir ses alliés, menacés par le cabinet de Vienne, quittait en toute hâte l'Espagne, et, à la tête d'une grande armée en quelque sorte improvisée, pénétrait au centre de l'Allemagne ; l'Espagne, l'Autriche et l'Angleterre cherchaient à nous susciter des ennemis, surtout en Italie. Un mouvement général, secrètement dirigé par le cardinal Pacca, était préparé dans les États romains.

Le pape Pie VII venait de lancer une bulle d'excommunication contre l'Empereur : l'Europe était sur le point de subir un embrasement général. Napoléon jugea prudent de se mettre à l'abri des craintes que l'Italie lui inspirait, et il prit l'unique mesure qui, peut-être, pouvait lui faire atteindre son but, en mettant fin aux malheureuses intrigues du gouvernement pontifical. En conséquence, une dépêche télégraphique du 14 mai 1809 ordonna au général Radet de partir dans les vingt-quatre heures pour Rome.

Dans la nuit du 5 au 6 juillet, ce général, aidé d'un millier d'hommes, gendarmes, conscrits ou soldats de la garde civique de Rome, fit appliquer des échelles au palais Quirinal, où le pape se tenait enfermé. Les fenêtres et les portes intérieures ayant été forcées, il arriva, suivi de ses hommes jusqu'à la pièce qui précédait immédiatement la chambre à coucher du pape. Celle-ci lui fut ouverte par ordre de Sa Sainteté, qui s'était levée au bruit et revêtue à la hâte de ses habits de ville. Le général s'avança vers le pape, le chapeau à la main, et lui dit :

« Saint-Père, je viens au nom de mon souverain, l'Empereur des Français, vous dire que Votre Sainteté doit renoncer au domaine temporel des États de l'Église. »

Le pape, toujours assis, répondit avec calme :

« Je ne le puis, je ne le dois pas, je ne le veux pas. J'ai promis devant Dieu de conserver à la sainte Église toutes ses possessions, et je ne manquerai jamais au serment que j'ai fait de les lui maintenir. »

La conversation continua quelque temps encore, et le général Radet descendit avec son prisonnier. Une voiture attendait à l'une des portes extérieures du palais : on y fit monter le pontife avec le cardinal Pacca, et l'on suivit la route de Florence.

A son arrivée dans cette ville, le général remit le pape à un autre officier de gendarmerie, qui le conduisit à Savone. Durant le cours de cette mission délicate, Radet conserva pour Sa Sainteté les égards et le respect dus à son auguste caractère. Son expédition terminée, il retourna à Rome.

Après avoir donné ici la version la plus accréditée sur ces événements, il est juste que nous mettions sous les yeux de nos lecteurs, celle du *Mémorial de Sainte-Hélène*, telle qu'elle est rapportée dans le tome V, page 388, édition de 1824.

« Quand on connaîtra, dit Napoléon, la vérité de mes querelles avec le pape, on s'étonnera de tout ce qu'il fit souffrir à ma patience, car on sait que je n'étais pas endurant.

« Lorsqu'il me quitta après mon couronnement, il partit avec le secret dépit de n'avoir pas obtenu de moi les récompenses qu'il croyait avoir méritées. Mais quelque reconnaissance que je lui eusse portée d'ailleurs, je ne pouvais après tout trafiquer des intérêts de l'Empire pour l'acquit de mes propres sentiments; et puis j'étais trop fier pour sembler avoir acheté ses complaisances.

« A peine eut-il mis le pied sur le sol italien, que les intrigants, les brouillons, les ennemis de la France, profitèrent de ses dispositions pour s'en saisir, et dès cet instant tout fut hostile de sa part. Ce n'était plus le doux, le paisible CHIARAMONTI, ce bon évêque d'Imola, qui s'était proclamé de si bonne heure digne des lumières de son siècle. Sa signature n'était plus apposée qu'à la suite d'actes tenant bien plus des Grégoire et des Boniface que de lui. Rome devint le foyer de tous les complots tramés contre nous. J'essayai vainement de le ramener par la raison, il ne m'était plus possible d'arriver jusqu'à ses sentiments. Les torts devinrent si graves, les insultes si patentes, qu'il me fallut bien agir à mon tour. Je me saisis donc de ses forteresses, je m'emparai de quelques provinces, je finis même par occuper Rome, tout en lui déclarant et en observant strictement qu'il demeurait sacré pour moi dans ses attributions spirituelles, ce qui était loin de faire son compte.

« Cependant, il se présenta une crise; on crut que la fortune m'abandonnait à Essling, et aussitôt on fut prêt à Rome pour soulever la population de cette grande capitale. L'officier qui y commandait ne crut pouvoir échapper au danger qu'en se défaisant du pape qu'il mit en route pour la France. Un tel événement s'était opéré sans ordres, et même il me contrariait fort. J'expédiai donc sur-le-champ pour qu'on fît demeurer le pape où on le rencontrerait, et on l'établit à Savone, où on l'entoura de soins et d'égards : car je voulais bien me faire craindre, mais non le maltraiter; le soumettre, mais non l'avilir : j'avais bien d'autres vues ! Ce déplacement ne fit qu'accroître le ressentiment et les intrigues. Jusque-là la querelle n'avait été que temporelle; les meneurs du pape, dans l'espoir de relever leurs affaires, la compliquèrent de tout le mélange du spirituel. Alors il me fallut le combattre aussi sur ce point : J'eus mon conseil de conscience, mes conciles, et j'investis mes cours impériales de l'appel comme d'abus; car mes soldats ne pouvaient plus rien à tout ceci; il me fallut bien combattre le pape avec ses propres armes.

« A ses érudits, à ses ergoteurs, à ses légistes, à ses scribes, je devais opposer les miens. Il y eut une trame anglaise pour l'enlever de Savone : elle me servait ; je le fis transporter à Fontainebleau ; mais là devait être le terme de ses misères et la régénération de sa splendeur. Toutes mes grandes vues s'étaient accomplies sous le déguisement et le mystère, j'avais amené les choses au point que le développement en était infaillible, sans nul effort et tout naturel. »

Vers la fin de 1809, Radet obtint le titre de baron de l'Empire et une dotation de 4,000 francs en Westphalie. Grand prévôt de la grande armée le 30 mars 1813, il fut nommé général de division le 5 novembre suivant. Après le rétablissement des Bourbons, en 1814, le général Radet cessa d'être employé activement.

Il était dans sa famille, quand on annonça le retour de Napoléon, le 12 mars. Il écrivit aussitôt au roi pour lui offrir ses services ; sa lettre resta sans réponse. Appelé à Paris par le général en chef de la gendarmerie, il reçut l'ordre, le 31 mars, de se rendre à Lyon pour prendre le commandement de la gendarmerie des 7e, 8e et 19e divisions militaires, et d'exécuter les mesures qui lui seraient indiquées afin de prévenir la guerre civile.

C'est en arrivant à Lyon qu'il apprit la présence du duc d'Angoulême dans le Midi ; peu de jours après, et sans avoir quitté Lyon, ni agi activement, il apprit la capitulation du prince, qu'on lui confirma à Pont-Saint-Esprit, où il suivit le général en chef, et où la garde de la personne du duc et de sa suite fut mise sous sa responsabilité.

Après le second retour des Bourbons, le général Radet fut traduit par-devant le 1er conseil de guerre de la 6e division militaire, à Besançon, et condamné à neuf ans de détention, comme convaincu d'avoir, par ses écrits et ses discours, cherché à éloigner de leurs devoirs les militaires et les sujets qui étaient restés fidèles à leur souverain légitime, et de les avoir engagés à passer au *parti rebelle*.

Voici l'ordre du jour que publia le général Radet à Pont-Saint-Esprit, et qui motiva sa condamnation :

« Ordre général de la gendarmerie du Midi.

« Gendarmes, les destins de la France sont enfin accomplis ; l'empereur Napoléon est remonté sur le trône, la grande nation a retrouvé son père et recouvré ses droits, le patriotisme des beaux jours de la Révolution a repris une nouvelle énergie, l'enthousiasme est à son comble.

« La noblesse est supprimée, la liberté de la presse nous est garantie, et nos droits vont être définitivement réglés par une charte constitutionnelle à laquelle concourront tous les électeurs des départements de l'Empire, réunis au Champ de Mai à Paris, pour le couronnement de l'Impératrice.

« L'empereur ne veut plus de guerre au dehors ; la paix, la tranquillité et le bonheur des Français sont l'objet de tous ses vœux ; et qui, mieux que ce héros, peut accomplir ce bel ouvrage ?

« La courte apparition des Bourbons sur le trône de France, après avoir fait couler le sang français pendant vingt-cinq ans, nous a montré leurs principes. Les émigrés avaient pris les premières places de l'État ; les Vendéens et les assassins étaient anoblis, les domaines de la couronne étaient dilapidés, l'armée s'anéantissait, les acquéreurs des domaines nationaux étaient menacés d'une ruine prochaine, et les prêtres abusaient de leur ministère sacré pour nous replonger sous le plus affreux despotisme, en cherchant à rétablir avec lui la dîme et la féodalité.

« Gendarmes, tant d'horreurs devaient avoir un terme ; le grand Napoléon s'est montré, et, d'un souffle, en a délivré notre patrie.

« Le roi, le comte d'Artois et le duc de Berri ont précipitamment quitté Paris, le 20 mars, à une heure du matin, emportant les diamants de la couronne avec les trésors de l'État, sous l'escorte des Gardes du corps et de leur maison militaire, qu'ils ont licenciés à la frontière. Le même jour, l'Empereur est arrivé dans la capitale au milieu des acclamations d'un peuple immense, ivre de joie.

« Le duc d'Angoulême était à Bordeaux, où il laissa son épouse pour venir lui-même soulever les belles contrées du Midi et organiser la guerre civile, le plus terrible des fléaux.

« La princesse a quitté le territoire français pour fuir en Angleterre; son époux et les chefs de son armée sont en notre pouvoir, leur armée est licenciée, et leurs projets insensés n'ont obtenu que le triste résultat de faire couler le sang français sur les rives de la Drôme et de l'Isère, tandis que l'Empereur, pour remonter sur le trône, n'a pas fait brûler une amorce.

« Gendarmes, l'armée a bien mérité de la patrie; partout la nation se montre digne de la gloire et de l'honneur du nom français; sa cause sacrée et celle de l'Empereur ne sont qu'une : vaincre ou mourir est désormais sa devise; le feu sacré circule dans nos veines, et vous partagerez avec la même énergie ce noble dévouement.

« Il reste peut-être encore un petit point dans le Midi où les ennemis de la patrie ont comprimé l'élan du peuple, en empêchant que la nouvelle des grands événements qui viennent de se succéder rapidement n'y pénétrât. Je vous charge de la propager, et je suis certain que les signes sacrés de ralliement des Français, la cocarde et le drapeau tricolores, seront arborés.

« Officiers, sous-officiers et gendarmes, redoublez de zèle et d'activité pour le maintien de l'ordre et de la tranquillité; point d'anarchie, point de vengeance, ni de brigandage. Napoléon, en bon père, pardonne à l'erreur : imitons et bénissons sa clémence.

« Vive l'Empereur !

« Le lieutenant-général commandant en chef la gendarmerie impériale du Midi, et grand-prévôt de Sa Majesté à l'armée.

« B. RADET.

« A Pont-Saint-Esprit, le 11 avril 1815. »

Le général Radet fut enfermé dans la citadelle de Besançon, le 28 juin 1816; mais il obtint, le 24 décembre 1818, une décision royale qui lui fit remise du restant de sa peine.

Admis à la retraite le 1ᵉʳ décembre 1819, il mourut à Varennes (Meuse), le 27 septembre 1825.

RADOULT DE LA FOSSE (PIERRE-THOMAS), âgé de 64 ans, général d'artillerie en retraite, commandeur de la Légion-d'Honneur et chevalier de Saint-Louis; il a, pendant quarante ans, servi sa patrie avec honneur. Né à Villeneuve-d'Agen, entré à l'École polytechnique l'an XII de la République, et, à l'École d'application de Metz, en 1806, il prit part à toutes les campagnes de l'Empire, y compris celle des Cent-Jours.

Se trouvant à Toulouse, à la Révolution de Juillet, il fut appelé, dès le premier jour, au commandement des troupes; et c'est surtout à sa conduite ferme et prudente que cette ville dut le maintien de sa tranquillité.

Nommé, en 1835, colonel directeur de l'artillerie à Bastia, et, six mois après, chargé du commandement du 11ᵉ régiment d'artillerie, il fut, sur la demande du Comité de cette arme, appelé, par le ministre de la guerre, au commandement en second et à la direction des études de l'École d'application de l'artillerie et du génie.

Promu, en 1842, au grade de général de brigade, et chargé du commandement de l'artillerie de Besançon, il obtint, à la fin de 1845, attendu son âge avancé et ses longs services, d'être placé dans la deuxième section du cadre de l'état-major général.

A la Révolution de Février, il vivait retiré à Villeneuve-d'Agen, où son père avait été vingt-cinq ans receveur particulier des finances, aimé, estimé de tous et considéré comme un des hommes les plus honorables du département, lorsqu'il a été envoyé à l'Assemblée nationale; et le peuple entier a applaudi à son élection, car il sait apprécier le caractère généreux et élevé de ce vieux soldat, franchement libéral, sincèrement religieux, qui, dans les commissions de la Constituante, s'est rendu utile par son expérience, ses études pratiques et son esprit libre de tout préjugé.

RAMBOURGT (Gabriel-Pierre-Patrice), né à Troyes (Aube). A peine sorti de l'enfance, il se rangea sous le drapeau national le 18 septembre 1792 en qualité de sous-lieutenant dans le 10ᵉ régiment de cavalerie. Sa conduite distinguée pendant les campagnes de 1793 et de 1794, lui valut le grade de lieutenant; il déploya la plus grande valeur à la bataille de Kayserslautern contre les Prussiens où il fut blessé.

En 1797, il fut fait capitaine sur le champ de bataille dans les environs de Friedberg.

Le 6 mai 1800, près d'Ulm, il résista à trois charges exécutées par des forces supérieures, repoussa les Autrichiens et les mit en déroute. Il combattit glorieusement à Austerlitz, fut nommé aide-de-camp du général Caffarelli et se signala dans les deux campagnes de 1806.

En 1807, le vice-roi d'Italie le nomma chef d'escadron, puis major (lieutenant-colonel). Employé dans ce grade à l'armée d'Espagne, il se fit connaître par de nombreux exploits, surtout en Catalogne où l'Empereur lui conféra le grade de colonel.

Après la bataille du *Pont-du-Roi*, au succès de laquelle il contribua, le général Saint-Cyr lui donna l'honorable mission d'en porter la nouvelle à l'Empereur, qu'il rencontra à Valladolid. Envoyé à l'armée d'Italie, Eugène l'attacha à son état-major et le chargea d'organiser la cavalerie légère italienne. Il fit la campagne de 1809 avec la plus grande distinction. Ce fut encore lui qui alla présenter à Napoléon, à Schœnbrunn, les trophées de la victoire de Raab; le colonel Rambourgt fut fait officier de la Légion-d'Honneur.

A la bataille de Wagram, il fit plusieurs charges très-brillantes. Chargé peu après d'une mission difficile et importante, il s'en acquitta si bien qu'il fut nommé baron d'Empire.

De toutes les missions dont il fut chargé, celle du Tyrol fut la plus périlleuse pour lui; malgré toutes les précautions qu'il prit, il tomba entre les mains de l'ennemi et fut conduit devant Hofer: il se tira de ce mauvais pas par une ruse et par sa présence d'esprit.

A la bataille de la Moscowa, le régiment du colonel Rambourgt et un autre régiment de chasseurs italiens tenaient l'extrême gauche de toute l'armée. Une nuée de Cosaques vient les attaquer; mais le colonel Rambourgt qui avait instruit son régiment à faire, à cheval, des feux de peloton et d'escadron, repoussa vigoureusement cette attaque dangereuse. Pendant la retraite, ce fut lui qui commanda l'escadron sacré composé en grande partie d'officiers de différents corps. Arrivé à Marienwerder, il fut envoyé en Italie pour réorganiser la cavalerie avec laquelle il fit la campagne de 1813.

Le 3 décembre 1813, il exécuta une charge dans laquelle il fit 800 prisonniers ; cette action lui valut le grade de général de brigade. Le 2 mars 1814, au combat de Parme, il se signala de nouveau, détruisit l'arrière-garde ennemie dans Reggio, et soutint la retraite de l'armée depuis le Taro. A la suite de ces faits d'armes, il fut nommé commandeur de la Couronne de Fer.

Dans la campagne de 1815, il fit des prodiges de valeur à la tête de la cavalerie légère de l'armée du Jura ; ce fut lui que le général Lecourbe envoya à Paris porter la soumission de l'armée. Mis à la demi-solde, il reçut ordre de quitter Paris dans les vingt-quatre heures et se retira dans le département de l'Aude, où il s'occupa de travaux agricoles.

En 1820, il commandait, à Colmar, la 2e subdivision de la 5e division militaire au moment de la conspiration de Béfort ; la conduite qu'il tint en cette circonstance fut vivement blâmée des autorités royalistes ; il feignit d'ignorer beaucoup de choses, et il ne dépendit pas de lui que les conspirateurs ne s'arrêtassent dans des menées qui devaient les perdre. Après juillet 1830, le général Rambourgt quitta son commandement en emportant l'estime des Alsaciens. Il fut mis à la retraite avant l'âge en 1832. En 1833, il fut nommé membre du conseil général de l'Aube.

RAMEL (Jean-Pierre), né à Cahors en 1768, entra à 15 ans comme volontaire dans un régiment d'infanterie, fut nommé en 1791 adjudant-major dans la légion du Lot, devint, l'année suivante, capitaine dans celle des Pyrénées, et fut promu en 1793 au grade de chef de bataillon. Incarcéré avec son frère, il dut sa liberté au général Dugommier et fut nommé adjudant-général en 1796. Il fit en cette qualité la campagne du Rhin, sous les ordres de Moreau, et, chargé de la défense de Kehl, il repoussa avec succès les attaques de l'archiduc Charles. La même année, il fut appelé au commandement de la garde du corps législatif ; fit au 18 fructidor d'inutiles efforts pour empêcher que la représentation nationale ne fût violée ; fut arrêté et conduit à la prison du Temple, et, le lendemain, une loi le condamna à être, avec les proscrits de la veille, Pichegru, Barthélemy, Barbé-Marbois, déporté à Sinnamari. Il parvint, en juin 1798, à s'échapper de cette colonie et à gagner l'établissement hollandais de Paramaribo, avec Pichegru, Murinais, Willot, Lafond-Labedat, président du conseil des Anciens, le directeur Barthélemy, Barbé-Marbois, Tronçon-Ducoudray, etc. Il se rendit à Londres et y fit paraître, en 1799, un journal des faits relatifs à la journée du 18 fructidor, *du Transport, du Séjour et de l'Évasion des Déportés*, in-18. Ayant ensuite reçu la permission de rentrer en France, il obtint de l'emploi dans l'expédition de Saint-Domingue, sous les ordres du général Rochambaud, et y fut blessé d'un coup de feu dont les suites l'empêchèrent longtemps de faire un service actif. En l'an XIII, il fut envoyé en Italie ; il fit la campagne de cette année, sous les ordres de Masséna, et fut chargé ensuite du commandement des côtes de la Méditerranée. En 1809, il fut employé à la gendarmerie, et fit, en 1810 et 1811, les campagnes d'Espagne et de Portugal ; il s'y distingua dans plusieurs occasions, notamment à la prise d'Astorga, où, avec quelques troupes de la division Souham, il se rendit maître d'un pont défendu par 30 pièces de canon qui tombèrent en son pouvoir.

Après la première Restauration, Ramel fut enfin élevé au grade de maréchal de camp et reçut la décoration de Saint-Louis. Lors du second retour du roi, il fut nommé au commandement du département de la Haute-Garonne. Il rendit inutiles, pendant quelque temps, les efforts des réacteurs pour exciter des désordres à Toulouse, imposa à l'esprit de parti, et fit mettre en liberté plusieurs personnes que leurs opinions avaient rendues suspectes; mais bientôt il fallut désarmer les compagnies secrètes qui s'étaient fait, dans le Midi, sous le nom de Verdets, une si horrible célébrité; il se fit, en obéissant à ses devoirs, des ennemis de tous ceux qui composaient ces bandes d'égorgeurs, et le 15 août suivant, à sept heures du soir, un rassemblement se forma devant son hôtel et y exécuta une *farandole*, aux cris de *à bas Ramel! mort à Ramel!* Le général sortit et se présenta. *Que voulez-vous à Ramel?* dit-il d'une voix forte. Cette contenance imposa un instant aux brigands; mais au moment où il se retirait, les assassins se précipitèrent sur lui et sur le factionnaire placé à la porte, et tous deux tombèrent percés de coups. On porta le général dans son hôtel; mais bientôt les Verdets, apprenant qu'il respirait encore, firent irruption dans l'hôtel, le mirent au pillage, pénétrèrent jusque dans la chambre de leur victime, et l'achevèrent sur son lit. M. de Villèle était alors maire de Toulouse, et il ne crut pas devoir intervenir; ce fut seulement au bout de deux ans que les assassins de l'infortuné général furent traduits devant la Cour prévôtale de Pau. Deux d'entre eux furent condamnés à la réclusion; les autres furent acquittés.

RAMPON (Antoine-Guillaume, comte), né à Saint-Fortunat, arrondissement de Privas (Ardèche), le 16 mars 1759, s'engagea à 16 ans, le 14 mai 1775, dans le 70e de ligne devenu 32e demi-brigade, et reçut l'épaulette de sous-lieutenant le 12 janvier 1792, fit la première campagne du Piémont et fut nommé lieutenant sur le champ de bataille le 5 août de la même année. Passé à l'armée des Pyrénées-Orientales, il s'y distingua et fut fait capitaine le 8 septembre 1793, donna des preuves du plus grand sang-froid et du plus intrépide courage près de Villelongue, fut élevé au grade d'adjudant-général chef de bataillon et enleva aux Espagnols un poste situé dans la montagne des Alberts. Après s'être plusieurs fois distingué, il fut nommé colonel chef de la 129e demi-brigade en octobre 1793, et prit encore sous ses ordres le 3e bataillon de l'Ariége avec lequel il fit des prodiges de valeur au col de Bagniouls et à Espouille dont il s'empara, se porta sur les hauteurs de Port-Vendre, se vit entouré d'ennemis. Il se retira dans un petit fort, où il résista au grand nombre jusqu'à la dernière extrémité, fut forcé de se rendre; resta prisonnier pendant 22 mois, alla rejoindre ses anciens frères d'armes en Italie, comme chef de brigade de la 129e (32e demi-brigade), s'acquit une gloire immortelle à la défense de la redoute de Montelegino. « Ce fut, écrivait Bonaparte, dans cette « redoute que le chef de brigade Rampon, par un de ces élans qui caracté- « risent une âme forte et formée pour « les grandes actions, fit, au milieu du « feu, prêter à ses soldats le serment de « mourir plutôt que de se rendre. »

Beaulieu et son lieutenant d'Argenteau commandaient les Autrichiens; le 10, Beaulieu se heurta à Voltri contre la droite de la division Laharpe, et le 11, d'Argenteau trouva le col de Montenotte occupé par Rampon. Ce brave qui n'avait que 1,200 hommes se replia d'abord; mais, sentant toute l'importance de cette position, il se rallia dans l'ancienne redoute, mit ses canons en batterie et fit jurer à sa troupe de tenir jusqu'à la dernière extrémité. L'ennemi monte à l'assaut; mais, accueilli par les feux croisés de l'artillerie et de la mousqueterie, il plie et se rompt. Trois fois d'Argenteau les ramène à la charge, trois fois Rampon lui présente un rempart de baïonnettes et le culbute en lui faisant éprouver des pertes énormes ; dans la nuit, Laharpe, Augereau, Masséna accourent, et le lendemain a lieu la bataille de Montenotte.

Peu de jours après, près de Dégo, la 32ᵉ se trouva mêlée dans un mouvement de retraite. Masséna accourut, rallia les troupes, leur adressa des reproches et ordonna au général Rampon de mener sa brigade au combat. Il est obéi. Les Autrichiens résistaient vigoureusement. Un feu terrible de la 32ᵉ les arrêta près du village d'où ils débouchaient. Rampon ordonna la charge, et les baïonnettes achevèrent de les mettre en déroute. — A la suite de cette affaire, Bonaparte demanda au Directoire, pour Rampon, le grade de général de brigade.

La journée de Lonato ajouta une gloire nouvelle à celle de la 32ᵉ. Ce fut dans ce combat que cette brigade, si renommée parmi les braves, mérita ce que le général en chef dit d'elle dans son rapport au Directoire. « J'étais tranquille, la brave 32ᵉ était là. »

Le lendemain de la bataille de Castiglione, elle était sous les murs de Peschiera que Masséna avait ordre d'enlever. Le général Victor, marchant à la tête de la 18ᵉ, attaqua la parallèle, mais ne réussit pas. Alors, le général Rampon reçut l'ordre de tenter une nouvelle attaque ; il harangua la 32ᵉ et s'élança à sa tête sur le flanc de l'ennemi. Les retranchements sont enfoncés à la baïonnette, le fer abat tout ce qui résistait, et le reste est mis en fuite jusque sur les hauteurs voisines.

Le général Rampon et sa brigade se distinguaient de nouveau devant Mantoue, au combat entre Saint-Georges et la Favorite. La 32ᵉ enleva Saint-Georges après un terrible combat corps à corps. Le général Rampon y fut blessé.

Au pont d'Arcole, la brave 32ᵉ eut une grande part dans le succès, comme il en revient une aussi à Rampon dans la gloire d'Augereau. A Rivoli, Rampon aida encore Masséna à conquérir son titre futur de duc de Rivoli, il marcha à la tête des bataillons d'attaque. — Deux jours plus tard, à la bataille de la Favorite, Rampon et sa brigade enlevèrent tous les retranchements du pont de Casasola au pas de charge et firent 600 prisonniers.

En 1798, Rampon, à la tête de la 32ᵉ et de la 75ᵉ, cueillaient de nouveaux lauriers en Suisse. Le 19 mai, il s'embarqua à Toulon pour la campagne d'Égypte. Le 2 juillet, c'était Rampon et sa brigade qui escaladaient les premiers les remparts d'Alexandrie, s'élançaient dans l'intérieur de cette ville, en renversant tous les obstacles, et y arboraient le drapeau tricolore. Bonaparte nomma à l'instant le général Rampon commandant d'Alexandrie. Peu après, ce brave se distingua à l'affaire d'Embabe, à la bataille des Pyramides ; il se trouvait au Caire au moment de l'insurrection, resserra et occupa la grande mosquée, et contribua beaucoup à la réduction des révoltés. Ce fut lui qui, de concert avec le jeune aide-de-camp Eugène Beauharnais, alla occuper Suez. Sa conduite sous les murs de Jaffa justifia son éclatante renommée. Il se distingua au siége d'Acre, à la bataille de Monthabor, où il commandait l'aile droite de l'armée avec laquelle il coupa l'ennemi vers les montagnes de Naplouze. Le général Bon ayant été tué, ce fut Rampon qui commanda sa division comme le plus ancien général de brigade.

Après soixante jours de tranchée ouverte, Bonaparte leva le siége de Saint-Jean-d'Acre et rentra en Égypte.

Le général Rampon et ses infatigables compagnons de la 32ᵉ assistèrent à la bataille d'Aboukir, où la 32ᵉ, commandée par le général Rampon en personne, attaqua de front avec impétuosité, une des positions les plus fortement retranchées, et eut l'avantage de rallier la 18ᵉ un moment ébranlée.

Après le départ de Bonaparte, Rampon mérita sous les murs de Damiette, dont il s'empara, lors du débarquement des Janissaires, d'être mis à l'ordre de l'armée. Il fut chargé de gouverner les provinces de Mansourah et de Damiette.

Après la mort de Kléber, le général Menou fut investi du commandement suprême. Peu avant l'assassinat de Kléber, il avait fait une chose assez ridicule en se faisant musulman. Il s'adjoignit deux lieutenants, les généraux Rampon et Friant. Rampon seconda Menou dans tout ce qui pouvait avoir rapport à la discipline.

L'Égypte fut évacuée: le récit de cette évacuation et les causes qui l'ont amenée n'appartiennent pas à ce livre.

Rampon, à son retour en France, fut admis au sénat conservateur et reçut le 24 prairial suivant le brevet d'un sabre d'honneur que lui remit le premier Consul, et sur lequel étaient gravés ces mots: *Le général en chef Bonaparte au général Rampon ; témoignage de satisfaction pour les campagnes d'Allemagne, d'Italie et d'Égypte.*

Admis à la retraite sur sa demande, le 19 brumaire an XI, le général Rampon fut classé comme membre de droit dans la 9ᵉ cohorte de la Légion-d'honneur. Il en fut nommé grand officier le 25 prairial an XII, et reçut le titre de commandeur de la Couronne de Fer à la création de cet ordre.

Il fut en outre successivement président du collége électoral de l'Ardèche, commandant des gardes nationales de quatre départements du Nord, titulaire de la Sénatorerie de Rouen, comte de l'Empire avec une dotation, commandant au camp de Boulogne en 1809, et des rives de l'Escaut en 1810, grand cordon de l'ordre d'Union de Hollande. — Appelé au commandement des gardes nationales d'Anvers le 4 avril 1813, le comte Rampon occupa Anvers avec trois mille hommes dont il détacha deux bataillons pour venir en aide au général Molitor, débordé de toutes parts ; il attendit vainement 1,500 marins annoncés et promis, et ne put empêcher l'ennemi de s'emparer du Gorcum.

Le 20 février, après un bombardement, la garnison fut emmenée prisonnière, et le général Rampon partagea le sort de la garnison.

Rentré en France en 1814, il fut créé pair de France et chevalier de Saint-Louis. Il siégea à la chambre des Pairs pendant les Cent-Jours, et commanda, après le désastre de Waterloo, la partie Sud de la capitale.

A l'époque du sacre de Charles X., il fut nommé grand-croix de la Légion-d'Honneur.

Le héros de Montelegino, le brave chef de l'immortelle 32ᵉ, celui sous la conduite duquel elle conquit son impérissable renom, est mort le 2 mars 1842. Son éloge est celui de Bayard : il fut comme lui *sans peur et sans reproche.*

RANDON (Jacques-Louis-César-Al.), né vers l'année 1795, avait vingt ans qu'il était déjà capitaine et aide-de-camp de son oncle le général Marchand, qui commandait la 7ᵉ division militaire (Grenoble) à l'époque du débarquement de l'Empereur en 1815.

Il paraît que ce général voulait d'abord éviter tout contact entre ses troupes et celles de l'île d'Elbe, il voulait même évacuer Grenoble et se retirer sur Chambéry pour soustraire les soldats au prestige de la présence de l'Empereur. Cependant un bataillon du 5ᵉ de ligne et une compagnie de sapeurs étaient partis avec l'ordre de détruire le pont du Ponthaut à quelques lieues de la Mure. Ce détachement était commandé par le chef de bataillon Desessart le 7 à neuf heures au village de Lafrey; mais, vers une heure, l'Empereur y arriva également. Les deux troupes s'observèrent pendant quelque temps; mais l'hésitation, si elle existait, ne fut pas de longue durée. Napoléon mit pied à terre, et s'avança vers le bataillon, et aussitôt les cris de vive l'Empereur retentirent.

Le capitaine Randon n'avait plus qu'à retourner vers son oncle pour lui rendre compte de ce qui se passait. Le général Marchand se retira par la route de Chambéry avec 150 hommes restés fidèles aux Bourbons. Avant cet événement, M. Randon avait donné en 1813, pendant la campagne de France, des preuves éclatantes de bravoure; il n'eut point d'avancement pendant la Restauration; mais après 1830 et dans l'espace de sept ans, on le vit successivement chef d'escadron, lieutenant-colonel, colonel du 2ᵉ chasseurs d'Afrique et officier de la Légion-d'Honneur.

Promu bientôt au grade de général de brigade, il fut nommé général de division le 22 avril 1847, puis commandeur de la Légion-d'Honneur, et on lui confia le commandement de la 3ᵉ division militaire.

Il occupait ce poste lorsqu'il fut appelé, en septembre 1849, à remplacer à Rome le général Rostolan en qualité de commandant en chef le corps expéditionnaire de la Méditerranée.

RAOUL (Nicolas-Louis), né le 24 mars 1788 à Neufchâteau (Vosges). Il suivit l'exemple de son père, général de brigade dès les premières années de la République, et entra, à l'âge de 14 ans, comme canonnier, dans le 5ᵉ régiment d'artillerie à pied, le 21 mai 1802. Admis à l'école de Metz le 1ᵉʳ octobre 1806, il revint avec l'épaulette à son régiment le 27 juin 1809, et rejoignit aussitôt l'armée d'Allemagne.

Promu au grade de capitaine dans la marche de la grande armée de Wilna sur Witepsk le 28 juillet 1812, il passa le 1ᵉʳ octobre dans l'artillerie à pied de la Garde, fut décoré après la bataille de Dresde le 14 septembre 1813, et se trouva à toutes les grandes batailles livrées en Saxe et en France, pendant les deux dernières campagnes.

Après l'abdication de Fontainebleau, le capitaine Raoul fut l'un des quatre officiers que Napoléon désigna pour l'accompagner à l'île d'Elbe, et il accepta ce choix comme une nouvelle récompense de ses services. L'Empereur, à son retour, lui confia le 11 avril 1815, le grade de chef de bataillon dans l'artillerie de la vieille Garde et le fit officier de la Légion-d'Honneur.

Après la bataille de Waterloo, où il avait été blessé grièvement et fait prisonnier, le commandant Raoul, retenu pendant quatre mois dans les prisons de Bruxelles, obtint enfin la faculté de rentrer en France; mais une ordonnance avait déclaré déchus de tous leurs droits les officiers venus de l'île d'Elbe avec Napoléon; il envoya sa démission le 10 décembre. Il se rendit à Naples où l'appelait le comte de Saint-Leu (le roi Louis Bonaparte), pour lui confier la place de gouverneur de son jeune fils, aujourd'hui Président de la République.

De retour en France en 1849, le commandant Raoul passa bientôt après dans l'Amérique du Sud et y exerça l'emploi d'inspecteur d'artillerie et du génie. En 1829 il était major général de l'armée constitutionnelle qui s'empara de Guatimala, et termina la guerre civile dans ces contrées. Il commandait le corps d'armée du Mexique, lorsqu'en février 1832, à la nouvelle qu'une ordonnance du 24 septembre 1830 le réintégrait dans l'armée avec le grade de lieutenant-colonel, il quitta le service des États du Sud pour retourner en France, où il ne put cependant arriver que dans le courant de 1833.

Employé immédiatement comme sous-directeur, il passa avec son grade au 13° régiment, dont il fut nommé colonel le 30 janvier 1836.

Directeur à Perpignan en 1837, et colonel du 6° régiment en 1838, M. Raoul, promu au grade de maréchal de camp le 19 juillet 1845, commanda successivement les écoles de La Fère et de Besançon. Depuis l'avènement de la République, employé dans les 5°, 18° et 6° divisions militaires, il fut créé commandeur de la Légion-d'Honneur le 25 octobre 1848 et envoyé de Lyon à Paris, en janvier 1849, pour commander l'artillerie de la 1re division militaire.

Le général Raoul est mort presque subitement dans la soirée de mercredi, 20 mars 1850. Ses obsèques ont eu lieu le 22 au cimetière du Mont-Parnasse.

RAPATEL (PAUL-MARIE, baron), né à Rennes le 13 mars 1782, d'une famille honorable. Dix de ses frères servirent comme lui leur patrie, et plusieurs en qualité d'officiers généraux.

Entré au service le 19 février 1798, dans la compagnie territoriale d'Ille-et-Vilaine, il avait à peine 16 ans. Il obtint tous les grades subalternes dans l'armée de l'Ouest, fut nommé sous-lieutenant le 21 mai 1800, passa dans la 52° demi-brigade à l'armée d'Italie, y resta jusqu'en 1806 et s'y distingua en plusieurs occasions. Il fut blessé au passage du Mincio, à l'affaire de Caldiero sous Vérone. L'ennemi s'étant avancé, après une cinquième charge, jusqu'à portée de pistolet du poste important de Gombione, le lieutenant Rapatel s'élança à sa rencontre avec une cinquantaine d'hommes et parvint à conserver ce poste jusqu'à la nuit.

En 1806 M. Rapatel entra avec son grade de lieutenant dans la Garde du roi de Naples. Le 27 janvier 1808, au passage du Trivento, il se jeta à la nage au plus fort du courant et sauva un voltigeur emporté par les eaux. Le roi de Naples lui écrivit le même jour une lettre flatteuse et le nomma capitaine et adjudant du Palais. M. Rapatel servit le roi Joseph en Espagne. Il y fit les campagnes de 1808 à 1813, et fut nommé successivement chef de bataillon, lieutenant-colonel et colonel. Pendant ces campagnes, M. Rapatel fut plusieurs fois cité honorablement. Dans les journées des 17, 18 et 19 novembre 1810, près de Quesada, avec 750 hommes, il fit à l'ennemi près de 500 prisonniers qu'il réussit à ramener, malgré les efforts d'un corps d'Espagnols réunis sur son passage. Le maréchal duc de Dalmatie et le général Godinot, gouverneur de la province de Cordoue, lui écrivirent les lettres les plus flatteuses au sujet de ce fait d'armes.

En 1815, le colonel Rapatel assista à la courte et malheureuse campagne de Belgique. Le 16 juin à Fleurus, il se signala en s'emparant, secondé par quelques cavaliers, d'une pièce de douze. Le même jour, chargé par le général Habert d'enlever, à la tête de six compagnies de voltigeurs, le village de Saint-Amand, il s'en empara et fit prisonniers 800 Prussiens qui défendaient le cimetière. Le surlendemain, jour de Waterloo, il marchait à la tête de la colonne qui occupa Wanves; ayant remarqué un moment d'hésitation, il saisit l'Aigle du 34ᵉ et, suivi de quelques braves, il franchit le pont barricadé de la Dyle, força les Prussiens à se retirer, et sa division resta maîtresse de Wanves.

A la seconde Restauration, le 16 août 1815, le colonel Rapatel reçut le commandement de la légion de l'Ariége (devenue 5ᵉ léger le 17 novembre 1820). M. Rapatel fit la campagne d'Espagne en 1823 à la tête de ce régiment. Nommé, cette même année, maréchal de camp, il commanda la 2ᵉ brigade de la 11ᵉ division du 8ᵉ corps de l'armée des Pyrénées, puis la 2ᵉ brigade de la 11ᵉ division d'occupation de la Catalogne.

Après la révolution de Juillet, M. Rapatel fut d'abord appelé au commandement d'une brigade de l'armée du Nord. Nommé lieutenant-général en 1833 au siége d'Anvers, il fut envoyé l'année suivante en Afrique avec le titre de commandant de toutes les troupes et inspecteur général. C'était à cette époque la position militaire la plus importante de la colonie. Il l'occupa pendant quatre ans.

En plusieurs circonstances, le général Rapatel donna aux soldats l'exemple de la bravoure en chargeant l'ennemi à la tête de la cavalerie. En novembre 1838, envoyé par le maréchal Clausel auprès d'une troupe de travailleurs qui gravissaient les montagnes de l'Atlas, afin d'accélérer le mouvement, il se trouva tout à coup au détour d'un ravin, avec 60 hommes d'escorte, en présence de 500 cavaliers arabes. Il n'hésita pas cependant à les charger et tua de sa main leur chef. L'ennemi se dispersa, non sans laisser un grand nombre des siens. Le soir de ce beau fait d'armes, le colonel des Zouaves, accompagné d'un officier et de quelques soldats, vint offrir au général le yatagan du chef ennemi retrouvé sur le lieu du combat.

Au mois de mai 1837, le général Rapatel revint en France, après avoir remis le commandement des troupes au général Damrémont. Son départ fut accompagné d'unanimes regrets. La *Gazette du Midi* du 12 mai 1837 s'exprime ainsi à ce sujet : « M. le général baron Rapatel part aujourd'hui sur le paquebot *le Papin* et doit débarquer à Marseille. Cet officier général, honnête homme dans la force du mot, vaillant sur le champ de bataille, doué de toutes les qualités morales qui font l'homme distingué, emporte les regrets de la population entière ; aussi a-t-il été accompagné au bateau par l'élite des habitants, par tout ce que la cité et l'armée ont de plus recommandable. Ce malheureux pays est destiné à perdre tous ceux qui connaissent ses besoins et sont à même de faire le bien. Parmi ceux-là M. Rapatel était en première ligne. »

A son retour d'Afrique, le général Rapatel fut nommé inspecteur général d'infanterie, et en décembre de la même année il fut de nouveau appelé en Algérie. Il conserva ce commandement pendant treize mois. Une maladie grave à laquelle il faillit succomber l'obligea à rentrer en France.

Depuis lors, il remplit les fonctions d'inspecteur général et de membre du comité d'infanterie. En 1841, il commandait la 1ʳᵉ division d'infanterie du camp de Compiègne.

Le général de division baron Rapatel est grand officier de la Légion-d'Honneur, chevalier de Saint-Louis, grand-croix des Ordres espagnols de Ferdinand et Isabelle, grand officier de l'ordre de Léopold de Belgique, *caballero de numero* de l'ordre de Ferdinand d'Espagne, etc., etc., etc.

RAPP (JEAN, comte), né à Colmar le 26 avril 1772, s'enrôla à l'âge de 16 ans dans le 10ᵉ régiment de chasseurs à cheval et y fut nommé brigadier-fourrier le 1er janvier 1791, et maréchal-des-logis le 16 mai 1793. Il avait déjà fait les premières guerres de la Révolution à l'armée de la Moselle et à celle du Rhin, lorsqu'il obtint le grade de sous-lieutenant le 14 germinal an I. Envoyé à l'armée des Alpes, il devint lieutenant le 1er vendémiaire an III. Bientôt après, il passa à l'armée du Rhin. A Lignenfelds, le 9 prairial de la même année, il chargea, à la tête de 100 chasseurs de son régiment, plus de 800 hommes de cavalerie ennemie, qu'il parvint à culbuter au moment où plusieurs pièces de canon allaient tomber en leur pouvoir. Il reçut dans cette charge plusieurs coups de sabre sur la tête et sur le bras droit. Le général Desaix, témoin de la valeur qu'il avait déployée, se l'attacha comme aide-de-camp avec le grade de capitaine, le 29 frimaire an V et lui voua, à partir de cette époque, une affection qui ne se démentit jamais. Il l'emmena avec lui en Égypte, où de nouveaux combats lui valurent de nouveaux succès. A la bataille de Sédiman, le 16 vendémiaire an VII, l'artillerie des Beys se démasque tout à coup et porte le ravage dans nos rangs; Desaix, impatient d'éteindre le feu qui nous écrase, se tourne vers son aide-de-camp, et, lui montrant les pièces.....: *Vaincre ou mourir!* s'écria-t-il; *Vaincre!* répond l'intrépide Rapp, et se précipitant sur les Arabes, il renverse tout ce qui s'oppose à son passage, s'empare de l'artillerie, fait un grand nombre de prisonniers, et disperse en un instant le reste de la cavalerie. Ce beau fait d'armes lui fit décerner sur le champ de bataille le grade de chef d'escadron.

A la journée du 3 pluviôse, envoyé en reconnaissance, il marcha sur les avant-postes des Mamelucks, les mit en fuite, pénétra dans le village de Samanhout, et soutint une lutte inégale, dans laquelle il aurait infailliblement succombé, si les carabiniers de la 21e légère ne l'eussent promptement dégagé. Grièvement blessé d'un coup de kandjar à l'épaule gauche, il se rendit au Caire pour se faire soigner. Élevé au grade de colonel le 26 pluviôse, Rapp suivit son général en Europe. Il le vit tomber à Marengo et porta au général Bonaparte les dernières et patriotiques paroles de ce jeune héros. L'aide-de-camp du vainqueur d'Offembourg devint celui du conquérant de l'Italie le 25 prairial an VIII.

Chargé en l'an X d'une mission importante dans les cantons suisses, il somma les insurgés de Berne de suspendre les hostilités, fit évacuer Fribourg qui avait été enlevé pendant l'armistice, et somma la diète de Schwitz à accepter la médiation que lui offrait le chef du gouvernement français. Le colonel Rapp partit pour Coire au mois de brumaire an XI, fit comparaître devant lui le petit conseil de cette ville et contraignit la municipalité à se dissoudre.

Revenu à Paris, il accompagna le premier Consul dans son voyage en Belgique, obtint le brevet de général de brigade le 11 fructidor an XI, puis il se rendit sur les bords de l'Elbe, pour y faire élever des redoutes et prendre des mesures défensives en cas d'un débarquement des Anglais. A son retour en France, créé membre de la Légion-d'Honneur le 19 frimaire an XII, il en devint commandeur le 25 prairial suivant.

Au mois de germinal an XIII, il épousa, par ordre de l'Empereur, mademoiselle Vanderberg, fille d'un riche fournisseur; mais cette volonté toute-puissante, qui alliait ainsi l'opulence à la gloire, ne le rendit point heureux.

Il se distingua sur le champ de bataille d'Austerlitz. Ce fut lui qui, sur les hauteurs de Pratzen, vengea la défaite d'un bataillon du 4e de ligne et du 24e léger, que les fausses manœuvres de leurs chefs avaient livrés au fer de l'ennemi.

A la tête de deux escadrons de chasseurs et de Mamelucks, il se précipita sur la Garde impériale russe, porta le désordre dans ses rangs, fit prisonnier le prince Repnin, l'un des colonels des chevaliers-gardes, et s'empara de l'artillerie et de tous les bagages des troupes qui lui étaient opposées. La satisfaction de l'Empereur fut telle, qu'il nomma Rapp général de division le 3 nivôse an XIV, et voulut qu'il figurât dans le tableau que Gérard a fait de cette immortelle journée.

La campagne de Prusse et de Pologne, en 1807, fournit au général Rapp de nombreuses occasions d'y déployer sa valeur chevaleresque. Chargé de poursuivre les fuyards après la bataille d'Iéna, il pénétra des premiers dans Weimar. A Naziesk, il tailla en pièces le corps de cavalerie du général russe Kaminskoi. Enfin, à Golymin, il soutint une lutte opiniâtre contre des masses d'infanterie et eut le bras gauche fracassé par une balle. Il n'était pas encore guéri de sa blessure quand il remplaça, le 2 juin, dans le poste de gouverneur de Dantzig, le maréchal Lefebvre qui venait de s'emparer de cette place. Le 23 décembre de la même année, il fut créé chevalier de la Couronne de Fer. Pendant deux ans il exerça les fonctions importantes de gouverneur de Dantzig; les habitants lui décernèrent une épée enrichie de diamants sur laquelle on lisait une inscription, et Napoléon le nomma, le 1er août 1809, comte de l'Empire avec une dotation de 25,000 fr. sur le domaine de Hitzacher situé en Hanovre. La guerre se ralluma cette année dans le Nord avec une nouvelle fureur : la Bavière est envahie par les Autrichiens; Napoléon accourt à la rencontre de l'ennemi. L'armée française triomphe à Eckmühl, à Ebersberg, et se porte rapidement sur Vienne. Pendant qu'elle s'avance sur les rives du Danube, les Autrichiens descendent ce fleuve par l'autre rive. Les combattants des deux armées opposées se trouvent bientôt en présence au village d'Essling; une partie de nos troupes franchit le fleuve sous le feu des batteries ennemies; mais les ponts sont emportés par une crue subite du Danube, et 25 à 30,000 hommes ont à soutenir les efforts de toute l'armée autrichienne. Pendant que nos bataillons, exténués de faim, de fatigue et manquant de munitions, déploient un courage surhumain, mais sans espoir de succès, les masses qu'ils ont à combattre redoublent d'efforts pour les déborder. Le général Mouton, avec deux bataillons de la Garde, parvient un instant à les contenir; cette lutte est trop inégale pour être durable. Napoléon inquiet de la position critique de cette partie de l'armée, fait dire à Rapp de se mettre à la tête de deux nouveaux bataillons, de voler au secours de ses frères d'armes, de protéger leur retraite, et de prendre position avec eux sur les bords du Danube. Le prince Charles, pressé de profiter de ses avantages, ébranlait de nouveau ses masses. Les deux généraux, fondant avec impétuosité sur ces colonnes hérissées de fer et entourées d'une ceinture de feu, portent le désordre dans leurs rangs, les culbutent et restent maîtres du champ de bataille.

Revenu à Paris en 1810, à l'époque du divorce de Napoléon avec Joséphine, Rapp ne craignit pas de blâmer la conduite de son maître, et reçut, en récompense de sa franchise, l'ordre de retourner dans son gouvernement de Dantzig. Il n'en fut pas moins créé grand officier de la Légion-d'Honneur le 30 juin 1811. Il donna toutefois une nouvelle preuve de sa sincérité à l'Empereur en condamnant l'expédition projetée au delà du Niémen, dont il prévoyait les funestes résultats. Nos troupes marchent sur le Niémen, le franchissent, culbutent les Russes à Ostrowno, à Smolensk, et arrivent à la Moskowa, où l'armée ennemie avait rassemblé la plus grande partie de ses forces, évaluées à 130,000 hommes.

Cette journée couvrit d'une nouvelle gloire toute l'armée française : généraux et soldats, tous firent des prodiges de valeur, tous combattirent en héros. Rapp ajouta à sa réputation et fut atteint de quatre coups de feu. Quoiqu'il ne fût pas remis de ses blessures, on le vit se signaler de nouveau à l'affaire de Marc-Jaroslawitz, où il eut un cheval tué sous lui. De concert avec le maréchal Ney, il défendit le passage de la Bérésina, concourut à sauver l'artillerie française qui se trouvait compromise sur ce point, et y reçut sa vingt-quatrième blessure. Napoléon l'envoya ensuite prendre le commandement de Dantzig, où il devait soutenir pendant un an un des sièges les plus mémorables que nous offrent les annales de la guerre. Secondé par le général Campredon, Rapp résolut de faire de Dantzig, qui n'avait ni casernes, ni écuries, ni magasins, un boulevard inexpugnable. Il s'affermit surtout dans cette résolution lorsque les divisions Heudelet et Grandjean vinrent, dans le courant de janvier 1813, renforcer la garnison de la place. Cette garnison s'éleva alors à 35,900 hommes d'infanterie et 3,600 de cavalerie; mais la plupart de ces hommes, de toutes armes et de toutes nations, étaient perclus de froid, exténués par les fatigues, consumés par les privations et toutes les misères. 12,000 invalides seulement reçurent une nouvelle organisation; mais on s'occupa avec activité des fortifications, l'artillerie répara les armes portatives, confectionna une grande quantité de munitions de tout genre. L'Empereur récompensa le dévouement de Rapp en le nommant commandant en chef du 10ᵉ corps de la grande armée le 12 mars suivant, et grand-croix de la Réunion le 3 avril de la même année.

Le général Rapp eût peut-être lassé, par ses vaillantes sorties, les forces réunies des Russes, commandées par le duc de Wurtemberg, si la famine, une épidémie cruelle, et l'hiver avec ses pluies et ses glaces, ne lui eussent enlevé les deux tiers de son armée. Jaloux de conserver à la France le reste des braves qui l'avaient si bien secondé, le général français se décida à entrer en négociations pour la reddition de la place.

Le 27 novembre, il conclut une convention honorable qui portait en substance, que le 10ᵉ corps rentrerait en France avec son artillerie, ses armes et tous ses bagages. Déjà tous les alliés étaient sortis de Dantzig, lorsque le général Rapp apprit que l'empereur Alexandre refusait de ratifier la capitulation et que la garnison serait conduite en Russie jusqu'à son parfait échange; Rapp protesta avec énergie, mais fut forcé de se soumettre. Ce fut à Kiew, en Ukraine, qu'il apprit les événements de 1814. Il revint à Paris au mois de juillet suivant et y fut accueilli avec distinction par Louis XVIII. Créé chevalier de Saint-Louis le 3 août, il obtint le grand cordon de la Légion-d'Honneur le 23 du même mois.

En mars 1815, Rapp se rangea sous les drapeaux de son ancien souverain, qui le nomma le 16 avril commandant en chef de l'armée du Rhin, et pair de France le 2 juin suivant. L'armée dont il se hâta de prendre le commandement, forte de 18,900 hommes, devait défendre, de concert avec le corps du Haut-Rhin et de la Moselle, la chaîne des Vosges, depuis Béfort jusqu'à Bitcha. Le désastre de Waterloo rendit inutiles ses dispositions et ses efforts. Lorsque les soldats apprirent la défaite de l'armée du Nord et l'abdication de Napoléon, un découragement universel s'introduisit dans leurs rangs. Excités par la malveillance, les uns voulaient se rendre dans leurs foyers, les autres proposaient de se jeter en partisans dans les Vosges. Rapp parvint à calmer l'effervescence des esprits.

Après le licenciement, le général Rapp se retira en Argovie, où il fit, en 1816, l'acquisition du château de Wildenstein. Lorsque le danger des réactions fut passé, il revint en 1817 à Paris. Une ordonnance royale du 22 juillet 1818 le mit en disponibilité. Créé pair de France le 5 mars 1819, il fut nommé, quelque temps après, premier chambellan et maître de la garde-robe.

Épuisé par les fatigues de la guerre et les nombreuses blessures dont il était couvert, Rapp ne survécut pas longtemps à Napoléon. Il mourut d'un squirrhe ou pylore le 8 novembre 1821, dans sa terre de Rheinviller, grand duché de Bade. Son nom est gravé sur l'arc de triomphe de l'Étoile, côté Est.

REGNAULD DE SAINT-JEAN-D'ANGELY (Auguste-Marie-Étienne), né en 1794, le lendemain de la mort de Robespierre. Il fit sa première éducation au prytanée de Saint-Cyr, et entra en 1811 à l'École militaire de Saint-Germain qu'il quitta en 1812 pour aller rejoindre en Russie le 8e régiment de hussards, en qualité de sous-lieutenant. Il se distingua en diverses rencontres, principalement dans la campagne de Saxe, et fut nommé, après l'affaire de Dublen (10 octobre 1815), lieutenant, et peu après (4 décembre) membre de la Légion-d'Honneur.

Le 8e de hussards ayant été à peu près anéanti dans la journée de Leipzig, M. Regnauld fut attaché, en qualité d'aide-de-camp, au général Corbineau, lui-même aide-de-camp de l'Empereur, et fit, à l'état-major impérial, la mémorable campagne de 1814, pendant laquelle il fut promu au grade de capitaine pour sa conduite dans le combat qui eut lieu sous les murs de Reims. Il servit, en cette qualité, pendant la première année de la Restauration dans le 1er régiment de hussards.

A son retour de l'île d'Elbe, l'Empereur attacha le jeune capitaine à sa personne comme officier d'ordonnance, et l'éleva au grade de chef d'escadron dans la journée de Waterloo.

Licencié avec ses frères d'armes, M. Regnauld quitta l'armée et la France, et se réunit à son père victime de la réaction. Plus tard il revint à Paris pour solliciter sa radiation de la liste de proscription, et l'obtint après d'incessantes démarches; mais il était trop tard. A peine le comte Regnauld de Saint-Jean-d'Angely avait-il revu la capitale qu'il succombait à toutes ses émotions. Rayé des contrôles de l'armée, le jeune comte Regnauld vécut retiré à la campagne jusqu'en 1825, époque à laquelle il partit pour la Grèce dont l'indépendance était à la veille de succomber sous les armes d'Ibrahim-Pacha. M. Regnauld fut chargé, de concert avec le colonel Fabvier, d'organiser un corps de cavalerie à l'européenne. Il le forma et le commanda jusqu'à la fin de 1826.

Rentré en France à cette époque, M. Regnauld, en 1828, suivit comme volontaire l'expédition du général Maison en Morée.

A la révolution de Juillet, M. Regnauld fut exceptionnellement reconnu dans son grade. Il fut même nommé lieutenant-colonel au 1er chasseurs, depuis 1er des lanciers, corps dont il a été nommé colonel en 1832. Il était officier de la Légion-d'Honneur depuis le mois de mai 1831.

Depuis lors, M. Regnauld de Saint-

Jean-d'Angely a été nommé général de brigade et général de division ; cette dernière promotion date du 10 juillet 1848. M. Regnauld est aujourd'hui représentant du peuple à l'Assemblée législative, grand officier de la Légion-d'Honneur ; il a commandé le corps expéditionnaire de la Méditerranée en 1849.

REILLE (Honoré-Charles-Michel-Joseph, comte), maréchal de France, né à Antibes (Var), le 1er septembre 1775, termina ses études chez un instituteur particulier et entra au service comme grenadier au 1er bataillon du Var le 1er octobre 1791. Il était sous-lieutenant au régiment royal de Hesse-Darmstadt (94e infanterie) le 15 septembre 1792. Il fit ses premières campagnes en Belgique et se trouva aux combats de Rocoux, de Liége, à la bataille de Nerwinde, etc.

Élevé au grade de lieutenant, en récompense de son courage, le 27 novembre 1793, il fut nommé capitaine le 23 mai 1796, aide-de-camp du général Masséna le 5 novembre de la même année, et assista aux affaires qui amenèrent la prise des forts et la reddition de Toulon ; il accompagna ce général en Italie, se signala aux différents combats qui eurent lieu avant la prise de Saorgio, exécuta une charge brillante sous le général Scherer le 2 frimaire, fit preuve d'intrépidité à Montenotte, à Dégo, à Lodi et à la première bataille de Rivoli, où, enveloppé par l'ennemi, en reconnaissant le cours de l'Adige, il se fit jour à travers de nombreux bataillons ; il acquit une nouvelle gloire à Ballano, à Saint-Georges, sur la Brenta, où il fut blessé, à Caldiero, à Arcole, à la Favorite, à Bellune, à Freymar et à Tarvis. A cette dernière affaire, chargeant un régiment de cavalerie, presque tous les chevaux s'abattirent à la fois, et le combat qui continua à pied finit par la prise ou la mort de ce régiment. Créé chef d'escadron provisoire, sur le champ de bataille, le 7 janvier 1797, il fut reconnu en cette qualité le 23 mai suivant par le général en chef de l'armée d'Italie et cité.

Après le traité de Campo-Formio, Masséna ayant obtenu le commandement de l'armée d'Helvétie, Reille fut nommé adjudant-général (15 février 1799), et reçut ordre de reconnaître tous les passages du Rhin, depuis les Grisons jusqu'au lac de Constance, ainsi que les positions de l'ennemi ; le plan de campagne fut réglé sur ses rapports.

Il combattit à Coire, à Feldkirchen, Luciensteidt, près de Zurich et à Schwitz. Le général Oudinot ayant été blessé, il le remplaça dans le commandement de ses troupes, traversa le premier le Limat, entra dans Zurich avec Masséna et fit des prisonniers en poursuivant l'ennemi. Il couvrit le mouvement rétrograde de nos troupes lors des attaques dirigées contre Suwarow dans le Muttenthal, et prit une part active à la bataille où fut tué le prince Talinsky.

Lorsque Masséna se rendit à Gênes comme général en chef, il ordonna à Reille de reconnaître les positions de notre armée, depuis Nice jusqu'au Mont-Cenis, et cet officier répondit parfaitement à la confiance de son chef. Il porta au premier Consul un rapport intéressant, servit quelque temps auprès de lui, et reporta au général Masséna le plan de la campagne. Reille passa la nuit au milieu de la flotte anglaise qui bloquait Gênes, échappa au feu des batteries, aux chaloupes qui le poursuivaient, et entra dans cette ville le 12 floréal. Il se distingua au combat du 21 et à celui du 23 sur le mont Creto, où il succéda au général Spital qui était blessé, et partagea la gloire du blocus.

Revenu en France en août 1800, il retourna en Italie avec des corps d'élite aux ordres de Murat, commanda à Florence, fut chef d'état-major d'une armée d'observation, et sous-chef d'état-major général des armées françaises en Italie.

Le 29 août 1803, il fut nommé général de brigade, servit au camp de Boulogne, fut envoyé, peu après, par le premier Consul, en Bavière et en Autriche, afin d'observer les mouvements militaires des ennemis. De retour à Paris, il fut chargé d'inspecter l'organisation des troupes venant de Saint-Domingue. Cette mission remplie, il obtint sous le général Lauriston le commandement en second des troupes embarquées à Toulon, sur la flotte de l'amiral Villeneuve et assista au combat du Finistère. Il quitta la flotte à Cadix et rejoignit la grande armée pour la campagne d'Austerlitz ; durant cette campagne, il commanda dans la haute Autriche, en 1806, une brigade du 5e corps qui marcha en première ligne au combat de Saalfeld et à la bataille d'Iéna. A celle de Pultusk, sa brigade enfonça le centre des Russes, et il fut nommé général de division le 30 décembre 1806 ; le général Gudin ayant été blessé, il prit sa place, et quelques jours après le maréchal Lannes le choisit pour son chef d'état-major. Se trouvant à la gauche d'Ostrolenka, au moment où les Russes attaquèrent cette ville, Reille entendant une vive canonnade, s'y porta et trouva les brigades Ruffin et Campana péniblement engagées avec toute l'armée russe : il se chargea du commandement de ces brigades, et conserva la ville, malgré les attaques des ennemis qui avaient des forces quadruples et 30 pièces d'artillerie contre 6. Cependant les Russes pénétrèrent deux fois dans Ostrolenka, mais ils furent écrasés, et y laissèrent plus de 400 morts, 700 blessés et 300 prisonniers. Cette journée où Reille joignait l'intrépidité à la prudence, décida l'Empereur à en faire son aide-de-camp (13 mai 1807) et à le charger d'assister au siége de Stralsund.

Après la paix de Tilsitt, il devint commissaire extraordinaire en Toscane, d'où il partit pour la Catalogne, où il signala son arrivée par la levée du siége de Figuières, le siége et la prise de Roses dont il forma la garnison quand le général Saint-Cyr entra en Catalogne. En septembre 1809, il fut nommé commandant du 1er corps de l'armée du Nord de l'Espagne. Envoyé à la grande armée, le général Reille y arriva pour assister au passage du Danube et à la bataille de Wagram, où il commanda la division de la Garde chargée de soutenir la batterie de 100 pièces de canon du général Lauriston.

Instruit du débarquement des Anglais en Zélande, l'Empereur confia au général Reille l'un des trois corps formés de l'armée de Bernadotte. De la Zélande il retourna en Espagne comme gouverneur de la Navarre (29 mai 1810), battit Mina au Carascal, à Serin, et détruisit, avec deux compagnies de hussards, trois bataillons espagnols. Le maréchal Suchet n'ayant pas assez de forces pour le siége de Valence, Reille s'y porta avec la division de son nom, la division Severoli, et concourut à la prise de cette place.

Reille commanda en chef, en Aragon, le corps de l'Èbre (26 janvier 1812) jusqu'au 16 octobre 1812, époque où il reçut le commandement de l'armée de Portugal, forte de 30,000 hommes. Le roi Joseph ayant pris la résolution de concentrer toutes ses forces en avant de l'Èbre, le général Reille évacua les provinces qu'il occupait et se dirigea vers les hauteurs de Pancorbo, en soutenant le choc des ennemis et en conservant ses positions. Les armées du Centre et du Portugal, s'étant rassemblées à Pancorbo, on tint un conseil de guerre pour décider quelle position on prendrait. Le général Reille proposa de réunir toutes les troupes disponibles, montant à 70,000 hommes, et de prendre la ligne d'opérations par Logrono et la Navarre; mais on jugea à propos de ne point quitter la route de France, et Wellington ayant prévenu le rassemblement des troupes françaises qui n'étaient que de 33,000 combattants, quand il en avait 90,000, les Français furent attaqués et battus. Reille se défendit avec 7,000 hommes contre près de 20,000, et ne se retira que par ordre.

Dans ces dernières opérations contre les Anglais, les Espagnols et les Portugais coalisés, il commanda l'aile droite française (6 juillet 1813), combattit sur la Bidassoa, en Navarre, à Orthez et à Toulouse.

Après la paix, il épousa la fille de Masséna. A la Restauration (1814), il fut nommé inspecteur général d'infanterie des 14e et 15e divisions. Au 31 mars 1815, il fut envoyé à Valenciennes pour y prendre le commandement du 2e corps d'armée, combattit aux Quatre-Bras et à Waterloo, où il eut deux chevaux blessés sous lui.

Le 30 juillet 1823, le général Reille a été nommé membre de la commission de défense, laquelle commission n'a pas été formée; et le 17 février 1828, il fit partie du Conseil supérieur de la guerre.

Le 15 novembre 1836, il fut élu président du Comité de l'infanterie et de la cavalerie, et, le 17 septembre 1847, le roi Louis-Philippe l'éleva à la dignité de maréchal de France; il était déjà Pair de France.

Le 15 juin 1804, cet officier général d'une si haute distinction était commandeur de la Légion-d'Honneur; il a été créé grand officier le 29 juillet 1814 et grand-croix le 14 février 1815.

Le 27 juin de cette même année, il avait été nommé chevalier de Saint-Louis.

Il est, en outre, membre de l'ordre de Séraphin de Suède, de la Couronne de Fer, de Saint-Henri de Saxe, et commandeur de l'ordre militaire de Bavière.

REY (Louis-Emmanuel, baron), né le 19 septembre 1768 à Grenoble, entra au service à 16 ans dans le 75e régiment; il était sergent-major en 1791 et lieutenant au même corps en 1792. Il fit les campagnes d'Italie avec distinction, et quand Bonaparte prit en l'an IV le commandement de l'armée, le soldat du 75e était déjà général de brigade. Il commanda le camp établi sous Lyon, et organisa les demi-brigades passant de la Vendée en Italie. Sous l'Empire, il fit les campagnes d'Autriche, de Prusse et de Pologne. En 1808 il passa à l'armée d'Espagne comme chef d'état-major du 7e corps. Il se distingua au siège de Barcelone et de Saragosse; mais son plus beau fait d'armes fut la belle défense de Saint-Sébastien en 1813, défense qui lui valut l'admiration des Français, et même celle des Anglais et des Espagnols. C'est par suite de cette belle résistance que l'Empereur lui confia en 1815 le gouvernement de la place de Valenciennes, sur laquelle on savait que devaient se porter les efforts des alliés. C'est à sa fermeté, à sa présence d'esprit et à son expérience, qu'on doit d'avoir, avec les faibles moyens de défense mis à sa disposition, repoussé les efforts des troupes coalisées qui voulaient occuper cette ville. Cette résistance vigoureuse conserva cette ville à la France. Le général Rey fut mis à la retraite après ce grand service rendu à son pays.

Le général baron Rey, grand officier de l'ordre de la Légion-d'Honneur est mort au mois de juillet 1846, à l'âge de 70 ans.

REYNIER (Jean-Louis-Ebenezel, comte), né à Lauzanne, le 14 janvier 1771. Il se destinait au génie civil, lorsque la Révolution lui ouvrit la carrière des armes. Adjoint à l'état-major en 1792, adjudant-général en 1793 ; général de brigade dans la campagne de Hollande. Chef d'état-major à l'armée du Rhin, sous Moreau, Reynier partit pour l'Égypte où il resta jusqu'à la fin.

Retourné en France, il fut en disgrâce sous le gouvernement consulaire. Employé de nouveau en 1805, il commanda l'armée d'Italie qui s'empara de Naples, et gouverna cette ville jusqu'en 1809. Ministre de la marine et de la guerre de ce royaume. Il reprit du service dans la grande armée et fit les campagnes de Wagram, de Russie, de Saxe et de France.

Il mourut à Paris le 27 février 1815, âgé de 44 ans.

« Le général Reynier avait plus d'habitude de la guerre que le général Menou ; mais il manquait de la première qualité d'un chef. Bon pour occuper le deuxième rang, il paraissait impropre au premier. Il était d'un caractère silencieux, aimant la solitude, ne sachant pas électriser, dominer, conduire les hommes. » (*Napoléon à Sainte-Hélène*.)

RICARD (JOSEPH-BARTHÉLEMY-HONORÉ-LOUIS-AMABLE, de), né à Cette (Hérault) le 17 novembre 1787, entra le 23 mars 1806 à l'école militaire de Fontainebleau, et en sortit la même année avec le brevet de sous-lieutenant au 4ᵉ régiment des chasseurs à cheval, qui se trouvait alors dans le royaume de Naples. L'état de paix dont on jouissait dans cette partie de l'Italie engagea le jeune Ricard à demander à être employé dans un des corps qui étaient alors en campagne. Il obtint de passer au 10ᵉ chasseurs à cheval et fit avec ce régiment les campagnes d'Espagne de 1808, 1809 et 1810.

Les cousins germains du sous-lieutenant de Ricard, MM. Clary, neveux du roi Joseph, leur position à la cour d'Espagne, lui promettaient un puissant appui, s'il eût consenti de passer au service de l'armée espagnole, mais il s'y refusa et fut nommé, le 7 octobre 1810, lieutenant et aide-de-camp du général Barbon qui commandait à Ancone. Nommé capitaine le 21 août 1813, Ricard fit les campagnes de 1813 et 1814 à la grande armée et fut mis en disponibilité à la première Restauration. Au retour de Napoléon il fut placé au 7ᵉ régiment de hussards. Il organisa la 8ᵉ compagnie de ce régiment à Abbeville, et au moment où il était en route pour rejoindre, il reçut la nouvelle des désastres de Waterloo et l'ordre de rentrer au dépôt. Peu de jours après il fut envoyé dans un régiment de lanciers, commandé par le lieutenant-colonel Chatry de La Fosse. Ce corps fut un des derniers qui passèrent la Loire. Le capitaine fut mis de nouveau en disponibilité. Au moment de la réorganisation de l'armée, le colonel Trobriant, du 7ᵉ hussards, obtint le rappel du capitaine Ricard qu'il affectionnait et sa nomination au 2ᵉ régiment des chasseurs à cheval.

En 1818 le capitaine Ricard obtint de passer à la Martinique comme adjoint à l'état-major du gouverneur ; il y rejoignit son père qui était administrateur de la marine.

En 1822, l'état-major ayant été réduit, il passa au 2ᵉ bataillon de la Martinique. Le 6 janvier 1826 le capitaine Ricard fut admis au 1ᵉʳ régiment d'infanterie de la garde royale. Bientôt il fut nommé chef d'état-major près du gouverneur ; en 1829 cette place fut supprimée, et le commandant Ricard fut mis en traitement de réforme par suppression d'emploi.

Le 22 novembre 1829 il fut nommé major au 25ᵉ de ligne ; le 23 octobre 1832 il fut promu au grade de lieutenant-colonel, et le 1ᵉʳ janvier 1838 il fut nommé colonel du 5ᵉ d'infanterie légère.

Décoré depuis 1815, il reçut la croix de Saint-Louis en 1822 et la croix d'officier en 1836. Nommé général de brigade le 20 avril 1845, et commandant de la Légion-d'Honneur, il commande aujourd'hui une brigade d'infanterie de la garnison de Paris.

RICHEPANSE (Antoine), l'un des plus braves généraux de la République, naquit à Metz, en 1770, d'un officier au régiment de Conti. Soldat au sortir de l'enfance, il se distingua dès les premières campagnes de la Révolution, passa rapidement les premiers grades et fut nommé, en 1794, général de brigade. Il contribua à la bataille de Siegberg (3 juin 1796), et le lendemain, à Altenkirchen, il fit des prodiges de valeur, qui lui valurent sur le champ de bataille le grade de général de division. Il fit, en 1797, partie de l'armée de Sambre-et-Meuse, sous les ordres de Hoche, et eut une grande part au gain de la bataille de Neuwied, où les Impériaux perdirent 8,000 prisonniers, 27 pièces de canon et 7 drapeaux. Passé, en 1800, à l'armée du Rhin, il fit avec Moreau la campagne qui a immortalisé le nom de ce général; il combattit à Engen avec sa valeur accoutumée, se couvrit de gloire sur les bords de l'Iller, où il soutint avec sa seule division l'effort de 40,000 hommes, contribua à la victoire de Moeskirch, et enfin, décida, par la hardiesse de ses manœuvres, celle de Hohenlinden. Nommé, en 1807, gouverneur de la Guadeloupe, où les hommes de couleur avaient arboré contre la métropole l'étendard de la révolte, il battit les insurgés dans plusieurs rencontres, soumit bientôt l'île entière, et il s'occupait de réparer, par une bonne administration, les malheurs que la colonie venait d'éprouver, lorsqu'il fut atteint de la fièvre jaune, et termina, à 37 ans, sa glorieuse carrière.

RIEGO-Y-NUNEZ (Raphaël del), né en 1785 à Tuna, village des Asturies. Son père était gentilhomme et poëte. Le jeune Riego abandonna ses études, lors de l'invasion française, en 1808, pour s'enrôler dans le régiment des Asturies. Il était déjà officier lorsqu'il fut fait prisonnier et conduit en France, où il resta jusqu'en 1814. De retour en Espagne, il devint lieutenant-colonel dans son ancien régiment. Lorsqu'en 1819 la portion de ce corps où il commandait fut dirigée vers Cadix, comme faisant partie de l'armée destinée à une expédition contre les colonies d'Amérique qu'on songeait à reconquérir, Riego, qui s'était affilié au complot tramé par les colonels Quiroga, Arcos-Aguero et Lopez-Baños, se chargea, après l'arrestation de ces chefs, trahis et dénoncés par le comte de l'Abisbal, de lever l'étendard de l'insurrection. Le 1er janvier 1820, il proclame, au village de Las Cabezas-de-San-Juan, où est stationné son bataillon, le rétablissement de la Constitution de Cadix, va immédiatement propager le mouvement donné à Arcos, puis à Ascala-de-las-Gazulès, où il délivre Quiroga, et, de concert avec celui-ci, dirige ses forces, incessamment accrues, vers les travaux de la Cortadura, langue de terre qui unit Cadix au continent. Après des tentatives dont l'unique résultat fut la prise d'un arsenal, Riego se détermina à entreprendre une invasion dans l'intérieur du royaume. A la tête de 1,500 hommes, il se porte vers Algésiras, traverse toute l'Andalousie, est poursuivi jusqu'à Malaga par un corps sous les ordres du général O'Donnel, et là, assez maltraité dans un combat qu'il n'a pu éviter, il allait être abandonné de presque tous les siens, lorsqu'il apprend (mars 1820) qu'enfin la constitution proclamée à la Corogne et à Madrid vient d'être acceptée par le roi. Ce prince ne dédaigna pas de prodiguer des marques de sa bienveillance à Riego, dont la marche jusqu'à Madrid eut une sorte de solennité triomphale. Il fut créé maréchal de camp, puis capitaine-général de l'Aragon. Cependant une réaction se fit bientôt sentir dans la marche du gouvernement; elle fut hautement improuvée par Riego, qui, par ce fait, se vit destitué et envoyé en exil à Lérida, sous le prétexte d'un mouvement démocratique qui éclata à Saragosse, chef-lieu de son gouvernement. Cette disgrâce, dont il arrêta les suites en publiant un Mémoire justificatif de sa conduite, accrut à tel point la popularité de Riego, que son nom devint parmi les *comuneros* un cri de ralliement. Les élections de 1822 le portèrent aux *cortès*, où il siégea alors pour la première fois; il en fut aussitôt nommé président, et s'acquitta de ses fonctions avec plus de talent qu'on ne l'eût espéré. A l'approche de l'armée française, Riego vota, conformément à un article exprès de la constitution, la suspension provisoire de l'autorité royale en même temps que celle de l'assemblée des *cortès*, qui furent l'une et l'autre remplacées par une régence durant la translation du gouvernement de Séville à Cadix. Envoyé ensuite pour remplacer le général Zaias dans le commandement des troupes stationnées à Malaga, il y débarqua le 17 août, réunit aussitôt 3,000 hommes, qu'il conduisit vers les cantonnements de Ballesteros, fit arrêter ce général par ses soldats après s'être assuré qu'il trahissait la cause des *cortès*, mais se vit lui-même obligé de renoncer à son entreprise par l'arrivée d'une division française. D'échecs en échecs, il se replia vers Jaën, espérant gagner les montagnes; l'ennemi ne lui en laissa pas le temps : un autre corps français, parti d'Andujar, le vint placer entre deux feux. Les siens se débandèrent; il fut grièvement blessé, et ne parvint qu'avec peine à échapper à ses vainqueurs. L'infortuné général, accompagné seulement de deux officiers, erra d'abord pendant deux jours sans guide à travers les sentiers les moins fréquentés; et bientôt après, un ermite de la Torre-de-Pedro-Gil et un habitant de Vilches, que la nécessité l'avait obligé de prendre pour conducteurs, se hâtèrent de le livrer avec ses compagnons au magistrat d'Arquillos, et cet alcade les fit conduire tous trois garrottés à la Caroline. Arraché aux cachots de cette ville sur la réclamation d'un officier français pour être dirigé sur le quartier général à Andujar, Riego ne lui fut livré que pour être remis presque aussitôt aux agents du parti dont il avait si généreusement mérité l'implacable haine. On l'envoya à Madrid pour être jugé, et il est digne de remarque qu'on se contenta, pour établir la procédure, du fait qu'il avait voté la suspension du roi à Cadix. Le 4 novembre 1823, au milieu de la nuit, Riego fut transféré à la prison de la Tour; le lendemain à midi, on le conduisit à la chapelle, assisté de deux moines. Le 7, à midi et demi, la victime fut traînée à l'échafaud au milieu des cris d'une féroce et sanguinaire populace. Le soir, son cadavre fut transporté dans une église voisine et enterré au *Campo Santo* par la confrérie de la Charité.

Le supplice de Riego fit beaucoup de sensation en France et en Angleterre. L'épouse du général et son oncle, Don Miguel del Riego, chanoine d'Oviedo, qui s'étaient réfugiés à Londres, sollicitèrent par lettres l'ambassadeur de France, M. le prince de Polignac, et le ministre des affaires étrangères de France, à l'effet d'obtenir l'intervention du gouvernement de S. M. T. C. auprès de Ferdinand VII en faveur du général Riego. L'ambassadeur français répondit avec quelque politesse, mais le ministre des affaires étrangères ne daigna faire aucune réponse.

RIGNY (Henri de), vice-amiral, neveu du baron Louis et fils d'un ancien capitaine au régiment de Penthièvre-Dragons, retiré fort jeune du service, et qui mourut en laissant cinq garçons en bas âge, naquit à Toul, en Lorraine, le 2 février 1782. La Révolution le fit sortir de l'école de Pont-à-Mousson, où il avait été envoyé tout enfant. Henri de Rigny, âgé de dix ans alors, avait perdu son père ; sa mère était inscrite sur la liste des émigrés. Une tante recueillit la jeune famille, composée d'une jeune fille de seize ans et de cinq garçons, dont Henri était l'aîné. Henri et ses jeunes frères furent élevés par leur sœur, qui, sous la direction de sa tante, n'avait pas craint d'accepter cette noble et pénible tâche et qui sut l'accomplir. Cette éducation fraternelle trempa le caractère de Henri de Rigny au sein de l'adversité, dit M. le capitaine de vaisseau Gallois, son ami d'enfance, et lui apprit, au milieu des scènes orageuses de cette époque, à contracter ces habitudes de réflexion et de prévoyance qui l'ont toujours distingué.

Une vocation prononcée et la volonté dernière de son père appelèrent Henri de Rigny au service de la marine. Après un séjour de quelques mois à l'École spéciale de Brest, où il avait été envoyé pour y terminer ses études, âgé de seize ans à peine, en 1798, il entra dans la marine en qualité d'aspirant de seconde classe sous les ordres de l'amiral Bruix, assista au blocus de Porto-Ferrajo et au combat d'Algésiras; puis il fit la campagne d'Égypte, et prit part aux expéditions de Saint-Domingue, de Corse et d'Espagne. En 1803, M. de Rigny ayant obtenu le grade d'enseigne de vaisseau, fut, en cette qualité, envoyé au camp de Boulogne et chargé du commandement d'une corvette. Interpellé par Napoléon sur l'opportunité de faire sortir à la marée tous les bâtiments de la flottille destinée à une descente en Angleterre, le jeune marin fit à l'Empereur une réponse aussi ferme que concise. Incorporé avec les marins de la Garde dans l'armée de terre, en 1806 et en 1807, M. de Rigny fit dans le courant de ces deux années les campagnes de Prusse, de Pologne et de Poméranie ; combattit à Iéna, à Pultusk, au siège de Stralsund et de Graudentz, où il reçut une blessure fort grave. Passé à l'armée d'Espagne en 1808 et devenu aide-de-camp du maréchal Bessières, il se distingua à la bataille de Rio-Seco et fut blessé au combat de Sommo-Sierra, puis il assista à la prise de Madrid, en 1809, et à la bataille de Wagram.

Promu au grade de lieutenant de vaisseau en cette même année 1809, M. de Rigny fut en 1811 capitaine de frégate, et reçut l'ordre d'aller appareiller en vue de la croisière anglaise qui bloquait Cherbourg et le Havre. Il accomplit avec intrépidité cette périlleuse mission. En 1813, il fut blessé de nouveau, alors qu'il enlevait le village de Barselen occupé par les Anglais et défendu par deux formidables batteries.

M. de Rigny qui, en 1816, avait été élevé au grade de capitaine de vaisseau, reçut en 1822 le commandement des forces navales rassemblées dans les mers du Levant. Il releva bientôt le pavillon français journellement exposé dans ces eaux aux insultes des pirates turcs et grecs; ses soins intelligents fixèrent dans l'Archipel la police de la navigation, et le capitaine français fut, suivant sa propre et pittoresque expression, un véritable *juge de paix* chargé de préserver de fureurs inutiles deux peuples alors divisés par une guerre acharnée. Nommé contre-amiral en 1823, M. de Rigny fut appelé dans le mois de septembre 1827 à assurer la noble résolution de la France, de la Russie et de l'Angleterre, qui s'étaient unies pour arracher la Grèce à la domination turque. L'immortelle victoire de Navarin, saluée par les applaudissements unanimes de l'Europe, valut à M. de Rigny la croix de l'ordre du Bain et de l'ordre de Saint-Alexandre-Newki et le titre de vice-amiral.

De retour en France après l'évacuation de la Morée, à laquelle il avait présidé, l'amiral de Rigny fut créé comte et nommé préfet maritime à Toulon en 1829. Après avoir, au 8 août même année, refusé de se charger du portefeuille de la marine dans le ministère Polignac, l'amiral comte de Rigny alla dans le Levant reprendre le commandement de la flotte. Revenu à Toulon pour cause de santé, en septembre 1830, il fut nommé membre du conseil d'amirauté et reçut la décoration de grand officier de la Légion-d'Honneur. Appelé en 1831 à la Chambre des Députés par une double élection, l'amiral de Rigny reçut, le 3 mars de la même année, de Louis-Philippe, le portefeuille de la marine. Les marins de toutes classes ont gardé le souvenir du trop court passage de l'amiral à ce ministère. Chargé, le 4 avril 1834, du département des affaires étrangères, il fit dans cette administration preuve d'une activité nouvelle. Le 12 mars 1835, les soins qu'exigeait sa santé, devenue de plus en plus chancelante, le forcèrent à résigner ses fonctions de ministre; toutefois, dans le mois d'août, il accepta une courte mission à Naples. Il était à peine de retour à la fin d'octobre, quand il ressentit les premières atteintes du mal terrible auquel il succomba dans la nuit du 6 au 7 novembre, à l'âge de 52 ans. L'un des plus riches héritiers de la Belgique, il était encore héritier du baron Louis.

RIGNY (Alexandre-Gaultier de), fils d'un ancien officier de cavalerie et d'une sœur de l'abbé Louis, né en 1790, fit ses études à Bruxelles et fut envoyé à l'école militaire de Fontainebleau. Il fut nommé sous-lieutenant au 26ᵉ d'infanterie légère le 16 janvier 1807. Le 10 juin, même année, il fut blessé à l'attaque d'une redoute enlevée par son bataillon contre des grenadiers russes; il fit en 1807, 1808 et 1809, les campagnes de Prusse, d'Autriche et de Pologne. Il fut cité avec éloge au célèbre et meurtrier combat d'Ebersberg. A Essling, son régiment placé à l'avant-garde, lutta contre des masses autrichiennes; M. de Rigny fut blessé, mais ne voulut pas quitter le champ de bataille; le lendemain, il fut de nouveau blessé et mis hors de combat. Sa belle conduite lui valut le grade de lieutenant à l'âge de 19 ans. A Wagram, le jeune lieutenant commanda la compagnie en l'absence de son capitaine, qui venait d'être tué, et se fit remarquer par son courage; mais cinq jours après il fut atteint d'une balle à l'épaule et fut transporté à Vienne, où le général Suchet, nommé au commandement de l'armée d'Aragon, le réclama et se l'attacha en qualité d'aide-de-camp.

M. de Rigny gagna au combat de Margaleff et à l'assaut de Lérida les épaulettes de capitaine. Il assista aux sièges de Mequinenza, de Tortose, de Tarragone, de Sagonte et de Valence; il se fit surtout remarquer sous les murs de Tarragone, où il mérita d'être cité avec éloge par le maréchal Suchet, pour son éclatante bravoure; on le récompensa par le grade de chef d'escadron, et plus tard, en 1813, il fut envoyé en mission en Saxe près de l'Empereur. Il était attaché à l'état-major du prince de Neufchâtel, lorsqu'à la terrible retraite de Leipzig, il reçut une grave blessure à la tête, resta au pouvoir de l'ennemi et fut prisonnier jusqu'en 1814. Il fut fait lieutenant-colonel à son retour et ne prit aucune part aux événements de 1815. Nommé colonel en 1818, il prit, en 1821, le commandement du 2ᵉ hussards. En 1823, il eut un commandement dans l'armée d'Espagne et s'y distingua par son courage et par son humanité.

Deux fois depuis 1830, nos troupes sont entrées en Belgique, et deux fois M. de Rigny a fait partie de l'expédition avec le grade de maréchal de camp, auquel il avait été promu le 22 octobre 1830 par son droit d'ancienneté. Il reçut en outre le commandement militaire du département du Nord.

En 1836, il reçut ordre de se rendre à Alger. Il paraît que cet ordre n'était point agréable au maréchal Clausel, qui désirait confier au général Subervic le commandement que le ministre donnait à M. de Rigny. Il arriva à Alger le 20 octobre, et de là se rendit à Bone, où se trouvait l'avant-garde.

En octobre 1836, les troupes destinées à marcher sur Constantine se trouvèrent réunies à Bone. Le 8 novembre, la brigade d'avant-garde commandée par M. de Rigny reçut ordre d'aller prendre position à Ghelma; cette brigade, composée au départ de 2,970 hommes, se trouva réduite à 1,800 devant Constantine, parce que le maréchal garda près de lui les troupes du Bey et deux compagnies du génie.

M. de Rigny quitta Bone avec sa brigade le 8 novembre. On connaît le non-succès de cette première expédition de Constantine. Le maréchal, désespérant de forcer Constantine et pressé par le manque total de vivres, dut songer à la retraite. M. de Rigny prit alors le commandement de l'arrière-garde, qui eut beaucoup à souffrir de la poursuite de l'ennemi. M. de Rigny fit plusieurs fois prier le maréchal de ralentir la marche du corps principal, pour la sûreté des troupes qu'il commandait. Il s'exprima en termes un peu vifs et peut-être imprudents sur le peu de succès de ses instances: quoi qu'il en soit, le maréchal Clausel lui intima les arrêts et le suspendit de son commandement le 26 novembre; mais le lendemain matin il leva les arrêts et la suspension; et le 29, parut un nouvel ordre du jour très-offensant pour le général de Rigny, qui s'empressa de s'en plaindre au ministre de la guerre, en le suppliant de faire examiner sa conduite par un conseil de guerre. Cette lettre ne parvint pas au ministre. Le général ayant reçu l'ordre de revenir en France, il demanda de nouveau une instruction qui fut ordonnée; et après six mois, il parut devant un conseil de guerre comme accusé de s'être rendu coupable de trahison, en proférant en présence de l'ennemi, des cris ou clameurs tendant à jeter le trouble et le désordre dans l'armée d'Afrique, lors de l'expédition de Constantine. M. de Rigny fut acquitté à l'unanimité, et cet acquittement fut accompagné des circonstances les plus solennelles et les plus touchantes.

C'est à tort que l'on prétendit que le ministère ne lui donna point de commandement; on lui confia au contraire celui du département de l'Indre (Châteauroux). La lettre d'avis ministérielle est datée du 6 septembre 1837; il ne quitta ce commandement qu'après le décret du Gouvernement provisoire, en 1848.

Le 9 juillet 1850, M. Gaultier de Rigny fut nommé, par décision du Président de la République, au commandement de la 2ᵉ subdivision de la 15ᵉ division militaire (chef-lieu Brest).

ROGUET (François, comte), né à Toulouse le 12 novembre 1770, s'engagea à 19 ans (3 mai 1789) dans le régiment de Guyenne, infanterie, devenu 21ᵉ de ligne, et fit la campagne de 1792 à l'armée du Var, comme adjudant dans le 1er bataillon de la Haute-Garonne. Il se distingua à l'affaire de Nice et dans différentes affaires, et fut nommé, en 1793, adjudant-major capitaine.

Il entra ensuite dans la 21e demi-brigade de ligne, où il fut chargé, en qualité d'adjudant-major, de la discipline et de l'instruction. Il fut grièvement blessé à Savone en juin 1795, en sautant dans le fossé du fort, dont il s'empara sous le feu de l'armée autrichienne.

En 1796, les 21e, 118e et 129e demi-brigades furent fondues pour former l'immortelle 32e; l'adjudant-major Roguet y conserva son emploi. Il fut brave au milieu de cette élite de braves, dont le souvenir se rattache à la conquête de l'Italie. M. Roguet fut nommé chef de bataillon sur le champ de bataille; mais il dut quitter ses frères d'armes de la 32e pour passer à la 33e, dont il commanda le 1er bataillon à Rivoli.

En 1799, l'armée d'Italie se révolta et ne voulut plus reconnaître l'autorité du général en chef; seul, le commandant Roguet sut conserver à Mantoue son bataillon dans le poste qu'il devait occuper; ses soldats restèrent dans le devoir.

A la bataille de Vérone, le chef de bataillon Roguet, par ordre du général Moreau, marcha sur le village de Sainte-Lucie, poste très-important, chassa les Autrichiens, s'établit, se maintint, mais fut blessé très-grièvement d'un coup de feu à la jambe.

A l'époque des insurrections des vallées d'Oneille et de Tanaro, ce fut lui qui dispersa les révoltés, s'empara de la ville et de la vallée d'Oneille et de celle du Tanaro, fit lever le siége de la Piève, y prit l'artillerie des insurgés, fit prisonnier le chef des insurgés et son état-major, rétablit les communications avec Gênes, l'armée et la France, et rejoignit près de Ceva le général Moreau, qui le nomma, sur le champ de bataille, chef de brigade de la 33e demi-brigade, qui fit des prodiges à Fossano, à Novi, à Coni et sur le Var. De 3,000 hommes, cette demi-brigade était réduite, en juillet 1800, à 160 hommes, qui reçurent ordre de se rendre à Paris.

Nommé général de brigade en 1803, M. Roguet commanda au camp de Boulogne les 69e et 76e d'infanterie, fut nommé commandeur et passa en Allemagne en 1805.

La brigade Roguet se distingua d'une manière éclatante à Elchingen; elle enleva le fort de Scharnitz, et s'ouvrit ainsi la route d'Inspruck.

Le général Roguet déploya sa brillante valeur à Iéna, au blocus de Magdebourg, à l'affaire de Soldan, à la bataille d'Eylau, à la reprise de Gutstadt. Le 5 juin 1807, il formait l'arrière-garde et résistait au centre des ennemis, à la garde russe, à une artillerie formidable, lorsque son cheval fut tué sous lui et une balle lui traversa le pied. Il resta sur le champ de bataille, fut fait prisonnier, et pansé par le premier chirurgien de l'empereur Alexandre.

Rentré en France après la paix de Tilsitt sans être encore guéri de sa blessure, il commanda l'infanterie de la garnison de Paris; fut créé baron et chevalier de la Couronne de Fer. Envoyé dans l'île de Cadsan, il y établit un tel système de défense, que les Anglais durent s'éloigner et respecter Flessingue.

En 1808, il se distingua aux siéges de Bilbao et de Santander, et fut nommé colonel au 2e des chasseurs à pied de la Garde impériale, avec lesquels il se trouva à Essling et à Wagram. Il conduisit ensuite en Espagne les tirailleurs et voltigeurs de la garde nouvellement formés, fit à leur tête les campagnes de 1809, 1810 et 1811, fut nommé général de division le 24 juin 1811, et commandant du 6ᵉ gouvernement d'Espagne.

En mars 1812, il se rendit avec sa division de la Garde sur le Niémen. Arrivé le 4 juillet à Wilna, il fit la campagne de Russie; à Moscou, la division Roguet fut la première qui rentra dans l'ordre à la voix de son chef. Après de graves désordres, presque inévitables pendant la retraite, elle fit des prodiges de valeur.

Le 14 décembre, au-dessus de Smolensk, elle s'ouvrit, pendant la nuit, un passage en renversant les forces accumulées de Miloradowisch, et protégea la retraite de toute la Garde, se dirigeant sur Krasnoë. Ce choc arrêta pendant vingt-quatre heures le mouvement de l'armée russe, forte de 80,000 hommes, et donna le temps au prince Eugène de rejoindre Napoléon à Krasnoë. Le 17, cette même division Roguet fut encore admirable de courage, d'héroïsme et de dévouement; pendant trois heures elle reçut la mort sans reculer d'un pas, sans faire un mouvement pour l'éviter; elle perdit 1,500 hommes, mais grâce à ses héroïques efforts, les restes confus de l'armée parvinrent à effectuer leur retraite.

Dans tout le reste de la campagne, le général Roguet continua de se montrer soldat et général. A partir de la Bérésina et à son arrivée à Posen, il rallia la vieille et la jeune garde française et italienne, qui ne tardèrent pas à s'immortaliser à Lutzen, à Bautzen et à Wurchen; il reçut en récompense la décoration de la grand-croix de la Réunion et de la grand-croix de l'ordre de Hesse.

A la bataille de Dresde, il commandait 14 bataillons de conscrits à peine équipés, que Napoléon compara, ce jour même, à ses vieux soldats.

A Leipzig, il culbuta un corps d'Autrichiens et soutint les charges de la cavalerie réunie des gardes prussienne et russe.

Dans la retraite sur le Rhin, il forma l'arrière-garde et se distingua à Hanau.

Promu au titre de comte le 28 novembre 1813, il alla prendre à Bruxelles le commandement des troupes de la Garde, commença le 20 décembre le bombardement de Bréda, mais sans succès; ce qui empêcha Napoléon de ressaisir la ligne de la Meuse et Waal. Il alla ensuite se distinguer sous les murs d'Anvers. Le 30 mars 1814, au combat de Courtrai, il renversa et détruisit un corps de Saxons.

Après l'abdication, le général Roguet fit à Lille sa soumission au nouvel ordre de choses, reçut la croix de Saint-Louis le 8 juillet, et celle de grand officier; il garda sa position dans la Garde, devenue Garde royale, et la remit presque intacte à Napoléon en 1815. Il combattit avec elle à Fleurus et à Waterloo. De retour à Paris, il signa, avec dix-huit de ses frères d'armes, une énergique protestation contre les Bourbons, et fut mis en disponibilité.

Après la Révolution de 1830, le comte Roguet fut appelé au commandement de l'infanterie de la 1ʳᵉ division, puis commanda la 7ᵉ division militaire; il fut créé pair de France et grand-croix de la Légion-d'Honneur en 1831. Pendant son séjour à Lyon, il eut à réprimer une émeute d'ouvriers et le fit avec une grande rigueur; on lui reprocha cependant d'avoir fait sortir les troupes de la ville, et d'avoir ainsi pactisé avec la révolte, de sorte que cette déplorable circonstance nuisit au général Roguet dans l'esprit de l'armée et du peuple, et le mit mal avec la cour.

Le comte Roguet est mort le 7 décembre 1846, à Paris, à l'âge de 75 ans.

Son nom est inscrit sur l'arc de triomphe, côté Sud.

ROHAULT DE FLEURY (Hubert, baron), né à Paris le 2 avril 1779, fit ses études au collége de Juilly. Reçu à seize ans à l'École polytechnique, il en sortit pour entrer dans le corps du génie en 1798. Il quitta l'école de Metz en 1800 comme lieutenant. Nommé capitaine en 1801, il fit la campagne de Portugal, d'où il passa au camp de Boulogne. En 1805, il fut appelé à l'armée d'Allemagne et se trouva à la bataille d'Austerlitz. Le maréchal Lannes, auquel il était attaché, demanda pour lui le grade de chef de bataillon ; mais un capitaine de vingt-cinq ans parut trop jeune pour être nommé officier supérieur.

M. Rohault fit les campagnes de Prusse et de Pologne de 1806 et 1807, et assista aux siéges de Stralsund et de Colberg.

En 1808, il organisa en Catalogne, sous le général Duhesme, une compagnie de sapeurs provisoires et d'élite avec lesquels il rendit de grands services. Après la défense de Barcelone (1808), il fut nommé chef de bataillon. Il s'était énergiquement opposé à l'abandon de cette ville.

En 1809, il fut fait officier de la Légion-d'Honneur au siége de Girone, où, le premier, il monta à l'assaut du fort Mont-Jouy, et fut blessé grièvement sur le haut de la brèche. Sa guérison fut très-lente et très-difficile.

Nommé lieutenant-colonel en 1814, il fut à la formation des régiments du génie, en 1816, appelé au commandement du 9° qu'il conserva six ans. Il s'occupa d'organiser l'instruction dans les écoles régimentaires du génie, tenta de nombreuses expériences sur la guerre souterraine, et d'heureuses applications des mines à la fortification de campagne qui font aujourd'hui partie de l'instruction des troupes du génie.

M. Rohault de Fleury fut nommé sous-gouverneur à l'École polytechnique en 1822, maréchal de camp en 1823, commandant du génie à l'armée de Catalogne, sous les ordres du maréchal Moncey.

A la suite de la Révolution de juillet, il fut envoyé à Lyon pour mettre cette ville en état de défense. Il y créa une place forte, une sorte de capitale *militaire* qui offrirait au gouvernement un refuge en cas d'invasion. Pour arriver à ce grand résultat, M. Rohault eut à vaincre des difficultés puissantes et de toute nature.

En 1831, lors de la première insurrection lyonnaise, il se plaça l'épée à la main à la tête des troupes, et eut son aide-de-camp tué à ses côtés.

En 1834, il commandait l'artillerie du général Aymard dans une circonstance semblable, et fut nommé lieutenant-général le 29 avril.

En 1837, il commandait en chef le génie à la deuxième expédition de Constantine. Cette arme y perdit un grand nombre d'officiers et de soldats. Le général y perdit ses trois aides-de-camp. L'activité et le sang-froid de cet officier furent incroyables en ces circonstances critiques. Quand on se vit obligé de rapprocher les canons de gros calibre de la ville pour y ouvrir une brèche praticable, le général Rohault fit construire en deux nuits des tranchées auxquelles il présida lui-même, et à 150 mètres de la place, une place d'armes destinée à recevoir les pièces de la batterie de brèche, et à servir de point de départ aux colonnes d'assaut. C'était un travail surhumain, mais le salut de l'armée en dépendait. Grâce à l'énergie du chef et des soldats, le travail réussit.

M. Rohault a été membre du comité du génie, directeur supérieur des travaux de Lyon, membre de la chambre des Députés (1837).

Il est aujourd'hui grand officier de la Légion-d'Honneur et en retraite.

M. Rohault de Fleury est une des gloires de la France.

*ROLLAND (Pierre, baron), né à

Montpellier le 8 juin 1772. Au commencement de 1791, il partit comme volontaire avec les chasseurs de l'Aude, qui formèrent les guides de l'armée des Pyrénées-Orientales et fut nommé sous-lieutenant adjoint à l'adjudant-général Desroches. A la fin de l'an II, il passa bientôt après comme capitaine dans la légion de police; mais ce corps ayant été licencié à la suite des événements du 13 vendémiaire an IV, il resta sans activité jusqu'à l'an VII.

A cette époque, Rolland rejoignit le 14ᵉ régiment de cavalerie à l'armée de Naples. Envoyé le 17 ventôse sur la route de Salerne, avec 50 hommes d'infanterie et 30 chasseurs du 25ᵉ régiment pour reconnaître un corps de Calabrais, il rencontra l'ennemi au nombre de 20,000 hommes en avant de Nocera, et, malgré la disproportion de ses forces, il chargea la tête de colonne des insurgés. Ayant reçu le lendemain un renfort de 300 hommes avec deux pièces de canon, il attaqua de nouveau l'ennemi, pénétra dans Nocera, et fit rentrer dans l'obéissance la population insurgée.

Parvenu au grade de major dans le 2ᵉ régiment de cuirassiers, et nommé membre de la Légion-d'Honneur à la création, Rolland se distingua en 1809 à la campagne de Wagram, et obtint le titre de baron de l'Empire le 15 août.

En 1810, il conduisit un régiment de marche de grosse cavalerie à l'armée de Catalogne, commanda le 2ᵉ cuirassiers pendant la campagne de Russie, et fut nommé officier de la Légion-d'Honneur le 11 octobre 1812, en récompense de sa brillante conduite à la bataille de la Moskowa.

L'année suivante, à Dresde, il chargea un carré russe, lui fit 2,000 prisonniers, et reçut des mains de l'Empereur, à la revue du 5 septembre, la décoration de commandeur. A la première journée de Leipzig (16 octobre 1813), il eut la jambe gauche emportée par un boulet.

Promu au grade de général de brigade le 18 novembre, Rolland obtint à la paix de 1814 le commandement de la succursale des invalides d'Avignon et la croix de Saint-Louis. Il rentra dans la vie privée en 1816, et siégea au grand conseil d'administration des Invalides, de 1830 à 1832. Il est mort à Paris le 27 décembre 1848.

ROSILY-MESROS (François-Étienne, comte de), vice-amiral, naquit à Brest (Finistère), le 13 janvier 1748.

Le comte de Rosily, son père, qui était chef d'escadre et commandait la marine à Brest en 1762, le fit alors admettre comme garde. De cette époque à 1769, le jeune Rosily compléta son apprentissage de la mer dans diverses campagnes et visita successivement Rio-Janeiro, Terre-Neuve, Saint-Domingue et les Antilles.

Enseigne de vaisseau en 1770, il s'embarqua à bord du vaisseau commandé par Kerguelen, avec lequel, après une campagne d'observation sur les côtes de France, il devait faire le tour du monde. La recherche du continent austral était le but de ce voyage. Le 13 février 1772, on crut l'avoir découvert, et Rosily fut envoyé pour le reconnaître. Au retour de sa chaloupe, la frégate avait disparu. Miraculeusement recueilli par la flûte le *Gros-Ventre*, il navigua pendant huit mois avec elle, et rentra en France en 1773. Il repartit aussitôt pour aller rejoindre Kerguelen qui allait de nouveau à la découverte des terres australes, et en même temps à la recherche de Rosily; il le retrouva à l'Ile-de-France, où il lui donna le commandement de la corvette *l'Ambition* : cette campagne dura quatorze mois.

De retour en Europe à la fin de 1774, il ne tarda pas à aller visiter les ports de l'Angleterre, de l'Écosse et de l'Irlande, et rapporta en France plusieurs objets utiles à notre marine, entre autres les pompes à chaînes.

Lieutenant de vaisseau en 1778, il monta le lougre *le Coureur*, et fit sous les ordres de la Clocheterie, commandant la frégate *la Belle-Poule*, une croisière dans la Manche.

Le 17 juin, *la Belle-Poule* fut attaquée par la frégate anglaise *l'Aréthuse*; celle-ci était accompagnée du Cutter *l'Alerte*, de 14 canons. Rosily n'hésite pas à attaquer ce bâtiment à l'abordage et il sauve *la Belle-Poule*, tandis que lui-même, entièrement désemparé et faisant eau de toutes parts, est obligé de se rendre. La croix de Saint-Louis paya son généreux dévouement.

Il rentra à Brest en février 1780, et au mois de mai suivant, il prit le commandement de la frégate *la Lively*.

Lieutenant en pied, en 1781, à bord du vaisseau *le Fendant*, il échangea à l'Ile-de-France, ce commandement contre celui de la frégate *la Cléopâtre*, et alla rallier à Trinquemalay, l'escadre du bailli de Suffren.

La paix, qui consacra l'indépendance américaine, et qui fit cesser les hostilités dans la mer de l'Inde, ramena en France l'escadre du bailli de Suffren, et l'année suivante, Rosily fut élevé au grade de capitaine de vaisseau.

Chargé de diverses missions politiques, commerciales et scientifiques, il appareilla de nouveau de Brest au mois de février 1785, et se livra pendant sept ans à une navigation difficile et périlleuse dans la mer Rouge, dans celles de l'Inde et de la Chine. M. Beautemps-Beaupré, ingénieur hydrographe, dans l'éloge funèbre du comte de Rosily, a rendu aux hydrographiques de cet amiral, à cette époque, un témoignage bien honorable; mais nous, comme historien, nous devons ajouter qu'ils ne sont plus guère consultés aujourd'hui. Ils lui valurent cependant, le 5 fructidor an III, la place de directeur et d'inspecteur général du dépôt des cartes et plans de la marine. Il avait alors, et depuis dix-neuf mois, le grade de contre-amiral, et il avait exercé les fonctions de commandant d'armes au port de Rochefort. Nommé vice-amiral le 1er vendémiaire an V, il remplit diverses missions à Gênes, à Spezzia, à Boulogne et à Anvers.

C'est dans l'intervalle de ces voyages qu'il fournit au général Bonaparte des renseignements pour l'expédition d'Égypte. On prétend même que le général lui aurait offert le commandement en chef de la flotte, et qu'il le refusa pour ne pas abandonner sa jeune famille. Confié à d'autres mains, la fortune de la France eût peut-être triomphé à Aboukir.

Napoléon, voulant retirer l'escadre de Toulon des mains de Dumanoir, écrivait au ministre Decrès, le 10 fructidor an XII : « Il me paraît que, pour commander une escadre, il n'y a que trois hommes : Bruix, Villeneuve et Rosily. Pour Rosily je lui crois de la bonne volonté, mais il n'a rien fait depuis quinze ans, et j'ignore s'il a été bon marin, et les commandements qu'il a eus. Toutefois, il y a une chose très-urgente, c'est de prendre un parti sur cela. »

Rosily sut que l'Empereur avait songé à lui, et l'espérance d'être prochainement employé lui suggéra la pensée de réclamer un avancement auquel il se croyait des droits dans la Légion-d'Honneur. (Il avait été nommé membre et commandeur de l'Ordre les 19 frimaire et 25 prairial an XII.) Mécontent d'une pareille prétention, Napoléon adressa à son ministre de la marine, de Stupinis, le 9 floréal an XIII, la lettre que voici :

« M. Rosily m'a écrit pour me demander à être grand officier de la Légion-d'Honneur. Cela m'est difficile. Missiessy, Gourdon, Lacrosse, Magon, sont dans mon esprit au-dessus de lui; il a donc très tort de se comparer à Bruix, à Ganteaume, à vous, à Villeneuve. J'estime même que tout capitaine qui a fait la guerre et qui a quelque mérite, a plus de considération à mes yeux que M. Rosily. Cependant, c'est un bon officier; il n'est pas tellement vieux qu'il ne puisse rendre des services à la mer. Voyez à l'employer, ou qu'il reste comme il est; mais que je n'entende plus parler de lui pour aucune espèce d'avancement. Les hommes qui restent à Paris ne peuvent se comparer aux hommes qui s'exposent à tous les dangers qu'on court à la mer, et dès qu'ils s'élèvent jusqu'à se comparer à eux, il faut le leur rappeler et les faire rentrer en eux-mêmes. »

Si Napoléon ne jugeait pas à propos de confier encore à Rosily un service actif à la mer, au moins ne lui refusait-il pas certaines connaissances utiles à ses projets, puisqu'il chargeait le ministre Decrès, le 26 thermidor an XIII, de demander à ce vice-amiral « un Mé-« moire très-détaillé sur toute la côte « d'Afrique. »

Enfin, Rosily reçut une destination. Les escadres combinées de France et d'Espagne étaient réunies à Cadix, au nombre de 33 vaisseaux de ligne. L'Empereur mécontent de l'amiral Villeneuve lui donna Rosily pour successeur.

Une dépêche adressée à Villeneuve l'informe de ce qui se passe, et ajoute, dit-on : « Sors, bats l'ennemi, et tout sera réparé. » C'était Decrès, ministre de la marine, qui donnait ainsi un conseil sage et hardi à son ami. Cependant Rosily, qui était parti en toute hâte, entendait à son arrivée le canon de Trafalgar, et, le lendemain, il recueillait les débris de cette fatale journée.

Le désastre était irréparable; pourtant Rosily réorganisa une petite flotte et la mit en état de prendre la mer. Il resta deux ans et demi devant Cadix, constamment bloqué par l'armée anglaise. Le 26 mai 1808, la flotte anglaise fit des démonstrations pour forcer la baie: dans le même moment, le peuple de Cadix, instruit des événements politiques de la Péninsule, se soulevait contre les Français, et l'escadre espagnole, forte de 6 vaisseaux, s'éloignait de leurs rangs.

Dans les journées des 9 et 10 juin, Rosily, réduit à ses propres forces, reçut sur son escadre plus de 1,200 bombes lancées par les Espagnols. Le 11, ses dispositions étaient prises pour passer devant les vaisseaux espagnols et traverser la flotte anglaise; les vents le retinrent. Cependant le peuple menaçait d'égorger les Français restés à terre, et rien n'annonçait l'arrivée des secours promis à Rosily pour le 7 du même mois. Le général Dupont, loin de lui venir en aide, avait flétri son drapeau à Baylen. Le 14, Rosily entra en négociations avec le général espagnol : il rentra seul en France avec son état-major, et vint reprendre ses fonctions de directeur du dépôt de la marine.

En 1809, il fut créé comte de l'Empire, et nommé membre du conseil d'enquête chargé d'examiner la conduite de Victor Hagues, commissaire commandant en chef de la Guyane française, accusé de s'être rendu sans combat.

En 1811, il fut nommé président du conseil des constructions navales, et chargé en 1813, de concert avec MM. Tarbé, inspecteur des ponts et chaussées, et Beautemps-Beaupré, d'aller choisir l'emplacement d'un arsenal maritime à l'embouchure de l'Elbe.

Ce fut en 1814 que le corps des ingénieurs hydrographes reçut, sous sa direction, une organisation définitive, et commença, en 1816, la reconnaissance des côtes de France, immense travail qui sera aussi utile pour la marine que glorieux pour les ingénieurs qui viennent de l'achever.

Le 25 juillet de la même année, Louis XVIII le fit grand officier de la Légion-d'Honneur, et lui accorda le grand cordon de l'Ordre le 27 décembre suivant. Président du collége électoral du Finistère le 26 septembre 1818, il fut, malgré le peu de succès de sa mission, nommé commandeur de Saint-Louis le 21 octobre suivant et grand-croix le 17 août 1822.

Il s'est retiré en 1827, et le roi, en témoignage de sa satisfaction, lui a conféré le titre de directeur général honoraire du dépôt de la marine.

Ce vice-amiral est mort à Paris le 12 novembre 1832. Il avait remplacé Bougainville au bureau des longitudes le 28 octobre 1811, était associé libre de l'Académie des Sciences, depuis le 26 mai 1816, et grand-croix de l'ordre danois de Dannebrog.

Son nom est inscrit sur l'arc de triomphe de l'Étoile, côté Est.

ROSTOPCHIN (le comte FEDOR), lieutenant-général d'infanterie russe, descend d'une ancienne famille de Russie. Entré de bonne heure dans la carrière des armes, il était lieutenant à 21 ans dans la garde impériale. Il quitta alors la Russie pour voyager et résida quelque temps à Berlin, où il était encore en 1778.

L'esprit et la vivacité du jeune Rostopchin plurent au comte Romanzow, frère du ministre des affaires étrangères, alors ambassadeur à Berlin. Sous le règne de Paul Ier, son avancement fut aussi rapide que brillant. Il fut décoré du grand ordre de Russie et fait comte, ainsi que son père; mais bientôt ils tombèrent l'un et l'autre, pour des raisons inconnues, dans une disgrâce à laquelle le comte Panim ne fut pas étranger, et eurent ordre de se retirer dans leurs terres. Le comte Rostopchin rentra en faveur sous Alexandre, et il était chargé du gouvernement de Moscou, lorsque les Français parurent sous ses murs en 1812. Le 11 septembre, veille de l'arrivée de l'empereur Alexandre, il adressa à la garnison une proclamation conçue en termes bizarres, mais énergiques et propres à enflammer l'enthousiasme patriotique et religieux des Moscovites. Le 12, il se rendit auprès du prince Kutusoff, général en chef de l'armée russe, en annonçant son départ en style plus singulier encore.

Le 14 septembre à midi, suivant le 19e bulletin, les Français entrèrent à Moscou; le même jour (20e bulletin), les Russes mirent le feu à plusieurs édifices publics de cette grande ville. L'incendie, qui ne tarda pas à s'étendre de tous côtés et à consumer presque entièrement l'immense capitale, ravit aux Français les ressources de tout genre qu'ils devaient y trouver pour leurs quartiers d'hiver, les força à une retraite précipitée et produisit les désardres de cette campagne. Les rapports officiels annoncèrent que des forçats libérés, des bandits de toute espèce mirent le feu dans cinq cents endroits différents par ordre du gouverneur. A Woronovo, dit le 23e bulletin, le comte Rostopchin mit le feu à sa maison de campagne et laissa l'écrit suivant attaché à un poteau: « J'ai embelli pendant huit ans cette maison de campagne et j'y ai vécu heureux au sein de ma famille. Les habitants de cette terre, au nombre de 1,720, la quittent à votre approche, et je mets le feu à ma maison, afin qu'elle ne soit pas souillée par votre présence. Français, je vous ai abandonné mes deux maisons de Moscou avec des meubles valant un demi-million de roubles; ici vous ne trouverez que des cendres. »

Le comte Rostopchin conserva le gouvernement de Moscou jusqu'au mois de septembre 1814. A cette époque, il donna sa démission et accompagna à Vienne l'empereur Alexandre. En 1817, il vint à Paris, où il paraissait avoir l'intention de fixer son séjour, et on n'y vit pas sans quelque étonnement dans celui que l'on se représentait comme un féroce vandale, l'un des hommes les plus remarquables de l'époque par la finesse et l'originalité de son esprit.

Le comte Rostopchin est mort à Saint-Pétersbourg le 30 janvier 1826. Il a laissé un fils qui s'est distingué dans la carrière militaire et une fille qui a épousé le petit-fils du comte de Ségur.

ROTTEMBOURG (Henri baron), naquit le 6 juillet 1769 à Phalsbourg (Meurthe). Soldat au 84e régiment d'infanterie le 16 septembre 1784, il fut nommé caporal-fourrier le 1er janvier 1791, sergent, adjudant-sous-officier, sous-lieutenant et lieutenant les 1er mai, 26 août, 1er septembre et 15 octobre 1792. Il fit les campagnes de 1792 à l'an II aux armées du Centre, du Nord et des Ardennes, et devint, le 1er frimaire an III, capitaine-adjudant-major à la 172e demi-brigade, devenue 99e, puis 62e.

Il servit de l'an III à l'an IX aux armées de Sambre-et-Meuse, de Mayence, d'Angleterre et d'Italie.

Blessé d'une balle à la cuisse droite, à l'affaire du 6 germinal an VII, devant Vérone, où il se trouvait à la tête des tirailleurs, il combattit pendant toute l'action.

Dans le mois de frimaire an VIII, il se fit particulièrement remarquer lors de la retraite du général Suchet sur le Var, et obtint, le 10 fructidor suivant, le grade de chef de bataillon.

Le 4 nivôse an IX, au passage du Mincio, il chargea l'ennemi à la baïonnette, concourut au succès de cette journée, et, le 5 nivôse, il prit une part glorieuse à la reddition de Borghetto. Ce fut lui qui porta au commandant autrichien les articles de la capitulation.

Major du 56e régiment de ligne le 30 frimaire an XII, et membre de la Légion-d'Honneur le 4 germinal, il passa, avec le grade de chef de bataillon, dans les chasseurs à pied de la Garde impériale le 1er mai 1806.

Il servit à la grande armée de l'an XIV à 1807, et mérita, à la bataille d'Iéna, le grade de colonel du 108e régiment, et la croix d'officier de la Légion-d'Honneur le 7 juillet suivant. Il ne rentra en France qu'en 1811, et fut nommé général de brigade le 21 juillet de cette année.

Attaché à la Garde impériale en qualité d'adjudant-général, il fit la guerre de 1812 en Russie, et fut renvoyé en France pour y organiser une partie de l'infanterie de la Garde impériale, mission dont il s'acquitta avec habileté, et pour laquelle il reçut, le 14 mai 1813, la décoration de commandeur de la Légion-d'Honneur.

Major du 1er régiment de chasseurs à pied le 14 septembre même année, et général de division le 20 novembre suivant, il commandait, pendant la campagne de France de 1814, la 5e division de la jeune Garde.

Au premier retour des Bourbons, le 27 juin 1814, Louis XVIII le nomma chevalier de Saint-Louis, inspecteur général d'infanterie, et grand officier de la Légion-d'Honneur le 14 février 1815.

Appelé le 30 avril suivant au commandement de la 6e division du 2e corps d'observation, il passa le 18 mai à celui d'une division de l'armée du Rhin, et fut mis à la retraite le 9 septembre même année.

Relevé de cette position le 29 mars 1816, et employé le 25 octobre 1817 dans l'inspection générale de l'infanterie, il fut compris, le 30 octobre 1818, dans le cadre de l'état-major général de l'armée.

Nommé, le 7 novembre 1821, président du comité d'infanterie, il alla, le 12 février 1823, prendre le commandement de la division des Pyrénées-Orientales, et reçut, le 23 mai 1825, la croix de commandeur de Saint-Louis.

Le roi Charles X le plaça, le 9 août 1820, à la tête de la 16ᵉ division militaire (Lille). Il y reçut la décoration de la grand'croix de la Légion-d'Honneur. Il était en disponibilité depuis le 5 août 1830, lorsqu'il fut compris, le 10 février 1831, sur le cadre d'activité de l'état-major général de l'armée.

Chargé, le 5 juillet 1832, de l'inspection générale de l'infanterie dans les 11ᵉ et 20ᵉ divisions militaires, il fut appelé, le 1ᵉʳ décembre suivant, au commandement de la 18ᵉ division (Dijon), et de nouveau admis à la retraite le 1ᵉʳ juillet 1834. Son nom est inscrit sur le côté Nord de l'arc de triomphe de l'Étoile.

ROUSSEL D'HURBAL (Nicolas-François), né à Neuchâteau (Vosges) en septembre 1763, avait été autorisé en sa qualité de sujet lorrain à prendre du service dans les armées de l'empereur d'Autriche, et avait débuté en 1782 comme cadet au régiment de Kerunitz.

A l'ouverture de la seconde coalition, en septembre 1805, il était lieutenant-colonel des chevau-légers de Latour. En 1809, à la suite du traité de Vienne, tous les Français au service de l'étranger ayant reçu l'ordre de rentrer dans leur patrie, Roussel d'Hurbal se rendit à Paris. Napoléon, auquel il fut présenté comme le meilleur officier de cavalerie de l'armée autrichienne, l'admit à son service comme général de brigade le 31 juillet 1811, et lui confia l'administration des nouveaux régiments de lanciers polonais. Employé dans la division Bruyère au corps de Nansouty pendant la campagne de Russie, et constamment à l'avant-garde avec le roi de Naples, Roussel d'Hurbal commandait le 2ᵉ hussards prussiens au combat de Dziana; le 5 juillet, à la bataille de la Moskowa, il exécuta une charge heureuse sur un régiment de cuirassiers russes auxquels il reprit quatre pièces de canon. L'Empereur, avant de quitter l'armée, à Smorghani, voulut lui donner un témoignage de sa satisfaction, et le nomma général de division le 4 décembre.

Dans la campagne suivante, au combat de Kotzbach, le 26 août 1813, Roussel d'Hurbal garda plusieurs heures la tête du défilé, où il perdit les deux tiers de sa division, et repoussa plusieurs charges dans l'une desquelles, renversé sous son cheval, il eut une parcelle du crâne enlevée par un coup de sabre. Il ne quitta cependant l'armée que dans le courant de décembre, et dès le 17 janvier 1814 il organisait à Versailles les nouvelles recrues destinées à recomposer notre cavalerie, épuisée par les deux dernières batailles.

A la tête de la 6ᵉ division de grosse cavalerie, détachée au 2ᵉ corps, il suivit Napoléon dans sa marche sur les derrières de Blücher, chargea impétueusement sur les lanciers russes et les Cosaques à Sezanne, et reçut à cette occasion les compliments de Napoléon qui le retint seul à déjeuner le lendemain. Moins heureux quelques jours après dans l'échauffourée du 4 mars en arrière de Times, il parvint cependant à se disculper des reproches de Napoléon, et marcha le 7, à la journée de Craonne, sous les ordres de Grouchy, pour soutenir à l'aile gauche les efforts du maréchal Ney. Roussel d'Hurbal reçut la croix de commandeur de la Légion-d'Honneur à Fontainebleau le 3 avril, et vint ensuite occuper à Essonne le poste abandonné par le corps du maréchal Marmont.

Pendant les Cent-Jours, le général Roussel d'Hurbal eut le commandement de la 2ᵉ division du corps de réserve du duc de Valmy.

Employé sous la Restauration en qualité d'inspecteur général, il commanda une division de cuirassiers en Espagne pendant la campagne de 1823, et fut nommé à son retour gouverneur de la 17ᵉ division militaire (Corse).

Disponible en 1830 et retraité en 1832, il est décédé en avril 1849, âgé de 86 ans.

ROUSSEL (Jean-Pierre-François-Dieudonné), né à Belfort le 29 mai 1782, entra, comme volontaire dans le 12ᵉ régiment des chasseurs à cheval le 27 juillet 1798. Un an après, il entrait comme sergent-major dans le bataillon auxiliaire du mont Terrible, lequel fut fondu en 1800 dans la 94ᵉ demi-brigade d'infanterie. M. Roussel fit, en cette qualité, à l'armée du Rhin, les campagnes des années VII, VIII et IX de la République et assista aux batailles de Zurich, de Stokarch, de Moëskirch, de Nordlingen et d'Hohenlinden.

Il fit, comme sous-lieutenant dans le 94ᵉ d'infanterie de ligne, les campagnes des années X, XI et XII à l'armée de Hollande et à celle de Hanovre; celles de 1805, 1806 et 1807 à l'armée d'Allemagne. Il assista aux batailles d'Austerlitz et d'Iéna et au combat de Hall en 1806.

Peu de temps après, le prince de Ponte-Corvo, commandant le 1ᵉʳ corps, donna au sous-lieutenant Roussel l'ordre de prendre 25 grenadiers et de poursuivre plusieurs bateaux chargés d'armes et de munitions de guerre destinés à Magdebourg; il parvint à rejoindre ces bateaux à six lieues de Brandebourg au moment où ils allaient sortir du canal pour entrer dans le lac de Plaw et s'en empara après un combat assez vif dans lequel il eut le bras fracassé. Malgré cette blessure, il conduisit lui-même cette prise considérable à Postdam. Pour ce fait, il fut nommé lieutenant et gouverneur de Brandebourg (décembre 1806). Il avait alors 24 ans.

Quoique cette position fût fort belle, M. Roussel préféra rejoindre son régiment, le 94ᵉ de ligne, et il assista à la bataille de Friedland. Après cette bataille, il partit pour l'armée d'Espagne avec le 3ᵉ bataillon de son régiment, en qualité d'adjudant-major, et plus tard (1ᵉʳ décembre 1809), il fut nommé capitaine adjudant-major. C'est dans l'armée d'Aragon que le capitaine Roussel fit les campagnes de 1808, 1809, 1810, 1811, 1812, 1813 et du commencement de 1814. Il prit part à tous les brillants faits d'armes qui ont couvert de gloire cette armée.

Le 1ᵉʳ juillet 1808, le 3ᵉ bataillon du 94ᵉ régiment ayant été incorporé dans le 116ᵉ de ligne, l'adjudant-major Roussel remplit les fonctions de major de tranchée, au siége de Saragosse, à l'attaque de gauche et assista à plusieurs assauts. Au siége de Lérida, M. Roussel monta à l'assaut du corps de la place et contribua, pour une si bonne part, à la prise de Lérida que le maréchal Suchet lui dit : « Vous avez une belle page dans l'histoire de l'armée d'Aragon; » il ajouta que si la citadelle se rendait le lendemain, le capitaine adjudant-major Roussel aurait l'honneur de défiler à la tête de la garnison prisonnière et de recevoir l'épée du gouverneur. La citadelle se rendit et le capitaine défila en tête de la garnison; mais il refusa de prendre l'épée que le gouverneur lui remettait. Un décret impérial nomma M. Roussel membre de la Légion-d'Honneur, le 2 mars 1811 et capitaine de grenadiers. Il assista aux siéges de Tortose et de Tarragone. A ce dernier siége, deux compagnies furent commandées pour dégager les garnisons des forts de l'Emposta et de la Rapita attaqués par des forces considérables : le capitaine Roussel commandait l'une de ces compagnies; le commandant Bugeaud dirigeait l'expédition qui eut un plein succès. Roussel prit 5 pièces de canon et leurs canonniers. A la bataille de Sagonte, il commandait provisoirement le 3ᵉ bataillon; le maréchal Suchet, attaqué par des forces supérieures, se trouvait en danger : il aperçoit Roussel et lui crie : *Capitaine, tête baissée sur cette colonne, ou nous sommes perdus*. M. Roussel enlève à l'instant le bataillon, se précipite sur l'ennemi et le culbute; nos troupes reviennent à la charge et la victoire est décidée. Il reçut, pour ce fait, sa nomination de chef de bataillon le 11 juin 1812.

Après la Restauration, il fut chargé d'organiser le 10ᵉ de ligne, fut mis en non-activité et rappelé, en novembre suivant, comme chef de bataillon au 6ᵉ léger avec la croix d'officier. Lors du débarquement de Napoléon, M. Roussel se trouva à l'affaire du pont de la Drôme, sous les ordres du duc d'Angoulême, M. d'Ambrugène, colonel du 10ᵉ, ayant suivi le prince, on donna ce régiment à M. Roussel qui le ramena à Paris, d'où il reçut ordre de se rendre à l'armée du Nord. A la bataille de Waterloo, le 10ᵉ de ligne quitta le champ de bataille un des derniers et fit sa retraite sur Laon, en ordre, tambours et musique en tête; arrivé à Paris, il fut licencié. Le colonel Roussel fut mis à la retraite comme chef de bataillon. Rappelé avec ce même grade en 1822, au 28ᵉ de ligne, il fit la campagne de 1823 et se distingua à l'affaire de Bois-le-Roi. Il fut nommé chevalier de Saint-Louis à l'affaire de Casterbersol, il eut la plus grande part au succès de la journée et fut nommé lieutenant-colonel au 1ᵉʳ léger; le 7 mars 1830, il fut nommé colonel au 3ᵉ de ligne.

Le 3ᵉ de ligne fut désigné pour l'expédition d'Alger, ce fut ce régiment qui débarqua le premier sur la plage africaine à Sidi-Farruch et enleva les redoutes qui défendaient la côte.

Le colonel Roussel continua de se distinguer pendant tout le reste de la campagne et fut nommé commandeur de la Légion-d'Honneur en décembre 1830.

Rentré en France en 1831, il fut nommé maréchal de camp le 26 juin 1834, après vingt-deux campagnes.

Il commanda successivement les départements de la Vendée, de la Moselle et de la Haute-Saône.

Il est aujourd'hui en retraite.

ROUSSIN (ALBIN-REINE, baron), né à Dijon le 21 avril 1781. Son père était avocat au Parlement. Au mois de décembre 1793, il s'embarqua comme mousse sur la batterie flottante *la République* chargée de la défense de la rade de Dunkerque ; il avait 13 ans. Quelques mois après, il fut fait novice sur la canonnière *la Chiffonne*, employée à l'escorte des convois sur les côtes de Flandre. Au mois d'août 1794, il fut embarqué comme matelot timonier sur *le Tortu*, et, pendant les vingt-huit mois qu'il passa sur cette frégate, il fit une campagne en Norwége, une à Saint-Domingue et diverses croisières dans les mers d'Europe.

En décembre 1796, n'ayant pu rejoindre sa frégate déjà en mer, M. Roussin fit la campagne d'Irlande à bord du *Trajan*. A son retour à Brest, il passa quelques mois sur *la Fouine*, puis rentra dans sa famille pour se préparer aux examens à la suite desquels il fut reçu aspirant de 1ʳᵉ classe et embarqué comme second sur le bateau canonnier *le Mars*, d'où il passa au commandement du *Mentor* (flottille de la Manche).

En 1802, il fit une campagne à la Martinique sur la corvette *la Torche*, passa, au retour, sur *la Sémillante*, frégate qui soutint cinq combats glorieux dans les mers de l'Inde. M. Roussin était lieutenant de vaisseau en 1807. Sur la côte de Sumatra, avec un canot armé de 22 hommes, il s'empara de sept bâtiments dont deux de 26 canons furent incendiés.

En mai 1808, M. Roussin passa comme second sur *l'Iéna* de 14 caronades de 18. Le 28 octobre 1808, elle fut rencontrée par la frégate anglaise *la Modeste* de 44 canons. *L'Iéna* soutint un combat de nuit de deux heures et demie à portée de fusil et n'amena qu'après avoir été entièrement désemparé et coulant bas d'eau. Revenu à l'Ile-de-France par suite de son échange, le lieutenant Roussin fut embarqué, le 11 janvier 1810, sur *la Minerve*, en qualité de second capitaine. Le 3 juillet suivant, cette frégate soutint un combat contre trois vaisseaux de la compagnie: *le Ceylan*, *le Windham* et *l'Assell*. A l'apparition de la frégate *la Bellone*, et à ses premières volées, ces bâtiments amenèrent pavillon. Les 20, 22 et 23 août 1810, *la Minerve* prit une part active aux combats contre les frégates anglaises *le Syrius*, *la Magicienne*, *la Néréide* et *l'Iphigénie*. Le lieutenant Roussin avait accidentellement le commandement de *la Minerve* et prit ensuite celui de *la Néréide*, l'une des frégates capturées. A l'issue de ces combats, il fut nommé capitaine de frégate provisoire par le gouverneur de l'Ile-de-France ; le ministre de la marine le confirma dans ce grade et lui fit donner la croix.

Compris dans la capitulation de l'Ile-de-France en 1810, il débarqua à Morlaix en mars 1811 et fut présenté à l'Empereur qui lui fit un accueil flatteur. En octobre 1811, il fut nommé commandant de la frégate *la Corée*; il parvint à sortir du Havre, malgré la vigilance des Anglais, le 16 décembre; ayant établi sa croisière à environ 20 lieues du cap Lézard, il fit, dans ces parages fréquentés, cinq prises dont une corvette de 18 canons.

Le capitaine Roussin se porta ensuite sur Lisbonne dans le dessein d'intercepter la correspondance entre cette ville et l'Angleterre. Il parvint à échapper à la poursuite de deux frégates qui croisaient dans ces parages. En croisant entre Madère et les Canaries, il captura six bâtiments. Le 28 février 1813, il ramenait à Brest 396 prisonniers, après avoir fait aux Anglais un dommage estimé à 5 millions de francs. En 1814, il fut chargé de conduire à Riga 360 blessés de la Garde impériale russe. Dans le cours de cette campagne, il fut nommé capitaine de vaisseau et chevalier de Saint-Louis et de Saint-Wladimir.

En apprenant le débarquement de Napoléon, il demanda à prêter serment aux Bourbons, et le prêta en effet le 14 mars.

Pendant les Cent-Jours, il accepta le commandement des fédérés de marine du port de Brest. A la seconde Restauration, il fut renvoyé sans grade et sans pension de retraite.

En 1816, il fut chargé de l'exploration des côtes occidentales d'Afrique; il rectifia la position du banc d'Arguier sur lequel *la Méduse* venait de faire naufrage, environ 420 lieues de côtes. On le nomma officier de la Légion-d'Honneur.

Eu 1819, il explora les côtes du Brésil, reconnut et décrivit les îles Abrolhos et la vigie de Manoel-Luiz, écueil dangereux, et environ 900 lieues des côtes orientales de l'Amérique. Louis XVIII le créa baron, et l'empereur dom Pedro officier commandeur de l'ordre de Cruzero.

En 1821, il fut nommé au commandement de la frégate *l'Amazone* et de la station navale sur les côtes de l'Amérique méridionale. Pendant cette campagne, le capitaine Roussin fut promu au grade de contre-amiral (août 1822).

Au mois de juin 1824, il prit, à Brest, le commandement d'une division de l'escadre du vice-amiral Duperré, qui manœuvra pendant trois mois dans l'Océan et la Méditerranée. En 1824, il fut nommé membre du Conseil d'amirauté; et, en 1825, commandant de la Légion-d'Honneur.

En 1825, il prit le commandement d'une escadre de neuf bâtiments de guerre, destinée à agir contre le Brésil. Le 5 juillet 1828, il arriva devant Rio-Janeiro, il entra dans la rade de Rio et plaça ses bâtiments devant la ville à 300 toises des quais. En moins de huit jours un traité fut conclu qui, en faisant droit aux demandes de la France, rétablissait les relations amicales qui existaient naguère entre les deux pays. Le contre-amiral Roussin fut récompensé du succès de sa mission par le titre de gentilhomme honoraire de la chambre du roi, et à son retour en France, par la croix de commandeur de Saint-Louis.

En janvier 1830, l'Académie des sciences l'admit comme membre de la section de géographie et de navigation. M. Roussin avait blâmé l'expédition contre Alger comme marin, mais quand elle fut décidée, il demanda à en faire partie, faveur qui ne lui fut pas accordée.

Après les événements de Juillet, M. Roussin se rallia à Louis-Philippe, fut appelé au Conseil d'amirauté réorganisé, et nommé directeur du personnel de la marine.

Le 12 novembre 1830, il fut nommé préfet maritime à Brest et grand officier de la Légion-d'Honneur le 26 avril 1831.

Chargé d'obtenir la réparation de don Miguel, M. Roussin força l'entrée du Tage avec une escadre composée de six vaisseaux, trois frégates, une corvette, deux bricks et un aviso. L'escadre mouilla sur les quais de Lisbonne en face du palais du gouvernement. Vaincu par la force, le gouvernement céda et envoya son adhésion à toutes les demandes de la France. M. Roussin fut promu au grade de vice-amiral, et le 11 octobre 1832 Pair de France.

En octobre 1832, il fut nommé ambassadeur à Constantinople. En 1836, il vint en France en congé, prit part aux travaux de la Chambre en 1837, et repartit pour Constantinople jusqu'en 1839.

Depuis lors, il a été ministre de la marine avec M. Thiers, et créé grand-croix de la Légion-d'Honneur le 19 janvier 1836.

RULLIÈRE (JOSEPH-MARCELIN), né à Saint-Didier-la-Seauve (Haute-Loire), le 9 juin 1787. Il entra comme vélite aux grenadiers de la Garde impériale le 4 mars 1807, fut nommé sous-lieutenant sous-adjudant-major au 1er régiment des conscrits grenadiers, devenu 3e tirailleurs de la Garde impériale le 29 avril 1809, et lieutenant adjudant-major au même régiment le 24 juin 1811. Le 2 avril 1813, il fut nommé chef de bataillon au 146e régiment d'infanterie, lieutenant-colonel au 36e (ex-légion de Saône-et-Loire) le 26 juillet 1820; puis il passa, avec le même grade le 26 août 1824, au 6e régiment d'infanterie de la Garde royale; il fut nommé colonel du 35e de ligne le 25 janvier 1826, et maréchal de camp le 11 octobre 1832, et enfin lieutenant-général, après la prise de Constantine, le 11 novembre 1837.

Le Président de la République l'appela au ministère de la guerre le 20 décembre 1848, et le releva de la retraite par décret du 31 août 1849.

M. le général Rullière a fait avec distinction la campagne de 1807 en Prusse et en Pologne, celle de 1808 en Espagne, de 1809 en Allemagne, celles de 1810, 1811 et 1812 en Espagne, où il fut blessé le 8 juin 1812 d'un coup de feu au genou droit, au combat d'Acerdo.

Il fit ensuite les campagnes de 1813 et de 1814 avec la grande armée, et fut prisonnier de guerre du 29 août 1813 au 1er juin 1814.

Il assista à toutes les affaires de 1815 en Belgique et en France.

Il fit les campagnes de 1823, 1826, 1827 et partie de 1828 en Espagne, celles de 1828 et 1829 en Morée, de 1830 et partie de 1831 en Afrique, fit partie de l'armée du Nord du 6 novembre 1832 au 25 janvier 1833, assista au siége de la citadelle d'Anvers, et enfin fit les campagnes de 1837, 1838 et 1839 en Afrique.

M. le général Rullière fut créé chevalier de la Légion-d'Honneur le 6 avril 1813, officier le 24 décembre 1814, et commandeur le 22 février 1829. Il eut le titre de grand officier le 14 août 1839.

Il est de plus chevalier de Saint-Louis et de Saint-Ferdinand d'Espagne (2e classe).

Frappé par le décret d'avril 1848, quoique encore dans la force de l'âge, il en a été récompensé par les suffrages de ses concitoyens, qui l'envoyèrent à l'Assemblée nationale en septembre de la même année.

RUSCA (JEAN-BAPTISTE, général de division) naquit à la Briga, ancien département des Alpes maritimes, le 27 novembre 1759; il fit de bonnes études et exerça la médecine dans le comté de Nice. Lorsque la Révolution française éclata, Rusca en adopta les principes, se mit en relation avec les Jacobins de Nice, fut banni de son pays et eut ses biens confisqués.

Venu en France, il se retira au quartier général de l'armée de siége de Toulon, et exerça sa profession de médecin dans les hôpitaux militaires.

Nommé chef de bataillon au 6e bataillon de sapeurs le 1er mai 1793, puis adjudant-général chef de bataillon le 23 frimaire an III, il suivit l'armée de Dumerbion qui envahit l'État de Gênes et menaça l'Italie. Il guida l'armée dans le comté de Nice, chassa les Piémontais du col de Fouvelus, et concourut à réduire la forteresse de Saorgio, que le général Masséna attaquait à la tête des grenadiers.

Il combattit seul dans la ville de Bores contre trois dragons autrichiens; il en tua un et fit les deux autres prisonniers. Le département des Alpes maritimes, en reconnaissance de cette action, lui décerna un sabre au mois de thermidor an II.

L'invasion de l'Italie ne pouvant avoir lieu, Rusca passa à l'armée des Pyrénées-Orientales commandée par Pérignon, ensuite par Schérer, fut fait adjudant-général, chef de brigade le 25 prairial an III, et le lendemain se distingua à l'affaire de Crospia où, commandant une petite colonne de chasseurs, il s'empara de *trente paires d'épaulettes d'officiers espagnols*. La paix avec l'Espagne le ramena, toujours sous les ordres de Schérer, sur le territoire piémontais.

Sa conduite devant Loano, le 2 frimaire an IV, où il enleva avec beaucoup d'ardeur et de courage plusieurs camps retranchés, le fit nommer par les représentants du peuple général de brigade sur le champ de bataille même, nomination qui fut confirmée le 3 nivôse suivant.

A Dego, le 28 germinal, il fit 100 prisonniers, prit deux pièces de canon et s'empara des hauteurs de San Giovani.

Le 18 floréal, il attaqua avec succès le camp retranché de Ceva, et le 21, à

Lodi, il décida peut-être de la victoire en se jetant sur une colonne autrichienne qui menaçait la position. Le gouvernement lui écrivit deux lettres de félicitations à propos de sa conduite à San Giovani et à Lodi.

Chargé de garder Salo, il défendit cette place avec vigueur et y fut dangereusement blessé de deux coups de feu à la cuisse gauche le 11 thermidor. Il passa à l'armée de Rome le 22 germinal an VI. Il eut plusieurs commandements en Italie et fut attaché à l'armée de Naples aux ordres de Championnet.

Au mois de frimaire an VII, cette armée quitta les États-Romains pour se porter en avant. Rusca battit avec deux bataillons une colonne de 14,000 Napolitains à Torre-de-Palma, sur l'Adriatique (États-Romains), fit beaucoup de prisonniers, prit 32 pièces de canons et 40 caissons de munitions de guerre ; il fit 300 prisonniers à Monte-Pagano, et concourut à la prise de Naples. On reconnut ses bons services en le nommant général de division le 17 pluviôse.

Quand Macdonald eut succédé à Championnet et que la retraite eut été ordonnée, Rusca suivit le mouvement de l'armée. Il se trouva à la malheureuse affaire de la Trebia (20 prairial), où il déploya une grande valeur, et où il reçut deux coups de feu à la jambe gauche. Abandonné à Plaisance avec d'autres généraux blessés, il demeura prisonnier des Autrichiens pendant 20 mois.

Rentré des prisons de l'Autriche, le premier Consul lui confia le commandement de l'île d'Elbe, le 23 frimaire an X, commandement dans lequel l'Empereur le fit remplacer le 8 prairial an XIII ; il l'avait nommé membre de la Légion-d'Honneur le 23 vendémiaire an XII et commandant de l'Ordre le 25 prairial de la même année.

En l'an XI, il avait offert 600 francs pour concourir aux frais de l'armement qu'on préparait contre l'Angleterre. Remis en activité le 28 mars 1809 à l'armée d'Italie, il commanda une division dans le Tyrol.

Envoyé dans la Carniole contre Chasseller, il le rencontra près de Villach, le battit, lui fit 900 prisonniers et le força à une retraite précipitée.

Après la paix de Vienne, l'Empereur le fit baron.

Il resta en disponibilité jusqu'au 20 janvier 1814, époque de sa nomination au commandement de la 2e division de réserve de Paris. Nommé commandant en chef du camp de Soissons le 12 février, Rusca fut frappé mortellement le 14 sur les remparts de cette ville.

Le 15, les Russes, qui s'étaient rendus maîtres de la place, rendirent les honneurs funèbres aux restes de ce brave général.

RUTY (CHARLES, ÉTIENNE-FRANÇOIS, comte), lieutenant-général d'artillerie, naquit à Besançon (Doubs), le 4 novembre 1774. Lorsqu'il eut terminé ses études, il entra à l'école d'artillerie de Châlons et en sortit avec le grade de sous-lieutenant le 6 octobre 1793. Admis le 6 octobre comme lieutenant en second dans le 2e régiment d'artillerie à l'armée du Nord, Ruty fut blessé à Comines d'un éclat d'obus à la jambe, dans un combat qu'il soutint pendant plusieurs heures contre une batterie de l'ennemi. Il passa ensuite à l'armée de Rhin-et-Moselle, où il obtint le grade de capitaine le 4 ventôse an II.

Au siége de Kehl, dans une attaque de vive force faite par les Autrichiens contre un ouvrage avancé du camp retranché, il tint avec quelques canonniers de sa compagnie dans le saillant de cet ouvrage, fut atteint d'une balle qui lui traversa la mâchoire, et terrassé par la violence du coup, il ne dut la vie qu'à la bravoure d'un de ses sergents, qui l'emporta sur ses épaules et reçut un brevet d'honneur pour cette action. Ruty suivit le général Bonaparte en Égypte, et partagea la gloire de ses compagnons d'armes. Nommé le 3 thermidor an VI chef de bataillon d'artillerie par le général en chef à la journée des Pyramides, il commanda l'artillerie de l'armée à Aboukir, et reçut un sabre d'honneur pour sa conduite distinguée dans le combat du 10 brumaire an VIII contre les Turcs, débarqués près de l'embouchure du Nil par la branche de Damiette.

Devenu chef de brigade commandant le 4ᵉ régiment d'artillerie à pied le 14 frimaire an X, il fut investi, le 1ᵉʳ pluviôse, des fonctions de directeur d'artillerie à Perpignan.

En récompense de ses services, le chef de brigade Ruty obtint la décoration de membre de la Légion-d'Honneur le 19 frimaire an XII, et celle d'officier de l'Ordre le 25 prairial suivant.

Le 20 fructidor an XIII, il reçut l'ordre d'aller prendre la direction du parc d'artillerie du corps d'armée de Ney. Il commanda aussi, le 7 thermidor an XIV, celui du 6ᵉ corps de la grande armée, et fut envoyé à Vesel le 26 octobre 1806. Un mois après son arrivée à cette destination, il rendit compte au ministre de la guerre de toutes les dispositions qu'il avait faites pour l'armement de cette place. Le ministre lui en témoigna toute sa satisfaction.

Promu général de brigade le 8 janvier 1807, il reçut la croix de commandeur de la Légion-d'Honneur, obtint le commandement de l'École de Toulouse en 1808, commanda l'artillerie du 7ᵉ corps d'armée en Espagne, dirigea l'artillerie au siége de Ciudad-Rodrigo en 1810, et contribua en grande partie, par ses habiles manœuvres, à la prise de cette ville.

Il se signala aussi, vers le même temps, aux combats de Santa-Marta et de Villaba. Pendant cette même expédition d'Espagne, le général Ruty donna l'idée d'un nouveau genre d'obusiers que l'on employa avec beaucoup de succès dans la guerre des montagnes, et qui a été désigné depuis sous le nom *d'obusiers Ruty*.

L'importance des services qu'il avait rendus lui mérita le grade de lieutenant-général le 10 janvier 1813, et le fit appeler au commandement en chef de l'artillerie de la grande armée, le 17 novembre suivant.

Au mois d'avril 1814 il adhéra aux actes du Sénat, fut créé chevalier de Saint-Louis, comte, puis grand officier de la Légion-d'Honneur le 5 août de la même année. Au retour de l'île d'Elbe, il fit sa soumission à l'Empereur, qui l'envoya à l'armée du Nord.

Le général Ruty est mort le 24 avril 1828.

Son nom est inscrit sur l'arc de triomphe de l'Étoile, côté Sud.

S

SAINT-HILAIRE (LEBLOND Louis-Vincent-Joseph, comte de), né en 1766 à Ribemont (Aisne). Officier de hussards à l'époque de la Révolution, général de brigade à l'armée d'Italie et général de division en 1799. Commandant de Marseille en 1800. Commandant la 15ᵉ division militaire. Il fit les campagnes d'Austerlitz, de Prusse, de Pologne, et mourut des suites d'une blessure qu'il reçut à la bataille de Wagram. Napoléon fit déposer son corps au Panthéon avec celui du maréchal Lannes. — « Saint-Hilaire était général à Castiglione en

1796; il se faisait remarquer par son caractère chevaleresque; il était aimable et bon camarade, bon frère, bon parent; il était couvert de blessures; il aimait Napoléon depuis le siége de Toulon. On l'appelait le chevalier *sans peur et sans reproche.* (NAPOLÉON *à Sainte-Hélène.*)

SAINTE-SUZANNE (GILBERT-JOSEPH-MARTIN, BRUNETEAU, vicomte de), comte de l'Empire, naquit au Mothé, près de Poivre (Aube), le 7 mars 1760. Lieutenant en premier au régiment d'Anjou en 1779; lorsque la Révolution éclata, il en adopta les principes, combattit avec distinction dans les rangs de ses défenseurs et se signala à la défense de Mayence. — Il parvint rapidement au grade de général de brigade, qu'il obtint en l'an III, et se fit remarquer à l'armée de Rhin-et-Moselle. — Lorsque Desaix effectua le passage du Rhin, Sainte-Suzanne se porta à la rencontre des Autrichiens qui arrivaient du Haut-Rhin, marcha sur Simmern, Urlafen et Windschliegen, dont il s'empara, et fit une centaine de prisonniers à l'ennemi, qu'il contraignit de battre en retraite. Au combat qui eut lieu sur le Renchen, il fut chargé de contenir les Autrichiens qui menaçaient l'aile gauche de l'armée française, mission qu'il exécuta avec autant de vigueur que de succès. — Le 16, il reçut l'ordre de Desaix de s'emparer des positions inexpugnables de l'ennemi, entre Rastadt et Gerpach. Désespérant de les enlever de front, il s'avança rapidement vers le village d'Oos, s'en rendit maître, malgré la résistance la plus opiniâtre, tourna les hauteurs, et força l'ennemi à se retirer avec précipitation. A la bataille d'Ettlingen, livrée le 21 du même mois, c'est lui qui, à la tête de son infanterie et de quelques régiments de cavalerie, déboucha des bois de Sandwich; mais le général Delmas, qui avait été chargé de le soutenir, prit une fausse direction, ce qui compromit pendant quelques instants les troupes du général Sainte-Suzanne. Sans perdre de temps, il ordonna de mettre son artillerie légère en batterie dans une position favorable, puis s'élançant sur l'ennemi avec la brigade du général Drouet, il culbuta les Autrichiens et leur fit éprouver des pertes considérables. Il donna encore des preuves d'une rare intrépidité au combat d'Alen. En récompense de sa belle conduite, on le nomma, le même jour, général de division. — En l'an V, on l'investit du commandement de la 5ᵉ division militaire (Strasbourg). Après avoir été chargé de défendre Kehl, il fut appelé au bureau topographique de la guerre, où il se fit remarquer par l'étendue de ses connaissances. — En l'an VII, le gouvernement lui ayant offert le commandement en chef, par intérim, de l'armée d'Italie, le général Sainte-Suzanne le refusa; mais il commanda, l'année suivante, à l'armée du Danube, sous les ordres de Moreau, l'aile gauche, forte de 16,000 hommes. — Le 5 floréal an VIII, on le vit traverser le Rhin, vis-à-vis de Kehl, attaquer les Autrichiens avec impétuosité sur le Kintzig, leur tuer 1,200 hommes et les forcer à se replier sur Offembourg. Il se dirigea ensuite sur Ulm pour se conformer aux ordres de Moreau, et, attaqué le 26 au matin, il comprit qu'il n'avait qu'un moyen d'empêcher l'ennemi de percer sa ligne, c'était de resserrer ses ailes qui étaient trop étendues et d'abandonner momentanément la rive gauche du Danube qui lui servait d'appui. Cette manœuvre exécutée avec autant de hardiesse que de promptitude, fut couronnée d'un plein succès; elle permit au corps d'armée de Sainte-Suzanne, que les combinaisons du général en chef Moreau avaient pendant quelque temps compromis, de reprendre tout le terrain qu'il avait perdu. — Le général

Sainte-Suzanne, chargé d'organiser le corps de réserve qui se formait à Mayence, reçut l'ordre de se mettre à la tête de ce corps, traversa la Nida, le Mein, près de Francfort, et battit de nouveau l'ennemi à New-Wissembourg et à Hanau. Telle fut la dernière opération militaire du général Sainte-Suzanne, tacticien habile, doué d'un coup d'œil sûr et d'une valeur éprouvée. Il fut nommé grand officier de l'ordre de la Légion-d'Honneur, le 25 prairial an XII. — Le 1ᵉʳ floréal an X, Napoléon le nomma Sénateur; il était depuis longtemps conseiller d'État et attaché à la section de la guerre. Le 19 mai 1806, il lui donna la sénatorerie de Pau, et, en 1807, le commandement de la 2ᵉ légion de réserve. Nommé inspecteur des côtes de Boulogne, en 1809, il fit toutes les dispositions nécessaires pour les mettre dans un état de défense respectable. Ce fut lui qui annonça au ministre de la guerre l'arrivée d'une flotte anglaise devant Flessingue, déclarant qu'il resterait à son poste malgré le mauvais état de sa santé. C'est en récompense de sa conduite dans ces circonstances difficiles qu'il fut créé comte de l'Empire. — En 1814, il adhéra aux actes du gouvernement provisoire, devint Pair de France, chevalier de Saint-Louis, commandant d'armes à Landau en 1815, et, le 31 août, il obtint de Louis XVIII des lettres patentes qui lui conféraient le titre de comte. Il donna, lors du procès du maréchal Ney, l'exemple d'une généreuse indépendance, et se refusa, avec quatre de ses collègues, à prendre part au jugement. Dans tout le cours de sa carrière législative, il ne cessa de faire partie de l'opposition constitutionnelle. Ce fut en 1819, qu'il publia sur les places fortes un ouvrage qui a obtenu les suffrages du général Lamarque et du maréchal Saint-Cyr.

SAVARY (Anne-Jean-Marie-René), né à Marc, près Vousiers (Ardennes), le 26 avril 1774. Troisième fils d'un vieux militaire, ancien major du château de Sedan, il embrassa de bonne heure la carrière des armes, et devint simultanément aide-de-camp des généraux Ferino et Desaix, sur le Rhin et en Égypte (1), aide-de-camp de Bonaparte à la mort de Desaix (2), général de brigade en 1804 (3), général de division en 1805, commandant des gendarmes d'élite de la Garde impériale, employé comme négociateur dans les campagnes d'Allemagne (4),

(1) Il assista à la bataille de Berstheim, sous Haguenau, à la reprise des lignes de Wessembourg et au déblocus de Landau; effectua le premier, à la tête d'un bataillon d'infanterie, le passage du Rhin, en l'an IV, se fit remarquer pour sa brillante valeur au passage de la Lech et au passage de Friedberg, et rendit des services pendant la retraite de Bavière. Au nouveau passage du Rhin, en l'an V, Savary fut encore chargé du premier débarquement des troupes; il passa le fleuve en plein jour, sous le feu du canon et de la mousqueterie, et se maintint sur la rive droite jusqu'à ce que le pont eût été jeté. Ce fut encore Savary qui commanda les troupes du débarquement de la division Desaix à Malte et à Alexandrie.

(2) Quand ce général reçut le coup mortel, Savary était à ses côtés; il releva son corps et l'emporta lui-même jusqu'au quartier général, d'où il fut transporté à Milan.

(3) Le 30 ventôse an XII, le duc d'Enghien venait d'être amené à Vincennes. Savary reçut le commandement des détachements fournis par les régiments de la garnison de Paris pour la garde de la forteresse, non à titre spécial, mais parce que de tous les chefs de corps présents, il était le seul qui ne fît pas partie du conseil de guerre. Le jugement à mort rendu à l'unanimité fut remis au rapporteur, qui réclama du commandant des troupes le peloton destiné à en assurer l'exécution. Savary donna des ordres en conséquence et le jugement fut exécuté.

(4) A Austerlitz, l'armée ennemie était tellement entourée et cernée par les Français, grâce aux savantes manœuvres de Napoléon, que pas un homme ne pouvait échapper. Napo-

duc de Rovigo après la bataille de Friedland. Commandant des troupes françaises en Espagne, après le départ de Murat. Ministre de la police générale en 1810. Il accompagna Marie-Louise à Blois et resta sans emploi durant la première Restauration. Pair dans les Cent-Jours, à la seconde Restauration il suivit Napoléon ; mais les Anglais l'empêchèrent d'aller à Sainte-Hélène, l'arrêtèrent et l'enfermèrent à Malte. Porté sur la liste de proscription du 24 juillet. Il s'évada de Malte, se réfugia en Autriche et en Turquie ; s'étant engagé à Smyrne dans des spéculations commerciales, il perdit une partie de sa fortune et se retira à Gratz. Revenu en France à la fin de 1819, il y fut acquitté, mais n'eut aucun emploi. En 1831, il reçut le commandement en chef de l'armée d'occupation d'Afrique ; mais l'état de sa santé le rappela à Paris, où il mourut le 2 juin 1833. Savary fut l'un des serviteurs les plus fidèles et les plus dévoués de l'Empereur. Son nom est gravé sur l'arc de triomphe de l'Étoile, côté Est.

SCHERER (Barthélemy-Louis-Joseph), né en 1747 à Delle (près de Porentruy), servit onze ans l'Autriche, et passa ensuite dans un régiment d'artillerie à Strasbourg. Capitaine en 1789. Général de division à l'armée de Sambre-et-Meuse, il reprit Mons, Landrecies, Le Quesnoy, Valenciennes, Condé ; commanda en chef l'armée des Pyrénées-Orientales, puis celle d'Italie et remporta le 23 novembre 1795 la victoire de Loano. Il fut ministre de la guerre du 23 juillet 1797 au 21 février 1799 ; pendant son ministère *la conscription* fut établie en France par décret du 4 septembre 1798. Il fut inspecteur général des troupes françaises en Belgique, retourna en Italie, y éprouva des défaites réitérées et fut destitué. — Il se retira dans ses terres après le 18 brumaire et y mourut en août 1804. Il a publié un *Précis de ses Opérations militaires en Italie*.

SCHNEIDER (Antoine-Virgile, baron), né à Saar-Union (Bas-Rhin) le 22 mars 1780. Entré au service comme adjoint-surnuméraire du génie en 1800, il fut fait colonel en 1815, maréchal de camp en 1825, lieutenant-général le 12 août 1830. Il se distingua en Espagne dans les campagnes de 1808 et 1810 ; lors de la campagne de Russie, au siège de Dantzig ; en 1815, il était chef d'état-major du général Rapp ; il fit la campagne d'Espagne de 1823, contribua à la prise de Pampelume, fut nommé maréchal de camp en 1825 ; commanda le corps d'occupation de Morée en 1828, et à son retour fut nommé lieutenant-général. Ministre de la guerre du 12 mai 1839 au 1er mars 1840, il améliora le sort des officiers par diverses ordonnances sur la solde et la remonte. Le 28 novembre 1840, il fut investi du commandement des troupes de la division hors Paris qui ont puissamment coopéré aux travaux de fortifications de la capitale. — M. Schneider est auteur d'une Histoire des îles Ioniennes. Il est mort à Paris le 11 juillet 1847, âgé de 68 ans.

SCHRAMM (Joannès-Adam, baron), lieutenant-général, né le 24 décembre 1760, à Beinheim (Bas-Rhin), entra comme soldat au régiment suisse de Diesbach, le 24 février 1777, fut fait sergent-major le 10 octobre 1786. Licencié avec son régiment le 21 août 1792, il entra, le même jour, comme capitaine dans le premier bataillon franc, incorporé dans la 21e demi-brigade d'infanterie légère, devenue 2e demi-brigade et

---

léon avait ordonné à ses artilleurs de ne pas tirer sur le quartier impérial de l'autocrate ; mais, non content de cet ordre donné pendant l'action, il voulut favoriser sa fuite après la victoire : traçant donc au crayon un sauf-conduit pour ce prince, il le lui envoya par Savary.

2ᵉ régiment de même arme, et fut envoyé à l'armée du Nord, où il fit la campagne de 1792. Le 3 novembre de cette dernière année, avec 200 hommes seulement, il culbuta les Autrichiens, s'empara de leurs positions, prit trois pièces de canon, et fit plus de prisonniers qu'il n'avait de combattants; mais une colonne de 3,000 fantassins, avec trois bouches à feu et 400 hussards, sortie du camp, près de la montagne de Mons, vint arrêter ses progrès. Tandis que l'infanterie ennemie attaquait la petite troupe du capitaine Schramm, la cavalerie lui coupait la retraite, et les prisonniers, revenus de leur surprise, se jetaient sur nos soldats pour les désarmer. Nos 200 soldats, accablés par le nombre, durent succomber; 17 hommes, couverts de blessures, parvinrent seuls à s'échapper. Le capitaine Schramm avait reçu un coup de feu à l'épaule droite et trois coups de sabre; il resta deux heures parmi les morts. Malgré ses blessures, il se trouva à la prise de Mons, à l'affaire de la montagne de Fer et à la prise de Liége, dans le courant du même mois. — De 1793 à l'an V, il servit aux armées du Nord, de Sambre-et-Meuse et d'Italie. — En 1793, il prit part aux combats de Gosseland, près de Juliers, de Tirlemont, où il fut blessé à la jambe gauche, aux siéges de Landrecies et du Quesnoy. — Le 24 prairial an III, à la prise de Luxembourg, il fut blessé par un éclat d'obus à la jambe gauche. — Le 17 floréal an IV, au passage du Rhin, à Weissenthurn, il se trouva à l'affaire qui eut lieu sur la Lahn, entre sa demi-brigade et les Autrichiens. Les bataillons français, forcés de céder au nombre, se retiraient en désordre, lorsque le capitaine Schramm, qui n'avait avec lui que quatre compagnies du 2ᵉ bataillon, arrêta les progrès de l'ennemi, dont il soutint pendant longtemps les efforts. Cette belle contenance ranima les troupes qui vinrent se rallier à lui, et avec lesquelles il marcha aussitôt à l'ennemi. Les Autrichiens, culbutés en un instant, repassèrent la rivière au milieu du feu le plus vif et le plus meurtrier. — Au mois de germinal an V, à l'affaire de Tarvis, il fut fait chef de bataillon sur le champ de bataille. — Passé à l'armée expéditionnaire d'Orient, son nom fut honorablement cité à la prise d'Alexandrie, au siège de Saint-Jean-d'Acre et au combat que le général Kléber eut à soutenir contre 25,000 Turcs près de Nazareth. Le 10 brumaire an VIII, les Turcs ayant débarqué au Boghar de Lesbeh, près de Damiette, le commandant Schramm contribua puissamment à leur défaite. C'est sur ce champ de bataille que le grade de chef de brigade lui fut conféré. — De retour en France après la capitulation d'Alexandrie, il fut confirmé dans son grade, et maintenu dans le commandement de la 2ᵉ demi-brigade légère. — Déjà membre de la Légion-d'Honneur, il en fut nommé officier le 25 prairial an XIII, et fit la campagne d'Autriche, avec la division de grenadiers réunis du 5ᵉ corps de la grande armée. Il se couvrit de gloire à Austerlitz; et à la tête de son régiment de grenadiers, il fit mettre bas les armes à un corps de 8,000 hommes, et fut nommé général de brigade par décret impérial du 3 nivôse an XIV. Désigné pour être employé à Mayence, il fut attaché au 8ᵉ corps de la grande armée en 1806, et passa au corps d'armée du maréchal Lefebvre, chargé des opérations du siége de Dantzig. Lorsque la Vistule fut débarrassée des glaces qu'elle charriait, le maréchal s'occupa d'attaquer l'île de Nehrung, seule communication qui restât encore entre Dantzig et Kœnigsberg. Le général Schramm dut passer dans l'île pour en chasser l'ennemi dans la nuit du 19 au 20 mars. L'expédition se composait d'environ 2,000 hommes, divisés en trois colonnes, ayant chacune deux pièces d'artillerie. Un détachement de cavalerie, avec une pièce de canon, placé sur la rive gauche du bras gauche de la Vistule, inquiétait l'ennemi et l'empêchait de se sauver. Le général Schramm s'empara de Fürsenwerder et parvint sur l'autre rive sans avoir été aperçu. Les trois colonnes se mirent aussitôt en mouvement; le commandant de l'île de Nehrung, pris à l'improviste, ne put se défendre; ses troupes, chassées et poursuivies à outrance, furent obligées de se sauver dans les Dunes; là, les Prussiens reçurent du renfort et rétablirent le combat; mais vivement chargés par le général Schramm, ils finirent par lâcher pied, et se retirèrent sous le canon du fort de Weichselmonde : 600 prisonniers, deux pièces de canon et un caisson restèrent au pouvoir des Français. Le 3 avril, Schramm prit encore 200 hommes; le 16, il se battit pendant cinq heures, quoique malade, pour repousser une sortie de la garnison du fort, et fut mentionné honorablement; le 15 mars, il repoussa quatre fois l'attaque vigoureuse des Russes qui perdirent 2,500 hommes, et fut cité de nouveau. Nommé commandeur de la Légion-d'Honneur, chevalier de Saint-Henri de Saxe et de l'ordre royal de Wurtemberg, chevalier de la Couronne de Fer, et enfin baron de l'Empire. Il fut envoyé en Espagne en 1808. — Revenu à Paris après l'affaire de Baylem où il fut blessé, il obtint plusieurs commandements successifs et retourna en Allemagne en 1809. Il fut grièvement blessé en montant à l'assaut de Ratisbonne. Dans la même année, il fut nommé au commandement du département du Bas-Rhin. Envoyé à la grande armée en juillet 1812, sa santé altérée par ses blessures restées ouvertes, le força à rentrer en France où il reprit son commandement dans le Bas-Rhin. Maintenu dans ses fonctions par le gouvernement royal; il fut nommé chevalier de Saint-Louis, prit sa retraite le 10 mars 1815 et fut nommé le même jour lieutenant-général honoraire. Rappelé à l'activité par l'Empereur qui le fit lieutenant-général par décret impérial : cette nomination fut annulée par les Bourbons, et le général Schramm rentra dans la position de retraite. Il est mort le 26 mars 1826 au château de Beinheim. — Son nom est inscrit sur l'arc de triomphe de l'Étoile, côté Nord.

SCHRAMM (J.), fils du précédent, né à Arras (Pas-de-Calais), le 1er décembre 1789. Entra au service dans la 2e demi-brigade d'infanterie légère le 19 octobre 1799. Il fit partie de la division des grenadiers réunis commandée par le général Oudinot (1804 et 1805). Nommé lieutenant au 2e régiment d'infanterie légère avant l'âge de 16 ans, il fit avec ce régiment la campagne d'Autriche au 5e corps de la grande armée, division Oudinot. Wertingen, Oberkirch, Berg, Ulm, sont témoins des premières actions de la division de grenadiers. A Amstetten, le 5 novembre 1805, le lieutenant Schramm reçoit le commandement de la moitié de la compagnie, traverse, à la tête de ses grenadiers, les rangs des Russes, se dirige sur une pièce de canon dont le feu gênait la colonne française, s'empare de cette pièce et fait un grand nombre de prisonniers. A Hollabrünn, Schramm se distingue de nouveau en enlevant une pièce de canon et en faisant de sa main un officier russe prisonnier. Dans les affaires qui suivirent, il ne laissa échapper aucune occasion de déployer sa valeur et son sang-froid. Le général Oudinot le proposa exceptionnellement, après la bataille d'Austerlitz, pour la croix de la Légion-d'Honneur, il n'avait alors que 16 ans. Dans la campagne de 1806 et

1807, qu'il fit comme aide-de-camp de son père, il prit une part très-active au siége de Dantzig, particulièrement à l'attaque de la Frisch-Nehrung que son père enleva dans la nuit du 19 au 20 mars. La possession de cette grande langue de terre était très-importante en ce que l'on pouvait alors resserrer la ville du côté de l'Ouest et du Nord et gêner sa communication avec la mer. Le lieutenant Schramm, chargé de porter l'ordre d'attaque, fut assailli par des cavaliers russes; il les combattit avec résolution, en tua un, blessa l'autre et sortit vainqueur de ce combat inégal dans lequel il fut blessé. Surmontant la douleur que lui causait sa blessure, il accomplit sa mission en remettant l'ordre dont il était porteur, et de l'exécution duquel dépendait le succès de l'attaque. L'Empereur récompensa cette action courageuse en nommant le jeune Schramm capitaine, et en le plaçant dans la Garde impériale (fusiliers-chasseurs) après la prise de Dantzig. A la bataille d'Heilsberg, le capitaine Schramm donna de nouvelles preuves de sa valeur et reçut un coup de feu au côté droit. — En 1808, il se rendit en Espagne et prit part à cette campagne de quelques mois, dans laquelle l'Empereur s'empara de Madrid, après avoir détruit ou dispersé les armées espagnoles et repoussé l'armée anglaise sur la Corogne. Les armements de l'Autriche ayant rappelé l'Empereur à Paris, la Garde impériale fut dirigée sur l'Allemagne; le capitaine Schramm fit avec elle la campagne mémorable de 1809 et se distingua surtout à Essling et à Wagram. La campagne de Saxe (1813) devant procurer une revanche à la grande armée, le chef de bataillon Schramm, nommé le 14 avril major commandant du 2ᵉ voltigeurs, se signala à la bataille de Lutzen (2 mai). Le village de Kaya, la clef du champ de bataille, avait déjà été pris et repris par l'ennemi; l'Empereur envoya sa Garde pour enlever ce point important aux alliés. Le feld-maréchal Blücher s'efforça en vain de lutter contre la phalange de braves lancée contre lui; écrasé, abîmé par la mitraille, il fut forcé et chassé de sa position; la jeune Garde pénétra dans Kaya par toutes les issues et renversa tout ce qui lui opposat résistance. Dans cette action éclatante, le colonel Schramm, avec deux régiments de la jeune Garde, avait été chargé de soutenir la retraite du maréchal Ney sur Kaya: il aborda avec vigueur la position occupée par l'ennemi. Deux attaques successives échouèrent devant la Garde prussienne à laquelle le colonel Schramm n'avait à opposer que des recrues de trois mois; mais ayant promptement rallié ses troupes, et les ayant électrisées par une allocution chaleureuse appuyée de tout le poids de l'exemple de son intrépidité, il les ramena aux retranchements des Prussiens qu'il enleva enfin au pas de charge et à la baïonnette, sous le feu d'une nombreuse artillerie et de la mousqueterie. Cette position reprise, l'ennemi commença sa retraite et la bataille fut gagnée. L'Empereur, témoin de ce brillant fait d'armes, nomma le colonel Schramm officier de la Légion-d'Honneur et baron de l'Empire (14 mai); le colonel s'était tellement dévoué pour enlever les troupes, qu'il reçut à quinze pas deux blessures, l'une dans le bras, l'autre dans la poitrine. Celle-ci était si grave que, pendant quelques jours, on craignit pour sa vie. — Malgré son état de faiblesse, le colonel Schramm voulut retourner à son régiment vers la fin de l'armistice, et, le bras en écharpe, pouvant à peine se soutenir à cheval, il suivit les mouvements de la jeune Garde de Dresde sur Bautzen, Gorlitz et Lowemberg. — Le premier jour de la bataille de Dresde, la jeune Garde, arrivée le 26 mai au matin dans cette ville à marches forcées, déboucha par la porte de Pirna et par celle de Planem et culbuta tout ce qui lui opposait résistance; elle poussa vivement l'ennemi et le força à s'éloigner des positions qu'il occupait autour de la ville. Dans cette action, le colonel Schramm, brigade du général Tindal, division Dumoustier, se signala de nouveau à la tête de la colonne dont il faisait partie, en marchant résolûment à l'ennemi, sous le feu meurtrier de son artillerie, le repoussant et s'emparant d'une partie de ses pièces. Le 27, la jeune Garde manœuvrant dans la plaine, la gauche à la rivière et la droite aux collines, mérita les éloges de toute l'armée par son intrépide valeur et la précision de ses mouvements. — Après avoir pris une glorieuse part à cette victoire, le colonel Schramm suivit le mouvement effectué le 28 et conduisit son régiment à Pirna pour couper les Autrichiens en retraite. Le 26 septembre, on le nomma, dans cette ville, général de brigade en récompense de sa brillante conduite. Il n'avait pas 24 ans. — Le maréchal Gouvion-Saint-Cyr, commandant le 14e corps d'armée chargé de couvrir Dresde, dut se rapprocher de cette ville dont l'ennemi fit bientôt l'investissement. Pendant le blocus, le général Schramm prit part au mouvement des quatre divisions sur Racknitz et au combat du 17 octobre dans lequel il fit mettre bas les armes à un millier de Russes, et faillit prendre leur général, le comte de Talztoy qui fut repoussé sur Dohna, avec perte de 1,200 prisonniers, 10 pièces de canon, une vingtaine de caissons et un équipage de pont. Informé de l'arrivée d'un contingent russe de 3 à 4,000 hommes, le maréchal chargea Schramm de le reconnaître et d'aller à sa rencontre avec 1,500 fantassins et 300 cavaliers. L'ennemi s'étant imprudemment établi dans une vallée sans faire occuper les hauteurs, le général Schramm profita habilement de cette faute capitale, disposa ses colonnes avec tant d'intelligence, qu'au signal donné, dix têtes de colonnes fondirent au pas de charge sur l'ennemi, qui, surpris, se rendit en partie prisonnier. — Le 29 octobre, pendant une sortie, le général Schramm fit encore preuve de bravoure et d'intelligence. A la fin du combat et lorsque la colonne rentrait, il fut blessé au pied et dut garder le lit pendant six semaines. — Rentré en France le 1er juillet 1814, le général Schramm resta sans emploi; l'Empereur le nomma le 29 mai 1815 au commandement du département de Maine-et-Loire; le 15 juin, il fut employé à la défense de Paris. De 1815 à 1828, il n'eut aucun emploi; mais il utilisa ce temps par une étude approfondie des grandes questions d'organisation et d'administration. — En 1828, il eut le commandement de la 1re division du camp de Saint-Ouen; le 6 août 1830, il commanda le département du Bas-Rhin. En septembre 1831, il fit partie de l'armée d'expédition de Belgique, fut nommé lieutenant-général le 30 septembre 1832. Pendant le siège d'Anvers, il commanda les divisions de réserve d'infanterie de l'armée du Nord. — En 1837, le général Schramm commanda la 2e division d'infanterie au camp de Compiègne, et en 1838 la division de rassemblement sur la frontière de la Suisse; l'année suivante, il commanda la 3e division d'infanterie de l'armée du Nord. En 1839, il commanda une division en Algérie, puis, en mars 1840, il eut le commandement supérieur de la province d'Alger pendant l'absence du corps expéditionnaire; nommé chef d'état-major de l'armée d'Algérie le 1er avril 1840, il prit part à l'expédition de Milianah et fut blessé à l'affaire du col de Mouzaïa; il fut alors élevé à la dignité de grand-croix de la Légion-d'Honneur. En octobre 1840, il eut de nouveau le commandement supérieur, et, le 19 janvier 1841, le commandement en chef de l'armée d'Algérie, qu'il conserva jusqu'à l'arrivée du gouverneur général Bugeaud. L'Algérie s'est ressentie de la sage et prévoyante administration du général Schramm, qui emporta à son retour en France les regrets de l'armée, ceux des fonctionnaires et des colons. — Le général Schramm, conseiller d'État depuis 1830, s'est constamment occupé de *l'administration de l'armée*. A la Chambre des Députés et à la Chambre des Pairs, il s'occupa beaucoup des questions d'organisation dans les Comités de la guerre et de la marine. — En 1848, il fut nommé membre du Comité de défense nationale, président de la commission de réorganisation du corps des officiers de santé militaires. Depuis 1849, il est président du Comité d'infanterie. Par décret du 22 octobre 1850, du prince Louis-Napoléon, président de la République, le général Schramm a été nommé ministre de la guerre, en remplacement du général d'Hautpoul; le nouveau ministre est doué d'un esprit ferme et d'un caractère conciliant ; il peut rendre d'importants services à la France.

SCHWARZENBERG (Charles-Philippe, prince de), ministre d'État et de conférence, feld-maréchal et président du conseil suprême de la guerre, né le 15 avril 1771. — Il fit ses premières armes dans la guerre contre les Turcs en 1789 où il se signala par sa bravoure. Les grandes guerres qui éclatèrent entre l'Autriche et la France, à la suite de la Révolution, commencèrent sa haute réputation militaire. — Aide-de-camp du général Clairfait, il se distingua sous ses ordres en plusieurs rencontres, notamment à l'affaire de Quiévrain, le 1ᵉʳ mai 1792. — Dans la campagne de 1793, il commandait une partie de l'avant-garde du prince de Cobourg, et se signala de nouveau près de Valenciennes, à Oisy, à Estreux-lès-Landrecies ; il contribua dans celle de 1794 à repousser les attaques faites sur le Cateau ; dans celle de 1795, reçut l'ordre de Marie-Thérèse pour la bravoure dont il fit preuve dans l'affaire qui eut lieu entre Bouchain et Cambrai, le 27 avril 1795 ; fut nommé en 1796 colonel, commandant le régiment des cuirassiers de Zerschwitz, remporta des avantages signalés à Wurtzbourg, puis fut promu au grade de général-major. — En 1799, il fut créé feld-maréchal-lieutenant et obtint le commandement d'un régiment de hulans qui, depuis cette époque, doit toujours porter son nom ; l'année suivante, après la bataille de Hohenlinden, une manœuvre hardie sauva son corps d'armée menacé d'être fait prisonnier. — Lors de la reprise des hostilités avec la France en 1805, le feld-maréchal de Schwarzenberg fut chargé du commandement de l'aile droite de l'armée autrichienne devant Ulm. Le général Mack ayant souscrit la malheureuse capitulation d'Ulm, Schwarzenberg se fraya un passage à travers la ligne française, en compagnie de l'archiduc Ferdinand. — Il fit preuve de son intrépidité ordinaire à la bataille d'Austerlitz, qui fut livrée, malgré son opposition, avant l'arrivée du corps de Beningsen et de l'archiduc Charles. — Ambassadeur à la cour de Russie en 1808, il quitta Saint-Pétersbourg en 1809 pour reprendre sa place dans l'armée et combattit à Wagram, d'où il se retira à la tête de l'arrière-garde. — La paix ayant été conclue, il remplit les fonctions d'ambassadeur auprès de Napoléon, et fut chargé de conduire les négociations relatives au mariage de l'Empereur avec l'archiduchesse Marie-Louise. — En 1812, dans la grande expédition de la France contre la Russie, le prince Schwarzenberg reçut le commandement du corps de 30,000 hommes mis par l'Autriche à la disposition de Napoléon. — Au mois d'août, Napoléon lui confia le commandement de sa droite et du septième corps, avec lequel il dirigea plusieurs des opérations de cette campagne. — Mais bientôt l'Autriche ayant tourné ses armes contre la France, il fut mis à la tête de la grande armée formée en Bohême, assista aux batailles de Dresde, de Wachau et de Leipzig, puis entra en Suisse, opéra sa jonction avec Blücher, et, nommé généralissime des armées alliées, concourut au combat de Brienne, s'empara de Troyes, et dirigea les travaux de cette mémorable campagne qui finit par la reddition de Paris. — Le retour de Napoléon de l'île d'Elbe ayant de nouveau armé la coalition, le feld-maréchal Schwarzenberg fut encore nommé commandant en chef des armées alliées du Haut-Rhin, et passa le Rhin le 22 juin; mais déjà la bataille de Waterloo avait vu succomber la fortune de l'Empereur. — Comblé d'honneur et de distinctions par les souverains alliés et par son souverain qui l'autorisa à ajouter à son écusson les armes d'Autriche, il fut nommé président du conseil aulique de guerre, poste qu'il occupa jusqu'à l'époque de sa mort, arrivée le 15 octobre 1820. Il avait épousé, en 1799, la comtesse de Hohenfeld, veuve du prince d'Esterhazy. Il a laissé trois fils.

SÉBASTIANI (Horace) est né le 10 novembre 1772, au village de la Porta, où son père exerçait la profession de tailleur. Un de ses oncles, qui était prêtre, se chargea de son éducation et le destina à la carrière ecclésiastique. Mais la Révolution étant survenue, le jeune Horace quitta le petit collet et embrassa le parti des armes. Il fut attaché d'abord, en qualité de secrétaire, au général Raphaël Casabianca, puis passa à l'armée d'Italie, où il fut fait chef de bataillon après la journée d'Arcole. Au dix-huit brumaire, il commandait un régiment de dragons en garnison à Paris. Il se montra dans cette occasion tout dévoué aux intérêts de son compatriote, sut habilement seconder l'énergique audace de Lucien, et ce fut sans doute en reconnaissance de ce service que Napoléon le combla dans la suite de ses faveurs. Chargé après la paix d'Amiens d'une mission en Orient, il s'en acquitta avec assez de succès pour mériter à son retour le grade de général de brigade. De 1803 à 1805 il remplit encore différentes missions de confiance et se distingua à plusieurs affaires importantes. Il fut nommé général de division après la bataille d'Austerlitz, et l'année suivante (1806) il fut envoyé en ambassade à Constantinople. — Il déploya beaucoup d'habileté dans cette occasion importante, et parvint à décider Sélim à faire alliance avec Napoléon et à déclarer la guerre aux Russes. Il avait eu à lutter, avant d'arriver à ce résultat, contre l'influence de l'Angleterre, qui prodiguait ses trésors pour maintenir sa prépondérance en Turquie; et contre la frayeur qu'inspirait aux ministres turcs la pensée d'une guerre avec la Russie. Le gouvernement anglais, alarmé du traité conclu entre Sélim et Napoléon, donna à son amiral l'ordre de franchir les Dardanelles, et d'aller imposer au Sultan l'abolition de ce traité. Cette nouvelle consterna les Turcs, effrayés à l'idée de se voir engagés dans une guerre maritime qui, en effet, eût été désastreuse pour eux. Le général Sébastiani releva leur courage; il essaya de mettre en défense Constantinople, le Bosphore et surtout le détroit. Cependant, malgré ses efforts, l'amiral anglais parut devant Constantinople, dans une attitude imposante, et demanda impérieusement au Sultan de renoncer à l'alliance de la France, de renvoyer l'ambassadeur français et de mettre l'escadre turque en dépôt entre les mains de l'Angleterre, jusqu'à ce qu'un traité de quadruple alliance eût été conclu entre cette puissance, la Russie, la Turquie et la Prusse. A cette nouvelle l'effroi se répandit dans Constantinople, et Sélim, n'apercevant aucun moyen d'échapper au danger qui le menaçait, écrivit au général Sébastiani qu'il se voyait à regret forcé d'obtempérer aux ordres de l'amiral anglais, et de le prier de se retirer. Le général répondit qu'il n'en ferait rien et attendrait avec confiance une décision plus digne du sultan. En effet, il parvint à lui faire comprendre qu'il serait honteux à une ville de neuf cent mille âmes de se laisser faire la loi par quelques vaisseaux; et il finit par le décider à résister. Aussitôt il se mit à préparer des moyens de défense. On avait ouvert avec l'amiral anglais des négociations qui, portant sur des détails de forme, traînèrent en longueur et donnèrent le temps de couvrir d'artillerie les murs de Constantinople; bientôt la ville n'eut plus rien à craindre de la flotte anglaise, et l'amiral, s'apercevant trop tard qu'il avait été joué, fut forcé de se retirer. Cette circonstance, où le général Sébastiani déploya à la fois l'habileté d'un diplomate consommé et l'audace d'un brave soldat, est certainement l'épisode le plus glorieux de sa vie. — A son retour en Europe, il fut envoyé en Espagne, où il commanda la première division du premier corps, et après la prise de Madrid, il fut nommé général en chef de ce même corps. De 1808 à 1811, il resta dans la Péninsule, y remporta des victoires, entre autres celle d'Amonacid, et y éprouva des revers, partageant en cela le sort de presque tous les généraux français qui commandèrent dans ce pays. Lorsque la campagne de Russie fut décidée, Napoléon le nomma général en chef du camp de Boulogne; mais il demanda à partager les périls de l'expédition, et fut placé à à l'avant-garde. Il se trouva aux batailles de Smolensk et de la Moskowa, et entra le premier dans Moscou avec le deuxième corps. Lorsque les Russes reprirent l'offensive, il fut obligé de battre en retraite, et perdit alors beaucoup de monde et plus de la moitié de son artillerie. Plus tard, il prit part aux événements de la campagne de Saxe, fut blessé à la bataille de Leipzig et contribua à la défaite du général de Wrède à Hanau. C'est là que se termine la carrière militaire du général Sébastiani, quoi qu'il se soit encore trouvé à la tête de trois régiments de cavalerie de la Garde impériale, aux combats de Reims, d'Arcis et de Saint-Didier. Dans les Cent-Jours, il fut nommé député du département de l'Aisne à la Chambre des représentants, et après le désastre de Waterloo, envoyé par ses collègues auprès des souverains alliés, avec La Fayette, d'Argenson, Pontécoulant, la Forêt et Benjamin Constant, pour traiter de la paix. Après cette démarche infructueuse il quitta la France, et se rendit en Angleterre. Il revint en France en 1816. En 1819, il fut élu député par le collége électoral de la Corse, dont M. Decazes l'avait nommé président. Il siégea à l'extrême gauche. En 1824, il concourut de nouveau pour la députation dans le département de la Corse; mais cette fois il n'obtint que quelques suffrages et rentra dans la vie privée, où il resta jusqu'en 1826. L'arrondissement de Vervins le renvoya alors à la Chambre en remplacement du général Foy. — Digne remplaçant du grand orateur auquel il succédait, le général Sébastiani se montra comme lui jaloux des libertés constitutionnelles et de l'honneur national, et fut, pendant six ans, l'un des champions les plus ardents du libéralisme. Cependant, quand arriva la révolution de juillet, il se trouva, comme la plupart de ses collègues, pris au dépourvu, et on le vit refuser toute solidarité avec l'insurrection, même avec la résistance légale. On sait en effet que le 30 juillet, lorsque la victoire appartenait depuis deux jours au peuple, il déclarait qu'il n'y avait *de drapeau national que le drapeau blanc*. Toutefois, lorsque le duc d'Orléans eut pris le titre de roi, ses relations d'amitié avec ce prince le firent arriver immédiatement au pouvoir. Il fut appelé, le 11 août, au ministère de la marine, quitta au mois de novembre ce département pour devenir ministre des affaires étrangères, et ce fut en cette qualité qu'il vint, en septembre 1831, annoncer à la Chambre des députés la chute de l'héroïque Pologne, par ces mémorables paroles : *l'ordre règne à Varsovie!* En 1835, M. Sébastiani devint ambassadeur à Londres, où il fut remplacé, en 1839, par M. Guizot. Il a été en 1840 (21 octobre) nommé maréchal de France, en remplacement du marquis Maison. Son nom est inscrit sur le côté Ouest de l'arc de triomphe de l'Étoile.

SERRURIER (Jeaume-Mathieu-Philibert, comte), né à Laon en 1742. Entré au service, en 1755, comme lieutenant de la milice de cette ville; il est l'un des généraux français qui ont acquis une gloire irréprochable dans les campagnes de la Révolution et principalement dans les campagnes d'Italie. Commandant de Venise en 1797; inspecteur géral d'infanterie l'année suivante; gouverneur de Lucques en 1799; prisonnier de Suwarow, à Verderin, le 28 avril 1799; sénateur après le 18 brumaire, auquel il prit une grande part; vice-président du sénat en 1802; préteur du sénat en 1803; maréchal d'empire en 1804 et commandant de la garde nationale de Paris; gouverneur des Invalides pendant toute la durée du gouvernement impérial; pair de France à la Restauration et pendant les Cent-Jours, et en conséquence exclu de la chambre haute à la seconde Restauration; remplacé dans le gouvernement des Invalides par le duc de Coigny. Le maréchal Serrurier est mort le 21 décembre 1819. — « Serrurier, né dans le département de l'Aisne, était major d'infanterie à l'époque de la Révolution; il avait conservé toutes les formes et la rigidité d'un major. Il était fort sévère sur la discipline et passait pour aristocrate, ce qui lui a fait courir bien des dangers au milieu des camps, et surtout dans les premières années. Il a gagné la bataille de Mondovi et pris Mantoue. Il a eu l'honneur de voir défiler devant lui le maréchal Wurmser. Il était brave, intrépide de sa personne, mais peu heureux. Il avait moins d'élan que Masséna et Augereau; mais il les dépassait par la moralité de son caractère, la sagesse de ses opinions politiques et la sûreté de son commerce. Il eut l'honorable mission de porter au Directoire les drapeaux pris au prince Charles. » (Montholon.) — « Serrurier et Hédouville cadet marchaient de compagnie pour émigrer en Espagne; une patrouille les rencontre; Hédouville, plus jeune, plus leste, franchit la frontière et va végéter misérablement en Espagne. Serrurier, obligé de rebrousser dans l'intérieur, et s'en désolant, devint maréchal, exemple bien singulier du hasard sur les destinées des hommes. » (Las Cases.)

SERVAN (Joseph de Gerbey), né à Romans (Drôme) le 14 février 1741, d'une famille distinguée dans la magistrature. Volontaire, le 20 décembre 1760, dans le régiment de Guyenne; officier du génie; sous-gouverneur des pages de

Louis XVI; colonel, puis maréchal de camp; porté au ministère de la guerre par le parti girondin, du 9 mai au 12 juin 1792. Il provoqua la formation d'un camp autour de Paris; fit licencier la garde du roi et les régiments suisses, et fit supprimer différentes peines corporelles ci-devant infligées aux soldats. Lorsqu'il donna sa démission, l'Assemblée nationale, par décret du 13 juin 1792, déclara qu'il avait bien mérité de la patrie. Ministre une seconde fois après le 10 août, il rendit son portefeuille le 14 octobre, et passa, comme général de division, au commandement en chef de l'armée des Pyrénées-Orientales. — Sous le Consulat, il fut président du conseil des revues et commandant de la Légion-d'Honneur. Le général Servan fut admis à la retraite le 3 mai 1807. Il mourut à Paris, le 10 mai 1808, âgé de 67 ans. Il est auteur d'un *Projet de constitution pour l'armée française*, et d'une *Histoire des guerres des Gaulois en Italie*, et de plusieurs articles militaires publiés dans l'*Encyclopédie*. — Son nom figure sur l'arc de l'Étoile, côté Ouest.

SOLIGNAC (JEAN-BAPTISTE, baron), né à Milhau (Aveyron) le 18 septembre 1773. Entra comme soldat au régiment de Vermandois en 1790; lieutenant et capitaine, en août et novembre 1792, dans le 2ᵉ bataillon des Pyrénées-Orientales, organisé à Montpellier. Il fit les premières campagnes de la Révolution à l'armée des Pyrénés-Orientales. — Aide-de-camp du général Voulland, puis, adjudant-général chef de brigade en l'an II. Il fut employé dans la 8ᵉ division militaire (Marseille), et ensuite à Paris en l'an IV. Ce fut alors qu'il connut le général Bonaparte, qui lui confia, le 13 vendémiaire, les postes de l'impasse Dauphin, du passage Venua et du Manége, où commencèrent les premières hostilités. Solignac passa à l'armée d'Italie et y servit avec la plus grande distinction. — Général de brigade, provisoirement nommé par le général en chef, il se distingua particulièrement à la bataille de Novi, y fut blessé et eut deux chevaux tués sous lui. Il rentra en France et se trouva aux journées de Brumaire, auxquelles il prit une part très-active. Au conseil des Cinq-Cents, il couvrit de son corps le général en chef Bonaparte, qui, devenu premier Consul, se montra reconnaissant des services qu'il lui avait rendus dans ce moment critique, en l'attachant à sa personne. Le 28 du même mois le général Bonaparte le chargea d'une mission très-importante dans la 8ᵉ division militaire, et l'investit à cet effet de pouvoirs extraordinaires. La mission de ce général était de maintenir et de rétablir, au besoin, l'ordre et la tranquillité dans les départements de Vaucluse, des Bouches-du-Rhône et du Var, et il lui était particulièrement recommandé d'empêcher que la place de Toulon ne tombât entre les mains des mécontents, qu'on savait être en grand nombre à Marseille, à Toulon et à Draguignan. Arrivé à Marseille, Solignac s'aboucha avec les autorités civiles et militaires, et parvint, après deux longues conférences, à obtenir d'elles des proclamations d'adhésion aux journées de Brumaire. Il revint ensuite à Paris et suivit le général Masséna à l'armée d'Italie. — Confirmé dans son grade de général de brigade par arrêté des consuls, il se fit remarquer à l'affaire de Melogno, et reçut dans cette action un coup de biscaïen à la cuisse. Il fit la campagne de l'an X à l'armée de Naples, sous les ordres de Murat, celles de l'an XI et de l'an XII à l'armée d'Italie. — Il reçut l'ordre, le 9 brumaire, de se porter sur une colonne de 5,000 Autrichiens, séparée de l'archiduc Charles, et qui avait pris position sur les hauteurs de San-Leonardo, à l'effet de cerner entièrement ce corps ennemi. Il y marcha avec quatre bataillons de la division Partouneaux, et força le général Hellinger à conclure une capitulation qui donna aux Français 5,000 prisonniers avec armes et bagages, 70 officiers, un brigadier-général, un colonel, un major et 80 chevaux. — Cet officier général acquit une nouvelle gloire au combat de Saint-Jean et au passage du Tagliamento. — Accusé de concussions, M. Solignac fut destitué par décret du 31 mars 1806. Il paraîtrait cependant que les accusations dont ce général était l'objet, parurent douteuses à l'Empereur, puisqu'il le rétablit dans son grade par un autre décret du 20 avril 1807, et le remit en activité à la grande armée. — Passé à l'armée de Portugal, en 1808, il prit le commandement de l'avant-garde du général Loison dans l'Alentejo, et battit complétement un corps portugais et espagnol devant Evora, lui fit 1,500 prisonniers, et lui prit 7 pièces de canon. Chargé d'enlever la place d'Evora, il escalada les remparts, pénétra dans la ville malgré la défense la plus opiniâtre, et s'en empara en moins de deux heures. Le 20 août suivant, il se distingua à la bataille de Vimeiro, qui décida l'évacuation du Portugal, et y reçut deux blessures extrêmement graves. — Fait baron de l'empire, le général Solignac passa au 8ᵉ corps de l'armée d'Espagne. Il soutint la brillante réputation militaire qu'il avait acquise en Italie et en Portugal, et fut élevé au grade de général de division le 17 novembre de la même année. — Destitué par décret du 15 novembre 1811, il supplia l'Empereur de lui permettre de reprendre du service, fût-ce même comme simple soldat, et il obtint le commandement d'une division au 1ᵉʳ corps de la grande armée, le 1ᵉʳ janvier 1814. — En non-activité le 15 janvier 1815, il fut mis à la disposition du duc d'Angoulême le 6 mars. — Nommé, par son département, membre de la Chambre des représentants, il proposa, dans la séance du 22 juin, de s'occuper sur-le-champ de nommer des commissions : 1° de gouvernement provisoire ; 2° de négociations avec les puissances ; 3° pour se rendre auprès du général Wellington, afin d'arrêter, s'il était possible, sa marche. Dans la même séance, il insista sur ce que l'abdication de l'Empereur fût mise aux voix. — Commissaire de la Chambre des représentants près l'armée, il fit voter, dans la séance du 4 juillet, des remercîments aux braves de toutes armes qui avaient si vaillamment défendu les approches de la capitale. M. Solignac engagea plusieurs fois la Chambre à reconnaître et à proclamer Napoléon II, et demanda que les autorités de l'empire fussent tenues de lui prêter serment. — Cet officier général eut sa part dans les persécutions qui suivirent la réaction politique de 1815 ; il se vit réformé sans traitement, et rayé des contrôles de l'armée. Le 2 mars 1816, le grand chancelier ayant demandé au roi si cette radiation entraînait de droit celle des contrôles de la Légion-d'Honneur, Louis XVIII répondit négativement. — Admis à la retraite, le 11 août 1819, il rentra en activité et prit le commandement de la 9ᵉ division militaire le 1ᵉʳ septembre 1830. — Créé grand officier de la Légion-d'Honneur le 20 avril 1831, disponible le 29 juin, le général Solignac fut réadmis à la retraite le 25 juin 1834. — Son nom est inscrit sur l'arc de triomphe de l'Étoile, côté Ouest.

SONGIS (Nicolas-Marie, comte de), né à Troyes (Aube), le 23 avril 1761, entra comme élève au corps royal d'artillerie le 1ᵉʳ août 1779. — Lieutenant en second au 4ᵉ régiment d'artillerie le 18 juillet 1780, il fut nommé capitaine le 3 juin 1787. Il fit les campagnes de la Révolution à l'armée du Nord. Lorsque Dumouriez passa à l'armée, Songis, qui commandait en second l'artillerie de Saint-Amand, forte de 80 pièces de gros calibre, s'empressa de conduire lui-même toute cette artillerie à Valenciennes. Nommé chef de bataillon provisoire en l'an II, il entra comme titulaire dans le 8ᵉ régiment d'artillerie à pied. Employé à l'armée d'Italie, Songis déploya des talents et des connaissances qui fixèrent sur lui l'attention particulière du général en chef Bonaparte. Il rendit d'importants services aux batailles de Salo, de Lonato, de Castiglione, et Bonaparte, en rendant compte au Directoire des ces opérations militaires, demanda pour Songis le grade de chef de brigade. Cet avancement lui fut accordé. Songis fit ensuite partie de l'armée d'Orient, et se trouva à la tête de l'artillerie dans les divers combats que les Français eurent à soutenir durant l'expédition de Syrie. Chef de brigade titulaire du 1ᵉʳ régiment d'artillerie à cheval en l'an VI, il développa une activité au-dessus de tout éloge au siége de Saint-Jean-d'Acre. La bravoure et l'intelligence qu'il montra dans cette occasion lui méritèrent le grade de général de brigade. Songis prit alors le commandement en chef de l'artillerie, et employa à de savantes recherches sur son arme tout le temps qu'il put dérober aux opérations militaires. Le général en chef Menou lui témoigna plusieurs fois sa satisfaction du zèle et des talents avec lesquels il dirigeait l'artillerie. Élevé au grade de général de division le 16 nivôse an VIII, il déploya une infatigable activité au siége d'Alexandrie. Rentré en France avec l'armée, Songis prit le commandement de l'artillerie de la Garde des Consuls. Premier inspecteur général de l'artillerie et grand officier de la Légion-d'Honneur en l'an XII, Songis fut nommé grand aigle de l'Ordre en l'an XIII. — En 1806 et 1807, il commanda en chef l'artillerie de la grande armée, et devint, en 1808, comte de l'Empire et inspecteur général de l'artillerie, fonctions qui le plaçaient parmi les grands dignitaires. — En 1809, il eut encore le commandement en chef de l'artillerie à la grande armée d'Allemagne. La santé de ce général s'étant fort altérée pendant ces dernières campagnes, Napoléon lui permit de retourner en France. Il mourut à Paris, à la suite d'une longue maladie, le 27 décembre 1810. — Son nom est inscrit sur l'arc de triomphe de l'Étoile, côté Est.

SORBIER (Jean-Barthelemot, comte), né à Paris (Seine), le 17 novembre 1763, entra comme élève au corps royal d'artillerie le 1ᵉʳ septembre 1782, lieutenant le 1ᵉʳ septembre 1783, et capitaine le 1ᵉʳ avril 1791, il servit à l'armée du Centre, devenue armée de la Moselle. — A la bataille d'Arlon, il manœuvra avec une grande habileté. 400 carabiniers avaient eu l'audace d'attaquer un carré de 1,500 Autrichiens, et, dans cette lutte inégale, se trouvaient cruellement maltraités; le brave Sorbier vola à leur secours. Il fut blessé dans cette affaire d'un coup de mitraille au bras; la Convention, informée de sa conduite, le recommanda au ministre de la guerre Bouchotte. — Adjudant-général chef de bataillon et chef de brigade du 3ᵉ régiment d'artillerie à cheval le 2 germinal an III, Sorbier passa à l'armée de Sambre-et-Meuse. Il se trouva au premier passage du Rhin, et fut chargé de l'armement de la place et du camp retranché de Dusseldorff. Il prit ensuite le commandement de l'artillerie de l'aile gauche de l'armée, et eut un cheval tué sous lui à la bataille d'Altenkirchen, où il se fit particulièrement remarquer. A Ukerath, il enleva une position importante à la tête de deux bataillons de grenadiers que le général Kléber avait mis sous ses ordres; il eut encore un cheval tué sous lui. — Fait général de brigade en l'an V, Sorbier déploya la haute intelligence et les talents supérieurs qui lui ont assuré un des premiers rangs parmi les généraux de cette arme. Le 28 germinal suivant, il contribua puissamment au succès obtenu à la bataille de Neuwied. Il passa ensuite à l'armée d'Angleterre, et quelques mois après à celle de Mayence. Il fut nommé en l'an VII commandant de l'artillerie à l'armée d'observation du Rhin. — Élevé au grade de général de division le 16 nivôse an VIII, il prit une grande part à la gloire que l'armée française acquit à cette époque. Appelé à Dijon pour prendre le commandement de l'artillerie de la seconde armée de réserve, devenue armée des Grisons, le général Sorbier fit cette pénible campagne et rentra en France après la paix.— Créé membre de la Légion-d'Honneur en l'an XII, et grand officier de l'Ordre dans la même année, il fit partie de l'armée des côtes de l'Océan, et eut sous ses ordres l'artillerie du camp de Bruges. Il commandait trois divisions d'artillerie légère à la bataille d'Austerlitz. Sorbier passa ensuite à l'armée d'Italie et à la grande armée, et y soutint sa brillante réputation. Napoléon le créa comte de l'Empire le 19 mars 1808 et grand cordon de la Couronne de Fer le 14 août 1809. — En 1811, il prit le commandement de l'artillerie de la Garde impériale, et se distingua l'année suivante aux batailles de Smolensk et de la Moskowa. Le 11 mars 1813, à la tête de l'artillerie de la grande armée, il acquit un nouvel éclat aux batailles de Wachau et de Leipzig. — En 1814, le roi le créa commandeur de Saint-Louis, et le décora du grand cordon de la Légion-d'Honneur, le 29 juillet de la même année; depuis lors, il cessa de faire partie de l'armée.

Élu membre de la Chambre des représentants en mai 1815, par le département de la Nièvre, le général Sorbier ne s'y occupa que des intérêts de l'armée. Il mourut le 3 juillet 1827. — Son nom est inscrit sur l'arc de triomphe de l'Étoile, côté Est.

[SOULT (NICOLAS-JEAN-DE-DIEU) naquit à Saint-Amans-la-Bastide (Tarn) le 29 mars 1769. Entré au service militaire le 16 avril 1785, comme simple volontaire dans le régiment Royal-Infanterie, il fit un chemin rapide dans les grades inférieurs. Sur la demande du colonel du premier régiment de volontaires du Haut-Rhin, il fut nommé le 17 janvier 1792 instructeur au 1er bataillon, ce qui lui donnait le grade de sous-lieutenant; il avait alors 22 ans : les grandes guerres qui suivirent lui offrirent de nombreuses occasions de se signaler; adjudant-major le 16 juillet 1792, capitaine au mois d'août de l'année suivante, adjudant provisoire à l'état-major de l'armée de la Moselle le 19 novembre 1793, chef de bataillon adjudant-général provisoire le 17 février 1794, puis en titre le 3 avril; puis le 11 octobre suivant il était arrivé au grade de général de brigade. — A dater de cette époque, se succède, presque sans interruption, cette série de hauts faits d'armes, qui ont fait de son nom un des noms les plus glorieux des grandes périodes de la République et de l'Empire. Attaché à l'armée de Sambre-et-Meuse, il prit une part brillante aux affaires d'Altenkirchen, de Friedberg et de Lieptingen, où il se signala autant par son intelligence militaire que par son intrépidité. A Stokack et au combat livré dans la forêt de ce nom contre l'armée du prince Charles, il conquit le grade de général de division, qui lui fut conféré le 21 avril 1799. Passé à l'armée d'Helvétie sous les ordres de Masséna, il soumet les cantons insurgés, chasse les rebelles sur la Reuss et les refoule jusque dans la vallée de Urseren, livre les combats de Frauenfeld, d'Altikon, d'Audelfinden, fait éprouver des pertes considérables à l'ennemi, contribue puissamment à l'immortelle journée de Zurich, et mérite d'être cité avec de grands éloges à l'ordre du jour du 2 juin 1799, pour son énergique défense du camp retranché de Zurich. Le 10 du même mois, il chasse, à la tête de la 110e demi-brigades, les Autrichiens maîtres du mont Albis, passe la Linth le 22 septembre, fait éprouver à l'ennemi une perte de 4,000 hommes, puis court aux Russes qui s'avancent sur Kaltbrun, fait poser les armes à un corps de 2,000 hommes, s'empare de Wesen et repousse l'ennemi jusqu'au lac de Constance. — Lorsque Masséna fut envoyé, en 1800, par le premier Consul à l'armée d'Italie pour la réorganiser, il demanda avec instance que Soult lui fût adjoint, et lui confia le commandement de l'aile droite. La noble défense du pays de Gênes restera dans l'histoire de nos armes, comme une des pages les plus glorieuses de la carrière du général Soult : presque chaque jour fut marqué par une action d'éclat : le 6 avril, dans une première sortie, à la tête de plusieurs bataillons, il traverse audacieusement l'armée autrichienne et délivre le général Gardanne, livre plusieurs combats à l'ennemi, le rejette au delà de la Piotta, s'empare de Sassello, remporte de nouveaux succès à Ponte-Junera, à l'attaque de l'Hermette, et rentre dans Gênes avec de nombreux prisonniers, des canons et des drapeaux. Dans une nouvelle sortie, l'infatigable général traverse de nouveau l'armée autrichienne, enlève une division à Monte-Facio ; enfin, il livre un dernier combat à Monte-Creto, où un coup de feu lui fracasse la jambe : resté au pouvoir de l'ennemi, il demeura prisonnier jusqu'après la bataille de Marengo. Peu de temps après, le commandement supérieur du Piémont lui fut confié. Son énergie parvint à détruire l'insurrection dite des *Barbets;* il réussit même à discipliner ces hordes turbulentes et il les utilisa pour le service. — Le général Soult rentra à Paris après le traité d'Amiens ; le premier Consul l'accueillit avec la plus haute distinction ; il fut, le 5 mars 1802, un des quatre généraux appelés au commandement de la Garde consulaire, puis reçut peu après le commandement en chef du camp de Saint-Omer, où il organisa cette vigoureuse discipline qui prépara si puissamment nos bataillons aux héroïques efforts qui suivirent. — Deux ans plus tard, la victoire avait posé la couronne impériale sur le front de Napoléon ; voulant entourer son trône de tout ce qui pouvait en augmenter l'éclat, le nouveau souverain créa de grands dignitaires choisis parmi les illustrations ; il créa des maréchaux, et institua la magnifique création de la Légion-d'Honneur. Soult fut promu au grade de maréchal de l'Empire, le 19 mai 1804, et créé le 2 février 1805 grand cordon et chef de la 4e cohorte de la Légion ; noble récompense de ses premiers exploits, surpassés bientôt par des exploits plus glorieux encore. Il reçut en outre le titre de colonel-général de la Garde impériale et de commandant en chef du camp de Boulogne. — Au mois de septembre 1805, le maréchal reçut le commandement du 4e corps de l'armée d'Allemagne ; il force le passage du Rhin à Spire, en octobre 1805, du Danube à Donawerth, s'empare d'Augsbourg, se porte sur Biberach et Memmingen en se rapprochant de Napoléon aux portes d'Ulm. Austerlitz fut une glorieuse journée pour le maréchal ; il commandait l'aile droite : il se dirigea sur le plateau de Pratzen, défendu par une artillerie formidable, s'en empara après un combat acharné, et après avoir coupé la ligne russe, en jeta une partie sur le lac de Monitz dont il fit briser la glace à coups de canon; ce mouvement si vigoureusement exécuté contribua puissamment au succès de la journée : « Maréchal, dit Napoléon en l'embrassant sur le champ de bataille, vous êtes le premier manœuvrier de l'Europe. — Sire, répondit le maréchal, je le crois, puisque c'est Votre Majesté qui le dit. » L'Empereur le nomma gouverneur de Vienne après la prise de cette ville. — Dans la campagne de Prusse, en 1806, le maréchal Soult, commandant encore l'aile droite de l'armée, combattit avec son intrépidité et son habileté ordinaires; après avoir aidé au gain de la bataille d'Eylau par l'énergie de son attaque sur le centre de l'armée ennemie, il joignit à Greussen le maréchal Kalkreuth qu'il battit complétement, poursuivit le roi de Prusse avec la plus active vigueur; bloqua Magdebourg, et força à Ruthnau cinq escadrons des armées de la Saxe à mettre bas les armes. Il se rendit ensuite maître de Lubeck et fit capituler Blücher à Schwartau. Dans la campagne de Pologne, il contint le général russe Beningsen pendant que l'Empereur écrasait les Russes à Eylau, remporta de nouveaux succès à Wolfesdorf, à Heilsberg et entra dans Kœnigsberg. De si éclatants services le firent créer duc de Dalmatie après la paix de Tilsitt. — La guerre venait de se rallumer avec fureur en Espagne; l'Empereur confia à Soult le commandement du centre gauche de l'armée; à peine arrivé, le maréchal remporte, le 10 novembre 1808, une victoire signalée devant Gamonal, prend Burgos, Santander, culbute l'armée espagnole près de Reynosa, atteint enfin l'armée anglaise devant Corogne, lui livre une sanglante bataille dans laquelle le général en chef, John Moore, est tué; force les débris de l'armée anglaise à se rembarquer en abandonnant 6,000 prisonniers, s'empare de la Corogne et du Férol : un immense matériel renfermé dans ces deux places devient la conquête du vainqueur. — Entré en Portugal le 4 mars 1809, par ordre de l'Empereur, le duc de Dalmatie passa le Minho, prit Chaves et remporta, le 29 mars, la mémorable victoire d'Oporto. Bientôt, cependant, réduit par défaut de renforts à l'impossibilité de tenir la campagne, il reconduisit en Galicie, en moins de six jours, les faibles débris dont il pouvait disposer, et battit encore l'armée anglo-espagnole qu'il trouva sur son passage à Arzobispo. Cette retraite est regardée par les tacticiens comme une des plus belles opérations du maréchal. — Un décret de l'Empereur nomma le maréchal Soult major-général des armées françaises en Espagne; cette haute confiance ne tarda pas à être justifiée par un magnifique succès; les 18 et 19 novembre 1809, à Ocaña, il détruisit, avec 30,000 Français, 60,000 Espagnols : 50 pièces de canon, 30 drapeaux et 20,000 prisonniers furent les résultats de cette victoire. Après s'être emparé de Séville, à la fin de janvier 1810, il passa dans l'Estramadure, prit Olivença le 22 janvier 1811, gagna la bataille de Gébora le 11 février suivant, occupa Badajoz et éprouva un échec à la bataille d'Albuera livrée avec des forces inférieures. Quelque temps après, il prenait sa revanche en forçant Wellington, le 12 mai, à lever le siége de Badajoz. Les événements ayant forcé le roi Joseph à évacuer l'Espagne, le maréchal Soult quitta l'Andalousie au mois d'août 1812, et opéra une série de marches admirées par les stratégistes. Quelque temps après, Napoléon l'appela auprès de lui pour lui donner le commandement du 4ᵉ corps de la grande armée, avec laquelle il combattit aux journées de Lutzen et de Bautzen. Presque immédiatement il reçut l'ordre de se rendre à Bayonne pour y réorganiser l'armée du Midi que la défaite de Vittoria avait entièrement démoralisée ; il réussit dans cette entreprise difficile, de manière à dépasser les espérances de l'Empereur ; cette armée sans chefs, sans discipline, ou plutôt ces débris épars sont réorganisés avec cette merveilleuse facilité qu'il possède à un si haut degré ; il se retourne alors contre l'ennemi marchant vers nos frontières, soutient l'honneur de nos armes à Orthez, à Aire, à Vic de Bigorre, à Tarbes, et livre enfin, le 10 avril 1814, cette mémorable bataille de Toulouse, dernier et glorieux coup de canon tiré pour la défense du sol envahi, et dont les circonstances seules vinrent arrêter les résultats. — Il est bien reconnu maintenant que si le maréchal Suchet eût voulu se réunir au maréchal Soult avant la bataille de Toulouse, en 1814, l'armée anglaise eût été taillée en pièces sous les murs de cette ville, et que lord Wellington eût été dessaisi des résultats que ses armes avaient obtenus...... Le duc de Dalmatie, sentant toute l'importance de cette réunion, écrivait à son collègue : « Si vous ne voulez pas être sous mon commandement, je me placerai sous le vôtre. Ne faites que paraître, vos troupes resteront, si vous voulez, l'arme au bras ; qu'elles paraissent seulement, le succès est assuré. » Le duc d'Albuféra ne fit aucun mouvement. — Le gouvernement de la première Restauration nomma le duc de Dalmatie gouverneur de la 13ᵉ division militaire le 21 juin 1814, puis ministre de la guerre le 3 décembre, poste qu'il occupait lorsque Napoléon débarqua de l'île d'Elbe ; comme chef de l'armée, il adressa aux troupes une proclamation qui n'empêcha pas l'Empereur de l'appeler aux Tuileries le 25 mars, et de lui confier, le 9 mai 1815, les fonctions de major-général de l'armée ; à la funeste journée de Waterloo, lorsque Napoléon, à la vue du désastre de nos armes, voulait se précipiter au milieu des baïonnettes, Soult, resté à ses côtés jusqu'au dernier moment, parvint, en saisissant la bride de son cheval, à l'entraîner sur la route de Charleroi. — Ici finit la carrière militaire du maréchal : il en est peu qui resplendissent d'un pareil éclat. Dans cette existence de près de trente années de combats, il déploya sur les principaux champs de bataille de l'Europe les plus beaux talents militaires, et ces rares et éminentes facultés qui font les grands hommes de guerre. — Après la seconde Restauration, compris dans l'ordonnance d'exil du 24 juillet, et rayé de la liste des maréchaux le 27 décembre 1815, il resta en exil jusqu'en 1819, et fut réintégré par Louis XVIII dans la dignité de maréchal en 1820 ; le roi Charles X l'éleva à la Pairie. — La Révolution de 1830 appela le maréchal Soult à rendre de nouveaux services à son pays. Les événements pouvaient faire craindre une collision entre la France et plusieurs des grandes puissances de l'Europe ; une longue paix avait amoindri nos forces militaires. La main ferme et puissante du maréchal était seule capable d'imprimer à la réorganisation de notre armée cette impulsion prompte et énergique qu'exigeait la situation. — Placé dès le mois de novembre 1830 à la tête du département de la guerre, il déploya une activité presque incroyable ; quelques mois à peine s'étaient écoulés, et une armée de 400,000 hommes, armés, équipés et formés à la discipline, était prête à repousser l'étranger. — En 1834, lorsque la sanglante insurrection du mois d'avril éclata, le maréchal Soult reçut du lieutenant-général Aymar, qui commandait à Lyon, une dépêche télégraphique ainsi conçue : « Mes communications sont coupées, mes forces diminuent « d'heure en heure, et je me vois, au- « tant dans l'intérêt de l'humanité que « dans celui de mes troupes, obligé d'é- « vacuer Lyon. » Dans cette situation critique, l'abandon de Lyon aurait eu une telle portée, qu'il était impossible de l'envisager sans frémir. Mais la France avait, en 1834, pour premier ministre, un des lieutenants de Napoléon, un de ces illustres capitaines à l'âme stoïque, au cœur de bronze que le danger retrempe et grandit, et qui, pendant toute sa glorieuse carrière, avait constamment pratiqué l'admirable devise de *vaincre ou mourir*. — Voici la réponse du duc de Dalmatie ; elle ne se fit attendre que le temps strictement nécessaire pour l'écrire sous sa dictée et le télégraphe l'emporta. L'antiquité, l'histoire militaire moderne n'en offre pas de plus brève et de plus héroïque : « Vous conserverez « toutes vos positions ; vous n'évacuerez « point Lyon ; vous vous accrocherez à « ses murs et vous vous ensevelirez sous « ses ruines. » — La lettre suivante écrite au général commandant la ville de Lyon, à propos de ce même épisode, est aussi significative : « Général, je reçois à l'in- « stant vos deux lettres du 14 de ce « mois, etc., etc. Je ne puis croire que « vous m'avez écrit tout cela, car vous me « forcez à vous demander ce que vous avez « fait pour l'empêcher. Comment ! l'effi- « gie d'un fonctionnaire nommé par le « roi, est brûlée sur la place publique, et « vous me le racontez froidement ! Un des « premiers magistrats de la Cour royale « est obligé de se soustraire aux assas- « sins, et vous ne m'apprenez pas ce que « vous avez fait pour la sûreté de sa per- « sonne qui devait vous être sacrée ! Vous « avez en outre le triste courage de me

« dire que le 9ᵉ bataillon de chasseurs « ne fait, momentanément, aucun ser- « vice ! Cette conduite passe mon imagi- « nation et m'oblige à vous demander si « vous vous êtes bien rappelé que le roi « vous avait honoré de sa confiance, en « vous donnant le commandement d'une « de ses plus importantes divisions mili- « taires. Je vous l'avoue, j'en suis au- « jourd'hui à regretter les témoignages « de satisfaction que je vous avais pré- « cédemment exprimés. Mais, indépen- « damment de ces faits, vous avez laissé « exister des barricades, en en faisant « suspendre l'enlèvement par la troupe « de ligne, lorsque vous avez été prévenu « que le préfet avait réclamé le concours « de la Garde nationale. C'était, au con- « traire, le moment d'agir, et d'agir avec « assez de vigueur pour que les traces de « l'insurrection disparussent à l'instant « même ; là était votre devoir. Ce n'est « pas tout. Il m'est revenu encore, et je « désire que cette nouvelle ne soit pas « vraie, que le poste du 9ᵉ bataillon de « chasseurs qui était à votre porte, a dû « rentrer dans l'intérieur pour faire place « à un poste de la Garde nationale que « vous y avez installé. Vous avez aussi « fait relever par la Garde nationale le « poste de la ligne qui était devant la « maison du procureur général. Est-il « possible, Général, que vous ayez eu « cette faiblesse, que vous ayez montré « cet oubli de vos devoirs ? Je vous or- « donne de me rendre compte sur-le- « champ et de ce que vous avez fait et « des motifs qui ont pu vous y détermi- « ner. Quant à l'inaction que vous avez « imposée au 9ᵉ bataillon de chasseurs, « en lui retirant tout service, et en con- « sentant même, si je suis bien instruit, « à ce qu'un poste de Garde nationale « fût établi devant sa caserne, l'histoire « militaire n'offre pas d'exemple d'une « semblable humiliation. Que voulez-

« vous que pensent et l'armée et ce corps « honorable lui-même, dont le dévoue- « ment à nos institutions est si fortement « prononcé? Ce n'est pas de la sorte « que les troupes sont conduites! Faites « reprendre sur-le-champ le service au « 9ᵉ bataillon de chasseurs, et indiquez- « moi les postes que vous aurez confiés à « sa valeur; j'ai l'assurance qu'ils seront « en sûreté, etc., etc. — Signé : MARÉCHAL « DUC DE DALMATIE. » — En 1838, le roi le choisit pour le représenter au couronnement de la reine d'Angleterre; le duc de Dalmatie fut accueilli avec des transports d'enthousiasme; sa marche à travers les comtés et les rues de Londres fut une marche triomphale, et la population tout entière, se précipitant sur son passage, salua de ses acclamations ce noble représentant de notre gloire nationale. — Le maréchal duc de Dalmatie est grand-croix des ordres de Léopold de Belgique, du Sauveur, de la Toison d'Or et de Saint-Hubert, etc., etc. — Il a été trois fois ministre de la guerre : la première fois du 2 décembre 1814 au 12 mars 1815; une fois ministre des affaires étrangères; trois fois président du conseil. — Le 26 décembre 1847, Louis-Philippe rétablit pour lui le titre honorifique de MARÉCHAL-GÉNÉRAL de France.— En 1830, il avait réorganisé l'armée qui lui doit de nombreuses améliorations et plusieurs lois importantes, telles que celles du 11 avril 1831 sur les pensions militaires, des 21 mars et 14 avril 1832 sur le recrutement de l'armée et sur l'avancement, et du 19 mai 1834 sur l'état des officiers; en outre, il a fait construire les travaux des fortifications de Paris.

SOURD (JEAN-BAPTISTE-JOSEPH, baron), né à Signe (Var) le 26 juin 1775, était parti à 17 ans avec les volontaires de son département. Dans une sortie de la garnison de Gênes, Masséna, enveloppé de cavaliers autrichiens, fut dégagé par le jeune volontaire qu'il plaça comme maréchal-des-logis dans les Guides de l'armée d'Italie. A la paix de 1801, Sourd comptait déjà onze campagnes et deux blessures. En 1803, il passa au 7ᵉ chasseurs comme sous-lieutenant. Deux coups de baïonnette qu'il reçut à Iéna lui valurent le grade de lieutenant. A Eylau, il tomba couvert de coups de sabre au pouvoir des Russes. — Un jour, un officier général ennemi lui demande : « Quel âge a votre Empereur ? — L'âge qu'avait César quand il vainquit Pompée à Pharsale. — De combien de milliers d'hommes est votre armée? — L'Empereur seul le sait. » — Rendu à son régiment, après dix mois de captivité, Sourd prit part à la campagne de Wagram, où il fut fait capitaine et légionnaire. En 1812, il entra en Russie comme chef d'escadron, et enleva, le 18 octobre, au-dessous de Polotsk, un corps de 2,000 Russes. Arrivé à Borizow, lieu désigné pour le passage de l'armée, il franchit le premier la rivière à la nage, sous les yeux de Napoléon, à la tête du 7ᵉ chasseurs, chacun de ses cavaliers ayant un voltigeur en croupe; et, pendant toute la retraite, il contint et battit des nuées de Cosaques. — Après l'armistice, l'Empereur étant à Dresde remit à Sourd le brevet de colonel et le titre de baron de l'Empire, en lui disant : « Servez-moi, comme vous avez toujours fait, avec votre courage et vos talents, et vous irez loin. » Aussi à Leipzig le vit-on culbuter devant lui infanterie, cavalerie, artillerie, et s'emparer de la redoute de Gustave-Adolphe. — Dans la nuit qui précéda le combat de Hanau, Sourd reconnut le champ de bataille où Napoléon lui conféra la croix d'officier. Dans la campagne de 1814, il exécuta plusieurs brillantes charges à la Chaussée, contint toutes les têtes de colonnes de Blucher à la Ferté-sous-Jouarre, et soutint la retraite de l'armée, en recevant sa neuvième blessure. Sourd contribua aux succès de Grouchy à Champ-Aubert, à Montmirail, à Vauchamps; dégagea plusieurs fois l'infanterie de la jeune Garde, à Arcis-sur-Aube, et garda les avenues les plus importantes, pendant le mouvement rétrograde de l'armée impériale. — Ensuite il se jeta en partisan avec 400 chevaux dans Bar-sur-Ornain, et battit dans les rues même de cette ville un corps russe considérable. Après la journée du 30 mars, il passa la Seine à Melun pour se rendre à Fontainebleau auprès de l'Empereur. — La Restauration donna au colonel Sourd le commandement des lanciers de la Reine, 2ᵉ régiment, et la croix de Saint-Louis. Au retour de l'île d'Elbe, Napoléon le complimenta sur sa bravoure à l'assemblée du Champ de Mai, et l'envoya au 2ᵉ corps de l'armée du Nord, où il débuta par la journée de Fleurus. A Waterloo, l'héroïsme de Sourd dépassa tout ce que nos annales militaires nous offrent de plus grand. Chargé par le comte Lobau d'attaquer l'infanterie anglaise dans sa position en deçà de Gennapes, il la tourne, la culbute et la poursuit jusque sur la route de Bruxelles; mais, forcé par un contre-ordre de se replier sur le point d'attaque, il traverse Gennapes au grand galop et rejette les Anglais sur Waterloo. Cependant son mouvement n'a pas été appuyé, il revient en bon ordre et rencontre, dans un défilé, un régiment de cavaliers anglais, dont le colonel le somme de se rendre; Sourd, pour toute réponse, lui traverse le corps d'un coup de sabre; mais lui-même atteint de six blessures (il en était à sa 15ᵉ), ne pouvant plus soutenir son arme, il se fait asseoir sur une borne, le long d'un chemin : de là, il excite par ses cris les soldats, pendant que le chirurgien en chef, Larrey, lui faisait l'amputation du bras droit. On dit que ses soldats recueillirent avec respect ce bras amputé, et qu'après lui avoir rendu les honneurs funèbres, ils inscrivirent ces mots sur le modeste monument qu'ils lui consacrèrent : « Au bras le plus vaillant de l'armée. » — Une heure après l'opération, car tout est merveilleux dans cet épisode de sa vie, le colonel Sourd remonte à cheval, charge de nouveau les Anglais et dicte une lettre à l'Empereur qu'il signe de la main qui lui restait. Suivant le mouvement de retraite de l'armée au delà de la Loire jusqu'à Auch, sans prendre un instant de repos, il arrive au terme de cette course de 150 lieues avec ses blessures cicatrisées. — La révolution de Juillet tira le colonel Sourd de la retraite et le vit combattre pendant les trois journées. Il eut mission d'organiser le régiment de lanciers d'Orléans, et il en fit un des plus beaux corps de cavalerie de l'armée. Nommé maréchal de camp à la revue du 1ᵉʳ mars 1831, il quitta non sans regret son régiment, pour aller prendre le commandement de Tarn-et-Garonne, où il reçut, en 1837, la décoration de commandeur. Passé dans la section de réserve, en 1837, et mis à la retraite en 1848, Sourd quittait encore quelquefois cette vie paisible, que lui avaient méritée ses longs et durs travaux, pour défendre la mémoire et le nom du grand capitaine auquel il a consacré toute sa vie, la fidélité d'un soldat *sans peur* et *sans reproche*. — L'héroïque amputé de Waterloo est mort à Paris le 2 août 1849, après avoir reçu les adieux du président de la République, ceux de Jérôme Bonaparte, du général Rullière, ministre de la guerre et de ses nombreux amis.

SUBERVIC (Georges-Gervais, baron), né en 1772 dans le département du Gers; il avait vingt ans lorsqu'il partit comme volontaire. Lieutenant en 1792, capitaine en 1793; aide-de-camp du général Lannes en 1797 ; chef d'escadron en 1803 ; colonel en 1805 ; général de brigade en 1811 ; lieutenant-général et chevalier de Saint-Louis en 1814. M. Subervic a fait avec distinction les campagnes de la République et de l'Empire et a été blessé à la bataille de la Moskowa. Créé général de division après la campagne de 1814. Admis à la retraite en 1825, il a été rappelé à l'activité en 1830. — Depuis ce temps on l'a vu successivement inspecteur général de cavalerie et membre du comité de l'infanterie et de la cavalerie ; admis dans le cadre de réserve en 1841, il a été ministre de la guerre du 25 juillet 1848 au 19 mars suivant. — En quittant le ministère il fut nommé chancelier de la Légion-d'Honneur, grand-croix de l'Ordre, puis membre de l'Assemblée constituante et enfin de l'Assemblée législative. Le général Subervic est admis à la retraite.

SUCHET (Louis-Gabriel), duc d'Albuféra, pair et maréchal de France, né à Lyon le 2 mars 1772. Il embrassa la carrière des armes à l'époque où la France appelait tous ses enfants à la défense de son indépendance. Plein d'ardeur et de zèle, le jeune Suchet conquit rapidement, en 1792, les grades de sous-lieutenant, lieutenant et capitaine. Nommé chef du 4ᵉ bataillon de l'Ardèche, il commandait ce corps au siège de Toulon, lorsqu'il fit prisonnier le général en chef anglais, O'Hara. Passé à l'armée d'Italie, il assista, en 1794, aux combats de Vado, de Saint-Jacques et à tous ceux qui furent livrés par la division Laharpe. En 1795, à la bataille de Zoano, à la tête de son bataillon, il enleva trois drapeaux aux Autrichiens. Commandant, en 1796, un bataillon du 18ᵉ régiment dans la division Masséna, il prit une part glorieuse aux combats de Dego, Lodi, Borghetto, Rivoli, Castiglione, Peschiéra, Trente, Bassano, Arcole et Cerea, où il fut dangereusement blessé. A peine rétabli, il fit la belle campagne qui décida le traité de Campo-Formio. A cette époque, le général Masséna l'envoya porter au général en chef les drapeaux conquis dans la bataille de Tarvis. Blessé de nouveau à Neumarck en Styrie, il fut nommé chef de brigade sur le champ de bataille, en octobre 1797. En 1798, son régiment passa en Suisse, sous le général Brune. La conduite du colonel Suchet lui valut de nouveau l'honneur de porter à Paris 23 drapeaux pris à l'ennemi. Nommé général de brigade à cette époque, il fut employé peu de temps après, en qualité de chef d'état-major, sous le général Joubert, dont il était l'ami. Le Piémont donnant alors des inquiétudes pour la retraite de l'armée, et Joubert ayant reçu ordre d'occuper ce pays à la fin de 1798, Suchet prépara cette expédition, et, par ses soins, elle fut terminée sans combats. Occupé à réorganiser l'armée, il se trouva en opposition avec le commissaire du Directoire, et cette lutte fit rendre contre lui, par un gouvernement soupçonneux et faible, un décret par lequel il était menacé d'être porté sur la liste des émigrés, s'il ne rentrait pas en France sous trois jours. Il fallait obéir. Mais Joubert, mécontent du rappel injuste de son ami, quitta brusquement le commandement et retourna dans sa famille. Dès son arrivée à Paris, le général Suchet se justifia pleinement, et fut presque aussitôt envoyé à l'armée du Danube (5 avril 1799). — Détaché chez les Grisons, et séparé de l'armée pendant dix jours, il défendit les positions de Davos, Bergen, et Pulgen ; trompa l'ennemi qui l'entourait, et rejoignit l'armée, par les sources du Rhin, vers le Saint-Gothard, sans être entamé ; mais il fut blessé. A la suite de cette honorable expédition, Masséna le choisit pour son chef d'état-major général. Après la campagne désastreuse de Schérer, Joubert, ayant repris le commandement de l'armée d'Italie, fit nommer en 1799, général de division et son chef d'état-major, Suchet qui quittait alors l'armée du Danube. Après la bataille de Novi, où la France perdit Joubert, Suchet continua ses fonctions sous Moreau et Championnet. Au 18 brumaire, Bonaparte chargea Masséna du commandement de l'armée d'Italie et lui donna Suchet pour lieutenant. A la tête d'un faible corps de 5000 hommes, à peine vêtus, sans magasins et sans ressources, pour lutter contre 60,000 hommes commandés par le général Mélas, Suchet prit une part brillante aux résultats de la campagne de Gênes et du Var, non moins mémorable par les talents et la prodigieuse activité qu'il y déploya, que par l'inébranlable courage de ses troupes, au milieu des plus grands dangers et des privations les plus absolues. Séparé de la droite de l'armée par la prise de Saint-Jacques, il lutta pendant 38 jours avec succès et défendit pied à pied la rivière de Gênes. Les forces de l'ennemi l'ayant obligé à se retirer derrière le Var, il s'y retrancha et conserva une tête de pont. Les efforts de Mélas, renouvelés pendant 16 jours et soutenus par une escadre anglaise, échouèrent contre ses dispositions et la valeur de ses troupes. Par cette défense, il sauva d'une invasion le midi de la France et prépara le succès de l'armée de réserve qui se portait à Marengo. Dès ce moment le général Suchet prit l'offensive. Il avait mis à profit la découverte du télégraphe employé pour la première fois à la guerre. Deux sections, laissées par lui aux forts de Villefranche et de Mont-Alban, au milieu des Autrichiens, le prévinrent de leur marche rétrograde. Suchet précipita la sienne par la crête des montagnes, coupa la retraite aux Autrichiens qui avaient suivi les bords de la mer, et leur fit 15,000 prisonniers.

Masséna, renfermé dans Gênes, venait de capituler après une immortelle résistance ; Suchet, qui l'ignorait et conservait l'espoir de dégager cette ville, traversa en peu de jours la rivière de Gênes, rejoignit la droite de l'armée, sortit de Savone par capitulation, et se porta rapidement vers les plaines d'Alexandrie. Sa présence à Acqui contribua à la victoire de Marengo, suivant le rapport de Mélas, qui fut obligé de lui opposer un fort détachement. Après cette bataille, il fut chargé de réoccuper Gênes et son territoire. Il maintint partout une discipline sévère et s'acquit l'estime et la confiance des habitants de cette malheureuse république. La campagne s'étant rouverte, en 1801, après six mois d'armistice, le général Suchet commanda le centre de l'armée, composé de trois divisions fortes de 18,000 hommes. Au passage du Mincio, il secourut et dégagea le général Dupont, et fit avec lui 4,000 prisonniers sur le général Bellegarde à Pozzolo. — Après la paix de Lunéville, il fut nommé inspecteur général d'infanterie. En 1804, il alla commander une division au camp de Boulogne. Il y fut particulièrement chargé de faire creuser le port de Vimereux, et fut nommé peu après gouverneur du palais de Laeken, près Bruxelles. A l'ouverture de la campagne d'Allemagne, en 1805, sa division devint la première du 5e corps de la grande armée ; commandée par le maréchal Lannes, elle se distingua à Ulm et à Hollabrunn ; à Austerlitz, elle enfonça la droite de l'armée russe et la sépara du centre. On admira sa marche en échelons par régiment, comme à l'exercice, sous le le feu de 50 pièces de canon. Après cette bataille, Suchet fut décoré du grand aigle de la Légion-d'Honneur. Dans la campagne de Prusse de 1806, sa division remporta le premier avantage à Saalfeld. Elle commença l'attaque à Iéna, et contribua au succès de la bataille par l'habileté de ses manœuvres et par des prodiges de valeur. Elle se signala de nouveau en Pologne, où elle résista seule à l'armée russe au combat de Pultusk. « J'ai combattu contre une armée entière, écrivit le général Beningsen. » Cette division battit encore les Russes à Ostrolenka. Après la paix de Tilsitt, en 1807, le général Suchet prit ses cantonnements dans la Silésie, et commanda le 5ᵉ corps qui fut envoyé en Espagne l'année suivante. En décembre 1808, la division de Suchet ouvrit le siège de Saragosse, sur la droite de l'Èbre, où elle obtint des succès. Nommé, en avril 1809, général en chef du 3ᵉ corps (armée d'Aragon), et gouverneur de cette province, le départ du 5ᵉ corps, la guerre de l'Autriche et le délabrement d'une armée très-faible, rendirent sa position fort critique. Le jour de son arrivée au commandement, le général espagnol Blacke se présenta avec 25,000 hommes devant Saragosse. Les troupes abattues demandaient la retraite; Suchet leur communiqua son énergie, les conduisit à l'ennemi, le battit à Maria le 14 juin 1809, lui prit 30 pièces de canon et 4,000 hommes, et compléta sa défaite, le 18, à Belchite. Ces succès renversèrent les projets des Espagnols qui voulaient se porter sur les Pyrénées. Son administration juste et modérée, son impartiale intégrité envers les habitants auxquels il conserva leurs emplois, sa protection particulière pour le clergé, sa sévérité sur la discipline, lui attachèrent les Aragonais et lui créèrent des ressources. Au milieu de la disette générale, son armée devint florissante, et après une marche sur Valence, en janvier 1810, elle commença ses mémorables campagnes. Lérida, écueil des grands capitaines, tomba la première en son pouvoir, le 13 mai, après une victoire complète remportée sur le général O'Donnel, à Margalef, le 13 avril, sous les murs de la place. Mequinenza fut forcée de capituler le 8 juin; Tortose ouvrit ses portes le 12 janvier 1811, après 13 jours de tranchée ouverte; le fort San-Felipe, au col de Balanguer, fut pris d'assaut le 9; Tarragone, *la Forte*, succomba le 28 juin après 56 jours de siége, ou plutôt d'une continuelle et terrible bataille, en présence et sous le feu de l'escadre anglaise, de ses troupes de débarquement et de l'armée espagnole de Catalogne. Le bâton de maréchal de l'Empire fut le prix de cette campagne, admirable sous les rapports militaires; plus admirable encore, en ce que les droits de l'humanité furent respectés, autant qu'il fut possible, par les soins du général, au milieu des horreurs d'une guerre furieuse. En septembre 1811, le maréchal ouvrit la campagne de Valence. Les forts de l'antique Sagonte, qui couvrent cette capitale, relevés à grands frais par les Espagnols, l'arrêtent. Oropesa fut assiégé et pris le 25 août. La garnison de Sagonte avait repoussé deux assauts; la ville continuait d'être battue en brèche : Blacke sortit de Valence avec 30,000 hommes pour la secourir, et fut défait totalement, à la vue même de Sagonte qui capitula et donna son nom à cette mémorable bataille, où le maréchal fut blessé à l'épaule. Le 26 décembre, ayant reçu le corps de réserve de la Havane, et, sans attendre les divisions de Portugal, il passa la Guadalavia, investit Valence, pressa le siége et le bombardement, et força Blacke à capituler le 9 janvier 1812. Le 10, les Espagnols, au nombre de 17,500 hommes d'infanterie et 1,800 de cavalerie, se rendirent, et Valence fut occupée. Avant un mois, la place de Peniscola et le fort de Denia tombèrent en son pouvoir, et complétèrent la conquête du royaume de Valence. Heureuse par les soins du vainqueur, comme l'était l'Aragon, cette contrée imita sa soumission, et le maréchal fut récompensé de sa brillante campagne par le titre de *duc d'Albuféra*, et par la mise en possession de ce riche domaine, qui touche Valence, et sur lequel il avait combattu. Après divers engagements victorieux, contre le général Joseph O'Donnel et l'armée espagnole, et après avoir reçu à Valence les armées du Centre et du Midi qui s'y rallièrent pour marcher contre l'armée anglaise, le maréchal fit, en juin 1813, lever le siége de Tarragone, vivement pressé par le général Murray qui perdit toute son artillerie. La retraite de l'armée française au delà des Pyrénées après la bataille de Vittoria, l'obligea d'évacuer Valence le 5 juillet, dix-huit mois après la reddition de cette ville. Il laissa des garnisons à Denia, Sagonte, Peniscola, Tortose, Lérida et Mequinenza approvisionnées pour plus d'un an. En septembre il battit lord Bentinck au col d'Ordal et fut alors nommé colonel général de la Garde impériale, en remplacement du duc d'Istrie (Bessières), qui venait de trouver une mort glorieuse dans les champs de Lutzen. Le duc d'Albuféra occupa pendant six mois la Catalogne. 20,000 hommes lui ayant été demandés pour la France, en janvier 1814, il se rapprocha alors des Pyrénées, et y reçut Ferdinand VII, qu'il fut chargé de conduire à l'armée espagnole, présent longtemps funeste, et qui n'a pas été, pendant six années, moins fatal à l'Espagne que la guerre que Napoléon lui avait suscitée. Malgré la faiblesse de son armée, réduite à *neuf mille* hommes, le duc d'Albuféra persista à rester en Espagne pour assurer la rentrée de 18,000 hommes de garnison, et surtout pour empêcher l'ennemi d'envahir la frontière. Instruit officiellement de l'abdication de l'Empereur, et croyant voir le vœu de la nation dans ce décret du sénat, il fit reconnaître Louis XVIII par l'armée dont le gouvernement royal lui conserva le commandement. De retour à Paris, il fut nommé pair de France, gouverneur de la 10ᵉ division commandeur de Saint-Louis, et, en décembre suivant, gouverneur de la 5ᵉ division à Strasbourg. Tant que les Bourbons demeurèrent sur le territoire français, le duc d'Albuféra resta fidèle au serment qu'il leur avait prêté et maintint les troupes dans l'obéissance : resté sans ordres ni instructions du gouvernement royal, et jugeant, par les premiers actes du congrès de Vienne, que l'étranger se disposait à envahir la France, le maréchal ne connut plus d'autre intérêt que celui de la patrie, et se rendit à Paris, le 30 mars 1815, dix jours après l'arrivée de Napoléon, pour recevoir de nouveaux ordres. Il reçut le 5 avril celui de se rendre à Lyon pour y rassembler une armée, et fut nommé, le 27 juin suivant, membre de la Chambre impériale des pairs. Un nombre immense de soldats volontaires ou déserteurs de l'armée royale, pendant l'année qui venait de s'écouler, était accouru de toutes parts sous les drapeaux ; mais les arsenaux étaient vides, et il n'avait pas été possible d'armer plus de 10,000 hommes. C'est avec d'aussi faibles moyens que le duc d'Albuféra, qui avait inspiré une entière confiance aux braves Lyonnais, se porta vers les Alpes, battit les Piémontais, le 15 juin, et quelques jours après les Autrichiens à Conflans. L'arrivée de la grande armée autrichienne à Genève l'obligea de quitter la Savoie et de se replier sur Lyon. Instruit, le 11 juillet, que la victoire de Waterloo venait de replacer le sceptre dans la main des Bourbons, le duc d'Albuféra, pour éviter une guerre civile, conclut avec les Autrichiens une capitulation honorable qui, en sauvant sa ville natale, conserva à la France pour dix millions de matériel d'artillerie. Le même jour, 11 juillet, il envoya trois généraux pour annoncer au roi qu'il était reconnu par l'armée, dont le commandement lui fut continué. Exclu de la Chambre des pairs par l'ordonnance du 24 juillet 1815, époque à laquelle la réaction royale commençait à exercer ses fureurs, le duc d'Albuféra fut rappelé dans cette chambre par une ordonnance du 5 mars 1819. Par de futiles raisons de cour, il ne fit pas partie de l'expédition de 1823, en Espagne, sous les ordres du duc d'Angoulême, et mourut à Marseille, le 3 janvier 1826, âgé de 54 ans seulement. Sa dépouille fut transportée à Paris.

SURCOUF (ROBERT), né en 1773 dans le petit village de Bénic, près de Saint-Malo. Il descendait par sa mère de Duguay-Trouin. Ce célèbre marin, l'un des plus intrépides qu'aient produits les dernières guerres, s'était embarqué dès l'âge de 13 ans, et après quelques voyages dans les mers d'Europe, il partit pour l'Inde, où il devait se signaler par des faits d'armes presque incroyables. Nommé capitaine à l'âge de vingt ans, il commanda successivement les corsaires *la Clarisse, la Confiance* et *le Revenant*. C'était un homme d'une force remarquable, quoiqu'il fût très-gros et qu'il n'eût qu'une taille ordinaire. Sa figure était vivement colorée, et ce n'était pas la débauche qui la rougissait, car il était très-sobre. Son intérieur était doux et heureux comme celui du citoyen le plus paisible : aussi n'était-il pas corsaire par tempérament; il n'éprouvait pas ce besoin du désordre, du pillage, de la violence, du sang, qui a mis en saillie dans les fastes de la navigation tant de beaux courages si mal appliqués. — On dit que c'est l'amour qui le jeta dans une profession qu'il a d'ailleurs honorée.

Surcouf naviguait encore pour le cabotage, lorsqu'il se fit aimer d'une jeune personne dont il voulut obtenir la main. Il alla la demander à son père, homme riche, qui refusa net le jeune prétendant, et pour le décourager plus complétement, il lui dit sur le ton de la plaisanterie : Eh bien! Surcouf, reviens me voir quand tu seras devenu bien riche, et peut-être alors nous ferons affaire. — Surcouf prit cette réponse au sérieux et alla tenter la fortune dans l'Inde. A cette époque, elle était encore là pour les marins hardis : c'était en 1796. Un mauvais petit bâtiment le porta jusqu'à l'île de France. La course enrichissait dans ces parages ceux qui s'y livraient avec résolution. Surcouf s'y livra. Quelques jeunes gens de l'île de France armèrent un petit corsaire pour Surcouf qui fit voile courageusement pour les côtes de l'Inde, avec un équipage de Lascars. A l'embouchure du Bengale, où il se dirigea d'abord, il rencontra un petit convoi escorté par un bateau pilote, armé en guerre; il aborda le pilote-boat et le prit; il s'empara ensuite des bâtiments marchands anglais, se débarrassa de ses prises, de son propre navire, et passa sur le schooner avec dix-neuf hommes seulement. — Ce premier succès enhardit Surcouf, qui va tenir la mer, courant après tous les bâtiments qu'il apercevra, en corsaire non autorisé, car il est parti de l'île de France sans ces lettres-patentes, qu'on appelle *lettres de marque*, qui donnaient au vol sur mer une apparence de légalité. Bientôt il aperçoit un gros trois-mâts; il met le cap dessus : c'était un vaisseau de la compagnie des Indes, monté par 150 Européens et armé de 26 canons de 12; il se nommait *le Triton*. Comment prêter le flanc à un si fort ennemi? le pilote-boat avait deux canons seulement ! Surcouf fait cacher tout son monde; l'idée lui était venue de se faire passer un instant pour un des pilotes du Gange. « Je cours sur ce gros Anglais, dit-il à ses gens, je l'accoste : à un signal que je vous ferai, vous reparaîtrez sur le pont ; nous ferons une décharge de mousqueterie pour effrayer l'équipage, nous sauterons à bord et nous prendrons le bâtiment. » Les choses se passèrent comme il l'avait dit. Le combat qui s'engage sur le pont du *Triton* est terrible ; le capitaine anglais et dix de ses hommes sont tués, cinquante autres sont blessés, et Surcouf reste maître du vaisseau, n'ayant eu que deux blessés et un mort parmi les siens. Il fait signer un cartel d'échange à ses prisonniers, les envoie à Madras sur son petit schooner qu'il dépouille de toutes ses armes et mène son importante capture à l'île de France. — Il remet à la mer le plus tôt qu'il peut, pour profiter de la chance qui paraît lui sourire, et cette fois c'est avec un corsaire un peu plus grand qu'il va en croisière. Après quelques jours de navigation, il rencontre trois vaisseaux de la Compagnie qui lui donnent la chasse. Ces vaisseaux sont gros, bien armés, et un d'eux porte 200 hommes de troupes passagères. Surcouf manœuvre habilement, il les divise, s'empare du plus voisin en moins de temps qu'il ne faut à celui qui vient après pour le rejoindre, aborde ensuite le second qu'il capture, et force le troisième à prendre la fuite. Ce fait d'armes prouve l'habileté et le courage du corsaire. Voici qui prouve son humanité : Comme il montait à l'abordage du premier des bâtiments anglais, un des Lascars de son équipage poursuivait, le poignard à la main, un jeune midshipman d'un extérieur remarquable. L'Anglais, effrayé, éperdu, alla chercher un refuge dans les bras de Surcouf. Celui-ci lui fit un rempart de son corps au risque d'être frappé par le Lascar furieux. Léger comme le tigre, dont il avait la férocité, le matelot tourna plusieurs fois autour de son capitaine et perça la poitrine du midshipman que Surcouf défendait en vain. Baigné de ce sang qu'il avait voulu empêcher de couler, Surcouf laissa tomber sur le pont la victime de l'Indien, courut sur celui-ci et lui brûla la cervelle. — En 1799 la frégate *la Preneuse*, commandée par l'intrépide Lhermite, venait de se perdre à l'île de France. L'équipage attendait une occasion de retour ou d'embarquement. Le bruit se répand que *la Confiance* va faire la course. C'était une corvette portant 26 canons de six, commandée par Surcouf. L'équipage fut bientôt formé des hommes de *la Preneuse* et d'un bon nombre de *frères-la-côte*, matelots de toutes les provenances, gens à toute épreuve et loups de mer s'il en fut. Enfin Surcouf embarqua quelques mulâtres libres de l'île Bourbon, chasseurs renommés, qui placent une balle dans la tête d'un lièvre à deux cents pas. — Deux mois s'étaient passés ; six bâtiments avaient été pris et dirigés sur la colonie ; la course touchait à son terme, lorsqu'un matin la vigie cria : Navire ! Laisse arriver, crie Surcouf, le cap dessus ! tout le monde sur le pont ! — Cet ordre est le signal d'un tumulte effrayant. Surcouf et ses officiers, Vieillard, Fournier, Puch, sont sur les barres de perroquet, cherchant à percer le voile des vapeurs du matin. Tout le monde est d'accord sur ce point : c'est un vaisseau de guerre ou un vaisseau de la compagnie des Indes. — A dix heures la batterie du navire est distincte, deux ceintures de fer y déploient 56 canons. On n'en est qu'à deux lieues. Une apparence de sécurité contrastait à bord avec cet extérieur guerrier. On apercevait un certain nombre de dames à bord. Hissez le pavillon, dit Surcouf, et assurez-le d'un coup de canon. Le coup part, le navire étranger ne répond pas. Un second coup, dit Surcouf, et pointez par son travers. Cet ordre est suivi à la lettre ; pas de réponse encore. Feu partout ! s'écrie le corsaire, dont la colère croissait comme le carré du mépris que lui témoignait son adversaire. La volée partit tout entière, et lorsque le vent eut dissipé la fumée, on aperçut enfin la couleur anglaise, que vinrent bientôt assurer deux bordées à boulet.

Amis, dit Surcouf, vous voyez ce beau navire. Il est sans doute chargé d'une riche cargaison ; mais il est beaucoup plus fort que nous. Tout nous prouve qu'il porte au moins du 22 en batterie et du 9 sur son pont. Nous ne sommes pas 100, et nos 25 canons de six ne sauraient lutter contre ses 56 pièces. Il ne faut donc pas songer à la canonnade, il nous coulerait ; mais il nous reste l'abordage. Je vous accorde le pillage pendant deux heures, pour ce qui n'est pas de la cargaison. En un clin d'œil les ordres sont exécutés. Un poignard, une paire de pistolets à deux coups garnissent chaque ceinture, la hache est dans toutes les mains. Les chasseurs de Bourbon se placent dans la chaloupe, pour y ajuster, comme derrière une redoute, les uniformes anglais. On était à demi-portée de fusil. *Le Kent* se balançait majestueusement sur toutes ses voiles. Les flancs des deux navires se froissent, et une bordée du *Kent* fait bondir sur les flots son faible adversaire. *La Confiance* n'y répond pas ; mais du porte-voix de Surcouf vient de sortir un cri : Saute à l'abordage tout le monde ! — Surcouf s'est élancé, tous le suivent. Une affreuse mêlée s'engage au pied du mât de misaine. En cinq minutes, les corsaires furent maîtres du gaillard d'avant, mais ce n'était là que le tiers du champ de bataille ; et la foule des Anglais, condensée dans un moindre espace, en devenait plus impénétrable. Leur vieux capitaine, homme de cœur et de résolution, rassemblait ses formidables ressources pour écraser d'un seul coup les vainqueurs imprévus. Mais à son bord était maintenant Surcouf que la mort seule pouvait en faire sortir. Par l'ordre de l'intrépide corsaire, deux pièces de l'avant du *Kent* sont braquées sur l'arrière ; on les charge jusqu'à la gueule. Les Anglais, rangés derrière le fronton de la dunette, abattent par une fusillade soutenue les plus intrépides matelots de *la Confiance*. Les rangs s'éclaircissent, les blessés, les mourants jettent le désordre dans l'attaque. Tout à coup une décharge à mitraille, partie de l'avant, creuse la masse anglaise, et l'on s'élance jusqu'au grand mât. A l'instant même, une grenade éclate à l'arrière, et met une vingtaine d'Anglais hors de combat. Leur capitaine fut atteint le premier. Un dernier coup de canon part de l'avant, par l'ordre de Surcouf, un ouragan de mitraille sillonne ce champ de bataille de quelques toises, la dunette vole en éclats. Il se forme des barricades de cadavres, escaladées bientôt, et bientôt grossies de ceux qui escaladent. C'est une lutte de tigres avec les armes de l'homme. Devant Surcouf s'ouvre un large cercle dont le rayon grandit à chaque chute de son bras nu. Les Anglais se précipitent dans les panneaux, dans les porte-haubans, sur les mâts, dans les canots. « Il est à nous, dit le corsaire en brandissant sa hache sanglante, ne tuez plus que ceux qui résistent. » — On dégage les grapins qui enlacèrent *la Confiance* à ce colosse de 1500 tonneaux. Une vingtaine de grenades sont lancées dans la batterie pour y faire taire les Anglais ; le navire est décidément pris. — Surcouf fit respecter les dames, toutes réfugiées dans la chambre du capitaine.

Il y avait 250 prisonniers. *La Confiance* fut expédiée en chasse d'un Danois qui avait assisté au spectacle, et on les mit à bord. — Quelques jours après on entendit crier : *terre !* et c'était l'île de France. — La fortune de Surcouf commençait à grandir. Cependant la plus grande partie lui était contestée par la loi. Il avait armé en course sans autorisation à sa première croisière; aussi quand il avait attéri avec le *Triton*, on avait confisqué sa prise. Cependant les autorités de l'île de France consultèrent le Directoire qui, voulant récompenser la bravoure du jeune corsaire, proposa au Corps législatif de lui décerner, à titre de don national, la valeur de ses prises qu'on avait vendues au profit de la colonie; il reçut 700,000 francs. Il revint alors en France, et M. B... le trouvant assez riche, il épousa celle pour l'amour de laquelle il avait pris une carrière aussi aventureuse. Il pouvait vivre heureux à Saint-Malo; mais un marin ne renonce pas si aisément à la mer. Surcouf, armateur et capitaine, fit de nouvelles campagnes, heureuses comme les précédentes. Le nom de l'intrépide corsaire était devenu la terreur du commerce anglais dans les parages de l'Inde, et le gouvernement anglais avait cru devoir renforcer de plusieurs frégates sa station dans ces mers; mais en 1813, Surcouf fut chargé de conduire en France *le Charles*, vieille frégate, qu'il avait achetée au gouvernement et armée en flûte. Elle portait un très-riche chargement. Il échappa par son sang-froid et l'habileté de ses manœuvres aux croisières anglaises et manqua de se perdre en entrant à Saint-Malo; mais son frère, excellent marin et son second, sauva le navire. — Surcouf consacra la dernière partie de sa vie à des spéculations commerciales, qui furent pour lui une nouvelle source de richesses. On croit qu'il laissa en mourant plus de 3 millions de fortune. Surcouf est le seul capitaine européen qui ait osé naviguer avec des équipages entièrement composés de Lascars, hommes aussi dangereux pour ceux qui les emploient que pour ceux contre qui on les emploie. — Son sang-froid, son énergie imposèrent aux Malais et les dévouèrent à sa personne. — Surcouf est mort en 1827 dans une maison de campagne qu'il possédait près de Saint-Servan, et fut inhumé à Saint-Malo.

SUWAROW (Russie). Masson, dans ses mémoires secrets sur la cour de Russie, a dit de Suwarow : « C'était un monstre renfermant, dans un corps de singe, l'âme d'un chien de boucher. » Un pareil jugement est sévère, mais Masson n'était ni militaire, ni homme d'État, et la sentence fulminée par l'annaliste des cours de Catherine II et de Paul Ier, n'empêchera pas le nom de Suwarow de rester au nombre de ceux des guerriers les plus illustres du dix-huitième siècle. Suwarow n'était ni stratégiste ni tacticien, mais il avait les qualités les plus essentielles aux grands capitaines ; il comprenait bien le caractère des hommes qu'il avait à commander et avait trouvé le secret de leur faire faire de grandes choses. Stupai i be, *en avant et frappe!* Avec ses mots Suwarow battait cent mille Turcs, enlevait Ismaïlow ou Praga. — Suwarow ou Souwarow Rimniski ou Rimnitskoï est né en 1730, à Suskoï, petite ville de l'Ukraine. Fils d'un officier supérieur distingué, il fut élevé à Saint-Pétersbourg, à l'école des Cadets. Entré au service à l'âge de 13 ans, il était colonel à 22, après avoir passé par tous les grades inférieurs. Les campagnes de 1769 à 1772, qui précédèrent le premier démembrement de la Pologne, lui valurent le grade de général major et la décoration de l'ordre d'Alexandre Newski. Rappelé en Prusse, après la guerre de Pologne, dans laquelle les confédérés polonais luttaient avec une miraculeuse intrépidité, mais avec de trop grands désavantages contre les envahisseurs russes, Suwarow contribua à la défaite de l'audacieux Pugutscheff, qui avait soulevé des peuplades de Cosaques et de Tartares, dévasté et soumis une vaste étendue de pays, et qui, secondé par les moines et les mécontents de l'intérieur, se flattait déjà de placer sur sa tête la couronne sanglante de Pierre III, dont il avait pris le nom. Lieutenant-général après la victoire remportée sur les Turcs, sous les murs de Silistrie, il soumit, en 1783, les Tartares de Kuban et Badzinck, et leur fit prêter serment de fidélité à sa souveraine. Ce succès fut récompensé par la dignité de général en chef, la grand'croix de l'ordre de Saint-Wladimir et un don beaucoup plus précieux pour un guerrier courtisan, celui du portrait de Catherine, que l'impératrice lui envoya enrichi de diamants, et qu'il porta toujours depuis quand il quittait la pelisse de peau de mouton qui formait son vêtement à l'armée. Ce mot de guerrier courtisan, appliqué à une sorte de sauvage comme Suwarow, paraît une anomalie ridicule, et cependant le vainqueur d'Ismaïlow était courtisan, il l'était à sa manière. Il avait compris qu'un dévouement sans bornes, d'importants services ne suffiraient pas pour le faire distinguer de Catherine; il voulut se singulariser par des bizarreries propres à frapper l'imagination d'une souveraine blasée sur tout. Suwarow avait deviné Catherine, comme il avait deviné le soldat russe, l'impératrice le préférait à tout parce qu'il ne ressemblait à personne. — Exécuteur d'ordres implacables, Suwarow a emporté dans la tombe une réputation de cruauté qui entache sa brillante carrière, mais dévoué jusqu'au crime, il obéissait; les véritables bourreaux des Turcs, égorgés à Ismaïlow et des Polonais massacrés à Praga, c'étaient Potemkin et Catherine. — Après les victoires remportées par les Russes et les Autrichiens réunis, pendant les années 1788 et 1789, après la défaite de 10,000 Russes sur les bords de la rivière Rimniski, une place importante résistait, c'était Ismaïlow. Pendant sept mois le général Gudowitsch l'avait vainement assiégée. Le favori Potemkin, accoutumé à faire tout fléchir sous ses volontés, dans les camps comme à la cour, et indigné d'un échec qu'il crut porté à sa gloire comme généralissime, ordonna à Suwarow de laver cet ffront dans le sang des Musulmans et d'emporter Ismaïlow, à tout prix. — Suwarow marcha avec la plus grande célérité par un hiver rigoureux, franchit tous les obstacles, et trois jours après son arrivée devant la place, il rassemble ses soldats et leur annonce l'assaut : « Amis, « leur dit-il, ne regardez pas les yeux de « l'ennemi, regardez sa poitrine, c'est là « qu'il faut enfoncer vos baïonnettes; pas « de quartier, les provisions sont chè- « res. » Deux fois les Russes sont repoussés avec un horrible carnage ; Suwarow ordonne une troisième attaque. Cette fois ses grenadiers emportent d'abord les ouvrages extérieurs et pénètrent enfin, après des efforts inouïs, dans l'intérieur de la ville. Ils se précipitent aussitôt dans les mosquées où les habitants s'étaient réfugiés, dans les maisons et les jardins; tout ce qui se trouve sur leur passage est inhumainement égorgé, et leur chef farouche, les animant au carnage, leur criait d'une voix de tonnerre : Koli! koli! Tue! tue! Le meurtre et le pillage marchèrent de front; près de 12,000 Russes et plus de 30,000 Turcs périrent dans cette journée sanglante, et Suwarow, sur les ruines embrasées de la cité conquise, écrivait à Catherine dans le style singulier et laconique qu'il savait lui plaire : « Mère, la glorieuse Ismaïlow est à tes pieds. »

C'est en vers quelquefois que Suwarow adressait ses rapports à l'impératrice. Ainsi, dans une de ses premières campagnes, après avoir pris la ville de Toutoukaï, en Bulgarie, il en avait instruit Catherine par un distique russe, qu'on peut traduire ainsi.

Gloire à Dieu! gloire à vous aussi!
La ville est prise, et m'y voici.

Ses ordres du jour et ses proclamations à l'armée étaient souvent aussi rédigés en vers. — En 1792, Catherine voulut en finir avec la Pologne qui s'était soulevée sous les ordres de son dernier héros Kosciusko. Suwarow avait donné à Ismaïlow une preuve d'obéissance qui devait le faire préférer à tous les généraux russes pour cette terrible mission. Ce fut lui, en effet, qui fut chargé d'entrer dans ce malheureux pays, avec un nombreux corps d'armée, pour seconder les opérations du général de Fersen, qui venait déjà d'accabler, par ses forces supérieures, la petite armée polonaise. Kosciusko, criblé de blessures, avait été fait prisonnier, et sa faible troupe était vaincue et dispersée. Suwarow n'était par chargé de vaincre, mais d'anéantir. — Attaquant, avec sa fougue ordinaire, tous les corps polonais qui tenaient la campagne, il marcha droit sur Varsovie. Le faubourg fortifié de Praga, où une foule de courageux citoyens s'étaient jetés, offrit seul quelque résistance. L'assaut fut donné, l'armée russe marcha sur sept colonnes, s'empara, à une première attaque, des fortifications qu'une artillerie insuffisante défendait, et les chrétiens de Praga furent traités comme les infidèles d'Ismaïlow. On n'épargna ni l'âge, ni le sexe, tels étaient les ordres impitoyables de Catherine : neuf mille victimes humaines furent immolées, sur ce seul point, à la soif insatiable de sang de la grande impératrice. — Varsovie ouvrait ses portes à Suwarow peu de jours après, et quand une députation vint lui présenter les clefs de la ville, il les porta à sa bouche et dit en les élevant vers le ciel : « Dieu tout-« puissant, je vous rends grâce de ne « m'avoir pas fait payer cette place aussi « cher que... » et se tournant du côté de Praga, la voix lui manqua et il versa des larmes. Mais il avait obéi. Catherine était satisfaite ; elle lui écrivit : « Vous savez que je n'avance jamais personne avant son tour; je suis incapable de faire tort à un plus ancien; mais c'est vous qui venez de vous faire feld-maréchal vous-même, par la conquête de la Pologne. » Cette lettre accompagnait l'envoi d'une couronne de laurier en or massif parsemée de diamants, et un bâton de commandement aussi en or enrichi de pierreries; la couronne seule valait cinq cent mille roubles. A ces riches présents, l'impératrice joignit le don de plusieurs propriétés considérables et de vingt mille paysans. — Malheureusement pour Suwarow, sa bienfaitrice, pour laquelle il professait un véritable culte, mourut d'une attaque d'apoplexie foudroyante ; il la regretta amèrement toute sa vie. Le successeur de Catherine, l'empereur Paul Ier, commença son règne par faire des innovations dans le système militaire, qui déplurent à toute l'armée, et particulièrement à Suwarow. Il ne put cacher son mécontentement, en voyant l'empereur changer jusqu'à l'ancien uniforme russe pour lui substituer l'uniforme prussien. Paul prétendait tout régler : il avait prescrit la poudre et la queue, réglé la dimension des boucles et la longueur précise de la queue, et envoyait, à cet effet, aux chefs des différents corps d'armée, de petits bâtons devant servir de modèles et de mesures. — Suwarow dit en recevant celui de ces paquets qui lui était adressé : « La pou-« dre à poudrer n'est pas de la poudre à

« canon, les bouclés ne sont pas des fu-
« sils et les longues queues ne valent pas
« des baïonnettes. » Suwarow était jalou-
sé, les soldats l'adoraient, mais les chefs,
dont il proscrivait le luxe et sur lesquels
il faisait peser une discipline rigoureuse,
le détestaient; le propos qu'il avait tenu,
et qui donna lieu à beaucoup d'autres
que tinrent à l'envi les soldats russes,
fut rapporté à l'Empereur. Paul, vivement irrité, fit demander à Suwarow sa
démission. — Le feld-maréchal voulut
que ce fût de lui-même que son armée
apprît qu'il allait cesser de la commander, et il fut extraordinaire dans cette
occasion comme dans presque toutes les
autres. Il fit ranger ses soldats en bataille
devant une pyramide de tambours et de
timbales entassés ; il était lui-même à
côté de ce monument militaire, en grand
uniforme, décoré de tous ses ordres et le
portrait de Catherine à la boutonnière.
« Camarades, dit-il aux soldats, je vous
quitte peut-être pour longtemps, peut-
être pour toujours, après avoir passé
cinquante ans parmi vous sans jamais
vous perdre de vue, que quelques instants. Votre père qui mangeait et buvait
avec vous, couchait au milieu de vous, va
manger, boire et coucher dans la solitude
de ses enfants, et pensant à eux pour
toute consolation. Telle est la volonté de
notre père commun, de notre empereur
et maître. Je ne perds pas l'espoir qu'elle
s'adoucira un jour en faveur de ma vieillesse : alors, quand Suwarow reparaîtra
au milieu de vous, il reprendra ces dépouilles qu'il vous laisse comme un gage
de son amitié et un appel à vos souvenirs ; vous n'oublierez pas qu'il les portait
toujours dans les batailles qu'il rempor-
tait à votre tête. » — Et se dépouillant
de tous ses ordres, il les déposa sur
l'espèce de trophée qu'il avait à côté de
lui, ne gardant sur sa poitrine que le
portrait de l'impératrice. Victime d'une
injustice, Suwarow n'était pas accoutumé à baiser la main qui l'avait frappé
aussitôt qu'elle redevenait équitable et
bienfaisante. Il était disgracié et exilé
dans ses terres, lorsque Paul Ier, entrant
dans la coalition formée contre la France,
voulut lui donner le commandement de
l'armée qu'il envoyait en Italie au commencement de l'année 1799. L'Empereur adressa à Suwarow une lettre dont
on a toujours ignoré le contenu, mais
qui portait pour inscription, en gros caractères, ces mots de bon augure : *Au
feld-maréchal Suwarow.* « Cette lettre
n'est pas pour moi, dit le vieux guerrier,
en lisant l'adresse : si Suwarow était
feld-maréchal, il ne serait pas isolé et
gardé dans un village : on le verrait à
la tête de l'armée. » Il fallut que le
courrier reportât la lettre cachetée à
l'Empereur. — Mais faire la guerre aux
Français, dont la gloire l'importunait,
c'était combler les vœux de Suwarow, il
avait voué une haine implacable à une
nation dont les brillants exploits éclip-
saient tous les siens. Le premier moment
d'humeur passé, et croyant avoir fait
suffisamment comprendre à l'Empereur
l'injustice de sa conduite, il accepta le
commandement qui lui était offert, et le 18
avril 1799, il prit le commandement en
chef des armées combinées austro-russes.
Il avait introduit dans son armée un maniement d'armes particulier ; lorsque
l'officier commandait *marche aux Turcs*,
les soldats portaient la baïonnette en
avant ; à l'ordre *marche aux Prussiens*,
le mouvement était accéléré et la baïonnette croisée deux fois ; mais aux mots
marche aux Français, le soldat devait
s'élancer avec impétuosité, réitérer par
trois fois l'action de la baïonnette, l'enfoncer dans la terre, qui figurait alors
les Français abattus, et la retourner avec
force. — Selon quelques-uns des biographes, Suwarow avait défendu d'ensei-

gner aux troupes les manœuvres relatives aux retraites, soutenant qu'elles n'en auraient jamais besoin ; assertion bizarre, les manœuvres en arrière étant parfois aussi urgentes que celles en avant, en bataille, ou par le flanc ; et si une pareille injonction a jamais été donnée, ce qui est peu probable, les généraux français, et Masséna à leur tête, ont dû convaincre Suwarow de son absurdité. Dès le jour de son arrivée à l'armée, il publia un ordre du jour par lequel il recommandait à ses soldats d'employer de préférence, contre l'ennemi, la baïonnette et l'arme blanche. Profitant ensuite des avantages que les généraux Kray et Mélas avaient déjà obtenus sur les Français commandés par Schérer, il les poussa avec vigueur et ne tarda pas à s'emparer de tout le Piémont. Il voulait, dès lors, que le roi de Sardaigne revînt dans sa capitale. L'opposition des généraux autrichiens fit naître entre eux et lui un commencement de mésintelligence. — Moreau, qui succéda à Schérer, était plus prudent et plus habile que son prédécesseur ; il défendit le terrain pied à pied, avec des forces trop inférieures cependant pour n'être pas contraint de reculer ; mais il le fit en bon ordre, et ce ne fut qu'après un échec funeste, le 27 avril, au passage de l'Adda, et une autre affaire malheureuse, le 16 mai, qu'il dut évacuer les places d'Alexandrie et de Turin, et se retirer sur la Suisse. Si Moreau avait été en mesure d'opposer une résistance complète aux armées coalisées, on aurait pu reprocher à Suwarow de s'être laissé trop emporter, en cette occasion, par son impétuosité fougueuse, en poursuivant l'ennemi, sans avoir laissé des forces suffisantes pour arrêter l'armée que Macdonald ramenait de Naples à grandes marches, et qui menaçait de prendre les vainqueurs à dos. Suwarow comprit cette faute et se hâta de la réparer. Retournant sur ses pas, il marcha avec célérité contre son nouvel ennemi, culbuta tous les corps qui se trouvaient sur son passage, battit l'avant-garde, et livra, les 18 et 19 juin, les sanglantes *batailles dites de la Trébia*, où les Français, après des prodiges de valeur, furent enfin repoussés avec une perte considérable. — Le vainqueur ainsi délivré de la crainte de se voir tourné, ne put cependant couper à Macdonald sa retraite sur la France. Moreau, d'un autre côté, qui avait espéré longtemps être renforcé par Macdonald, mais qui ne put l'être, parvint à réunir assez de moyens pour opposer une résistance insurmontable aux progrès de Suwarow. La rivière de Gênes devint une barrière que le général russe ne put franchir. — Le Directoire, ayant sur ces entrefaites nommé Joubert général en chef de l'armée d'Italie, il vint en prendre le commandement au mois de septembre, pour livrer la sanglante bataille de Novi dans laquelle il fut tué. Ce fut la dernière victoire de Suwarow ; elle fut vivement disputée, et Moreau qui reparut à la tête de l'armée, opéra une glorieuse retraite devant des forces supérieures. A cette époque, la mésintelligence entre le général russe et les généraux autrichiens s'était augmentée. Suwarow éprouvait une grande antipathie pour les généraux allemands avec lesquels il était forcé d'opérer ; il se plaisait à heurter de front leurs préjugés, se moquait de leurs habitudes formalistes, et y opposait une simplicité brusque et les mœurs presque sauvages d'un vieux Russe. Aussi les Allemands le traitaient-ils de Cosaque mal civilisé et lui reprochaient-ils, en outre, d'avoir peu de combinaisons profondes, d'être mauvais tacticien, d'employer des manœuvres plus rapides qu'habiles, de prodiguer sans pitié le sang des soldats et de vouloir tout emporter par la force. Ces reproches était fondés jusqu'à un certain point; à Suwarow il fallait la Russie et ses immenses ressources, transportées loin de son pays; une armée qui n'aurait pu se recruter avec facilité, se serait fondue entre ses mains plus lentement, peut-être, mais aussi sûrement par des victoires que par des défaites. Suwarow gagnait des batailles à coups d'hommes sans paraître songer que la plus belle victoire a un lendemain. — Suwarow ne tarda pas à se plaindre d'être mal secondé par les Autrichiens; de son côté le cabinet russe s'indigna de l'ordre donné à l'archiduc Charles de marcher vers la Suisse. Paul I*r*, à son tour, prescrivit à Suwarow d'abandonner l'Italie et les Autrichiens, de se porter, avec le peu de troupes qui lui restaient à la rencontre du général Korsokow et de prendre le commandement de toutes les forces russes qui entraient dans l'Helvétie; mais Korsokow n'avait pas attendu le feld-maréchal, laissé à découvert par les Autrichiens; l'armée que Suwarow devait rejoindre avait été outrageusement battue par Masséna à Zurich. Suwarow éprouva lui-même dans sa marche par la Suisse italienne des obstacles de toute nature, que la plus persévérante intrépidité pouvait seule tenter de vaincre; la saison était rigoureuse, les chemins dans les montagnes avaient été rendus presque impraticables, les provisions manquaient et les troupes victorieuses des Français l'entouraient et le harcelaient de toutes parts. La position des Russes était telle que déjà Masséna pouvait espérer attacher le fameux Suwarow vaincu à son char de triomphe. — C'est alors que le feld-maréchal se décida à abandonner les Autrichiens à eux-mêmes et à ramener à son souverain les faibles restes de l'armée confiée à son commandement. Mais la retraite sur Lindau présentait de sérieuses difficultés; les Russes, démoralisés, abattus, restaient sourds cette fois à la voix de leur général. Un jour, les grenadiers, qui formaient l'avant-garde, accablés de fatigue, refusèrent de se porter plus loin en avant; ils se trouvaient en face des hauteurs escarpées que défendait un corps considérable de Français; on ne pouvait les aborder que par un défilé où les Russes craignaient de périr jusqu'au dernier. Suwarow s'avance vivement à la tête de l'avant-garde, commande de marcher et donne l'exemple: les grenadiers restent immobiles. « Ah! « vous refusez de me suivre, s'écrie-t-il, « vous voulez déshonorer mes cheveux « blancs, je n'y survivrai pas. » C'était là un de ses moyens ordinaires quand dans une bataille il voyait une colonne plier, il s'élançait au milieu des fuyards en leur criant : « Je veux mourir; je ne « saurais survivre à la perte d'une ba- « taille! » Et les soldats qui l'adoraient revenaient au combat avec une nouvelle ardeur. Cette fois, Suwarow parle vainement aux Russes révoltés. Aussitôt il ordonne froidement de creuser une fosse de quelques pieds de long, s'y étend devant ses soldats étonnés et leur dit : « Puisque vous refusez de me suivre, je ne suis plus votre général, je reste ici. Cette fosse sera mon tombeau. Soldats, couvrez de terre celui qui vous guida tant de fois à la victoire. » Emus jusqu'aux larmes, mais électrisés par ce peu de mots, les soldats jurent de ne jamais l'abandonner et se précipitent à sa suite dans le terrible défilé où un grand nombre d'entre eux trouvent la mort, mais où le reste força enfin le passage et l'ouvrit aux débris de l'armée. Après des peines et des fatigues inouïes, Suwarow parvint en Allemagne avec les restes d'une armée naguère brillante et victorieuse. — En apprenant la retraite du feld-maréchal, Paul I*er* approuva sa conduite, il annonça hautement l'intention de célébrer ses victoires en Italie en faisant entrer Suwarow à Pétersbourg sous un arc de triomphe; mais tout à coup les dispositions de l'Empereur changèrent, et au lieu d'une entrée triomphale, ce fut une disgrâce qu'il réserva au vieux guerrier qui l'avait servi avec tant de dévouement. — Suwarow, après avoir séjourné, pendant le mois de janvier de l'année 1800, à Prague où il eut plusieurs conférences avec le général autrichien Bellegarde et l'ambassadeur britannique Spencer Smith, et où il célébra le mariage de son fils avec une princesse de Courlande, continua sa route vers Saint-Pétersbourg, d'après les ordres précis de Paul Ier, déterminé à rompre avec la coalition qu'il accusait de l'avoir trahi et qui s'indignait de voir un feld-maréchal russe en rapport avec un diplomate anglais, quand lui, empereur, renvoyait au cabinet britannique, percée de son épée, la dépêche par laquelle on lui refusait la souveraineté promise de l'île de Malte. — Au lieu des honneurs qu'il attendait et qui lui étaient dus, Suwarow trouva un ordre d'exil; ce fut secrètement et la nuit qu'il entra dans la capitale de l'Empereur, et il ne fit que traverser Pétersbourg pour aller chercher un asile auprès d'une de ses nièces. Toutes ses tentatives pour parvenir jusqu'à l'Empereur furent vaines; forcé de s'éloigner, le vieux guerrier, accablé de chagrin, se retira dans sa terre de Pollendorff en Esthonie, où il ne languit que peu de temps; tombé dangereusement malade, il fut bientôt aux portes du tombeau. — L'empereur, se repentant alors de sa conduite injuste et cruelle envers un homme qui avait couvert de gloire les armées russes, l'envoya visiter par ses deux fils, Alexandre, depuis empereur, et Constantin, qui avait partagé avec le feld-maréchal une partie des dangers de la dernière campagne. Ces deux princes ayant rapporté que Suwarow était à toute extrémité, celui-ci vit bientôt paraître auprès de son lit un officier chargé de lui apporter la parole de son souverain, que la grâce qu'il voudrait demander lui serait accordée. — Le feld-maréchal, expirant, se mit alors à faire l'énumération de tous les bienfaits et de toutes les marques d'honneur qu'il avait reçues de l'impératrice Catherine, puis il ajouta : « Je n'étais qu'un soldat plein de zèle, elle a senti la volonté que j'avais de la servir. Je lui dois plus que la vie, elle m'a donné les moyens de m'illustrer. Allez dire à son fils que j'accepte sa parole impériale. Voyez ce portrait de Catherine, jamais il ne m'a quitté; la grâce que je demande, c'est qu'il soit enseveli avec moi dans ma tombe et qu'il reste à jamais attaché sur mon cœur. » — Ces mots, dont Paul Ier ne comprit peut-être pas toute la dureté, furent les derniers que prononça le maréchal qui expira le 18 mai 1800, à l'âge de 70 ans. — La vie de Suwarow était austère et dure. Il se levait habituellement avec le jour et commençait, en plein air et en présence de ses soldats, à se faire arroser le corps nu de quelques seaux d'eau froide. Extrêmement sobre à table, il n'était pas, non plus, difficile pour son coucher. — A Vérone, il refusa l'appartement qu'on lui avait préparé et en choisit un autre beaucoup plus simple, dont il fit enlever les glaces comme un objet de luxe qui blessait ses yeux. Il ne voulut pas se servir du lit, fit jeter à terre quelques bottes de foin sur lesquelles il étendit son manteau et se coucha. Il ne portait son uniforme que dans les occasions où il s'agissait de faire respecter en lui le général des armées de son souverain; dans toutes les autres, on le trouvait vêtu de toile, ou, dans les plus grands froids, d'une *touloupe* (pelisse commune) en peau de mouton. Mais, par un contraste frappant, quand, dans les jours d'apparat, il quittait sa peau de mouton, pour le grand uniforme de feld-maréchal, il se chargeait d'ornements, de tous ses cordons, de ses plaques en diamants et décorations de toute espèce, attachait à son chapeau une aigrette en brillants qui lui avait été donnée par Catherine, et à son cou le portrait de cette princesse. — Suwarow possédait un assez grand fond d'instruction et parlait avec facilité plusieurs langues, mais il se refusait aux longues écritures diplomatiques et politiques. « La plume sied mal, disait-il, dans la « main d'un soldat. » On s'occupait à la cour de l'originalité de caractère de Suwarow, de sa manière de vivre, de la singularité de son langage et de la rudesse de ses mœurs. Sa mise aussi prêtait aux sarcasmes des courtisans qui ne l'aimaient pas. Tout cela, comme nous l'avons dit, était un calcul habile; Suwarow, avide de fortune et de renommée, doué d'un esprit délié et d'un tact admirable, crut devoir se frayer une voie nouvelle pour arriver à la faveur de sa souveraine. Catherine aimait Suwarow, qui, en sa présence, outrait jusqu'à ses défauts : c'était pour elle un caractère d'une espèce à part et qui méritait d'être distinguée. Les soldats adoraient un chef qui partageait toutes leurs fatigues, qui vivait au milieu d'eux sans faste, sans recherche et aussi simplement qu'eux-mêmes. Connaissant tout l'empire de la religion, de la superstition même sur les soldats russes, il obligeait les officiers à réciter le soir, après la retraite, des prières publiques devant leurs troupes; il n'engageait jamais une action sans faire plusieurs signes de croix et sans baiser une petite image de la vierge ou de saint Nicolas qu'il portait toujours sur lui ; il ne manquait pas de faire mettre à l'ordre du jour, la veille d'une bataille, que tous ceux qui seraient tués, le lendemain, iraient en paradis. Aussi actif qu'audacieux, il possédait au suprême degré l'art d'exalter l'enthousiasme du soldat et de l'attacher à sa destinée : aussi les Russes devinrent-ils entre ses mains d'excellents instruments de carnage. — Minutieux et sévère dans le service, il voulait, avec raison, que la diciplne fût rigoureuse et que l'obéissance envers le chef fût exacte et absolue. Lui-même se proposait pour exemple. Il se faisait donner publiquement un ordre quelconque par un de ses aides-de-camp, en montrait de l'étonnement d'abord, et finissait par demander de qui venait cet ordre. « Du « maréchal Suwarow lui-même, répon- « dait l'aide-de-camp. » Suwarow faisait aussitôt ce qui lui avait été prescrit en disant d'une voix ferme et élevée : « Il « faut qu'on lui obéisse. » — Il y avait certes plus de bizarrerie que d'adresse dans cette manière de rappeler à ses inférieurs ce qu'ils lui devaient de soumission ; mais le caractère de Suwarow était ainsi tourné, et puis il mesurait ses moyens à l'intelligence de ceux sur lesquels il prétendait agir. Ses soldats étaient des demi-barbares auxquels il se serait bien gardé de parler de devoirs moraux, de gloire et d'amour de la patrie. — Suwarow avait une fortune immense, mais on n'eut à lui reprocher aucune déprédation ; tout ce qu'il possédait lui avait été donné par Catherine. A Ismaïlow, les Russes firent un butin considérable ; Suwarow, pour sa part, n'accepta pas même un cheval. Ce à quoi il tenait surtout, c'était à ses diamants ; confiés à la garde d'un Cosaque, ils ne le quittaient jamais. Il y avait au fond du cœur de cet homme singulier et sous cette écorce âpre et dure, une sensibilité particulière ; il aimait l'impératrice, il l'aimait comme on aime Dieu : tout ce qui lui rappelait le souvenir de Catherine, de celle qu'avec l'armée russe il avait nommée *mère*, avait pour lui un prix inestimable; ses diamants lui venaient de l'impératrice et ils étaient de glorieuses conquêtes. Cet amour pour Catherine était un amour de dévouement filial. Suwarow était trop laid pour avoir jamais espéré faire partager à sa souveraine, au cœur facile, un sentiment plus tendre; Catherine, comme disait Napoléon, était une maîtresse femme, tout à fait digne d'avoir de la barbe au menton; elle faisait tout trembler autour d'elle, et supportait sans impatience les brusqueries du feld-maréchal qui lui disait durement la vérité, et dont la rude franchise contrastait singulièrement avec les plates adulations dont l'environnaient les amants à gage choisis par Potemkin. — L'Empereur Alexandre, aussitôt son avènement au trône, rendit à Suwarow la justice que Paul Ier, son père, lui avait refusée. Il lui fit élever une statue, et tous les anciens compagnons d'armes du feld-maréchal furent appelés à l'inauguration de ce monument. Le grand duc Constantin, qui participait un peu de la nature de Suwarow, prononça publiquement, en présence des troupes assemblées, l'éloge du vieux guerrier; tous les corps de l'armée, en défilant devant la statue, lui rendirent les honneurs militaires que le feld-maréchal recevait de son vivant. — Marié assez jeune, Suwarow avait aimé sa femme à l'idolâtrie : elle exerçait sur lui un empire absolu. Sa faiblesse pour son fils était également extrême; il l'avait destiné de bonne heure à la carrière des armes, mais il ne voulut jamais, dans ses campagnes, l'avoir auprès de lui. Ce fils, jeune militaire d'une grande espérance, brave, généreux, humain, était parvenu au grade de général major d'infanterie. Il avait épousé, ainsi que nous l'avons dit plus haut, une jeune et belle princesse de la Courlande, alliance illustre qui semblait lui promettre le plus brillant avenir. Mais, en 1811, se rendant de Bucharest à Jassy, et traversant la rivière de Rimniski, alors débordée, il y périt misérablement. Une singulière fatalité voulut que le jeune Suwarow se noyât dans cette même rivière sur le bord de laquelle son père avait remporté une de ses plus fameuses victoires, et à laquelle il avait dû son surnom de Rimniskoï ou Rimniski. — Comme général, Suwarow n'a pas fait faire un pas à l'art militaire en Russie; contemporain du grand Frédéric, il n'avait rien appris; la guerre qu'il fit était la guerre primitive, la guerre sans manœuvres; en présence d'un adversaire habile, et à moins d'une supériorité numérique incontestable comme en Italie, Suwarow eût infailliblement succombé. Depuis Suwarow, la Russie n'a pas fait de grands progrès dans l'art de la guerre : elle a d'immenses armées, une artillerie formidable, et avec ses ressources puissantes, il lui a fallu deux campagnes pour triompher de la Turquie, et deux années pour écraser 40,000 Polonais. C'est toujours le même système, la guerre à coups d'hommes. La Russie n'a pas gagné un pouce de terrain. La Russie est une puissance à soldats et non pas une puissance militaire.

T

TRELLIARD (Anne-François-Charles, comte), né à Parme (Italie) le 9 février 1764, entra au service comme cadet-gentilhomme le 6 novembre 1780. Sous-lieutenant en 1781 au 6e de dragons, lieutenant en second le 28 avril 1788, lieutenant surnuméraire à la formation du 4 mai suivant, lieutenant à la formation du 1er mars 1791, il passa avec le même grade au 3e régiment de chasseurs le 25 janvier 1792. Capitaine le 6 août de la même année, il fit les premières campagnes de la Révolution aux armées de Champagne, de Belgique et du Nord, et reçut le grade de chef d'escadron au 11ᵉ régiment de chasseurs à cheval le 7 avril 1793. Chef de brigade du même régiment le 15 fructidor an II, il servit aux armées de la Moselle et de Sambre-et-Meuse. — Le 1ᵉʳ brumaire an III, au village de la Tour-Blanche, en avant de Coblentz, avec des forces inférieures, il culbuta la cavalerie ennemie, la poursuivit, lui prit 200 chevaux, et mit plus de 200 hommes hors de combat. — Toujours à l'avant-garde du général Moreau, Trelliard assista au blocus de Mayence. — En avant de Kreutsnack, il s'élança à la tête de son régiment, enfonça l'ennemi, entra pêle-mêle avec lui dans la ville, et fit 2,500 prisonniers. A la bataille de Neuwied, il enleva des redoutes et fit 2,000 prisonniers. — Nommé général de brigade le 24 fructidor, il fut envoyé en Hollande et prit le commandement de la cavalerie. Il fit ensuite partie de l'armée gallo-batave. A Forkem, il contint, avec un faible corps de cavalerie, un nombreux corps autrichien. — Membre de la Légion-d'Honneur le 19 frimaire an XII, et commandant de l'Ordre le 25 prairial, il eut un commandement de troupes à cheval à Saint-Omer. En l'an XIV, il commanda une brigade de cavalerie du 5ᵉ corps de la grande armée. Au combat meurtrier de Wertingen, le 16 vendémiaire, il chargea l'ennemi à la tête des 9ᵉ et 10ᵉ de hussards, le mit en déroute, s'empara de trois pièces d'artillerie et fit 800 prisonniers. — Il prit une part glorieuse aux batailles d'Ulm et d'Austerlitz. — Le 10 octobre 1806, au combat de Saalfeld (Prusse), il exécuta contre les Prussiens une charge admirable qui livra aux Français 6,000 prisonniers, trois généraux, plusieurs drapeaux et trente pièces de canon. Il se distingua au combat de Pultusk, et y fut grièvement blessé. — L'Empereur le nomma général de division le 30 décembre 1806, et, par décret du même jour, il l'autorisa à se rendre en France pour s'y rétablir de ses blessures et pour être employé ensuite à l'inspection des dépôts de cavalerie. — En août 1808, il commandait les troupes à cheval réunies à Pau. Créé comte de l'Empire, il fut mis à la disposition du major général, qui l'employa à l'armée d'Espagne. Envoyé dans la Manche, il prit le commandement de cette province et celui de la 4ᵉ division de dragons, et dispersa les corps nombreux de guérillas qui infestaient ces contrées. — Le 16 janvier 1812, il battit complètement, à Almagro, le général Morillo, le chassa de la province et lui fit un grand nombre de prisonniers. Le 1ᵉʳ janvier 1814, il reçut l'ordre de se porter en Champagne avec la division de cavalerie qu'il commandait. — Le 15 février, il arriva à Nangis au moment où une action s'engageait; il chargea impétueusement l'avant-garde russe avec ses dragons, la culbuta, lui prit 16 pièces de canon, fit 5,000 prisonniers, et la poursuivit jusqu'à Provins. A Arcis-sur-Aube, il soutint la retraite du maréchal Oudinot, malgré le feu terrible de l'artillerie ennemie. — Nommé gouverneur de Bellisle-en-Mer au mois de juin 1814, et chevalier de Saint-Louis le 8 juillet, il obtint sa retraite le 18 octobre 1815. Compris dans le cadre de réserve le 7 février 1831, le général Trelliard fut réadmis à la retraite le 1ᵉʳ mai 1832, et mourut le 14 du même mois. — Son nom est inscrit sur l'arc de triomphe de l'Étoile, côté Est.

TRUGUET (Laurent-Jean-François), né le 10 janvier 1752, fils d'un chef d'escadre, entra garde de la marine, obtint peu d'années après plusieurs prix, décernés par Louis XV aux gardes les plus instruits, et avait déjà fait huit campagnes en 1778, lors de la déclaration de guerre à l'Angleterre. Il servait dans cette guerre sous les amiraux d'Estaing, de Guichon, de Grasse et de Vaudreuil; il prit part, dans les années 1778 et 1779, aux expéditions de terre de l'amiral d'Estaing, lui sauva la vie à l'assaut de Savannah et reçut la croix de Saint-Louis en 1780. — En 1784, il coopéra aux travaux imposés à M. Choiseuil-Gouffier, ambassadeur à Constantinople, et était chargé d'instruire les Turcs dans l'art des fortifications, de l'artillerie, de la fonderie, de la construction des vaisseaux, etc. M. Truguet commandait une corvette pendant cette mission qui dura quatre ans et demi, et seconda parfaitement les vues du gouvernement. — De retour en France en 1789, il fut envoyé à Brest en 1790 pour y prendre le commandement d'une frégate destinée à une mission que les événements empêchèrent. Il fit alors un voyage en Angleterre pour y compléter ses connaissances nautiques, fut élevé à son retour au grade de contre-amiral, reçut en avril 1792 le commandement des forces navales de la Méditerranée, s'empara, par ordre du ministère, de Nice, de Villefranche et d'Oneille, tandis que le général Montesquiou s'emparait de la Savoie. Il fut chargé cette même année de coopérer, avec sa flotte, à la conquête de l'île de Sardaigne; se disposait à bombarder Cagliari, lorsqu'une insurrection qui éclata parmi les troupes de débarquement l'obligea à lever le siége et à les rembarquer. — De retour à Toulon en mars 1793, il se rendit à Paris; il obtint un Code pénal pour prévenir désormais l'insurrection, et à la suite de la fameuse journée du 31 mai, fut destitué, puis emprisonné lors de la publication de la loi des suspects. Mis en liberté à la mort de Robespierre, on le nomma ministre de la marine. Pendant ses deux années de ministère, il rétablit la discipline, créa des régiments d'artillerie, rappela tous les anciens officiers, s'occupa des colonies, fit reprendre l'offensive sur les Anglais, présenta au Directoire, qui l'adopta, un projet d'armement de forces navales pour jeter 30,000 hommes en Irlande, sous les ordres de Hoche, et 60,000 sur les côtes d'Angleterre et d'Écosse; envoya dans les Indes une division de frégates pour combattre les Anglais, etc., etc. — Après la révolution du 18 fructidor, le portefeuille de la marine lui fut ôté et on lui donna pour dédommagement l'ambassade d'Espagne, que des ennemis puissants parvinrent à lui faire enlever. Exilé sous différents prétextes, il se retira en Hollande et y resta neuf mois. Une nouvelle révolution dans le Directoire le rappela à Paris. A son retour d'Égypte, Bonaparte lui offrit le ministère de la marine, qu'il refusa; il fut nommé conseiller d'État. — En 1802, il reçut le commandement de l'armée navale combinée, réunie à Cadix, avec le titre éminent d'*amiral en chef*. A son pavillon amiral devaient se rallier les escadres de Linois, de Gantheaume et de Decrès. Si de pareilles mesures avaient été prises plus tôt, il est vraisemblable que l'Égypte, Malte et toute la Méditerranée restaient à la France. La paix d'Amiens ramena l'amiral à Paris. — Après la rupture de ce traité, Bonaparte confia à Truguet l'organisation de l'armée navale de Boulogne. Bientôt vingt et un vaisseaux furent prêts à recevoir l'armée expéditionnaire. — Lorsque le Tribunat conféra à Napoléon le titre d'Empereur, Truguet, dans une lettre devenue historique, exprima au premier Consul les motifs de son refus d'adhésion. Cette lettre lui valut une disgrâce qui dura cinq ans. — En 1809, l'Empereur l'appela au commandement des débris de l'escadre de Rochefort, incendiée par les Anglais dans la rade de l'île d'Aix. L'année suivante, Napoléon lui confia la haute administration maritime de la Hollande. Repoussé par l'invasion étrangère, Truguet fut un des derniers à quitter le poste qui lui avait été confié. L'amiral Truguet revint alors à Paris où Louis XVIII le rétablit en activité de service à la tête du corps de la marine, et le créa grand-croix de la Légion-d'Honneur. Pendant les Cent-Jours, il ne reçut de Napoléon ni mission, ni faveurs.— A la seconde Restauration, il fut chargé du commandement supérieur de Brest, et reçut l'ordre de préserver l'arsenal de cette ville de l'occupation des troupes étrangères qui s'en approchaient. Il y réussit, et, en récompense, Louis XVIII lui conféra la dignité de grand'croix de l'ordre de Saint-Louis, le titre de comte, celui de Pair (le 5 mai 1819). — A la suite de la révolution de Juillet, M. Truguet fut élevé à la première dignité de l'État, celle d'amiral ayant toutes les prérogatives des maréchaux de France.— Il est mort en 1839, âgé de 87 ans.

V

VALÉE (Sylvain-Charles), maréchal de France, né à Brienne-le-Château (Aube) le 17 décembre 1773. Orphelin dès ses premières années, il fut nommé élève du roi à l'École militaire de Brienne, à l'âge de 8 ans. Il avait presque achevé ses études lorsque la suppression de cette École lui fit quitter le lieu de sa naissance. Il entra à l'École de Châlons comme élève sous-lieutenant; il y trouva comme émules, Haxo, Marmont, Duroc, un frère de Napoléon, Paul-Louis Courrier, etc. — L'année 1793 n'était pas expirée que le jeune Valée, nommé lieutenant d'artillerie, se faisait déjà remarquer de ses chefs. Dans les campagnes de 1793 et 1794, il part au siége et à la défense du Quesnoy, de Landrecies, de Charleroi, de Valenciennes, de Condé et de Maëstricht. Au commencement de 1793, il reçut le grade de capitaine et fut envoyé à l'armée du Rhin que commandait Moreau. Déjà à Wurtzbourg, le général en chef avait été témoin de la bravoure et de l'intelligence que montrait, à la tête de sa compagnie, le jeune capitaine d'artillerie. Mais à Engen, Moreau le vit, après un long combat où il avait épuisé tous ses projectiles, bravant encore le feu de l'ennemi, en tirant à poudre pendant que notre infanterie se déployait et prenait position autour de lui. Frappé de tant de présence d'esprit et de courage, Moreau le nomma sur-le-champ commandant en premier de la batterie. Le ministre de la guerre ayant refusé de ratifier cette promotion, Moreau, pour toute réponse, réunit plusieurs batteries sous la direction du jeune Valée et écrivit à Paris: « Je suis responsable de tous les services de mon armée, à condition d'y distribuer moi-même les emplois. » — Valée passa plusieurs années à l'armée du Rhin, il y commandait l'artillerie du général Decaen. Inconnu personnellement du général Bonaparte devenu premier Consul, il ne parvint qu'en 1802 au grade de chef d'escadron. Nommé major en 1804, il fit plus tard la campagne d'Austerlitz, comme inspecteur général du train d'artillerie, et se distingua aux batailles d'Eylau et de Friedland. Bientôt après, l'Empereur l'envoya en Espagne où il débuta sous les ordres du maréchal Lannes qui assiégeait Saragosse. Après la reddition de cette ville, il eut le commandement de l'artillerie du 3ᵉ corps, devenu l'armée d'Aragon. Général de brigade en 1809, il dirigea celle du général Suchet aux siéges de Lérida, de Tortose, de Mequinenza, de Sagonte et de Tarragone. Après la prise de Tarragone, qui avait résisté à cinq assauts, l'Empereur le nomma général de division. Il suivit le maréchal Suchet devant Valence, qu'il obligea, par le feu de son artillerie, à ouvrir ses portes, et mit en état de défense toutes les places qui se trouvaient dans le vaste commandement du duc d'Albuféra. — On était en 1813; l'étoile de Napoléon avait pâli à Moscou, à Leipzig; les Français durent évacuer la péninsule, et, malgré les efforts des armées anglo-espagnoles et des populations soulevées, il parvint à conserver et à ramener, en deçà des Pyrénées, l'immense matériel de nos troupes en Espagne. Napoléon, pour lui en témoigner sa reconnaissance, le créa comte de l'Empire, par un décret daté de Soissons, le 12 mars 1814, et après son retour de l'île d'Elbe, il le chargea de l'armement de Paris que le général Haxo devait mettre en état de défense. Mais pour la seconde fois, Napoléon avait succombé sous l'effort des peuples et des armées de l'Europe coalisée. — Pour la seconde fois, la branche aînée des Bourbons était montée sur le trône, elle essaya d'employer, pour les services publics, les hommes les plus éprouvés dans nos luttes et les plus connus du pays. Redoutant les grandes influences et les hautes positions, la Restauration supprima en 1818 la place de premier inspecteur général qu'elle avait donnée au général Sorbier en 1814; elle en remit les attributions aux mains d'un Comité qui devait diriger cette arme, dont le système des grandes armées avait accru l'importance; le général Valée fut appelé à siéger dans ce Comité, et, pendant cinq ans, ses collègues le choisirent pour rapporteur. Il avait alors 42 ans. Appelé en 1818 par le général Gouvion-Saint-Cyr, ministre de la guerre, à faire partie d'une commission de défense du royaume, il y fit adopter un système général d'armement pour les places fortes et l'immense littoral de l'Ouest et du Sud. — En 1822, le gouvernement créa pour lui le titre et les fonctions d'inspecteur du service central de l'artillerie. En 1827, il mit au jour un vaste système qui embrassait toutes les branches du service, et donnait à la France un nouveau matériel de campagne, de siége et de place. Il rendit l'artillerie plus mobile et simplifia son système de construction : par exemple, il réduisit dans le matériel de campagne, les pièces de 6, de 8, de 12, aux calibres de 8 et de 12, et toutes les pièces furent montées sur quatre roues de même modèle et de la même grandeur. Pour faciliter la marche et le transport des pièces, par une nouvelle forme donnée à l'affût, les deux trains devinrent indépendants l'un de l'autre; les pièces purent passer dans les chemins les plus étroits, tourner court et presque sur elles-mêmes; toutes reçurent un coffret qui, placé sur l'avant-train, en était inséparable et suffisait aux premières nécessités du combat. Enfin le coffret lui-même eut une forme qui permettait aux artilleurs de s'y asseoir, et l'on vit, au moment du combat ou pendant l'action, les batteries accourir, changer de place avec les hommes nécessaires pour les servir; les canonniers, les munitions, la pièce, formaient en tout une unité formidable que des chevaux entraînaient au galop à la voix de celui qui livrait la bataille. Le général Valée étendit bientôt les mêmes idées à l'artillerie de siége et au matériel destiné à la guerre de montagne. Les batteries du plus fort calibre purent arriver sous les murs d'une place en même temps que l'armée assiégeante. Dans les montagnes les plus abruptes, nos colonnes se firent suivre de pièces si légères, que deux mulets suffisaient à les porter, et qu'au besoin même les canonniers les auraient traînées partout où le pas de l'homme pouvait pénétrer. — De 1822 à 1830, Valée se consacra sans relâche à l'exécution du vaste plan qu'il avait conçu. Pour la défense des places et des côtes, il fit adopter un affût dont la simplicité, la légèreté, jointes à la solidité en ont fait une invention précieuse. Nos manufactures d'armes si mal placées près de la frontière, furent, sur sa proposition, transportées dans l'intérieur : Saint-Étienne, Châtellerault s'élevèrent. Dans la fabrication de la poudre, des meules remplacèrent l'ancien mode de trituration si vicieux. Le corps dit *du train* d'artillerie fût supprimé. On sait que sa tâche, comme celle des chevaux qu'il conduisait, consistait à mener les pièces sur le terrain, où il demeurait immobile au milieu des balles et des boulets : on demandait à ce corps le courage le plus impassible et on lui refusait l'honneur de combattre; Valée, frappé des inconvénients de la division de l'artillerie en trois corps, conçut la pensée de donner au personnel, comme au matériel, l'unité qui leur avait toujours manqué. La batterie devint un tout complet, où les conducteurs et les canonniers, placés dans les mêmes conditions, obéissaient au même officier. Chaque régiment d'artillerie eut le même nombre de batteries à pied et de batteries à cheval; les batteries à pied reçurent des chevaux d'attelage. Officiers et soldats furent tenus de compléter pendant la paix leur instruction de guerre. — Le gouvernement, pour récompenser les services du général Valée, rétablit pour lui l'emploi et la dignité de premier inspecteur général, et le roi Charles X le nomma Pair héréditaire du royaume, par une ordonnance du 27 janvier 1830. — Quand l'expédition d'Alger fut résolue, une commission, composée des officiers les plus expérimentés de nos armées de terre et de mer, fut chargée d'examiner les difficultés de l'expédition et de préparer le plan de campagne. Valée y soutint avec chaleur que l'entreprise était susceptible d'un plein succès ; il indiqua la part de tous les services, et employa son activité à organiser celui de l'artillerie. On connaît le succès de l'expédition. — A la Révolution de 1830, l'emploi de premier inspecteur général de l'artillerie fut supprimé, Valée se retira dans le Loiret et s'y livra à l'agriculture ; mais on ne pouvait tarder à l'enlever à sa retraite. Il fut conseiller d'État en 1834, membre de la Commission chargée des questions relatives à la fabrication de la poudre et au commerce du salpêtre, puis enfin rappelé à la Pairie. — En 1837, lors des préparatifs pour la seconde expédition de Constantine, le cabinet obtint du roi que l'artillerie et le génie fussent dirigés par le général Valée. Mais au moment de donner l'assaut à Constantine, un boulet des assiégés vint frapper à côté du duc de Nemours le brave général en chef Damrémont; Valée le remplaça, et, le 15, l'antique cité de Jugurtha vit flotter, après mille ans, sur ses murs renversés, le drapeau d'un peuple chrétien. Aussitôt que le canon des Invalides eut annoncé à Paris cette nouvelle, le roi nomma Valée gouverneur de l'Algérie, et, peu de jours après, lui envoya le bâton de maréchal de France. — La province de Constantine, en moins de deux années fut soumise, organisée, administrée de telle manière qu'un impôt régulier s'y percevait sans la moindre résistance, et qu'un voyageur pouvait la parcourir sans escorte. Jugeant inévitable et prochaine la reprise des hostilités avec Abd-el-Kader, et sentant la nécessité de nous fortifier dans les provinces d'Oran et d'Alger, Valée proposa au gouvernement d'occuper les villes de Koléah et de Blidah. L'Émir, à cette nouvelle, invoqua le traité de la Tafna; mais le maréchal passa outre, et, en mai 1838, occupa sans obstacle Blidah et Koléah, porta sur la Chiffa notre frontière de l'Ouest, et forma à l'Est des camps au Fondouck et sur les bords de l'Ouad-Kaddura. Il employa l'automne et l'hiver 1838 à organiser la province de Bône et à préparer l'avenir. Au commencement de 1839, le cabinet du 15 avril s'étant retiré, le maréchal Valée, qui se sentait peu connu des nouveaux ministres, envoya sa démission; mais le roi et le duc de Dalmatie le décidèrent à la reprendre. A l'entrée de l'automne de cette année, Valée mit à exécution le projet qu'il avait conçu d'occuper définitivement le plateau de Sétif, et d'obtenir la soumission des tribus que les agents d'Abd-el-Kader travaillaient à soulever. C'est le 27 octobre que notre armée franchit le passage si redouté des *Portes de fer*. Le prince royal faisait partie de l'expédition et accompagnait le maréchal en novembre. Abd-el-Kader ayant prêché la guerre sainte, reprit les hostilités, franchit, le 24, la Chiffa sans déclaration préalable. L'effectif de notre armée était alors de 43,000 hommes, dont 35 seulement sous les drapeaux. L'Émir avait réuni toute son infanterie et sa cavalerie régulière, de nombreux contingents de Kabyles, les goums de la province de Tittery et d'une partie de celle d'Alger. Le maréchal se disposa à l'attaquer avec un corps de 3,000 hommes. L'infanterie arabe était défendue par des escarpements d'un difficile accès. Le 31 décembre, le maréchal attire les Arabes dans la plaine en avant de Bouffarik, non loin du cours de la Chiffa, s'élance sur eux à la baïonnette sans laisser tirer un seul coup de fusil, et bientôt la victoire la plus complète couronne ses cheveux blancs. Les bataillons réguliers de l'Emir furent détruits; ses drapeaux, son artillerie tout entière tombèrent en notre pouvoir. L'Emir, lui-même en fuite, repassa l'Atlas, et Valée, obéissant à l'hiver, suspendit les opérations et rentra à Alger. — Le vieux maréchal voulait faire à l'Emir une guerre patiente et opiniâtre, anéantir ses principaux établissements, placer nos troupes et nos autorités dans des centres militaires et commerciaux, sur une ligne parallèle de Constantine à Tlemcen, rassembler dans chacun de ces centres une garnison assez forte pour en tirer une colonne de 3 à 4,000 hommes, destinée à combattre ou à châtier les tribus selon le besoin. Tel est le plan du gouverneur général auquel le gouvernement donna, en mai 1840, une entière approbation; l'effectif de l'armée venait d'être porté à 57,000 hommes. La première division devait être commandée par le duc d'Orléans; à la fin de février, le maréchal fit occuper Cherchell (antique Césarea). Abd-el-Kader avait choisi la position inexpugnable du col de Mouzaïa qu'il faisait encore fortifier. Mais le ministère du 1er mars remplaça celui du 12 mai; le nouveau cabinet prescrivit au gouverneur général d'envoyer, dans les province d'Oran, une partie des troupes qu'il tenait réunies dans celle d'Alger. Le plan de campagne allait être totalement changé. Heureusement pour le vieux militaire qu'on allait si cruellement froisser, les avis se partagèrent dans le Conseil, et les projets de Valée, un instant repoussés, furent de nouveau adoptés. — Le duc d'Orléans partit pour se rendre à son poste, son frère d'Aumale l'accompagnait. — Cette campagne fut glorieuse pour le maréchal; le prince royal et le duc d'Aumale y rivalisèrent d'intelligence et de bravoure. Après le départ de ces jeunes princes, le 27 mai, le maréchal continua l'offensive, et quand il rentra à Alger le 5 juillet, il avait repoussé l'Emir au delà de l'Atlas, anéanti ses meilleures troupes, occupé définitivement Cherchell, Médéah, Milianah, et châtié, dans leurs propres foyers, les tribus turbulentes qui entourent la Mitidja. Il fit alors trois essais nouveaux de colonisation qui réussirent parfaitement, à Blidah, Cherchell et Coléah. — Mais le traité de Londres du 15 juillet avait changé en Europe la position de la France. En présence des éventualités que présentait l'avenir, le maréchal dut renoncer à tous projets d'agrandissement en Afrique pour s'occuper de conserver les possessions acquises. Il fit rédiger le projet d'une nouvelle enceinte pour Alger et d'une série de forts détachés destinés à en défendre les approches. — Il chargea une commission d'examiner le système de digues présenté par les ingénieurs maritimes, et indiqua lui-même les travaux à exécuter pour la défense de cette rade magnifique et la formation d'une batterie formidable qui empêcherait les flottes ennemies d'approcher des bâtiments mouillés dans le port. Dans l'hypothèse d'un débarquement à Sidi-Ferruch et du blocus de la capitale, le maréchal voulait faire de Médéah la capitale militaire de l'Algérie. C'est sur ce point qu'il avait réuni ses forces pour prendre à revers l'armée envahissante et faire lever le siége d'Alger. Il avait fait étudier le système à adopter pour les fortifications de Médéah et la défense de l'Atlas, au delà duquel il voulait porter la capitale, en cas de guerre européenne, lorsqu'une dépêche ministérielle lui apprit qu'il n'était plus gouverneur de nos possessions en Afrique. Pour la troisième fois en deux ans, le ministère était changé en France. Le 18 janvier 1841, Valée quitta pour toujours cette Algérie qui n'oubliera jamais son nom. — Rentré dans la vie privée, Valée continua à servir la patrie avec le même dévouement. Il présida la commission pour l'armement de Paris. — Il est mort à Paris le 16 août 1846, âgé de 73 ans. Ses restes furent déposés aux Invalides, et le roi ordonna que sa statue serait placée à Versailles.

VALENCE (CYRUS-MARIE-ALEXANDRE DE TIMBRUNE-TIMBRANE, comte de), né à Agen en 1757, entré au service dans l'artillerie en 1774 ; capitaine au régiment de Royal-Cavalerie en 1778 ; aide-de-camp du maréchal de Vaux ; colonel en second du régiment de Bretagne en 1784 ; promu écuyer du duc d'Orléans ; colonel, maréchal de camp et général de division en 1792. — Commandant de l'armée de Dumouriez au commencement de 1793 ; expatrié, rentré en France au 18 brumaire ; sénateur en 1805 ; commandant de la 5ᵉ division de l'armée d'Espagne en 1808, commandant de l'une des divisions de cavalerie sous les ordres de Murat en 1812. Commissaire extraordinaire dans la 6ᵉ division militaire en 1813, pair de France le 4 juin 1814 ; pair dans les Cent-Jours ; rayé de la liste des pairs et proscrit le 24 juillet 1815. Rappelé à la Chambre des pairs en 1819 ; mort en 1820. Il avait épousé une fille de madame de Genlis. — « Valence m'a été fidèle : il a toujours été national. » (NAPOLÉON *à Sainte-Hélène.*)

VALHUBERT (JEAN-MARIE-MELON-ROGER), né à Avranches (Manche) le 22 octobre 1764, entra, avant d'avoir atteint sa vingtième année, dans le régiment de Rohan-Soubise. A l'époque de la Révolution, il était retourné dans sa famille. — En 1791, le 1ᵉʳ bataillon de la Manche le choisit pour chef le 22 octobre. Il conduisit ce bataillon à l'armée du Nord, avec laquelle il fit les campagnes de 1792 à 1793. — Cet officier supérieur se fit remarquer à Lille, à Anvers, à Lawfeld; fut fait prisonnier au Quesnoy le 13 septembre 1793, et conduit en Hongrie. Échangé au commencement de l'an IV, il servit à l'armée de l'intérieur jusqu'à la suppression de cette arme, et resta en garnison à Paris, du mois de vendémiaire an V au 30 germinal an VII, avec le grade de chef de la 28ᵉ demi-brigade de bataille, qu'il avait obtenu le 26 fructidor an V. — Envoyé alors dans le Valais, il se distingua, le 23 prairial, dans la vallée de la Vispa, où il soutint un combat inégal. Reconnaissant bientôt le danger où il se trouvait, Valhubert prend une résolution hardie : il retire 40 hommes de l'action, se met à leur tête, fait une retraite simulée, perd 4 de ses soldats, s'arrête et se cache avec les 36 autres derrière une chapelle, laisse avancer 800 Autrichiens en bataille, se précipite sur leur centre, les met en déroute, leur fait 235 prisonniers, et sauve d'une captivité certaine, plusieurs centaines de Français épars sur les montagnes. — Le 28 thermidor, il enleva le Simplon à l'ennemi. En vain les Autrichiens en défendent les flancs escarpés, en vain leur artillerie foudroie les téméraires qui les osent gravir; Valhubert brave tout..... Il avance, il attaque, il disperse; hommes, canons, montagnes, tout est en sa puissance; et maître de l'énorme mont, tous les efforts de l'ennemi ne peuvent lui arracher ce poste formidable que sa bravoure a conquis en une heure. — Pendant la campagne de l'an VIII, il donna de nouvelles preuves d'une valeur peu commune. — Le 17 prairial, il passe le Pô dans une barque et donne l'élan à l'armée. — Le 19, en avant de Broni, à la tête de 50 hommes, il fait mettre bas les armes à 3,000 Autrichiens; un corps plus nombreux lui ayant enlevé ses prisonniers, il s'élance avec son cheval au milieu de l'ennemi, saisit le commandant au collet, lui promet quartier, et tout se rend. — A Montebello, il résiste avec sa 28ᵉ demi-brigade à toute la cavalerie autrichienne. — Blessé d'un coup de feu, le 25, à Marengo, il reste à son poste et ne cesse de commander pendant la durée de l'action. — Au passage du Mincio, le 4 nivôse an IX, un boulet le renverse et le prive de la voix. On le presse de se retirer, il refuse, se fait remettre à cheval et continue de combattre. — Lors de son inspection de l'an X, le général Friant donna cette note sur Valhubert : « Officier supérieur des plus distingués et du plus rare mérite, réunissant toutes les connaissances nécessaires à son état. » — Par arrêté du 28 fructidor, le premier Consul avait fait une nombreuse distribution d'armes d'honneur, et Valhubert avait été oublié. Tous les officiers de la 28ᵉ se réunirent, le 15 vendémiaire an XI, pour adresser au Consul une réclamation à ce sujet, et un arrêté du 4 pluviôse, rappelant tous les faits d'armes de ce chef de brigade, lui décerna enfin un sabre d'honneur, qu'il avait si bien mérité ; le chef de l'État y ajouta une gratification de 12,000 francs, gratification que Valhubert partagea avec sa demi-brigade. — Le ministre envoya le 19 ventôse, au conseil d'administration du corps, le brevet d'honneur de Valhubert, et prescrivit cette mesure particulière de distinction : — « Avant de remettre à cet officier supérieur ce témoignage honorable de la satisfaction du gouvernement, vous en ferez faire la lecture à la tête de la demi-brigade, qui sera assemblée à cet effet. » — Et dans ses notes d'inspection de la fin de l'année, le général Michaud disait de Valhubert : — « Officier distingué par sa conduite, sa délicatesse, ses moyens et ses connais-

sances. Il a des mœurs très-douces, une éducation soignée, du zèle, de l'activité, de la fermeté, enfin toutes les qualités qu'on peut désirer dans un chef de corps; il a très-bien fait la guerre; il a reçu un sabre d'honneur. » — L'année suivante, le premier Consul le nomma, le 11 fructidor, général de brigade, et l'employa au camp de Saint-Omer. — Le 19 frimaire an XII, il le fit membre de la Légion-d'Honneur, et commandant de l'Ordre le 25 prairial suivant. — Attaché en l'an XIV à la 4ᵉ division du 4ᵉ corps de la grande armée, commandée par Suchet, il combattit à Austerlitz le 11 frimaire avec une valeur admirable, et y eut la cuisse fracassée par un éclat d'obus. Tombé, et dans l'impossibilité de se relever, des soldats veulent le transporter à l'ambulance : « Souvenez-vous de l'ordre du jour (1), leur dit-il, reprenez vos rangs : si vous êtes vainqueurs, vous m'enleverez d'ici; si vous êtes vaincus, que m'importe un reste de vie ! — On lut bientôt dans le 33ᵉ bulletin, daté d'Austerlitz, le 16 frimaire : — « Le général Roger Valhubert est mort des suites de ses blessures. Il a écrit à l'Empereur une heure avant de mourir :
« J'aurais voulu faire plus pour vous ;
« je meurs dans une heure; je ne re-
« grette pas la vie, puisque j'ai participé
« à une victoire qui vous assure un règne
« heureux. Quand vous penserez aux
« braves qui vous étaient dévoués, pen-
« sez à ma mémoire. Il me suffit de vous
« dire que j'ai une famille, je n'ai pas
« besoin de vous la recommander. » —
Ses camarades lui élevèrent un monument dans les plaines de la Moravie. — L'Empereur accomplit les derniers vœux du brave Valhubert. Il se chargea de la famille de ce général, ordonna qu'un monument serait élevé au lieu même où il avait été blessé, que son nom fût donné à la place de Paris qui se trouve entre le Jardin des Plantes et le pont qu'on construisait alors vis-à-vis, et qu'on sculptât sa statue en marbre. — Son nom est inscrit sur le côté Est de l'arc de triomphe de l'Étoile, et sur les tables de bronze du palais de Versailles.

VANDAMME (Dominique-Joseph-René), comte d'Unebourg, fils d'un chirurgien de Cassel (Nord), naquit dans cette ville le 5 novembre 1770. — Élève de l'École militaire de Paris, et entretenu par le maréchal de Biron, il entra, le 8 juillet 1788, comme soldat dans le 4ᵉ bataillon auxiliaire du régiment des colonies, s'embarqua le 2 février 1789, à Lorient, sur la flûte *l'Uranie*, arriva, le 31 mars à la Martinique, et fut immédiatement incorporé dans le régiment de cette colonie. De retour en France, le 29 avril 1790, il passa, le 22 juin 1791, au régiment de Brie, depuis 24ᵉ d'infanterie, et reçut son congé définitif le 26 août 1792. — Telles furent les humbles prémices d'une des grandes renommées militaires de la République et de l'Empire. — En 1792, Vandamme forma, dans son pays natal, une compagnie franche; il la conduisit à l'armée du Nord, et cette compagnie ayant été amalgamée au bataillon des chasseurs du Mont-Cassel, il devint chef de ce corps, le 5 septembre 1793, puis, le 27 du même mois, général de brigade. Cet avancement rapide, mais concevable, si l'on se reporte aux circonstances, était d'ailleurs mérité. — A Hondscoote, il avait déployé la bravoure la plus brillante et montré qu'il entendait la guerre, en indiquant aux commissaires de la Convention une manœuvre qui, exécutée comme il la projetait, eût coupé la retraite à l'ennemi; aussi fut-il de suite

---

(1) Dans l'ordre du jour donné avant la bataille, Napoléon avait défendu aux soldats de quitter leurs rangs sous le prétexte d'emmener les blessés.

employé à d'importantes opérations. — Il s'empara de Furnes le 30 vendémiaire an II, contribua, le 1er thermidor, à la prise d'Ypres, et peu après il investit Nieuport; mais, contraint de se retirer devant des forces supérieures, il perdit une partie de son artillerie. Dans cette même campagne, Vandamme se distingua devant Vanloo et prit Menin. — Pendant celle de l'an III, commandant par intérim la division de Moreau, il emporta le fort de Schenck, le 16 brumaire, et, le 19, il chassa l'ennemi de Budwich. — Néanmoins, lors de la réorganisation de l'état-major de l'armée, le 25 prairial, il fut mis en réforme. — Cette disgrâce provenait de ce qu'il avait été dénoncé comme terroriste et comme ayant livré Furnes au pillage. Déjà, en 1793, on lui avait reproché des actes de violence envers les habitants de la Flandre, et de terribles représailles à l'égard des émigrés pris les armes à la main. Toutefois, le Comité de salut public, par arrêté du 7 vendémiaire an IV, le remit en activité de service. — Envoyé dans l'Ouest et, de là, à l'armée de Rhin-et-Moselle, Vandamme enleva, le 27 thermidor de la même année, la porte qui défendait la petite ville d'Alpersbasch, passa le Lech, le 27 thermidor, sous le feu le plus meurtrier; et à l'attaque des hauteurs de Friedberg, se précipitant sur les Autrichiens à la tête de trois régiments de cavalerie légère, il leur prit 16 pièces de canon, et les poursuivit le sabre aux reins jusque dans la vallée de la Sarre. Quelques jours après, il se fit encore remarquer par une attaque impétueuse des retranchements de Kehl et de Huningue. — L'année suivante, au passage du Rhin, à Diersheim, où il eut un cheval tué sous lui, il effectua le premier débarquement, pénétra au delà de Gegenbach, et battit l'ennemi entre Zimmern et Benchen, et le chassa sur le Kniebis. — L'attentat commis à Rastadt ayant rallumé la guerre, Vandamme, qui avait été nommé général de division le 17 pluviôse an VII, eut le commandement de l'aile gauche de l'armée du Danube. — Un jour que, faiblement accompagné, il allait à l'aventure reconnaître les avant-postes ennemis, il tomba dans une embuscade de dragons du régiment de Latour ; presque aussitôt abandonné des siens, il lutta seul contre 8 de ses adversaires, en tua 2, mit les autres en fuite et regagna le camp français. — De nouvelles accusations ayant été dirigées contre lui, le Directoire, par un arrêté du 8 floréal, le traduisit devant un conseil de guerre, mais un autre arrêté en date du 2 fructidor annula le premier. Alors le ministre envoya Vandamme sur les côtes du Nord-Ouest, afin de pourvoir à leur défense. — Cette opération terminée, il se rendit en Hollande, alors envahie par les forces combinées de l'Angleterre et de la Russie. Placé à l'aile gauche de l'armée gallo-batave, il prit une division russe tout entière au combat de Bergen, et contribua puissamment à la victoire de Kastricum. Après peu de jours passés à Cassel pour se remettre de ses fatigues, il se trouva au passage du Rhin par l'armée de ce nom, fit capituler le fort de Hohentweil, que défendaient 80 pièces de canon, et combattit ensuite à Engen et à Mœskirch. — Mis en traitement de réforme, le 29 thermidor an VIII, et rappelé, le 19 fructidor, au service actif, il commanda l'avant-garde de l'armée dite *de réserve*, avec laquelle il franchit le Splugen. Accueilli à son retour de la manière la plus flatteuse par le premier Consul, il en reçut une paire de pistolets magnifiques de la manufacture de Versailles. Nommé membre de la Légion-d'Honneur, le 19 frimaire an XII, et grand officier de l'Ordre le 25 prairial suivant, alors qu'il avait sous ses ordres la 2e division du camp de Saint-Omer. Vandamme, attaché, en l'an XIV, au 4e corps de la grande armée, eut, le 13 vendémiaire, l'honneur de porter les premiers coups à l'armée autrichienne, en culbutant, au pont de Donawert, le régiment de Colloredo, auquel il fit éprouver une perte de 60 hommes tués et de 150 prisonniers. — A Austerlitz, sa division occupait la gauche du maréchal Soult; elle enleva le village d'Auzeb et puis celui de Telnitz, actions qui valurent à Vandamme, le 3 nivôse, la dignité de grand aigle, ainsi qu'une habitation dans les polders de l'île de Cadsand. — En 1806, il dirigeait, sous le roi Jérôme Napoléon, le siége de Glogau; il s'empara de cette ville le 30 novembre, de Breslau le 3 janvier 1807, de Schweidnitz le 8 février, et de Neiss le 16 juin suivant. Se portant ensuite sur Glatz, il força, le 23 du même mois, le camp retranché établi en avant de cette ville. La grand'croix de Wurtemberg récompensa ces nouveaux et signalés services. — L'Empereur lui avait donné le commandement de la 16e division militaire le 11 septembre 1807, et l'avait investi de celui du camp de Boulogne le 16 août 1808; il l'envoya, le 11 mars 1809, à Hiedenheim, se mettre à la tête de 10,000 Wurtembergeois formant le 8e corps de la grande armée, avec lequel, le 29 avril, conjointement avec le maréchal Lefebvre, il battit à Abensberg la division autrichienne du général Thierry, prit à la bataille d'Ecmülh le château et le village de ce nom, et, le 17 mai, repoussa vigoureusement l'ennemi à Urfar. — Réintégré, à son retour de l'armée, dans le commandement du camp de Boulogne, occupé pendant son absence par le général Sainte-Suzanne, il se permit de s'installer violemment dans la maison du maire et de faire jeter dehors les meubles qu'il ne trouvait pas à sa convenance. Ce magistrat se plaignit de cette violation de domicile au ministre de la guerre qui, ayant pris les ordres de l'Empereur, intima au général Vandamme l'ordre de quitter immédiatement la maison dont il s'était emparé, et de garder les arrêts pendant vingt-quatre heures. Mais Napoléon, à qui l'on peut reprocher une trop grande facilité à pardonner, oublia bientôt cette incartade et envoya Vandamme dans la 14e division militaire, après l'avoir nommé, le 1er janvier 1811, président du collége électoral de Hazebrouck : il l'avait quelque temps auparavant créé comte d'Unebourg. — Quoique destiné à commander les troupes westphaliennes faisant partie de l'armée expéditionnaire de Russie, il ne fit point cette campagne, ayant été mis en disponibilité le 6 août 1812, par suite de ses démêlés avec le roi Jérôme. — Rappelé à la grande armée le 18 mars 1813, il y commanda le 1er corps. Maître de Haarbourg le 27 avril, le 29 il occupa l'île de Wilhemsburg, ce qui lui permit de commencer le bombardement de Haarbourg, que l'ennemi évacua dans la nuit du 30 au 31, et il se préparait à marcher contre les Russes, quand un armistice suspendit momentanément les hostilités. — Celles-ci étant reprises, il s'empara, le 25 août, de Perne et de Hodendorf, défit, le 28, le duc de Wittemberg, à qui il fit 2,000 prisonniers, passa la gorge de la grande chaîne des montagnes de la Bohême et marcha sur Kulm, où 10,000 Russes, commandés par le général Ostermann, le contraignirent à rétrograder après un combat opiniâtre. — On l'accusa, dans le temps, d'avoir causé sa défaite en restant à Kulm au lieu de se retirer sur les hauteurs; mais Vandamme, qui ne convint jamais de cette faute, a souvent dit, depuis, qu'il prouverait, dans des

Mémoires qu'il projetait de publier et par des documents authentiques, qu'il suivit ses instructions, et que, d'ailleurs, il devait compter sur un renfort considérable qu'il attendit vainement. — Quoi qu'il en soit, attaqué le 30 au matin, il se défendit vaillamment, et peut-être même se serait-il dégagé si, vers deux heures, une colonne ennemie, en débouchant par les montagnes, n'eût tombé sur ses derrières. Alors, cerné de toutes parts par 70,000 hommes, Vandamme, malgré des prodiges de valeur, fut mis en pleine déroute, et, criblé de blessures, il fut fait prisonnier. — Conduit en présence de l'empereur Alexandre, ce prince s'oublia au point de l'apostropher des épithètes de *brigand* et de *pillard*. « Sire, lui répliqua Vandamme, je suis un « soldat, mais il est un crime dont jamais «ma main ne s'est souillée... — Qu'on «l'emmène! s'écria l'Empereur en lui «tournant le dos. » Pourtant, il ordonna qu'on lui rendît son épée, que le grand duc Constantin lui avait fait enlever. — Vandamme, dirigé sur Moscou, et transféré à Kasan, à vingt lieues de la Sibérie, revit le sol de sa patrie le 1er septembre 1814. Mais un ordre du gouvernement lui enjoignit de se retirer à Cassel. L'événement du 20 mars 1815 le ramena sur la scène du monde. Il se rendit aussitôt à Paris, se présenta devant l'Empereur qui, le 2 juin, le nomma pair et commandant de la 2e division militaire, et lui confia le commandement du 3e corps, à la tête duquel, après la bataille de Fleurus, il obtint un avantage signalé à Wavres. Il poursuivait l'ennemi lorsqu'il apprit le désordre de Waterloo. — On a souvent répété que les généraux Vandamme et Gérard avait fortement engagé le maréchal Grouchy à marcher sur Waterloo. A cet égard, Vandamme n'a jamais voulu s'expliquer. — Quoi qu'il en soit, dans sa position, il pouvait être écrasé; cependant, constamment harcelé par les Prussiens, il opéra sa retraite en bon ordre, passa la Sambre à Namur, sans qu'ils osassent l'inquiéter, et continua son mouvement rétrograde sur Paris, où il ramena son corps d'armée presque intact ainsi qu'un matériel considérable. — Son armée fit croire un moment que les destinées de la France n'avaient pas été totalement décidées à Waterloo. « Je suis fier, écrivait-il à la Chambre des représentants, d'être venu au secours de la capitale avec une pareille armée. Ses courageuses dispositions ne peuvent manquer de nous faire obtenir des conditions plus avantageuses, si nous sommes obligés de traiter avec l'ennemi. — Vandamme occupait alors Montrouge, Meudon, Vanves et Issy; plusieurs généraux, à la tête desquels on remarquait Fressinet, vinrent l'y trouver pour lui offrir le commandement en chef de l'armée : il refusa. — Paris étant occupé par les alliés, Vandamme se retira derrière la Loire, et envoya sa soumission au roi, ce qui ne l'empêcha pas d'être compris dans l'ordonnance du 24 juillet. Il se retira d'abord dans un château près de Limoges, mais le préfet de la Haute-Vienne lui ayant prescrit de sortir de ce département dans les vingt-quatre heures, il prit la route d'Orléans et se rendit à Vierzon. — Enfin, compris dans l'ordonnance du 14 juillet 1815, il lui fallut sortir du royaume, et ne trouvant pas d'asile en Belgique, il s'embarqua pour les États-Unis. — L'ordonnance du 1er décembre 1819, sur les bannis, mit fin à son exil; il fut même rétabli sur le cadre de l'état-major général comme disponible, le 1er avril 1820, puis il prit sa retraite définitive le 1er janvier 1825. — Depuis cette époque, Vandamme vécut dans la retraite. Il passait la belle saison à Cassel, l'hiver à Gand, occupant ses loisirs à des œuvres de bienfaisance et à rédiger des *Mémoires* qu'il serait désirable qu'on publiât. Il mourut à Cassel, le 15 juillet 1830. — Son nom est inscrit sur le côté Nord de l'arc de triomphe de l'Étoile.

VERDIER (Jean-Antoine, comte), né à Toulouse le 2 mai 1767, entra au régiment de La Fère le 18 février 1785. Aide-de-camp d'Augereau, en 1792, à l'armée des Pyrénées-Orientales, il prit l'épée à la main, avec un bataillon de tirailleurs, un camp retranché défendu par 4,000 Espagnols et 80 bouches à feu. Ce fait d'armes décida la reddition de Figuières et valut au capitaine Verdier le grade d'adjudant-général. Chef de brigade en 1795, on le vit, l'année suivante en Italie, à la tête de trois bataillons de grenadiers, emporter la redoute de Melodano. Général de brigade sur le champ de bataille de Castiglione, il fut blessé et mis hors de combat à Arcole et se trouva à tous les combats qui furent livrés jusqu'à la paix de Léoben. En Égypte, il commandait une brigade de la division Kléber aux Pyramides, et fut un de ceux qui montèrent à l'assaut de Saint-Jean-d'Acre; il y fut blessé d'un coup de baïonnette. Le 1ᵉʳ novembre 1799, le général Verdier attaqua avec 1,000 hommes seulement 8,000 janissaires débarqués près de Damiette, en tua 2,000, fit 800 prisonniers et enleva 32 drapeaux et 10 pièces de canon. Kléber lui remit un sabre d'honneur et le nomma général de division. — Rappelé en France avant l'évacuation de l'Egypte, le général Verdier se signala constamment en Italie et en Autriche, de 1801 à 1806. Le 10 juin 1807, il enleva une redoute à la bataille d'Heilsberg et fit prisonnier un corps nombreux d'ennemis. Les bulletins signalèrent la bravoure de sa division à Friedland. En Espagne, il prit part au combat de Logrono et fit le premier siège de la place de Saragosse qu'il dut évacuer après la capitulation de Baylen. Plus tard il s'empara de Girone et de plusieurs positions réputées inexpugnables. — Lorsque l'armée française en Portugal fut travaillée par une double trahison, le général Verdier fut, dit-on, chargé de diriger une enquête secrète que l'Empereur ne crut jamais devoir livrer à la publicité. — Dans la campagne de Russie, le comte Verdier se distingua de nouveau et fut grièvement blessé à Polotsk. — En 1813 et 1814 il commanda le corps d'armée franco-italien sous les ordres d'Eugène. Au combat d'Aca, atteint d'une balle qui lui traversa la cuisse, il resta stoïquement à son poste, au milieu de la mitraille, soutenu par son aide-de-camp. Le 8 février 1814, à la bataille du Mincio, le comte Verdier, avec la division Fressinet, forte de 5,000 hommes environ, résista toute la journée aux efforts de 18,000 Autrichiens, et finit par les forcer à repasser la rivière. — La Restauration le mit en non-activité en lui envoyant la croix de Saint-Louis. — Le 17 janvier 1815, il fut décoré de la grand'croix de la Légion d'Honneur. Il était déjà commandeur de la Couronne de Fer. — Pendant les Cent-Jours, il fut nommé Pair et commandant de la 8ᵉ division militaire (Marseille). Après Waterloo, il parvint à conserver à la France Toulon intact et sans pillage. — L'ordonnance du 1ᵉʳ août 1817 le mit à la retraite, et après 1830 il fut replacé sur le cadre de réserve, mais il rentra bientôt dans la retraite. — L'Empereur lui avait donné le titre de comte le 19 mars 1808. — Madame Verdier est citée dans les relations de nos campagnes comme une héroïne. Elle accompagna son mari sur le champ de bataille.

VER-HUELL (Charles-Henri) naquit à Doetichem (Pays-Bas) le 11 fév. 1764. Cadet dans un régiment d'infanterie en 1775, il demanda, en 1778, à entrer dans le service de mer, et fut admis l'année suivante en qualité de garde de la marine. — Il fit sa première campagne sur la frégate *l'Argo*, et se trouva au combat que l'amiral comte Bylandt livra à la division anglaise commandée par le commodore Fielding. Sous-lieutenant de la marine en 1781, il assista, à bord du même navire, au combat de Doggers-Banck (5 août 1781), fut blessé dans cette action par une explosion de gargousses, et obtint le grade de lieutenant de vaisseau en récompense de sa belle conduite. — De 1782 à 1785, il navigua dans la Méditerranée, sur les côtes d'Afrique et dans les mers du Nord. Vers la fin de la campagne de 1785, se trouvant dans le Zuyderzée, il ajouta à sa réputation par un beau trait d'intrépidité. — L'équipage d'un vaisseau s'était soulevé en masse et avait mis ses officiers aux fers; le lieutenant Ver-Huell, chargé d'aller apaiser cette révolte, se jeta dans une embarcation à la tête de quatre-vingts hommes, s'approcha par surprise, s'élança le premier sur le pont, et, après avoir terrassé plusieurs matelots, il se rendit maître du bâtiment. — Promu au grade de major, premier lieutenant de vaisseau, il servit jusqu'en 1789 dans la mer Baltique, la mer du Nord et la Méditerranée. — Capitaine de frégate en 1791, il commanda une corvette destinée pour les Indes-Occidentales. Nommé en l'an III premier adjudant de l'amiral Kinsbergen, il organisa un corps de matelots armés, et fut élevé l'année suivante au grade de capitaine de vaisseau. — Lors du renversement du Stathoudérat, il se retira du service avec la presque totalité des officiers du corps de la marine, et, en l'an XI, il rentra à la sollicitation du gouvernement hollandais dans la marine avec le grade de contre-amiral. — Lors du fameux projet de descente en Angleterre, la Hollande dut fournir son contingent naval. Chargé par Napoléon du commandement de la flottille qui se rendit à Boulogne, l'amiral Ver-Huell livra à l'amiral anglais Keith, sous le cap Grinez, un combat qui excita l'enthousiasme de toute l'armée et lui mérita des témoignages de satisfaction de la part de Napoléon. — Vice-amiral et membre de la Légion-d'Honneur, le 12 prairial an XII, le gouvernement hollandais l'appela au ministère de la marine; mais il refusa d'accepter le portefeuille avant d'avoir réuni sa flottille à celle des Français. — Un décret impérial confia à l'amiral Ver-Huell le commandement en chef de l'aile droite de l'armée navale chargée d'opérer contre les côtes d'Angleterre; après le désarmement de la flottille rassemblée dans les ports de la Manche, il alla prendre possession du portefeuille de la marine en Hollande. — Ce fut lui qui, le 5 juin 1806, demanda, en qualité de président de la députation hollandaise, le prince Louis-Napoléon pour roi de Hollande, et il reçut à cette occasion le grand aigle de la Légion-d'Honneur. Le nouveau roi le nomma maréchal, grand croix de l'ordre de l'Union, et bientôt après ambassadeur à Paris. — En 1809, lors de la descente des Anglais dans l'île de Walcheren, l'amiral Ver-Huell fut chargé de prendre toutes les précautions de sûreté que commandait cet événement. Il arbora son pavillon sur le vaisseau amiral *le Royal-Hollandais*, et protégea efficacement les côtes de la Hollande. En récompense de ce service, Louis-Napoléon le créa comte de Sevenaer. — En 1810, lors de la réunion de la Hollande à la France, il fut nommé président de la junte instituée à cette occasion, et l'Empereur le maintint dans son grade de vice-amiral de la marine française. A partir de cette époque il appartint irrévocablement à la France. Appelé au commandement général des forces navales de l'Empire sur les côtes de la mer du Nord et de la Baltique, depuis l'Ems jusqu'à Dantzig, il déploya dans ces fonctions importantes une activité remarquable; on lui doit l'établissement des chantiers de construction dans les ports de Brême, de Hambourg et de Lubeck. — Le 1ᵉʳ mars 1811, l'Empereur lui accorda une pension de 15,000 francs sur les fonds de la Légion-d'Honneur, et le nomma comte avec une dotation de 10,000 francs. Grand officier de l'Empire au commencement de 1812, il prit le commandement de l'armée navale du Helder et du Texel, et des forces réunies dans le Zuyderzée. — Quand l'insurrection éclata en Hollande vers la fin de 1813, l'amiral Ver-Huell sut concilier ses devoirs envers son ancienne patrie et sa patrie adoptive. Il fit entrer la flotte placée sous ses ordres dans le port de Nieuste-Diep, puis il s'enferma avec les équipages français et toute la garnison du Helder dans le fort de la Salle. En même temps il occupa le fort Morland; il se maintint dans cette position pendant tout l'hiver de 1813 à 1814. Ce ne fut qu'après l'abdication de l'Empereur qu'il consentit à remettre la place du Helder et les autres forts au général Jonge qui les assiégeait : il partit alors pour Paris. — Louis XVIII le maintint dans son grade et ses titres, le nomma chevalier de l'ordre du Mérite militaire, et lui accorda des lettres de grande naturalisation. L'amiral Ver-Huell fixa définitivement son séjour dans le pays à la gloire et aux intérêts duquel il s'était voué depuis si longtemps. — En 1815, le gouvernement provisoire mit deux frégates du port de Rochefort à la disposition de l'Empereur pour le transporter aux État-Unis; l'on sait que les escadres anglaises bloquaient ce port et attendaient sa sortie. Napoléon demanda Ver-Huell pour commander ces deux bâtiments. — La question fut agitée à la Chambre des Pairs, et le ministre de la marine, Decrès, déclara que le grade de l'amiral Ver-Huell lui paraissait trop élevé pour le charger du commandement de deux simples frégates. L'amiral Ver-Huell, alors absent de Paris, n'apprit que plus tard ce qui s'était passé. Ses regrets témoignèrent qu'il savait apprécier autrement que le ministre un choix si glorieux. — Quant à Napoléon, voici ce qu'il écrivit sur le rocher de Sainte-Hélène : « Si cette mission avait été confiée à Ver-Huell, ainsi qu'on me l'avait promis, *il est probable qu'il eût passé.* » — Admis à la retraite en 1816, il fut élevé à la dignité de pair de France le 5 mars 1819. Il est mort en octobre 1845, à l'âge de 81 ans, après de longs et brillants services, mêlés depuis 1779 aux plus glorieux faits d'armes de la France et de la Hollande.

VIALA (Joseph-Agricol), né à Avignon en 1780. Agricol Viala était un enfant du Midi. Il habitait Avignon, et, quoique bien jeune, l'impression produite par les grands événements qui s'accomplissaient alors, avait éveillé en lui des sentiments d'énergie et de patriotisme au-dessus de son âge. A cette époque où la France, attaquée au dehors et au dedans, montrait le même but à tous les citoyens : l'indépendance et la liberté, les jeunes gens qu'on appelait à 18 ans, souvent à 15, à la défense du pays, apprenaient de bonne heure à porter un fusil : aussi, à peine âgé de 13 ans, Viala, dont on estimait déjà le courage, fut placé à la tête des jeunes gens enrôlés sous le nom d'*Espérance de la patrie*, et bientôt il prouva que ce n'était pas sans raison qu'on avait ainsi préjugé sur l'avenir. — Une partie du Midi, en proie aux réactions les plus violentes, semblait avoir pour ainsi dire renié la commune patrie. Les royalistes, ralliés aux Anglais et à ces hommes qui rêvèrent un instant le morcellement du pays, avaient déployé le drapeau blanc à Toulon et à Marseille. En face de ce soulèvement, les soldats de la République furent obligés de se replier vers Avignon, abandonnant Nîmes, Aix, Arles, aux confédérés provençaux, et ceux-ci, encouragés par ces succès, les poursuivaient audacieusement. Enfin les habitants de Lambesc, de Tarascon, réunis aux Marseillais rebelles, se dirigèrent vers la Durance pour marcher sur Lyon, puis sur Paris. Ils espéraient déjà, comme tous les ennemis de la France, briser dans la Convention l'unité nationale et étouffer ainsi la Révolution. A la première nouvelle de l'approche des insurgés, les républicains, principalement ceux d'Avignon, se réunirent pour s'opposer à eux; mais quand ils arrivèrent sur les bords de la Durance, les rebelles, maîtres de la rive opposée, s'étaient déjà emparés des pontons qui servaient au trajet de la rivière. On ne pouvait plus les arrêter par la force, leur nombre et un feu soutenu protégeant leurs manœuvres. La seule ressource qui restât au parti républicain était de couper les câbles à l'aide desquels on retenait et on dirigeait les pontons. Le moyen est sûr, mais il est périlleux : il faut traverser une chaussée entièrement exposée à la mousqueterie des rebelles, et derrière laquelle les républicains se sont retranchés. On hésite, et les hommes les plus hardis reculent devant l'imminence du danger. Alors, un enfant s'élance: c'est Viala, qui s'était échappé d'Avignon à la faveur du trouble qu'avait excité l'approche des Marseillais. En vain on veut le retenir; il brave le péril, et l'on ne peut s'opposer à son audacieux projet. Il saisit la hache d'un sapeur, il tire sur les ennemis plusieurs coups du mousquet dont il est armé, puis, malgré les balles qui sifflent autour de lui, il parvient au rivage, et, saisissant sa hache, frappe le câble avec vigueur. Le hasard semble d'abord le seconder, il a presque achevé sa tâche périlleuse sans être atteint, quand à ce moment une balle lui perça la poitrine. Il se soulève encore; mais il retombe sans force en s'écriant: « *M'an pas manqua! Aquo es egaou; more per la libertat.* » (Ils ne m'ont pas manqué! cela est égal; je meurs pour la liberté.) » Puis il expira après ce sublime adieu, sans proférer une plainte ou un regret. — La courageuse tentative de Viala, bien qu'elle n'eût pas complétement réussi, ne fut cependant pas inutile. Les insurgés, étonnés de tant d'audace, hésitèrent un instant, et les républicains qui s'étaient précipités sur les pas du jeune Avignonnais, eurent le temps d'accomplir leur retraite; toutefois, ils ne purent emporter avec eux le corps du jeune héros. En vain l'un de ses camarades qui s'était glissé près de lui, encouragé par son exemple, et qui avait recueilli ses dernières paroles, essaya de l'enlever. Il fut forcé de s'éloigner devant les royalistes qui s'avançaient. Ceux-ci ayant traversé la Durance, insultèrent indignement le cadavre de Viala. Enfin, après l'avoir horriblement mutilé, ils le précipitèrent dans la rivière, se disputant entre eux l'honneur de cette victoire. — Une dernière circonstance vint encore ajouter à l'intérêt qu'inspirait ce noble dévouement. La mère de Viala avait pour lui une extrême tendresse; quand elle apprit sa mort et les outrages qu'avaient reçus ses restes, rien ne put arrêter ses larmes ni calmer sa douleur. Enfin, un jour on lui dit: Vous aimez votre pays; eh bien! pour adoucir votre douleur, songez qu'il est mort pour la liberté. — Ah! c'est vrai, il est mort pour la patrie, répondit-elle, et ce fut la première consolation qu'elle voulut accepter. — Le dévouement de Viala lui valut les honneurs du Panthéon. Une gravure représentant ses traits fut distribuée dans toutes les Écoles primaires. On trouve dans l'hymne admirable que Chénier a intitulé le *Chant du départ*, la strophe suivante qu'il a placée dans la bouche d'un enfant :

De Barra, de Viala le sort nous fait envie ;
   Ils sont morts, mais ils ont vaincu.
Le lâche, accablé d'ans n'a point connu la vie :
   Qui meurt pour le peuple a vécu !
   Vous êtes vaillants, nous le sommes ;
   Guidez-nous contre les tyrans :
   Les républicains sont des hommes,
   Les esclaves sont des enfants.

VICTOR (CLAUDE PERRIN, duc de BELLUNE, dit), né le 7 décembre 1764, à la Marche (Vosges), entra au service comme soldat dans le 4ᵉ régiment d'artillerie le 16 octobre 1781 ; il y demeura jusqu'au 1ᵉʳ mars 1791, époque à laquelle il obtint son congé absolu, moyennant la somme fixée par les ordonnances, et s'établit à Valence (Drôme). Il fit partie de la Garde nationale de cette ville comme grenadier, et, le 21 février 1792, il fut nommé adjudant sous-officier par le 3ᵉ bataillon des volontaires de la Drôme, dans lequel il servit en cette qualité jusqu'au 4 août, époque de sa promotion au grade d'adjudant-major capitaine dans le 5ᵉ bataillon des Bouches-du-Rhône. Chef de bataillon au même corps le 15 septembre suivant, il alla rejoindre l'armée d'Italie avec laquelle il fit les campagnes de 1792 et 1793. Il était avec son bataillon fort de 600 hommes environ au village de Coaraza, dans le comté de Nice, lorsque 3,000 Piémontais et un régiment d'émigrés vinrent l'attaquer avec fureur. Il se défendit courageusement, et, à la suite d'un combat de plusieurs heures, il força l'ennemi de se retirer après avoir éprouvé des pertes considérables. Ce fait d'armes remarquable fut mis à l'ordre de l'armée. — Après ces deux campagnes, Victor fut envoyé au siége de Toulon, où, à son arrivée, on lui donna le commandement d'un bataillon de chasseurs à la tête duquel il rendit d'importants services. Dans la nuit du 10 au 11 frimaire an II, avec 800 hommes, il enleva les redoutes et les retranchements qui couronnent la montagne du Pharon et passa au fil de l'épée la plus grande partie des troupes qui les défendaient. Le 11, il soutint avec succès un combat de six heures contre 6,000 hommes, et, malgré son infériorité numérique, il conserva le poste qui lui avait été confié. Sa conduite dans cette journée fut appréciée par les représentants du peuple Salicetti et Gasparin, qui le nommèrent adjudant-général chef de brigade sur le champ de bataille. Il fut immédiatement chargé du commandement des troupes formant la division de droite de l'armée de siége, et ce fut lui qui prépara et disposa l'attaque de la fameuse redoute anglaise l'Eguillette, dite le *Petit-Gibraltar*. Il marcha à la tête des grenadiers le 28 frimaire an II, y pénétra avec eux et s'en rendit maître quoique blessé grièvement de deux coups de feu. La prise de ce poste important, défendu avec la plus grande intrépidité par les Anglais, contribua beaucoup à celle de Toulon. — Après la reddition de cette place, les représentants Salicetti, Barras, Fréron et Ricord, le nommèrent provisoirement général de brigade, par arrêté du 30 du même mois. A peine guéri de ses blessures, il fut employé à l'armée des Pyrénées-Orientales, où il fit les guerres des ans II et III. — Chargé d'une fausse attaque sur Espolla, par le col de Bagnols, le 27 brumaire an III, il la dirigea avec une grande habileté et concourut à la prise des retranchements de cette place et de ceux de Saint-Clément. Il assista aux siéges et aux diverses attaques du fort Saint-Elme et de Collioure, et fut ensuite chargé de la surveillance des travaux à faire à ces deux places, de l'établissement des batteries des côtes et de la garde des frontières d'Espolla et de Roses. Il commandait une brigade au siége de cette dernière ville, et se trouva à sa capitulation le 13 nivôse an III. Confirmé dans son grade de général de brigade, par arrêté du gouvernement du 25 prairial de la même année, il passa à l'armée d'Italie en l'an IV et y fit la guerre jusqu'en l'an IX. — Le 10 vendémiaire an IV, l'avant-garde ennemie avait pris position sur un mamelon, en face de Borghetto, et avait commencé à s'y retrancher pour y élever des batteries de gros calibre. Le général Masséna, qui s'en était aperçu, ordonna au général Victor, commandant la 1re subdivision de droite, de chasser l'ennemi de ses positions et de détruire ses ouvrages. Dans la nuit du 10 au 11, Victor fit entourer le mamelon par deux colonnes, tandis que 100 grenadiers et 200 chasseurs, placés en observation, devaient empêcher les secours d'arriver. Le mamelon fut enlevé, nos soldats sautèrent dans les retranchements et tuèrent tout ce qui s'y trouvait. Quelques hommes seulement se sauvèrent à la faveur de la nuit. Les retranchements furent abattus, et on ramena quelques prisonniers. — Les 1er, 2 et 3 frimaire suivant, il contribua à la défaite des Autrichiens et des Piémontais à Loano et sur le Tanaro ; le 25 germinal, à celle du général Provéra, au château de Cossaria, et, le 27 du même mois, à la déroute du général Wukassowick à Dégo. — Le 19 thermidor, au combat de Peschiéra, le général Victor, à la tête de la 18e demi-brigade, culbuta l'ennemi sur tous les points et lui enleva 12 pièces de canon. — Le 18 fructidor an IV, au combat de San-Marco, avec la même demi-brigade, il perça la ligne ennemie par le grand chemin ; la résistance fut longue et opiniâtre ; pendant ce temps, le général Vaubois attaquait le camp de Mori ; après deux heures d'un combat acharné, l'ennemi plie partout : le général Victor entre alors, au pas de charge, dans la grande rue de Roveredo, et les Autrichiens évacuent la place, en laissant une grande quantité de morts et de prisonniers. — Le 25 du même mois, il fut envoyé avec sa brigade, pour compléter sur la rive droite de l'Adige l'investissement de Porto-Legnano, que le général Augereau cernait déjà sur la rive gauche et qui capitula le 27. — A l'affaire qui eut lieu le 29, le général Victor culbuta les troupes qui couvraient Saint-Georges et entra dans ce faubourg pêle-mêle avec elles. Cette circonstance donna lieu à un beau fait d'armes. Un bataillon de la 18e fut chargé par deux escadrons de cavalerie autrichienne ; non-seulement nos braves soldats soutinrent avec beaucoup de résolution cette charge impétueuse, mais ils poussèrent à leur tour les cavaliers avec tant de vigueur que tous ceux qui ne furent pas tués ou blessés mirent bas les armes et se rendirent prisonniers. — A l'affaire de Cerea, l'armée française était vigoureusement pressée par le général Wurmser ; Victor, avec un bataillon de grenadiers, rétablit le combat, dégagea l'armée, repoussa les ennemis, fit un grand nombre de prisonniers et reprit les canons qui nous avaient été enlevés. — Le 27 pluviôse an V, il partagea la gloire de l'armée et le succès qu'elle obtint à la bataille de Saint-Georges, où il fut blessé, et il contribua puissamment, à la tête des 18e et 57e demi-brigades, au gain de celle de la Favorite, où il fit mettre bas les armes à la division Provéra, forte de 7,000 hommes. — Le général en chef Bonaparte, satisfait de la conduite de Victor dans ces deux actions, le nomma provisoirement général de division sur le champ de bataille, et il en rendit compte au Directoire qui confirma cette nomi-

nation par son arrêté du 20 ventôse suivant. Immédiatement après l'affaire de la Favorite, le général Victor marcha sur Bologne avec un corps de troupes que suivit bientôt une réserve de grenadiers sous les ordres du général Lannes. Il s'empara d'Imola et se porta ensuite sur le Senio où s'étaient retranchés 3 à 4,000 hommes des troupes du pape; l'engagement ne fut pas de longue durée; les Romains furent culbutés et mis en déroute au premier choc: on leur tua 4 à 500 hommes, et on leur enleva huit drapeaux, 14 pièces de canon et plusieurs caissons chargés de munitions. L'ennemi qui s'était réfugié dans Faënza, en ouvrit les portes aux Français dès qu'ils se présentèrent. Le général Victor continua sans obstacles sa marche sur Ancône. Il parut devant cette place le 21 pluviôse an V, et s'en empara sans coup férir. On y trouva 120 bouches à feu et plus de 4,000 fusils. Lors de l'insurrection des États de Venise, il alla se réunir au général Kelmaine qui était à Vérone. Il se porta ensuite sur Vicence, et le 9 floréal ses troupes campèrent devant Trévise et Padoue. Lorsque l'armée se trouva réunie dans les provinces de terre ferme, Victor rétrograda sur l'Adige et prit position le long de cette rivière. — Pendant que ces événements se passaient à l'extérieur, les manœuvres royalistes du parti Clichien avaient été déjouées à l'intérieur, et des adresses de félicitations arrivaient de toutes parts au gouvernement. Nous empruntons au *Moniteur* du 26 thermidor an V l'adresse ridiculement déclamatoire que le général Victor, commandant la 8ᵉ division de l'armée d'Italie, fit alors parvenir au Directoire exécutif: « En écoutant le cri de nos cœurs, nous nous faisons un devoir de vous exprimer notre juste indignation. Quoi! la République triomphante par ses armées de tous les efforts des despotes coalisés, est insultée, trahie et plus exposée que jamais? Quoi! après avoir forcé nos ennemis extérieurs à nous demander une paix qui nous couvre de gloire, toutes les lois constitutionnelles, pour lesquelles nous avons versé tant de sang, seraient anéanties? Pensent-ils, ces implacables ennemis de nos concitoyens, que les armées n'existent plus? Où ont-ils pu s'imaginer qu'elles resteraient tranquilles spectatrices de leurs forfaits? Plutôt mille fois mourir!!! Les vertueux patriotes persécutés, assassinés; les prêtres protégés, sonnant partout le tocsin de la discorde et de la guerre; les royalistes levant leurs têtes criminelles, provoquant le meurtre et l'assassinat; les émigrés, dégouttant encore du sang de nos frères d'armes, rentrant en foule pour partager des crimes dont l'horreur fait frémir, font des atrocités que ceux qui combattent depuis six ans pour conquérir leurs droits ne peuvent plus tolérer!!! Oui, nous jurons guerre impitoyable à tous les ennemis de la liberté, de la République et du gouvernement!!! Nous voulons que les lois constitutionnelles soient respectées, exécutées, et qu'elles frappent sans pitié tous les ennemis de notre juste cause. Il est temps d'apporter un terme à l'excès de leurs abominations. Plus d'indulgence, plus de demi-mesure: *la République ou la mort.* »
— Après le traité de paix conclu à Campo-Formio, le 26 vendémiaire an VI, le général Victor rentra en France. Il fut employé à l'armée d'Angleterre le 23 nivôse, passa au commandement de la 2ᵉ division militaire (Nantes) le 27 ventôse, et retourna à l'armée d'Italie le 14 floréal de la même année. Vers cette époque, le général Bonaparte, commandant en chef de l'armée expéditionnaire d'Orient, lui écrivait de Toulon: «Lorsque vous recevrez cette lettre, je serai à l'extrémité de la Méditerranée. Vous deviez venir avec moi, mais le gouverne-

ment a cru vos services utiles ailleurs. Quelque part que je sois, comptez sur mon amitié, etc. » Bonaparte tint parole; quant au général Victor, on verra plus tard comment il sut accepter et reconnaître ses bienfaits. Victor prit part à la conquête du Piémont, se trouva avec sa division aux batailles de Sainte-Lucie le 6 germinal an VII, de Villa-Franca le 16 du même mois, d'Alexandrie le 23 floréal, et enfin aux sanglants combats de la Trébia les 29, 30 prairial et 1ᵉʳ messidor de la même année, où il fut blessé. Le lendemain, 2 messidor, la division Victor défendit, avec une grande énergie, le poste de Sainte-Marguerite qui fut attaqué, le 22 vendémiaire an VIII, par les Autrichiens, et il les contraignit à se retirer après leur avoir fait éprouver des pertes considérables. Le 13 brumaire suivant, à Fossano, il balança pendant longtemps la victoire, et ne se retira du champ de bataille que sur l'ordre formel du général en chef. Il n'évacua également Valdigi, où il se maintenait avec succès, que sur l'invitation réitérée qui lui en fut faite par le même général. — Appelé le 27 ventôse au commandement d'une division de l'armée de réserve, il contribua aux succès remportés sur le Tésin et sur le Pô pendant les mois de floréal et de prairial. Le 20 de ce dernier mois, il détermina le succès de la bataille de Montebello, et le 25, à Marengo; placé en première ligne, il soutint pendant quatre heures les efforts de l'armée autrichienne, et contribua à la prise du village de Marengo. — Il reçut un sabre d'honneur le 17 messidor suivant. L'arrêté qui lui décerna cette récompense nationale était ainsi conçu : « Les Consuls de la République, voulant donner une preuve toute particulière de la satisfaction du peuple français au général de division Victor, commandant la gauche de l'armée à la bataille de Marengo, lequel s'est conduit avec autant de bravoure que d'intelligence, arrêtent ce qui suit : Le ministre de la guerre fera donner au général Victor un sabre sur lequel seront inscrits ces mots: *Bataille de Marengo, commandée en personne par le premier Consul. -- Donné par le gouvernement de la République au général Victor.* » — Le 6 thermidor de la même année, il fut nommé lieutenant du général en chef de l'armée de Batavie, et exerça ces fonctions jusqu'au 21 thermidor an X, époque à laquelle il devint capitaine général de la Louisiane. Il conserva ce titre jusqu'au 17 prairial an XI, et fut alors appelé au commandement en chef de l'armée de Batavie. — Compris comme légionnaire de droit dans la 5ᵉ cohorte, il fut mis en disponibilité le 3 floréal an XII, fut créé grand officier de la Légion-d'Honneur le 25 prairial suivant, et nommé président du collége électoral du département de Maine-et-Loire. Envoyé comme ministre plénipotentiaire auprès du roi de Danemark le 30 pluviôse an XIII, il reçut la décoration de grand cordon de la Légion-d'Honneur le 15 ventôse de la même année. — En 1806, lors de la rupture avec la Prusse, il partit de Copenhague vers la fin de septembre pour rejoindre la grande armée, et fut nommé chef de l'état-major général du 5ᵉ corps, commandé par le général Lannes. Le 10 octobre, il était au combat de Saalfeld, et le 14, à Iéna, il reçut un biscaïen qui lui fit une contusion assez forte pour l'obliger de garder le lit pendant quelques jours. Ce fut lui qui signa, comme fondé de pouvoirs du maréchal Lannes, la capitulation de la forteresse de Spandau le 25 du même mois, et le 26 décembre suivant, il donna de nouvelles preuves de sa bravoure. — L'Empereur ayant organisé un 10ᵉ corps d'armée le 5 janvier 1807, en confia le commandement au général Victor, qui se mit aussitôt en marche pour aller faire le siége de Colberg et de Dantzig; mais pendant qu'il se rendait à Stettin, en voiture avec son aide-de-camp et un domestique, il fut enlevé par un parti de 25 chasseurs ennemis qui battaient le pays. Échangé presque aussitôt par les soins de l'Empereur Napoléon, il fut chargé au mois de mai du siége de Grandentz, et le 14 juin suivant, en l'absence du maréchal Bernadotte, il commanda le 1er corps de la grande armée à la bataille de Friedland. Il détermina le succès de cette journée, et pour l'en récompenser, l'Empereur rendit le décret suivant : « Napoléon, empereur des Français et roi d'Italie, voulant donner au général de division Victor un témoignage éclatant de notre satisfaction pour les services qu'il nous a rendus, et notamment à la bataille de Friedland, nous avons décrété et décrétons ce qui suit : Le général Victor est nommé maréchal de l'Empire. Donné en notre camp impérial de Kœnigsberg, le 13 juillet 1807. *Signé*, Napoléon. » — Chargé du gouvernement de la Prusse après la paix de Tilsitt, il fut créé duc de Bellune en juillet 1808. Appelé au mois d'août suivant au commandement en chef du 1er corps destiné à opérer en Espagne, il se dirigea aussitôt sur Bayonne avec les troupes sous ses ordres. — A son passage à Paris, le 22 septembre, avec une colonne du 1er corps, le préfet de la Seine, à la tête du Conseil municipal, vint à sa rencontre jusqu'à la barrière de Pantin. Après une allocution dans laquelle il énumérait les services éclatants de la grande armée; ce magistrat remit au 1er corps des couronnes d'or offertes par la ville de Paris. Le maréchal duc de Bellune répondit en ces termes : « Monsieur le Préfet, messieurs les maires de la ville de Paris, les couronnes triomphales que vous venez d'offrir au 1er corps de la grande armée, au nom de la ville de Paris, orneront désormais ses aigles victorieuses ; les officiers, sous-officiers et soldats qui le composent ne verront jamais ces témoignages distingués de la considération et de la reconnaissance publique qu'ils ont tâché de mériter, sans se promettre de justifier le sentiment qui les a donnés. L'occasion s'en présentera bientôt, et là, comme sur les rives du Danube et de la Vistule, les soldats de la grande armée se montreront dignes de leur nom et des honneurs qu'ils reçoivent aujourd'hui. Ils acquerront, n'en doutez pas, de nouveaux droits à l'estime du grand peuple et à la bienveillance paternelle de notre auguste souverain, Napoléon le Grand. *Vive l'Empereur!* » Ce cri fut répété de toutes parts; alors au son d'une musique brillante et au milieu des plus vives acclamations, le préfet fixa sur les aigles les couronnes d'or votées par la capitale. Les troupes entrèrent ensuite dans Paris et se rendirent au jardin de Tivoli, où un banquet leur avait été préparé. — Le 1er corps d'armée poursuivit sa marche sur Bayonne, où il arriva du 20 au 30 octobre; il entra par brigades sur le territoire espagnol les 22, 23, 25, 27 et 29 du même mois, et se trouva entièrement réuni à Vittoria et aux environs dans les cinq premiers jours de novembre. — Les 10 et 11 de ce mois, le duc de Bellune attaqua le général Blake à Espinosa de los Monteros et le battit complètement. Les Espagnols perdirent dans cette journée plus de 20,000 hommes, tués ou faits prisonniers, tous leurs bagages, 60 pièces de canon et leurs munitions. Blake se retira dans le plus grand désordre et atteignit Reinosa dans la journée du 12, où il rallia environ 7,000 fuyards, tristes débris d'une armée forte de 50,000 hommes, dix jours auparavant. — Le 30 du même mois, le 1er corps fut chargé de l'attaque du défilé de Sommo-Sierra, qui fut emporté malgré les efforts et la vigoureuse défense de l'ennemi, qui perdit dans cette affaire toute son artillerie et un grand nombre de soldats. C'est dans cette journée qu'eut lieu la mémorable charge des lanciers polonais de la Garde impériale, qui contribuèrent puissamment à la victoire. Ce fait d'armes est l'un des plus beaux que présentent nos annales militaires. — Le 2 décembre de la même année, le duc de Bellune concourut à l'attaque de Madrid et après la prise de cette place, il se dirigea sur Tolède. — Le 18 janvier 1809, il mit en déroute, près d'Uclès, l'armée du duc de l'Infantado, qui s'était portée à sa rencontre, et à laquelle il fit perdre plus de 10,000 hommes et 40 pièces de canon. — Lorsque Napoléon eut décidé l'entrée des troupes françaises en Portugal, le 1er corps fut envoyé sur les frontières de l'Estramadure. Le 15 mars, il passa le Tage à Talavera de la Reina et à Puente de l'Arzobispo. Le 16, il marcha sur l'armée de Cuesta et la rencontra, le 17, retranchée sur la Ybor. L'ennemi fut forcé trois fois successivement dans ses diverses positions pendant la journée; la fatigue des troupes empêcha d'aller au delà du dernier champ de bataille. — Le 18, la division Leval suivit les Espagnols sur Valdecannar et les y força encore. L'ennemi fut poussé de rocher en rocher jusqu'au col de Miravette, et l'armée de Cuesta, s'étant débandée, fut vivement poursuivie. — Le 28, le duc de Bellune attaqua et battit complétement, près de Medelin, le général Cuesta qui était parvenu à rallier son armée. Les Espagnols laissèrent près de 10,000 hommes sur le champ de bataille et perdirent neuf drapeaux, 19 pièces de canon et 7,000 prisonniers. Malgré ce succès décisif, le maréchal Victor ne put prendre part à l'invasion du Portugal; l'arrivée de nombreuses troupes anglo-portugaises rendait sa présence indispensable sur la ligne de la Guadiana au Tage. Son avant-garde ayant été attaquée, le 22 juillet, en avant de Talavera de la Reina, elle dut évacuer cette position pour ne point se compromettre dans une lutte trop disproportionnée; le 1er corps se retira donc sur Tolède et fit sa jonction, le 25, avec les troupes que le roi Joseph avait amenées à Madrid. L'armée française présentait alors sur ce point une force d'environ 40,000 hommes, tandis que celles des Anglais, des Portugais et des Espagnols réunis, sous le commandement de sir Arthur Wellesley (depuis duc de Wellington), n'étaient pas de moins de 80,000 combattants. — Le 27 juillet, à la pointe du jour, parti de Santa Olalla, le roi Joseph mit ses colonnes en mouvement. L'ennemi occupait le terrain qui s'étend depuis Talavera de la Reina jusqu'au delà des côteaux de Medelin, et qui embrasse un développement de 3 kilomètres environ. Les Français arrivèrent vers une heure sur les hauteurs de Salinas, à la gauche d'Alberche. Le 1er corps passa cette rivière à gué et surprit la division du général Mackenzie, postée à la tour de Salinas, et qui fut obligée de se replier précipitamment. L'attaque du duc de Bellune avait été si soudaine que sir Arthur Wellesley, qui se trouvait dans cette position d'où il observait les mouvements de ses adversaires, fut sur le point d'être fait prisonnier. Le maréchal attaqua vigoureusement la colline de Medelin, clef de la position, et qui était occupée par le général Hill, mais il ne put s'en emparer malgré les efforts des divisions Ruffin et Villatte. Le lendemain 28, il renouvela ses tentatives; le combat fut long et opiniâtre, et le succès longtemps indécis; mais enfin, foudroyés par l'artillerie que les Anglais avaient amenée sur ce point pendant la nuit, les

Français furent obligés de revenir à leur première position. Cette journée, connue sous le nom de bataille de *Talavera de la Reina*, où le duc de Bellune se signala et où chaque armée conserva ses positions, coûta aux Anglo-Espagnols 7,500 hommes tués ou blessés; la perte des Français fut à peu près égale. Le 29, l'armée impériale repassa l'Alberche, et Joseph, n'espérant plus vaincre une armée dont l'effectif était double de la sienne, opéra sa retraite sur Madrid. L'Empereur, reconnaissant des services rendus par le duc de Bellune, déjà richement doté par lui, ne l'oublia pas dans la distribution qu'il fit à ses généraux, en juillet 1809, des domaines du Hanovre. Il fit don à ce maréchal des terres de Harpstedt et d'Heiligenrode, d'un revenu de 23,045 fr. 87 cent. de rentes. Après la victoire d'Ocaña, remportée par les Français le 18 novembre, le maréchal pénétra en Andalousie et traversa sans obstacles la Sierra depuis Almaden. Après avoir envoyé quelques reconnaissances sur Santa-Eufemia et Belalcazar, il marcha sans artillerie et sans bagages sur Andigar, où il se réunit aux autres corps. — Poursuivant son mouvement en avant, il entra le 23 dans Cordoue et s'y arrêta pendant quelques jours. De là, il se porta sur Séville, arriva en vue de ses murailles vers la fin de janvier 1810, y entra le 1er février et prit aussitôt la route de l'île de Léon dont il atteignit les environs et forma le blocus le 5 du même mois. Il commença ensuite le siége de Cadix, et pendant trente mois il fit échouer toutes les tentatives de l'ennemi. — La junte de Cadix, ayant conçu le projet d'éloigner de cette place les forces dont se composait la ligne assiégeante, et même d'obliger les Français à se retirer entièrement, prépara les moyens d'exécution qu'elle crut propres à assurer le succès de cette entreprise. Des troupes partirent de Cadix et allèrent débarquer à Algésiras où elles se réunirent à celles commandées par don Antonio Begines de los Rios. Toutes ces troupes, formant un effectif d'environ 20,000 hommes, et 24 pièces de canon, mirent à la voile le 26 janvier 1811 et arrivèrent le lendemain, 27, à Tarifa, d'où elles se portèrent, le 28, sur Chiclana; mais leur marche fut retardée par les obstacles de toute nature qu'elles rencontrèrent et surtout par le mauvais état des routes qui ne permit le passage de l'artillerie qu'avec la plus grande difficulté. Le maréchal Victor n'eut pas plutôt avis de ce mouvement qu'il se porta vers l'ennemi avec environ 6,000 hommes. Le 5 mars, les Anglo-Espagnols se présentèrent sur la route de Chiclana. Dissimulant son infériorité numérique par l'habileté de ses manœuvres, le maréchal Victor culbuta l'avant-garde ennemie et l'accula à la mer. Peu d'instants après, une action sanglante s'engagea sur le côteau de la Cabeza del Puerco, autrement dit de la Barrosa; l'ennemi y perdit 1,500 hommes tués ou blessés, et fut obligé de rentrer à Santi-Pietri, laissant entre les mains des Français trois drapeaux et quatre pièces de canon. Le duc de Bellune ne vit pas la fin du siége de Cadix, il fut appelé à faire partie de la grande armée le 3 avril 1812, et prit le comandement du 9e corps. — Au mois d'août suivant, le 9e corps fort de 30,000 hommes, et destiné à former la réserve, partit de Tilsitt pour se rendre à Wilna. — Lors de la retraite de Moscou, il enleva, le 14 novembre, la position de Moliany et s'y maintint malgré les efforts d'un corps de 45,000 Russes. Le 25, il reçut l'ordre de suivre le mouvement du duc de Reggio sur le pont de Studzianca (Bérésina), de couvrir la retraite en formant l'arrière-garde et de contenir l'armée russe de la Dwina qui le suivait. — Pendant tout cette désastreuse retraite, le duc de Bellune ne cessa de donner des preuves de courage, de sang-froid et de dévouement. Revenu en France avec les débris de nos glorieuses phalanges, le duc de Bellune fut nommé commandant en chef du 2ᵉ corps de l'armée d'Allemagne le 12 mars 1813. Il combattit vaillamment à Lutzen, à Wachau, où il repoussa jusqu'à six fois les attaques opiniâtres des troupes ennemies, et à Leipzig où il se couvrit de gloire. Après cette campagne, il prit le commandement d'un corps destiné à protéger les frontières de l'Est contre l'invasion étrangère; mais, trop faible pour s'opposer efficacement aux masses qui se présentaient, il dut se replier successivement sur la Moselle, sur la Meuse, sur l'Ornain et sur la Marne. Il coopéra de tous ses moyens aux succès de la journée de Brienne, le 29 janvier 1814, et commanda le centre de l'armée, le 1ᵉʳ février suivant, à la bataille de la Rothière, où 36,000 Français luttèrent avec courage contre 106,000 hommes de l'armée de Silésie. — Le 17 février, à Marmont, il mit en déroute le corps du comte Pahlen, et battit le général bavarois Lamotte, près de Valjouan. Il fit dans cette journée 3,000 prisonniers et enleva 16 pièces de canon. Dans sa marche sur Montereau, il s'arrêta à Salins (Seine-et-Marne) pour y prendre quelques heures de repos, et ce retard fit manquer, dit-on, l'occupation des ponts, et lui attira de vifs reproches de la part de l'Empereur. L'amour-propre du maréchal en fut profondément blessé, et on prétend que c'est à ce motif seul que sont dus l'empressement qu'il mit à accueillir les Bourbons et la conduite étrange qu'il tint plus tard envers son bienfaiteur. Le 7 mars à la bataille de Craonne, il fut atteint d'un coup de feu qui le mit hors de combat. — Après l'abdication de l'Empereur, le duc de Bellune fut nommé chevalier de Saint-Louis, le 2 juin 1814, et Louis XVIII lui confia le gouvernement de la 2ᵉ division militaire le 6 décembre de la même année.

— Lors de la rentrée en France de l'Empereur, ce maréchal se rendit dans son gouvernement, et, le 10 mars 1815, il était à Sedan où il publia l'ordre du jour suivant (1) : « L'ordonnance du roi et la proclamation de Sa Majesté du 6 de ce mois annoncent aux Français le nouvel attentat de Bonaparte à la paix et au bonheur dont ils jouissent sous le gouvernement paternel de leur souverain légitime et justement chéri; mais elles annoncent en même temps le châtiment prochain de ce nouveau crime. Déjà nos troupes sont à la poursuite de son auteur, et tout fait espérer qu'il touche au terme de sa funeste existence. Cependant si cette espérance était un instant déçue, si les desseins perfides de Bonaparte trouvaient des partisans assez nombreux pour en seconder l'exécution, quel est l'homme d'honneur qui hésiterait à les combattre? Tous les Français sont donc prêts, s'il le faut, à repousser leur ennemi: car c'est l'homme qui a tyrannisé, désolé et trahi la France pendant douze ans qu'il faudrait poursuivre, ainsi que les satellites qui l'assisteraient dans ses brigandages; c'est l'honneur national, le roi, la charte constitutionnelle, la patrie enfin qu'il faudrait défendre. Soldats, vos sentiments me sont connus, et si nous sommes appelés à concourir à la destruction des factieux, nous remplirons nos devoirs, nos serments, et notre auguste et bon roi sera satisfait. Au quartier-général, à Sedan, le 10 mars 1815. *Signé*, LE MARÉCHAL DUC DE BELLUNE. » Le maréchal partit ensuite pour Châlons-sur-Marne, où il arriva le 16; de là il se dirigea sur Paris où il passa les journées des 17 et 18, et c'est de là qu'il adressa,

(1) Moniteur de 1815, p. 290.

le 18, aux colonels de son corps d'armée, une circulaire ainsi conçue (1) : « Monsieur le Colonel, la voix de notre auguste monarque a été entendue ; la majeure partie des peuples du royaume s'arment pour défendre la patrie, le trône et les lois. Je suis l'heureux témoin de l'enthousiasme des habitants et des troupes de la capitale en faveur de cette cause sacrée. Tout me donne la douce espérance que bientôt la France sera pour jamais délivrée de son ennemi, et qu'elle jouira, sous la protection de la charte constitutionnelle et de son souverain légitime, du bonheur qu'elle mérite et de la considération que les autres nations ne peuvent lui refuser. Cependant des émissaires, soudoyés par Bonaparte, parcourent les campagnes pour en séduire les crédules habitants et pour nous jeter encore dans toutes les calamités d'une révolution pire que celle qui a coûté tant de sang à notre chère patrie. La perfidie de leurs suggestions doit s'étendre jusque sur les troupes ; ils vont tenter d'égarer les soldats ; que ceux-ci se défient de leurs odieuses manœuvres et se préservent de l'horreur d'y prendre part. Rappelez-leur qu'ils ne sont point les soldats d'un parti, mais bien ceux de la France menacée qu'ils doivent défendre. Leurs familles attendent d'eux toute leur sécurité ; la France entière compte sur leur fidélité ; elle réclame leurs services, ils ne seront pas sourds à cette voix imposante. *Recueillez* donc MM. les officiers et les sous-officiers de votre régiment, faites-leur connaître la position affreuse où Bonaparte veut encore nous réduire pour satisfaire ses passions violentes aux dépens de la fortune, de la tranquillité et du sang des Français. Dites-leur surtout une grande vérité, c'est que si les troupes chargées de défendre leur pays s'écartaient de leur devoir, et si, oubliant ce qu'elles doivent à la patrie et à leur roi, elles commettaient la lâcheté de se livrer aux rebelles, elles verraient sous peu les troupes étrangères sur notre territoire, toutes les horreurs d'une guerre dont elles seraient la cause et la perte honteuse et irréparable de l'honneur national. La guerre qui nous est suscitée, monsieur le colonel, est celle de la trahison contre la fidélité, de l'iniquité contre la justice, de la honte contre l'honneur. Les troupes françaises ont le choix de l'une ou de l'autre cause ; mais je ne leur ferai point l'injure de leur indiquer celle qu'elles doivent embrasser. — Paris, le 18 mars 1815. *Signé*, le maréchal duc DE BELLUNE. » — Parti de Paris le 19, le maréchal arriva le 20 à Châlons, où il trouva toutes les troupes de son commandement réunies. Les bruits de l'arrivée de l'Empereur à Paris l'engagèrent à porter une partie de son corps d'armée sur la rive droite de la Marne, dans les diverses directions de Paris. Mais les troupes, informées de la marche triomphale de l'Empereur, prirent successivement les couleurs nationales et manifestèrent hautement leur peu de sympathie pour le gouvernement des Bourbons. Le duc de Bellune, voyant son autorité méconnue et craignant d'être arrêté, prit la fuite et alla rejoindre le roi. Il rentra au mois de juillet et fut nommé Pair le 17 août, puis major général de la Garde royale, et le 12 octobre, président de la commission chargée *d'examiner la conduite des officiers de tous grades qui avaient servi pendant l'usurpation.* — Le 10 janvier 1816 le duc de Bellune fut pourvu du gouvernement de la 16ᵉ division militaire, fut commandeur de l'ordre de Saint-Louis, et grand-croix après le mariage du duc de Berri, dont il signa le contrat, puis enfin chevalier commandeur de l'ordre du Saint-Esprit.

---

(1) Moniteur de 1815, p. 312.

Ministre de la guerre le 14 septembre 1821, il prépara la campagne d'Espagne de 1823, et fut nommé major général de l'armée d'Espagne le 17 mars; mais le duc d'Angoulême ne voulut point l'agréer. Il reprit alors son portefeuille, entra dans le conseil privé; fut commandant en chef du camp de Reims au sacre de Charles X, et membre du conseil supérieur de la guerre en 1828. Il prêta serment en 1830 au nouveau gouvernement, mais se tint éloigné des affaires. Il est mort en 1841.

VILLENEUVE (Pierre-Charles-Jean-Baptiste-Sylvestre), amiral. Né le 31 décembre 1765, à Valensoles (Basses-Alpes), entré dans la marine à l'âge de 15 ans, capitaine de vaisseau à peine âgé de 30 ans, contre-amiral en 1796. — Servit constamment pendant la guerre de la Révolution, et se distingua notamment à Aboukir, où il commandait l'arrière-garde. — Commandant en chef des forces navales stationnées aux îles du Vent en 1802, vice-amiral en 1804. Commandant de l'escadre de Toulon. — Fait prisonnier par les Anglais à la malheureuse affaire de Trafalgar, malgré les prodiges qu'il fit pour fixer la victoire. — Renvoyé en France en 1806, Villeneuve s'est donné la mort le 23 avril de la même année. — « Avec plus de vigueur au cap Finistère, Villeneuve eût pu rendre l'attaque de l'Angleterre praticable. Son apparition avait été combinée de très-loin avec beaucoup d'art et de calcul, en opposition à la routine des marins qui entouraient Napoléon; et tout réussit jusqu'au moment décisif; alors la mollesse de Villeneuve vint tout perdre. » (Las Cases.) — « Villeneuve, lorsqu'il fut fait prisonnier par les Anglais, fut tellement affligé de sa défaite, qu'il étudia l'anatomie pour se détruire lui-même. A cet effet, il acheta plusieurs gravures anatomiques du cœur, et les compara avec son propre corps, pour s'assurer exactement de la position de cet organe. Lors de son arrivée en France, je lui ordonnai de rester à Rennes et de ne pas venir à Paris. Villeneuve craignant d'être jugé par un conseil de guerre, pour avoir désobéi à mes ordres, et conséquemment avoir perdu la flotte (car je lui avais ordonné de ne pas mettre à la voile et de ne pas s'engager avec les Anglais), résolut de se détruire. En conséquence, il prit ses gravures du cœur, les compara de nouveau avec sa poitrine, fit exactement au centre de la gravure, une longue piqûre avec une longue épingle, fixa ensuite cette épingle, autant que possible, à la même place, contre sa poitrine, l'enfonça jusqu'à la tête, pénétra le cœur et expira. Lorsqu'on ouvrit sa chambre, on le trouva mort; l'épingle était dans sa poitrine, et la marque faite dans la gravure correspondait à la blessure de son sein. Il n'aurait pas dû agir ainsi, c'était un brave, bien qu'il n'eût aucun talent. » (O'Meara.)

WELLINGTON (Arthur Wellesley), né à Duncan-Castle, dans le comté de Meath, le 1er mai 1769, année de la naissance de Napoléon. Elève de l'école militaire d'Angers en France, enseigne en 1787, lieutenant dans la même année. — En 1793, son frère, le marquis de Wellington lui acheta la lieutenance-colonelle du 33e régiment. Il commanda une brigade dans la retraite de Hollande. Envoyé dans l'Inde en 1797, gouverneur de Seringapatam en 1799. Major général en 1800. Retourné en Angleterre en 1805, il fit la campagne de l'île de Walcheren sous les ordres de lord Cathcart. — Député à la Chambre des communes en 1806 ; premier secrétaire de l'Irlande en 1807 ; envoyé en Espagne en 1808, il fut compromis dans la négociation du général Dalrymphe ; commandant en chef des troupes britanniques en Portugal en 1809. Pair d'Angleterre et vicomte de Talavera, grand d'Espagne de première classe en 1812, et duc de Ciudad-Rodrigo, comte d'Angleterre, feld-maréchal, marquis de Douro et duc de Wellington. — Ambassadeur extraordinaire et ministre plénipotentiaire près la cour de France en 1814. Ministre plénipotentiaire au Congrès de Vienne. Généralissime des troupes européennes dans les Cent-Jours. Prince de Waterloo. Généralissime des troupes alliées de l'occupation. Feld-maréchal de Russie en 1818. — « Wellington n'a qu'un talent spécial, Berthier avait bien le sien, il y excelle peut-être ; mais il n'a pas de création : la nature a plus fait pour lui qu'il n'a fait pour elle. Quelle différence avec ce Marlborough, désormais son émule et son parallèle ! Marlborough, tout en gagnant des batailles, maniait les cabinets et subjuguait les hommes. Pour Wellington, il n'a su que se mettre à la suite des vues et des plans de Castelreagh. Aussi Madame de Staël avait-elle dit, que hors de ses batailles, il n'avait pas deux idées..... Ses victoires, leur résultat, leur influence, hausseront encore dans l'histoire, mais son nom baissera même de son vivant, etc., etc., etc. » (Las Cazes.) — On m'a assuré, disait Napoléon, que c'est par lui que je suis ici, et je le crois. C'est digne, du reste, de celui qui, au mépris d'une capitulation solennelle, a laissé périr Ney, avec qui il s'était souvent rencontré sur le champ de bataille. Il est sûr que pour moi, je lui ai fait passer un mauvais quart-d'heure. C'est désormais un titre pour les grandes âmes, la sienne ne l'a pas senti. Ma chute et le sort qu'on me réservait lui ménageaient une gloire bien supérieure encore à toutes ses victoires, et il ne s'en est pas douté. « D'abord sans la trahison d'un général qui sort de nos rangs pour avertir l'ennemi, je dispersais, je détruisais toutes ces bandes, sans qu'elles eussent pu se réunir en corps d'armée. — Puis, sur ma gauche, sans les hésitations inaccoutumées de Ney, aux Quatre-Bras, j'anéantissais toute l'armée anglaise. — Enfin sur ma droite, les manœuvres inouïes de Grouchy, au lieu de me garantir une victoire certaine, ont consommé ma perte et précipité la France dans un gouffre. » (O'Méara.) — « M. de Las Cazes avait remarqué qu'en général il répugnait à Napoléon de mentionner lord Wellington, et qu'il évitait même de faire connaître son jugement, probablement parce que l'Empereur se sentait gauche à ravaler celui sous lequel il avait succombé. Toutefois, le 16 novembre 1816, Napoléon, abreuvé d'amertume, pour toutes les indignités dont il était l'objet à Sainte-Hélène, s'est abandonné sans mesure, et a livré sa pensée tout entière. » (Las Cases.) — Quelques-uns ont poussé la flagornerie jusqu'à comparer, comme militaire, Wellington à Napoléon....... *Risum teneatis !*....... Mais examinons sous les rapports administratifs, et comparons les six mois qui suivirent en France le 18 brumaire avec six mois du ministère de Wellington en 1828. Napoléon avait tout à réorganiser, une armée à créer et l'Italie à conquérir pour la seconde fois. Au moment où il s'occupait de réunir à Dijon les forces imposantes qui, après avoir gravi le mont Saint-Bernard, devaient délivrer l'Italie du joug autrichien, il achevait de détrôner l'anarchie directoriale, et rétablissait au dedans l'ordre le plus parfait dans toutes les branches du gouvernement. Déjà placé au rang des premiers capitaines des temps modernes, à quel monument désirait-il avec le plus d'ardeur que la postérité attachât son nom ? Au Code civil dont il jetait alors les bases ? A-t-on vu sous le ministère Wellington une seule de ces grandes réformes nécessaires à la législation judiciaire et civile de l'Angleterre. Si quelque réforme s'est effectuée, c'est en dépit de l'invincible tendance du noble duc à maintenir tous les abus. Tête dure, volonté de bronze, impassibilité invincible. » — « Peut-on oublier jamais la conduite de Wellington à Paris, à l'époque de la fatale condamnation du maréchal Ney qu'il eût pu prévenir d'un seul mot. » (*Wellington, jugé par les Anglais.*) — « Peu d'hommes sont plus complétement dénués des moyens de plaire que lord Wellington. Doux sourires, flatteuses promesses, séductions de cour, toutes ces ressources qui coûtent si peu aux ministres et coûtent cher aux nations, lui sont étrangères. La raideur de son humeur et de son maintien a mérité de devenir proverbiale ; l'inflexibilité de ses idées et la crudité de son langage correspondent assez bien avec cet extérieur privé de grâce ; la bonhomie lui manque pour plaire au peuple, comme l'élégance des manières pour flatter l'aristocratie. Ceux-ci le trouvent sombre et hautain ; ceux-là, dont il ne flatte point la faiblesse orgueilleuse, l'accusent de grossièreté et de rudesse... Un bon sens vulgaire, mais d'excellent usage dans la pratique ordinaire de la vie l'avait élevé sur le pavois des triomphes guerriers. La même qualité l'a sauvé au milieu des dangers de la politique intérieure... On ne peut disconvenir que son administration n'ait été bienfaisante, sinon dans ses détails, au moins dans l'ensemble de ses actes. » (*Idem.*) — « Le duc de Wellington est le représentant le plus complet et le plus opiniâtre des antiques préjugés. L'humeur inflexible qui le caractérise lui prête une espèce d'éloquence : ces dispositions intellectuelles, cette résistance à tous les avis, cette obstination froide qui respire dans chacune de ses paroles, produisent quelque effet. A tort ou à raison, il est convaincu, et cette conviction est une puissance. Il a foi dans la nécessité des abus, il croit que l'espèce humaine ne peut être gouvernée que par des institutions mauvaises, anormales, injustes. Il est né stationnaire ! Tel est son destin et son penchant. » (*Idem.*) — « Le duc de Wellington a une physionomie si remarquable qu'on l'oublie difficilement quand on l'a vu. Ses traits sont prononcés. Son visage est excessivement long et hors de proportion avec sa taille qui est moyenne et aussi maigre que celle d'un malade à la diète. » — « Le duc est *très-actif*, mais jamais *affairé ;* dépêchant rapidement la besogne, mais jamais avec précipitation ; froid, prompt, décidé, peut-être despotique, mais calme et ferme dans des circonstances où tout autre serait embarrassé et indécis. — Sa manière habituelle de parler est abrupte et rapide ; son débit lourd et peu distinct. Mais il parle avec assurance et exprime ses idées avec clarté, concision et force. Sa conversation indique encore mieux son caractère que ses discours ; au lieu de nourrir l'entretien par des répliques qui étouffent le sens sous l'abondance stérile des mots, il laisse intervenir des pauses dans le dialogue et tout à coup laisse éclater brusquement sa pensée. Mais à part l'art de la guerre, son esprit manque d'étendue et de profondeur. Pour les hommes d'imagination, le caractère de Wellington est un de ces caractères qu'on admire, mais non pas de ceux qu'on aime. Incapable de sensibilité comme d'enthousiasme, il renvoie un ministre avec la même indifférence qu'il met au rebut un vieil habit. Il va se battre en duel ou déjeuner avec la même absence d'émotion. Tout ce qu'il fait, il semble le faire parce qu'il a résolu d'avance qu'il le fera. »

Nous croyons devoir compléter la biographie de Wellington par le récit de la bataille de Waterloo ; cette journée si terrible par ses résultats, et dans laquelle, peut-être, la gloire du vainqueur n'égale pas celle du vaincu.

Au 12 juin, alors que 220,000 hommes étaient réunis, l'Empereur voulut prévenir un plus grand rassemblement d'ennemis ; son idée était de surprendre et de battre ses adversaires en détail. Rien n'était mieux combiné, en effet. Le feld-maréchal Blücher avait son quartier général à Namur ; celui du duc de Wellington était à Bruxelles : il fallait au moins deux jours à l'armée anglo-hollandaise pour se rassembler sur Charleroi et Fleurus. Le deuxième corps de l'armée prussienne avait huit lieues à faire pour se porter en ligne, le troisième, quatorze lieues, et le quatrième quinze lieues. — Au 15 juin, les armées ennemies pouvaient encore être surprises ; elles le furent en effet ; mais déjà les corps qui les composaient étaient assez rapprochés pour que cette suprise ne pût leur être fatale. Le plan de campagne fut donc, comme il devait l'être, d'opérer la disjonction de l'armée anglaise de l'armée prussienne, de manière à pouvoir agir séparément contre l'une et l'autre. — Napoléon se décida à attaquer d'abord les Prussiens ; il jugeait d'après le caractère connu du duc de Wellington, qu'il ne viendrait au secours des Prussiens que lentement et après avoir rassemblé toute son armée, tandis que, si le duc avait été attaqué le premier, le vieux feld-maréchal était homme à lui amener les deux premiers bataillons qu'il aurait pu rassembler. — Le mouvement en avant de l'armée française avait été si bien masqué, que les ennemis passèrent la nuit du 14 au 15 dans la plus parfaite sécurité. Napoléon, parti de Paris le 12 juin, était le 14 à la tête de ses troupes : son dessein était de passer la Sambre à Charleroi ; il avait disposé pour cette opération ses six premiers corps d'armée, avec la garde impériale et des réserves de cavalerie. — Le 15, au point du jour, l'armée française, sur trois colonnes, se porta sur l'ennemi, et battit les Prussiens, surpris partout où on les rencontra ; ils furent repoussés de Charleroi où l'Empereur porta son quartier général. Ce fut pendant la nuit seulement que l'armée anglaise reçut l'ordre de se réunir. Le corps du duc de Brunswich et la division du général Pictor se dirigèrent à la pointe du jour sur Charleroi. — C'est ici que se présente la plus incroyable faute de cette campagne ; le maréchal Ney commandait la gauche ; il avait sous ses ordres près de 40,000 hommes. L'intention de l'Empereur avait été qu'il prît position au delà des Quatres Bras, en poussant les avant-gardes sur les routes de Bruxelles et de Namur. — « Monsieur le Maréchal, lui avait-il dit, en lui donnant ses ordres formels, vous connaissez bien la position des *Quatre-Bras ?* — Oui, répondit le maréchal ; comment ne la connaîtrais-je pas, il y a vingt ans que j'ai fait la guerre dans ce pays. Cette position est la clef de tout. — Eh bien ! ralliez-y vos deux corps, et, s'il est nécessaire, élevez-y quelques redoutes ; pressez la marche de d'Erlon, et qu'il rappelle tous les détachements qu'il aura laissés au pont sur la Sambre, tout doit être rallié pour la nuit. — Fiez-vous à moi ; dans deux heures, nous serons aux *Quatre-Bras*, à moins que toute l'armée ennemie n'y soit. — En effet, la position des Quatre-Bras était la clef de tout ; c'était réellement le point de jonction de l'armée anglaise et de l'armée prussienne. Dans le plan de campagne de l'Empereur, c'était cette position qu'il eût fallu conquérir à tout prix. Le maréchal Ney, qui devait y être au bout de deux heures n'y était pas encore le lendemain à huit heures du soir; il s'était laissé inquiéter par le bruit de la canonnade engagée entre Ligny et Fleurus, et le général ennemi, prince Bernard, occupa tranquillement, pendant toute la nuit, cette position importante avec 4,000 hommes seulement de la troisième division belge de l'armée du duc de Wellington. — L'Empereur, le 16, dès le matin, réitéra au maréchal Ney l'ordre de marcher en avant et de prendre enfin la position qu'il eût dû occuper la veille, et dans le cas où les Prussiens accepteraient la bataille, comme cela était vraisemblable, près de Fleurus ou de Gembloux, de faire un détachement par la chaussée des Quatre-Bras vers Namur, sur le flanc droit des Prussiens. Napoléon se porta aussitôt sur Fleurus avec tout le centre de l'armée, à l'exception du 6ᵉ corps qu'il laissa à Charleroi; la droite, sous les ordres de Gérard, rejoignit le centre vers midi. — On ne tarda pas à reconnaître l'armée prussienne dont la gauche occupait Sombref, le centre Ligny, la droite Saint-Amand, et les réserves les hauteurs de Bry; elle avait son front couvert par un ravin profond qui liait entre eux les trois villages. Cette position, forte par elle-même, n'était cependant pas sans défauts; celle des Quatre-Bras se trouvait sur ses derrières, la droite des Prussiens était aussi tout à fait en l'air; mais, ils étaient là, attendant l'arrivée du corps de Bulow qui n'était pas encore en ligne, et celle de l'armée anglo-hollandaise qui devait former l'extrême gauche, ayant son point de concentration indiqué aux Quatre-Bras. L'armée prussienne s'élevait déjà à 82,000 hommes, elle comptait imposer assez pour qu'on n'osât pas s'engager avec elle. Il en fut autrement cependant, et l'Empereur jugea les Prussiens dans une situation à être entièrement détruits avant l'arrivée des forces nombreuses qui s'avançaient pour les rejoindre. — Napoléon, tout en combinant ses dispositions d'attaque, envoyait à chaque instant des ordres au maréchal Ney pour le presser d'agir. Mais de minute en minute les divisions belges et hollandaises et les têtes de colonne de l'armée anglaise arrivaient sur la position que Ney aurait pu enlever la veille par un coup de main; l'ennemi put alors résister sans peine aux attaques du prince Jérôme et de la division Foy. Le maréchal, après avoir manqué une action favorable, n'avait pas appelé assez promptement ses troupes à lui, et quand elles l'eurent successivement rejoint, l'ennemi avait réuni la plus grande partie des siennes. A trois heures, Vandamme attaqua la droite de l'ennemi à Saint-Amand, et, quelques instants après, Girard attaqua le centre à Ligny en même temps que Grouchy repoussait toute la cavalerie ennemie et contraignait la gauche des Prussiens à rentrer dans la position de Sombref. Du côté de Vandamme, le succès fut longtemps balancé, quoique le général Girard, chargé de tourner Saint-Amand, fît tout ce qu'on pouvait attendre d'un des meilleurs officiers généraux de l'armée. Le village de Ligny, au centre, devint aussi l'objet d'un combat terrible; il fut pris et repris plusieurs fois. A cinq heures et demie, Girard n'avait pas réussi à s'en rendre entièrement maître. Napoléon se disposait à marcher sur ce point avec la Garde impériale, lorsque Vandamme l'envoya avertir qu'à une lieue de la gauche, une colonne d'au moins 20,000 hommes, débouchait des bois et tournait l'armée française en paraissant se porter sur Fleurus. Cette nouvelle nécessitait des dispositions d'un autre genre; cependant, quand elles furent faites, on reconnut que cette prétendue colonne ennemie n'était autre chose que le premier corps de l'armée française qui manœuvrait sans qu'on sût pourquoi. L'empereur reprit son premier dessein et marcha sur Ligny, il était sept heures du soir. Ligny fut emporté par la Garde au pas de course. Les Prussiens, ayant ainsi leur centre enfoncé, tandis qu'au même moment leur droite était tournée au delà de Saint-Amand par la division Girard, se mirent en retraite dans plusieurs directions, laissant sur le champ de bataille 40 pièces de canon, six drapeaux, 15,000 morts et un grand nombre de prisonniers. La perte des vainqueurs, qui n'avaient pas engagé plus de 60,000 hommes ne s'éleva pas à plus de 8,000 morts ou blessés. — Le feld-maréchal Blücher, renversé de son cheval, se trouva longtemps au milieu des cuirassiers français qui ne firent point attention à lui ; il profita de la nuit pour s'échapper et rejoindre ses troupes qui déjà le croyaient mort ou prisonnier.

La bataille de Ligny fut un succès malheureux, puisqu'il n'avança rien ; il eût été immense si le maréchal Ney avait atteint le but qui lui avait été indiqué. Encore une fois, le but de Napoléon, but qu'il n'atteignit pas par la faute du maréchal, était de séparer l'armée prussienne de l'armée anglaise. S'il y a eu, en 1815, quelque possibilité de battre les coalisés, de leur faire éprouver un des échecs qui amènent de grands résultats, c'était sans doute dans la journée du 16, et particulièrement à la gauche de l'armée. — Le maréchal Ney fut, dans la campagne de 1815, méconnaissable pour tous. Ses adieux et ses serments à Louis XVIII, son affaire de Lons-le-Saulnier, son retour à Napoléon, dont il avait en 1814 pressé l'abdication, tous ces souvenirs bouleversaient son âme. Le maréchal n'avait pas le cœur d'un traître, mais peut-être ses facultés avaient éprouvé un notable affaiblissement par suite des souffrances de la campagne de Russie. C'est de bonne foi qu'il avait promis à Louis XVIII de combattre Napoléon, puis il s'était trouvé trop faible pour résister à l'appel de celui auquel il devait sa fortune, de celui sous les yeux duquel il avait acquis tant de gloire, dont il avait partagé les grands travaux. Il s'est rencontré des juges pour condamner le maréchal Ney, coupable, sans doute, mais protégé par la capitulation de Paris. C'est une tache pour la pairie française, c'est une tache pour la mémoire de Louis XVIII d'avoir laissé répandre le sang d'un homme qui en avait tant versé pour la patrie. — La conduite de Ney à Lons-le-Saulnier avait été ouvertement blâmée par ses anciens camarades; sa présence à l'armée avait été vue avec peine; il sentait toute la difficulté de sa position, et cet homme, dont le coup d'œil avait été jusque-là si prompt et si sûr, dont l'action avait été si rapide, se montra, dans cette grande circonstance du 16 juin, incertain et faible. Son inaction compromit tout : ce que voulait Napoléon, c'était rendre une bataille générale impossible. Ney rendit inévitable la bataille de Waterloo, en forçant l'Empereur à négliger la poursuite de l'armée prussienne, pour venir faire tête à l'armée anglaise. — Stimulé par les ordres réitérés de Napoléon, qui avait renforcé le corps de Ney du corps de réserve des cuirassiers, commandé par Kellermann, le maréchal sentit toute l'importance de sa position et le tort qu'il avait eu de ne pas s'en emparer à temps; aussi il tenta les plus grands efforts pour y parvenir, mais ce fut en vain. — La division du prince Jérôme et celle du général Foy étaient vivement engagées sans résultat, lorsque le colonel Forbin-

Janson, officier d'ordonnance de l'Empereur, vint apporter au maréchal un dernier ordre avec ces mots : « Maréchal, « le salut de la France est dans vos « mains. » — Désespéré de ne point être maître de cette position, de voir les forces de l'ennemi y grossir à chaque instant, et les effets de son infanterie demeurer impuissants, le maréchal fit appeler le général commandant la réserve des cuirassiers, et lui répétant les paroles de l'Empereur, il ajouta : « Mon cher Général, il s'agit du salut de la France, « il faut un effort extraordinaire ; prenez « votre cavalerie, jetez-vous au milieu de « l'armée anglaise, écrasez-la, passez-lui « sur le ventre. » — « Mais, monsieur le « maréchal, je n'ai avec moi qu'une de « mes brigades, les trois autres sont encore à deux lieues en arrière, d'après « vos ordres mêmes ; que puis-je faire « avec une brigade contre une armée ? » — « N'importe, chargez avec ce que « vous avez ; écrasez l'armée anglaise, « passez-lui sur le corps ; le salut de la « France est dans vos mains. » — « Je « puis certainement, monsieur le Maréchal, me dévouer, moi et les miens, à « une mort certaine ; mais que du moins « notre perte serve à quelque chose. « Bien certainement, avec une brigade, « je ferai une trouée ; vous avez la division de cavalerie légère de la garde et « la division du général Piré, qu'elles se « tiennent prêtes à entrer après nous dans « le sillon que nous aurons tracé. » — « Partez, Général, je vous ferai suivre à petite « portée de pistolet par toute la cavalerie « que j'ai sous la main. » — Le général qui parlait ainsi était le général Kellermann, le même qui, à Marengo, avait, par une heureuse inspiration, décidé la victoire avec une charge de 400 cavaliers ; le même qui en Espagne, à Albà-de-Tormès, avec 3,000 hommes de cavalerie à peine, avait détruit l'armée de 20,000 hommes du duc del Parque ; le même qui, dans la campagne de 1814, avait, avec 1,500 chevaux, refoulé dans Provins 25,000 Russes. — Le général Kellermann, fils du maréchal, était un petit homme, idéalement laid, mais sur un champ de bataille, sa figure s'illuminait, il devenait presque beau ; c'était l'un des meilleurs, sinon le meilleur officier général de cavalerie de toute l'armée ; sage, prudent, et en même temps courageux au delà de toute idée ; il ne comprenait pas ces futiles charges de cavalerie, qui viennent aboutir à un demi-tour à droite par quart au premier feu d'un carré ; avec lui, il fallait périr dans une charge ou enfoncer. Le premier régiment ennemi qu'il rencontra était le 69e d'infanterie ; ce régiment, composé d'Écossais, commença le feu à trente pas ; mais sans être arrêtés, les cuirassiers lui passèrent sur le ventre, le détruisirent en entier et renversèrent ensuite tout ce qui se trouva sur leur chemin ; quelques-uns même pénétrèrent jusque dans la ferme des Quatre-Bras et y furent tués. Le duc de Wellington n'eut que le temps de sauter à cheval et de se dérober, par une prompte fuite, à cette terrible attaque. — La charge des cuirassiers avait réussi contre toute probabilité, une large brèche était faite, l'armée ennemie était ébranlée, les lignes anglaises étaient flottantes, incertaines, dans l'attente de ce qui allait arriver ; le moindre appui de la cavalerie qui devait être en réserve, le moindre mouvement de l'infanterie qui devait être engagée sur la droite, auraient complété le succès ; rien ne s'ébranla ! Cette cavalerie si redoutable est abandonnée à elle-même ; seule, dispersée, débandée par l'impétuosité de sa charge, elle n'est plus dans les mains de ses chefs ; elle se voit assaillie de coups de fusil de l'ennemi, revenu de son étonnement et de sa frayeur; elle abandonne le champ de bataille comme elle l'avait enlevé, sans même être poursuivie par la cavalerie ennemie. Le général lui-même, renversé de son cheval, revint à pied du milieu des Anglais; il rencontra enfin, près du pont d'où il était parti, une division qui s'ébranlait au pas, les ordres lui avaient été donnés trop tard. Cette division ne fit que des attaques infructueuses contre l'ennemi sur ses gardes. — A la guerre, on ne manque pas si impunément l'à-propos, et la nombreuse cavalerie de l'aile gauche de l'armée ne fut pas employée à saisir le joint et à s'y précipiter. Ce fut un grand malheur pour l'armée, pour la France, que l'éloignement des trois brigades de la réserve de cuirassiers. Si elles eussent été en ligne et prêtes à profiter de cette heureuse témérité à se jeter au milieu de l'ennemi, peut-être, en moins d'une heure, c'eût été fait de l'armée anglaise, elle eût disparu sous les pieds des chevaux et sous le fer des cavaliers, et cette journée eût valu à la France un de ces résultats qui décident des destinées des empires. En effet, l'armée anglaise anéantie, l'armée prussienne, pressée à la tête et prise en flanc, ne pouvait échapper à un désastre complet; elle n'eût pas repassé le Rhin. La victoire eût promptement ramené sous le drapeau français les Belges, les riverains du Rhin, et l'on eût eu bon marché des Autrichiens et des Russes : c'était là le plan de Napoléon. Le maréchal Ney, par son inaction fatale, le contraignit de remettre tout au hasard d'une bataille. — La journée de Ligny avait eu pour résultat la retraite de l'armée prussienne sur Tilly et Gembloux, où elle fut rejointe dans la nuit par le corps d'armée de Bulow. En apprenant la défaite des Prussiens, le duc de Wellington sentit la nécessité d'appuyer leur flanc droit; il jugea donc nécessaire de se retirer pendant la nuit, ne laissant aux Quatre-Bras qu'une faible arrière-garde, afin de masquer son mouvement. Le maréchal n'en eût pas connaissance; restant immobile dans ses positions, il attendit des ordres. — Il ne fut tiré de l'engourdissement dans lequel l'avait laissé plongé son peu de succès de la veille, que par l'arrivée de l'Empereur qui, débouchant le 17 au matin avec ses colonnes sur les Quatre-Bras, obligea l'arrière-garde du duc de Wellington à se replier sur le gros de l'armée. L'Empereur croyait en avoir fini avec les Prussiens. Ignorant, comme le maréchal Ney, le mouvement de l'armée anglaise, il supposait les deux armées ennemies séparées; il remit à Grouchy le soin de poursuivre les Prussiens, lui recommandant surtout de les harceler sans relâche et de les empêcher de porter secours aux Anglais.

Une sorte de fatalité présidait au sort de Napoléon. A la droite, le maréchal Grouchy perdit la journée du 17 et la trace de Blücher; à la gauche, la fatigue et l'absence d'ordre condamnaient les troupes à l'inaction. Ce fut à midi seulement que l'Empereur, arrivant aux Quatre-Bras, fit mettre les troupes du maréchal Ney en mouvement pour suivre en tirailleurs l'arrière-garde anglaise. Vers trois heures commença une pluie battante qui dura jusqu'au lendemain matin. L'armée prit position comme elle put pendant la nuit, non sans un peu de désordre et de confusion. L'armée anglo-belge, au contraire, avait fait sa retraite sans être inquiétée, puisqu'on n'avait pas eu connaissance de son mouvement; elle était établie dès le matin dans le camp qu'elle s'était préparé et n'eut à souffrir ni du mauvais temps, ni du manque de subsistances. — Le système des généraux anglais est de se laisser attaquer; soit le caractère, le génie militaire des Anglais, soit l'esprit de leur gouvernement qui impose aux généraux une plus grande circonspection, on croirait la nation anglaise moins propre à une guerre offensive que défensive; à moins d'une grande supériorité de forces, comme à Toulouse, ou d'une nécessité absolue, comme à Alkmaer, en 1799, ils se décident difficilement à prendre l'initiative. — Ce système leur réussit; il est en effet à remarquer que d'Azincourt à Waterloo, toutes les batailles gagnées par les Anglais sur les Français ont été des batailles défensives; on peut citer comme exemple, dans les dernières guerres, Vimeira, Talavera, Busago et Salamanque. Les Anglais ont l'habitude de se faire attaquer dans des positions formidables, choisies à l'avance et qu'ils savent merveilleusement défendre; ils amènent presque constamment leur ennemi à prendre, comme on dit, le taureau par les cornes. — Encore une fois à Waterloo, les Français devaient faire aux Anglais l'espèce de guerre à la nature de leur courage. — Le plan de l'Empereur, tel que nous l'avons indiqué, se déroule avec une admirable facilité, et les événements permettent de reconnaître sans peine toutes les fautes qui sont venues le contrarier. Ce que voulait l'Empereur, c'était détruire successivement ses deux ennemis, et, sous ce rapport le système dans lequel il avait conçu la campagne de 1815 mérite tous les éloges qui lui ont été donnés : c'est par l'exécution qu'il a manqué. — Napoléon avait parfaitement jugé que son adversaire le plus sérieusement redoutable, c'était le vieux feld-maréchal Blücher. C'est à lui qu'il s'attaque d'abord pendant les journées du 15 et du 16, sans lui donner le temps de se reconnaître; il le presse, le poursuit sans relâche, et eût infailliblement détruit l'armée prussienne, si la fatale inaction du maréchal Ney, son impardonnable faiblesse pendant toute la journée du 16 et la matinée du 17 n'eût permis à l'armée anglaise d'arriver en ligne et de venir s'interposer entre les Prussiens et les Français. Contraint d'abandonner les Prussiens pour faire tête à l'armée anglaise, le plan de l'Empereur n'est déjà plus le même; l'importance de ses premiers succès disparaît; cependant il espère encore pouvoir tout réparer. Le maréchal Grouchy, détaché à la poursuite des Prussiens avec les troisième et quatrième corps d'armée, la division d'infanterie du sixième et la cavalerie légère du général Exelmans, devra les presser le plus vivement que possible, les tenir toujours devant lui et les empêcher de porter secours aux Anglais. Comme Ney, par son immobilité passive seule, a empêché les Anglais de porter secours aux Prussiens pendant la bataille de Ligny, le maréchal de Grouchy devra de plus se placer dans sa marche de manière à concourir à la défaite de l'armée anglo-belge s'il y a une bataille. L'Empereur, ayant donné à Grouchy trente-six mille hommes et cent dix canons, resta en présence de l'armée anglaise avec soixante mille hommes et deux cent cinquante bouches à feu. Or l'armée anglo-belge se composait de plus de cent mille hommes avec un train d'artillerie de deux cent cinquante pièces.

Quand Napoléon arriva aux Quatre-Bras, la cavalerie anglaise, que le duc de Wellington avait chargée de couvrir sa retraite, y était encore, elle ne s'en éloigna qu'à l'approche de l'armée française. Le corps du maréchal Ney se tenait dans ses bivouacs en avant de Fresnes; l'Empereur en fit des reproches au maréchal quand il parut devant lui; celui-ci s'en excusa en disant qu'il avait cru que toute l'armée anglo-hollandaise occupait encore les Quatre-Bras, appuyée à sa gauche par l'armée prussienne qu'on lui avait représentée comme ayant été victorieuse à Ligny. — Vingt-quatre pièces d'artillerie à cheval mitraillaient la cavalerie anglaise en retraite, la suivant de position en position. A six heures et demie du soir, l'avant-garde arriva au village de Planchenoit, vis-à-vis le débouché de la forêt de Soignes. Elle eut à essuyer le feu d'une batterie de quinze à vingt pièces de canons. Pour imposer aux Anglais, qu'on jugea avoir là une forte arrière-garde, l'Empereur fit déployer les cuirassiers du corps du général Milhaud avec l'artillerie à cheval. Cette manœuvre en fit faire une autre par l'ennemi. On comprit alors que c'était à toute l'armée anglo-hollandaise qu'on avait affaire. Une bataille devenait dès lors inévitable. L'Empereur fit établir les bivouacs de ses troupes et plaça son quartier général à une ferme appelée la ferme du *Caillou*. — A dix heures du soir il envoya un officier d'ordonnance au maréchal Grouchy pour lui faire savoir qu'il comptait livrer bataille le lendemain, lui donner une idée de la position occupée par l'armée anglo-hollandaise, et d'après cette supposition que le maréchal Blücher aurait fait sa retraite sur Liége, qu'il se serait retiré sur Bruxelles, ou qu'enfin il resterait en position à Wavres, lui ordonna de manœuvrer dans tous les cas par Saint-Lambert, pour déborder la gauche de l'armée anglo-hollandaise, et venir se joindre avec la droite de l'armée française; en y ajoutant cette observation seulement, que dans les deux premiers cas établis par la supposition, le maréchal Grouchy devrait exécuter ce mouvement avec la majorité de ses forces, tandis que dans le troisième, il ne le ferait qu'avec un détachement plus ou moins fort, suivant les circonstances particulières où il se trouverait. Malheureusement le maréchal Grouchy commettait, à la droite de l'armée, positivement la même faute que le maréchal Ney avait commise à la gauche pendant la journée du 16. Grouchy avait été chargé de poursuivre les Prussiens, l'épée dans les reins, les tenant toujours devant lui, et cependant toute la journée du 17 il avait perdu la trace de Blücher. A deux heures du matin on sut au quartier général impérial que le maréchal Grouchy n'avait pu découvrir si les Prussiens s'étaient retirés sur Bruxelles ou sur Liége. On lui adressa à tout événement un duplicata de l'ordre déjà expédié. Sur les cinq heures du matin, une seconde dépêche du maréchal fit connaître qu'instruit enfin que l'ennemi s'était dirigé sur Wavres, il partirait à la petite pointe du jour pour le harceler dans cette direction. Cette lettre était datée de deux heures après minuit. Elle donnait au moins la certitude que le maréchal serait avant midi devant Wavres, et qu'il aurait reçu le premier ordre par lequel la veille à dix heures du soir on le prévenait de la bataille. Il n'en était rien cependant, le maréchal n'avait rien reçu et il était complètement dans l'erreur sur la position de l'armée prussienne, dont un seul corps s'était dirigé sur Wavres pour détourner son attention, et ce corps, qui n'était pas en retraite, n'avait pas subi la défaite du 16. — On a reproché très-amèrement au général Grouchy de n'être pas venu sur le champ de Waterloo le 18, alors que la canonnade semblait l'y appeler. Ce fut une faute sans doute, mais il n'est pas prouvé que le maréchal, prenant même un parti décisif, eût pu se porter en ligne à temps; dans tous les cas il serait arrivé parallèlement avec le corps prussien de Bulow. Avant tout et pour l'honneur du maréchal Grouchy, il faut reconnaître qu'aucun ordre ne lui était arrivé et qu'il était dans la plus complète ignorance des intentions de l'Empereur. La seule faute, la faute capitale de Grouchy, c'était d'avoir perdu la trace des Prussiens, c'est encore une fois d'avoir contrarié le plan de l'Empereur en permettant la réunion des deux armées qu'il était spécialement chargé de tenir séparées. L'Empereur, quand il se décida à livrer la bataille de Waterloo, se croyait et devait se croire débarrassé des Prussiens, c'est à l'armée anglo-hollandaise seule qu'il pensait avoir affaire; aussi, malgré la supériorité numérique de son ennemi, il comptait sur la victoire. *Sur cent chances*, disait-il en déjeunant à la pointe du jour, *nous en aurons quatre-vingts pour nous.* — On fait trop peu d'attention à l'influence exercée sur les hommes, surtout à la veille d'une bataille, par la fatigue excessive, le mauvais temps, le défaut de nourriture et de repos, les causes d'épuisement physique opérant sur le moral, amenant le découragement. Qu'on se représente donc l'armée française courant depuis huit jours à marches forcées, manquant de vivres, marchant dans des terres détrempées, couchant dans la boue, sans abri contre une pluie continuelle; on jugera avec quel désavantage elle allait aborder des troupes fraîches, supérieures en nombre, sur un terrain choisi par elles et soigneusement fortifié.

La position de l'armée anglaise, très-favorable sous plusieurs rapports, n'était cependant pas irréprochable. Elle occupait un beau plateau, elle était appuyée par la forêt de Soignes, mais elle n'avait qu'une seule chaussée pour ses communications avec Bruxelles, et était placée de manière à opérer difficilement sa retraite si elle eût perdu la bataille.

Napoléon, dans les Mémoires qu'il dictait à Sainte-Hélène à M. de Las Cases, juge fort sévèrement le duc de Wellington sous le rapport militaire, ce qui est fort naturel; ses reproches ne sont pas tous également injustes cependant, et plusieurs sont réellement fondés. — « Ah! qu'il doit un beau cierge au vieux Blücher, dit-il, sans celui-là je ne sais pas où serait *Sa Grâce*, ainsi qu'ils l'appellent; mais moi, bien sûrement, je ne serais pas ici. Ses troupes ont été admirables, ses dispositions à lui pitoyables, ou pour mieux dire il n'en a fait aucune. Il s'était mis dans l'impossibilité d'en faire, et chose bizarre! c'est ce qui a fini par le sauver. S'il eût pu commencer sa retraite, il était perdu. Il est demeuré maître du champ de bataille, cela est certain, mais l'a-t-il dû à ses combinaisons? Il a recueilli les fruits d'une victoire prodigieuse, mais son génie l'avait-il préparée? Sa gloire est toute négative, et ses fautes sont immenses. Lui, généralissime européen, chargé d'aussi grands intérêts, ayant au front un ennemi aussi prompt, aussi hardi que moi, laisser ses troupes éparses, dormir dans une capitale, et se laisser surprendre! Ah! ce que peut la fatalité, quand elle s'en mêle! En trois jours j'ai vu le destin de la France, celui du monde échapper de mes combinaisons. » — Ce qu'on vient de lire est plus particulièrement relatif au début et à l'ensemble de la campagne; mais voici ce qui, dans les notes du docteur O'Méara, concerne directement la position de Wellington à Waterloo. — Si lord Wellington, dit Napoléon, se fût retranché, je ne l'aurais pas attaqué; comme général, son plan n'indiquait pas de talents; il déploya sans doute beaucoup de courage et de persévérance, mais il perd un peu de son mérite, lorsque l'on considère qu'il n'avait aucun moyen de retraite, et que s'il eût cherché à l'effectuer, il n'aurait pas sauvé un seul homme de son armée; il dut le gain de la bataille, d'abord à la fermeté, à la bravoure de ses troupes, car les Anglais se sont battus avec le plus grand acharnement et le plus grand courage; ensuite à l'armée de Blücher, à qui on devrait plutôt attribuer la victoire qu'au duc, parce qu'il a déployé plus de talents comme général. Battu la veille, il avait rassemblé ses troupes qu'il conduisait au combat dans la soirée. Je crois cependant que Wellington est un homme d'une grande fermeté. La gloire d'une semblable victoire est une grande chose, mais sa réputation militaire n'y gagne rien aux yeux de l'histoire. — La droite de l'armée anglo-hollandaise s'appuyait à un ravin au delà de la route de Nivelles, et se prolongeait sur Braine-Lalau; sa gauche couronnait les hauteurs de la Haie; son centre, maître de la ferme de la Haie-Sainte et à droite de celle de Hougoumont, était postée en avant du village de mont Saint-Jean où se joignent les deux chaussées de Nivelles et de Charleroi. — Dans l'armée française, la droite, formée par le deuxième corps sous les ordres du général Reille s'appuyant sur la chaussée de Charleroi à Bruxelles, et touchant, à sa gauche, à la chaussée de Nivelles, avait vis-à-vis le bois de Hougoumont; sa cavalerie légère était au delà de la chaussée; venait ensuite le corps d'armée du général d'Erlon : sa droite était à la hauteur de la gauche des Anglais, vis-à-vis le village de la Haie, sa cavalerie légère était sur la droite, poussant des partis sur la Dyle. Le corps de réserve des cuirassiers commandés par Kellermann était en seconde ligne derrière le deuxième corps, les cuirassiers du général Milhaut derrière le premier corps. Le sixième corps, celui du comte Lobau, fut formé en colonnes serrées sur la droite de la chaussée de Charleroi, étant en réserve derrière la gauche du premier corps et en potence derrière le centre de la première ligne. La Garde impériale, placée en troisième ligne, formait une réserve générale, ayant l'infanterie au centre, la division de cavalerie du général Lefebvre-Desnouettes à la droite et la division des grenadiers à cheval et dragons à gauche. — Le projet de l'Empereur était de percer le centre de l'armée ennemie, de le pousser sur la chaussée, et se portant sur le débouché de la forêt, de couper la retraite à la droite et à la gauche de la ligne. — Le temps s'était levé vers onze heures et la campagne s'était séchée. Au moment où l'Empereur distribuait ses ordres aux généraux réunis autour de lui, un coup de canon, parti des batteries anglaises, donna le signal du combat. Le général Reille rejoignit au galop son corps d'armée et engagea immédiatement ses troupes pour chasser l'ennemi du bois de Hougoumont. Jérôme Bonaparte, qui commandait la première division du corps d'armée du général Reille, obtint d'abord quelque succès contre les Anglais, mais le duc de Wellington ayant envoyé des renforts sur ce point, la résistance y devint très-énergique, et le deuxième corps se consuma en efforts impuissants, sans réussir à emporter le bois et la ferme retranchée de Hougoumont. — Au centre, le corps du général d'Erlon, manœuvrant avec une sorte d'hésitation, fut assailli par une charge de cavalerie anglaise et eut une de ses divisions compromise. L'Empereur s'était placé sur une éminence près la ferme de la Belle-Alliance. Il apercevait de là les armées. Ayant toutes les réserves sous la main, il pouvait en disposer suivant les événements. Il remarqua le désordre causé par la cavalerie ennemie dans la division du corps d'Erlon, se porta sur le terrain, et ayant rétabli l'ordre, ordonna au maréchal Ney de refouler la cavalerie anglaise. Pendant ce temps la canonnade continuait avec fureur et le résultat d'une nouvelle attaque fut la prise de la Haie-Sainte. — Le mouvement de la cavalerie anglaise nécessita l'ébranlement de la cavalerie française, et causa le malheureux entraînement qui mit en action, dans un moment inopportun, la plus grande partie des réserves françaises. Le maréchal Ney devait se borner à refouler le corps anglais qui avait menacé l'infanterie du centre; au lieu de cela, il enleva les cuirassiers du général Milhaud et la cavalerie de la Garde, et les lança jusque sur les batteries anglaises sans avoir calculé la portée de ce mouvement. — Cette charge ne fut ni heureusement ni habilement exécutée. Les masses de cavalerie ne s'avancèrent pas avec cet ensemble, cet ordre imposant qui inspirent la confiance et promettent le succès. Au lieu de réserver le grand effort pour le moment de l'abordage, on lança la cavalerie du général Milhaud d'abord, puis celle de la Garde impériale, et enfin la droite du corps de réserve du général Kellermann, et tout arriva en désordre, pêle-mêle et hors d'haleine sur le rideau qu'occupait la ligne d'artillerie anglaise. Les pièces furent abandonnées, mais les chevaux purent être emmenés. C'est là, il faut le dire, le seul succès de la journée, ce qu'on a probablement appelé la bataille gagnée. L'Empereur, lui, ne s'y trompa point, quand il vit les cuirassiers de Milhaud et la cavalerie légère de la Garde couronner la crête du plateau, il dit avec vivacité au maréchal Soult: Voilà un mouvement qui pourra avoir des résultats funestes pour cette journée. Soult s'emporta contre Ney et répondit : Il nous compromet comme il a failli nous compromettre à Iéna.

Ce prétendu succès eut, il est vrai, un grand retentissement dans les positions éloignées de l'ennemi, où des mouvements de retraite furent commencés.

Mais en arrière de l'artillerie se trouvait une double ligne d'infanterie formée en carré. La cavalerie française dut se reformer tant bien que mal et rester longtemps dans cette cruelle position de ne pouvoir se retirer dans la crainte d'entraîner l'armée, ni changer de mouvement parce qu'elle n'avait pas de carrière, sans infanterie, sans artillerie pour s'appuyer, en présence des carrés ennemis qui réservaient leur feu, et d'une nuée de tirailleurs dont chaque coup portait, recevant ainsi la mort sans pouvoir la donner. Une charge de toute la cavalerie à une aussi grande distance de l'infanterie, était une haute imprudence. Un pareil mouvement devait réussir ou tout compromettre ; il ne réussit pas; dès lors, plus d'espoir de vaincre. Le mauvais destin de la France semblait présider à toutes les fausses mesures de la journée. Une brigade de carabiniers, forte de 1,000 chevaux, avait été préservée de l'entraînement fatal : placée près d'une batterie de la Garde, le général de brigade qui la commandait avait reçu du général Kellermann, son chef immédiat, la défense la plus formelle de faire aucun mouvement sans un ordre exprès. Cette brigade était donc dans la plaine; le maréchal Ney l'aperçoit, court à elle, s'indigne de son inaction et lui ordonne de se précipiter sur les 7 ou 8,000 Anglais, placés en échelons sur la pente de la colline, près du bois de Hougoumont, et flanqués de nombreuses batteries d'artillerie. Les carabiniers furent forcés d'obéir : soit impuissance, soit maladresse, leur charge n'eut aucun succès; la moitié de la brigade fut en un instant couchée par terre. Quand on verra plus tard que le sort de la bataille fut, en définitive, fixé par une charge de la division des gardes anglaises, auxquelles l'Empereur n'eut plus à opposer que les escadrons de service auprès de sa personne, on comprendra l'effet qu'aurait pu produire la brigade de carabiniers, si elle était restée intacte. Vers trois heures, les têtes de colonne du général Bulow se montrèrent fort au loin du côté de Saint-Lambert. On a dit que l'apparition de ces têtes de colonne avait causé une erreur funeste, que dans ces troupes ennemies, on avait cru reconnaître l'avant-garde du corps d'armée du général Grouchy ; une pareille erreur est peu probable. L'arrivée de Bulow eut une influence fatale sur le sort de la bataille, mais seulement en ce qu'elle nécessita la distraction de 10,000 hommes pris sur le gros de l'armée, déjà si faible. L'attaque des Prussiens sur ce point fut non-seulement continue, mais repoussée avec une vigueur au dessus de tout éloge, par le comte de Lobau et le général Duhesme. Ce fut là, peut-être, le plus beau fait d'armes de la journée ; ce fut surtout un service bien important ; car si le mouvement de Bulow eût réussi, l'armée française était coupée, et la route de Charleroi lui était fermée. — Après une résistance admirable, le comte de Lobau et le général Duhesme, entourés par un brusque mouvement d'une colonne prussienne, étaient tombés au pouvoir de l'ennemi. L'Empereur envoya la jeune garde pour sauver le corps du comte de Lobau ; l'impétuosité de ce corps d'élite fit beaucoup de mal aux Prussiens, et la prise du village de la Haie, qui eut lieu en même temps, arrêtèrent le mouvement de Bulow, tourné ainsi par sa droite. — Les Anglais avaient voulu profiter de cette diversion pour reprendre la Haie-Sainte, ils furent repoussés vigoureusement. — Il était plus de six heures, le corps prussien, après avoir renoncé à son mouvement, finit par rétrograder. La cavalerie française, malgré les efforts des Anglais, s'était maintenue sur le plateau, avait enfoncé ses carrés, enlevé trois drapeaux, désorganisé un grand nombre de batteries et pris plusieurs pièces de canon ; l'épouvante commençait à régner dans toute la ligne ennemie ; des fuyards gagnaient déjà Bruxelles, et le duc de Wellington s'écriait dans son anxiété : « Vienne enfin la nuit ou Blücher ! » — Dans ce moment, l'Empereur crut que le moment était arrivé de faire une attaque définitive, et rappela à cet effet diverses batteries de la garde, qui avaient été détachées vers Planchenoit ; mais l'armée ennemie apprenait en même temps l'arrivée du maréchal Blücher et du premier corps prussien qui avait quitté Wavres et venait, par Ohain, se joindre à elle. Ce renfort considérable n'était pas le seul qui lui vînt si à propos ; deux brigades de cavalerie, fortes de six régiments, qui avaient été placées en réserve sur la route, devenues disponibles par l'armée prussienne, rentrèrent en ligne. — La cavalerie française qui était sur le plateau, vit arriver les Prussiens, et les brigades de cavalerie anglaise, en même temps que trois bataillons français de la deuxième ligne de droite battaient en retraite par un malentendu ; elle parut étonnée et indécise. L'Empereur voulut prévenir le découragement. — Il lui restait toute la vieille garde intacte ; le jour tirait à sa fin ; on se battait faiblement ; mais tout en cédant on ne lâchait pas encore pied, et les corps n'étaient pas sérieusement entamés. Si désormais un succès était impossible, on pouvait du moins gagner la nuit sans désastre et se retirer derrière la Sambre, en conservant précieusement la seule réserve qui restât. L'Empereur n'en jugea pas ainsi, la vieille Garde fut engagée. C'était là un coup décisif, il pouvait tout réparer ou tout perdre ; s'il ne réparait rien, il laissait l'armée sans aucune ressource. — La garde, malgré son courage, malgré son admirable dévouement, ne put entamer les masses anglaises, et bientôt elle dut elle-même reculer devant une charge impétueuse de la division des gardes anglaises et deux brigades de cavalerie arrivées au dernier moment sur le terrain. C'est alors qu'on a pu regretter ce mouvement imprudent auquel avait été entraînée la brigade de carabiniers; lorsque le mouvement lui fut ordonné, elle se trouvait précisément sur le point où la cavalerie anglaise, ayant pénétré entre la Haie-Sainte et le corps du maréchal Reille, vint déboucher. Il est probable que cette brigade, jointe aux escadrons de service de la Garde, aurait suffi pour arrêter l'effort de la cavalerie anglaise, et par là eût protégé la retraite de l'unique réserve de l'armée. Les quatre escadrons de service ayant été culbutés, rien ne put arrêter la déroute du reste de l'armée. — Toute l'armée anglo-hollandaise fit alors un mouvement en avant; aussitôt le désordre fut à son comble parmi les troupes françaises : des corps ne se reconnaissant pas et se croyant ennemis, tirèrent les uns sur les autres. Les huit bataillons de la Garde, qui étaient au centre, tirèrent jusqu'à la dernière extrémité. L'Empereur courut à la gauche de Planchenoit, où restait en réserve un régiment de la Garde et deux batteries; il essaya encore là de rallier les fuyards; voyant ses efforts inutiles, il parut un moment s'abandonner au désespoir, et comme les Prussiens, reprenant l'offensive, arrivaient de toutes parts à cette position, il fit former ses grenadiers en carré et voulait attendre la mort au milieu d'eux : « Ah! Sire, lui dit le ma-« réchal Soult, les ennemis sont déjà « assez heureux; » et il poussa son cheval sur la route de Charleroi. — A ce moment tout était fini; la nuit survint, il fut impossible d'établir de l'ordre parmi les fuyards : ce ne fut plus qu'une confusion, une déroute épouvantable, sans remède, mais telle qu'elle devait être après une bataille dans laquelle tout, jusqu'au dernier bataillon, avait été engagé. Tout le monde, en fuyant, se dirigea vers le pont de Genappe, bien qu'il y en eût plusieurs autres dans les environs; en un moment il fut encombré, ainsi que le village. Tout ce qu'on avait sauvé d'artillerie fut à peu près abandonné dans cet endroit. — Examen fait à une époque reculée, on trouva cependant que, dans les journées de Ligny et de Waterloo, l'armée française n'avait perdu que 37,000 hommes morts ou prisonniers, tandis que la perte des ennemis s'est élevée à 58,000 hommes. Parmi les prisonniers français se trouvaient les généraux comte de Lobau, Cambronne et Duhesme; parmi les morts, le général Girard, blessé mortellement à Ligny, et sur le champ de bataille de Waterloo le général Devans, qui commandait l'artillerie de la garde. Le général Duhesme fut assassiné quelques jours après dans une auberge de Genappe par les soldats prussiens. — Les armées coalisées comptèrent parmi leurs morts, dans ces deux journées, le duc de Brunswick-Oels et le lieutenant-général sir Thomas Picton; et parmi leurs blessés, le prince héréditaire des Pays-Bas, grièvement atteint au bras; le lieutenant-général Charles-Alten, le lieutenant-général comte Uxbridge, qui subit l'amputation de la jambe gauche, et six majors généraux.

WILLAUMEZ (JEAN-BAPTISTE-PHILIBERT), vice-amiral, né à Belle-Isle-en-Mer le 7 août 1763. Son père était capitaine d'artillerie. Il s'embarqua comme mousse à l'âge de 14 ans; en 1792, il était second pilote de *l'Amazone*, commandée par La Pérouse. Il prit part sur cette frégate aux combats des 9 et 12 avril contre l'amiral Rodney, et à celui du 29 juillet, où il reçut deux blessures et fut nommé premier pilote : il n'avait pas 19 ans ; on sait quelle était alors l'importance de cet emploi. Willaumez l'exerça de telle sorte, qu'il reçut de Louis XVI un *cercle de réflexion*, accompagné d'une lettre flatteuse du maréchal de Castries, ministre de la marine. — En 1789, il était enseigne sur le vaisseau *le Patriote*, monté par M. d'Entrecasteaux, envoyé à la recherche de La Pérouse. Ce chef d'escadre emportait avec lui, pour Willaumez, les brevets de lieutenant de vaisseau et de chevalier de Saint-Louis, qui furent décernés à ce dernier avant l'époque fixée par le ministre. Les navigateurs français apprirent à Java les grands événements qui se passaient en France. M. d'Entrecasteaux était mort. Son successeur, le capitaine d'Auribeau, se déclara l'adversaire de la Révolution, fit arborer le drapeau blanc, et livra aux Hollandais ceux de ses officiers qui lui refusèrent leur concours. M. Willaumez fut au nombre de ceux-ci. Lorsqu'il eut relâché, il ramena à l'île de France ses compagnons d'infortune. Cette colonie était bloquée par une division anglaise ; deux frégates furent choisies pour tenter de faire lever le blocus ; Willaumez était à bord de l'une d'elles en qualité de volontaire ; le combat livré à deux vaisseaux anglais fut brillant et heureux, et l'île fut en effet débloquée. — Le gouvernement éleva M. Willaumez au grade de capitaine de vaisseau, et lui confia *le Platon*, qu'il dût bientôt quitter. Sur *la Régénérée*, il fit partie de la division de frégates de l'amiral Sercey, envoyée dans les mers de l'Inde par le ministre Truguet. Cette campagne fut très-glorieuse pour Willaumez, qui assista au combat livré aux Anglais dans le détroit de Malacca, et fut nommé chef de division à son retour en France. — Lors de la fatale expédition de Saint-Domingue, le commandant Willaumez fut chargé du commandement de la station navale établie sur les côtes de la partie du sud de l'île. Sa conduite dans cette circonstance fut digne d'éloges. En revenant en France, il fut attaqué par un vaisseau de ligne anglais qui avait une artillerie plus que double et un équipage quadruple ; il parvint, par une manœuvre aussi prompte qu'habile, à prendre une position qui lui permît d'envoyer toute sa bordée dans la poupe du vaisseau anglais ; cette bordée fut décisive ; le dommage qu'en reçut le vaisseau le força à reprendre le large. Ce combat a fourni le sujet d'un tableau. Willaumez fit réparer sa frégate aux États-Unis, se trouva enfermé par les glaces à Baltimore, les fit scier par les matelots sur une longueur de près d'une lieue, reprit la mer malgré la station anglaise, échappa par sa manœuvre à un autre vaisseau de ligne qui lui coupait la route, et fut élevé par l'Empereur au grade de contre-amiral, commandant de l'escadre légère de l'armée navale de Brest. Cette portion de l'armée eut seule occasion de se battre ; lors de la dislocation de l'armée navale de Brest, on confia au contre-amiral Willaumez, six vaisseaux et deux frégates, avec mission de se porter sur tous les points où il jugerait pouvoir causer le plus de dommages à l'Angleterre. Cette position était délicate sous certains rapports : Jérôme, frère de l'Empereur, était de l'escadre comme capitaine de vaisseau et s'éloignait de la France avec déplaisir, et son mécontentement ajoutait aux embarras de l'amiral. Quoiqu'il en soit, l'expédition fit au commerce anglais un tort évalué à douze ou quinze millions. Le 20 août 1806, l'escadre fut assaillie par une tempête si affreuse, que l'amiral lui-même déclara n'en avoir jamais vu de semblable : les vaisseaux furent dispersés et coururent les plus grands dangers ; presque tous démâtèrent complétement ou perdirent leur gouvernail. Malgré tous les efforts de l'amiral pour réunir son escadre, elle ne se rallia plus; les bâtiments qui la composaient revinrent isolément en France, à l'exception de trois. — Pendant les années 1807 et 1808, Willaumez commanda l'escadre réunie sur la rade de Brest. Au commencement de 1809, l'Empereur lui confia une mission d'une haute importance : il devait, avec l'escadre de Brest, sortir à l'improviste, surprendre et détruire les stations anglaises établies devant Lorient et Rochefort, et, après avoir rallié à son pavillon les divisions françaises des deux ports, se porter en toute hâte dans les mers d'Amérique pour ravitailler nos colonies des Antilles, et ravager ou rançonner les possessions anglaises, en dépit de l'escadre de sir Alexandre Cochrane. La sortie eut lieu; mais les commandants des stations anglaises, avertis à temps, évitèrent la surprise et gagnèrent le large. La division de Lorient en put sortir le jour même où l'amiral Willaumez venait la débloquer; celle de Rochefort n'était pas prête; il resta plusieurs jours à l'attendre; pendant ce temps, les croisières ennemies se rallièrent et obligèrent l'amiral français à entrer sur la rade, où son escadre se trouva bloquée. — Depuis cette époque, le vice-amiral n'eut qu'un seul commandement, celui de la flottille du Zuyderzée; mais il fut membre ou président de diverses commissions. — Élevé au grade de vice-amiral et de grand officier de la Légion-d'Honneur, il se trouva le doyen des amiraux en activité. Il est l'auteur d'un dictionnaire de marine. C'est lui qui a donné au prince de Joinville les premières notions de l'art de la navigation; on le récompensa en le nommant pair de France en 1837.

WIMPFFEN (Dagobert-Sigismond-Laurent, baron de), né le 17 février 1782, au château de Gunthersbourg, près de Francfort-sur-le-Mein, appartenant à l'une des plus anciennes familles du Cercle de Souabe. Enfant encore, il prit rang dans l'armée française au 6ᵉ bataillon du Bas-Rhin, et fut, peu de temps après, suspendu de ses fonctions de sous-lieutenant par les représentants du peuple Reubell et Merlin, comme n'ayant pas l'âge voulu par la loi pour porter l'épaulette. — Le 22 décembre 1799, il entra dans la 44ᵉ demi-brigade en qualité de lieutenant à la suite, et fut, peu de jours après, attaché au général Thuring comme aide-de-camp. Le 6 août suivant, il passa au 9ᵉ de hussards comme lieutenant à la suite. Le 23 octobre de la même année, il fut admis lieutenant en pied, se distingua dans plusieurs affaires sur les bords du Rhin et fut nommé capitaine le 22 mars 1807. — De l'armée des côtes de l'Océan, dont il fit partie, il passa à la grande armée et fit avec elle (1807, 1808) les campagnes de Prusse et de Pologne, fut décoré le 1ᵉʳ octobre 1807; il avait été proposé dès 1806, après l'affaire de Saalfeden, où il avait été grièvement blessé. — En 1809, le capitaine Wimpffen fit la campagne d'Autriche, fut nommé chef d'escadron au 9ᵉ des chevau-légers (3 août 1811), et fit la campagne de Russie. Blessé d'un coup de sabre au cou, en avant de Witepsk, où, à la tête de 2 escadrons, il culbuta huit escadrons russes. M. de Wimpffen fut créé major du 1ᵉʳ régiment de hussards croates et se trouva, le 5 avril, à l'affaire de Mockein, où il fut blessé de deux coups de sabre à la tête et tomba au pouvoir de l'ennemi. — Pendant la retraite, il fit partie du premier des escadrons sacrés qu'on avait formés pour servir d'escorte à l'Empereur, des officiers de quatre corps d'armée de cavalerie, et fut du petit nombre de ceux qui restèrent sous le drapeau jusqu'au moment où l'Empereur partit pour la France. — A la suite des événements de 1814, le major de Wimpffen fut placé, le 16 novembre 1814, dans le 2ᵉ de lanciers, en qualité de major à la suite, et reçut le 4 décembre la croix du Mérite militaire. — Licencié en 1815, il fut, peu après (2 novembre 1815) nommé lieutenant-colonel des dragons du Calvados, et passa en la même qualité, en 1820, dans la Garde royale avec rang de colonel. Créé officier de la Légion-d'Honneur le 25 avril 1821, M. de Wimpffen fut nommé colonel du 7ᵉ chasseurs le 8 mai 1822. Il fit partie du corps d'armée qui fit, en 1823-24, la campagne d'Espagne, et fut fait commandeur de la Légion-d'Honneur le 8 septembre 1823, et chevalier de deuxième classe de l'ordre de Saint-Ferdinand le 23 novembre suivant. Il était depuis longtemps chevalier de Saint-Louis. — M. de Wimpffen a été nommé maréchal-de-camp le 16 juin 1834, et chargé du commandement des Hautes-Pyrénées, puis du département de l'Orne. — Le général de Wimpffen est aujourd'hui en retraite.

WURMSER (DAGOBERT - SIGISMOND, comte de), fèld-maréchal, commandant les troupes autrichiennes en Italie dans la campagne de 1735. — Né en Alsace le 22 septembre 1724, d'une famille riche et ancienne; obtint ses premiers grades, jusques et y compris celui de capitaine, au service de France; suivit son père au service d'Autriche. Chambellan de Marie-Thérèse; il se distingua dans la guerre de Sept-Ans contre les Prussiens, se battit contre Custines, contre Pichegru, et fit prisonnier le général Oudinot. Battu par Napoléon, qu'il qualifiait de *jeune homme* jusqu'après la capitulation de Mantoue; il était alors très-âgé, brave comme un lion, mais tellement sourd, qu'il n'entendait pas siffler les balles autour de lui. — De retour à Vienne, l'Empereur, s'attachant à lui faire oublier ses défaites, lui conféra le commandement de la Hongrie. Il mourut à Vienne âgé de 73 ans.

FIN DU SECOND ET DERNIER VOLUME.

www.ingramcontent.com/pod-product-compliance
Lightning Source LLC
Chambersburg PA
CBHW060304230426
43663CB00009B/1585